최신 교육과정 개발론

Peter F. Oliva 저
강현석 · 이원희 · 유제순 · 신영수 · 이윤복 · 전호재 공역

Developing the Curriculum (7th ed.)

학지사

Developing the Curriculum, 7th Edition

by Peter F. Oliva

역자 서문

이 책은 Peter F. Oliva가 집필한 *Developing the Curriculum* (7판)을 우리말로 옮긴 것이다. 이 책은 판수가 얘기해 주듯이 교육과정에 종사하는 연구자, 교사, 교육행정가, 학부모, 교육 종사자에게 많은 사랑을 받아 온 책이다. 판수를 거듭해 오면서 사회 변화에 맞추어 내용이 추가되었으며, 점차 교육과정 개발의 다양한 문제를 폭넓게 다루고 있다. 2012년에는 Peter F. Oliva와 William R. Gordon II가 공저로 8판을 출간하였으며, 7판에 없었던 디지털 교실 부분을 추가하였다.

이 책에서 저자는 교육과정 개발과정에 관여하는 다양한 종사자가 어떻게 협력하는지를 알아봄으로써 교육과정 개발 분야에서 우리가 중요하게 확인하고 인식해야 할 핵심적인 모습을 설명하는 데에 주안점을 두고 있다. 특히 교육과정 개발에 관한 총결산의 성격을 띠는 종합서의 면모를 갖추고 있다. 그러면서도 이 책은 우리가 간과해서는 안 될 몇 가지 중요한 특징을 지니고 있으며, 그 특징의 의미를 잘 헤아릴 필요가 있다.

첫째, 교육과정을 '학교의 지도 아래 학습자들이 마주하는 모든 경험을 위한 계획 혹은 프로그램'으로 정의하고 있다. 이런 점에서 교육과정은 바라는 학습 경험을 기술해 주는 다양한 범위의 수많은 계획으로 이루어진다. 따라서 교육과정은 단원, 코스, 코스의 계열, 학교 전체 학습 프로그램이 될 수도 있으며, 학교 교직원의 지도와 안내를 받는 경우에는 교실이나 학교의 내부와 외부에서 조우할 수도 있다.

둘째, 교육과정과 수업의 관계를 순환적 관계로 설정하고 있다. 교육과정과 수업은 관련되어 있지만 서로 다르다. 그렇다고 하여 이원적으로 분리하여 봐서는 안 되며 상호 관련성에 주목하여야 한다. 이 점이 저자가 제안하는 교육과정 개발 모형에 반영되어 있다.

셋째, 저자는 자신의 교육과정 개발 모형을 제안하고 있다. 5장에서 제시된 모형에서 교육과정 개발 전 과정 12단계를 크게 세 가지 국면(phase), 즉, 계획(planning) 국면, 계획과 운영 국면, 운영(operational) 국면으로 구분하고 있다. 계획 국면은 요구 명세화(I)부터 교육과정 목표의 명세화(IV)까지 그리고 수업목표의 명세화(VI)부터 평가 기법의 예비 선정(IX)까지, 계획과 운영 국면은 교육과정의 조직 및 실행(V)까지, 그리고 운영 국면은 전략 실행(X)부터 교육과정 평가(XII)까지를 포함하고 있다.

넷째, 교육과정 개발과정에서 인적 요인의 역할과 개발과정 요소들 간의 상호작용을 강조하고 있다. 그리고 교육과정 개발의 열 가지 원리를 일목요연하게 제시함으로써 개발자에게 단순하고도 분명한 지침을 제공해 주고 있다.

다섯째, 교육과정 구성(construction)의 여덟 가지 개념을 상세하게 제안하고 있다. 그것은 스코프, 적절성, 균형성, 통합성, 계열성, 계속성, 연계성, 전이가능성이다. 13장 '교육과정 평가'에서 이 개념들을 소개하고 있는데, 그 의도는 효율적인 교육과정을 평가할 때에 활용 가능한 기준으로도 작용한다고 보기 때문이다.

이 책은 총 15개 장으로 이루어져 있으며, 교육과정 개발 모형의 절차에 따라 목차가 구성되어 있다. 실제 개발 절차에 다른 내용은 6장 '교육의 철학과 목적'에서 시작하며, 13장 '교육과정 평가'에서 끝이 난다. 5장까지는 교육과정 개발을 위한 기저 지식으로서 교육과정과 수업의 관련성, 교육과정 개발 원리, 교육과정 계획의 성격과 인적 요인의 역할, 교육과정 개발 모형에 대해 논의한다. 14장에서는 교육과정의 산물을 다루고, 15장에서는 교육과정 개발의 최근 이슈를 다루고 있다.

이 책을 번역하게 된 계기는 아주 우연한 일에서 비롯하였다. 역자 중 한 사람인 나는 2009년 초에 2009 교육과정 개정 작업에 참여하게 되었다. 개정 작업 T/F팀이 만들어지고 개정 연구를 진행하는 과정에서 그 당시 팀장을 맡았던 곽병선 경인여자대학교 총장(현재는 한국장학재단 이사장)님이 스터디를 위한 본 저서를 T/F 팀원에 손수 제공해 주었다. 당시에 나누어 준 그 책은 6판이었다. 역자는 이전 판의 책을 오래전에 본 적이 있었는데, 6판의 내용이 매우 포괄적이고 종합적이어서 매우 반가운 마음이 들었다. 실제로 우리 팀은 그 책으로 스터디를 하였으며, 그 이후 대학원 수업에서 수강생들과 같이 읽고 공부하였다. 시간이 지나 7판을 접하게 되었고 그것을 새롭게 정리하여 출간하기에 이르렀다. 이 책의 몇 군데에 6판의 내용이 일부 삽입되어 있는데 이것은 독자에게 도움이 될 만한 부분이라 판단되어 추가한 것이므로 7판 원서를 가진 독자는 참고하기 바란다.

이 책은 교육과정 개발, 교육과정 계획, 교육과정 개선을 위해 공부하는 학부생, 대학원생, 교육과정 연구자들을 위해 집필되었다. 특히 교육과정 개발에 있어 예비 혹은 현직 교육과정 조정자, 교장, 교감, 교육과정 담당자, 교과부장, 학년부장에게 실질적인 도움이 될 것이다. 또한 이 책은 이들 전문가에게 유용한 정보와 제안을 다루고 있으며 추가로 실제 학교의 많은 사례를 제공하고 있다.

이 책은 내용이 방대하다. 특히 미국의 사정을 담고 있어서 우리의 사정과 다른 부분도 많으리라고 생각한다. 그 부분은 독자 여러분이 미국과의 제도적 · 문화적 차이를 잘 감안하여 내용을 독해해 주기 바란다.

끝으로 이 책이 나오기까지 많은 분의 도움이 있었다. 우선 이 책을 작업하는 데 도움을 준 연구실 대학원생들과 수년 전 수업 시간에 같이 읽고 공부한 수강생 여러분에게 감사의 말을 전한다. 그들이 했던 최초 6판의 독해 자료를 공유하지 못했더라면 번역 작업은 더 많은 시간이 걸렸을 것이다. 6판에서 7판으로 내용을 조정하면서 출간까지 많은 시간이 지연되었다. 그 과정에서 번역 수정과 교정 작업에 많은 열정을 쏟아 준 전호재 선생에게 특히 감사의 말을 전한다. 끝으로 역자들의 원고의 출간을 맡아 멋있는 책으로 만들어 준 학지사 김진환 대표를 비롯한 편집부 관계자 여러분에게 감사의 말을 전한다.

2014년 4월

역자를 대표하여

강현석 씀

저자 서문

이번에 출간한 *Developing the Curriculum*(7판)은 교육과정 개발과정에서 나타나는 특징적인 모습을 종합적으로 분석하면서 이전 판에서 다루어 온 문제를 계속적으로 다루고자 한다. 이 책의 주요 목적은 교육과정 개발과정에서 다양한 교육과정 관련 종사자가 어떻게 협력하는지를 살펴봄으로써 교육과정 개발 분야의 특징적인 모습을 독자에게 설명하고자 하는 것이다. 이전 판과 비교하여 책의 종합적인 구조는 비슷하게 유지할 것이나 7판에서는 최신의 자료와 대학 강의에 도움이 될 만한 많은 새로운 부분을 추가하였다. 그 새로운 내용은 다음과 같다.

- 이전 판의 책에서 바뀐 부분을 반영하여 내용을 꼼꼼하게 수정하였다. 주요 수정 사항은 2장의 〈표 2-1〉 '교육과정과 교수에 영향을 미치는 세력', 9장의 소규모 학습 공동체, 몇몇 중학교에서 일어난 변화, 가상공간에서의 수업 등에 대한 설명, 12장의 최근의 국가학업 성취도평가(National Assessment of Educational Progress)와 최신 국제 평가, 15장의 지침과 평가 기준의 최신화 및 소집단 학습 공동체에 관한 논의, 교육과정 전문가와 교육 연구자, 사설 단체, 정부 기관의 자료 인용과 참고문헌(예를 들어, 1장의 교육과정에 대한 설명, 5장의 설문조사 결과에 대한 내용, 12장의 측정에 관한 내용, 13장의 교육과정 평가에 대한 내용, 15장의 교육과정 이슈에 관한 내용) 등이다.
- 15장 '교육과정 개발의 이슈'를 전반적으로 수정하였다. 14개가 되던 이슈를 12개로 줄였다. 봉사학습(service-learning)은 현재 그 중요성이 낮아져서 빠지게 되었다. 문화 소양(cultural literacy)/핵심 지식은 여러 프로그램에 대한 다양성의 논의가 가능할 수 있도록 학문적 분야의 이니셔티브라는 새로운 범주에 추가되었다. 대안학교 부분에서는 바우처, 차터 스쿨, 홈스쿨링의 최신 자료가 추가되었다.
- 특히 9장과 11장에서는 교육에서 사용되는 기술공학(technology)에 초점을 맞추었다. 여러 부분에서 기술적 발달에 관련된 자료가 제시될 것이다. 또한 각 장의 끝 부

분의 설명과 후주에서 도움이 될 만한 웹사이트를 추가하였다.

- 6, 9, 12, 15장에서 아동낙오방지법(No Child Left Behind Act: NCLB)을 자주 인용하여 그것이 준 영향에 대한 논의를 확장하였다.
- 교육과정 저널(Curriculum Journals), ERIC, 미 교육과학부 산하 교육국(U.S. Department of Education's Institute of Education Sciences), 교육 관련 인터넷 자료(Internet Resources in Education), 지역교육연구 프로그램(Regional Educational Laboratory Program), 연구개발센터(Research and Development Center)의 변화를 반영하여 후속 연구를 위한 자원 부록에 대한 부분을 대폭 수정하였다.

7판 이전의 책과 같이 7판 또한 교육과정 개발, 교육과정 계획, 교육과정 개선을 연구하고 공부하는 학생들을 위해 집필되었다. 교육과정 개발에서 예비 혹은 현직 교육과정 실천가, 교장, 교감, 교육과정 담당자, 교과부장, 학년부장에게 실질적인 지침으로 도움이 될 것이다. 또한 이 책은 이들 전문가에게 유용한 정보와 제안을 다루고 있으며 추가로 실제 학교와 학교 시스템에서 나타나는 많은 실제 사례를 보여 줄 것이다.

이 책은 다음의 방식으로 조직되었다. 교육과정 개발의 이론적 측면을 검토하는 것에서부터 시작하여 교육과정 개발에 중요한 책임을 지고 있는 사람들의 다양한 역할을 다루어 보고 저자의 모델을 포함하여 교육과정 개발의 다양한 모형을 살펴볼 것이다. 이후의 장에서는 교육과정 개발을 위해 한 단계씩 묘사 · 설명해 볼 것이다. 철학적 기초, 교육과정 목적과 목표 및 수업의 목표와 명세목표를 명시하는 광의의 교육 목적, 교육과정과 수업의 실행, 수업과 교육과정 평가에 비추어 교육과정 개발의 과정을 검토해 볼 것이다.

각 장의 서두에는 해당 장을 완전히 학습했을 때 학생들이 달성해야 할 몇 가지 학습 목표가 제시되어 있다. 또한 각 장의 끝에는 논의될 만한 몇 가지 질문이 제시되어 있다. 이 질문에 답함으로써 학생들은 다음의 두 가지 목적을 달성할 수 있을 것이다. (1) 각 장의 목표를 확신할 수 있다. (2) 각 장에서 다루는 요소를 넘어서 주제를 확장하여 다룰 수 있다. 더 나아가 각 장의 끝에 제시된 참고문헌, 웹사이트, 비디오, 도구, 각 장과 관련된 연구 도서와 학술지 논문은 이 책을 더 값지게 할 것이다. 이 책의 끝 부분에 있는 부록은 교육과정의 중요한 자료와 기타 교육 자료다.

한 가지 더 이 책의 구조를 설명하자면, 독자들은 9장에서 교육과정의 과거, 현재, 미래를 살펴볼 것이다. 그리고 15장에서는 다시 돌아가 교육과정의 현재를 살펴보고 교육과정의 미래를 살펴볼 것이다. 9장의 교육과정 현재에서는 큰 문제 없이 널리 인정받는 최신의 다양한 교육과정 개발을 다룰 것이다. 그러나 제15장에서는 사람들 간에 상당한 논란을 일으키는 최신 교육과정 개발 이슈를 살펴볼 것이다. 나는 찬반 양론의 주요 입장을 통합하는 주제와 추가적인 자료에 관심을 기울이고자 한다.

나의 목표는 복잡한 교육과정 개발의 분야에 대해 유용하게 잘 설명되어 있으며 읽기 쉬운 책을 집필하는 것이었다. 책에 담긴 각종 논의, 활동, 제시된 문제, 웹사이트, 비디오, 참고문헌과 함께, 이 책은 교사에게는 유익한 교재가 될 것이며 교육과정 개발을 공부하는 학생들에게는 좋은 자료집이 될 것이다.

감사의 말

이 책과 이전 판들의 책을 집필하고 출간함에 있어 많은 분이 도움을 주었다. 그분들의 교육과정과 수업에 관한 지혜와 일반 교육, 교사, 행정가, 학습자, 대학에 대한 지혜의 도움을 통해 나의 생각을 완성할 수 있었다. 나는 이번 판을 비롯하여 모든 판의 원고를 기꺼이 시간을 내어 검토해 주신 분께 진심으로 감사의 말씀을 전한다. 특히 이 판의 원고를 검토해 주신 노바 사우스이스턴 대학교의 Mary Lynn Collins, 모어헤드 주립대학교의 Lesia Lennex, 휴스턴 대학교의 Allen R. Warner에게 감사드린다. 또한 Allyn and Bacon의 지속적인 격려와 지원에 감사드리며 이 책의 편집자인 Kelly Villella Canton과 보조 편집자인 Angela Pickard에게도 감사의 말씀을 전한다.

나는 항상 독자 여러분의 의견을 환영한다.

Peter F. Oliva

차례

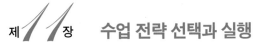

제4부 교육과정 개발: 산물과 이슈

제1부

교육과정: 이론적 차원

1 교육과정과 수업의 정의

학습 목표

1. 교육과정을 정의할 수 있다.
2. 수업을 정의할 수 있다.
3. 교육과정이 하나의 학문으로 간주될 수 있는 방법을 설명할 수 있다.
4. 교육과정과 수업 간의 관련성을 나타내 주는 모델을 창안 혹은 선택하여 그것을 설명할 수 있다.

교육과정의 개념

B.C. 1세기경, 가이우스 율리우스 카이사르와 그의 군대는 로마제국의 전차가 경주했던 그 타원형의 트랙이 이후 21세기 교육자들이 거의 매일같이 사용하는 단어인 '교육과정'으로 남게 될지는 몰랐을 것이다. 그 트랙인 교육과정은 오늘날 학교의 중요한 문제 중 하나이고, 그것의 의미는 구체적인 경주로에서 추상적인 개념으로 확장되었다.

전문적인 교육 분야에서 **교육과정**(curriculum)이란 단어는 파악하기 어렵고 난해하면서도 비밀스러운 의미를 암시한다. 이러한 시적이고 중성적인 단어는 신비스러운 분위기를 자아낸다. 반면에 전문적인 교육 분야의 행정(administration), 수업(instruction), 장학(supervision)과 같은 다른 차원은 구체적으로 명백하고 특정 행동이나 조치를 취해야 하는 행위 중심적인 단어다. 행정은 행정을 하는 행위이고, 수업은 수업을 하는 행위이며, 장학은 장학을 하는 행위다. 그러나 교육과정은 무엇을 하는 행위인가? 행정가가 행정을 하고, 교수자가 수업을 하고, 장학사가 장학을 하지만, **교육과정을 행하는**(curricules) 학교 관계자는 없다. **교육과정학자**(curricularist)[1]라는 단어의 쓰임은 찾을 수 있어도 교육과정을 행하는(curricularize) 교육과정학자(curricularist)는 드물다.

많은 교육자에게 교육과정의 정의를 연구하는 것은 쉽지 않다. 1976년에 Dwayne Huebner는 모호성과 정확성의 부족을 교육과정(curriculum)이란 단어 탓으로 돌렸다.[2] Elizabeth Vallance는 "교육과정 영역은 명백하지 않다. 학문으로서, 실행의 영역으로서 교육과정은 명확한 경계가 나타나지 않는다."라고 했다.[3] 전환기에는 Arthur W. Foshay가 교육과정의 모호함을 주장하였다.[4] 실제로 교육과정은 가끔씩 장님의 코끼리 만지기에 비유된다. 그것은 어떤 이에게는 코끼리 코이고, 어떤 이에게는 코끼리 다리이고, 어떤 이에게는 익룡(翼龍)처럼 펄럭이는 코끼리 귀다. 또 어떤 이에게는 육중하고 거친 면이고, 어떤 이에게는 밧줄 같은 꼬리다.

교육과정의 이러한 성격을 단호하게 부정할지라도 아무도 진정한, 절대적인, 실체의, 가시적인, 실재로서의 교육과정을 본 적이 없다. 어떤 관심 있는 관찰자(observer)는 교육과정이라 불렸을지도 모르는 작성된 문서를 봤을지도 모른다. 어떤 관찰자는 학교에서 존재하는 교육과정을 입에서 입으로 전해 내려오는, 교사가 학생을 가르치는 그 어떤 것으로 알고 있을 수도 있다. 문서화된 계획은 관찰자에게 교육과정이라 불리는 어떤 실체에 추가적인 단서를 제공한다. 그러나 약간의 마법을 써서 수업 중에 학교 지붕을 들어올려 단면을 들여다본다 하더라도 교육과정은 드러나지 않을 수 있다. 관찰자가 겨우 인지한 것은 우리가 수업(instruction)이라 부르는 교사-학생 상호작용의 사례뿐일 것이다.

교육과정이라는 신비한 창조물의 증거를 찾는 것은 빅풋(Bigfoot), 예티(Yeti), 알마스티(Almasty), 새스콰치(Sasquatch), 사우스베이의 호수 괴물 베시(Bessie), 스코틀랜드의 호수 괴물 네시(Nessie monster), 스웨덴에 있는 그레이트 호수의 괴물을 조사하는 노력과 같다. 빅풋, 예티, 알마스티, 새스콰치는 진흙과 눈에 그들의 흔적을 남겼고, 호수 괴물 베시와 네시는 호수에 잔물결을 일으켰다. 하지만 아직 아무도 이 유명한 창조물의 명확한 사진을 찍지 못했다.

지금까지 어느 누구도 교육과정의 사진을 찍은 사람은 없다. 그 대신에 Shutterbugs는 학생과 교사 그리고 그 외 학교 직원의 모습을 보았다. 어쩌면 누군가가 학교의 모든 교실, 복도, 교무실, 연구실에서 매일같이 일어나는 모든 행동을 비디오로 녹화하고 그 기록을 군 지도자가 항공 정찰 사진을 조사하듯이 철저히 조사한다면 교육과정을 이해할 수 있을지도 모른다.

자격증과 교육과정

주 공인 자격증 법은 교육과정 정의에 대한 문제를 더욱 복잡하게 만든다. 왜냐하면 교육과정의 공식 자격을 갖춘 전문가가 설사 있다손 치더라도 거의 없기 때문이다. 연수 동안에 모든 전문가는 교육과정이라 불리는 하나 혹은 다른 형태의 과정을 이수해야 하는데, 교육과정 영역이라 불릴 만한 내용이 존재하지 않는다. 행정, 지도, 장학, 학교 심리, 초등교육, 많은 교수 분야에서 전문가들이 공인을 받는다. 그러나 교육과정은 어떠한가? 원칙적인 것은 아니나 행정, 장학처럼 특수한 전문 영역에서는 교육과정 분야의 코스가 자격증을 위한 필수사항이 된다.

그럼에도 수많은 교육과정의 종사자(workers), 컨설턴트(consultants), 조정자(coordinator), 교수가 상당수 존재한다. 하나 이상의 영역에서 주 공인 자격증을 보유한 전문가라도 교육과정 분야의 인증을 보여 주는 자격증을 관례상 벽에 걸어 둘 수가 없다.

교육과정이라 불릴 특수한 분야가 공인되기 전까지, 상당히 다양한 문제가 발생할 수 있기 때문에 그 단어 자체는 마치 실재하는 본질처럼 취급된다. 교육과정(curriculum)—혹은 교육과정의 복수형인 curricula 또는 curriculums(사용자의 라틴어 기호에 따른다)—은 만들어지고 계획되고 설계되고 구성된다. 교육과정은 개선되고 수정되고 평가된다. 교육과정은 근육처럼 개발된다. 또한 교육과정은 체계화되고 구성되고 재구성되며 교정된다. 고도의 독창성과 정교함으로 교육과정 설계자는 교육과정을 본뜨고 모양을 만들며 조정할 수 있다.

교육과정의 해석

교육과정이란 단어의 무정형 성질은 수년 동안 많은 해석을 가져왔다. Madeleine R. Grumet은 교육과정을 "극단적 혼란의 영역"이라 언급했다.[5] 그리고 사람들의 철학적 믿음에 따른 다양한 해석을 다음과 같이 제시한다.

- 교육과정은 학교에서 가르쳐지는 것이다.
- 교육과정은 일련의 교과체계다.
- 교육과정은 내용(content)이다.
- 교육과정은 학습 프로그램(a program of studies)이다.

- 교육과정은 일련의 자료체계다.
- 교육과정은 과정이나 코스의 계열(a sequence of courses)이다.
- 교육과정은 일련의 수행목표(performance objectives)다.
- 교육과정은 교수요목(a course of study)이다.
- 교육과정은 과외 활동, 생활지도(guidance), 대인관계를 포함한 학교 내에서 겪는 모든 것이다.
- 교육과정은 학교가 직접 가르치는 학교 내외의 모든 것이다.
- 교육과정은 학교 관계자가 계획하는 모든 것이다.
- 교육과정은 학교에서 학습자가 겪는 일련의 경험이다.
- 교육과정은 학교 학습 결과로서의 개별 학습 경험이다.

앞서 말한 정의에서 교육과정은 좁은 방식(교과목)으로 인식될 수도 있고 넓은 방식(학교에서 가르쳐지는, 학교 안팎에서 이루어지는 학습자의 모든 경험)으로 인식될 수도 있다. 학교가 가져온 교육과정의 함의는 상당히 다양하다. 교육과정에 대해 학교 안팎에서의 학습자의 모든 경험으로 바라보는 학교보다 일련의 교과목으로 이해한 학교는 교육과정 운영이 수월하다.

전문 교육자가 교육과정을 정의할 때는 미묘한 차이가 다양하게 나타난다. 예를 들어, Carter V. Good(1973)의 『교육학 사전(*Dictionary of Education*)』의 최초 교육과정에 관한 정의는 "사회과 교육과정과 체육과 교육과정과 같이 특정한 교과나 전문 분야에서 졸업이나 자격증에 필요한 체계적인 코스 조직이나/일련의 교과목 조직" 이었다.[6] 교과 저자들이 어떻게 교육과정을 정의했는지 살펴보자. 초창기에 교육과정에 대해 논한 Franklin Bobbitt은 교육과정을 다음과 같이 인식했다.

> …성인의 삶에 존재하는 문제를 잘 처리하는 능력, 성인으로서 존경받아야 하는 능력을 계발하는 방법으로서 아동과 청소년이 해야 하고 경험해야 하는 것이다.[7]

Hollis L. Caswell과 Doak S. Campbell은 교육과정을 "교사의 지도 아래 학생이 겪는 모든 경험" 으로 보았다.[8] J. Galen Saylor, William M. Alexander와 Arthur J. Lewis는 다음과 같은 정의를 제시했다. "우리는 교육과정을 교육받을 일련의 학습 기회를 제공하는 계획으로 정의한다."[9]

Saylor와 Alexander 및 Lewis의 정의는 Foshay의 정의—"학생과 교사가 수행할 행동 계획"[10]—와 Hilda Taba의 정의—"교육과정은 학습을 위한 계획이다."[11]—와 유사하다. Taba는 그 요소들을 제시함으로써 교육과정을 다음과 같이 정의했다.

> 모든 교육과정은 그 계획이 무엇이든 간에 특정 요소로 구성된다. 교육과정은 항상 목적과 구체적 목표의 진술로 구성된다. 교육과정은 특정한 내용의 선택과 조직이고, 특정 교수-학습 유형으로 나타나기도 한다. 이는 목표에 교수-학습 유형이나 내용 조직이 필요할 수 있기 때문이다. 결과적으로 교육과정은 결과에 대한 평가 프로그램을 포함한다.[12]

Ronald C. Doll은 학교 교육과정을 다음과 같이 정의한다.

> 학교의 지도 아래 학습자가 지식과 이해를 습득하고, 기술을 개발하고, 태도와 입장, 가치관을 바꾸는 형식적 · 비형식적 내용과 과정이다.[13]

Daniel Tanner와 Laurel N. Tanner는 교육과정에 대해서 다음 정의를 제안했다.

> 교육과정은 학습자가 지식과 경험을 연속적으로 재구성하고 합리적으로 조절하는 능력을 기를 수 있도록 지식과 경험을 재구성한 것이다.[14]

Arbert I. Oliver는 교육과정을 교육 프로그램과 같이 보고 그것을 네 가지 기본 요소, 즉 "(1) 학습 프로그램, (2) 실천 프로그램, (3) 봉사(서비스) 프로그램, (4) 잠재적(숨겨진) 교육과정"로 나누었다.[15]

학습 프로그램, 실천 프로그램, 봉사(서비스) 프로그램은 명백하다. 이러한 요소에 Oliver는 잠재적 교육과정을 더했다. 잠재적 교육과정은 학교에 의해 고양된 가치, 동 교과 교사들의 서로 다른 강조점, 교사 참여 정도, 학교의 자연적 · 사회적 풍토를 포함한다.

Robert M. Gagné는 교육과정을 정의하는 데 있어 다른 접근을 했다. 교과(내용), 목표 진술(최종목표), 일련의 내용, 학생들이 내용을 공부하기 시작할 때 필요한 모든 기술의 사전평가(preassessment)를 함께 엮었다.[16] Mauritz Johnson, Jr.는 Gagné가 교육과정을 "체계적인 일련의 의도된 학습 성과"[17]로 정의했을 때 근본적으로 그의 의견에 동의했다. Johnson은 교육과정을 "교육과정 개발체제의 산출물(output)이면서 동시에 교수체제로의 투입물(input)" 로 보았다.[18)]

교육과정의 철폐적 요소(desegregating)에 관해 연구한 Geneva Gay는 교육과정의 폭넓은 해석을 제시했다.

> 만약 우리가 동등하게 성취해야 한다면, 우리는 우리의 개념을 단지 교과목 내용이 아니라 학교의 전체 문화를 포함하는 개념으로 넓혀야 한다.[19)]

Evelyn J. Sowell은 다음의 정의를 제시했다. "교육과정은 학생들에게 가르쳐야 하는 의도적 · 비의도적인 정보이자 기술이며 태도다."[20)] 반면에 Herbert K. Kliebard는 "사실 우리가 미국의 교육과정이라고 부르는 것은 경쟁하고 있는 이론과 실천의 집합체" 라고 했다.[21)]

Jon Wiles와 Joseph Bondi는 교육과정의 정의를 학습을 위한 계획으로 보았을 뿐만 아니라 "원하는 목표 또는 학생들을 위한 경험으로 완결되는 개발과정을 통해 활성화될 수 있는 일련의 가치" 로 보았다.[22)]

D. Jean Clandinin과 F. Michael Connelly는 '교육과정' 이란 단어는 오직 교수요목이란 의미를 나타낸다고 하면서 교육과정을 교사가 교육과정 개발자처럼 이끄는 '삶의 코스(a course of life)' 라고 했다.[23)]

"학교 자료(school materials)" 로서의 교육과정 정의에서 벗어나, William F. Pinar, William M. Reynolds, Patrick Slattery와 Peter M. Taubman은 교육과정을 "상징적 표상(symbolic representation)" 으로 설명한다.[24)] 그들은 다음과 같이 말한다.

> 상징적 표상으로서 이해된 교육과정은 다양한 방법으로(즉, 정치적으로, 인종적으로, 자서전으로, 현상적으로, 이론적으로, 국제적으로, 성[性]과 해체 이론의 면에서) 증명되고 분석될 수 있는 획일화되고 추론적인 실행, 구조, 이미지 및 경험을 의미한다.[25)]

최근에 교육과정의 다양한 해석에 관심을 가진 Peter S. Hlebowitsh는 "우리가 엄밀히 전문적이고 학교기반 용어로서 교육과정에 대해서 생각하기 시작할 때, 교육과정의 다양한 해석은 교육과정이 무엇으로 구성되어 작동되는가 하는 문제로 기울어진다." 라고 언

급했다.[26)]

의도와 맥락, 전략에 따른 정의

교육과정 이론가들의 용어의 개념에서 존재하는 차이점은 교육과정 정의의 실체의 차이점과 크게 다르거나 크게 같지도 않다. 일부 이론가는 어떤 특정한 것에 다른 것 이상으로 관심을 가진다. 일부는 이 장 뒷부분에서 다룰 개념적 문제(conceptual problems)들의 요소인 교육과정(curriculum)과 수업(instruction)을 결합한다. 또 일부는 교육과정의 정의를 (1) 교육과정의 의도(purpose)/목적(goal)에서, (2) 교육과정이 있는 맥락(context)에서, (3) 교육과정을 통해 사용되는 전략(strategy)을 통해서 찾는다.

의도와 목적 이론가들이 교육과정의 맥락에서가 아닌 그것이 하고 또 해야 하는 것, 즉 의도 혹은 목적에서 용어를 대할 때 교육과정의 정의를 찾는 것은 모호해진다. 교육과정의 목적에서 우리는 다양한 진술을 찾을 수 있다.

교육과정이 '학습자의 입장에서 반성적 사고의 개발' 또는 '문화유산의 전수'로서 개념화될 때, 목적은 실재와 혼돈된다. 이런 개념은 '교육과정의 목적은 문화유산의 전수다' 또는 '교육과정의 목적은 학습자의 입장에서 반성적 사고의 개발이다.'와 같이 더욱 정확하게 진술될 수 있다. 교육과정이 성취하고자 하는 것(목적)을 진술하는 것은 교육과정의 개념을 정확하게 하기 위함이다.

맥락 교육과정의 정의는 가끔씩 교육과정이 일정한 형태를 가지는 곳에서의 맥락이나 환경의 문제를 진술한다. 이론가들이 본질주의 교육과정, 아동중심 교육과정, 재건주의 교육과정을 말할 때, 그들은 동시에 교육과정의 두 가지 특성(목적과 맥락)을 언급한다. 예를 들어, 본질주의 교육과정은 문화유산을 전수하고, 체계적 교과의 학습과 훈육을 통해서 젊은이를 교육하고, 아동의 미래를 준비하도록 계획된다. 이 교육과정은 전문적(special) 철학적 맥락, 즉 본질주의 학교철학에서 등장한다.

아동중심 교육과정은 진보적 학교철학이 초점을 맞춘 개별 학습자에서 기원했다는 점이 명백하게 드러난다. 성장의 모든 측면에서 개별 학습자의 발달은 학교마다 매우 다양한 계발 계획에 따를 것으로 추론된다. 재건주의 철학적 신념을 따르는 학교 교육과정은 아동이 그들 사회의 긴급한 문제를 해결해서 더 나은 사회를 만들 수 있도록 교육하는 데 그 목적이 있다. "페미니스트 주장"을 하는 Madeleine R. Grumet은 "이 땅에서 함께 살아가는 남녀로서 우리 삶에서 가장 기초적인(fundamental) 것은 우리 자신을 재생산하는 과정과 경험이다."라고 주장한다.[27] "학교는 우리가 사랑하고 일하는 실제 삶의 공간에서 벗어난 의례적 센터(ritual centers)다."[28]라고 보는 그녀는 교육과정을 "생물학과 이데올로기에 기초하면서 생물학과 이데올로기를 넘어서려는 시도의 초월적 프로젝트"로 정의했다.[29] 다시 교육과정에 숨어 있는 특정 방향과 맥락을 살펴보자.

전략 목적과 맥락은 때때로 교육과정의 정의로서 제공될 때 이론가가 교육과정을 수업 전략과 동일시한다면 복잡해진다. 어떤 이론가는 과정이나 전략 혹은 기술과 같은 수업 변인을 독립시킨다. 그리고 그것을 교육과정과 동일시한다. 문제해결 과정으로서 교육과정은 교육과정을 문제해결 기법, 과학적 방법, 반성적 사고와 같이 수업과정(instructional process)으로 정의하려는 시도를 보여 준다. 예를 들어, 군생(group living)으로서 교육과정은 군생을 위한 기회를 제공하기 위해 사용되어야 하는 특정 수업 기법을 중심으로 만들어진 정의다. 개별학습으로서의 교육과정과 프로그램화된 수업으로서의 교육과정은 실제로 학습자가 수업의 과정을 통하여 교육과정 내용을 만나게 해 주는 수단이 되는 체계를 상세화한 것(specification)이다. 목적, 맥락, 전략은 교육과정을 정의하는 데 명백한 기초를 제공하지 못한다.

교실 안에서 수업 자체는 목적이나 최종목표로서 교육과정을 정의한다. W. James Popham과 Eva L. Baker는 "교육과정은 학교가 책임을 져야 할 모든 계획된 학습 성과(learning outcomes)"[30]라고 하면서 교육과정을 목적으로, 수업은 수단으로 분류한다. 교육과정을 설계할 때 설계자는 이러한 결과나 목표를 조작적/행동적 용어(term)로 기술할 것이다.

조작적/행동적 목표는 수업목표다. 행동목표의 지지자는 모든 학교 프로그램과 활동의 행동목표의 목록으로 교육과정을 구성하려고 했다. 교육과정은 모든 수업목표의 총체가 되곤 했다. 여러분은 여기에서 교육과정의 목적(goals) 및 목표(objectives)를 수업의 목표(goals) 및 명세목표(objectives)와 구분할 것이다. 이후에 당신은 교육과정 목표(objectives)가 교육과정의 목적(goals)과 교육의 목적(aims)에서 파생하였고, 수업 명세목표(objectives)는 수업의 목표(goals)와 교육과정의 목적(goals) 및 목표(objectives)에서 파생하였음을 알게 될 것이다. 교육과정 목표와 수업목표는 둘 다 행동적 용어에서 기술될 수 있다(314쪽 참조).

행동목표의 일부 옹호자는 일단 최종목표가 명백히 열거되면 교육과정이 자연스럽게 정의된다고 보고 있다. 그런 관점은 수업으로 이어진다. 예를 들어, 교육과정을 목표의 열거로 보는 관점은 교육과정을 계획, 프로그램, 코스(course)의 계열로 보는 관점과 매우 다르다.

이 책에서는 교육과정을 학습자가 학교의 지도 아래 직면하는 모든 경험에 대한 계획이나 프로그램으로 인식한다. 실제로 교육과정은 많은 문서화된 계획과 바라는 학습 경험으로 서술되는 다양한 스코프(scope)로 구성된다. 그러므로 교육과정은 단원, 코스, 코스의 계열, 학교의 모든 학습 프로그램이 될 수 있으며, 또한 학교 교직원의 지도 아래 학교 밖에서 일어날 수도 있다.

교육과정과 수업의 관련성

교육과정의 의미를 밝히는 연구는 교육과정과 수업 간의 구분과 그들의 관계상의 차이점이 불분명함을 밝혀냈다. 우리는 간단하게 교육과정은 가르치는 것 자체, 수업은 가르칠 때 사용하는 수단이라고 볼지도 모른다. 훨씬 더 간단하게 교육과정은 '무엇'으로 인식되고, 수업은 '어떻게'로 인식될 수 있다. 교육과정을 하나의 프로그램, 계획, 내용, 학습 경험으로 생각하고, 수업은 방법, 교수 행위, 실행, 프레젠테이션으로 특징지을 수 있다.

Johnson은 수업을 교육과정과 구분하면서 "교수 행위자(teaching agent)와 한 명 이상의 학습자 간의 상호작용"[31]으로 정의했다. James B. Macdonald는 교육과정 행위는 더 나아가기 위한 계획의 산물로, 수업은 계획의 실행으로 보았다. 즉, 그에 따르면 교육과정 계획은 수업에 선행하며, 이는 나 또한 동의하는 전제다.[32]

교육과정이나 수업을 계획하는 과정에서 결정은 이루어진다. 교육과정에 대한 결정은 계획이나 프로그램과 관련이 있다. 그러므로 수업에 대한 결정은 방법적인 반면 교육과정에 대한 결정은 프로그램적이다. 교육과정과 수업 모두 더 큰 조직인 학교교육(schooling) 혹은 교육의 하부조직이다.

교육과정-수업 관련성 모델

두 용어의 정의는 가치가 있지만 이러한 두 체제의 상호 의존이 모호할 수 있다. 그들은 두 개의 실재로 인식될지도 모르나, 샴쌍둥이처럼 하나는 다른 하나 없이는 기능하지 못할 수도 있다. 교육의 '무엇'과 '어떻게' 간의 관계는 쉽게 결정되지 않으며, 이들 관계는 몇 가지 모델로 표현할 수 있다. 더 적합한 용어가 없어 각 모델을 (1) 이원적 모델, (2) 교차 모델, (3) 동심원적 모델, (4) 순환적 모델로 명한다.

이원적 모델(Dualistic Model) [그림 1-1]은 이원적 모델을 나타낸다. 교육과정이 한쪽, 수업이 다른 한쪽을 차지하고 둘은 절대 만나지 않는다. 두 실재 사이에는 큰 차이가 있다. 교사의 지도 아래 교실에서 일어나는 것과 기본 계획(master plan)에 교실에서 일어나야 하는 것으로 명시된 것 간에는 거의 관련성이 없다. 교육과정의 논의는 교실에서의 실제 적용과 분리된다. 이러한 모델에서는 교육과정과 수업과정이 서로 큰 영향을 주지 않고 따로 변하게 된다.

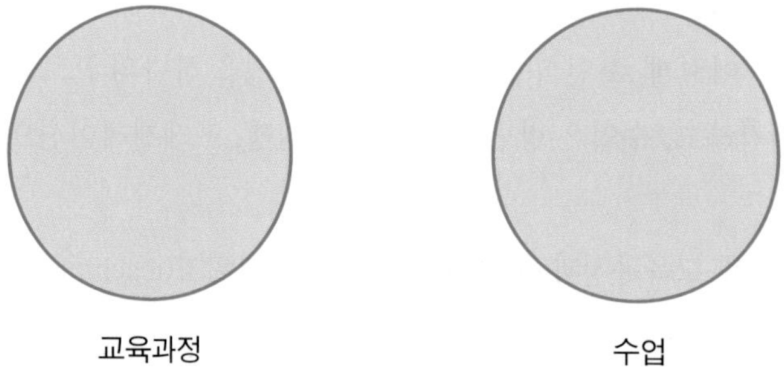

[그림 1-1] 이원적 모델

교차 모델(Interlocking Model) 교육과정과 수업이 교차하는 체제일 때, 교차관계가 존재한다. [그림 1-2]의 A나 B에서 수업이나 교육과정의 위치는 특별히 중요하지 않다. 요소(수업/교육과정)가 왼쪽이든 오른쪽이든 그 관계는 똑같다. 이러한 모델은 이 두 존재 사이의 공통으로 통합된 관계를 명확하게 설명한다. 하나가 다른 하나와 분리되면 둘 모두에 심각한 해를 줄 수 있다.

교육과정 설계자는 수업을 교육과정보다 중요하다고 여기는 것과 프로그램 목표에 앞

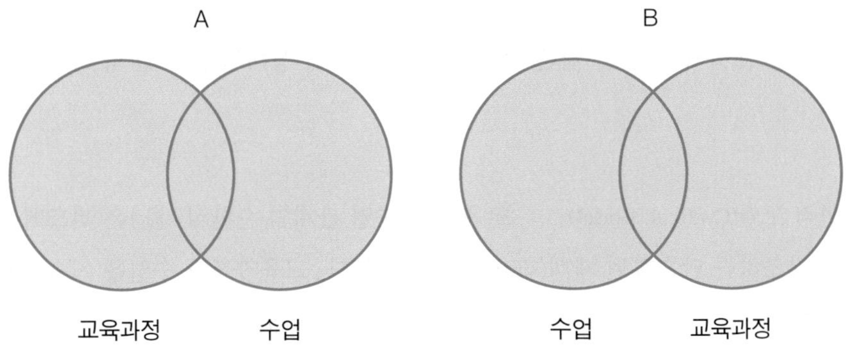

[그림 1-2] 교차 모델

서 수업방법을 결정하는 것은 어렵다고 말한다. 그럼에도 어떤 교수자(faculty)는 사전에 교육과정을 계획하는 것을 생략하고 교실에서 교육과정을 실행하는 것을 덜 발전된 모습으로 보면서 지속적으로 수업(instruction)이 가장 최고인 것처럼 말한다.

동심원적 모델(Concentric Model) 앞의 모델들의 교육과정과 수업의 관련성은 완전한 분리부터 교차 모델까지 독립의 정도가 다양하다. 동심원적 모델에서는 '상호 의존'이 중요한 특징이다. [그림 1-3]에서는 하나가 다른 것의 하위체계로 나타나는 교육과정-수업 관계의 두 가지 개념을 보여 준다. 형태가 다른 A와 B 모두에서 한 개체는 상부(superordinate), 다른 한 개체는 종속부(subordinate)를 의미한다.

동심원적 모델 A는 수업을 교육의 전체 체계(whole system) 내 하위체계로서 교육과정에 속하는 더 낮은 하위체계로 둔다. 동심원적 모델 B는 교육과정을 수업 내에 포함한다. 명백한 계층관계는 모델 A, B 모두에서 나타난다. 모델 A에서는 교육과정이,

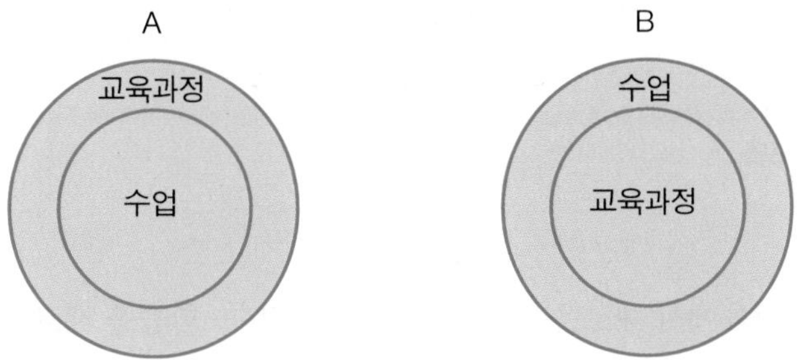

[그림 1-3] 동심원적 모델

모델 B에서는 수업이 상부에 있다. 모델 A에서는 수업이 교육과정에 의존적이고, 모델 B에서는 교육과정이 더 넓은 범위의 수업에 대해 상대적으로 덜 중요하고 수업의 일부다.

순환적 모델(Cyclical Model) 교육과정-수업 관계의 순환적 개념은 피드백의 기본 요소를 강조하는 단순화된 체계(simplified system)다. 교육과정과 수업은 지속적으로 순환관계이면서도 분리된 개체다. 지속적으로 교육과정은 수업에, 수업은 교육과정에 영향을 준다. [그림 1-4]는 도식적으로 이런 관계를 보여 준다. 순환적 모델에서 수업 결정은 교육과정 결정에 뒤따름을 암시한다. 교육과정 결정은 수업 결정이 실행되고 평가된 후에 수정된다. 이런 과정은 지속적이고 반복적이며 끝이 없다. 수업과정의 평가는 다음 교육과정을 결정하는 데 영향을 주고, 그 교육과정 결정은 수업 실행에 다시 영향을 미친다. 도식상으로는 교육과정과 수업이 분리되어 있지만, 개념적으로는 계속 순환하면서 지속적으로 적용과 개선을 야기하는 학문 분야의 일부분으로 인식된다.

각각의 교육과정-수업 모델은 부분으로든 전체로든, 이론적이든 실행에서든 그것을 지지하는 사람들이 있다. 하지만 우리는 이 많은 개념을 어떻게 설명할 수 있으며 무엇이 '맞고' '틀린지' 어떻게 알 수 있는가?

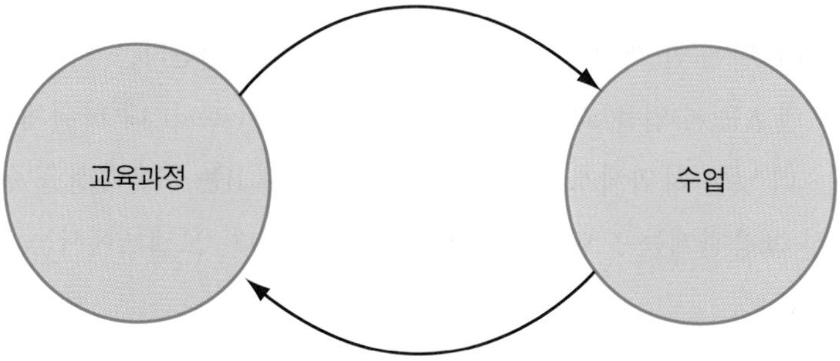

[그림 1-4] 순환적 모델

공통된 신념 교육에서 새로운 개발이 일어나고, 교수-학습을 새로운 관점으로 연구하고, 새로운 아이디어가 개발되고, 시간이 흐르면서 교육과정과 수업에 대한 신념 또한 변화를 겪는다. 교육과정과 수업의 개념에서 '맞음'과 '틀림'은 교육자가 정립할 수 없다. '맞음' 의 한 지표는 역사의 한 장면에 있었던 대부분의 교육자(상당히 실행 가능하고 또 가시적이고 논리적으로 옹호 가능한 위치)에게 우세한 의견일지도 모른다. 내 의견이기는 하지만, 교육과정과 수업을 바라보는 실용적인 주장의 내용으로 대부분의 이론학자는 오늘날 다음의 주장에 동의한다.

- 교육과정과 수업은 관련이 있지만 다르다.
- 교육과정과 수업은 교차적이고 상호 의존적이다.
- 교육과정과 수업은 분리된 개체로서 연구되고 분석될 수는 있지만 상호 독립적으로 기능할 수는 없다.

나의 판단으로는 두 개체가 완전히 분리된 교육과정-수업 관계를 보여 주는 이원적 개념 모델과 하나가 다른 하나의 하부체계인 동심원적 모델에서는 심각한 문제가 발생할 것으로 보인다.

일부 교육과정 종사자(worker)는 두 개체 간의 밀접한 관계를 보여 주기 때문에 교차 모델을 편안해한다. 하지만 나는 간결함과 개체 간 지속적으로 미치는 영향력을 이유로 순환적 모델을 추천하고 싶다.

하나의 학문 분야로서의 교육과정

정의하기 어려운 특성에도 불구하고, 나를 포함한 많은 이는 교육과정을 하나의 학과나 고등교육의 대학원 수준 혹은 전공학과로 본다. 교육과정은 사람들이 일하는 현장이면서 배우는 교과목이다. 대학원생뿐만 아니라 대학생까지 교육과정 발달, 교육과정 이론, 교육과정 평가, 중등학교 교육과정, 초등학교 교육과정, 중학교 교육과정, 전문대학 교육과정, 그리고 가끔은 대학교 교육과정을 이수한다.

교육과정이라 불리는 학문이 있을 수 있는가? 교사교육 비평가가 말했듯이, 교육과정에서 많은 대학과정(college courses)은 단지 케이크 위에 올린 설탕 장식인가, 아니면 그 표면 아래의 케이크인가? 사람들이 자신들의 삶을 헌신할 수 있는 교육과정 영역 혹은 직업은 존재하는가?

학문의 특성

연구의 영역이 학문인지에 관한 결정을 내리기 위해서는 '학문의 특성은 무엇인가?'라는 질문이 제기될 수 있다. 학문의 특징이 기술될 수 있다면 교육과정이 학문인지 아닌지 알 수 있다.

원리 어떤 학문이든 그것을 제어하는 체계화된 일련의 이론적 구인 또는 원리를 가진다. 분명히 교육과정 영역은 뚜렷한 원리를 발달시켜 왔다. 의도적이든 비의도적이든, 입증된 것이든 입증되지 않은 것이든, 많은 원리는 이 책에서 적당한 논의 주제다. 13장에서 논의된 교육과정의 균형은 구인 또는 개념이다. 교육과정 자체는 매우 복잡한 아이디어의 언어화된 구인 또는 개념이다. 균형과 교육과정이라는 구인을 사용하여 우리는 '학습자에게 최대한의 기회를 제공하는 교육과정은 균형의 개념을 만든다'는 간단한 말로 표현되는 원리 또는 규칙을 얻을 수 있다. 과정의 계열화(sequencing of courses), 행동목표(behavioral objective), 통합 연구(integrated studies), 다문화주의(multiculturalism), 총체적 언어 접근법(whole-language approach)은 하나 혹은 그 이상의 교육과정 원리로 통합된 구인의 예다.

어떤 이론적 원리의 중요한 특징은 최소 하나의 상황 이상에서 일반화 및 적용이 가능하다는 것이다. 교육과정 이론이 특정 문제를 단 한 번만 적용할 수 있는 해결책(one-shot solution)이라면 교육과정의 개념을 학문으로 지지하기 힘들 것이다. 그러나 교육과정 이론의 원리는 비슷한 상황과 조건에서 반복하여 적용할 수 있는 규칙(rules)을 찾고자 노력한다. 예를 들어, 많은 사람은 균형의 개념이 모든 교육과정에 통합되어야 한다는 데 동의할 것이다. 그러나 우리는 '교육과정 계획의 첫 단계는 행동목표의 구체화다'라는 원리에 대해 더 많은 논란을 가지고 있다. 어떤 이는 이 원칙을 보편적 실천(practice)으로 여겨 왔고, 그래서 '진리(truth)'라 명명할 것이라 생각했다. 많은 교육자는 이를 받아들였으나 어떤 이는 거부했고, 또 어떤 이는 이를 시도했으나 단념했다.

지식과 기능 어느 학문이라도 그 학문에 속하는 지식과 기술의 실체를 포함한다. 교육과정 영역은 파생된 수많은 순수 학문에서 교과목 문제를 차용하여 적용한다. [그림 1-5]는 교육과정이 어디에서 구인, 원리, 지식, 기술을 차용해 왔는지 그 영역을 보여 준다. 예를 들어, 학생들이 연구를 위해 내용을 선택하는 것은 사회학, 심리학, 교과 영역의 참

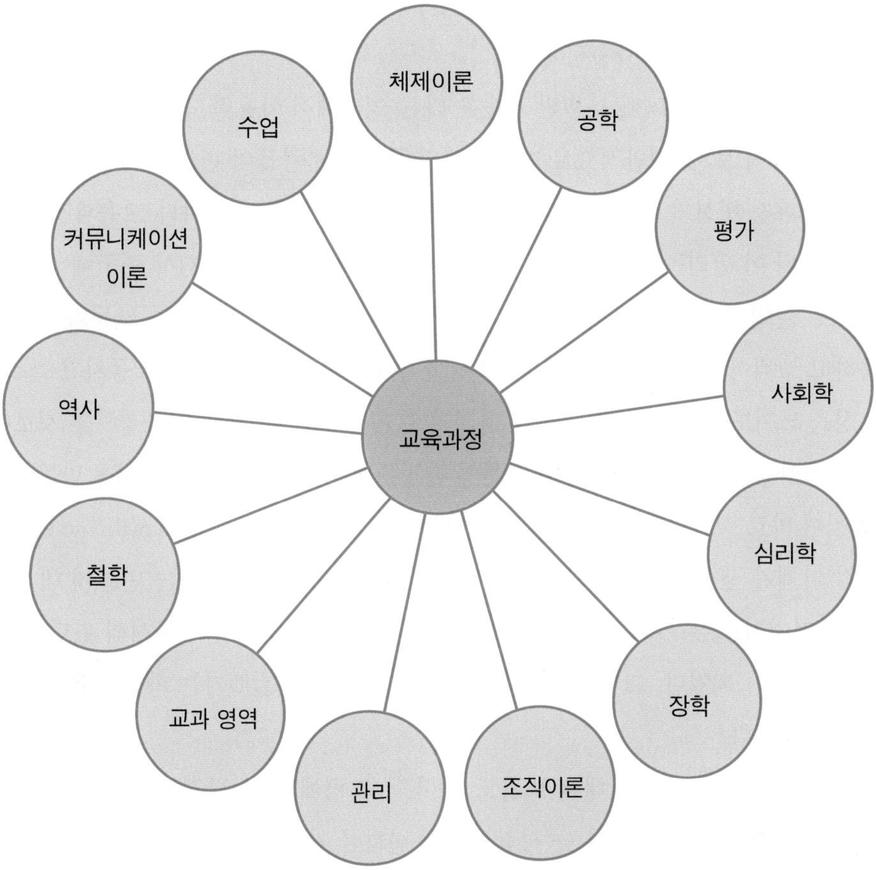

[그림 1-5] 교육과정 분야의 원천

고 없이는 불가능하다. 교육과정 체계는 조직이론(organizational theory)과 행정 측면인 관리(management)의 지식에 의존한다. 장학, 체제이론, 공학, 커뮤니케이션 이론의 영역은 교육과정 개발의 과정으로 본다. 교육과정 분야는 많은 분야에서 지식을 선택하고 적용한다.

'아동중심 교육과정'은 학습, 성장, 발달(심리적 · 생물적), 철학(특히 진보주의), 사회학에 대해 알려진 것에 매우 의존한다. '본질주의 교육과정'은 철학, 심리학, 사회학, 학술적(academic) 학문 분야를 차용한다.

당신은 아마도 교육과정 분야에서 교육과정의 지식이 다른 학문에서 차용한 지식에 어떤 공헌을 했는지 궁금할지도 모른다. 확실히 상당한 양의 생각과 연구가 교육과정의 이름으로 행해진다. 새로운 교육과정 아이디어는 계속 만들어진다. (최신 개념 세 가지만 말하자면) 협동학습(cooperative learning), 컴퓨터 문해력(literacy), 인격교육의 이러한 아이디어는 다른 학문에서 사용된다.

교육과정 전문가에 의해 사용된 기술은 다른 영역에서 차용한 것이다. 사회심리학 분야의 예를 들어 보자. 일반적으로 받아들여진 주장은 사람들이 변화에 대해 영향을 받을 때만 교육과정 변화가 이루어진다는 주장이다. 사회심리학에서 나와 교육과정 개발 분야에 적용된 이 원리는 1930년대에 행해진 웨스턴(Western) 전기회사 연구에 의해 가장 극적으로 설명된다.[33] 여기 연구자들은 공장에서 전화기를 조립하는 노동자가 스스로 만족하고 조직이 가치 있다고 느낄 때 더 생산적이라는 것을 알아냈다. 노동자가 스스로의 중요성을 느끼도록 하는 것은 공장의 밝기와 같은 물리적 환경을 잘 조성하는 것보다 더 높은 생산성을 가져왔다. 연구의 한 부분인 감정은 독특한 기운이나 분위기를 만들어 내는데 이것이 바로 시카고의 호손 전기공장에서 이름 붙여진 호손 효과(Hawthorne effect)다. 소속감 자체가 생산성을 높일 수 있다는 것이 밝혀진 이후, 이 효과는 변화에 대해 기술한 잘 알려지지 않은 가설 또는 실제 원인을 찾기 위해 연구자들이 무시해 왔던 것을 배우는 한 사례가 되었다. 그러나 호손 효과를 알게 된 교육 실행가는 학습을 촉진하는 데 그것을 이용한다.

웨스턴 전기회사 연구에 대한 비판도 많다.[34] 그럼에도 그 발견은 여전히 견고하다. 수업 지도자(장학사라고 부르자)는 사람들에게 변화를 가져오기 위해 촉매인 또는 중개인으로서 행동한다. 어떻게 관리자가 이것을 수행하는가? 그들은 많은 영역에서 지식과 기술(커뮤니케이션 이론, 여러 집단의 심리학 등)을 차용하는가? 관리자는 일단 그것을 받아들인 교사가 변화를 이끌어 낼 수 있도록 어떻게 돕는가? 그들은 관리, 학문 구조의 지식 등 여러 영역에서 도출한 원리와 기능을 적용한다.

결과적으로 우리는 교육과정 영역이 다른 많은 학문의 지식과 기능을 종합해 사용할 필요가 있다고 결론지을 수 있다. 타 학문에서 파생한 교육과정 이론과 실행은 그 영역의 중요성을 약화하지 않을 것이다. 본질에서 유도된 타 학문의 주장은 그들의 본질을 간단하게 특징지을 수 있다. 많은 분야에서 온 교육과정 요소를 종합하는 것은 큰 노력이 필요하면서도 홍미로운 분야다.

순환하는 경향에 의해 파생된 학문인 교육과정은 이번엔 원래 학문(교육과정에 영향을 준 학문)에 큰 영향을 미친다. 교육과정 연구, 실험, 적용을 통해 교과목 영역은 수정된다. 학습이론은 보강되고 수정되거나 또는 거부된다. 행정 · 장학 기술은 실행되거나 변화되고 철학적 태도는 점검된다.

이론가와 실천가 학문은 이론가와 실천가를 가진다. 분명히 교육과정 영역은 그 이름 하에 작업한 연구자(worker)들이 있다. 일부 제목에서 말했듯이 몇 개만 예를 들자면, 설계자(planner), 컨설턴트(consultant), 조정자(coordinator), 감독관(director), 교수(professor)가 있다. 우리는 이들을 교육과정 종사자(worker) 또는 전문가(specialist)에 포함할 수 있다.

교육과정 전문가는 그들의 분야에 수많은 뚜렷한 기여를 하였다. 전문가들은 어떤 유형의 교육과정이 과거에, 어떤 조건 아래, 어떤 성취를 갖고 작용하는지를 안다. 가장 중요한 것은 개선(improvement)이기 때문에 전문가들은 교육과정의 개발의 기초를 잘 다져야 하고, 학교가 함정을 피하도록 도와줄 지식을 사용할 수 있어야 한다.

교육과정 전문가는 새로운 교육과정 개념을 생산하거나 생산을 돕는다. 이런 가능성에서 전문가들은 과거로부터 새로운 배열이나 기존에 존재하던 접근법 또는 완전히 새로운 접근법의 적용을 끌어낸다. 예를 들어, 학교의 대안 형태는 동일한 일반목표(젊은이의 교육)를 위한 새로운 배열과 접근법의 사례다.

교육과정 전문가가 밝고 새로운 이론(쉽게 사라지지 않을 가치 있는 목표)이 나타나길 희망하는 '큰 생각(big think)'에 빠져 있는 동안, 이론과 연구의 적용에서 더 많은 교육과정 전문가가 전문성을 획득한다. 그들은 학습자에게서 더 높은 성취를 가져올 수 있도록 하는 교육과정 계획 방법을 안다. 이는 조직하는 방식에서 변주곡과 유사하다. 이 방식은 지식적일 뿐만 아니라 창의적이고 학습자가 더 높은 성취를 할 수 있다고 약속할 수 있는 참신한 혁신성이 있어야 한다.

예를 들어, 1930년대와 1940년대에 등장한 둘 이상의 교과목을 통합한 '중핵(core)' 교육과정의 개념은 전도유망하고 창조적인 혁신이었다. 그중 하나를 들면, 9장에서 논의할 핵심 교육과정은 학생들의 요구와 흥미에 기초한 내용(content)을 사용함으로써 중학교 수준에서 영어와 사회를 한 단위 시간(보통 2~3차시)으로 융합하였다. 그러나 이런 혁신적인 개념은 교육과정 분야에서 정말 독창적이고 특별한가, 아니면 다양한 학문에서 파생되고 적용된 것인가? 중핵 교육과정의 하위개념을 조사하면 그것이 다른 학문에 큰 빚을 졌음을 알 수 있다. 어떤 중핵 프로그램에서 학생 요구는 문제해결법 수업(instruction)이 그랬듯이 학생중심의 진보적 학습이론에서 왔다. 1930년대와 1940년대에 학교에서 이런 유형의 중핵 교육과정이 시작된 한 가지 원인은 무엇보다도 그 당시 학교의 낮은 권한에 기인한 교과목 문제에 관한 불만 때문일 수 있다.

교육과정 실천가

교육과정 전문가

교육과정 전문가는 창의적으로 이론과 지식을 실천으로 변화시킴으로써 기여를 했다. 그들의 노력을 통해 새롭고 처음으로 실시되는 방법이 점점 넓게 확산된다. 교육과정 학문의 학생으로서 그들은 타 영역 및 관련 영역에서 온 이론과 지식을 시험하고 재평가한다. 다른 분야에서 드러난 성공과 실패를 인지하는 것은 전문가가 자신들만의 교육과정의 관점을 찾을 수 있도록 돕는다.

교육과정 전문가는 교육과정 문제에 대한 연구를 촉진할 가장 좋은 위치에 있다. 몇 가지 연구 영역을 말하자면, 전문가는 교육과정 문제, 계획과 프로그램의 비교, 새로운 형식의 교육과정 체계의 결과, 그리고 교육과정 실험 역사에 대한 연구를 실행하고 촉진한다. 전문가는 교육과정을 개선하기 위한 노력을 이어 가기 위해 연구 결과를 활용한다.

담임교사가 매일 교육과정과 수업의 문제를 고민하는 동안, 교육과정 전문가는 교사에게 제공해야 할 지도력의 문제를 담당한다. 많은 위치에 다양한 전문가가 있기 때문에 그들의 역할을 일반화하기란 어려울 것이다. 어떤 이에게는 그 역할이 교육과정 또는 프로그램 계획에 한정될 수도 있고, 또 어떤 이에게는 수업 계획과 의사결정까지 포함할 수도 있다.

일부 교육과정 종사자는 그들의 행동 영역을 특정 수준이나 과목(초 · 중등 교육과정, 전문대 교육과정, 특수교육, 유아교육, 과학교육 등)에 한정한다. 교육과정 지도자(curriculum leader)의 역할은 직업이나 장학 행정가(supervising administrator) 혹은 전문가 자신에 의해 형성된다. 시간의 흐름에 따라 교육과정 전문가는 다음과 같이 되어야 한다.

- 철학자
- 심리학자
- 사회학자
- 인간관계 전문가
- 이론가
- 역사가

- 한 가지 이상의 학문과 관련된 학자
- 평가자
- 연구자
- 수업 실행자
- 체제 분석가
- 공학 전문가

교사

지금까지 교육과정 전문가와 교육과정이라 불리는 영역에서 그들의 위치에 대해 논의했다. 우리는 더 거대한 규모의 전문가들인 교사를 간과해서는 안 된다. 교육과정 전문가가 주로 연속체(교육과정-수업)의 한 영역(교육과정)에서 일하고 부차적으로 다른 영역(수업)에서 일하는 것처럼, 교사는 주로 수업 영역에서 일하고 부차적으로 교육과정 영역에서 일한다.

교사도 조정자, 컨설턴트, 수석교사(lead teacher), 팀 리더(team leader), 학년부장(grade coordinator), 부장교사(department head), 교감, 교장 등의 장학 아래 다양한 수준, 다양한 상황에서 교육과정을 계획하는 데 참여하는 교육과정 종사자다.

교사와 교육과정 전문가가 교육과정 및 수업의 두 분야에서 함께 일하는가 하는 문제는 이 책의 지속적인 관심사다.

장학사

여기서 교육과정 전문가(curriculum specialist)와 장학사(supervisor)의 역할 구분이 필요하다. 일부는 이 둘을 동의어로 본다.

이 책에서 장학사는 세 가지 주요 영역(수업 개발, 교육과정 개발, 교직원 개발로 주로 교사 개발임)에서 일하는 전문가를 말한다.[35] 장학사가 앞의 두 영역(수업 개발, 교육과정 개발)에서 일할 때 그들은 수업/교육과정 전문가이고, 다소 부정확한 용어이긴 하지만 일반적으로 교육과정 전문가다. 그러므로 특정 분야의 교육과정 종사자 또는 전문가는 '완전한' 또는 일반적인 장학사보다 좀 더 제한된 분야에 책임을 지고 있다. 교육과정 전문가와 장학사 모두 교사와 함께 교육과정 개발과 수업 개발을 할 때에는 비슷한 역할을 수행한다. 그러나 교육과정 전문가는 일반적인 장학사에게 더 많은 책임이 있는 현장 프로그램 체계화나 교사평가에 주된 관심을 두지 않는다.

역할 변화

교육 분야의 매우 다양한 직업이 존재하기 때문에 모든 조건과 상황에 적용할 수 있는 확고한 구분에 어려움이 생긴다. 교육 인사(personnel)의 역할과 기능을 더 완전히 이해하기 위해서 우리는 현지 관행(local practice)을 조사해야 한다. 교사, 교육과정 전문가, 장학사 모두 교육과정과 수업을 향상하는 활동에 참여한다. 그들의 역할은 때로는 다르고 때로는 비슷하다. 인사과에서는 장학사가 그들의 수행을 향상할 수 있도록 자주 다른 담당 업무를 하게끔 배치해 준다. 그들은 독자적인 교육과정을 보유한 전문가이자 장학사와 같은 교사 혹은 비슷한 사람이다. 교육과정과 수업의 개선을 위한 리더십의 구조가 무엇이건 간에, 모든 교사와 전문가는 궁극적으로 이 도전적인 과제에 참여해야 한다. 교육과정과 수업은 학교, 교직원, 학생, 지역사회, 학교에서 무엇을 제공해야 하고 수행해야 하는지에 대한 고민에 참여한 사람 모두의 마음과 가슴에 존재한다. 교육과정과 수업은 학교 교육(schooling)의 정신과 마음이므로 모든 구성원과 학생, 지역사회는 학교에 제공되는 것과 그 실행방법의 개선에 참여한다.

3, 4장은 교육과정 개발에 참여하는 구성원(교사, 학생, 부장교사, 수석교사, 팀 리더, 학년부장, 행정가, 교육과정 전문가, 장학사, 일반인)의 역할을 기술한다.

요약

교육과정과 수업은 분리적이면서도 의존적인 개념이다. 이론가들은 다양한 방법으로 교육과정을 정의한다. 이 책에서는 교육과정의 개념을 학교의 지도 아래 학습자가 직면하는 모든 학습 경험의 계획 또는 프로그램으로 본다.

여기에서 수업은 교육과정 실행을 위한 수단이자 교사가 교육과정을 학생에게 활용하는 데 사용하는 기술로 인식된다. 간단하게 교육과정은 프로그램이고, 수업은 방법이다.

교육과정-수업 관계를 보여 주는 많은 모델이 논의되었다. 모든 모델이 장단점을 지닌 가운데 순환적 모델은 교육과정과 수업 간 상호관계를 강조한다는 점에서 특별한 장점이 있다.

계획은 수업 구상보다는 교육과정 구상, 즉 프로그램의 구상으로 시작해야 한다. 적절한 계획은 광범위한 교육목적으로 시작하고 가장 상세하게는 수업 명세목표로 이어지는 연속적인 과정을 통해 진행된다.

교육과정은 많은 학문에서 개념과 원리를 빌려왔지만 학문으로 인식된다.

교육과정 계획, 개발, 연구를 하는 전문가를 포함하여 많은 실천가는 교육과정 분야에서 일한다. 교사와 교육과정 전문가 및 수업장학사는 교육과정 개발을 위해 지도력 책무성(leadership responsibility)을 공유한다.

하나의 학문으로서의 교육과정은 (1) 체계화된 일련의 원리, (2) 훈련이 필요한 지식과 기술의 체계, (3) 이론가와 실천가로 이루어진다.

논의문제

1. 당신이 선택한 교육과정의 정의와 어떤 차이가 있는가? 그 이유는? 다른 교육과정의 정의가 주는 영향을 예로 들어 보라.

2. 주(州) 법령에 의해 교육과정이 인정된 영역이어야 하는가? 그 이유는?

3. 교육과정을 수업과 구분하는 목적은 무엇인가?

4. 교육과정 전문가를 위한 준비 프로그램에 무엇을 포함할 것인가?

5. 계획은 교육과정에서 시작되는가 혹은 수업에서 시작되는가? 그 이유는?

보충 연습문제

1. 이 장에서 논의된 것과 다른 교육과정의 정의 세 가지를 찾아서 설명하라.

2. 학문(discipline)의 성격을 설명하라.

3. 교육과정이 학문(discipline)인지, 유사학문(pseudodiscipline)인지, 아니면 학문이 아닌지 설명하고 그 근거를 제시하라.

4. 학술 논문이나 그에 준하는 학자들의 정확한 인용을 이용하여 교육과정 전문가와 장학사의 차이를 짧게 설명하라.

5. 다음 용어의 차이점을 밝히라. 교육과정 종사자, 교육과정 전문가, 교육과정 설계자, 교육과정 조정자, 교육과정 컨설턴트, 수업장학사.

6. 다른 문헌에서 이 장에 나온 교육과정과 수업의 관련성 모델 외 다른 모델을 찾아 설명하라.

7. 자신만의 교육과정과 수업의 관련성 모델을 만들어 설명하라.

8-1. 장학과 교육과정 개발, 수업장학의 교수회의, 교육과정 교수를 위한 협의회의 목적과 활동에 대해서 기록하라.

8-2. Deborah Westcot(1986, 조지아 서던 대학 졸업)이 제시한 교육과정과 수업 관련성 모델을 평가하라. 위상기하학으로 알려진 수학 분야에서, [그림 1-6]에서 보는 바와 같이 뫼비우스 띠는 오직 하나의 연속된 면을 보여 준다. 교육과정과 수업의 관련성에 적용하면, 교육과정은 수업으로 순환하고 수업은 교육과정으로 순환한다.

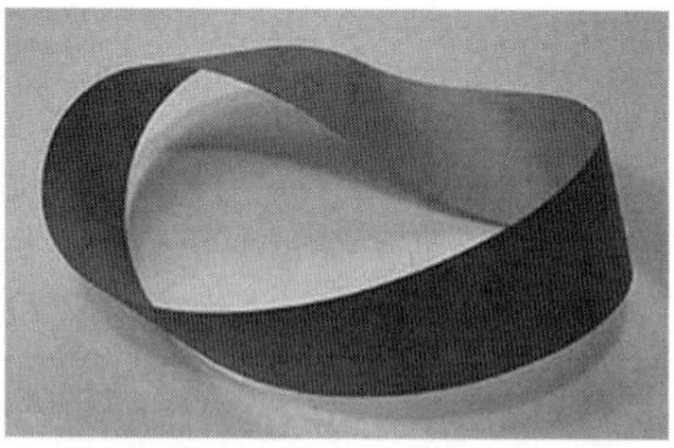

[그림 1-6] 뫼비우스 띠

9. 교육과정이 각 학문을 차용하고 그 학문에서 빌려온 원리, 구성, 개념, 또는 기능 중 최소 하나의 기여 요소를 설명하라.

10. [그림 1-5]에서 나타나지 않은 교육과정 분야의 원천이 있는지 살펴보라.

11. 다음 용어에 대한 생각을 서술하라. 교육과정 계획(curriculum planning), 교육과정 개발(curriculum development), 교육과정 개선(curriculum improvement), 교육과정 개혁(curriculum reform), 교육과정 개정(curriculum revision), 교육과정 평가(curriculum evaluation).

12. 이 장에서 언급된 웨스턴 전기회사 연구를 설명하고 교육과정 개발을 위해 그 중요성을 설명하라. 호손 효과의 설명도 포함하라. 그 연구에 대한 비판도 다시 평가해 보라.

13. '숨겨진 교육과정' 의 의미에 관해 다음 참고문헌 중 하나를 참고하라(참고문헌 참조). James A. Beane at al.; Henry Giroux and David Purpel; John D. McNeil; Albert I. Oliver; Allan C. Ornstein and Francis P. Hunkins.

14. George S. Morrison이 의미한 '형식적 교육과정, 비형식적 교육과정, 숨겨진 교육과정, 통합 교육과정' 을 설명하라(참고문헌 참조).

15. Allan A. Glatthorn과 John I. Goodlad가 제시한 교육과정 유형을 정의하라(참고문헌 참조).

후주

1) 예로 Peter S. Hlebowitsh, *Designing the School Curriculum* (Boston: Allyn and Bacon, 2005), p. 2와 Daniel Tanner and Laurel Tanner, *Curriculum Development: Theory into Practice*, 4th ed. (Upper Saddle River, N.J.: Merrill/Prentice Hall, 2007), p. 135 참조.
2) Dwayne Huebner, "The Moribund Curriculum Field: Its Wake and Our Work", *Curriculum Inquiry 6,* no. 2(1976), p. 156.
3) Elizabeth Vallance, "Curriculum as a Field of Practice," in Fenwick W. English, ed., *Fundamental Curriculum Decisions,* 1983 Yearbook (Alexandria, Va.: Association for Supervision and Curriculum Development, 1983), p. 159.
4) Arthur W. Foshay, *The Curriculum: Purpose, Subtance, Practice* (New York: Teachers College Press, 2000), p. xv.
5) Madeleine R. Grumet, *Bitter Milk: Women and Teaching* (Amherst, Mass.: The University of Massachusetts Press, 1988), p. 4.
6) Carter V. Good, ed., *Dictionary of Education,* 3rd ed. (New York: McGraw-Hill, 1973), p. 157.
7) Franklin Bobbit, *The Curriculum* (Boston: Houghton Mifflin, 1918), p. 42.
8) Hollis L. Caswell and Doaks Campbell, *Curriculum Development* (New York: American Book Company, 1935), p. 66.
9) J. Galen Saylor, William M. Alexander, and Arthur J. Lewis, *Curriculum Planning for Better Teaching*

and Learning, 4th ed. (New York: Holt, Rinehart and Winston, 1981), p. 8.

10) Ibid.

11) Hilda Taba, *Curriculum Development: Theory and Practice* (New York: Harcourt Brace Jovanovich, 1962), p. 11.

12) Ibid., p. 10.

13) Ronald C. Doll, *Curriculum Improvement: Decision Making and Process,* 9th ed. (Boston: Allyn and Bacon, 1996), p. 15.

14) Daniel Tanner and Laurel Tanner, *Curriculum Development: Theory into Practice,* 3rd ed. (New York: Merrill, 1995), p. 189.

15) Albert I. Oliver, *Curriculum Improvement: A Guide to Problems, Principles, and Process,* 2nd ed. (New York: Harper & Row, 1977), p. 8.

16) Robert M. Gagné, "Curriculum Research and the Promotion of Learinng," *AERA Monograph Series on Evaluation: Perspectives of Curriculum Evaluation*, no. 1 (Chicago: Rand McNally, 1967), p. 21 참조.

17) Mauritz Johnson, Jr., "Definitions and Models in Curriculum Theory," *Educational Theory* 17, no.2 (April 1967), p. 130.

18) Ibid., p. 133.

19) Geneva Gay, "Achieving Educational Equality Through Curriculum Desegregation," *Phi Delta Kappan* 72, no.1 (September 1990), pp. 61-62.

20) Evelyn J. Sowell, *Curriculum: An Integrative Introduction* (Englewood Cliffs, N.J.: Merrill, 1996), p. 367.

21) Herbert M. Kliebard, "The Effort to Reconstruct the Modern American Curriculum," in *The Curriculum: Problems, Politics, and Possibilities,* 2nd ed., in London E. Beyer and Michael W. Apple, eds. (Albany, N.Y.: State University of New York Press, 1998), p. 21.

22) Jon Wiles and Joseph Bondi, *Curriculum Development: A Guide to Practice,* 7th ed. (Upper Saddle River, N.J.: Merrill/Prentice Hall, 2007), p. 5.

23) D. Jean Clandinin and F. Michael Connelly, *Teacher as Curriculum Maker,* in Phillip W. Jackson, ed., *Handbook of Research on Curriculum: A Project of the American Educational Research Association* (New York: Macmillan, 1992), p. 393.

24) William F. Pinar, William M. Reynolds, Patrick Slattery, and Peter M. Taubman, *Understanding Curriculum: An Introduction to the Study of Historical and Contemporary Curriculum Discourses* (New York: Peter Lang, 1996), p. 16.

25) Ibid.

26) Peter S. Hlebowitsh, *Designing the Curriculum* (Boston: Allyn and Bacon, 2005), p. 1.

27) Grumet, *Bitter Milk: Women and Teaching,* pp. 3-4.

28) Ibid., p. 21.

29) Ibid., p. 20.

30) W. James Popham and Eva L. Baker, *Systematic Instruction* (Englewood Cliffs, N.J.: Prentice-Hall, 1970), p. 48.

31) Johnson, "Definitions," p. 138. 수업 정의에 대해서는 Saylor, Alexander, and Lewis, *Curriculum Planning,* pp. 9-10 참조.

32) James B. Macdonald and Robert R. Leeper, eds., *Theories of Instruction* (Alexandria, Va.: Association for Supervision and Curriculum Development, 1965), pp. 5-6.

33) 웨스턴 전기회사 연구에 대해서는 F. J. Roethlisberger and William J. Dickson, *Management and the Worker* (Cambridge, Mass.: Harvard University Press, 1939) 참조.
34) 예로 Berkeley Rice, "The Hawthorne Defect: Persistence of a Flawed Theory," *Psychology Today* 16, no.2 (February, 1982), pp. 70–74 참조.
35) George E. Pawlas and Peter F. Oliva, *Supervision for Today's Schools,* 8th ed. (Hoboken, N.Y.: Wiley, 2008).

◆ 참고문헌 ◆

Armstrong, David G. *Developing and Documenting the Curriculum.* Boston: Allyn and Bacon, 1989.

Beane, James A., Toepfer, Conrad F., Jr., and Alessi, Samuel J., *Curriculum Planning and Development.* Boston: Allyn and Bacon, 1986.

Beauchamp, George A. *Curricular Theory,* 4th ed. Itasca, Ill.: F. E. Peacock, 1981.

Beyer, Landon E. and Apple, Michael W., eds. *The Curriculum: Problems, Politics, and Possibilities,* 2nd ed. Albany, N.Y.: State University of New York Press, 1998.

Bobbit, Franklin. *The Curriculum.* Boston: Houghton Mifflin, 1918.

Caswell, Hollis L., and Campbell, Doak S. *Curriculum Development.* New York: American Book Company, 1935.

Clandinin, D. Jean and Connelly, F. Michael. "Teacher as Curriculum Maker." In Philip W. Jackson, ed., *Handbook of Research on Curriculum: A Project of the American Educational Research Association.* New York: Macmillan, 1992, pp. 363–401.

Doll, Ronald C. *Curriculum Improvement: Decision Making and Process,* 9th ed. Boston: Allyn and Bacon, 1996.

Eisner, Elliot W. *The Educational Imagination: On the Design and Evaluation of School Programs,* 2nd ed. New York: Macmillan, 1985.

Foshay, Arthur W. *The Curriculum: Purpose, Substance, Practice.* New York: Teachers College Press, 2000.

Gagné, Robert M. "Curriculum Research and the Promotion Learning." *AERA Nonograph Series on Evaluation: Perspectives of Curriculum Evaluation,* no. 1. Chicago: Rand McNally, 1967.

Gay, Geneva. "Achieving Educational Equality Through Curriculum Desegregation." *Phi Delta Kappan* 72, no. 1 (September 1990): 61–62

Giroux, Henry A., Penna, Anthony N., and Pinar, William F., eds. *Curriculum and*

Instruction: Alternatives in Education. Berkeley, Calif.: McCutchan, 1981.

_____ and Purpel, David, eds. *The Hidden Curriculum and Moral Education*. Berkeley, Calif.: McCutchan, 1983.

Glatthorn, Allan A. *Curriculum Leadership*. Glenview, Ill.: Scott, Foresman, 1987.

Goodlad, John I. and associates. *Curriculum Inquiry: The Study of Curriculum Practice*. New York: McGraw-Hill, 1979.

Grumet, Madeleine R. Bitter Milk: *Women and Teaching*. Amherst, Mass.: The University of Massachusetts Press, 1988.

Henson, Kenneth T. *Curriculum Planning: Integrating Multiculturalism, Constructivism, and Education Reform*, 3rd ed. Long Grove, Ill.: Wareland Press, 2006.

Hlebowitsh, Peter S. Designing the School Curriculum. Boston: Allyn and Bacon, 2005.

Huebner, Dwayne. "The Moribund Curriculum Field: Its Wake and Our Work." *Curriculum Inquiry* 6, no. 2 (1976): 156.

Jackson, Philip W., ed. *Handbook of Research on Curriculum: A Project of the American Educational Research Association*. New York: Macmillan, 1992.

Johnson, Mauritz, Jr. "Definitions and Models in Curriculum Theory." *Educational Theory* 17, no. 2 (April 1967): 127-140.

Kliebard, Herbert M. "The Effort to Reconstruct the Modern American Curriculum." In Landon E. Beyer and Michael W. Apple, eds., *The Curriculum: Problems, Politics, and Possibilities*, 2nd ed. Albany, N.Y.: State University of New York Press, 1998.

Macdonald, James B. and Leeper, Robert F., eds. *Theories of Instruction*. Alexandria, Va.: Association for Supervision and Curriculum Development, 1965.

Marshall, J. Dan, Sears, James T., and Schubert, William H. *Turning Points in Curriculum: A Contemporary American Memoir*. Upper Saddle River, N.J.: Merrill, 2000.

McNeil, John D. *Curriculum: A Comprehensive Introduction*, 5th ed. New York: HarperCollins, 1996.

Morrison, George S. *Contemporary Curriculum K-8*. Boston: Allyn and Bacon, 1993.

Oliva, Albert I. *Curriculum Development: A Guide to Problem, Principles, and Process*, 2nd ed. New York: Harper & Row, 1977.

Ornstein, Allan C. and Behar, Linda S., eds. *Contemporary Issues in Curriculum*. Boston: Allyn and Bacon, 1995.

_____ and Hunkins, Francis P. *Curriculum Foundations, Principles, and Issues*, 2nd ed. Boston: Allyn and Bacon, 1993.

Pawlas, George E. and Oliva, Peter F. *Supervision for Today's schools*, 8th ed. Hoboken, N.J.: Wiley, 2008.

Pinar, William F., Reynolds, William M., Slattery, Patrick, and Taubman, Peter M. *Understanding Curriculum: An Introduction to the Study of Historical and*

Contemporary Curriculum Discourses. New York: Peter Lang, 1996.

Popham, W. James and Baker, Eva L. *Systematic Instruction*. Englewood Cliffs, N.J.: Prentice-Hall, 1970.

Posner, George J. *Analyzing the Curriculum*. New York: McGraw-Hill, 1992.

Rice, Berkeley. "The Hawthorne Defect: Persistence of a Flawed Theory." *Psychology Today*, 16, no. 2(February 1982): 70-74.

Roethlisberger, F. J. and Dickson, William J. *Management and the Worker*. Cambridge, Mass.: Harvard University Press, 1939.

Saylor, J. Galen, Alexander, William M., and Lewis, Arthur J. *Curriculum Planning for Better Teaching and Learning*, 4th ed. New York: Holt, Rinehart and Winston, 1981.

Schubert, William H. *Curriculum: Perspective, Paradigm, and Possibility*. New York: Macmillan, 1986.

______, Schubert, Ann Lynn Lopez, Thomas, Thomas P., and Carroll, Wayne M. *Curriculum Books: The First Hundred Years*, 2nd ed. New York: Peter Lang, 2002.

Schwab, Joseph J. *The Practical: A Language for Curriculum*. Washington, D.C.: National Education Association, Center for the Study of Instruction, 1970.

Slattery, Patrick. *Curriculum Development in the Postmodern Era*. New York: Garland Publishing, 1995.

Smith, B. Othanel, Stanley, William O., and Shores, J. Harlan. *Fundamentals of Curriculum Development*, rev. ed. New York: Harcourt Brace Jovanovich, 1957.

Sowell, Evelyn J. *Curriculum: An Integrative Introduction*. Englewood Cliffs, N.J.: Merrill, 1996.

Taba, Hilda. Curriculum Development: Theory and practice. New York: Harcourt Brace Jovanovich, 1962.

Tanner, Daniel and Tanner, Laurel. *Curriculum Development: Theory into Practice*, 4th ed. Upper Saddle River, N.J.: Merrill/Prentice Hall, 2007.

Tyler, Ralph W. *Basic Principles of Curriculum and Instruction*. Chicago: University of Chicago Press, 1949.

Vallance, Elizabeth. "Curriculum as a Field of Practice." In Fenwick W. English, ed., *Fundamental Curriculum Decisions*, 1983 Yearbook, 154-164. Alexandria, Va.: Association for Supervision and Curriculum Development, 1983.

Walker, Decker. *Fundamentals of Curriculum: Passion and Professionalism*, 2nd ed. Mahwah, N. J.: Lawrence Erlbaum Associates, 2003.

Wiles, Jon and Bondi, Joseph. *Curriculum Development: A Guide to Practice*, 6th ed. Upper Saddle River, N. J.: Merrill/Prentice Hall, 2002.

2 교육과정 개발의 원리

학습 목표

1. 이 장에서 논의된 교육과정 개발을 위한 열 가지 원리를 설명할 수 있다.
2. 교육과정이 사회 변화로부터 어떤 방식으로 영향을 받았는지 보여 줄 수 있다.
3. 교육과정 종사자가 하는 일과 학교체제에서 교육과정 변화에 영향을 끼치는 제한점을 설명할 수 있다.

용어의 명료화

교육은 인간이 특정 요구사항을 충족하기 위해 만들어 낸 제도 중의 하나이며, 모든 인간의 제도처럼 환경 변화에 반응한다. 교육제도는 영향을 주는 힘에 반응하여 스스로 변화하는 교육과정에 따라 운영된다. 비형식적이고 비구조화되어 있는 선사시대인(cave dweller)의 교육과정은 인류가 오랜 시간 동안 발전시켜 온 형식적인 교육과 매우 다르다. 매머드(woolly mammoth)에 대항하는 기술은 선사시대인의 최고의 난제였다.[1] 그러나 매머드는 사라졌고, 오늘날 사람들은 가난, 범죄, 약물중독, 직업 불안, 무주택, 환경 문제, 건강 문제, 천연자원의 고갈, 다른 문화와 국가 간의 갈등, 군사나 산업 핵무기의 위협 등과 같은 다른 것에 대항하는 방법을 배운다. 동시에 이렇게 다양한 문제를 해결하기 위해 인류가 배워야 하는 기술적 도구는 수적인 면이나 복잡성의 면에서 급증하고 있다.

어떤 교육자-교사, 교육과정 조정자(coordinator), 행정가(administrator), 교수도 매머드에 대항하는 기술이 21세기 초에 학교 교육과정의 한 부분이어야 한다고 주장하지는 않지만 '매머드' 신드롬은 여전히 존재한다.

학교가 다음의 내용을 행하는 교육과정을 제공할 때, 학교는 아이들에게 '매머드'다.

- 학생들이 기본 기능의 숙달 없이 학교를 떠나도록 둔다.
- 학교를 졸업하더라도 취업에서 어려움을 겪는다.
- 다른 사람에 대한 존중, 다른 사람과의 협력, 행동에 대한 책임, 다른 사람에 대한 관용 및 환경 보존의 태도를 개발하는 데 실패한다.
- 학생들에게 낮은 기대감을 가지게 한다.
- 건강, 행복, 부유함, 백인, 앵글로색슨, 청교도 및 도시 근교에 즐겁게 사는 가족의 한 구성원을 모든 아동이 보는 자료로 사용한다.
- 생활에 필요한 실제적 지식과 기술, 열등감에서 벗어나는 것, 컴퓨터 과학과 같은 기술사회, 보험과 세금에 대한 지식, 직업을 얻기 위해 이력서를 쓰는 것, 근무처에서의 면접, 뛰어난 소비자론을 듣고 토론하는 능력 등을 생략한다.
- 미술 감상의 개발을 포함한 순수미술에의 노출을 생략한다.
- 과거(정직한 아브라함은 잘못이 없다), 현재(일을 열심히 하는 사람은 좋은 직업을 얻는다), 미래(나라에서 빠르게 성장하는 일부 도시 시민은 마실 물이 고갈될 걱정을 할 필요가 없다)의 진실을 왜곡한다.
- 학생들의 단기 흥미에 편중하고 장기 요구를 무시하거나, 반대로 장기 요구에 편중하고 단기 흥미를 무시한다.
- 아동과 청소년의 건강에 대한 요구를 무시한다.

교육과정이 학교의 지도 아래에 있는 학생들의 학습 경험을 위한 계획으로 정의되었다면, 교육과정의 목적(purpose)은 그러한 경험을 조정하고 이끄는 수단을 제공하는 것이다. 이러한 수단을 제공하고 자연스럽게 유지해 주는 과정이 **교육과정 개발**(curriculum development)로 알려져 있다.

다음 용어 간에 약간의 차이를 살펴보는 것이 도움을 줄 수 있을 것이다. **교육과정 개발**(curriculum development), **교육과정 계획**(curriculum planning), **교육과정 개선**(curriculum improvement), **교육과정 평가**(curriculum evaluation) 등이다. 교육과정 개발은 매우 포괄적

인 용어로서 계획, 실행, 평가를 포함한다. 교육과정 개발이 변화와 개선을 의미한다면, 교육과정 개선은 교육과정 개발과 유사한 의미로 자주 쓰이며 어떤 경우에는 개선을 개발의 결과로 본다.

교육과정 계획은 교육과정 종사자인 교사와 학생들이 실행하는 계획을 수립하기 위해 활동을 하고 의사를 결정하는 교육과정 개발의 예비 절차다. 계획은 사고 혹은 설계 절차다.

교육과정 실행(curriculum implementation)은 계획을 행동으로 바꾸는 것이다. 교육과정 계획 단계에서는 특정 양식의 교육과정 조직과 재편성이 이루어진다. 예를 들어, 계획된 내용과 준비된 운용방법을 통해 교수 팀을 사용함으로써 학습 경험을 전달하는 방법이 도출된다. 아마도 교실에서 교육과정 실행이 계획에서 행동으로 바뀐 것 때문에 교사의 역할이 교육과정 설계자에서 가르치는 사람으로 바뀌고, 교사 영역에서 교육과정 영역으로 바뀐 것이라고 볼 수 있다.

결과가 평가되고 학습자와 프로그램 양자의 성공이 결정되는 개발의 중간 및 마지막 단계가 교육과정 평가다. 때로 교육과정 개정(curriculum revision)은 현존하는 교육과정을 변화시키는 것이나 스스로의 변화로 정의되었고, 교육과정 개발 혹은 개선으로 대체되었다. 5장에서 교육과정 개발 모형이 도표화되고 논의될 때, 우리는 교육과정 개발, 교육과정 실행, 교육과정 평가를 구별하는 것으로 되돌아와야 할 것이다.

교육과정 개발의 과정을 통해서 우리는 좀 더 효과적으로 학생에게 학습 경험을 제공하는 새로운 방법을 알아냈다. 교육과정 설계자는 아이들을 교육하는 데 더욱더 새롭고 효과적인 방법을 얻기 위해 끊임없이 노력한다.

교육과정 설계자의 유형

일부 교육과정 설계자는 교육과정을 개념화하는 단계에서 뛰어나고, 일부는 교육과정 계획(실행)을 수행하는 데서 뛰어나다. 또한 일부는 교육과정 결과(평가)를 검토하는 데 뛰어나다. 수 세기 동안, 인류는 교육과정 설계자가 부족하지 않았다. 긍정적인 성향을 가진 모세, 예수, 부처, 공자, 마호메트는 교육과정 컨설턴트로 불렸다. 그들은 인간이 존경하는 목표를 가졌으며 그 목표를 얻기 위해 배우고 노력해야 하는 행동을 제시하였다. 부정적인 측면에서는 최근에 히틀러, 스탈린, 무솔리니와 마오쩌둥이 학생들에게 전체주의 사회에서 무엇을 믿고 어떻게 행동해야 하는지를 가르치기 위한 명확한 개념과 프로그램을 지니고 있었다.

민주주의 사회에서 정치인은 교육과정 컨설턴트를 배출했으며, 일부는 다른 사람보다 좀 더 민첩하게 대응했다. 지쳐 버린 전문적인 교육과정 설계자 대신에 때로는 자신들만의 교육과정을 사용하기 위해 연방정부와 주 그리고 지역 입법부 스스로 교육과정 설계자가 되었다. 우리가 3장에서 살펴볼 입법부의 법령은 법률적인 교육과정을 만드는 다양한 예를 보여 준다.

오랫동안 어떠한 정치인도 스스로 교육과정 컨설턴트가 되는 것은 불가능했다. 하지만 전기를 연구하고 스토브를 발명하고 아카데미라 불린 새로운 교육제도를 창안하고, 또 혁명에 참여할 시간을 그 사이에 찾기도 한 카이트 플라이어(kite-flier)인 Benjamin Franklin은 자신의 아카데미를 위해 거시적인 교육과정을 제안하였다. 그의 제안은 현대 지역인증협회(committee of regional accrediting association)의 연구 중 고등학교 프로그램에 대한 보고서에서도 등장한다. Franklin은 그의 아카데미(훗날 펜실베이니아 대학이 된)를 라틴 문법학교보다는 그 시대에 적합한 교육과정으로 제안했다.[2)]

교육과정 조언자(advisors)는 정치인 사이에서는 물론 학회원, 언론인, 성직자, 국민 사이에서도 존재한다. 전문적 교육자는 강제적 참여든 혹은 자율적 참여든 간에 학교 교육과정을 형성하는 데 큰 역할을 한다. 수년 이상 교육계 안팎에서 끝없는 행렬의 조언자들이 교육과정 제안을 지지하기 위해 적극적으로 활동하였다. 중요하거나 중요하지 않건, 평범하거나 평범하지 않건 간에 모든 제안은 하나의 공통 요소—변화의 주장—로 공유된다.

많은 사람이 교육에 대해 만족하지 못하는 것은 무엇 때문인가? 현재의 상황이 좀처럼 만족스럽지 않은 이유는 무엇인가? 왜 과거의 모습을 유지하는 것이 때때로 미래의 변화를 위한 것이라고 설명되는가? 교사나 교육과정 개발에 참여하는 전문가 모두는 이러한 일반적인 교육과정 개발의 질문에 대답해야 한다.

교육과정 원리의 원천

원리는 특정 영역에서 활동하는 사람들의 활동 방향의 지침을 제시한다. 교육과정 원리는 많은 원천에 기인했다. (1) 경험적 자료, (2) 실험에 입각한 자료, (3) 교육과정 민속문화(folklore)학(입증되지 않은 믿음이나 태도에 의해 만들어짐), (4) 일반상식. 과학 · 기술의 시대에서는 모든 원리가 연구의 조사 결과에서 나와야만 한다는 태도가 널리 퍼져 있다. 민속이나 일반 상식은 이러한 태도에 포함될지도 모른다. 한 예로, 과학자들은 인간의 질병에 관한 고대 민간 치료법이 단지 미친 마녀들의 이야기가 아닌 여인들의 상식임을 뒷받침할 근거를 찾아냈다. 그것은 마늘 화환(garland of garlic)이 목에 걸려 있는 동안 늑대인간을 막을 수 있는지의 여부, 낚싯줄 끝의 아위(asafetida)가 바늘로 고기를 유인할 수 있는지의 여부, 화상 연고로 알로에를 바르는 것, 그리고 페퍼민트 허브가 복통을 낫게 한다는 것 등이다.

우리가 종종 믿지 않는 상식은 민간 요법과 합쳐지고 관찰에 의해 일반화되며, 학습된 일반 상식은 직관과 추리에 기반을 둔 실험을 통해서 나타난다. 그것은 교육과정 원리의 근거일 뿐만 아니라 방법론으로 제시될 수 있다. 예를 들어, Joseph J. Schwab은 그러한 교육과정 문제에 대처하기 위해 숙의(deliberation)라 부르는 일반 상식의 과정을 제시했다. 이론적 구성 개념과 원리에 대한 탐구를 최소화하면서 그의 방법은 특정한 문제에 대한 실제적 해결에 더 의존한다.[3] Schwab은 이론에서 빠지기 쉬운 함정을 지적하였다. 그는 "전체적인(세계적인) 원리와 포괄적인 양식의 추구, 안정된 순서와 불변하는 요소의 추구, 고정되거나 순환하는 종류의 분류 해석"을 거부했으며, "세 가지의 방식—실제적인(practical), 준실제적인(quasi-practical), 두 가지가 절충된 것(eclectic)"—을 제안했다.[4]

특히 관심을 끄는 것은 Schwab의 이론과 실제의 대조에 있다. Schwab은 다음과 같이 설명한다.

> 이론적인 결과 혹은 성과는 지식, 즉 진실하고 보증할 수 있으며 확신을 고취할 만한 일반적이고 보편적인 진술이다. 게다가 그것들의 진실, 근거 또는 비신뢰성은 견고하며 광범위해진다…. 반대로 실제의 결과 혹은 성과는 결정, 선택, 가능한 행동에 대한 지침이다. 결정은 결코 사실이나 신뢰할 수 있는 것이 아니다. 결정(효과가 있기 이전)이 되기 전에는 더 낫거나 못한 대안을 선택할 수 있다…. 더욱이 결정은 큰 지속력(great durability) 혹은 광범위한 적용(extensive application)을 하지 못한다. 즉, 꼭 특정 상황에서만 적용할 수 있다.[5]

교육과정 계획이 숙의(deliberation)에 기반을 두었을 때, 의사를 결정하는 데는 판단과 일반 상식이 적용된다. 일부 교육 전문가는 방법론적으로 판단이나 상식을 적용하는 데에 실패했다. 1918년 Franklin Bobbit은 교육과정을 만드는 데 측정과 평가 기술, 문제 진단, 처방의 과학적 방법론을 제시했다.[6] 이후에 Arther W. Combs는 교육 문제의 과학적 접근에 대해 경고했다.[7] 과학은 교육과정을 만드는 이 문제를 해결하는 데 때로는 도움을 주지만, 오늘날의 모든 교육 문제가 이러한 방법을 통해서 해결방법을 찾을 수 있는 것은 아니다. 물론 신뢰나 판단을 통한 견고한(부정할 수 없는) 자료가 좋을 것이다. 그러나 교육과정 종사자가 직관에 의지하거나 최선의 증거에 기초하여 판단해야만 할 때 확실한 자료가 없을 수도 있다.

논리적인 근거에 의해 반박할 수 없는 원리가 있더라도 실행에서 문제가 된다. 판단이 현실로 될 때마다 논쟁의 가능성이 발생한다. 따라서 일부 교육과정 개발 원리는 다른 합당한 지침이 등장하면 논쟁이 발생하게 된다. 결정을 위한 확실한 자료(hard data)의 부족 때문에 교육과정 종사자의 가치와 철학적 태도가 달라져 자주 논쟁이 발생한다.

원리의 유형

교육과정 원리는 전체 진리, 부분적 진리, 가설이라고 여겨질지도 모른다. 이 모든 것이 운영 원리로 기능을 하지만 그 원리들은 알려진 효과성 혹은 위험도에 의해서 구별된다. 교육과정 개발을 이끄는 중요한 지침 원리를 조사하기 전에 이러한 차이를 이해하는 것이 중요하다.

전체 진리

전체 진리 혹은 절대적 진리는 명백한 사실이나 실험으로 입증된 개념으로 의심 없이 받아들여진다. 예를 들어, 필수 기능(prerequisite skill)이 발달된 이후에 발전된 내용을 학습할 수 있을 거라는 학생들의 역할에 관한 원리는 논란의 소지가 없다. 이 원리로부터 초기 능력에 대한 평가와 내용의 연계성이 유래된다.

부분적 진리

부분적 혹은 불완전한 진리는 항상 적용될 수는 없지만 일부, 대개, 대부분과 같은 제한된 상황에서 적용할 수 있는 것에 기초를 두고 있다. 예를 들어, 일부 교육자는 학생이 수업을 위해 동질 집단으로 편성되었을 때 학업 성취도가 더 높다고 주장한다. 일부 학습자는 동질 집단에서 공부를 할 때 더 좋은 결과를 얻을 수도 있지만 아닌 경우도 있다. 동질 집단의 경우 몇몇 집단은 성공적이지만 성공적이지 못한 경우도 있다. 학교는 확실한 교육의 목표를 달성하기 위해 내용의 숙달을 요구하게 되지만, 학생들이 살아가는 방법을 학습하게 하거나 다른 수준의 능력의 사람들과 일하는 것과 같은 다른 목표의 성취를 방해한다. 불완전한 진리는 거짓을 포함하는 '반쪽(half-truth) 진실'이며 항상 절대적인 진리(whole story)는 아니다.

가설

마지막으로, 일부의 원리는 절대적이지도 않고 불완전한 진리도 아닌 가설로서 임시로 세운 가정이다. 교육과정 설계자는 최선의 판단, 민속학, 상식을 넘어선 생각에 바탕을 둔다. 한 예를 들자면, 교사와 행정가는 여러 해 동안 학급과 학교의 최적 규모에 대해 이야기해 왔다. 교육자는 고등학교에 25명 정도의 소수의 학생을 그리고 초등학교에는 이보다 더 소수의 학생을 배치해야 한다고 주장해 왔다. 그러나 이러한 주장은 단위학교에 몇 명의 학생이 적합한지에 대해서는 확실하지 않다. 적절한 교실과 학교 규모에 사용된 수는 최선의 판단에 기초하여 만들어진 것은 아니다. 학교 설계자는 경제성과 효율성에 목적을 두고 판단하기 때문에 학교의 규모나 학생 수가 매우 작을 수 있다. 그들은 자신의 직관이나 경험으로 학교의 규모나 학생 수가 커질수록 교육의 생산성은 줄어든다는 것을 안다. 그러나 연구는 모든 과정, 교실, 학교에서 성공을 보장하는 마법의 수(magic number)는 없음을 보여 준다.

절대적 진리를 소망하는 활동이 이루어지는 동안 불완전한 진리의 사용이나 가설의 적용은 학문의 발달에 기여한다. 모든 진리가 발견되고 나서야 변화를 시작했다면 성장은 실패했을 것이다. 판단(judgment)과 민속학(folklore) 및 일반 상식은 모든 것이 이미 결정된 것보다 교육과정 영역(curriculum arena)에서 많은 자극적인 상황을 유도한다. 있을 수 없는 일이지만 만약에 모든 이론, 믿음, 가정이 모두 증명되었거나 혹은 모두 증명되지 않았다면, 우리는 교육과정 설계자가 극도로 심심해할 동안에 우리의 삶을 만드는 완벽한 상태에 도달할 수 있었을 것이다.

열 가지 원리

절대적 진리와 불완전한 진리의 용어에 대해 말하는 것보다 전문가들이 주장하는 많은 원리(axioms) 내지 공리가 여전히 완전하게 평가되지 않았기 때문에 우리가 말하는 원리나 공리가 더 정확할 수도 있다. 수학을 공부하는 학생들이 잘 알고 있듯이, 수학이라는 학문에는 원리와 공리가 꼭 필요하다. 원리와 공리는 문제를 해결하거나 해결방법을 찾는 지침을 제공한다. 교육과정 분야에 적용하기 위해 받아들여진 일반적인 원리는 교육과정 종사자에게 교육과정 개선을 위한 안내로서 작용할지도 모른다.

변화의 필연성

원리 1 변화는 피할 수 없으며 꼭 필요하다. 왜냐하면 변화를 통해서 우리의 생활양식이 성장하고 발전하기 때문이다. 스스로 존재하는 인간처럼 인류 기관(human institutions)은 변화하는 환경에 대응하고 적응하는 능력을 성장시키고 발전시킨다. 사회와 사회 기관은 반응해야 하거나 소멸되는 문제와 지속적으로 직면한다. 1987년에 Forrest W. Parkay, Eric J. Anctil, Glen T. Hass는 사회가 직면한 중요한 문제와 여전히 계속 존재하는 문제에 주의해야 한다고 경고했다.

- 가치와 문화적 다양성의 변화
- 가치와 도덕성의 변화
- 가족
- 마이크로 전자공학 혁명
- 변화하는 직업 세계
- 동등한 권리
- 범죄와 폭력
- 목적과 의미의 부족

• 국제적 상호의존성[8)]

우리 사회의 기본 요소 중 하나인 공립학교는 사회의 생활양식을 위협하기도 하는 현시대의 문제와 매우 많이 접하게 된다. 우리는 보수적이고 파벌적인 사립학교의 치열한 경쟁에 대해 이야기할 필요가 있다. 특정 학교, 공립학교, 사립학교, 종교학교에서 사용되는 세금제도와 바우처(voucher) 제도에 관한 제안, 그리고 차터스쿨(charter school)의 등장과 홈스쿨(home schools)의 증가는 공립학교의 문제를 보여 주고 있다. 현재의 문제에 대응하는 방식의 변화는 교육과정 설계자가 가장 명심해야 하는 것이다.

시대의 산물로서의 교육과정

원리 2 두 번째 원리는 첫 번째 원리의 부수적인 결과다. 간단히 말해서, 학교 교육과정은 시대를 반영하는 결과물이다. 교육과정이 매우 느리게 변화한다고 해도 그것은 능숙한 기술자가 예술가로 변하는 것과 같은 변화의 속도와 별 차이가 없다.

텔레비전, 컴퓨터 네트워크, 다른 정교한 대중매체의 등장 이전에 이 원리는 진리처럼 존재했다. 그러나 오늘날의 뉴스나 사건은 나라나 세계를 가로질러 즉각적으로 전달된다. 전국에 있는 대다수의 학교가 어느 정도 교육과정 혁신으로 여겨지는 팀티칭, 교육방송, 열린교육, 가치 명료화, 행동목표, 컴퓨터 문해력, 협동학습, 총체적 언어교수법(whole language) 등을 실행하는 데는 분명히 50년이 필요하지는 않을 것이다. 그러나 50~100년은 아니더라도 혁신이 어느 정도 일반적인 과정이 되기 전까지는 3년, 5년, 10년, 혹은 그 이상의 기간이 필요할 수도 있다.

분명하게도 시대에 대응하는 교육과정은 사회의 여러 영향력, 즉 그 시대의 철학적 입장, 심리학의 원리, 축적된 지식, 교육 리더십에 의해 변화되어 왔다. 사회 변화는 교육과정 개발에 영향을 준다. 그 예는 증가하는 우리나라의 다원주의, 기술의 성장, 건강교육의 필요성 등이다. 우리가 9장과 15장에서 프로그램과 이슈를 논의할 때, 당신은 만연한 사회적 영향력의 결과에 대하여 언급할 것이다.

급속한 지식 축적의 영향은 교육과정에 영향을 주는 요소 중에서 좀 더 극적인 사례 중 하나다. 분명히 학교의 프로그램에 적용되는 것은 ① 사람의 생명을 구하는 백신과 약물의 발견, ② 컴퓨터, 레이저, 다기능 휴대전화, 고화질 텔레비전 및 쌍방향의 비디오 발명, ③ 달 착륙, 화성 탐험, 갈릴레오 위성, Cassini와 Genesis 미션, 우주 정거장까지의 왕복과 같은 과학적 성취, ④ 다른 땅, 바다, 우주 공간 탐험의 결과여야 한다.

설득력 있는 교육 단체와 개인의 존재는 영구적이고 지속적인 교육과정 변화를 야기하는 역사적인 순간과 무수한 경우에 교육과정 혁신의 채택을 위한 책임감을 가진다. 중등교육 재조직위원회(Commission on the Reorganization of Secondary Education)에 의한 『중등교육 주요 원리(*Cardinal Principles of Secondary Education*)』, 교육정책위원회(Educational Policies Commission)에 의한 『전미 청소년 교육(*Education for All American Youth*)』, 국가수월성교육위원회(National Commission on Excellence in Education)에 의한 『위기에 처한 국가(*A Nation at Risk*)』의 영향은 설득력 있는 중요한 집단이 교육과정에 존재한다는 것을 보여 준다.

우리는 역사의 흐름에 걸쳐 교육과정에 일어난 변화에 대해 공로를 인정할 수 있는(혹은 누군가의 관점에서는 비난을 할 수 있는) 것은 개별적인 혹은 개인이 대표하는 집단에 속한 개인들(individuals)이라고 지적한다. 예를 들자면, 어느 누가 18세기의 Benjamin Franklin, 19세기의 Horace Mann이 교육에 미치는 영향을 계산할 수 있을까? 교육의 진보운동은 John Dewey나 William H. Kilpatrick 혹은 Boyd Bode 없이 존재했을까? 1950년대 후반에서 1960년대 초반까지 얼마나 많은 중등학교가 하버드 대학의 전 총장 James B. Conant의 제안과 관련해 그들의 프로그램을 'Conant화' 하였는가? Maria Montessori는 초등학교 프로그램에 어떠한 영향을 주었는가? 20세기의 중후반에 교육과정은 Jean Piaget와 B. F. Skinner의 가르침에서 어떠한 영향을 받았는가? Mortimer J. Adler, Ernest L. Boyer, John I. Goodlad와 Theodore R. Sizer가 제안한 권고로 인해 어떤 변화가 일어났는가? (이에 대해서는 9장에서 자세하게 살펴볼 것이다.)

우리가 〈표 2-1〉에서 보는 바와 같이, 교육과정과 교수는 역사의 기간 동안 어떠한 영향을 받은 것을 볼 수 있다. 미국 교육 역사는 1650~1750년, 1750~1850년, 1850~현재의 세 시기로 나눌 수 있다. 우리는 표에 제시된 것처럼, 교육과정과 교수적 반응 중 일부가 철학, 심리학, 사회학의 영향을 받았음을 알 수 있으며, 이러한 영향력과 반응은 때로 하나의 시기에서 다음 시기까지 이어진다.

우리는 표에서 역사적 시기별로 정리할 수 있고 다른 요소와 더불어 교육과정이 시대의 산물이라는 것을 설명한다. James B. Macdonald는 이런 점을 지적하고 있다.

> 지난 25년 동안에 미국 현장의 대다수의 박식하고 사려 깊은 관찰자들은 제도적 장치 안에서 교육, 직업, 교회, 가족, 재창조 여부, 혹은 무엇이든 간에 어떤 개혁이

표 2-1 교육과정과 교수에 영향을 미치는 세력

기간	세력(forces)	교육과정의 반응	수업상의 반응
1650 ~ 1750	**철학** 본질주의 **심리학** 능력심리학-심근 **사회학** 신권정치-칼뱅주의자 남성우월주의 농민사회 부와 가난의 이원화	라틴 문법학교: 남성을 위한 학교 성경 읽기, 쓰기, 셈하기 고전적인 교육과정	엄격한 훈련 암기학습 분파의 사용 정신도야
1750 ~ 1850	**철학** 본질주의 실용주의 **심리학** 능력심리학 **사회학** 산업혁명 서점운동 중등학교의 등장 급격한 도시화	아카데미 여성을 위한 교육 수업: 영어 자연사 현대어와 3R과 고전교육과정 공립학교 유치원	정신도야 암송 엄격한 훈련 약간의 실제적 적용
1850 ~ 현재	**철학** 본질주의 진보주의 **심리학** 행동주의 경험주의 게슈탈트 지각 **사회학** 기계화 사회 도시화 이민 군사 분쟁 시민권 큰 사업 많은 노동력 평등권	1850~1925: 고등학교 1925~1950: 학생중심 교육과정 경험주의 학교의 통합화와 집중화 생활 적응 1950~현재: 직업교육 열린 교육 기본 능력 대안학교 마그넷 스쿨 차터스쿨 홈스쿨 중학교 기준	실제적 적용 문제해결 방법 전체 학생에 대한 관심 개별과 집단 교수 간접교수 자기원리 교육 성취도 평가 효과적인 교수 모델 협동학습 총체적 언어교수법 지역사회 자원 사용 컴퓨터 보조학습 통합 연구

1850 ~ 현재	가족의 변화 환경 문제 자원 고갈 빠른 기술 발달 우주 탐사 대중의 학교의 책임에 대한 요구 실업 마약, 알코올 중독 범죄 노숙자 인종 문제/도덕적 갈등 인간기본권 운동 장애인 고령화 성 문제 종교 차이 민주주의의 확산 경제위기 온난화 냉전의 종결 에이즈 건강에 관한 관심의 증가 세계화 국제적 긴장과 위기 테러리즘	컴퓨터 교육 가치/특성화 교육 환경교육 다문화 교육 세계화 교육 건강교육/의료 성교육 성인교육 문해교육 외국어 교육 소비자 교육 문화교육(핵심 지식) 지역사회 서비스 소규모 학교/학교 내 학교 기술교육	주평가/졸업시험 온라인교수

많은 사회적 압력 및 일반적인 문화 기풍의 맥락과 복잡하게 연관됐음을 명확히 설명해야 한다.[9]

결과적으로, 오늘날 교육과정 설계자는 학교에 영향을 주는 세력(forces)에 관심을 가지고 확인해야 하고, 이렇게 자주 충돌하는 세력에 대하여 교육과정을 어떻게 변화시켜야 하는지 조심스럽게 결정해야 한다.

동시에 발생하는 변화

원리 3 초기 시대부터 있었던 교육과정의 변화는 후기에 나타나는 새로운 교육과정의 변화와 함께 공존했다. Benjamin Franklin의 저항에도 불구하고 라틴 문법학교의 고전주의 교육과정이 아카데미에도 있다. 심지어 1821년 보스턴에 세워진 첫 번째 고등학교는 잉글리시 클래시컬 스쿨(English Classical School)이었다. 이는 3년 후에 잉글리시 하이스쿨(English High School)로 바뀌었다.

교육과정 개정은 갑자기 시작되어 갑자기 끝나는 것이 아니다. 변화는 장기간에 걸쳐 이어진다. 보통 교육과정 개발은 단계적으로 점차 일어난다. 대항하는 세력(forces)과 반응이 다른 시기에 발생하고 존재하기 때문에 교육과정 개발은 복잡하며, 아직까지 도전적인 과제다.

철학적 입장은 인류 본성, 인류의 목적인 선이나 악과는 다르다. 또한 교육의 목적은 매 시기에 존재해 왔다. 본질주의와 진보주의 사고의 영향력 안에 있는 학교는 전문가와 대중의 신뢰를 얻으려 노력한다. 예를 들어, 대학교 예비 교육과정은 직업교육 교육과정과 경쟁한다. 지성의 개발을 대상으로 하는 교수 전략은 학생들의 몸, 마음, 정신을 다루기 위한 전략과 경쟁한다. 능력심리학의 신뢰도를 떨어뜨리는 교리('심근', 정신도야)조차도 학교 현장에서 계속된다.

특히 공립학교와 같은 곳에서 변화하는 환경에 대한 경쟁 반응은 거의 절충주의화되었다. 교육과정 설계자는 이전 시대로부터 가장 좋은 방법을 선택하거나 미래를 위해 수정한다. 가장 사소한 단계를 제외하면 교육처럼 복잡한 사회 영역에서 양자택일의 선택은 거의 불가능하다. 아직까지 일부는 양자택일의 해결책을 찾으려 계속해서 노력한다. 일부에서는 교사 모두가 행동목표를 쓰지 않는다면 교육이 힘들어질 것이라고 주장한다. 다른 면에서는 청소년이 중등교육을 받지 않을 경우 청소년의 성장에 문제가 있을 것이라 말한다. 일부 초등학교 행정가는 팀티칭으로 질적 교육을 제공해야 한다고 본다. 일부는 전통적으로 독립된(self-contained) 교실을 주장한다. 20세기 초, 대중의 정서는 공교육의 문제에 대한 해결책으로 주와 국가 수준의 평가를 요구했다.

일부 주제는 역사적으로 반복된다. 예를 들면, 비평가는 중요한 기본적인 문제를 강조하기 위해 실패를 고려하면서도 주기적으로 학교를 비판한다.[10] 교육과정 개발의 역사는 갈등이 되풀이되는 철학적 주제뿐만 아니라 계속되고 순환되는 교육과정 반응으로 가득하다. 대다수 학교의 교육 사조가 본질주의에서 진보주의 교육과정으로 변화했다가 다시 돌아왔다.

학교는 독립된(self-contained) 교실에서 열린 교실(open-space)로, 다시 독립된 교실로 움직였다. 예를 들어, 초등학교 수업은 독립된 교실에서 무학년제로, 무학년제에서 다시 독립된 교실로 변화하였다. 그리고 학교에서는 고전수학을 가르치다가 다시 새로운 수학을 가르쳤고, 다시 이전으로 돌아갔다. 또한 읽기 교수법에서 발음 중심 어학 교수법(phonics)의 방법으로 가르쳤다가 보고/말하기(look/say)로 바꾸었고, 다시 발음 중심 어학 교수법의 방법으로 돌아갔다. 결과적으로 사람들은 현대 언어를 강조해 왔으나, 그것을 포기하고 교육과정을 재조직하였다. 반면에 본질주의에 기반을 둔 학교는 사회의 변화가 소용돌이치는 동안에도 변화하지 않았다.

초기의 미국 학교들은 절대주의 사조에서 가르치는 기초 기능을 중시했다. 20세기 초의 학교들은 기초 기능에서 멀어진 진보하는 환경에서 학생들의 변화하는 요구와 관심을 중요시했다. 현재의 학교들은 기초 기능, 교과 문제, 학문적 성취, 학생평가를 강조한다. 그리고 문화적으로 다양한 사회에서 개인의 개발뿐만 아니라 행동 코드까지 강조한다.

교육과정 주제가 자주 언급되기 때문에, 일부 교사와 교육과정 설계자는 미래에도 같을 수 있으며 현재의 순간에 많은 사람이 선호하기 때문에 현재 운용되는 모델을 확정 지음으로써 현상 유지를 하려는 경향이 있다. 그들은 "왜 변화해야 하고 다시 되돌아가야 하는가?"라고 질문한다.

현상 유지가 더 이상 사회나 학습자의 필요를 충족하지 못할 때 그것의 중요성은 받아들여지지 않는다. 이전의 방식이 훗날 다시 돌아올지라도, 그것은 특정 시간의 영향력에 대한 재검토에서 발생할 것이다. 따라서 이전 방식의 재등장이 새로운 방식이 되는 것은 변화하지 않거나 변화할 수 없다는 의미에서 낡은 것은 아니다.

사람들 안에서의 변화

원리 4 교육과정의 변화는 사람들 안에서의 변화에서 발생한다. 교육과정 설계자는 교육과정 변화에 영향을 받는 사람들을 변화시키기 위한 시도에서 시작해야 한다. 이러한 노력은 교육과정 개발의 과정에 있는 사람들이 변화에 그들의 참여를 포함한다는 뜻이다. 오랜 기간 동안 실패한 경험은 높은 위치의 결정권자로부터 내려오는 변화가 일반적으로 제대로 작동되지 않는다는 것을 입증한다. 현장에 있는 사람들이 변화를 내면화하기 위해서는 효과적이며 오래 지속되는 변화를 스스로 할 수 있음을 받아들여야 가능하다. 그러나 대다수 학교 구성원의 참여는 부족하다. 그들은 변화를 위해 참여하는 것을 거부하고 반대에 부딪히는 변화에 참여하는 것을 싫어하기 때문이다.

사람들 사이에서 효과적인 변화의 중요성은 교육과정 전문가에 의해 수년간 강조되어 왔다. 예를 들어, Alice Miel은 다음과 같이 언급했다.

> 학교의 교육과정 변화는 교육과정을 만들 때 상호작용하는 요소를 변화시키는 것이다. 이것은 사람들 사이에서 욕망, 믿음, 태도, 지식, 기능에서 변화를 가져오는 것이다. 변화가 가능한 범위와 같은 물리적 환경의 변화는 환경을 통제하는 사람의 변화와 관련되어 있다. 간단히 말해서, 교육과정의 변화에서는 사회 변화, 사람들의 변화, 문서의 변화 모두가 이루어져야 한다.[11)]

변화에 영향을 받는 사람들에게 큰 신뢰를 얻을 수 없는 것은 결과에 부정적 태도를 취하는 학생들 때문이다.

일부 교육과정 설계자는 이 원리의 뜻을 교육과정 변화가 실행되기 전까지 100%의 지지가 달성되어야 한다는 것으로 해석한다. 어떤 교육의 문제에서 100%의 합의를 도출할 수 있겠는가! 언젠가는 단순 과반수나 전원의 동의가 합리적인 선택이 될 수는 있을 것이다. 사람들의 참여는 최종적인 교육과정 결정에 반대하는 사람들로부터 지지를 얻기 위한 과정에 영향을 미친다.

교육과정 설계자는 교육과정이 결정되기 전에 모든 사람이 변화를 논하는 기회를 가지도록 해야 한다. 어느 누구도 학교체계에서 관련이 없을 수 없다. 그렇기에 참가자가 받아들일지 말지에 따라서 교육과정 변화의 실시 여부를 사전에 결정하고자 할 때 교사와 다른 사람은 교육과정 계획과정에 참여해야 한다. '교육과정 설계자는 최선책을 안다'는 태도는 교육과정 설계나 실행 어디에도 나타나지 않는다.

최근에 우리는 교사나 비전문가에게 권한을 이양하는 운동을 목격하고 있다. 즉, 그들에게 학교에서 일어나는 일을 통제할 수 있는 권한의 행사를 가능하게 하는 것이다. 정책적으로 효과적인 교육과정 변화를 위해 확장되어 가는 과정인 권한 이양에 관한 자세한 논의는 4장을 보라.

협력적인 노력

원리 5 교육과정의 변화는 집단의 협력적인 노력의 결과에 기인한다. 비록 개별 교사가 독립적으로 일하는 교사라 해도, 그 또는 그녀는 자신의 교육과정의 변화에 영향을 준다. 광범위하고 기본적인 변화는 집단 결정의 결과로서 일어난다. 지난 몇 년 동안 수많은 기관에서 교육과정 개발의 집단화 성장을 강조했다.[12]

어떤 집단이나 지지층은 다른 역할과 다른 방식으로 교육과정 개발에 관련되어 있다. 기대했던 것만큼 자주는 아니더라도 학생과 비전문가도 가끔씩 교육과정을 계획하는 복잡한 일에 교육 관계자와 협력한다.

교사나 교육과정 전문가는 교육과정 계획의 핵심 구성원이다. 전문적으로 훈련된 이러한 사람은 교육과정 개발에서 중요한 역할을 수행한다. 그들은 개발의 모든 단계에서 그들의 행동과 시설을 감독하는 학교 행정가의 지도 아래 함께 일을 한다. 행정가는 학교의 성공적인 활동에 대하여 갈채를 받겠지만 잘못된 노력에 대해서는 비난을 받을 것이다.

교육과정 개발과정에서 학생들은 교육과정 변화에 긍정적이든 부정적이든 직접적으로 영향을 받으며, 부모들은 학생들의 삶을 가장 중요하게 고려하는 사람이다. 오늘날 행정가는 옛날보다 더 많이 교육과정 계획과정에 학생과 부모를 참여시킨다. 일부 학교 체계는 학부모를 넘어서는 월권 행위를 하고, 지역사회, 학부모, 비학부모의 대표자를 구한다. 지역사회의 사람들은 학교가 해야 한다고 느끼는 것과 학교 프로그램에서 제외되어야 하는 것을 자주 언급한다.

일반적으로 교육과정의 어떤 의미 있는 변화가 이루어지기 위해서는 학교의 자격을 부여받지 못한 참여자뿐만 아니라 이미 언급한 지지층이 모두 포함되어야 한다. 변화로 인해 더 많은 사람이 영향을 받을수록, 변화의 복잡성과 비용이 더 증대되고, 관련된 사람과 집단의 수가 더 많아져야 한다. 교육과정 개발에서 개인과 집단의 다양한 역할에 대해서는 4장에서 논의하고자 한다.

교육과정 개발을 통해 일부 제한된 개선이 한 교실 안에서만 독립적으로 일어날지라도, 중요한 교육과정 개선은 집단 활동을 통해 일어난다. 집단의 숙의(deliberation)의 결과는 개개인의 노력보다 더 광범위할 뿐만 아니라 집단이 함께 활동하는 과정이다. 집단 구성원은 그들의 아이디어를 공유하고 합의를 한다. 이러한 헌신적인 집단의 구성원은 서로 변화에 도움을 주고 변화를 달성한다. Carl D. Glickman은 다음과 같이 주장한다.

"다수의 교육자와 부모의 경우 그들 자신을 변화시키기 위한 것뿐만 아니라 변화가 그들에 의해 행해져야 하기 때문에 어떠한 수준의 변화라도 그들의 이해와 지지 없이는 성공할 수 없다."[13] Jean Johnson과 John Immerwahr[14]의 공중의제(Public Agenda) 보고서에서 Glickman은 대중이 현상 유지를 원하지만 그는 교육과정 계획에 연관된 학부모나 시민의 중요성에서 스트레스를 받는다고 언급했다.

> 인정하기 힘든 사실은 대부분의 학부모와 시민은 학교의 교육 구조를 믿지 않거나 교체하기를 원한다는 것이다. 그들은 학년 수준(grade levels), 성적 등급(letter grades), 능력 집단, 단일 교실, 교과서를 원한다. 그들은 오늘날의 학교가 그들이 다녔던 지난날의 학교처럼 되기를 원한다. 그들은 교사가 기본 능력을 강조하고 수업을 잘해 주길 원한다. 그들은 학생 학습, 집단 또는 협력 학습, 비평, 학생 문제 해결을 평가하는 새로운 방법에 대해 회의적이다. 교육자, 학부모, 시민을 이해하게 하고 함께 논의하여 그들을 새로운 가능성에 참여하도록 하는 노력 없이는 변화는 무의미한 것이다.[15]

Larry Cuban은 교육과정 개혁(reform) 노력의 실패에서 강조하는 것에 대해 설명하였다. "공식적인 학교 교육과정('가르쳐진' '학습된' '평가된' 교육과정과 반대되는)을 정의하는 것은 민주주의 사회의 집단에서 지속적으로 약해지는 방법으로 상당한 노력이 필요하지만 다음 세대가 어떤 것을 원할 것인지에 대해 토론할 가치가 있는 몇 안 남은 노력 중의 하나다."[16]

의사결정 과정

원리 6 교육과정 개발은 기본적으로 의사결정 과정이다. 교육과정 설계자는 의사결정 과정과 관련된 것과 함께 다음을 포함하는 선택의 다양성을 만들어야 한다.

1. 학과목 사이에서의 선택: 학교 교육과정에서 철학, 인류학, 동부언어(eastern languages), 운전교육과 예술, 음악, 체육 교육의 부재는 학생들이 접하게 될 과목에 대해 선택이 이루어졌음을 의미한다.
2. 경쟁 관점 사이에서의 선택: 예를 들어, 설계자는 이중언어 교육이 사회의 요구에 부

합되는지 여부를 결정해야 한다. 만약 그들이 긍정적으로 판단한다면 그들의 학교를 위해 어떤 이중언어 교육 형식이 적합한 것인지 결정해야 한다. 설계자는 여학생을 위한 학교 간의 운동경기를 준비할 것인지, 특별 수업이 필요한 장애아가 있는지, 능력이나 성취도, 나이, 성별에 따라 집단을 구성할 것인지, 성별에 따라 다른 것이 제공되어야 하는지 결정해야 한다.

3. 강조점의 선택: 예를 들어, 학교체제는 읽기에 어려움을 가지고 있는 학생들에게 추가적인 도움을 주어야 하는가? 영재를 위한 프로그램을 제공해야 하는가? 성취가 낮은 학생에게 추가적인 노력을 해야 하는가? 다른 집단을 돕기 위해 학교 기금을 전환해도 되는가?
4. 방법의 선택: 예를 들어, 읽기를 가르칠 때 가장 좋은 방법은 무엇인가? 발음 중심 어학 교수법(phonics)에서는? 보고/말하기에서는? '체제' 읽기에서는? 총체적 언어교수법에서는? 쓰기교육을 가르치기 위해서는 무엇이 가장 좋은 방법인가? 기능을 강조할 것인가 혹은 창의성과 자기존중을 강조할 것인가? 사용하기에 가장 효과적인 도구는 무엇인가? 교육과정에서 인종과 문화의 선입견을 어떻게 제거할 수 있을까?
5. 조직에서의 선택: 예를 들어, 무학년제의 학교가 학습자에게 최대의 기회를 제공하는 측면에서 가장 좋은 방법일까? 학교 교육의 대안적 형태로 제공될 수 있는 학교 안과 밖의 교육 형식에는 어떤 것이 있는가? 초등학교 프로그램이 열린 공간(open-space)에 투입될 것인가, 아니면 완전히 독립적인 교실로서 칸막이 공간(pod setting)에 투입될 것인가? 혹은 완전히 독립된 교실에서 교사를 돕는 자료 제공자가 함께 투입될 것인가? 학교가 1년을 주기로 운영되어야 하는가? 만일 그러하다면 단일 과정으로 해야 하는가, 아니면 다양한 과정으로 해야 하는가? 교실의 크기를 줄이기 위해 우리가 할 수 있는 것은 무엇인가?

교육과정 설계자의 두 가지 필요한 특성은 문제에 대해 충분히 연구한 후에 결정하는 능력과 의사결정을 내릴 의지다.[17] 우유부단한 사람은 교육과정 설계자의 직업에 적합하지 않다. 글자를 쓸 때 모든 'i'에 점을 찍고 't'에는 횡선을 긋기 전에 결론을 내리는 사람과 같은 이들은 교육과정 계획과 너무 거리가 멀다. 모든 결정은 계산된 모든 위험을 포함하고 있어야 한다. 모든 문제에 대한 모든 해결책을 가지거나 모든 문제를 위한 단일의 만병통치약을 가진 사람은 없다. 일부 결정은 실패로 이어질 것이다. 그러나 평가가 만들어지지 않는다면 성공하든 그렇지 않든 알려지지 않을 것이다. 실패를 할 수 있는 인간 존재에 기대할 수 있는 대부분은 학습자를 위하여 결정에 필요한 증거의 토대를 만들고 학습자에게 성공을 약속하며 결정을 내린 결과로서 학습자에게 손해가 없음을 약속하는 것이다. 우리는 교육과정 개발의 역사에서 가 보지 못한 많은 길이 있다는 것을 발견할 수 있다. 그러한 길은 학습에서 고속도로로 밝혀질 수도 있을 것이다. 물론 현상 유지를 원하는 비관론자는 선택되지 않은 길이 벼랑 끝에 서 있는 우발적 경우이거나 우리가 있는 곳으로 다시 돌아가도록 하는 길이라고 할 것이다.

John D. McNeil이 지적하는 것처럼, 교육과정 설계자는 "교육과정 의사결정은 정치적 과정이다."[18]라는 것을 인지하는 것이 필요하다. 비록 교육과정 선택을 구성하는 작업이 복잡하고 발전된 사회에서 어려움이 있을지라도 많은 대안 중에서 선택을 하는 기회는 어떤 나라에서도 찾을 수 없는 사치다.

지속적인 과정

원리 7 교육과정 개발은 지속적인 과정이다. 교육과정 설계자는 그들의 이상이 여전히 자신들을 피하더라도 꾸준히 이상을 위해 노력한다. 교육과정에서는 완벽함이 달성될 수 없다. 교육과정은 항상 개선되어야 하고 많은 시간을 소모하여 특정한 목표를 위해 더 좋은 해결책을 찾아야 한다. 학습자 변화와 사회 변화 및 새로운 지식의 등장에 따라 교육과정은 변화해야 한다. 교육과정 평가는 이전 계획과 실행의 영향을 받아야 한다. 교육과정 목표나 교과 조직의 계획은 수정의 요구를 반영하여 수정되어야 한다.

교육과정 개발은 단일 교과 문제를 일시적으로 해결하거나 개정된 프로그램이 만들어진다고 해서 끝나는 것이 아니다. 지속적인 모니터링은 프로그램이 정상적으로 작동하고 문제가 다시 일어나지 않도록 하는 데 필요하다. 더욱이 미래의 교육과정 종사자가 어떤 시도를 했을 때 어떤 결과가 나올지를 알기 위해서 교육과정 위원회에서는 이를 기록해 두어야 한다.

포괄적인 과정

원리 8 교육과정 개발은 포괄적인 과정이다. 역사적으로 교육과정 개정(revision)은 운에 맡기는(hit-or-miss) 절차—짜깁기, 삭제, 추가, 연결, 간결화, 연장, 문제점 해결—였다. 포괄적인 계획의 필요에 따라 Hilda Taba는 다음과 같이 설명한다.

> 일부 해설자는 교육과정 개정(revision)의 역사는 한곳에서 다른 곳으로의 조각 바꾸기에 불과한 것, 전체 패턴의 재평가 없이 대체하는 것과 같이 조금씩 개정되었다고 지적한다. 교육과정은 "어설프게 고치는 세대의 무형의 산물"이 되었다. 이러한 단편적인 접근은 오늘날에도 추가나 개정은 전체 패턴을 고려하지 않은 추가나 개정이 이루어질 때나 이후에 나타날 변화에 대해 고려하지 않은 학교체계의 한 부분에 주목할 때 계속 나타나고 있다.[19]

교육과정 계획은 가끔씩 포괄적이거나 전체적이기보다는 매우 단편적이다. 많은 교육과정 설계자가 나무를 보고 숲을 보지 못하고 있다. 전체가 개개의 합이라는 유명한 어구가 교육과정 개발에 적용되었다. 교육과정의 일부가 분절적으로 연구되어 왔더라도 개발자는 자주 그리고 정기적으로 거시적 교육과정을 살펴봐야 한다. 즉, 전체적인 교육과정을 부분의 합과 구별해야 한다는 것이다.

교육과정 개발은 숲뿐만 아니라 다른 곳에서도 흘러나와야 한다. 포괄적인 관점은 학생, 교사, 학부모뿐만 아니라 교육과정에 직접적으로 관여하지 않는 단순한 방관자까지도 교육과정 개발에서 중요하게 본다. 예를 들어, 성교육은 그 프로그램이 정해진 교사, 학생, 학부모뿐만 아니라 교육이 계획되지 않은 교사, 학생, 학부모에게도 영향을 준다. 프로그램에 참여하지 못한 집단의 몇몇은 교육받기를 원할지도 모른다. 또한 집단의 일부는 학교의 부적절한 주제라고 거부할 수도 있다.

교육과정 계획의 포괄적인 접근은 물리적 자원과 인적 자원의 많은 투자가 필요하다. 교육과정 종사자는 불필요하다고 생각하지 말고 교육과정 계획을 하거나 '미리 계획하는 것'에 몰두해야 한다. 계획을 세우는 것은 교육과정 개발의 착수 이전에 이루어져야 한다. 확실한 자원, 사람, 충분한 시간이 성공의 기대감을 가질 수 있도록 해 줄 것이다. 스스로의 인식뿐만 아니라 동기, 에너지 수준, 다른 역할이 반드시 교육과정 지도자에 의해 고려되어야 한다. 아마도 역사적으로 교육과정 개발이 단편적일 수밖에 없었던 이유 중 하나가 학교 자원에 대해 구분 없이 접근하라는 요구일 것이다.

체계적인 개발

원리 9 체계적 교육과정 개발은 시행착오를 통해 개발하는 것보다 더 효과적이다. 교육과정 개발은 전체적이고 포괄적이어야 하며 작성된 과정에 따르는 체계적인 것이어야 한다. 그 일련의 과정은 교육과정 개발에 참여한 사람들에 의해 인정받고 알려져야 한다. 교육과정 설계자가 다음에 나오는 교육과정 개발의 동의(agreed-upon) 모델이나 차트를 따른다면 더 생산적이고 성공할 수 있을 것이다. 5장에서 교육과정 개발의 몇 가지 모델을 살펴볼 것이다.

교육과정 종사자가 앞서 말한 원리와 이러한 원리에 기초한 행동 모델을 받아들인다면 성공을 보장할 수 있을까? 답은 명백히 '아니요' 다. 교육과정 설계자에게는 규제가 많고 어떤 개발자는 규제의 통제 아래에 있다. 교육과정 설계자 사이에서의 한계는 교육과정 설계자, 행정관의 개인적 철학이나 성향, 학교 시스템의 자원, 학교 시스템의 만족도, 지역사회, 유능한 지도력의 존재나 부재, 교육과정 설계자가 가진 지식과 기술의 축적, 교육과정 개발 참여자 전문 능력과 인적자원 등을 포함한다.

가장 큰 한계 중의 하나는 (때때로 그것이 매우 명백하기 때문에 간과하는) 현존하는 교육과정이다. 많은 치료책이 다른 교육과정 분야의 전문가에 의해 나오고 있다. 활동중심 교육과정(activity curriculum)의 특징은 교과중심 교육과정(subject matter curriculum), 광역교육과정(a broad-field curriculum), 다양한 중핵 교육과정(variations of core curriculum)의 문헌에 자세하게 설명되어 있다.[20] 토론과 같은 순수한 인지적 토대는 유익하다. 그러나 때때로 교육과정 유형의 선택이 개방되어 있다—예를 들어, 설계자가 활동중심 교육과정의 특징을 알고 있거나 믿고 있다면 그러한 유형의 교육과정을 조직하고 실행할 선택을 할 것이다—는 추론이 도출된다. 그것은 바치 교육과정 설계자가 스케치나 설계부터 완전히 새로운 교육과정으로 시작한다는 것이다. 그러한 경우는 거의 없다. 이는 열 번째 원리로 이어진다.

기존 교육과정으로부터의 출발

원리 10 교사가 학생이 있는 곳에서 시작하는 것처럼 교육과정 설계자는 교육과정이 있는 곳에서부터 시작한다. 교육과정 변화는 하루아침에 일어나는 것이 아니다. 교육과정 분야에서 약간의 비약적인 발전이 발견되고 있다. 이러한 변화는 부정적인 것보다 긍정적인 면을 지니고 있다. 느리지만 꾸준한 변화의 과정은 시험하고 반성할 수 있는 시간을 준다.

대부분의 교육과정 설계자가 이미 현존하는 교과에서 시작하기 때문에, 우리가 교육과정 재조직에 대해 이야기할 때가 교육과정 조직을 이야기하는 것보다 더 명확하다. 설계자에게 강력한 해결책이 나타난다 해도 이전 설계자의 생각, 시간, 돈, 일의 투자는 버려지는 것이 아니다. 교육과정 종사자는 "좋은 것이 나타나면 얼른 취하라(hold fast to that which is good)." 고 말하는 주기도문의 충고를 따라야 한다.

요약

우리는 사회 변화에 대해 교육이 반응하는 것을 이야기했다. 교육과정 변화는 예상되는 환경의 변화에 대한 일반적인 결과다.

교육과정 개발의 책임은 교육과정을 끊임없이 개선할 수 있는 방법을 찾는 것이다. 교육과정 종사자가 교육과정 개발을 위해 받아들인 공리를 따른다면 그들의 작업은 수월해진다. 이 장에서는 열 가지 공리 내지 원리가 설명되었다. 공리는 전문적인 교육 학문분야 이 외에도 교육과정의 민속문화, 관찰, 경험적 자료, 일반 상식에서 도출되었다.

이 원리들은 교육과정 설계자에게 지침을 제시하였다.

- 교육과정 변화는 필연적이며 당연한 것이다.
- 교육과정은 그 시대의 산물이다.
- 초기의 교육과정 변화는 후기 교육과정 변화와 함께 공존하거나 포함되어 있다.
- 교육과정 변화는 사람들이 변화하는 것으로부터 생긴다.
- 교육과정 개발은 협력 집단 활동이다.
- 교육과정 개발은 대안 사이에서 결정하는 과정이다.
- 교육과정 개발은 끝이 없다.
- 교육과정 개발은 단편적이지 않고 포괄적일 때 더 효과적이다.
- 교육과정 개발은 체계적인 과정을 따를 때 더 효과적이다.
- 교육과정 개발은 교육과정이 있는 곳에서부터 출발한다.

교사와 교육과정 전문가는 학교의 다른 사람과 협력하는 교육과정 종사자다. 교사, 교육과정 전문가, 감독자, 행정관, 학생, 부모, 다른 지역사회 대표들이 교육과정 변화에 중요한 역할을 할 수 있다.

교육과정 설계자는 주어진 것이나 특별한 분야에 한정된 것부터 시작한다. 대개 변화는 비교적 느리며 제한적이며 점진적이다.

논의문제

1. 오늘날의 공립학교 교육과정은 어떤 면에서 시대에 적합한가?

2. 오늘날의 공립학교 교육과정은 어떤 면에서 시대에 적합하지 않은가?

3. 일반 상식에서 유래한 교육과정 원리에는 어떤 것이 있는가?

4. 절대적 진리를 바탕으로 한 교육과정 개발은 없는가? 있다면 예를 들어 보라.

5. 잘못된 전제에 바탕을 둔 교육과정 개발은 없는가? 있다면 예를 들어 보라.

보충 연습문제

1. 미국의 역사가 교육과정과 교수에 끼친 영향에 대한 당신만의 표를 개발하라. 당신의 표는 역사적 시기에 따라서 현재의 추가적인 세부 사항까지 확장되어야 한다.

2. 교육과정 개발에 적합한 한두 가지의 추가적인 원리를 말하라. 그것은 대변할 수 있는 원문이거나 전문 지식에서 나온 원리여야 한다.

3. 교육과정 사상이나 실천 개발과 관련해 다음 인물 중 한 명을 골라 기여한 바를 기술하라. Franklin Bobbitt, Boyd Bode, John Dewey, Robert Hutchins, William H. Kilpatrick, Jean Piaget, B. F. Skinner, Ralph Tyler.

4. 미국의 교육과정 개발에 영향을 준 다음의 집단 중 하나를 골라 그에 대해 기술하라. 10인 위원회(Committee of Ten), 중등교육개편위원회(Commission on Reorganization of Secondary Education), 교육정책위원회(Educational Policies Commission), 국가과학재단(National Science Foundation), 국가수월성교육위원회(National Commission on Excellence in Education).

5. 미국에서 지난 15년 동안 교육과정 변화에 영향을 준 사회적 성장, 사건, 압력, 영향력을 세 가지 고르고 그 변화에 대해 자세히 설명하라.

6. 공교육에 대하여 비평해 온 학자들(1950년대의 Arthur Bestor, Rudolph Flesch, Paul Goodman, John Holt, John Keats, James D. Koerner, Jonathan Kozol, Max Rafferty, Hyman Rickover, Mortimer Smith, 1960년대의 George B. Leonard, 1970년대의 Paul Cooperman, Ivan Illich, Charles E. Silberman, 1980년대의 Richard Mitchell, E. D. Hirsch, Jr., 1990년대의 William J. Bennett, Lynne V. Cheney, Lewis J. Perelman, Harold W. Stevenson, James W. Stigler, Thomas Toch, Ernest R. House)의 책이나 기사를 보고 그들의 비평을 요약하여 기술하라. 비평이 맞는지 혹은 잘못되었는지 자신의 의견을 기술하라.

7. Joseph J. Schwab의 『실제성: 교육과정 언어(*The Practical: A Language for Curriculum*)』를 읽고 Schwab이 말하는 교육과정 개발의 세 가지 양식(실제적[the practical], 준실제적[the quasi-practical], 절충적[the eclectic])에 대해 설명하라. Schwab이 말한 "교육과정 분야가 소멸한다."라는 말에 동의하는지 아닌지 서술하라.

8. 미국 교육의 역사에서 몇 가지를 참고하여 라틴 문법학교, 아카데미, 잉글리시 하이스쿨의 교육과정을 비교하라.

9. 네 가지 교과(기술된, 가르쳐진, 학습된, 평가된)로 Larry Cuban이 의미한 것을 설명하라(참고문헌 참조).

후주

1) 더 자세한 읽기 자료로 Harold Benjamin (J. Abner Peddiwell)이 쓴 다소 고전인 *The Saber-Tooth Curriculum* (New York: McGraw-Hill, 1939)을 추천.
2) 아카데미에 대한 논의는 Peter S. Hlebowitsh, *Foundations of American Education: Purpose and Promise,* 2nd ed. (Belmont, Calif.: Wadsworth, 2001), pp. 208-210 참조.
3) Joseph J. Schwab, *The Practical: A Language for Curriculum* (Washington, D.C.: National Education Association, Center for the Study of Instruction, 1970).
4) Ibid., p. 2.
5) Ibid., pp. 2-3.
6) Franklin Bobbitt, *The Curriculum* (Boston: Houghton Mifflin, 1918), pp. 41-42 참조.
7) Arthur W. Combs, *The Professional Education of Teachers* (Boston: Allyn and Bacon, 1965), p. 74 참조.
8) Forrest W. Parkay, Eric J. Anctil, and Glen Hass, *Curriculum Planning: A New Approach,* 5th ed. (Boston: Allyn and Bacon, 2006), pp. 52-57.
9) James B. Macdonald, "Curriculum Development in Relation to Social and Intellectual Systems," in

Robert M. McClure, ed., *The Curriculum: Retrospect and Prospect,* 70th Yearbook, Part I, National Society for the Study of Education (Chicago: University of Chicago Press, 1971), pp. 98–99.

10) 예로 Arthur Bestor, *Educational Wastelands: The Retreat from Learning in Our Public Schools* (Urbana, Ill.: University of Illinois Press, 1953); Hyman Rickover, *Swiss Schools and Ours: Why Theirs Are Better* (Boston: Little, Brown, 1962); Richard Mitchell, *The Graves of Academe* (Boston: Little, Browns, 1981); William J. Bennett, *The De-Valuing of America: The Fight for Our Children and Our Culture* (New York: Summit Books, 1992) 참조.

11) Alice Miel, *Changing the Curriculum: A Social Process* (New York: D. Appleton Century, 1946), p. 10.

12) 예로 Albert I. Oliver and Joseph J. Schwab 참조. (참고문헌 참조)

13) Carl D. Glickman, *Revolutionizing America's Schools* (San Francisco: Jossey-Bass, 1998), p. 38.

14) Jean Johnson and John Immerwahr, *First Things First: What Americans Expect from the Public Schools: A Report from Public Agenda* (New York: Public Agenda, 1994).

15) Glickman, *Revolutionizing,* p. 39.

16) Larry Cuban, "The Lure of Curricular Reform and Its Pitiful History," *Phi Delta Kappan 75,* no. 2 (October 1993): p. 183.

17) 의사결정 과정의 설명을 위해서 이 책의 13장에 나와 있는 파이 델타 카파 평가위원회의 자료를 참고하라. Daniel L. Stufflebeam, *Educational Evaluation and Decision Making* (Itasca, Ill.: F. E. Peacock, 1971).

18) John D. McNeil, *Curriculum: A Comprehensive Introduction,* 5th ed. (New York: HarperCollins, 1996), p. 290.

19) Hilda Taba. *Curriculum Development: Theory and Practice* (New York: Harcourt Brace Jovanovich, 1962), p. 8.

20) B. O. Smith, William O. Stanley, and J. Harlan Shores, *Fundamentals of Curriculum Development,* rev. ed. (New York: Harcourt Brace Jovanovich, 1957) 참조. 또한 이 책의 9장 참조.

◆ 참고문헌 ◆

Alder, Mortimer J. *The Paideia Proposal: An Educational Manifesto.* New York: Macmillan, 1982.

Anderson, Vernon E. *Principles and Procedures of Curriculum Improvement.* New York: Ronald Press, 1965.

Beane, James A., Toepfer, Conrad F., Jr., and Alessi, Samuel J., Jr. *Curriculum Planning and Development.* Boston: Allyn and Bacon, 1986.

Benjamin, Harold R. W. (Peddiwell, J. Abner). *The Saber-Tooth Curriculum.* New York: McGraw-Hill, 1939.

Bennett, William J. *The De-Valuing of America: The Fight for Our Children and Our Culture*. New York: Summit Books, 1992.

Bestor, Arthur. *Educational Wastelands: The Retreat from Learning in Our Public Schools*. Urbana, Ill.: University of Illinois Press, 1953.

Bobbitt, Franklin. *The Curriculum. Boston: Houghton Mifflin,* 1918. Also, New York: Arno Press and The New York Times, 1975.

Boyer, Ernest L. *High School: A Report on Secondary Education in America*. New York: Harper & Row, 1983.

Charters, W. W. *Curriculum Construction*. New York: Macmillan, 1923. Also, New York: Arno Press and The New York Times, 1971.

Commission on the Reorganization of Secondary Education. *Cardinal Principles of Secondary Education*. Washington, D.C.: U.S. Office of Education, Bulletin 35, 1918.

Cuban, Larry. "The Lure of Curriculum Reform and Its Pitiful History." *Phi Delta Kappan* 75, no. 2(October 1993): 182–185.

Davis, O. L., Jr. *Perspectives on Curriculum Development 1776–1976*. 1976 Yearbook. Alexandria, Va.: Association for Supervision and Curriculum Development, 1976.

Doll, Ronald C. *Curriculum Improvement: Decision Making and Process*. 9th ed. Boston: Allyn and Bacon, 1996.

Draper, Edgar Marion. *Principles and Techniques of Curriculum Making*. New York: D. Appleton-Century, 1936.

Educational Policies Commission. *Education for All American Youth*. Washington, D.C.: National Education Association, 1944.

Firth, Gerald R. and Kimpston, Richard D. *The Curricular Continuum in Perspective*. Itasca, Ill.: F. E. Peacock, 1973.

Frymier, Jack R. and Hawn, Horace C. *Curriculum Improvement for Better Schools*. Worthington, Ohio: Charles A. Jones, 1970.

Glickman, Carl D. *Revolutionizing America's Schools*. San Francisco: Jossey-Bass, 1998.

Goodlad, John I. *A Place Called School: Prospects for the Future*. New York: McGraw-Hill, 1984.

Gwynn, J. Minor and Chase, John B., Jr. *Curriculum Principles and Social Trends,* 4th ed. New York: Macmillan. 1969.

Hass, Glen. *Curriculum Planning: A New Approach,* 5th ed. Boston: Allyn and Bacon, 1987.

Henson, Kenneth T. *Curriculum Planning: Integrating Multiculturalism, Constructivism, and Education Reform,* 3rd ed. Long Grove, Ill.: Wareland Press, 2006.

Herrick, Virgil E. and Tyler, Ralph W. *Toward Improved Curriculum Theory. Supplementary Educational Monograph,* no. 71, March, 1950. Chicago: University of Chicago Press, 1950.

Hlebowitsh, Peter S. *Foundations of American Education: Purpose and Promise,* 2nd. ed.

Belmont, Calif: Wads-worth, 2001.

Johnson, Jean and Immerwahr, John. *First Things First: What Americans Expect form the Public Schools: A Report from Public Agenda.* New York: Public Agenda, 1994.

Leonard, George B. *Education and Ecstasy with the Great School Reform Hoax. Berkeley,* Calif.: North Atlantic Books. 1987.

Macdonald, James B., Anderson, Dan W., and May, Frank B. *Strategies of Curriculum Development: Selected Writings of the Late Virgil E. Herrick.* Columbus, Ohio: Merrill, 1965.

McClure, Robert M., ed. *The Curriculum: Retrospect and Prospect. 70th. Yearbook. Chicago: National Society for the Study of Education,* University of Chicago Press, 1971.

McNeil, John D. *Curriculum: A Comprehensive Introduction,* 5th ed. New York: HarperCollins, 1996.

Miel, Alice. *Changing the Curriculum: A Social Process.* New York: D. Appleton-Century, 1946.

Mitchell, Richard. *The Graves of Academe.* Boston: Little, Brown, 1981.

The National Commission on Excellence in Education, David P. Gardner, chairman. *A Nation at Risk: The Imperative for Educational Reform. Washington,* D.C.: U.S. Government Printing Office, 1983.

Oliver, Albert I. *Curriculum Improvement: A Guide to Problems, Principles, and Process,* 2nd ed. New York: Harper & Row, 1977.

Parkay, Forrest W., Anctil, Eric J., and Hass, Glen T. *Curriculum Planning: A Contemporary Approach,* 8th ed. Boston: Allyn and Bacon, 2006.

Perelman, Lewis J. *School's Out: Hyperlearning, the New Technology, and the End of Education.* New York: William Morrow, 1992.

Phi Delta Kappa Commission on Evaluation, Daniel L. Stufflebeam, committee chairman. *Educational Evaluation and Decision Making.* Itasca, Ill.: F.E. Peacock, 1971.

Posner, George and Rudnitzky, Alan N. *Curriculum Design*: A Guide to Curriculum Development for Teachers, 7th ed. Boston: Allyn and Bacon, 2006.

Rubin, Louis, ed. *Curriculum Handbook: The Disciplines, Current Movements, and Instructional Methodology.* Boston: Allyn and Bacon, 1977.

______. *Curriculum Handbook: Administration and Theory.* Boston: Allyn and Bacon, 1977.

Rickover, Hyman. *Swiss Schools and Ours: Why Theirs Are Better.* Boston: Little, Brown, 1962.

Saylor, J. Galen, Alexander, William M., and Lewis, Arthur J. *Curriculum Planning for Better Teaching and Learning,* 4th ed. New York: Holt, Rinehart and Winston, 1981.

Schwab, Joseph J. *The Practical: A Language for Curriculum.* Washington, D.C.: National Education Association, Center for the Study of Instruction, 1970.

Sizer, Theodore R. *Horace's Compromise: The Dilemma of the American High School.*

Boston: Houghton Mifflin, 1984.

Smith, B. O., Stanley, William O., and Shores, J. Harlan. *Fundamentals of Curriculum Development,* rev. ed. New York: Harcourt Brace Jovanovich, 1957.

Taba, Hilda. *Curriculum Development: Theory and Practice.* New York: Harcourt Brace Jovanovich, 1962.

Tanner, Daniel and Tanner, Laurel N. *Curriculum Improvement: Theory Into Practice,* 4th ed. Upper Saddle River, N.J.: Merrill/Prentice Hall, 2007.

Turney, David. "*Sisyphus Revisited.*" *Perspectives on Curriculum Development 1776–1976. 1976 Yearbook.* Alexandria, Va.: Association for Supervision and Curriculum Development, 1976.

Unruh, Glenys H. *Responsive Curriculum Development: Theory and Action.* Berkeley, Calif.: McCutchan, 1975.

Verduin, John R., Jr. *Cooperative Curriculum Improvement.* Englewood Cliffs, N. J.: Prentice-Hall, 1967.

Walker, Decker F. *Fundamentals of Curriculum: Passion and Professionalism,* 2nd ed. Mahwah, N.J.: Lawrence Erlbaum Associates, 2003.

______ and Soltis, Jonas F. *Curriculum and Aims,* 4th ed. New York: Teachers College Press, 2004.

Wiles, Jon and Bondi, Joseph C. *Curriculum Development: A Guide to Practice,* 7th ed. Upper Saddle River, N.J.: Merrill/Prentice Hall, 2007.

Zais, Robert S. *Curriculum: Principles and Foundations.* New York: Harper & Row, 1976.

제2부

교육과정 개발: 교직원의 역할

3 교육과정 계획: 여러 수준과 영역이 어우러지는 과정

학습 목표

1. 5개 수준과 3개 영역에서 안내된 교육과정 계획의 유형을 기술할 수 있다.
2. 각 학교 수준에서 교육과정 개발을 위한 조직화된 패턴을 기술할 수 있다.
3. 학구 수준에서 교육과정을 위한 조직화된 패턴을 기술할 수 있다.

교육과정 결정의 사례

미국 도처의 일부 학구에서는 매일 다음과 같은 교육과정 결정이 이루어진다.

- 초등학교는 기초 기능을 가르치는 데 컴퓨터 보조수업을 사용한다.
- 같은 학구의 중학교와 고등학교에서 컴퓨터실을 배치했다.
- 중학교는 사회학습 프로그램 안에 다양한 인종의 업적에 관한 더 많은 자료를 포함하기로 결정했다.
- 전체 학구는 모든 수준의 교육과정에 성교육 프로그램을 넣을지 결정했다.
- 고등학교 전 교직원은 학생의 사고 기술 개발에 전심전력을 다하고 있다.
- 학교체제는 이중언어 교육을 위한 계획을 수정했다.
- 한 초등학교는 도서 시리즈를 다른 출판사의 것으로 교체하기로 결정했다.

- 한 학구는 학생들에게 국가시험을 치를 준비를 시켰다.
- 한 학구는 인격교육 프로그램을 실시하였다.
- 학교체제는 재능 있고 천재적인 학생의 요구를 충족하는 계획을 승인하였다.
- 학구의 중등학교들은 팀 경기 참여에서 여학생을 위한 기회를 늘려 남학생의 운동 경기와 동등한 경기 기회를 배치할 계획을 세웠다.
- 도시의 학구는 과학, 수학, 공학에 중점을 둔 마그넷(magnet) 중등학교를 설립해 왔다.

학교들 간의 변화

앞서 다룬 예와 같은 수많은 교육과정 결정이 끊임없이 이루어진다. 어떤 결정은 과정을 넣거나 빼거나 혹은 내용의 작은 변화를 주는 것과 같이 상대적으로 간단하다. 예를 들어, 열린 교육 계획의 제정이나 포기, 또는 6-3-3(초 6년, 중 3년, 고 3년)에서 4-4-4(초 · 중 · 고 각 4년씩) 계획으로의 학교 조직 전환과 같은 사례는 총체적이며 폭넓은 영향을 끼친다. 이러한 변화는 행정 및 교육과정 의사결정이다.

더욱 다양한 학교체제 중의 일부는 교육과정 의사결정에 참여하고 있다. 그리고 이런 결정의 결과로서 교육과정에서의 변화에 지속적으로 영향을 주고 있다. 가끔은 한 종류 이상의 변화가 학구와 학교 사이에 동시다발적으로 발생하고 있다.

어떤 체제는 결정을 계획하고 다음의 상태에서 결정을 이끌어 내기 위해서 논리적이고 신중한 과정을 따르고, 어떤 체제는 교육과정과 관련된 아이디어로 과열된 매우 산만한 상태로 시작하며, 또 어떤 체제는 교육과정 의사결정에 무기력하고 무관심한 데다 모든 의도와 목적이 너무 침체되어 있다.

앞서 말한 교육과정 결정의 사례는 각 학구에서 일어나는 전형적인 사례다. 이러한 교육과정의 사례는 미국 전 지역에 존재하는 수많은 학구에서도 찾아볼 수 있다.

우리는 한 나라의 서로 다른 지역에서 이루어지는 동시다발적인 교육과정 개발에 대해 어떻게 설명할 수 있을까? 앞의 사례 중 오직 세 가지—이중언어 프로그램, 팀 경기에 여학생이 참여할 수 있는 기회 증대, 국가시험을 위한 준비—는 법률적 과정에 의하여 전개되었다고 말해도 무방하다. 1974년 미국 연방 최고법원이 Lau 대 Nichols 판례[1]에서 내린 결정으로 이중언어 교육 프로그램이 시작되었다. 그 결과, 샌프란시스코 학교체제는 영어에서 어려움을 겪는 중국계 아동에게 특별 수업을 제공하였다. 더욱이 이중언어 교육 프로그램을 개발하고 이행하기 위하여 학교체제를 지원하는 데 연방 예산의 지출을 승인하였다.

팀 운동에서 여학생 참여의 차별대우를 금지한 1972년 교육개정의 제9조(Title IX of the Educational Amendments) 법률이 미국 의회에 의해 제정됨으로써 시작되었다. 2001년 아동낙오방지법(No Child Left Behind Act)의 압력까지 더해져 전체 주의 반 이상의 주 의회에서 초등학교에서부터 고등학교 수준까지 시험을 실시하게 되었다. 연방정부와 주의 법령, 그리고 주의 입법부의 결정은 교육학적 변화를 초래했다. 우리는 나중에 이와 관련된 내용을 탐구하게 될 것이다. 그러나 우리는 동시다발적 개발의 다른 원인 혹은 부분적 원인을 다른 곳에서도 찾아보아야만 한다.

동시다발적 개발

없을 것 같은 일이지만 우연히 다른 학교체계에서 비슷한 교육과정 개발이 이루어질 수 있다. 이 상황은 우연한 기회에 같은 행성을 발견한, 바다에 의해 멀리 떨어져 서로 알지 못하고 있었던 2명의 천문학자 또는 인류에게 고통을 주는 병의 치료법을 서로 다른 시대에서 찾은 과학자들과 닮았다.

미국의 효과적인 운송체계와 통신체계는 동시에 발생하는 교육과정 개발의 주된 원인이 될 수 있다. 이런 널리 퍼진 기술체계는 유익한 씨앗(다른 이의 관점에서는 해로운 바이러스가 될 수도 있다)의 빠른 전파를 가능하게 해 준다.

이런 대규모의 체제는 학구의 모든 선거권자—행정가, 교사, 학생, 부모, 그리고 나라의 다른 구성원—에게 큰 영향을 미친다. 운송은 나라의 전 지역에서 온 사람들이 공식적 · 비공식적 환경에서 함께할 수 있도록, 그리고 같은 시간에 학교의 문제를 의논하는 것이 가능하도록 한다. 예를 들어, 국가적 전문가 협의회가 교육과정 혁신의 확대에 미치는 영향의 정도를 나타내면 흥미롭다. 비록 비관론자들이 전문가 협의회에서 자주 푸념 섞인 많은 정책을 이야기해도, 지식의 핵심은 공유되고 이해되며 교육되고 결실을 맺어 전파된다. 앞의 많은 것들이 주, 지역, 국가적 회의에서 사람과 사람이 만남으로써 아이디어의 교환을 거쳐 일어날 수 있지 않을까?

어쩌면 통신체계는 더욱 거대한 영향력으로 나라의 다양한 부분에서 교육적 · 사회적 문제의 보고와 지역사회가 어떻게 이러한 문제에 대처하기 위해 노력하는지에 대한 설명의 전파를 가능하게 할지도 모른다. 상업적 출판물과 텔레비전은 전쟁, AIDS, 약물 남용, 범죄, 실업, 인종적 긴장, 환경 파괴, 젊은이의 기본 기능 결핍과 같은 교육과정과 반응하는 사회문제에 대해 지속적으로 대중의 인식을 불러일으킨다. 미디어는 공립학교에 대해 지역 주민이 교육과정 변화나 바우처 제도를 요구하거나 부모가 자녀를 위해 비공립학교로 진학하는 실태의 불만족을 드러내는 데 중요한 역할을 한다.

상업적 미디어가 사회문제, 그리고 이런 문제에 대한 교육적 반응을 알리는 동안 전문적 미디어는 때로는 건전한 논의에 관여해 왔다. 미국에는 교육자의 철학적 내용, 변화를 위한 제언, 그리고 프로젝트 기획, 연구, 실험 보고서를 다룬 전문 저널이 다양하다. 국가와 주의 전문 기관, 미국 정부의 교육부, 주의 교육부서는 빈번히 전공 논문, 지침, 그리고 유망한 교육과정 프로젝트에 대한 조사 보고서를 발표한다. 교육에 대한 대중적이고 전문적인 도서 모두 많은 사회적 · 교육적 문제에 대한 교육과정 해결책을 위한 탐색에 기여한다. 예를 들어, 개별 자아개념의 중요성을 강조한 Earl Kelley[2] 같은 저자나 교육학자, 교육목표에 도달하는 체계적인 방법을 제안한 Ralph Tyler,[3] 교육목표를 분류하는 방법을 제시하고 완전학습을 주장한 Benjamin Bloom[4]과 동료들, 중등학교에서 채택할 수 있는 사항을 추천한 James B. Conant,[5] 학문의 구조를 쓴 Jerome S. Bruner,[6] 핵심 학교 연합을 설립한 Theodore Sizer,[7] 학교의 광범위한 학습을 안내하고 개선을 위한 충고를 한 John I. Goodlad가 학교에 끼친 영향은 상당하다.[8]

통신과 운송의 현대적 방법을 통하여 (좋고, 나쁘고, 그저 그런) 교육과정 혁명은 아동과 젊은이를 위한 교육적 의무를 수행할 수 있도록 좀 더 좋은 방법을 찾고자 하는 전 세계인에게 빠르게 전달된다. 특정 교육과정 변화의 원인을 정확히 찾아내는 것은 교육과 같은 대규모 사업에서도 어렵다. 하지만 찾아야 할 필요가 항상 있는 것은 아니다. 교육과정 계획에서 학생과 종사자에게 중요한 것은 효과적인 변화를 위한 실행과정을 이해하는 것이다. 이러한 과정은 교실, 학교, 심지어 학구를 대상으로 한다.

계획의 수준

교육과정 계획은 많은 수준에서 일어나고 교육과정 종사자—교사, 장학사, 행정가 또는 다른 사람—는 한 번에 7개 수준의 교육과정 분야에서 역할을 담당한다. 교사가 어떤 역할을 하는지에 관한 계획의 수준은 [그림 3-1][9]에서 보여 주는 것처럼 개념화될 수 있다. 모든 교사는 교실 수준에서 교육과정 계획을 포함하고, 많은 교사는 학교 수준에서 교육과정 계획에 참여한다. 그리고 일부는 학구 수준에서 참여하고, 소수는 주, 지역, 국가, 국제적 수준에서 계획에 참여한다. 그러나 소수의 교사는 모든 수준에서 교육과정 계획에 참여한다.

교실 수준의 중요성

[그림 3-1]에서와 같이 계단을 오르는 '수준(level)' 이란 용어를 사용한 모델은 어떤 잘못된 결과를 초래할 수 있다. 각 단계를 위계적으로 명확히 스케치하려고 했기 때문에 학교 수준에서의 계획이 가장 덜 중요하고 각각의 다음 수준에서의 계획이 훨씬 더 중요하다고 생각할지도 모른다. 만약 중요성의 수준에 대해 고민하고 있다면 우리는 교실 계획이 다음의 어떤 단계보다 훨씬 더 중요하다는 것을 인정해야 한다. 교실 수준에서 교육과정 계획의 결과는 학생들에게 가장 큰 영향을 미친다.

어떤 점에서는 모델을 회전시켜 교실 계획이 위로 가고 국제적 계획이 아래로 온다면 적절하게 보일 수도 있을 것이다. 공교롭게도 모델의 단계를 반대로 뒤집는 것은 일어날

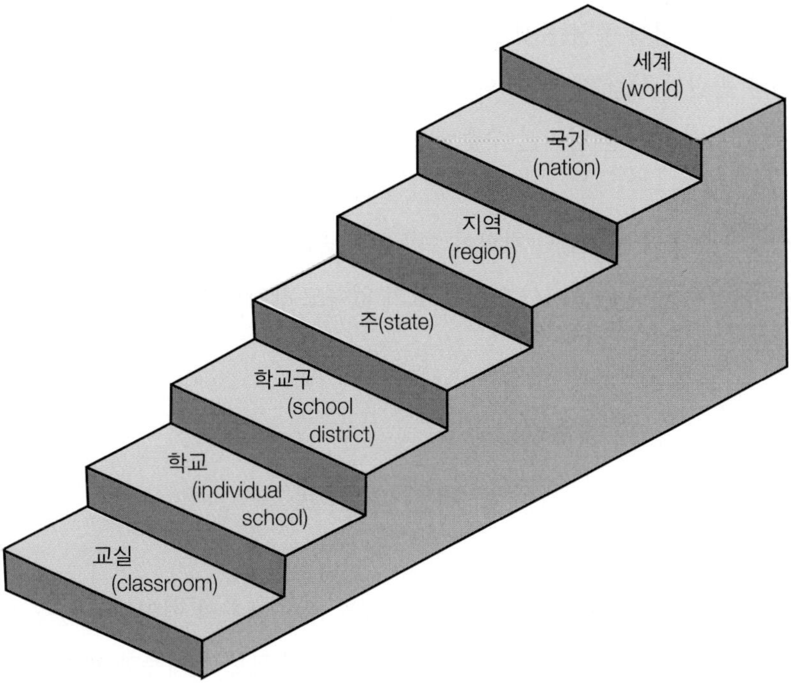

[그림 3-1] 계획의 수준

수 있는 또 다른 오역을 야기한다. 교실이 교육과정 계획의 초점이고 교육과정 요인의 주된 장소이기 때문에 교실 수준이 첫 번째 단계다. 소수의 교사 또는 교육과정 전문가만이 다른 수준에서 자신의 능력을 증명한 후에야 국제적 수준에서 일할 수 있으므로 처음 단계로 국제적 수준을 선정하는 것은 매우 잘못된 것이다.

단계 모델(step model)은 교육과정 종사자가 정해진 과정으로 각 단계 또는 수준을 거친다는 것을 독자들에게 전달할 것이다. 비록 대부분의 교사가 교실 수준과 학교 수준의 두 수준에서 교육과정 계획에 참여하지만, 일부는 이 두 개의 수준 이상으로 참여하지 않을 수 있다. 일부 교사와 교육과정 전문가는 순서상 처음 수준에서 다음 수준 또는 동시에 모든 수준에서 일하지만, 반면에 어떤 사람은 전체 수준을 건너뛰기도 한다. 보통 교육과정 계획이 교실에서 시작하기는 하나 교육과정 종사자가 변화에 착수할 필요가 있다고 느끼는 수준은 어떤 수준이든 될 수 있다.

앞서 다룬 모델에서는 단계들이 너비와 높이가 균등하기 때문에 교육과정 설계자가 모든 수준에 참여할 수 있는 동등한 기회를 가지고 각 수준 안에서 계획하는 데 같은 시간을 사용하는 것을 의미한다. 계단 위 각각의 다음 단계에서 이전 단계보다는 교육과정 계획을 위한 기회는 적어진다. 따라서 계획의 수준을 준다면, 각 수준의 높이를 단계적으로 높이고 폭을 점점 좁히는 것으로 시각화할 수 있을 것이다.

교과서와 관련된 사람들—학교와 학구 수준에 종사하는 교육과정 종사자—은 교육과정 계획을 위해 학구을 넘어선 수준에서는 오직 한정된 시간에서만 수행이 가능할 것이다.

중요성보다 수행의 장소로서 계획의 수준을 개념화하는 학교 교육과정 전문가가 모든 수준 혹은 고정된 몇몇 수준에서 일할 필요가 없다고 생각한다면 계획의 수준 개념은 적절하고 유용할 것이다.

계획의 영역

일부 교육과정 이론가는 계획의 수준을 말하는 대신 계획의 영역(sector)을 말하는 것을 더 편한 것으로 느낄지 모른다. 영역의 개념은 단계 모델의 계층과 계열성 문제를 떠나 교육과정 계획이 8개 영역—교실, 팀/학년/부서, 개별 학교, 학구, 주, 지역, 국가, 세계—에서 행해짐을 간단하게 진술한다. [그림 3-2]에서 예시한 영역 모델은 교사와 교육과정 종사자가 개별 학교와 학구에서 대부분의 시간을 사용하고 학구 경계선을 넘어선 영역에서는 점점 적은 시간을 소비함을 보여 준다. 점선은 개별 교사 또는 교육과정 설계자가 분리된 시간에서 하나의 영역보다 더 많은 영역에서 동시에 일함을 나타낸다. 물론 교사나 교육과정 설계자는 교실 영역에만 국한될 수도 있다.

계획의 수준 모델이나 영역 모델은 어디서 결정이 이루어지며, 계획을 개발하기 위해 사용되는 조직화된 과정은 무엇인지에 대한 질문을 다룬다. 물론 이 모델들은 이후의 장에서 다루는 교육과정 의사결정을 하게 된 이유에 대해서는 답하지 않는다.

계획의 수준이나 영역을 논의하는 동안, 우리는 개별 설계자가 실제로 일하고 결정이 이루어지는 수준과 영역 사이의 차이를 구별해야 한다. 물론 이것은 동일하지 않다. 예를 들어, 5학년 교사의 경우를 들어 살펴보자. 이 교사는 교실, 팀/학년/부서, 학교, 학구 수준에서 연속적으로든 동시적으로든 교육과정 계획에 연관된 충분한 리더십 능력, 동기, 지식을 가지고 있다. 이 교사는 학교체제 안에서 다른 사람만큼 자신에게 영향을 주는 각 수준의 교육과정 결정에 관여할 것이다.

다른 한편으로 이 5학년 교사는 교실 수준에서만 교육과정 계획에 참여하고 그보다 높은 수준의 과정에서는 활발히 관여하지 않을지도 모른다. 그럼에도 개별 교사가 하고

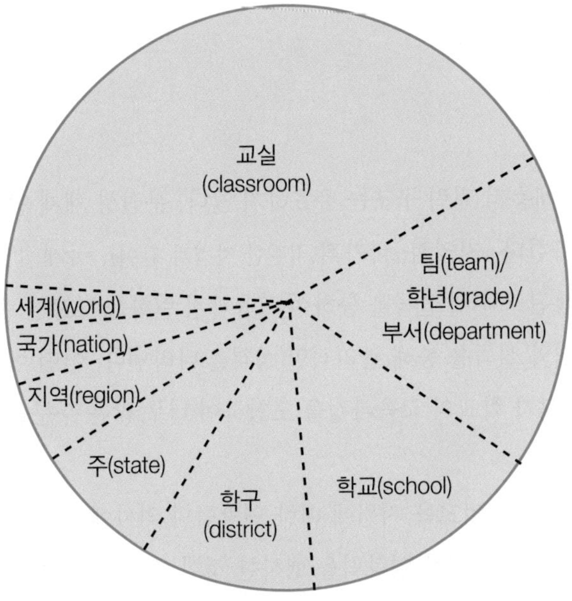

[그림 3-2] 계획의 영역

자 하는 교실 교육과정에 대한 결정, 특히 다른 교사에게 영향을 주게 될 결정일 경우 의사결정의 높은 수준에서 이루어져야 한다.

예를 들어, 개별 교사는 각 학년에서 유기적으로 연결되어 사용하기로 채택된 교과서를 일방적으로 교체할 수 없다. 그리고 의사결정은 개별 교사가 활발히 참여할지 여부를 떠나 더 높은 수준에서 이루어질 것이고 또 일어나야만 한다.

계층 구조

많은 교육과정 결정이 연속적인 수준으로 잘 표현되었기 때문에 미국에 있는 조직적 계층 구조를 살펴봐야 한다. 각각의 주 수준까지 포함하는 계층적 수준에서는 하위단계의 교육과정 의견을 승인하거나 거부할 권한이 있다.

실제로 교육과정 계획을 위한 책임은 교실, 학교, 학구, 주 수준에 걸쳐 확산되어 있다. 교사와 교육과정 전문가가 주 수준의 교육과정 프로젝트에 참여하더라도 그들의 교육과정은 단순히 자문 수준에서 끝날 수도 있다. 오직 주 교육의회, 주 교육청, 주 입법부만이 학교 프로그램 안에 프로젝트의 결과를 적용할 수 있는 권한을 가지고 있다. 학교체제는 주 법률과 규정을 따라야만 한다. 그 이후에 주 교육과정 권한의 위임을 받아서 교육과정 계획에서 실행을 주도해 나갈 수 있다.

계층 구조의 한계

주 수준을 넘어, 계층적 권력 구조는 유효하지 않다. 분권형 체제 안에서 교육을 위한 권한은 주에서 보유한다. 지역적, 국가적(적절한 자격과 같이), 국제적 영역은 주와 지방 수준에서 먼저 수행된 이후에 설득을 통하여 교육과정 변화를 도모할 수 있다.

국가 수준은 권위와 설득을 통해 관리적인 성격을 나타낸다. 어떤 이는 미국이 분권형 체제임에도 연방정부가 학교의 교육과정을 포함하여 너무 많은 부분을 제한한다고 주장한다.

예를 들어, 장애인의 직업교육 지원에 대한 연방법의 역사에 전국의 구석구석까지 정부가 학교의 교육과정에 강력한 영향력을 행사한 것이 드러난다. 물론 연방정부에 의해 분배되는 지원금 자체가 가장 강력하게 영향을 주는 도구이다. 그러나 국가에 소속된 공무원은 연방법을 집행하는 데에 필요한 권한을 부여받은 다음에야 주와 지역 사이의 학교 문제에 개입할 수 있다.

그러나 진정한 의미에서 교육과정 계획이라 불리는 연방 법령의 제정과 연방정부 결정의 집행은 해결되지 않은 문제다. 예를 들어, 학구는 학교체제에서 모든 형태의 차별을 금지하는 연방 법률을 준수해야 하며, 원조의 선택적 유형을 위해 보조금 제안서를 제출할 필요는 없다.

따라서 우리는 주 수준과 주 수준을 넘어서는 영역에 걸쳐 교육과정 계획의 수준을 보여 주는 모델을 설계할 수도 있다. 이 모델은 [그림 3-3]과 같다.

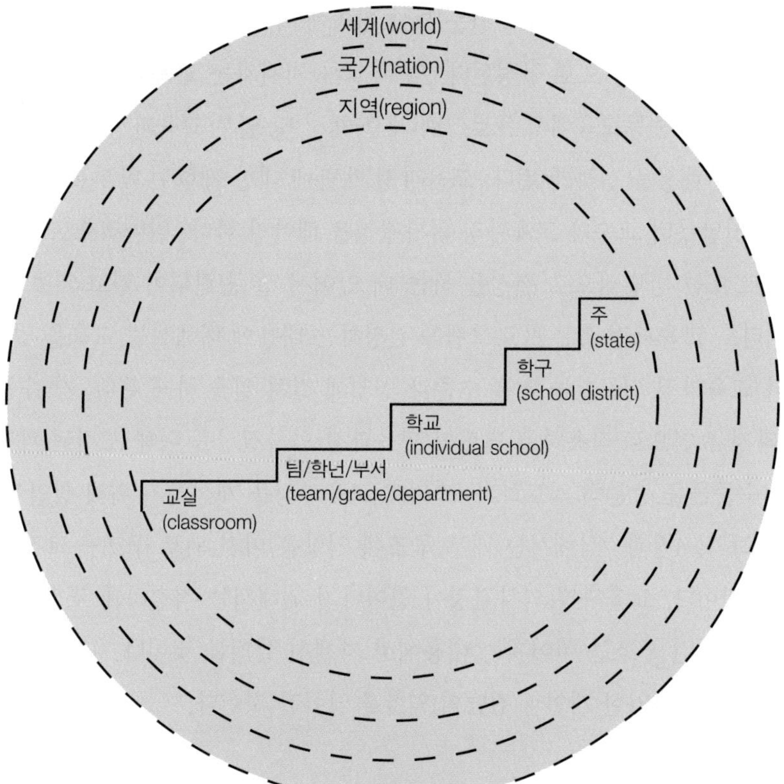

[그림 3-3] 계획의 수준과 영역

단순함을 목적으로 하기 때문에 이 그림은 두 개의 수준—학구의 일부인 지역 수준과 학구와 주의 중간 수준—이 나타나지 않는다. 지역 수준은 대도시 학교체제에서 볼 수 있고, 중간 수준은 대개 서비스 요소로 일부 주에서만 찾아볼 수 있다.

다양한 수준에서의 교육과정 요인

학위와 자격증을 받은 교사교육 프로그램의 신규 졸업생은 그들의 첫 교수 자리를 위한 계약서에 사인을 할 때 일반적으로 교육과정 계획과 개발이 포함될 것에 대해 잘 생각하지 못한다. 일반적으로 교사교육 기관은 학부 수준에서 교육과정 개발에 관한 과정을 제공하지 않는다. 차별화된 전달체제 문제를 무시한 전형적인 예비교사 훈련 프로그램은 일반교육(일반교양 과정), 교육의 기초(사회, 심리, 철학, 역사) 또는 교육학 개론, 교수방법(일반과 특수 둘 다), 그리고 전문 분야 이외에 학생을 가르치는 것(초 · 중학교 교육 또는 중등학교 학문 분야)으로 구성된다. 일부 교사 지원자는 교육과정에서 교육과정 근본의 개관과 초 · 중등교육에서 프로그램 개관 제시 및 일부 교육과정의 문제 제기 등을 제공하는 학부과정을 접하게 된다. 교육과정 개발에 대한 제한된 학부교육에도 불구하고 교사는 첫날부터 교수와 교육과정 의사결정을 해야만 한다. 일반적으로 초보 교사는 교수적으로 또는 방법적으로 결정을 하는 데 있어서 잘 훈련되어 있고 기초 내용을 잘 배웠을지라도 교육과정 혹은 프로그램을 결정하는 내용에 대해서는 교육을 덜 받았다.

교사와 교육과정 전문가는 많은 수준과 영역에 걸쳐 일을 하게 된다. 각 수준은 별개의 교육과정 요인으로 작용하고 별도의 교육과정 의사결정을 위해 조직된 과정이 존재한다. 이 수준들을 충분히 검토하자. 그리고 교육과정을 개선하기 위해 창안된 내부 구조에 주목하자. 4장과 7장에서는 내부 구조에 영향을 미친 외부 구조—교직의 외부—를 살펴볼 것이다. 교육과정 의사결정이 일어나기 위해서는 적절하게 조직화된 구조가 필수적이다. 이런 구조는 이어지는 내용에서 자세히 살펴볼 것이다. 4장에서는 교육과정 개발과정에서 다양한 개인과 집단의 역할을 알아볼 것이다.

교실 수준

언뜻 보기에 모든 프로그램에 관한 결정은 교사가 고용되는 순간 이루어졌던 것 같다. 완벽한 프로그램은 교사가 배치될 학교에서 이미 운용되고 있다. 학교 이사회는 유아교육, 6학년, 중학교 영어, 고등학교 화학과 같은 필요한 직위에 맞는 지원자를 구한다. 교장은 교수 과제를 만들어 해당 교사에게 학교 정책과 내규에 대해 설명한다. 만약 학교의 규모가 교장이 아닌 관리 담당자가 있을 만큼 크다면, 교사는 오리엔테이션 이상의 조언을 받을 수 있을 것이다. 교장에 의해 지정된 관리자(예, 교감, 학년부장, 부서별 부장)는 선정된 교과서로 교사를 숙달시키고 목표의 진술과 교수요목 및 교육과정 지침과 같은 다른 교육과정 도구가 어떻게 사용되는지를 설명한다.

초임 교사는 교육과정에 대한 모든 중요한 결정이 이미 다른 이들—학교, 학구, 주, 국가, 사회—에 의해 이루어졌다고 정당화할 수도 있을 것이다. 우리의 교육 역사에서 '교사가 배제된' 자료에 직면한 적이 없었던가? 교사가 배제된 자료는 교사가 전혀 필요 없다!

만약 교육과정이 미리 정해졌다면 교사의 삶은 더 쉽고 덜 복잡해질지 모른다. 한편으로는 교사의 삶이 교육과정 결정 없이 아주 따분하게 되는 것이 더 편할 수 있다. 만약 교사가 변화는 피할 수 없고 끝이 없다는 원리에 찬성한다면, 그들은 교육과정 개발자로서의 역할이 우선적으로 중요하다고 생각하기 시작할 것이다. 교사는 결정을 하고 공유된 의사결정에 참여해야 할 뿐만 아니라 결정을 실행하고 프로그램을 평가하는 결정에 기초가 되는 자료를 모으기도 한다. 우리는 어떤 특별한 교육과정 노력에 개별 학급 교사가 참여할 것인지를 물을 수 있다. 이 질문에 두 가지 방법으로 대답을 찾아보자.

두 가지 경우 먼저 경험이 많고 동기가 높은 두 교사, 즉 사회 과목의 4학년과 10학년 교사(가정된 경우)를 살펴보자. 우리는 (1) 4학년 교사는 남자이고 10학년 교사는 여자이며, (2) 둘 다 같은 학구에 근무하고, (3) 두 교사 모두 모든 수준과 영역에서 교육과정 계획에 참여한다고 더 가정할 수 있다. F라 부를 4학년 교사는 4학년의 3개 섹션에 참여하는 학교의 학년부장이다. 교사 N인 10학년 교사는 사회 과목 부서 8명 중 1명이다. 춥고 바람 부는 3월의 같은 시기에 한 가지에 주목하여 그들의 교육과정 개발 활동을 살펴볼 것이다.

교사 F는 이 기간 동안 과학 수업(교실 수준)에서 학생을 위해 제공할 보충 자료를 준비하였고, 동료 교사들과 그다음 날에 있을 학급에서 부진한 학생들을 위한 수학 수업을 함께 살펴보았으며, 새로운 4학년 읽기 프로그램을 살펴보았다(학년 수준). 그는 또한 학교에서 새로운 인간 성장을 충족하는 제안서와 개발 프로그램을 만드는 데 참여하고(학교 수준), 장애인에 관한 연방 법령 개선을 위해 방법을 연구하는 모임을 가졌다(학구 수준). 그리고 국어 과목에서 최소한의 언어 능력을 정의하는 주 전체의 위원회에 참가하고(주 수준), 효과적인 수업에 대한 지역위원회의 공개토론회에 참석하고(지역 수준), 위험에 처한 아동을 위한 프로젝트의 기금을 위해 연방 예산 보조금 신청서를 완성하고(국가 영역과 지역 수준), 미국 문화 속에서 이민자의 공헌을 다룬 프로그램을 위한 활동을 계획했다(국제 영역과 지역 수준).

교사 F가 학교체제의 교육과정을 활동적으로 구상하기 위한 노력을 하는 동안, 교사 N도 열심히 활동했다. 그녀는 정기적으로 지리학에서 가르쳐야 할 교육과정 내용을 재배열하는 것에 참여했고(교실 수준), 모든 10학년 사회 과목 교사와 소비자 경제학의 새로운 교육과정에 대해 함께 연구하며(부서 수준), 이번 주말에는 더 효율적인 모임 수단을 의논하기 위한 학교의 교육과정 협의회에 참여할 것이고(학교 수준), 교사 F처럼 장애인을 위한 교육과정 개선을 위한 제안서를 만드는 과제를 맡았으므로 같은 지구 위원회에 참석하였다(학구 수준). 그리고 고등학교 졸업을 위한 주의 최소한의 기준 수정을 논의하는 위원회의 참석을 초청받았고(주 수준), 일주일 전에는 인가를 받기 위해 멀리 떨어진 고등학교의 위원회에 방문하였으며(지역 영역), 그녀가 제출한 예산 보조금 지원 승인을 국가인문재단(National Endowment for the Humanities)으로부터 통보받았고(국가 영역과 지역 수준), 국제영재학회(World Council for Gifted and Talented Children)에 초청받아 유럽 분과에서 발표를 하였다(국제 영역). 상대적으로 일부 교사가 이러한 두 가지 가설에 의해 제안된 모든 영역과 수준에서 교육과정 노력에 참여하는 이런 기회, 능력 또는 의향을 가지는 동안, 교육과정 활동은 가능성의 영역 이상으로 넘어가지 않는다. 교사는 언젠가 이와 같은 활동에 종사한다.

'개별 학급의 교사가 참여할 것 같은 구체적인 노력은 무엇인가?' 라는 질문에 대답하는 두 번째 방법은 각 단계와 수준의 교육과정에서 일어나는 일반적인 노력을 조사하는 것이다. 개별 교사가 교실 단계에서 나타나는 교육과정 수행에 대해 가진 임무는 생각보다 많다. 교실 수준의 교육과정 개발에서 수많은 수행 과제가 나타난다.

교사의 과제 교사는 그들이 교육과정 목표와 과제를 작성할 때, 교과 문제(내용)를 선정할 때, 자료를 고를 때, 학교나 지역사회의 자원을 확인할 때, 과제 문제를 배열하고 조정할 때, 주제와 과정의 범위를 결정할 때, 내용을 수정할 때, 사용할 수업 계획의 유형을 결정할 때, 계획을 세울 때, 새로운 프로그램을 시험해 볼 때, 읽기나 다른 교과에서 발전되고 개선된 프로그램을 만들 때, 개별화 방식을 제공할 방법을 찾고자 할 때, 교실 수준 이상의 규정된 내용을 포함할 때, 그리고 교사 자신만의 자료를 개발할 때 교육과정 설계를 수행한다.

교육과정 실행은 수업을 통한 교육과정 전문화와 동일시된다. 어떤 이는 교육과정 실행이 학생과 상호작용하기 전까지는 시작될 수 없다고 주장한다. 나는 개념적으로 프로그램을 어떻게 수행할지, 수업이 어떻게 설계되고 표현되는지에 대한 핵심 결정을 할 때 실행을 교육과정 계획 또는 설계의 마지막에 넣는다. 교사는 이런 내용을 교과 간에 적절한 주안점을 결정할 때, 학생들이 탐구할 교과 과제를 선정할 때, 가르칠 주제와 단원의 시간을 할당할 때, 시설이 적당한지 그리고 (필요하다면) 어떻게 재배치할 것인지 결정할 때, 자원봉사자에게 일을 부탁할 때, 수업 목표와 대상을 작성할 때, 그리고 교실환경과 상호작용할 전략을 선정하고 수행할 때 교실 수준에서 사용한다.

교사는 교육과정과 수업을 평가할 책임을 가지고 있다. 어떤 면에서 평가의 두 측면을 분리하는 것과 수업평가를 끝내고 교육과정 평가를 시작하는 것을 정하는 것은 어렵다. 매우 현실적인 측면에서 수업을 평가하는 것은 교육과정 실행을 평가하는 것이다. 어쩌면 다음과 같은 방식으로 평가의 두 측면 사이에서 경계를 세울 수 있을 것이다. 교육과정 평가는 프로그램, 과정, 교육과정 결과(인간이 아닌 사물)를 평가하는 것이다. 수업평가는 (1) 수업의 도입, 전개, 정리에서 학생들의 성취를 평가하는 것, (2) 교수자의 효과성을 평가하는 것이다. 그러므로 교사는 프로그램이 교육과정 과제와 이어지는 유무를 알고자 할 때, 그 프로그램이 타당하고 적절하고 실현 가능하고 학습자의 흥미를 반영했고 학습자의 요구를 인지했는지 확인하고자 할 때, 전달 체계 · 도구 · 자료의 선택을 재확인할 때, 만들어진 지침 · 단원 계획 · 수업 계획과 같은 최종 교육과정 산출물을 평가할 때 교육과정 평가를 수행한다. 교사는 학습자의 수업 시작 전에 능력을 알고자 할 때, 수행 정도를 검사할 때, 최종 시험을 쓰고 검사하고 측정하여 해석할 때, 학생들이 교수자의 역할로 스스로의 수행을 평가하는 것을 허락할 때 수업평가 활동을 한다.

이러한 교실 수준에서 일어나는 활동은 교육과정 계획과 개발이 복잡하며 교사의 관심이 필요하다는 것을 의미한다. 그렇기 때문에 이어지는 다양한 수준에서 교육과정 계획을 논하는 것은 교사의 자율적인 권한이 거의 없어 보일 수도 있다. 물론 많은 이가 보기에는 어느 정도 사실이다. 교육과정과 수업의 영역에서 연방정부, 주, 지역 학교체제가 부여한 교사의 특권은 심각하게 고려해 보아야 한다. 교육과정과 수업의 결정, 특히 전달체계의 선정, 학생의 학습 유형에 수업 기술을 적용하는 것, 학습자 문제의 진단 및 치료 교육의 처방에 대한 교사의 전문적 책임에 대한 위반에도 불구하고 특권은 유지되어 왔다.

교사는 개인이 아닌 교실, 지역 학교, 학구, 일부 주 수준에서 교육과정을 결정할 수 있는 많은 기회를 가지고 있는 집단이란 사실에서 위안을 삼는다.

팀, 학년, 부서 수준

2장에서 제시된 교육과정 개발의 원리(axiom) 중 하나는 집단 활동이 필수적이라는 것이다. 초등 및 중등 학교 교실의 안식처를 떠나 다른 교사와 어울리게 되면서 교육과정 개발은 새로운 국면을 맞이한다. 이는 교사 모두가 혼자 하는 교육과정 계획을 벗어나 협동적인 노력을 하는 것이 필요하고 좀 더 공식적인 조직의 구조가 있어야 한다. 이후 등장하는 수준들과 더불어 교육과정 리더십이 등장하는 것은 바로 팀, 학년, 부서 수준에서다.

지난 수십 년 동안 견고한 위계 구조와 폐쇄적 교실을 갖춘 학년별 학교체제는 널리 퍼진 학교 조직이 되었다. 그러나 1970년 후기에는 한 명의 교사와 학생 집단으로 구성되는 폐쇄적 교실이 열린 공간과 열린 수업 학교의 등장으로 밀려났다. 많은 초등학교, 중학교, 고등학교가 열린 공간 시설로 만들어지고 전환되었다. 이러한 학교에는 칸막이 벽 대신에 큰 열린 공간이 마련되어 다수의 아동이 전문성을 갖춘 보조원이 지원하는 교사 팀의 지도를 받으며 학습 활동을 할 수 있었다. 큰 열린 공간 속의 각 부분에서 활동하게 될 개별 아동 집단을 가르칠 교수 팀의 구성원이 각각 결정되면서 영역의 모습이 형성된다. 이론과 실제 면에서 집단 및 소집단은 아동의 학습 욕구, 목표, 흥미와 교사의 역량에 따라 조직되고 지속적으로 재조직된다. 비록 열린 공간 학교를 지금도 찾아볼 수 있지만 이러한 변화는 막을 내렸으며 많은 열린 교실이 폐쇄적 교실로 다시 전환되었다. 교사, 학부모, 학생들은 여전히 폐쇄적 교실을 선호하고 있다.

이 책에서 제시된 특별한 교육과정 개혁에 관해 가장 우선적으로 논할 것은 교육과정 개발의 과정을 진술하는 것과 교육과정 종사자에게 교육과정 변화를 도출하고 평가할 수 있도록 돕는 것이다. 교실 수준을 넘어서 다양한 교육과정 계획에 참여하는 교사의 조직화된 규칙이 이 장에서 제시될 것이다. 폐쇄적인 요소로 구성된 학교의 교사는 학년 또는 부서 수준에 참여한다. 열린 공간의 초등학교 교사는 팀과 학년 수준 모두에서 교육과정 계획의 책임을 공유한다. 중학교에 속한 교사는 관례적으로 팀(일반적으로 간학문), 학년, 부서 수준에서 교육과정 개발에 참여한다. 중등학교 교사는 그들의 동료와 주로 부서와 학년 수준에서 교육과정 계획에 참여하며 팀티칭[10]을 통해 팀 수준에서 교육과정 계획에 참여한다.

특별히 신경을 써야 하는 아동의 경우에는 교사가 팀에서, 학년에서, 특정 부서에서 다음과 같은 교육과정 결정을 할 필요가 있다.

- 보여 줄 내용 결정하기
- 교과 과제 재배열하기
- 돌발 상황에 대해 수업 적용하기
- 팀, 학년, 부서 과제 확정하거나 수정하기
- 장학적 측면에서 적합한 도구나 자료 선정하기
- 학습자 집단과 소집단 구성하기
- 다양한 주제별 및 교실별 학습에서 협동 작업의 방법 세우기
- 팀, 학년, 부서의 학생들이 사용할 시험 만들기
- 모든 교사가 사용할 교육과정 자료 작성하기
- 모든 교사와 학생에게 적용할 팀, 학년, 부서의 전 범위에 걸친 프로그램에 관해 동의하기
- 사회적 책임과 자기 훈련을 보여 줄 수 있는 교수방법에 동의하기
- 학생이 기본적인 능력을 획득했다고 보여 줄 수 있는 최소의 기준에 동의하고 수정하기
- 실험실과 학습 센터의 선정과 사용에 협조하기
- 학교의 특별한 실천을 실행하는 데 동의하기
- 정책적인 새 프로그램의 적용과 옛 프로그램의 중단에 동의하기
- 주 시험을 잘 보지 못한 학생을 위한 지도 프로그램 계획하기
- 프로그램, 학생, 교수자 평가하기

그러나 이는 팀, 학년, 부서를 구성하는 사람들이 반드시 필요하다고 생각하는 많은 협동적 결정 종류 중 몇 가지 예에 불과하다. 팀의 리더 또는 교사를 이끄는 사람, 학년을 조직한 사람, 정책 결정권자는 그들의 학급에만 영향을 미치는 결정을 하는 것에서 상당 부분 자유롭다. 개별 교실의 교사보다 교사 전부에게 큰 영향을 줄 것이라 생각되는 결정은 영향을 받는 사람들 또는 그 상위 단계 사람들이나 그들의 항의에 의해서 공동으로 합의해야 할 문제가 되어 버린다.

더욱 능률적으로 의사결정 과정이 가능하기 위해서는 교육과정 지도자가 청사진을 만들 필요가 있다. 팀 리더 또는 교사를 이끄는 사람, 학년을 조직한 사람 및 정책 결정권자는 규정에 따라 정하거나 교사 스스로 선정하여야 한다. 관료주의적 관점의 경향을 가진 관리자는 이전 체계를 선호하며, 비차등 관점을 선호하는 관리자는 후기 체계를

허용한다. 이 양 측면에서 리더십 위치에 있는 경험 많고 숙련된 교사 대부분은 교육과정 수행 협동 집단의 핵심 구성원이자 교육과정 전문가로서 자리 잡을 것이다.

교사, 팀, 학년, 부서 사이에서 이론적으로 조직화된 상호작용의 모습은 학교와 학교에서부터 학구와 학구까지 다양하다.

좀 더 일반적이지 않은 1학년에 한 명의 폐쇄적 성향을 지닌 교사와 한 학급뿐인 작은 학교의 경우에는 개별 교사가 지도자와 지지자 모두에 해당된다. 또한 동일하게 교실과 학년 수준에서 교육과정을 결정(행정적 협력과 승인)하는 유일한 사람이다. 많은 사람이 학교의 수업 지도자로서 역할을 하는 것으로 보는 교사와 교장은 서로 직접적으로 관련되어 있다. 학년 수준에서 각 학년의 단일 영역의 존재들이 협력적 교육과정 계획을 막는다 하더라도 학교장이 요구한다면 학교 수준과 학년을 넘는 수준에서 협력은 가능하다.

각 학년의 복합적인 영역에서 교장은 각 교사가 상호작용하도록 노력하고 학년 수준에서 단지 시설적 측면에 의한 협력적 계획을 권장하지 않는다면 좀 더 일반적이지 않은 작은 학교의 사례를 활용할 수 있다. 교육과정 변화에 따라 영향을 받는 사람 간에 생각을 공유하는 것은 현명하고 효과적인 교육과정 계획을 위해 필수적이다.

팀, 학년, 부서 안에 있거나 포함된 교육과정 문제들은 각각의 수준에서 주어진다. 그러나 교육과정 계획은 설계자나 계획이 반영된 사람들 외에 다른 사람들에게 영향을 미치며, 때로는 사람들을 사로잡는다. 이런 이유로 우리는 팀, 학년, 부서 수준을 넘어서는 교육과정 결정의 다음 단계(학교 수준)를 살펴봐야만 한다.

학교 수준

비록 대다수 교육과정 결정이 교실이나 팀/학년/부서 수준에서 일어나지만, 다른 일부 결정은 학교의 전 수준에서만 이루어질 수 있다. 수업은 교육과정이 유기적이고 통합된 메커니즘을 제공해야만 한다. 행정가는 기관 내에서 만들어진 교육과정 결정의 연관성에 의해 과정을 이해할 수 있고 (가능하다면) 전반적으로 동의할 수 있도록 보장해야 한다.

교육과정 계획의 모든 수준과 영역에서 단위 학교가 가장 결정적인 것으로 나타난다. 현재의 행정철학은 '학교 중심 경영(school-based management)'이라 부르는 학교 행정의 접근을 취한다. 이는 권한이 분리되어 있고 학교 교장은 교육과정 계획뿐만 아니라 예산, 학교 교직원의 고용 및 해고, 직원 연수, 장학 및 평가까지 보장받는다.[11] 어떤 이들은 단위 학교가 교육과정 변화의 중요한 장소라는 것에 동의한다. 일찍이 Alice Miel이 관찰한 바에 따르면, "만약 정말로 광범위한 참여가 바람직하다면 교육과정 개발의 기초 기관으로서 개별 학교를 참여 단위로 만드는 것이 가장 좋은 방법이다."[12] Goodlad도 약 40년 후에는 학교가 교육과정 개선의 단위(unit)가 될 것이라는 생각을 지지하였다.[13]

학교의 개혁을 위한 연구가 이루어졌던 1980년대의 10년 동안 학교를 개선하기 위한 방법을 찾기 위해 주 수준에서 점점 더 의사결정 상황에 많은 변화가 일어났다. 지역 학교들은 주 교육과정이 지정한 교과와 단원의 설명을 넘어서면서 모든 코스의 모든 단계에서 달성되어야 한다고 진술된 수업목표에서 중압감을 느꼈다.

견고하게 중앙집권화된 주와 학구 행정이 지역 학교 수준의 학교에 수행 권한을 주는 것으로 전환되고 있는 것은 1950년대의 중요한 강조점이다. 여유가 없는 주 예산뿐만 아니라 학교기반 경영 원리 지지와 같은 여러 교육적 사유는 주에서 지역 수준으로 지방분권을 가속화하고 있다. 2001년 연방정부 수준의 아동낙오방지법(NCLB)은 학교체계의 접근 방향을 새롭게 하도록 강요했다.

이전 장에서는 교육과정 전문가가 교육과정 개발을 협동 집단 수행으로서 이해한다고 보았다. 학교 행정의 역할이 다양해지고, 학교기반 경영의 개념이 증대되고 있는 상황에서 학교 행정에 참여하는 접근은 철학적으로뿐만 아니라 실천적으로(practically) 들린다. 분권화된 의사결정은 교육과정 계획의 중시 측면이나 행정가의 역할 측면에서 더 효율적이고 효과적인 학교를 만들 수 있다.

외부 관찰자들은 다양한 미국 학교의 독특성에 대해서 충격은 받지 않더라도 종종 놀랄 것이다. 예를 들어, 같은 지역사회의 초등 2개교의 분위기, 학생 태도, 직원, 시간표, 자원, 규모, 교육과정은 완전히 다를 수도 있다. 성취 수준, 학습자 동기, 교직원의 열정, 교장의 리더십 능력, 이웃, 부모의 협조 정도, 교육과정의 강조점은 학교 간의 차이를 만든다. 따라서 미국인은 같은 국적, 같은 주, 심지어 같은 지역에서 학교 간의 다른 조직 방식을 보아도 놀라지 않는다. 교육적 다양성은 교육과정 설계자에게는 축복이자 딜레마다. 이는 개별 학교와 지역사회에서 우리의 교육체제를 증명할 수 있는 학교를 쉽게 찾을 수 있다는 점에서 강점이다. 반면 공통성에 기반을 두어 논란을 피하고 미래의 교육이 해야 할 것에 초점을 맞춘 주나 국가 교육과정을 만드는 교육과정 종사자에게는 문제가 된다.

학교의 선거권자 학교체제와 주 수준을 넘는 다양한 수준에서 민주적 절차가 존재한다. 교육과정 개발에서 대부분 학교의 중요한 선거권이 사용된다는 점에서 참가의 과정보다 민주적 절차가 명확히 드러나는 곳은 없다. 일반적으로 교장의 선거권자는 행정가, 행정 직원, 교사, 학생, 지역사회 주민이다. 때로는 학교체제에 비전문적인 인사가 이런 방법으로 초청되어 계획과정에 참여하지만 중요한 참가자로서는 거의 활동하지 않는다.

한때는 Jack R. Frymier와 Horace C. Hawn이 넓은 의미에서 교장은 교육과정 계획과 관련된 인사에게 신뢰를 받고 있는 사람이라고 요약한 적이 있다.

> 영향을 받는 사람들은 참여해야만 한다. 참여는 민주주의와 학습이론에서 기본적인 요소다. 민주주의의 핵심은 어떤 변화가 이루어져야 하는지 결정할 때 변화에 따라 누가 영향을 받는지 예상하는 것에 있다. 이는 시민 참정권과 대리 의사 표명제로서 정책적 사회 시스템에 의해 보장받아야 한다. 의사결정 구조에 사람들을 참여시키는 방법을 찾는 것은 어렵고 시간이 소모되는 일이다. 그러나 결정이 민주주의적으로 이루어지지 않는다면 최고가 아닌 최악이 될 것이다…. 유의미하고 오랜 기간 지속될 변화는 이와 같은 참여만이 이끌어 낼 수 있다. 교육과정 개발과 변화에 관여된 그 어떤 누구도 과정에 참여할 진실한 기회를 가져야만 한다.[14)]

그러나 Robert S. Zais는 교육과정 결정 형성의 모델에서 참여의 타당성에 대해 질문한다. Zais는 민주주의적 "풀뿌리 모델(grass-roots model)"[15)]을 말한다.

> 교육과정 공학의 풀뿌리 모델이란…[16)] 개별 학교에서 교사에 의해 이루어지고, 결정 형성에 민주주의 집단방법을 사용하며, "중단된 활동"을 진행하고, 특정 학교 또는 교실의 특별한 교육과정 문제를 대비하기 위한 것이다.
>
> 풀뿌리 모델의 민주적 방향은 교육과정 기관의 두 가지 최소의 질문 원리가 무엇이 될 것인가에 기인한다. 첫째, 교육과정은 교사가 과정의 구성과 개발에 직접적으로 참여하였다면 무슨 일이 있어도 성공해야만 한다. 둘째, 전문적 인사뿐만 아니라 학생, 학부모, 지역사회의 다른 구성원도 교육과정 계획과정에 참여해야만 한다. 이런 주장(납득이 가도록 입증하려는 행위)의 타당성을 부정하는 것은 반드시 교사나 참가자에게 주어진 역할을 부정하는 것은 아니다. 차라리 교육과정 공학에 참여할

행정가, 교사, 교육과정 전문가, 비전문가의 적절한 역할을 더 정확하게 정의할 필요성을 제안하는 것이다.[17)]

결정과 조직 방식 많은 학교에는 교육과정 위원회 또는 협의회가 있다. 학교의 교육과정 위원회는 다음과 같은 내용을 제안하고 만든다.

- 새로운 학교 프로그램의 추가, 학제적 프로그램의 포함
- 기존 프로그램의 삭제
- 기존 프로그램의 개선
- 학교 전반에 관한 교사, 학생, 학부모의 설문조사 실시
- 학교 교육과정 평가
- 교육과정의 부족한 상태를 해결하기 위한 방법 계획
- 학교 승인을 위한 계획
- 유기적으로 연결된 교과서의 선택
- 도서관과 학습 센터 이용
- 특수 아동을 위한 계획
- 주 규정과 연방 법규 준수 여부 확인
- 직업생활의 날과 과학 축제와 같은 학교 전반의 행사 승인
- 학습자 성취도 평가 감독
- 허가 위원회의 권한 재검토와 부족한 부분 충당
- 무단결근 줄이기
- 학교의 권한 강화

비록 교육과정 전문가가 다양한 선거 인원의 참여에 대하여 어느 정도로 권장하거나 허락하고 각 집단이 어떻게 구성되는지 혹은 가장 중요한 역할은 어느 집단이 할 것인지에 대해서 동의하지 않을 수도 있지만, 교육과정 개발에 관한 문헌은 거의 만장일치로 개인적 관점에서 민주적 개념에 찬성한다. 비록 해당 분야의 전문가 집단의 판단에 오류가 있을 수 있을지라도 그들의 판단—경험, 훈련, 관찰, 연구에 기반을 둔 판단—은 교육과정 개발에서 받아들일 수 있는 민주적 관점의 정당성을 제공한다.

교육과정 문제를 고려하는 학교 수준에는 몇 가지 조직적 방식이 존재한다. 그 패턴은

행정가가 교사와 의사결정을 공유하는 정도에 따라 다르다.

우리는 어떠한 조직된 모델에서도 의사결정이 자문적 능력만 제공하는 적법하게 임명된 행정가보다 집단 사이에서 공유되어야 함을 잊으면 안 된다. 전문적이고 적법한 관리자는 궁극적인 의사결정과 교원 장학을 위한 권한을 양도할 수 없고 또 해서는 안 된다. 지역 학교 수준에서 교육과정 개발을 조직하는 방식은 팀/학년/부서 수준과 학구 수준에서 존재하는 관습적인 수직적 관료관계를 유지한다.

어떤 학구에서는 지역사회의 시민과 학생이 협동적인 방식을 만들기 위해 교직원, 행정가와 함께 참여한다. 어떤 교장은 세 가지 선거인으로 구분하기도 한다. 또 어떤 교장은 세 가지 선거인 모두를 확대된 하나의 교육과정 위원회로 통합하고 모델 속에 모든 교직원을 포함하기도 한다.

요약해 보면, 협동적 모델은 가장 민주적으로 보인다. 그러나 이는 가장 효과적일 것이라는 결론으로 잘못 이해될 수도 있다. 몇몇 연방 프로그램이 지시한 '동등함(parity)'의 문제를 해결하려는 사람들—공립학교 교사, 대학 전문가, 제안부터 최종 평가의 단계까지 협력자로 일하는 비전문가—이 결국 알아낸 것은 '동등함'은 일을 하기에 가장 효율적인 방법은 아니란 것이었다. 확장된 교육과정 위원회와 관련하여 전문가—교사와 행정가—는 비전문가와 학생들이 이해할 수 있는 개념이 사용된 어휘로 말해야 한다. 그리고 기대하는 결과와 과정 사이의 차이를 보여 주어야 한다. 반드시 필요한 기술적 결정은 종종 비전문적인 시민과 학생들의 이해를 넘어설 때가 있다. 확장된 교육과정 위원회가 교육의 과정을 잘 이해하고 의욕이 충만한 사람들로 구성되어야만 어느 정도 성과가 나타날 수 있을 것이다.

종종 학생과 비전문가도 교사와 행정가와 함께 학교 수준 위원회에 참여한다. 다음 장에서는 교육과정 개발에서 이런 구성 집단의 역할에 대해서 알아볼 것이다. 우리는 다음과 같은 점을 물어볼 수 있을 것이다. 학교 전반에 걸친 교육과정 위원회에서 해야 할 일반적인 교육과정 작업은 무엇인가? 학교 교육과정 위원회 또는 의회는 교육과정 개발로 인해 교실과 팀/학년/부서 수준에 끼칠 영향을 분명히 해야 하고, 그보다 낮은 수준의 수행을 편성해야 한다. 이는 낮은 단계에서 교육과정 변화의 제안, 특히 하나의 팀, 학년, 부서의 제안, 현실적으로 학제 간의 제안을 뜻한다.

학교 교육과정 의회는 필요한 인력과 교구 자원 자료, 예산 지출, 교직원의 교체의 사안을 고려해야 한다. 의회는 아동의 교육적 요구에 대한 평가를 실시하고 감독한다. 이는 학교철학에 반영된다.

교육과정 의회는 교육과정 평가를 계획한다. 이는 학생평가의 결과를 살펴보며, 수집된 자료에 기초하여 개선을 계획한다. 의회는 지역사회의 교육적 연구를 조사하고 타당한 요구에 맞추어 프로그램을 실행한다. 의회는 장기간 계획을 세우고 개선하는 동안 단기간의 교육과정 문제에 대한 해결책을 찾는다.

의회는 수행의 방식에 영향을 주기도 하고 받기도 한다. 의회는 교육과정 문제에 관해 교장이나 교직원 모두가 요구하는 해결 방안을 수용할 수도 있고 의회 자체의 제안과 해결 방안을 구성할 수도 있다.

지역 승인 의회(regional accreditation team)에 의해 교육과정 평가가 있을 때까지 교육과정 의회는 직접 조정 위원회로서 활동할 수 있고 다양한 위원회에 세부 작업을 맡길 수도 있을 것이다. 위원회는 승인 의회의 방문 이전에 강도 높은 자체 평가를 편성한다.

의회는 교사가 따라야 할 과정과 미리 정해진 최소의 목표를 결정함에 있어 다양한 학교의 팀, 학년, 부서 간의 의사를 존중해야 한다. 교육과정 프로젝트에 참여하는 학교의 협동을 위하여 더 높은 수준과 다양한 부서의 요청은 교육과정 의회로 전달된다.

지역 학교 교육과정 의회는 전략적 위치에 있으며, 교육과정 개발과정에서 중요한 역할을 수행하고 있다. 모든 수준과 계획의 부분에서 확대된 교육과정 의회는 교육과정 개선에 공헌할 수 있는 중요한 자리에 위치하고 있다.

지방 분권의 한계 관리적 측면에서 현장중심 분권화 관점은 그 자체로는 학구와 주 수준에서의 중앙집권적 관점보다 성공적인 교육과정 구성을 보장하지 않는다. Michael G. Fullan은 하향식과 상향식 전략의 조직에 대한 필요를 언급했다.[18] 현장중심 관리와 분권화된 의사결정은 개별 학교에 모든 권한과 책임을 부여한 대표 사례로서 고려되어야 한다. 높은 수준과의 협조가 없는 상향식 관점은 낮은 수준과의 협조가 없는 하향식 관점보다 더 오래 지속될 수 있는 효과적인 교육과정 개선이 되기 힘들다. Fullan은 "요컨대, 지금까지의 증거를 고려하자면 지방 분권화 계획은 중앙집권적 개혁(reform)보다 더 나쁘지는 않을 것이다."라고 말한다.[19] 지역 수준의 권한에 대한 현재의 노력은 예전에 학구과 주 수준에서 행사되었던 중요한 통제권을 원하고 있다. 그러나 지역 학교는 독립적으로 일하지 못한다. 수준과 영역 사이에서의 협동이 필수적으로 해결되어야 한다.

학구 수준

이제까지 논의된 수준—교실, 팀/학년/부서, 개별 학교—은 독립된 요소로 수행을 할 수 없었다. 이들 수준은 적법하게 조직된 학교 위원회와 관리 담당자의 통제하에 학구의 상황 속에서 기능한다. 그들의 노력은 그들 자신과 중심이 되는 학구 관계자와 협조가 필수적이다. 부수적인 요소의 목표와 목적이 학구 수준의 목표, 목적과 부합되어야 한다. 따라서 관리자는 학구 수준 교육과정 계획이 도출되도록 방법을 제공해야 한다.

전 학구를 아우르는 교육과정 계획은 교사, 행정가, 장학사, 비전문가, 때로는 학생으로 구성된 학구 교육과정 의회를 통해 이끌어져야 한다. 학구 교육과정 의회의 규모와 의회의 대표 규모는 학구의 규모에 따라 결정된다. 대표자는 대표 집단의 구성원에 의해 선출되거나 학구 수준 관리자 혹은 학교장 추천으로 정해진다.

결정과 조직 방식 전체 학구 위원회는 다음과 같은 문제를 논의하기 위해 구성된다.

- 새로운 학구 프로그램 도입하기
- 학구 프로그램 폐지하기
- 많은 학교의 학습자 성취를 검토하고 성취가 저조한 학교의 프로그램 개선 방안 제안하기
- 주와 연방의 승인을 위한 제안서 작성 혹은 검토하기
- 학부모 집단과 비전문가 자문 위원회를 위해 학습자 성취도에 관한 자료 수집하기
- 학구 규정이 주 규정과 연방 법률을 준수하는지 감독하기
- 학구의 학교 사이에 기술적인 장비의 배치 추천하기
- 학구 전체 기준에서 프로그램 평가하기
- 수준 간에 프로그램 관련짓기
- 소규모 학교, 단일성만을 위한 학교와 교실 설립하기

학구 수준에서 조직의 방법은 학구의 규모가 커질수록 복잡성이 증대된다. 어떤 학구에서는 전문가—상위 감독관에 의해 임명된 관리자와 감독관, 의회에 교사의 의견을 전달하고자 교장에 의해 선출되거나 동료 교직원에 의해 선출된 교사—로만 구성된 교육

과정 위원회가 조직된다. 교육과정 의회에 의해 학교체계 전반에 존재하는 전문가들의 분과 위원회는 교육과정 개발의 특정 분야를 담당하게 된다. 지역사회 자문 의회는 행정가에게 교육과정 문제를 고려하라고 요청하거나 고려하지 않은 자문을 제공한다. 해당 학교 집단은 교장을 통해 교육감을 따를 책임이 있다.

어떤 학구는 교육과정 의회의 범주를 학생과 비전문가까지 확대한다. 대도시 학구는 지역 교육감이 이끄는 작은 단위 영역으로 조직 방식을 쪼개기도 한다.

의사결정의 계열 [그림 3-4]처럼 개별 교사의 교실에서 시작하여 학구 의회에서 끝나는 형식으로 학교체제에 있는 다양한 수준에서 교육과정 집단에 의해 의사결정의 구조를 시각화할 수 있다.

학교체제를 처음 접한 교사는 학구 구조의 교육과정 개발을 아마도 대학교 학부 수업을 통해서 들었을 것이다. 교사는 학구의 교육과정 개발과정뿐만 아니라 교육과정의 리더십에 대해 알아야 한다.

각 수준은 더 낮은 수준으로부터 정보, 아이디어, 제안을 획득한다. 그리고 순서대로 그들에게 정보, 아이디어, 제안을 보낸다. 각 수준은 수준의 고유한 '영역'의 제한 안에서 작동한다. 모든 수준의 의회가 그들이 만든 제안에 대해 반응을 할 뿐만 아니라 활동을 할 수 있다. 의회는 낮은 수준의 의회나 높은 수준의 의회 모두에 반응을 해야 한다. 의회는 각 수준의 시작에서 초기 계획 단계에 여러 인사를 포함한다. 만약 의회가 자신

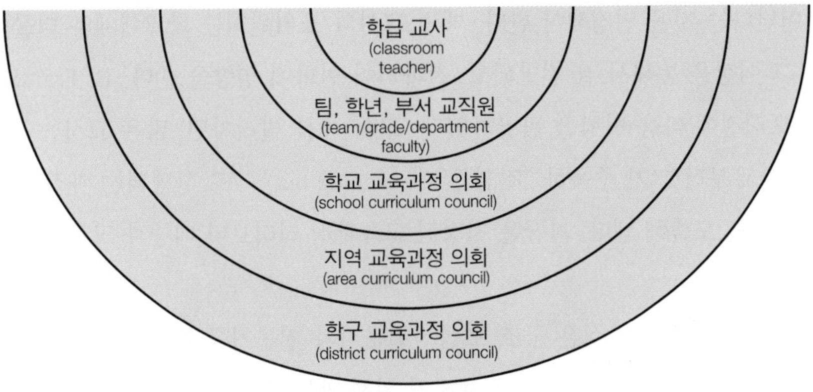

[그림 3-4] 의사결정의 계열

의 '영역'을 넘는 계획을 실시 혹은 지시하거나 상위 수준 체계의 어느 부분에 영향을 준다면 상위 수준의 인가를 받아야만 한다.

다음 수준인 주 수준에서의 교육과정 개발을 논의하기 전에 우리는 교육과정 개발을 위한 다양한 조직화된 패턴과 모델에 관한 다음의 주장을 고려해야 한다.

- 비록 행정가(교장, 교육감)는 설계도에서 상부에 그려지나 조직화된 방식은 행정가가 그의 부하 직원에게 명령하는 것의 행정상의 모델로 단순히 여겨져서는 안 된다. 행정가에서 교육과정 의회로의 소통은 단방향보다는 양방향으로 이루어져야 한다. 행정가는 최종 의사결정을 위한 권한을 가지고 있으며, 현명하지 못한 결정을 내린 경우 결과에 책임을 져야 한다. 모델의 상층에 위치한 행정가의 존재만으로 비민주적이라고 판단해서는 안 된다.
- 민주적인 과정과 비민주적인 과정 차이의 핵심은 사람들의 참여에 있다. 어떠한 행정가도 자신이 가진 어떠한 가치를 다른 이에게 강요하여 의사결정 과정을 완전히 뒤엎을 수 없으므로 모든 행정가는 그 과정에서 사람들의 폭넓은 참여를 획득하기 위해 노력해야 한다.
- 조직 방식은 학교체계의 전문가와 도움이 필요한 사람들에 의해 이끌린 교육과정 개발의 작업에 영향을 주는 모델일 뿐이다. 여기에는 많은 방식이 존재한다. 예를 들어, Zais는 이미 사용되거나 교육과정 개발에 제안된 수많은 모델을 분석하였다.[20)]
- 현실적으로 우리는 유의미한 교육과정 변화의 상당량이 만들어진 구조의 외부에서 일어난다는 것을 인정해야 한다. 개별 교사와 소위원회는 학교체제와 더불어 가끔은 그 이상을 통해서 잘 전달되고, 전파되어 변화에 영향을 준다. B. Frank Brown은 오래전에 다음 사항을 관찰하였다. 그의 예를 빌리자면, 많은 교사는 교육과정 수정으로부터 그가 주목한 "질질 끌기(spinning out)"[21)]로 설명되는 과정 속에서 중요한 것을 도출해 낸다. 가끔은 지정된 교육과정 리더보다 대중과 교사 조직이 앞서 있다.
- 이 장에서 언급된 방식은 구조 모델—전문가와 전문가를 돕는 사람들이 교육과정 개선에 그들의 지식과 기술을 적용하기 위해 만든 조직적 배열—이다. 우리는 조직된 방식을 5장에서 살펴볼 교육과정 개발의 과정 모델과 구분해야 한다.

주 수준

지역 수준과 학구 수준의 많은 교육과정 참가자에게 그들의 능력을 넘어선 교육과정 개발은 동떨어진 일로 여겨진다. 행정가와 교사 및 다른 이들은 때로는 고통스럽겠지만 교육과정 수정(curriculum revision)은 학구 밖에서도 계속되어야 하고, 학구의 학교에 효과가 있어야 함을 알아야 한다. 비록 교육과정의 교육적 개발에서 주의 개입은 매년 바뀌어 왔지만, 전체 교육자에 비해 상대적으로 소수의 교직원만이 적극적으로 지역 수준을 넘은, 기초도 거의 구성되어 있지 않은 교육과정 개발에 참여하고 있다.

학구 수준에서 멀어질수록 적극적이고 지속적으로 교육과정 개발에 참여하는 학교 관계자의 비율은 줄어든다. 주는 지역 학교 상위에 존재하는 것이 아니다. 그리고 주는 주 경계 안의 교육체계에 대한 직접적인 책임을 지는 것도 아니다. 그러므로 우리는 주를 수준보다는 영역으로 분류해야 한다. 그러나 분명히 미국 헌법 수정 제10조와 주 헌법에서는 주 정부가 주 교육 전반에 대한 우선적 권한을 가진다고 진술되어 있다.

교육의 채널 주는 수많은 교육 관련 직업 채널을 통해 교육과정 개발의 장에 영향을 미친다. 주 교육부와 주 교육부를 지원하는 주의 여러 지역에서 온 학교 관계자는 주 주최하에 교육과정 개발을 위한 전문 채널을 구성한다.

주 교육부 규모와 권한에 있어 때때로 비판을 받기도 하는 거대 관료조직인 주 교육부는 주에 속한 학교 교육과정 전반에 대한 직접적 책임을 진다. 교육감, 교육국장(교육 소장 혹은 장관)을 앞세워, 주 교육부—주 정부의 행정적 분과 기관—는 많은 부교육감, 분과장, 교육과정 전문가, 다른 부원으로 이루어져 있다. 주 교육부는 각 학교에 일반적인 지도권을 제공한다. 주 교육부는 법적 효력을 가지는 자체 규정만이 아니라 제정된 규정을 해석하고 시행하고 감독한다.

주 교육부는 주에 속한 지역에 큰 권력을 행사한다. 교육과정에서도 주 교육부는 학교 프로그램을 허가하거나 감독한다. 그리고 특별 프로그램에 대해서는 주 기금이나 주 연방 기금을 지급하고, 고등학교 졸업에 대한 기준 법률을 시행하며, 특정 지역에서 봉사한 시간의 양을 명시한다. 주 교육부는 주 전체의 철학, 목적, 목표에 대한 기준을 개발한다. 그 외에도 주 교육부는 각 학교와 지역을 돕는 상담을 개설하고 학교 프로그램에 대한 평가를 수행한다.

때때로 주 교육부는 지역 학교 관계자와 사전에 상담하지 않고 결정을 내린다. 그러나 평소 주 교육부는 특정 문제를 연구하고 해결책을 제시하기 위해 만든 임시 위원회와 개인으로부터 조언과 협조를 구한다. 행정가와 교사는 종종 마약 남용, 장애인 프로그램, 양성 평등, 교육과정 지도서 저술, 조사 연구의 수행, 교사 능력 확인, 학생들이 각 학년 단계에서 성취해야 하는 최소한의 능력 명시, 주에서 채택한 교과서 선정과 같은 특정 주제에 대한 주 전체 회의와 연구회를 조직하고 방청하고 참석할 것을 요청받는다.

주 교육부는 교육과정 개정이나 교육과정 운영과 관련된 정보를 주에 속한 각 학교에 전파하는 주도적인 역할을 맡고 있다. 그것은 주의 모든 학교 관계자가 교육과정, 교수 방법, 그 밖의 최근 동향을 잘 파악할 수 있도록 하기 위해 정기 게시물, 논문, 신문, 지역 학구의 사람이 작성한 논설을 발행한다.

주 교육부는 모든 학교 문제, 특히 기준과 평가와 관련된 문제를 통제하고 있다.

주 전문 기관 조금 덜 형식적인 방법으로 교육과정 종사자는 주 전문 기관의 활동을 통해 교육과정을 계획하고 교육과정의 문제점을 숙고하는 기회를 찾아냈다. 전국영어교사협의회(National Council of Teachers of English), 전국사회과협의회(National Council for the Social Studies), 장학과 교육과정 개발협회(Association for Supervision and Curriculum Development: ASCD)와 같은 주 지부 단체의 회의 내용은 관례적으로 교육과정 관심사에 중점을 둔다. 비록 회의 참석자들이 교육과정 계획에 대부분 기초적이고 수동적으로만 관여했다 할지라도, 교육과정에 대해 논하는 것은 교육과정 개정의 토대가 된다. 물론 이런 형태의 교육과정 활동이 주 교육부 산하의 구조화된 노력의 결과와 같을 수는 없다. 또한 사실 이런 형태의 자발적 활동에는 권위적 요소가 없기 때문에 계획의 수준에서 주 전문 기관에서 이루어지는 교육과정 문제점 검토와 동등하게 볼 수도 없다. 좀 더 정확하게 말하면, 주 전문 기관은 연구, 사례, 신념을 통해 교육과정 변화의 영역을 구성한다. 그럼에도 주 산하의 지역 학교체계에 교육과정 변화를 일으키는 데 자주 영향을 미치는 주 전문 기관을 신뢰하지 않는다면 우리는 나태해질 것이다.

교육 범위 밖의 채널 다른 행정부서, 주 의회, 주 사법부는 주 산하 모든 학교 교육과정에 영향을 끼치는 교육 전문직의 범위를 넘어선 채널을 형성한다. 행정부에 있는 주지사, 주 교육위원회는 주 교육체계에 막강한 영향력을 행사한다. 주지사는 주 의회에 프로그램을 지원하거나 축소하는 내용을 담은 예산안을 건낸다. 주 교육위원회는 주 산하 모든 학교를 묶는 정책을 정한다.

주 의회의 결정 주 의회는 모든 지역 곳곳에 교육과정 의사결정을 위한 경향을 지속적으로 설명한다. 행정부의 권한과 함께 주 의회의 권한은 1980년대부터 1990년대 초반 한때에 교육 개정의 원동력이 되었다. Susan H. Fuhrman은 주의 표본으로서 도시화된 플로리다, 조지아, 인디애나, 미시시피, 사우스캐롤라이나, 텍사스의 교육체제를 조사했다. 여러 변경된 것 중에서, 45개 주는 고등학교 졸업 요건을 수정했고, 40개 이상의 주는 학생들의 학업 성적을 평가하는 프로그램을 제정했다.

플로리다 주 의회는 주 의회에서 만든 교육과정 사례를 제공한다. 여러 교육과정 규정들 중 플로리다 법령에서 다음을 발췌했다.

플로리다 법령 233.061. 선정된 요구의 광범위한 다양성을 고려하여야 하며, 이에는 다음의 수업이 요구된다.

독립 선언
공화정제 지원에 대한 토론
미 헌법과 정부 조직과의 관계
국기교육, 올바른 국기 게양과 국기에 대한 경례
시 정부의 구성
유대인 대학살에 대한 역사
아프리카계 미국 흑인의 역사
농업의 기본 원리
모든 술, 알코올 음료, 마약의 결과
동물 보호
주(state)의 역사
천연자원의 보존
포괄적인 보건교육
라틴아메리카계인이 미국에 기여한 것에 대한 연구
여성이 미국에 기여한 것에 대한 연구

플로리다 법령 233.0612. 인가 학구에서는 다음과 같은 수업을 한다.

인격 형성(도덕성 함양)과 법 교육
성경과 종교의 객관적 연구
교통교육
자유 기업(자유 경쟁)과 소비자 교육
애국심과 국가에 대한 더 큰 경의를 고무하는 프로그램
약물 오남용 예방교육
포괄적인 보건교육
가정에서 환자를 간호할 때 주의할 점
후천성 면역결핍증(AIDS)
지역의 투표계산기 사용을 포함한 투표 수업
방과 전, 방과 후 교육

1999년 봄부터 플로리다 주 의회 법령으로 시행한 인격 형성 교육은 매우 구체적이다. 그리고 초등학교에서 캐릭터 카운츠(Character Counts)[22]의 인성 형성 교육과 비슷하게 장기적인 인성 형성 프로그램으로 규정되었다.

플로리다 법령 229.57. 교육국장의 지시로 학생들의 진보 정도를 주에서 평가할 수 있는 전체 조항을 만들었고, 후에 수정했다.

> "공인된 최소 수행 기준에 대한 성취 정도와 진보 정도, 교육 수준(상태)을 주기적으로 측정하는 표준적이고 주 전체적인 평가 프로그램을 공립학교에 개발하고 시행하라. 주 전체에 걸친 표준적인 프로그램은 3, 5, 8, 11학년의 평가로 구성된다…."

일부 법안은 주의 대중운동의 결과이고, 어떤 법규는 공교육의 주 교육감과 주 교육부에서 나온 권고사항이 발전된 것이라 할지라도, 주 의회의 많은 활동은 개인의 신념과 주 의원의 바람에서 비롯되었다. 때로는 교육과정 정책 결정에서 주 입법부조차도 내부에서 혼란을 겪는다. 다음의 두 가지 널리 알려진 사례는 교육과정 결정에 있어 주 법원의 개입을 설명하는 데 도움이 될 것이다.

1874년 미시간 주 대법원은 칼라마주 지역 납세자들이 그 지역 학구를 상대로 고소한 사건에서 칼라마주 교육위원회는 중등교육에 지급하는 공금을 그 학구의 아동을 위해서 실제로 사용할 수 있다고 판결했다.[23]

1927년 테네시 주 대법원은 세계적으로 '원숭이 재판'으로 유명해진 John Thomas Scopes의 재판 상소에서 신에 의해 인간이 창조되었다는 창조설을 부정하는 어떤 이론을 공립학교에서 가르치지 못하게 판결한 원재판을 받아들였다(원숭이 재판은 진화론자와 창조론자 간에 벌이고 있는 재판이다).[24] 주 의회는 정기적으로 진화론과 창조론 간의 균형을 이루도록 공립학교에서 '과학적 창조론' 교육을 지시하려고 시도해 왔다. 이 책의 15장에서 다시 볼 과학적 창조론/진화론 논쟁은 일부 주의 행정부와 입법부(주 의회)에서 지속적으로 드러나고 있다.

주를 넘어선 영역

교육과정 설계자는 주 수준을 넘어서 더 높은 수준으로 이동할 때 완전히 다른 상황에서 연구할 것이다. 지역, 국가, 세계 단위 영역의 교육과정 계획에 참여하는 것은 일반적으로 자발적인 활동이다. 연방정부의 입법과 같은 경우를 제외하고는, 법적 권한보다는 정보 공유와 신념이 지역, 국가, 세계 영역을 구분하는 도구다. 이들 영역에서는 학교에서 가르치는 수준을 다루는 명확한 교육과정 결정이 존재하지 않는다.

비록 지역, 국가, 국제 영역에서 교육과정 종사자가 교육과정 계획에 참여할 기회는 적지만, 그 기회는 참가자에게 흥미를 일으킬 수 있다.

지역의 영역

지역, 국가, 국제 영역의 계획에 참여하는 것은 이전 수준에서 기술된 참여와 비교할 수 없다. 때때로 미국의 특정 지역의 교육과정 전문가는 주위 국가 또는 심지어 많은 외국으로부터 추후에 사용하거나 그들 자신의 학교에서 시험해 볼 교육과정 자료를 수집할 수 있고 개발할 수 있다. 이런 유형의 협력적인 노력 중 가장 주목할 만한 실례로는 1950년대 말의 이른바 새로운 수학, 과학 프로그램을 개발했던 여러 분야에서의 학자들의 노력이 있었다.

대체로 지역, 국가, 국제 부문의 교육과정 활동은 문제를 공유하고, 실제를 교환하고, 연구를 보고하고, 정보를 모으면서 구성되기 쉽다. 전문적 조직 회의(예: 남대서양 현대언어단체)는 학교 관계자가 지역 교육과정 연구에 참여하는 가장 공통적인 수단이다. 교사, 행정가, 교육과정 전문가는 학교와 대학을 인가하는 지역 단체의(뉴잉글랜드, 중부, 북부 중앙, 북서부, 남부, 서부) 활동에 참가할 것을 자주 요청받는다. 이 참여는 세 가지 유형으로 구성된다. 첫 번째로, 참가자는 선출되거나, 요청에 의해 단체의 다양한 위원회(예, 초등학교 위원회, 중·고등학교 위원회, 지역단체의 주 위원회)를 위해 일하게 된다. 두 번째로, 전문가 위원회는 그들의 프로그램을 평가할 때에 학교에서 따르는 각각의 기준을 검토하고 수정하고 그에 대한 기사를 쓴다. 세 번째 그리고 가장 광범위한 참여는 학교 프로그램의 힘과 약점을 확인하고 학교의 진보와 인가를 위해 지역 내 학교에 방문하는 위원회다.

지역 영역에 참여하는 학교 관계자 중 다수는 교육과정 계획 또는 수행이 아닌 교육과정 평가의 범주에 분류된다.

국가에 속하는 영역

미국 교육부 국가 수준은 공적이고 개별적이며 전문적인 다양한 교육과정 활동으로 구성되며, 주 수준과 그 아래 수준의 학교 관계자는 이 활동의 일부에서 중요한 역할을 한다. 교육부는 정부의 공공 부문에 강한 영향을 미친다. 1980년 Jimmy Carter 대통령 정부 때 미국 보건·교육·복지부에서 미국 교육부가 분리된 후, 미국의 교육국이라 불린 미국 교육부는 그 방대한 관료적 데이터를 이용해 정보의 전파, 자문적 지원, 후원과 연구 수행, 기금 설립, 그리고 국회의 승인하에 재정을 배정받았다. 지방의 학교 관계자는 교육과정 연구를 하며, 그들의 학교 시스템에 특별한 프로그램을 실시하기 위한 채택 제안서를 작성하고, 이를 제출하여 교육과정 개선 노력에 참여할 기회를 가진다.

연방 기금 많은 수의 신청서 중에서 기금을 분배하기 위해 교육부는 승인된 각 분야에서 전문가인 지도자들을 부른다. 이 전문가들은 교육부에서 이루어질 특별한 수행을 확인하기 위해 제안서를 평가하고 추천서를 작성한다. 미국 전역의 사람들이 제안서를 확인하기 위해 워싱턴(때로는 다른 곳)으로 이동한다.

미국 의회가 의미 있다고 여기는 교육과정 프로젝트를 실시하는 수많은 위원회를 연방 기금이 승인한다. 예를 들어, 1965년의 초등과 중등 학교법의 제1조(Title I of the Elementary and Secondary School Act)는 문화적 빈곤을 돕기 위한 프로그램을 제공한다. 초등과 중등학교 활동의 확대법인 2001 아동낙오방지법은 읽기 기준을 개선하기 위해 리딩 퍼스트(Reading First)라고 알려진 법률을 포함하고 있다. 2002년 겨울에는 리딩 퍼스트 프로그램을 촉진하기 위해 미국 교육부는 주 정책 입안자와 교육 지도자에게 세 가지 리딩 퍼스트 리더십 아카데미를 전파했다.

오랫동안 연방정부는 교육과정 자료를 준비하기 위한 국가 규모의 연구 집단을 지원했다. 어떤 것(외국어, 수학, 과학)은 매우 광범위하게 사용되고 있다.

연방정부의 예산은 교육과정 종사자가 교육자료정보센터(Educational Resources Information Center: ERIC), 지역교육연구소(Regional Educational Laboratories), 국가연구개발센터(National Research and Development Centers), 그리고 미 교육과학부 산하 기관의 국가센터(National Centers)에 직접적으로 참여하거나 그들의 자료와 서비스를 간접적으로 활용하도록 권장하고 그러한 결과가 나오도록 하였다.[25)]

1960년대에는 Jerome S. Bruner의 지휘하에 초등학교 아동을 위한 멀티미디어 교육과정인 인간을 주제로 한 교수요목(Man-A Course of Study: MACOS)을 개발하기 위해서 국가과학재단(National Science Foundation)의 공공 기금이 사회 연구와 인류 전문가를 보조하기 위한 용도로 미 교육부에 사용되었다. 인간의 상태를 분석하기 위해 야심찬 목표로 시작한 MACOS는 미국인의 삶이 에스키모 부족 구성원 간의 삶과는 대조적이기 때문에 논란이 많은 교과 문제였다.

John D. McNeil은 MACOS에 대해 다른 교육과정 신념에 따라 비판하는 목소리—'정서적 성장을 예측하는 MACOS의 가능성을 조직하는 것이 실패할 것이라 비판하는' 인문주의자, '학문적 엘리트주의에 의해 만들어진 MACOS를 반대하는' 사회재건주의자, '거의 사라진 에스키모 부족의 관습을 혐오하는 행동'이라고 묘사하면서 '간통, 식인, 여아 및 노인 살해, 부족 결혼, 폭력적 살해와 같은 사례는 어쩔 수 없는 상황'이라고 말하는 미 의회 국회의원—를 지적했다.

나라의 다양한 지역에 있는 학교들은 교육연구개발처(Office of Educational Research and Improvement)의 지원을 받는 국가학업성취도평가(National Assessment of Educational Progress: NAEP)를 통해 국가 규모의 교육과정 평가에 참여해 왔다. 국가학업성취도평가(NAEP)의 방향에 따라 뚜렷한 목적을 가지고 준거지향평가 도구를 만들어서 많은 교과 영역에서 평가가 이루어진다.[26] 이런 자료를 통해 지역 학교체제의 교육과정 개발자는 지역에서 다른 지역과 비교하기 위한 지역의 아동의 성취도를 측정할 프로그램 혹은 자신의 주를 평가하기 위한 지역평가 프로그램에 적합한 목표를 그려 볼 수 있다.

역사적으로 미 교육부는 국립학교의 교육과정 개발에 주도적 위치를 강화해 왔다. 1995년 여름에 연방 수준에서 예산과 정책적 사유에 따른 정부의 규모 축소는 의심 속에서 미 교육부의 생존에도 영향을 주었다. 공화당최고위원회(Republican-controlled Congress)의 제안은 무역부과 에너지부와 마찬가지로 교육부의 폐지를 요구했다.

국가 규모의 교육과정 노력에 관한 논의에서는 미국 정부의 행정부(교육부)와 사법부(의회)를 언급했다. 우리는 연방정부의 사법부가 교육과정 설계자의 역할을 한다는 것을 등한시해서는 안 된다. 예를 들어, 미 대법원은 공립학교가 종파 활동을 방조해서는 안 되며,[27] 특정 상황에서 종교 수업을 실시하는 것을 허용하고,[28] 진화론을 가르칠 수 있으며,[29] 비영어 사용자 아동을 위한 특별한 영어 수업을 제공하여야 하며,[30] 미 헌법 수정 제1조에 의해 공립학교에서 기도회는 위법[31]이라고 규정하고 있다. 클리블랜드의 학교 바우처 프로그램은 정교분리 원칙을 침해하지 않는다.[32] 미 대법원의 공정성은 교육과정 전문가의 역할을 찾는 것이 아니라 전문가가 자신의 역할 속에서 스스로를 찾을 수 있는 미덕을 찾는 것이다.

전문교육협회 전문교육협회는 교육가에게 교육과정 심의에 참여할 기회를 제공한다. 전국교육협회(National Education Association: NEA)는 학교의 목적과 프로그램을 평가하기 위한 영향력 있는 단체 중의 하나다. 예를 들어, NEA의 10인 위원회(Committee of Ten)는 1893년에 대학 입학을 원하거나 원하지 않는 학생 모두에게 같은 과정(외국어, 역사, 수학, 과학)과 같은 시간 배정을 제안하는 보고서를 제출했다.[33] Decker F. Walker와 Jonas F. Slotis는 10인 위원회 보고서의 영향을 다음과 같이 언급했다.

> 오늘날 대다수 학교에서 대학을 준비하는 고등학교 교육과정은 100년 전에 이 위원회에 의해 만들어진 권고와 유사하다.[34]

국가 수준의 교육과정 의사결정에서 좀 더 유의미한 시도 중의 하나는 미국 교육의 역사에서 가장 영향력 있고 선견지명이 있었던 1918년의 중등교육 개편(Reorganization of Secondary Education)에 관한 전국교육협회에서 만든 조약이었다. 중등교육의 핵심 원리(Cardinal Principles of Secondary Education)라 불리는 이 문서는 교육의 모든 수준에 적용할 수 있는 19개의 주장과 원리를 포함한다. 교육의 주된 목적을 성취하기 위한 중등교육의 역할에 대해서 말하자면, 위원회는 중등교육의 7대 핵심 원리(Seven Cardinal Principle)라고 널리 알려지고 언급되어 온 일곱 가지 목적을 나열했다.[35)]

일곱 가지 목적은 다음과 같다.

1. 건강
2. 기초적인 의사소통의 숙달
3. 원만한 가족관계
4. 직업 훈련
5. 시민정신
6. 여가 시간의 적절한 활용
7. 도덕적 성품

위원회의 보고서는 설득력 있는 진술일 뿐 그 이상의 다른 권위는 없지만 그 시대의 중등교육의 목표에 대한 타당한 진술로 널리 받아들여졌다. 많은 수의 고등학교는 위원회의 핵심 원리(Cardinal Principle)를 이행하려고 노력해 왔다. 비록 7대 핵심 원리에 대한 비판도 일부 존재하지만, 많은 교육자는 중등교육의 목적에 대한 이 내용이 오래전 처음 화제가 되었던 것처럼 오늘날에도 의미가 있다고 생각한다.[36)]

1938년부터 1961년 사이에 전국교육협회의 유명한 교육정책위원회(Educational Policies Commission)는 교육목적의 진술을 공론화했다. 이 세 가지 진술은 미국 교육에 지속적으로 영향을 미치고 있다.

1938년 교육정책위원회는 자기실현, 인간관계, 경제 효율, 시민의 책임이라는[37)] 네 가지 교육의 목적을 정의했다. 6년 후, 제2차 세계대전 중반부에 교육정책위원회는 미국 젊은이에게 필수적으로 요구되는 열 가지를 진술한 『전미 청소년교육(*Education for All American Youth*)』이라는 보고서를 발표했다.[38)]

1944년에 교육정책위원회는 이전의 7대 핵심 원리를 다듬어 중등교육의 목적을 다음과 같이 진술했다.

1. 모든 젊은이는 유용한 기능을 개발해야 한다.
2. 모든 젊은이는 건강, 신체건강, 정신건강을 발달시키고 유지해야 한다.
3. 모든 젊은이는 민주사회의 시민의 권리와 의무를 이해해야 한다.
4. 모든 젊은이는 가족의 중요성을 이해해야 한다.
5. 모든 젊은이는 상품과 서비스를 지적으로 구매하고 사용할 줄 알아야 한다.
6. 모든 젊은이는 과학적 방법을 이해해야 한다.
7. 모든 젊은이는 문학, 미술, 음악의 아름다움을 감상하는 능력을 개발할 수 있는 기회를 가져야 한다.
8. 모든 젊은이는 여가 시간을 유용하게 사용할 수 있어야 한다.
9. 모든 젊은이는 도덕적 가치와 원칙에 대한 통찰력을 기르기 위해서, 다른 사람과 협동해서 일하고 살아가기 위해서, 삶의 도덕적·정신적 가치를 기르기 위해서 다른 사람을 존중하는 마음을 개발해야 한다.
10. 모든 젊은이는 합리적으로 생각하고, 그들의 생각을 분명하게 표현하고, 이해하면서 읽고 듣는 능력을 길러야 한다.[39]

1961년에 또다시 교육정책위원회는 교육목적에 대한 생각을 돌려 미국 교육의 핵심 목적은 사고력을 개발하는 것이라고 결정했다.[40]

현재는 교육과정 개선에 특별한 관심을 가지고 있는 전문 단체인 장학과 교육과정 개발 협회(ASCD)가 수많은 교육과정 연구에 협회의 구성원과 다른 사람들을 참여시킨다. 연구 결과물은 신문, 연보, 각종 논문을 통해 널리 알려진다. 물론 교육과정 분야에 관심이 있는 사람들을 특별히 돕는 ASCD의 구성원이 전문가의 지도하에 특별한 교육과정 문제를 탐구하는 국가교육과정연구원(National Curriculum Study Institutes)이 있다.

특별한 분야에서 교육과정 개발은 국가과학재단(National Science Foundation)에 의해 전문 협회와의 협력하에 가능할 수 있다. 국가과학재단, 미국수학학회(American Mathematical Society), 전국수학교사협회(National Council of Teacher of Mathematics), 미국수학협회(Mathematical Association of America)는 1950년대에 4~12학년을 위한 학교수학연구회(School Mathematics Study Group: SMSG) 프로그램에 참여했다. 수학자, 수학교육자, 고등학교 교사가 이 프로그램의 수행에 관여했다. 비슷한 시기에 국가과학재단의 재정적인 후원을 받고 있는 미국 생명과학부(American Institute of Biological Sciences)가 고등학교 생물 교과를 위한 네 번째 생명과학교육과정연구(Biological Sciences

Curriculum Study: BSCS) 프로그램(세 번째 프로그램의 명칭)을 시작하려는 노력이 있었다.

15장에서 볼 것이지만, 최근의 국가적 표준의 시대에 전문적 교육기관은 지속적으로 만들어지고 교육과정 분야에 의미 있는 공헌을 하고 있다.

사립재단과 사업회사 지난 수십 년 동안 기업 및 산업 회사의 후원을 받는 많은 사립 재단과 기관은 미국 교육을 향상하기 위해 고안된 프로젝트를 지원하는 데 적극적인 관심을 보여 왔다. Ford 재단은 학교에서 새로운 사고방식을 가진 교사의 실험과 텔레비전의 교육적 사용을 위해 아낌없는 지원을 해 왔다. Kellogg 재단은 교육 행정 연구에 초점을 맞추었다. 학교 교육과정에 대한 재단의 관심을 예로 들자면, 수학 분야를 지원한 Carnegie 사의 후원과 과학 분야에 도움을 준 Alfred P. Sloan 재단을 언급해야 할 것이다. 1950년대 초반, Carnegie 사는 9~12학년을 위한 학교 수학 프로그램을 개발하기 위해 '일리노이 대학 학교수학위원회(UICSM)'로 알려진 일리노이 대학의 예술, 과학, 교육, 공학 교수에게 재정적인 도움을 주었다. 그 이후 1950년대 후반에, Carnegie 사는 7~8학년을 위해 수학 교사, 수학자, 메릴랜드 대학의 수학 교수들이 참여한 또 다른 수학 프로그램 개발 프로젝트에 자금을 제공했다.

Alfred P. Sloan 재단은 1950년대 후반에 국가과학재단, Ford 재단 교육진흥기금과 협력하여 '물리과학연구위원회(Physical Science Study Committee: PSSC) 물리'로 알려진 새로운 고등학교 물리 프로그램 연구를 지원함으로써 교육과정 개발에 참여했다.

이러한 수학, 과학 교과의 국가 교육과정 개발 사례에 대해 몇 가지 관측 결과가 만들어질 수 있었다. 첫째, 이런 프로그램은 학자, 교육 실천가, 교수, 교사, 단체가 불행히도 자주 만날 수 없었지만 참가자들의 공동 연구를 통해 만들어졌다. 둘째, 모든 이런 사업은 상당한 노력이 들고 엄청난 경비가 든다. 중앙정부와 같은 가장 큰 존재가 없었다면, 아마 공립재단, 사립재단, 전문 기관과 같은 다른 존재는 결코 빛을 보지 못할 것이다. 셋째, 이미 눈치챈 것처럼 앞서 말한 이러한 모든 개발은 1950년대부터 1960년대 초반까지 10년간 지속적으로 일어났다. 1950년대는 교육계에 수많은 동요가 일어나던 시기였고, 마치 유명한 풍요의 뿔(그리스 신화에서 뿔 속에 꽃 · 과일 · 곡식을 가득 담은 꼴로 표현되는 풍요의 상징-역자 주)처럼 자금이 교육적 추구를 향해 흘러들던 시기였다. 그 당시 소비에트 연방에 대항하여 국방의 목적으로 과학 기술에 관심이 많았다. 1950년대에 교육자는 교육 프로젝트와 연구를 위해 자유롭게 기금을 이용하였다. 그렇게 광범위하게 관심을 가진 공동 연구 활동이 그 이후에는 발생하지 않았기 때문에 우리는 그런 일이 언젠가 다시 일어날 수 있을지에 대해 곰곰이 잘 생각해야 할 것이다. 마지막이자 가장 중요한 것으로, 1950년대의 교육과정에 대한 열정에도 불구하고(1950년대의 열정 때문이라고 할 수 있지 않을까?) 일부 새로운 수학과 과학 프로그램은 영향력을 잃었다. 이는 “어제 쌓인 눈은 어디에 있을까?” 라는 François Villon의 말을 생각하게끔 한다.

1980년대 Carnegie 사는 Atlantic Richfield 재단과 공동으로 교수법 진보(Advancement of Teaching)를 위해 Carnegie 재단[41)]의 재단장인 Ernest L. Boyer의 지휘 하에 미국 고등학교 학습을 위한 기금을 조성했다. 6개의 자선재단—Charles E. Culpepper 재단, Carnegie 사 재단, 공공복지기금(Commonwealth Fund), Esther A. and Joseph Klingenstein 기금, Gates 재단, Edward John Noble 재단—은 미국 고등학교에 대한 Theodore R. Sizer의 연구를 후원했다. Sizer 연구의 공동 후원자는 국가중등교육원리협회(National Association of Secondary School Principle)와 전국사립학교협회(National Association of Independent Schools)다.[42)]

Goodlad의 미국 학교교육 연구를 위한 기금은 11개 재단—Danforth 재단, Ford 재단, 국제제지회사(International Paper Company) 재단, JDR[3rd] 기금, Martha Holden Jenning 재단, Charles F. Kettering 재단, Lilly 기금, Charles Stewart Mott 재단, Needmore 기금, Rockefeller 재단, Spencer 재단—에서 제공되었다. 기금은 또한 페다모포시스(Pedamorphosis) 주식회사, 국가교육기관(National Institute of Education),[43)] 미국 교육부에서 제공되었다.

중등학교 행정가의 전문적 성장과 발전에 오랫동안 관심을 가져온 Danforth 재단은 수년에 걸쳐 학교에서의 국제교육을 촉진하는 것에도 관심을 가졌다. John D. and Catherine T. MacArthur 재단은 파이데이아 단체를 원조했는데, 이 단체는 기본 학교교육 12년 동안 제2외국어 선택을 제외한 “모든 학생을 위한 똑같은 학습의 과정” 이라고 불리는 파이데이아 제안(Paideia Proposal)을 발행했다.[44)]

최근에 마이크로소프트 사는 K-12에서 사용할 수 있는 인터넷과 친숙해지도록 도와주는 소프트웨어를 만들어 무료로 이용할 수 있도록 했다. 마이크로소프트 사는 MCI와 함께 학교가 글로벌 스쿨넷(Global SchoolNet) 재단의 글로벌 스쿨하우스(Global Schoolhouse) 정보 제공 웹사이트나 레지스터 웹사이트를 설립할 기회를 제공할 수 있도록 했다. 최근에는 Bill and Melinda Gates 재단이 교육 분야에 지원을 하고 있다. 그 사례로 Gates Millennium Scholars Program, 소규모 학교에 대한 후원, AIDS 예방 등을 위한 세계 보건 후원 등이 있다.

AT&T의 러닝 네트워크(Learning Network)는 연방정부 규모의 할렘과 브롱크스의 중점 강화 구역(Empowerment Zones)을 통해서 학생과 교사의 기술적 기능을 발달시키기 위한 노력을 지원했다. 미국의 중점강화 구역은 경제 발전 및 공공기관과 사립기관의 협력에 대한 필요성이 특징이다. Steppingstone 재단이 보스턴 도심지의 저소득층 주거 지역 학교 학생들이 보스턴의 사립학교와 공립학교에 입학하는 것을 돕는 방법을 모색하고 있을 때, 오클라호마 재단은 학생들이 학교 중퇴를 예방하는 운동을 지도해 오고 우수한 오클라호마 공립학교의 교사와 학생에게 수여하는 상을 만들었다. DeWitt-Wallace 리더스 다이제스트 재단은 전국 도심지 학구의 공립학교에 도서관 지원을 확대해 왔다.

사립재단과 사업회사가 학교의 교육과정 변화를 촉진하는 데 상당히 중요한 역할을 하고 있다는 것을 쉽게 알 수 있다.

다른 영향력 있는 목소리 1900년, George H. W. Bush 대통령과 국가정부협회(National Governors Association)는 이후에 미국 2000(America 2000) 법률이 되는 여섯 가지 국가 교육목표를 발표했다. Bush의 개정 노력이 확장되어, 1994년 미국 국회는 Bill Clinton 대통령의 교육 개정 종합정책을 위해 교육목표 2000-미국교육개혁법(Goals 2000 Educate America Act)으로 알려진 법률을 제정했다. 이 법률은 목표의 성취를 촉진하기 위해 허가받은 모금의 두 가지 목표를 추가했는데, 이는 그 이전의 여섯 가지 국가목표에 추가된 것이다. 더 나아가 이러한 교육 개정은 2001년 미국 국회를 통과하고 2002년 1월 George W. Bush 대통령의 법적 승인을 받아 아동낙오방지법(NCLB)으로 이름 붙여졌다. 우리는 6장에서 이 목표들과 그것의 중요성을 알아볼 것이다.

시험과 교과서 국가 수준으로 넘어가기 전에, 우리는 중요한 논의를 일깨워 온 교육과정 개발 양상에 대해 언급해야 한다. 표준화된 성취도 시험과 교과서는 오늘날 학교에서 교육과정을 형성하는 데 큰 역할을 해 왔다. 고등학교를 졸업할 수 있는 최소 능력을 기술하는 노력과 더불어, 성취도 시험은 무엇을 배우고 어떻게 배우는지에 깊은 영향을 미쳤다. 이런 상황에서 교육과정 결정은 사실상 시험 문제를 내는 사람과 교과서 집필자의 손에 맡겨지게 되었다. 일부 교육과정 전문가는 전국에 사용될 시험과 교과서를 만드는 것을 '국가 교육과정'을 제정하는 것으로 보기도 한다. Elliot W. Eisner는 시험의 영향력에 대해 우려를 표했다.

> 누군가는 지성적 삶과 교육의 큰 목표에 대해 감명받을 수도 있지만, 학교 프로그램이 다른 요인에 의해 형성되었다는 사실을 직시해야 한다. 지역사회는 교육과정의 영역을 가장 높은 우선순위로 두고 있기 때문에 교육의 질이란 학생들이 받은 읽기와 수학의 점수로 표현된다고 믿는다. 이런 일이 생길 때, 교사는 자신들이 우선적으로 해야 할 일이 시험의 수행이라고 여기기 시작한다. 결국 나는 시험 점수가 교육 수행의 정도를 가장 효과적으로 관리하는 방법의 하나로 작용한다고 말하는 것은 과장된 표현이 아니라고 생각한다.[45)]

다른 교육자는 중앙정부가 국가 교육과정의 형태를 구성하고 구체적인 범주를 만들어야 한다고 말한다. 교육과정 계획, 교육과정 시행, 교육과정 평가와 같은 수많은 활동이 국가 영역에서 일어난다. 비록 국가 영역의 장에서 이루어지는 교육과정 활동이 많고 다양하지만, 개인 참여의 기회는 일반 교사와 교육과정 전문가에 의해 제한되어 있다. 그들의 역할은 다른 사람, 계획의 시행자, 때로는 평가자에 의해 개발된 교육과정 계획의 수용자인 경우가 더 잦다.

일반 대중 만약 우리가 교육과정 개발에 영향을 미치는 집단을 조사하는 데 대중을 포함하지 않는다면 우리는 큰 부분을 놓치는 것이다. 우리는 15장에서도 논의되는 교육과정 개정에 대중이 참여했다는 증거로 일부 논쟁적인 주제를 조사해야 한다.

거의 대부분의 대중의 노력이 한 종류의 변화를 주장하는 하위집단에 영향을 준다. 물론 반대 주장을 하는 대중의 노력도 다른 하위집단에 영향을 준다. 그러나 대중의 의견은 대중이 관련 주제를 마주할 때 지속적으로 교육과정의 개정에 영향을 줄 것이고, 그 방식은 교육과정을 계획하는 의원을 투표로 선출하는 형태다. 예를 들어, 1998년 봄에 캘리포니아 유권자는 학교에서 이중언어 교육을 폐지하도록 투표했다. 2002년에 플로리다 시민은 모든 학년에서 학급 규모를 제한하고 있는 주 헌법에 대한 개정에 동의했다.

국제 영역

국제 전문가 협회 국제적 장면에서 미국 교육과정 종사자의 참여는 미국에 본사를 둔 국제 전문가 협회(international professional association)의 구성원으로서 가능하다. 예를 들어, 국제독서학회(International Reading Association)는 주로 미국과 캐나다의 읽기 전문가들이 참여하지만 전 세계적으로 주목을 받고 있다. 국제영재학회(World Council for Gifted and Talented Children)는 세계 각지에서 회의를 연다. 교육과정 활동에 참여하는 개인을 위한 2개국 이상의 참가국으로 이루어진 국제기관으로는 국제 교육과정 및 교수 위원회(World Council for Curriculum and Instruction: WCCI), 국제교육과정연구진보협회(International Association for the Advancement of Curriculum Studies: IAACS)가 있다. 미국 교육과정연구진보협회(American Association for Advancement of Curriculum Studies)는 이후에 생겨났다. 국제기관은 교육과정 연구에 흥미를 가진 개인을 위하여 세계 각지의 정기 회의를 후원하는 것을 통해 아이디어의 교환과 교육적 체제와 문제 이해의 개발을 할 수 있는 기회를 제공한다. 또한 그들은 국제적 개발을 위한 평화봉사단(Peace Corp) 혹은 국제개발기구(Agency for International Development)를 통해 다른 학교의 교육과정 개발에 참여할지도 모른다.

파리에 본부를 둔 국제연합교육과학문화기구(United Nations Educational, Scientific, and Cultural Organization: UNESCO)는 국제연합(United Nations: UN) 회원에게 교육과정 연구, 조사, 기술 지원을 위한 기회를 제공한다. 뉴욕의 국제교육기관(Institute of International Education)은 Fulbright 재단에 의해 일부 지원한 학생과 교사의 국제 교류를 장려한다. 워싱턴 D. C.에 있는 국제학자교류위원회(Council for International Exchange of Scholars)는 고등교육을 실시할 뿐만 아니라 외국의 연구와 교수를 전도하는 Fulbright의 권한을 감독한다.

2개국 이상이 참여하는 실제 교육과정 제작에 직접 참여할 수 있는 기회는 적고 또 기대한 것보다 부족하다. 다양한 나라에서 교육과정 요구와 교육목표는 매우 다르므로 그 모든 나라의 교육체제의 요구사항에 맞는 특별한 교육과정의 제작은 매우 비현실적이다.

학생 성취도의 국제 비교 연구 우선 학생 성취도의 평가 범위에서 유의미한 시도가 주목되어야 한다. 수많은 나라와 다양한 학문 분야에서 학생들의 성취도 비교 연구는 교육 성취도의 국제학업성취도평가협회(International Association for Evaluation of Educational Achievement: IEA)와 국제학업성취도평가(International Assessment of Educational Progress: IAEP)에 의해 이루어진다. 이 책의 12장에서는 국제 비교 연구의 토론이 이루어질 것이다.

교과서 비교 연구 주목할 만한 근현대의 국제적 교육과정 연구 중의 하나는 미국과 당시 USSR의 국가사회연구협의회(National Council for Social Studies)에서 후원을 받고 있는 교과서연구프로젝트(Textbook-Study Project), 교육감협의회(Council of Chief State School Officers), 미국출판인협회(Association of American Publishers), 슬라브 문화연구진흥협회(Association of the Advancement of Slavic Studies)와 예전에 존재했던 소비에트 연방의 교육부(Ministry of Education)가 있다.[46] 1977년 두 나라 간의 문화 교류 협정의 단계로 시작하였으나, 이 프로젝트는 1979년 3월 구소련이 아프가니스탄으로 변한 후 중지되었다. 프로젝트는 1985년에 재개되었고, 이후에 1989년 모스크바 세미나의 결과 보고서가 만들어졌다.

두 국가에서 온 교육자들은 한 국가의 학생들은 다른 국가에 대해 어떤 것을 배우는지 알고자 각국의 중등학교에서 사용된 두 국가의 역사 및 지리 교과서를 살펴보았다. 이 교육자들은 교과서에 있는 사실의 문제와 왜곡에 대해 연구했다. 프로젝트에 관한 이러한 노력은 각 국가가 교과서를 통해 다른 국가의 더 정확한 모습을 이해할 수 있도록 교과서를 발간해야 할 필요성을 강조한다. 국제 교육과정 연구에 대한 이 흥미로운 접근은 미국과 다른 국가가 본받아야 할 모델을 제시해 주었다.

세계 인식 이런 점에서 우리는 다른 문화 간의 교육과정 조사와 개발을 위한 기회에 주목한다. 다소 다양한 교육과정 활동이 아동과 청소년 사이의 세계 인식 개발을 위해 미국 학교에서 미국 교육부로부터 자금을 지원받는다. 국제적 긴장에도 불구하고 외국인에 대한 학생과 교사의 이해를 위한 발전이 미국의 큰 역할로 남아 있다. 1970년대의 외국어와 국제문제 연구 대통령 위원회(President's Commission on Foreign Languages and International Studies)[47]와 1980년대의 국가수월성교육위원회(National Commission on Excellence in Education)[48]와 같은 조직의 연구는 외국어와 문화의 연구가 활성화되도록 돕는다. 지구 온난화에서부터 군사 충돌에 이르기까지 국제적인 규모의 문제는 미국인에게 다른 나라 사람들의 문화를 배우고, 아이디어를 공유하고, 협력 작업에 대한 필요성을 인식하게 했다.

- 외국어 연구를 위해 자격을 향상하기 위한 지역 센터
- 외국어 교사와 다른 이들을 위한 여름 해외 연수
- 학교와 대학에서 외국어 필수과목의 복고

- 학교의 교육과정 도처에 국제적 연구의 통합
- 학생, 교사, 행정가, 정책가의 국제 교류의 확대
- 모든 학사의 학위 후보자를 위한 국제적 연구에서 2~3개 과정의 요구
- 대학과 지역 대학에서 국제적 연구 센터의 설립

10년 후, 미국의 국제적 역할을 반영하여 『위기에 처한 국가(*Nation at Risk*)』 보고서로 유명해진 국가수월성교육위원회(National Commission on Excellence in Education)는 제안 속에 외국어 연구를 포함하였다. 위원회의 보고서에 따르면 다음과 같다.

> 외국어 구사 능력이 숙달되려면 4~6년의 학습이 필요하므로 초등학교 학년 수준에서 시작되어야 한다. 우리는 외국어 공부는 학생에게 비영어권 문화를 소개하고, 상업, 외교, 국방, 교육에서 국가의 요구를 충족하기 때문에 학생들이 높은 인지도, 모국어에 대한 이해력과 같은 능력을 달성하는 것이 바람직하다고 믿는다.

세계교육을 위한 이론적 근거는 장학과 교육과정 개발 협회의 1991년 연감에 초점을 맞춘다. 연감은 교육과정에 세계적 연구를 도입하는 방법의 설명을 포함하고 있다.[49)]

비록 실제 국제적 장면에서 교육과정 개발을 위한 기회는 제한되지만 학교 교직원을 위해 세계 각국의 교육과정을 비교하고 연구하는 기회가 많이 존재한다. 파이 델타 카파(Phi Delta Kappa), 국가교육협회(National Education Association), 장학과 교육과정 개발 협회, 비교국제교육협회(Comparative and International Education Society) 같은 전문 기관은 자주 다른 나라의 교육과정을 검토하고 교육적 지도자를 만나는 데 관심 있는 이들을 위한 연수 여행을 안내한다. 많은 교사는 해외 교육연수 여행에서 리더로서의 역할을 맡을 기회의 이점을 가지고 있다. 게다가 다른 문화(국경 밖과 안 둘 다)의 인식과 이해의 두 측면에 대한 개발은 초등 및 중등 교육과정의 최우선 과제로 남아 있다. 국가는 인사 교류를 통해 교육뿐만 아니라 삶의 다양한 측면에서 다른 나라로부터 많은 것을 배워야 한다는 것을 인식하게 된다.

요약

교육과정 계획은 5개 수준에서 일어나는 것으로 보인다. 그것은 교실, 팀/학년/부서, 개별 학교, 학구, 주 수준이다. 상위 수준일수록 각 수준은 그보다 아래의 수준에 권한을 행사한다.

게다가 계획은 지역, 국가, 세계 영역에서 일어난다. 5개의 수준을 넘는 영역의 권한이 존재하지 않거나 제한되기 때문에 상위 세 영역은 구별된다.

교사와 교육과정 전문가는 처음 네 가지 수준에서 교육과정 개발에 자주 참여할 수 있는 기회를 얻는다. 일부 교육과정 종사자는 주 수준에서 교육과정 프로젝트에 참여하기 위해 초청받는다. 제한된 수의 학교기반 종사자만이 지역, 국가, 국제 조직과 기관에 의해 지원되는 다양한 교육과정 요인에 참여한다.

이 장에서는 개별 학교와 학구에서 교육과정 활동의 수행을 위한 다양한 조직화된 방식을 의논했다. 교사 또는 교육과정 전문가는 많은 수의 교육과정 위원회와 협의회에서 역할을 한다.

학교 밖에서의 권한 또한 교육과정 의사결정에 영향을 끼친다. 교육과정 개발은 여러 수준과 영역이 어우러지는 과정이자 공동 작업으로 이해해야 한다.

논의문제

1. 교사는 개별 학교 수준에서 어느 정도까지 교육과정 계획에 참여하는가? 학구 수준에서는?

2. 계획의 수준 개념의 장점과 한계는 무엇인가?

3. 계획의 영역 개념의 장점과 한계는 무엇인가?

4. 개별 학교 수준에서 교육과정 협의회를 조직하기 위한 가장 좋은 방법은 무엇이라 생각하는가?

5. 학구 수준에서 교육과정 협의회를 조직하기 위한 가장 좋은 방법은 무엇이라 생각하는가?

보충 연습문제

1. 당신의 학교와 학구에서 교육과정 개발을 위한 조직화된 방식을 나타내라.

2. 민주적이라 불리는 당신의 학교체제에서 조직화된 패턴의 운영의 존재를 설명하는 짧은 글을 기술하라.

3. 당신의 학구에서 교육과정 위원회와 협의회가 어떻게 선정되고 구성되는지 말하라.

4. 각자 교실에서 개별 교사에 의해 초래된 지난 3년 동안에 교육과정 변화를 기술하라.

5. 지난 3년 동안 교육과정 개발의 범위에서 학교기관의 팀, 학년 또는 부서 활동을 기술하라.

6. 당신 지역의 교육과정과 수업의 문제에서 (a) 공립교육의 교육감, (b) 교육 이사회, (c) 교육부의 역할과 권한을 기술하라.

7. 교육부의 조직화된 계획을 연구하고, 교육과정의 제공과 교육적 리더십을 맡고 있는 기관을 확인하라. 이러한 기관의 일부 업무를 기술하라.

8. 국가 법령의 결과로 생기거나 영향을 받은 몇몇 프로그램을 서술하라.

9. 지역 활동의 결과에 따른 교육과정 개발을 서술하라.

10. 당신 지역의 인가위원회의 목적과 활동을 작성하라.

11. 시 법령의 결과로 생기거나 영향을 받은 몇몇 프로그램을 서술하라.

12. 당신의 지역 사회 학교에 사립재단 또는 사업/산업 회사가 할 수 있는 지원을 서술하라.

13. 당신이 중요하다고 생각하는 국가적 교육과정 연구를 작성하라.

14. 당신 학교체제의 교육과정에 영향을 주는 시 수준의 결정 두 가지와 국가 수준의 결정 두 가지를 조사하라.

15. 당신의 학교에서 국제적 영향을 받은 교육과정 개발을 기술하라.

16. 교육과정 개발에 관해 국가적, 국제적 전문기관의 목적과 최근 활동을 각각 2개 이상씩 작성하라.

17. 당신의 시나 구에서 교과서가 선택되는 과정을 기술하라.

18. 만약 당신이 사립학교에서 근무하고 당신의 학교가 협회 또는 지역 협회보다 다른 성향의 협회에 의해 인가되었다면 그 협회의 목적과 활동을 기술하라.

19. John D. McNeil은 그의 책 11장(참고문헌 참조)에서 교육과정 형성의 정책을 심의했다. 교육과정 형성이 정치적 과정임을 설명하라.

20. Michael W. Apple이 말한 "교육과정은 투쟁세력의 사회적 산물이다(Curriculum… is the social product of contending forces)"가 의미하는 것을 기술하라. 또한 William F. Pinar와 동료들이 쓴 4장 '정치적 맥락으로 교육과정 이해하기(Understanding Curriculum as Political Text)'를 보라(참고문헌 참조).

21. 당신에게 친숙하거나 도서관에서 찾을 수 있는 학교의 세계화 프로그램을 기술하라.

◆ 기관 ◆

Association for Supervision and Curriculum Development, 1703 N. Beauregard St., Alexandria, Va. 22311-1714. Journals: *Educational Leadership* and *Jounal of Curriculum and Supervision*. Website: http://www.ascd.org.

National Education Association, 1201 16th St., N.W., Washington, D.C. 20036. Journal: *NEA Today*. Website: http://www.nea.org.

Phi Delta Kappa, Box 789, Bloomington, Ind. 47402. Journal: *Phi Delta Kappan*. Website: http//www.pdkint.org.

◆ 웹사이트 ◆

American Association for Advancement of Curriculum Studies: http://aaacs.info

American Association of School Administrators: http://www.aasa.org
Association for Supervision and Curriculum Development Start Brief: http://www.smartbrief.com/ascd
Bill and Melinda Gates Foundation: http://www.gatesfoundation.org
Coalition of Essential Schools: http://www.essentialschools.org
Comparative and International Education Society: http://www.cies.ws
Council for International Exchange of Scholars: http://www.cies.org
Global School Net Foundation: http://www.globalschoolnet.org
Institute of International Education: http://www.iie.org
International Association for Advancement of Curriculum Studies: http://www.iaacs.org
International Association for the Evaluation of Educational Achievement: http://www.iea.nl
National Assessment of Educational Progress: http://www.nces.ed.gov/nationsreportcard
National Association of Elementary School Principles: http://www.naesp.org
National Association of Independent School Principles: http://www.nais.org
National Association of Secondary School Principles: http://www.nassp.org
National Middle School Association: http://www.nmsa.org
U.S. Department of Education: http://www.ed.gov
United Nations Educational, Scientific, and Cultural Organization: http://www.unesco.org
World Council for Curriculum and Instruction: http://www.wcci-international.org
World Council for Gifted and Talented Children: http://www.worldgifted.ca

후주

1) *Lau v. Nichols*, 414 U.S. 563(1974).
2) Earl C. Kelley, *Education for What Is Real* (New York: Harper & Row, 1947).
3) Ralph W. Tyler, *Basic Principles of Curriculum and Instruction* (Chicago: University of Chicago Press, 1949).
4) Benjamin S. Bloom, ed., *Taxonomy of Educational Objectives: The Classification of Educational Goals: Handbook I: Cognitive Domain* (White Plains, N.Y.: Longman, 1956). Benjamin S. Bloom, J. Thomas Hastings, and George F. Madaus, *Handbook on Formative and Summative Evaluation of Student Learning* (New York: McGraw-Hill, 1971).
5) James B. Conant, *The American High School Today* (New York: McGraw-Hill, 1959).
6) Jerome S. Bruner, *The Process of Education* (Cambridge, Mass.: Harvard University Press, 1960).
7) Theodore R. Sizer, *Horace's Compromise: The Dilemma of the American High School* (Boston: Houghton Mifflin, 1984).

8) John I. Goodlad, *A Place Called School: Prospects for the Future* (New York: McGraw-Hill, 1984).
9) Peter F. Oliva, *The Secondary School Today,* 2nd ed. (New York: Harper & Row, 1972), p. 280에서 인용.
10) 학년제 학교, 열린 공간 학교, 팀티칭과 다른 조직기관의 협력에 관한 논의는 이 책의 9장을 참고하라.
11) Priscilla Wohlstetter, "Getting School-Based Management Right: What Works and What Doesn't," *Phi Delta Kappan* 77, no. 1. (September 1995): 22-26 참조.
12) Alice Miel, *Changing the Curriculum: A Social Process* (New York: D. Appleton Century, 1946), p. 69.
13) Goodlad, *A place Called School,* pp. 31, 318-319.
14) Jack R. Frymier and Horace C. Hawn, *Curriculum Improvement for Better Schools* (Worthington, Ohio: Charles A. Jones, 1970), pp. 28-29.
15) Zais는 "풀뿌리 모델"의 분류에 공헌했다. B. Othanel Smith, William O. Stanley, and J. Harlan Shores, *Fundamentals of Curriculum Development* (New York: Harcourt Brace Jovanovich, 1957). Robert S. Zais, *Curriculum: Principles and Foundations* (New York: Harper & Row, 1976), p. 448 참조.
16) Zais는 '교육과정 공학(curriculum engineering)'의 개념을 설명하였다. George A. Beauchamp, *Curriculum Theory,* 2nd ed. (Wilmette, Ill.: Kagg Press, 1968), 그리고 '교육과정 설계' '교육과정 개발' '교육과정 실행'을 아우르는 말로 사용하였다. Zais, *Curriculum,* p. 18. Beauchamp의 *Curriculum Theory,* 3rd ed. (1975). 7장 참조.
17) Zais, *Curriculum,* pp. 448-449.
18) Michael. G. Fullan, "Coordinating Top-Down and Bottom-Up Strategies for Educational Reform," in Richard F. Elmore and Susan H. Fuhrman, eds., *The Governance of Curriculum,* 1994 Yearbook (Alexandria, Va.: Association for Supervision and Curriculum Development, 1994), pp. 186-202.
19) Ibid., p. 189.
20) Zais, *Curriculum,* Chapter 19.
21) B. Frank Brown, *The Nongraded High School* (Englewood Cliffs, N.J.: 1963), pp. 209-210.
22) Character Counts! Coalition의 설명은 6장을 참조하라.
23) *Stuart* v. *School District No. 1, Village of Kalamazoo,* 30 Mich. 69 (1874).
24) Lyon Sprague de Camp, *The Great monkey Trial* (Garden City, N.Y.: Doubleday, 1968) 참조.
25) 부록을 보면 최신의 정보관리소, 센터, 연구소, 기관의 목록을 살펴볼 수 있다.
26) 국가학업성취도평가에 대한 추가적인 세부 설명은 이 책의 12장을 참조.
27) *Illinois ex rel McCollum v. Board of Education,* 333 US 203, 68 S Ct. 461 (1948).
28) *Zorach v. Clauson,* 343 US 306, 72 S. Ct. 679 (1952).
29) *Epperson v. Arkansas,* 393 US 97, 89 S. Ct. 266 (1968).
30) *Lau v. Nichols,* 414 US 663 (1974).
31) *School District of Abington Township, Pa. v. Schempp & Murray v. Curlett,* 374 US 203, 83 S. Ct. 1560 (1963)
32) *Zolman et al. v. Simmons-Harris et al.* 536 US 639 (2002).
33) National Education Association, *Report of the Committe of Ten on Secondary School Studies* (Washington, D.C.: National Education Association, 1893).
34) Decker F. Walker and Jonas F. Soltis, *Curriculum and Aims,* 4th ed. (New York: Teachers College Press, 2004), p. 28.
35) Commision on the Reorganization of Secondary Education, *Caridinal Principles of Secondary Education* (Washington, D.C.: United States Office of Education, Bulletin no. 35, 1918), pp. 5-10.

36) 이 책의 9장에서는 7대 핵심 원리에 대한 비판을 소개한다.
37) Educational Policies Commission, *The Purposes of Education in American Democracy* (Washington, D.C.: National Education Association, 1938).
38) Educational Policies Commission, *Education for All American Youth* (Washington, D.C.: National Education Association, 1944).
39) Educational Policies Commission, *American Youth,* pp. 225–226.
40) Educational Policies Commission, *The Central Purpose of American Education* (Washington, D.C.: National Education Association, 1961).
41) Ernest L. Boyer, *High School: A Report on Secondary Education in America* (New York: Harper & Row, 1983).
42) Theodore R. Sizer, *Horace's Compromise: The Dilemma of the American High School* (Boston: Houghton Mifflin, 1984).
43) Goodlad, *A place Called School.*
44) Mortimer J. Adler, *The Paideia Proposal: An Educational Manifesto* (New York: Macmillan, 1982).
45) Elliot W. Eisner, *The Educational Imagination: On the Design and Evaluation of School Programs,* 2nd ed. (New York: Macmillan, 1985), p. 4.
46) Robert Rothman, "Americans, Soviets Critique Texts." *Education Week* 7, no. 12 (November 25, 1987): 5; 1990년 12월 4일에 Oliva는 국가사회연구협의회에 답변했다.
47) Malcolm G. Scully, "Require Foreign-Language Studies, Presidential Panel Urges Colleges," *The Chronicle of Higher Education* 19, no. 11 (November 13, 1979): 1ff 참조.
48) National Commission on Excellence in Education, *A Nation at Risk: The Imperative for Educational Reform* (Washington, D.C.: U.S. Government Printing Office, 1983), p. 26.
49) Kenneth A. Tye, ed., *Global Education: From Thought to Action.* 1991 Yearbook (Alexandria, Va.: Association for Supervision and Curriculum Development, 1990). 또한 "The World in the Classroom," *Educational Leadership* 60, no. 2 (October 2002): 6–69과 Sharon Lynn kagan and Vivien Stewart, eds., "Education in a Global Era," *Phi Delta Kappan* 87, no. 3 (November 2005): 184–245 참조.

◆ 참고문헌 ◆

Adler, Mortimer J. *The Paideia Proposal: An Educational Manifesto.* New York: Macmillan, 1982.

Apple, Michael W. "Social Crisis and Curriculum Accords." *Educational Theory* 38, no. 2(Spring 1988): 191–201.

Association for Supervision and Curriculum Development. "Making Connections Through Global Education." *Curriculum Update* (summer 1998): 8.

Ayers, William. "Perestroika in Chicago's Schools" *Educational Leadership* 48, no. 8(May 1991): 69–71.

Beauchamp, George A. *Curriculum Theory,* 4th ed. Itasca, Ill.: F. E. Peacock, 1981.

Bloom, Benjamin S., ed. *Taxonomy of Educational Objectives: The Classification of Educational Goals: Handbook I: Cognitive Domain.* White Plains, N.Y.: Longman, 1956.

_____, Hastings, J. Thomas, and Madaus, George F. *Handbook on Formative and Summative Evaluation of Student Learning.* New York: McGraw-Hill, 1971.

Boyer, Ernest L. *High School: A report on Secondary Education in America.* New York: Harper & Row, 1983.

Brown, B. Frank. *The Nongraded High School.* Englewood Cliffs, N.J.: Prentice Hall, 1963.

Bruner, Jerome S. *The Process of Education.* Cambridge, Mass.: Harvard University Press, 1960.

Carroll, Joseph M. "The Copernican Plan: Restructuring the American High School." *Phi Delta Kappan* 71, no. 5(January 1990): 358-365.

Commission on Reorganization of Secondary Education. *Cardinal Principle of Secondary Education.* Washington, D.C.: United States Offices of Education, Bulletin no. 35, 1918.

Conant, James B. *The American High School Today.* New York: McGraw-Hill, 1959.

David, Jane L. "Synthesis on Research on School-based Management." *Educational Leadership* 46, no. 8(May 1989): 45-53.

Doll, Ronald C. *Curriculum Improvement: Decision Making and Process,* 9th ed. Boston: Allyn and Bacon, 1996.

Educational Policies Commission. *The Central Purpose of American Education.* Washington, D.C.: National Education Association, 1961.

_____. *Education for All American Youth.* Washington, D.C.: National Education Association, 1944.

_____. *The Purpose of Education in American Democracy.* Washington, D.C.: National Education Association, 1938.

Eisner, Elliot W. *Confronting Curriculum Reform.* Boston: Little, Brown, 1971.

_____. *The Educational Imagination: On the Design and Evaluation of School Programs,* 2nd ed. New York: Macmillan, 1985.

Elmore, Richard F. and Fuhrma, Susan H., eds. *The Governance of Curriculum,* 1994 Yearbook. Alexandria, Va.: Association for Supervision and Curriculum Development, 1994.

Firth, Gerald R. and Kimpstin, Richard D. *The Curricular Continuum in Perspective.* Itasca, Ill.: F. E. Peacock, 1973.

Frymier, Jack R. and Hawn, Horace C. *Curriculum Improvement for Better Schools.* Worthington, Ohio: Charles A. Jones, 1970.

Fuhrman, Susan H. "Legislation and Education Policy,: in Richard F. Elmore and Susan H. Fuhrman, eds., *The Governance of Curriculum,* 1994 Yearbook. Alexandria, Va.:

Association for Supervision and Curriculum Development, 1994.

Fullan, Michael G. "Coordinating Top-Down and Bottom-Up Strategies for Educational Reform," in Richard F. Elmore and Susan H. Fuhrman, eds., *The Governance of Curriculum,* 1994 Yearbook. Alexandria, Va.: Association for Supervision and Curriculum Development, 1994.

Gomez, Joseph J. "The Path to School-Based Management Isn't Smooth, but We' re Scaling the Obstacles One by One," *American School Board Journal* 176, no. 10(October 1989): 20-22.

Goodlad, John I. *A Place Called School: Prospects for the Future.* New York: McGraw-Hill, 1984.

Kelley, Earl C. *Education for What Is Real.* New york: Harper & Row, 1947.

Kimbough, Ralph B. and Nunnery, Michael Y. *Educational Administration: An Introduction,* 3rd ed. New York: Macmillan, 1988.

McNeil, John D. *Contemporary Curriculum in Thought and Action,* 6th ed. Hoboken, N.J.: Wiley, 2006.

Mendez, Roy. "The Curriculum Council: One Way to Develop the Instructional Leadership Role." *NASSP Bulletin* 67, no. 464(September 1983): 18-21.

Miel, Alice. *Changing the Curriculum: A Social Process.* New York: D. Appleton Century, 1946.

National Commission on Excellence in Education. *A Nation at Risk: The Imperative for Educational Reform.* Washington, D.C.: U.S. Goverment Printing Office, 1983.

National Educational Association. *Report of the Committee of Ten on Secondary School Studies.* Washington, D.C.: National Education Association, 1893.

Oliva, Peter F. *Developing the Curriculum,* 5th ed. (New York: Longman, 2001), pp. 59-73.

______. *The Secondary School Today,* 2nd ed. new York: Harper & Row, 1972.

Oliver, Albert I. *Curriculum Improvement: A guide to Problems, Principles, and Process,* 2nd ed. New York: Harper & Row, 1977.

Pinar, William F., Reynolds, William M., Slattery Patrick, and Taubman, Peter M. *Understanding Curriculum: An Introduction to the Study of Historical and Contemporary Curriculum Discourses.* New York: Peter Lang, 1996.

Prasch, John. *How to Organize for School-Based Management.* Alexandria, Va.: Association for Supervision and Curriculum Development, 1990.

"Restructuring Schools to Match a Changing Society." *Educational Leadership* 45, no. 5(February 1988): 3-79.

"Restructuring Schools: What's Really Happening." *Educational Leadership* 48, no. 8(May 1991): 3-76.

Rothman, Robert. "Americans, Soviets Critique Texts," *Education Week* 7, no. 12(November

25, 1987): 5.

Rubin, Louis, ed. *Curriculum Handbook: The Disciplines, Current Movements, and Instructional Methodology*. Boston: Allyn and Bacon, 1977.

Scully, Malcolm G. "Require Foreign-Language Studies, Presidential Panel Urges Colleges," *The Chronicle of Higher Education* 19, no. 11(November 13, 1979): 1ff.

Shanker, Albert. "The End of the Traditional Model of Schooling-And a Proposal for Using Incentives to Restructure Our Public Schools," *Phi Delta Kappan* 71, no. 5(January 1990): 344-357.

Silverman, Charles E. *Crisis in the Classroom: The Remaking of American Education*. New York: Random House, 1970.

Sizer, Theodore F. *Horace's Compromise: The Dilemma of the American High School*. Boston: Houghton Mifflin, 1984.

Smith, B. Othanel, Stanley, William O., and Shores, Harlan J. *Fundamentals of Curriculum Development*. New York: Harcourt Brace Jovanovich, 1957.

Sprague de Camp, Lyon. *The Great Monkey Trial*. Garden City, N.Y.: Doubleday, 1968.

Tanner, Daniel and Tanner, Laurel. *Curriculum Development: Theory and Practice*, 4th ed. Upper Saddle River, N.J.: Merrill/Prentice hall, 2007.

Tye, Kenneth A., ed. *Global Education from Thought to Action*. 1991 Yearbook. Alexandria, Va: Association for Supervision and Curriculum Development, 1990.

Tyler, Ralph W. *Basic Principles of Curriculum and Instruction*. Chicago: University of Chicago Press, 1949.

Walker, Decker F. *Fundamentals of Curriculum: Passion and Professionalism,* 2nd ed., Mahwah, N.J.: Lawrence Erlbaum Associates, 2003.

______ and Soltis, Jonas F. *Curriculum and Aims*, 4th ed. New York: Teachers College Press, 2004.

Wiles, Jon and Bondi, Joseph C. *Curriculum Development: A Guide to Practice,* 7th ed. Upper Saddle River, N.J.: Merrill/Prentice Hall, 2007.

Wohlstetter, Priscilla. "Getting School-Based Management Right: What works and what Doesn't." *Phi Delta kappan*, 77, no. 1(September 1995): 22-26.

"The World in the Classroom," *Educational Leadership* 60, no. 2(October 2002): 60-69.

Zais, Robert S. *Curriculum: Principles and Foundations*. New York: Harper & Row, 1976.

4 교육과정 계획: 인간 요소의 차원

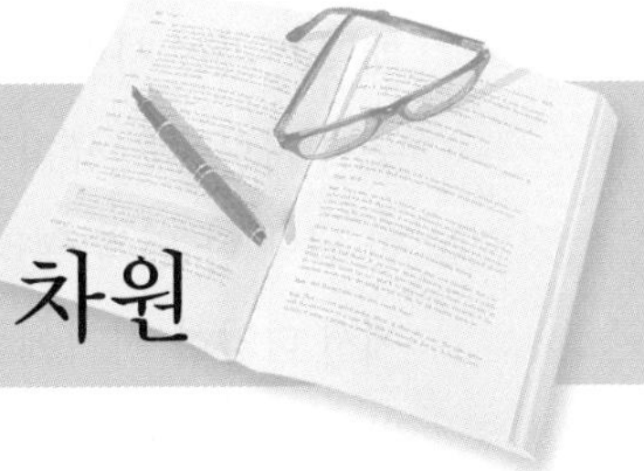

학습 목표

1. 교육과정 개발에서 교장, 교육과정 지도자, 교사, 학생, 학부모와 시민의 역할을 설명할 수 있다.
2. 교육과정 지도자로서 필요한 지식과 능력을 설명할 수 있다.

독특한 혼합체로서의 학교

잠시 우리가 가상 학구의 교육감(superintendent) 후임으로 들어왔다고 해 보자. 지금은 5월 중순이다. 학년은 거의 끝나고 여름학기 학교 계획이 시작될 준비가 되었다. 교육감은 내년 예산과 교직원 요구에 대해 교장들과 함께 막 회의를 끝냈다. 30분 후 그는 교육감 보좌관과 학교에 있는 교사 중 한 명을 불복종 때문에 고발하려고 하는 학구 교장 중 한 명과 만날 것이다. 30분 동안 교육감은 학구에서 교육과정과 수업의 개선이 달성되었는가를 곰곰이 생각했다. 그는 공공의 이해관계, 예산 관리, 인사 문제, 교통편, 신축 건물, 행정상의 문제에 노력을 기울였고, 교육과정과 수업을 위한 업무를 위임하였다. 그는 올해 이 학구에서 새롭게 개발해야 할 내용이 담긴 교육감 보좌관의 보고서를 손에 들고 있다.

교육감은 교육과정과 수업을 개선하기 위하여 학구에 많은 시간과 노력을 투자하고 있다. 그는 이 활동과 관련된 꽤 많은 수의 사람에게 깊은 인상을 주었다. 그는 교사가 매일 만나는 사람들의 집단에 관심을 가지고 있으며 대부분 같은 학년 교직원 또는 같은 부서 사람들을 규칙적으로 만나고, 그들 중 몇 명은 매주 마주친다. 모든 학교는 적어도 한 달에 한 번씩 열리는 자체 교육과정 협의회가 있고, 많은 교육과정 위원회가 전 학구에서 다양한 시기에 걸쳐 교육과정과 수업의 문제점에 직면한다. 교육감이 교육과정 개발을 위해 전문가들과 함께한 많은 노력은 당연한 것이다.

그는 질에 관하여 확신하지 못한다. 날짜에 맞추기 위해 몇몇 성과를 다시 검토하고 학교마다 개발의 평탄치 않음에 어려움을 겪는다. 어떤 학교의 성과물은 다른 학교의 성과보다 우수하다. 어떤 혁신적인 프로그램은 아직은 몇 개의 학교에서 실험적인 단계다. 다른 학교들은 그들의 철학, 목적, 목표를 명확히 하였다. 다른 사람들이 현 상태에 어려움을 겪고 있는 것에 반하여, 어떤 이들은 교육과정을 철저히 재검토하도록 지휘했다. 교사 중 어떤 집단은 특별한 교육과정을 수정하였다. 다른 집단은 몇 가지 새로운 교육과정 지침을 개발하였다. 어떤 학교는 이전에 그들의 학생들에게 부적절했던 교육과정에 대해 반성하고, 다른 어떤 학교는 해결책을 찾는 데 실패했다. 교육감은 일부 학교가 교육과정 문서의 양과 질이 다른 어떤 학교보다 확연히 낮다는 것에 놀란다(비록 그가 그럴 필요가 없다고 깨달을지라도). 유의미한 변화를 위해 그들은 교육과정 개발에 신중을 기한다. 그는 몇몇 학교의 긍정적인 변화에 대한 보고서에서 반복되는 특징을 발견한다. 그는 어떤 학교는 변화의 정신을 듬뿍 스며들게 하여 기꺼이 앞으로, 밖으로 움직였고, 반면 어떤 학교는 더 편안한 경영방법을 수립했다는 것을 발견했다. 교육감은 교육과정 개발에서 왜 학교마다 커다란 편차가 존재하는지 궁금증을 가졌다. 그는 누가 이런 생산적인 교육과정 성과를 만들었다고 믿어야 할까? 교장? 교사? 교육과정 지도자? 학생? 학부모? 하늘의 별자리? 단지 평범한 운? 또는 이 모든 요소의 결합?

교육감은 학교가 다른 것과는 상당히 다르다는 것을 깨닫는다. 학교 간의 윤리적 시설, 자원, 장소는 모두 다르다. 그러나 이런 다른 유형의 요소는 교육과정과 수업에 관한 학교의 연구에서는 큰 차이로 작동하지 않는다. 하지만 우리는 학교가 단지 벽돌, 콘크리트, 모르타르, 강철, 나무, 유리, 다른 건물 재료의 조합이 아니라는 점에서 학교 간에 많은 차이점이 있다는 것을 안다. 실제로 학교는 학교를 지원하거나 학교를 경영하는 사람들 간에 차이가 있다. 교육감은 추상적인 학교가 아니라 기능을 수행할 수 있는 사람들을 믿어야 한다. 잠깐 생각한 후, 교육감은 오랫동안 보존되고 증명된 신념—교육과정 개발은 '사람들' 의 과정이며 인간의 노력—을 따르기로 했다. 변화하고자 하는 성향과 능력과 지식의 미묘한 조합이 있으면 교직원은 열악한 상황에서라도 교육과정 개선에 유의미한 성공을 거둘 수 있다. '사람들'이라는 요인은 물리적 환경을 능가한다.

교직원 간의 차이점

교육감이 숙고하는 것을 잠시 미뤄 두고 다른 장소, 다른 시간에 주의를 집중해 보자. 지금은 학년 초다. 중간 규모의 중등학교에 근무하는 교장은 학교 교육과정 협의회의 첫 조직 회의를 열었다. 지금 막 학교의 9개 부서 대표자들이 의장을 선출하였다. 참신하고 깊은 고민과 함께 교육과정 협의회는 신중하게 진행되었다. 교장은 올해 교육과정 개선을 위해 행해야 하는 일이 무엇인지 궁금해했다. 교장은 협의회장을 둘러보며 교육과정 개선에서의 성공은 개별 교육과정 종사자와 교육과정 집단 간의 인간적 차이(human difference)에 크게 달렸다는 것을 깨달았다.

각 학교는 각기 다른 기능, 지식, 경험, 성격을 가진 여러 사람의 조합에 의해 특성이 나타내게 된다. 교장은 마음속으로 교직원을 대표하는 교육과정 협의회에서 의견을 달리하는 사람들의 목록을 작성한다. 확실히 협의회 구성원의 철학적인 신념은 다양하게 갈라진다. 이 학교의 목표에 의견 일치를 보기 위해서는 상당한 노력이 필요할 것이다. 교육의 일반적인 목표는 남겨 두도록 하자. 협의회 구성원은 그들의 지식에 관한 것과 그들의 학습이론을 적용하는 능력에 차이를 가지고 있다. 몇몇은 눈에 띄고 어떤 사람은 쓸 만한 교사다. 변화는 구성원의 교육과정 역사와 이론에 대한 지식과 교육과정 개발에 대한 경험 속에 존재한다.

초임 교사이거나 특정한 학교에 처음 전임해 온 젊은 교사는 경력도 많고 대부분의 시간을 해당 학교에서 학생을 가르쳤던 경험이 많은 교사보다 아동에 관한 지식이 적다. 의회가 작업에 착수하자마자 다른 사람과 상호작용하는 개인의 능력, 다양한 의회 구성원의 리더십, 지도자를 따르는 능력, 조직화와 쓰기 및 말하기 능력에서 많은 차이점이 있음이 명백히 드러났다.

어떤 의회 구성원은 그들 자신이 학부모의 역할과 의회의 요구에 더 민감하다는 것을 보여 줄 것이다. 친근함, 신뢰도, 자극, 유머 감각, 열정, 좌절 수준과 같이 개인이 집단 성과의 성공 또는 실패에 기여하는 개인의 특성은 교육과정 개발과 같은 작업에서 개인 간의 중요한 차이점이다. 외부 의회, 가족 의무, 시간 할당은 사람마다 다르고 교육과정 계획에 영향을 준다.

과정 속에서 사람들의 다양성은 매우 많고 복잡하다. 성공과 실패는 어떻게 의회 구성원을 다른 구성원과 관계 짓는가, 어떻게 구성원을 교직원인 교사와 관계 짓는가, 반대로 교사가 어떻게 다른 의회의 구성원과 관계 짓는가의 정도에 크게 달려 있다. 의회와 교직원이 학부모, 지역사회의 다른 이들, 학생과 상호작용하는 방식은 교육과정에 대한 노력을 형성할 수도 있고 무산시킬 수도 있다.

종속변수

교육과정 개발에 참여하는 개인과 집단 사이의 차이는 독립변수라기보다는 종속변수다. 특별한 기술 또는 특성의 존재 여부와 개인적으로 그것을 어느 정도 가지고 있는가는 교육과정 개발에 참여하는 다른 모든 개인에게 큰 영향을 준다. 지도자의 지도력과 그것을 따르는 능력은 그들 자신에게 중요하기도 하지만 그것이 함께했을 때 가져올 행동이 더 중요하다. 병역, 산업, 교육 어디에서든 최고의 지도자는 헌신적인 부하직원 없이는 존재할 수 없다. 같은 의미로 최고의 부하직원은 유능한 지도력 없이는 존재할 수 없다.

협동조합에서 성공이나 실패를 설명하기 위해서 우리는 개인 간 차이뿐만 아니라 집단 간 차이도 살펴보아야 한다. 전체가 부분의 합보다 낫다는 말은 아무리 해도 지나치지 않다. 한 집단은 합을 구성하는 개인의 집합이 아니라 때로는 가늠할 수 없는 인적 요소의 짜임으로 이루어진 단순 합보다 크고 특별한 것이 된다. 함께 일하면서, 한 집단의 구성원은 상호 존중 신념 속에서 공통의 목표를 향해 하나가 되어 움직여야 한다. 따라서 한 집단으로서 교육과정 협의회의 능력은 지도력으로 나타날 수 있다. 교육과정 문제의 해법에 전체 구성원이 접근하는 방식으로서 교직원에게 적합한 위원회의 지도적 능력이 교육과정 개발의 성공과 직결된다. 교육과정 개선에서 학교의 성취를 비교할 때, 우리는 다음 지도력 요소에서 큰 차이를 쉽게 발견한다. (1) 교육과정 연구를 지휘하는 사람 혹은 사람들, (2) 교육과정 위원회나 협의회, (3) 전 교직원, (4) 이들 세 요소가 함께 작동하는 것. 학생, 학부모, 지역사회의 사람들이 이루어 낸 교육과정 개선의 성과는 전문적인 수행을 더 높인다.

참가자의 역할

만약 배우가 특별한 역할을 연기하는 연극으로 교육과정 개발과정을 이해한다면, 거시적 목표는 정하지 않을 것이다. 어떤 배우의 역할은 사회와 법의 힘에 의해 결정된다. 어떤 역할은 연기자 자신에 의해 결정된다. 어떤 역할은 위임되고, 반면에 다른 것들은 연기자의 성격에서 나타난다.

다양한 집단의 역할에 대해서 토론할 때, J. Galen Saylor와 William M. Alexander는 교육과정 계획과정을 드라마에 비유했다.

> 교육과정 계획 드라마에서 학생과 교사의 주연 이외에도 중요한 조연으로는 전문 고문 집단, 교육과정 협의회와 위원회, 교사 집단, 그리고 교육과정 개발 단위의 구성원이 있다. 이 모든 역할은 교육과정 현장 바깥의 다양한 집단과 기관 사이의 상호작용에 영향을 받는다.[1)]

비록 교육과정 계획을 드라마에 비유하는 것이 지나칠 수는 있지만, 우리는 집단이 행하는 과정 자체에서 많은 역할극이 무의식적으로 발생하는 것을 인정해야 한다. 우선 교육과정 참가자가 역할을 수행하도록 요구하는 의식적인 요인에 대하여 말해 보자. 분석을 위해 우리는 선거권을 가진 집단(행정가, 학생, 비전문가, 교육과정 종사자: 교사, 교육과정 자문가와 장학사)의 역할에 주목해야 할 것이다. 더욱 확실한 내용을 살펴보기 위해 개별적인 학교 수준에 집중해야 할 것이다. 교육과정 개발에서 행정가, 교사, 학생의 역할에 대해 토론할 때, 우리는 교육과정 개발뿐만 아니라 전반적인 학교생활에서 이들 유권자 사이의 상호작용을 알고 있어야 한다. 우리는 Roland S. Bath가 "학습 공동체"라고 부르는 것을 개발해야 하고, 낮은 동기 상황에서도 높은 기준을 위해 노력해야 한다.[2)]

"교육과정 공동체"[3)] 개념으로서 학교의 개념을 말할 때, Thomas J. Sergiovanni와 Robert J. Starratt는 "포스트모더니티(last or post-modernity)의 조건"으로부터 "지식, 기술, 공동체에 알맞고 명확하게 계획되어 공동체의 존영을 포함하는 계획으로서 체계적인 교육과정이 되어야 할 필요가 있다."고 언급한다.[4)]

행정가의 역할

오래전 1950년대 중반에 W. K. Kellogg 재단의 후원을 받는 남부 주 교육협력 프로그램(Southern States Cooperative Program for Education)은 행정가에게 가장 중요한 일의 첫 번째로 "수업과 교육과정 개발"을 언급했다.[5] 효과적인 경영 지도력이 결정적으로 중요하다는 주장을 하는 효과적인 교수와 학교에 대한 연구와 더불어, 1980년대의 10년간은 수업 지도자로서 교장의 역할을 강조하는 기사와 연설이 난무했다. 수업 지도자로서의 교장의 중요성을 말하면서, 예를 들면 David C. Dwyer, Bruce G. Barnett과 Ginny V. Lee는 "교장은 학교에서 상황과 학교, 정책과 프로그램, 방법과 결과를 연결하는 필수적인 배우다."라고 하였다.

교육과정 개발과정에서 지도자로서 적극적으로 활동하는 교장이나 수동적으로 역할을 위임한 교장들과 같이 학교의 최고 행정가들의 지지 없이는 교육과정 개발은 실패할 수밖에 없다. 행정가의 현재의 역할을 유지하는 측면에서 어떤 학교 행정가가 자신의 역할은 교육 지도자라고 하더라도 다른 이들은 최고 경영자라고 할 것이다.

비록 많은 이에게 교장의 역할이 중요한 일을 수행하는 행정가이자 수업 지도자로 알려졌지만, 수업과 교육과정 개발이 대다수 교장에게 최고 우선사항이 되는 것은 아니다. Thelbert L. Drake과 William H. Roe는 교장이 행정가와 경영자로서의 실제 역할과 그들이 바라는 수업 지도자로서의 역할 사이에서 갈팡질팡하는 것을 관찰했다.[6]

대다수 교장에게 가장 중요한 업무여야 하는 것이 낮은 우선순위로 호명된 것은 교장 자신의 성격적 이유와 외부에서 오는 압력 때문이다. 교장이 수업 지도력에 시간을 보내는 것을 기피하는 일부 요소는 작업의 효율성을 요구하는 상위 행정가, 교사 조직에서 교장의 업무 반경에 제한을 가하고, 교육과정과 수업 개발을 최소화하고 사업과 인사 관리를 강조하는 행정가를 위한 예비 프로그램이다.

Glenys. G. Unruh는 교육과정과 수업에 낮은 우선순위를 부여하는 교장에게는 행정가를 위한 훈련 시스템이 실패할 수 있음을 관측했다.[7] Allen A. Glatthorn은 주 기준 및 시험과 교육과정 지도자가 되기 원하는 행정가가 마주치는 문제에서 교육과정 전문가의 지원이 거의 없음을 비판했다. Glatthorn에 따르면, "입증된 학교 지도자로서 대부분의 전문가는 수업에서 교장을 지도자로서 넓게 보고 있으며, 교육과정 지도자로서의 역할은 무시하고 있다." 계속하여 변화의 중심 역할을 하는 개별 학교를 강조하면서, 학생 성취도의 개선을 주장하는 공공의 요구 측면에서, 교사의 수행을 평가하는 면에서 교장의 최우선 과제는 어떤 것으로의 변화다. 행정가 전문 협회는 수업 지도자의 중요성을 알고 있다. 학교 행정가를 위해 사전에 제공되었거나 현재 제공되는 교육 프로그램은 수업 지도자로서 기술적 능력, 관리적 능력, 인간관계 능력을 결합시키는 훈련이다. 그러므로 더 많은 교장이 교육과정 개발에서 더욱더 직접적이고 중심적인 역할을 수행할 수 있다. 바라건대, 결국은 모든 교장이 수행해야 하는 실제 수행 목록에서 가장 중요한 것이 수업 지도력이 될 것이다.

교장이 직접적이든 간접적이든 어떤 역할을 하든지 교장의 존재는 항상 모든 구성원에게 중요하게 여겨진다. 참가자는 전통적으로든 법에 의해서든 교장은 학교의 모든 일을 지휘하는 책임 면에서나 학교에서 의사결정을 형성하는 책임 면에서 변했음을 깨닫는다. 이러한 의미에서 모든 학교의 교육과정 집단과 하위집단은 교장을 위한 자문기관이다.

'X이론과 Y이론.' 관리 방식에 따라 교장은 학교에서 이루어지는 모든 일에 참여한다. 교육과정 개발자의 성공은 교장이 'X이론' 사람인지, 'Y이론' 사람인지에 따라 결정될 수도 있다. Douglas McGregor는 사람들을 대하는 두 가지 관리자(manager) 관점에 따라 X이론과 Y이론으로 분류했다.[8] 이 이론은 관리와 관련된 논문에 널리 인용되었다. McGregor에 따르면, X이론을 따르는 사람들은 다음을 믿는다.

- 보통 사람은 일을 싫어하고 일을 피하려고 한다.
- 대부분의 사람은 일을 강요해야 하고 일을 하도록 벌을 통해 위협해야 한다.
- 보통 사람은 의욕이 없고 책임을 회피하려 한다.
- 보통 사람은 지시를 받아야 한다.
- 감시가 필요한 이유는 그것이 보통 사람의 주된 동기이기 때문이다.

지휘, 통제, 수행 유지, 생산 지향은 X이론 행정가의 생각을 지배한다. 반면에 Y이론으로 묘사되는 행정가는 다음을 믿는다.

- 보통 사람은 일을 반긴다.
- 보통 사람은 책임을 추구하려 한다.
- 대부분의 사람은 공통된 과제의 실현을 위해 책무를 공유할 때 자기 의지를 입증하

려고 한다.

- 보통 사람은 책무에 보상이 주어진다면 조직화된 목표에 열정적이게 된다.
- 문제 해결의 독창성은 사람들 사이에서 꽤 흔히 찾을 수 있는 특성이다.

전형적인 행정가는 하나의 이론에 편중될지라도 가끔은 다른 이론에 의지하는 행동을 보일 것이다. 예를 들어, Y이론 행정가가 반드시 권한을 강요해야만 하는 경우와 X이론 교장을 따라가야 하는 경우도 있다. 그럼에도 교육과정 개발, 교육과정 장학, 교육과정 상담에 대한 많은 전문가의 태도는 Y이론 관점을 취하고 있다. Thomas J. Sergiovanni와 Fred D. Carver는 다음과 같이 조언을 한다. "우리의 관점에서 인격 형성과 자아실현으로서 학교의 독특한 역할은 학교 경영자가 Y이론의 행동 방식을 받아들이도록 요구하고 있다."[9)]

인간관계 중심의 교장은 계획이 가치 있고, 그들이 만족하는 Abraham Maslow의 용어를 빌리자면 "자아실현의 요구"를 할 수 있는 환경을 만들어서 교육과정 개발과정을 권장할 것이다.[10)] 교장은 개발과정을 격려하고 가능하게 해야만 한다. 학교에 있어 최종 의사결정 권한을 교장이 가지고 있는 한, 교장은 학교 교육과정 연구 집단의 제안을 신중하게 생각해야만 한다. 더욱이 교장은 항상 교육과정 개발과정에 진심 어린 관심을 가지고 있음을 보여 주어야 한다. 학교 최고 행정가에 대한 부정적 태도나 무관심과 같은 개인적 특성은 학교 교육과정 개성의 과정을 크게 방해한다. 그러므로 교장의 성격은 교장의 연수 기간, 지식, 의식하고자 하는 의지보다 더 강력한 결정 요인일지도 모른다.

Y이론 교장은 그들이 보는 행정가가 Z이론 구조의 어떤 교장과 같을 수 있다는 것을 느낄지도 모른다.[11)] 전통적으로 일본의 기업과 산업에 기인한 행동에 기초하여 Z이론 구조는 개인 의사결정과 책임을 넘어서 단체의 의사결정과 책임을 강조한다. Z이론 구조는 고용인의 소집단이 문제 해결과 조직의 효율성을 개선하기 위한 방법을 연구하고 제안하는 "질적 통제 순환"(또는 단순하게 "질적 순환")의 확립을 선호한다.[12)]

이런 방식과 관점에도 불구하고 이러한 이론을 학교체제의 모든 수준에서 일반화할 수 있을지 모르지만, 행정가와 그들의 협력자는 많은 영역에서 지도력을 제공할 책임이 있다. 행정가는 조직화된 기틀을 확립하여 교육과정 개발을 진행하고, 교직원을 안심시키고, 자원을 요구하고, 다양한 조직의 업무를 편성하고, 상담 지원을 제공하고, 수행에 있어 집단을 지원하고, 갈등을 해결하고, 모든 집단의 학교에 대한 요구와 소통하고, 조화로운 수행환경을 유지하고, 필요한 자료의 수집을 보장하고, 자신의 특정 수준에 대한 최종 결정을 내려야 한다.

학생의 역할

교육과정 개발에서 주요 참가자(교육과정 지도자와 동료 수행자)에 관심을 기울이기 전에, 간단하게 두 개의 지지 집단—학생과 지역사회의 성인 시민—의 역할을 살펴보자. 빈도가 증가함에 따라 자신들의 성숙함을 믿는 학생들은 직접적이든 간접적이든 교육과정 개선 작업에 참여하고 있다. 고등학교 수준 혹은 그 이상 수준에서 두드러지는 어떤 사례에서는 학생들이 교육과정 의회에 구성원으로 참여한다. 더 일반적으로 학생의 참여는 좀 더 간접적인 측면에서 볼 수 있다. 여전히 많은 행정가와 교사가 모든 학생과 의사결정을 공유하는 것에 대해 좋지 않은 시각을 가지고 있다. 반면에 교육과정에서 행정가와 교사에게 학생들의 반응을 이끌어 내는 것은 좀 더 일반적인 것이 되고 있다. 설문조사는 학생들의 프로그램에 관한 견해를 얻기 위해 실시되고, 개별 학생과 집단이 인터뷰를 한다. 교육과정 개선에 관한 제안과 학생의 요구사항을 반영할 방법의 제안을 적극적으로 추구하고 있다.

프로그램을 제공받는 학생은 교육과정 결과에 대한 피드백을 제공하는 가장 좋은 사람이다. 학교 학생회에서 도출된 제안은 합리적인 교육과정 의사결정을 할 수 있는 단서를 제공해 준다.

일부 학교는 프로그램에 대한 폭넓은 의견 수렴을 하려고 하는 반면, 어떤 학교는 선출된 학생 지도자(학생회)에게서 정보와 도움을 받는다. 학생들에게 적극적으로 질문하지 않고 학생들에 대한 자료를 수집할 수 있는 채널을 확보하지 않은 환경에서 학습자는 교실에서 성취도만으로밖에 말할 수 없다. 표준화된 주 평가시험 성적이 학년 수준보다 지속적으로 떨어질 때, 교직원은 교육과정과 수업 모두에 어떠한 수정이 필요하다고 판단한다. 학습자의 일부가 진단평가에서 낮은 점수를 받았을 때, 무엇인가 학교 프로그램에 영향을 준다.

7장에서는 교육과정의 자료로서 학생들을 고려할 것이다. 여기에서는 주로 교육과정 개발에서 참가자로서의 학생 역할에 대해 살펴볼 것이다.

학생 참여 교육과정 개선에 참여하는 학생들의 개선 요인은 학생들의 권리에 수반되어 최근 성장해 왔다. Ronald Doll은 학생의 교육과정 개발 참여와 학생 권리운동의 연관성을 다음과 같이 언급했다.

> 1960년대의 대학에서 혁명적인 운동은 많은 고등학교와 심지어 일부 초등학교에까지 즉각적인 영향을 주었다. 학생의 권리는 학생들에게 적용할 계획을 수립할 때 일부 교사와 교장과 같은 성인과 함께 참여할 수 있는 것이다. 일부 교사와 교장에게 학생들이 새롭게 획득한 지위는 인간의 잠재적 시각을 새롭게 재조명하고 교육 계층의 당연한 위치를 나타냈다. 어떤 이들은 그것을 특히 시간이 많이 걸리고 최근에 등장한 정신 이상의 전염병의 형태로 생각했다.[13)]

학생들이 새로운 제안과 프로그램을 어떻게 인지하는지 아는 것은 교육과정 전문 설계자에게 큰 도움을 줄 수 있다. 학생들은 프로그램의 설계자에게 프로그램의 수혜자로서 관점을 제공할 수 있다. 더욱이 총명한 학생은 전문 설계자가 피할 수 있는 함정을 지적해 주기도 한다. 학생은 그들의 또래와의 상호작용으로 의사소통할 수 있으며, 학생의 학부모와 지역 주민과 교육과정 변화의 본질과 목적을 이어 준다. 학생들은 어떻게 개발을 인지하고 어떻게 느끼는지 묘사하는 데 탁월할 수 있다.

학생들이 참가할 수 있는 정도와 참가의 질은 지능, 동기, 지식으로서 많은 변수에 기인한다. 가장 유의미한 변수는 학생들의 성숙성이다. 이러한 이유로 초등학교, 중학교보다 고등학교와 고등교육에서 학생이 교육과정 개발에 참여할 수 있는 기회를 더 찾을 수 있다.

학생들이 할 수 있는 교육과정 개선을 위한 특별히 가치 있는 기여는 교사의 수업을 평가하는 것이다. 비록 어떤 교사는 자신의 수업을 평가하는 학생을 싫어하지만, 학습자에 의해 이루어지는 평가는 교육과정을 변화시키고 수업의 방법을 개선하는 데 가치 있는 단서를 제공할 수 있다.

비록 학생들이 어떤 학교체제에서 교육과정 개발의 과정에 활동적으로 참여해야 하지만, 대체로 산발적이고 부수적인 경향이 있다. 지역 학구와 주 교육위원회에 봉사를 통해 학생들에게 의사를 투입할 기회 또한 드물다. 우리는 교육위원회의 학생 서비스 실제에서 온 나라가 일치하지 않음을 찾는다.

일부 주는 학구 혹은 주 교육위원회에서 학생들의 회원 및 의결권을 금지한다. 일부는 의결권 없이 회원만을 허락하고, 다른 일부는 학구에서 회원 및 의결권을 허락하지만 주 교육위원회에서는 그렇지 않다. 그러나 캘리포니아는 학생들에게 학구와 주 교육위원회

둘 다에서 활동하고 투표할 수 있도록 허락한다.

학구와 주 교육위원회의 회원 및 의결권은 학생들에게 교육과정, 수업, 기타 다른 요구에 대한 자신의 관점을 만들게 한다.[14]

지역사회 주민의 역할

학교의 관여자로서 학부모와 지역사회(community)의 다른 구성원의 역할은 매년 변하고 있다. 역사적으로 지역사회는 학교였다. 학부모는 공식적인 학교에 보낼 수가 없어서 혹은 보내기 위한 준비 차원에서 자신의 자녀를 가르쳤다. 유럽 출신의 부유한 가정의 가정교사는 학생의 집에서 살면서 아동을 가르쳤다. 교회는 종교적 계율 측면에서 수업을 제공했으며, 어떤 이들은 직업적 측면에서 견습생 역할을 하며 학습을 했다. 미국 식민지 때의 여성은 자신의 집에 아동을 데려와 학부모에게 약간의 대가를 받으며 3R을 가르쳤다.[15]

공식적인 학교가 등장하면서 지역사회는 아동(오랫동안 백인 남성만)을 교육하는 일을 학교에 위임했다. 지역사회와 학교 간의 간격은 점점 멀어졌다. 지역사회와 설립 기관 모두 지역사회가 해야 할 일과 가르치는 것을 어떻게 최상의 상태로 수행해야 하는지 알고 있는 사람들이 가르칠 수 있도록 연구했다. 지역사회와 학교에는 교회와 주 정부 간에 존재하는 것과 유사한 보이지 않는 벽이 존재했다.

최근에는 주의 승인을 받은 학부모가 자녀를 집에서 가르치는 사례가 증가했다. 15장에서 논의될 홈스쿨 운동은 오늘날 공립학교에 대해 충분히 고려할 만한 내용이다.

학교와 지역사회 사이에 있는 벽의 붕괴 비록 일부 학교 행정가가 지역사회와 학교의 관계에 대해 시대에 뒤처진 개념을 더 선호하지만, 지역사회에서 학교를 분리하는 벽은 무너졌다. 붕괴의 과정은 천천히 시작되었으나 최근 가속화되고 있다. 학부모와 다른 지역사회 구성원의 참여는 오늘날 학교 업무에서 쉽게 찾을 수 있다. 전문적인 교육 관련 논문 자료에는 교육적 과정에 지역사회를 포함하는 필요성에 대한 주장으로 가득하다.

20세기의 많은 시간 동안에는 지역사회의 참여를 학교에 존재하는 지원 중에 수동적인 지원으로 보았다. 학교는 학교의 문제와 활동을 학부모에게 설명하기 위한 회보(bulletin)와 공지(notice)를 집으로 보냈다. 학부모-교사 협회(Parent-Teacher Association: PTA)는 교육적인 문제를 회의하고 토론하며, 학교의 성취에 관해 듣고, 어떤 학교의 개선을 위해서는 자선 바자회 기금을 모으는 계획을 하였다. 학교는 많은 홍보를 통해 학부모를 모시는 '학부모 총회(Back-to-School Night)'를 수행했다. 후원 클럽은 운동회와 음악회로 기금을 모았다. 이 기간 동안 지역사회는 고문 역할도 잘 수행하지 않으며, 의사결정에는 거의 참여하지 않는다. 학교 문제는 학교에서 근무하는 사람들이 해결해야 한다는 오래된 정서가 통용된다. 지역사회의 역할은 학교가 내린 결정을 지지하고 강화하는 것이다.

학교와 지역사회의 벽의 붕괴는 행정가와 교사가 학부모의 의사결정에 도움을 줄 수 있는 특정 유형의 정보를 가질 수 있다는 것을 깨닫기 시작할 때부터 가속화되기 시작한다. 결과적으로 학교는 여전히 학부모의 수동적 역할에 의지하고 있고, 학부모에게 설문지를 기입해 돌려보내도록 하고 있다. 학교와 지역사회의 간극을 연결하는 단계를 고려할 동안에 20세기를 지나며 미국 사회는 활성화되었다. 첫째, 사회학자와 교육학자는 미국 사회의 교과에 대해 철저하게 검토해야 하며, 연구 논문에서 "권력 구조(the power structure)"[16]로서 소개되는 영향력 있는 사람들 간의 상호작용을 확인하는 것을 시작해야 한다. 교육자는 학교가 다른 사회 조직보다 전체를 아우르는 정책적 구조의 일부임을 깨달음으로써 교육 정책에 더욱 관심을 기울여야 한다. 총명한 학교 행정가는 학교의 공공 역할을 확실하게 인지하고, 학교를 지원하는 지역사회 구성원의 참여를 알고 있어야 한다. 어떤 이들은 최근 몇 년간 폭발적으로 성장한 학교 외부로부터 들리는 교육자에 대한 불만, 분노, 압박보다 지역사회의 관심에 관한 교육자의 관심이 더 효과적이라고 말한다.

사회문제 전쟁, 테러, 혁명, 인구 고령화, 높은 실업률, 사업 아이콘의 붕괴, 불법 마약의 만연, 증가하는 국제 긴장, 세계 유일의 초강대국으로서 미국의 세력 등 모두가 학교에서 문제를 일으킨다. 이 문제들은 더 이상 학교 혼자만의 힘으로 해결할 수 없다. 미국의 사회적 · 경제적 문제는 학교 프로그램에서 각성과 아동의 낮은 학업 성취도로 이어졌다. 이런 불만족으로부터 학생이란 생산품의 성공과 실패에 대한 학교 구성원의 의무 개념이 등장하였다.

오늘날 학교 활동에 대한 지역사회 참여—교육계에 대한 적법한 참여를 넘어서—는 널리 알려져 있고 권장되며 존중된다. 지역사회의 구성원은 다양한 방법으로 교육과정 개발을 돕는다. 학부모와 다른 지역 주민은 다양한 자문 위원회에서 역할을 수행한다.

학교는 빈번하게 학부모와 다른 사람이 자료 제공자와 지원봉사자로서의 역할을 하도록 요구한다. 전국에 걸쳐, 특히 도심 지역에서 지역 경제는 학교와 협력관계를 가져야 하며, 전문 지식과 자료 및 기금을 제공함으로써 학교의 교육과정을 제작하고 풍부하게 해야 한다.

학교 교장은 참여 인사를 어떻게 배치할 것인가와 어떤 이들이 참여해야 하는가를 결정하는 딜레마에 마주친다. 일부 교장은 학부모로부터 참가자를 찾고, 일부는 학부모와 비학부모와 함께 학교가 있는 지역의 사회경제적 수준을 반영하여 지역사회의 다양성을 반영하려고 한다. 어떤 교장은 하루 종일 회의에 참여할 수 있는 학부모를 계획적으로 제외하기도 한다. 이러한 환경에서 참가자의 대표는 중산층 학부모가 되는 경향이 많다. 어떤 교장은 권력 구조를 형성하는 시민 중에서 지역사회 의사 결정자를 찾는다.

주와 국가 수준의 계획 주와 국가 수준의 노력은 학교 업무에 지역사회를 참여시키기 위해 지역 수준의 계획을 지원하고 있다. 예를 들어 1976년 플로리다 입법부는 학교 자문 의회를 설립했을 뿐만 아니라, 주에 속한 모든 공립학교 교장이 매년 11월 1일에 학교 진행 연차 보고서를 발행해 모든 아동의 학부모 또는 보호자에게 알려야 할 책임을 지도록 했다.[17)]

학교 자문 협의회에 관한 1976년 입법부의 개정이 부각되면서, 1993년의 플로리다 입법부는 위임받은 학교 개선 계획의 준비와 평가를 돕고, 학교의 연간 예산을 준비하는 데 교장을 보조하도록 학교(또는 1만보다 적은 학생 인구의 사례를 가진 학구)에 자문 협의회를 설립하도록 요구했다. 지역사회의 사회경제적인 인구 통계를 반영하기 위해 협의회를 구성하는 법률이 만들어졌다.

> 각각의 자문 협의회는 교장과 적절한 균형을 맞춘 교사, 교육 보조원, 학생, 학부모, 사업가, 학교에 봉사하는 민족, 인종, 경제 공동체를 대표하는 지역사회 시민으로 구성될 것이다.[18)]

지역, 주, 연방정부의 이런 실천은 학교 업무에 지역사회 구성원의 참여를 촉진했다. 예를 들어, 연방정부의 자금을 지원받는 직업교육 프로그램과 관련된 프로그램 자문 집단의 보편적인 사용은 지역 학교체제의 교육과정에 상당한 영향력을 발휘하고 있다.

멀리 보면, Ronald F. Campbell, Luvern L. Cunningham, Raphael O. Nystrand,

Michael D. Usdan은 행정가가 지역사회를 고려해야 하며 다음의 내용을 미리 염두해 두어야 한다고 하였다.

> 흑인과 미국계 인디언으로 대표되는 집단과 다른 인종 집단은 지속적으로 선거에서 평등한 교육적, 사회적, 경제적 기회를 위한 중요한 메커니즘으로 학교에 관심을 가지고 있다.
>
> 불확실한 경제에서 정기적인 물가 상승률, 불경기, 에너지 부족을 걱정하는 납세자는 면밀하게 학교의 지출을 살펴볼 것이다.[19]

미국 인구조사국 자료에서 보이는 것처럼, 가장 빠르게 성장하는 소수 집단을 포함한 라틴아메리카인이 2005년 7월 1일에는 미국 인구의 24%를 구성할 것으로 예상된다.[20] 2006년 5월에 공개된 인구조사 자료는 미국 거주자 3명 중 1명은 라틴아메리카인이 아닌 단일 인종의 백인이 아닌 집단의 일원이었다.[21] 미국 인구조사국에 따르면, 현재 추세대로라면 2050년이 되었을 때 미국 인구의 4억 중에 거의 절반이 소수 민족일 것이다.[22]

현명한 행정가는 강력한 지역사회의 지원은 행정가의 일을 더 쉽게 만들 수 있다는 것을 알 것이며, 이러한 이유로 지원을 받기 위해 더 많은 시간을 할애할 것이다. 역으로 어떤 학교는 지역사회와 학교의 자원을 공유하는 지역사회 학교로 탈바꿈할 것이다.

학교 업무에 대한 지역사회 참여 모델은 주마다 다르다. 어떤 지역사회 주민은 순수한 자문 역할만 하고, 다른 곳에서는 직접적으로 의사결정 과정에 참여한다. 어떤 지역은 지역 구성원이 정기적으로 개최되는 위원회에 참여하고, 다른 어떤 지역에서는 지역 구성원이 특별한 일이 생겼을 때만 구성되는 임시 집단에 참여한다. 어떤 학구에서는 학부모와 사람들이 학교의 어떤 혹은 모든 문제에 스스로 참여한다. 반면 다른 지역의 주민은 참여할 수 있는 영역이 확실하게 정해져 있다.

지역사회의 구성원은 다양한 방법에서 학교에 봉사할 수 있다. 그들은 교육과정 설계 단계에서 조언을 할 수 있다. 그들은 자료 제공자, 무료 봉사 교사, 학교 협력자로서 참여할 수 있다. 개인, 경제, 단체 또는 다른 기관의 자료는 학생들의 학습 경험을 향상하는 데 도움을 준다.

학교의 지침에 따르면, 학부모는 가정에서 아동의 공부를 도울 수 있다. 방과 후 학교와 웹 기반의 과제로 인해 학교는 지역사회와 유대관계를 강화한다.

학부모와 주민은 학교에서 보낸 설문지에 응답함으로써 교육과정 개발에 참여할 수 있다. 그들은 아동에 대한 새로운 프로그램의 효과를 설명할 수 있고, 아동이 경험하는 프로그램에 대해 교사와 특별한 이야기를 나눌 수 있다. 학부모와 주민은 아동을 자신이 일하는 장소에 초청하여 아동의 주변 세계에 대한 지식의 발달에 공헌을 할 수 있다. 또한 지역사회를 통해 학생 직업 경험을 지도할 수 있다.

학부모와 주민은 논란이 많은 문제를 가르치는 것과 관련하여 지역사회에서 발생할 수 있는 잠재적 갈등에 대해 미리 전문 설계자에게 알려 줄 수 있다. 그들은 교수 자료와 책에 있는 편견과 왜곡을 검토하는 학교 관계자를 도울 수 있다. 종종 학부모와 지역 주민은 지역사회의 교육적 요구에 부합하는 프로그램을 제안할 수도 있다. 좀 더 적극적인 시민의 참여를 통해서 교장은 학교에서 불가피한 문제가 발생할 것에 대비하여 대안을 미리 개발하고 비축할 수 있다. 만약 학부모와 지역 주민이 학교가 기관과 장소로서 자신들의 이야기를 들어 줄 수 있고 의견을 가치 있게 느낀다고 생각한다면, 이런 교장은 새로운 프로그램에 대한 지원과 잠재적 논란거리를 제거하는 것에서 좀 더 순조롭게 일을 할 수 있을 것이다. 교육과정 개발에서 지역사회 참여는 민주주의 사회에서 교육에 관한 공공의 법률적 권리에서 나온 자연적인 결과다.[23)]

교육과정 종사자의 역할

교육과정 개발에서 주요 책임은 우리가 '교육과정 종사자'라고 부르는 교사와 교사들이 선출하여 임명된 지도자에게 있다. 함께 일하는 이런 사람의 집단은 교육과정을 개선하는 데 가장 무거운 짐을 지고 있다. 3장에서 몇 가지 수준과 영역에 따른 교육과정 집단의 기능에 대해 살펴보았다. 그러나 이러한 논의를 명확히 하기 위해 특정 학교의 교육과정 협의회를 개념화해 보자. 다행히도 담당자가 전일제 교육과정 진행자인 유치원 이후의 초등학교 6년을 살펴보자. 전 교직원의 동의에 의해 학년 담당자(그들 중 7명)는 교육과정 담당자(교장에 의해 임명된)와 함께 학교의 교육과정 협의회를 구성하였다. 우리의 가설적 학교에서 교장과 교직원에 의한 암묵적인 이해를 통하여 담당자들은 협의회의 협의장과 지도자로서 역할을 한다.

우리가 매해 초에 열리는 교육과정 협의회를 관찰하는 평범한 관찰자라고 생각해 보자. 우리는 조직화된 집단을 보고, 토론하는 것을 들으며, 협의회 구성원의 모습을 보고, 담당자와 협의회 구성원 간의 그리고 협의회 구성원 안에서의 상호작용을 관찰한다. 우리는 한 해를 결실 있게 보내기 위한 이런 교육과정 집단의 노력을 추측할 수밖에 없다. 한 질문이 우리의 머릿속을 스친다. '교육과정 개발에 있어 결실 있는 한 해를 보내기 위한 조건은 무엇인가?' 우리는 '교육과정 의회가 결실을 맺을지 예측할 수 있는가?'를 걱정한다.

심사숙고한 뒤에, 우리는 집단이 다음과 같이 한다면 생산성 면에서 성공을 이룰 수 있을 것이라 생각할 수 있다.

- 사업을 시작할 때 목표를 정하기
- 다양한 곳에 적용 가능한 특성 만들기
- 전문 지식과 지혜 및 기술적 역량을 수행할 수 있는 구성원 구하기
- 동기가 충만하고 기꺼이 시간과 노력을 투자하는 사람들로 구성하기
- 적절한 지도자와 지원적 역할 받아들이기
- 상호 의사소통할 수 있는 사람 구하기
- 의사결정에 관한 능력 개발하기
- 조직의 목표를 위한 적절한 관계 속에 개인적 견해를 견지한 구성원 구하기

우리는 다음과 같이 질문하게 된다. 우리가 교육과정 종사자라고 부르는 사람들이 해야 할 일은 무엇인가? 교육과정 지도자가 해야 할 일은 무엇인가?

교사의 역할 이 책 전반에서 교사는 반복적으로 교육과정 개발의 주된 집단으로 보인다. 교육과정 개발에서 교사 참여의 무수한 사례가 주어진다. 교사는 교육과정 위원회와 의회 구성원의 대부분 또는 전체를 구성한다. 교사는 교육과정 개발의 모든 단계에 참여한다. 교사는 제안하는 것으로 시작하여 교실에서 그것을 수행한다. 교사는 제안을 재검토하고, 자료를 모으고, 조사를 수행하고, 학부모와 비전문가와 접촉하고, 교육과정 자료를 쓰고, 만들고, 자원을 평가하고, 새로운 아이디어를 시도하고, 학습자로부터 피드백을 얻고, 프로그램을 평가한다. 교사는 교실, 팀/학년/부서, 학교, 학구 수준 또는 영역, 그리고 다른 수준 또는 영역에 존재하는 일에서 주로 위원회를 통해 참여한다.

일반적으로 신규 교사는 자신을 주로 교수자로 보고 교육과정 영역에서 그들에게 기대되는 책임감을 잘 깨닫지 못한다. 사전 교사교육 프로그램이 교육과정 개발 역량을 넘

어서 교수적인 기술의 숙달을 이해할 수 있도록 강조하는 것을 보면, 교육과정 개발에 대한 교사의 전문적인 책무의 인식 부족은 당연한 것이다.

적어도 예비 교사는 그들이 교육과정 개발에서 마주할 책무와 기회에 대해 적응할 수 있어야 한다. 예비 교사가 다양한 협의회와 위원회에서 역할을 수행해야 한다는 것, 교육과정 개발이 많은 수준과 많은 영역에서 이루어져야 하는 것, 수업과 교육과정이 다른 영역이라는 것을 깨닫는 것은 참여의 가치가 있을 뿐만 아니라 예비 교사가 받아야 하는 훈련의 일부여야 한다. 이를 통해 교사는 행정가 및 다른 전문가와 함께 협력하면서 적절한 지식과 교육과정 개선을 이끌어 올 수 있다. 교실 수준의 교사는 그 자체로 오직 교사만이 교육과정 계획을 수행할 수 있다.

교육과정 개발뿐만 아니라 학교의 일반적인 업무에서 교사의 주된 역할에 대한 생각은 의사결정 과정에 참여하는 전문가로서 교사를 인정하는 "권한"의 획득에 있다.[24] 1980년대와 1990년대에 추진력을 얻은 권한운동은 교사의 지위 상승, 학교 프로그램 개선, 효율성을 추구한다.

교사의 권한은 학교 행정에서 "현장중심 관리"라고 불리는 최근의 학교 관리 개념에서 기본적이고 필수적인 내용이다. 현장중심 관리의 실시에 따라서 행정가는 문자 그대로 그들의 힘을 교사와 공유한다.[25]

비록 의사결정 과정에 교사가 참여하는 것이 그들의 시간을 불필요하게 요구하고 부적절한 역할이며 또는 행정적인 권위 침해라는 비평이 있지만, 1930년대와 최근의 일본 품질관리협회(Japanese quality circles)의 산업조사에서는 의사결정에서의 의미 있는 참여가 종사자의 의욕을 개선하고 결과적으로 생산성을 개선한다는 것이 밝혀졌다.[26] 학교 용어로 번역하면, 이 원리는 교사가 스스로 중요한 전문가로서 누군가에게 의견을 전달할 수 있을 때 그들의 작업에 더 만족한다는 것을 가리킨다. 교사의 사기 측면에서 참여는 학교의 생산성(이는 학생의 성취도)을 높일 수 있다. 더욱이 George H. Wood는 "이는 학생의 민주적 권한을 위한 노력이 교사 자신의 권한에 대한 민주적 연결을 통해서만 진실한 감각으로 찾을 수 있다."라고 하며 교사의 권한과 학생의 권한을 연결하였다.[27]

교육과정 지도자의 역할 교육과정 개발을 수행하는 것에 대한 복잡성을 고려한다면 우리는 교육과정 지도자의 교육과정 위원회 또는 협의회에서 일어나는 일의 성공과 실패에 관련된 책임에 대해서 확실히 알아 두어야 한다. 교육과정 지도자는 대부분 교수진의 일원이지만 외부인이 될 수 있다. 이는 아마도 교육과정 지도자로서의 교육과정 지도자를 여기에서 언급하기에 무리가 있을 수도 있다. 장기간 그들은 지도자로서의 역할을 다하고 타당한 근거에 의해 다른 지도자에게 방법을 제공할 수 있다. 일부 교사가 학교와 같은 수준에서 지도자의 역할을 하는 반면, 다른 교사는 학년과 같은 다른 수준에서 지도자의 역할을 할 수 있다. 민주적 조직에서 개인은 상황의 요구에 따라 지도자 또는 후원자의 역할을 한다.

교육과정을 위한 중앙 사무 행정가, 교육과정 상담자, 교수 지도자, 교장 보좌관과 같은 교육과정 지도자(관계자)는 교사 집단 밖에서 올 수 있다. 아마도 이러한 사례는 비록 다른 기능과 의무를 가지고 있더라도 그들이 같은 동료로서 '확장된 가족'을 구성하는 것으로 보는 교사와 교직원 출신이 아닌 지도자의 생각에 유용할 것이다. 지도자의 위치는 행정가나 장학관으로서의 직위, 집단의 구성원으로부터의 선출, 집단으로부터의 추천이 있어야만 한다.

이어서 논의되는 원리는 교사 집단 출신이든 아니든 모든 교육과정 지도자에게 적용된다. 우리는 업무 수행을 위해 반드시 가져야 하는 어떤 특별한 지식과 기술을 질문함으로써 교육과정 지도자의 역할을 살펴보기 시작할 것이다. 교육과정 조정자는 다음과 같아야 한다.

- 상당한 교양과정을 갖추고 있어야 한다.
- 일반적 교육과정과 특수한 교육과정 모두에 상당한 지식을 가지고 있어야 한다.
- 교육과정 개발을 위해 필요한 자료에 대해 박식해야 한다.
- 연구에 능숙해야 하며 적절한 연구 결과에 대한 정확한 이해가 있어야 한다.
- 학습자, 지역, 사회의 요구에 대한 이해가 있어야 한다.
- 철학자, 사회학자, 심리학자처럼 되어야 한다.
- 같이 참여하는 동료의 개인적 특성을 알고 이해해야 한다.

가장 중요한 것은 교육과정 조정자는 특수한 능력을 보유하여 집단 수행에 전문가가 되어야 한다는 것이다. 집단의 기능에 관한 많은 논문은 집단을 관리하는 것이 사실상 사소한 일이 아님을 보여 주고 있다. 이는 환경과 특성의 모든 중요한 사항을 다루기 위한 엄청나게 복잡한 노력이다. 교육과정 개발은 집단과정 속에서 즐거움과 불만으로 이어지는 사람의 노력으로 수행된다.

물론 교육과정 개선의 성공은 집단의 구성원과 지도자 모두의 노력에 달려 있다. 그러나 우리는 교육과정 지도자에게 초점을 맞출 것이다. 집단에 착하고 의욕 있는 숙련된 구성원이 있더라도 집단은 능숙한 지도력 없이는 성공할 수 없다.

교육과정 지도자와 집단과정

교육과정 이론에 관한 전문 기술이나 지식 모두 교육과정 지도자의 지식과 집단과정에 대한 태도를 대신할 수 없다. 그러면 우리는 몇 가지 질문을 할 수 있을 것이다. 교육과정 개발에서 지도자 역할을 하는 사람을 도울 수 있는 집단과정에 관한 연구에 필요한 기초 원리는 무엇인가? 집단과정에 관한 어떤 기술과 지식이 작업을 수행하기 위해 필수적인가? 특별히 참고할 만한 집단과정 능력의 네 가지 분류가 있다.

1. **변화과정:** 지도자는 효과적인 변화과정에 대해 식견이 있어야 하고 집단과 함께 수행하는 지식을 사용할 수 있어야 한다. 지도자는 효과적인 의사결정 기술을 보여주어야 하고 의사결정 과정에서 집단 구성원을 이끌 수 있어야 한다.
2. **대인관계:** 지도자는 집단의 원동력에 관한 지식이 있어야 한다. 지도자는 높은 수준의 인간관계 기술을 가지고 있어야 하고, 집단 구성원 사이에서 사람들 간의 기술을 발전시킬 수 있고, 조화로운 작업 분위기를 만들 수 있어야 한다.
3. **리더십 기술:** 지도자는 조직적인 기술과 과정을 다루는 능력을 포함하여 리더십 기술을 나타내야 한다. 지도자는 집단의 구성원이 리더십 기술을 개발하는 것을 도와서 그들이 필요할 경우 리더십 역할을 할 수 있도록 해야 한다.
4. **의사소통 기술:** 지도자는 효과적으로 의사소통할 수 있어야 하고, 효과적인 의사소통을 통해서 집단 구성원을 이끌 수 있어야 한다. 지도자는 능숙한 토론 지도자여야 한다.

변화과정

2장에서 제시된 원리 1은 변화가 필수적이고 가치 있음을 제안한다. 인간처럼, 인간 교육은 그것이 성장하고 발전한다면 변화되어야만 한다. 그러나 교육은 그대로의 상태에 머무르려는 경향이 있다.

Gail McCutcheon은 변화를 가로막는 장애로서 현재 상태가 편하고 상대적으로 안전하며 변화에는 시간과 노력이 든다는 점과 변화에는 보상이 없다는 점, 그리고 학교 정책을 확립해야 한다는 점을 지적한다.[28] 하지만 지금 그대로의 현 상태 유지와 유행에 처진 방식의 수행은 학교와 같은 살아 있는 기관(living institution)에서 정당화될 수 있는 것이 아니다. 학교는 계속해서 꾸준히 성장해야 한다.

교육과정 개발은 교육과정 변화에 영향을 주기 위해 현명한 결정을 추구하는 적절하게 조직된 집단(혹은 집단들)의 노력으로 계획된다. 시도와 오류 또는 자연적인 진화와는 조금 다르게 계획된 변화는 모든 참가자에 의해 수행되는 체계적인 과정을 포함한다. 조직과 과정에 영향을 주는 요인을 살펴봄으로써 변화과정을 살펴보기 시작하자.

네 가지 변수 Harold J. Leavitt과 Homa Bahrami는 네 가지 조직적인 변수를 명확히 정의했다. 그것은 "구조" "정보와 통제방법(즉, 관리공학)" "사람" "업무"다.[29]

모든 조직은 자신만의 구조를 가지고 있다. 3장에서 우리는 학교가 교육과정 개발을 수행하기 위해 도입한 몇 가지 조직 유형을 살펴보았다. 이미 언급했듯이, 학교체제와 개별적인 학교의 구조는 상당히 다르다. 학교의 조직 구조는 성취해야 할 업무뿐만 아니라 행정가, 장학사 및 교사의 성격에 따라 형성된다. 어떤 조직 구조도 모든 학교체제에서의 참가자의 개인적 혹은 전문적인 요구를 모두 충족할 수는 없을 것이다. 적절한 조직 구조를 결정하는 것은 교육과정 개발자가 해야 하는 가장 우선시되는 결정 중 하나다.

관리공학(technology of managing)의 요소는 학교 관리를 위한 공학적 도구와 학교 업무를 성취하기 위해 필요한 절차 모두를 포함한다.

인간 변수(사람들)는 동작의 작동에 위치하고 업무 수행을 이끈다. 사람 간의 차이는 개별 학교의 교육과정 개발 노력을 독특하게 만든다. 이 책에서는 교육과정 개발과정에서 사람이 필수적이라는 것이 일찍이 논의되어 왔다. 인간 행동의 사회과학적인 전문가는 변화 대리인(change agent)과 고객체제(client system)로서 변화과정에서의 주된 특징을 언급한다. 그들에 따르면, 변화 대리인은 조직 변화를 돕는 행동과학 훈련을 받은 사람이다. 고객체제는 변화 대리인과 함께 수행하는 사람과 변화를 자신들의 변화로 겪는 사람들로 구성된다. 이 점은 사람들 사이의 변화로부터 교육과정 변화를 초래하는 것을 요구하는 2장의 원리 4를 뒷받침한다.

비록 변화 대리인이 체제의 내부 혹은 외부 출신이어야 하는지에 대한 행동과학자들의 논쟁이 있지만, 실제로 학교는 일반적으로 교육과정 개발을 위해 학교 내부의 인사를 활용한다.

Robert J. Alfonso, Gerald R. Firth, Richard F. Neville은 장학사의 행동을 요약하는 4개의 이론적인 영역 중 하나로서 변화이론을 인식했다. 그들에 따르면, 학교체계는 변화를 촉진하고 행정가의 책임을 가져야 하며, 이론의 변화에 친숙해야 하며, "변화과정에 의미 있는 시간, 노력, 창의적 생각"을 기울여야 한다.[30] 만약 외부 변화 대리인이 개입한다면 그들은 경고할 것이다.

> 단순한 "차용"으로서 변화 대리인은 교사가 어떤 받아들일 수 있는 방법으로 그들을 체제 및 장학사와 연결된 한 사람으로 인식하지 않는 한 장학사를 뚜렷하게 돕지 못한다.[31]

변화 대리인의 대표적인 기능은 무엇인가? Warren G. Bennis는 종사자 간의 인사 관리, 갈등 해소, 긴장 완화 사이에 대인관계 증진과 같은 업무를 비롯하여 변화 대리인의 일반적인 목표를 나열했다.[32]

학교의 업무는 예를 들어 기본 원리, 생각하는 능력, 문화유산 전수와 같은 의미의 수많은 목적 및 목표에서 시작되었다. 더 정확하게, 우리는 업무가 아닌 학교의 업무에 대해 이야기해야 한다. 학교는 많은 교육과정 개발 영역에서 많은 업무를 수행하고 필수적인 젊은이를 교육하는 서비스를 제공한다. 비록 학교는 이익을 위해 제품을 만들고 판매하는 업무를 하지 않더라도, 학교 교육과정 영향의 결과로서 인간의 행동이 변형되는 이러한 학습자가 생산되는 모습—매우 다른 종류의 생산품으로—이 나타난다. 지도력은 4개 변수의 적절한 통합이 요구된다.

Kurt Lewin는 변화의 힘(이동하는 힘)과 저항의 힘(제한하는 힘)이 세기가 같을 때 조직(기관)이 균형 혹은 평형의 상태에 있는 것으로 보았다.[33] 불안정의 상태로 들어갔을 때 변화는 일어난다. 불안정의 상태는 이동하려는 힘이 늘어나거나 제한하려는 힘이 줄어들 때 일어난다. 이 두 가지 현상 모두 평형 속의 조직을 유지하고 있는 힘의 장(force field)을 깨뜨린다.

힘의 장 개념에 따르면, Lewin은 세 단계의 단순한 전략을 제안했다(사실 그렇게 단순하지는 않다.). Lewin은 활성화된 변화의 대상 선정, 변화 또는 혁신, 새로운 순환이 시작될 때까지 새로운 구조가 고착화되는 과정을 제안했다.

우리는 고착화되어 버린 오래된 프로그램과 활동을 푸는 것, 즉 사실상 오래된 습관을 바꾸는 것을 어떻게 해야 하는가? 예를 들어, 우리는 중학교에서 고등학교, 개별학습에서 협동학습, 별개 어휘 개념에서 전체 언어, 인지학습의 배타적인 긴장에서 인지 · 정서 · 정신운동 학습을 위한 준비, 수렴적 사고에 대한 강조에서 발산적 사고, 암기 학습법에서 비판적 사고하기로 어떻게 옮겨 가야 하는가? 오래된 습관은 어떻게 바꿔 몰아내야 하는가?

우리가 변화의 걸림돌과 장애를 확인하고 생각할 때, 우리 조직은 불평형의 상태로 들어설 것이다. 〈표 4-1〉은 몇 가지 일반적으로 마주치는 걸림돌과 그것을 극복하기 위해

표 4-1 변화하는 것에 대한 일반적인 장애

장애	전략
영향을 받을 수 있는 부분에 대한 두려움	• 집단은 천천히 진행해 가야 한다. 지도자는 변화함으로써 영향을 받는 것들에 대해 반복적으로 안심시켜야 한다. • 이런 참여는 의사결정에 영향을 준다. • 변화 상태는 오래된 방식보다는 더 매력적이어야 한다.
명확한 목표의 부재	• 진행에 앞서 집단은 명확한 목표를 세워야 한다.
능숙한 지도력의 부재	• 가장 자격 있는 사람으로서 지도자를 행정가가 임명하거나 동료들이 선출해야 한다. 능력이 없다고 증명된 지도자는 물러나야 한다.
한 집단으로서 기능하기 위한 구성원의 능력 부족	• 집단과정의 훈련이 수행되어야 한다.
집단 구성 이전에 문제에 대한 조사 부족	• 지도자는 연구를 할 능력을 갖추어야 하며, 적절한 연구 결과를 활용하고, 집단에 연구 자료를 전달해야 한다.
성공적이지 못한 교육과정 노력의 역사	• 과정이 지속적으로 만들어지고 있다고 느끼도록 해야 한다.
이전 교육과정 노력의 평가 부족	• 노력은 이전 노력의 평가를 통해 만들어져야 하고 현재 노력을 위한 평가 계획이 설계되어야 한다.
지역사회의 부정적인 태도	• 학교는 결정을 위해 학부모와 지역 주민을 초청하고, 그 과정에 참여시키고, 그들의 태도를 바꾸도록 노력해야 한다.
자원의 부족	• 교육과정 계획을 수행하고 결정된 계획을 실행하기 위한 충분한 자원은 구할 수 있어야 한다. 필요한 인사는 구할 수 있어야 한다.
주와 연방 법률, 지역의 승인, 주 교육부의 규제와 같은 외부 압력	• 노력은 법과 규정의 틀에서 만들어져야 하거나 법과 규정의 변화를 이끌어 내려고 애써야 한다. 일반적으로 법과 규정에 대한 대응은 폭넓고 학교마다 다를 수도 있다.
특별한 교육과정 문제에 관한 경험과 지식의 부족	• 집단은 보조를 해 줄 수 있는 자문가를 요청하거나 학교는 구성원을 위한 훈련을 제공할 것이다.

제안된 전략을 나열하고 있다. 교육과정 설계자의 최고의 관심은 조직의 개선, 변화를 위한 변화나 새로운 이미지 자체를 창조하는 것이 아닌 학교의 산물을 향상하는 것에 변화의 목적을 두는 것임에 틀림없다.

의사결정 2장의 원리 6은 교육과정 개발이 기본적으로 의사결정 과정이라는 것을 의미한다. 교육과정 지도자와 집단에서 의사결정 능력의 부족은 변화에 중대한 장애가 될 수 있다. 교육과정 연구 집단에 도움이 될 수 있는 어떤 의사결정 원리가 존재하는가? 의사결정 과정에 도움이 되는 지침을 살펴보기 위해 Daniel L. Stufflebeam이 의장으로 있는 파이 델타 카파 국가평가연구위원회(Phi Delta Kappa National Study Committee on Evaluation)로 돌아가 보자.[34)]

Stufflebeam과 그의 위원회는 네 단계—지각, 설계, 선택, 활동—로 이루어지는 의사결정 구조와 각 단계에서 이루어져야 네 가지 종류의 결정—계획, 구조화, 실행, 재순환—을 연구했다.

결정 계획은 "목표를 선정하는 것"으로 이루어진다. 이는 "프로그램에서 필요한 중요한 변화를 명시"한다. 결정 구조화는 "과정을 설계하는 것"으로 이루어진다. 이는 결정 계획의 결과로 확립된 "목표를 달성하기 위한 방법을 명시"한다. 결정 실행은 "과정을 활용, 통제, 개선하는 것"으로 이루어진다. 실행의 결정은 "활동 계획대로 이행하는 것"과 관련된다. 결정 재순환은 "성과를 판단하고 반응하는 것"으로 이루어진다. 이는 "목표와 관련된 성취 정도와 계속할 것인지, 끝낼 것인지, 발달시킬지, 혹은 과감하게 활동을 수정할 것인지를 결정하기 위해 쓰이는 결정이다."[35)]

처음 학교의 프로그램에 관해 불편하며, 어떤 것은 옳지 않고 어떤 것은 변화가 필요하다고 느끼기 시작한 통찰력 있는 사람에게는 결정이 지속적으로 이루어진다. 의사결정이 절대 끝나지 않기 때문에 과정에서의 능력이 개발될 필요가 있다.

결론적으로 "교육과정 변화를 포함하는 어떤 종류의 교육 혁신이라도 단순한 문제는 없다." Colin J. Marsh와 George Willis는 변화과정에 영향을 주는 조직의 환경, 구성원, 학생, 지역사회 관점에서 차이점을 지적했다.[36)]

창의적인 개인 비록 집단 참여의 필요성을 논하는 논문에도 불구하고 변화는 종종 창의적인 개인과 독립적으로 일하는 소집단에 의해 이루어졌다. 예를 들어, 많은 위대한 발명가는 개인주의자였다.

새로운 생각과 함께 개인적 경험이 발생하여 그 생각을 좋아하는 어떤 이는 적용하게 되고, 성공을 기반으로 다시 성공하고 또 생각이 실행으로 이어진다. 활동의 영향이 개인의 고유한 활동 반경 외부를 침범하지 않는 한, 개개의 창의적 사업은 행정가와 직원의 환영을 받는다. 다른 이들의 허가와 참여에 대한 강제적 요구 없이 창의적 노력이 시작될 때, 독립성은 협동심에 질 수밖에 없다.

요약하자면, 교육과정 지도자는 변화를 이끌어 내기 위해 협력하는 교육과정 종사자를 지도해야 한다. 실행함에 있어 지도자는 변화과정을 지도하는 능력을 보여 주어야 한다. 긍정적인 교육과정 변화가 효과를 거두기 위해서는 지도자와 따르는 사람들 모두가 의사결정 능력이 있어야 한다.

대인관계

'오늘 오후 3시 30분에 교직원 회의'란 교장의 메모는 수동적인 만남이다. 교사의 전형적인 반응은 '오, 이런, 다시는 안 하길!' '짧았으면 좋겠군.' '교직원 회의는 시간 낭비야.'와 같다. 기껏해야 이 회의는 체념 속에 조용히 이루어진다. 집단 토의를 위해 강력하게 사용될 수 있는 교직원 회의가 왜 이렇게 불만족을 일으킬까?

전형적인 중등학교의 교직원 회의를 상상하면서 질문에 답해 보자. 대략 50명의 교직원은 교실에서 힘없이 이동하여 교장이 앞에 서 있는 방에 들어가 자기 자리에 앉는다.

우리는 이 장면에서 교직원 회의를 관찰하고 몇 가지를 정리했다.

- 교실은 복잡하고, 몇몇 교직원 특히 육중한 교사에게 학생들의 책상은 불편하다.
- 일렬로 맞춰진 좌석 배치는 집단 토론을 수행하지 못하게 한다.
- 회의가 이루어지는 동안 즐거운 말투를 사용할 만한 요인이 없다.
- 회의의 목적을 이해하기 어렵다. 교장 쪽에서 정보를 주는 것인가? 책임감에서 나온 교장의 설교인가? 정책적인 교직원의 승인을 얻기 위한 노력인가? 어떤 문제에 대한 교직원의 의견을 얻기 위한 시도인가?
- 뒤에 있는 한 교사는 일간 신문을 읽고 있다.
- 창가에 있는 교사는 종이를 분류하고 있다.
- 두 교사는 교실에서 일어난 사고에 대해 이야기하고 있다.
- 한 피곤한 교사는 회의 중에 눈을 감고 있다.

- 축구 코치는 불참했다.
- 교사 2명만 지속적으로 말하고 대부분은 침묵을 지킨다.
- 몇몇 교사는 벽에 있는 시계를 본다.
- 교장은 한 교사의 의견에 눈에 띄게 경계한다.
- 사람들은 회의가 끝나자마자 방을 빠져나간다.

이 가상 회의에서 드러난 어떤 행동도 보기 드문 것은 아니다. 그 행동들은 꽤 빈번하며 매우 만연해 있다. 일반적으로 교직원 회의는 단지 교사와 행정가가 참여하는 많은 집단 활동 중의 하나다. 만약 행정가가 교사에게 행정 측면에서 동등한 권한을 인정한다면 교육과정 개발을 포함한 다양한 목적을 위한 많은 위원회에서 교사가 활동하게 될 것이다.

대부분의 초임 교사는 가르치는 것이 집단 중심의 활동임을 완전히 깨닫지 못한다. 예를 들어, 집단과정의 훈련은 예비 교사 프로그램에서 그 존재의 부재가 드러난다. 초임 교사의 사고방식은 개인적인 설계자, 실행가, 평가자로서 교사의 교수 장면에서 활동하는 것이다. 처음으로 수업을 시작하기 전에 교사가 반드시 해야 할 집단 활동에 어느 정도 참여해야 하는지 깨닫지 못한다.

가르치는 것이 아동과 함께하는 활동임을 깨닫기 시작하여도, 가끔 교사는 그들의 전문적인 동료와 협동할 준비가 되어 있지 않다. 교사를 위한 사전 예비 프로그램은 집단 활동의 필요성에 관한 발달, 자발적으로 협동적 작업을 할 수 있는 태도, 집단 활동 또는 구조의 이해 및 집단 참여의 기술을 추구해야 한다. 만약 이러한 인지적 · 정서적 예비 교사 교육이 성취되지 못했을 경우, 현직 중의 교육 프로그램을 통해 이루어져야 한다.

집단 구조의 핵심적인 특성을 살펴봄으로써 집단에 대한 요소와 기능에 대한 우리의 이해를 높여 보자. 우리는 집단을 장황하게 정의하지 않고 상호 간의 목적을 위하여 2명 혹은 그 이상의 사람들이 함께 일하는 것으로 부를 것이다. 집단으로서 교직원, 교육과정 협의회, 부서, 고문 위원회, 여러 팀은 정형적인 집단의 모습이다.

비형식 집단은 어떤 이의 어떤 임시적인 목적을 위해 모였다가 다시 해체되는 자율적이고 즉흥적인 개인의 모임으로 만들어진다. 어떤 것에 반대하기 위한 집단과 교사 파벌은 비형식 집단의 모습이다. 비록 우리가 전형적으로 구성된 집단의 기능에 대해서 주로 논하지만, 우리는 비형식 집단이 일으킬 수 있는 영향력을 간과하지 않을 것이다. 예를 들어, 학교 안에서 형식 집단과 비형식 집단의 목적이 상치되는 것도 충분히 가능하다.

현명한 교육과정 지도자는 교육과정 개발 노력에 영향을 줄 수 있기 때문에, 그리고 형식적 구조의 숙의에 노력을 기하기 위하여 비형식 집단을 확인하기 위해 노력해야 한다.

가상의 중학교 교직원 회의의 모습을 다시 생각해 보면 목적의식이 명확하지 않다. 집단의 일반 목적과 특수 목적이 모두 알려져야 한다. 다음의 목적에 의해 집단이 가장 빈번히 조직된다.

- 설명과 정보를 받기 위해. 교직원 회의는 이러한 목적으로 자주 사용된다.
- 개인을 개인적으로 혹은 전문적으로 돕기 위해. 감수성 훈련 참가자 집단, 연구 집단, 교육학 연구회는 이러한 목적의 사례다.
- 문제의 해결방법을 논하기 위해. 이러한 논의는 교육과정 개선 집단의 주요 목적이다.
- 무엇인가 만들기 위해. 예를 들어, 새로운 프로그램의 제작이나 교육과정 지침을 작성하기 위해 교육과정 위원회가 구성될 수 있다.
- 갈등을 해소하기 위해. 교육과정 개발에서는 교사 간의 의견 충돌을 해결하기 위해 이 문제를 위한 새로운 집단이 구성된다.

어떤 측면에서 이러한 목적은 교육과정 개발에 모두 작용한다. 그러나 마지막 세 가지는 교육과정 위원회의 존재와 과정보다는 활동과 업무에 주된 목적이다. 사람들로 구성되는 모든 집단에서 우리는 조직의 사회적 필요—집단 업무의 이행—에 봉사하는 개인과 그들 스스로 존재 목적이나 필요에 만족하는 개인을 살펴볼 수 있다.

교육과정 지도자에게 있어 큰 어려움 중에 하나는 집단을 '수행시키는 것'이다. 이런 목표를 위한 노력은 많은 사람이 '수행'이라고 불리는 행동을 통하여 집단 활동에서 개인적 욕구에 만족하려고 노력하는 것이다. 특히 개인이 서로를 알아 가고 업무를 분석하는 과정에서 집단의 초창기 활동에는 어떤 수행이 모든 집단에서 필수적이다. 교육과정 지도자는 같은 것이 아닌 '과업지향'과 '수행지향'을 반드시 명확히 해야 한다. 교육과정 지도자는 개인이 집단의 구성원으로서 개인적 만족을 달성하도록 허락함으로써 집단이 업무 면에서 진행되고 있음을 보게 될 것이다. 과업과 수행을 모두 달성하려는 과도한 압박은 불만과 불참만 키울 수 있다.

물론 교육과정 계획 집단의 주요 인사 혹은 하나뿐인 핵심 인사로서 교육과정 지도자는 집단의 세 가지 유형의 활동을 인지하고 있어야 한다. 첫째, 모든 집단은 집단을 위해 개별로 활동하는 개인으로 구성된다. 어떤 개인은 집단의 상황과 관계없이 때로는 의식적으로 그리고 때로는 무의식적으로 이러한 행동을 계속할 수 있다. 그러므로 늘 시간을 지키거나 성실하거나 자신감 있거나 불평만 하는 교사는 집단의 환경 속에서 이러한 특성이 나타날 수 있다.

우리는 종종 드러나지 않게 그들의 동기—일반적으로 '숨겨진 의제' 라고 불리는 개인적 요구, 느낌, 목표—를 집단의 노력으로 움직인다. 예를 들어, 어떤 이는 교육과정 제안에 대해 제안 자체를 반대하는 것이 아니라 제안을 만든 사람을 싫어하기 때문에 부정적으로 반응할 수도 있다. 개인은 제안의 생각이 충분히 고려되지 않았기 때문에 그 제안을 비난할 수도 있다. 어떤 이는 집단의 구성원이 지도자 위치의 잠재적 경쟁자가 될 수 있기 때문에 그에게 난감한 질문을 할 수도 있을 것이다. 교육과정 지도자는 건설적인 길을 찾기 위해 또는 문제를 제거하기 위해 부정적인 행동에 지속적으로 노력을 기울이려고 시도해야 한다. 지도자는 개인의 숨겨진 의제가 공무의 의제에 방해가 되지 않도록 중재자로서 활동한다.

둘째, 집단 속의 개인은 방법적으로 개인적 행동과는 매우 다르게 행동한다. 우리는 오직 집단 상황 속에서 개인 행동의 변화를 탐구하는 군중심리학 연구에 의지해야 한다. 예를 들어, 우리는 귀엽고 순수한 초등학생 집단이 친구 하나를 괴롭히는 모습을 한번도 본 적이 없는가? 조심스러운 청년 운전자가 친구들을 가득 태운 차를 운전할 때는 무모해지는 것을 결코 본 적이 없는가? 인간의 삶에서 개인의 행동을 해석해 주고 평가해 주는 동반자의 존재는 특정한 개인으로 하여금 그 집단의 구성원이 원하는 방식으로 행동하도록 움직인다.

우리는 개인이 내부의 자원(내부 지향적 성격)에 의지할 때와 외부(외부 지향적 성격)에 의지할 때 행동에서 큰 차이를 본다. 비록 약간의 개인은 우리 사회의 외부 지향성에 완전히 영향을 받지 않더라도, 어떤 개인은 행동하기에 앞서 어떤 이들보다 외부의 영향에 중점을 둔다. 어떤 개인은 다른 이에게 조종당할 때 그것을 알아차리는 반면 다른 이는 암시의 영향을 받는다. 개인의 행동은 집단 환경에 따라 변하기도 하지만 곧 살펴볼 독립된 개인이 하지 않거나 수행해서는 안 되는 특수한 역할에 따라서 변하기도 한다.

셋째, 집단은 그 자체의 성격을 띤다. 우리는 이미 집단의 기능이 집단을 구성하는 개인의 기능의 합보다 더 크다는 것을 언급했다. 개인은 독특한 조합을 구성하여 상호작용하고 서로 강화한다. 이러한 모습은 꼭 학교가 다른 학교랑 차이가 있는 것처럼 학교의 어떤 부서는 다른 부서보다 더 생산적(적당한 말을 골라 보라. 창의적인, 열정적인, 반항적인, 혁신적인, 정신 사나운)인 것으로 인지된다.

반드시 교육과정 지도자는 집단의 사기를 증진하고 성취 감각을 느끼도록 도움으로써 집단이 조직된 팀으로서 자부심을 느끼도록 시도해야 한다. 집단의 개념은 다음과 같을 때 발전된다.

- 집단 구성원 간에 높은 전문성을 가지고 조화롭게 자주 상호작용이 일어날 때
- 집단 구성원 간의 개인적 갈등이 거의 없거나 일어나지 않을 때
- 구성원의 장점을 활용할 수 있는 지도력이 허락될 때
- 건설적인 반대가 허용될 때
- 집단이 획득하려는 명확한 특정 목표의 필요와 더불어 목표를 위해 수행이 이루어지고 있다고 인지할 때
- 집단이 성취에 따른 보상이 주어진다고 느낄 때

아마도 집단의 경우 가장 만족할 만한 보상은 제안이 실행으로 이어지는 것을 보는 것일 것이다. 행정가에게서 나오는 감사라는 단어는 교육과정 개발에 참가하는 교사의 지속적인 동기를 확고히 할 것이다.

교사 관심에 대한 응답 성공적인 변화에서 기초적인 것은 집단을 형성하는 개인의 관심에 대한 이해 안에서 교육과정 혹은 다른 것이 이루어지는 것이다. 관심기반 채택 모델(Concern-Based Adoption Model: CBAM)은 변화에 효과적인 경험이 있는 한 집단 내 개인 간의 관심도를 분석하기 위한 필요성에서 텍사스 대학 교사교육 연구개발센터에서 개발한 것이다. CBAM의 초점은 집단 안에서 개인의 사적인 관심이다.

Gene E. Hall과 Susan Loucks는 혁신의 이익에 초점을 재설정하는 것으로 간주하는 혁신의 단순한 인식에서부터 변화과정 동안의 7단계 관심을 기술했다.[37] 인식 있는 교육과정 지도자는 이러한 관심을 알고 있으며, 그들로부터 멀리 떨어져 있는 혁신의 성공적인 실행을 위해 관심을 끌어올리기 위한 7단계로 집단 구성원을 안내했다.

집단 구성원에 의해 이루어지는 역할 오래전 Kenneth D. Benne와 Paul Sheats는 집단 구성원의 기능적 역할을 확인하기 위한 분류체계를 개발했다.[38] 집단 수행 역할, 집단 형성과 유지 역할, 개인 역할의 세 가지 종류로 분류체계를 조직했다. 목표를 획득하고 집단의 문제를 해결하기 위해 집단의 노력이 이루어질 때, 집단 구성원은 수행 역

할을 한다. 집단의 기능에 대해 생각할 때, 집단 구성원은 집단 형성과 유지 역할을 한다. 집단 구성원은 개인의 요구를 충족하기 위해 역할 분담에 몰두한다.

Benne-Sheats 분류체계가 집단 구성원의 역할에서 가장 창의적이고 종합적인 설명인데, 그 분류와 역할을 옮겨 적으면 다음과 같다.

집단 수행 역할

1. 토론 게시자: 문제를 해결할 생각을 제안하거나 추진한다.
2. 정보 탐색자: 사실을 추구한다.
3. 의견 탐색자: 집단 구성원에 의해 만들어진 제안의 가치에 대한 의견을 물어본다.
4. 정보 제공자: 확인한 정보를 제공한다.
5. 의견 제공자: 토론에서 과제 문제에 관한 개인 의견을 표현한다.
6. 퇴고자: 제안이 가져오는 영향을 진술하고 만약에 제안이 적용된다면 어떻게 작동할지 표현한다.
7. 조정자: 제안을 종합하려고 한다.
8. 적용자: 일이 중단되었을 때 집단에 알려 준다.
9. 기준 평가자: 집단 구성원이 중요하다고 느끼는 것으로 만들어진 기준의 제안을 평가한다.
10. 활동가: 집단의 활동에 박차를 가한다.
11. 진행 기술자: 자료의 분배와 같이 매일 이루어져야 하는 업무를 수행한다.
12. 기록자: 집단의 기록을 유지한다.

집단 형성과 유지 역할

1. 격려자: 구성원의 제안에서 그들을 칭찬한다.
2. 조화자: 구성원 간의 갈등을 완화한다.
3. 절충가: 집단과정의 핵심에서 구성원의 관점을 변화시킨다.
4. 문지기: 모든 사람이 토론에 공헌할 기회를 보장받도록 한다.
5. 기준 설정자 또는 자기 이상적 목표: 높은 기준에 부합하도록 충고한다.
6. 집단 관찰자와 해설자: 집단의 기능에 관한 기록과 보고를 한다.
7. 추종자: 다른 이의 제안을 받아들인다.

개인 역할

1. 공격자: 다른 이나 다른 이의 생각을 공격한다.
2. 방해자: 제안과 집단 결정을 반대한다.
3. 인정 추구자: 개인적 관심을 추구한다.
4. 자기 고백자: 집단의 노력에 도움이 되지 않는 개인적 느낌을 표현한다.
5. 한량(playboy): 집단의 업무에 관여하는 것을 거부하고 때로는 방해하는 행동을 한다. [오늘날에는 한량이 다른 의미를 가질 수 있기 때문에 우리는 까부는 사람 또는 중립적 개인이란 용어를 쓰길 원한다.]
6. 지배자: 다른 사람을 방해하고 자신의 우월성을 주장한다.
7. 도움 추구자: 자신을 위해 동정을 이끌어 내려고 노력한다.
8. 특수한 이해관계의 변호가: 집단을 다른 이가 대표할 수 없다고 주장함으로써 자신의 의견을 강화한다.

만약 개인적이고 부정적인 역할을 최소화하고 제거한다면 집단은 좀 더 효과적일 것이다. 집단은 지도자나 집단 역동성 이론과 Benne-Sheats 모형과 같은 분류체계를 연구하는 외부 자문위원을 통해 도움을 받을 수 있다. 구성원 간에 피드백이 가능한 집단 상호작용을 통해서 좀 더 개인적 본질의 획득이 달성될 수 있다. 이러한 피드백은 다양한 구성원이 가진 상호작용 능력의 간단한 분석 형태가 될 수 있다. 분명 집단의 구성원이 높은 수준의 상호작용을 이미 가지고 있다면 집단은 좀 더 생산적이게 될 것이다. 그러나 집단이 상호작용이나 인간관계에서 능력이 부족하다면 집단의 업무에서 벗어나 어떤 기능적인 상호작용 능력을 개발하도록 충분히 노력하는 것이 바람직할지도 모른다.

집단에 참가한 개인의 수행을 기록하는 숙련된 관찰자는 가치 있는 피드백을 제공할 수 있다. 집단에서 개인의 수행을 기록하기 위하여 관찰자는 업무, 형성/유지, 개인 역할의 목록은 표의 열에 배치하고, 구성원의 이름은 행에 배치한 간단한 체크리스트를 만들 수 있다. 참가자를 꼼꼼히 기록해 둔 자료와 관찰자는 특별한 역할을 한다.

관찰 기간이 끝난 이후에 구성원은 자신들의 수행에 관하여 잘 정돈된 피드백을 받을 것이다. 관찰자는 정보를 어떻게 제공할지에 대한 좋은 감각이 있어야 한다. 어떤 개인의 역할은 유난히 부적합한데, 다른 개인은 그가 어떤 방식으로 행동한다는 사실을 받아들이기 힘들 것이다. 그러므로 부정적인 피드백은 신뢰에 기반을 두고 요청 시에만 개인에게 전달되어야 한다.

과업지향적 집단 교육과정 개발 집단은 근본적으로 과업지향 집단이거나 집단이어야 한다. 집단은 해야 할 특별한 일이 존재하며, 그것을 수행해야 하고 새로운 일을 추구하거나 집단의 기능을 끝내야 한다. 집단의 생산성은 교육과정에서 일어나는 질의 개선이 가장 우선적으로 측정되어야 하고, 그다음에는 참가자 개인이나 전문적 성장의 측면에서 측정되어야 한다.

교육과정 개발은 대인관계 경험의 지속적인 연속으로 구성된다. 지도자나 이를 따라오는 사람이나 과정을 성공적으로 만들 의무를 가지고 있다. 약간의 훈련으로 전문가는 그들의 숨겨진 의제를 감출 수 있거나 집단의 노력을 방해하는 부정적인 행동을 제지할 수 있을 것이다. 다행히도 친절, 동정, 다른 이의 의견과 믿음의 존중, 지적 정직함, 인내, 상호 간의 보조, 한 개인으로서 다른 이를 존중하는 것과 같은 인간의 대인 능력을 보여 주기 위해 특정 형성기를 거치며 인간의 행동이 학습되었다. 이는 집단의 요구를 존중하면서 자아 욕구를 중시하면서 학습된 것이다. 그들은 집단 성취를 즐기고 자랑스러워하는 학습을 해 왔다. 낮은 수준의 기술에서 낮은 수행을 보여 주는 다른 이들은 자신들의 대인관계 능력을 개선하기 위한 대인관계 훈련 프로그램에 참여하도록 노력해야 한다.

교육과정 개발은 대개 자발적인 일임을 기억하라. 교육과정 종사자는 그들 자신에게 어떤 동기에 의해 자신이 교육과정 개선을 위해 집단 속에서 역할을 하고 있는지 질문했을지도 모른다. 그들은 다음과 같은 이유를 찾아낼 수 있을 것이다.

- 행정가에게 잘 보이고 싶은 바람
- 특정 동료와 같이 일하고 싶은 바람
- 활동이 일어나는 장소에 있고 싶은 바람
- 전문성을 신장하고 싶은 바람
- 학교체계에 전문적인 공헌을 하고 싶은 바람
- 자신의 능력과 재능을 이용하고 싶은 바람
- 새로운 경험을 하고 싶은 바람
- 사람들과 사귀고 싶은 바람
- 개인적인 믿음과 가치를 위해 집단을 시험의 장으로 활용하고 싶은 바람

개인이 집단 활동에 참여하는 것을 동의한 것에 대한 이유는 많고 다양하다. 때로는 말로 표현할 수도 없고, 때로는 집단 목표의 유효한 형식으로 나타날 수도 있으며 그렇지 않을 수도 있다. 의욕 있고 개인적인 전문 능력의 필요성을 가지고 있는 사람은 교육과정 개발에 참여하려고 노력할 것이다.

생산적인 집단의 특징 집단 역동성과 집단과정에 대한 연구 자료의 가치를 살펴보는 것을 통해 집단 효율성 또는 생산성을 추구하는 특징을 어떻게 요약할 수 있을까? 우리는 이미 1장에서 계획과 프로젝트를 수행하는 부분에 종사자가 참가하는 것이 생산성을 더 향상하는 것으로 나타난 시카고 웨스턴 전기회사의 호손 공장 연구를 살펴보았다. 11세 소년 집단에 대한 Kurt Lewin, Ronald Lippitt과 Ralph K. White의 연구는 독재적이거나 방임적인 곳보다 민주적인 집단에서 소년들이 생산적임을 보여 주었다.[39] Rensis Likert는 지원적인 환경, 집단 구성원 간의 상호 신뢰와 믿음, 공통 목표의 공유가 집단 효율성에 기여함을 보여 주었다.[40] Ned A. Flanders의 교실 언어 상호작용 연구는 집단 지도자들이 자신들의 언어적 행동을 줄이고 집단 구성원의 상호작용을 더 자극해야 한다는 결론을 내리기 위한 이 과정들을 관찰하기 위해 자신의 수업을 따르는 이용자를 이끌었다.[41] John Dewey,[42] Danial L. Stufflebeam과 동료들[43]은 문제해결 기술과 의사결정의 중요성에 대해 언급했다. Warren G. Bennis과 Kenneth D. Benne과 Robert Chin은 변화를 위한 계획 기술을 주장했다.[44] Fred E. Fiedler는 지도자의 효율성에 집중했고,[45] Kimball Wiles는 집단 효율성에 필수적인 의사소통 기술에 주목했다.[46] 후자의 두 기술이 다음 절에서 논의될 것이나, 우리는 먼저 앞서 말한 원리를 기초로 집단이 다음과 같을 때 효과적이라는 것을 볼 수 있다.

- 지도자와 구성원이 서로를 지원할 때
- 구성원 사이에 신뢰가 명확할 때
- 목표가 이해되고 공통적으로 받아들여질 때
- 구성원이 그들의 느낌이나 관점을 표현할 수 있는 적절한 기회가 존재할 때
- 집단 구성원에 의해 수행되는 역할이 본질적으로 긍정적일 때
- 구성원의 숨은 의제가 집단을 방해하지 않을 때
- 지도력이 우수하고 집단에 적절할 때
- 구성원에게 필요한 전문 기술을 가지고 있을 때

- 구성원이 필요한 자원을 가지고 있을 때
- 구성원이 모든 의사결정을 공유할 때
- 높은 수준에서 의사소통이 이루어질 때
- 집단 내에서 지도력이 존중받을 때
- 업무를 달성하기 위한 과정이 분명하고 의미 있을 때
- 집단 활동이 구성원의 개인적 욕구를 충족할 때
- 지도자가 구성원의 잠재력을 허용하는 것을 추구할 때
- 집단이 집단의 시간을 현명하게 활용할 때

리더십 기술

위원장으로 근무하고 있는 교육과정 조정자의 손님으로 학교 교육과정 위원회의 회의에 참석하자. 지금은 학기 초다. 우리는 교실 뒤쪽에 자리를 잡고 1시간이 안 되는 과정에서 다음의 행동을 관찰한다.

- 두 교사가 교장의 행동에 대해 토론하고 있다.
- 모든 사람이 그들이 원하는 만큼 말하고 있고 때로는 길게 말할 때도 있다.
- 진행자는 집단을 무시하고 한 개인과만 대화하고 있다.
- 몇몇 구성원은 이 토론이 집단의 목적과 관련 있는지 질문한다.
- 진행자는 그의 생각을 강요하고 누군가 그에게 동의하지 않을 때는 눈에 띄게 무시한다.
- 두 교사가 서로 논쟁하기 시작한다.
- 진행자는 그가 미리 소개한 제안을 위해 집단을 조종한다.
- 회의는 마무리되지 못하거나 다음 단계가 명확히 정의되지 않은 채 끝난다.

우리는 이 교육과정 위원회의 이러한 부분이 덜 생산적이라고 결론 내릴 수 있다. 집단 구성원 측면의 부족이 생산성 결여의 원인이 될 수 있는가? 혹은 진행자 측면에서 지도력의 부족이 원인이 될 수 있는가? 혹은 둘 다인가? 아직 지도자에게 집단의 생산성에 관한 무거운 짐이 남아 있지만, 확실히 집단의 생산성은 집단 구성원과 지도자의 능력의 조화로운 화합을 통해 이루어질 수 있다. 속도를 조절하고 전문 지식을 제공하며 다른

이들의 능력을 쏟기 위해 이러한 사람이 선택되어야 한다. 숙련된 지도자는 교육과정 위원회에서 나타나는 어떠한 비생산적인 상황을 피하거나 해결할 수 있을 것이다.

지도자의 특성 우리 자신과 다른 사람에게 지도자가 가져야 할 특성이 무엇인지 물어본다면, 우리는 아마 다음의 대답을 얻을 것이다.

- 지적인 특성
- 숙련된 전문적 특성
- 적극적인 특성
- 생각이 또렷한 사고 특성
- 혁신적인 성향 특성
- 역동적인 특성
- 카리스마 있는 특성

어떤 이는 "당신은 정확한 시간에 정확히 그 장소에 있었어야 한다."고 말한다. 다른 이들은 아마도 더 회의적으로 지도자가 해야 할 것을 다음과 같이 말한다.

- 정치가
- 추진가
- 권력 있는 사람의 친구

Laurence J. Peter, Jr.와 같이, 어떤 사람은 사람들이 무능력의 수준이 존재할 것이라고 보았다.[47)]

그러나 연구에서 발견된 것은 지도자의 위치에 있는 모든 사람에게 동일한 특징을 원인으로 돌리는 것은 거의 불가능하다는 것이었다. 어떤 목적에 필요한 인간적 · 관리적 능력뿐만 아니라 다른 특성 중에서 평균보다 약간 높은 지능을 지도자가 가지고 있는 경향이 있는 것을 일반화하자면, Ralph B. Kimbrough와 Michael Y. Nunnery는 특수한 특성의 소유는 행정가의 성공을 보장하지도 않지만 성공을 막지도 않는다고 결론짓는다.[48)]

지도자의 개인적 · 사회적 · 물리적 특징을 분석하여 성공적인 지도자를 예측하려는 시도인 특성이론을 말하면서, Robert H. Palestini는 1940년대와 1950년대에 그 이론의 인기를 언급했다.[49] 그러한 특성 중에서 고려할 만한 사항은 “추진력, 주도하고 싶은 욕구, 정직성과 진실성, 자신감, 인지 능력, 하고 있는 일에 대한 지식” 이다.[50] Palestini는 “특성적 접근법은 비록 최근의 연구가 리더십 효과를 지도자의 특성으로 다시 한 번 연관 지었음에도 행정가에게 실행 가능한 흥미를 부여하기보다는 오히려 진부하다.” 라고 견해를 말한다.[51]

두 가지 접근 지도자는 두 가지 기초 관점에서 행정가적 관점에 편중된 경향이 있다. 그것은 관료적 관점과 합의적 관점이다. 첫 번째 관점은 독재적, 두 번째 관점은 민주적이라고 부른다. Edgar L. Morphet, Roe L. Johns, Theodore L. Reller는 이 두 관점의 기저를 이루는 가정에 대해 논했다. 그들에 따르면, “전통적 관점, 독재정치적 관점, 관료적 관점”이라 불리는 것을 선호하는 지도자는 책임과 권한을 가장 최우선으로 하고, 경쟁을 권하며, 개인을 소모성 자원으로 보고 참모 조직 계획을 고수하는 경향이 있다.[52] 반면에 Morphet, Johns, Reller에 따르면 “최신의 관점, 다원주의적 관점, 분권적 관점”이라 불리는 관점을 선호하는 지도자는 힘, 권한, 의사결정이 공유될 수 있고, 조직 안에서 의견 일치는 합일을 이끌며, 개인은 소모성 자원이 아니라 믿는다.[53]

행정가에 관한 이 대조적인 두 관점에서 Morphet, Johns, Reller는 전통적인 관점이 폐쇄적인 상황에서 기능한다고 언급한다. 반면에 민주적 관점은 개방적인 상황에서 기능한다고 언급하였다. 전통적인 관점은 참모 조직 구조에서 집중된 권한에 의존한다. 다원주의적 관점에서는 권한은 나눠질 수 있고 공유될 수 있다. 때로 다원주의적 관점의 구조는 전통적 관점의 구조보다 집단 구성원의 참여를 최대화할 수 있도록 더 유연하다. 이러한 두 가지 관점에서 의사소통 흐름의 면은 더욱 다르다. 독재적이거나 권위주의적인 관점은 정규 절차의 철학으로 이루어졌다. 지시사항은 일반적으로 계급의 최상층에서 생성되거나 최하층에서부터 시작된다. 최상층에서 내려오는 지시사항은 중간 계층에 빠르게 전달된다. 그러나 지시사항은 이러한 계층에 의해 전달이 중단될 수 없다. 반면에 최하층에서 시작된 지시사항은 중간 계층을 통해 빠르게 전달되나 어떤 계층에 의해 전달이 중단될 수 있다. 하급 직원은 정식 절차에 따라 업무 지휘를 받길 요청하고, 처벌받지 않고 직속 상사를 직접 보고하거나 조사할 수는 없다. 다원주의적 관점에서는 의사소통이 상향적, 하향적, 순환적, 수평적인 다양한 방법으로 진행된다. 이 관점에서는 최하층을 건너뛰어 가까운 통제 연결망을 넘어서 다른 사람에게 전파될 수 있다. 다원주의적 행정가는 전달사항과 개인적 상태에 대해 '고민(hung up)' 하지 않는다. 즉, '조직인(organization man)'을 요구하는 것은 전통적 관점이다.

Morphet, Johns, Reller는 이 두 가지 관점을 비교하면서 "그러나 그 사실 때문에 민주적 행정가는 좋고 독재적 행정가는 나쁜 것으로 이해하는 것은 좋지 않다. 역사는 수많은 민주적 행정가의 성공 사례와 실패 사례, 수많은 독재적 행정가의 성공 사례와 실패 사례를 보여 준다."라고 경고한다.[54] 그렇긴 하지만 그들은 연구에서 독재적 조직은 다원주의적 조직보다 덜 혁신적인 것으로 드러난다고 지적했다.

어떤 사람은 전통적 지도자를 X이론의 지지자로 보고, 다원주의적 지도자는 Y이론의 지지자로 본다. Z유형의 조직 지도자는 크게 그들 조직의 종사자로부터 최대한의 참여와 약속을 확보하려는 Y이론의 사람이다. 예를 들어, 개인은 소모품이 아니라고 보는 다원주의적 가정은 조직이 조직의 목표를 달성하는 데 전적으로 헌신하는 것에 대한 답례로 평생 고용을 보장하는 일본의 Z이론 조직으로 해석된다.[55] 이러한 보장은 1990년대 말과 2000년대 초의 경제적 압박에서는 확실치 않았다.

리더십 유형은 집단의 생산성에서 강한 요인이다. 리더십 영향의 전형적 연구로는 11세 아동의 4개 집단에서 성인 리더십의 다른 유형의 영향을 연구한 Lewin, Lippitt, White의 사전 연구들이 있다. 그들은 '권위적' '민주적' '자유방임적' 리더십의 효과를 살펴보았다.

> 권위주의 리더십 아래에서는 민주적 리더십보다 학생들이 지도자에 더 의존하게 되고, 더 불만을 가지고 있으며, 집중을 위해 더 많은 시간을 할애해야 한다. 또한 약간 더 불친절하며, 협동을 위한 대화가 좀 더 적다. 권위적 집단환경 속에서 집단의 자주성은 존재하지 않는다.
>
> 자유방임적 환경은 민주적 환경에서보다 지도자에게서 더 의존하고, 더 불만을 가지고 있으며, 친목을 도모하기 힘들고, 제안을 하는 분위기 형성이나 협동을 위한 대화가 민주적 환경에서보다 적다. 자유방임적 환경에서는 지도자 없이는 업무가 생산적이지 못하다. 자유방임적 집단은 정보 획득에 관해 지도자에 극도로 의존한다. 이런 상황은 민주적 집단 분위기에서는 반대가 된다. 민주적 리더십 분위기에서 개인 간의 관계는 우호적이다. 민주적 리더십 아래에서 이러한 모습은 추종 집단 구성원 안에서 좀 더 많은 관심과 찬성으로 표현된다. 권위적 체제나 자유방임적 체제에서는 지도자에 의해 조직된 환경에 반하여 서로 간에 의존을 한다. 더욱이 민주적

집단은 지도자가 없을 때 생산적인 열정을 가지고 구성원 스스로 업무를 진행해 나간다.[56)]

그러므로 교육과정 지도자가 하나의 집단인 위원회를 구성한다면 권위적이고 자유방임적인 접근은 효과적이지 못할 것이다. 교육과정 지도자의 힘(미약하더라도)은 특히 리더십이 집단 내에서 인정받는다면 집단에 의해 부여된다. 실제로 민주적 접근은 교육과정 지도자가 외부 권위의 지지를 받는 관계자가 아닌 구성원이라는 것에 개방적인 유일하게 발전 가능한 접근법이다.

과업지향 지도자와 관계지향 지도자 Fred E. Fiedler는 성공적인 리더십이 개인 성향의 결과인지 또는 지도자 자신이 처한 상황의 환경적 결과인지에 대한 오래된 질문을 연구했다.[57)] Fiedler는 지도자의 성향과 리더십을 수행해야 하는 집단의 상황 사이의 적절한 조합의 필요성에 대해 말한다. '상황 모델(contingency model)'이라 불리는 것을 개발하면서, Fiedler는 과업지향적 또는 관계지향적 지도자를 분류하였다. 후자의 용어는 인간관계지향적이라고도 부를 수 있다. 몇 가지 관점에서 이 분류는 권위적인 지도자와 민주적인 지도자의 이분법과 비슷하다. 과업지향적 지도자는 지도자와 집단 앞에서 항상 조직의 목표를 유지한다. 조직의 요구는 개인의 요구보다 우선한다. 상관-부하 관계는 항상 명확하다. 관계지향적 지도자는 덜 업무 지향적이고 조직 구성원 사이에서 조화로운 관계의 형성에 더 관심이 있다. 또한 높은 수준의 인간관계 기술을 가지고 있고 지위를 덜 의식한다.

두 성향의 사람들의 특성은 구조화 또는 비구조화된 조직 속에서 스스로 발견하거나, 구조와 비구조의 두 가지 요소를 모두 가지고 있는 혼합된 상황에서 발견될 수 있다. 성공적인 리더십의 유무는 성향과 주변 환경의 우연한 결합에 달려 있다. Fiedler는 과업지향적 지도자가 관계지향적 지도자보다 구조와 비구조의 상태 모두에서 줄곧 수행을 더 잘한다는 것을 발견했다. 그들은 권위와 영향력을 가진 구조화된 상황과 지도자의 권위와 영향력이 부족한 비구조적인 상황에서 수행을 잘한다. 관계지향적인 사람은 알맞은 권위와 영향력을 가지고 있는 혼합된 상황 속에서 가장 잘 수행한다.

따라서 리더십은 상황적 요건에 따라 조성되어야 한다. 예를 들어, Stephen J. Knezevich는 다음과 같이 리더십의 상황적인 관점을 지지한다.

> 사람은 민감함, 통찰력, 개인의 질과 같은 집단이 요구하는 목표와 그 결정을 요구하기 때문에 리더십 역할을 수행하도록 선택받는다…. 지도자는 부하의 요구나 필요를 성취하게 해 줄 수 있기 때문에 사람들에 의해 선택되고 사람들이 따르게 된다. 교육 문제, 구성원 문제, 가치지향 문제와 같은 현저하게 다른 상황으로 변해 갈 때는 독특한 교육적인 요구가 있는 공동체 안에서 성공한 지도자라도 유사한 성공을 하지 못할 것이다. 상황 또는 집단의 성향과 목적이 변화하는 것은 요구된 지도자 특성에서 중대한 변화를 가져오고 가장 폭넓은 의미에서 개인 태도의 해석을 거의 다 변화시키도록 요구한다.[58]

부하의 역할을 하는 집단 구성원이 지도자의 역할을 한다고 가정했을 때, 그 사람은 리더십의 새로운 지위와 연관된 민주적인 행동을 입증하도록 요구받는다. 만약 예전의 지도자가 집단의 일반 구성원으로 남아 있다면, 그는 부하의 역할을 해야 한다. 일부 지도자는 힘에 승복하기 힘들고 지속적으로 중심 역할을 하기 힘들다고 한다. 그러한 행동은 집단 내에서 리더십이 형성되는 것을 막고 집단의 과정을 방해하는 경향이 있다. 기존 지도자가 지도자의 상급자가 교체되는 것에 저항한다면, 기존 지도자의 행동의 변화를 강요함으로써 상황을 수정해야 하거나 그 사람을 상황에서 제거해야만 할 것이다.

그러므로 리더십에 관한 연구는 지도자가 교육과정 개발에서 다음과 같이 해야 함을 제안한다.

- 민주적인 방법을 개발하도록 노력해야 한다.
- 관계지향적인 성향을 개발하기 위해 노력해야 한다.
- 상황의 요구에 따라 과업지향적인 성향과 관계지향적인 성향을 전환해야 한다 (Jacob W. Getzels, James M. Lipham, Roald F. Campbell은 이 유연한 성향을 "전통적" 성향으로 부른다.[59])
- 업무상 집단을 유지하고 과도한 처리는 피해야 한다.
- 자유방임적 접근은 피해야 한다.
- 집단 내부로부터 리더십의 개발을 촉진해야 한다.
- 개방된 자세를 유지하고 방어적인 자세는 피해야 한다.
- 조언자, 해석자, 숙련자, 재강화자, 중재자, 대변인, 조직자, 중개자, 설명자, 요약자, 토론 지도자, 팀 형성자로서 변화 대리인의 역할을 수행해야 한다.

심지어 최상의 리더십이 있더라도 일부 집단은 그들의 목표 성취를 향해 나아가는데 큰 어려움을 경험한다. 효과적인 리더십 없이는 집단의 생산성을 기대하기가 거의 어렵다.

일본의 산업 성장을 경영으로 설명하는 W. Edwards Deming은 총체적 질 관리(Total Quality Management: TQM)로 잘 알려진 개념을 산업 경영 원리에 적용한다. 비록 Deming의 생각이 산업에 적용될지라도, 교육에 적용될 때의 TQM은 공동 경영의 원리—질은 과정의 끝에서 평가되기보다 과정 중에 확인되어야 하고, 학습자가 자신의 일에 대한 평가에서 책임을 공유하는 것, 개인적 수행 시간을 줄이고 문제의 해결 방안을 찾기 위해 집단에 참여하는 것—를 포함한다. 이전에 우리가 질적 순환을 논할 때 이 원리 중 일부를 이미 살펴보았다.[60] Deming의 것과 비슷한 맥락으로 William Glasser는 너무 많은 "상사 매니지먼트(boss-management)", 너무 많은 강요, 충분하지 않은 협동학습, 너무 많은 전통적인 시험, 지식 활용 능력 향상에 대한 강조가 너무 적은 것, 학습자가 그들의 작업의 질을 평가할 기회가 너무 적은 것이 학교의 질에 걸림돌이 된다는 점을 지적했다.[61] 미국 산업뿐만 아니라 교육도 전적으로 질적 관리의 원리에서 시작한 것은 아니었다. 그러나 우리는 수행평가와 협동학습 및 구성주의 심리학에서 교사의 지도 아래 학습자가 자신의 지식을 형성할 수 있도록 촉진하려는 몇 가지 증거를 살펴볼 수 있다.

의사소통 기술

교육과정 개발은 문서로 하는 것도 있으나 크게는 주로 구두 행위로 이루어진다. 비록 기적적인 언어의 선물을 통해서 한 인간은 다른 사람과 자신의 생각과 감정을 의사소통할 수 있다. 세계의 많은 사업(특히 민주주의 사회에서)이 집단 토론을 활용한다. 때때로 이것은 마치 학교 구성원을 포함한 대부분의 행정가가 "죄송하지만 회의 중입니다."라고 대답하는 것에서처럼 집단 참여에 많은 시간을 보낸다.

사고는 구두로는 말하는 행동으로, 손으로는 쓰이거나 작성된 문서로, 시각적으로는 사진, 그림, 표와 같은 것으로, 그리고 비언어적 형태로는 몸짓과 행동으로 나타난다. 구두로 이루어지는 의사소통과 서면으로 이루어지는 의사소통 유형은 개인 및 집단마다 다르다. 유형은 인종, 지역, 국가적 집단 간에 서로 다르다.

단어의 선택, 어조의 강세와 연음, 말의 속도는 사람 및 집단마다 다르다. 우리는 '강세' 와 음색 및 억양에서 차이점을 발견했다. 힘과 문제 모두 언어의 유용성의 간단한 예로 살펴볼 수 있다. 같은 단어를 사용해도 억양이나 강세에 변화를 줌으로써 말하는 사람은 다음과 같은 다른 의미를 전달할 수 있다.

- 그것을 말한 것은 그들이다(*They* said that).
- 그들이 그것에 대해 말했다(They *said* that).
- 그들이 말한 것은 그것이다(They said *that*).
- 그들이 말한 것이 그것이었나(They said *that*)?

어떤 문화권에서는 개인이 빈번히 비언어적인 행동으로서 '손을 이용해서 말하기(수화)(talk with their hands)'를 통해 소통하기도 하며, 반면에 다른 문화에서 온 개인은 그렇게 표현하도록 배우지 않는다. 지도자와 집단 구성원 모두에게 의사소통 기술 숙달은 성공적인 교육과정 개발을 위해 필수적이다. 그들은 구두 의사소통과 문자 의사소통 모두에 능숙함을 입증해야 한다. 동시에 그들은 자신의 비언어적 행동을 깨닫고 다른 사람의 비언어적 행동을 읽는 기술을 익혀야 한다.

지도자는 두 방법에서 능숙함을 나타내야 한다. 즉, 지도자는 높은 수준의 의사소통 기술을 가져야 하고, 의사소통 속에서 집단 구성원의 능숙함을 향상하기 위해 도움을 줄 수 있어야 한다.

논의의 목적을 위해 우리는 다양한 민족의 집단과 출신 국가를 가지고 있지만 의사소통을 위해 영어를 사용하고 최소한 영어 사용에 평균 정도의 능숙함을 가지고 있는, 우리가 가장 흥미를 가지고 있는 학교나 학구 교육과정 위원회를 가정할 것이다. 우리가 의사소통에 관해서 이야기해야 하는 것은 단순한 문법 메커니즘, 구문론, 어휘, 문장 구조를 넘어선 것이다. 언어적 관점에서의 의사소통 부재는 더 복잡한 심리적, 사회적, 문화적인 문제보다 쉽게 해결될 수 있다.

모든 구성원이 훌륭한 언어 구사력을 갖추고 있는 집단에서조차 소통은 무언가 개선되어야 할 여지를 남긴다고 추측하는 것이 안전하다. 예를 들어, 집단 회의에서 당신이 다음과 같은 상황에 있다고 생각해 보자.

- 동시에 두 사람이 대화하고 있는 곳에 있어 보았는가?
- 어떤 구성원이 지속적으로 다른 이의 말을 끊고 있는 곳에 있어 보았는가?
- 한 구성원이 자신의 직위를 고려하지 않고 토론에 끼어들고, 자신의 목소리를 높이

고, 다른 사람들이 자신을 조용히 하게 할 때까지 계속 그렇게 하는 곳에 있어 보았는가?

- 토론이 진행됨에 따라 화가 난 한 구성원이 일어나서 자리를 박차고 나가는 곳에 있어 보았는가?
- 특정 구성원이 집단에서 말할 때마다 구성원들이 낄낄거리고 비난하는 곳에 있어 보았는가?
- 한 구성원이 끝도 없이 혼잣말로 웅얼거리고 있는 곳에 있어 보았는가?
- 한 구성원이 토론에서 주제와 관련된 자신의 사전 지식을 표현해야만 하는 곳에 있어 보았는가?
- 한 구성원이 그의 생각에 대해 다른 사람이 찬성하지 않아서 불만을 가지는 곳에 있어 보았는가?
- 지도자가 집단의 모든 구성원의 이해를 위해 중요한 것을 세 차례나 설명해야 하는 곳에 있어 보았는가?

이 사람들 중 일부를 알고 있는가? 물론 그들 중 몇몇은 더 이전에 논의되어 결정된 역할을 수행할 것이다. 실제로 대부분의 구성원이 그들이 말하고 있을 때 집단 안에서 다른 의사소통이 이루어지고 있다고 생각하는 것은 불가능한 것이 아니다. 그들이 소통하고 있는 그 무엇이 그 토론 장소에서 생각해야 하는 것과 크게 다른 것이라면 큰 문제가 된다.

토론에서 발언권을 얻기 위해 경쟁하고 있는 두 사람은 단지 다른 사람들이 자신의 의견에 집중해 주길 원하는 것일지 모른다. 또한 그들이 '자기주장(assertiveness)'이라고 불리는, 다른 사람이 칭찬하는 그 특성을 가지고 있다고 말할 수 있을까? 다른 사람의 말을 끊어 버리는 구성원에게는 다른 사람을 배려하는 것이 필요하다. 토론장을 박차고 나가는 사람은 아마도 그의 철학을 다른 이에게 전달하고자 하려는 사람일 것이다. 이러한 사람을 거부하는 집단에서는 그 사람이 '쓰린 패배자(sore loser)' 로서 인식될 것이다. 우리는 단어를 통해서뿐만 아니라 행동을 통해서도 의사소통해야 한다.

일반적인 오해 우리는 의사소통에 관한 몇 가지 일반적인 오해를 정리해야 한다. 첫째, 대화 기술은 때때로 의사소통을 통해 잘못 전해진다. 지도자가 빠르게 결단을 내려야 할 때에는 빠르고 적절하게 반응하기 위한 능력이 요구된다. 그러나 말하는 재능은 메시지가 잘 전달된다고 보장되는 것이 아니다. 명확히 말하는 능력과 의사소통하는 능력의 차이를 확인하기 위해 정치 지도자에게 귀를 기울여야 한다. 사람들은 종종 본질을 대체하는 방식을 받아들이고 있다는 것을 깨닫지 못할 정도로 구두적인 기술에 매우 큰 스트레스를 받는다. 달변가는 토론에서 주제를 흐리게 할 수 있다. 발언자는 또렷하게 발음하며 소통하도록 모두 노력해야 한다.

둘째, 의사소통 속에서 집단 상호작용이 일어난다. 토론이 이해와 의사결정을 유도한다는 것을 알지 않는 한 "우리는 적극적으로 토론했다."라는 말은 의미가 없다. 개인의 감정과 의견을 공유하는 과정은 때때로 의사소통과 동일시된다. 교육과정 개발에서 상호작용의 목적을 위한 상호작용은 정당한 활동으로 받아들여질 수 없다.

셋째, 의사소통이 완전하고, 명확하며, 완벽히 이해되었다는 가정은 충분한 증거 없이 생겨난다. Alfonso, Firth, Neville은 행정가에게 이러한 가정을 만드는 것에 대하여 충고했다. "의사소통은 수신자와 송신자가 결코 같은 관점을 공유할 수 없기 때문에 부정확하다. 행정가는 종종 의사소통이 완벽하다고 말한다. 게다가 그들은 초기에는 의사소통이 불완전하고 항상 그러한 상황에서 시작했다고 한다."[62]

이해가 충분치 못한 사람이 모두를 이해하기 위해서는 몇 번이나 말을 들어야 할까? 어떤 사람이 다른 집단 구성원에게 말하는 "비록 내가 듣고 있지만 나는 당신이 말하는 것을 알지 못합니다."를 의미하는 "나는 듣고 있습니다."를 몇 번이나 들어야 할까?

의사소통하기 위해 노력하는 사람들의 경험에서 나타나는 몇 가지 일반적인 문제는 무엇이고, 해결할 수 있는 방법은 무엇일까? 세 가지 범주를 만들어 보자. (1) 구두 의사소통의 문제점 또는 구두와 문자 의사소통 모두에서 나타나는 문제점, (2) 문자 의사소통의 문제점, (3) 비언어적 행동 또는 그것이 없어서 생기는 문제점.

구두 의사소통 구두 의사소통의 어려움은 다음 상황에서 발생할 수 있다.

1. 집단 구성원이 비의도적이었든 의도적이었든 중요한 주제를 이끌어 내는 데 실패한다. 그들은 화제 대신에 다른 이야기를 한다. 때때로 그들은 화제에 집중하는 것을 저항하는 기피 행동을 한다. 교육과정 지도자는 화제를 확인하고 본론에 들어가도록 집단 구성원을 도와야 한다. 만약 어떤 집단 구성원이 쓸데없이 말을 많이 하면 집단의 다른 구성원은 지루해하고 싫어한다. 화제에 집단의 주의집중을 유지하는 책임은 집단 지도자에게 있다.

2. **집단 구성원이 불분명하고 불명확한 용어를 사용한다.** 집단 구성원은 단어에 대한 정의 없이 '적절하다'와 같은 다의적 용어를 사용한다. 그들은 '당신이 어디 출신인지 말하시오.'와 '나는 행동목표에 관심이 있다.' 같은 '심리학 용어'를 사용한다. 그들은 '법칙에 따른(nomothetic)' '동반 상승효과(synergy)' '성인 교육학(andragogy)'과 같이 집단의 구성원이 이해하지 못하며 자주 사용되지 않는 단어를 정의 없이 사용한다. 그들은 어떻게 해야 할지는 설명하지 않고 "모든 어린이는 자신만의 개별 교육과정을 개발해야만 한다."와 같은 말을 하는 착오에 빠진다. 그들은 "깃대를 올립시다."와 같은 Madison Avenue의 은어를 빌리기도 하며, "시합 계획은 무엇인가?"와 같은 스포츠 분석 용어에 의존하기도 한다. 집단 지도자는 이어지는 토론에서 구성원의 어려움을 깨달아야만 한다. 그는 필요하다면 발언자에게 문장과 질문을 반복하여 말하고 명확히 해 달라고 요청해야 한다. 지도자는 일부 구성원이 자신의 주장을 명확히 하는 것에 망설이고 있으며, 지도자가 주장을 명확히 해 달라고 요청할 때에 발언자는 그들이 무시당한다고 느낀다는 점을 명심해야 한다.
3. **집단 구성원이 자신이 듣기 원하는 것만 선택한다.** 우리가 선택적으로 듣고 보는 것은 잘 알려진 사실이다. 우리는 듣기를 원하고 보기를 원하는 사람들과 사물을 듣고 본다. 그리고 우리가 듣거나 보길 원하지 않는 것에 대해서는 거절한다. 지도자는 구성원이 놓치고 있는 부분에 대해 주의를 줌으로써 문제의 모든 측면을 살펴볼 수 있도록 도와야 한다.
4. **특히 그들이 토론된 부분에 대해서 동의하지 않을 때, 구성원은 자신의 의견을 표현하는 데 서툴다.** 어떤 사람은 불안의 측면에서 위축된다. 그들은 자신들의 주장이 가치 없을 것이라고 느낀다. 또한 어색하고 조롱받을 것이라 느낀다. 구성원을 보상하고 처벌할 수 있는 위치에 있는 주최자에게 동의를 얻지 못하는 것은 원하지 않을 것이다. 집단의 지도자는 반대가 가능하고 이를 격려한다고 구성원에게 확신을 주어야 한다. 지도자는 두려움 없이 모든 구성원이 자신의 의사를 표현할 수 있는 분위기를 조성해야 한다.
5. **구성원이 정해진 토론의 과정을 따라가는 것에 실패한다.** 집단 구성원이 원칙을 따르지 않으려고 하거나 토론을 하려고 하지 않을 때, 서로의 의견을 듣지 않을 때, 다른 사람의 관점을 존중하지 않을 때, 의사소통은 불가능하다. 집단 지도자는 토론의 과정이 이루어지는 동안 자신의 의견을 들어주길 원하는 모든 사람에게 기회를 부

여할 수 있도록 질서를 유지해야 한다.

6. 토론이 중단되고 집단이 너무 성급하게 결정을 요구한다. 집단은 문제에 관한 합의를 보기 위해 노력해야만 한다. 목표는 가능한 한 많은 사람의 동의를 이끌어 내는 것이다. 집단의 지도자는 집단에서 합의된 목표를 계속 유지해야 한다. 가능하다면 문제와 관련하여 이미 결정된 사안이라도 재평가되어야 한다. 의결은 영향에 포함된 사람이 준수해야 하고 혹은 준수하지 않아도 된다. 그러나 이것이 교육과정 개선을 위해 반드시 필요한 위원회에게 요구되는 것은 아니다.
7. 마무리 정리와 같은 끝맺음 없이 토의가 종료된다. 만약 다음 단계가 확실하지 않다면 구성원은 혼란스러운 상태로 토의를 떠날 것이다. 지도자는 집단의 작업을 요약할 수 있고, 다음 단계에서 집단이 주목해야 하는 것을 요청이 가능하다면 주어진 문제에 대한 마무리 정리를 위해 노력한다.
8. 주로 의사소통 흐름이 지도자에게서 구성원으로 흘러간다. 지도자는 토론을 입증하려는 분위기를 피해야 하고 집단의 관점에 구성원의 관점을 반영해야 한다. 의사소통이 지도자로부터 집단 구성원으로 흘러가는 흐름뿐만 아니라 의사소통이 지도자나 집단의 모든 구성원으로부터 시작됨을 구성원에게 확신시켜야 한다.
9. 집단 내에 악담, 적대감, 불화가 존재한다. 이러한 조건이 발생할 때, 지도자는 구성원 사이에 긍정적인 의사소통이 일어날 수 있는 조화롭고 즐거운 집단 분위기를 개발하도록 하는 시간을 사용해야 한다. 구성원은 신뢰와 상호 존중의 분위기에서 함께 작업하는 것을 배울 수 있다. 지도자는 긴장을 풀고 두려움 없는 분위기를 향상할 수 있도록 노력해야 한다.

문자 의사소통 집단 활동을 하는 동안에 집단의 지도자와 구성원이 집단 회의 동안 문자 의사소통의 형태를 원하고 또는 요구하는 때가 발생할 것이다. 또한 그들은 집단 외부의 사람들과 문자로 의사소통할 수도 있을 것이다. 다음의 상황이 발생할 때 이러한 형식의 의사소통에서 어려움이 발생한다.

1. 글 쓰는 사람이 문자 의사소통에서 단어가 가지는 영향에 대해 알지 못한다. 문자 메시지를 구조화하기 위해서는 추가적인 고려가 필요하다. 메모를 쓰는 사람은 단어 선택과 문장 방식의 중요함을 알아야 한다. 의도하지 않았지만 몇몇 메시지는 받는 사람들에게 퉁명스럽고 무뚝뚝하고 부정적인 반응을 일으킨다. 서면으로 쓴 메시지는 작

성자가 의도한 것과 꽤 다른 인상을 줄 수 있다. 작성자는 읽는 사람에게 어떤 부분에서 문자 의사소통이 영향을 줄 수 있기 때문에 항상 재확인해야 한다.

2. 수적 측면에서 문자 의사소통은 엄청나다. 몇몇 사람은 신문 편집자가 글을 쓰는 것처럼 거의 비슷한 빈도로 내부 문서를 작성한다. 어떤 이는 내부 문서에서 자신들의 좌절감을 표현한다. 거칠게 말하자면 어떤 사람은 모든 생각, 단어, 행동이 (1) 후대의 사람들이 참고하기 위하여, (2) 현재의 사용에 대한 진행 기록을 유지하기 위해서, (3) 이어서 실행해 갈 사람들을 보조하기 위해서 내부 문서로 쓰여야 한다고 믿는다. 어떤 청자 혹은 의도된 청자는 문서로 작성된 정보를 얻기 전까지는 어떠한 행동도 하지 않을 것이다. 어떠한 조직은 의사소통이 거의 없고 공식 문서만 보편적으로 존재하는 측면에서 거의 고착화되었다. 지도자는 내부 문서와 필요한 문자 의사소통을 격려해야 하지만 과도한 사용은 줄여야 한다. 문자 의사소통 속에는 정중함, 명쾌함, 간결함이 존재해야 한다.
3. 영어 사용이 미숙하다. 특히 전문적인 사람들에게 미숙한 영어의 사용은 내부 문서의 효과를 떨어뜨리게 한다. 부정확한 철자, 부적절한 문법, 미숙한 문장 구조는 내부 문서가 의미하는 메시지를 훼손하고 작성자에게 불필요한 비판을 받게 한다.

이메일을 통해 소통할 때 취해야 할 특별한 예방책이 메시지 전달에서 상용된다. 이메일 대화(예를 들면, 소리치는 것처럼 해석될 수 있는 모든 대문자를 메시지에 사용하지 않는 것)는 오해를 예방하기 위해 살펴봐야 한다. 더욱이 이메일을 쓰는 사람은 그들이 전송 버튼을 한번 누르면 불명확하고 부정확하고 부드럽지 않은 메시지를 고칠 수 없다는 것을 염두에 두어야 한다.

적어도 교육과정 개발과 같은 협동적인 활동에서 수신자가 부정적인 응답을 만들지 않는 현명한 내부 문서를 쓰는 것은 구두 의사소통을 대체하는 것이 아닌 단지 정보만 제공하는 하나의 예술이다.

전형적인 교육과정 개발 집단과 같이 동료로 구성된 소집단 구성원 간의 생각을 전달하기 위해서는 복잡하고 기술적인 자료의 필요를 제외하고는 문자를 쓰는 것보다 면대면 의사소통이 좀 더 일반적이다. 심지어 복잡하고 기술적인 자료를 문자 형식으로 나타내더라도, 일반적으로 추후 토론이 필요하다.

비언어적 행동 인간은 단어 없이도 서로 대화한다. 미소, 찡그림, 손 흔들기, 어깨

으쓱하기, 윙크는 모두 무엇인가를 말한다. 비언어적인 행동은 생물적이고 사회적으로 형성된다. 대부분의 사람은 기본적으로 두 눈, 팔, 다리 등과 같은 동일한 생리적 도구를 가지고 인생을 시작한다. 그러나 그들이 도구를 사용하는 것은 그들이 자라고 발전했던 문화에 따라 형성된다. 그래서 모든 사람이 웃는 것은 가능할 수 있지만 한 문화에 있는 특정한 개인이 다른 사람보다 더 많이 미소를 지을 수 있으며, 특별한 문화의 구성원은 다른 문화의 구성원보다 더 많이 미소를 짓는 경향이 있을 수 있다. 예를 들면, 남아메리카 인디언은 표현이 풍부한 스페인 태생의 라틴아메리카인보다 더 냉정하고 내성적이다.

언어적 행동보다 비언어적 행동은 연구와 이해가 미흡하다. 미국 문화와 미국에 있는 다른 외국 문화의 구성원 간의 비언어적 행동의 차이를 이해하기 위한 교사교육 프로그램이 절실히 필요하다. 다원주의적 사회에서는 많은 사회와 업무 집단이 백인, 흑인, 라틴아메리카인, 미국 원주민, 아시아인 등의 다양한 하위문화의 사람들로 구성되어 있다. 모든 개개인은 행동을 함에 있어 자신들의 문화적인 결정방법에 기인한다. 어떤 문화에서는 자기주장이 칭찬받는 반면, 다른 곳에서는 존중받지 못한다. 존경의 표시는 다른 어떤 것보다 문화 속에서 더욱 연령, 직위, 경험에 따른다. 아동에 대한 남성과 여성의 태도와 이성에 관한 태도는 문화마다 다르다. 어떤 문화에서는 개인성과 사교성 사이에서 물리적 가까움을 가치 있게 여긴다. 또 어떤 문화에서는 개인 사이에서 물리적으로나 사회적으로나 거리를 두려고 노력한다. 이러한 태도는 언어적 행동이나 비언어적인 행동에서 모두 보인다. 허용되는 복장의 형태도 문화마다 다르고 심지어 하위문화마다 또 다르다.

동료의 얼굴 표정에서, 그들의 눈길에서, 그들의 입과 머리의 움직임에서, 그들의 손의 움직임에서, 그들의 떠는 다리에서 그들이 우리에게 의사소통을 시도하고 있다는 것을 인지하도록 배워야 한다. 집단 지도자는 조직의 구성원이 피로, 권태, 적대감, 신경질을 표현할 때를 감지해야 한다. 지도자는 한 사람이 다른 사람의 발을 밟으며 경고할 때를 감지해야 하고, 토론을 건설적인 방향으로 전환해야 한다. 지도자는 즐거움의 표현을 위해 노력해야 하고, 집단 구성원 사이의 불화가 없도록 노력해야 한다. 특히 지도자는 그들이 보내는 비언어적 신호에 주의하고 이러한 신호가 긍정적일수록 노력을 다해야 한다. 결국 성공적인 교육과정 개발을 위해서는 지도자와 집단 구성원 모두 높은 의사소통 모델 기술을 가지고 있어야 한다.[63]

요 약

이 장은 교육과정 개발에 참여하는 다양한 사람과 집단의 역할에 초점을 맞추고 있다. 어떤 교장은 다른 이들의 투표에 의해 선출된 책임감으로 그들 자신을 교육적 지도자로서 인식하고 교육과정 개발에 활동적인 역할을 해야 한다고 말하고 있다. X이론 행정가는 권위와 통제를 강조하고, 반면에 Y이론 행정가는 인간관계 접근을 따른다. 그리고 Y이론 지도자는 Z이론 원리를 차용하고 있다.

학생의 성숙도에 의존한 일부 학교의 학생들은 위원회에 참가함으로써 그리고 자신의 학습 경험의 정보를 제공함으로써 교육과정 개선에 참여한다.

학부모와 다른 시민은 자문 위원회를 구성하고 설문조사에 응답하며 그들의 자녀에 대한 자료를 제공하고, 학교 안팎에서 인적자원을 제공함으로써 교육과정 작업에 참여한다.

교사와 전문가와 같은 전문적인 구성원은 교육과정 개발에 가장 큰 책임을 가지고 있다. 지도자와 부하직원 모두 집단과정 속에서의 기술을 개발하여야 한다. 경쟁 속에서 교육과정 지도자에게 필요한 것은 변화를 생산하는 능력, 의사결정 능력, 대인관계 능력, 집단을 이끄는 능력, 의사소통 능력이다.

논의문제

1. 오늘날의 교장이 수업 지도자이거나 수업 지도자가 아닌 증거는 무엇인가?

2. 학교 행정가와 장학사가 고려해야 할 지역사회의 집단으로 어떤 것이 있는가?

3. 학습 공동체로서 학교의 특징은 무엇인가?

4. 당신은 교사가 교육과정 개발에서 주요한 집단이 되어야 한다는 것에 동의하는가?

5. 교육과정 지도자로서 당신은 교육과정 변화를 이끌기 위해 어떻게 할 것인가?

보충 연습문제

1. 수업 지도자로서 교장의 역할에 대하여 찬성 측과 반대 측에 해당하는 글을 쓰고 당신의 입장을 나타내라.

2. 교육과정 지도자에게 필요한 자질과 자격을 열거하라.

3. X이론, Y이론, Z이론이 무엇인지 설명하고 교육과정 개발을 위한 이 이론들의 함의를 나타내라.

4. 당신에게 친숙한 학구에서 학생들이 교육과정 개발에 참여하는 방법을 조사하라.

5. 당신에게 친숙한 학구에서 지역사회의 학부모와 다른 이들이 교육과정 개발에 참여하는 방법에 대해 조사하라.

6. '권력 구조'라는 용어의 의미를 설명하고 교육과정 개발에서의 권력 구조의 함의를 설명하라.

7. 당신이 잘 알고 있는 지역사회의 권력 구조를 분석하라.

8. 변화 대리인으로서의 교육과정 지도자에 대해 기술하라.

9. 교육과정 순환을 활성화하는 방법에 대해서 간단한 보고서를 작성하라.

10. 집단 구성원이 하는 역할을 확인하고 교육과정 지도자가 그들을 어떻게 돕는지 살펴보라. (이 장에서 언급된 역할 외에도 추가적인 역할을 기술해도 된다.)

11. 교육적인 변화의 일반적인 장애물을 기술하고 그것을 제거하기 위한 교육과정 지도자의 방법을 제안하라.

12. 의사결정 과정의 단계를 나열하라.

13. 이 장에서 논의된 Benne-Sheats 분류체계에 기초한 관찰표를 만들고, 집단 토론 활동을 관찰할 때 그것을 활용하라. (학교 이사회에 이 체계를 사용하는 것을 시도할 수 있다.)

14. 활동 중인 토론 집단을 관찰하고 과업지향과 과정지향의 증거를 기록하라. 집단 속에서 나

타나는 숨은 의도를 추측하라.

15. 활동 중인 토론 집단을 관찰하고 이 장에서 논의한 기준을 이용하여 지도자의 효율성을 평가하라.

16. 특별한 문화 속에서 사용되는 제스처의 의미를 조사하라.

17. 무엇이든지 당신이 사용하는 제스처를 분석하라. 만약 당신이 제스처를 사용하지 않는다면 사용이 부족함에 대해 설명하라.

18. Edward T. Hall이 주요 메시지 체제(Primary Message Systems)라고 명명한 인간 활동의 종류를 설명하라(참고문헌 참조).

19. Julius Fast에 의해 기술된 보디랭귀지의 예를 설명하고 나타내라(참고문헌 참조).

20. 혁신과 관련하여 교사가 관여하고 혁신을 사용하는 수준을 살펴보기 위한 텍사스대학교 연구개발센터(University of Texas Research and Development Center)에 의해 개발된 관심 기반 채택 모형(CBAM)에 관해 문서나 구두 보고서를 준비하라. 참고문헌에 있는 Gene E. Hall과 Susan Loucks, 그리고 Hall, Loucks, Rutherford, Newlove을 참조하라. 또한 John P. Miller와 Wayne Seller의 모형에 대해서도 기술하라(참고문헌 참조).

◆ 웹사이트 ◆

Center on Education Policy: http://www.cep-dc.org

Concerns-Based Adoption Model: http://www.mentoring-association.org/membersonly/CBAM.html
http://www.nationalacademies.org/rise/backg.htm

Sound Out: http://www.soundout.org

후주

1) J. Galen Saylor and William M. Alexander, *Planning Curriculum for Schools* (New York: Holt,

Rinehart and Winston, 1974), p. 59.

2) Roland S. Barth, *Improving Schools from Within: Teachers, Parents, and Principals Can Make a Difference* (San Francisco: Jossey-Bass, 1990).

3) Thomas J. Sergiovanni and Robert J. Starrartt, *Supervision: A Redefinition*, 8th ed. (Boston: McGraw-Hill, 2007), p. 56.

4) Ibid, pp. 56-57.

5) Southern States Cooperative Program in Educational Administration, *Better Teaching in School Administration* (Nashville, Tenn.: McQuiddy, 1995).

6) Thelbert L. Drake and William H. Roe, ***The Principalship***, 6th ed. (Upper Saddle River, N.J.: Merril/Prentice Hall, 2003), p. 22.

7) Glenys G. Unruh, "Curriculum Politics," in Fenwick W. English, ed. *Fundamental Curriculum Decisions*. 1983 Yearbook (Alexandria, Va.: Association for Supervision and Curriculum Development, 1983), p. 109.

8) Douglas M. McGregor, *The Human Side of Enterprise* (New York: McGraw-Hill, 1960).

9) Thomas J. Sergiovanni and Fred D. Carver, *The New School Executive: A Theory of Administration*, 2nd ed. (New York: Harper & Row, 1980), p. 49.

10) Abraham H. Maslow, *Motivation and Personality*, 2nd ed. (New York: Harper & Row, 1970), p. 46.

11) William G. Ouchi, *Theory Z: How American Businesses Can Meet the Japanese Challenge* (Reading, Mass.: Addison-Wesley, 1981) 참조.

12) Ibid., pp. 261-268; 일본식 운영방식의 부정적 측면에 대해서는 Joel Kotkin and Yoriko Kishimoto, "Theory F," *Inc* 8, no. 4 (Apirl 1986): 53-60 참조.

13) Ronald C. Doll, *Curriculum Improvement: Decision Making and Process*, 9th ed. (Boston: Allyn and Bacon, 1996), p. 423.

14) 워싱턴 주에 등록된 비영리단체 국민의 활동(Common Action)의 프로그램 소통(Sound Out) 자료를 참고하라. *Students on School Boards: The Law*, http://www.soundout.org/schoolboardlaw.html, accessed 9/1/06.

15) 이 활동은 역사교육에서 흔히 '부인학교(dame school)' 또는 '부엌학교(kitchen school)'로 소개되었다.

16) 이하 Robert S. Lynd, *Middletown: A Study in American Culture* (New York: Harcourt Brace Jovanovich, 1929); Robert S. Lynd and Helen M. Lynd, *Middletown in Transition: A Study in Cultural Conflicts* (New York: Harcourt Brace Jovanovich, 1937); Ralph B. Kimbrough, *Community Power Structure and Analysis* (Englewood Cliffs, N.J.: Prentice-Hall, 1964); Ralph B. Kimbrough and Michael Y. Nunnery, *Educational Administration: An Introduction*, 3rd ed. (New York: Macmillan, 1988), Chapter 13 참조.

17) Florida Statute 229.575 (3).

18) Florida Statute 229.58 (1).

19) Roald F. Campbell, Luvern L. Cunningham, Raphael O. Nystrand, and Michael D. Usdan, *The Organazion and Control of American Education*, 6th ed. (Columbus, Ohio: Merrill, 1990), pp. 329-342.

20) "Hispanic Americans by the Numbers," http://www.infoplease.com/spot/hhmcensus1.html, accessed 9/1/06.

21) http://www.census.gov/Press-Release/www/release/archives/population/006808.html, accessed

9/3/06.

22) http://www.census.gov/Press-Release/www/release/archives/population/001720.html, accessed 9/3/06.

23) 학교 출석률을 통제하는 주의 권한의 한계에 대해 논의한다면, 다음의 책을 추천한다. *Teach Your Own: A Hopeful Path for Education* (New York: Delacorte Press/Seymour Lawrence, 1981) by John Holt, 홈스쿨링을 옹호하는 입장은 이 책의 15장을 살펴보라.

24) Gene Maeroff, *The Empowerment of Teachers: Overcoming the Crisis of Confidence* (New York: Teachers College Press, 1988) 참조. 또한 G. Alfred Hess, Jr., ed., *Empowering Teachers and Parents: School Restructuring Through the Eyes of Anthropologists* (Westport, Conn.: Bergin & Garvey, 1992)와 Paula M. Short and John T. Greer, *Leadership in Empowered Schools: Themes from Innovative Efforts* (Upper Saddle River, N.J.: Merrill, 1997) 참조.

25) Richard A. Gorton, Judy A. Alston, and Petra E. Snowden, *School Leadership & Administration: Important Concepts, Case Studies, and Simulations,* 7th ed. (Boston: McGraw-Hill, 2007).

26) F. J. Roethlisberger and William J. Dickson, *Management and the Worker* (Cambridge, Mass.: Harvard University Press, 1939) 참조. 또한 William G. Ouchi의 이 장 후주 11번 참조.

27) George H. Wood, "Teachers as Curriculum Workers," in James T. Sears and J. Dan Marshall, eds., *Teaching and Thinking About Curriculum: Critical Inquiries* (New York: Teachers College Press, 1990), p. 107.

28) Gail McCutcheon, "Curriculum Theory/Curriculum Practice: A Gap or the Grand Canyon?" in Alex Molnar, ed., *Current Thought on the Curriculum.* 1985 Yearbook (Alexandria, Va.: Association for Supervision and Curriculum Development, 1985), p. 46.

29) Harold J. Leavitt and Homa Bahrami, *Managerial Psychology: Managing Behavior in Organizations*, 5th ed. (Chicago: University of Chicago Press, 1988), pp. 246-256.

30) Robert J. Alfonso, Gerald R. Firth, and Richard F. Neville, *Instructional Supervison: A Behavior System,* 2nd ed. (Boston: Allyn and Bacon, 1981), p. 283.

31) Ibid., p. 284.

32) Warren G. Bennis, "Theory and Method in Appying Behavioral Science in Panned Organizational Change," *Journal of Applied Behaviral Science* 1, no. 4 (1965): 347-348 참조.

33) Kurt Lewin, *Field Theory in Social Science* (New York: Harper Torchbooks, 1951) 참조. 또한 Kurt Lewin, "Frontiers in Group Dynamics," *Human Relations 1* (1947): 5-41 참조.

34) Daniel L. Stufflebeam et al., *Educational Evaluation and Decision Making* (Itasca, Ill.: F. E. Peacock, 1971), Chapter 3.

35) Ibid., pp. 80-84.

36) Colin J. Marsh and George Willis, *Curriculum: Alternative Approaches, Ongoing Issues*, 3rd ed. (Upper Saddle River, N.J.: Merrill/Prentice Hall, 2003), p. 175.

37) Gene E. Hall and Susan Loucks, "Teacher Concerns as a Basis for Facilitating and Personalizing Staff Development," *Teachers College Record* 80, no. 1 (September 1978): 36-53.

38) Kenneth D. Benne and Paul Sheats, "Functional Roles of Group Members," *Journal of Social Issues* 4, no. 2 (Spring 1948): 43-46.

39) Kurt Lewin, Ronald Lippitt, and Ralph K. White, "Patterns of Aggressive Behavior in Experimentally Created Social Climates," *Journal of Social Psychology* 10 (May 1939): 271-299.

40) Rensis Likert, *New Patterns of Management* (New York: McGraw-Hill, 1961).

41) Ned A. Flanders, *Analyzing Teacher Behavior* (Reading, Mass.: Addison-Wesley, 1970).
42) John Dewey, *How We Think,* rev. ed. (Lexington, Mass.: D.C. Heath, 1933).
43) Stufflebeam et al., *Educational Evaluation.*
44) Warren G. Bennis, Kenneth D. Benne, and Robert Chin, eds., *The Planning of Change,* 4th ed. (New York: Holt, Rinehart and Winston, 1985).
45) Fred E. Fiedler, *A Theory of Leadership Effectiveness.* New York: McGraw-Hill, 1967).
46) Kimball Wiles, *Supervision for Better Schools,* 3rd ed. (Englewood Cliffs, N.J.: Prentice-Hall, 1967). 또한 John T. Lovell and Kimball Wiles, *Supervision for Better Schools,* 5th ed., 1983 참조.
47) Laurence J. Peter, Jr., and Raymond Hull, *The Peter Principle: Why Things Always Go Wrong* (New York: William Morrow, 1969) 참조.
48) Kimbrough and Nunnery, *Educational Administration,* p. 357.
49) Robert H. Palestini, *Educational Administration: Leading with Mind and Heart* (Lanham, Md.: Rowman & Littlefield Education, 2005).
50) Ibid.
51) Ibid.
52) Edgar L. Morphet, Roe L. Johns, and Theodore L. Reller, *Educational Organization and Administration: Concepts, Practices, and Issues,* 4th ed. (Englewood Cliffs, N.J.: Prentice-Hall, 1982), pp. 77-79.
53) Ibid., pp. 80-82.
54) Ibid., p. 85.
55) Ouchi, *Theory Z* 참조.
56) Lewin, Lippitt, and White, "Patterns of Aggressive Behavior." Quoted from Peter F. Oliva, "High School Discipline in American Society," *NASSP Bulletin* 40, no. 26 (January 1956): 7-8.
57) Fiedler, *Theory of Leadership* 참조. 또한 "Style or Circumstance: The Leadership Enigma," *Psychology Today* 2, no. 10 (March 1969): 38-43 참조.
58) Stephen J. Knezevich, *Administration of Public Education,* 4th ed. (New York: Harper & Row, 1984), p. 66.
59) Jacob W. Getzels, James M. Lipham, and Roald F. Campbell, *Educational Administration as a Social Process* (New York: Harper & Row, 1968).
60) W. Edwards Deming, *Out of the Crisis: Productivity and Competitive Position* (Cambridge, Mass.: Massachusetts Institute of Technology Press, 1986) 참조. 또한 Kenneth T. Delavigne and J. Daniel Robertson, *Deming's Profound Changes: When Will the Sleeping Giant Awaken?* (Englewood Cliffs, N.J.: Prentice-Hall, 1994) 참조.
61) William Glasser, *The Quality School: Managing Students Without Coercion,* 2nd, expanded ed. (New York: HarperPerennial, 1992). 또한 William Glasser, "The Quality School," *Phi Delta Kappan* 71, no. 6 (February 1990): 425-435 참조.
62) Alfonso, Firth, and Neville, *Instructional Supervision,* p. 175.
63) 비언어적 행동의 몇몇 측면에 대한 흥미로운 분석은 Edward T. Hall, *The Silent Language* (Garden City, N.Y.: Doubleday, 1959); Julius Fast, *Body Language* (New York: M. Evans, 1970); Desmond Morris, Peter Collett, Peter Marsh, and Marie O'Shaughnessy, *Gestures: Their Origin and Distribution* (New York: Stein and Day, 1979) 참조.

◆ 참고문헌 ◆

Alfonso, Robert J., Firth, Gerald R., and Neville, Richard F. *Instructional Supervision: A Behavior System*, 2nd ed. Boston: Allyn and Bacon, 1981.

Barth, Roland. *Improving Schools from Within: Teachers, Parents, and Prinicipals Can Make the Difference.* San Francisco: Jossey-Bass, 1990.

Benne, Kenneth D. and Sheat, Paul, "Functional Roles of Group Members," *Journal of Social Issues* 4, no. 2 (Spring 1948): 43-46.

Bennis, Warren G. "Theory and Method in Applying Behavioral Science to Planned Organizational Change." *Journal of Applied Behavioral Science* 1, no. 4(1965).

_____, Benne, Kenneth D., and Chin, Robert, eds. *The Planning of Change*, 4th ed. New York: Holt, Rinehart and Winston, 1985.

Campbell, Roald F., Cunningham, Luvern L., Nystrand, Raphael O., and Usdan, Michael D. *The Organization and Control of American Schools*, 6th ed. Columbus, Ohio: Merrill, 1990.

Delavigne, Kenneth T. and Robertson, J. Daniel. *Deming's Profound Changes: When Will the Sleeping Giant Awaken?* Englewood Cliffs, N.J.: Prentice-Hall, 1994.

Deming, W. Edwards. *Out of the Crisis: Productivity and Competitive Position.* Cambridge, Mass.: Massachusetts Institute of Technology, 1986.

Dewey, John. *How We Think*, rev. ed. Lexington: Mass.: D.C. Heath, 1933.

Doll, Ronald C. *Curriculum Improvement: Decision Making and Process*, 9th ed. Boston: Allyn and Bacon, 1996.

Drake, Thelbert L. and Roe, William H. *The Principalship*, 6th ed. Upper Saddle River, N.J.: Merrill/Prentice Hall, 2003.

Dwyer, David C., Barnett, Bruce G., and Lee, Ginny V. "The School Principal: Scapegoat or the Last Great Hope?" In Linda T. Sheive and Marian B. Schoenheit, eds., *Leadership: Examining the Elusive.* Alexandria, Va.: Association for Supervision and Curriculum Development, 1987, pp. 30-46.

Fast, Julius. *Body Language.* New York: M. Evans, 1970.

_____. *The Body Language of Sex, Power, and Aggression.* New York: M. Evans, 1977.

Fiedler, Fred E. *A Theory of Leadership Effectiveness.* New York: McGraw-Hill, 1967.

Flanders, Ned A. *Analyzing Teacher Behavior.* Reading, Mass.: Addison-Wesley, 1970.

Galloway, Charles. *Silent Language in the Classroom.* Bloomington, Ind.: Phi Delta Kappa Educational Foundation, 1976.

George, Paul S. *The Theory Z School: Beyond Effectiveness.* Columbus, Ohio: National Middle School Association, 1983.

Getzels, Jacob, Lipham, James M., and Campbell, Roald F. *Educational Administration as a Social Process.* New York: Harper & Row, 1968.

Glasser, William. *The Quality School: Managing Students Without Coercion*, 2nd, expanded ed. New York: HarperPerennial, 1992.

Glatthorn, Allan A. *Curriclum Leadership: Development and Implementation*. Thousand Oaks. Calif.: SAGE Publications, 2006.

______. *The Principal as Curriculum Leader: Shaping What Is Taught and Tested*, 2nd ed. Thousand Oaks, Calif.: Corwin Press, 2000.

Gordon, Richard A., Alston, Judy A, and Snowden, Petra E. *School Leadership and Administration: Important concepts, Case Studies, and Simulations*, 7th ed. Boston: McGraw-Hill, 2007.

Hall, Edward T, *The Silent Language*. Garden City, N.Y.: Doubleday, 1959.

Hall, Gene E. and Loucks, Susan. "Teacher Concerns as a Basis for Facilitating and Personalizing Staff Development." *Teachers College Record* 80, no. 1(September 1978): 36-53.

______, Loucks, Susan, Rutherford, William L., and Newlove, Beaulah W. "Levels of Use in the Innovation: A Framework for Analyzing Innovation Adoption." *Journal of Teacher Education* 26, no. 1(Spring 1975): 52-56.

______, Wallace, R. C., Jr. and Dossett, W. A. *A Developmental Conceptualization of the Adoption Process within Educational Institutions*. Austin, Tex.: Research and Development Center for Teacher Education, The University of Texas, 1973.

Hess, G. Alfred, Jr., *Empowering Teachers and Parents: School Restructuring Through the Eyes of Anthropologists*. Westport, Conn.: Bergin & Garvey, 1992.

Holt, John. *Teach Your Own: A Hopeful Path for Education*. New York: Delacorte Press/Seymour Lawrence, 1981.

Hord, Shirley M., Rutherford, William L., Huling-Austin, Leslie, and Hall, Gene E. *Taking Charge of Change*. Alexandria, Va.: Association for Supervision and Curriculum Development, 1987.

Kimbrough, Ralph B. and Nunnery, Michael Y. *Educational Administration*, 3rd ed. New York: Macmillian, 1988.

Knezevich, Stephen J. *Administration of Public Education*, 4th ed. New York: Harper & Row, 1984.

Kotkin, Joel and Kishimoto, Yoriko, "Theory F," *Inc.* 8, no. 4(April 1986): 53-60.

Leavitt, Harold J. and Bahrami, Homa. *Managerial Psychology: Managing Behavior in Organizations*, 5th ed. Chicago: University of Chicago Press, 1988.

Lewin, Kutt. *Field Theory in Social Science: Selected Theoretical Papers*, edited by Dorwin Cartwright. New York: Harper Torchbooks, 1951.

______. "Frontiers in Group Dynamics," *Human Relations* 1(1947): 5-41.

______, Lippitt, Ronald, and White, Ralph K. "Patterns of Aggression in Experimentally Created Social Climates." *Journal of Social Psychology* 10(May 1939): 271-299.

Likert, Rensis. *New Patterns of Management*. New York: McGraw-Hill, 1961.

Lynd, Robert S. *Middletown: A Study in American Culture*. New York: Harcourt Brace Jovanovich, 1929.

______ and Lynd, Helen M. *Middletown in Transition: A Study in Cultural Conflicts*. New York: Harcourt Brace Jovanovich, 1937.

McCutcheon, Gail. "Curriculum Theory/Curriculum Practice: A Gap or the Grand Canyon?" In Alex Molnar, ed., *Current Thought on Curriculum*, 1985 Yearbook, 45-52. Alexandria, Va.: Association for Supervision and Curriculum Development, 1985.

McGregor, Douglas M. *The Human Side of Enterprise*. New York: McGraw-Hill, 1960.

McNeil, John D. *Contemporary Curriculum in Thought and Action*. Hoboken, N.J.: Wiley, 2006.

Maeroff, Gene I. *The Empowerment of Teachers: Overcoming the Crisis of Confidence*. New York: Teachers College Press, 1988.

Marsh, Colin J. and Willis, George. *Curriculum: Alternative Approaches, Ongoing Issues*, 3rd ed. Upper Saddle River, N.J.: Merrill/Prentice Hall, 2003.

Maslow, Abraham H. *Motivation and Personality*, 2nd ed. New York: Harper & Row, 1970.

Miel, Alice. *Changing the Curriculum: A Social Process*. New York: Appleton-Century-Crofts, 1946.

Miller, John P. and Seller, Wayne. *Curriculum: Perspectives and Practice*. White Plains, N.Y.: Longman, 1985.

Morphet, Edgar L., Johns, Roe L., and Reller, Theodore L. *Educational Organization and Administration: Concepts, Practices, and Issues*, 4th ed. Englewood Cliffs, N.J.: Prentice-Hall, 1982.

Morris, Desmond, Collett, Peter, Marsh, Peter, and O'Shaughnessy, Marie. *Gestures: Their Origin and Distribution*. New York: Stein and Day, 1979.

Ouchi, William G. *Theory Z: How American Businesses Can Meet the Japanese Challenge*. Reading, Mass.: Addison-Wesley, 1981.

Owens, Robert G. *Organizational Behavior in Education: Adoptive Leadership and School Reform*, 8th ed. Boston: Allyn and Bacon, 2004.

Palestini, Robert H. *Educational Administration: Leading with Mind and Heart,* 2nd ed. Lanham, Md.: Rowman & Littlefield Education, 2005.

Peter, Laurence J. and Hull, Raymond. *The Peter Principle: Why Things Always Go Wrong*. New York: William Morrow, 1969.

Roethlisberger, F.J. and Dickson, William J. *Management and the Worker*. Cambridge, Mass.: Harvard University Press, 1939.

Ross, Joel E. *Total Quality Management: Text, Cases, and Readings*, 2nd ed. Delray Beach, Fla.: St. Luice Press, 1995.

Sears, James T. and Marshall, J. Dan, eds. *Teaching and Thinking About Curriculum: Critical Inquiries*. New York: Teachers College Press, 1990.

Sergiovanni, Thomas J. and Carver, Fred D. *The New School Executive: A Theory of Administration*, 2nd ed. New York: Harper & Row, 1980.

Sergiovanni, Thomans J. and Starratt, Robert J. *Supervision: A Redefinition*, 8th ed. Boston: McGraw-Hill, 2007.

Short, Paula M. and Greer, John T. *Leadership in Empowered Schools: Themes from Innovative Efforts*. Upper Saddle River, N.J.: Merrill, 1997.

Snowden, Petra E, and Gorton, Richard A. *School Leadership and Administration: Important Concepts, Case Studies, and Simulations*, 6th ed. New York: McGraw-Hill, 2002.

Stufflebeam, Daniel L. et al. *Educational Evaluation and Decision Making*. Itasca, Ill.: F. E. Peacock, 1971.

Tanner, Daniel and Tanner, Laurel. *Curriculum Development: Theory into Practice*, 4th ed. Upper Saddle River, N.J.: Merrill/Prentice hall, 2007.

Unruh, Glenys G. "Curriculum Politics." In Fenwick W. English, ed., *Fundamental Curriculum Decisions*, 1983 Yearbook, 99-111. Alexandria, Va.: Association for Supervision and Curriculum Development, 1983.

Wiles, Jon and Bondi, Joseph C. *Curriculum Development: A Guide to Practice*, 7th ed. Upper Saddle River, N.J.: Merrill/Prentice Hall, 2007.

Wiles, Kimball. *Supervision for Better Schools*, 3rd ed. Englewood Cliffs, N.J.: Prentice-Hall, 1967.

Willis, Scott. "Creating 'Total Quality' Schools." *ASCD Update* 35, no. 2(February 1993): 1, 4-5.

Wood, George H. "Teacher as Curriculum Workers," In James T. Sears and J. Dan Marshall, eds., *Teaching and Thinking About Curriculum: Critical Inquiries*. New York: Teachers College Press, 1990, pp. 97-109.

제3부

교육과정 개발: 과정의 요소

5 교육과정 개발 모형

학습 목표

1. 여기서 제시한 교육과정 개발 모형을 분석하고 각각의 모형에서 필요한 기준을 정할 수 있다.
2. 하나의 모형을 선택하고 당신의 학교에 그 각각의 구성 요소를 적용할 수 있다.
3. 연역적인 개발 모형과 귀납적인 개발 모형을 구별할 수 있다.
4. 선형과 비선형의 교육과정 개발 모형을 구별할 수 있다.
5. 처방적 및 기술적 교육과정 모형을 구별할 수 있다.

모형의 선택

현재 교육을 다루고 있는 문헌에는 모형을 이야기하고 있는 문헌이 많다. 그러한 모형은 본질적으로 교육 활동을 하는 데 지침을 제공하는 방식이며, 여러 교육적인 활동의 형식으로 인식할 수 있다. 전문적으로는 수업 모형, 경영 모형, 평가 모형, 관리 모형 등이 있다. 또한 우리는 교육과정 개발 모형에 반대되는 의미를 가진 교육과정 모형을 찾을 수도 있다.[1)]

불행하게도 교육 전문 분야에서 사용되는 모형의 한계점은 정밀하지 못하다는 것이다. 그것은 시도되었거나 아니면 아직 계획조차 되지 않은 단계일 수도 있다. 그것은 어떤 한 문제에 대한 해결책의 제안일 수도 있다. 즉, 특정 문제에 대한 해결을 위한 시도일 수도 있다. 아니면 보다 큰 규모의 대답을 위한 소우주의 모형일 수도 있다.

일부 교수는 수년에 걸쳐 모형화를 진행하고 있다. 그들은 교육 문제를 해결하기 위한 그들만의 방식을 고안하거나 그 절차를 확립해 오고 있다. 비록 그들이 모델링으로서 그들의 활동을 이름 붙이지 못하더라도 말이다.

모형의 변화

논문에서 찾아볼 수 있는 일부 모형은 간단하고 또 일부 모형은 복잡하다. 다소 복잡한 모형은 컴퓨터 과학과 유사한 정사각형, 상자, 원, 직사각형, 화살표 등으로 구성된 차트로 되어 있다. 주어진 전문화된 영역(경영, 수업, 관리, 교육과정 개발) 안에서, 각각의 모형은 다를 수도 있지만 유사점도 가지고 있다. 유사점이 차이점보다 더 클지도 모른다. 때로 어떤 모형은 이미 존재하는 모형을—중요한 모형은 빈번하게, 조금 덜 중요한 모형은 덜 빈번하게—개선한 것이거나 수정한 것이다.

따라서 모형을 적용하려는 실행자는 연구 자료의 모호한 다양성 속에서 자신의 특정 상황에 적용할 모형을 선택해야 하는 무거운 책임이 있다. 만약 개발자가 자신이 찾아낸 모형을 적용하고 싶지 않다면 그들 자신의 것을 설계할지도 모른다. 이는 결코 드문 일이 아니다. 또한 그들은 절차와 순서를 따르는 모든 모형을 거부할 수도 있다. 그러므로 그들은 모형에 나타나는 명백한 한계점이 없더라도 자신의 의지대로 직관적으로 진행할지도 모른다. 직관적으로 진행한 다음에 실행자는 '모든 요소를 함께 투입' 할 수도 있고, 과정의 시작 부분에서 모형을 적용하는 대신에 끝 부분에서 적용해 볼 수도 있다.

이 장에서는 나의 것을 포함하여 4개의 교육과정 개발 모형이 언급된다. 나는 교육과정 개발 활동에서 모형을 사용하는 것이 굉장히 효과적이고 생산적인 결과를 초래한다고 믿는다.

교육과정 개발 모형을 살펴봄으로써 우리는 개발자가 과정에서 핵심으로 생각하는 단계를 분석할 수 있다. 4개의 모형을 설명하는 목적은 독자에게 교육과정 분야에서 진행됐거나 진행되고 있는 몇 가지 생각을 알려 주기 위해서다. 그중 3개의 모형은 교육과정 분야에서 매우 유명한 Ralph W. Tyler,[2] Hilda Taba,[3] 그리고 J. Galen Saylor, William M. Alexander, Arthur J. Lewis에 의해 고안되었다.[4] 나의 모형은 교육과정 안에서 본질적인 요소를 함께 묶으려는 방식을 취하고 있다. 이 장 끝 부분에 나오는 보충 연습문제에서는 또 다른 모형을 제시할 것이다.

3개의 모형(Tyler의 모형, Saylor, Alexander, Lewis의 모형, 나의 모형)은 연역적이다. 이

들 모형은 일반적인 것(예, 사회적인 요구)에서 특수한 것(예, 교육목표)으로 나아간다. 그에 반해 Taba의 모형은 귀납적이다. 교육과정의 특수한 것에서 시작하여 일반화로 나아간다.

4개의 모형은 선형적이다. 즉, 그것은 다양한 단계를 특정한 순서와 진행을 통해 제안한다. 비선형적 관점은 설계자가 모형의 다양한 관점에서 시작하도록 허용하고 구성 요소를 건너뛸 수도 있다. 거꾸로 진행될 수도 있고, 두 가지의 요소가 동시에 작용할 수도 있다. 어쩌면 당신은 교육과정 설계자가 직관적으로 운영할 때 모형이 없는 것이 바로 비선형적 관점이라고 말할 수도 있을 것이다. 실제로 선형적인 모형은 변경할 수 없는 연속된 단계로 인식할 수 있을지도 모른다. 교육과정 종사자는 모형에서의 구성 요소의 관계와 중요 항목을 판단하기 위해 노력한다.

4개의 모형은 기술적이라기보다는 규범적이다. 그것은 무엇(많은 교육과정 개발자에 의해 행해져야 하는 것)을 해야 하는지 제안한다. 하지만 기술적인 모형은 다른 관점을 가진다. 기술적인 모형의 예를 제시하면 세 가지 주요 요소(강령, 숙의, 설계)를 포함하는 Decker F. Walker의 자연주의 모형이 있다.[5] 강령에서는 교육과정 개발자를 안내하는 믿음과 원칙을 의미한다. 가능한 대안 속에서 의사결정의 과정을 통해 강령의 원칙은 숙의를 이끈다. 이어지는 숙의를 통하여 교육과정의 설계가 나온다. Walker는 자연주의적인 혹은 기술적인 모형을 전통적인 혹은 규범적인 모형과 다음과 같이 비교하였다.

> 이 모형은 근본적으로 기술적인 것인 데 반하여 전통적인 모형은 규범적이다. 이 모형은 원래 현재의 모습을 반영한 것이다. 그것은 시작이 끝으로 나아가는 수단으로서 시작(강령), 끝(설계), 과정(숙의)으로 이루어진다. 반대로 전통적인 모형은 수단-목표 모형이다. 그것은 바라는 최종목적(목표), 목적 달성을 위한 수단(경험 학습하기), 그 수단이 실제로 목적을 끌어낼지 아닐지 결정하기 위한 과정(평가)으로 이루어진다. 이 두 개의 모형은 근본적으로 교육과정 개발과정에서 목적적인 것과 평가적인 것으로 정하는 역할에서 차이가 있다.
>
> 전통적인 모형에서는 목적이 필수적이다…. 반면에 자연주의적 모형에서는 목적은 더 나은 프로그램을 위한 우리의 연구를 안내하는 것 중에서 하나의 수단일 뿐이다….
>
> 전통적인 모형에서의 평가는 학습 경험이 주어진 목적 달성에 이르는가를 결정하는 자가 교정의 과정이다…. 자연적인 모형에서는 이러한 일련의 평가는 논리상 필

요하지 않다. 결정을 설계하는 것은 강령을 참고하는 것만으로도 충분히 정당화될 수 있다…. 비록 체계적인 정형화된 평가를 등한시하는 교육과정 개발자에게는 이것이 충분히 일어날 수 있고 무의미하지 않더라도, 자연주의 모형에서 평가는 결정 설계를 정당화하는 데 유용한 도구다.[6)]

이 모든 모형은 주요 단계와 그 단계를 수행하기 위한 순서를 구체적으로 명시하고 묘사한다. 나의 모형을 포함하여 각 모형은 사람이 아닌 구성 요소나 단계를 보여 준다. 각 단계에 포함된 다양한 개인과 집단이 그 모형 자체에는 포함되지 않는다. 그렇게 하는 것은 상당히 길고 복잡한 도표를 요구한다. 예를 들어, '교육과정 목적의 특수성' 요소와 관련된 사람을 보여 주고자 한다면, 우리는 부서별 위원회부터 교직원 교육과정 위원회까지, 또는 확장된 학교 위원회에서 교장, 학구 교육과정 위원회, 학교 이사진의 관리자에게까지 진행의 단계를 보여 주는 표가 필요하다. 과정 안에서 개인과 집단의 역할은 이 책의 다른 부분에서 논의된다.

교육과정 개발 모형

교육과정 모형은 여기서 프로그램 계획을 만들고 지속적 평가와 사후평가에 기초하여 이런 결정의 결과를 수정하는 과정으로 나타난다.

모형은 과정의 순서를 부여할 수 있다. Taba는 "만약 누군가 교육과정 개발을 순차적인 사고를 요구하는 일로 생각한다면, 그는 결정하기 위한 순서와 결정과 관련하여 관련된 모든 사항이 결론을 도출할 수 있다고 확신할 수 있는 방법을 고려할 필요가 있다."라고 말한다.[7)]

Tyler 모형

아마도 최고이자 가장 많이 알려진 교육과정 개발의 모형은 단계를 계획하는 데 초점이 맞춰진 Ralph W. Tyler의 고전적인 작은 책 『교육과정과 수업의 기본 원리(*Basic Principles of Curriculum and Instruction*)』일 것이다. 교육목표를 선정하는 과정인 'Tyler 논거'는 널리 알려져 있고 교육과정 집단 안에서 실행된다. Tyler가 교육과정 개발을 위해 다소 포괄적인 모형을 제안했을지라도 그의 모형에서 첫 부분(목표 선정)은 다른 교육자로부터 가장 큰 주목을 받고 있다.

Tyler는 교육과정 설계자가 학습자, 학교 밖의 삶, 교과 문제의 세 가지 원천으로부터 자료를 수집해서 일반 목표를 규명할 것을 제안한다. 수많은 일반 목표를 규명한 후, 설계자는 목표를 학교의 교육적 · 사회적 철학과 학습심리학의 두 가지의 기준에 의해 걸러 낸다. 이 두 가지 체에 의해 걸러진 일반 목표는 일반적으로 교수목표로 알려져 있다. 교육목표를 묘사함에 있어 Tyler는 "목적(goals)" "교육목적(educational ends)" "교육목표" "행동목표"라고 소개하고 있다.[8]

원천으로서 학생 교육과정 종사자는 학생의 요구와 흥미와 관련된 자료를 수집하고 분석함으로써 교육목적을 위한 연구를 시작한다. 요구의 전체 범위로서 교육적, 사회적, 직업적, 신체적, 심리적, 오락적인 모든 부분이 연구된다. Tyler는 학생과 관련된 자료를 수집하기 위한 기술로서 시험, 질문지, 학부모와 인터뷰 및 교사에 의한 관찰 등을 권한다.[9] 학생들의 흥미와 요구를 검토함으로써 교육과정 개발자는 일련의 잠재적 목표를 확인한다.

원천으로서 사회 지역사회와 국가 사회 모두에서의 생활을 분석하는 것은 일반 목표를 형식화하는 과정에서 다음 단계에 해당한다. Tyler는 교육과정 개발자는 삶을 다양한 관점(건강, 가족, 오락, 직업, 종교, 소비, 시민의 역할 등)으로 분류할 것을 제안한다.[10] 사회 요구부터 많은 잠재적인 교육목표가 나온다. 교육과정 종사자는 사회제도의 필요를 현명하게 분석할 수 있는 사회학자와 같은 사람이 되어야 한다. 이런 두 번째 원천을 분석한 후에 교육과정 실행자는 그의 목표를 확장한다.

원천으로서 교과 세 번째 원천을 위해 교육과정 개발자는 교과를 살펴본다. 1950년대의 '새 수학' 듣는 법과 말하는 법을 포함하는 많은 외국어 프로그램, 과학 프로그램의 과잉과 같은 교육과정 혁신은 교과 전문가로부터 나왔다. 3개의 먼저 언급된 원천으로부터 교육과정 개발자는 정확성이 부족한 일반적이거나 폭넓은 목표를 도출하거나 내가 볼 때 차라리 수업목표라고 부를 만한 것을 도출한다. 이러한 목표는 특정 학문에 종속되거나 학문을 벗어나게 된다.

Mauritz Johnson, Jr.는 위와 같은 원천에 대해 다른 관점을 가지고 있는데, "교육과정에 유일한 자원은 모든 이용 가능한 문화" 이고 유일하게 조직한 교과—즉, 이는 학습자의 욕구와 홍미가 아니며 사회의 가치와 문제도 아닌 학문—만이 교육과정 문제의 원천으로 고려될 수 있다고 언급하였다.[11]

Tyler의 모형에 따르면 적용이 가능한 목표의 선정이 결정되면 중요하지 않은 목표와 모순되는 목표를 제거하기 위해서 거르는 과정이 필요하다. 그는 이러한 목표를 거르는 첫 번째 체로서 학교의 교육적 철학과 사회적 철학을 사용할 것을 충고한다.

철학이라는 체 Tyler는 전문적인 학교 교사에게 교육적이고 사회적인 철학을 명확하게 할 것을 제안한다. Tyler는 우리의 민주주의 목적을 강조함으로써 교사가 자신의 가치를 형성하고 나타낼 수 있도록 충고했다.

- 인종, 국가, 사회, 경제 위치에 관계없이 인간의 중요성 인식
- 사회 속에서 모든 활동에 널리 참여할 수 있는 기회
- 개인에게 하나의 스타일을 요구하기보다는 다양성을 장려
- 귀족 집단의 독재적인 권위에 의존하기보다는 중요한 문제를 다루는 방법으로서 현명한 판단[12]

교육적 사회철학의 형식화에 관련된 논의에서 Tyler는 학교를 인격화한다. 그는 "학교가 전념할 수 있는 교육적 철학과 사회적 철학", "학교가 그러한 가치를 수용할 때", "많은 학교가 주장할 것이다", "만약 학교가 믿는다면" 등에 대하여 말하고 있다.[13] 그래서 Tyler는 학교를 활동적이고 살아 있는 존재로 만들었다. 교육과정 종사자는 일반 목표 차례를 다시 한 번 살펴봐야 할 것이고, 사람들의 철학적 합의를 유지하지 못하는 것에 한해서는 삭제해야 할 것이다.

심리학이라는 체 심리학 체의 적용은 Tyler 모형에서 두 번째 단계다. 이 체를 적용하기 위하여 교사는 정당하다고 믿는 학습 원칙을 분명히 해야만 한다. "학습심리학" 에서 Tyler는 "특수하고 명확한 결과물을 포함하는 것뿐만 아니라 학습과정 본질의 윤곽을 그리는 데 도움이 되는 학습이론의 공식화를 통합하는 것도 포함한다."라고 말하였다.[14] 이 체를 효과적으로 적용하기 위해서는 교육심리학과 인간의 성장에서 적절한 이해가 필요하며 교육과정 개발의 작업에 매진함으로써 발전시켜야 한다. Tyler는 심리학

적 체의 의미를 다음과 같이 설명한다.

- 학습심리학의 지식은 우리가 인간의 삶에서 학습과정으로서 기대할 수 있는 결과나 기대할 수 없는 결과로서 변화를 구별할 수 있게 해 준다.
- 학습심리학의 지식은 우리에게 실행할 수 있는 목적과 성취하는 데 거의 불가능한 목적을 구분할 수 있도록 해 준다.
- 학습심리학은 우리에게 노력이 효과적일 수 있도록 목표와 수준을 달성할 수 있는 시간적 기간에 대한 정보를 알려 준다.[15)]

교육과정 설계자가 이 두 번째 체를 적용한 후에, 일반적인 교육목표는 줄어들 것이며, 가장 중요하고 적합한 것만 남아 있을 것이다. Care는 행동용어로 목표를 진술한다. 그것은 일반 목표에서 수업 및 교실 목표로 변환된다. 우리는 7, 8, 10장에서 행동목표에 대해 살펴볼 것이다.

Tyler는 그가 추천한 과정을 설명하는 데 도표를 사용하지 않았다. 하지만 W. James Popham와 Eva L. Baker는 그 모형을 [그림 5-1]과 같이 묘사하였다.[16)] Tyler의 이론을 적용하고자 할 때, Popham과 Baker는 '명확한 교수목표' 를 설명하는 철학적 체와 심리학적 체를 거친 단계로서 행동목표의 사용을 지지한다. Tyler는 내용과 행동 측면의 특별한 결합이 이루어지면서 본질적으로 일반적인 것을 통해 소수의 중요한 목표를 확인하는 것으로서 단계를 보았다. 그러나 Tyler는 교육과정 실행자가 학습에 대하여 그들이 믿는 것을 유지하는 데 교육목표를 결정할 여지를 남겨 놨다.[17)] 이러한 측면을 고려하여, Tyler의 목표는 본질적인 행동에 비추어 다른 행동목표보다 좀 더 덜 정확한 것일 수 있다.

몇 가지 이유에서 Tyler 모형에 관한 논의는 종종 그 모형의 첫 번째 부분—교육목표를 선택하기 위한 이론적 설명—을 검토하고 더 이상 살펴보지 않는다. 실제로 Tyler 모형은 교육과정을 개발할 때 학습 경험의 선정, 학습 경험의 조직, 학습 경험의 평가의 세 가지 단계를 설명하기 위한 과정으로 넘어간다.

그는 학습 경험을 "학습자와 반응할 수 있는 환경 속에서 외부 상황과 학습자의 상호작용" 으로 정의했다.[18)] 그는 교사가 다음의 역할을 하는 학습 경험을 할 때 주의를 기울일 것을 제안한다.

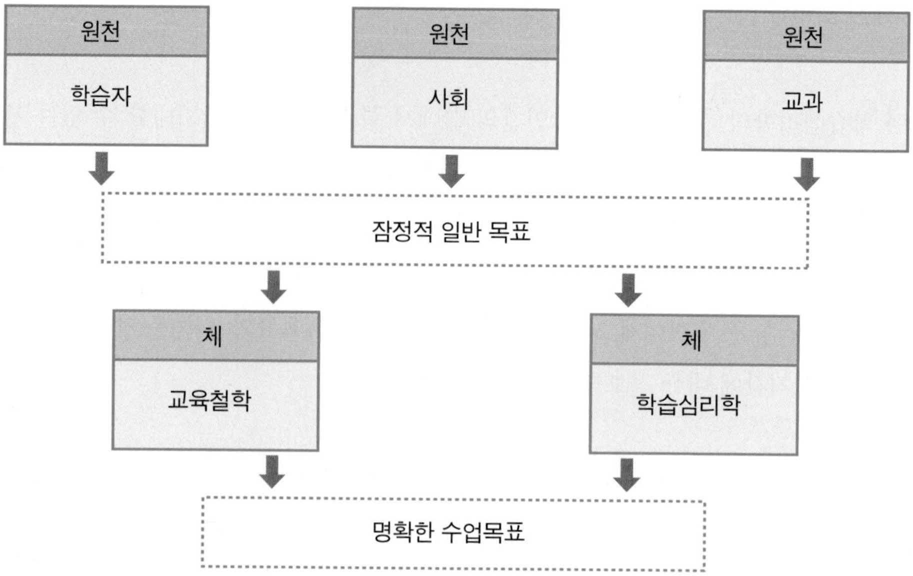

[그림 5-1] Tyler의 교육과정 이론

W. James Popham and Eva L. Baker, *Establishing Instructional Goals* (Englewood Cliffs, N.J.: Prentice-Hall, 1970), p. 87에서 그림 발췌. Ralph W. Tyler, *Basic Principle of Curriculum and Instruction* (Chicago: The University of Chicago Press, 1949), pp. 3-85의 글에 기초한 것으로, 시카고 대학의 허락하에 게재함.

- "사고 기술을 개발할 것이다."
- "정보 습득에 유익할 것이다."
- "사회적 태도를 개발하는 데 유익할 것이다."
- "흥미를 개발하는 데 유익할 것이다."[19)]

그는 단원 안에 경험을 어떻게 조직할 것인가를 설명하고 다양한 평가 절차를 설명하였다.[20)] Tyler가 비록 학습 경험의 통제(또는 수업의 실행)에 주목하지 않았더라도, 우리는 수업이 학습 경험의 선택 및 조직과 경험을 통한 학생 성취의 평가 사이에 위치할 것이라는 것을 추론할 수 있다.

확장된 모형 따라서 우리는 교수목표를 상술한 후에 개발과정 안에 단계들을 포함하기 위해 확장함으로써 Tyler 모형의 도식을 수정할 수 있다. [그림 5-2]는 확장된 모형이 어떻게 나타나는지 보여 준다.

Tyler 이론을 논할 때 Daniel과 Laurel Tanner는 그 이론이 John Dewey, H. H. Giles, S. P. McCutchen, A. N. Zechiel 등의 진보적인 생각에 기원하고 있다고 언급하였다.[21] 하지만 Tyler 이론은 비판이 없는 것은 아니다. 1970년대에 Herbert M. Kliebard는 Tyler의 요구, 철학적인 체, 학습 경험과 평가의 개념을 해석했다.[22] Kliebard는 Tyler의 이론이 "하나의 중요한 지침이 되었다."[23]고 언급하면서, "교육과정 분야는… 어떻게 교육과정 개발을 해야만 하는지에 대한 Ralph Tyler의 시각으로서 Tyler 이론을 인정해야 하지만 그 모형이 교육과정 개발에서 유일하게 통용되는 모형은 아님을 인정해야 한다."라고 결론 내린다.[24]

"Tyler의 교육과정 개발 역사에서의 영향력이 충분히 강조되었다."라고 인정할지라도, Patrick Slattery는 "포스트모던 교육과정 개발이 Tyler의 전통적인 교육과정 개발에 도전하고 있다." 고 언급했다.[25] 그는 "포스트모던 교육과정 개발은 전기적이고 자서전적인 내러티브…와 관련이 있다." 고 말했다.[26]

다양한 구성 요소 간의 두드러진 선형적 특성과 상호 의존성의 부족은 Tyler 이론이 비판받는 부분이다. 교육과정 설계자가 구성 요소들을 분리된 것으로 고려하고 원천 사이의 상호작용을 이해하는 데 실패한다면 교육과정 개발은 너무 기계적인 과정이 될 수 있다. Tyler 자신은 교육과정 개발자에 의한 실패 없이 엄격하게 규정된 연속된 단계를 수행하는 것은 이론으로 여기지 않았다. 이 증거는 별로 알려져 있지 않지만 공저자인 Mario Leyton Soto에 의해 더 복잡한 이론적 모형으로 서술된다. 이러한 부분에서 나타나는 새로운 전환은 통합과 상호 의존으로 나타난다.[27]

Tanner와 Tanner는 Tyler의 『교육과정과 수업의 기본 원리』를 언급하면서, Tyler 이론은 "21세기 중반부터 현재까지 교육과정 코스에서 빠르게 사용되고 교육과정 이론에서 폭넓게 토론되고 있다." 고 언급했다.[28]

Decker F. Walker와 Jonas F. Soltis는 "Tyler 이론에 대해 일부 비판이 이루어지고 경쟁 모형이 제안되더라도, 어느 누구도 Tyler 이론의 지배력에 심각하게 도전하지 못한다."[29]라고 썼다.

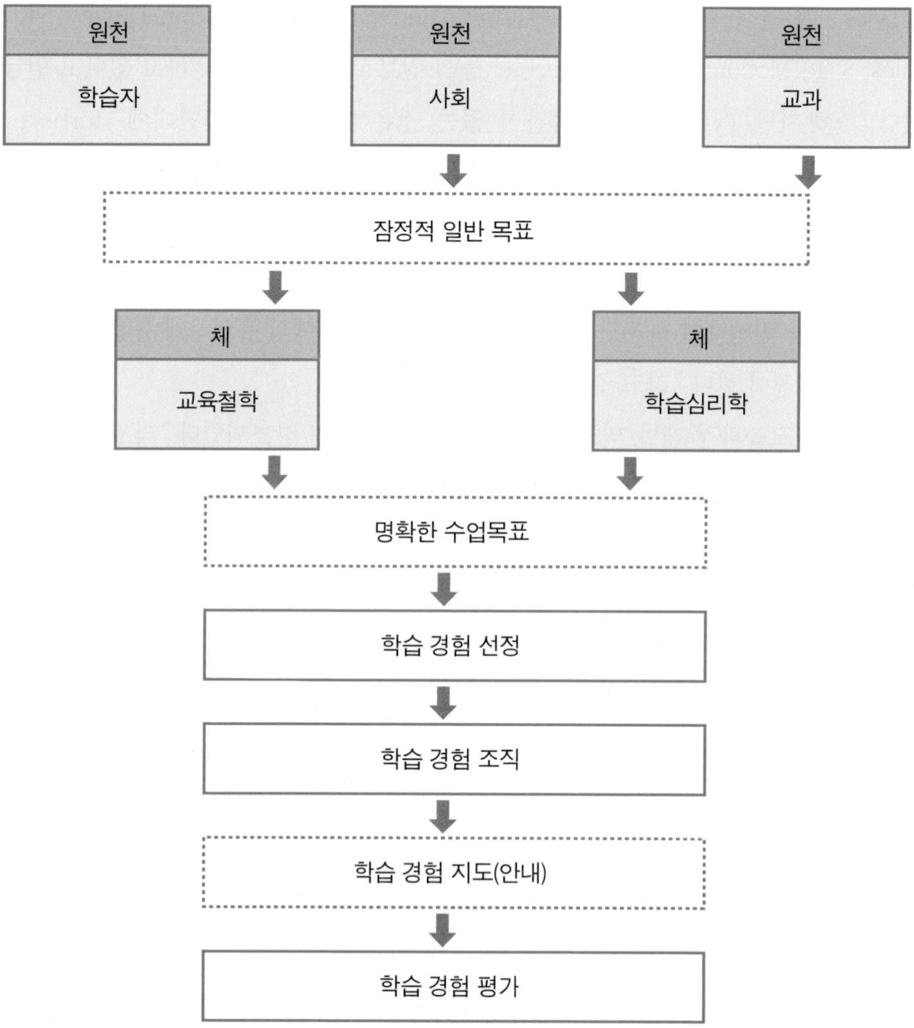

[그림 5-2] Tyler의 교육과정 이론(확장판)

Taba 모형

Taba는 교육과정 개발에 접근하는 가장 기초가 무엇인지를 생각했다. 그녀는 교육과정은 높은 권위에 의해 결정되기보다는 교사에 의해 설계되어야 한다고 믿었다. 더욱이 그녀는 교사가 일반적인 교육과정 설계를 만드는 것이 아니라 그들의 학교에서 그들의 학생들을 위한 특별한 교수-학습 단원을 만듦으로써 과정을 시작해야 한다고 느꼈다. 그러므로 Taba는 교육과정 개발에 있어 일반적인 설계에서 시작하여 특수한 분야로 이어지는 전통적인 연역적 관점과는 반대로 특수한 부분에서 시작하여 일반적인 설계로 구성되어 나가는 귀납적 관점을 지지했다.

5단계 순서 Taba는 모형을 그림으로 제시하지 않았지만, 교육과정의 변화를 성취하기 위한 5단계를 나열하였다. 그 내용은 다음과 같다.[30]

1. 학년 수준 또는 교과 영역을 대표하는 예비 단원 구성: Taba는 이 단계를 이론과 실제의 연결로 보았다. 그녀는 예비 단원을 구성하는 교육과정 개발자를 위한 다음과 같은 8단계를 제시하였다.[31]
   a. 요구 진단: 교육과정 개발자는 계획된 교육과정을 받게 될 학생들의 요구를 알아내는 것으로부터 출발해야 한다. Taba는 교육과정 종사자가 "학생들의 배경에서 차이, 결점, 다양성"을 진단하도록 하고 있다.[32]
   b. 목표 진술: 학생의 요구 진단이 끝나면 달성해야 할 교육목표를 구체화한다. Taba는 '목적(goals)'과 '목표(objectives)'를 구분하지 않고 쓰고 있다. 이에 대해서는 후에 살펴볼 것이다.
   c. 내용 선정: 목표로부터 교과 문제와 주제를 직접 추출해 낸다. Taba는 목표가 내용 선정뿐만 아니라 선정된 내용의 "타당성과 중요성"을 가늠하는 데 쓰인다고 지적한다.[33]
   d. 내용 조직: 내용 선정이 끝나면 선정된 교과의 주제가 어떤 수준으로 그리고 어떤 계열로 나열되어야 하는지 결정해야 한다. 학습자의 성숙도, 학습 주제를 소화할 수 있는 준비도, 학업 성취는 내용의 적절한 위치를 정할 때 중요하게 고려되어야 할 요소다.
   e. 학습 경험 선정: 교육과정 개발자는 학습자를 내용에 참여시키기 위한 학습 방법과 전략을 선택해야 한다. 아동은 교육과정 개발자로서 교사가 선정한 학습 활동을 통해 내용을 내면화한다.
   f. 학습 활동 조직: 교사는 학습 활동을 어떻게 꾸려 갈지 결정하고 어떤 상황과 순서로 그것이 조합할지를 결정한다. 이 단계에서 교사는 자신이 담당할 특정 학생에게 맞추어 전략을 조정한다.
   g. 평가 내용, 평가방법, 평가 도구 결정: 교육과정 개발자는 교육목표가 달성되었는지를 확인해야 한다. 수업을 실시한 교사는 학생의 성취를 결정하고 교육과정

목표가 달성되었는지를 결정할 적절한 수단을 다양한 방법 중에서 선정한다.

h. 균형과 계열성 확인: Taba는 교육과정 개발자가 교수-학습 단원의 여러 구성 부분 사이에서 일관성을 유지하고, 학습 경험의 적절한 흐름을 구성하고, 학습 유형과 표현 형태에서 균형을 이루고 있어야 함을 조언한다.

2. 시범 단원의 테스트: 이 과정의 목표가 하나 혹은 그 이상의 학년 수준과 교과 영역을 아우르는 교육과정을 만드는 것이고 교사가 자신의 교실에서 적용할 예비 단원을 작성하는 것이기 때문에, 단원은 이제 "타당성과 교육적으로 알맞다는 것을 입증하고 필요한 능력의 최소치와 최대치를 세우기 위해서" 테스트되어야 한다.[34]
3. 개정과 통합: 단원은 학생의 필요와 능력, 가능한 자원, 교수의 다양한 유형에 맞추어 수정된다. 이를 통해 교육과정이 모든 유형의 교실에 적합할 수 있다. Taba는 관리자, 교육과정 진행자, 교육과정 전문가 등이 "단원의 구조, 내용과 학습 활동의 선정이 기초하는 원리와 이론적 고려사항을 진술하고, 교실에서 어느 정도 자율성을 가지고 수정해도 되는지에 대한 한계를 제시" 할 책무가 있다고 하였다.[35] Taba는 이런 "단원의 활용을 설명하는 안내 책자로서 고려사항과 제안사항을 수집해야 한다." 고 제안하였다.[36]
4. 틀(framework) 개발: 많은 단원이 개발된 이후, 교육과정 개발자는 단원을 범위의 적정성과 계열의 적절성에 관련해 시험해야 한다. 교육과정 전문가는 이런 과정을 거쳐 개발된 교육과정에 대해 기초를 제공하는 이론을 정당화할 책임이 있다.
5. 새로운 단원의 적용과 보급: Taba는 새 단원을 교실의 수업에 본격적으로 투입 · 정착시키기 위해 교육 행정가에게 교사를 위한 현직 연수를 제공해 줄 것을 요구한다.

Taba의 귀납적 모형은 연역적인 방법을 선호하는 사람에게는 매력이 없어 보일 수도 있을 것이다. 어떤 설계자는 사회와 문화의 요구 진단 단계와 교과 문제, 철학, 학습 이론으로부터 필요한 것을 도출하는 단계를 포함하는 모형을 원할 수도 있을 것이다. 그러나 Taba는 그의 책에서 이러한 점을 자세히 언급한다.[37]

다른 개발자는 일반적인 것—철학, 목적, 목표의 설명—에서 시작하여 특수한 부분—목표, 수업방법, 평가—으로 진행하는 연역적인 방법을 선호할 수도 있을 것이다. 이 장에서 언급할 남은 두 모형은 Tyler 모형처럼 연역적인 모형이다.

Saylor, Alexander, Lewis 모형

Saylor, Alexander, Lewis는 [그림 5-3]에서 나타난 모형과 같이 교육과정 개발과정을 개념화하고 있다.[38] 이 모형을 이해하기 위해서는 먼저 그들이 생각하는 교육과정과 교육과정 계획이라는 개념을 분석해야 한다. 이 책의 초반에서 당신은 "교육받을 사람에게 제공하는 일련의 학습 기회의 계획"[39]이라는 교육과정의 정의를 살펴보았다. 그러나 교육과정 계획이 "많은 교육과정의 특정한 부분의 작은 계획"이 아닌 하나의 문서로 고려되어서는 안 된다.[40]

목적, 목표, 영역 이 모형에서 교육과정 개발자는 성취되길 원하는 주요 교육목적과 특수한 목표를 구체화함으로써 개발을 시작한다. Saylor, Alexander, Lewis는 많은 학습 경험이 일어나는 4개의 범위 안에 다양한 목적을 분류했다. 그것은 개인적 발달, 인간관계, 지속되는 학습 기능, 전문화다.[41] 일단 목적, 목표, 범위가 설정되면, 설계자는 교육과정 설계의 과정으로 들어간다. 교육과정 종사자는 각각의 범위와 이러한 기회

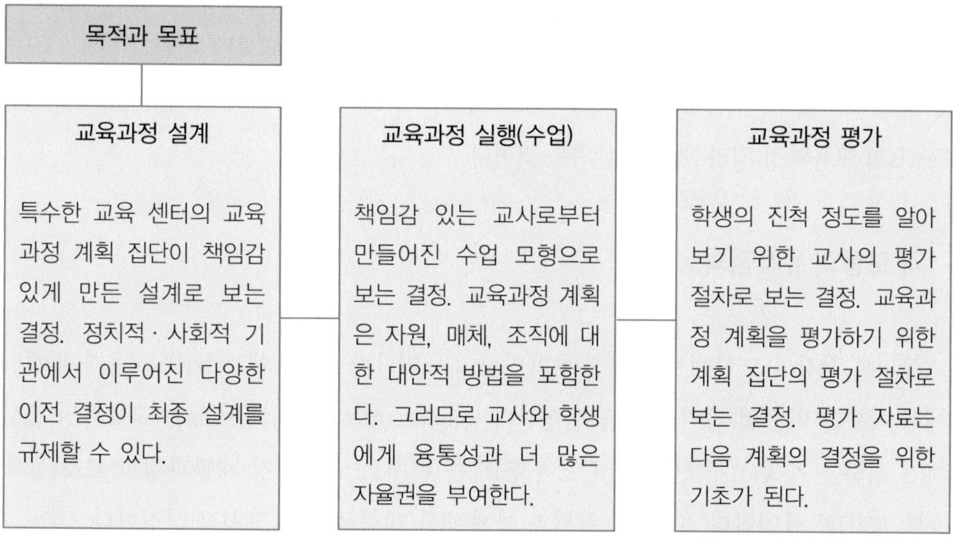
목적과 목표
교육과정 설계
특수한 교육 센터의 교육과정 계획 집단이 책임감 있게 만든 설계로 보는 결정. 정치적 · 사회적 기관에서 이루어진 다양한 이전 결정이 최종 설계를 규제할 수 있다.
교육과정 실행(수업)
책임감 있는 교사로부터 만들어진 수업 모형으로 보는 결정. 교육과정 계획은 자원, 매체, 조직에 대한 대안적 방법을 포함한다. 그러므로 교사와 학생에게 융통성과 더 많은 자율권을 부여한다.
교육과정 평가
학생의 진척 정도를 알아보기 위한 교사의 평가 절차로 보는 결정. 교육과정 계획을 평가하기 위한 계획 집단의 평가 절차로 보는 결정. 평가 자료는 다음 계획의 결정을 위한 기초가 된다.

[그림 5-3] 교육과정 계획과정에 대한 Saylor, Alexander, Lewis의 개념

J. Galen Saylor, William M. Alexander, and Arthur J. Lewis, *Curriculum Planning for Better Teaching and Learning*, 4th ed., p. 30. (New York: Holt, Rinehart and Winston, 1981)에서 발췌. Arthur J. Lewis의 허락하에 재작성.

가 어떻게 그리고 언제 제공되는지 알기 위하여 적절한 학습 기회를 결정했다. 예를 들어, 교육과정을 대학 교육과정에 맞추어 설계할 것인가, 사회 수업의 방식에 맞추어 설계할 것인가, 혹은 학습자의 요구와 흥미와 연관 지어 설계할 것인가?

수업방법 하나 이상의 계획이 만들어지면 주어진 교육과정 계획의 부분에 관련된 모든 교사는 수업 계획을 제작해야 한다. 교사는 교육과정을 학습자와 관련지어 방법을 선정한다.[42] 모형의 이러한 측면에서 수업목표를 소개하는 것은 도움이 될 것이다. 교사는 수업 시연의 전략과 방법을 선정하기 전에 수업목표를 명시할 것이다.

평가 마지막으로 교육과정 설계자와 교사는 평가를 한다. 그들은 폭넓고 다양한 평가 기술 중에서 선정한다. Saylor, Alexander, Lewis는 전체 교육 프로그램을 평가하는 것뿐만 아니라 평가 프로그램 그 자체를 평가할 수 있는 설계를 제안한다.[43] 평가과정은 교육과정 설계자가 학교목적과 교수목표에 부합하는지 아닌지를 확인할 수 있게 한다.

Saylor, Alexander, Lewis는 자신들의 교육과정 계획과정의 모형에 교육과정 체제의 요소, 교육 수업의 목적과 목표를 확인할 수 있는 과정, 교육과정 평가를 묘사하는 후속 모형을 보충하였다.[44] 교육과정 개발자는 후속 모형을 통하여 교육과정 계획과정에서 어떠한 바람직하게 통합된 모형을 찾을지도 모른다. 우리는 13장에서 Saylor, Alexander, Lewis의 교육과정 평가 모형을 살펴볼 것이다.

각 모형의 유사점과 차이점

살펴본 각각의 모형에서 유사점과 차이점이 드러난다. Tyler와 Taba는 교육과정 개발에서 이루어지는 몇 가지 단계를 설명한다. Saylor, Alexander, Lewis는 교육과정 종사자가 취하는 행동(요구 진단, 목표 조직 등)과는 반대로 교육과정 개발과정의 요소(설계, 수행, 평가)를 설명한다. Tyler의 원천과 체에 대한 개념은 그의 모형을 상징한다.

모형은 필연적으로 불완전하다. 그들은 교육과정 개발의 복잡함만큼 모든 세부 사항과 미묘한 차이를 보여 주지 않고 또 보여 줄 수 없다. 도식의 형식으로 표현할 때 제작자의 말을 빌리자면, "이는 당신이 잊어버리지 않기 위한 형식이다." 교육과정 개발 절차의 모든 세부 사항을 묘사하기 위해서는 대단히 복잡한 절차와 추가적인 세부 모형이 요구될 것이다. 교육과정 개발을 위해 모형을 설계하는 일 중에서 중요한 것은 과정에서 가장 중요한 구성 요소는 무엇인지를 결정하는 것이고, 이러한 구성 요소에 모형을 제한하는 것이다. 모형 개발자는 간소함과 복잡함 사이에 진퇴양난의 어려움을 느낀다.

다양한 모형을 볼 때 우리는 어떠한 모형도 다른 어떤 모형보다 본질적으로 우수하다고 말할 수 없다. 어떤 교육과정 설계자는 Tyler 모형을 수년 동안 사용해 오면서 상당한 성공을 거두었다. 그러나 이는 Tyler의 모형이 교육과정 개발에서 최고의 모형이라는 것을 의미하는 것은 아니다. 또한 Tyler의 모형을 포함하는 어떤 모형이 교육과정 개발의 기초로 받아들여져야 한다는 의미도 아니다.

모형을 선택하거나 특별하고 가능한 대안으로서 새로운 모형을 설계하기 전에 교육과정 설계자는 교육과정 개선을 위해 모형에 대한 성격 또는 특징을 알아보도록 시도해야 한다. 설계자는 모형이 다음과 같은 것을 보여 주어야 한다는 것에 동의할 것이다.

1. 계획, 실행, 평가 단계를 포함하는 과정의 주요 구성 요소
2. 규범적이지만 융통성이 존재하는 '시작'과 '종료' 시점
3. 교육과정과 수업 사이의 관계
4. 교육과정과 수업 목적 및 목표 사이의 구별
5. 요소 간의 상호관계
6. 순환 방식
7. 피드백 구조
8. 순환관계 어느 지점이라도 시작 가능성
9. 내적 일관성과 논리성
10. 알기 쉽고 실행 가능한 간단함
11. 그림 또는 도표 형태의 구성 요소

나는 앞서 말한 지침을 충족해 주는 새로운 모형을 제안한다. 그 모형은 두 가지 목적을 달성할 수 있을 것이다. (1) 교육과정 개발자가 수행하고자 하는 시스템을 제안하고, (2) 교육과정 개선을 위한 과정의 단계 혹은 구성 요소의 설명을 위한 틀을 제공하는 것이다.

이 모형은 교육과정 개발을 위해 가장 본질적이고 궁극적인 것으로 표현되는 것이 아

니라 앞서 언급한 지침의 실행을 약간 시도하려는 것이다. 제안된 모형은 특히 연역적인, 선형적인, 규범적인 연구에 동의하는 교육과정 개발자에게 현재의 형태로 받아들여질 수도 있을 것이다. 동시에 설계자가 모형을 개선하도록 자극하거나 목적, 요구, 믿음을 더 잘 반영하는 다른 것을 창조하도록 자극할지도 모른다.

Oliva 모형

여기에서는 간단히 12개의 요소로 구성된 모형을 볼 수 있다. 이어지는 3부의 다음 장에서는 각 구성 요소를 상세히 설명한다. 이 모형은 [그림 5-4]에 나타나 있다.

12개의 구성 요소 [그림 5-4]에 있는 모형은 교육과정 개발자가 하는 교육과정 원천부터 평가까지 포괄적이고 점진적인 과정을 설명한다. 우리는 6장부터 13장에 걸쳐 모형의 각 부분을 고찰해 볼 것이다. 각 구성 요소(로마 숫자 I에서 XII까지 나타낸)가 설명될 것이고, 삽화는 교육과정 개발자와 그 동료들에게 안내 지침으로 주어질 것이다. 그 모형의 대략적인 개관을 시작해 보자.

당신은 사각형과 원이 모형에 사용된 것을 알게 될 것이다. 사각형은 계획 단계를 나타내기 위해 사용되었다. 원은 운영 단계를 나타내고 있다. 그 과정은 구성 요소 I에서 시작한다. 교육과정 개발자는 여기에서 교육목적과 철학적이고 심리학적인 원칙을 진술한다. 이런 목적은 우리 사회의 요구와 사회에 살고 있는 개인 삶에서 요구로 도출된 신념들이다. 이 구성 요소는 Tyler의 '체'의 개념과 유사한 개념을 포함한다.

구성 요소 II는 학교가 위치한 지역사회의 요구, 지역사회에 살고 있는 학생들의 요구 및 학교에 주어진 가르쳐야 하는 교과 문제에서의 화제 분석이 필요하다. 교육과정 원천은 구성 요소 I과 구성 요소 II에도 영향을 미친다. 구성 요소 I이 일반적인 의미에서 학생과 사회의 요구를 다루는 반면, 구성 요소 II는 특정한 장소 안에서 특정 학생의 요구의 개념을 언급한다. 왜냐하면 특정 사회 학생들의 요구와 전반적인 우리 사회 학생들의 일반적인 요구는 항상 같지 않기 때문이다.

구성 요소 III과 구성 요소 IV는 구성 요소 I, 구성 요소 II에서 진술된 목적, 신념, 요구에 기초하여 교육과정의 목적과 목표를 진술하는 것을 요구한다. 사례를 통해서 후에 목적과 목표 사이에서 명확한 차이가 도출된다. 구성 요소 V의 작업은 교육과정의 조직 및 실행과 조직될 교육과정의 구조를 형성 및 확립하는 것이다.

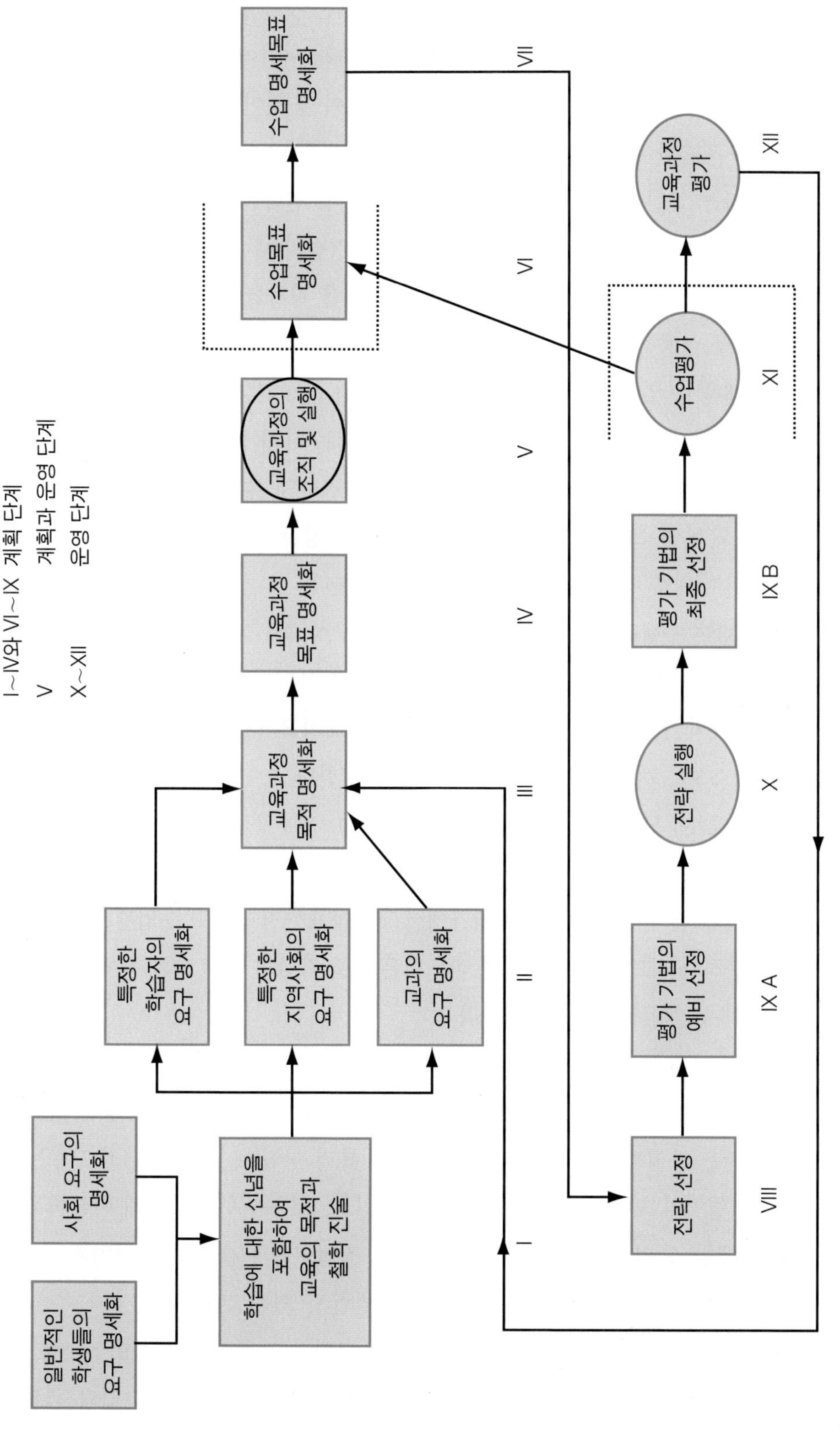

[그림 5-4] 교육과정 개발을 위한 Oliva 모형

구성 요소 VI과 구성 요소 VII에서는 점차 구체화되는 것을 볼 수 있을 것이다. 수업목적과 수업목표는 각각의 수준과 교과에 맞게 진술된다. 여기에서 다시 한 번 더 목적과 목표를 구분할 것이고 어떻게 둘에 차이를 두는지 보여 줄 것이다.

수업목표를 진술한 후에 교육과정 종사자는 구성 요소 VIII로 진행한다. 여기에서 교육과정 종사자는 교실에서 학생들과 함께 사용할 수업 전략을 선정할 수 있다. 동시에 교육과정 종사자는 구성 요소 IX의 A국면에서 평가 기법의 예비 선정을 한다. 이 단계에서 교육과정 설계자는 앞서 생각하고 학생들의 성취를 평가할 방법을 고려하기 시작한다. 수업 전략을 실행하는 구성 요소 X가 이행된다.

학생들이 배울 수 있는 적절한 기회(구성 요소 X)가 제공된 후, 설계자는 학생 성취와 교수자 효과를 평가하기 위해 평가 기법의 선정 문제로 다시 돌아온다. 구성 요소 IX는 두 개의 단계, 즉 수업의 실제적인 실행의 앞선 과정(IXA)과 실행 이후의 단계(IXB)로 구분된다. 교수 단계 요소(구성 요소 X)는 설계자에게 수정할 수 있는 기회를 제공할 뿐만 아니라 아동의 행위를 평가하는 방법의 선정을 완료한다.

구성 요소 XI는 수행된 수업을 평가하는 단계다. 구성 요소 XII에서 학생 또는 교사를 평가하는 것이 아니라 교육과정 프로그램을 평가하는 사이클을 완성한다. 이 모형에서 구성 요소 I~IV와 구성 요소 VI~IX 단계는 계획 단계이고 구성 요소 X~XII은 운영 단계다. 구성 요소 V은 계획과 운영 단계를 모두를 포함한다.

다른 모형처럼 이 모형은 교육과정 개발(구성 요소 I~V과 구성 요소 XII)과 수업의 설계(구성 요소 V~XI) 단계로 이루어져 있다.

이 모형의 중요한 특징은 교육과정 평가에서 교육목표까지 그리고 수업평가에서 수업목표까지 순환하는 피드백이다. 이러한 피드백은 그들 각각의 내부 순환 속에서 구성 요소의 지속적인 수정의 필요성을 지적한다.

모형의 사용 모형은 다양한 방법으로 사용될 수 있다. 첫 번째로, 모형은 학교 교육과정의 개발을 완성하기 위한 과정을 제공한다. 특정 영역(예, 언어 기술)의 교수는 모형에 따라 그 영역의 교육과정 계획을 제작할 수 있고, 교사가 수업을 통해 이끌어 내야 하는 것을 설계할 수 있고, 교사가 학교생활 전반, 직업교육과 같은 특정 영역을 가로지르는 간학문적 프로그램, 지침, 교실 밖 활동을 개발할 수 있을 것이다.

두 번째로, 교사는 계획적인 결정을 하기 위하여 모형의 교육과정 구성 요소(구성 요소 I~V와 구성 요소 XII)에 초점을 맞출 수 있을 것이다. 세 번째로, 교사는 수업의 구성 요소(구성 요소 VI~XI)에 집중할 수도 있을 것이다.

두 개의 하위모형 이 12개의 단계 모형은 수업을 위한 일반 모형과 교육과정 개발을 위한 일반 모형을 통합한다. 구성 요소 I~V과 구성 요소 XII는 내가 교육과정 하위모형이라고 소개할 교육과정 개발 하위모형을 구성한다. 구성 요소 VI~XI는 수업 하위모형을 구성한다. 교육과정 하위모형과 수업 하위모형 요소를 구별하기 위해 수업 하위모형을 점선으로 표시하였다.

교육과정 하위모형이 수행될 때, 교육과정 설계자는 지속적으로 설계자 자신이든 다른 이든 어떤 사람의 수업을 통해 전환될 때까지 교육과정 목적과 목표가 완성될 수 없다는 것을 알아야 한다. 더욱이 수업 하위모형이 수행될 때, 수업 설계자는 학교의 교육과정 목적과 목표가 전체 혹은 주어진 교과 영역과 영역의 일부라는 것을 알아야 한다.

이러한 점에서 최대한 깔끔하게 모형을 설명하기 위해서 나는 모형의 모든 모습을 보여 주려고 시도하지는 않을 것이다. 이후 장의 몇몇 곳에서 모형의 특정 부분과 보충설명이 제시될 것이다.

도식을 대신하여 단계별 형태의 모형을 선호하는 사람들을 위해 [그림 5-4]를 보여 주는 단계 목록을 제시하였다. 모형은 다음과 같은 단계로 구성된다.

1. 일반적인 학생들의 요구를 명세화하여 진술한다.
2. 사회의 요구를 명세화하여 진술한다.
3. 교육철학과 교육목적의 진술을 작성한다.
4. 해당 학교 학생들의 요구를 명세화하여 진술한다.
5. 특정 지역사회의 요구를 명세화하여 진술한다.
6. 교과 문제의 요구를 명세화하여 진술한다.
7. 해당 학교의 교육과정 목적을 명세화하여 진술한다.
8. 해당 학교의 교육과정 목표를 명세화하여 진술한다.
9. 교육과정을 조직하고 실행한다.
10. 수업목표를 명세화하여 진술한다.
11. 수업 명세목표를 명세화하여 진술한다.
12. 수업 전략을 선정한다.
13. 평가 기술의 선정을 시작한다.

14. 수업 전략을 실행한다.
15. 평가 기술을 최종 선정한다.
16. 수업을 평가하고 수업 구성 요소를 수정한다.
17. 교육과정을 평가하고 교육과정 구성 요소를 수정한다.

단계 1~9와 단계 17은 교육과정 하위모형을 구성하고 단계 10~16은 수업 하위모형을 구성한다.

요약

이 장에서는 4개의 교육과정 개발 모형이 논의되었다. 모형은 우리에게 몇 가지 원칙과 절차를 보여 줌으로써 과정을 개념화할 수 있도록 돕는다. 어떤 모형은 그림의 형태로 제시되었고, 어떤 모형은 교육과정 종사자에게 권장하는 단계 목록으로 제시되었다. 어떤 모형은 선형적이고 단계적으로 접근하는 관점의 연구이고, 어떤 것은 정해진 단계에서 벗어난다. 어떤 연구는 귀납적인 연구방법을 제공하고, 다른 것은 연역적인 방법을 제공한다. 또한 어떤 것은 처방적(규범적)이며, 어떤 것은 기술적이다.

교육과정 개발에서 리더십을 가진 사람은 다양한 모형에 친숙할 것이고, 다양한 모형을 실험해 볼 것이며, 가장 이해가 쉽고 실행 가능한 모형을 선택하고 개발할 것이다.

나는 12개의 요소로 구성되어 있는 모형의 생각을 논했다. 이 모형은 교육과정과 교수 개발 모두를 포함하는 종합적인 것이다.

논의문제

1. 교육과정 개발을 위해 당신이 선택한 모형은 무엇이며 그 이유는 무엇인가?

2. 교육과정 개발을 하기 위해 모형을 선택해야 하는 사람은 누구인가?

3. 교육과정 개발을 위해 연역적인 방법과 귀납적인 방법 중 당신은 어느 것이 더 낫다고 생각하는가?

4. 교육과정 개발에서 선형적 모형의 장점과 제한점은 무엇인가?

5. 처방적인(규범적인) 모형과 기술적인 모형 중 당신은 어느 것이 더 낫다고 생각하는가?

보충 연습문제

1. Ralph W. Tyler에 근거하여 '원천' 과 '체' 의 의미를 정의하라.

2. Tyler 모형은 왜 '선형적' 으로 소개되었는지 말하고, 이 장에서 설명된 각 모형에 선형적 요소가 있는지 없는지를 확인하라.

3. 'Tyler 모형이 현재의 교육과정 개발에도 적합한가?' 에 대하여 당신의 위치에서 주어진 근거에 의한 견해를 논하라.

4. 도식 모형으로 Taba의 교육과정 개발 모형의 단계에 대해 설명하라.

5. Saylor, Alexander, Lewis가 제안한 네 가지 영역 외에도 추가할 영역이 있는지 확인하라. 있다면 당신의 방식에 따라 영역을 분류하여 설계하라.

6. Oliva 모형의 그림에서 점선의 의미를 기술하라.

7. Oliva 모형에서 구성 요소 V를 제외하고 나머지 구성 요소 X, XI, XII는 왜 원으로 표시되고, 나머지는 왜 사각형 안에 있는지 설명하라. 구성 요소 V는 왜 사각형과 원 모두로 표시되었

는지 설명하라.

8. 1980년대 장학과 교육과정 개발협회(Association for Supervision and Curriculum Development)에서 발간된 책의 Geneva Gay의 장에 소개된 교육과정 모형을 설명하라(참고문헌 참조). 이 모형들은 학술적 모형, 경험적 모형, 기술적 모형, 체계적 모형이다.

9. George A. Beauchamp의 교육공학 개념에 대해 요약하라.

10. 비선형적 교육과정 개발 모형을 찾거나 설계하라. 예를 들어, Mario Leyton Soto와 Ralph W. Tyler의 *Planeamiento Educational*을 참고하라(참고문헌 참조). 이 모형은 Peter F. Oliva의 *Developing the Curriculum*, 1st ed. (Little, Brown and Company, 1982), pp. 159, 161, 162에서 논의되었다.

11. 참고문헌에 소개된 Robert S. Zais의 교육공학을 정의하고 Zais에 의해 논의된 다음 교육공학 모형 중 하나에 대해서 보고하라. (1) 관리 모형, (2) 아래로부터 모형, (3) 민주적 모형, (4) George Beauchamp의 체계, (5) Carl Rogers의 대인관계 모형.

12. Robert M. Gagné는 교육과정 개발에 있어 '내용 선정' 과 같은 단계는 없다고 주장한다(참고문헌 참조). 그 말에 동의하는지 여부를 진술하고 당신의 주장을 뒷받침할 수 있는 근거를 논문에서 인용하라.

13. *Intentionality in Education*에서 Mauritz Johnson, Jr.에 의해 소개된 교육과정과 수업의 계획 및 평가 모형을 설명하라(참고문헌 참조).

14. Arthur W. Steller에 의해 제안된 일반 교육과정 계획모형(Generic Curriculum Planning Model)을 설명하라(참고문헌 참조).

15. Allan C. Ornstein과 Francis P. Hunkins, George J. Posner와 Alan N. Rudnitsky, Decker F. Walker와 Jonas F. Soltis에 의해 소개된 교육과정 개발모형을 설명하라(참고문헌 참조).

16. 이 장에서 소개된 모형과는 다소 다른 모형을 소개한 John P. Miller와 Wayne Seller가 제안한 교육과정 개발 모형을 설명하라(참고문헌 참조).

17. Weldon F. Zenger와 Sharon K. Zenger에 의해 소개된 교육과정 개발 모형을 설명하고(참고문헌 참조), 이 장에서 제시된 모형과는 어떤 차이가 있는지 설명하라.

18. 교육과정에서 한 연구자에 의해 사용되는 '포스트모던 교육과정 개발' 용어를 정의하라(참고문헌의 Pinar 등[1996]과 Slattery 참조)

◆ 웹사이트 ◆

Association for Supervision and Curriculum Development: http://www.ascd.org

National Stuff Development Council: http://www.nsdc.org

Ralph W. Tyler: http://www.wredu.com/~wriles/Tyler.html.

Tyler e Hilda Taba: Modelo Racional Normativo: http://educacion.idoneos.com/index/php/363731(click on "Translate this page").

후주

1) 교육과정 모형에 대해서는 Mauritz Johnson, Jr., "Definitions and Models in Curriculum Theory," *Education Theory* 17, no. 2 (April 1967): 127-140 참조.
2) Ralph W. Tyler, *Basic Principles of Curriculum and Instruction* (Chicago: University of Chicago Press, 1949).
3) Hilda Taba, *Curriculum Development: Theory and Practice* (New York: Harcourt Brace Hovanvich, 1962).
4) J. Galen Saylor, William M. Alexander, and Arthur J. Lewis, *Curriculum Planning for Better Teaching and Learning*, 4th ed. (New York: Holt, Rinehart and Winston, 1981).
5) Decker F. Walker, "A Naturalistic Model for Curriculum Development," *School Review* 80, no. 1 (November 1971): 51-67.
6) Ibid., pp. 58-59.
7) Taba, *Curriculum Development*, pp. 11-12.
8) Tyler, *Basic Principles*, pp. 3, 37, 57.
9) Ibid., pp. 12-13.
10) Ibid., pp. 19-20.
11) Johnson, "Definitions and Models", p. 132.
12) Tyler, *Basic Principles*, p. 34.
13) Ibid., pp. 33-36.
14) Ibid., p. 41.
15) Ibid., pp. 38-39.
16) W. James Popham and Eva L. Baker, *Establishing Instructional Goals* (Englewood Cliffs, N.J.: Prentice-Hall, 1970), p. 87.
17) Tyler, *Basic Principles*, pp. 43, 50, 57.
18) Ibid., p. 63
19) Ibid., Chapter 2.
20) Ibid., Chapters 3 and 4.
21) Daniel Tanner and Laurel Tanner, *Curriculum Development: Theory into Practice*, 4th ed. (Upper Saddle River, N.J.: Merrill/Prentice-Hall, 2007), p. 134.

22) Herbert M. Kliebard, "The Tyler Rationale," *School Review* 78 (February 1970): 259-272.
23) Ibid., p. 259.
24) Ibid., p. 270.
25) Patrick Slattery, *Curriculum Development in the Post modern Era* (New York: Garland Publishing, 1995), p. 47.
26) Ibid.
27) Mario Leyton Soto and Ralph W. Tyler, *Planeamiento Educacional* (Santiago, Chile: Editorial Universitaria, 1969). 또한 Peter F. Oliva, *Developing the Curriculum*, 1st ed. (Boston: Little, Brown, 1982), pp. 159, 161, 162 참조.
28) Tanner and Tanner, *Curriculum Development*, p. 134.
29) Decker F. Walker and Jonas F. Soltis, *Curriculum and Aims* (New York: Teachers College Press, 2004), p. 55.
30) Taba, *Curriculum Development*, pp. 456-459.
31) Ibid., pp. 345-379. Taba의 12페이지에는 처음 7개 단계가 나열되어 있다. 이 책의 11장에서 단원 구성 내용을 참고하라.
32) Ibid., p. 12.
33) Ibid.
34) Ibid., p. 458.
35) Ibid.
36) Ibid., pp. 458-459.
37) Ibid., Part 1.
38) Saylor, Alexander, and Lewis, *Curriculum Planning*, p. 30.
39) Ibid., p. 8.
40) Ibid., p. 28
41) Ibid.
42) Ibid., Chapter 6.
43) Ibid., Chapter 7.
44) Ibid., pp. 29, 165, 334.

◆ 참고문헌 ◆

Beauchamp, George A. *Curriculum Theory*, 4th ed. Itasca, Ill.: F. E. Peacock, 1981.

Bloom, Benjamin S., ed. *Taxonomy of Educational Objectives: The Classification of Educational Goals: Handbook I: Cognitive Domain*. New York: Longman, 1956.

Gagné, Robert M. "Curriculum Research and the Promotion of Learning." *Perspectives of Curriculum Evaluation*, AERA Monograph Series on Evaluation, no. 1, 19-23. Chicago: Rand McNally, 1967.

Gay, Geneva, "Conceptual Models of the Curriculum Planning Process." In Arthur W. Foshay, ed. In *Considered Action for Curriculum Improvement*. 1980 Yearbook, 120-143. Alexandrea, Va.: Association for Supervision and Curriculum Development, 1980.

Giles, H. H., McCutchen, S. P., and Zechiel, A. N. *Exploring the Curriculum*. New York: Harper, 1942.

Jackson, Philip W., ed. *Handbook of Research on Curriculum*. New York: Macmillan, 1992.

Johnson, Mauritz, Jr. "Definitions and Models in Curriculum Theory" *Educational Theory* 17, no. 2(April 1967): 127-140.

______. *Intentionality in Education*. Albany, N.Y.Center for Curriculum Research and Services, 1977.

Kliebard, William M. "Reappraisal: The Tyler Rationale." In William Pinar, ed. *Curriculum Theorizing: The Reconceptualists*. Berkeley, Calif.: McCutchan, 1975, pp. 70-83.

______. "The Tyler Rationale." In Arno Bellack and Herbert M. Kliebard, eds. *Curriculum and Evaluation*. Berkeley, Calif.: McCutchan, 1977, pp. 56-67.

______. "The Tyler Rationale." *School Review* 78, no. 2(February 1970): 259-272.

Krathwohl, David R., Bloom, Benjamin S., and Masia, Bertram B. *Taxonomy of Educational Objectives: The Classfication of Educational Goals: Handbook II: Affective Domain*. New York: Longman, 1964.

McNeil, John D. *Contemporary Curriculum in Thought and Action*. Hoboken, N.J.: Wiley, 2006.

______. *Curriculum: A comprehensive Introduction*, 5th ed. New York: HarperCollins, 1996.

Miller, John P. and Seller, Wayne. *Curriculum: Perpectives and Practice*. White Plains, N.Y.: Longman, 1985, Chapter 9.

Oliva, Peter F. and George E. Pawlas. *Supervision for Today's Schools*, 7th ed. Part III. New York: Wiley, 2004.

Ornstein, Allan C. and Behar, Linda S., eds. *Contemporary Issues in Curriculum*. Boston: Allyn and Bacon, 1995.

______ and Hunkins, Francis P. *Curriculum: Foundation, Principles, and Issues*, 4th ed. Boston: Allyn and Bacon, 2004.

Pinar, William, F., ed. *Contemporary Curriculum Discourses*. Scottsdale, Ariz.: Gorsuch and Scarisbrick, 1988.

______. *Curriculum Theorizing: The Reconceptualists*. Berkeley, Calif.: McCutchan, 1975.

______, Reynolds, William D., Slattery, Patrick, and Taubman, Peter M. *Understanding Curriculum: An Introduction to the Study of Historical and Contemporary Discourses*. New York: Peter Lang, 1996.

Popham, W. James. *Evaluating Instruction*. Englewood Cliffs, N.J.: Prentice-Hall, 1973.

Posner, George J. and Rudnitsky, Alan N. *Curriculum Design: A Guide to Curriculum*

Development for Teachers, 7th ed. Boston: Allyn and Bacon, 2006.

Saylor, J. Galen, Alexander, William M., and Lewis, Arthur J. *Curriculum Planning for Better Teaching and Learning*, 4th ed. New York: Holt, Rinehart and Winston, 1981.

Slattery, Patrick. *Curriculum Development in the Postmodern Era*. New York: Garland, 1995.

Steller, Arthur W. "Curriculum Planning." In Fenwick W. English, ed. *Fundamental Curriculum Decisions*. 1983 Yearbook. Alexandria, Va.: Association for Supervision and Curriculum Development, 1983.

Taba, Hilda. *Curriculum Development: Theory and Practice*. New York: Harcourt Brace Jovanovich, 1962.

Tanner, Daniel and Tanner, Laurel. *Curriculum Development: Theory into Practice*, 4th ed. Upper Saddle River, N.J.: Merrill/Prentice Hall, 2007.

Tyler, Ralph W. *Basic Principles of Curriculum and Instruction*. Chicago: University of Chicago Press, 1949.

_____ and Leyton Soto, Mario. *Planeamiento Educacional*. Santiago, Chile: Editorial Universitaria, 1969.

Walker, Decker F. "A Naturalistic Model for Curriculum Development." *School Review* 80, no. 1(November 1971): 51-67.

Walker, Decker F. and Soltis, Jonas F. *Curriculum and Aims*. New York: Teachers College Press, 2004.

_____. *Fundamentals of Curriculum: Passion and Professionalism*, 2nd ed. Mahwah, N.J.: Lawrence Erlbaum Associates, 2003.

Wiles, Jon and Bondi, Joseph. *Curriculum Development: A Guide to Practice*, 7th ed. Upper Saddle River, N.J.: Merrill/Prentice Hall, 2007.

Zais, Robert S. *Curriculum: Principles and Foundations*. New York: Harper & Row, 1976. Chapter 19.

Zenger, Weldon F. and Zenger, Sharon K. "Planning for Curriculum Development: A Model for Administrators." *NASSP Bulletin* 68, no. 471(April 1984): 17-28.

6 교육의 철학과 목적

학습 목표

1. 교육목적이 어떻게 도출되었는지 설명할 수 있다.
2. 일반적으로 언급되는 교육목적 진술을 설명할 수 있다.
3. 교육목적을 작성할 수 있다.
4. 학교철학 중에 잘 알려진 네 가지 주요 신념을 말할 수 있다.
5. 학교 교직원 회의에 제출할 수도 있는 학교철학을 작성할 수 있다.

제시된 모형 사용하기

12개의 단계 또는 구성 요소로 구성된 교육과정 개발의 과정을 위한 종합적인 모형이 5장에서 논의되었다. 잠시 [그림 5-4]를 보자. 이제 몇 가지 특징을 설명할 것이다.

모형을 살펴보면 다음의 특징이 나타난다.

1. 모형은 가장 일반적인 것(교육목적)에서부터 가장 상세한 것(평가 기술)으로 진행된다. 여기서 시작해서 제3부의 남아 있는 장에서 나는 이 흐름을 따라가는 방식으로 각각의 구성 요소를 설명하고 용어를 정의할 것이다.
2. 모형은 교육과정을 계획하는 집단(몇 명의 개인일지라도)에 의해 전부 또는 부분적으로 전개될 수 있다. 모형은 교육과정의 종합적이고 전체적인 연구를 위한 것이다. 교사, 관리자, 기타 사람들의 시간에 많이 의존하여 이루어지기 때문에, 교육의 목적(구성

글상자 6-1 교육과정 개발 요소의 재평가를 위한 제안된 일정

	심층적	제한적
교육목적	10년마다	5년마다
요구사정	3년마다	매년
교육과정 목적	2년마다	매년
교육과정 목표	2년마다	매년
수업목표	매해	계속
수업 명세목표	매해	계속
교육과정의 조직 및 실행	10년마다	매년
다른 구성 요소	계속	계속

요소 I)에서 교육과정의 평가(구성 요소 VII)까지 빠짐없이 정기적으로만 실행될 가능성이 크다. 비록 어떤 것은 임의적일지라도 다양한 단계의 재평가와 검토를 〈글상자 6-1〉에 나타난 일정대로 생각해 볼 수 있을 것이다.

교사는 다양한 구성 요소를 고려하여 자신만의 일정을 세우는 것을 원할지도 모른다. 관리하기도 힘들고 비용도 많이 들고 많은 사람이 참여해야 하는 구성 요소보다 몇 명만 참여하고 교사와 친숙한 구성 요소가 좀 더 쉽게 관리될 수 있을 것이다. 또한 시간적 · 경제적 비용도 적게 소모될 것이고 좀 더 자주 검토될 수 있을 것이다.

3. 학교, 부서, 학년의 교육과정 위원회처럼 단일 교육과정 집단은 혼자서 모형의 모든 단계를 실행할 수 없다. 모형의 다른 부분에 대한 책임은 여러 가지 집단, 하위집단, 개인이 담당할 것이다. 한 집단(예, 학교 교육과정 의회)은 첫 구성 요소인 교육과정 목적에 대해 협의할 것이다. 한 하위집단은 평가 요구와 교육과정 요구의 원천에 대한 연구를 지휘할 것이다. 학교 교육과정 의회는 여러 교과 위원회에서 개별 분야에서 확인된 교육과정 목적 및 목표를 통해서 학교 전반의 교육과정 목적과 목표를 정의 내리려 할 것이다. 다양한 학년과 부서의 개별 교사 구성원과 집단은 특별한 수업의 목적과 목표를 세울 것이다. 학교 전체와 관련 있는 어떤 단계의 결정에서는 그에 대해 알고 있는 모든 교사의 지지 혹은 거부가 있을 것이다. 그 과정을 통하여 어떤 하위집단에서 만들어진 결정이 나타나야 한다. 그래서 다양한 구성 요소 사이의 관계가 분명하게 이해된다. 이런 점에서 학교의 교육과정 의회는 조정하는 역할을 할 것이다.

4. 수정을 한다면 모형은 교육과정 계획의 임의의 수준 혹은 부분에 적용될 수 있다. 모형의 일부분은 3장에서 논의된 다양한 수준과 영역에 적용될 수 있을 것이다.

교육목적

용어의 확장

교육 관련 문헌은 교육의 최종적 기대를 말하기 위해서 어느 정도 느슨하고 종종 대체될 수 있는 용어를 확장하여 사용한다. 교육자들은 'outcome' 'aim' 'end' 'purpose' 'function' 'goal' 'objective'를 사용한다. 비록 이러한 용어들이 일반적인 언어에서는 유사하게 사용되더라도, 교육학적 언어에서 다소간의 차이점이 확인된다면 이는 의미가 있을 것이다.

이 책에서 'outcome'은 일반적인 최종 기대로 사용된다. 'aim'은 'end' 'purpose' 'function' 'universal goal'과 같다. 교육목적은 교육목표의 매우 광범위하고 일반적인 진술이다. 이는 국가 전체에서 교육의 일반적인 방향을 의미한다. Decker F. Walker와 Jonas F. Soltis는 교육의 목적을 "학습을 통해서만 가질 수 있는 것으로 사람들에게 가치 있는 것"이라고 비유한다.[1)]

이 책에서 '교육과정 목적' '교육과정 목표' '수업목적' '수업목표'는 지역 학교 및 학교체제와의 특별한 관련성에 의하여 구분될 것이다. 교육과정 목적은 성취 또는 숙달의 기준 없이 일반적으로 정의되는 반면, 교육과정 목표는 성취 기준이 포함된 구체적이고 계획적인 대상이기 때문에 측정 가능하다. 교육과정 목표는 교육과정 목적에서 생겨났다.[2)] 교육과정 목적과 교육과정 목표 모두는 학교철학과 학교의 교육적 목적 진술에 기술된다.

수업의 목적은 일반적으로 성취 기준 없이 관찰될 수 없는 용어로 수업 대상에 대한 진술이다. 수업목표는 측정 가능하고 관찰할 수 있는 용어를 통해 정서적인 영역을 포함하는 것으로서 형성되기를 원하는 학습자의 행동이다.[3)] 수업목표는 수업목적에 기인한다. 그리고 수업목적과 수업목표는 교육과정 목적과 목표에서 비롯된다.

교육의 목적(aim)은 국가 전체적으로 특별한 관련을 가지고 있다. 우리는 교육 시스템, 사회, 국가의 목적에 관해서 이야기할 것이다. 아마 옛날이라면 우리는 북부, 남부,

중서부, 서부의 네 지역의 목적을 설정할 수 있었을 것이다. 그러나 21세기에는 뉴욕과 차이가 있는 캘리포니아의 교육의 목적(purpose)이나 미시시피와 차이가 있는 인디애나의 교육의 목적(purpose)을 국가 전체의 목적(aim)으로 권장한다면 시대착오적인 것으로 보일 것이다.

세계적인 교육목적(global aims)

국제적 범위의 교육목적(aim) 정의가 가능하다. 그리고 때때로 그런 정의가 시도되었다. UNESCO는 인류를 위한 전 세계적 교육목적을 가장 먼저 주창하려 시도한 대표적인 기구다. UNESCO가 추구하는 교육목적에는 다음과 같은 것이 있다.

- 세계의 모든 사람이 국제적 이해를 발전시키는 것
- 다양한 국가의 사람의 생활 수준을 개선하는 것
- 전쟁, 질병, 기아, 실업과 같이 인류를 괴롭히는 계속적인 문제를 해결하는 것

미국 정부와 같은 비슷한 기구도 국제적 규모의 교육목적에 관심을 가지고 있다. 그러한 조직에 참여하고 있는 몇몇 미국인은 국가적 경계를 넘어 적용할 수 있는 교육의 목적을 표현하기 위한 기회를 찾고 있다. 더 일반적인 모습으로는 세계의 각 국가가 자신의 교육체제 개발의 지침에서 교육의 목적을 진술하는 부분이다.

교육과정 분야뿐만 아니라 모든 분야에서 전문가들이 대부분의 상황에 적용할 수 있는 일반화나 법칙을 찾거나 개발하려고 노력하고 있다. 다른 한편으로 전문가들은 대부분의 규칙에서 예외가 발견될지도 모른다는 것을 항상 인식하고 있어야 한다. 비록 우리가 교육과정 개발이 집단의 과정이고 과정의 결과가 더 효율적이라는 시각을 가지고 있더라도 우리는 제시된 교육과정 개발의 모형에서 어떤 구성 요소를 한 개인이 실행할 수 있다는 사실을 받아들여야 한다. 예를 들어, 언뜻 보기에 국가 전체가 준수해야 할 교육의 목적을 정의하는 것은 특정 집단의 프로젝트가 될 수 있다. 그러나 우리가 그렇게 보더라도 교육의 목적에 관한 몇 가지 중요한 진술은 수년간 명성을 가진 개인에 의해 만들어진 것이다. 집단이 아닌 개인에 의해 목적이 만들어질 때, 목적의 대상이 되는 사회구조의 구성원은 확실히 쉽게 유지될 수 있는 과정으로서 개인의 생각을 사용하고 해석하는 사람이 된다.

집단이 아닌 개인으로부터 비롯된 목적과 목표에 대한 진술은 집단에 의해 무효화되지 않을 것이다. 이는 '개인이 제안할 때, 집단은 방향을 가지게 된다'고 말할 수도 있을 것이다. 집단은 숙의의 방식으로 논리적인 진술에 반응할 수밖에 없다. 교육과정 개발 모형은 교육과정 개발에 관한 개인적 노력의 자발성 없이 해석할 수 없다. 학교의 가장 성공적인 혁신은 자주적으로 동기가 부여된 독립적인 사람들의 수행의 결과로 교직원에게 영향을 미치는 것이다.

목적(purpose) 진술

세계에 있는 다양한 사회에서 널리 알려진 목적(purpose)의 진술을 읽어 보면서 우리는 교육의 목적을 살펴볼 것이다. 예를 들면 다음과 같다.

- 가족의 가치를 강조하기 위해
- 계획된 사회에 적합하도록 청년을 준비시키기 위해
- 자유 기업체제를 촉진하기 위해
- 영광스러운 혁명을 조장하기 위해
- 조국에 봉사할 시민을 창조하기 위해
- 식견 있는 시민을 준비시키기 위해
- 이슬람 문화를 확장하기 위해
- 사회문제를 바로잡기 위해
- 예수 그리스도의 전통을 촉진하기 위해

우리는 누군가 선언문을 만들 때 다음과 같이 서술된 형식으로 교육의 목적(aim)을 접하게 된다.

- 교육은 삶을 위한 준비가 아닌 삶이다.
- 교육은 성인의 가치에 아동을 끼워 맞추는 것이다.
- 교육은 문화유산의 전수다.
- 교육은 직업적인 훈련이다.
- 교육은 교양 과목이다.

- 교육은 사회화 훈련이다.
- 교육은 지적인 개발이다.
- 교육은 개인적 개발이다.
- 교육은 집단과 개인의 사회화다.
- 교육은 공학 기술의 개발이다.

심지어 우리는 이러한 슬로건에서 교육의 함축적 목적(aim)을 찾을 수 있다.

- 만약 당신이 교육이 비싸다고 생각된다면 무시하라.
- 만약 당신이 이 의미를 이해한다면 선생님께 감사하라.
- 건전한 신체에 건전한 마음

무엇인가 죽이는 데 나무로 된 몽둥이보다 부싯돌 도끼가 더 효과적이라는 것과 동물의 피부가 비바람으로부터 그들의 몸을 보호하고 멧돼지를 먹을 때 날것보다 굽는 것이 낫다는 것을 발견한 이후로부터, 아마도 원시인은 그들의 환경에 대항할 수 있도록 네안데르탈인 아동에게 어떤 훈련을 제공할지에 관해 지속적으로 토론했을 것이다. 그들의 원시적인 방법 안에서 원시인은 네안데르탈인 세계에서 교육의 목적에 관한 중요한 주제를 다루어야만 했을 것이다.

수천 년이 지난 오늘날 여전히 사람들은 교육의 핵심 목적으로서 환경에 대처하는 것을 강조하고 있다. 이러한 목적을 표현하는 공통적인 용어는 '생존의 기술'이다. 가젤에 살며시 접근하기, 호랑이 겁주기, 물고기 잡기와 같은 대응 기술을 학습하는 것 대신, 오늘날의 아동은 자원을 아껴 쓰는 법 배우기, 인구가 더 많이 증가된 세계에서 사는 법 배우기, 컴퓨터 활용 능력 개발하기, 합법적인 삶을 살기 위한 법 알기와 같은 기본 학업 능력을 숙달해야 한다. 가끔은 인류 역사를 통해 살펴보면 무술은 생존의 기술이었다. 무술은 국가가 국경을 넘는 적과 마주할 때 최우선시되었던 것이나 오늘날에도 많은 아동과 성인이 치안이 좋지 않은 곳에서 불량배로부터 자신을 보호하기 위해 호신술 및 무술 학원에 등록한다는 것은 한편으로는 불행한 일이다.

목적(aim)의 도출

교육의 목적은 미국 사회에서 아동과 젊은이의 요구 검사, 문화의 분석, 사회의 다양한 요구를 연구함으로써 도출된다. 국가의 역사적 발달은 자신들의 제도, 관습, 가치, 그리고 때로는 언어 측면에 따라 이루어지므로 두 나라 간의 요구가 정확하게 같을 수 없다. 일본인, 중국인, 러시아인, 영국인, 멕시코인, 타히티섬의 아동의 요구가 미국 아동의 요구와 동일하다고 생각하는 인류학자는 없을 것이다. 예를 들어, 학교 주차장에 학생들의 차량으로 가득 차 있어야 한다고 생각한다면 자동차는 미국 청소년의 '요구'가 될 것이다. 그뿐 아니라 미국인이 상점이나 자동차에서 휴대전화를 귀에 붙이고 있는 것과 학생들이 위성 기술의 적용이 '필요한' 학교 캠퍼스를 분주하게 돌아다니는 것은 더 이상 드문 일이 아니다. 휴대용 컴퓨터와 휴대용 소형 전자제품은 오늘날 사회의 '요구'로 지각된다.

몇몇 나라는 미국처럼 서로 다른 인종으로 구성된다. "여기의 모든 사람은 다른 곳에서 왔다."라는 미국 선벨트 지역 사람을 묘사한 표현이 미국 전체로 확대될 수 있다. 누군가의 말을 빌리자면 미국은 이민자의 국가다. 이는 좋든 나쁘든 우리 사회에 남겨진 특징이다. 미국은 이론적으로 베링해협을 가로질러 아시아에서 이주해 온 사람들에게 미국의 첫 토착인으로서 미국인 원주민의 역할을 강요할 수 없다.

이러한 이질성은 교육의 목적에 그리고 목적의 중심적인 가치에 세밀한 합의가 이루어지는 것을 어렵게 한다. 수년 전에 국가교육협회(National Education Association)는 공립학교에서 가르쳐야 한다고 믿는 도덕적 · 영적 가치를 확인하고자 하였다.[4] 그들은 다음의 열 가지 가치를 나열하였다.

1. 인간 개성
2. 도덕적 책임
3. 봉사정신
4. 공통적 합의
5. 진실에 헌신
6. 수월성에 대한 존중
7. 도덕적 평등
8. 형제애

9. 행복의 추구
10. 정신적 부유

이러한 가정은 특정한 시기에 사회의 대부분의 사람에 의한 공통의 가치에 따라 만들어진다. 이러한 가치 중에 얼마만큼이나 합의에 도달할 수 있을까? James Patterson과 Peter Kim은 1991년에 고착된 미국의 도덕적 가치에 관한 모습을 연구하였다. 그리고 가치에 있어 의견 일치가 존재하지 않았음을 발견하였다. 이 연구에서 드러난 몇 가지 믿음과 행동은 전통적인 도덕적 · 영적 가치의 개념에 거스르는 것이다.[5] 교화의 모습이 너무도 크게 불쑥 나타나 교육자들은 전체 미국인을 위해 어떠한 넓은 범위의 보편적이고 대중적인 가치에 동의해야 하는지 밝히는 것을 종종 주저한다.

우리는 학교 인성교육에 대해 다시 새롭게 등장한 주장들을 살펴볼 수 있다. 예를 들어, William J. Bennett과 Michael S. Josephson은 최근 우리 사회의 윤리적인 가치에 대한 필요에 관심을 돌렸다. Bennett의 『미덕의 책: 위대한 도덕적 이야기의 보고(*The Book of Virtues: A Treasury of Great Moral Stories*)』는 자기 수양 또는 신념과 같은 가치를 이야기하였다.[6]

윤리학회(Institute of Ethics)의 설립자 Josephson은 인성교육을 조성하기 위한 국가 조직의 많은 협력을 이끌어 냈다. 청년과 성인을 대상으로 조사하여 여섯 가지의 사회에 필요한 넓은 도덕적 가치—신용, 존경, 책임, 공정성과 정의, 배려, 시민의식—를 확인하였다. 이런 각각의 넓은 가치는 관련된 수많은 가치를 포함한다.[7] 미 의회는 1997년 10월 National Character Counts Week 선언에서 이러한 가치를 가르치는 것을 강조하였다. 인성교육에 대한 강조에 힘입어 미 교육부는 1999년 봄에 9개의 주(조지아, 일리노이, 캔자스, 뉴햄프셔, 뉴멕시코, 노스캐롤라이나, 노스다코타, 오클라호마, 펜실베이니아)에서 일반적인 가치와 도덕을 가르치는 프로그램을 개발하기 위해 학구와 지역사회 단위의 시범교육협력프로젝트(Partnership in Education Pilot Projects)를 시작했다. 낙태, 동물 복제, 동성애, 혼전 성관계 등의 도덕성에 관해 18~24세와 65세 이상의 사람들을 대상으로 한 갤럽 기관의 설문 조사에서 두 집단의 도덕적인 관점과 가치에서 차이가 있었음을 고려해 보면 일반적인 가치를 찾는 것은 다소 어려울 수 있다.[8]

위원회의 많은 목록, 교육 서비스 기관, 캐릭터 카운츠(Character Counts)에 가입한 학교와 학구는 아동에게 가치를 가르치기 위해 학교 안팎으로 광범위한 공공 지원을 하고 있음을 보여 준다.[9] 우리는 이제 15장에서 학교 안에서 종교의 문제를 논할 때 가르치는 가치의 문제로 되돌아갈 것이다.

샐러드볼 또는 용광로 다양한 민족으로 구성된 우리의 인구는 공통적인 가치를 가지고 있기보다는 다원주의적 성격을 가지고 있다. 이제 오래된 '용광로(melting pot)'의 개념을 '샐러드볼(salad bowl)' 개념이 대체하고 있다. 어떤 이는 우리 사회가 공통적인 가치는 거의 없고 또 있더라도 우리가 더 이상 공통적인 가치를 완전히 이해하려고 할 필요가 없으며, 각각의 존재가 자신만의 특징을 잘 보존한 채 뒤섞인 샐러드처럼 다양한 가치를 조사하고 모아야 한다고 주장한다. 만약 우리가 양자택일의 딜레마에 마주친다면 우리는 마치 물질주의와 물질반대주의의 목적의 대립과 같이, 또 임신 중절 합법화와 '삶의 권리' 의 대립과 같이, 종교적 이유와 현실적 이유의 목적의 대립과 같이 이분법의 문제를 만든 것이다. 우리는 이러한 나눠진 미국인의 가치를 보호하기 위해 샐러드볼 개념이 필요하다. 반면에 국가처럼 사람들을 이끄는 근본적인 공통된 가치를 위해서는 용광로 개념이 필요하다.

최근에 샐러드볼/용광로의 논쟁은 격렬하였다. 미국 사회에서 다문화적 가치를 권장할지 혹은 공통의 가치를 권장할지에 대한 논의는 공립학교와 대학 모두에서 대단히 민감한 화제였다. 우리는 15장에서 이 문제를 다룰 것이다. 교육목적을 살펴봄으로써 우리는 이러한 목적이 실제로 어떤 가치에 기반을 두고 사회와 사회의 아동을 어떻게 분석하여 어떤 철학적 입장을 취하고 있는지를 찾을 것이다.

훌륭한 학자와 집단에 의해 진술된 목적

교육의 목적에 관한 관점을 찾기 위해서 오랜 시간 다양한 개인과 집단에 의해 잘 알려진 몇몇 사례를 제시할 것이다. 1916년 John Dewey는 아동의 사회화와 개인적 성장의 촉진 등을 포함하여 다양한 방식으로 교육의 기능을 묘사하였다.[10] 이러한 개념은 교육의 목적을 가지고 있다. Dewey에 따르면, 교육의 목적은 (1) 아동을 사회화하는 것이다. 그리하여 아동과 사회가 개선된다. 그리고 (2) 개인의 육체적, 정신적, 도덕적, 감정적 능력을 개발하는 것이다.

Dewey는 학교가 아동을 사회화하는 기관이라고 강조한다.

> 나는 모든 교육이 민족의 사회적 의식에서 개인의 참여에 의해 진행된다고 믿는

> 다…. 참된 교육은 오직 아동이 처해 있는 사회적 상황의 요구에 의한 아동의 능력의 자극으로부터 시작된다…. 이런 교육과정은 두 가지 측면—심리적 측면, 사회적 측면—을 가지고 있다. 그리고 이 두 가지는 부정적 결과가 없더라도 상대적으로 덜 중요하거나 무시할 수 있는 것이 아니다…. 종합하자면, 나는 교육받아야 하는 개인들은 사회적 개인이고 그 사회는 개인들 조직의 연합이라고 믿는다…. 나는 학교가 사회기관의 가장 중요한 조직이라고 믿는다.[11]

Dewey는 그의 교육에 관한 개념을 다음 인용문에서 성장이란 개념을 통해서 더욱 상세히 진술한다.

> 확실한 하나의 결론은 삶은 발달이다. 그리고 발달과 성장은 삶이다. 교육적 의미로 옮기자면, (1) 이는 교육적 과정은 그 자체의 끝이 있을지라도 영원한 끝은 없다. 그리고 (2) 교육적 과정은 지속적인 재조직, 재구성, 변형의 하나다…. 다시 말하자면, 일반적인 아동과 일반적인 성인은 성장한다…. 현실적으로 더 성장을 하는 것을 제외하고 성장 이외의 다른 것은 없기 때문에, 교육은 더 교육을 받는 것을 제외하고 교육보다 중요한 것은 없다.[12]

1918년 국가교육협회(National Education Association)의 위원회는 중등교육 개편에 관해 우리의 민주주의 사회에서 교육의 역할에 대해서 다음과 같이 말하였다. "민주주의에서 교육이란 학교 안팎으로 개인이 자신들의 장소에서 찾을 수 있는 개인 각각의 지식, 흥미, 이상, 취미, 능력의 계발과 이를 사용하여 고귀한 목적을 넘어서 자신들과 사회를 형성하는 것이다."[13]

1937년 교육정책위원회(Educational Policies Commission)에서는 다음과 같이 교육의 목적을 민주주의와 연결 지었다.

> 그러므로 미국에서 교육에 관한 모든 현실적 정의는 전체적인 철학과 민주주의 실천이 드러나야 한다. 교육은 도덕적 가치를 소중히 여기고, 책임감을 느껴야 하고, 기능적으로 필요하다고 여겨지는 지식을 전파하고, 제도와 경제와 관련된 정보를 알리고, 창의성을 살리고, 사라지지 않도록 영혼을 유지해야 한다.[14]

제2차 세계대전 중반부인 1943년 하버드 대학 총장인 James B. Conant는 미국 사회의 일반교육(즉, 필수교육, 자유민주주의 교육)을 살펴보기 위해 교육, 교양 과목, 과학 분야의 교수 위원회를 구성했다. 자유교양교육(General Education)을 위한 하버드 위원회는 교육의 목적을 "전문가가 되기 위해 특별한 직업이나 예술을 포함하여 자유로운 사람과 시민을 위한 일반교양에 이르기까지 개인이 준비하는 것" 이라고 보았다.[15] 이런 목적을 달성하기 위해 하버드 위원회는 모든 중등학교 아동에게 영어, 과학, 수학, 사회과학과 같은 교과목을 권하였다.[16]

교육목적의 진술에서는 민주주의나 인류의 역사와 같은 큰 주제를 지속적으로 논해야 한다. 1961년 국가교육협회의 교육정책위원회는 인류의 문제를 풀기 위해 교육의 역할에 대해 상세하게 설명한다.

> 엄청나게 많은 변화가 오늘날 세계에서 일어나고 있다. 하지만 그들 모두와 연결된 근본적인 힘이 있다. 그 힘은 현대사회에서 부여된 합리적인 능력에 기초한 증가된 역할이다. 인간의 지식을 증대하는 이런 능력을 사용함으로써 인간은 아주 오랜 기간 궁금해했던 인류, 우주, 시간의 수수께끼를 풀기 위해 시도하고 있다.[17]

1962년 미하원예산위원회(Committee on Appropriations of the United States House of Representatives)의 87차 회의가 열리기 전에 핵잠수함의 아버지라고 알려진 해군 준장 Hyman G. Rickover는 미국과 영국 교육 시스템 사이의 특별함과 그가 생각하는 교육의 목적을 주장하였다.

> 사람들은 학교가 어려운 세 가지 일을 달성해야 한다고 믿고 있다.
>
> 첫째, 학생들에게 중요한 지식을 전달해야만 한다. 둘째, 사람이 살면서 만나게 된 문제에 이러한 지식을 적용할 수 있는 필요한 지적 기능을 발달시켜야 한다. 셋째, 진실을 확인하고 논리적인 이유를 말할 수 있는 기본적인 판단 능력을 심어 주어야 한다.[18]

Mortimer J. Adler는 교육과 학교의 목적을 다음과 같이 표현하였다. "교육의 과정에서 궁극적인 목적은 인간이 교육받은 사람이 되도록 돕는 것이다. 학교는 그런 준비 단계다. 학습하는 습관을 형성하고 학교 졸업 후에도 지속적인 학습이 가능하도록 방법을 제공해야 한다."[19]

John I. Goodlad는 학교의 사회적 목적, 교육 목표와 목적, 학교목표의 주제를 논하였다. 그는 학교의 목적을 4개의 범주—학문적, 직업적, 시민 사회적, 개인적—로 분류하였다. 그와 동료들은 거의 100개의 가까운 다양한 목표 자료를 분석하였고, 자료를 정리하여 미국에서 학교의 목표로서 일반적으로 받아들여지는 열 가지 분류를 나열하였다. 그것은 기초적인 기술과 기본적인 과정의 숙달, 지적 발달, 전문교육-직업교육, 개인 간 이해, 시민사회 참여, 문화적 목적, 도덕적 · 윤리적 특성, 정서적 · 육체적 행복, 창조성과 예술적 표현, 자기실현이다(〈글상자 6-2〉 참조).[20]

글상자 6-2 미국에서 학교의 목적

A. 학문적 목적

1. 기초적인 기술과 기본적인 과정의 숙달
   - 1.1 읽기, 쓰기, 기초 산술적 연산을 배운다.
   - 1.2 읽기와 듣기를 통하여 아이디어를 얻는 방법을 배운다.
   - 1.3 쓰기와 말하기를 통하여 아이디어를 전하는 것을 배운다.
   - 1.4 수학적 개념을 활용하는 것을 배운다.
   - 1.5 이용할 수 있는 정보 자료를 활용하기 위한 능력을 기른다.
2. 지적 발달
   - 2.1 문제해결 기술, 논리학 원칙의 적용, 다른 연구방법을 사용하는 기술을 포함하여 이성적으로 생각할 능력을 기른다.
   - 2.2 지식을 사용하고 평가할 능력을 기른다. 즉, 지적 활동에서뿐만 아니라 넓고 다양한 삶의 역할—시민, 소비자, 근로자 등—에서 판단과 결정을 하기 위한 비판적이고 자주적인 사고
   - 2.3 수학, 문학, 자연과학, 사회학의 개념과 정보를 포함하여 지식의 일반적인 조직을 기른다.
   - 2.4 호기심과 추후 학습에 대한 욕구를 포함하여 지적 활동에 대한 적극적 태도를 기른다.
   - 2.5 사회 변화의 이해를 기른다.

B. 직업적 목적

3. 전문교육-직업교육
   - 3.1 어떻게 개인적으로 만족할 수 있고 자신의 능력과 흥미에 적당한 직업을 선택하는지를 배운다.
   - 3.2 직업적인 선택의 앎과 지식에 근거하여 결정하는 것을 배운다.
   - 3.3 경제적 독립을 위해 준비해야 하는 판매 기술과 특수한 지식을 배운다.
   - 3.4 경제적 삶에서 생산적인 참여자가 되게 해 주는 좋은 솜씨에 대한 자부심과 같은 습관이나 태도를 배운다.
   - 3.5 만들어 가는 삶에 대한 필요성과

사회적 가치와 직업적 품위의 감사와 같은 일에 대한 긍정적 태도를 배운다.

C. 시민 사회적 목적

4. 개인 간 이해

4.1 반대의 가치체계에 대한 지식과 반대의 가치가 개인과 사회에 주는 영향의 지식을 이해한다.

4.2 다른 가족의 사례와 자신의 가족을 통하여 가정 속에서 어떻게 구성원이 기능하는지 이해한다.

4.3 집단에서 효과적으로 의사소통하는 기술을 개발한다.

4.4 다른 사람들과 목표를 확인하고 증진하는 능력을 기른다.

4.5 존중, 신뢰, 협동, 이해, 봉사에 바탕을 둔 다른 사람과 생산적이며 만족스러운 관계를 배운다.

4.6 인류에 영향을 주는 국제관계의 이해를 배운다.

4.7 자신의 문화와 다른 문화에 대한 이해와 공감을 기른다.

5. 시민사회 참여

5.1 역사적인 관점을 개발한다.

5.2 정부의 기본적인 역할에 관한 지식을 이해한다.

5.3 국가와 지역사회에서 정치적 삶의 자발적인 참여를 이해한다.

5.4 자유의 가치, 합의제 정부, 대의제 정부, 모든 사람의 복지를 위한 개인의 책무를 이해한다.

5.5 현대사회에서 복잡한 조직과 기관의 상호관계에 관한 이해를 기른다. 그리고 그에 따라 행동하는 것을 배운다.

5.6 개인적 양심에 따라 반대를 표명할 수 있는 민주주의의 권리를 연습한다.

5.7 삶의 질을 향상하기 위해 정보에 근거한 선택의 경제적 기술과 소비 기술을 배운다.

5.8 환경의 생물적 · 물리적 자원의 기본적인 상호 의존의 이해를 기른다.

5.9 상호 의존성의 이해를 고려하여 행동할 수 있는 능력을 기른다.

6. 문화적 목적

6.1 자신이 한 구성원으로서 포함된 문명의 언어와 같은 가치와 특성을 이해한다.

6.2 문화에 대한 깨달음과 이해를 기른다. 그리고 인류에 영향을 주는 과거의 업적에 대해 이해한다.

6.3 오늘날 존재하는 사회의 방향과 가치들에 영향을 미치는 전통적 예절에 대한 이해를 기른다.

6.4 집단의 구성원으로서 표준, 가치, 전통을 이해하고 받아들인다.

6.5 다른 문화의 미학적 의견에 공감하기 위해 예술과 인간의 기본적인 원리와 개념이 어떻게 적용하는지 배운다.

7. 도덕적 · 윤리적 특성

7.1 사건과 현상의 좋고 나쁨을 평가하기 위한 판단력을 기른다.

7.2 진실과 가치를 지키는 마음을 기른다.

7.3 선택을 함에 있어 가치를 활용하는 것을 배운다.

7.4 도덕적 진실함을 기른다.

7.5 도덕적 행위에 대한 필요성을 이해한다.

D. 개인적 목적

8. 정서적 · 육체적 행복

8.1 감정을 수용하고 감성적 민감성을

높이기 위한 자발성을 기른다.

8.2 사회 변화에 대처하는 것처럼 지속적인 적응 기술과 감정적 안전성을 기른다.

8.3 해롭거나 중독성 있는 물질의 소비를 피하는 것과 같이 자신의 몸과 건강한 습관을 위한 지식을 배운다.

8.4 효과적으로 여가 시간을 사용하는 것을 배운다.

8.5 육체적 단련 능력과 여가 운동 능력을 기른다.

8.6 건설적인 자기비판을 할 수 있는 능력을 기른다.

9. 창조성과 예술적 표현

9.1 독창적인 방법으로 문제를 다루는 능력을 기른다.

9.2 새로운 아이디어를 수용할 수 있는 능력을 개발해야 한다.

9.3 다른 관점을 고려하고 유연하게 대처할 수 있는 능력을 기른다.

9.4 창조적인 표현의 다른 형태를 경험하고 즐길 수 있는 능력을 기른다.

9.5 예술적 표현의 다양한 형태를 평가할 능력을 기른다.

9.6 활동적인 방법의 창조적인 작업을 통하여 의사소통하는 자발적인 능력을 기른다.

9.7 예술, 직업, 직업 흥미를 통하여 문화적이고 사회적인 삶을 이루기 위해 노력한다.

10. 자기실현

10.1 사람의 활동이 의미하는 바를 찾는 방법을 배우고 삶의 철학을 개발한다.

10.2 자기 자신에 대해 스스로 알고 생각하는 것에 필요한 자신감을 기른다.

10.3 자신의 한계와 강점을 알고 현실적으로 평가하는 것을 배운다.

10.4 한 사람의 자기 개념이 다른 사람과의 상호작용으로 발전된 것을 인식한다.

10.5 목적을 가지고 의사결정을 하는 기술을 기른다.

10.6 자신의 목표를 실현하기 위하여 환경을 계획하고 조직하는 것을 배운다.

10.7 자신의 결정과 그 결과에 책임질 수 있는 마음을 기른다.

10.8 목적을 달성하기 위해 한평생의 학습 목표와 방법을 선택하는 능력을 기른다.

출처: John I. Goodlad, *A Place Called School: Prospects for the Future* (New York: McGraw-Hill, 1984), pp. 51-56. McGraw-Hill 출판사의 허락하에 재구성.

1984년 핵심학교연합(Coalition of Essential Schools)의 설립에 중요한 역할을 한 Theodore R. Sizer는 그가 지어 낸 프랭클린 고등학교의 이야기를 통해서 학교의 목적에 대하여 말하였고, 같은 시기에 다음과 같은 미국의 문제를 강조하였다. "…어떤 미국인은 학교를 정보나 지적 해방의 동력으로 보지 않는다. 게다가 그들은 마지막에는—정확하게 묘사하자면—견딜 수 없는 것이라고 말한다."[21]

교육이 무엇이 되어야 하는지에 대한 논쟁은 Herbert M. Kliebard가 아리스토텔레스의 『정치학(*Politics*)』을 인용하는 것처럼 오랜 과거까지 거슬러 올라가야 한다.

> 현재는 교육의 과목에 대한 의견이 나누어져 있다. 아동이 무엇을 배워야만 하는가에 대해 모든 이들이 공통된 관점을 가지고 있지 않다. 크게는 분명히 도움이 된다는 관점과 가장 훌륭한 삶의 가능성으로 보는 관점이 있다. 또한 교육이 직접적으로 이해를 주로 해야 하는지 혹은 도덕적 인성을 주로 해야 하는지에 대해서도 공통된 관점이 없다. 만약 우리가 현실을 바라본다면, 결과는 슬프게도 복잡하다. 삶에 유용한 적절한 학습이 무엇인지, 어떤 것이 유익한지, 어떤 것이 지식의 양을 넓혀 주는지의 문제에 대한 어떠한 해답도 내놓지 못한다. 학습의 여러 종류는 각각의 기호에 의존한다.[22)]

2000년 이전에 이루어진 고대 그리스로부터의 이렇게 놀라울 만큼 적절한 관찰은 21세기에 사는 작가의 문서 번역에서 나왔을지도 모른다. 9장에서는 최근의 학교 개혁을 이끌었던 몇 가지 사례를 살펴봄으로써 추가적인 교육의 목적에 대한 개인과 집단의 진술을 살펴볼 것이다. 또한 15장에서는 철학적으로 가끔은 갈등의 소지가 있지만 학교를 개혁하려는 개인과 집단의 다른 진술을 살펴볼 것이다.

연방정부의 목적

최근 몇 년 내에 연방정부는 목적 진술에 영향을 미치는 3개의 성명서를 발행하였다. 그것은 미국 2000(America 2000, 1990), 교육목표 2000-미국교육개혁법(Goals 2000: The Educate America Act, 1994), 아동낙오방지법(No Child Left Behind Act, 2001)이다.

미국 2000 1989년 9월 버지니아 대학에서 George H. W. Bush 대통령과 국가정책협회(National Governor's Association)는 6개의 수행목표를 포함한 성명서를 발표하였다. 대통령은 1990년 1월 연두교서에서 이 성명서를 발표하였고, 목적을 실행하기 위하여 돌아오는 봄에 자신의 제안을 발표하였다. 미국 2000으로 알려진 이 제안은 효과적인 교육과정과 교육 기술—4학년, 8학년, 12학년의 영어, 수학, 과학, 역사, 지리의 자발적인 전국 시험 그리고 학부모의 학교 선택권—을 증명하는 것을 목적으로 535개 시범학교(개별 지방 의회에 하나씩)의 지정을 포함한다.

2000년까지 달성해야 할 6개의 수행목표는 다음과 같다.

1. 미국의 모든 아동은 학교에서부터 배울 준비를 할 것이다.
2. 고등학교 졸업률이 최소한 90%로 증가할 것이다.
3. 미국 학생들은 영어, 수학, 과학, 역사, 지리와 같은 교과의 도전적인 교과 문제에서 자신의 역량을 입증함으로써 4, 8, 12학년을 졸업할 것이다. 그리고 미국의 모든 학교는 모든 학생이 그들의 감정을 조절하는 방법을 배우도록 책임질 것이다. 그래서 학생들은 현대 경제에 지속적으로 학습하는 책임성 있는 시민, 생산적인 직장을 준비할 수 있을 것이다.
4. 미국 학생들은 과학 성적과 수학 성적에서 세계 1위가 될 것이다.
5. 모든 미국 성인은 글을 알 것이고 세계경제에서 경쟁하고 시민권의 권리와 책임을 수행하기 위하여 필요한 지식과 기술을 보유할 것이다.
6. 미국의 모든 학교에서는 약과 폭력이 사라질 것이고 학습이 도움이 될 학문적 환경이 제공될 것이다.[23)]

목표를 실행하기 위한 노력은 국가 기준과 국가 평가를 주장하는 1990년 미국인력기술위원회(Commission on the Skills of the American Workforce)로 유지되고 있다.[24)] 여기에 제시된 목표는 전국의 교육자로부터 많은 반응을 이끌어 내고 있다. 교육자들은 이 고귀한 목표의 실현을 환영하였지만 꽤 많은 이가 2000년까지라는 짧은 시간에 위의 목표에 도달할 수 있을지를 의심하였다. 교육자들은 학부모의 공립학교 선택권, 실험학교를 위한 5억 달러 이상의 지출, 새로운 국가 평가에 대한 부담, 그 주장들을 실행하기 위한 연방 자금 조달의 부족에 대해 걱정을 하였다.

교육자들은 37개의 주에서 학생 성취를 평가하였던 국가학업성취도평가(National Assessment of Educational Progress)의 새로운 국가 평가에 대한 필요성을 의심하였다.[25)] 그러나 새로운 시험은 현재 알려진 대로 선다형 문제를 실시하는 것보다 다양한 과목 속에서 더 많은 사고 기능에 적합할 것이다.

그러나 국가 평가 시험은 몇몇 교육자가 받아들일 수 없는 국가 수준의 표준화된 교육과정을 야기할 수도 있다. 이런 교육자는 국가 평가가 교육과정에 의해 통제되는 것보다 통제할 것을 걱정한다. 또한 그들은 국가 교육과정이 개별 학교가 지역적 필요에 기반을 둔 학교 교육과정을 만들지 못하도록 할 것이라 믿는다. 몇 명의 교육자는 국가 기준과 국가 평가가 학습에 어려움을 겪는 학생에게 교육적으로 또한 사회적으로 불리한 환경을 만들 것이라 단언한다.

의회는 국가교육 기준 및 평가 협의회(National Council on Education Standards and Testing)를 통하여 미국 2000을 실행하려고 하였다. 이는 (1) 국가 기준의 개발 차후에 다른 과목을 추가할 가능성이 있도록 영어, 수학, 과학, 역사, 지리학의 5개 과목을 우선 시행하고, (2) 기준에 기초한 자발적인 국가 평가 시스템을 개발하는 것에 관한 감독을 주된 의무로 하였다.

피츠버그대학 연구개발센터(University of Pittsburgh's Research and Development Center)와 국가교육경제센터(National Center on Education and the Economy)에 의해 이루어진 새로운 기준 프로젝트(New Standards Project)의 계획 아래, 새로운 평가의 방향을 정하는 것이 1992년의 봄 17개 주에서부터 시작되었다. 퓨 자선기금(Pew Charitable Trusts)과 John D. & Catherine T. MacArthur 재단은 새로운 기준 프로젝트의 실질적인 재정 원조를 제공하였다.

모든 교육과정 이론가를 대변하는 것은 아니지만 미국 2000에 서명한 이론가들의 주장은 Henry A. Giroux의 주장에서 나타날 수 있다.

> 지도력과 개혁의 언어가 다시 언급되는 상황에서 이러한 보고서는 민주주의의 공공생활 중에서 가장 기초적인 측면인 사회적, 도덕적, 정치적 책임과 시민의식에 위협이 된다.[26)]

교육목표 2000-미국교육개혁법 Bush 행정부의 출범에 따라 1994년 봄에 교육목표 2000-미국교육개혁법은 의회를 통과하고 Bill Clinton 대통령의 서명을 받았다. 이 법에서는 연방정부가 학교 개선을 위한 주 계획을 지원하기 위해 권한을 가질 수 있었다. 또한 이미 살펴보았던 6개의 국가 목표를 조금 수정하였지만 거의 동일한 형태의 6개의 목표에 증가된 학부모 참여를 위한 교사와 교직원의 개선을 요구하는 다음 2개의 목표를 추가하였다.

- 국가의 교육적 능력은 전문적인 기술을 지속적으로 개선하고 미래를 위해 미국의 학생들에게 가르치고 준비시킬 필요가 있는 지식과 능력을 얻을 기회를 보장해 주어야 한다.

- 모든 학교는 아동의 사회적, 정서적, 학문적 성장을 촉진하기 위해 학부모가 많은 관심을 가지고 참여하도록 장려해야 한다.[27]

교육목표 2000-미국교육개혁법에 명시된 바에 따라서, Maxine Greene은 교과 문제 기준의 성취와 국가 평가가 필요한 '새로운 국가의 교육 의제'와 관련된 문제를 지목하였다. 그는 "이는 가난과 불평등에도 불구하고 실현된다." "기준과 평가가 줄 수 있는 영향은 단순하게 일어날 것이다." "오늘날의 젊은 미국인 사이에 예측할 수 없는 다양성"과 같이 생각하였다.[28] 또한 Greene은 "익숙한 패러다임이 여전히 사용되고 있다. 경제적이고 민주적인 변화에도 불구하고 대체 가능성에 대한 필요는 억압되고 무시되고 있다."라고 말한다.[29]

교육적 기준이 올라가는 중요한 요소로 가족을 인용하면서, 입법부의 비평가는 수백만 달러의 지출을 비난하였다. 계속 유지되었던 수백만 달러의 지출은 학교의 개선을 보장하지 않을 것이다. 연방정부는 지역 학교로부터 자치적 권한을 가져가 버렸고 학교의 독특함을 빼앗은 연방정부의 교육에 반대하였다.

비록 예언가는 아니었지만, 그들은 야심찬 미국 2000과 교육목표 2000-미국교육개혁법이 결코 2000년에 실현되지 않으리라 예언했다. 즉, 어떠한 목표도 제시간에 완전히 달성되지 못하였다.

2001년의 아동낙오방지법 교육적 관심의 결핍에 대한 인식이 지속적으로 나타나던 중, 미 의회가 미 공법 107-110의 포괄적 형식으로 1965년에 K-12에서 초·중등교육법으로 다시 한 번 위험을 무릅쓰고 아동낙오방지법(NCLB)를 감행하였다. 2002년 1월에 George W. Bush 대통령이 이 법에 서명하였다. 주 교육기관은 법령에 있는 다음의 10개 조항이 승인되어 연방 예산을 받았다.

제1조: 읽기와 읽고 쓰는 능력에 특별한 관심을 가지고 취약층의 학문적 성취 개선
제2조: 양질의 교사와 교장을 준비, 훈련, 채용
제3조: 영어 부진 학생과 이민자 학생을 위한 언어교육을 제공
제4조: 21세기 학교를 장려하기: 안전하고 마약 없는 학교 및 지역사회
제5조: 학부모 선택권과 혁신적인 프로그램의 확대
제6조: 책무성, 유연성, 주 사이의 자발적인 협력, 주의 평가와 기준을 개발하는 것을

통하여 학업 성취도를 개선

제7조: 인디언, 하와이 원주민, 알래스카 원주민의 교육적 필요성과 문화적 · 학문적 필요성 수호

제8조: 학교 수리와 현대화를 위하여 현실적 재원과 보조금의 연방 기금 지급

제9조: 구성원, 서비스, 사용되는 용어의 정의에 관한 규정

제10조: 폐지, 수정, 다른 법령의 개정과 관련된 규정[30)]

연방정부는 확실한 역할을 한다. 그리고 미국에서 교육의 목적을 확인하고 촉진하는 것에 중요한 역할을 계속할 것이다.

이 장에서 인지적 역량만을 강조하는 것부터 인지적, 정의적, 심동적 역량의 발달과 관련된 관심까지 인용된 다양한 형태의 교육목적에 대한 표현을 살펴볼 것이다. 우리는 15장에서 NCLB와 국가 기준 및 국가 평가의 문제를 다시 살펴볼 것이다.

교육철학

Greene은 철학을 "예상되고, 인지되고, 직관적으로 알게 되고, 믿어지고, 알려진 것을 할 수 있도록 뚜렷한 차이를 보여 주는 종류의 질문으로 구성된 틀"로 정의하였다.[31)] Greene은 다음과 같이 썼다. "교육철학이란 교육자에게 적합한 교육적 주관에 관하여 철학을 행하는 것이다…. 교육철학을 행하는 것은 가르치고 배우는 것에 얼마나 복잡한 요소가 존재하는지 비판적으로 인식하는 것이다."[32)]

교육목적의 표현은 교육철학이라는 신념의 바탕 위에 위치하고 있다. 확실히 목적의 예를 언급한 교육자는 교육, 사회, 젊은이가 어떻게 배워야 하는지에 대한 엄격한 가정에서 논의를 전개한다. 게다가 교육목적은 학교의 역할을 정의하는 철학에 대해 연구하는 교육자의 신념에 중요한 요소다.

교육자의 요구에 따라 네 가지 주요 철학이 발생했다. 그중 단지 두 가지만이 오늘날 학교에서 지지자를 찾아볼 수 있다. 비록 이 철학들은 가지각색의 이름으로 알려져 있으며 학교 내부에 학교철학으로서 존재하지만, 우리는 **재건주의**(reconstructionism), **진보주의**(prograssivism), **본질주의**(essentialism), **항존주의**(perennialism)라는 네 가지 철학을 살펴볼 것이다.

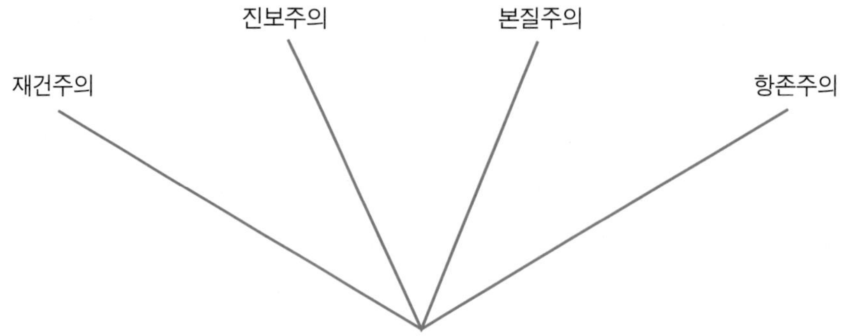

[그림 6-1] 네 가지 교육철학

이 네 가지 학교 사상은 가장 진보적인 것부터 가장 보수적인 것까지 [그림 6-1]에서 볼 수 있는 것처럼 나타낼 수 있다. 가장 왼쪽에 있는 것은 네 가지 철학 중 가장 진보적인 재건주의이고, 가장 오른쪽에 있는 것은 가장 보수적인 항존주의다. 비록 본질주의와 진보주의는 재건주의도 아니고 항존주의도 아니지만 교육자에 의해 가장 널리 받아들여지고 실행되고 있으며 학교에서는 광범위하게 승인되어 있는 것을 발견할 수 있다. 미국 공립학교에서는 보수적인 것과 아주 거리가 먼 재건주의를 지지하는 학교가 생겨났으며, 동시에 자유주의와 가장 거리가 먼 항존주의를 받아들이는 학교도 생겨났다. 재건주의와 항존주의는 나머지 두 철학보다는 학교에서 다소 적은 영향을 미쳤지만, 우리는 이 두 교육철학에 대해 이야기를 하고 난 다음에 더 널리 퍼져 있는 본질주의와 진보주의에 대하여 이야기할 것이다.

다음 논의에 대한 해설을 하자면, 비록 이 용어들이 교육철학과 관련하여 엄선하여 결정되었지만, 더 보편적인 삶의 철학에서 교육철학이 발생하였음을 알아야 한다. J. Donald Butler는 다음과 같이 비평하였다. "…교육의 목적은 단순히 모자 밖으로 꺼낼 수 있는 것이 아니다. 즉, 가치, 사실, 지식에 대하여 더 기초적이고 보편적인 사고로부터 시작해야만 한다."[33] Allan C. Ornstein과 Francis P. Hunkins는 "교육과정 수행자의 경험, 상식, 사회경제적 배경, 교육, 사람들에 대한 일반적인 믿음"에 대한 그들의 철학 형성에 공헌하였다.[34] 보편적인 철학에 대한 논의는 이 책의 범위를 넘어선다. 다수의 책이 여러 가지의 많은 학교철학을 다루고 있다. 이에 나는 두 권의 훌륭하고 읽기 쉬운 참고문헌을 추천하겠다.

- Butler(참고문헌 참조). Butler는 자연주의, 이상주의, 사실주의, 실용주의에 대하여 기술하였다. 그는 또한 '실존주의와 언어 분석' 도 포함하였다.
- Will Durant(참고문헌 참조). Durant는 15명의 위대한 철학자의 사상에 대하여 기술하였다.

재건주의

Hilda Taba는 John Dewey가 "항상 정신적이고 사회적인 용어를 이용해서 학교의 기능을 살펴보았다."[35]라고 강조하며 다음과 같이 설명한다.

> 교육이 사회적 과정이자 기초적인 것이며 사회적 재건주의의 가장 효과적인 도구라는 생각의 출발은 Dewey와 그를 따르는 연구자들의 연구와 저서를 통해 나타나고 있다. 그들의 주요 논지는 학교는 보이는 것처럼 다음과 같은 이유에서 단지 나머지 수업을 하는 기관이 아니라는 것이다. 즉, 교육은 개성을 형성하며 문화 속의 개인을 형성하는 역할을 하기 위한 창조적 기능을 가지고 있다. 교육 기능에 관한 논의에서 Dewey는 이원적인 주장의 한 방향으로 다른 이들이 개인적인 발달을 더 강조하고 있을 때 조금 늦게 발달한 학교의 사회적 책임을 정교화했다.[36]

Dewey의 철학에서 분화된 재건주의자는 사회 개선에서 고려해야 할 무엇인가를 달성하기 위하여 학교에 Dewey의 목적을 계승하였다. 상당한 논의가 전개되었던 George S. Counts의 『학교가 감히 새로운 사회질서를 세울 수 있는가(*Dare the School Build a New Social Order?*)』 책에서 그는 교육자가 우리 사회 속에서 학교의 역할을 다시 생각하여야 한다고 주장하였다.[37] 그의 핵심은 재건주의는 학교가 단순히 문화유산을 전수하거나 단순히 사회문제를 공부하는 것이 아니라 정치적이고 사회적인 문제를 해결하기 위한 기능을 해야 한다는 것이다. 재건주의에서는 모든 젊은이가 마주하게 될 교과는 해결되지 않았으며, 자주 논쟁의 대상이 되는 실직, 보건 문제, 주택 공급 문제, 인종 문제와 같은 시대의 문제로 이루어진 것으로 구성되어야 한다. 집단의 의견 일치는 마주한 문제에 대해서 해결 방안을 찾는 방법론이다.

Theodore Brameld는 협력, 건강, 영양 섭취, 주거를 포함한 열두 가지 요구를 언급하며 재건주의의 가치를 분명히 하였다.[38]

어떤 교육자는 젊은이가 긴급한 사회적, 경제적, 정치적 문제를 생각해야만 하고 가능한 해결책에 합의할 수 있도록 노력해야 한다는 것에 동의한다. 그러나 그들은 대부분의 학교철학이 받아들이지 못하는 것처럼 주입의 폐해로서 교사가 단 하나의 유일한 해결책을 제시하는 것에는 반대한다.

논란이 되는 사회문제를 강조하고 학교 조직의 주된 기능이 사회 변화라는 것을 강조하였으나, 재건주의는 미국 중산층의 중립 성향을 가진 대다수 학교에 공감을 이끌어 내지는 못하였다.

항존주의

Plato, Aristotle, 가톨릭 신학자 Thomas Aquinas의 스콜라 철학의 전통을 잇는 당시의 항존주의자는 교육의 목적을 지성의 훈련, 이성적 능력의 개발, 진리의 추구로 보았다. 후에 우리가 살펴볼 진보주의의 진리가 상대적이고 변화하는 것과는 달리, 항존주의자는 진리를 영원하고 항구적이고 변하지 않는 것으로 믿는다. 일반적인 항존주의자는 진리의 추구에서 종교적인 항존주의자와 결합하였다. 일반적인 항존주의자는 문법, 수사학, 논리학, 고전어, 현대어, 수학, 그리고 (항존주의 교육과정의 핵심인) 서양의 위대한 책들을 강조하며 고귀한 아카데미의 교육과정을 주장하였다. 그러므로 과거의 위대한 책 속에서 오늘날의 진리와 동일한 당시의 보편적인 항존주의 사상의 진리를 찾을 수 있다고 하였다. 이러한 학문적 원리를 위해 종교적인 항존주의자는 아카데미 교육과정의 학과 위에 신학 내용과 성경의 연구를 더 추가하였다.

시카고 대학의 전 총장인 Robert M. Hutchins는 미국에서 항존주의 철학의 대표자로 가장 널리 알려져 있다. Hutchins와 다른 항존주의자는 일시적인 학습자의 요구, 특수교육, 직업 훈련을 멀리하였다. Hutchins는 다음을 주장하면서 이러한 점을 명백하게 강조하였다. "이상적인 교육은 특별히 그것만을 위한 교육도 아니고 직접적인 요구를 충족하는 교육도 아니다. 이상적인 교육은 특수교육 또는 특정 분야의 교육도 아니다. 그것은 또한 실용적인 교육도 아니다. 이상적인 교육이란 정신의 발달에 적합한 교육이다."[39)]

항존주의 철학자는 교육은 삶을 준비하는 것이라는 본질주의 철학자의 주장에는 동의했지만 교육은 삶이라는 진보주의 철학자에게는 반대하였다. 엄밀히 말하자면, 항존주의는 높은 언어적 능력을 지니고 학문적 소질을 가진 소수의 학생에게 어울리는 교육을 제공하였다.

항존주의자는 사회문제를 돌이켜 보고 해답을 생각한다. 예를 들어, 미래에 다가올 환경 문제의 해결을 위하여 Lucretius의 『만물의 본성에 대하여(*De Rerum Natura*)』라는 책이 얼마나 유용한지 살펴보아야 한다. 항존주의에서 가장 많이 간과된 문제점 중의 하나는 민족 중심주의다. 항존주의 철학자는 서양의 위대한 책들을 모든 인류의 작품 중 가장 위대한 것으로 여기는 성향이 있다. 제외된 것 중에는 여전히 많은 사람에게 무지한 동양의 위대한 작품이 있다. 아마도 UNESCO의 지원하에 전 세계의 학자 집단이 참여하는 전 세계의 위대한 책들을 연구하는 의미 있는 교육과정 프로젝트가 필요할 것이다. 동서양은 서로 소통해야만 한다.

결론적으로 항존주의는 우리의 교육체제에 매력적인 철학이 되지 못했다.

본질주의

역사적으로 본질주의와 진보주의는 미국 공립학교에서 주류의 역할로서 자리매김하는 것에 성공하였다. 둘 다 대중적이고 전문적인 지원을 얻는 것에 잠재적인 경쟁자로서 존재하였고 또 존재하고 있다. Walker와 Soltis는 다음과 같이 말하며 두 개의 학교 사상 사이의 차이를 강조한다.

> 20세기 전반에는 Dewey의 생각을 따르고 진보적인 새로운 방식으로 교육과정을 바라보는 진보주의 철학자와 기본 교육과정은 지적으로 충만하고 문명화된 사회를 유지하는 개인의 교육에 필수적이라고 증명되었기 때문에 변화될 필요가 없다고 생각하는 전통주의자 사이에 대립이 지속되었다. 이러한 상반되는 관점에 관련된 많은 대립이 미친 영향은 특히 초등학교뿐만 아니라 일반 교육과정 이론에까지도 여전히 남아 있다.[40]

약간 부정확하지만 우리는 학교들 사이에서 주도권을 잡았던 기간의 사례로서 살펴볼 수 있다. 1635년에 설립된 보스턴 라틴 학교(Boston Latin School)에서부터 1896년에 만들어진 시카고 대학의 John Dewey의 연구학교까지 261년의 기간 동안에 걸쳐 본질주의의 정책(1635년부터 1824년 영국 고등학교의 출현까지 종교적 재건주의의 분위기 형성)이 지배하였다. 1896년에 느리게 시작된 진보주의는 1930년대와 1940년대에 발전하여 1957년(스푸

트니크의 해)까지 단기간에 가장 대중적인 교육철학이 되었다. 그러나 진보교육협회(Progressive Education Association)의 축소와 기초교육 협의회(Council on Basic Education)의 중심 인물인 Arthur Bestor, Max Rafferty, John Keats, Albert Lynd, Mortimer Smith와 같은 본질주의 철학자의 비판이 쏟아지면서 진보주의의 방향은 다소 흔들리게 되었다. 1957년 이후 본질주의는 주류의 자리를 되찾게 되었다. 그러나 1990년대 말 이후부터 아동의 자존감을 발달시키는 것이 강하게 주장되었다. 당시의 교육 비평가는 본질주의를 "지나치게 강조했다."고 말하였다.

본질주의가 따르는 교육의 목표는 문화유산을 전달하는 것이다. 사회 변화에 능동적으로 대처하는 재건주의자와 달리, 본질주의자는 그것을 보존하는 것을 추구했다. 또한 사회의 민중에 사회를 맞추어 가기를 추구한 재건주의자와 달리, 본질주의자는 사회에 사람들이 맞추어 가기를 추구했다.

인지적 목표 본질주의자의 목적은 주로 인지와 지식이다. 조직된 과정은 문화를 전달하기 위한 방법이였으며 지적 수양을 강조했다. 3R과 '어려운' (즉, 주지적) 교과는 본질주의 교육과정의 핵심을 형성하였다. 본질주의자는 교육과정에 아동을 맞추어 가는 경향인 반면, 진보주의자는 아동에게 교육과정을 맞추었다.

9장에서 살펴볼 교과 교육과정은 교육과정의 조직을 위해 가장 본질적인 계획이며, 할당-공부-암기-시험의 기술은 중요한 방법이다. 학습에 의해 터득한 것을 재생하는 능력인 학식은 고귀한 가치가 있고, 교육은 대학, 직업, 인생과 같은 어떤 미래의 목적을 위해 준비하는 것으로 이해할 수 있다.

Jean Jacques Rousseau, Johann Pestalozzi, Friedrich Froebel의 영향력이 감소했음에도 본질주의는 유럽교육과 세계 전 지역으로 전파되어 한 시대를 지배하였다. 본질주의자의 생각은 관리 구조를 한곳에 집중시키고 교육의 식민지화를 추구하는 유럽주의와 잘 부합하였다. 본질주의 개념을 따르는 정부는 젊은 사람에게 제공해야 할 것들을 선택, 제공, 통제할 수 있었다. 그들은 교과의 숙달 정도와 관련지어 젊은이들에게 보상하고 장려하였다. 그들은 교과의 핵심에 근거한 엄격한 시험을 통해서 대학에 들어갈 학생들을 구별할 수 있었다.

본질주의 철학의 최초의 주창자 중의 한 명인 William C. Bagley는 아동 중심적인 접근을 강하게 비판하고 본질주의적 원칙을 따라야 한다고 교사들에게 주장하였다.[41] James B. Conant는 대학의 학문을 옹호하면서 1950년대 말과 1960년대 중반에 수행된

중 · 고등학교에 관한 일련의 보고서에서 그의 주요 제안을 통해 본질주의적인 견해를 드러냈다.[42]

행동주의적 원리 본질주의자는 그들의 철학적 신념과 특히 조화를 이루는 행동주의 심리학에서 원칙을 발견하였다. V. T. Thayer는 본질주의자가 행동주의 원리를 옹호하는 이유를 설명하면서 1800년대 말과 1900년대 초에 일어난 미국의 도시화와 이주에 대한 주의를 환기하고 있다.

> 우리의 관심을 끌었던 미국 사회의 변화는 교육의 전체 수준에 영향을 주었다. 그러나 청소년의 내적 본질에 맞춘 교육 프로그램과 사회의 요구에 맞춘 교육 프로그램의 대조는 중학교 수준에서 가장 도드라졌다. 발달심리학은 교육 이후에 나타나는 본성의 특징이 실현되는 젊은 사람의 역동적이고 독특한 가능성을 강조하였다. 학교 밖의 삶이든, 가정 혹은 지역사회의 삶이든, 회사나 공장의 삶이든 더 나은 삶을 위해 교육의 중요성이 강조된다. 또한 바람직한 습관, 기술, 기능 형성을 구체적이고 상세하게 관찰하였다. 선택의 필요성에 직면하여 교육자는 적응을 위한 교육에서 더 나아가 철학으로 관심을 돌리게 되었다.[43]

행동주의는 반응하지 않을 수 없는 많은 자극을 수용하는 수동적인 역할의 학습자에게 관심을 돌렸다. 이미 알려져 있는 여러 가지의 연합과 결합, S-R(자극-반응) 결합, 조건화 등의 행동주의는 교실에서의 반복 연습, 프로그램된 수업, 교수기계, 표준화 검사, 행동목표를 권장했다. 일반교육과 교사교육 양쪽에서 역량을 설명하고 증명하기 위한 운동은 행동주의자 덕분이다. 미성숙한 학습자를 위해 성인이 직접적이고 명확하게 내용을 선정하는 것이 행동주의적 사고의 중심이다. 행동주의자 중 언급되는 사람으로 개가 종이 울릴 때마다 침을 흘리게 가르쳤던 고전적 실험을 수행한 러시아 과학자 Ivan Pavlov가 있다. John B. Watson은 적절한 자극만 주어진다면 그가 바라는 대로 아동의 행동을 결정하고 유지할 수 있다고 하였다. Edward L. Thorndike는 논쟁의 대상이 되었던 표준화 실험의 창시자로서 많은 사람의 존경을 받고 있다. 그리고 B. F. Skinner는 교수기계를 대중화했다.

행동주의적 본질주의 학교의 교사는 내용을 논리적이고 연속된 단편으로 분해하였고 학습자가 공부할 단편을 지시하였다. 대표적으로 그들은 학습자에게 규칙, 개념, 모델

(예, 직사각형의 면적을 구하기 위한 공식)을 주면서 수업을 시작하고 이후에 지침을 사용하여 연습(숙련)할 많은 기회를 주도록 하였다. 아마 학습자는 충분한 연습(숙련)을 통해 그것이 필요할 때마다 그 규칙, 개념, 모델을 사용할 것이다. 학습은 개인 행동의 습관적인 부분이 될 것이다. 비록 인간의 본성은 내용을 정기적으로 사용하지 못하면 잊어버리는 경향이 있어도, 행동주의자와 본질주의자는 만약 그 내용을 철저하게 숙련한다면 그것을 쉽게 상기할 수 있다고 주장한다.

기본 기술과 학문을 현재 지속적으로 강조하는 것은 본질주의자로부터 유래되었다. 따라서 현재의 교육과정과 실행은 본질주의 성향을 강하게 유지하고 있다.

진보주의

19세기 말과 20세기 초 진보주의는 미국의 교육체계를 엄습하여 본질주의의 오랜 관습에 도전하였다. John Dewey, William G. Kilpatrick, John Childs, Boyd Bode를 따라 진보주의자는 교과가 학습자에 맞추어 이루어져야 한다고 주장하였다. 강제적인 학습이 아닌 자유로운 환경에서 아동이 길러져야 한다고 주장한 Rousseau와 같은 몇몇 유럽 철학자로부터 근거하여, 진보주의자는 아동 중심의 학교를 창립하였다. 그것의 시작이 시카고 대학의 실험학교였다. 시카고에서 뉴욕까지 동쪽으로 퍼져 나가는 동안, John Dewey는 『민주주의와 교육(*Democracy and Education*)』,[44] 『경험과 교육(*Experience and Education*)』,[45] 『우리는 어떻게 사고하는가?(*How We Think*)』,[46] 『나의 교육 신조(*My Pedagogic Creed*)』[47]를 포함하는 저술 활동을 통해서 진보주의의 신념을 구축하였다. 학습자의 요구와 흥미를 충분히 고려해야 한다는 주장과 학습자가 학교에서 지식과 마찬가지로 신체, 감정, 인성을 학교에서 다루어야 한다는 주장에 따라 진보주의는 교육자의 관심과 지원을 얻었다.

Dewey는 본질주의와 진보주의 교육과정의 차이점을 다음과 같이 명확하게 규정하였다.

> 교육과정의 기본 요소는 아직 발달이 덜 된 미성숙 상태다. 그리고 사회목적, 의미, 가치를 성인의 성숙한 경험 속에서만 구체화된다. 교육과정은 이 요소들의 상호작용이다…. 이러한 갈등의 요소로부터 서로 다른 교육적 부분이 발전하였다. 어떤 학교는 교육과정 교과의 중요성을 아동 자신의 경험 내용을 서로 비교하는 것에 주

의를 집중하여 결정하였다…. 여기에서의 지침은 아동 개개인의 특수성, 변덕, 경험을 무시하고 축소하는 것이다…. 교육자로서 우리의 업무는 이렇게 피상적이고 가볍게 이루어지는 사건을 안정되고 질서 있는 현실로 바꾸는 것이다.

각각의 논제에서 과목으로, 각각의 과목에서 단원으로, 각각의 단원에서 특정한 사실로 세분화되고 명확해진다. 개개의 아동이 떨어져 있는 부분들 각각을 단계적으로 숙련하여 나아가게 한다면 마침내 그들은 전 분야에 숙련될 것이다…. 수업의 문제는 논리적인 부분과 계열성을 가진 교과서를 고르는 문제다. 그리고 유사하게 정의되고 수준이 정해진 방법으로 학급을 편성하는 것이다. 교과는 결과를 제공하고 방법을 결정짓는다. 아동은 그저 성숙될 수 있는 미숙한 존재이며 깊어질 수 있는 얕은 존재다. 그들의 경험은 점점 넓어질 수 있는 한정된 경험이다. 이것이 인정하고 받아들여야 할 부분이다….

다른 학풍에서는 다르다. 아동은 시작점이고 중심이고 결과다. 아동의 발달과 성장은 우리의 목표다. 그것은 기준만을 제공한다. 모든 학문은 아동의 성장에 도움이 된다. 학문은 성장에 필요한 귀중한 수단이다. 개성과 특성은 교과보다 중요하다. 지식과 정보가 아닌 자기실현이 목표다…. 또한 교과는 결코 아동 없이 시작될 수 없다. 배움은 활동이다. 그것은 정신 밖으로 발현되는 것을 의미한다. 그것은 정신에서 유기적 동화로부터 시작된다…. 배움의 질과 양 모두를 결정할 수 있는 것은 아동이지 교과가 아니다.

유일하게 의미 있는 방법은 받아들이고 도달하려고 애쓰는 것과 같은 정신의 방법이다. 교과는 정신적인 양식이나 육체적인 영양으로도 가능하다. 그것은 그 자체로는 소화할 수 없다. 교과는 저절로 뼈, 근육, 피가 되지 않는다. 어떤 것이든 학교에서 죽어 있거나 기계적인 혹은 형식적인 것으로 판단하는 기준은 교육과정에 있는 아동의 삶과 경험이다. "공부"가 지루한 것의 동의어가 되는 이유는 "수업"이 임무와 일치하기 때문이다.[48)]

그 당시 진보주의는 교육을 학습에 의해 터득한 자동차 기술과 같은 생산물이 아니라 살아가는 동안 계속되는 과정이라 생각했다. 진보주의의 사고 방향은 미리 선택된 내용을 수동적으로 흡수하는 것과 다르게 사람들이 자신의 세계에서 활동적으로 경험할 때 아동이 최고의 학습을 한다고 생각하는 것이다. 학교에서 경험하는 것이 개개 학습자의 요구와 흥미에 부응하여 계획되는 것이라면 모든 학습자에게 적합한 단 하나의 교과 양식은 존재할 수 없다는 결과가 따라올 것이다. Brameld는 Dewey, Rugg와 같은 진보주의자의 견해를 포함한 관점을 다음과 같이 설명하였다.[49]

> 교육적인 어떤 경험이라도 교육과정 교과로 적합하다. 이 의미는 좋은 학교란 미성숙 학습자든 성숙한 학습자든 학습자의 학습을 돕는 모든 종류의 것과 관련되어 있다는 것이다. 어떤 내용의 유일한 핵심, 과정의 체계, 가르침의 적합한 일방적 방법은 없다. 경험이 그 자체로서 중요한 것처럼 개개인과 집단의 요구와 흥미는 장소에 따라, 시간에 따라, 문화에 따라 바뀐다.[50]

아동이 현재의 현실적인 교육적 경험을 겪어야 한다는 진보주의자의 입장은 다음의 진보주의 철학의 상투적인 표어로 이어졌다. "교육은 삶이다." "행함으로써 배우는 것이다." 진보주의자는 학교에서 정신, 신체, 감정, 지능, 사회, 문화적인 요소를 포함하는 넓은 범위에서의 학습자, 개개인의 차이를 고려해야 한다고 주장하였다. 사고와 실행에 있어 진보주의는 학습과정의 중심에 학습자를 두고 학생, 사회, 교과를 고려하는 모습을 보여 주었다.

진보주의 사고의 중심에는 민주주의의 변치 않는 신념이 있다. 그러므로 진보주의자는 교실과 학교는 권위주의가 실현되는 장소가 아니라고 본다. 그들은 학습자는 미숙해서 성숙한 교사와 관리자의 지배를 받아야 한다고 생각한 본질주의자를 인정하지 않고, 오히려 교사를 교육과정에서 파트너로 간주하였다. 진보주의적 사고에 영향을 받은 교사는 스스로를 교과의 해설자가 아닌 아동의 상담가, 학습의 조력자로 보고 있다. 교실에서는 경쟁보다 협동을 권장한다. 한 개인의 능력과 관계 속에서의 개인적 성장은 다른 사람과의 경쟁 속에서의 성장보다 더 중요하게 여겨진다.

민주주의의 해결되지 않은 많은 문제에 대한 우려는 진보주의적 진영의 분열을 가지고 왔으며, 학교는 새로운 사회체제를 건설하기 위한 수단이 되어야 한다는 것을 주장한 재건주의자가 등장하게 되었다. 이미 언급했던 것과 같이 항존주의자는 절대적이고 항상 존재하는 진리를 고찰하였고 과거의 학문에 기초를 두고 있다. 본질주의자는 진리와 같은 문화유산에 대해 이야기한 반면, 진보주의자는 아직까지 발견되지 않은 많은 상황과 변화무쌍한 상대적인 진리를 수용하고 있다. 실용주의 원리를 지지하고 있는 진보주의자에게 교육이란 진리를 찾기 위해 필요한 자료라면 무엇이든 활용하여 진리를 찾는 지속적인 과정이다.[51]

과학적 방법론 과학적 방법론은 이미 알려져 있는 바와 같이 반성적 사고, 문제 해결, 실용적인 지식이며 진보주의 학교에서는 목표이자 기술 모두가 될 수 있다. 과학적 방법론은 목표를 달성하기 위한 기술이자 문제의 해결책을 찾는 수단이기도 하다. 간단히 정리하면 과학적 방법론은 다섯 가지 요소로 구성된다.

- 문제 확인
- 가설 설정
- 자료 수집
- 자료 분석
- 결론 도출

진보주의자는 인간이 노력한 어떤 분야에서든 적용할 수 있는 보편적인 방법으로서 과학적 방법론을 제안하였다. 과학적 방법론은 단순한 문제 해결과 복잡한 연구 모두에서 일반적으로 널리 받아들여졌다. Taba는 생각하는 능력을 완벽하게 훈련하는 것과 같이 문제 해결의 방법을 받아들이는 것에 대해서 매우 명확하고 신중해야 한다고 다음과 같이 제안하였다.

> 그러나 생각의 모든 양상이 문제 해결 또는 연구의 과정과 관련 있다고 주장하는 것은 또 다른 하나의 문제다. 또한 이 단계를 따르는 것이 생각의 모든 요소에 충분한 연습을 제공한다고 생각하는 것도 다른 문제다. 훈련의 목적을 위하여 일반화, 개념 형성, 가설 분석, 원칙 적용과 같은 사고의 다양한 측면을 숙달하는 것과 문제 해결의 조직화된 순서에 이 관점을 사용하는 것 둘 다 중요하다…. 만약 이 요소가 의식적으로 조직되지 않거나 숙달되지 않았다면, 문제 해결은 문제의 종류를 정의 내리거나, 어떤 종류의 자료를 모으거나, 해결책의 어떠한 변화를 가정하는 의식의 과정 등으로 변질될 수 있다.
>
> 문제 해결의 한 종류인 모든 반성적 사고를 포함하는 것은 어떤 사고의 요소가 제외될 수 있음을 의미한다. 특히 문제 해결을 할 때 꼭 등장하는 것은 아니지만 관련성은 있는 요소가 제외될 수 있다. 개념 형성, 추상화, 귀납적 방법과 같은 정신적 과정이 그러한 요소에 해당된다.[52)]

경험주의 심리학 행동주의에서 본질주의자는 그들의 철학과 조화를 이루는 학습 이론을 연구했다. 반면 진보주의자는 그들이 교육을 바라보는 관점에 부합하는 학습이론에 관심을 기울이지 않았다. 그들은 Charles S. Peirce와 William James의 경험주의 심리학, Max Wertheimer, Wolfgang Köhler, Kurt Koffka, Kurt Lewin의 심리학(게슈탈트), Earl Kelley, Donald Snygg, Arthur Combs, Abraham Maslow, Carl Roger의 지각심리학에 가치를 두었다.

경험주의자는 모든 교육의 과정 속에서 학습자의 능력에 맞는 활동적 참여를 권장하였다. 20세기에 두드러지는 James의 영향을 반영하여, Brameld는 James의 『심리학 원리(*Principle of Psychology*)』를 "다양한 관점에서 이는 미국의 어떠한 학자 혹은 과학자에 의해 연구된 분야 중에 가장 뛰어난 업적이다…."라고 언급했다.[53)]

게슈탈트 심리학 행동주의자의 교과의 부분적인 진술과는 대조적으로, 게슈탈트 학자는 그들이 '큰 그림'이라고 부르던 전체에 집중하였다. 그들은 교사에게 학습자가 다양한 부분 사이의 관계를 볼 수 있도록 교과를 조직하라고 충고하였다. 이 충고는 "아동이 모든 것이다."라는 진보주의의 주장과 완전하게 일치된다. 교사 사이에서는 관련된 모든 범주에서 특정 화제 또는 문제를 연구하기 위하여 전체적인 계획으로 교육을 조직화하는 구성방법이 이루어지고 있다. 오늘날 교사 사이에서는 단원 계획의 작성이 일반적이다. 예를 들면, 빅토리아 시대라는 주제는 그 시대의 역사, 철학, 정부, 문학, 과학, 예술품의 연구를 위한 통합적인 테마를 제공한다.

게슈탈트 학자는 학습자가 주어진 상황의 요소 사이의 관계를 분별할 때, 학습자가 통찰력을 획득할 수 있다고 주장하였다. 게슈탈트 학자는 통찰력의 기술을 갈고 닦기 위하여 탐구와 발견 학습을 장려하였다. 경험주의자와 게슈탈트 학자 모두는 실제 삶의 상황에 비슷하게 숙달시키고 학습자의 이전 경험과 더욱 친숙하게 할수록 성공적인 학습이 이루어질 수 있음에 동의한다.

지각심리학 좀 더 최근에 등장한 지각심리학은 학습자의 자기 개념 발달에 초점을 맞추었다. 지각심리학자의 목표는 '자기실현'의 발달 또는 '완전히 기능하는' 인성 이다. Abraham H. Maslow는 자기실현을 다음과 같이 정의했다.

> 자기실현은 다양한 방법으로 정의된다. 그러나 변하지 않는 핵심은 인지할 수 있

> 다는 것이다. 다양한 정의는 다음과 같은 의미를 포함하고 있다. (a) 자기 내부에 존재하는 능력의 인지와 표현이다. 즉, 잠재된 능력과 가능성의 실현, 인간과 인간 본질의 가능성이 "완전히 기능하는 것" 이다. 그리고 (b) 질병, 근심, 정신병, 기본적인 인간의 능력과 개인적 능력의 상실과 감소를 최소화하는 것이다.[54]

지각주의자는 자신이 능력 있다고 느끼며 성장하는 사람들에 집중한다. Arthur W. Combs는 "능력이 있는 사람들의 행동에서 항상 기본으로 여겨지는 지각 분야의 네 가지 특성" 을 목록으로 만들었다.[55] 그것은 (1) 자신에 대한 긍정적 인식, (2) 다른 사람과의 공감, (3) 경험에 대한 개방적 자세와 인식, (4) 형식적 학교 교육과 비형식적 환경 모두에서 얻은 풍부하고 다양한 관점의 눈이다.[56]

지각심리학자에 따르면, 교사는 아동이 자신의 개념을 충분히 발전시키도록 도와주어야 하고 세계에 대한 인식과 그들이 살고 있는 세계 모두를 기꺼이 다루어 주어야 한다. 지각주의자는 주어진 상황의 사실이 무엇인지보다 학습자가 그 사실을 어떻게 인식할 것인지를 아는 것이 더 중요하다고 주장한다. 우리는 모두 선택적으로 우리의 환경을 인식하는 경향을 가지고 있다. 우리는 낯선 사람에게 주의를 기울이기 전에 더 낯익은 얼굴을 인지한다. 우리는 우리가 알고 있는 단어를 고르고 우리가 모르는 것은 무시한다. 우리가 인식하고 있는 바에 따라 우리는 어떤 상황에서 바라본 시각을 진실로 확신한다. 이것이 우리가 인식을 하는 방법이다. 지각주의자는 사람들이 주변의 세계를 바라보는 그들의 관점을 다루어야 함을 강조하고 있다.

종종 다른 사람의 관점에 의해 개인이 받아들일 수 있는 감정과 받아들일 수 없는 감정이 결정된다. 만약 아이가 부모에게 자신이 나약하다고 들었다면, 아이는 진짜로 나약해질 수 있다. 만약 아이가 교사에게 자신이 예술적인 재능을 가졌다고 들었다면, 아이는 그 능력을 개발하기 위하여 노력할지도 모른다. 만약 아이가 자신이 읽기 능력이 낮거나, 수학적 능력이 부족하거나, 음악적인 재능이 모자란다고 들었다면, 아이는 이러한 견해를 받아들이고 진실로 믿을지도 모른다. 아이가 자기충족적 예언(self-fulfilling prophecy)과 같은 과제를 사용하는 것도 좋은 예가 된다. 건강식품 찬양자의 말을 듣고 우리가 음식을 먹는 것과 같이, 우리는 지각심리학자가 주장하는 것처럼 다른 어떤 사람이 우리를 만들어 가는지도 모른다. Combs는 자기 개념이 어떻게 획득되는지 다음의 과정으로 설명하고 있다.

> 사람들은 그들의 성장과정에서 주위 사람이 자신을 대했던 방식으로부터 자신이 누구이고 자신이 무엇인가에 대하여 배운다…. 사람들은 말하는 것이 아니라 인생에서 얻은 다양한 경험으로부터 그들의 자기 개념을 찾는다. 사람들은 좋아했고 원했고 마음에 들었으며 성공적이라 느꼈던 경험을 좋아하고 원하며 마음에 드는 감정으로 발전시킨다. 사람은 다른 사람으로부터 들어왔던 것으로부터가 아니라 그 자신이 그랬던 경험을 통하여 배운다. 여기에 능력을 더 발달시키기 위해 행해져야 하는 것의 핵심이 있다. 긍정적 자아를 만들기 위해서는 사람들에게 자신이 긍정적인 사람임을 아는 경험을 제공하는 것이 필요하다.[57]

지각주의자는 아동이 실패를 경험해야만 한다는 주장을 비판하였다. Combs는 다음과 같이 말하였다. "실제로 우리 대부분은 미래에 성공할 것이라 생각되는 사람은 과거에 성공적이었던 사람들이라고 믿는다. 사람들은 실패로부터가 아니라 성공으로부터 그들의 능력을 배운다."[58]

진보주의 철학자는 경험주의 심리학자, 게슈탈트 심리학자, 지각주의 심리학자와 쉽게 동일시된다. 교육을 인간답게 하는 그들의 하나된 노력은 교육자(특히 교육에 종사하는 교사)의 마음을 사로잡아 최단 기간에 번성하였으나 우리의 교육제도에 지울 수 없는 흔적을 남겼다. 진보주의 때문에 본질주의는 결코 동일한 것이 될 수 없을 것이다.

비평적 탐구 비평적 탐구에서 우리의 판단이 중요하다. Kenneth A. Sirotnik에 따르면 다음과 같다.

> 비평적 탐구란 엄격하고, 시간이 많이 소모되고, 많은 이의 협력이 필요하고, 많은 자료가 필요하다. 그리고 학교에 기초를 둔 변증법으로 다음과 같은 포괄적인 질문을 말한다. X라고 불리는 것은 어떻게 진행되어 가고 있는가? (X란 교육목표나 학교 교육의 기능과 같은 기본 목적, 시간표 배정, 학생들의 교육 계획, 성취도 평가와 같은 교수적 행동, 지도력, 의사 결정력, 의사소통 능력과 같은 조직 관리 능력을 의미한다.) 그런 방법으로 어떻게 실행할 수 있는가? 그 방법에 의해 충족되는 (혹은 충족되지 못한) 욕구는 누구의 것인가? 우리가 그 문제를 증명하기 위해 필요한 정보와 지식은 무엇인가?… 이것이 우리가 원한 방법인가?… 우리는 이 전체에 대해 무엇을 하려고 하는가?…[59]

교실의 현실과 상이한 공립학교의 목표 진술을 말할 때, Sirotnik은 어떻게 진행되어지는지에 대해 다음과 같이 진술한다. "학생들 능력의 발달은 직선적이고, 권위에 의존하고, 말해야 할 때 말하고, 홀로 일하고, 사회적으로 냉담하게 되고, 경험하지 못한 채 수동적으로 배우고, 정보를 단순히 기억하고, 수업을 따라가고, 지식을 구분하는 것으로 이루어진다." [60]

"그러므로 비평적 탐구의 핵심은 전문적인 토론과 의사소통에 참여하는 사람들의 자발성과 능력이다." 라고 Sirotnik는 말한다. [61]

구성주의 심리학 경험주의, 게슈탈트, 지각심리학처럼 구성주의는 진보주의 철학을 보완하기 위해 등장하였다. 구성주의자에 따르면, 교사는 학습을 돕는 사람이고 학생은 자신의 학습에 대한 책임을 가지고 배워야 하며, 학습은 활동적인 과정으로(진보주의의 '행함으로써 배운다' 를 기억하라), 학생들에게 의미 있는 방식으로 표현되어야 한다. 그리고 기초 능력은 세부적으로 분리되어 학습되는 것이 아니라 실제 상황에서 학습되어야 한다. 오늘날의 많은 학교는 구성주의자의 원리에 따라 프로그램과 수행이 이루어지고 있다.

이에 Nell Noddings는 다음과 같이 설명한다.

> 구성주의—철학, 인식론, 인지론, 교육학적 기원에서처럼 여러 방면에서 활용된다—는 일반적으로 수학교육과 과학교육을 지배하고 있다. 구성주의의 기본적인 전제 중의 하나는 모든 지식은 구성주의적 지식이라는 것이다. 지식은 수동적 반응의 결과가 아니다. 이 전제는 구성주의의 모든 형태에서 공통적이고 또한 인지심리학의 기본적인 원리다…. 교육학에서 구성주의자는 [Jean] Piaget로부터 시작되었다. [62]

다른 학교철학처럼, 구성주의는 목적—개인이 사회에서 효과적으로 지식을 사용할 수 있도록 하는 사고의 발달—을 달성하기 위하여 구성주의만의 독특한 프로그램 또는 훈련의 방법을 요구하지는 않았다.

구성주의는 많은 교육자에 의하여 받아들여졌고, 반면 많은 사람으로부터 거절당했다. 한 예로, 구성주의자는 우리가 인용할 수 있는 전체 언어교육, 표준화 평가, 유도된 발견, 총괄평가, 통합된 교육과정을 사용하였다. Karen H. Harris와 Steve Graham은

"기본으로 돌아가라"는 움직임이 구성주의자에 대한 반발이었던 것을 지적하였다.[63] 사람들(그리고 많은 교사)은 구성주의자의 주장을 받아들일 만한 충분한 준비가 된 것처럼 보이지 않았다. 그러나 교사는 가끔씩 전통적인 접근을 가지고 구성주의의 요소를 섞어서 사용하였다.

8년 연구 진보주의의 운동은 1933년과 1941년 사이에 진보교육협회에 의하여 수행된 8년 연구에 의하여 지지되었다. 많은 교육자는 이 연구를 미국에서 행해졌던 교육 연구 중에서 가장 중요한 연구로 받아들이고 있다. 수년간 꽤 많은 주제의 횡단연구가 이루어졌다. 많은 사람이 많은 연구에 광범위하게 참여하였다. 학생, 고등학교 교사와 행정직원, 교육과정 상담자, 연구원, 대학교수 등이 모두 연구에서 중요한 역할을 하였다.

진보교육협회는 대학 입학을 위하여 끊임없이 요구되고 이루어졌던 관례적 고등학교 대학입시 교육과정이라는 마법에서 풀려나도록 했다. 협회는 중등학교 교육과정에 더 많은 유연성을 부여하길 원했지만, 대학들이 학생들의 학습과정에서 대학의 기준을 강요하기 때문에 교육과정의 변화가 가능하지 않을 것이라는 것을 깨달았다. 그런 까닭에 일반적인 대학 입학 요구사항에 상관없이 한정된 고등학교의 졸업생을 입학시키는 것에 300개 이상 대학의 협력과 동의를 얻었다. 대학에서 계속적으로 요구하였던 전통적인 관념을 산산이 부숱지도 모르는 성질의 실험을 위해 그렇게 많은 대학의 협력을 이루어 냈다는 것은 그 자체로도 큰 업적이었다. Wilford M. Aikin, H. H. Giles, S. P. McCutchen, Ralph W. Tyler, A. N. Zechiel이 연구를 지휘하였다.[64]

대학교와 전문대학은 1936년부터 1941년까지 5년 동안 프로그램으로 인한 불이익 없이 30개의 공립학교와 사립학교로부터 졸업생을 입학시킬 것에 동의하였다. 1933년에 최초로 시작한 30개의 실험학교는 그들이 옳다고 생각하는 어떤 방향 안에서 학교 프로그램을 수정할 수 있었다.

연구에 참여한 대학과 전문대학은 실험학교의 졸업생과 전통적인 고등학교의 졸업생의 한 쌍을 만들어 대학 성적을 분석 · 비교하였다. 1400쌍 이상의 학생이 이 연구에 참여하였다. 8년 연구의 결과는 다음과 같이 요약된다.

> 밝혀진 것처럼 실험학교의 졸업생이 외국어를 제외한 모든 과목에서 비교된 상대 학생보다 더 잘한 것으로 나타났다. 실험학교의 졸업생은 학업 의욕, 지도적 위치,

> 학습 습관, 지적인 호기심, 교실 밖 활동에서 각자의 비교 학생을 능가하였다. 8년 연구는 대학에서의 성공을 위해서 하나의 교육과정만 필요한 것이 아님을 명확하게 보여 주었다.[65)]

8년 연구는 9장에서 논의될 진보주의 경험 교육과정과 더불어 앞으로 논의될 핵심 교육과정과 같은 새로운 교육과정 실험을 자극하였다.

진보주의의 쇠퇴 교육과정의 중심에 아동을 놓고, 아동 전체를 다루고, 아동의 요구와 흥미에 호소하고, 아동의 개인차를 반영하고, 반성적인 사고를 강조하는 진보주의의 공헌에도 불구하고 진보주의는 사람들과 교육자에게서 점차 사라져 갔다. 그러나 사람들이 진보주의의 정책에 매료된 적이 결코 없다고 주장하는 것은 아마도 진실이 아닐 것이다.

진보주의가 외면당하고 과학, 수학, 외국어와 같은 '본질적인' 교육과정이 시작되었던 이유로 스푸트니크 인공위성 사건 자체만 생각하는 것은 옳지 않다. 우주 탐사에 대한 구소련의 성과에 앞서 많은 해 동안 분쟁은 이미 일어나고 있었다.

본질주의 교육과정은 항상 이해하기에 가장 쉬운 것이었고 조직화하고 관리하기에 가장 수월한 것이었다. 본질주의 교육과정은 윤곽이 뚜렷한 것처럼 보였고, 성인의 지식을 제도하는 교사와 행정가에 의하여 쉽게 계획될 수 있다. 우리는 전통이 우리 사회에 작용하는 힘을 간과하지 말아야 한다. 그러므로 본질주의 교육과정은 미국인이 가장 많이 노출된 것 중의 하나이고, 미국인은 본질주의 교육과정을 가장 좋은 것으로 알고 유지되기를 원한다.

이른바 몇몇의 진보적인 학교가 아동의 욕구와 흥미를 충족하는 극단으로 갔던 것은 의심할 여지가 없다. 미국 사회는 필기체 쓰기를 숙달할 필요가 없다고 자의적으로 판단한(요구하지 않았기 때문에) 고등학교 졸업생이 목판 인쇄를 사용하는 것에 놀랐다. 아동의 즉각적인 요구와 흥미에 반응해야 하지만, 몇몇 진보적인 학교는 미숙한 학습자의 요구와 흥미를 거의 인식하지 못해서 학생들을 장기간 희생시켰다.

진보적인 학교의 졸업생은 기본적인 기술 또는 국가의 문화유산 부분을 학습하지 않았다는 주장들이 점점 나타났다. 사람들은 다음과 같은 교육자들의 주장에 대해 불쾌하게 느꼈다. "독서에 대한 필요가 느껴짐을 표현한 후에만 아이는 읽기를 배워야 한다." 또는 "곱셈 구구표를 암기할 필요가 없으며 학생들은 항상 구구표를 찾아볼 수 있거나 계산기를 사용할 수 있다."

본질주의 교육과정이 또렷한 계열성을 가지고 교과의 성취를 평가하는 것이 비교적 용이한 것에 비해, 진보주의 교육과정은 평가를 행하기에 때로는 기준이 없고 불가능한 것처럼 보였다. 아동의 전부를 다루는 것을 시도할 때 진보적인 학교는 많은 부모에게서 가정의 기능을 빼앗으려는 것처럼 보였으며, 이에 대해 어려움을 겪었던 교사가 본질주의자의 주장에 동의하기도 했다.

심지어 열성적인 진보주의자 몇몇은 Dewey에게 경고하였다.

> 미래의 문제와 별개로 아동에게 흥미의 원리에 따라 지속적으로 지켜 주는 것은 아동을 영구적으로 어지럽게 하며, 이는 곧 혼란이다. 이는 곧 활동의 연속성이 파괴되었다는 것을 의미한다. 모든 것은 즐거움을 위한 놀이로 만들어졌다. 이것은 지나친 자극을 의미한다. 즉, 에너지의 낭비인 것이다. 의지는 결코 활동이 될 수 없다. 의지는 외부의 유행과 즐거움에 있다. 모든 것은 사탕 발린 말이고 아동은 주변의 흥미 있는 상황이 모두 인위적인 것이 아니라는 것을 배울 것이다.[66]

대중교육만으로도 진보주의 활동은 쇠퇴했다. 진보주의 활동은 25명의 학급에서 가능할지도 모르지만 35명 또는 그 이상의 학급에서는 불가능하다. 아직까지 누구도 어떻게 하면 고등학교 영어 교사가 하루에 150명의 학생 사이의 인식 차이를 파악할 수 있는지에 대해 효과적으로는 물론이고 만족스럽게 증명하지 못했다. 오래전인 1959년에 James B. Conant는 고등학교 영어 교사 1명당 최대 100명의 학생을 주장하였지만 아직까지 많은 학교에서 실현되지 못하고 있다.[67]

본질주의자, 행동주의자, 스콜라 철학자에 의한 진보적 교육의 비판은 진보주의의 중심에서 본질주의를 복구하는 것으로 모아졌다. 그러나 1970년대와 1980년대의 교육 개혁에 관한 다수의 보고서(9장에서 어느 정도 논의될 것이다)는 본질주의 교육과정에 대한 불만을 나타내었다. 동시대의 어떤 교육과정 이론가는 학교의 역사적 역할은 항상 시대에 뒤떨어지고, 공장과 산업 모델이 부적절하고, 공장에서 근무할 젊은 사람을 위해 사회에 도입되었고, 순응에 대한 보상, 삶의 준비에 대한 경시의 특징을 가지고 있다고 지적한다. George H. Wood의 말을 빌리면, "공공에 헌신하는 독립적인 사고자가 중요한데 그들은 자신의 계획에 따라 활동한다."[68] 몇몇의 보수적인 라디오와 텔레비전 토크쇼 사회자는 부정적인 관점으로 공립학교를 '정부 학교'라는 별명으로 묘사하였다. Linda

Darling-Hammond는 학생들에 대한 비인격적인 취급과 기계적인 학습이 지배하는 점에서 '컨베이어 벨트' 와 같은 상의하달 방식의 조직 관리로서 현재 학교 구조를 설명하였다. Darling-Hammond에 따르면 "요구된 코스, 교과서, 시험 도구, 관리체계" 와 같은 개선의 노력은 학생 배움을 이끌기 위하여 만들어졌고, 이는 규격품을 생산하기 위하여 노력하는 "제조공업" 모델에 기초를 두고 있다.[69] 이와 같이 논평하면서 그녀는 공장 모델 학교가 민주적인 교육에 걸림돌이 됨을 다음과 같이 언급하고 있다.

> 상대적으로 학교들은 학생들에게 이해를 가르치기 위한 풍부한 활동적인 교육과정을 거의 제공하지 않는다. 건설적인 사회적 상호작용과 의사결정을 교류하기 위해서는 학생들의 다양한 상황이 필요하지만 교육에서는 거의 다루어지지 않는다…. 자신의 능력과 공동체를 발전시키는 방향에서 학습할 권리는 많은 미국인에게 현실이 아닌 꿈이었다.[70]

경제적 목표로 서술된 교육을 비판한 Michael W. Apple은 "미국과 유사한 국가 안에서 가장 큰 영향력을 주는 경제 집단과 정치 집단이 선호하는 교육이란 경제적인 요구(그러나 물론 이러한 요구도 권력에 의해 도출된다)와 관련된 것임은 매우 명확하다." 라고 논평하였다.[71] 민주적인 이상에 따라 오랫동안 학교 개혁이 이루어졌고, Jean Anyon은 도시 학교 개혁 신념의 적절성에 의문을 가졌다. Anyon은 "도시는 복잡한 경제적 · 정치적 시스템이 되어 버렸다. 그리하여 도시가 주민에게는 더 민주적이고 생산적일지도 모르나, 교육 개혁가에게는 도시 학교에서 장기간 교육적 변화로 효과를 성취할 가능성이 거의 없다." 라고 주장하였다.[72]

재개념주의자는 알려져 있는 교육과정 이론가의 소집단에서 나왔다. 재개념주의자(대부분 교육과정의 대학교수)는 숨겨진 교육과정(아동이 학교에서 경험하였음에도 직접적으로 가르쳐지지 않은 가치)에 대한 우려를 표현하였다. 이러한 가치는 그들 삶에서의 자신, 학교 안에서 성인과 동료 아동과의 관계, 학습과정 속에서 처했던 상황을 포함한다.

재개념주의자는 교육과정과 교수의 근본적인 변화를 위한 주장을 하였다. 몇몇은 시대에 뒤떨어진 교육과정의 발달을 논하였지만 교육과정 이해의 입장에서 새로운 주장을 하였다.[73] 그들은 인류, 특히 역사, 철학, 문학 비평에서 그들의 입장에 대한 지지를 끌어내었다. William Pinar는 재개념주의자의 관심사를 다음과 같이 설명하였다.

> 재개념주의자는 공공 세계의 본질적이고 실존적인 경험과 자신들의 세계에 대한 이해에 관심이 있다. 재개념주의자는 "행동의 변화" 또는 "교실에서의 의사결정"이 아닌 세속적 권력, 초월, 의식, 정치의 문제를 연구하는 경향이 있다. 간단하게 말해서 재개념주의자는 교육적 경험의 본질을 이해하려 노력한다.[74)]

Pinar는 1975년에 재개념주의자는 모든 교육과정 이론가 중 3~5% 정도를 구성한다고 언급하였다. Pinar에 따르면, 이론가의 60~80%는 학교의 가장 중요한 임무가 실천가를 양성하는 것이라고 보는 '전통주의자'다. 또 다른 관심사를 가진 사람은 교육과정의 하나인 행동과학에 있는 '개념 경험론자'다.[75)] 비록 이 세 집단의 비율이 오늘날 얼마쯤 변화되었을지도 모르지만, 현재 교육과정 현장의 측면을 살펴보면 '전통주의자'가 가장 큰 집단으로 구성되어 있고, '개념 경험론자'에 이어 가장 적게 구성되어 있는 '재개념주의자'가 있다. Pinar 등은 아직까지 재개념주의가 전통적인 교육과정 교과서에 충분한 영향력을 주지 못한다고 봤다.[76)]

비판이론 교육과정 분야의 재개념주의 논의에서 Peter S. Hlebowitsh는 "당시의 교육 연구 분야의 많은 도전은 교육 비판이론에 의해 영감을 받았다."라고 진술하였다.[77)] 프랭크퍼트 사회연구협회(Institute of Social Research in Frankfort)의 영향으로, 독일 비판 이론가는 사회 부정 행위와 그것을 떠받치는 학교 활동의 부분에 관심을 보였다.[78)] 예를 들면, "능력별 학급 편성, 직업교육, 특별교육, 교사교육"과 같은 것이다.[79)] Nell Noddings는 "비판이론의 관점에서 철학은 특정 시기의 커다란 사회운동과 투쟁에 관여하고 있을 것이다."라고 설명하였다.[80)]

비판 이론가는 규정된 프로그램 또는 교육학적인 교육과정을 제공하지 않는 대신에 학교와 사회에서 성장의 목표와 함께 개인의 의지가 필요함을 강조하였다. Noddings는 "교육철학자는 비판이론에 의해 많은 영향을 받고 있다…."라고 진술하였다.[81)]

논란이 되고 있는 많은 철학적 견해와 지나친 일반화의 위험에도, 우리는 21세기의 시작에서 많은 사람과 대다수의 교육자가 미국 학교에서 본질주의와 진보주의 철학이 섞인 교육 프로그램과 활동을 좋아하는 모습을 보게 될 것이다.

철학 형성하기

교육과정 개발의 전체적인 관점에서 교육과정 위원회는 교육목적의 표준을 검토하는 과정을 이끌고, 가장 중요하게 나타나는 교육목적을 선택하고, 표준에 맞추어 능력을 결정하도록 지시한다.

교육과정 위원회는 주요한 학교철학, 특히 본질주의와 진보주의의 핵심 원리를 인식하고 있을 것이다. 위원회는 개인으로서 그리고 집단으로서 자신이 어떤 철학적 관점을 취하고 있는지 알고 있어야 한다. 아마도 철학의 절충적 관점을 위하는 교육자와 같이 위원회는 몇 가지 철학의 관념에서 좋은 것만을 채택할지도 모른다. 그들은 순수한 본질주의자 또는 순수한 진보주의자와 같은 것이 존재하지 않는다는 것을 발견할 수 있을지 모른다. 더 일반적으로 진보적인 사고 쪽으로 기우는 본질주의자도 있고(진보주의적 본질주의자), 거꾸로 본질주의자 사고 쪽으로 기우는 진보주의자(본질주의적 진보주의자)도 있다.

교육과정 종사자는 자신의 철학을 기초로 충분한 시간을 통하여 제작된 일관성 있는 지침서처럼 자신의 철학을 형성해야 한다. 철학 형성은 실용주의자처럼 대부분의 미국인이 열의가 있거나 흥미 있어 하는 활동이 아니다. 중학교 교육과정에 철학을 부여한 몇몇 유럽 학교와 달리 대부분의 미국인은 미국 고등학교 철학은 철학이 없음(부재)을 지적하고 있다. 심지어 대학 수준의 철학 교수조차도 자신들의 문 앞에서 이에 대해서 떠드는 학생의 무리를 강제로 물리친다.

교육자는 자신들이 사회 변화와 지식의 끊임없는 확장을 따라가고 있는지 알기 위해서는 정기적으로 자신의 철학을 재검사하여야 한다. 학교는 철학 지침서를 작성하는 게 좋을 것이고, 5년마다 부분 재검토하여 개정하고, 10년마다 완전히 재검토하여 개정하여야 할 것이다. 지역사회의 대학과 학교 협회의 인가를 유지하기 원하는 학교는 이런 제안을 따라야 한다. 학교가 지역 협회를 따르든 그렇지 않든 간에, 그 학교의 활동을 위한 기초 형식을 세우기 위해서는 학교철학을 형성해야만 한다.

학교철학은 교사와 관리자에 의한 협력적인 노력의 산물이지만 학부모와 학생의 추가적 도움이 항상 필요하다. 그 학교의 철학으로서 철학 지침서는 일반적으로 학교 관리자에 의하여 작성되고 공표된다. 철학 지침서의 작성은 지역 대학 협회의 인정을 받기 위해 작성되었을지도 모른다. 그러나 이는 실행의 측면을 놓치는 것이다. 학교철학을 만들기 위해서는 다양한 생각을 가진 사람들 사이에서 합의를 얻으려 노력해야 하며 공통적으로 가지고 있는 집단의 목적과 가치가 무엇인지 알아내려 노력해야 한다. 이러한 이유로 교수 위원회에 의하여 작성된 철학 지침서는 학교철학의 승인, 거절, 변경을 위해 전체적인 기능을 제공하여야 한다. 매우 실질적인 의미에서 철학 지침서는 '이것은 우리가 믿는 것입니다' 또는 '이것은 우리의 뜻입니다' 를 의미하는 선언서의 기능을 한다.

철학을 진술하는 것에서의 가치

어떤 이는 철학 지침서를 쓰는 것이 다른 방향으로 노력한다면 더 가치 있을 수 있는 시간을 낭비하는 것이고, 대부분의 노력은 결국 무의미한 진부함으로 끝나 버린다고 주장한다. 철학적 지침서는 무의미한 슬로건이 될 수 있다. 그러나 무의미한 슬로건이 되어서는 안 된다. 우리는 독립선언서에 있는 다음과 같은 무의미하고 진부한 정치철학의 문장을 읽어야 하는가? "삶, 자유, 행복의 추구"를 포함하여 "모든 사람은 동등하게 창조되었다." "그들은 확실한 그리고 양도할 수 없는 권리를 그들의 창조자에 의하여 부여받았다." 우리는 왜 우리 조상이 양도할 수 없는 권리에 대한 마음에도 없는 소리 대신에 조국과 식민지 사이의 관계를 공정하게 끊어내지 못했는가라고 물어볼지도 모른다. 아마도 사람들은 주변의 같은 마음을 가진 사람들을 위해서 토론의 장을 마련하고 그 답변을 준비해야 함을 인식했을 것이다.

학교철학은 독립선언서와 같은 동일한 순서를 가져야 하거나 그와 동일한 종류의 문서가 아니다. 하지만 학교철학은 토론의 장을 마련하고 그것을 발표한 사람들의 믿음에 대한 이론적 설명을 제공한다. 만약 철학 지침서가 이 목적을 충족한다면, 그것은 단순하고 진부한 겉치레가 아니라 진정 가치가 있는 것이다. 만약 학교 기능이 인지 능력을 개발하거나, 사회적 현상을 유지하거나, 학문적 재능과 타고난 재능의 성장과 계발을 지도하는 것이라고 믿는다면 학교철학은 그렇게 표현되어야 한다. 교사에게 도움을 줄 수도 없고 교사가 교실에서 실행으로 옮길 수 없는 단지 신성한 것처럼 보이는 진부한 지침서보다 철학적 신념에 대한 진솔한 표현이 더 많은 도움을 줄 것이다.

교육과정 종사자로서 우리는 우리의 신념을 어떻게 표현할 것인지, 우리의 신념에서 멀어진다는 것이 우리에게 얼마나 어리석은 것 또는 죄책감을 느껴야 하는 것인지 알아야 하며 잘못된 것은 바로잡아야 한다. 학교철학의 형성은 교사와 관리자에게 교육과정 계획을 변화시키는 기회를 제공하고 집단의 일반적 근거를 찾을 수 있는 교육적 경험을 제공하는 가치 있는 것일 수 있다.

학교철학은 교육, 사회, 학습자의 목적과 교사의 역할에 대한 신념을 포함하여야만 한다. 교직원에 의해 작성된 다음과 같은 철학 지침서의 사례가 있다. 이 지침서는 교직원에 의하여 작성된 미국 전역 철학의 한 전형이다. 그들은 민주주의, 개인, 학습과정에 대하여 말한다. 몇몇 학교의 지침서는 간결하다. 몇몇은 장황하기도 하다. 몇몇 학교는 철학 지침서에 학교의 목적과 목표를 포함한다. 여기서 우리는 학교의 철학과 최초로 접하게 된다. 8장에서 우리는 교육과정 목적과 목표의 진술에 대하여 논의할 것이고 그 예를 제공할 것이다.

철학 지침서는 교직원이 가진 학교에 대한 신념을 보여 준다. 미국 교육이 본질주의로 관심이 옮겨 감에도 진보주의의 신념은 여전히 강렬하다. 현재 지적 능력 개발을 강조함에도 이러한 예는 전체 아동에 대한 관심이 있음을 보여 준다. 인지 능력 발달의 증가된 관심에도 불구하고 이러한 예는 정서에 관심을 쏟기를 제공한다.

Ornstein과 Hunkins는 "철학은 학교가 무엇을 위해 존재하는지, 교과의 가치는 무엇인지, 학생들은 어떻게 학습하는지, 어떤 방법과 자료가 사용되어야 하는지 말하고 있다. 철학은 교육자에게 교육의 목표, 내용과 내용 조직, 교수와 학습의 과정, 학생들이 학교와 교실에서 받는 경험과 활동과 같은 광범위한 문제의 해법을 제시한다."라고 주장하며 교육자에게서 철학의 중요성을 강조하였다.[82]

철학을 개발하고 실행하는 문제

학교철학의 사례를 살펴보기 전에, 교육과정 종사자가 학교의 철학을 개발하고 실행하려고 할 때 자주 마주치는 두 개의 문제 상황이 있다. 첫째는 대체로 지침서의 기초를 구성하는 중요한 사람들이 학습의 과정, 사회의 요구, 사회에서 개인의 역할에 대한 서로 다른 가정을 가지고 실천과정에 참여한다는 것이다. 참여하는 다양한 사람은 교육에 대한 자신의 신념에 따라 상이하고 다른 이와 충돌할 수도 있는 철학을 드러낼지도 모른다. 다른 견해는 어떻게 해서든지 반영하고 조화해 나갈 필요가 있다. 만약 일치를 이룰 수 없다면, 아마도 철학 지침서의 밑그림을 조금도 그릴 수 없을 것이고 쓸모없고 불합리한 밑그림이 될 것이다.

두 번째 문제는 종종 모호하고 다양한 해석을 가능케 하는 용어가 철학적 신념의 지침서에서 나타나는 것이다. 철학의 지침서가 완성되었을 때 아마 교육과정 지도자는 용어를 일치시키는 일에서 그리고 용어의 해석에 일치를 이루기 위하여(때때로 지침서의 밑그림을 그렸던 사람들 사이에서조차) 따라오는 문제를 경험할 것이다.

교육철학의 사례

아이오와 지역의 큰 도시 학교(〈글상자 6-3〉 참조)와 조지아 지역의 작은 학교(〈글상자 6-4〉 참조)의 학교철학 사례를 살펴보자. 철학 지침서는 점점 일반적으로 역할과 목적 또는 목표와 하위목표를 열거한다. 〈글상자 6-3〉은 아이오와의 공립학교인 디모인(Des Moines)의 교육철학 지침서의 내용이며 〈글상자 6-4〉는 조지아 스테이츠버로에 있는 샐리 제터로워(Sallie Zetterower) 초등학교의 지침서로 학교의 역할과 신념을 설명한다. 우리는 추가로 8장에서 논의될 교육과정 목적과 목표에 대한 학교 지침서의 사례를 만나게 될 것이다.

글상자 6-3 디모인(아이오와 공립학교)의 교육철학

교육철학

미션 진술. 디모인 공립학교는 대학, 예술, 직업 준비에서 엄격한 기준을 달성하기 위하여 모든 이에게 도전하는 것을 가르쳐 준다.

신념 진술. 공립교육은 다양한 민주주의 사회를 유지하고 지탱하는 데 필수적이다. 이를 달성하기 위해 우리는 다음을 따른다.

- 모든 학생은 할 수 있고 배워야만 한다.
- 학교는 학생 각각의 독특한 학습 요구를 반영해야 한다.
- 가정, 학교, 지역사회는 서로를 위해 일해야 하고 지원해야 한다.
- 교수와 학습은 위생적이고 안전하고 조용한 환경이 필요하다.
- 자원과 서비스는 효과적인 교수를 위해 필수적이다.
- 모든 직원은 배우는 것을 계속하여야 하고 모든 학교는 향상을 위해 끊임없이 노력해야 한다.

출처: Des Moines Public schools, ***Educational Philosophy,*** website: http://www.des-moines.k12.ia.us/schoolboard/6missiongoals.htm, accessed April 24, 2003. (Public domain.) Revisited March 15, 2007, at website: http://www.dmps.k12.ia.us/schoolboard/6philosophy.htm.

글상자 6-4 샐리 제터로워 초등학교

미션 진술

샐리 제터로워 초등학교는 모든 학생에게 생각하고, 학습하고, 성취하고, 성장하는 기회를 준다.

학교 진술

모든 이를 위한 우리의 신념은 다음과 같다.

- 모든 이는 존중받아야 한다.
- 모든 이는 안전한 환경에서 일하고 학습해야 한다.
- 모든 이는 학습할 수 있고 성공을 경험할 수 있다.
- 모든 이는 자신의 언행에 책임을 져야 한다.

교사, 학습자, 학부모의 태도와 성향은 학습의 질을 결성한다.

출처: Sallie Zetterower Elementary School, Georgia, *Mission Statement and Our Beliefs*, website: http://www.bulloch.k12.ga.us/szes/szes_handbook.htm, accessed March 15, 2007. 허락하에 게재.

학교의 사례와 교육적 철학의 학교 지역 지침서를 웹으로 찾는 동안에 저자를 깜짝 놀라게 한 것은 몇몇 학교와 학구가 그들의 교육적 강령(지침서를 정교하게 만들었던 그 학교 체제의 경우에는 철학, 임무, 목표의 지침서다)을 하나로 이끄는 고리의 위치를 찾는 것이 얼마나 어려운가 하는 것이다. 어떤 사람은 "이것은 우리가 믿는 것입니다."라고 세상에 말하기 위하여 학교가 그들의 교육적 강령을 가장 중요하게 결정할 것이라 생각할 수도 있다.

우리의 교육, 학교 교육, 학습, 사회에 대한 신념으로부터, 우리는 교육과정 개발의 다음 단계까지 나아갈 수 있다. 교육적 목적과 철학의 지침서라고 불리는 제시된 교육과정 개발의 구성 요소 I이 필요하다. 교육의 목적을 반영하여 교육과정 종사자는 다음과 같은 것을 해야 한다.

- 교육적 목적은 한 사람의 교육철학에서 시작되었거나 일부라는 것을 명심하라.
- 저명한 사람들과 집단에 의하여 만들어진 국가 교육목적 지침서를 인지하라.
- 국가 지침서를 평가하라. 그리고 그중에서 받아들여질 수 있는 지침서의 내용을 선택하라. 만약 필요하다면 수정하라.
- 선택한 철학 지침서로부터 교육의 목적을 그대로 받아들이거나 수정 혹은 통합함으로써 교육목적(명확한 주 규모 목적과 유지할 때) 지침서를 작성하라.

구성 요소 I의 철학적 측면을 반영하여 교육과정 종사자는 다음을 할 수 있어야 한다.

- 교육철학에서 학교를 이끄는 중요한 신념을 확인하라.
- 철학 지침서를 분석하고 지침서와 관련된 학교를 확인하라.
- 교육과정 종사자 자신의 교육철학을 분석하고 명확히 하라.

요약

교육과정 개발에서 전체론적인 접근은 사회에서 교육의 목적을 살펴봄으로써 시작된다. 목적은 국가 그리고 (때때로) 국제적인 범위에서 교육목적의 형식으로 표현된다.

여러 해 동안 많은 저명한 개인과 집단이 미국을 위한 교육의 목적에서 그들의 입장을 나타내었다. 교육과정 종사자는 자신만의 목적 지침서를 공식화할 뿐만 아니라 역사적으로 중요한 목적 지침서에 대해서도 식견이 있어야 한다.

이 장에서 우리는 교육의 네 가지 철학, 즉 재건주의, 진보주의, 본질주의, 항존주의를 고찰해 보았다. 이 중에서 특별히 본질주의와 진보주의는 우리 학교에서 중요한 위치를 가지고 있는 것으로 나타났다.

교과 내용을 강조한 본질주의는 대부분의 국가의 역사를 통하여 교육철학으로 널리 보급되었다. 그러나 아동의 요구와 흥미를 강조한 진보주의는 교육 프로그램과 실행에서 강한 특징을 가진다. 교육과정 종사자는 그들 자신의 철학적 원리를 분명하게 하고 다른 전문가와 대중에게 전달될 수 있는 학교의 철학 지침서를 작성해야만 한다. 이 장에 포함되어 있는 학교철학의 사례는 내용의 사례—즉, 차용된 지침이다—라기보다는 오히려 과정의 사례라고 할 수 있다. 교육과정 개발자는 자신의 말에 신념을 담아 표현해야 한다. 만약 본질주의와 진보주의 모두에서 원리를 끌어왔다면 자연스럽게 절충주의가 될 가능성이 높다.

교육목적과 학교철학의 지침서를 개발하는 것은 교육과정 개발을 위한 포괄적인 모델의 최초 단계 혹은 구성 요소가 될 것이다.

논의문제

1. 본질주의 철학이 오랫동안 지속될 수 있었던 이유는 무엇인가?

2. 단순히 언어적 진술이 되지 않기 위해 철학적 진술은 어떻게 할 수 있는가?

3. 만약 목적 지침서가 적용된 주라면, 학구나 개별 학교 지침서가 존재하는가?

4. 진실은 상대적인가 혹은 절대적인가? 예제와 함께 설명하라.

5. 교육목적은 어떤 곳에서부터 도출되는가?

보충 연습문제

1. 적절한 참고문헌을 인용하여 전체주의에서 교육의 목적과 민주적 사회에서 교육의 목적을 비교하라.

2. 다음 철학을 따르는 학교 사례를 3개 이상 말하라.
   a. 재건주의
   b. 항존주의
   c. 본질주의
   d. 진보주의

3. 적절한 참고문헌을 사용하여 본질주의와 진보주의를 비교하는 보고서를 작성하라.

4. 문헌을 검색하여 다음 사람의 연구와 신념에 관련된 보고서를 찾아보라. 하나 혹은 둘 이상의 저술을 인용하라.
   Jean Anyon
   Michael Apple
   William C. Bagley
   Louise M. Berman
   Earl Kelley
   William H. Kilpatrick
   Herbert M. Kliebard
   Kurt Koffka

Theodore Brameld
Deborah P. Britzman
Jerome Bruner
John Childs
Arthur Combs
James B. Conant
George Counts
John Dewey
Friedrich Froebel
Henry A. Giroux
Maxine Greene
Madeleine Grumet
Georg W. F. Hegel
Johann F. Herbart
Dwayne Huebner
Robert M. Hutchins
William James
Immanuel Kant
Harold Rugg
Kenneth A. Sirotnik
B. F. Skinner
Patrick Slattery
Donald Snygg
Wolfgang Köhler
Kurt Lewin
Sarah Lawrence Lightfoot
Gail McCutchen
James B. Macdonald
Abraham Maslow
Alice Miel
Maria Montessori
Jeanie Oakes
Ivan Pavlov
Charles S. Peirce
Johann Pestalozzi
Philip Phenix
Jean Piaget
William F. Pinar
Hyman G. Rickover
Carl Rogers
Jean Jacques Rousseau
Herbert Spencer
Florence B. Stratemeyer
Edward L. Thorndike
John Watson
Max Wertheimer

5. 행동주의 원리에 따라 학교에서 일어나는 실천을 몇 가지 서술하라.

6. 다음에 따라 학교에서 일어나는 실천을 몇 가지 확인하라.
(a) 경험주의 원리, (b) 게슈탈트 원리, (c) 지각심리학 원리, (d) 구성주의자 원리

7. 적절한 참고문헌을 사용하여 특정 학교철학에 어떤 특정 학습이론이 관련되어 있는지 보이라.

8. 적절한 참고문헌을 사용하여 교실에서 암기가 사용된 모습에 관해 짧은 글을 쓰라.

9. 반성적 사고에 관련된 짧은 글을 써 보고 당신이 알고 있는 가장 특수한 분야에 어떻게 적용할 수 있는지 보이라.

10. 8년 연구의 연구 결과를 요약하여 보고서를 작성하라.

11. 과거 5년 안에 본질주의나 재건주의를 가진 교육과정 제안이 있는 문헌을 찾아보라.

12. 다음의 학교철학에 대한 주요 신념을 요약하고 이 중에 아무거나 교육과정과 관련하여 의미하는 바를 표현해 보라.
    a. 자연주의
    b. 이상주의
    c. 현실주의
    d. 실용주의
    e. 실존주의
    f. 스콜라 철학

13. 재건주의 신념을 분석하는 글을 작성하라.

14. 비판 이론가를 설명하거나 평가하는 글을 작성하라.

15. 비판적 연구가 의미하는 바에 대해 설명하라.

◆ 비디오 자료 ◆

Constructivism. 1995. 30분, 40분짜리 비디오 2편. Jacqueline Grennon Brooks는 구성주의 교수 전략을 설명한다. Facilitator's Guide. 책, *In Search of Understanding: The Case for Constructivist Classrooms* by Jacqueline Grennon Brooks and Martin G. Brooks.

Character Education: Application in the Classroom. 1998. 40분, 초등(K-6)과 중등 교육과정에서 통합 인성 교육에 관한 최근의 제안들. Phi Delta Kappa International, P.O. Box 789, Bloomington, Ind. 47402-0789.

◆ 웹사이트 ◆

Character Counts!: http://www.charactercounts.org

Character Education Partnership: http://www.character.org

Josephson Institute of Ethics: http://www.josephsoninstitute.org

No Child Left Behind Act:

http://www.ed.gov/nclb/landing.jhtml

http://www.ed.gov/offices/OESE/esea/summary.html

http://www.NoChildLeftBehind.gov

후주

1) Decker F. Walker and Jonas F. Soltis, *Curriculum and Aims*, 4th ed. (New York: Teachers College Press, 2004), p. 12.

2) 교육과정 목적과 목표에 대해서는 8장 참조.

3) 수업 목표와 명세목표에 대해서는 10장 참조.

4) Educational Policies Commission, *Moral and Spiritual Values in the Public Schools* (Washington, D.C.: National Education Association, 1951), pp. 17-34.

5) James Patterson and Peter Kim, *The Day America Told the Truth: What People Really Think About Everything That Really Matters* (New York: Prentice-Hall, 1991).

6) William J. Bennett, ed., *The Book of Virtues: A Treasury of Great Moral Stories* (New York: Simon and Schuster, 1993). 또한 도덕적 소양과 인격 형성에 대해서는 William J. Bennett, *Our Children and Our Country: Improving America's Schools and Affirming the Common Culture* (New York: Simon and Schuster, 1988), Chapter 9 참조.

7) Michael Josephson, *Excerpts from Easier Said Than Done: A Common Sense Approach to Ethical Decision Making*, Unpublished draft. Marina del Rey, Calif.: Josephson Institute of Ethics, 1995, p. 53. 허락하에 게시.

8) 2003 Gallup Poll Social Series, Moral Views and Values (Princeton, N.J.: The Gallup Organization, 2003).

9) 인성강조운동에 참여한 구성원 목록에 대해서는 website: http://www.charactercounts.org 참조.

10) John Dewey, *Democracy and Education: An Introduction to the Philosophy of Education* (New York: Macmillan, 1916; New York: Free Press, 1966), Chapters 2 and 4.

11) John Dewey, *My Pedagogic Creed* (Washington, D.C.: Progressive Education Association, 1929), pp. 3-6.

12) Dewey, *Democracy and Education*, pp. 59-60.

13) Commission on the Reorganization of Secondary Education, *Cardinal Principles of Secondary Education* (Washington, D.C.: United States Office of Education, Bulletin 35, 1918), p. 9.

14) Educational Policies Commission, *The Unique Function of Education in American Democracy* (Washington, D.C.: National Education Association, 1937), p. 89.

15) Harvard Committee on General Education, *General Education in a Free Society* (Cambridge, Mass.: Harvard University Press, 1945), p. 54.

16) Ibid., pp. 99-100.

17) Educational Policies Commission, *The Central Purpose of American Education* (Washington, D.C.: National Education Association, 1961), p. 89.

18) H. G. Rickover, *Education for All Children: What We Can Learn from England: Hearings Before the Committee on Appropriations, House of Representatives, Eighty-Seventh Congress, Second Session* (Washington, D.C.: U.S. Government Printing Office, 1962), pp. 14, 17, 18.
19) Mortimer J. Adler, *The Paideia Proposal: An Educational Manifesto* (New York: Macmillan, 1982), p. 10.
20) John T. Goodlad, *A Place Called School: Prospects for the Future* (New York: McGraw-Hill, 1983), pp. 51-56.
21) Theodore R. Sizer, *Horace's School: Redesigning the American High School* (Boston: Houghton Mifflin, 1992), p. 127.
22) Herbert M. Kliebard, "The Effort to Reconstruct the Modern American Curriculum" in Landon E. Beyer and Michael W. Apple, eds., *The Curriculum: Problems, Politics, and Possibilities*, 2nd ed. (Albany, N.Y.: State University of New York Press, 1998), p. 21. Aristotle, *Politics* (New York: Oxford University Press, 1945), p. 244에서 재인용.
23) U.S. Department of Education, *National Goals for Education* (Washington, D.C.: U.S. Department of Education, July 1990.
24) Commission on the Skills of the American Workforce, *America's Choice: High Skills or Low Wages* (Washington D.C.: Commission on Skills of the American Workforce, 1991). 2006 미국 신인력기술위원회에 대한 논의는 이 책의 671쪽과 National Center on Education and the Economy, *Tough Choices, Tough Times* (San Francisco: Jossey-Bass, 2006) 참조.
25) 국가학업성취도평가에 대한 더 상세한 논의는 12장, 국가 기준 주제에 대해서는 15장 참조.
26) Henry A. Giroux, *Living Dangerously: Multiculturalism and the Politics of Difference* (New York: Peter Lang, 1993), p. 14.
27) Penelope M. Earley, *Goals 2000: Educate America Act: Implications for Teacher Educators* (ERIC document ED367661, 1994) 참조.
28) Maxine Greene, *Releasing the Imagination: Essays on Education, the Arts, and Social Change* (San Francisco: Jossey-Bass, 1995), p. 17.
29) Ibid.
30) website: http://www.ed.gov/policy/elsec/leg/esea02/beginning.html#sec2 참조.
31) Maxine Greene, *Teacher as Stranger: Educational Philosophy for the Modern Age* (Belmont, Calif.: Wadsworth, 1973), p. 7.
32) Ibid.
33) J. Donald Butler, *Four Philosophies and Their Practice in Education and Religion*, 3rd ed. (New York: Harper & Row, 1968), p. 487.
34) Allen C. Ornstein and Francis P. Hunkins, *Curriculum: Foundations, Principles, and Issues*, 4th ed. (Boston: Allyn and Bacon, 2004), p. 31.
35) Hilda Taba, *Curriculum Development: Theory and Practice* (New York: Harcourt Brace Jovanovich, 1962), p. 23.
36) Ibid.
37) George S. Counts, *Dare the School Build a New Social Order?* (New York: John Day, 1932).
38) Theodore Brameld, *Patterns of Educational Philosophy: Divergence and Convergence in Culturological Perspective* (New York: Holt, Rinehart and Winston, 1971), p. 418.
39) Robert M. Hutchins, *On Education* (Santa Barbara, Calif.: Center for the Study of Democratic

Institutions, 1963), p. 18.

40) Walker and Soltis, *Curriculum and Aims*, p. 18.

41) William C. Bagley, "An Essentialist's Platform for the Advancement of American Education," *Educational Administration and Supervision* 24, no. 4(April 1938): 251-252 참조.

42) James B. Conant, *The American High School Today* (New York: McGraw-Hill, 1959); Conant, *Recommendations for Education in the Junior High School Years* (Princeton, N.J.: Educational Testing Service, 1960); Conant, *The Comprehensive High School* (New York: McGraw-Hill, 1967) 참조. 또한 커넌트 보고서에 대한 더 자세한 논의는 이 책의 9장 참조.

43) V. T. Thayer, *The Role of the School in American Society* (New York: Dodd, Mead, 1960), pp. 251-252.

44) Macmillan, 1916.

45) Macmillan, 1938.

46) Macmillan, 1933.

47) Progressive Education Association, 1929.

48) John Dewey, *The Child and the Curriculum* (Chicago: University of Chicago Press, 1902), pp. 7-14.

49) Harold Rugg, et al., *Foundations for American Education* (Yonkers, N.Y.: World Book Company, 1947).

50) Brameld, *Patterns of Educational Philosophy*, p. 133.

51) 실용주의에 대한 논의는 John L. Childs, *American Pragmatism and Education: An Interpretation and Criticism* (New York: Holt, 1956); Edward C. Moore, *American Pragmatism: Peirce, James, and Dewey* (New York: Columbia University Press, 1961) 참조.

52) Taba, *Curriculum Development*, p. 184.

53) Brameld, *Patterns of Educational Philosophy*, pp. 96-97.

54) Abraham H. Maslow, "Some Basic Propositions of a Growth and Self-Actualization Psychology," in *Perceiving, Behaving, Becoming*, 1962 Yearbook (Alexandria, Va.: Association for Supervision and Curriculum Development, 1962), p. 36.

55) Arthur W. Combs, "A Perceptual View of the Adequate Personality," in *Perceiving, Behaving, Becoming*, 1962 Yearbook (Alexandria, Va.: Association for Supervision and Curriculum Development, 1962), p. 51.

56) Ibid., pp. 51-62.

57) Ibid., p. 53.

58) Ibid.

59) Kenneth A. Sirotnik, "What Goes on in Classrooms? Is This the Way We Want It?" in Landon E. Beyer and Michael W. Apple, eds., *The Curriculum: Problems, Politics, and Possibilities*, 2nd ed. (Albany, N.Y.: State University of New York Press, 1998), pp. 66-67.

60) Ibid., p. 64.

61) Ibid., p. 67.

62) Nell Noddings, *Philosophy of Education* (Boulder, Col.: Westview Press, 1995), p. 115.

63) Karen H. Harris and Steve Graham, "Constructivism Principles, Paradigms, and Integration," *The Journal of Special Education* 28, no. 3(March 1994): 240.

64) Wilford M. Aikin, *The Story of the Eight-Year Study* (New York: Harper & Row, 1942) 참조.

65) Peter F. Oliva, *The Secondary School Today*, 2nd ed. (New York: Harper & Row, 1972), p. 120.

66) John Dewey, *Interest and Effort in Education* (Boston: Houghton Mifflin, 1913), pp. 4-5.
67) Conant, *The American High School Today*, p. 51.
68) George H. Wood, "Teachers as Curriculum Workers," in James T. Sears and J. Dan Marshall, eds., *Teaching and Thinking About Curriculum: Critical Inquiries* (New York: Teachers College Press, 1990), p. 100.
69) Linda Darling-Hammond, *The Right to Learn: A Blueprint for Creating Schools That Work* (San Francisco: Jossey-Bass, 1997), pp. 16-17.
70) Ibid., p. 7.
71) Michael W. Apple, *Cultural Politics and Education* (New York: Teachers College Press, 1996), p. 5.
72) Jean Anyon, *Ghetto Schooling: A Political Economy of Urban Educational Reform* (New York: Teachers College Press, 1997), pp. 12-13.
73) William F. Pinar, William M. Reynolds, Patrick Slattery, and Peter M. Taubman, *Understanding Curriculum: An Introduction to the Study of Historical and Contemporary Curriculum Discourses* (New York: Peter Lang, 1996), p. 6 참조.
74) William Pinar, ed., *Curriculum Theorizing: The Reconceptualists* (Berkeley, Calif.: McCuchan, 1975), pp. xii-xiii.
75) Ibid., p. xii.
76) Pinar et al., *Understanding Curriculum,* p. 17.
77) Peter S. Hlebowitsch, *Radical Curriculum Theory: A Historical Approach* (New York: Teachers College Press, 1993), p. 4.
78) 사회 연구 기관에 대한 논의는 Henry A. Giroux, *Pedagogy and the Politics of Hope: The Culture, and Schooling: A Critical Reader* (Boulder, Col.: Westview Press, 1997), pp. 35-70 참조.
79) Hlebowitsh, *Radical Curriculum Theory*, p. 4.
80) Noddings, *Philosophy*, p. 67.
81) Ibid., p. 68.
82) Ornstein and Hunkins, *Curriculum*, p. 31.

◆ 참고문헌 ◆

Adler, Mortimer J. *The Paideia Proposal: An Educational Manifesto*. New York: Macmillan, 1982.

Aikin, Wilford M. *The Story of the Eight-Year Study*. New York: Harper & Row, 1942.

Anyon, Jean. *Ghetto Schooling: A Political Economy of Urban Educational Reform*. New York: Teachers College Press, 1997.

Apple, Michael W. *Cultural Politics and Education*. New York: Teachers College Press, 1996.

______. *Ideology and Curriculum*, 2nd ed. New York. Routledge, 1990.

______. "The Politics of Curriculum and Teaching." *NASSP Bulletin* 75, no. 532(February 1991): 39-50.

Aronowitz, Stanley and Giroux, Henry A. *Education Under Siege: The Conservative, Liberal, and Radical Debate over Schooling*. South Hadley, Mass.: Bergin & Garvey, 1985.

Ayers, William C. and Miller, Janet L., eds. *A Light in Dark Times: Maxine Greene and the Unfinished Conversation*. New York: Teachers College Press, 1998.

Bagley, William C. "An Essentialist's Platform for the Advancement of American Education." *Educational Administration and Supervision* 24, no. 4(April 1938): 241-256.

Bennett, William J., ed. *The Book of Virtues: A Treasury of Great Moral Stories*. New York: Simon and Schuster, 1993.

______. *Our Children and Our Country: Improving America's Schools and Affirming the Common Culture*. New York: Simon and Schuster, 1988.

Beyer, Landon E. and Apple, Michael W., eds. *The Curriculum: Problems, Politics, and Possibilities*, 2nd ed. Albany, New York: State University of New York Press, 1998.

Bode, Boyd H. *How We Learn*. Boston: D.C. Heath, 1940.

______. "Pragmatism in Education." *New Republic* 121, no. 16(October 17, 1949): 15-18.

Brameld, Theodore. *Patterns of Educational Philosophy: A Democratic Interpretation*. Yonkers, N.Y.: World Book Company, 1950.

______. *Patterns of Educational Philosophy: Divergence and Convergence in Culturological Perspective*. New York: Holt, Rinehart and Winston, 1971.

Broudy, Harry S. *Building a Philosophy of Education*, 2nd ed. Englewood Cliffs, N.J.: Prentice Hall, 1961.

Brooks, Jacqueline Grennon and Brooks, Martin G. *In Search of Understanding: The Case for Constructivist Classrooms*. Alexandria, Va.: Association for Supervision and Curriculum Development, 1993.

Burrett, Kenneth and Rusnak, Timothy. *Integrated Character Education*. Bloomington, Ind.: Phi Delta Kappa, 1993.

Buder, J. Donald. *Four Philosophies and Their Practice in Education and Religion*, 3rd ed. New York: Harper & Row, 1968.

Castenell, Louis A., Jr. and Pinar, William, eds. *Understanding Curriculum as Racial Text: Representations of Identity and Difference in Education*. Albany, N.Y.: State University of New York Press, 1993.

"Character Education." *Educational Leadership* 51, no. 3(November 1993): 6-97.

Childs, John L. *American Pragmatism and Education: An Interpretation and Criticism*. New York: Holt, 1956.

Combs, Arthur W. "A Perceptual View of the Adequate Personality." In *Perceiving, Behaving, Becoming*, 1962 Yearbook. Alexandria, Va.: Association for Supervision and Curriculum Development, 1962, pp. 50-64.

_____ and Snygg, Donald. *Individual Behavior: A Perceptual Approach to Behavior*, rev. ed. New York: Harper & Row, 1959.

Commission on the Reorganization of Secondary Education. *Cardinal Principles of Secondary Education*. Washington, D.C.: United States Office of Education, Bulletin 35, 1918.

Conant, James B. *The American High School Today*. New York: McGraw-Hill, 1959.

_____. *The Comprehensive High School*. New York: McGraw-Hill, 1967.

_____. *Recommendations for Education in the Junior High School Years*. Princeton, N.J.: Educational Testing Service, 1960.

"The Constructivist Classroom." *Educational Leadership* 57, no. 3(November 1999): 6-78.

Counts, George S. *Dare the School Build a New Social Order?* New York: John Day, 1932.

Cremin, Lawrence A. *The Transformation of the School: Progressivism in American Education, 1876-1975*. New York: Alfred A. Knopf, 1961.

Darling-Hammond, Linda. *The Right to Learn: A Blueprint for Creating Schools That Work*. San Francisco: Jossey-Bass, 1997.

Dewey, John. *The Child and the Curriculum*. Chicago: University of Chicago Press, 1902.

_____. *Democracy and Education: An Introduction to the Philosophy of Education*. New York: Macmillan, 1916; New York: Free Press, 1966.

_____. *Interest and Effort in Education*. Boston: Houghton Mifflin, 1913.

_____. *My Pedagogic Creed*. Washington, D.C.: Progressive Education Association, 1929.

Durant, Will. *The Story of Philosophy: The Lives and Opinions of the World's Greatest Philosophers from Plato to John Dewey*. New York: Simon & Schuster, 1926.

Ebel, Robert L. "What Are Schools For?" *Phi Delta Kappan* 54, no. 1(September 1972): 3-7.

Educational Policies Commission. *The Central Purpose of American Education*. Washington, D.C.: National Education Association, 1961.

_____. *Moral and Spiritual Values in the Public Schools*. Washington, D.C.: National Education Association, 1951.

_____. *The Unique Function of Education in American Democracy*. Washington, D.C.: National Education Association, 1937.

Eisner, Elliot W. "Curriculum Ideologies." In Philip W. Jackson, ed. *Handbook of Research on Curriculum*. New York: Macmillan, 1992, pp. 302-326.

_____ and Vallance, Elizabeth, eds. *Conflicting Conceptions of Curriculum*. Berkeley, Calif.: McCutchan, 1974.

Elam, Stanley M., Rose, Lowell C., and Gallup, Alec M. "The 26th Annual Phi Delta Kappa/Gallup Poll of the Public's Attitudes Toward the Public Schools." *Phi Delta Kappan* 58, no. 1(September 1976): 31-35.

Freire, Paulo. *Pedagogy of Hope: Reliving Pedagogy of the Oppressed*. New York: Continuum, 1992.

_____. *Pedagogy of the Oppressed*, rev. 20th anniversary edition. New York: Continuum, 1993.

Giroux, Henry A. "Curriculum Planning, Public Schooling and Democratic Struggle. *NASSP Bulletin* 75, no. 532 (February 1991): 12-25.

_____. *Living Dangerously: Multiculturalism and the Polities of Difference*. New York: Peter Lang, 1993.

_____. *Pedagogy and the Politics of Hope: Theory, Culture, and Schooling: A Critical Reader*. Boulder, Col.: Westview Press, 1997.

_____. *Theory and Resistance in Education: A Pedagogy for the Opposition*. South Hadley, Mass.: Bergin & Garvay

_____ and Purpel, David, eds. *The Hidden Curriculum and Moral Education: Deception or Discovery?* Berkeley, Calif.: McCutchan, 1983.

Goodlad, John I. *A Place Called School: Prospects for the Future*. New York: McGraw-Hill, 1984.

Greene, Maxine. *Landscapes of Learning*. New York: Teachers College Press, 1970.

_____. *The Public School and the Private Vision: A Search for America in Education and Literature*. New York: Random House, 1965.

_____. *Releasing the Imagination: Essays on Education, the Arts, and Social Change*. San Francisco: Jossey-Bass, 1995.

Harris, Karen H. and Steve Graham. "Constructivism: Principles, Paradigms, and Integration." *The Journal of Special Education* 28, no. 3(March 1994): 233-247.

Harvard Committee on General Education. *General Education in a Free Society*. Cambridge, Mass.: Harvard University Press, 1945.

Henson, Kenneth T. *Classroom Planning: Integrating Multiculturalism, Constructivism, and Education Reform*, 3rd ed. Long Grove, Ill.: Waveland Press, 2006.

Hlebowitsh, Peter S. *Radical Curriculum Theory Recinsidered: A Historical Perspective*. New York: Teachers College Press, 1993.

Hutchins, Robert M. *The Higher Learning in America*. New Haven, Conn.: Yale University Press, 1936.

_____. *On Education*. Santa Barbara, Calif: Center for the Study of Democratic Institutions, 1963.

James, William. *Principles of Psychology*. New York: Henry Holt and Company, 1890.

Jelinek, James John, ed. *Improving the Human Condition: A Curricular Response to Critical Realities*, 1978 Yearbook. Alexandria, Va.: Association for Supervision and Curriculum Development, 1978.

Kilpatrick, William H., ed. *The Educational Frontier*. New York: Appleton-Century-Crofts, 1933.

Kirschenbaum, Howard. "A Comprehensive Model for Values Education and Moral Education." *Phi Delta Kappan* 73, no. 10(June 1992): 771-776.

Kliebard, Herbert M. "The Effort to Reconstruct the Modern American Curriculum." In Landon E. Beyer and Michael W. Apple, eds., *The Curriculum: Problems, Politics, and Possibilities*, 2nd ed. Albany, N.Y.: State University of New York Press, 1998, pp. 21-33.

_____. *The Struggle for the American Curriculum 1898-1958*. Boston: Routledge & Kegan Paul, 1986.

Lickona, Thomas. "The Return of Character Education." *Educational Leadership* 51, no. 3 (November 1993): 6-11.

Maslow, Abraham H. "Some Basic Propositions of a Growth and Self-Actualization Psychology." In Arthur W. Combs, ed. *Perceiving, Behaving, Becoming*, 1962 Yearbook. Alexandria, Va.: Association for Supervision and Curriculum Development, 1962.

_____. *Toward a Psychology of Being*, 2nd ed. New York: Van Nostrand Reinhold, 1968.

Miller, John P. and Seller, Wayne. *Curriculum: Perspectives and Practice*. White Plains, N.Y.: Longman, 1985.

Mitchell, Richard. *The Leaning Tower of Bable and Other Affronts by the Underground Grammarian*. Boston: Little, Brown, 1984.

Molnar, Alex, ed. *Current Thought on Curriculum*, 1985 Yearbook. Alexandria, Va.: Association for Supervision and Curriculum Development, 1985.

Moore, Edward C. *American Pragmatism: Peirce, James, and Dewey*. New York: Columbia University Press, 1961.

National Education Goals Panel. *National Education Goals Report: Building a Nation of Learners*. Washington, D.C: U.S. Government Printing Office, 1994.

_____. *The National Education Goals Report. Vol. I. The National Report: Vol. II. State Reports*. Washington, D.C: U.S. Government Printing Office, 1994.

"National Goals: Let Me Count the Ways." *The Education Digest* 56, no. 2(October 1990): 8-26. "The National Goals—Putting Education Back on the Road." *Phi Delta Kappan* 72, no. 4(December 1990): 259-314.

National Governors' Association. *Educating America: State Strategies for Achieving the National Education Goals*. Washington, D.C: National Governors' Association, 1990.

_____. *Time for Results: The Governors' 1991 Report on Education*. Washington, D.C: National Governors' Association, 1991.

Noddings, Nell. *Philosophy of Education*. Boulder, Col.: Westview Press, 1995.

Oliva, Peter F. *The Secondary School Today*, 2nd ed. New York: Harper & Row, 1972.

Ornstein, Allan C. and Behar, Linda S., eds. *Contemporary Issues in Curriculum*. Boston: Allyn and Bacon, 1995.

_____ and Hunkins, Francis P. *Curriculum: Foundations, Principles, and Issues*, 4th ed.

Boston: Allyn and Bacon, 2004.

Patterson, James and Kim, Peter. *The Day America Told the Truth: What People Really Believe About Everything that Really Matters.* New York: Prentice-Hall, 1991.

Piaget, Jean. *The Child's Conception of the World.* New York: Littlefield, 1975.

______. *Insights and Illusions of Philosophy.* New York: World, 1971.

Pinar, William, ed. *Curriculum Theorizing: The Reconceptualists.* Berkeley, Calif.: McCutchan, 1975.

______, Reynolds, William M., Slattery, Patrick, and Taubman, Peter M. *Understanding Curriculum: An Introduction to the Study of Historical and Contemporary Curriculum Discourses.* New York: Peter Lang, 1996.

Rickover, Hyman G. *Education for All Children: What We Can Learn from England: Hearing Before the Committee on Appropriations, House of Representatives, Eighty-Seventh Congress, Second Session.* Washington, D.C.: U.S. Government Printing Office, 1962.

Rugg, Harold et al. *The Foundations and Technique of Curriculum-Construction*, 26th Yearbook of the National Society for the Study of Education, Part 2, *The Foundations of Curriculum-Making*, ed. Guy Montrose Whipple, Bloomington, Ind.: Public School Publishing Company, 1927; New York: Arno Press and *The New York Times*, 1969.

______. *Foundations for American Education.* Yonkers, N.Y.: World Book Company, 1947.

Sears, James T. and Marshall, J. Dan. *Teaching and Thinking About Curriculum: Critical Inquiries.* New York: Teachers College Press, 1990.

Sirotnik, Kenneth A. "What Goes On in Classrooms? Is This the Way We Want It?" In Landon E. Beyer and Michael W. Apple, eds. *The Curriculum: Problems, Politics, and Possibilities*, 2nd ed. Albany, N.Y.: State University of New York Press, 1998, pp. 58-76.

Sizer, Theodore R. "Education and Assimilation: A Fresh Plea for Pluralism." *Phi Delta Kappan* 58, no. 1(September 1976): 31-35.

______. *Horace's School: Redesigning the American High School.* Boston: Houghton Mifflin, 1992.

______ and Sizer, Nancy Faust. "Grappling," *Phi Delta Kappan* 81, no. 3(November 1999): 184-190.

Taba, Hilda. *Curriculum Development: Theory and Practice.* New York: Harcourt Brace Jovanovich, 1962.

Tanner, Daniel and Tanner, Laurel N. *Curriculum Development: Theory into Practice*, 4th ed. Upper Saddle River, N.J.: Merrill/Prentice Hall, 2007.

______. *History of the School Curriculum.* New York: Macmillan, 1990.

Thayer, V. T. *The Role of the School in American Society.* New York: Dodd, Mead, 1960.

2003 Gallup Poll Social Series. *Moral Views and Values.* Princeton, N.J.: The Gallup Organization,

2003.

U.S. Department of Education. *America 2000: An Education Strategy*. Washington, D.C.: U.S. Government Printing Office, 1991.

______. *America 2000: Sourcebook*. Washington, D.C.: U.S. Government Printing Office, 1991.

U.S. Department of Education. *National Goals for Education*. Washington, D.C.: U.S. Department of Education, 1990.

Walker, Decker F. *Fundamentals of Curriculum: Passion and Professionalism*, 2nd ed. Mahwah, N.J.: Lawrence Erlbaum Associates, 2003.

______ and Soltis, Jonas F. *Curriculum and Aims*, 4th ed. New York: Teachers College Press, 2004.

"What Schools Should Teach." *Educational Leadership* 46, no. 1(September 1988): 2-60.

Wiles, Jon and Bondi, Joseph C. *Curriculum Development: A Guide to Practice*, 7th ed. Upper Saddle River, N.J.: Merrill/Prentice Hall, 2007.

Wood, George H. "Teachers as Curriculum Workers." In James T. Sears and J. Dan Marshall, eds. *Teaching and Thinking About Curriculum: Critical Inquiries*. New York: Teachers College Press, 1990, pp. 97-109.

7 요구사정

학습 목표

1. 교육과정 내용의 주요 근거를 확인하고 기술할 수 있다.
2. 학생들의 요구 수준과 형태에 대해서 윤곽을 잡을 수 있다.
3. 사회의 요구 수준과 형태에 대해서 윤곽을 잡을 수 있다.
4. 하나의 학문 구조에서부터 요구가 어떻게 도출되는지 설명할 수 있다.
5. 요구사정 수행에 대해서 설명할 수 있다.
6. 교육과정 요구사정 수행에 관한 도구를 만들 수 있다.

요구의 범주

21세기 초, 미국에서는 수많은 내용 중에서도 다음과 같은 항목을 특정 학년 학생에게 가르쳤다.

- 유치원: 삼원색과 중간색 확인하기
- 1학년: 미국 동전 확인하기
- 2학년: 마침표, 쉼표, 물음표, 인용부호를 정확하게 사용하기
- 3학년: 액체, 고체, 기체 상태 구별하기
- 4학년: 일반적인 악기 알기
- 5학년: 부상자에 대한 응급 처치 기술 시연하기
- 6학년: 선택된 미용 체조 기능 익히기

- 7학년: 도서관 참고 서적 이용방법 시연하기
- 8학년: 자신이 살고 있는 주의 역사적 발달과정 추적하기
- 9학년: 둥근 톱 적절하게 사용하기
- 10학년: 선택된 직업에 요구되는 준비사항 설명하기
- 11학년: 데이터 처리와 관련한 컴퓨터 사용 기술과 워드프로세서 사용방법 익히기
- 12학년: 연구 보고서 쓰기

우리는 학생들이 초등학교에서부터 중등학교에 이르기까지 습득해야 할 수많은 항목을 열거할 수 있지만, 우선 위에서 언급한 열세 가지만 있어도 우리가 의도하려고 하는 것에 충분할 것이다.

위에서 제시한 항목과 다른 여러 항목을 살펴보면 다음과 같은 질문이 생겨난다. 여러 내용 중에서 이러한 특정한 항목이 어떻게 선정되었는가? 항목은 어떠한 요구를 충족하는가? 올바른 항목이 선택되었는가? 반드시 포함해야 할 사항이 빠져 있지는 않은가? 교육과정에서 제거해야 할 것은 무엇인가? 어떤 한 항목이 어떤 요구를 충족할지 아닐지를 어떻게 알았는가? 어떠한 요구가 만족스럽게 부합되는가 혹은 어떠한 요구가 부합되지 않은가? 교육과정 계획자가 주목해야 할 요구에는 어떤 종류가 있는가?

이 장의 첫 부분에서는 학생과 사회의 요구, 수준과 형태에 따른 요구의 분류, 교과 문제에서 도출된 요구에 대해서 설명하려고 한다. 두 번째 부분에서는 교육과정 요구사정의 절차에 대해서 기술한다. 이러한 과정을 수행하면서 교육과정 설계자는 학습자, 사회, 교과목의 다양한 요구에 대해서 학습하게 된다. 지역사회의 도움을 받아 학생, 교사, 행정가는 그 학교가 반드시 다루어야 할 계획에 따른 요구의 우선순위를 확인하고 또 그 우선순위에 맞게 실용적 요구를 배치한다.

앞 장에서 우리는 교육 목적과 철학의 진술이 일반적으로는 학생들의 요구와 사회의 요구에 그 바탕을 두고 있음을 보았다. 학생과 사회 모두의 요구는 목적과 철학에서 가져온 다음의 구절을 보면 더욱더 명확해진다.

- 건강한 몸에 건강한 정신이 깃드는 태도와 실천
- 환경을 보호하는 마음
- 전인으로의 성장
- 세계 경제 속에서 경쟁력 있는 숙련된 노동자

- 행복 추구
- 풍부한 마음과 정신
- 기초 기능의 사용 능력
- 사고력 신장
- 언어적, 기술적, 문화적으로 교양 있는 인간 육성
- 의사소통 능력 신장
- 배려와 존중
- 도덕적, 종교적, 윤리적 가치 고양

목적과 철학에 관한 진술은 학생과 사회의 공통적인 요구를 지적하고 있으며 학교 혹은 학교제도가 기능을 발휘할 수 있도록 해 주는 일반적인 틀을 제공한다. 특정 학교 혹은 학교제도에 관한 교육과정 목적과 목표를 체계적으로 나타낼 때, 교육과정 개발자는 교육과정 개발 모형 중 구성 요소 I과 II에서 보았던 다섯 가지 요소에 주목해야 한다. 그것은 (1) 학생의 일반적인 요구, (2) 사회의 요구, (3) 학생 개개인의 요구, (4) 특정 지역사회 혹은 지역사회 각각의 요구, (5) 교과목에서 도출되는 요구다. 비슷한 맥락에서 Ralph Tyler가 잠정적이고 일반적인 교육목표를 도출했던 세 가지 요소, 즉 학생, 사회, 교과가 기억날 것이다.[1)]

우리는 학생과 사회의 요구를 교육과정 개발 모형에서는 수준과 형태라는 두 가지 광범위한 범주로 분류했지만, 여기에서는 그보다 좀 더 세밀한 수준으로 확장할 수도 있다. 그 때문에 교육과정 설계자는 이 점을 강조하여 항상 염두에 두어야 한다.

분류체계

우리의 생각에 초점을 맞추기 위해서 다음과 같은 네 가지 분류체계에 대해 살펴보자.

- 학생의 요구 수준
- 학생의 요구 형태
- 사회의 요구 수준
- 사회의 요구 형태

각각의 범주를 분석하기 전에 학생의 요구가 사회의 요구와 분리될 수 없으며 또한 사회의 요구도 학생의 요구와 분리될 수 없음을 강조해야 한다. 즉, 서로의 요구는 긴밀하게 연결되어 있다. 사실 학생의 요구나 사회의 요구는 서로 갈등을 야기할 수도 있다. 예를 들면, 어떤 사람이 불이 나지 않은 복잡한 극장에서 주목을 끌려고 "불이야!"라고 외친다면 한 개인의 요구는 사회의 요구에 반할 수도 있다. 어떤 한 사람이 약속에 늦지 않으려고 고속도로에서 과속을 한다면 사회의 다른 구성원의 목숨을 위험하게 하는 결과를 초래할지도 모른다. 이러한 예에서 보듯이 한 개인의 요구와 그 사회의 요구는 외관상으로 보면 서로 대조적인 것처럼 보인다.

한 개인의 요구와 그 사회의 요구는 다행히 조화를 이룰 때도 있다. 만약 한 개인이 합법적이고 정당하게 부를 축적하려고 한다면 이는 민주적이고 생산적인 사회에 부합하는 것이다. 그러한 부는 투자나 세금의 형태로 사회에 이득이 될 수도 있다. 육체적인 건강을 유지하고자 하는 한 개인의 요구는 육체적으로 건강한 인간을 육성하고자 하는 사회의 요구에 부합하는 것이다. 문해 능력이 한 개인의 요구라면 교양 있는 시민은 그 사회의 요구가 되는 것이다. 한 노동자가 기술적 숙달을 추구한다면 이는 우리 사회의 경제 성장에 공헌할 것이다. 결론적으로 말하자면, 특정 요구가 개인의 요구인지 혹은 사회의 요구인지 명확하게 범주화하는 것은 어렵다. 개인의 요구인지 혹은 사회의 요구인지 자세하게 구별하는 것은 그렇게 필요하지 않다. 교육과정 설계자가 그 요구를 인식하고 있는 한 그 요구의 분류는 부차적인 것이다.

오해하지 말아야 할 것은 특정 학생의 요구는 일반적인 학생의 요구와 완전히 다른 것이 아니라 동일한 일반적인 요구를 공유하는 다른 학생들의 요구와 약간 다른 것뿐이다. 학생들은 자기 자신의 특정한 요구뿐만 아니라 우리 사회의 젊은이가 일반적으로 가지는 요구를 표명한다. 특정 지역사회의 요구는 일반적인 사회의 요구와 완전히 다른 것이 아니라 같은 일반적인 사회적 요구를 공유하는 다른 지역사회들과 어떤 점에서 보면 다른 것이다. 미국의 많은 주는 각 지역의 요구, 환경, 문화의 차이에도 불구하고 인터넷을 포함하는 매스미디어와 교통에 의해 연결된 전체 문화의 한 부분이다.

흥미와 욕구

학생의 요구를 논의하기에 앞서, 교육과정 개발에서 학생의 흥미와 욕구를 구별해야 한다. 흥미라는 것은 어떤 것(자동차, 역사, 드라마 연출, 야구 등)에 소질이 있어 좋아하는 태도를 의미한다. 욕구라는 것은 좋은 차나 돈이나 좋은 옷을 가지고 싶어 하는 희망, 욕망, 갈망을 포함한다.

5장에서 살펴본 바와 같이 학생들의 흥미나 욕구를 배제한 교육과정 개발 모형은 없다. 하지만 학생들의 흥미나 욕구가 제안된 교육과정 개발 모형에 드러나지 않는 이유는 다음과 같다.

1. 흥미와 욕구가 단기적일 수도 있고 장기적일 수도 있으며, 중요할 수도 있고 그렇지 않을 수도 있다. 장기적이고 중요한 흥미와 욕구가 단기적이고 하찮은 흥미와 욕구보다 더 많이 관련된다.
2. 흥미와 욕구 모두는 실제로 요구의 기초가 될 수 있을지도 모른다. 예를 들면, 기본적인 인간의 본능에서 나오는 이성에 대한 흥미는 인간과 사회관계의 영역에서 교육과정 반응에 대한 하나의 요구를 보여 준다. 욕구는 실제로 요구가 될 수도 있다. 예를 들어, 욕구가 받아들여졌다는 것은 심리적인 요구가 받아들여졌다는 것으로 볼 수 있다. 비싼 청바지 두 벌 중 어느 것을 고를 것인지에 대한 욕구는 요구가 아니다. 물론 이에 대해서 어떤 사람은 논쟁을 할 수도 있다. 만약 흥미와 욕구가 요구를 위한 기초가 될 수 있고 또 어떨 때는 흥미와 욕구가 요구 자체라면 교육과정 개선 모형에서 따로따로 서술되는 것이 불필요한 노력의 낭비가 된다.
3. 흥미와 욕구가 교육과정 개발 모형에서 별도로 다루어진다면 지나치게 복잡하고 곤란하며 혼란할 것이다.

물론 교육과정 관련 연구자나 교수를 담당하고 있는 사람은 학생들의 흥미나 욕구가 아주 강력한 동기를 부여하기 때문에 무시할 수 없음을 아주 잘 안다. 확실히 흥미가 지속되는 한 요구와 흥미라는 두 개념이 요구-흥미라는 하나의 혼합된 의미로 만들어질 때까지 교육자가 관심을 가지게 하기 위해 많은 논문들이 나타날 것이다.

학생들의 흥미와 욕구는 지속적으로 고려해야 하고, 교육과정 개발과 교수의 두 과정 속에서 검증되어야 한다. 비록 교육과정 개발자가 학생들의 변덕스러운 흥미나 욕구를 채워 줄 수 없지만 정당하고 중요한 흥미와 욕구는 무시할 수는 없다.

학생의 요구: 다양한 수준

교육과정 설계자가 관심을 가질 만한 학생의 요구 수준은 (1) 인류, (2) 국가, (3) 주 혹은 지방 정부, (4) 지역사회, (5) 학교, (6) 개인 수준으로 나누어 볼 수 있다.

인류

교육과정은 인류의 구성원으로서 학생들의 요구를 반영하게 되는데, 그러한 요구는 의식주 및 건강과 같이 지구상의 인간이 공통으로 가지는 것이다. Franklin D. Roosevelt 대통령은 1941년 미 의회 연두교서에서 우리에게 네 가지 자유(Four freedoms)로 잘 알려진 인류의 보편적인 네 가지 요구에 대해 이야기했다. 결핍으로부터의 자유, 두려움으로부터의 자유, 종교의 자유, 언론과 표현의 자유가 그것이다.

미국 학생들은 전 세계의 학생들과 같이 교육과정이 반드시 다루어야 할 어떤 근본적인 인간의 요구를 공동으로 공유하고 있다. 인류학의 연구를 통해서 그런 근본적인 인간의 요구가 무엇인지 교육과정 설계자는 알 수 있다.

국가

국가 수준에서 미국 사회 학생들의 일반적인 요구는 6장에서 이미 교육목적의 진술로 전국적인 학생들의 요구를 확인하려는 노력을 통해 확인되었다. 우리는 전 국가적인 차원에서 학생들의 요구는 사고력 신장, 기초 능력의 숙달, 직업이나 대학을 위한 준비, 운전 능력, 소비자로서의 지식과 기능, 폭넓고 일반적인 지식임을 확인할 수 있다. 우리가 확인할 수 있는 몇몇 국가적인 요구는 모든 국가의 국민이 가질 수 있는 공통적인 요구다. 예를 들면, 어떤 국가의 성장과 발달을 위해서 문해교육이 필수적이지 않다고 주장하는 사람은 거의 없다. 그런 의미에서 문해교육은 전 세계적인 것이지만 한 인간의 요구는 될 수 없다. 왜냐하면 읽고 쓰지 못해도 인간이 존재하는 데는 아무 불편함이 없기 때문이다. 하지만 인간은 음식이나 물 없이는 혹은 그러한 요소가 너무 많아도 존재할 수 없다.

국가 전체의 학생들의 요구를 잘 알기 위해서 교육과정 설계자는 책을 많이 읽고 박식해져야 한다. 교육과정 설계자는 미국 젊은이의 요구가 항상 변화하고 있음을 알고 있어야 한다. 예를 들면, 현재 젊은 학생들은 컴퓨터 사용방법, 고갈되는 자원을 보존하는 방법, 환경을 보호하는 방법, 21세기 미국에서 살아가기 위한 어떤 기본적인 태도를 변화시키는 방법을 배워야 한다.

주 혹은 지방 정부

교육과정 설계자는 학생들이 주나 지방에 딱 맞는 특정한 요구를 가지고 있는지를 결정해야 한다. 직업을 준비하는 것은 미국 사회의 모든 학생이 가지는 공통적인 요구인 반면, 특정 직업을 준비하는 것은 특정 지역사회, 주, 혹은 지방에 좀 더 적합할 수도 있다. 건강 관리, 교수, 비서학, 자동화 기기, 컴퓨터 프로그래밍, 데이터 처리와 같은 어떤 한 분야에서 일반적인 지식과 전문화된 훈련은 국가 전체에 적용될 수 있을 것이다. 하지만 주나 지방 정부에서는 산업이나 농업을 전문화하기 위해 특정한 지식과 기능을 갖춘 학생이 필요할 수 있다. 예를 들면 선벨트 지역처럼 막 성장하고 있는 지역에서는 건설 노동자가 필요하지만 인구가 줄어들고 있는 주나 지방에서는 그렇지 않다. 어떤 주나 지방에서는 서비스업에 종사하는 노동자에 대한 요구가 다른 곳보다 많은 곳도 있다.

지역사회

교육과정 개발자는 학교나 학교제도가 뒷받침하는 지역사회를 연구하기 때문에 그러한 특정 지역사회 속에서 학생들이 요구하는 것이 무엇인지에 대해 궁금해한다. 웨스트버지니아 탄광촌에서 자라고 있는 학생들의 요구는 미시간 주의 체리 농장 주변에 사는 학생들이 가지는 요구와는 다르다. 인종, 종교, 피부색, 국적이 다양한 도시 지역사회 속에서 가장 중요한 요구는 다른 사람과 함께 잘 지내는 방법을 배우는 것이다. 학교를 졸업하고 그들의 지역사회에 남으려고 하는 학생들은 그러한 지역사회 속에서 생계를 꾸려 나갈 수 있는 충분한 지식과 기능이 필요할 것이다.

학교

전형적으로 교육과정 설계자는 특정 학교 학생들의 요구를 분석하는 데 뛰어나다. 교육과정 관련 연구자는 개별 학생의 모호한 요구 부분까지 세세한 주의를 기울여야 한다. 시험 점수 결과가 낮은 학교에서 독서치료나 수학에 대한 요구는 당연한 것이다. 다른 모국어를 가지고 있는 학생들의 많은 학교에서 영어에 대한 요구는 클 것이다. 최근 인종 통합 혹은 다민족 학교 집단은 대체로 집단 간의 열린 의사소통에 대한 요구를 드러내고 있다. 몇몇 학교, 특히 건축업이나 공연 예술, 과학 특성화 마그넷 학교들은 전체 학생들의 타고난 요구를 반영하고 있다.[2)]

개인

마지막으로, 특정 학교의 개별 학생의 요구는 반드시 검토되어야 한다. 대다수 학생의 요구에는 관심을 두면서 개별 학생의 요구는 고려하지 않는 것이 가능할까? 학교는 지금까지 평균적인 학생, 영재, 수재, 심리적 · 정신적으로 장애가 있는 학생, 당뇨를 앓고 있는 학생, 과잉 행동을 보이는 학생, 수줍음이 많은 소극적인 학생, 적극적인 학생, 반사회적인 태도를 지닌 학생, 창의적인 학생의 요구를 다루어 왔는가? 개개인의 요구를 뒷받침할 수 있는 철학적 공약은 어디까지 수행되어야 하는지 우리는 반드시 되물어 봐야 한다.

학생의 요구의 각 수준은 선행하는 수준을 포함하게 되고, 실제로는 한 단계씩 확장되는 구조다. 그래서 학생 개개인은 (1) 자기 자신, (2) 학교의 구성원, (3) 지역사회 구성원, (4) 주나 지방에서의 생활, (5) 미국의 국민, (6) 인류라는 수준에서 다양한 요구를 드러내게 된다.

학생의 요구: 다양한 형태

교육과정 설계자가 형태에 따라서 학생들의 요구를 분석할 때는 다른 차원이 존재한다. 요구의 형태는 크게 네 가지 차원, 즉 육체적/생물적, 사회심리적, 교육, 발달 과업 차원으로 나누어 볼 수 있다.

육체적/생물적

생물적으로 필요한 젊은이의 육체적 요구는 그 문화 내에서 공통적인 것이고, 여러 문화에 걸쳐 일정한 양상을 보인다. 학생들에게는 움직임, 운동, 휴식, 적당한 영양 섭취, 충분한 의료 서비스가 필요하다. 학생들은 유년기를 보내고 사춘기로 접어들면서 겪게 되는 변화에 도움이 필요하다. 사춘기때는 학생들은 2차 성징에서 비롯되는 여러 문제를 극복하는 것을 배워야 하고, 술, 마약, 담배가 인체에 얼마나 해로운지에 대해 배워야 한다. 장애를 가진 학생에 대한 사회적 관심도 점점 더해 가고 있다. 아동의 비만 또한 주의를 기울여야 하는 문제다. 훌륭한 교육과정이라면 학생들이 학교생활을 하는 동안 뿐만 아니라 성인이 되어서도 그들의 육체적인 요구를 이해하고 대처하도록 도와줄 수 있어야 한다.

사회심리적

몇몇 교육과정 개발자는 이 범주를 사회적인 측면과 심리적인 측면으로 나누어 생각해 보려고 하지만 이 두 차원을 구별하는 것은 종종 어려울 때가 있다. 예를 들어, 한 개인의 애정에 대한 요구는 확실히 심리적인 요구다. 하지만 애정이라는 것은 다른 개인과 관련이 되고, 이런 맥락에서 보면 사회적 요구가 되는 것이다. 얼핏 보기에 자존감은 순수하게 심리적인 요구로 보인다. 하지만 우리가 Earl C. Kelley와 같은 지각심리학자를 믿는다면 자아라는 것은 타인과의 관계를 통해 형성된다는 것을 알 수 있을 것이다. "최소한 부분적이더라도 자아는 그 개인의 축적된 경험적 환경 혹은 배경으로 구성된다…. 자아는 전적으로는 아니지만 거의 대부분 다른 사람과의 관계 속에서 형성된다…. 자아는 사회 접촉을 통해서 만들어지기 때문에 타인이라는 용어와 함께 이해해야 한다."[3)]

일반적인 사회심리적 요구로는 애정, 수용과 인정, 친밀감 혹은 소속감, 성공, 안전이 있다. 게다가 각 개인은 학교 안에서나 학교 밖에서나 의미 있는 일에 참여하기를 바란다. 이러한 의미 있고 중요한 작업의 부재는 거만한 관료주의 국가의 뒤떨어진 효율성을 통해 잘 설명할 수 있을 것이다.

정신적으로나 감정적으로 뛰어난 아동의 요구는 심리적 범주에 좀 더 명확하게 포함된다. 영재 아동, 창의성을 지닌 아동, 정서장애 아동, 학습 부진 아동과 같이 폭넓은 특수 아동의 범위에서 취급되어야 한다. 교육과정 관련 연구자는 학생들의 사회심리적인 요구를 확인할 수 있어야 하고 이러한 요구가 교육과정 속에 잘 스며들도록 할 줄 알아야 한다.

교육

교육과정 설계자는 보통 그들의 주요한 관심사로서 학생들의 교육적 요구를 제공하는 것이 그들의 과업이라고 생각한다. 학생들의 교육적 요구는 사회가 변함에 따라, 아동이 육체적 혹은 사회심리적 성장과 발달을 함에 따라 바뀐다. 역사적으로 볼 때, 학교 교육은 고전적, 종교적인(theocratic) 교육에서 직업적, 세속적 교육으로 흘러왔다. 그들은 학생들의 교육적 요구를 당대의 학생이나 사회 혹은 학생과 사회의 문제를 연구하는 것과 같은 것으로 보고 일반적인 교육을 통해서 충족해 주려고 했다. '생활적응' 교과나 진로 교육은 교육사를 통틀어 항상 강조되어 왔다. 기초 기능과 주지 교과는 교육과정의 '압권(piece of resistance)'으로 요즘도 많이 선호되고 있다. 교육과정 관련 연구자는 교육적 요구가 학생들의 다른 요구나 사회의 요구 맥락 밖에서는 존재할 수 없음을 항상 명심해야 한다.

발달 과업

Robert J. Havighurst는 우리가 흔히 알고 있는 '발달 과업'이라는 개념을 도입했다. 그에 따르면 개인에게는 발달과정상 특정한 시기에 반드시 이루어야 할 과업이 있고, 또 그 과업을 성공적으로 수행해야만 차후에 겪게 될 과업을 성공적으로 수행할 수 있는 경험을 가질 수 있다.[4] 그는 영·유아기에서부터 노년기에 이르기까지 우리 사회 개인의 발달 과업을 단계별로 밝히고 있으며, 각 과업의 교육학적 함의뿐만 아니라 생물적, 심리적, 문화적으로 바탕이 되는 부분까지 제시했다.

개인의 요구와 사회적 요청 사이에서 보듯이 발달 과업은 이 장에서 개발된 학생들의 요구와 사회의 요구의 체계로 명확히 분류되지는 않는다. 사실상 이러한 과업은 특정 삶의 시점에서 나타나는 개인적-사회적 요구이며 반드시 그 시점에서 해결되어야 할 것이다. 예를 들어, 유년기 중반의 아동은 다른 친구와 사이좋게 어울리고 학습하며 생활하는 방법을 반드시 배워야 한다. 또 사춘기에는 독립심과 책임감을 반드시 길러야 한다.

Havighurst는 발달 과업 개념의 유용성에 대해 다음과 같이 언급한다.

> 교육자에게 발달 과업 개념이 유용한 이유는 두 가지로 생각해 볼 수 있다. 먼저 학교에서 교육 의도가 무엇인지 그리고 어떻게 진술해야 하는지 지침을 마련해 준다. 우리는 교육을 사회, 즉 한 개인의 어떤 발달 과업을 성취할 수 있도록 도와주는 학교의 노력으로 이해할 수도 있다.
>
> 두 번째로 교육적 노력의 시기를 조절하는 데 이 개념을 사용할 수 있다. 신체가 적절하게 성장하고, 사회가 요구하며, 그 개인이 어떤 과업을 수행할 준비가 되어 있다면 가르칠 수 있는 시점(teachable moment)이 도래한 것이다. 물론 가르칠 수 있는 시점에 비해 일찍 가르친다면 많은 시간이 소요될 수도 있지만 가르쳐야 할 시점이 도래했을 때 가르치는 것은 만족스러운 결과를 나타내고 또 그때 반드시 과업은 학습되어야 한다.[5)]

초창기 교육과정 설계자는 스코프-시퀀스 차트(scope-and-sequence chart)로 알려진 문서를 자주 만들었다. 아동 성장과 발달에 맞는 내용을 각 학년 수준에 맞게 이 차트에 배치했다. 하지만 오늘날 우리는 개별 학습자의 나이나 배경에 적절한 학습 경험을 제공하는 발달의 적합성에 대한 필요성을 인식하고 있다.[6)] 교육과정과 학습자의 요구 사이의 적절성을 다루면서, George S. Morrison은 네 가지 형태의 적합성을 제시했다. 즉, 발달상의 적합성(성장과 발달), 개인적인 적합성(학습자의 특별한 요구), 다문화적인 적합성(문화의 다양성), 성적인 적합성(성차별)이 그것이다.[7)]

사회의 요구: 다양한 수준

교육과정 관련 연구자는 사회와 관련된 학생들의 요구를 살펴볼 뿐만 아니라 학생들과 관련된 사회의 요구 또한 고려한다. 이 두 수준의 요구는 나눠졌다가 합쳐지기도 하고 서로 반영되기도 한다. 지금까지 우리가 학생들의 요구에 초점을 두어 왔기 때문에 앞으로 생각해 보려고 하는 사회의 요구를 학습하게 되면 좀 더 다른 시각을 가지게 될 것이다. 사회의 요구를 분석할 때는 교육과정 관련 연구자의 업무 수행에 필요한 특정한 일련의 기술이 분석될 것이다. 행동주의 과학에 근거를 두는 것은 특히 개인의 요구를 분석하는 데 있어 중요한 반면에 사회과학에서 가르치는 것(training)은 사회의 요구를 분석하는 데 중추적인 역할을 한다.

앞서 학생들의 요구를 살펴본 바와 같이 사회의 요구도 수준과 형태의 두 가지 분류방법으로 접근해 보려고 한다. 우리는 사회의 요구 수준을 인류, 국제, 국가, 주, 지역사회, 이웃 등과 같이 가장 넓은 수준으로부터 가장 좁은 수준으로 분류할 수 있다.

인류

우리가 여기서 묻고 싶은 것은 인류의 한 구성원으로서 전 세계의 인간이 가지고 있는 요구는 무엇인가다. 하나의 종으로서 인간은 의식주와 같은 공통된 요구를 가지고 있다. 집단적으로 인간은 결핍, 질병, 두려움으로부터의 해방과 같은 요구를 가지고 있다. 사회가 석기 시대에서 수천 년이 지나 점점 문명화되어 감에 따라 인간은 비록 평화가 깨진 적도 있었지만 평화롭게 살고 싶어 하는 요구를 가지고 있다. 인간 사회는 진화론적으로 가장 정점에 위치해 있기 때문에 동물을 지배하려고 하는 지속적인 요구를 가지고 있다. 우리는 지진, 화산, 태풍, 홍수, 가뭄으로 인한 피해를 입을 때마다 자연의 섭리를 이해하고 또 지배하려는 요구를 가진다. 사회의 요구는 인류가 공통으로 가지는 것이다.

국제

교육과정 개발자는 국가의 경계를 넘어서고 인간의 기본 요구여서가 아니라 국가 간 경계가 느슨해져서 존재하는 요구를 고려해야 한다. 예를 들어, 외국어를 공부하는 것은 서로 의사소통을 하고 싶어 하는 요구를 대변해 주는 것이다. 세계의 여러 나라는 자신의 국경을 넘어 다른 나라와 무역을 확대하여야 한다. 그들은 모든 나라의 이익을 위해 전문적인 기술과 발견한 것을 공유하는 좀 더 효율적인 수단을 만들어 내야 한다. 국가 개발의 요구를 맞추기 위해 좀 더 부유한 나라는 부의 산물을 공유함으로써 덜 부유한 나라를 도울 수 있다. 각 나라의 국민은 다른 나라의 문화를 좀 더 이해하려고 꾸준히 노력하여야 한다.

수십 년 전 나는 미국 젊은이가 세계에 대해 알아야 할 필수적인 사항이라고 생각한 것을 밝히려고 시도했다. 물론 시간이 지나서 크게 바뀐 것은 거의 없지만 다음 항목 중

마지막 항목만 제외하고는 미국뿐만 아니라 모든 나라의 국민에게 적절한 사항이라고 생각한다.

모든 미국 젊은이는 다음과 같은 사항을 이해하여야 한다.

1. 세계 인구는 급속도로 가용 자원을 능가하고 있다.
2. 세계에는 부유한 나라보다 가난한 나라가 더 많다.
3. 세계 인구의 1/3이 문맹이다.
4. 백인보다 유색인종이 더 많다.
5. 기독교인보다 비기독교인이 더 많다.
6. 국내에서 하는 우리의 행위는 국외에서 우리를 비난하는 빌미를 제공하고 있다.
7. 전례 없는 민족주의가 진행 중이다.
8. 대부분의 나라가 첨단 기술을 개발하기 위해 노력하고 있다.
9. 비행기를 타면 36시간 안에 세계 어느 곳이라도 갈 수 있다. [요즘 나는 초음속 비행기의 등장으로 비행 시간을 조금 단축해서 제시하고 싶다. 그리고 "당신은 이메일을 통해서 아주 적은 비용으로 지구촌 어디와도 아주 짧은 시간에 연락을 취할 수 있다."라는 말을 추가하고 싶다.]
10. 국내에 많은 문제가 있음에도 수많은 외국인이 자유의 땅, 용기의 나라로 이민을 오려고 한다.[8)]

60억이 넘는 세계 인구(이런 추세라면 적어도 20년 내에 세계 인구는 200억에 이를 전망), 최근 겪은 전 유고슬라비아와 르완다의 인종 간 내전, 테러리스트의 활동, 소말리아에서 겪고 있는 기아 문제, 미국이 주도한 아프가니스탄 전쟁과 두 차례의 이라크 전쟁, 몇몇 나라에서 발생하고 있는 아동 및 여성 학대, 국제 금융 위기와 같은 것은 현재 교육과정을 개발하는 데 영향을 미치고 있다.

국가

교육과정 설계자는 어떤 특정 표현 방식으로 국가의 요구를 규정할 수 있어야 한다. 결론적으로 말하자면, 미국과 같은 정부는 교양 있고 교육받은 시민의 자질을 표명하고 있다. 시민교육은 대부분 학교에서 도맡아 하고 있다. 국가적 요구를 확인하는 방법 중

하나는 그 국가가 처해 있는 경제적이고 사회적인 문제를 살펴보는 것이다. 예를 들어, 미국은 점점 줄어 가는 직업보다 인구가 증가하고 있고, 새롭게 생기고 있는 직업에 종사할 수 있는 사람을 교육하고 재교육해야 할 절박한 요구를 가지고 있다. 교육과정 설계자는 성장하거나 쇠퇴하고 있는 직업이 있음을 알고 있어야 한다. 고용 기회는 직업마다 다양하다. 어떤 사람에게는 그런 기회가 점점 증가할 수도 있고 그렇지 않은 사람도 있을 수 있다.

2004년에서 2014년 사이에 이루어진 고용 기회에 대한 연구에서 미국 노동통계국은 어떤 다른 큰 규모의 직업보다 컴퓨터와 수학 직업군, 보건 직업군, 기술 직업군, 교육·교수·출판 직업군과 같은 전문 직업군과 그 분야에 관련된 직업이 빠르게 성장할 것이라 보고하였다. 서비스 직업군은 높은 성장률을 보였다. 철도수송업, 농업, 어업, 목축업, 임업이 규모가 줄어들 것이라는 예측에 비해 컴퓨터 직업군과 보건 직업군은 가장 빠른 성장이 기대된다. 관리직, 사무직, 금융직, 건설직 직업도 다소 증가할 것이라 예상된다.[9)]

특별한 것은 교사에 대한 언급이 있었다는 것이다. 교사의 고용 기회는 시대에 따라 공급 과잉이 되었던 적도 있으며 공급 부족이 되었던 적도 있다. 21세기 초에 교사가 극도로 부족했을 때에는 높은 자격을 갖춘 교사 혼자서 자신의 교실을 감당해야 했다. 교사의 부족은 특히 수학 혹은 특수교육과 같은 분야의 교사를 유인하고 외국의 멀리 있는 교사를 고용하기 위한 경제적 장려책으로 이어졌다. 기술의 지속적인 발달, 소비자의 요구 변화, 인구 변동, 자유무역 강화, 다국적 기업의 증가에 따라 직업의 고용 규모는 변화할 것이다. 교육과정 관련 연구자 또한 변화하는 고용 추세를 따를 것이다.

별로 놀라울 것도 없지만, 미국 노동통계국은 교육 분야에서 다음과 같이 말하였다. "가장 빠르게 성장하는 20개의 직업군 중에서 12개는 4년제 대학 학사학위나 2년제 대학 학사학위가 필요하다."[10)]

젊은이들은 그들에게 필요한 직업적 요구를 통합형 고등학교, 실업계 학교 혹은 마그넷 학교와 많은 학교의 직업교육을 통해서 충족해 왔다. 제1차 세계대전 이후 직업교육에 대한 강조는 퇴색되었다. 1917년의 Smith-Hughes 법, 1963년의 George-Reed 법, 1936년의 George-Dean 법, 1963년의 직업교육법(Vocational Education Act), '생활적응 교육' 요구에 관한 Charles Prosser의 결의문, 제2차 세계대전 후에 창설된 생활적응교육위원회(Commission on Life Adjustment Education), 1984년의 Carl D. Perkins 법, 1994년의 학교에서 직장으로의 기회법(School-to-Work Opportunities Act), 이 모든 것이 젊은이의 직업과 그들의 삶에 대한 요구를 다룬 것들이다. Carl D. Perkins 법(공법 98-524, 1984년의 직업교육법)은 미국 의회에서 변화하는 교육과정 국면에서 흥미 있는 사례를 제시하였다. 이 법은 1990년에 개정되어 Carl D. Perkins 직업교육 및 응용과학 교육법(Carl D. Perkins Vocational and Applied Technology Education Act)이 되었다. 1998년에는 재개정되어 Carl D. Perkins 직업-과학 교육법(Carl D. Perkins Vocational-Technical Education Act)이 되었다. 2006년에는 최근에 쓰이지 않는 오래된 용어인 '직업(vocational)'을 떼어 내고 Carl D. Perkins 경력 및 과학 증진법(Carl D. Perkins Career and Technical Improvement Act)으로 개정되었다.

1970년대부터 지금까지 직업교육에서 새롭게 수정되고 있는 프로그램은 총 노동 인구가 부족하다는 것에 주목하고 있으며 학생들이 그들의 직업을 성공적으로 수행하는 데 필요한 기술을 습득하는 것에 초점을 두고 있다. 그 지역사회의 기업과 산업 전반의 요구를 분석하는 것이 현재 직업교육을 강화하기 위한 수단이 될 수 있다. 즉, 졸업생이 요구하는 직업 전문 소양교육, 이론과 직업교육의 통합, 산학 교류 협력 프로그램, 기업과 산업과의 파트너십 구축, 학교에서의 실습 경험 제공, 기업, 의료, 커뮤니케이션과 같은 직업을 검토하는 데 필요한 직업 지원 시스템 등이 이에 해당된다.

국가를 넘어선 경쟁, 소비자 선호도의 변화, 2000년대 초기의 연금과 보건에 대한 고용 요구는 수천의 일자리가 사라지는 직업 판도의 붕괴와 축소로 이어졌다. 고용을 늘리기 위해 노력하는 미국의 모습처럼 경쟁적 자유기업 체제 속에서 다시 무직자가 되는 공포에서 벗어나는 고용에 대한 보장이 필요하다.

미 의회는 1975년 전장애아교육법(Education for All Handicapped Children Act, 공법 94-192)을 제정함으로써 국가적 요구에 응하고 있다. 이와 같은 혹은 이와 유사한 법률을 통해서 미 의회는 인구의 상당한 부분을 차지하는 재능 있는 학생을 더 이상 놓칠 수 없다는 것을 밝혔다. 미 전역의 학교 교육에 기초 · 기본 기능, 시민교육, 소비자 교육, 국제교육, 직업교육, 컴퓨터 교육, 양성평등 교육과 같은 프로그램의 출현은 국가적 요구에 응한 교육과정 설계자의 의도를 나타내 주고 있다.

미국은 교육체제의 향상에서부터 민족 집단 문제의 해결, 범죄 감소, 완전고용 창출, 건강과 의료 서비스 충족, 세계를 이끌어 가는 역할의 요구까지 많은 것을 요구하고 있다. 교육과정 관련 연구자들은 국가의 요구를 이해하기 위해서는 역사, 사회학, 정치학, 경제학, 현안 문제에 대한 관심과 해박한 지식을 가지고 있어야 한다.

교육 정책이 효율성과 생산성의 원리를 강조하는 경제체제와 너무나 밀접하게 관련되어 있다는 것을 주목해야 한다. 예를 들어, Ernest R. House는 기준, 평가, 책무성에 대한 정부 차원의 장려 정책을 통한 개선에 도시, 주, 국가적인 중대한 문제는 "교육 정책 입안자가 교육제도에 대한 충분한 이해나 평가(appreciation) 없이 국가 혹은 주 정부의 경제적 관심에 우선 부합하는 교육 정책을 수립하고 있다."라고 주장했다.[11] House는 "단순한 효율성이나 생산성에 입각한 정책은 더 나은 교육이나 향상된 생산성을 가져오지는 않는다."라고 진술했다.[12]

주

주 정부 역시 특별한 요구를 가지고 있다. 자동차 판매가 줄어들면 미시간 주는 특별한 어려움을 겪게 된다. 석유 산업이 침체되면 텍사스 주는 고통을 겪게 된다. 가뭄으로 밀 생산 지역이 피해를 입으면 대평원 지역의 밀 생산자는 고통을 겪는다. 홍수로 인해 미드웨스트 주의 농장이 피해를 입으면 옥수수와 콩 생산자는 큰 재앙을 겪게 된다. 오렌지 나무에 냉해가 닥치면 플로리다 경제는 휘청거리게 된다. 전체적인 산업이 춥고 값비싼 미국 북동부 지역에서 노동력과 다른 비용이 싼 남부 지역이나 심지어 멕시코 지역으로 이동하게 되면 상대적으로 손실을 겪게 된다.

미국 북부와 중동부 지역에서 남부, 남서부, 서부로 인구가 지속적으로 이동하게 되면서 인구가 감소하는 지역과 증가하는 지역 모두 필요한 요구를 재정비해야 하는 결과를 초래했다. 푸에르토리코나 쿠바, 베트남, 멕시코, 아이티 등지에서 늘어나고 있는 불법 이민의 물결은 특정 주나 국가 전체에 막대한 영향을 끼쳤다. 이미 미국에서 1200만 명으로 추정되는 불법 이민자와 불법 이민의 경로를 차단하기 위한 노력은 단순히 이민의 문제가 아닌 경제 전체의 문제로 대두되었다.

주의 요구는 학생들이 지속적으로 낮은 학업 성취도를 보일때 드러난다. 2006년 8월 25개의 주에서 학생들의 역량을 보증하기 위해 고등학교 과정과 졸업 시기에 통과 시험이 등장하였다.[13] 이는 나아가 아동낙오방지법(No Child Left Behind)의 요구로 이어졌으며, 주들은 읽기, 수학, 과학에서 규정된 학년 수준을 테스트했다.

직업의 기회, 즉 전문화된 직업을 가지려고 하는 노동자를 위한 요구와 또 그러한 요구를 충족하기 위한 학교제도의 형태는 주마다 다르고, 이에 따라 교육과정 관련 연구자는 관심 영역에 주의를 기울이고 있다.

지역사회

교육과정 관련 연구자는 지역사회의 주요 기업과 산업이 변화하고 있다는 것을 알고 있기 때문에 지역사회의 요구를 좀 더 잘 알 수 있다. 일반적으로 그들은 지역 경제가 정체되었는지, 침체되었는지, 아니면 활기를 띠고 있는지 잘 알고 있다. 반면 일어나고 있는 변화가 너무나 빨라서 학교는 변화하는 지역의 요구를 학교 프로그램에 잘 적용하지 못하는 경우도 있다. 예를 들어, 지역사회가 이미 소기업과 경공업 위주로 변화해 갔음에도 여전히 학교에서는 농업에 관한 프로그램을 제공하는 곳도 있으며 그 지역의 생산 형태가 바뀌었거나 이미 생산 공정이 자동화되었음에도 특정 생산 직업을 위해 학생들을 훈련하는 학교도 찾아볼 수 있다. 거대 도시 지역에서 나타나는 비인간성에 바탕을 둔 요구를 충족하는 것은 점점 더 민감하고 어려운 사안이 되고 있으며, 대부분의 경우에 이는 삶의 질의 하락을 수반한다. 도시 거주자는 비인간성을 타파하고 상호 존중 정신을 개발하여야 한다. 그들은 대도시 속에서 삶을 향상하기 위해 그들이 할 수 있는 일을 인지한다.

주 내에서의 인구의 이동은 새로운 지역사회의 문제를 만들어 내고 있다. 예를 들어, 도시에서 교외로 혹은 더 멀게는 전원 지역으로의 인구 이동과 그 후 다시 도시로의 인구 유입이 있을 수 있다. 1970년대 동안 도시생활에 환멸을 느낀 도시 거주자가 전원생활에서 삶의 질을 추구함으로써 농촌 지역은 급격한 성장을 가져왔고, 더불어 많은 문제가 발생하게 되었다. 미 통계국 수치는 1980년대 많은 미국인이 전원생활에 만족하지 못했으며 다시 대도시 지역으로 몰리고 있음을 보여 준다.[14] 예를 들면, 현재 대도시 내에서 몰락한 시가지와 역사 지구가 활기를 되찾고 복구되면서 새롭게 개편되고 있음을 볼 수 있다. 몇몇 교외 지구 거주자는 비교적 집값이 싼(적어도 초기에는) 도시 중심가로 다시 이동해 오고 있다. 오래된 건물을 보수해서 이전에 침체되었던 도시 중심가의 거주 지역을 다시 거주할 수 있는 장소로 바꾸고 심지어 값비싼 지역으로 만들 전망이다. 반면 점점 높아지는 범죄율 때문에 도심 지역 거주자는 높은 벽, 문, 경보체제, 사설 경비 등 통제적인 수단을 만들어 내고 있다. 빠르게 성장하는 지역에서 주거 비용의 상승과 대가구 주택에서 아파트로의 재건축의 문제는 저소득층과 중산층이 자신의 소득으로 자기 집 갖는 것을 힘들게 한다.

인구의 이동은 세금과 관련해서 학교의 새로운 문제를 만들어 내고 있다. 학교는 부분적으로 세금에 의지하고 있는데, 지원되는 세금에 따라 그 학교의 교육의 질이 달라질 수 있다. 학교 교육 관계자는 공교육을 지원하기 위해 지역사회의 세금을 늘리는 것이 힘들다는 것을 잘 알고 있다. 1971년 캘리포니아 법원의 Serrano 대 Priest 판결과 1989년 텍사스 대법원의 Edgewood 대 Kirby 판결에서 보듯이, 재산세를 통한 자금을 지원해 줄 수 있는 능력이 있는 재정적으로 튼튼한 지역사회는 가난한 지역사회보다 수준 높은 교육을 제공해 주고 있다. 이 점에서 지역사회의 요구는 각 주 수준에서의 요구가 될 수 있다.[15] 왜냐하면 열 번째 개정된 미국 헌법에 나타난 것처럼 교육은 그 주를 보존하고 유지하는 데 필요한 것이기 때문이다. 더불어 2005년의 허리케인 카트리나와 같은 자연재해를 마주했을 때 학교를 포함하여 지역사회의 요구는 주의 요구나 국가의 요구가 된다.

물론 학교 자체가 이러한 사회적 문제를 해결할 수는 없다. 지역사회는 그 주 전체의 사람들이 고른 교육 기회를 가질 수 있도록 자신들의 주 입법부에 우선 요구해야 한다. 한편 학교들은 그 지역사회의 미래 시민에게 영향을 미칠 수 있고 또 그렇게 해야 하는 의무를 저버릴 수도 없다. 따라서 학교는 지역사회의 학생들이 장차 겪게 될 어떤 문제를 해결할 수 있도록 기능과 지식을 준비시키고 문제를 파악할 수 있도록 교육을 해야 한다.

이웃

교육과정 개발자는 이웃과 관련된 학교에서 다루어야 할 특수한 요구가 있는지를 반드시 확인해야 한다. 대부분의 도시 지역에서는 반드시 존재한다. 도시에 사는 사람들은 분명 요구를 가지고 있다. 좀 더 편안한 교외에 사는 사람은 그러한 요구에 대해 언론이나 TV를 통한 것 이외에는 거의 알지 못한다.

범죄와 약물 복용은 어떤 동네에서는 점점 보편적인 일이 되어 가고 있다. 이주 노동자들과 함께 사는 지역의 사람들의 요구는 의사, 변호사와 같은 이와 함께 사는 사람들의 요구와는 상당히 다르다. 사회경제적 수준이 낮은 아동은 수준이 높은 아동보다 성취 수준이 훨씬 낮은 경우가 있다. 대체로 좀 더 부자 학교에 다니는 학생은 문화적 · 교육적 경험을 다양하게 할 수 있지만 가난한 학교의 학생은 그러한 경험을 거의 겪을 수가 없다.[16]

교육과정 관련 연구자는 현재 이웃관계가 변하고 있음을 잘 알고 있어야 한다. 예를 들어, 행복한 삶을 추구하려고 교외로 이주한 도시 거주자는 출퇴근하는 데 상당 시간을 허비해야 하고, 지속되는 주택 개발이나 단조로운 대규모 주택 단지에서 몇 년을 보내면서 행복한 삶은 이미 없어졌다는 것을 알고 있다. 다닥다닥 붙은 건물에 한 집 건너 쇼핑센터가 있는 그런 곳에 대해 환멸을 느끼게 되었다. 풀, 나무, 깨끗한 공기는 불도저나 시멘트 차량, 교통 혼잡에 자리를 빼앗겨 버렸다.

교외 지역에 정착한 사람은 이제 도시 지역의 황폐화, 쇠퇴, 범죄 등과 같이 원래 도시에서나 일어나는 것이라고 생각하는 수많은 문제를 경험하게 되었다. 따라서 몇몇 교외 거주자는 도시 문제를 극복하고 동시에 도시의 문화적, 교육적, 교양적인 오락거리를 경험하려고 방향을 바꾸고 있다.

저소득층과 중산층이 감당할 수 있는 주택이 거의 없는 상황에서도 현재 건설의 추세는 과거에 중산층과 상류층이 살았지만 오래된 작은 집들이 부유층에 의해 구매되어 철거되고 있다. 그리고 넓고 비싼 저택이 그 자리를 대체하고 있다. 교외 지역의 주택 개발이 소규모 마을환경에 알맞게 설계되고 있다. 이렇게 새롭게 계획되고 있는 지역사회는 단독 주택과 다세대 주택이나 아파트가 섞여 있는 지역사회 센터라는 개념을 도입한다. 학교, 상업 지구, 오락 시설은 집에서 도보로 걸어가면 될 정도로 가까운 곳에 계획된다. 자가용 사용을 줄이기 위해 도심과 근교에 있는 도심 지역을 대중교통으로 연결할 것이다. 새크라멘토, 캘리포니아, 터코마, 워싱턴, 올랜도, 탬파, 플로리다 등지에서 소규모 마을 센터 개념으로 학교, 상점, 직장, 각종 서비스 센터들이 집에서 걸어갈 수 있을 만큼 가까운 곳에 설립될 예정이다. 아마 21세기에 모든 미국 국민이 몇몇 미래학자가 예견하고 있는 벌집 같은 거주지에 살지는 않을 것이다.

교육과정 전문가는 앞서 말한 모든 수준에서의 사회적 요구를 이해하는 것을 보여 주는 계획을 마련해야 한다.

사회의 요구: 다양한 형태

교육과정 설계자는 형태라는 관점에서 사회의 요구를 바라봐야 한다. 예를 들어 다음과 같은 각각의 사회적 요구는 교육과정 속에서 실현된다.

- 정치
- 사회

- 경제
- 교육
- 환경
- 국방
- 의료
- 도덕과 종교

사회의 요구를 연구하는 교육과정 협의회는 사회적 요구를 분류하는 체제를 만드는 데 있어 조언을 해 줄 수 있을 것이다. 그 협의회의 분류체제는 저술이나 교육 자료에서 찾을 수 있는 다른 체제와 비교될 수 있다. 3장에서 언급한 일곱 가지 기본 원리와 열 가지 젊은이의 필수 요구는 사회의 요구 기능으로서 학생들의 요구를 확인하는 노력이었다.

사회화 과정

사회화 과정, 사회 기능, 실생활, 사회제도의 루브릭을 사용해서 사회적 요구나 요청을 확인하기 위해 수년간 많은 시도가 있었다. 이러한 요구를 자세히 설명하기 위한 여러 시도를 되짚어 보려면 우리는 요구가 학생-사회의 이중적인 측면이 있음을 상기해야 한다. 예를 들어, '주거 문제의 해결'은 사회적이면서도 개인적인 요구이다. 개인이 집을 만드는 데 필요한 기술을 요구한다면 사회는 집을 만들 수 있는 기술을 가진 사람들을 요구한다. 사회 과정이나 기능을 자세히 서술하려고 하는 교육과정 전문가는 사회적인 요구에 기원하고 있는 개인적 요구를 확인하는 방식을 취한다. 모든 개인적인 요구(순수한 생물적인 요구는 제외하고)가 사회적인 요구에서 발생한다고 하면 분명 논쟁거리가 될 수도 있다.

Robert S. Zais는 경험주의적이었던 사회 연구 실제의 초기에 Herbert Spencer를 신뢰했다.[17] 1859년에 Spencer는 학생들에게 "앞으로 인생을 살아가면서 필요한 삶을 구성하고 있는 몇몇 활동"을 준비해 두어야 한다는 점을 강조했다.[18] 그는 중요성에 따라 이러한 활동을 다음과 같이 분류했다.

1. 직접적으로 자신을 보호하는 활동

2. 삶에 필요한 것을 확보함으로써 간접적으로 자신을 보호하는 활동
3. 종족 유지와 관련된 자녀 양육에 대한 활동
4. 적절한 사회적 · 정치적 관계를 유지하는 데 관련된 활동
5. 기호와 감정을 충족할 수 있는 여러 가지 활동과 여가 활동에 필요한 여러 가지 활동[19]

1934년 버지니아 주 교육과정 프로그램은 삶의 과정에 대한 교육과정을 조직하려는 시도를 잘 보여 주는 것 중의 하나다.[20] O. I. Frederick과 Lucile J. Farquear는 버지니아 주 학교 교육과정에 삽입되었던 다음과 같은 인간 활동의 아홉 가지 영역을 이야기했다.

1. 생명과 건강 보호하기
2. 생계 유지하기
3. 주거 문제 해결하기
4. 종교적인 감정 표현하기
5. 아름다움의 추구에 대한 욕구를 만족시키기
6. 교육받기
7. 사회적 · 시민적 행동에 협력하기
8. 오락 활동에 참여하기
9. 육체적인 상태 향상하기[21]

위스콘신 주 교육부(The Wisconsin State Department of Public Instruction)의 『교육과정 구성지침(*Guide to Curriculum Building*)』은 사회 기능 관점을 아주 중요하게 여겼다. 위스콘신 주의 교육부는 중학교 수준의 중핵 교육과정의 가이드에서 사회 기능을 다음과 같이 제시했다.[22]

- 건강 유지하기
- 전쟁으로부터 신체적 보호와 보장 제공하기
- 천연 자원을 보존하고 현명하게 사용하기
- 직업의 기회 제공하기

- 젊은이를 키우고 교육하기
- 건전하고 충분한 여가 활동 제공하기
- 대중의 미적 가치와 정신적 가치를 충족하기
- 사회통합을 유지할 수 있는 충분한 사회적 토대 제공하기
- 믿음과 열망을 조화롭게 조직하고 제어하기[23)]

Florence B. Stratemeyer, Hamden L. Forkner, Margaret G. McKim, A. Harry Passow는 인간 활동에 대한 교육과정 경험을 조직하기 위한 계획을 다음과 같이 제안했다.

개인 역량의 성장이 요구되는 상황

건강

A. 생리적 요구 충족하기

B. 정서적 · 사회적 요구 충족하기

C. 질병과 상해를 예방하고 치료하기

지적 능력

A. 아이디어를 명료화하기

B. 타인의 요구를 이해하기

C. 양적 관계 다루기

D. 효과적인 학습방법 사용하기

도덕적 선택

A. 개인의 자유의 본질과 한계 정하기

B. 자신과 타인의 책임 정하기

심미적 표현과 감상

A. 자신 속에서 미적 만족의 근원 찾기

B. 주변 환경 속에서 미적 만족 성취하기

사회적 참여의 증가가 요구되는 상황

개인 간 관계

A. 타인과 효과적인 사회관계 구축하기

B. 타인과 효과적으로 작업(학습)할 수 있는 관계 구축하기

소속감

A. 조직 참여 결정하기

B. 구성원으로 참여하기

C. 책임감을 가지고 리더십 발휘하기

집단 간 관계

A. 인종, 종교, 국가적인 집단과 작업(학습)하기

B. 사회경제적 집단과 작업(학습)하기

C. 특정 활동으로 조직된 집단에 참여하기

환경적인 요인과 영향력을 다루는 능력 신장이 요구되는 상황

자연 현상

A. 물리 현상 이해하기

B. 동식물 및 곤충의 생활 이해하기

C. 물리적 · 화학적 에너지 사용하기

기술 자원

A. 기술 자원 활용하기

B. 기술 발전에 기여하기

경제-사회-정치적 구조와 영향력

A. 직업 구하기

B. 제품과 서비스 획득하기

C. 사회복지 제공하기

D. 여론 형성하기

E. 지방 혹은 국가 정부에 참여하기[24)]

Taba는 Stratemeyer, Forkner, McKim, Passow 체제의 장점에 대해 다음과 같이 언급했다.

> 이 체제는 지금까지의 사회-과정 접근방법이 가져왔던 부족한 부분, 즉 학습자를 소홀히 해 왔던 부분을 채워 주는 노력인 것 같다. 실제로 이 접근방법은 일반적인

활동, 요구, 생활환경의 개념과 교육과정 설계에서 학습자 요인의 인식을 엮어 주는 역할을 하고 있으며 또한 단일화된 체제를 만들기 위해 그러한 개념과 인식을 모두 사용한다.[25)]

요컨대, 교육과정 관련 연구자는 학습자의 요구와 사회의 요구를 모두 분석해야 한다. Ralph Tyler가 '원천'이라고 불렀던 학습자와 사회의 요구를 연구하는 것은 교육과정 실행과 조직에 많은 실마리를 제공해 준다.

교과에서 도출된 요구

교육과정 목표의 주요 원천 중의 하나로 아직 남아 있는 것은 교과(목) 혹은 Jerome S. Bruner 외 많은 학자가 언급한 '교과 구조'에서 도출된 요구다.[26)] Bruner는 교과 구조를 '기본 개념'[27)] '핵심적 아이디어'[28)] 혹은 '일반적 원리' 라고 칭한다. Bruner는 "교과의 구조를 파악하는 것은 교과의 구조와 의미 있게 연관된 많은 것을 허용하는 방식으로 이해하는 것이다. 결국 구조를 학습하는 것은 사물이 어떻게 관련되어 있는가를 학습하는 것이다."라고 말했다.[29)]

학문 구조의 요소의 예로 Bruner는 생물학에서 향성(向性), 수학에서 교환과 분배 및 결합 배치, 언어에서 언어적 패턴 등을 들고 있다.[30)] 각각의 교과는 교육과정의 스코프를 결정하는 근거가 되는 어떤 핵심 영역이나 범위를 포함하고 있는데, 그러한 영역이나 범위를 어떤 시기나 정해진 시퀀스(순서)에 따라 가르쳐야 한다. 시퀀스는 복잡성(수학, 외국어, 영문법, 과학), 논리성(집, 학교, 지역사회, 주, 국가, 세계로 점점 환경을 넓혀 가는 사회과 프로그램), 심리적인 방법(학습자의 당면한 흥미에서 시작해서 장래의 흥미를 고려한 직업교육)으로 결정된다.

학문의 변화

교과(목) 영역은 1950년대까지 갱신된 것을 제외하고는 거의 그대로 유지되었다가 '신수학' '신과학' '신언어학' 및 외국어 교육에서의 시청각 교수법의 출현으로 새로운 전기를 맞이하게 되었다. 국가방위교육법(National Defense Education Act)의 자금으로 추진된 1950년대의 학문적 변화와 개혁으로 학문의 구조를 새롭게 정의하게 되었는데, 그 예로 생물학 교육과정연구(Biological Sciences Curriculum Study: BSCS)에서 개발된 생물학 과정의 세 가지 버전의 교과서(청색, 녹색, 황색)가 있다. 각 버전은 주요 핵심이나 조직이 서로 다른 생물학 원리를 보여 주고 있다. 녹색 버전에 규정된 이 생물학 관련 과학 분야의 구조는 진화론과 생태학의 주제에 중심을 두면서 이 세 가지 버전 중 가장 쉬운 것으로 이루어져 있고, 청색 버전은 생화학, 생리학과 같이 다소 어려운 내용으로 이루어져 있으며, 황색 버전은 유전학과 유기체의 발달에 대한 내용으로 이루어져 있다.

이어진 두 가지 프로젝트는 1950년대 중반부터 1960년대 초에 과학 분야에서 계획되던 형태가 반영되었다. BSCS가 발족되기 불과 3년 전, 1956년부터 연구가 시작되었던 물리학연구위원회(Physical Sciences Study Committee: PSSC)는 다음과 같은 네 가지 주제를 가지고 고등학교 물리학 과정을 통합했다.

1. 시간, 장소, 물질, 운동을 포함하는 우주 영역
2. 광학적 현상을 포함하는 광학과 파장 영역
3. 역학, 운동, 에너지 보존 법칙을 포함하는 역학 영역
4. 전기, 자기, 원자의 구조를 포함한 전기 영역[31)]

1960년대 초 지구과학 교육과정 프로젝트(Earth Science Curriculum Project: ESCP)는 다음과 같은 열 가지 통합 주제로 지구-과학 과정을 개발했다.

1. 탐구로서의 과학
2. 단위의 이해
3. 예측
4. 변화의 보편성
5. 에너지의 흐름
6. 환경 변화에 적응
7. 질량과 에너지의 보존
8. 시간과 장소에 따른 지구
9. 과정의 획일성

10. 역사적 발달과 외현[32]

과학자가 자신들의 전문 분야 교육과정을 정비하는 동안 외국어 교육과정 관련 연구자들은 여러 세대 동안 외국어 학습을 지배해 왔던 읽기-번역하기 목표의 오랜 틀을 깨고 있었다. 다음 인용문은 외국어 학습의 목표 변화를 잘 보여 주고 있다.

> 우선순위에 따라 외국어 교사는 다음과 같은 목표를 제시한다. (a) 듣기를 통한 이해, (b) 말하기, (c) 읽기, (d) 쓰기… 이러한 언어학적인 목표는 외국의 습관과 사람들의 이해라는 일반적인 문화적 목표와 통합된다.[33]

외국어 학습에 대한 연구는 계열화된 구조의 실례를 잘 보여 준다. 왜냐하면 외국어를 배우는 학생은 복수의 개념을 학습하기 전에 단수의 개념을 먼저 학습하고, 불규칙 동사를 배우기 전에 규칙 동사를 먼저 배우고, 1인칭 단수, 현재 시제, 단순 시제부터 학습하며, 가정법보다는 직설법부터 할 때 좀 더 손쉽게 학습할 수 있을 것이다.

수행 목표/기준

대다수의 주 교육부 그리고/혹은 지역 학구는 특정 분야의 교사와 전문가들이 만든 실라버스, 교수요목, 교육과정 지침을 발간하고 있다.[34] 이러한 출판물은 한 교과 구조의 개요를 잘 드러낸다. 즉, 각 주제에 대한 적절한 수준과 성취해야 할 수행 목표와 기준, 기능, 최소 수준 능력, 주제의 제시 순서 등에 대해 기술하고 있다. 대다수의 도시, 주, 심지어 국가도 지금까지 그래왔듯이 교과 영역의 수행 목표와 기준을 행동목표로 명세화하는 데 관여하고 있다.[35]

몇몇 전문가는 수행 목표/기준을 채택하려는 움직임에 대해 비판하고 있다. 그들은 획일화하는 데 따른 효과뿐만 아니라 그 기준 자체가 강제로 부여된 것이고 또한 사회의 요구를 억압하는 것이기 때문에 이러한 점에 대해 이의를 제기하고 있다. 비록 교과 내용을 명세화하는 것이 비판을 받고 있지만, 보스턴, 애리조나, 캘리포니아, 매사추세츠, 버지니아의 사례처럼 다음에 제시된 내용을 보면 명세화하려는 움직임은 점점 강화되고 있다는 것을 알 수 있다.

보스턴과 매사추세츠 교육부 보스턴 공립학교의 수행 기준은 다양한 학문에서 지역 학구 수행 기준의 실례를 잘 보여 준다. 〈글상자 7-1〉은 보스턴 공립 고등학교 화학과 기준의 예다.

매사추세츠 교육부는 유치원 이전부터 고등학교까지 8개 교과 학문의 수행 기준 틀을 만들었다. 과학의 예를 들자면, 예상했겠지만 보스턴의 수행 기준은 주의 수행 기준과 동일하다.[36)]

글상자 7-1 보스턴 시 학교 수준의 화학과 기준

I. 내용 기준

1. 물질의 성질

광의 개념: 분자와 원자의 상호관계에 따른 물리적 · 화학적 성질을 이해하고 물질을 분류하고 설명할 수 있다.

1.1 물리적 성질(밀도, 녹는점, 끓는점, 전도성, 탄성)과 화학적 성질(새로운 결합 구조)을 이해하고 설명한다. 화학적 변화와 물리적 변화를 구분한다.

1.2 순수한 물질(원소와 화합물)과 혼합물의 차이를 설명한다. 여러 종류로 구성된 혼합물과 비슷한 종류로 구성된 혼합물을 구분한다.

1.3 에너지, 분자운동, 상태 변화를 사용하여 물질의 일반적 상태(고체, 액체, 기체)를 설명한다.

출처: Boston Public Schools, *Chemistry High School Standards*, website: http://www.boston.k12.ma.us/teach/HSScience.pdf, accessed March 15, 2007 허락하에 게재.

애리조나 1996년부터 2000년 사이에 9개 학과로 유치원부터 12학년까지 광범위하면서도 세세한 내용 기준을 제시했는데, 예를 들면 종합보건(Comprehensive Health)이라는 과목은 7개 기준을 포함하고 있다. 애리조나는 기준을 준비(readiness, 유치원), 기초(foundations, 1~3학년), 필수(essentials, 4~8학년), 숙달(proficiency, 9~12학년), 완성(honors)의 다섯 가지 수준으로 분류했다. 각 기준은 뒤에 수행 기준이나 목표의 숫자를 표기하며 순서를 나타냈다. 〈글상자 7-2〉는 애리조나 주 기준 분류표의 사례를 나타내고 있는데, 기초 수준에 있는 7개 기준 중에서 건강이라는 기준의 수행목표를 제시하고 있다.

글상자 7-2 애리조나 주 기초 수준의 건강과 기준

1CH-F1 자신의(personal) 건강과 관련된 행동(수면, 다이어트, 운동, 개인 위생)과 개개인의(individual) 행복(well-being) 사이의 관계를 기술할 수 있다.

PO1 균형 잡힌 건강한 삶의 양식(조심하고, 휴식을 취하고, 에너지가 넘치며, 건강한 삶)의 긍정적인 효과에 대해 설명할 수 있다.

PO2 자신의 건강을 증진하는 행동(재채기나 기침할 때 손으로 가리기, 적절한 손 씻기, 건강한 다이어트, 신체적인 활동)의 중요성에 대해 설명할 수 있다.

출처: Arizona Department of education, *Content Standards K-12*, websites: http://www.ade.state.az.us/standards/health/CompStd1.asp and http://www.state.az.us/standards/contentstandards.asp, accessed March 15, 2007. 허락하에 게재.

캘리포니아 7개 분야의 내용 기준이 있는데, 〈글상자 7-3〉은 캘리포니아 주의 역사와 사회과학 분야의 10학년에 적용되는 11개 내용 기준 중 10.1번째 기준으로 캘리포니아 주의 교육과정 개발 노력을 여실히 보여 주고 있다.

지금까지 살펴본 바와 같이 이와 같은 요구에 대한 논의의 의도는 교육과정 개발자로 하여금 요구의 세 가지 원천, 즉 학습자, 사회, 교과목에 관심을 두게 하기 위함이다. 비록 5장에서 살펴본 것처럼 Ralph Tyler가 잠정적이고 일반적인 목표가 도출되는 원천으로서 이 세 가지 원천을 논의했지만, 여기서는 요구를 연구하고 단지 학교 교육과정에

글상자 7-3 캘리포니아 주 현대 세계의 세계사, 문화, 지리 내용 기준

10.1 학생들은 고대 로마 · 그리스 철학이나 유대교, 기독교 정신 속에서 서양의 정치적 사상 발달에 영향을 끼친 도덕적, 윤리적 원리를 설명할 수 있다.

1. 유대교-기독교, 그리스-로마의 관점에서 법, 이성과 믿음, 개인의 의무의 유사점과 차이점을 분석할 수 있다.
2. 플라톤의 국가론과 아리스토텔레스의 정치학을 이용해서 법치주의와 전제정치로 대변되는 서양 역사상 정치 개념의 발달을 추적할 수 있다.
3. 현대 세계의 정치체제에 미국 헌법이 미치는 영향에 대해 고찰할 수 있다.

출처: *Content Standards in World History, Culture, and Geography: The Modern World*, websites: http://cde.ca.gov board/pdf/history.pdf and http://www.cde.ca.gov/standards, accessed April 21, 2003. Revisited March 15, 2007, at website: http://www.cde.ca.gov/be/st/ss/hstgrade10.asp. 허락하에 게재.

의해 요구되는 것이 아닌 요구를 확인하는 체계적인 절차의 계기로서 학습자, 사회, 교과목이 탐구되고 설명되고 있다. 그러한 절차를 통상 요구사정이라고 한다.

요구사정 수행하기

교육과정 요구사정의 가장 간단한 정의는 교육과정 계획자가 반드시 다루어야 할 프로그램의 요구를 확인하는 것이다. Fenwick W. English와 Roger A. Kaufman은 '요구사정'이라는 용어에 몇몇 해석을 제공하고 있다. 일찍이 장학과 교육과정 개발협회(Association for Supervision and Curriculum Development)가 발표한 내용을 보면 과정이라는 것은 수년간 학교체제가 관여하는 과정을 의미한다. English와 Kaufman은 요구사정을 다음과 같은 과정으로 기술하고 있다.

- 교육과정 개발에서 주어진 시퀀스의 바라는 목적, 성과, 산출물, 결과를 정의하는 과정
- 학교에서 반드시 가르쳐야 하는 것과 교육의 성과를 규정하기 위한 평가 항목을 명확하게 밝히는 과정
- 행동목표의 타당성을 검증하기 위한 과정이며, 검증 기준이 정해져 있거나 준거 참조가 마련되어 있다면 검사 자체는 적절하다.
- 논리적 문제 해결의 도구
- 현재의 산출과 기대되는 산출 간의 격차를 말하며, 이러한 격차를 측정하여 순위별로 배열하고 그것을 해소할 수 있는 방법을 모색하는 공식 과정[37)]

요구사정의 목적은 두 부분으로 나누어진다. (1) 현존하는 교육과정을 충족하지 못하는 학습자의 요구를 확인하는 것, (2) 충족되지 않은 많은 요구를 가능하면 달성하기 위한 방법으로 교육과정을 개정하기 위한 근거를 형성하는 것이다. 요구사정은 그 수행이 일회성에 그치는 것이 아니며 지속적으로 이루어지는 활동이다. 몇몇 교육과정 관련 연구자는 요구사정이라는 것을 폭넓은 교육과정 연구에서 맨 처음 달성되어야 할 과업이라고 받아들이고 있다. 일단 이렇게 초기 요구사정으로부터 어떤 결과가 도출되었다면, 이런 부류의 설계자는 앞으로 몇 년 동안은 더 탐색할 필요가 없다고 믿는다.

학생과 사회 및 교과목의 요구는 수년에 걸쳐 변화하고, 어떠한 교육과정도 젊은이의 모든 교육적 요구를 충족하는 완전한 상태에 도달하지 못하기 때문에 면밀한 요구사정을 주기적으로(적어도 5년마다) 수행하고 매년 조금씩 갱신해야 한다.

요구사정은 또한 특정 시기, 즉 교육과정의 포괄적인 연구 초기에만 하는 것은 아니다. 요구사정은 (1) 교육과정 목적과 목표의 명세화 이전, (2) 교육과정 목적과 목표의 확인 후, (3) 교수 평가 후, (4) 교육과정 평가 후에 지속적으로 이루어진다.[38] English와 Kaufman은 학교체제가 전면적인 요구사정을 하기 위해서는 6개월에서 2년까지 걸린다는 것을 지적했다.[39] 물론 모든 학교체제가 전면적인 요구사정을 할 필요는 없다. 요구사정의 범위는 지각적 요구의 간단한 연구에서부터 광범위한 데이터를 사용한 전면적인 분석까지 다양하다.

지각된 요구 접근법

몇몇 학교는 요구사정의 과정을 (1) 교사, (2) 학생, (3) 학부모가 느끼는 요구로서 학습자의 요구를 조사하는 데까지 제한한다. 단순한 수치적 자료를 조사하는 대신, 이러한 학교의 교육과정 설계자는 한 사람 이상의 의견을 구하기 위해 교사와 학생 및 학부모를 대상으로 질문을 제시한다. 예를 들면, 학부모에게 제시된 질문은 다음과 같다.

- 당신의 자녀가 학교에서 하는 활동에 대해 어떻게 생각하고 있습니까?
- 당신의 자녀가 학교에서 하는 활동 중 어려움을 겪고 있는 것은 없습니까? 만약 있다면 설명해 주십시오.
- 당신은 지금 학교에서 제공하지 않는 프로그램이나 내용 중에 어떤 내용이나 프로그램이 제공되어야 한다고 생각합니까?
- 학교 프로그램 개선사항에 대해 말씀해 주시기 바랍니다.
- 당신은 당신이 자녀에게 제공하고 있는 학교 프로그램에 만족하십니까? 만약 만족하고 있지 않다면 어떤 부분에서 그러한지와 그 이유를 자세히 적어 주시기 바랍니다.

교사나 학생도 학교 교육과정에 대한 생각이나 개선이 필요한 부분을 위해 위와 유사한 질문을 접하게 된다. 그러나 지각된 요구 접근법은 요구사정의 첫 번째 단계에 지나지 않는다. 이 방법은 비교적 적은 시간과 노력이 요구되고 수행하는 데 비용도 그렇게 많이 요구되지 않아 간단하게 할 수 있다는 장점이 있다. 또한 다양한 집단으로부터 교육과정에 필요한 것이 무엇인지에 대해 의견을 구할 수 있고 또 당사자는 그런 의견을 표현할 수 있는 기회를 가진다. 지각된 요구 접근법은 학부모가 학교 프로그램에 대해 어떻게 생각하는지, 또 학부모의 의견이 무엇인지 파악할 때 사용되면 효과적인 홍보 도구가 될 수 있다. 다시 말하면, 학교가 학부모가 학교 프로그램을 어떻게 생각하고 있으며 어떤 것을 원하는지 알기 위해 노력하고 있음을 보일 수 있다. 첫 단계로서의 이 지각적 요구 접근법은 시간과 노력을 들일 만한 가치가 있다.

한편 지각된 요구 접근법은 제한적이다. 그 본질상 이 접근법은 사실보다는 바로 개인적 지각에 더 많은 관심을 두고 있다. 비록 교육과정 설계자는 다양한 집단이 어떻게 느끼고 있는지와 어떻게 생각하고 있는지 알 필요가 있지만 현상 그 자체, 즉 사실이 무엇인지에 대해서도 알아야 한다. 다양한 집단에 의해 지각된 학습자의 요구는 좀 더 객관적인 자료에서 보이는 요구와는 사뭇 다를 것이다. 결국 요구사정은 지각된 요구 그 이상의 자료도 취급해야 한다는 것이다.

자료 수집

요구사정의 수행에 있어 학교와 학교 프로그램에 대한 자료를 수집해서 그 자료가 원천 자료로서 쓸 만한 것인지 살펴보아야 한다. 필요한 자료로는 지역사회, 학생 집단, 교직원에 대한 배경 정보가 포함된다. 교육과정 설계자는 제공된 프로그램과 이용할 수 있는 시설에 대한 정보가 필요할 것이다. 그들은 그 학교 학생들의 성취에 관한 검증 자료에 접근할 수 있어야 한다. 자료는 다양한 방법으로 획득할 수 있는데, 학생들의 기록물, 학구에 대한 자료, 학생, 교사, 학부모의 태도에 관한 조사, 교실 관찰, 교수 자료의 검토 등에서 얻을 수 있다. English는 학교에서 적합한 문서나 실제의 검토를 통해서 자료를 수집하는 과정을 '교육과정 감사' 라고 언급했다.[40]

충분한 자료는 학생들이 접하게 될 어떤 분야를 선정할 것인지 혹은 어떤 주제를 선정할 것인지에 대한 의사결정 과정에서 필요하고 교육과정 목표를 명세화하는 데 필요하다. 자료는 교육과정 변화 필요성의 근거를 제공할 것이다. 이 모든 자료는 분석될 수 있도록 일관된 방식으로 취합되어야 하고 교육과정 개정에 따른 의사결정에 포함되어야 한다.[41]

요구사정은 일반적으로 지역 인증 협회의 학교 인증을 필요로 할 때 수행된다. 지방 인증을 받으려는 학교는 보통 스스로 전면적인 요구사정을 실시하고 10년마다 위원회

전 구성원이 그 학교를 방문한다. 또한 5년마다 중간 연구를 수행한다. 인증에 지원한 학교는 해당 주 교육부와 국가학교평가연구(National Study of School Evaluation: NSSE)가 공동으로 작성한 지역인증협회가 제시한 기준을 따라야 한다.[42)]

요구사정 단계

요구사정의 과정은 다음과 같은 단계를 거친다.

- 교육과정 목적(goal)을 설정하고 타당화하기
- 교육과정 목적 우선순위 정하기
- 우선순위가 정해진 목적을 목표(objective)로 전환하기[43)]
- 교육과정 목표 우선순위 정하기
- 자료 수집하기
- 요구된 교육과정 목표와 실제 교육과정 목표의 차이와 같은 만족되지 않은 교육과정 요구 확인하기
- 교육과정의 요구 우선순위 정하기
- 우선순위가 정해진 요구 실행하기
- 우선순위에 따른 교육과정 목표 평가하기[44)]

이러한 단계는 간단하게 보이지만 사실은 상당히 복잡하다. 학교 관계자, 행정 당국, 교사, 학생, 지역사회 인사와 같이 상당히 많은 사람이 관계된다. 이러한 단계에서는 해당 학교와 학구, 지역사회, 심지어 주나 국가의 상세한 정보가 필요하다. 비록 특정 지도자가 그러한 과정을 관리하고 지시하지만, 많은 집단 참여자의 참여가 필요하다. 지정된 지도자의 역할은 교육과정, 사회학, 심리학에 확고한 토대를 가지고 요구사정 과정을 운영해야 한다.

요구사정을 수행하는 이는 학교와 지역사회에 대한 광범위한 자료를 수집해야 하고, 의견, 경험적 관찰, 검사지, 예측 도구, 테스트 등과 같은 여러 가지 평가 도구를 다각적으로 사용해야 한다. 그들은 그 과정 전반에 걸쳐 개인과 집단을 관리하고 포함하는 구성적인 기법을 따라야 하고, 그 과정과 병행하여 참여자를 지역사회와 결부할 수 있도록

정보를 공유할 수 있는 효과적인 방법을 적용해야 한다. 그들은 반드시 교육과정 개발, 교수, 예산 기획, 자료 수집, 자료 처리, 측정과 평가에 훈련받고 경험 있는 사람의 도움을 구해야 한다.

요구사정 과정은 교육과정 특징이 그대로 남아 있는지, 개정되었는지, 제거되었는지, 부가되었는지 그 과정이 어떻게 진행되었는지 알 수 있도록 설계되어야 한다.

그러므로 철저한 요구사정은 '임시방편으로(quick and dirty)' 대충 설문조사를 통해서 학부모나 학생, 교사 등이 느끼고 있는 요구를 조사하는 것과는 비교할 수 없음을 알 수 있다. 적절하게 실행되려면, 요구사정이라는 것은 시간이 소요되는 반복적인 과정으로 그러한 작업을 성공적으로 수행하기 위한 인적 · 물적 자원의 참여가 요구된다. 충족되지 않고 있는 학습자의 요구를 발견하는 체계적인 과정은 교육과정 향상의 핵심적인 측면이다.

요약

교육과정 설계자는 학생들의 요구와 사회의 요구에 귀를 기울여야 한다. 이러한 요구는 다양한 수준과 형태로 분류될 수 있다. 교육과정을 계획하고 개발하는 과정에서 아주 중요한 비중을 차지하는 사회과정, 기능, 제도 등을 이해하기 위한 다양한 시도가 이루어져 왔다.

각 학문은 스코프와 시퀀스 결정에 영향을 미치는 독특한 구조 혹은 요소를 가지고 있다. 교과의 구조라는 것은 기본 개념, 일반 원리, 보편적으로 일반화할 수 있는 주제, 역량, 수행목표로 설명될 수 있다.

학생, 사회, 학문의 요구를 경험적으로 연구하는 것에 덧붙여 교육과정 관련 연구자는 학생에게 요구되는 수행과 이행된 수행 간의 불일치와 같은 격차를 확인하기 위해 체계적인 요구사정을 수행해야 한다. 충족되지 못한 요구를 확인하는 것은 교육과정 개정에서 아주 중요한 역할을 차지한다.

교육과정 요구사정을 통해 각 학교들은 자신들의 교육과정에서 부족한 부분이 무엇인지 찾을 수 있다. 또한 그러한 요구사정을 통해 학교와 지역사회는 서로 협력하는 방안을 모색할 수 있는 수단을 강구하게 되고, 지역사회가 학교 프로그램을 이해할 수 있는 계기를 마련해 주며, 격차를 줄이려고 하는 학교의 노력을 지원하고, 우선순위를 결정하는 데 도움을 받을 수 있다.

논의문제

1. (1) 학습자, 사회, 교과목의 요구와 (2) 교육과정 요구사정 간의 관계는 무엇인가?

2. 교육과정 요구사정에서 지역사회의 적절한 역할은 무엇인가?

3. 교육과정 요구사정에서 교사의 적절한 역할은 무엇인가?

4. 교육과정 요구사정에서 관리자 혹은 장학 담당자의 적절한 역할은 무엇인가?

5. 교육과정 요구사정에서 학생의 적절한 역할은 무엇인가?

보충 연습문제

1. 당신이 학생의 요구를 확인하기 위해 어떻게 할지 설명하라.

2. 당신이 사회의 요구를 확인하기 위해 어떻게 할지 설명하라.

3. 당신이 잘 알고 있는 한 학문의 기본 개념(구조) 몇 가지를 나열하라.

4. 당신의 학교에서 교육과정 요구사정 모델이 어떻게 실행될 수 있는지 설명하라.

5. 다음에 제시된 수준에서 학생 요구의 예를 적어도 한 가지 제시하라.
   인류
   국가
   시
   지역사회
   학교
   개인

6. 다음 주어진 형태에서 학생 요구의 예를 적어도 한 가지 제시하라.

육체적
사회심리적
교육적

7. Robert J. Havighurst의 중학년 혹은 사춘기 청소년의 발달 과업을 검토해 보고(참고문헌 참조), 각각의 과업이 여전히 현대적인 의미를 가지고 있는지(relevant) 판단하라. 더 이상 현대적인 의미를 지니고 있지 않다고 생각한다면 그 이유를 제시하라.

8. 당신이 잘 알고 있는 적절한 사람을 골라 논의해 보고 최근 학교에서 교육과정 요구사정을 했는지 알아보라. 만약 요구사정이 이루어졌다면 방식과 결과에 대해 보고서를 작성하라.

9. 델파이 기법을 사용해서 앞으로의 발전에 대한 간단한 연구를 실행하라(참고문헌의 Olaf Helmer 참조).

10. 참고문헌을 참조해서 English와 Kaufman이 설명했던 목적 타당도 과정을 기술하라.

11. 지역인증협회에서 인증을 받은 한 학교의 학교-지역사회 위원회 보고서를 조사하고 그 보고서에 들어 있는 자료를 요약하라.

12. 다음에 제시된 주제나 활동을 충족할 수 있는 요구를 나열해 보라.

연방소득세	잭슨식 민주주의
금요일 밤 축구	신용 관리
아동극	원소주기율표
베오울프(Beowulf)	고대 그리스
대분수의 덧셈	타자 치기
찬장 만들기	베토벤 5번 교향곡
중국어	

13. 학교 교육에서 학문과 직업교육을 통합하는 방법에 대해 보고서를 작성하라. 당신의 보고서에 학교와 직업을 쉽게 연결할 수 있는 방법을 포함하라.

14. Henry C. Morrison의 사회 활동에 대한 참고문헌을 읽고 보고서를 작성하라.

15. 당신 자신의 사회화 과정 혹은 기능의 목록을 작성해 보고 전문가들이 작성해 놓은 목록과 비교해 보라.

16. Herbert Spencer의 생애 기술의 설명에 대한 참고문헌을 읽고 보고서를 작성하라.

◆ 비디오 자료 ◆

Stand and Deliver. 103분. 1988. Warner Bros., Jaime Escalante는 LA의 도시 중심부에서 미적분학을 가르쳤다.

The Ron Clark Story. 96분. 2006. Johnson & Johnson Spotlight Presentation(TV). Ron clark는 뉴욕시의 빈곤층 학생들을 가르쳤다.

◆ 웹사이트 ◆

Center on Education Policy: http://www/cep-dc.org

National Study of School Evaluation: http://www.nsse.org

후주

1) 5장 참조.

2) 마그넷 스쿨에 대한 논의는 9장 참조.

3) Earl C. Kelley, "The Fully Functioning Self," in *Perceiving, Behaving, Becoming*, 1962 Yearbook (Alexandria, Va.: Association for Supervision and Curriculum Development, 1962), pp. 9, 13.

4) Robert J. Havighurst, *Developmental Tasks and Education*, 3rd ed. (New York: Longman, 1972) 참조.

5) Robert J. Havighurst, *Developmental Tasks and Education*, 1st ed. (Chicago: University of Chicago Press, 1948), p. 8.

6) Scott Willis, "Teaching Young Children: Educators Seek 'Developmental Appropriateness,'" *ASCD Curriculum Update* (November 1993): 1-8 참조.

7) George S. Morrison, *Contemporary Curriculum K-8* (Boston: Ally and Bacon, 1993), pp. 88-90.

8) Peter F. Oliva, "Essential Understandings for the World Citizen," *Social Education* 23, no. 6(October 1959): 266-268.

9) U.S. Department of Labor, Bureau of Labor Statistics, *Occupational Outlook Handbook* online. Website: http://www.bls.gov/oco/oco2003.htm, accessed September 18, 2006.

10) Ibid.

11) Ernest R. House, *Schools for Sale: Why Free Market Policies Won't Improve America's Schools and What Will* (New York: Teacher Colleage Press, 1998), p. 8.

12) Ibid., p. 10.

13) website: http://www.cep-dc.org/pubs/hseeAugust2006/NewRelease8-11.pdf (Center on Education Policy) 참조. accessed September 18, 2006.

14) Donald E. Starsinic, *Patterns of Metropolitan Area and County Population Growth, 1980-1984*, Current Population Reports, Population Estimates and Projection Series P-25, No. 976, U.S. Department of Commerce, Bureau of the Census (Washington, D.C.: U.S. Government Printing Office, October 1985).
15) *Serrano v. Priest, 5* Cal. 3rd 584, 487 P. 2nd 1241 (1971) and *Edgewood Independent School District et al. v. William Kirby et al.* S.W. Texas 777 S.S. 2d 391 (Tex. 1989).
16) 주목할 만한 것은 Warner Brothers의 영화 〈스탠드 업(Stand and Deliver)〉(Burbank, Calif.: Warner Home Video, 1988)에 나타난 것과 같은 낮은 사회경제적 환경에서의 학생들의 성취 사례다. 영화는 LA의 가필드 고등학교에 있는 도심지 학생들에게 미적분학을 가르치는 James Escalante의 성공을 그려 냈다. 또한 〈론 클락의 이야기(The Ron Clark Story)〉(a made-for-TV Johnson & Johnson Spotlight Presentation movie, 2006)에서는 노스캐롤라이나와 할렘의 시골에서 빈곤층 학생을 가르쳤다가 현재는 애틀랜타에서 개인교습소를 하고 있는 Ron Clark 역의 Matthew Perry가 스타가 되었다.
17) Robert S. Zais, *Curriculum: Principles and Foundations* (New York: Harper & Row, 1976), p. 301.
18) Herbert Spencer, "What Knowledge Is of Most Worth?" in *Education: Intellectual, Moral, and Physical* (New York: John B. Alden, 1885). 1963 ed. (Paterson, N.J.: Littlefield, Adams), p. 32에서 재인용.
19) Ibid.
20) Hilda Taba, *Curriculum Development: Theory and Practice* (New York: Harcourt Brace Jovanovich, 1962), p. 398.
21) O. I. Frederick and Lucile J. Farquear, "Areas of Human Activity," *Journal of Education Research* 30, no. 9(May 1937): 672-679.
22) 핵심 교육과제에 대한 논의는 9장 참조.
23) Wisconsin State Department of Public Instruction, *Guide to Curriculum Building*, Bulletin No. 8 (Madison, Wis.: State Department of Public Instruction, January 1950), p. 74.
24) Florence B. Stratemeyer, Hamden L. Forkner, Margaret G. Mckim, and A. Harry Passow, Chapter 6, "The Scope of Persistent Life Situations and Ways in Which Learners Face Them," in *Developing a Curriculum for Modern Living*, 2nd ed. New York: Teachers College Press, 1957, pp. 146-172.
25) Taba, *Curriculum Development*, p. 399.
26) Jerome S. Bruner, *The Process of Education* (Cambridge, Mass.: Harvard University Press, 1960), p. 6.
27) Ibid., pp. 12-13.
28) Ibid., p. 25.
29) Ibid., p. 7.
30) Ibid., pp. 7-8.
31) Peter F. Oliva, *The Secondary School Today*, 2nd ed. (New York: Harper & Row, 1972), p. 151.
32) Ibid., p. 152.
33) Peter F. Oliva, *The Teaching of Foreign Languages* (Englewood Cliffs, N.J.: Prentice-Hall, 1969), p. 11.
34) 교육과정 결과물의 논의에 대해서는 이 책의 14장 참조.
35) 국가 기준 논의에 대해서는 15장 참조.
36) website: http://doe.mass.edu/frameworks/current/html 참조.
37) Fenwick W. English and Roger A. Kaufman, *Needs Assessment: A Focus on Curriculum Development* (Alexandria, Va.: Association for Supevision and Curriculum Development, 1975), pp. 3-4.
38) 교육과정 개발을 위한 제안된 모델의 요소에 대해서는 5장 [그림 5-4] 참조.
39) English and Kaufman, *Needs Assessment*, p. 14.
40) Fenwick W. English, *Curriculum Auditing* (Lancaster, Penn.: Technomic Publishing Company,

1988), p. 33.

41) 요구사정 자료의 개요 제시에 대해서는 Jon Wiles and Joseph C. Bondi, *Curriculum Development: A Guide to Practice*, 7th ed. (Upper Saddle River, N.J.: Merrill/Prentice Hall, 2007), p. 87 참조.

42) National Study of School Evaluation, 1699 East Woodfield Road, Suite 406, Schaumburg, Ill. 60173-4958. Website: http://www.nsse.org.

43) 교육과정 목적과 목표에 대한 논의는 이 책의 8장 참조.

44) 요구사정과 요구사정 이후 평가의 세부 단계에 대해서는 English and Kaufman, *Needs Assessment*, pp. 12-48 참조.

◆ 참고문헌 ◆

Bruner, Jerome S. *The Process of Education*. Cambrige, Mass.: Harvard University Press, 1960.

Combs, Arthur W., ed. *Perceiving, Behaving, Becoming*, 1962 Yearbook. Alexandria, Va.: Association for Supervision and Curriculum, Development, 1962.

English, Fenwick W. *Curriculum Auditing*. Lancaster, Penn.: Technomic Publishing Company, 1988.

_____ and Kaufman, Roger A. *Needs Assessment: A Focus for Curriculum Development*. Alexandria, Va.: Association for Supervision and Curriculum Development, 1975.

Frederick, O. I. and Farquear, Lucile J. "Areas of Human Activity." *Journal of Educational Research* 30 (May 1937): 672-679.

Goodlad, John I. *Curriculum Inquiry: The Study of Curriculum Practice*. New York: McGraw-Hill, 1979.

Havighurst, Robert J. *Development Tasks and Education*, 3rd ed. New York: Longman, 1972.

Helmer, Olaf. "Analysis of the Future: The Delphi Method." In *Technological Forecasting for Industry and Government: Methods and Applications*, ed. James R. Bright, 116-122. Englewood Cliffs, N.J.: Prentice-Hall, 1968.

House, Ernest R. *Schools for Sale: Why Free Market Policies Won't Improve America's Schools and What Will*. New York: Teachers College Press, 1998.

Kaplan, B. A. *Needs Assessment for Education: A Planning Handbook for School Districts*. Trenton, N.J.: New Jersey Departmant of Education, Bureau of Planning, February 1974. ERIC: ED 089 405.

Kaufman, Roger A. "Needs Assessment." In Fenwick W. English, ed. *Fundamental Curriculum Decisions*, 1983 Yearbook. Alexandria, Va.: Association for Supervision and Curriculum Development, 1983.

_____ and English, Fenwick W. *Needs Assessment: Concept and Application*. Englewood

Cliffs, N.J.: Educational Technology Publications, 1979.

Kelley, Earl C. "The Fully Functioning Self." In Arthur W. Combs, ed., *Perceiving, Behaving, Becoming*, 1962 Yearbook. Alexandria, Va.: Association for Supervision and Curriculum Development. 1962, pp. 9–20.

Morrison, George S. *Contemporary Curriculum K–8*. Boston: Allyn and Bacon, 1993.

Morrison, Henry C. *The Curriculum of the Common School*. Chicago: University of Chicago Press, 1940.

National Study of School Evaluation. *Breakthrough School Improvement: An Action Guide for Greater and Faster Results*. Schaumburg, Ill.: National Study of School Evaluation, 2006.

______. *School Improvement: Focusing on Student Performance*. Schaumburg, Ill.: National Study of School Evaluation, 1997.

Oliva, Peter F. "Essential Understandings for the World Citizen." *Social Education* 23, no 6 (October 1959): 266–268.

______. *The Secondary School Today*, 2nd ed. New York: Harper & Row, 1972.

______. *The Teaching of Foreign Languages*. Englewood Cliffs, N.J.: Prentice-Hall, 1969.

Smith, B. Othanel, Stanley, William O., and Shores, J. Harlan. *Fundamentals of Curriculum Development*, rev. ed. New York: Harcourt Brace Jovanovich, 1957.

Spencer, Herbert. *Education: Intellectual, Moral, and Physical*. New York: John B. Alden, 1885. Paterson, N.J.: Littlefield, Adams, 1963.

Stratemeyer, Florence B., Forkner, Hamden L., Mckim, Margaret G., and Passow, A. Harry. *Developing a Curriculum for Modern Living*, 2nd ed. New York: Bureau of Publications, Teachers College Press, Columbia University, 1957.

Taba, Hilda. *Curriculum Development: Theory and Practice*. New York: Harcourt Brace Jovanovich, 1962.

Tyler, Ralph W. *Basic Principles of Curriculum and Instruction*. Chicago: University of Chicago Press, 1949.

Wiles, Jon and Bondi, Joseph C. *Curriculum Development: A Guide to Practice*, 7th ed. Upper Saddle River, N.J.: Merrill/Prentice Hall, 2007.

______, Bondi, Joseph, and Wiles, Michele Tillier. *The Essential Middle School*, 4th ed. Upper Saddle River, N.J.: Merrill/Prentice Hall, 2006.

Willis, Scott. "Teaching Young Children: Educators Seek 'Developmental Appropriateness.'" *ASCD Curriculum Update* (November 1993): 1–8.

Witkin, B. R. *An Analysis of Needs Assessment Techniques for Educational Planning at State, Intermediate, and District Levels*, May 1975. ERIC: ED 108 370.

Zais, Robert S. *Curriculum: Principles and Foundations*. New York: Harper & Row, 1976.

Zenger, Weldon F. and Zenger, Sharon K. *Curriculum Planning; A Ten-Step Process*. Palo Alto, Calif.: R & E Research Associates, 1982.

8 교육과정 목적과 목표

학습 목표

1. 목적과 목표의 차이를 구분할 수 있다.
2. 교육의 목적과 교육과정의 목적, 목표의 차이를 구분할 수 있다.
3. 교육과정 목적과 목표 그리고 수업의 목표와 명세목표의 차이를 구분할 수 있다.
4. 교육과정 목적을 진술하고 명세화할 수 있다.
5. 교육과정 목표를 진술하고 명세화할 수 있다.

성과의 위계

5장에서 제시한 교육과정 개선 모형에 따라 우리가 현재 어디까지 와 있는지 살펴보자. 우리는 다음과 같은 내용을 알고 있다.

- 사회에서 학생들의 일반적인 요구를 분석했다.
- 미국 사회의 요구를 분석했다.
- 교육의 목적을 검토하고 우리가 동의하였던 사항을 주장하였다.
- 교육철학에 대해 진술했다.
- 지역사회와 학교 내에서 학생들의 요구 및 지역사회의 요구를 조사하여 요구사정을 시작하였다.
- 요구사정을 시행하고 불충분한 요구를 확인하였다.

이러한 모든 단계는 다음 단계를 위한 시작에 불과하다. 그 단계들은 큰 틀을 제공하고 다음 단계를 설정한다. 그것은 교육과정 결정에 있어 중요한 자료를 제공한다. 교육과정 계획의 단계가 곧 시작된다.

6장에서 당신은 이 책에서 사용되는 '교육목적' '교육과정 목적' '교육과정 목표' '수업목표' '수업 명세목표'라는 용어를 이미 접했다. 우리는 가장 넓은 범위에서부터 가장 좁은 범위에 이르기까지 교육목적의 위계에 대해 논의했다. 그럼 그 위계를 다시 살펴보자. 이 내용은 이번 장에서 다루는 교육과정의 목적과 목표뿐만 아니라 10장에서 다뤄질 수업 목표와 명세목표에 필수적이다. 우리는 [그림 8-1]에서 보여 주는 것처럼 이 위계를 도표로 나타낼 수 있다.[1]

때때로 교육학은 목적과 목표에 대해 지나칠 정도로 많은 논의를 해 왔다. 이러한 많은 논의에도 불구하고 나는 다음과 같은 이유로 이 책의 3개 장(6, 8, 10장)에서 목적(aim), 목적(goal), 목표(objective)의 논의를 포함하고자 하였다.

1. 그것은 교육과정 개선을 위한 종합적 모델에 필수적인 요소다.
2. '목적(purpose)'이라는 이러한 다양한 용어는 학문상으로 혼동 가능성을 초래하며

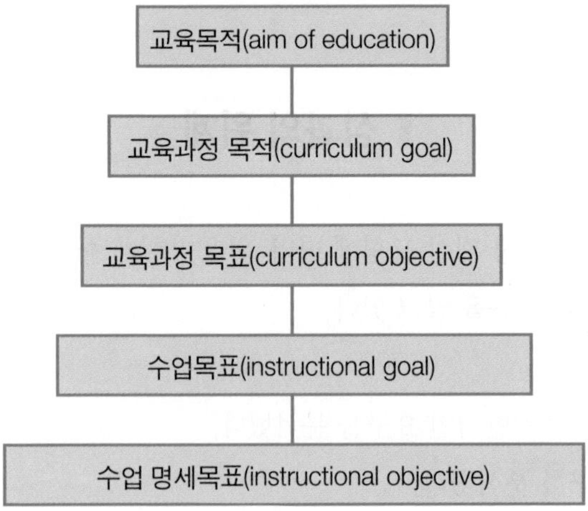

[그림 8-1] 성과의 위계*

* 역자 주: 저자의 의도는 교육목적-교육과정 목표-교육과정 명세목표-수업목표-수업 명세목표처럼 교육과정 차원과 수업 차원에서 동일하게 목표와 명세목표로 표현하는 것이지만 본 역서에서는 교육과정 독자들에게 친숙한 용어로 제시하였음.

막연하고 모호하게 사용된다.

3. 목적과 목표의 진술에서 학문적으로 추천할 만한 몇 가지 유용한 사례가 있다. 반면에 다른 내용은 덜 유용한 것처럼 보일 수도 있다.

목적, 목표 그리고 목표(명세목표)*

만약 우리가 목적(aim), 목표(goal), 명세목표(objective)를 연구한다면 몇몇 문제점을 발견할 수 있을 것이다.

첫째, 교육의 목적인 'aim'은 종종 사전적 의미로 'goal'과 동일하게 생각된다. 물론 그것은 동일하다. 수년 전에 John W. Gardner는 『미국의 목표(*Goals for Americans*)』에서 교육의 목적을 다음과 같이 진술한 바 있다.

> 가장 근본적인 가정은 우리가 개인적인 성취를 조성할 수 있다는 것이다. 우리 개개인은 우리의 역량 범위 내에서 성취가 이루어지길 원한다. 우리 개개인이 자유로운 사회가 되기를 기대하고 자유로운 사회를 키워 나가길 원한다….
>
> 궁극적으로 교육은 자유, 정의와 같은 우리의 모든 목적을 위해 존재한다. 그러나 가장 직접적으로 나타나는 것은 평등의 기회다.
>
> 어떤 교육을 받아 생길 수 있는 능력의 한 종류가 우리 교육체제의 큰 기본 목표와 부합해야 한다. 즉, 우리 사회에서 부적절한 사람이 개인의 욕구 만족을 도모하거나 자유로우며, 합리적이고 책임감 있는 사람이 될 수는 없을 것이다.
>
> 우리는 자유로운 사람이라는 중요한 목적을 위해 재능 있는 학생들을 준비시켜야 한다.[2)]

이러한 경우에 목표를 지닌 교육의 평등한 목적에 관한 문제는 큰 문제가 아니다. Gardner에 따르면, 이 문제는 광범위한 목표와 목적에 대한 지속적인 논의로 해결이 가능하다. 문제는 목적, 교육과정 목적과 목표, 그리고 수업목표와 수업 명세목표에 관한 논의가 혼동될 때 발생한다. 용어의 고유한 의미가 단독의 문장에 사용되거나 저자가 용어를 사용하는 방법을 분명히 정의할 때는 문제가 거의 없다. 그러나 항상 이런 것은 아니다.

* 역자 주: objectives의 경우 교육과정에서는 목표로, 수업 차원에서는 명세목표로 번역함.

둘째로, '교육목적' 그리고 '교육목표'라는 용어는 다양한 의미로 사용된다. 일부는 이와 같은 방법으로 용어를 사용하고 어떤 사람은 교육의 목적(aims of education) 혹은 교육목적(educational aim)으로 말하기도 한다. 어떤 사람은 교육과정 목적으로서의 교육목표와 교육과정 목표로서의 교육 명세목표로 이해한다. 어떤 이는 수업목표 대신에 교육목표를, 수업 명세목표 대신에 수업목표와 교육 명세목표를 사용하기도 한다.

셋째로, 우리가 목표와 명세목표의 학교 진술의 예에서 볼 수 있듯이 목표는 명세목표와 동등하게 사용되며 그 용어는 동의어로 사용된다. 그러나 우리가 목적과 목표라 읽는 것처럼 이는 두 가지의 별도의 존재다. 많은 학교에서 목적과 목표의 진술을 따로 하는 것에서 볼 수 있듯이 목적과 목표는 다르다.

몇몇 저자는 우리가 몇몇 초기 행동목표 연구자의 연구에서 볼 수 있듯이 '목적'과 '목표'를 상호 대체 가능한 것으로 사용해 왔다. W. James Popham와 Eva L. Baker는 다음과 같이 기술하였다. "우리는 수업 명세목표가 교사에게 유용한 가장 중요한 도구 가운데 하나를 나타내므로 주제를 주의 깊게 관찰해 왔다…. 수업 목표에 대한 교사의 인지도와 그의 교수의 질이 밀접하게 관련되었음은 의심할 여지가 없다."[3] Robert F. Mager는 수업 명세목표를 다룬 유명한 연구에서 다음과 같이 말했다.

> 교사는… 초기에 선정된 목표와 명세목표에 따라 학습자의 성취를 측정하고 평가하기 위한 절차, 내용, 방법을 선정해 놓아야 한다…. 명세목표를 진술하는 또 다른 중요한 이유는 정확히 바라는 방법으로 학습자가 수행할 수 있는 정도를 측정하는 것과 연관된다…. 만약 목표가 명확하지 않거나 목적에 대해 생각이 완전히 다르다면 시험은 매우 혼란스러울 것이다.[4]

교육목표의 분류학은 일반적으로 『교육목표의 분류(*The Classification of Educational Goals*)』라는 제목하에 소개된다.[5] 어떤 연구에서는 목적과 목표가 거꾸로 되어 있기도 하다. 이 책은 그러한 경우는 아니다.

넷째로, 몇몇 교육과정 전문가는 교육과정 목적 및 목표를 수업 목표 및 명세목표와 구별하지 않거나 동일하게 두 용어를 사용한다. 만약 교육과정과 수업이 두 가지 다른 주체라면(이 책에서 취한 관점) 교육과정 목적 및 목표는 수업 목표 및 명세목표와 다르다. 단지 우리가 교육과정과 수업에서 교육과정-수업 모형을 선택한다면 둘을 서로 대응되는 것으로 보기 때문에 교육과정 목적 및 목표가 수업 목표 및 명세목표로 동일시될 수도 있을 것이다. 그러나 이 책에서 목적과 목표는 서로 관계는 있지만 별개의 개념으로 보고 있다.

이러한 모습은 다른 교육과정 전문가가 사용하는 태도, 정의, 접근을 비평하는 것이 아니라 이 책에서 '옳다'고 생각하는 정의의 한 예다. Decker F. Walker는 교육과정 제작을 이해하기 위해 논의하면서 다음과 같이 진술했다.

> 교육과정은 정말 불확실한 주제다. 교육과정은 Aristotle의 "너무나 수많은 다양한 영역"에 속해 있다. 이 영역에서는 하나의 이론으로 되는지 혹은 다양한 복수의 이론으로 되는지, 어느 것이 더 중요한지, 아는 것이 더 적절한지, 심지어 어느 것이 참이고 거짓인지 하나로 가늠할 수 없다.[6]

Mary M. McCaslin은 같은 맥락에서 다음과 같이 말한다.

> 우리는 온실에 살고 있다. 연구에 관해 무비평과 무반성일지언정 대인적 개념에 기초해 조리 있게 대응하는 연구자는 없다.[7]

1장에서 언급한 것처럼, 교육과정 용어 전달에서의 차이점에 대한 나의 의견은 교육과정 언어가 다소 막연하며 혼동을 초래한다는 것이다. 불행히도 교육과정 전문가 사이에서 전문용어에 대한 합의는 없다. 교육과정학의 발달에 따른 혼동 및 복잡성과 더불어, 교육과정 설계자는 학습, 내용, 프로그램 구성 등에서 다루고자 하는 것이나 프로그램 기술 또는 기준 설정에서의 수행 기준에서 철학, 목적, 목표 같은 용어를 정해진 합의 없이 사용하였다. 결과적으로 이런 전문가가 설계한 원리에 따라 개발된 교육과정을 실행하는 사람은 용어가 등장하는 부분의 맥락을 최우선적으로 이해해야만 한다.

이 책에서는 일반적인 교육의 목적에서부터 세부적인 수업 명세목표에 이르기까지 교육과정 발달의 자연적인 흐름을 실천가가 유용하게 식별할 수 있도록 교육과정 목적과 목표 그리고 수업 목표와 명세목표 간의 차이를 보여 주었다. 교육과정 목적과 목표를 설명하는 것은 이 두 개념 사이에 중간 계획에서 나타난다. 먼저 몇 가지 예를 살펴보면서 교육과정 목적과 목표에 대한 용어를 정의하고, 그것을 진술하기 위한 몇 가지 지침서를 만들어 보자.

▌목적과 목표 정의하기

교육과정 목적

교육과정 목적(curriculum goal)은 일반적으로 성취 준거 없이 진술된 목적 혹은 최종 상태다. 교육과정 설계자는 학생들이 특정한 학교 혹은 학교체제의 모든 프로그램 혹은 일부분에 참여함으로써 목적을 성취하기를 바란다. 예를 들어, 다음의 진술에서 교육과정 목적의 정의를 볼 수 있다. "학생들은 우리의 학교, 지역사회, 주, 국가, 세계 시민으로서의 책임 있는 행동을 보여 줄 것이다."

우리는 3장에서 이미 교육과정 목적의 예를 확인했다. 7개 기본 원칙—건강, 기본과정의 요구, 좋은 가족 구성원, 사명감, 시민의식, 가치 있는 여가 사용, 윤리성(도덕성)—은 매우 간단히 표기한 형태임에도 교육과정 목적의 예로 볼 수 있다.[8] 중등교육개편위원회(Commission on the Reorganization of Secondary Education)는 다음과 같은 형태로 이러한 원리를 구체화하였다.

- 학교는 학생들의 육체적 · 정신적 건강을 증진할 것이다.
- 학생들은 기본적인 과정의 요구를 성취할 것이다.
- 학교의 목적은 좋은 가족 구성원이 되도록 하는 것이다.

앞서 말한 교육정책위원회(Educational Policies Commission)에서 작성된 청소년 10대 요구(The Ten Imperative Needs of Youth)는 일련의 교육과정의 목적으로서 다음과 같은 진술을 포함하고 있다.

- 모든 청소년은 수요가 있는 능력을 발달시켜야 한다.
- 모든 청소년은 신체적 · 정신적 건강을 유지하고 발달시켜야 한다.
- 모든 청소년은 이성적으로 사고하며 자신의 생각을 명료하게 표현할 수 있으며 이해하면서 읽고 듣는 능력을 키워야 한다.[9]

초기에 교육정책위원회는 미국 민주주의에서 교육의 네 가지 목적과 목표를 강조했다. 그것은 자기실현, 인간관계, 경제적 효율성, 시민으로서의 책임감이다.[10] 이러한 목적은 특정 학교와 특정 학교체제에서 수정되어 다양한 방식으로 다음의 사례와 같이 교육과정 목적으로 바뀌게 되었다.

- 학교 프로그램은 자기실현을 성취하게 하는 경험을 제공한다.
- 우리의 학교는 인간관계의 증진을 추구한다.
- 학교의 목적은 국가와 경제적 효율성을 도모하는 학습자의 능력 향상이다.
- 학생들은 시민으로서의 책임감을 발달시킬 것이다.

이러한 네 가지 목적을 표현하는 데는 유사한 형태가 많이 있다. 이 장은 목적과 목표 진술을 위해 흔히 사용되는 형태를 다음에서 보여 줄 것이다. 여기에서는 이러한 네 가지 목적을 형태가 아닌 실질적인 예로 보여 주고자 한다.

교육의 목적은 특정 학교 혹은 학교체제에 적용될 때 교육과정 목적이 될 수 있다. 예는 교육의 목적과 교육과정 목적 사이에 존재하는 여러 일반적 예 중의 하나다. 어쩌면 특별한 예의 경우는 양극단에 존재할 수도 있다. '문화유산 전수'와 '무지의 극복'은 모든 학교 프로그램의 목적이다. 그 어떤 단독 프로그램 혹은 학교도 이처럼 매우 포괄적인 목적을 성취할 수는 없다. 물론 개별 학교는 문화유산을 전수하고 무지를 극복하는 것에 기여할 수 있다. 그러나 그러한 자격을 갖춘 상태에서 교육목적은 교육과정 목적이 될 수 있다. '개개인의 신체적 발달에 기여'는 특정한 학교 혹은 학교체제의 교육목적과 교육과정 목적 둘 다가 될 수 있다.

교육과정 목표

교육과정 목적은 교육목적과 요구사정을 결정하는 철학적 진술이다. 교육과정 목적으로부터 우리는 교육과정 목표를 도출할 수 있다. 우리는 다음 절차에서 교육과정 목표를 정의할 수 있다. **교육과정 목표**(curriculum objective)는 측정 가능하게 상세히 기술된 목적 혹은 최종 상태다. 교육과정 설계자는 학생들이 특정 학교 혹은 학교체제의 모든 프로그램 혹은 일부분에 참여한 결과로 학생들이 달성하길 바란다.

다음의 교육과정 목적에 대한 예는 이미 제시한 바 있다. '학생들은 우리의 학교, 지역사회, 주, 국가, 세계의 시민으로서 책임감 있는 행동을 보여 줄 것이다.' 다음의 교육과정 목표는 교육과정 목적에서 도출될 수 있는 것이다.

- 학생자치회 선거를 하는 동안 학생의 90%가 투표에 참여할 것이다.
- 100%의 학생이 지역사회의 정화 캠페인과 여러 지역사회 행사에 참여할 것이다.
- 100%의 학생이 홍수, 허리케인, 토네이도 및 기타 재난으로 고통받는 미국인을 위해 이루어지는 성금 모금에 참여할 것이다.
- 학생의 90%가 주 의회와 지역구에 출마하는 후보자의 이름을 언급할 수 있을 것이다. 학생들은 주 행정부의 주지사 후보를 알고 있으며, 또한 후보가 속한 정당을 알 수 있다.
- 학생의 90%는 현재 미국의 상원과 하원의 의원을 확인할 수 있을 것이다. 그들은 또한 의원의 정당을 확인할 수 있을 것이다.
- 학생들의 90%가 UNICEF에 기부하기, 해외 펜팔 친구에게 편지 쓰기, 지진, 쓰나미, 기타 자연재해의 이재민을 위한 기금, 음식, 의복을 기부하기와 같은 국제적 이해를 돕는 몇몇 프로젝트에 참여할 것이다.

교육과정 목표가 교육과정 목적을 어떻게 상세화하고 있는지 주목하라. 많은 교육과정 목표는 동일한 교육과정 목적에서 나올 수 있다. 만약 10장까지 이해하게 된다면 학생 집단의 성취에 대해 기술하고 있는 교육과정 목표가 선거 후보자 알기와 같은 개별 학생의 성취를 기술하고 있는 수업 명세목표로 이어짐을 알 수 있다.

교육과정 목적과 목표의 위치

중등교육 7대 원리(Seven Cardinal Principles)와 청소년 10대 요구(Ten Imperative Needs of Youth)에 따르면, 교육과정 목적은 국가 전반에 걸쳐 학교가 고려할 사항에 대한 제안에 따라 개인과 집단에 의한 국가적 기초로 장문으로 진술된다. 그러나 정의된 바에 따르면 교육과정 목표는 너무 상세화되어 있어서 국가적 수준으로부터 이끌어 낼 수는 없다.

교육과정 목적과 목표는 각자의 수준에 따른 권한의 범위 내에서 주, 학구, 개별 학교 요구에 따라 각 수준에서 정기적으로 진술된다. 주의 교육과정 목적과 목표는 주의 모든 공립학교에 적용될 것이다. 학구의 교육과정 목적과 목표는 그 지역 범위에서 적용될 것이며 각 학교 교육과정 목적과 목표는 학교 내에서 적용될 것이다.

대부분 어떤 수준에서 개발된 교육과정 목적과 목표는 학문의 여러 분야를 넘나든다. 예를 들어, 학교의 교육과정 목적과 목표는 학교 도처에 일반적으로 적용된다. 그러나 일반적인 교육과정 목적이나 목표가 적용되지 않는 분야에서는 학년이나 부서별로 교육과정 목적이나 목표를 개발하는 것도 가능하다.

예를 들어, '모든 아동은 숫자를 사용하는 능력을 발달시켜야 한다' 와 같은 학교 교육과정 목적이 있다고 가정하자. 4학년 교사는 '4학년은 숫자를 사용하는 능력을 발달시켜야 한다' 처럼 똑같이 학년 수준의 목적을 설정할 수 있었다. 반면에 4학년 교사는 '올해 4학년은 수학 성취 시험에서 작년보다 평균 5% 정도 증가할 것이다' 와 같이 학교 교육과정 목적을 해석하고 학년 수준의 교육과정 목표를 설정할 수도 있을 것이다.

학교 내 교육과정의 또 다른 예로 '학생들은 주 주관 평가 시험에서 그들의 점수를 향상할 것이다' 라는 학교 교육과정 목적이 있다고 가정하자. 이 목적에서 도출된 학교 교육과정 목표 가운데 하나는 '적어도 85%의 학생이 주 테스트에서 합격점을 넘을 것이다' 가 있을 것이다. 11학년을 담당하는 교사는 목표를 '학생의 90%가 올해 주 테스트를 통과할 것이다' 로 설정할 수도 있다.

학교에서 '학생들은 스스로 학습하는 법과 스스로 사고하는 법을 가질 것이다' 와 같은 교육과정 목적을 수행하고자 할 때 12학년 교사진은 비슷한 경험을 하게 된다. 12학년 교사진은 교육과정 목적을 다음과 같이 설명할 것이다. '12학년 학생은 독립적인 학습이 가능해질 것이다.' 12학년 교사진은 교육과정 목표를 이러한 교육과정 목적을 준수하여 다음과 같이 구체화할지도 모른다. '적어도 12학년의 학생 중 70%는 일주일에 3번, 55분 동안의 독립적인 연구 프로젝트에 참여하여 자기 훈련, 자기실현, 자기 연구방법을 향상할 수 있을 것이다.'

중학교에서 체육과 보건을 가르치는 교사라면, 교육과정 목적이 '학생들은 건강한 삶의 습관을 가질 것이다' 라고 선정된다면 교육과정 목표를 '모든 학생은 건강한 음식을 구분할 수 있는 능력을 가질 것이다' 혹은 '모든 학생은 건강에 도움이 안 되는 음식과 건강에 도움이 되는 음식을 구분하는 능력을 가질 것이다' 로 선정할 수 있을 것이다.

모든 경우에서 학년 및 부서 그리고 학교 교육과정 목적과 목표는 그 학구의 것과 조화를 이루어야만 하고 개별 학교의 것과 그 지역의 교육과정 목적과 목표 둘 다 그 주의 것과 조화를 이루어야 한다.

주 교육과정 목적과 목표

오늘날 주들은 교육과정 목적을 홍보함으로써 주의 주도적 역할을 증대하려 노력하고 있다. 그리고 최근에는 앞서 언급된 하고자 하는 것, 구성, 기준, 목표 등에서 영향을 넓히고 있다. 초기 플로리다 주의 문서는 교육목적을 개념화하는 방법에 대한 유용한 몇 가지 조언을 제시하였다.

> 교육의 목적은 현대사회에서 성인의 활동이라는 용어로 생각될 수 있다. 이러한 활동은 세 가지 범주로 대치될 수 있는데 그것은 직업적, 시민의식적, 자기충족적인 것이다. 이와 같은 틀을 정함으로써 성인이 교육의 목표로서 사회에서 기능하기 위해 가져야 할 수행을 진술하는 것이 가능하다.[11)]

사회, 국제경제, 학생들의 성격 변화, 홈스쿨, 사립학교, 차터스쿨과 공립학교의 경쟁, 사립학교와 신학학교에 대한 바우처 제도의 확대, 미국 2000(America 2000), 교육목표 2000-미국 교육개혁법(Goals 2000-The Educate America Act), 2001년의 아동낙오방지법과 같은 변화의 반영은 1990년대 중후반부터 오늘날까지 개혁의 필요성을 전해 주고 있다.

주 교육과정 목적의 예

몇몇 주는 분야의 범위 내에서뿐 아니라 그 분야를 넘어선 교육과정 목적의 진술을 해 왔다. 또 다른 주들은 과목의 범위 내에서의 목적에 집중해 왔다. 예를 들어 켄터키 주는 〈글상자 8-1〉에서 보이는 것처럼 여섯 가지 일반적인 교육과정 목적을 설정했다. 켄터키 교육부는 주 학술 요구 프로그램에 포함되지 않는 서너 가지 학습목적에 주목하고 있다.

다른 주들은 여전히 진술된 대로 국가적 목적을 필수적으로 받아들이고 그러한 목적에 추가하거나 그러지 않을지도 모른다. 예를 들어, 오하이오 주는 1998년에 국가적인 목적을 채택하고 "모든 오하이오 주 성인은 노동력에 있어 경쟁할 수 있는 교양 있는 사람이 될 것이다."라는 목적을 추가했다.[12)]

일리노이 주의 목적은 과목 분야의 범위 내에 포함되어 있다. 일리노이 주 교육위원

글상자 8-1 켄터키 교육부의 학습목적과 학업 기대

1. 학생들은 그들의 삶을 통해 직면하게 될 목적과 상황에 대한 기초적인 의사소통과 수학적 기술을 사용할 것이다.
2. 학생들은 그들의 삶을 통해 직면하게 될 수학, 과학, 미술, 인문학, 사회학, 생활과학, 직업교육학에서 나오는 핵심 개념과 원리를 적용할 수 있는 능력을 발달시킬 것이다.
3. 학생들은 자부심이 강한 개인이 될 수 있는 능력을 발달시킬 것이다.
4. 학생들은 지역봉사 활동에서 열심히 일하는 가족 구성원, 직장 단체, 지역사회를 책임질 수 있는 능력을 발달시킬 것이다.
5. 학생들은 그들이 삶에서 직면하게 될 다양한 상황과 학교 상황에서의 문제에 대해 생각하고 해결할 수 있는 능력을 발달시킬 것이다.
6. 학생들은 그들이 이전에 배우고 과거 경험을 통해 형성된 모든 교과 분야에서부터 다양한 미디어 자료를 통한 새로운 정보를 획득하여 새로운 지식과 경험을 연관 짓고 통합하는 능력을 발달시킬 것이다.

출처: Kentucky Department of Education, *Learning Goals and Academic Expectations*. Copyright © Kentucky Department of Education. website: http://www.state.ky.us, accessed April 24, 2003. Used with permission of the Kentucky Department of Education, Frankfort, Kentucky 40601. Revisited March 15, 2007, at website: http://education.ky.gov/KDE/Instructional+Resources/Curriculum+and+Resources/Academic+Expectations/default.htm.

회는 7개의 학문 영역에 사회 영역과 인성 영역을 포함하여 1997년에 채택했고 98개의 준거, 1000개 이상의 기준을 채택했다. 예를 들어, 수학은 30개의 목적 가운데 #6 수 감각, #7 예측과 측정, #8 대수와 수 분석, #9 기하학, #10 자료 분석과 확률의 5개를 포함한다. 〈글상자 8-2〉는 수학에서의 5개 목적을 보여 준다.

7장에서 나는 요구사정과 목적 명세화의 시기를 언급한 바 있다. "요구사정은 다음과 같은 때에 일어나는 지속적인 활동이다. (1) 교육과정 목적과 목표 진술 이전, (2) 교육과정 목적과 목표 구분 이후, (3) 수업평가 이후, (4) 교육과정 평가 이후다." [그림 8-2]를 살펴보면서 목적 진술과 요구사정의 절차를 명확히 할 수 있다.

일단 교육과정 목적과 목표가 설정되면, 요구사정 과정은 충족되지 못한 요구를 결정짓는 절차를 거친다. 한번 확인되면 충족되지 못한 요구는 추가적인 교육과정 목적과 목표의 생성 혹은 이미 명세화된 목적과 목표의 수정을 야기할 것이다.

요약하면, 주는 포괄적인 목적과 교육과정 목표(그리고 어떠한 경우에는 교육과정 목표, 수업목표, 수업 명세목표-주 계획) 둘 다를 상세화할 것이다.

글상자 8-2 일리노이 주 교육위원회의 수학 목적

목적 6. 계산, 연산(덧셈, 뺄셈, 곱셈, 나눗셈), 형식, 비와 비율을 포함한 수 감각에 대한 지식을 설명하고 적용하라.

목적 7. 물체, 양, 관계를 추정하고 예측하며 사용하라. 그리고 적절한 정확도 수준을 결정하라.

목적 8. 대수적 방법과 해석적 방법을 자료의 규칙이나 관계의 확인 및 기술, 문제 풀이, 결과 예측에 사용하라.

목적 9. 분석, 범주화하는 방법을 사용하고 소수점, 선, 평면, 공간에 대한 결론을 설명하라.

목적 10. 결과 예측, 확률의 개념이 사용된 해석의 통계적 방법을 사용하며 자료를 수집하고 조직하여 해석하라.

출처: Illinois State Board of Education, *Goals for Mathematics*, website, http://isbe.state.il.us/ils/Default.htm, accessed April 24, 2003. Reprinted by permission. Revisited March 15, 2007, at website: http://www.isbe.state.il.us/math/standards.htm.

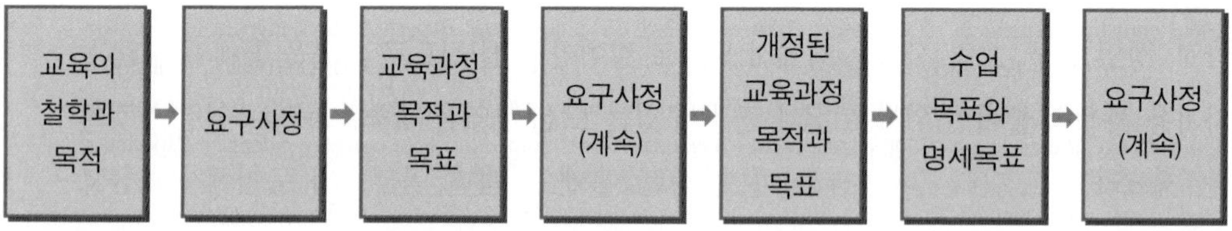

[그림 8-2] 목적 명세화와 요구사정의 절차

학구 교육과정 목적

학구와 개별 학교는 주에서 만든 목적과 목표를 문자 하나 바꾸지 않고 그대로 차용하거나 주에서 승인해 준다면 학구와 개별 학교의 고유한 목적과 목표를 제작할 수도 있을 것이다. 그러나 다른 경우에는 학구와 개별 학교의 목적과 목표는 그 주의 목적과 목표와 조화를 이루어야 한다. 플로리다 주 다민족 인구를 가진 큰 도시 학구인 올랜도에 있는 오렌지 카운티 교육위원회(Orange County Board of Education)는 〈글상자 8-3〉과 같은 예를 제공한다. 여기에는 '최종 상태'로 언급한 과제와 목적에 대한 진술을 제공한다.

글상자 8-3 오렌지 카운티, 플로리다 목표 정책

• **목표 1: 학구의 요구**

학생 각자는 무한한 잠재력을 발휘하기 위해 필요한 기능, 태도, 지식을 획득하게 될 것이다.

- 음악
- 극장 예술
- 시각 예술
- 철학

• **목표 2: 학문적 성취**

학생들은 매년 개별적으로 학습하는 목적이나 노력에 준하는 학문적 성취를 하게 될 것이다.

2.1 학생들은 독립적으로 사고하는 능력을 가지게 될 것이다. 따라서 학생들은

2.1.1 정보를 연구, 창조, 분석, 종합, 평가하여 비평적인 사고를 하고 적용할 수 있을 것이다.

2.1.2 그들의 실제 삶의 상황에서 연령 수준에 적합한 학습을 적용하게 될 것이다.

2.2 학생들은 핵심 영역에서 학문 기능을 습득할 것이다. 학생들은

2.2.1 읽고 쓸 수 있을 것이다.

2.2.1.1 9세 이상의 학년 수준으로 읽을 수 있을 것이다.

2.2.1.2 자료에 적합한 이해와 유창함을 가지고 다양한 텍스트를 읽을 수 있을 것이다.

2.2.1.3 읽고 쓰기에 대한 심미적인 비평을 할 것이다.

2.2.2 구두 혹은 작문 모두 효과적이고 유창하게 의사소통할 수 있을 것이다.

2.2.3 수학적 혹은 과학적 개념을 사용하여 문제를 해결할 수 있을 것이다.

2.2.4 미국 혹은 세계 역사의 맥락 속에서 현재 사건에 대한 지식을 지니게 될 것이다.

2.2.5 탐구, 의사소통, 자기 표현에 적합한 예술과 인문학을 사용할 수 있을 것이다.

• **목표 3: 시민의식**

학생들은 그들의 지역, 공립학교, 세계 공동체에서 생산적인 시민이 될 것이다.

학생들은

3.1 우리의 민주주의 사회에서 시민권의 권리와 책임을 이해하고 행사하게 될 것이다.

3.2 그들의 지역사회에서 생산적으로 참여하게 될 것이다.

3.3 미국의 시민 혹은 거주자로서 우리의 보편성과 다양성 둘 다를 인정하게 될 것이다.

3.4 시민의 행동을 이해함으로써 자신과 타인을 존중하게 될 것이다.

3.5 세계 공동체에서 미국 시민의 역할과 바라보는 시선을 이해하게 될 것이다.

• **목표 4: 개인적 능력과 직업 능력**

학생들은 개인적 결정과 행동의 책임을 알고 개인적 성공과 직업적 성공에 필요한 능력을 이해할 것이다.

학생들은

4.1 자기 훈련을 수행하게 될 것이다.

4.2 효율적으로 경청하게 될 것이다.

4.3 최종 기한을 정하고 대처하게 될 것이다.
4.4 개인적인 노력뿐 아니라 팀에서의 효율적인 기술을 설명할 수 있을 것이다.
4.5 필요한 도구를 가지고 기술을 효율적으로 사용하게 될 것이다.
4.6 팀과 자원을 조직할 수 있을 것이다.
4.7 새로운 상황을 조절하고 성장을 위한 기회로서 변화를 수용하게 될 것이다.
4.8 생산적인 작업관계를 발달시키기 위한 효과적인 대인관계 기술을 이해할 수 있을 것이다.

출처: Orange County Board of Education, *School Board Member Documents* (Orlando, Fla.: Orange County Board of Education, October 2001), website: http://www.ocps.net, accessed April 26, 2003. Reprinted by permission. Revisited March 15, 2007, at website: http://www.ocps.k12.fl.us/pageView.rhtml?pageID-46.

개별 학교의 교육과정 목적과 목표

그 주와 학구가 교육과정 목적과 목표를 만드는 것뿐 아니라 개별 학교 또한 그들 자신의 철학, 목적과 목표를 설명함으로써 교육과정 목적과 목표를 만드는 과정을 시작하게 된다. 〈글상자 8-4〉(*Handbook of Sequoia Middle School*, Redding, California에서 발췌)는 비전, 우선순위, 기대하는 능력, 신념에 대한 한 중학교의 사례를 보여 준다.

글상자 8-4 부모/학생 핸드북(*Parent/Student Handbook*) 세쿼이아 중학교에서 발췌

비전
세쿼이아 중학교는 학습자가 사회 구성원으로서 공헌할 수 있는 지식, 가치, 능력을 전수해 주는 안전한 교육 공동체다.

학년도 우선순위 2006-2007
학생들의 성취
긍정적인 학교 문화

학생에게 기대하는 능력
- 기초 능력: 읽기, 쓰기, 셈하기, 듣기, 말하기
- 사고 능력: 창의성, 의사결정, 문제 해결, 구상하기, 추론하기, 학습방법
- 개인적 자질: 책임감, 자부심, 사회성, 자기 관리, 의무
- 자원 활용력: 시간, 자본, 자원, 시설, 인력 관리, 적절한 직업 준비
- 대인관계 능력: 다양한 집단의 구성원으로 활동

- 정보: 기술의 습득, 평가, 조직, 관리, 해석, 전달, 활용
- 기술: 과업에 필요한 기술의 선택 및 적용

신념

- 학습에서 학생, 교사, 학부모 간의 긍정적 관계가 필수적이다.
- 모든 학생은 교수 내용을 학습할 수 있다.
- 모든 이는 차이가 있다.
- 학생들의 성장과 성취는 우리의 최우선 목표다.
- 모든 사람은 각자 훌륭하지만 같이 일하면 더 좋아진다.
- 학생들은 기초 능력을 숙달해야 하며 적절한 직업 윤리를 가지고 능숙하게 의사소통을 하게 될 것이다.

출처: Sequoia Middle School, Redding, california, Excerpts from *Parent/Student Handbook*, website: http://sequoia.echalk.com/www/redding_sequoia/site/hosting/Handbook%20for%20website%2006-07.pdf, accessed March 15, 2007. 허락하에 게재.

비록 이 장에서 인용된 교육과정 목적과 목표에 대한 설명이 다른 체제를 따르고 있을지라도 그것은 교육과정 목적과 목표의 설명을 요구하는 계획과정에서의 절차에 대한 예를 보여 준다.

교육과정 목적 진술하기

교육과정 목적의 예는 표현의 방식이 다양하다. 어떤 학교는 다음과 같은 예처럼 그 학교의 역할 혹은 교육과정의 역할을 강조하는 방식으로 그들의 목적을 표현한다.

- 학생들이 영어로 쓰거나 말하여 자신을 명확하고 정확하게 표현할 수 있도록 가르친다.
- 학생들이 협동 활동과 여러 활동 등을 통해 같이 일하며 살 수 있게 가르친다.
- 상품과 서비스를 현명하게 구매하는 학생들의 능력을 발달시킨다.
- 학생들로 하여금 그들 자신보다 다른 문화를 존중하는 마음을 가지도록 한다.
- 실제적인 학습 경험을 통하여 모든 학생의 잠재 능력을 발달시킨다.
- 학생들에게 발달에 적합한 경험을 배울 기회를 제공한다.

비록 학교의 역할을 강조하는 진술 방식은 평범하지만 학생들에게 초점을 맞춘 진술 방식이 많은 이유에서 선호된다.

1. 철학적으로 진보주의의 관점에서 학생들을 학습의 중심에 두는 것은 좋은 것이다.
2. 교사 혹은 학교의 수행이라기보다 학습자의 성취에 초점을 둔 현대적인 수업 설계를 따라가고 있다.
3. 수업 목적과 목표를 진술함에 있어 10장에서 보여 준 것과 일반적으로 유사하다. 그러므로 교육과정 목적은 더 잘 이해될 수 있고 교육과정 개발 절차는 더욱 통합이 잘된다.
4. 우리가 학생들의 성취라는 점에서 기대되는 것을 알고 있을 때 평가과정을 설계하기가 더욱 쉬울 것이다.

학생으로 시작하는 형태의 교육과정 목적의 진술 방식을 통해 우리는 앞서 제시한 예를 다음과 같이 수정할 수 있다.

- 학생들은 영어로 글을 쓰거나 말할 때 자신을 명확하고 정확하게 표현할 것이다.
- 학생들은 현명하게 상품과 서비스를 구입할 수 있는 능력을 보여 줄 것이다.
- 학생들은 자신의 문화보다 다른 문화를 이해하고 관심을 보일 것이다.
- 학생들은 다른 이들과 함께 생산적으로 일할 수 있는 능력을 보여 줄 것이다.

교육과정 목적의 특징

이 책에서 나타난 것처럼 교육과정 목적의 특징은 다음과 같이 요약할 수 있다.

1. 교육의 목적과 철학에 관련이 있다.
2. 방침에 따른다. 교육과정 목적이 교육과정의 한 가지 혹은 그 이상의 영역에 대해 언급하고 있을지라도 그것은 상세화된 과정 혹은 내용의 특정 항목을 설명하지는 않는다.
3. 개별 학생의 성취보다 집단(모든 학생, 일반적인 학생, 대부분의 학생)의 성취를 언급한다.

4. 구체적인 교육과정 목표를 이끌어 내기에 충분할 만큼 포괄적이다.

교육과정 목표 진술하기

교육과정 목표가 교육목적과 학교철학과 관련되어 있는 것처럼, 교육과정 목적은 본래 체계적이며 집단의 성취에 대해 언급하고 있다. 교육과정 목적과는 달리 교육과정 목표는 명세화된 용어로 진술된다.

교육과정 목표의 특징

교육과정 목표는 교육과정 목적이 세분화된 것이다. 이는 교육과정을 설계하고자 하는 대상인 학생들의 수행 준거를 명세화한 것이다. 우리는 다음 세 가지 요소를 덧붙여 교육과정 목적을 교육과정 목표로 전환할 수 있다. 우리는 수업 명세목표를 논의할 때 이를 또 접하게 될 것이다.

- 수행 혹은 행동 용어, 즉 설명할 수 있도록 기대되는 학생들의 기술과 지식
- 숙달된 정도를 정확히 추론하는 것
- 만약 쉽게 이해되지 않을 경우 발생하게 될 수행의 상태

교육과정 목적에서 교육과정 목표로의 변형을 수행하기 위해 당신은 목표를 진술함에 있어 도움을 줄 학생 수행의 몇몇 기준을 메모해 두는 것이 유용할지 모른다. 앞서 언급한 설명적인 교육과정 목적을 다르게 살펴보자. '학생들은 우리 학교, 지역사회, 주, 국가, 세계의 시민으로서 책임감 있는 행동을 보여 줄 것이다.' 이러한 목적에 대한 증거로 보이게 될 학습자 수행의 준거는 무엇인가? 우리는 다음과 같은 준거를 찾을 수 있다.

- 학교 건물과 운동장 시설 바르게 사용하기
- 학생 간의 싸움 감소
- 타 인종에 대해 상호 존중 표현하기
- 행사장에서 질서 지키기

- 교회 단체, 스카우트 단체와 같은 유소년 조직 공동체에 참여하기
- 학교와 주변에 쓰레기 버리지 않기
- 학교 위원회에 참여하기
- 고속도로 제한 속도를 준수하기
- 학급을 포함하여 학생 간에 협동하기
- 지역, 주, 국가 선거에 관심을 가지기
- 국제적 긴장을 줄이는 방법에 대한 논의에 참여하기

우리는 첫 번째 수행 준거—학교 건물과 운동장 시설 바르게 사용하기—로 '학생들은 담(벽)의 낙서 감소 현상을 설명할 것이다'와 같은 교육과정 목표로 바꿀 수 있다. 우리는 '4월 말까지 학생들은 벽에 있는 낙서 수의 95% 감소를 설명하게 될 것이다'와 같이 시간적 요소와 측정 차원을 지닌 사정 항목을 추가하고 목표에 대한 숙달 정도를 표현할 수 있다. 바람직한 시민의식에 대한 하나의 교육과정 목적으로부터 우리는 수많은 교육과정 목표를 생성할 수 있으며 하나의 수행 기준으로부터 많은 목표를 생성할 수 있다.

교육과정 목표를 설명하기 위해 우리는 앞의 〈글상자 8-2〉에서 목적 8을 선택하여 거기서 제시하고 있는 일리노이 주 교육위원회의 목적을 언급할 것이고, 중학교와 고등학교 수준에 적합한 학습 준거와 기준을 〈글상자 8-5〉에서 재현할 것이다. 이미 숙달(필요하다면 능숙도로)의 정도와 상태에 대해 소개되었음을 기억하라. 일반적으로 교육과정 목표와 수업 명세목표의 성취를 평가하기 위해 측정할 수 있는 모습으로 표현된다.

우리는 교육과정 목표를 명세화화기 위해 Theodore R. Sizer가 다른 접근을 보여 주고 있다는 사실에 주목해야 한다. Horace의 가상의 학교에서 '위원회 보고서'는 ['위원회'가 '명세화된 목적'이라 말한] 교육과정 목표를 평가에 맞추어 만든다. '위원회'는 "학생들이 중요한 지식과 능력을 습득했다고 보여 줄 수 있는 모습의 형식으로 특별한 목적에 대해 학교는 운영된다. 학교의 프로그램은 이러한 모습을 가장 광범위하게 실제적으로 다루는 것이여야 한다."라고 말했다.[13)]

미국의 대법원 판결에 따르면, 학교 구내식당의 영양을 고려한 식단 구성, 인간의 감정에 대한 연구 계획서, IRS Form 1040 구성, 미국의 지도 그리기와 12개의 주 위치 파악하기, 지역봉사 활동 프로그램 운영하기 등은 Horace의 학교에서 가능한 사례다.[14)] 이러한 맥락에서 교육과정 목표는 학생들이 수행을 통하여 성취를 보여 줄 수 있는 것과 같다.

글상자 8-5 목표 8의 일리노이 주 교육 기준과 지침 공고: 대수 및 해석적 방법

목표 8: 자료의 패턴과 관계를 확인 및 설명하고 문제 풀이, 결과 예측을 위해 대수적 방법과 해석적 방법을 사용하라.

중등학교 학생들을 위한 학습 기준.

그들의 학교 교육의 결과로 학생들은 다음과 같은 것을 할 수 있다.

A. 변수와 규칙을 사용하여 수의 상관관계를 설명할 것이다.

8A 3a 문제 풀이를 위해 교환 법칙, 결합 법칙, 분배 법칙, 치환, 역수, 항등원, 0, 등식, 전개 순서의 기초적인 원리를 적용할 것이다.

8A 3b 일차식, 방정식, 부등식을 사용하여 문제를 해결할 수 있을 것이다.

B. 표, 그래프, 기호를 사용하여 수의 상관관계를 해석하고 설명할 수 있을 것이다.

8B 3 일차식의 성질을 분석하고 설명하여 일차관계를 일반화하기 위해 도표와 대수적 방법을 사용하라.

C. 수체계와 성질을 사용하여 문제를 해결할 것이다.

8C 3 경제학, 상업, 과학에서 도출된 대수 문제에 수의 성질과 역수를 사용한 풀이를 적용할 수 있다.

D. 대수 개념과 문제를 분석하고 풀이하는 과정을 사용할 것이다.

8D 3a 분수, 도표, 변수, 식, 방정식, 부등식의 기호를 사용하여 문제를 해결할 것이다.

8D 3b 비례식, 공식, 일차식을 사용하여 문제를 제안하고 해결할 것이다.

8D 3c 거듭제곱수, 완전제곱수, 제곱근을 사용할 것이다.

출처: Illinois State Board of Education, *Illinois Learning Standards for Mathematics*, Middle/Junior High School, website: http://www.isbe.state.il.us/ils/math/mag8.html, accessed April 24, 2003. 허락하에 게재. website: http://www.isbe.state.il.us/ils/math/standards.htm. 2007년 3월 15일 인출.

15장에서 논의된 학습자에게 기대되는 성취 결과의 형태로 교육과정 목표를 명세화하는 결과기반 교육이 최근의 경향이다. 교육과정 목적과 목표를 만드는 것은 매우 창의성이 필요한 활동이다. 교육과정 설계자는 교육과정 목적과 목표가 교육과정의 조직과 발달에 대한 방향을 설정해 주고 학교의 교실에서 실시될 활동을 결정한다는 것을 기억하며 자신의 방식대로 교육과정 목적과 목표의 명세화를 할 것이다.

이 책의 철학, 목적, 기준, 목표와 명세목표 진술에 대한 논의에서 당신은 하나의 주에서 다른 주까지, 심지어는 같은 주 내에서도 학교체제 간에 접근하는 다양한 방식을 확인했다. 한 국가의 다양한 학교체제로부터 제시된 예를 살펴봄으로써 결론을 내릴 수 있다.

- 첫째, 유사한 지식을 지닌 학생과 지역사회의 수많은 생각은 진술문으로 표현된다.
- 둘째, 의사소통에서의 발달과 주, 국가 수준의 압력으로 인해 진술문 간의 변화는 기대한(혹은 몇몇 교육과정 전문가에 의해 언급된) 것보다는 덜하다.

목적과 목표의 우선순위에 대한 정당화 결정

앞서 말한 바와 같이 교육과정의 요구사정은 학교가 학교의 철학을 공식화하고 교육의 목적을 명세화한 후에 시작되는 지속적인 과정이다. 사회의 요구, 일반적인 학생의 요구, 특정 학생, 지역사회, 과목의 요구를 반영하여 교육과정 목표와 명세목표의 최초 진술문이 작성된다. 이러한 목적과 목표가 드러난 이후에도 요구사정 과정은 어느 요구가 충족되지 못하였는지 판단하기 위해 계속된다. 충족되지 못한 요구가 식별되면 교육과정 목적과 목표의 개정이 준비된다. 이러한 목적과 목표는 정당성을 인정받아야 하며 우선순위에 따라 배열되어야 한다.

정당화는 목적과 목표가 학교에(혹은 학년에 구분 없이 적용된다면 학교체계에) 적합하거나 '올바른지' 검증하는 과정이다. 우선순위 결정은 학교에서 상대적인 중요성에 따라 목적과 목표를 배치하는 것이다. 학교의 발전과 관련되는 집단은 적합한 목적과 목표를 확인하는 것을 돕고 우선순위를 결정하는 작업에 참여해야 할 것이다.

어떤 학교는 목적과 목표 둘 다를 정당화하려 노력한다. 또 어떤 학교는 일단 목적이 쉽게 확인될 수 있다는 가정하에 목적 정당화를 생략한다. 위원회 대표는 목적을 상세화하는 과정을 생략할 수도 있을 것이다. 즉, 그것을 목표로 바꿀 수 있음을 의미한다.

교육과정 위원회의 기능

주, 학구, 학교에서 실행될지 안 될지에 대한 정당화 과정은 책임을 맡고 있는 교육과정 위원회 혹은 지방 의회에 의해 이루어진다. 교육과정 위원회는 학교의 발전에 관심이 있는 집단에게 설문지 혹은 앙케이트 조사를 실시하여 목적을 도출할 것이다.

교육과정 목적을 도출하는 것과 대표 집단—관계자(학부모 포함), 학생, 교사, 행정가, 교육과정 전문가(공립학교 체제 교직원 혹은 교사 교육학회의 회원)—에서 이미 도출된 교육과정 목표에서 목적을 도출하는 것은 좋은 방식이다. 이때는 교육과정 설계자에 의해 작성된 목적이 일반적으로 납득될 수 있는지, 그리고 반영해야 할 집단의 우선순위는 무엇인지 알기 위해 노력이 필요하다. 정당화와 우선순위 결정에서는 제한된 소집단이나 위원회보다 다양한 사람의 의견을 수집하여 얻어진 교육과정 목표가 더 유리할 것이다.

자료는 다양한 집단에서 선출된 교육과정 위원회 대표에 의해 바르게 수집되고 해석되어야 한다. 그러한 위원회는 더욱 현명한 판단을 하도록 요구될 것이다. 위원회는 단순히 자료를 요약하거나 모든 집단의 반응을 단순히 기록한다든지, 단순히 다수의 의견을 따른다든지 하는 행동을 하면 안 된다. 다양한 집단의 구성원과 함께 그들 자신의 차이점에 대해 논의하고 다양한 집단 간의 의견 차이를 조사한 것에 대해 분석하여야 한다.

의견을 평가해 보기 일반적인 규칙에 따르면, 예를 들어 학생들의 요구는 부모 혹은 다른 사람의 신념과 동일한 우선순위를 지녀서는 안 된다. 수적으로 적은 집단(교육과정 전문가 혹은 대학교수와 같은)의 의견이 지역사회의 수많은 주민의 태도와 같이 동일한 비중으로 다루어질 수는 없다. 더욱이 소수의 학교 책임자의 의견은 단순히 그들의 지위로 인해 받아들여져서는 안 되며 다수의 교사와 학부모의 의견에 비중을 두어야 한다.

자료를 해석하는 위원회가 다양한 집단에서의 목적과 목표에 대한 의견 일치를 발견할 수 없으므로 집단 구성원끼리 태도와 관점을 일치시킬 의무가 있다. 투표로 뽑힌 집단의 의견을 살펴보면서 교육과정 위원회는 목적이 타당한지, 우선순위는 어떻게 부여할지를 결정해야 한다. 우선순위를 정하는 것은 어떤 목적이 다른 목적보다 더 중요하고 교육과정에서 더 많은 관심과 강조를 받을 만하다고 말하는 것이다.

주, 학구, 학교의 목적이 상당수의 교육자와 비교육자에 의한 정당화와 우선순위 확인을 위해 제출되어야 하는 것은 분명하다. 그러나 학년 혹은 부의 교육과정 목적과 목표가 학교 및 학구 구성원을 벗어난 다른 사람에게 제출되어야 할 필요가 있는지에 대해서는 논쟁의 여지가 있다. 학년과 부서의 교육과정 목적과 목표가 학교체제의 상당수의 선거권자에게 제출되는 것은 다소 비현실적이고 장황하며 시간 낭비가 많이 된다. 학년과 부서의 교사는 교육과정 위원회 혹은 전문가에게 검토와 승인을 받는 것을 통해 목적과 목표를 정당화하고 우선순위를 배정할 의무를 충족할지 모른다.

정당화의 과정과 우선순위를 결정하는 것은 각각의 조사나 추후 조사 이전에 나온 결과에 의해 우선순위의 수정이 필요하다고 위원회가 느꼈을 때마다 다시 반복된다. 교육과정 목적과 목표가 정당화되고 서열화된 이후, 교육과정 설계자는 교육과정 개발과정에서 목적과 목표를 시행하기 위해 다음 단계로 넘어가게 된다.

요약

주 학교체제, 학구, 개별 학교는 교육과정 목적과 목표의 명세화에 참여하게 된다. 교육과정 목적과 목표는 개발자의 철학과 교육목적에서 도출된다.

교육과정 목적은 성취 준거 없이 기대되는 결과의 포괄적이고 체계적인 진술이다. 교육과정 목적은 학생 집단에 간학문적, 다학문적으로 적용된다.

교육과정 목표는 학교나 학교체제에 학생 집단이 성취한 것으로 받아들이거나 추정할 수 있는 숙달 정도나 상태의 결과를 상세히 진술한 것이다.

교육과정 목적과 목표는 다음의 요소에 필수적이다.

1. 만족되지 못한 요구를 확인하기 위해 엄격한 요구사정을 시행할 때
2. 교육과정 개선을 위해 제시된 모형의 다음 단계를 실행할 때
3. 수업 목적과 목표를 도출할 때
4. 교육과정 평가를 위한 기초를 제공할 때
5. 프로그램 방향을 정할 때

교육과정 목적과 목표는 학교와 관련된 다양한 대표자에 의해 검토된 후에 학교 교육과정 위원회에 의해 인증받고 우선순위가 결정되어야 한다.

논의문제

1. 교육과정 목적과 목표는 어떻게 서술되어야 하는가? 어느 것이 더 구체적인가?
2. 우선적으로 교육과정은 평가가 먼저인가, 아니면 교육과정의 목적과 목표를 세분화하는 것이 먼저인가? 그 이유는 무엇인가?
3. 교육과정 목적은 어떻게 교육과정 목표로 바꿀 것인가?
4. 개별 학문의 교육과정 목적뿐만 아니라 학문 전체에 관련된 주 교육과정 목적도 필요한가?
5. 교육과정 목적은 학교의 교육철학 및 교육목적과 어떻게 관련되는가?

보충 연습문제

1. 다음을 정의하고 두 가지 예를 기술하라.
   a. 교육목적
   b. 교육과정 목적
   c. 교육과정 목표

2. 다음에 제시된 문장에서 서로의 관계와 차이점을 설명하라.
   a. 교육목적과 교육과정 목적
   b. 교육과정 목적과 교육과정 목표

3. 교육과정 목적 및 목표와 요구사정의 관계를 설명하라.

4. 다음 질문에 대하여 당신의 생각을 기술하라.
   a. 교육과정 목적과 목표를 구체화하기 위해 교육철학을 서술할 필요가 있는가?
   b. 교육과정 목적과 목표를 구체화하기 위해 교육목적을 목록화할 필요가 있는가?

5. 미국 내 학교체계의 교과서나 교육과정 자료에서 교육과정 목적을 서술한 사례를 조사하라.

6. 미국 내 학교체계의 교과서나 교육과정 자료에서 교육과정 목표를 서술한 사례를 조사하라.

7. 이 장에서 제시한 다음 원칙에 대한 생각을 비평해 보라.
   a. 당신이 잘 알고 있는 학교 교육과정의 목적
   b. 당신이 잘 알고 있는 학교 교육과정의 목표
   c. 당신이 잘 알고 있는 학구의 교육과정 목적이나 교육과정 목표
   d. 16개 시 · 도에서 한 곳의 교육과정 목적이나 목표

8. 다음에 제시된 교육과정 목적 중에서 당신이 할 수 있는 만큼의 교육과정 목표를 서술하라.
   a. 학생들은 좋은 건강과 신체를 유지할 수 있을 것이다.
   b. 학생들은 작문 능력을 보여 줄 것이다.
   c. 학생들은 자유무역 체제에 대한 이해력을 키울 수 있을 것이다.
   d. 학생들은 성, 인종, 민족에 관계없이 긍정적인 태도를 키울 수 있을 것이다.

9. 참고문헌에서 볼 수 있는 Ronald S. Brandt와 Ralph W. Tyler의 책에 제시된 목적의 체계를 설명하고 각 유형별 사례를 들어 보라.

10. Sizer의 참고문헌에서 볼 수 있는 교육과정 목표에서 수행 기준 평준화의 장점을 분석하라.

11. 다음 용어가 학교에서 어떻게 사용되는지 찾아보라.
틀(framework)
임무(mission)
프로그램 서술자(program descriptors)
기준점(benchmarks)

후주

1) 목표에 관한 다른 위계분류법에 대해서는 Ronald S. Brandt and Ralph W. Tyler, in Fenwick W. English, ed., *Fundamental Curriculum Decisions*, 1983 Yearbook (Alexandria, Va.: Association for Supervision and Curriculum Development, 1983), pp. 40-52 참조.
2) John W. Gardner, "National Goals in Education," in *Goals for Americans: Programs for Action in the Sixties*, Report of the President's Commission on National Goals, Henry W. Wriston, Chairman (New York: The American Assembly, Columbia University, 1960), pp. 81, 100.
3) W. James Popham and Eva L. Baker, *Systematic Instruction* (Englewood Cliffs, N.J.: Prentice-Hall, 1970), p. 43.
4) Robert F. Mager, *Preparing Instructional Objectives* (Belmont Calif.: Fearon, 1962), pp. 1, 3-4.
5) Benjamin S. Bloom, ed., *Taxonomy of Educational Objectives: The Classification of Educational Goals: Handbook I: Cognitive Domain* (New York: Longman, 1956); David R. Krathwohl, Benjamin S. Bloom, and Bertram B. Masia, *Taxonomy of Educational Objectives: The Classification of Educational Goals: Handbook II: Affective Domain* (New York: Longman, 1964).
6) Decker F. Walker, "A Brainstorming Tour of Writing on Curriculum," in Arthur W. Foshay, ed., *Considered Action for Curriculum Improvement*, 1980 Yearbook (Alexandria, Va.: Association for Supervision and Curriculum Development, 1980), p. 81.
7) Mary M. McCaslin, "Commentary: Whole Language—Theory, Instruction, and Future Implementation," *The Elementary School Journal* 90, no. 2(November 1989): 227.
8) Commission on the Reorganization of Secondary Education, *Cardinal Principles of Secondary Education* (Washington, D.C.: United States Office of Education, Bulletin No. 35, 1918).
9) Educational Policies Commission, *Education for All American Youth* (Washington, D.C.: National Education Association, 1938), pp. 225-226.
10) Educational Policies Commission, *The Purposes of Education in American Democracy* (Washington, D.C.: National Education Association, 1938).
11) Florida Department of Education, *Goals for Education in Florida* (Tallahassee, Fla.: State Department of Education, 1972), p. 4.
12) Ohio Department of Education, *Destination: Success in Education*, website: http://www.state.oh.

us/goals98/goals.htm, accessed April 26, 2003.

13) Theodore R. Sizer, *Horace's School: Redesigning the American High School* (Boston: Houghton Mifflin, 1992), p. 143.

14) Ibid., pp. 8–9, 23, 48, 65, 80.

◆ 참고문헌 ◆

Bloom, Benjamin S., ed. *Taxonomy of Educational Objectives: The Classificaiton of Educational Goals: Handbook I: Cognitive Domain*. New York: Longman, 1956.

Brandt, Ronald S. and Tyler, Ralph W. "Goals and Objectives." In Fenwick W. English, ed. *Fundamentals of Curriculum Decisions*. 1983 Yearbook. Alexander, Va.: Association for Supervision and Curriculum Development, 1983.

Commission on the Reorganization of Secondary Education. *Cardinal Principles of Secondary Education*. Washington, D.C.: United States Office of Education, Bulletin No. 35, 1918.

Doll, Ronald C. *Curriculum Improvement: Decision Making and Process*, 9th ed. Boston: Allyn and Bacon, 1996.

Educational Policies Commission. *Education for All American Youth*. Washington, D.C.: National Education Association, 1944.

______. *The Purposes of Education in American Democracy*. Washington, D.C.: National Education Association, 1938.

Florida Department of Education. *Goals for Education in Florida*. Tallahassee, Fla.: State Department of Education, 1972.

Gardner, John W. "National Goals of Education," In *Goals for Americans: Programs for Action in the Sixties*, Report of the President's Commission on National Goals, Henry W. Wriston, Chairman. New York: The American Assembly, Columbia University, 1960.

Krathwohl, David R., Bloom, Benjamin S., and Masia, Bertram B. *Taxonomy of Educational Objectives: The Classification of Educational Goals: Handbook II: Affective Domain*. New York: Longman, 1964.

Mager, Rober F. *Preparing Instructional Objective*. Belmont, Calif: Fearon, 1962. 2nd ed., Belmont, Calif.: Pitman Learning, 1975.

McCaslin, Mary M. "Commentary: Whole Language-Theory, Instruction, and Future Implementation," *The Elementary School Journal 90*, no. 2(November 1989): 227.

Popham, W. James and Baker, Eva L. *Establishing Instructional Goals*. Englewood Cliffs, N.J.: Prentice-Hall, 1970.

______. *Systematic Instruction*. Englewood Cliffs, N.J.: Prentice-Hall, 1970.

Sizer, Theodore R. *Horace's School: Redesigning the American High School*. Boston: Houghton Mifflin, 1992.

Tyler, Ralph W. *Basic Principles of Curriculum and Instruction*. Chicago: University of Chicago Press, 1949.

Walker, Decker F. "A Brainstorming Tour of Writing on Curriculum." In Arthur W. Foshay, ed., *Considered Action for Curriculum Improvement*, 1980 Yearbook. Alexandria, Va.: Association for Supervision and Curriculum Development, 1980.

Wiles, Jon and Bondi, Joseph C. *Curriculum Development: A Guide to Pratice*, 7th ed. Upper Saddle River, N.J.: Merrill/Prentice Hall, 2007.

9 교육과정 조직과 실행

학습 목표

1. 교육과정을 조직하고 실행하기 위한 다양한 여러 가지 계획과 제안이 지니는 강점과 약점을 기술하고 진술할 수 있다.
2. 이 장에서 논의된 각 조직적인 배열을 다음의 문제와 관련지을 수 있다. (1) 공립학교의 심리적이고 사회적인 환경, (2) 초·중·고교의 세 수준에서 하나 이상의 교육목적이나 교육과정 목적의 성취
3. 초등, 중등 혹은 고등 학교 수준에 해당되는 몇 개의 교육과정 목표를 명세화할 수 있다. 이러한 교육과정 목표를 만족스럽게 성취해 줄 것으로 생각되는 교육과정 조직 계획을 선택하고 설계하고 유지한다.

필요한 결정

가설의 설정

세 학교가 합쳐져 있는 건물을 한번 상상해 보라. 유치원이 있는 5년제 초등학교, 3년제 중학교(이전의 주니어 고등학교), 4년제의 고등학교가 넓은 부지 위에 있다. 우리는 이런 학교를 특정 학구의 모든 아동을 모두 수용할 수 있는 어느 작은 마을, 혹은 세 학교가 그 지역 학교 시스템에 의해 관리되는 거대한 도시의 어느 한 구역에 설립할 수 있다.

이 복합 건물의 길 건너편에 교육청(혹은 지역 행정관청)과 교육위원회가 있다고 상상해 보자. 2층에 있는 회의실에서 우리는 운동장에서 뛰어놀고 있는 초등학생을 볼 수 있으며, 건물 오른편 거리 위를 걷고 있는 다루기 힘든 10대 여중생도 볼 수 있고, 뒷마당의 주차장에서 오토바이를 빙글빙글 돌리고 있는 고등학생 해리와 제인도 볼 수 있을 것이다.

9월의 어느 날 교육과정 설계자들이 회의실에 모였다. 시간은 오후 4시. 그들은 창가에 서서 길 건너편 건물을 바라보고 있다. 초등학교의 당일 수업은 사실상 끝났고, 중학교 수업은 거의 끝나 가고 있으며, 고등학교는 아직 계속되고 있다. 초등학교 주차장에는 단 두 대의 자동차—교장과 관리인의 것—만 남아 있다.

교육과정을 만드는 사람들은 그 지역의 장학사(교육과정 책임자)와 교육과정 운영위원장, 그리고 각 세 학교의 교육과정 자문위원이다. 그들 앞에는 깔끔하게 타이핑되어 정리되어 있는 서류가 있다. 그 내용은 (1) 지역의 교육과정에서 드러난 공백을 평가할 필요성에 대한 것, (2) 많은 교직원, 학생, 행정가, 장학사, 지역 주민과의 노력으로 타결을 본 학구와 개별 학교 교육과정 목적과 목표다.

가설 단계

이제 교육과정 연구 팀의 임무는 다음 단계에서 해야 할 일을 결정하는 것이다. 그들이 전문가라고 해서 교육과정의 목적과 목표에 대해 무엇을 할 수 있을까? 목적이나 목표를 이중으로 복제하고, 나눠 주고, 그러고는 잊어버리면 될까? 그들이 목적을 정하는 과정과 목표가 충분했다는 평가를 받아야 할까, 아니면 그 과정들이 그 이상의 결과를 성취해야 할까? 그들이 교육과정 목적과 목표를 교육감이나 교장과 함께 정리해 두어서 학부모 방문이나 위원회 인가 등과 같은 특별한 경우에 쓸 수 있도록 해야 하는 걸까? 그들은 평가를 통해 개발된 교육과정 목적과 목표를 요구사항을 통해 드러난 차이점과 어떻게 일치시킬 수 있을까?

이 교육위원회를 통해 리더십을 인정받은 지역의 교육과정 설계자는 어떻게 교육과정 목적과 목표가 효력을 발휘하도록 할 것인지, 또한 교육과정 목적과 목표가 성취될 수 있는 방식으로 어떻게 교육과정을 조직할 것인지를 결정해야만 한다. 그들은 어떤 구조가 목적과 목표를 성공적으로 달성하고 학생들의 요구 충족에 도움이 될지를 잘 결정해야 한다. 그들은 지금껏 그들이 만들어 온 교육과정의 결정을 어떻게 시행하는 것이 가장 잘하는 것인지 동료들과 자문해 보아야 한다.

교육과정 조직의 평가

교육과정을 연구하는 사람들은 다음과 같은 질문을 자주 받는다. "교육과정 구성은 어떻게 시작하는 것이 좋을까?" 문헌에서는 일반적으로 두 가지 양상이 나타난다. (1) 교육과정 개발자는 일반적으로 새로 개교하는 학교나 아니면 오랫동안 방치된 학교처럼 아무 교육과정이 마련되어 있지 않은 곳에 대해 교육과정을 계획하는 일을 맡는다. 혹은 (2) 교육과정 개발자는 자동적으로 기존의 것을 버리고 자신들이 선택한 양식으로 바꿀 자유와 재량을 가진다.

두 양상 모두 잘못된 것 같다. 교육과정 개발자는 새로운 학교의 처음 교육과정 개발과 같은 책임을 져야 하는 경험을 자주 하지 않는다(아니면 좀 더 정확히 말해서 새로 지어지는 학교에서는 교육과정 계획이 건축보다 앞서야 한다). 물론 새로운 학교가 늙은 군인처럼 서서히 사라져 가는 노후한 학교를 대신하거나 인구 증가에 따른 수요에 맞추기 위해 지어지는 것은 사실이다. 신설 학교를 위한 교육과정 개발은 말하자면 교과 개발의 기회를 건물의 1층이 지어질 때 갖게 된다. 그 계획은 어떤 구역 안에서, 그 지역의 전통을 포함하고, 나라와 지역의 지시, 또한 그들이 연계된 지역의 다른 학교의 교육과정과 함께 수행되고 있을 것임에 틀림없다. 교육과정 개발자는 그들이 원하는 대로 오래된 교육과정을 단순하게 새로운 것으로 마음대로 대체할 수 있을 것이라고 기대하지 못한다. 게다가 우리는 또 다른 한계를 맞게 되는데, 이는 학생의 요구, 교사의 선호도, 행정가의 가치관, 주민 정서, 물리적 제한, 경제적 자원이다.

가상의 교육과정 집단은 어린 학생의 요구 및 지역과 각 학교의 교육과정 목적과 목표에 맞는 교육과정을 재구성할 방법에 대해 서로 이야기하고 있다. 그들은 이 임무를 달성할 한 가지 방법으로 학교의 과거와 현재 그리고 미래의 교육과정 구성에 대한 아이디어에 대해 고려하는 것이라는 결론을 내렸다. 그들은 이제까지 시도되어 온 방식과 최근에 진행 중인 방식, 그리고 얼마 남지 않은 가까운 미래에 실패할지 성공할지 모르는 방식을 확인할 것이다.

이 회의에서 위원회는 교육과정 준비를 통해 그들이 의미하는 것을 명확히 하기로 결정한다. 그들은 자신의 동료들과 함께 자신들 학교의 교육과정 준비(구성)와 다른 학교의 것에 대해 이야기하기로 합의하고, 세 학교의 교육과정 구성의 역사적인 발달을 되짚을 준비가 되어 있는 이 집단의 다음 회의에 참석한다. 그들은 각자 그동안 연구된 후 시행된 것, 연구되었으나 거부된 것, 미래에 시행하기로 고려된 교육과정 구성에 대한 주된 양상의 주요 내용을 논의한다.

이 모임을 마치기 전에 위원회는 교육과정 구성의 주제 아래 무엇을 포함할 것인지에 대해 협의한다. 그들은 교육과정 조직을 학생들이 학습 경험과 교과를 만나게 해 주는 교육과정 차원과 행정적 차원의 양자의 패턴으로 정의한다. 따라서 교육과정 구성은 교과 교육과정과 같은 프로그래밍 제안처럼 광범위한 계획뿐 아니라 팀 교육과 같은 행정 차원의 실행체계도 포함한다.

몇 주 후에 위원회가 다시 모였을 때 그들은 자신들 학교의 교육과정 개발의 역사를 연구하며 들뜬 기분과 이전의 교육과정 개발자에 대해 새로 발견한 존경심을 가지게 된다. "세상이 더 많이 바뀔수록 그것은 더욱 그대로 남는다."는 프랑스인의 말처럼 오래된 건물의 외관은 외부 세상에 보이지만 내면적으로는 혁신과 변화가 키워드가 되었다. 위원회는 발견한 구조에 대한 전문가들의 이야기를 연구하고 그들의 발견에 대해 서로 교감하는 데 여러 시간을 보낸다. 위원회는 이전의 방식과 미래의 방식을 계획하는 것을 연구하고, 과거의 경험과 미래의 가능성을 현재의 구성과 비교함으로써 교육과정을 좀 더 효과적으로 시행할 수 있으리라 확신한다.

이 가상 위원회의 발견은 당신에게도 중요할 것이다. 우리의 토론은 세 가지 중요한 부분에 적용될 것이다. 바로 과거(우리는 어디에 있었는가), 현재(우리는 어디에 있는가), 미래(우리는 어디로 가는가)다. 각 시대마다 학교와 교육과정 조직에 관한 몇 가지 중요한 계획이 각각의 세 수준의 학교—초등학교, 중학교, 고등학교—에 나타나 있다.

2장의 원리 3에서 가정했듯이, 변화는 일반적으로 갑자기 시작되거나 멈추지 않고 시작과 완성이 중첩된다는 것을 기억하자. 원리 3은 다른 곳에서처럼 우리 가상 위원회에서도 적용된다. 따라서 예를 들어 이제껏 우리가 다녔던 학년제 학교에 대해 토의할 때 난 이런 학교는 이제 필요가 없어졌고 앞으로는 존재하지 않을 것이라고 말하지는 않을 것이다. 내가 중학교에 대해 토의할 때 이전의 중학교 형태는 더 이상 존재하지 않는다고 주장할 수도 없다.

교육과정의 배열이나 조정은 항상 한 수준만으로 규정 지을 수 없다. 교과 교육과정, 학년제 학교, 무학년제 학교, 팀티칭, 융통성 있는 계획 등이 한 가지 수준 이상으로 다양하게 존재하거나 존재해 왔다. 교육과정의 배열을 특정한 수준에 위치시킴으로써 나는 그것이 발견될 수 없었다거나 심지어 명확한 목적을 위해 사용되는 가설 공동체에서 같은 시간 혹은 다른 수준의 다른 시간에서 발견될 수 없었다고 말하는 것이 아니다.

아무튼 똑같은 교과 교육과정에 대한 논의가 3개의 수준 각각에서 반복된다면 학생들은 지칠 것이다. 그러므로 아마 임의로 특히 강하거나 중요하거나 공통적인 수준의 배열로 조직해 놨을 것이다. 교육과정 편성이 하나의 학교 이상의 곳에서 특별한 중요성을 가지지 않았거나 각 학교 수준에서 차별화된 특징을 갖지 않았다면(무학년제 초등학교나

표 9-1 과거, 현재, 미래의 발전과 추천

수준	우리는 어디에 있었는가(과거)	우리는 어디에 있는가(현재)	우리는 어디로 가는가(미래)
초등학교	• 학년제 학교 • 활동 교육과정 • 무학년제 초등학교 • 열린 교육, 열린 교실	• 기본 기술 • 평가* • 사고 기술 가르치기 • 특수 요구, 연구를 고려한 대비* • 다연령 집단 구성 • 다문화 교육* • 학교 선택* • 홈스쿨링* • 차터스쿨* • 바우처 세금 공제* • 제2외국어 교육* • 협동학습 • 총체적 언어교수법* • 핵심 지식* • 인성교육 • 학기제 학교*	• 전통과 비전통 형태의 융합 • 공교육 위상의 변화 • 사교육의 증가 • 자동진급의 축소 • 대안적 조직 계획 • 수준별 교실 • 지속적 평가 • 지속적 학교 선택제
중학교	• 중간 단계의 학교: 중학교 • Conant의 추천 • ASCD 제안 • 중핵 교육과정	• 중학교 간학문적 팀 • 평가*	• 중학교의 보편화와 K-8학교로의 전환 • 통합 교육과정 • 블록/순환 시간표 • 남녀공학이 아닌 단성 학급과 학교* • 지속적 평가
고등학교	• 교과중심 교육과정 • Conant의 제안 • 광역 교육과정 • 팀티칭과 차별화된 교사진 • 탄력적인 모듈식 시간표 • 무학년제 고등학교 • 능력별 모둠 • 능력별 반 편성(트래킹) • 프로그램화된 학습 • 교육용 TV	• 종합 고등학교 • 마그넷 스쿨 • 증가된 졸업을 위한 요건 • 기술교육 • 지역사회 봉사 • 건강교육* • 성취기반 교육* • 주와 국가 기준* • 주와 국가 평가* • 해마다 늘어나는 시수 • 수행기반 평가 • 진로교육(학교에서 직장으로 전환 프로그램)	• 교육에서의 공학 • 지속적인 졸업 시험 • 고등학교의 조기 대학교육 • 소규모 학습 공동체로의 전환

주: 1) 이 표에서 제시된 평가를 제외한 발전을 다른 표들이 하나 이상의 수준으로 나타낸 것과 달리 중복을 피하기 위해 하나의 수준으로 분류하였다.
2) * 이들의 발전에 대한 논의는 15장을 보라.

무학년제 고등학교처럼), 특별한 계획은 오직 한 학교에서만 논의되었을 것이다.

〈표 9-1〉에서는 과거와 현재의 다양한 교육과정 개발과 구조 개발을 보여 주며 미래의 변화를 대비할 수 있는 제안을 하고 있다. '우리는 어디에 있는가(현재)' 축에서 보이는 많은 반복과 '우리는 어디로 가는가(미래)' 축에서 나타나지 않은 것을 피하기 위함이다. 미래 축에 있는 것은 현재에 그것이 존재하지 않는다는 것이 아니라 시간이 지나면서 더 광범위하게 적용이 될 것으로 보이는 것이다.

우리는 어디에 있었는가: 과거의 교육과정

초등학교

학년제 학교

역사학자들은 최초의 학년제 학교의 기원은 규율과 연대로 유명한 프러시아에서 시작되었다고 보며, 바다 건너 신대륙으로 넘어온 이후 1848년에 문을 연 보스턴의 퀸시 문법학교가 미국 최초의 학년제 학교로 인정받는다.[1] 몇몇 젊은이에 의해 학교는 엄청난 발전을 했으며, 또한 어린 학생을 분류하고 학년을 나누었더니 더 효과적으로 교육할 수 있다는 생각을 하게 되었다. 학생들은 서로 섞여 있는 대신 나이별로 나뉘게 되었다.

학년제 학교는 미국뿐 아니라 전 세계의 학교 표준 모델이 되었다. 이는 인구가 늘고 서부 개척과 산업화로 인해 학년이 구분된 학교의 수가 많아진 학구에 함께 증가하였다.

20세기 초반에는 12학년제가 만들어졌고, 대부분의 남녀 학생 모두에게 충분하다고 여겨졌다. 학교제도는 커져 갔고 공공 비용으로 10학년, 11학년이 아닌 12학년제의 교육 기회가 어린 학생에게 주어졌다. 초기에는 이런저런 이유로 많은 어린 학생이 (오늘날 줄어들기까지) 해당 지역에서 12년의 공교육을 제공받았지만, 12학년제의 초등 · 중등학교 과정을 끝내지 못했다. 더 많은 젊은이의 교육을 위한 공립 · 사립 전문학교와 고등교육기관도 더 언급할 수 있겠지만 그냥 이 정도로만 적겠다.

기준으로서 12년 행정가, 교육과정 전문가, 교사, 시민은 12년제의 교육 기간이 대부분의 우리 어린 학생에게 가장 적합하다고 여겼으며 상황에 따른 요구에 따라 구성 수준을 조절했다. 그리하여 최근까지도 미국 대부분의 일반적인 학제는 8-4학년제(초등학교 8년, 중등학교 4년)였다. 이런 계획하에서 7학년과 8학년은 중학생이라기보다는 초등학생이라 여겨졌다. 20세기 첫 10년 사이에 고등학교가 등장하자, 6-2-4년제(초등 6년, 중등 2년, 고등 4년)가 나타나 8-4년제에 변화를 주게 되었다.

일부는 6-6학년제(초등 6년, 중등 6년)를 더 선호하였는데, 새로 등장한 교육과정에 중학교(junior high school)를 깨끗이 연결하면 되기는 하나 동시에 고등학교(senior high school) 자체의 독창성이 묻히기도 하였다. 다수의 단체는 6-3-3학년제를 더 선호하였는데, 초등학교와 고등학교 사이에 3년의 중학교가 있다. 3년제의 중학교는 7, 8, 9학년을 합친 것으로, 1909년 오하이오 주 컬럼비아와 1910년 캘리포니아 주 버클리에서 처음 생긴 중학교를 모방한 것이다. 여러 다양한 방법이 제안되었는데, 6-3-5년제나 6-3-3-2년제와 같이 13학년에서 14학년 사이의 학생을 위한 2차 공교육까지 확대되었다. 마지막 2학년은 확실히 대학과정과도 연관되어 있었다. 다음에 우리가 중학교의 발전에 대해 논의할 때 알겠지만, 12학년제의 교육과정은 최근까지도 재정비되어 왔다.

학년제 학교의 외형적 성장으로 나타난 것이 독립적인 교실의 등장이다. 25~35명 정도의 거의 동일한 나이대의 다양한 아동이 한 교사에 의해 관리되었다. 학년제 초등학교의 교사는 더 이상 한 교실의(무학년제) 교사처럼 모든 학년의 내용을 다 알 필요가 없어졌다. 그들은 단지 자신이 맡은 특정 학년의 내용만 숙지하면 되었다. 학년제 학교의 독립적인 교실의 담임교사에게 배정된 학급 학생은 담임교사의 관리하에 하루 일과를 보냈다. 이로 인해 최근 들어 교직 사회의 엄격한 시간 계획이 등장하고 학교생활 중에 휴식 시간이 생기게 되었다.

학년제 학교의 개념은 교육평가 운동에 확실한 영향을 받아, 아동을 위해 이루어지는 교육의 완성은 아동의 성장이나 발달 정도에 맞추는 것이 아니라 아동이 일정 학년 수준을 끝마쳤을 때라는 원칙을 완성시켰다. 실라버스, 교수요목, 최소 필수 기준이 각 학년의 수준을 결정지었다.

학년제 학교에서는 연간 10개월의 학업 기간 동안 정해진 수업 시간의 진도에 맞추어 수업 자료가 갖춰진다. 예를 들어, 이렇게 표준화된 독해 테스트의 도움으로 3학년의 어느 학생이 4월(학년의 여덟 번째 달)에 친 독해 시험에서 3.2(3학년의 두 번째 달의 독해 수준)라는 점수가 나왔다면, 이로써 우리는 이 학생이 제 학년의 보통 학생보다 6개월 정도 낮은 수준에 있다는 것을 알 수 있다.

우리는 독립적인 교실에 대해 이야기할 때 주로 초등학교를 떠올린다. 우리는 중핵 프로그램이 잠시 인기 있을 때를 제외하고 종종 독립적 교실은 중등학교에서 더 주된 것이라는 것을 잊고는 한다. 이에 대해서는 다음에 논의하기로 한다.

중학교나 고등학교처럼 초등학교도 교과목의 숙지를 강조하는 것을 교육과정의 체계로 채택했다. 이 체계는 교과 교육과정이라 언급되는데 이를 간단히 살펴보겠다.

전통적인 시간표 독립적이고 교과 지향적인 일반 초등학교에서의 한 주는 하루 동안 교과목별로 구체적이고 규칙적으로 나누어진 시간표가 필요하다. 이 다양한 영역을 통합하고자 하는 조금의 어떤 노력도 일어나지 않는다. 물론 몇몇 학교는 이런 양상에서 벗어난 적이 없었고 또한 몇몇 학교는 잠시 떠났다가 최근 들어 다시 돌아오고 있다.

1920년대 후반에서 1930년대를 거쳐 1940년대에 이르기까지 교과교육보다 학생들을 옹호한다는 진보주의 운동의 열기에 달아오른 초등학교가 교과교육을 버리고 활동수업 혹은 체험학습 교육을 선택하였다.

활동 교육과정

활동(혹은 경험) 교육과정은 학년별 교육과정의 경직성을 타파하기 위한 교육학자의 시도로 이루어진 교육과정이었다. 활동 교육과정은 대학 부설 실험학교로 널리 알려진 두 학교 덕분에 얻어진 역사적인 산물이라 할 수 있다. 그것은 John Dewey가 세운 시카고 대학 부설 실험학교와 J. L. Meriam이 기획한 미주리 대학 부설 초등학교다. 활동 교육과정은 교육과정에다 진보에 대한 믿음을 옮겨 담으려는 노력에서 발생되었다. 예를 들어, 그들은 20세기 초의 25년여간 초등학교 교육자들의 상상력을 담아냈다.

교육과정 개발자와 본질주의 철학자가 고안한 교육과정에 대한 환상이 깨지고, Dewey와 다른 학자는 교과중심 교육의 틀에 갇힌 학생들을 자유롭게 할 방법을 찾고 학생들의 필요와 이익에 부응하는 환경을 만들어 주려고 애썼다.

인간의 충동 B. Othanel Smith, William O. Stanley, J. Harlan Shores는 Dewey의 실험학교가 다음의 네 가지 인간의 충동에 근거한다는 것을 알게 되었는데, Dewey는 그것을 "투자되지 못한 자본"이라 불렀다.

사회적 충동, 구성적인 충동, 탐구하고 실험하려는 충동, 표현하거나 예술적인 충동[2)]

Dewey의 교육과정은 일반적인 교과교육 담당자에게는 외면당했고 대부분의 남녀가 연관된 직업—목수, 요리, 바느질—에서는 주목을 받았다.

인간의 활동 미주리 대학 부설 초등학교는 Junius L. Meriam이 주장한 원칙을 따랐고 교과 교육과정에 대한 것이 아닌 관찰, 놀이, 이야기, 작품 등과 같은 인간의 활동을 중심으로 프로그램을 조직하였다.[3)] 캘리포니아 교육위원회는 〈표 9-2〉에서 보이는 바와 같이 일간 프로그램으로서의 활동 교육과정을 만들었다. 이 두 가지 예시가 보여주듯이, 활동중심 교육의 내용은 학생들의 즉각적인 관심을 끌 수 있는 계획이나 체험에 집중되어 있다. 다양한 주제가 기본 기술을 포함하여 그 자체로 배움을 완성하거나 배움의 중심이 아닌 배움의 활성화를 위한 도구로 이용되고 있다.

표 9-2 활동중심 교육 시간표

시간	월	화	수	목	금
9:00	인사, 발표, 토의, 시, 음악, 흥미로운 이벤트, 행복하고 유익한 하루를 위한 마음가짐을 만드는 자유로운 활동				
9:15	**수학적 활동** 가게놀이, 은행놀이, 학교 물품 정리 등 학생들이 능력을 갖출 수 있도록 충분히 훈련되는 수학적인 교육법도 많긴 하지만 모둠이나 개개인의 독창성, 진취성, 책임감 등을 개발하는 것이 우선시된다.				
10:00	**건강한 삶을 위한 활동** 체육 활동, 자유놀이, 영양 프로그램, 충분한 휴식 시간이 매일 주어진다. 모둠수업, 예를 들어, '우유에 대한 조사' '균형 잡힌 식사' 등은 주요 관심사인 건강한 삶이 주는 즐거움뿐만 아니라 사회적 그리고 공공의 예절을 배우게 한다.				
10:50	**언어** 학교 신문, 인형극, 강당 연극 발표를 위한 극본 쓰기 등의 충분한 표현의 기회를 통해 학생들의 구술, 논술 실력과 어휘력, 글쓰기는 향상된다. 이 시기에 문학적 안목과 독창적 표현력이 길러지고, 오랜 기간이 지나면 개인적인 관심과 필요에 의해 집중력과 주의력이 길러진다.				
12:00	**점심, 휴식, 기획된 운동장 활동놀이**				

	여가 활동				
1:00	음악: 연주, 음악 감상, 박자, 하모니카, 밴드, 오케스트라	자연클럽, 학교 박물관, 수족관, 정원 가꾸기, 애완동물	창작 활동, 도예, 뜨개질, 회화, 데생	강당 음악 수업, 댄스, 연기, 프로젝트, 연출, 학교생활과 연계	학교생활의 다양한 학교 국면에서의 시민클럽 위원회의 책임감
1:50	오락 시간과 휴식				
2:00	독서 모임: 도서관 활동 독해력이 부족한 학생을 위한 보충수업, 독서력이 우수한 아동을 위한 도서 활동 도움의 기회를 제공하는 독서 능력 집단별 독서모임. 조용히 독서를 하는 동안 사회, 취미생활, 건강 혹은 다른 관심 있는 교실 활동에 필요한 지식을 개발하는 데 도움이 된다.				
2:50	오락 시간과 휴식				
3:00	사회 활동	사회 활동	자유 창작 활동	사회 활동	가게놀이

출처: Ruth Manning Hockett, ed., *Teachers' Guide to Child Development: Manual for Kindergarten and Primary Teachers* (Sacramento, Calif.: California Department of Education, 1930), pp. 355–356. 허락하에 게재.

아동 세계에서 나온 교과목 이제 교육과정은 아동과 교사의 협동과정을 통해 개발된다. 교과목은 성인의 세계가 아닌 아동의 세계에서부터 발달해 왔다. 교사가 학생들에게 활동이나 문제를 내주어도 아동의 관심사가 우세한 입장이 되었다. William H. Kilpatrick은 그의 연구서('프로젝트 교수법')에서 언급했듯이 아동의 활동을 지지했고 아동은 그들 자신만의 생각과 계획을 세워야 한다는 입장을 밝혔다.[4)]

문제 해결—Dewey의 '반성적 사고'—은 활동중심 교육과정에서 탁월한 교육방법이다. 문제를 해결하는 과정을 경험하는 것이 사고력의 발달을 지지하는 이들에게는 문제의 답을 얻는 것보다 더욱 중요하다고 여겨진다. 문제를 해결하거나 과제를 수행하려는 과정에서 아무 원칙적인 한계 없이 가지고 있는 가능한 한 모든 정보를 총동원하여 교과 문제를 통합하려는 엄청난 노력을 하게 된다.

자연히 활동 교육과정은 사전에 미리 완전히 계획될 수가 없다. 따라서 활동교육은 교육과정이 다 끝난 후에야 설명할 수 있다. 교사조차 아동의 관심이 어디로 그들을 이끌지 미리 확신할 수 없기 때문이다.

단원별 교수법의 교육 계획(한 가지 주제나 문제에 중점을 둔 단원학습)은 문제 해결의 목적에 아주 적합하다. 단원은 아동과 교사의 협력하에 서로 개인차가 있는 아동에게 다양한 경험 활동을 충분히 가질 수 있도록 계획되었다. 일련의 단원은 이미 정해진 학년 수준에 골격의 틀을 만들어 주게 된다.

만약 필요하다면 반복의 과정이 기계적인 방식으로서가 아니라 적절히 필요한 기간 동안에 이루어질 것이다. 진보주의자가 사회적으로 지향하는 바로 인해 활동 교육과정은 학생들의 사회성과 학문의 실험장으로서의 지역사회가 필요하다.

시간표를 짜는 것은 아동의 활동 수업이 진행 중이라면, 또한 만약 시간의 여유가 주어진다면 얼마든지 유동적이다. 아동은 학년 구분을 미연에 방지하기 위하여 관심별 및 능력별로 나뉜다. 몇몇 학교는 아동의 성적표, 생활기록부, 해당 학년의 학업을 완수했다는 생각을 버리기도 했다.

활동중심 교육 교사는 자신의 역할은 교과 전문가나 인생의 전문가가 아니라 배움을 쉽게 해 주고 안내해 주는 사람이라는 것을 알게 되었다. 진보주의 학자의 활동중심 교육에 대한 기본 생각은 수동적인 학생보다는 적극적인 학생, 그리고 자신들의 경험을 교사 및 다른 사람과 함께 공유하는 쪽으로 변화해 갔다.

활동중심 교육은 진보주의 교육 자체로서 미국 교육에 지워지지 않는 각인을 남겼다. 유연한 시간표, 모둠수업, 문제 해결, 프로젝트 교수법, 무학년제 학교, 열린 교육은 모두 활동중심 교육의 덕분이다. 그럼에도 활동 교육과정은 명성을 잃었고 공립 초등학교에서의 성공적인 모습들은 자취를 감추게 되었다. 이런 실패에는 여러 가지 이유가 있다.

활동교육 중심에서는 사회와 성인의 요구사항은 서툰 젊은이의 요구사항에 밀려나야 했다. 말하자면 진보적인 활동중심 학교는 교과중심 교육을 무시(도외시)하고, 미숙한 학생들의 즉흥적인 관심에 많은 문제가 있다고 느끼는 대중의 비판적인 인식을 받게 된 것이다.

지나친 진보주의 성향의 학교로 인해 다음과 같은 농담까지 생겨났다. 교사가 "지구는 둥글까 혹은 평평할까?" 라고 질문하면, 아이들은 "잘 모르겠는데요, 투표로 정하죠." 라고 대답한다는 것이다. 그리고 진보 성향 학교에 대한 전형적인 기록이 있다. 교사가 아침에 교실에 들어와 아이들에게 "자, 얘들아, 오늘은 무엇에 대해 배워 볼까?" 라고 물으면, 아이들은 불평을 하면서 "우리가 오늘 하고 싶은 것 해도 되나요?" 라고 대답한다.

활동교육을 하는 교사가 교과목뿐만 아니라 수업지도 기술에서도 더 많은 지식을 갖추고 있어야 하며 더욱 잘 훈련되어 있어야 한다는 것을 대부분이 알지 못했다. 활동 교육과정은 일반 공립 초등학교보다 더 많은 자료와 시설이 필요하였다. 게다가 더 많은 수의 융통성 있는 행정가와 교사가 이런 종류의 수업 프로그램을 성공적으로 관리하기 위해서 필요하였다. 이런 학생을 받게 된 중등학교의 불만도 생겨났다. 활동 교육과정의 결과로서 훌륭한 수준의 지식이나 기술은 갖고 있긴 하나 교육 수준의 차이가 확연히 드러났다.

무학년제 초등학교

무학년제 초등학교는 진보를 지향하며 학년제 학교에 대한 대안으로서 진화되었다. 무학년제의 진보주의 학교는 학년제 학교의 폭발적인 증가에 대한 대응책으로 생겨났는데, 그것은 학생들에게 좀 더 효과적인 교육을 주고자 하는 혁신적인 계획이었다.

무학년제 학교에 익숙하지 않은 사람은 학기가 시작되면 혼란해하거나 무학년제의 의미를 공식적인 채점제도가 없는 학교라는 의미로 잘못 해석하기도 하였다. 우리는 무학년제 학교를 이야기할 때 종종 점수보다는 학년 구분 명칭을 버린 학교라고 이야기한다.

무학년제 학교에서는 전형적인 학년 구분과 그 학년을 위한 기준은 없다. 학생들은 각자의 속도로 진행되는 프로그램을 통하여 개개인의 특별한 필요성와 진전에 따라 지시(설명)대로 집단을 형성하게 된다. 개별화하여(개개인의 요구에 맞추는 것으로 어떤 이는 이를 '인격화' 라 하기도 한다) 가르치는 데에는 노력이 따른다. 무학년의 개념은 초등학교에서 가장 큰 진전(발전)을 이루어 왔다. 아무튼 이 장에서 중등교육의 발전에 대해서도 논의하겠지만, 무학년제는 고등학교에서도 가능하다.

John I. Goodlad와 Robert H. Anderson과 같은 무학년제 지지자는 무학년제 초등학교를 학년제 학교의 획일성에 대한 반발(반작용)로 보았다.[5)] Goodlad와 Anderson은 아동의 능력과 성과물에 대해 엄격한 서열화를 하는 전통적인 학년제 학교에 거스른다고 보았다.[6)]

Herbert I. Von Haden과 Jean Marie King은 무학년제 학교에 대해 다음과 같이 몇 가지 원칙을 설명하였다.

> 무학년제란 아동이 배우는 속도나 방법이 다르다는 것을 깨닫고, 그들을 학급이 아닌 개개인으로서 성장할 수 있도록 도와주는 교육과 배움의 철학이다. 1학년, 3학년과 같은 학년 명칭은 사라진다. 유연성 있는 집단 형성은 아동이 언제든 준비만 되면 어느 수준의 학업에서 또 다른 수준의 학업으로 진전하는 것을 돕는다. 그러므로 아동의 발전은 교실 내의 다른 아동에 의해 좌우되지 않는다. 스스로의 준비, 관

심, 능력이 각 아동의 속도를 정하게 한다. 유연한 집단 형성은 학생들이 자신과 비슷한 실력의 아동과 함께 성장할 수 있도록 해 준다. 집단 형성은 과목별로 달라지며 언제든지 바꿀 수도 있다. 실패반, 잔류반, 월반은 아동의 능력에 따른 지속적인 발전과 대체된다. 속도가 더딘 아동은 자신들이 준비가 되기 전에는 집단의 다른 아동과 진도를 맞추도록 강요받지 않는다. 속도가 빠른 아동은 다른 아동을 기다리라고 강요받지 않는다. 차별화와 지속적인 발전이 무학년 제도의 핵심이다.[7)]

무학년제 학교의 성장 무학년제의 움직임은 1930년대에 본격적으로 시작되었고, 1940년대와 1950년대에 성장하여 1960년대에 그 세력이 유지되었다. 1930년대와 1940년대 사이의 학교들은 일리노이 주의 웨스턴 스프링스, 버지니아 주의 리치먼드, 조지아 주의 아테네, 오하이오 주의 영스타운, 위스콘신 주의 밀워키 등지에 있었다.[8)] 1950년대와 1960년대의 무학년제 학교는 워싱턴 주의 벨뷰, 위스콘신 주의 애플턴, 일리노이 주의 시카고 및 캘리포니아 주의 서던 홈볼트 교육청에서 시작되었다.[9)]

위스콘신 주의 애플턴 학교 구성원은 〈표 9-3〉에서 볼 수 있듯이, 지속적인 발전을 하는 학교로서 학년제 학교들과 비교되었다. 무학년제 학교에서는 학생들이 자기 속도대로 학업을 할 수 있도록 허용함으로써 진급 실패나 학년 반복과 같은 것을 없애려 애썼다. 무학년제 학교의 프로그램은 전통적인 시간에 따른 나이-학년별 수준이 아니라 독서 수준별 및 그보다는 적은 규모의 수학적 수준별로 짜였다.

Maurie H. Hillson이 설명했듯이, 독해력은 무학년제 학교에서 학생들을 분류하는 핵심 요소로 적용되었다.

> 최근에 무학년제 초등학교는 대부분의 영역에서 독해력이 6년간의 초등과정을 통해 수직 상승(발전)하고 성취할 수 있는 것을 근간으로 하고 있다. 현재의 무학년제 계획은 드물기는 하지만 흥미로운 출발로 독해력 성취와 관련된 요인에 근거하여 동질 집단을 형성하는 형식을 수용한다.[10)]

독서 집단을 형성할 때 교사는 지식, 성취도, 동기, 준비성, 성숙함을 포함한 여러 사실에 관심을 가진다. Hillson은 무학년제 계획의 가장 중요한 면을 설명했다.

> 간단히 말해, 많은 무학년제 학교는 학생들이 각각의 속도에 맞추어 학업을 수행

표 9-3 학년제와 지속적인 진급 학교의 비교

학년 구조	지속적인 진급
1. 같은 연대순의 모든 아동은 주어진 기간 안에 같은 범위로 발달될 것이라고 간주된다.	1. 각각의 아동은 그 자신의 성향과 성장 속도를 가지며 같은 나이의 아동은 그들의 가능성과 성장 속도가 매우 다양할 것이다.
2. 9개월 안에 성취되어야 하는 어떤 예정된 학년(혹은 기준)에 부합되지 않는 아동은 실패라 불린다.	2. 늘 실패로 여겨지는 아동은 없다. 만약 아동이 그의 가능성을 위한 균형 안에서 성취하지 못한다면, 우리는 그 경우를 연구하고 그의 요구와 문제를 해결하기 위해 그의 프로그램을 조절한다.
3. 만약 아동이 실패했다면, 그 아동은 그가 만나지 않은 학년의 단계를 반복할 것이 요구된다.	3. 아동은 결코 반복하지 않는다. 그는 집단 안에서 다른 아동보다 더 천천히 발전할지도 모르지만 발전의 개별적 기록은 그의 성장 진행을 유지하기 위한 가능성을 만든다.
4. 반 편성을 분류하기 위한 결정은 각 9개월 후에 행해져야만 한다.	4. 반 편성을 이루기 위한 결정은 3년 기간 동안 언제라도 만들어질 수 있다(사회적 혹은 감정적 조절을 위해 필요하다면 부가적 1년 등).
5. 반 편성 분류는 크게 학문적 성취를 근거로 한다.	5. 집단 반 편성은 신체적 · 정신적 · 사회적 · 감정적 성숙에 근거하여 유동적이다.
6. 지정된 시간 안의 달성의 확고한 기준(혹은 학년)은 감정적 긴장의 원인이 되고 교사와 학생을 혹사하고 학습을 억제한다.	6. 중압감의 배제는 건강한 정신건강을 위한 열린 학습 상황을 만든다.

출처: Royce E. Kurtz and James N. Reston, "Continuous Progress in Appleton, Wisconsin," in David W. Beggs III, and Edward G. Buffie, eds., *Nongraded Schools in Action: Bold new Venture* (Bloomington: Indiana University Press, 1967), p. 139. 허락하에 게재.

하는 것에 따라 학년이 아닌 수준을 나눈다. 학년이라는 명칭은 사용되지 않는다. 이렇듯 경험에 기초한 수준별 집단은 분명하게 알 수 있고, 유급이나 반복의 두려움도 없을뿐더러, 다음 학년을 위해 준비해 둔 수업 자료까지 써야 할 걱정마저 없이 그 과정을 통해 경쟁하듯이 성장해 간다…. 〈표 9-3〉에서 보듯이 빠른 학생은 3년간에 배울 것을 2년 만에 마치기도 하고… 느린 학생은 3년간에 배울 것을 4년 만에 마치기도 한다.[11)]

당면 문제 무학년제는 그들의 지지 기반이 차츰 줄어드는 문제에 직면한다. 무학년제 프로그램은 전통적 학년제 조직보다 훨씬 더 복잡하다. 그것은 부단한 유동성을,

교직원을 위한 더 많은 시간을, 더 큰 자질을 요구하고 전형적인 학년제 학교와 다른 교육 방식을 요구한다. 신중한 분석은 학습자의 요구에 따라 만들어져야 한다.

무학년제 학교는 만약 교사와 행정가가 단지 나이순의 학년 대신 독해 수준으로 대체한다면 학년제 학교만큼 변화가 없을 수 있다. 지속되는 발달 계획은 독해에는 큰 정도로 그리고 수학에는 훨씬 작은 정도로 집중하였으며 교육과정에 있는 다른 교과는 전통적으로 순서 없이 조직되었던 상태로 내버려 두었다.

무학년제 계획은 읽기 교육과정과 때때로 수학 교육과정의 수직적인 구조를 능가했지만 다양한 기준 사이의 어떤 수준에서 관계를 성취하는 것에는 실패했다. 더 나아가 연속적인 발달의 초등학교부터 학년제 중학교까지의 이동은 중학교가 개별화된 학습과 덜 연관적일 때 학생들에게 다소 갑작스러울 수 있다.

무학년제 초등학교의 지지는 Goodlad와 Anderson(1987)의 개정판의 출판과 Anderson과 Barbara Nelson Pavan(1993)의 최근 저작에서 계속되었다.[12] Anderson과 Pavan은 "지배 안에서 지금 관점은 훨씬 더 무학년제와 적합하다. 시간은 문자 그대로 학년제 관습에서 마침내 심각한 맹공격을 위한 준비가 된다."라고 말했다.[13]

열린 교육과 열린 교실 공간

몇 년 전 열린 공간 학교로 알려진 활동의 끝자락에서 가설에 근거한 초등학교가 이 장의 시작으로 제시될 것이다. 교실 사이의 내부 벽—혹은 몇 년 전, 학년제 학교로 건축된 건물의 가급적 많은 벽—이 허물어졌다. 학급 사이의 장벽을 제거하는 목적은 유동적인 집단 분류, 개별 교육, 성적을 매기지 않거나 혹은 단순하게 열린 학교 같은 혁신적인 접근을 허가하기 위함이었다. 실제로 그 기간 동안 빈번하게 교체되었다. 예를 들어, 열린 교실은 학급이 열린 교육의 원칙에 따라 적용된 사례였을지도 모른다. 비록 역설적으로 열린 공간은 열린 교육을 위한 필수 조건이 아니었을지 모르지만, 같은 때에 이 교실은 열린 장소가 되었는지도 모른다. 열린 학교는 열린 교육 개념의 수단으로서의 학교일지도 모르고, 혹 그것은 벽이 없는 모든 교실의 열린 공간 학교일지도 모른다.

C. M. Charles와 다른 사람은 "많은 사람은 열린 공간과 열린 교육이 같은 의미라고 생각하나 그렇지 않다. 사실 그것은 상당히 반대의 의미가 될 수 있다(그러나 되어서는 안 된다)."라고 얘기했다.[14] Charles와 다른 이는 열린 공간 학교뿐 아니라 열린 교육의 원칙을 따르는 몇몇 학급을 가진 학교도 열린 학교라 정의했다.[15] 열린 공간 학교는

Charles와 공저자가 정의한 열린 학교가 열린 공간 학교가 되거나 되지 않는다는 정의에 반해 일반적으로 최소한 몇 가지 열린 교육의 원칙에 동의한다.

이어지는 논의에서 나는 광범위한 개념의 논쟁 시 '열린 학교' '열린 교실' '열린 교육'이라는 용어를 사용할 것이다. 그리고 벽 없는 교실의 건축학적 배치에 관해 얘기할 때 '열린 공간' 혹은 '열린 장소'라는 용어를 사용할 것이다.[16]

영국에서 비롯된 열린 교실 개념은 공식적이고 전통적인 학교를 위해 교육과정과 조직 반응의 목적으로 설계되었다. Charles와 다른 이들은 열린 교육을 다음과 같이 간략하게 묘사한다.

> 열린 교육은 학생들의 많은 의견과 자기 결정을 허락하는 조직과 경영을 참조한다. 교사는 돕지만, 계획이나 교육 활동을 주도하지는 않는다. 대신에 교사는 학생의 교육을 '돕는다'. 이 도움은 말, 탐구, 선택의 제안, 수단을 발견하는 도움, 그리고 집단에 맞는 활동의 방법 결정을 통해 행해진다. 관계 지속, 다른 이들과의 긍정적 상호작용, 개인의 의식 촉진과 집단 가치보다는 개인적인 잠재력의 발달을 위한 제공을 강조한다.[17]

Louis Rubin은 열린 교실을 위한 철학적 기초를 다음과 같이 묘사했다.

> 기본은 아동이 자연적 흥미를 가지고 배움을 원한다는 개념에 근거한다. 그러므로 전이 가능한 환경이 존재하고 배움의 구조가 개별성을 금하지 않을 때 좋은 교육은 변함없이 존재할 것이다. 그 결과, 우리가 타당성이라 부르는 것은 근본적인 철학 그 자체를 형성한다. 간략히 말해, 교육과정은 거의 전적으로 학생의 흥미와 필요에서 유래한다.[18]

계속해서 Rubin은 전통적 교실과 열린 교실을 대조하였다.

> 열린 교육과 전통적인 교육 사이의 결정적인 차이는 목표가 다르다는 것, 그들의 달성의 의미가 다르다는 것, 그리고 각각에 의해 다른 산출을 야기한다는 것이다. 예를 들어, 전통적인 프로그램은 개별 학생 흥미의 수용에 대한 여지를 거의 남겨두지 않는다. 그러므로 그것의 주된 미덕은 아동이 배울 혹은 배우지 않을 매우 큰

> 범위를 우리가 사전에 결정지을 수 있다는 것이다. 그러나 열린 교육에서는 정확히 반대 조건의 풍조가 우세하다. 아동 자신의 지적 흥미는 교육적인 출발점의 역할을 하므로, 미리 결정된 주제는 개인적 취향에 의존하고 특수화된 배움 성과는 보장될 수 없다.[19]

열린 공간 학교에 대한 공통적 견해는 100명의 집단 혹은 더 많은 학생의 교실 공간이고, 공간 안의 많은 부서에서 다양한 활동에 몰두할 수 있는 교실 공간의 큰 확장이며, 또한 작은 집단 그리고 큰 집단의 학생들 개개인과 작업하는 교사 팀이다.

열린 공간 학교의 근본적인 신념 열린 교실의 제안자는 활동적인 배움과 감정적인 영역을 강조한다. John H. Proctor와 Kathryn Smith는 "열린 공간의 기초적인 이점은 높은 의사소통과 교사 간, 교사와 학생 간, 학생 간 상호작용이다."라고 말했다.[20] 열린 공간 교육 개념의 중요한 특징은 집단 분류의 유동성이고, 흥미를 유발하는 구체적인 자료의 사용과 학생들의 성숙한 단계다. 반면에 많은 열린 초등학교에서 단일 성적(예, 1등급)의 무리나 팀을 편성하고 나머지는 성적을 매기지 않고 복합적인 구성을 편성하였다.

열린 교육, 열린 공간 활동은 1980년대 초 정점에 올랐고 그 이후에는 그것이 거의 존재하지 않는 지점까지 점차 감소하였다. 열린 장소의 복원을 위해 벽이 제거된 학교는 벽이나 자급자족 형태의 칸막이를 재설치했다. 대략 10년이라는 짧은 공간에서 겉보기에 기대되는 이 활동에는 무슨 일이 일어났을까?

David Pratt은 열린 공간 학교로 인한 어려움의 한 가지 이유를 제시했다.

> 건축학적 외관(영국의 열린 장소 학교의)을 북미로 이전하기 위한 시도는 보편적으로 성공적이지 못했다. 대부분의 혁신은 약간의 내벽을 가진 학교 건물로 이루어져 있고, 교사는 참가하거나 승인하거나 혹은 열린 환경을 위해 훈련된 것도 아닌 사람들로 소개되는 분위기였다. 계속 전통적인 방법으로 가르치는 그들은 그저 모든 것이 들리고 보이는 혼란의 벽의 부재를 발견했다. 책장, 스크린, 야자수 모형은 가르치는 공간 사이의 임시방편의 벽으로 빠르게 바뀌었다. 연구 증거로서 열린 교실 학생들이 학문적 주제뿐 아니라 창의성 면에서도 실망스러운 업적을 보여 주었고, 불안은 증가했다.[21]

모든 것이 들리고 보이는 혼란은 나의 판단으로는 잘못 축소되었다. 열린 교실의 장소에서는 배움을 위한 의사소통이 이루어지지 않는 수준의 소음을 끊임없이 드러냈다. 어찌할 바를 모르는 교사는 계속해서 스스로를 이해시키기 위해 그들의 목소리를 높여야만 했다. 열린 교실의 열렬한 지지자는 소음에 대해 질문을 받았고, 그들의 대답은 "무슨 소음?" 같은 식이거나 "약간의 소음은 가르치는 곳에서 필요하다."는 것이었다. 아마도 우리는 이러한 혼란의 문제점을 프로그램과 건축 사이의 접합성의 부재 탓으로 돌릴 수 있다.

Rubin은 몇몇 열린 교육의 지지자의 요구와 대조적으로 전통적인 교육은 몇몇 사람이 그것을 묘사한 것처럼 반드시 나쁜 것은 아니라고 지적했다.

> 공정하게, 열린 교육의 지지자가 때때로 그들의 사례를 확인할 기회가 인정되어야 한다. 전통적인 교육(비록 형식적이고 구조적일지라도)이 학생의 정신을 억압하거나 약화하는 것은 아니다. 사실상 여러 학생이 열린 교육보다 전통적인 교육을 더 성공적이라고 믿는 데는 많은 이유가 있다. 아동은 때때로 불안정하고, 자유의 큰 구조의 불안을 자극하는 결핍을 발견한다. 마찬가지로 학생의 감정적인 느낌을 다루는 교육의 정서적 구성을 위한 규정은 전통적 교육과 열린 교육 둘 다에서 만들어질 수 있다. 그 결과, 사람은 조직적이지 않은 열린 교육과정을 조직적인 전통적 교육과정보다 더욱 '인간적'이라고 쉽게 주장하지 못한다.
>
> 더 나아가 어느 누구도 열린 교육과정은 전통적인 교육과정보다 더 자율적으로 생각할 수 있는 학생을 가르친다거나, 다양한 나이 집단은 어느 한쪽의 상황에 존재할 수 없다고 혹은 수업의 규정된 프로그램은 불가피하게 개성을 금지해야만 한다고 주장할 수 없다. 또 다른 면에서 보면, 둘 중 하나의 접근법의 승리로 흔히 제시되는 근거로서 많은 이점은 실제로 양측 모두에서 동등한 효력을 지닌 채 사용될 수 있다.[22)]

열린 공간과 열린 교육의 성공에 따라 Charles와 공저자들은 "열린 공간은 많은 사례에서 희망했던 결과를 낳지 못했다. 그러나 학문적 성취의 바탕에서 열린 교육을 입증하는 약간의 증거가 있다."라고 언급했다.[23)]

중학교(junior high school)

중간 단계의 학교

19세기 말과 20세기 초의 교육자와 행동과학자는 특정 유형의 교육 프로그램을 위한 필요성과 젊은이와 아동 사이의 사춘기에 필요한 특별한 주의를 기울여야 하는 제도의 필요성을 자각했다. 이러한 관심사로부터 중학교(junior high school)는 성장했다. 이것의 발단으로 중학교는 하나의 독자적인 교육기관으로 탄생하게 되었다. 초기 중학교는 7학년, 8학년, 9학년으로 되어 있었다. 자체의 제도에서 학년을 분리하기 위해 7학년과 8학년은 일반적으로 초등학교에 통합된 부분으로 여겨졌다. 9학년과 12학년 사이는 고등학교로 형성되었다. 만약 그들이 한 반에 모든 학년을 한 교실에 수용하지 않았다면 초기 학교는 7학년, 8학년의 학생 집단으로 형성되었을 것이다. 중학교가 교육기관으로서 출현하면서 12~14세의 교육 부문을 맡았다.

중학교의 출현으로 사춘기에 접어든 아동은 그들을 위해 특별하게 만들어진 교육기관을 발견했다. 그것은 아래로는 초등학교를 두고 위로는 고등학교를 두며 그 사이에 자리 잡았다. 기본적이고 일반적인 교육과 탐구적인 경험 사이의 기관인 중학교는 20세기 전반에 걸쳐 빠르게 널리 퍼져 나갔다. 학교 시스템은 7, 8, 9학년 형태 혹은 9학년이 고등학교에 속한 7, 8학년 형태로 적용되었다.

중학교 역할에 대한 교육자의 지각은 다양해졌다. 그것은 초등학교의 높은 버전일까? 그것은 고등학교의 낮은 확장 버전일까? 중학교의 주된 목적은 성숙기와 사춘기 사이의 기간 동안 학생들에게 변화를 제공하는 것일까, 아니면 고등학교를 위한 선행 학습을 위한 것일까? 고등학교와 같은 건물에 위치해야 할까, 아니면 분리되어 위치해야 할까?

중학교 역할에 대한 다양한 의문에도 불구하고 중학교는 자기 충족적 해답의 사례를 제공했다. 독특한 교육기관으로 설립된 중학교는 '중학교'라는 이름을 달고 부응하기 시작했다. 중학교는 빠르게 두 번째 교육을 담당하는 기관으로 자리 잡았고, 결과적으로 유치원에서 6학년, 6학년에서 12학년이라는 2개로 분리되었다. 비록 처음에는 그것이 다소 집중 시간 일정과 핵심 교육과정과 같은 실험적인 것이었지만, 시간이 지나면서는 더욱더 교육과정의 한 부분이자 고등학교의 일정 형태와 교과중심 교육과정을 완성하며 높은 수준의 동반자가 되었다.

Conant의 권고 6장에서 우리는 James B. Conant에 의해 행해진 중학교와 고등학교에 대한 연구를 언급했다. Conant의 권고는 호의적으로 받아들일 수 있지만 우리는 어떤 것을 관찰하는 데 태만해서는 안 되며 본질을 정확하게 파악해야 한다. Conant의 중학교를 위한 열네 가지 권고사항 중 몇 가지는 다음과 같다.

> 7, 8학년의 모든 학생을 위해 요구되는 교과
>
> 다음의 교과는 7, 8학년의 모든 학생에게 요구되는 것이다. 영어(읽기 능력과 작문을 강조하는 것을 포함하여), 사회(역사와 지리의 강조를 포함하여), 수학(암산…) 그리고 과학. 또한 모든 학생은 가정학을 배워야 하고 모든 소년은 공업기술을 배워야 한다.
>
> 수학과 외국어에서의 새로운 발달
>
> 8학년 학생 일부는 대수학(또는 다른 새로운 수학적 내용)을 시작해야 한다. 몇몇 학생은 7학년에 외국어의 대화 기초 공부를 2개 국어가 가능한 교사와 시작해야 한다.
>
> 기초 기술
>
> 초등학교 때 시작한 기초 기술 교육은 학생들이 교육에서 얻을 수 있을 때까지 계속되어야 한다. 이 진술은 부분적으로 독해와 산수에 적용된다. 평균 능력을 지닌 학생은 높은 학년의 독해 단계를 달성해야 한다. 우수한 학생은 꽤 높은 학년의 독해 단계를 달성해야 한다. 9학년 막바지에 독해 실력이 떨어지는 아동은 최소한 6학년 단계의 독해는 할 수 있어야 한다.
>
> 단위시간제와 구획화 부문
>
> 초등학교와 중학교의 어린 사춘기 아동을 위한 유연한 변화를 가능하게 하기 위해 조항이 만들어져야 한다…. 최소한 한 교사가 둘 혹은 그 이상의 기간 동안 같은 아동을 맡는 7학년에서는 일반적으로 영어와 사회 수업에서 수업 시간을 고정해야 한다. 반면에 7, 8, 9학년은 구획화되어 운영되어야 한다.[24)]

많은 학교는 Conant의 권고로 그들의 교육과정을 재검토하고 재확인하며 수정한다. 그리고 우리가 가정한 중학교에서도 예외는 없다.

ASCD 제안 Conant가 학문에 대한 보다 엄격한 강조를 권고했던 같은 시기에, 장학과 교육과정 개발협회(Association for Supervision and Curriculum Development: ASCD)의 청소년교육위원회(Commission on the Education of Adolescents)는 중학교의 기능과 프로그램에 대한 다른 관점을 제시하였다. ASCD, Jean D. Grambs와 다른 이들은 중학교가 압박받고 있다는 것을 인정하였고, 수업 시간에서의 다양성, 중학생을 위한 확실히 계획된 프로그램, 무학년 프로그램 및 중학교 3년 동안 매년 제공되는 모임 시간을 옹호하였다.[25] 우리가 살펴볼 것처럼, 단위시간제 프로그램은 보통 학교 일과에서 2~3시간 동안 진행된다.

중학교를 위한 Conant의 제안은 학생 중심적인 ASCD의 제안보다 더 주관적이다. 그러나 두 관점의 지지자는 적합한 시설과 자원, 전문적으로 훈련된 직원, 관리할 수 있는 적당한 규모의 학교와 충분한 학습 기회의 필요성에는 동의한다.

중핵 교육과정

기초교육, 공통 학습, 중핵 교육과정과 일반교육은 전문성에서 다소 덜 엄격한 목표와 명세목표와 같은 용어다. 이 용어들은 거의 반대의 프로그램을 묘사하려는 교육자에 의해 사용된다. 어떤 이에게는 기초교육과 공통학습 및 일반교육이 모든 학생에게 요구되는 일련의 코스나 교과를 상징한다. 이는 본질주의 철학에 근거하는 교과 교육과정의 표식인 것이다. 이런 경향에서 제2차 세계대전이 끝날 무렵 하버드 위원회는 일반교육의 해석을 다음과 같이 진술했다.

> 일반교육은 명백하게 다소 개혁적인 교육의 의미를 가진다…[p. 52]. 우리가 반복한 일반교육은 이러한 가능성을 염두에 두어야 한다. 효과적인 생각, 의사소통, 적절한 판단과 가치의 구별…[p. 72]. 그러므로 그것은 이러한 전제를 따르는 일반교육의 계획을 설계하는 데에 머무른다. 그것의 중심에서… 인간의 삶과 지식의 분야에서 세 가지 필연적인 육체적 세계, 인간의 조직생활, 인간의 내적 비전과 기준…[p. 98]. 학교에서, 우리의 의견에서, 이러한 세 가지 분야에서 일반교육은 모두를 위한 중요한 형태여야 한다…[p. 99]. 적어도 현재처럼 단원과정 체제를 받아들이는 것이 초기에 8개 단원에서 상당한 치명적인 약점이 드러났음에도 이루어졌다. 2개 혹은 3개로 축소되는 것이 아니라 오히려 과정의 반에 해당되는 부분이 4년 동안 자

> 리 잡았다. 이 8개 단원에서의 일반적이고 바람직한 분할은 아마도 영어에서 3개, 과학과 수학에서 3개, 사회에서 2개일 것이다. 그러나 일반교육에 사용되는 시간의 절반은 대학에 가거나 가지 않는 학생들에게는 최소한의 시간이 될 것이며, 이는 중요한 사항이다[p. 100].[26)]

James B. Conant는 그가 중학교와 고등학교 단계의 요구된 코스를 구성하는 일반교육 프로그램을 추천할 당시 하버드의 학장이자 하버드 위원회의 보고서 발행위원이었다. 1894년 10인 위원회 보고서(Report of Committee of Ten)의 이념으로 1954년 하버드 위원회의 보고서와 1980년대의 몇몇 국가 보고서 그리고 오늘날의 고등학교가 중핵을 구성하거나 졸업을 하기 위한 조건을 정비했다. 그러나 나는 요구된 코스가 아닌 중학교에서의 독특한 조직 구조를 기술하기 위해서 '중핵(core)' 그리고 '중핵 교육과정(core curriculum)' 이란 용어를 사용하였다.

본질주의자들은 필수과정을 고등학교에서의 일반교육을 위한 그들의 모형으로 옹호하고 여전히 지지한다. 그들과 맞서 있는 실용주의와 재건주의 철학자는 일반교육에 대해 매우 다른 개념을 가지고 있다. 그들은 빈번하게 "중핵 교육과정"으로서의 일반교육이나 공통교육을 위한 그들의 계획을 언급했다.[27)]

중핵 교육과정이란 무엇인가? John H. Lounsbury와 Gordon F. Vars에 따르면, '중핵 교육과정' 혹은 '중핵(축약)'은 다음과 같다. "명확히 말하자면, 중핵이란 교육과정 조직의 한 형태로서 주로 하루 일과 중 연장된 시간 내에서 작용한다. 중핵 교육과정에서의 학습 경험은 학생들에게 중요한 문제에 직접적으로 초점을 맞춘다."[28)]

교과 통합 중핵 교육과정은 1930년대와 1940년대에 급속도로 성장했다. 그러나 그 기원은 19세기로 거슬러 올라간다. 1896년 국가장학부서(National Department of Superintendents)에서 Emerson E. White가 발표한 자료에서는 핵심의 기본 원리, 즉 교과 통합에 대한 논의를 했다.

> 통합의 완성은 모든 교과와 학습 분야를 하나의 전체로 혼합하는 것이며, 연속적인 집단이나 하나의 수업 혹은 특정 단위에서 그 동일한 것을 가르치는 것이다. 이 조합이 하나의 집단, 학습 분야, 또는 중핵, 그리고 다른 모든 부수적인 교과목에 영향을 미칠 때, 이러한 과정은 교과 학습의 집중이라고 불린다.[29)]

Smith, Stanley, Shores는 라이프치히 대학의 헤르바르트 학교의 설립자인 Ziller와 매사추세츠 주 퀸시 대학의 학교관리자이자 1875년에 시카고 쿡 카운티의 노멀 학교의 교장이 된 Colonel Francis W. Parker를 신뢰했다.[30)]

중핵의 개념은 많은 국가로 이루어진 교육과정 위원회가 사회적 의식에서 교육과정의 계획을 세우던 1930년대의 영향을 받았다. 또한 Hollis L. Caswell의 조지 피바디 사범대학(George Peabody College for Teachers)과 컬럼비아 대학 사범대학의 지원으로 더 발전하게 되었다. 버지니아 주의 교육과정 프로그램은 중핵 교육과정 수립의 선구자가 되었다. 이는 사회 기능에 중점을 둔 교육과정이다.[31)]

중핵 교육과정은 철학 및 신념 측면에서 초등학교 활동 중심 교육과정에 대응된 중학교 교육과정이다. 중학교, 고등학교 양쪽의 개념을 지지하면서, 중핵 교육과정은 중학교 단계에 맞게 최적으로 만들어졌다. 중핵 개념은 특별히 메릴랜드에서 유명해졌다. 하지만 Lounsbury와 Vars는 중핵 교육과정이 중학교에서조차 다른 많은 프로그램처럼 일반적인 지지를 받지 못하고 있음을 지적했다.[32)]

중핵의 특징 중핵 교육과정은 구조와 초점에서 다양하지만, 이 장에서 언급한 것처럼 다음의 특징을 지니고 있다.

1. 그것은 모든 학생에게 필수적으로 요구되는 것의 일부분으로 이루어진다.
2. 그것은 교과, 대체로 영어와 사회 교과를 통합하고 융합한다.
3. 그 내용은 학문을 교차 횡단하는 문제에 중점을 두고 있다.
4. 기초적 학습방법은 모든 주제에 적용되는 문제 해결이다.
5. 그것은 단위 시간이 정해진다. 일반적으로 '중핵'에서 교사는 2~3시간 정도가 된다(가능하다면 보조교사나 다른 도우미를 활용).
6. 그것은 학생과 함께 계획하도록 교사를 격려한다.
7. 그것은 학생 지도를 제공한다.

중핵의 형태 Harold B. Alberty와 Elsie J. Alberty는 중핵을 다섯 가지 유형으로 구별하였다.[33)] 처음 두 가지는 모든 과목이 요구하는 것의 핵심이 된다. 이 두 가지 형태는 엄밀히 말하면 교과 교육과정의 분류체계로 나눈다. 1962년 Alberty와 Alberty는 다음과 같이 중핵의 형태를 분류하였다.

- 유형 1: 일련의 교과('변하지 않는 것들')는 학생을 위한 것이어야 한다. 교과는 그것들을 서로 조금이라도 또는 전혀 관련지으려는 노력 없이 별도로 지도되어야 한다. 이런 조직적인 계획은 오늘날 고등학교에서 더 두드러진다.
- 유형 2: 2개 또는 더 많은 교과는 연관성이 있다. 비록 교과는 분리된 채로 별도로 가르쳐지지만 상호 간의 관련성을 만들려고 노력한다. 예를 들어, 역사 교사는 영어 교사와 함께 학생들에게 교과의 2개 교육과정 속에서 관련성을 배우는 것을 시도할 것이다.
- 유형 3: 2개 또는 더 많은 교과는 결합되어 있다. 대부분의 학교 프로그램의 중핵이 이 분류에 속한다. 영어와 사회 교과는 서로 연관되어 통합적으로 가르쳐진다. 그리고 일반적으로 2~3시간 길이의 단위시간제 시간표가 사용된다. 전통적인 교과 문제를 완전히 배재하는 것은 아니다. 교과는 중핵 유형의 조직자로 잠재적 사회 문제 또는 역사적/문화적 시대의 소재로 사용된다. 진보교육협회(Progressive Education Association)의 8년 연구에서 몇몇 학교는 유형 2 또는 3을 사용한다.[34]
- 유형 4: 단위 수업은 청소년에게 사회문제, 심지어 학교생활, 가정생활, 경제 문제, 의사소통, 다문화 관계, 건강, 국제적 문제, 자연보호, 자신에 대한 이해 등의 문제를 확실히 학습시켜 줄 수 있는 수업이다. 이 중핵 모형에서는 전통적인 교과 교육과정에서 완전히 벗어난다. 이 유형에서는 교육과정을 재조직한다.
- 유형 5: 학습 활동은 흥미와 학생들이 연구하고자 하는 문제 영역을 추구할 수 있도록 자유롭게 교사와 학생 간의 협력을 발전시킨다. 이 중핵 교육과정은 초등학교의 비구조화된 경험 교육과정과 유사하다.

중핵 교육과정은 2~3교시로 이루어진 단위시간제를 사용하는 경향이 있다. 나머지 시간은 학생들의 특별한 흥미를 위해 사용된다. '단위시간제 교실'은 '중핵'이란 용어와 동일하게 사용된다. 그러나 단위시간제 교실은 중핵 교실이 될 수도 있고, 되지 않을 수도 있다.[35]

1958년에 중학교의 단위시간제 교실과 중핵 프로그램에 대한 조사 보고서에서 Grace S. Wright는 단위시간제 교실에서 나올 수 있는 네 가지 유형의 프로그램을 나열하였다.

- 유형 A: 개별 교과는 단위시간제 교실에서 각자의 고유성을 가지고 있다. 이는 교과를 분리하여 (1) 의도적으로 연관된 부분으로 계획하거나, (2) 연관성을 연결하려는

계획 없이 가르쳐진다.

- 유형 B: 단위시간제에 속한 교과는 다른 교과 속에 과제 또는 문제의 핵심 주제 또는 작업 단원으로 통합되어 녹아든다.
- 유형 C: 청소년에 대해 개인-사회가 요구하는 것—청소년 자신의 문제뿐만 아니라 사회가 그들에게 요구하는 것—에 기초하여 미리 계획된 문제가 중핵 프로그램의 범위를 결정한다. 교과는 문제 속에서 필요한 과제에서 온다. 아동은 이러한 문제 영역 속에서 선택을 할 수 있을지도 모른다. 그러나 아동은 자신의 제안에 책임감을 가져야 하고 학습 단원을 심화하기 위한 활동도 선택해야 한다.
- 유형 D: 중핵 프로그램의 범위가 미리 계획되지 않는다. 아동과 교사는 하고 싶은 과제를 자유롭게 선택할 수 있다. 교과 내용은 문제 해결을 발전시키거나 도와야 할 필요가 있을 때 사용된다.[36]

Wright 그리고 Alberty와 Alberty의 분류 사이에서 공통된 점을 주목하자.

중핵 교육과정을 위해 조직된 계획은 전형적으로 중학교에서 시행될 때는 단위시간제가 2시간밖에 안 되는 것 또는 진학했을 때 아동의 단위시간제 시간이 줄어든다는 것에 제한되어 있다.[37]

중핵 프로그램은 사람들의 이해를 기대하지 않는다. '무엇이 중핵인가?' 라는 질문은 사람들에게 흔하다. 학부모와 대학 관료에게 중핵이 가지는 가장 큰 중요한 의미는 무엇인가? 일반적인 사람들은 중핵과 같은 혁신계획을 현재는 많은 힘을 잃었지만 8년 연구의 영향으로 이해할 것이다. 또한 대학교들은 그들이 이해하는 교과의 방식으로 고등학교가 변하기를 요구할 것이다.

중핵 교수는 특별한 훈련이 필요한 기술을 요구하는 힘든 과제다. 대체로 사범대학에서는 중핵 교사를 준비하는 것을 소홀히 한다. 1957년 구소련의 위협으로 인해 '어려운' 교과—과학, 수학, 외국어—에 대한 요구가 재개되었다. 그리고 중핵과 같은 평범하지 않은 프로그램은 부정적인 반응에 부딪혔다.

Conant는 중핵에 대해 열정적이지 않았다. 심지어 7학년 제도를 재조직한 단위시간제로 교과 문제의 벽을 허물 필요를 느끼지 못했다.[38]

Daniel Tanner와 Laurel Tanner는 "진보주의 교육자에게 많이 기대되었던 널리 알려진 보편성을 얻지 못했다." 고 보았다.[39]

비록 중핵 프로그램은 이 시대에 크게 등장하지 못했지만 최근에 우리는 중핵 유형 프로그램에 다시 흥미를 가지고 있다. 우리는 중핵에 관한 초기 노력(주제 통합 교수, 단위시간제 조직, 간학문 팀티칭)을 모방한 '교육과정 통합'을 위한 제안과 실행을 위한 계획을 찾아볼 수 있다.[40] 예를 들어, 2003년에 간학문을 제시한 워싱턴 D.C.는 역사에 문학의 시기를 조합한 고등학교 영어와 역사 과정을 가르쳤다.

주제 단원과 통합된 교육과정을 언급하고 "통합된 교육과정의 본질적 근원"으로서 중학교를 확인하면서, James Beane는 그가 "새로운 교육과정 버전"이라고 부르는 것을 실행하기 위한 사례로 크로스 키즈 중학교(미주리 주 플로리전트)와 마케트 중학교(위스콘신 주 메디슨)를 들었다.[41]

Gorden F. Vars는 "교육의 주요 관심사가 학생에서 사회문제와 관련된 교과 문제로 다시 되돌아감에 따라 중핵 유형 통합 프로그램은 해마다 굳어 가고 식어 가고 있다."라고 지적한다.[42] 중핵 교육과정의 개념에 관한 흥미를 지속하고 재조명하는 것은 교육과정 통합과 통합 학문적 학습을 옹호하는 많은 논문에서 드러나고 있다.

20세기 중반이나 후반의 중학교에서는 사춘기 이전에 더 나은 미래를 설계하기 위해 새로운 제도가 개발되는 등의 변화를 겪었다. 이러한 중학교에서의 혁신적 개념은 이 장의 후반부에서 더 논의할 것이다.

고등학교(senior high school)

교과중심 교육과정

교과중심 교육과정은 1635년에 개교한 미국 최초의 라틴 문법학교에서 보스턴 라틴 스쿨에 이르기까지 모든 미국 교육의 교육과정을 수립하는 데 있어서 가장 일반적인 형태로 자리 잡았다. 대부분의 나라에서 교과중심 교육과정은 가장 보편적인 조직 방법으로 남아 있다. 비록 다른 형식의 교육과정 조직방법이 때때로 위협하지만, 미국의 교과중심 교육과정은 오늘날에도 학문과 기초 능력을 강조하는 때에 지속적으로 강력한 힘을 가질 수 있다. 교과중심 교육과정은 모든 수준의 학교에서 볼 수 있지만, 특히 고등학교(senior high school)와 대학 수준에 확고히 자리 잡고 있다.

Smith, Stanley, Shores는 교과중심 교육과정이 고대 그리스와 로마, 중세에서 뿌리를 찾을 수 있는 자유칠과에서 나왔다고 지적했다. 자유칠과는 가장 오래되고 가장 많이 받아들여진 교육과정의 조직 계획이다. 그들은 다음과 같이 설명했다.

> 자유칠과는 3학 4과의 두 부분으로 나뉜다. 3개 학과는 문법, 수사, 변증법(논리)이고, 4개 학과는 산술, 기하, 천문, 음악이다…. 현대에서 3개 학과는 다시 문학과 역사의 별개 과목으로 세분화했고, 4개 학과는 대수, 삼각법, 지리, 식물학, 동물학, 화학을 포함하였다…. 자유칠과는 여전히 교과 교육과정의 핵심인데, 이것은 필수 과목을 대략 훑어보아도 금방 알 수 있다.[43)]

그 명칭에서 알 수 있듯이, 교과중심 교육과정은 학교 프로그램을 분리된 과목으로 쪼개는 조직 패턴이다. 17세기 라틴 문법학교는 고전 과목을 중시했는데, 여기에는 그리스어, 라틴어, 히브리어, 수학, 역사, 성경이 포함되었다. 이 오래된 학교에서는 과학을 가르치지 않았는데, 이 과목은 그 시대의 학자들에게는 너무 기능적이거나 너무 시시하다고 여겨졌다. 1751년에 Benjamin Franklin의 아카데미와 자선학교의 설립과 함께 영어, 과학, 현대 언어가 교육과정에 추가되었다. 오늘날의 중등학교는 과목의 혼합(어떤 이는 잡탕이라고 부른다)을 제공한다.

본질주의적인 관점에서 나온 교과 교육과정은 문화 유산의 전수를 추구한다. 과목 또는 학과는 성인세계의 지식을 성숙하지 못한 학습자에게 전달할 수 있도록 조직화한다.

6장에서 본질주의 철학을 논할 때 살펴보았듯이, 교과중심 교육과정은 추종자 한 사람만의 문제가 아니었다. Max Rafferty는 다음과 같이 말했을 때 교과 교육과정에 대해 의심할 만한 여지를 남기지 않았다. "아동에게 중요한 것(자신의 자녀가 얻었으면 하고 사람들이 바라는 것)은 체계적이고, 조직화되고, 훈련되고, 효과적으로 지도되며, 교과로서 흥미로운 과목이다…. 교과를, 모든 교과를 강조하라."[44)]

교과중심 교육과정이 모든 학교 수준에서 발견되기는 하지만, 중등학교에서 가장 영향력이 크다. 초등학교와 중학교의 교직원은 과목의 강조에서 벗어나서 새로운 조직 패턴을 시도하는 실험을 하는 경향이 있다. 중등학교 교사와 행정가는 초등학교의 교사와 행정가에 비해 일관되게 교과 중심으로 가는 경향이 있다.

장점 교과중심 교육과정은 분명한 장점이 있다. 그것은 구조를 만들기에 가장 쉬운 조직화 유형이다. 초등학교 수준에서 교육과정을 작성하려면 단지 각각의 과목을 하루에 몇 분 동안 가르칠지 할당하기만 하면 된다. 중등학교에서 교과는 필수 과목과 선택 과목이 지정된 '학과'로 조직화된다. 유명한 두 집단의 권고사항이 중등학교에 동일 시간 모델을 수용하는 데 영향을 주었다.

19세기 끝 무렵에 NEA의 10인 위원회는 다음과 같이 제안했다.

> 중등학교에서 가르치는 모든 과목은 모든 학생이 그것을 추구하는 한, 학생의 그럴듯한 목표가 어떻든지 그리고 어떤 시점에서 그 학생이 교육을 중단하든지 같은 방식으로 같은 범위로 가르쳐야 한다. 따라서 예를 들어 라틴어, 역사 또는 대수를 공부하는 학생에 대한 시간 할당과 교수방법은 해마다 동일해야 한다. 모든 학생이 같은 과목을 같은 햇수 동안 추구해야 하는 것이 아니라 그들이 추구하는 한 그들을 똑같이 다루어야 한다.[45)]

몇 년 뒤인 1906년에 교육 진흥을 위한 Carnegie 재단은 Carnegie 학점(unit)을 만들었는데, 그 목적은 고등학교에서 각 과목에 소비하는 시간에 대해 대학 입학 자격을 표준화하는 것이었다. Carnegie라는 수식어는 시간이 지남에 따라 사라졌고, 오늘날 대부분의 사람에게는 단순히 '학점'이라 알려져 있다. 교육 진흥을 위한 Carnegie 재단은 한 학점을 일주일에 5일 동안 한 과목을 공부하고, 한 번 강의는 최소 40분이고, 한 학년에 최소 120시간(60분을 1시간으로 환산해서)을 수료하는 것으로 정의했다. 이에 덧붙여서 Carnegie 재단은 중등학교 학생이 졸업하기 위해서는 16학점을 수료해야 한다고 정했다. 이 두 권고는 대부분의 미국 중등학교에 받아들여졌고, 몇 번의 개정과 함께 오늘날까지 계속되고 있다. 오늘날의 교육환경에서 여러 주는 Carnegie 재단이 권고한 16학점 고교 수료 기준을 훌쩍 넘기고 있는데, 이에 대해서는 이 장의 후반부에서 알아볼 것이다.

교과 교육과정의 내용은 경험 교육과정과 달리 교사에 앞서서 계획되며, 더 정확히 말하면 교과서의 저자나 교사가 따르는 지침서에 의해서 계획된다. 학습자의 요구나 흥미는 과목 중심으로 조직화되는 교육과정에서 특별한 역할을 하지 못한다.

이 장의 앞에서 다룬 활동 교육과정, 경험 교육과정, 중핵 교육과정과 달리, 교과 교육과정은 대중과 학생들이 잘 이해하고 있고, 대부분의 경우 일반적인 취향에 잘 맞는다. 교과 교육과정에 따르는 방법론은 매우 직접적이다. 교사는 그 분야의 전문가이고, '예습-학습-암송-시험'이라고 부르는 방법을 사용한다. William H. Burton은 이 방법을 다음과 같이 간략하게 요약했다.

> 학습 상황은 자료와 경험에 따라 조직화되고, 이것은 교사에 의해 지정된다. 그러면 학생들은 여러 방법으로 공부한다. 그들의 학습 결과는 암송 시간에 발표되고 공유된다. 결과 시험은 지정된 마지막에 실시되고, 과정 중 미리 발표된 시간에 실시되기도 한다.[46]

Burton은 1962년에 "예습-학습-암송-시험 방식은 여러 해 동안 사용될 것이다."라고 썼다.[47] 그가 말하려고 했던 것은 예습-학습-암송-시험 방식이 여러 세대 동안 사용되었고 또 앞으로도 여러 세대 동안 사용되리라는 것이다. 이 직업에 종사하거나 하지 않는 많은 사람이 말하는 '교수'가 바로 이 방식이다.

인지의 강조 교과 교육과정은 옛 시절에 능력심리학 또는 정신도야에 새겨진 것으로, 행동주의 심리학이 그 목적에 잘 어울린다는 것을 발견했다. 학생의 성취는 아주 쉽게 평가되는데, 평가는 교사가 출제한 시험 또는 표준화 시험으로 인지목표를 측정하는 것으로 제한되기 때문이다. 정신운동 영역의 능력을 측정하려는 노력이 일부 있었지만, 정신운동 기술은 인지 영역에 비해 얼마간 부차적으로 취급되었다. 예를 들어, 분리된 과정과 교육과정(일반계, 상업계, 산업계, 대학 준비과정)을 가진 고등학교에서 가장 인지적인 대학 준비과정이 대개 가장 고귀한 것으로 간주된다.

교과중심 교육과정에서는 정서 영역의 학생 능력을 측정하려는 노력이 거의 없다. 감정과 가치를 평가하는 것은 극단적으로 어려울 뿐만 아니라 교과 교육과정을 옹호하는 사람들은 본질주의자여서, 정서 영역을 학교의 1차 고려 대상으로 보지 않는다. Robert L. Ebel은 이 입장을 다음과 같이 강력히 표현했다.

> 감정은 본질적으로 교육할 수 없다…. 그것은 교육되어야 할 필요도 없다…. 학교가 대부분의 노력을 집중해야 할 학습은 인지적 능력이다…. 정서적 성향은 인간 경험의 중요한 산물이지만 그것이 교육의 으뜸 목표가 되어야 하는 경우는 드물다.[48]

교과 교육과정에서 개인의 차이와 학생 요구에 대한 접근은 학생들이 고를 수 있는 선택 과목이나 특수 과목으로 미뤄진다. 교과 교육과정과 그 과정의 넓이와 범위는 교실에서 사용되는 교과서에서 드러난다.

Conant의 제안 미국의 고등학교와 중학교에 대한 Conant의 연구는 교과 교육과정 옹호자를 지지한다. 중학교에 대한 권고보다 먼저 발표된 고등학교에 대한 Conant 보고서의 전체적인 영향을 살펴보기 위해 22개 권고사항 중 몇 가지를 살펴보자.

Conant 보고서의 제목에 교육적 의미와 함께 정치적 의미가 있다고 의심할 수 있다. 그가 1959년에 발표한 고등학교에 대한 보고서의 제목은 '관심 있는 시민을 위한 최초 보고서'이고, 1960년에 발표한 중학교에 대한 보고서는 '교육위원회에 보내는 비망록'이라는 부제를 달고 있다. 고등학교에 대한 Conant의 권고에는 다음과 같은 것이 있다.

> 모두를 위한 필수 과목
>
> A. 일반교육
>
> 모든 학생에 대한 졸업 요구 조건은 다음과 같아야 한다. 영어 4년, 사회 3~4년(여기에는 역사 2년[미국사 1년 필수]과 미국 문제 또는 미국 정부 고급과정이 포함되어야 함), 9학년에서 수학 1년(대수 또는 일반수학), 그리고 9학년 또는 10학년에서 과학 최소 1년(생물학 또는 일반 물리과학이 될 수 있다). 1년이란 학사년 동안 일주일에 5개 교시 혹은 동등한 만큼의 시간을 말한다. 일반교육에서 이 학사 프로그램은 4년 동안 해야 할 9개 또는 10개 과정이 들어가고, 선택 과목과 무관하게 대부분 학생들의 시간을 반 이상 점유해야 한다.
>
> B. 선택 과목
>
> 학교 졸업을 위한 다른 요구 조건은 최소한 7개 이상의 과목을 이수하는 것으로, 체육은 여기서 제외된다. 모든 학생은 선택 과목으로 미술과 음악을 이수하도록 강력히 권장된다. 모든 학생은 선택 프로그램의 중핵 과목으로 상업적 과목을 하든 학문적 과목을 하든 중요한 과정을 배열해야 한다.
>
> C. 통과와 낙제의 기준
>
> 고급 선택 과목(외국어, 수학, 과학)의 교사는 높은 기준을 유지하도록 강력히 권장해야 한다. 교사가 해당 과목의 숙련에 필요한 능력의 최소치에 미달하는 학생을 낙제시킬 것을 주저해서는 안 된다…. 반면에 필수 과목에 대해서는 다른 기준을 적용해야 한다. 이 과목들은 능력에 무관하게 모든 학생에게 필수이므로, 어떤 학생이 특정한 성취 수준에 미달하더라도 자기의 모든 능력을 다해 노력했으면 낙제가 아

닌 등급을 주어야 한다….

능력별 분반

필수 과목과 능력 수준이 크게 차이가 나는 선택 과목에 대해 학생들을 과목별로 능력에 따라 반을 나누어야 한다…. 이러한 분반 방식을 모든 수업에서 특정한 수준으로 들어가는 전면적 분반과 혼동해서는 안 된다….

영어 작문

4년 동안 영작문 시간은 영어 시간의 절반 이상을 차지해야 한다. 각 학생은 평균 1주일에 한 가지 주제에 대해 작문을 해야 한다. 주제는 교사가 선택해 주어야 한다…. 교사 1인이 100명 이상을 담당해서는 안 된다.

학생의 영작문 능력을 시험하기 위해서 전교 작문 시험을 학년마다 실시해야 하며, 9학년과 11학년에는 교사뿐만 아니라 전교 위원회에서 이 작문 시험을 채점해야 한다. 11학년 작문 시험에서 이해도 시험으로 측정된 능력에 걸맞은 등급을 받지 못한 학생은 12학년 때 영작문 특별과정을 이수해야 한다….

직업교육을 위한 다양한 프로그램

타자, 속기, 사무 기기 사용, 가정경제학 등에 관심이 있는 여학생을 위한 프로그램이 있어야 한다…. 적정한 안배 교육(distributive education)이 있어야 한다…. 농촌 지역일 경우에는 농업 과목이 있어야 한다…. 남학생에게는 지역에 따라 상업과 공업 프로그램이 있어야 한다. 12학년 때는 하루의 반 이상 동안 직업교육을 해야 한다.

읽기가 아주 느린 학생에 대한 특별한 고려

9학년이 6학년 이하의 읽기 수준이면 특별한 고려를 해야 한다. 이 학생들에게 영어를 가르치고 특수교사가 사회 과목을 가르쳐야 한다…. 치료를 위한 독서가 공부의 일부가 되어야 하며, 특별한 종류의 교과서가 제공되어야 한다. 이 학생들을 위한 선택 과목은 단순 직업 훈련을 지향해야 한다….

학문적 재능이 있는 학생을 위한 프로그램

…학문적 재능이 있는 학생(상위 15%)은 최소한 다음과 같이 해야 한다.

필수인 영어 4년, 사회 3년에 덧붙여서 수학 4년, 외국어 4년, 과학 3년의 전체 18개 과정을 4년 동안에 숙제와 함께 이수해야 한다. 이 프로그램은 각 주마다 최소한 15시간 이상의 숙제가 있어야 한다.

매우 뛰어난 학생

매우 뛰어난 학생(상위 3%)을 위한 특별한 과정이 있어야 한다…. 특수학급을 제공하기에 충분히 많은 학생이 있으면, 이 학생들은 우수 학생 프로그램의 일환으로 12학년 과정에서 1개 이상의 과목을 이수해야 한다.

하루 일과의 조직

학교의 하루 일과는 체육교육과 운전교육 외에 최소한 6교시가 있어야 한다…. 45분으로 7교시 또는 8교시로 짤 수도 있다…. 실험과 직업 교육의 실습은 연속 2교시로 해야 한다….[49]

고등학교에 대한 Conant의 권고를 믿는 것은 교과중심 교육과정과 학술적 재능의 요구를 특별히 강조하는 것을 재확인한다. 비록 좀 더 현대적일지라도 이는 거의 15년 전에 앞서 등장한 하버드 위원회(Harvard Committee)의 보고서를 강조하고 확장한 것이다. 비록 많은 중등학교가 Conant의 권고를 실행하기 위해 노력하더라도 특별히 학술적 재능을 포기해야 했다. 영어 교사는 여전히 최대한의 수인 100명의 아동에 아쉬워하고 있다. 교직원은 전일제 상담자의 꿈인 250~300명의 아동을 꿈꾸고 있다. 대개 상담자와 500명 혹은 그 이상의 비율이 평범하다고 말한다. Conant의 20세기 중반 여성이 직업세계에 들어오기 시작하면서 남성과 여성의 영역이 논의되었다. 20세기에는 여학생이 사무직과 가정 경제, 남학생이 산업 프로그램에 종사하는 것으로 받아들여졌다. 결국 학생 집단에 능력별로 권고를 하는 것이 과거에는 보편적이었다. 오늘날에는 이런 모습이 좋은 평을 얻고 있지는 않다.

교과중심 교육과정은 많은 교육과정 설계자에게 유명하다. 교육과정이 스스로에게 교육과정 발달의 기계적 유형—떨어뜨리기, 더하기, 과정 나누기, 재배열하기, 계열 확대하기, 주제 갱신하기, 교과서 바꾸기 등—을 제공하기 때문이다. 그러나 모든 학교 수준에서 별도의 교과로 지식을 쪼개는 것에 대항하여 나타난 교육과정 통합은 현재의 관심사다. Deborah P. Britzman은 교과로 지식을 세분화하는 것이 잘못임을 다음과 같이 말한다.

> 세분화는 적합성의 한계를 정의한다. 그것은 우리가 진실과 거짓으로 무엇을 받아들이고 거절하는지 결정하는 맥락과 내용에 관한 우리 정의를 구분하고 신뢰성의 측정을 시행하는 것이다.[50)]

교육과정은 "단위시간제가 감소되면서 그 때문에 교과 영역과 교사가 격리되었고 사회문화적 기원과 정치적 결과이자 그들 수행의 본질에서 맥락과 동떨어진 지식과 기술의 추상적인 지식에 의해 수업 활동으로 나눠진" 분리된 교과로 구성된다.[51)]

광역 교육과정

20세기 초에는 교육과정 조직 형식이 초등학교와 중등학교 모두에서 적어도 표면적으로 나타나는 표준화된 형상을 띠고 있었다. 광역 교육과정이라 불리는 것은 교육과정 조직의 한 형태로서 엄격한 교과중심 교육과정을 변형한 것이다. 이러한 노력은 넓은 주제 또는 원리에서 관련된 학문의 내용을 통합하고 연관 짓는 방식으로 진행이 된다. 예를 들어, 1930년 뉴욕 주립 중등학교에 존재했던 역사 A(고대), 역사 B(현대), 역사 C(미국사)는 넓은 의미로 전환되어서 10학년, 11학년, 12학년 사회 교과에 포함되었다.

Tanner와 Tanner는 "광역적 접근" 에서 이러한 시도는 "종합의 정도를 또는 지식의 전체의 조합을 개발하는 것이다…. 광역적 접근은 또한 둘 또는 그 이상의 지식의 영역을 포함한다." 라고 말한다.[52)] Smith, Stanley, Shores는 광역적 과정이 전체적으로 조망된, 포괄적인, 일반적이라는 명칭을 가지고 있다고 언급한다.[53)]

그러므로 우리는 언어평가에서 같이 사용할 수 있는 영어의 다양한 요소(읽기, 쓰기, 문법, 작문, 말하기, 기타)를 찾을 수 있다. 다양한 사회과학 영역(역사, 정치과학, 정치, 경제, 인류학, 사회학, 기타)에서는 사회 교과로 종합된다. 미술, 음악, 건축, 문학은 인문학이 된다. 물리와 자연과학의 원리는 일반과학의 과정에 포함된다. 산업공학은 직업교육의 다양한 측면으로 나타난다. 체육교육은 건강과 안전을 포함한다. 일반수학은 산술, 대수학, 기하학에서 나온 지식과 능력을 제공한다.

Robert S. Zais는 광역 교육과정의 다음과 같은 장점에 대해서 말하였다.

> 광역 설계에서 주장되는 주요한 두 가지 이점이 있다. 첫 번째, 광역 설계는 궁극적으로 다른 교과에 기초하고 있기 때문에 문화유산에 대해 잘 정돈된 전반적인 경험을 제공해 준다. 이런 이점은 교과 교육과정도 마찬가지다. 그러나 광역 설계는 분리된 교과를 통합하고 그로 인해 학습자가 교육과정 속의 다양한 요소의 관계를 찾는 것을 가능하게 한다. 이 두 번째 이점은 광역 설계가 교과 교육과정을 극복하려고 하는 특별한 강점이다.[54]

그러나 그는 "광역 설계를 위해 통합을 주장하는 것은 존중하지만 몇몇 분리된 교과를 하나의 과정으로 실제로 거의 관련성 없이 대체하여 사용되는 조합법은 의미가 없다."라고 경고한다.[55]

적절한 광역 접근에 따르면, 교사는 사회교과에서 하는 것처럼 매년 학습할 계열성에 따라 특정한 일반 통합 또는 원리를 결정해야 한다. 확실하게 모든 교육과정이 광역 설계를 적절하게 따르는 것은 아니다.

광역 교육과정에 대한 일반적인 비판은 폭과 넓이가 부족한 것, 학생들의 필요와 흥미가 나타나지 않는다는 것, 교육의 다른 중요한 목적을 포함하는 내용을 강조하는 것 등이다.[56]

광역 교육과정을 지지하는 사람들은 만약 교육과정이 적절하게 계획되고 시행된다면 단점이 극복될 수 있다고 주장한다. 많은 학교에서 어떤 것이 일어나든 광역 설계의 평가는 재조정될 수 있다. 그러나 교육과정 자체는 교과중심 교육과정의 분리된 학문으로 돌아갈 것이다.

초등학교와 중등학교 모두에서 미국 학교의 대부분의 아동은 변형된 버전도 존재하지만 어떤 형식으로든 교과중심 교육과정의 형식으로 지속적인 교육을 받아 왔다. 그러나 대부분의 교과중심 교육과정은 미국 문화에 넓게 받아들여지는 보편적인 계획을 제시하고 있다. 중등학교 수준에서 교과중심 교육과정은 대학입시 관계자와 지역의 대학 인정 협회의 뜻과 잘 부합한다. 이는 다른 실험적인 교육과정보다 상당히 이해하고 평가하기 쉽기 때문이다. 우리는 이러한 교과중심 교육과정이 성공하기 쉽다는 점을 기억하고 있어야 한다.

팀티칭

Conant가 미국 중학교와 고등학교에 대한 연구를 지휘하는 동안, 1956년 국가중등학교원칙협회(National Association of Secondary School Principals: NASSP)는 증가하는 학교의 역할, 교사의 수급, 다양한 학문에서 새로운 교육과정을 어떻게 소개해야 하는지 대처하기 위한 방법을 찾고 있었다. NASSP의 간부인 J. Lloyd Trump의 지휘하에 교육과정 계획과 개발 위원회(Commission of on Curriculum Planning and Development)가 교직원 간의 팀 형성을 사용하여 새로운 방법을 찾아보고자 조직되었다.

Ford 재단의 교육진흥기금(Ford Foundation's Fund for Advance of Education)의 후원을 받아 팀티칭은 매사추세츠 주의 뉴턴에서 일리노이 주의 에번스턴, 캘리포니아 주의 샌디에이고까지 전국적으로 중등학교에서 흥미롭게 진행되었다. NASSP는 중등학교에서(J. Lloyd Trump를 위원장으로 하여) 교직원 활용 실험연구위원회(Commission on the Experimental Study of the Utilization of Staff)를 조직했고 팀티칭을 발전시킬 수 있는 작업을 맡겼다. 하버드 대학교 교육대학원(Harvard University's Graduate School of Education)과 클레어몬트 대학원(Claremont Graduate School, 캘리포니아)은 이러한 조직적인 변화의 계획에 지대한 흥미를 가지고 있었다.

J. Lloyd Trump와 Delmas F. Miller는 팀티칭을 다음과 같이 정의한다.

> '팀티칭' 이란 용어는 둘 혹은 그 이상의 교사와 그들의 조수에 의해 조직되어 초등학교 혹은 중학교 학생들에게 둘 혹은 그 이상의 교과 영역에서 각자의 역량, 계획, 수업, 평가의 장점만 결합하여, 둘 혹은 그 이상의 일반적인 교실에서 대규모 집단, 소규모 집단, 독립된 집단을 통해 지도와 학습에 도움이 되는 다양한 기술적 처방을 사용하는 것을 말한다.[57)]

Ira J. Singer는 팀티칭을 다음과 같이 묘사한다.

> 팀티칭은 팀 구성원의 특별한 역량의 이점을 사용하여 적절한 학습 공간과 부여받은 시간에서 둘 이상의 교사와 수업 보조원이 하나 혹은 그 이상의 집단을 계획, 수업, 평가하는 것이다.[58)]

Singer은 팀티칭 계획의 주요 요인을 다음과 같이 언급한다.

- 협동하여 계획, 수업, 평가한다.
- 특별한 목적에 의해 학생 집단을 계획한다(대규모 집단 수업, 소규모 집단 수업, 독립 수업).
- 시간표가 유연하다.
- 교사 보조원을 사용할 수 있다.
- 개별 교사의 재능을 살펴볼 수 있고 사용할 수 있다.
- 수업의 목적과 내용에 적합한 공간과 매체를 사용할 수 있다.[59)]

팀티칭의 목적은 다양한 경험 속에서 얻어진 교사의 강점을 사용할 수 있다는 것이다. 팀은 교과 영역에 맞추어 혹은 교과 영역을 넘어서 조직된다.

팀티칭이 특별하게 변형된 버전은 Trump 플랜으로 알려져 있다. J. Lloyd Trump와 Dorsey Baynham은 교사 자산을 활용할 수 있고 학생들에게 더 좋은 기회를 제공할 수 있는 효과적인 조직 구조는 세 가지 요소로 구성된다고 가정한다. Trump와 Baynham에 따르면, 학교는 아동에게 대규모 집단 수업에 참여하고 소규모 집단에서 상호작용하고 독립된 학습을 수행할 수 있는 기회를 제공해야 한다. Trump와 Baynham은 다음과 같이 예언한다.

> 미래의 학교는 학생들이 한 주에 평균 18시간 정도만 학교생활을 할 것이다. 오늘날의 10학년에 해당되는 평범한 학생들은 대규모 집단 수업에서 대략 12~18시간을 사용하고 소규모 집단 토론에서 6시간을 사용할 것이다.
>
> 게다가 학생들은 평균적으로 개별적 독립학습을 할 수 있도록 매주 12시간을 보낼 것이다.[60)]

이러한 모습은 다시 말해 대규모 집단 수업에서 학생들 시간의 40%가 사용되고 소규모 집단 토론에서는 20%, 그리고 독립 학습에서는 40%가 사용되는 것이다.

차별화된 교직원 조직 협력 교수법은 정신적인 한계와 좀 더 효과적인 자원의 활용 문제를 창의적으로 해결해 주었다. 다양한 역할에 따라 더 정교화된 교직원 분류가 개발되었다. 예를 들어, 1970년대 초의 노스마이애미비치 고등학교(플로리다)는 교직원 계획에 따라 사람들의 분류체계를 개발하였다. 이는 다음과 같이 교장, 교감, 행정 관리자와 같은 직책을 포함하고 있다.

- 지역 주민 상호 관련 전문가: 학교와 지역사회를 포함한 활동을 조직한다.
- 인간관계 전문가: 학교에서 조화로운 분위기를 만들 수 있는 방법을 찾는다.
- 근무 관련 조정자: 전문적이고 전문직을 보조할 수 있는 직원을 위한 훈련 및 발전 프로그램을 조직한다.
- 심리학자: 정서 문제를 가진 학생을 상담한다.
- 학교 사회복지사: 행동 자문을 통해서 학교에서 적절한 참여를 할 수 있도록 학생들을 돕는다.
- 미디어 전문가: 미디어 프로그램을 감독하고 개발한다.
- 미디어 기술자: 직원과 학생들에게 숙련된 기술적 지원을 한다.
- 코디네이팅 사서: 도서관 자료를 감독한다.
- 교수 설계자: 교사의 교육 개선과 효율성 평가를 돕는다.
- 교수 처방가: 관찰, 테스트, 그리고 개인이나 집단의 회의를 통해 개별 학생의 프로그램에 대한 평가, 진단, 처방을 한다.
- 자료 전문가: 특수한 학습 상황을 해결하는 데 필요한 자료를 수집, 조정, 유포한다.
- 실험실 교사: 학습을 통해 학생을 지도한다. 즉, 구체적인 학습과정을 가르친다.
- 교육 인턴: 감독 교사, 그리고 대학 3학년, 4학년 또는 고등학교에서 한 학년 동안 봉사하는 대학원생을 보조한다.
- 서기 보조: 서기 업무를 수행한다.
- 교육 보조: 전문가를 보조하는 책임을 수행함으로써 보조한다.[61)]

최근에 중등학교는 팀티칭과 교직원의 역할 분류라는 개념을 외면하고 있다. 그러나 팀티칭은 중등교육과 열린 교육의 중요한 특징이다. 결과가 항상 예상대로 나타나지는 않았다. 어떤 경우에는 교사가 효율적으로 협조할 수 없었고 상호 모순적이었다. 협력 방안으로는 대인 간의 고도의 상호 기술이 필요하지만 어떤 팀 구성원에게는 그것이 부족했다.

어떤 행정가는 많은 수의 학생을 위한 학과 일정을 정하는 편리성과 경제성 때문에 팀티칭의 대규모 집단 교습법의 특징을 선호했다. 그러나 그들은 소규모 집단 토론과 독립 학습이라는 중요한 동료의 능력을 빠뜨렸다. 대규모 집단 수업은 학생들에게서 교사와의 상호작용이나 학생 서로 간의 상호작용을 앗아 갔다. 대규모 집단 수업은 이 시기 시도된 하나의 전략이었던 학습적 텔레비전과 종종 결부되었는데, 학생들의 집중력 감소로 이어지곤 했다.

학교는 독립학습에서 다양한 성공을 경험했다. 대규모 집단 수업, 소규모 집단 토론, 독립학습을 위한 계획은 특별한 시설과 자원이 필요하지만 이런 형태의 편제를 시도한 학교에는 그것이 부족한 상태였다.

팀티칭 제도에서 교사 배치나 교육과정 계획의 복잡성은 학부모, 교사, 학생을 혼란에 빠뜨렸다. 따라서 일정한 시간제, 완전히 감독받는 학습, 개인에게 부여되는 학습 과제라는 전통적인 방식이 선호되었다.

탄력적인 모듈식 시간표 편성

전통적인 관행으로부터 작지만 중요한 일탈을 하면서 고등학교는 하루에 한 주기씩 일주일에 5일을 계속해서 전통적인 형태로 교과를 정하고 있다. 각각의 교육과정은 일주일에 5회를 맞추어야 한다고 Conant가 권고한 Carnegie 학점 그리고 지역인가협회(Regional Accrediting Associations)의 관습적인 기준은 전통적 시간표를 고수하도록 압력을 더하고 있다.

그러나 모든 교과목을 반드시 동일한 기간 동안에 가르쳐야만 한다는 논리적 이유를 찾기란 어렵다. 어떤 교육은 다른 것보다 가르치기가 본래 어렵고, 따라서 숙련을 위하여 더욱 많은 시간이 필요하다. 어떤 과정은 더 많은 시간을 들여 실험을 행할 때 가장 효과적으로 배울 수 있다. 어떤 주제는 다른 주제에 비해 유의미하지 않고, 따라서 더 적은 시간을 배분하여야 한다.

또한 매일 모든 과목에 동일한 시간이 할당되어야만 하는 논리적인 이유도 없다. 주제를 깊이 있게 연구하기 위해서는 며칠이나 몇 주 또는 더 많은 시간이 필요하다. 청소년이 때로는 수업을 이해하지 못했고, 따라서 시간이 더 필요하거나 보충학습이 필요하다는 것은 교사에게 당연한 것이다.

또한 교습법이 반드시 매일 규격화되어야 하는 충분한 이유도 없다. 다양성은 강의, 미디어 수업, 실험실, 세미나, 현장학습, 독립학습 등에서 가능해야 한다.

1960년대에 표준 시간표의 틀을 깨고자 하는 노력이 있었다. 이러한 노력은 탄력적 시간표 편성(스케줄링)이라 부르는 운동에 포함된다. Donald C. Manlove와 David W. Beggs 3세는 탄력적 시간표 편성의 개념을 다음과 같이 설명했다.

> 탄력적 시간표는 다음과 같은 수업을 위한 편제다.
>
> 1. 코스 내에서와 코스 간에 다양한 크기의 학급이 있어야 한다(학생들은 때로 큰 학급에서, 때로는 작은 연구 수업에서 시행된다. 게다가 하루 중 어떤 때는 개인학습이나 독립학습을 하면서 시간을 보낼 것이다).
> 2. 다양한 수업 시간과 다양한 횟수로 만나는 수업 집단이 존재한다(어떤 학급은 매일 만나게 되고, 어떤 학급은 드물게 만날 수도 있다. 어떤 학기는 짧게 이루어질 수 있을 것이고, 어떤 학기는 연장되어 수업이 이루어질 것이다).
> 3. 팀티칭이 어떤 영역 혹은 어떤 학생에게나 가능하다(이 모델은 일상적인 교육 문제에 관해 주어진 학생 집단 안에서 2명 이상의 교사가 활동을 하는 티칭 팀의 활용을 제안하고 있다).
> 4. 학생, 수업 내용, 교수방법에 관한 교사의 끊임없는 전문가적 결정이 필요하다.[62]

시간표의 형태 탄력적 시간표는 다양한 형태를 취했다. 즉, 어떤 것은 전통적인 수업 계획에서 크게 벗어나지 못했고, 어떤 것은 급진적인 변화를 취했다. 다양한 탄력적 시간표에는 다음과 같은 것이 있다.

1. 핵심 교과의 경우처럼 2개 이상의 수업이 단순히 결합된다.
2. 교과목이 같은 주에 한 주기와 두 주기 모두에 설정된다. 예를 들어, 어떤 학급은 월요일과 목요일에 두 주기 만나게 될 것이고, 다른 학급은 화요일과 금요일에 두 주기 만나게 되는 것이다. 하지만 모든 학급이 만나게 되는 것은 수요일 한 주기뿐인 것이다. 따라서 교사는 하나의 주기 시간표의 제한 속에서는 불가능한 다양한 단위시간제를 사용할 수 있다.
3. 수업은 해당 주 동안은 반복된다.
4. 전형적인 45분 수업 대신에 수업 시간표는 모듈로 쪼개지는데, 교수진의 협의에 의해 15분, 20분, 30분 또는 그 이상의 모듈로 나누어질 수 있다. 선택제 시간표는 다

음과 같이 묘사될 수 있다.

> 모듈식 시간표, 즉 탄력적인 모듈식 시간표는… 각 과정에 대한 동일한 시간 배분이라는 학교 시간표를 철저히 버려야 한다…. 어떤 과목은 하루에 2개, 3개의 모듈로 계획된다(하나의 선택도 가능하다). 필요한 과목에 따라 더 많은 시간 선택이 가능하다.
>
> 선택제 수업의 기간은 대개 선택제 시간표가 도입될 때 학교 교사진이 내려야 할 결정의 문제다. 15분 선택 수업이 일반적이다. 15분짜리 선택제 수업에 기반을 둔 학교는 약 25개 수업을 포함할 것이다. 스탠퍼드 학교 시간표 편성시스템(Stanford School Scheduling System)을 따르는 학교는 22분 수업을 사용한다. 즉, 20개의 수업으로 하루를 구성한다. 인디애나 탄력적 시간표(Indiana Flexible Schedule)는 하루에 30분짜리 15개 수업을 사용한다. 예를 들어, 일리노이 주에 있는 리지우드 고등학교는 방학 기간 동안 수업이 20분과 추가 10분짜리 수업 20개로 구성되어 있다.[63)]

5. 학급 시간표는 자주, 심지어 매일 정해진다. 이러한 '요구대로 이루어지는 시간표'는 탄력적 시간표의 궁극적인 목표다. J. Lloyd Trump가 말했듯이, 이는 교사와 학생들이 자신들의 수업과 학습을 결정하는 데 굉장한 결정의 권한을 가지는 것이다. Trump는 이 과정이 브룩허스트 중학교에서 어떻게 완수되었는지 말하였다.

> 티칭 팀의 구성원은 가르치고 싶은 학생들과 학생 집단의 수, 가르칠 시간, 장소, 기술적 도구를 3일 전에 미리 결정한다. 이런 정보를 담고 있는 교사 직무 내용은 팀장에게 제출된다. 그러면 팀장들은 모여서 매일의 종합 계획을 다시 세운다. 그 후 종합 계획은 복사되고 학생들과 상담자에게 전달된다. 매일의 20분 미팅에서 상담자의 조언과 동의하에 각 학생은 자신의 수업 계획을 세운다. 예를 들어, 학생이 그 수업 계획에 대집단 발표 수업이 필요하다는 것을 알고 자기가 이미 발표 자료를 알고 있다고 생각한다면 미술실이나 도서관 또는 다른 장소에서 독립적 학습을 하며 시간을 보내는 것을 선택할 것이다. 상담자는 이 결정을 승인할 수도 있고 거절할 수도 있다. 그러면 그 학생은 그날의 계획을 4부 작성한다. 한 부는 자신이 갖고, 한 부는 사무실에, 또 한 부는 상담자에게 주며, 마지막 한 부는 자신의 부모가 가진다.[64)]

전통적 시간표 대 탄력적 시간표 탄력적 시간표는 대규모 집단 수업, 소규모 집단 토론, 독립학습이 요구되는 팀티칭과 같은 교육과정 형성에서 핵심적인 특징이다. 전통적인 시간표하에서 교사는 모든 활동에 동일한 시간만을 사용해야 한다.

Manlove와 Beggs는 전통적 시간표와 탄력적 시간표를 〈표 9-4〉와 같이 비교·대조했다. 그리고 교사에 대한 탄력적 시간표의 장단점을 〈표 9-5〉와 같이 요약했다.

Trump와 Miller도 "일단 어떤 변화가 생기면, 그 새로운 시간표는 대체된 예전의 것만큼이나 완고한 것이 된다."라고 말하며 선택 시간표(또는 어떤 혁신적인 것이든)에 내재된 위험성을 경고했다.[65] 운영의 복잡성, 매일 변동되는 기본 구조, 학생, 교사, 행정가에게 가해지는 과중한 계획 부담, 그리고 팀티칭 개념의 인기 감소 등의 모든 것은 탄력적 시간표를 방해해 왔고, 일부 학교가 좀 더 전통적이고 보편적으로 이해되는 형태의 시간표로 돌아서도록 했다.

순환 시간표는 절대 과거의 유산이 아니다. 예를 들어, 투스카윌라 중학교는 9주 단위의 7개 주기로 변형된 순환 방식을 수용했다. 〈표 9-6〉은 4회 순환 시간표를 보여 주고 있다. 주기 2, 3, 6(55분)과 7(57분)은 순환되는 반면 주기 1(하루의 시작 시 10분)과 4, 5는 점심시간에 영향을 받지만 변하진 않는다. 이 시스템에서는 과반수의 수업을 아침과 오후에 분배할 수 있고, 따라서 학생들의 학습 시간을 평균화할 수 있는 효과가 있다.

표 9-4 전통적 시간표와 탄력적 시간표의 특징

요소	전통적 시간표	탄력적 시간표
내용	각 학습과정 숙련을 위한 조건이 모두에게 동일하다고 가정	각 학습과정 숙련을 위한 조건이 모두 다르다고 가정
시설	시간표에 정해진 대로 사용	때로는 학생의 필요에 따라 결정됨
집단	모든 학급의 학생 수는 거의 동일	교습 과제에 따라 학급 학생 수는 다양
시간표 단위	하루 단위: 한 주의 각 요일은 다른 요일과 동일한 순서로 형성	주 단위: 한 주의 각 요일은 다른 요일과 서로 다른 순서로 형성
학생	학생들은 학급 내에 있어야 하며 감독하에 학습을 받음	학생들은 학급 내에 있을 수도 있고 독립적으로 학습할 수도 있음
교사	학급 수, 과제, 시간은 모든 교사에게 동일	학급 수, 시간은 교사에 따라 다양
시간	보통 모든 과목에 동일	보통 과목에 따라 상이

출처: Donald C. Manlove and David W. Beggs III, *Flexible Scheduling: Bold New Venture* (Bloomington: Indiana University Press, 1965), p. 26. 허락하에 게재.

표 9-5 탄력적 시간표의 장단점

교사에게 장점	교사에게 단점
1. 개개 학생의 필요에 따라 수업의 속도를 조절할 수 있다.	1. 한 과목에 충분한 시간을 제공하지 못하는 위험이 있다.
2. 학습 활동의 길이와 횟수에 대하여 교사가 결정할 수 있다.	2. 시간표를 만드는 데 더 많은 시간과 협조적인 노력이 필요하다.
3. 소규모 집단이나 개별 학생 단위로 학습할 시간이 주어진다.	3. 여러 교사에 대한 학생의 정체성의 약화 가능성이 있다.
4. 불필요한 수업의 반복을 피할 수 있다.	4. 시간표 정하기가 어렵다.
5. 학생들의 학습에 대한 책임이 증가한다.	5. 교습 유형의 변화가 요구된다.
6. 대규모 집단 학생에게 경제적으로 자료 전문가의 도움을 받을 기회를 제공한다.	6. 대중, 심지어 모든 교사도 이해하지 못한다.

출처: Donald C. Manlove and David W. Beggs III, *Flexible Scheduling: Bold New Venture* (Bloomington: Indiana University Press, 1965), p. 67. 허락하에 게재.

표 9-6 분기별 순환 시간표 2003-2004, 투스카윌라 중학교(플로리다 주 오비에도)

	오전 9:20	오전 9:33	오전 10:31	시차제	시차제	오후 1:58	오후 2:58
2003. 8. 05	1	2	3	4	5	6	7
2003. 10. 21	1	7	2	4	5	3	6
2003. 1. 07	1	6	7	4	5	2	3
2003. 3. 24	1	3	6	4	5	7	2

출처: Tuskawilla Middle School(Obiedo, Florida) 허락하에 게재.

리먼 고등학교는 〈표 9-7〉에서 세로 축으로 나타나듯이 3단위로 나누어지는 하루의 시간표가 특징이다. 하루하루는 청색 요일과 금색 요일로 분류된다. 2주 기간 동안 격일로 5회 103분 겹친다. 따라서 학급당 150시간 수업이라는 플로리다 주의 요구 조건을 충족한다. 그 시간표는 7번째 주기를 가능하게 하는데, 이 주기 동안 학생들은 추가 수업(14개 선택 가능)을 듣거나 자습실에 가거나 혹은 귀가할 수도 있다. 학교가 단합대회를 개최하는 날에는 시간표가 다소 수정된다.

표 9-7 2003-2004, 리먼 고등학교 벨 시간표(플로리다 주 롱우드)

<table>
<tr><th colspan="2">청색</th><th colspan="2">금색</th><th colspan="2">수요일</th><th colspan="2">활동</th></tr>
<tr><td colspan="2">알파
7:14~8:04</td><td colspan="2">알파
7:14~8:04</td><td colspan="2">알파
7:14~8:04</td><td colspan="2">알파
7:14~8:04</td></tr>
<tr><td colspan="2">1번째
8:11~9:55</td><td colspan="2">2번째
8:11~9:55</td><td colspan="2">1번째/2번째
8:11~9:55</td><td colspan="2">1번째/2번째
8:11~9:55</td></tr>
<tr><td colspan="2">쉬는 시간
9:55~10:05</td><td colspan="2">쉬는 시간
9:55~10:05</td><td colspan="2">쉬는 시간
9:33~9:43</td><td colspan="2">쉬는 시간
9:45~9:55</td></tr>
<tr><td>3번째
10:11~
11:05</td><td>3번째
10:11~
12:01</td><td>4번째
10:11~
11:05</td><td>4번째
10:11~
12:01</td><td>3번째/
4번째
9:49~
10:32</td><td>3번째/
4번째
9:49~
11:17</td><td>3번째/
4번째
10:01~
10:50</td><td>3번째/
4번째
10:01~
11:41</td></tr>
<tr><td>점심
11:05~
11:35</td><td rowspan="2">점심
12:01~
12:31</td><td>점심
11:05~
11:35</td><td rowspan="2">점심
12:01~
12:31</td><td>점심
10:32~
11:02</td><td rowspan="2">점심
11:17~
11:47</td><td>점심
10:50~
11:10</td><td rowspan="2">점심
11:41~
12:11</td></tr>
<tr><td>3번째
11:41~
12:31</td><td>4번째
11:41~
12:31</td><td>3번째/
4번째
11:08~
11:47</td><td>3번째/
4번째
11:26~
12:11</td></tr>
<tr><td colspan="2" rowspan="2">5번째
12:37~2:21</td><td colspan="2" rowspan="2">6번째
12:37~2:21</td><td colspan="2" rowspan="2">5번째/6번째
11:53~1:15</td><td colspan="2">5번째/6번째
12:17~1:51</td></tr>
<tr><td colspan="2">활동
1:51~2:21</td></tr>
</table>

주: 1) 점심시간은 2번째 단위 수업 위치에 따라 결정된다.
2) 첫 번째 점심시간: 2번째 단위는 2*, 3*, 4 그리고 6*와 만나는 학생들
3) 두 번째 점심시간: 2번째 단위는 5, 6, 7, 8, 9, 10과 만나는 학생들, 모든 체육 수업, 밴드, 합창, ROTC,
4) 모든 응용 기술 수업, 모든 과학 수업, 모든 경영 수업
5) * 과학, 응용 기술, 경영, ROTC 제외.
출처: Lyman High School(Longwood, Florida). 허락하에 게재.

무학년제 고등학교

1960년대 초등학교가 끊임없이 진보 계획을 실험하면서 학년을 폐지할 때, 일부 고등학교는 무학년제를 시도하고 있었다. 이러한 고등학교 중 대표적인 것이 노바 고등학교(플로리다 주 브로워드)와 멜버른 고등학교(플로리다 주 브레바드)였다.

1960년대 중반, 노바 고등학교와 멜버른 고등학교는 개혁의 축도였다. 노바 고등학

교는 그 당시 반 시골 지역이었던 지금은 유명한 브로워드 카운티(포트 로더데일)의 중간에 복합단지 내 첫 시설로 세워졌는데, 이 복합단지 안에 결국에는 고등학교뿐만 아니라 초등학교, 중학교, 전문대까지 설립할 계획이었고 모든 주민이 지지했다. 사립 고등교육 기관인 노바 사우스이스턴 대학이 가까운 곳에 있다.

노바 고등학교는 사무보조와 보조교사와 함께 팀티칭 업무를 수행하도록 했다. 3개월 한 학기제로 편성된 노바 고등학교는 CCTV, 사진 실험실, 데이터 처리 장비, 녹음기, 마이크로필름 리더기와 학습 기기가 있는 학습 자료실을 갖추었다.

80분짜리 5개 주기와 한 시간 동안 지속되는 선택형 6번째 주기로 구성된 매일의 시간표가 고안되었다. 노바 고등학교의 무학년제의 특징에 대해 이야기하면서, 당시 K-12 센터의 본부장이었던 Arthur B. Wolfe는 다음과 같이 노바 플랜을 제안했다.

> 노바 플랜은 학년제를 없앨 것이며 훨씬 넓은 범위의 학습 수준을 만들 것이다. 이 수준제도를 통해 각 학생은 자신의 관심과 능력에 비례하여 학습하고 발전할 것이다. 각 수준은 바로 아래 수준보다 아주 약간 높은 정도이며, 따라서 학생은 한 수준에서 다음으로 언제든지 이동할 수 있을 것이다. 이 과정은 각 학생의 프로그램과 별개의 각 과목 분야에 적용될 수 있을 것이다. 그럼으로써 개인 진척의 총 합계에 관련되는 것이 아닌 개인의 기초 위에 각 학생의 진척에 대한 현실적인 평가를 하게 된다.
>
> 새로운 학생의 등록과 더불어 기록은 검증될 것이고, 일련의 테스트가 시행될 것이다. 교수는 새로운 학습환경에 대한 부드러운 전환을 제공할 한 성취 집단에 학생을 배치할 것이다. 이러한 과정은 학생이 등록하게 될지도 모를 각각의 과목 분야에 수반될 것이다. 어떤 경우에 학생이 편안하게 느낄 수 있는 한 성취 수준이 발견될 때까지 학생을 앞뒤로 움직이게 하는 것이 필요할 것이다.[66)]

노바와 같이 멜버른은 최근의 중요한 혁신의 일부를 실행하는 것을 추구해 왔다. 케이프 캐너버럴의 공간 지향적인 브레바드 시의 고무적인 배경에서 실질적으로 가까이에 위치해 있는 멜버른 고등학교는 교장인 B. Frank Brown의 지도하에 전문성과 일반 정기 간행물에서 광범위한 인지를 달성했다. 알려진 것처럼 멜버른 고등학교는 도서관이 체육관보다 더 큰 학교였다.

학술에 대한 강조는 대학교 도서관을 닮은 개인 열람실을 가지고 있는 학교 도서관과

6개 국어(러시아어와 중국어를 포함하여) 및 특히 학술적으로 재능이 있는 사람들을 위한 독립적인 연구에 대한 강조로 증명되고 있다. 그러나 멜버른의 명성에 대한 주요한 주장은 무학년제 조직 플랜에 있다. 멜버른 플랜에서 학생들은 지능검사 또는 학업적성검사로 측정된 것과 같은 능력에 의해서가 아니라 과목별 성취검사를 기초로 하여 분류된다. 그러므로 10번째 등급 학생은 대수 I, 단계 2 그리고 영어 II, 단계 3에 등록될지도 모른다. 타이핑과 물리교육과 같은 어떤 과목은 등급화되거나 단계화되지 않는다. 멜버른의 제공된 과정의 시간표는 7개 단계로 나타난다.

- 1단계: 과목은 소규모 수업에서 특별한 도움이 필요한 학생을 위해 고안되었다.
- 2단계: 과목은 기초 기술에 대한 더 많은 강조가 필요한 학생을 위해 고안되었다.
- 3단계: 과정은 성취에 대한 평균적인 배경을 가지고 있는 학생을 위해 고안되었다.
- 4단계: 주제는 심층적으로 교육을 갈망하는 극도로 잘 준비된 학생을 위해 고안되었다.
- 5단계: 과정은 기꺼이 그들 자신의 학습을 위해 책임을 맡으려 하고 고등학교에 있지만 대학교 수준의 과정을 추구하려고 하는 학생에게 유용하다.
- Q단계: 창조적인 재능이 잘 개발된 학생은 교육과정의 탐구 단계에서 고려되어야 한다. 이것은 개인의 성취 방향으로 신뢰를 주도록 고안된 단계화된 조직의 중요한 차원이다. 이러한 단계에서 학생은 창조력을 개발하거나 지식의 탐구에 있어 그가 깊게 그리고 폭넓게 흥미 있는 분야를 연구하게 될 것이다.
- X단계: 타이핑, 물리교육과 같은 학생의 이동성을 수용하지 못하는 과목은 무학년제로 되거나 단계화된다.[67]

Brown은 무학년제 학교[68]뿐만 아니라 다단계 학교[69]로서의 멜버른 고등학교에서 실행되었던 무학년제 개념을 언급했다. Brown은 그 프로그램의 독립적인 연구 또는 탐구 단계에 특별한 관심을 주었다. 그는 그 탐구 단계를 학생들이 교수 방식의 약속에 의해서 그들의 교사를 보기 때문에 "약속에 의한 교육"[70]과 학생이 하기로 계획한 독립적인 연구를 구체화하는 동의 양식 또는 계약서를 기초함으로써 Dalton 플랜을 학교들이 모방하도록 권하기 때문에 "동의에 의한 교육" 으로 언급했다.[71]

교육과정 재배열에 대한 숭고한 실험이 있었지만, 무학년제는 무학년제의 시행 이후 수년 이내에 "모든 지적으로 존경할 만한 고등학교는 무학년제 교육을 어느 정도 시행할 것이다." 라고 Brown이 예측했던 목표에는 도달하지 못했다.[72]

수십 년에 걸쳐 수많은 교육과정의 도전은 가상적인 지역 공동체와 그 밖의 다른 곳에서 성공의 정도를 변화시키면서 시도되어 왔다. 어떤 것은 채택되었고 다른 것은 버려졌다. 오늘날 아주 많이 권해지는 혁신이 지금부터 10년, 20년, 30년 후에도 우리와 함께할 수 있을 것인지에 대해 궁금해하는 것은 잠시 미뤄 두자.

우리는 어디에 있는가: 현재의 교육과정[73)]

초등학교

1970년대와 1980년대의 소위 '기본으로 돌아가자' 운동에 따라, 전국에 걸쳐 모든 수준에서 학교들은 여전히 교과 영역에서 학생 성취를 올리기 위해서 몸부림치고 있었다. 학생들의 기초적인 기술의 숙달을 향상하기 위해 지속적으로 노력하는 초등학교보다 이러한 노력이 더 명백한 곳은 어디에도 없었다.

학생들의 낮은 성취와 공공의 불만족에 대해 관심을 가지면서, 학생 성취를 향상하고 공공의 신뢰를 회복하기 위하여 학교들은 강하고 때때로 논쟁의 소지가 있는 조치를 취해 왔다. 지난 30년 동안 학생 성취를 향상하기 위해 고안된 조치 중에는 다음이 있다.

- Ronald P. Edmonds, Wilbur Brookover, Lawrence Lezotte와 다른 사람에 의해 문서화된 '효과적인 학교들' 연구에 기반을 둔 전략의 실행.[74)] 이 연구 단체는 교사들이 학생들을 과제에 머무르게 하고, 학습자가 높은 기대를 가지도록 하고 학생들의 성취에 대해 모니터하는 것과 같은 실행을 하도록 이끌었다.
- David C. Berliner, N. L. Gage, Donald M. Medley, Barak V. Rosenshine과 다른 사람에 의해 수행된 설명에 따른 연구의 실행. 그들의 연구는 과제에 대한 시간(학술적인 시간)과 효과적인 수업에 대한 직접적인 설명과 같은 요인에 기여하였다.[75)]
- 어떤 사람이 지나친 강조라고도 부르는 실험에 대한 강조. 학생 발달은 지방, 주, 국가 테스트의 과잉에 의해 모니터가 되고 지방과 주 기준, 즉 준거 테스트에 의해서 뿐만 아니라 국가의 표준 준거 테스트에 의해서도 측정된다.
- 지역 규모와 때때로 주 규모 기초에 근거한 교육과정의 실행을 위한 세부적인 기획과 수요는 때때로 '교육과정 정렬'로서 언급되었다. 교육과정 조정자와 교사는 각

등급 수준을 위해 대상으로 설정한 과목 분야에서 학생의 성과목표를 구체화함으로써 교육과정의 균일성의 정도를 위해 노력하였다. 학교 직원은 구체화된 목표에 걸맞은 교육 자료, 학습 활동, 평가를 선택하거나 준비한다. 주와 국가 수준 시험에 의해 평가된 목표는 포함되거나 코딩된다. 어떤 학교 시스템은 목표를 구체화하고 고안된 규율 속에서 각 채점 기간 동안 테스트를 집행한다. 그러한 과정을 거쳐 교장, 교사, 학교의 성공은 학생들의 목표 숙달에 의해 측정된다. 오늘날 아주 빈번하게 학교들은 그들의 지역 공동체에 테스트 결과를 보고하고 있다. 주들은 현재 2001 아동낙오방지법에 의해 보다 더 시급하게 된 기준에 근거한 교육과 평가에 깊이 빠져 있다. 어떤 주에 있는 학구에서는 학부모가 그들이 선택한 학교에 자녀를 보낼 수 있는 감소된 재정 지원과 바우처의 발행과 같은 유형의 결과로 낮은 학업 성취를 보여 주는 학생들이 있는 학교가 나타났다.[76]

- 전통적인 테스트 기법을 보완(아마도 어떤 사람은 대체라는 말을 더 선호할지 모르지만)하면서, 많은 교사는 개별화된 포트폴리오와 프로젝트의 형태에서 정확한 또는 성과 기반의 평가로 전환하고 있다. 우리는 12장에서 성과기반 평가의 사용으로 돌아갈 것이다.

칭찬할 만한 학생 학업 달성과 학부모의 학교 선택, 바우처 제도, 차터스쿨, 홈스쿨링과 같은 경쟁적인 요인보다는 다소 약한 인식에 의해 추진되었지만 학교들은 지속적으로 학생들의 기본적인 기술과 학업의 숙달을 향상하기 위한 방법을 추구하여 왔다. 양육하는 환경에서 어느 정도의 자율성과 교사 협동으로 짝지어진 학업 성취와 행동에 대한 높은 기대의 설정은 센트럴파크 이스트(이스트 할렘)와 프레드릭 더글라스 아카데미(할렘)[78]와 같은 학교에 있는 학생들의 성공을 적어도 일정 부분 설명한다.

주제 달성의 본질적인 목표를 달성하기 위해 노력하면서도, 학교들은 동시에 학습자의 자부심을 높이기 위한 관심에서 보이듯이 진보적인 원칙을 적용하고 있다.

사고 기술을 가르치기

1944년에 교육정책 위원회(Educational Policies Commission)는 젊은이에 대한 열 가지 긴요한 요구(Ten Imperative Needs of Youth) 중의 하나로서 생각하는 능력을 인식했다.[77] 17년 후에 교육정책 위원회는 미국 교육의 중심 목적은 학생의 사고 능력 개발이라는 전제를 제시했다.[78] 거의 동시에 수업에 대한 국가교육협회(National Education Association) 프로젝트의 영향력 있는 국가 위원회는 학교들의 교육용 프로그램을 향상하기 위한 우선순위에 지식의 연구와 응용의 방법을 포함한 창조적이고 훈련받은 사고의 방법을 포함하였다.[79]

1980년대에 우리는 사고 기술에 대한 가르침에서 이해의 부활을 목격했다. 유명한 국가 기구는 사고 기술의 발전에 대한 새롭고 증가된 강조를 요구했다. 이러한 협회 중에는 수학교사국가위원회(National Council of Teachers of Mathematics),[80] 영어교사국가위원회(National Council of Teachers of English),[81] 수학 · 과학 · 기술 분야 예비 대학교육 국가과학이사회 위원회(National Science Board Commission of Pre-College Education in Mathematics, Science, and Technology),[82] 장학과 교육과정 개발협회(Association for Supervision and Curriculum Development)[83]가 있다.

한 새로운 문학 단체는 사고 기술을 정의하고 이러한 기술을 가르치기 위한 전략을 제시한다. 관심사는 젊은 사람이 생각하도록 가르치는 일반적인 선언목표로부터 사고 기술에 대한 인지로 옮겨졌고, 그러한 기술을 달성하기 위한 방법을 묘사했다.[84]

교육에서의 다른 많은 용어와 마찬가지로 우리는 사고 기술의 정의를 다르게 하는 것을 발견할 수 있다. Barry K. Beyer는 어떤 사람은 '비판적인 사고' 라는 용어를 모든 형태의 사고를 설명하기 위해 사용한다고 지적했다. Beyer는 비판적 사고를 탐구, 의사결정, 문제 해결, 그리고 다른 사고 기술과 동일시하는 것은 실수였다고 주장했다. Beyer는 "대신에 비판적인 사고는 주장하는 정보나 지식의 진위, 정확성과 가치를 결정하는 과정이다." 라고 말했다.[85] 그러나 전문가들이 동의하듯이 기초 기술 중에 가장 기본은 바로 사고 기술이라는 것이다.

특수교육이 필요한 학생을 위한 규정

학교들은 많은 특수 집단—신체장애를 가진 사람, 정서장애를 가진 사람, 정신지체인 사람, 행동장애를 가진 사람을 포함한 모든 유형의 학생—의 필요를 충족하기 위해서 노력하고 있다. 연방 입법과 기금에 의해서 그리고 주 권한과 기금에 의해서 강화된 특수교육은 오늘날 교육과정의 기본적인 한 부분이다. 많은 특수한 경우에 대한 필요를 충족하기 위해 특수교육 교사, 정신학자, 심리학자에 대한 수요가 있었다.

특수교육이 필요한 집단 중 하나인 소위 위험 상태에 처해 있는 학생은 최근에 상당한 관심을 받았다. 위험한 상태에 처해 있는 학생은, 협의적으로는 학교에서 가장 중퇴할 것 같은 학생으로 정의되거나 광의적으로는 불충분한 교육을 가진 학교에서 가장 나타날 것 같은 사람, 즉 사회에서 생산적인 역할을 하는 데 준비가 되어 있지 않은 사람으로 정의될지도 모른다.

위험 상태에 처해 있는 학생은 저소득 환경에서 발생하는 경향이 있고 기본 기술을 서툴게 수행하는 경향이 있다. 위험 상태에 처해 있는 학생의 필요를 충족하기 위한 대안은 보상 교육을 제공하는 것과 학생 동기 부여를 증진하는 것, 교사가 이러한 학생의 특별한 필요를 이해할 수 있도록 돕는 직원 개발, 긍정적인 규율상의 실행의 증가된 사용, 특별반 활동의 참여를 격려하는 것, 부모와 함께 일하는 것, 공동체 문제를 거론하는 것, 그리고 학년제 학교 구조에 대한 포기와 같은 교수 전략의 수정이 있을 수 있다.

점증적으로 그리고 주기적으로 별도의 조치가 필요 없는 집단, 즉 재능 있는 사람은 그들의 특별한 지적 능력을 위해 고안된 수업과 다른 수단을 통하여 관심을 받고 있다. 이중언어 교육 프로그램은 영어가 모국어가 아닌 학생을 위해 제공된다. 15장에서 우리는 예외적인 사람을 위해서 그리고 영어와 다른 언어를 말하는 사람을 교육하기 위해서 제공하는 것과 관련된 이슈의 일부를 검증할 것이다.

학습 무능력자와 재능 있는 사람과 같은 특별한 필요를 가진 학생에 대한 집중은 학교가 '일반적인 학생', 즉 평범한 학생을 소홀히 한다고 인식하는 부모와 다른 사람의 일부 반대를 불러일으켰다.

다연령 집단 구성

무학년제의 개념이 살아 있다는 것은 그 국가의 다양한 지역에 있는 초등학교에서 발견될 수 있는 다연령 교실의 형태에서 볼 수 있다. 다양한 나이와 능력을 가진 학생이 단일한 교실에 무리를 짓게 된다. 학생들은 자신의 속도에 맞춰 진전되어 간다. 그리고 교사는 2년에서 3년 동안 그대로 학생들을 가르친다.[86)]

예를 들면, 켄터키의 프리머리 프로그램(Primary Program)은 "문화적 속성, 즉 지속적인 진척과 발전적으로 적합한 교육 실행, 믿을 만한 평가, 다양한 연령과 다양한 능력을 가진 교실, 정성적인 보고 방법, 전문적인 팀워크 그리고 긍정적인 부모 포함"을 따르는 것이다.[87)]

협동학습

사람들이 서로를 돕는 의도된 목적을 가진 소규모 교수 집단을 구성하는 전략에 대해서는 11장에서 논의할 것이다.

능력별(차별화) 수업

수년간 교육자는 개별화 수업, 개성적인 수업을 강화해 왔다. 그리고 개인차에 호소해 왔다. 유사한 맥락에서 우리는 차별화 수업을 언급하고자 한다. 이것은 오늘날 교실의 학생 간의 차이의 다양성을 수용하는 교수 기법이다. 이 주제에 대해서는 11장에서 다시 다루기로 한다.

중학교(middle school)

사춘기 청소년을 위한 제도

얼마 전까지 우리의 가상적인 학구는 6년의 중등 및 고등 학교를 위한 전통적인 조직 계획을 유지해 왔다. 그러한 조직 구조에 대한 불만족은 오랫동안 가열되어 왔다. 우리의 학교 직원이 문헌을 연구하고 다른 학교 지역에서의 혁신을 지켜보면서 그들은 주니어 고등학교가 빠르게 사라지고 있다는 것을 깨닫기 시작했다. 좀 더 새로운 제도인 중학교가 전면으로 떠오르고 있었으며 시대에 적합한 조직 구조를 창조하고 있었다.

젊은이들의 한 특별한 집단인 사춘기 청소년 또는 Donald H. Eichhorn이 "과도기(transescents)"[88]라고 부른 것처럼 그들의 요구는 현존하는 주니어 고등학교(junior high school) 구조에 의해 충족되지 않는다는 우리의 가설이 학구의 직원에게 명백하게 되었기 때문에, 그들은 그 학구의 모든 수준의 교육 단계에 영향을 주는 극적이고 실질적인 변화를 실행해 왔다. 초등학교는 학년을 잃어버렸고 시니어 고등학교는 수년 전에 주니어 고등학교에 잃어버렸던 학년을 다시 얻었다. 주니어 고등학교는 사춘기 이전에 있는 사람들(아동)을 위해 3개 학년(6~8학년)으로 구성된 중학교로 변경되었다.

학생의 특수한 요구 다른 어떤 나라는 독일 미텔슐레(Mittelschule)에 있는 학생들처럼 오랫동안 중등학교 학생들의 필요성을 인식해 왔다. 대체로 사춘기 이전 그리고 초기의 사춘기 시기에 있는 10~14세의 소년 · 소녀들은 초등학교 학생처럼 다루어지기에는 너무 성숙하고 고등학교 학생으로 고려되기에는 너무 미성숙하다. 그들은 교육적인 요구뿐만 아니라 다수의 육체적, 사회적, 감정적 성장의 필요를 가지고 있다. 그들의 경력과 인생 관심사는 구체화되기 시작한다. 그들은 학업뿐만 아니라 탐구하고 조정하고 사회화하는 데 시간이 필요하다.

결과적으로 주니어 고등학교는 별개의 기관으로서 다른 수준으로부터 파생되었으며 급속히 증가하였다. 1910년 7~9학년을 가진 2개의 주니어 고등학교에서 시작해 주니어 고등학교는 대략 6000개로 성장했다.

Lounsbury와 Vars는 주니어 고등학교를 미국 교육에서 아주 성공적인 발달로서 특징지었다.[89] 비록 주니어 고등학교에서 7-8-9 유형이 가장 일반적이지만, 다른 비교적 일반적인 유형으로는 7-8, 6-7-8, 7-8-9-10, 그리고 8-9-10이 있다. 이러한 다양성에도 불구하고, 시간이 지남에 따라 주니어 고등학교에 대한 불만족이 나타났다. 이러한 중학교는 학교 간의 경기, 밴드, 고등학교 과목 등의 문제를 가진 시니어 고등학교의 완전히 닮은 꼴의 복사본이 되었다.

주니어 고등학교 학생들은 새롭고도 예측하지 못했던 사회적 압력과 가치에 반응하여 육체적으로뿐만 아니라 사회적으로도 변화하고 있다. 사춘기 청소년에 대한 이러한 변화와 사회의 새로운 요구의 결과로서, 최근에는 프로그램이 개정되고 개선되었다. 새로운 조직 유형은 5학년 또는 6학년에서 8학년을 독특한 프로그램을 가진 중학교로 집단화했다. 그리고 4-4-4 시스템 또는 5-3-4 시스템이 나타나기 시작했다. 비록 9학년이 일반적으로 고등학교에 속하는 것으로서 고려되지만, 5학년이 초등학교 또는 중학교에 부속되어야 하는지에 대해서는 중학교 전문가 중에서도 어느 정도 불확실성이 있다. Jon Wiles와 Joseph Bondi는 이러한 새로운 제도를 최근의 사춘기 학습자의 개인적 그리고 교육적 필요에 대처하는 가장 적절한 프로그램을 제공하는 것과 관련하여 과도기적인 학교로서 정의했다.

놀랄 만한 성장 중학교는 놀랄 만한 성장을 경험했다. 1965년에 국가교육협회의 교육 연구 서비스는 전국적인 설문조사를 실시했고 65개의 중학교를 발견했다.[90] 1967~1968년 조사에서 William M. Alexander는 1101개의 중학교를 보고했다. 그리고 1974년에 Mary Compton은 3723개의 중학교를 추산했다.[91] 1978년에 Kenneth Brooks는 운영되고 있는 4060개의 중학교를 확인했다.[92] 1980년대 중반까지 수치상으로 7000개에 가까운 중학교가 존재하는 것으로 보였다.[93] 1988년 국가교육협회 간행물은 1992년까지 이러한 학교가 1만 2000개 이상이라는 수치를 산출했다.[94] Jon Wiles, Joseph Bondi, Michele Tillier Wiles는 미국에서 중학교의 수를 대략 1만 3000개로 추산한다.[95] 비록 주니어 고등학교가 여전히 어떤 지역 공동체에서 존재하고 더 이른 기간의 교육과정 변화가 더 새로운 교육과정 변화와 공존할 수 있다는 원리 2를 확증한다고 하더라도, 주니어 고등학교의 수는 주니어 고등학교가 중학교로의 변형을 경험할 때 극적으로 감소해 왔다. Paul S. George, Chris Stevenson, Julia Thomason, James Beane은 주니어 고등학교가 사라질 것이라 예측했다.[96]

William M. Alexander와 다른 사람은 중학교를 새로운 제도로 보았고, 다음과 같은 방식으로 정의했다.

> 우리에게 그것은 더 나이 든 아동, 사춘기 이전의 아동, 그리고 초기의 사춘기 아동을 위해 계획된 프로그램을 제공하는 학교로, 더 나이 든 학생을 위한 초등학교 프로그램을 토대로 만들어졌고 이어서 사춘기 아동을 위한 고등학교 프로그램에 의해 만들어졌다.[97]

그들은 중학교를 초등학교와 중등학교 수준 사이에 있는 학교의 구별되는 단계로 인식했다.

얼마 후에 Alexander는 Paul S. George와의 저술에서 다음의 정의를 제시했다.

> 우리는 중학교를 초등학교와 고등학교의 사이에 있는 3~5년의 학교로 정의한다. 이 학교는 이러한 중간 연도에 있는 학생들의 교육적인 필요에 집중하고 관련된 모든 이의 지속적인 교육적 진척을 촉진하기 위해 고안되었다.[98]

주니어 고등학교에서 중학교로의 변환은 학교 시스템의 재조직이 아닌 학교 시스템의 한 수준으로 인식되어야 한다. Alexander와 다른 사람은 주니어 고등학교에서 중학교로의 변화는 전 학년 구조의 재조직임을 관찰했다.[99]

중학교를 위한 제안 출현하는 사춘기 학습자에 대한 장학과 교육과정 개발 협회의 작업 집단을 대신하여 Thomas E. Gatewood와 Charles A. Dilg는 일련의 중학교를 위한 제안을 했다. 몇 개를 검증해 보자.[100] 과도기의 육체적 특징을 말하면서 그들은 다음과 같이 제안했다.

> 사춘기를 위한 새로운 프로그램은 이러한 학습자의 변화무쌍한 육체적 필요에 맞춰진다….
>
> 그/그녀와 다른 사람의 변화를 더 잘 이해할 수 있도록 그리고 미래 변화와 문제에 준비될 수 있도록, 교육은 신체의 성장과 관련되어 있다.[101]

정신적인 그리고 지적인 성장에 관해서 Gatewood와 Dilg는 다음을 언급했다.[102]

- 동떨어진 학업목표보다는 즉각적으로 학업목표와 관련된 그들 자신의 지적인 수준에서 과도기를 위한 학습 경험.
- 다른 많은 수준의 구체적이고 공식적인 수행에 있는 전 범위의 학생을 고려하기 위한 인지적인 학습 경험의 폭넓은 다양성.
- 문제해결 기술, 사색적인 사고과정, 학생의 환경 순서를 위한 인지의 계발을 위한 기회.
- 학생들이 개별화된 방식으로 발전할 수 있도록 구조화된 인지학습 경험. 그러나 개별화된 학습 프로그램의 구조 안에서 학생들은 상호작용할 수 있다.
- 공통 프로그램에서 학습의 범위는 교육과정 내용의 인위적이고 아무 관계없이 분과를 부수기 위해 결합되고 통합되었다.
- 개방되고 개별적으로 준비된 학습 경험을 포함하는 지도의 방법. 교사의 역할은 지식의 조달업자의 역할보다는 학습에 대해 개인적인 가이드와 촉진자 이상이 되어야 한다.

인성 계발 특징에 대해서, Gatewood와 Dilg는 다음과 같이 언급했다.[103]

- 인성 계발이 폭과 깊이에서 지속성을 갖도록 확보하기 위한 행정적인 배열. 이러한 지속적이고 협조적인 교육과정 계획은 초등학교, 중학교, 중등학교 직원에게 필수적이다.
- 학습자가 깨닫고 받아들이고 승인한 자아를 개발하도록 도와주기 위한 포괄적이고 통합된 일련의 학습 조우.

- 과도기의 사회적 · 감정적 요구를 반영한 교실 수업, 상담, 교실 외 활동.
- 과도기의 사회 · 감정적인 필요를 고려하는 교실 지도, 자문, 특별수업 활동. 사춘기 아동과 함께 기본적인 민주적 원칙과 일관성을 가지고 일하는 접근법.

Gatewood와 Dilg는 중학교 학생의 육체적, 지적, 그리고 개인적 특성의 폭넓은 범위에 주의를 환기하였다. 그들은 그들의 권고에서 출현하는 사춘기의 다양한 필요를 충족하기 위한 지침을 제시해 왔다.

제안된 설계 Lounsbury와 Vars는 중핵 교육과정, 지속적인 무학년제 학습 경험, 다양성의 세 가지 주요한 요소로 구성된 중학교 교육과정 설계를 제안했다. 노바와 같이 멜버른은 더욱 눈에 띄는 혁신 조치를 취하려고 노력했다.[104)]

그 개념의 핵심은 "문제 중심의 단위시간제 프로그램" 이다.[105)] 계속되는 진보(무학년제)의 구성 요소는 "진정한 연속적 조직 편제를 갖춘 기술과 개념" 이다.[106)] 예를 들어, 과학은 무학년제 구성에서의 역할과 함께 중핵과 중복될지도 모른다. 변수는 "학교에서 가치를 증명해 낸 활동과 프로그램으로 구성된다…. 고도로 연속적이어서 무학년제 구성 요소에서만 배타적으로 위치하는 것이 아니며, 또한 지나치게 문제 중심적이어서 핵심 안에서만 전적으로 적합한 것도 아니다."[107)] 중학교 교육과정은 Lounsbury와 Vars가 제안했듯이, [그림 9-1]에서 도식적으로 보이고 있다.[108)] 이 견해는 초기의 중핵 교육과정과 무학년제의 원칙을 일부 결합하고 있다.

우리의 가상 중학교는 약 40년간 미국 전역에서 성공적으로 운영되고 있는 형태로 변화하고 있다. 우리의 가상 학구에 있는 중학교는 사춘기 이전의 교육에서 현저히 발전한 모습이다.

일반교육의 광범위하고 개인적인 프로그램을 제공하는 것으로서 중등학교를 보는 것에 대해 Wiles, Bondi, Wiles는 "학교 프로그램의 표준화는 중학교의 종말과 오늘날 중등학교의 위협을 가져왔다." 라고 언급한다.[109)]

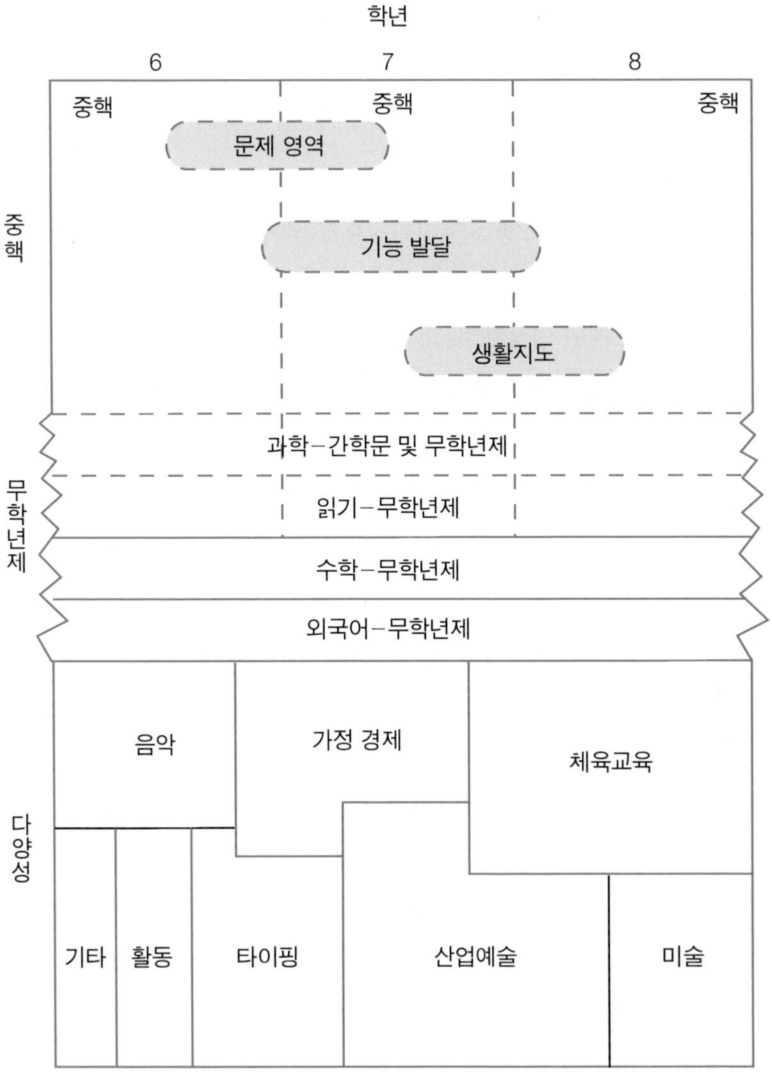

[그림 9-1] 중학교 프로그램

핵심 교과(중핵 교과) 수업은 필요한 곳이면 어디서든 임시로 학년이 교차된 학생들을 지도하기 위해 연이어 계획되었음을 주지해야 한다.

출처: Gordon F. Vars, "New Knowledge of the Learner and His Cultural Milieu: Implications for Schooling in the Middle Years," Paper presented at the Conference on the Middle School Idea, College of Education, University of Toledo, November 1967. 허락하에 게재. ERIC Document No. ED016267CG901400, p. 14. 또한 John H. Lounsbury and Gordon F. Vars, *A Curriculum for the Middle School Years* (New York: harper & Row, 1978), p. 45 참조.

고등학교(senior high school)

종합 고등학교

교과공부? 이 학교 출신의 학생들은 정기적으로 국가 표준 성취 시험에서 높은 점수를 받고 있다. 즉, 졸업생은 어려움 없이 대학에 진학하며 컴퓨터 기술을 숙달하고, 과학도들은 과학 박람회에서 매년 입상하며, 외국어 학도는 주 단위 외국어 경시대회에서 받은 상을 집으로 가져온다. 또한 많은 학생은 상급 취업과정에 등록이 되며 전교생이 읽기와 수학에서 평균보다 월등하다.

행진 악대? 그들은 중간 휴식 시간에 현란하고 장관을 이루는 공연을 하고 최고의 팀과 경쟁을 한다. 그들은 미국 메이저 볼의 퍼레이드에 참여토록 초대받고 있다.

미식축구? 농구? 야구, 골프, 테니스를 이야기해 보자. 교장실 앞의 유리 진열장은 이 학교 학생들이 받은 빛나는 트로피로 꽉 차 있다. 학교 직원은 운동경기에서의 성차별을 근절하기 위해 분주히 움직이고 있고 남녀 학생 팀이 받아 온 트로피를 자랑스럽게 진열한다.

경영교육? 학생들은 컴퓨터, 전자 타자기, 팩스의 사용법을 숙달하고 있다. 학생들은 모든 프로그램에서 타이핑과 워드 작업 기술을 개발하도록 격려받는다.

예술? 학생들이 매년 개최하는 전시회에 와서 작품의 우수성을 감상해 보라.

직업교육? 목공소, 금속 가게, 전기, 자동차 기계공 모두 가능하다. 모든 분야는 충분한 공간이 있으며 장비도 잘 갖추어져 있다.

여기서 우리가 묘사하고 있는 것은 양질의 전통적인 종합 고등학교다. James B. Conant가 정의하듯, "지역사회 내 모든 젊은이의 교육적 필요에 합당하는 프로그램의 고등학교"[110]라는 종합 고등학교의 정의를 충족한다. 이 학교의 직원은 학교의 목표에 관해 장학과 교육과정 개발협회(ASCD)와 Conant의 의견에 동의한다. ASCD는 주장했다.

> 중학교는 종합학교가 되어야 한다. 만약 미국 공립학교의 주요 과제가 자유사회의 기본 가치를 개발하고 우리의 다민족 문화 속에서 개인과 단체의 상호 존중을 발전시키는 것이라면, 학생들은 함께 살아가고 일할 기회를 가져야만 한다. 종합 중학교는 우리나라를 강하게 지탱하기 위한 일반적인 시각의 발전에서 필수 요소다.[111]

Conant는 종합 고등학교의 주요 목표 세 가지를 언급했다.

> 첫째, 미래의 모든 시민을 위해 일반교양 교육을 제공하기, 둘째, 졸업하자마자 습득한 기술의 사용을 원하는 사람을 위해 선택 프로그램을 제공하기, 셋째, 직업이 대학에서의 교육에 좌우되는 사람을 위해 만족스러운 프로그램을 제공하기다.[112]

이 학교는 Conant와 ASCD가 제안한 기준을 잘 수행한다. Conant는 종합학교를 평가할 때 고려되어야 할 사항을 다음과 같이 열거하였다.

A. 모두를 위한 일반교양 교육의 적합성
1. 영미 문학과 작품에 의하여 판단
2. 미국사를 포함한 사회 과목에 의하여 판단
3. 필수 과목에서 집단을 나누는 능력에 의하여 판단

B. 비학문적 선택 프로그램의 적합성
4. 남학생을 위한 직업 프로그램과 여학생을 위한 상업 프로그램에 의해 판단
5. 업무 경험 기회에 의해 판단
6. 읽기가 아주 느린 사람을 위한 특별 프로그램에 의해 판단

C. 학문적 재능이 있는 학생을 위한 특별 조치
7. 고도의 재능이 있는 학생을 위한 특별 방안
8. 읽기 능력 개발을 위한 특별 교습
9. 유능한 학생이 혜택을 볼 수 있는 여름학기
10. 개별화된 프로그램(능력별 편성 코스나 엄격한 프로그램의 부재)
11. 7개 이상의 교습 기간으로 나누어지는 학교생활

D. 다른 특징
12. 생활지도 서비스의 적합성
13. 학생의 사기
14. 잘 조직된 교실환경
15. 다양한 학문적 능력과 직업적 목표(학생 서로 간의 효율적인 사회적 상호작용)를 갖춘 학생들 사이의 이해심을 증진하는 데 있어서 학교의 성공[113]

ASCD 권고 우리의 가상의 중학교는 Conant가 주장한 기준뿐만 아니라 ASCD가 권고하는 기준 또한 충족할 것이다. 사춘기 청소년 교육에 관한 ASCD 협회를 위해 글을 쓰면서, Kimball Wiles와 Franklin Patterson은 종합학교를 위한 권고사항을 만들었다. 그중 일부가 다음에 인용되어 있다.

> 어떤 형태의 성장은 중학교를 다니는 모든 청소년에게 장려되어야 한다. 모든 학생은 자기 자신에 대한 이해심과 사회에 대한 책임감, 민주주의의 가치, 경제학적 이해, 정치적 안목, 사고력을 증대·발전시켜야 한다.
>
> 개인을 위한 프로그램에는 일반교양 교육과 전문교육이 반드시 포함되어야 한다…. 각 학생 프로그램의 1/3～1/2은 일반교양 교육에 쏟아야 한다…. 필수 과목과 활동… 유능한 시민 자격의 필수요소… 프로그램의 1/2～2/3는 지역사회가 기꺼이 지지할 수 있는 틀 안에서, 자신의 재능과 더 나아가 개인적 목표를 개발하는 데 사용되어야 한다….
>
> 다양한 교육과정 사이에서 어떤 선택을 할 것인가 하는 문제는 학생의 의도, 적성, 성취도에 따라 학생과 부모 그리고 학교 교직원 전체가 함께 힘을 합쳐 만들어야 한다.
>
> 모든 학생에게는 고등학교 생활 내내 자신을 이끌어 주는 한 명의 교직원이 존재해야 한다….
>
> 모든 고등학생은 계속해서 관계를 맺는 가족과 같은 집단이 적어도 하나는 존재해야 한다….
>
> 학생들은 고등학교의 다양한 경험 면에서 다양한 방식으로 집단 형성이 되어야 한다…. 개인 시간표의 일반교양 교육은 이질적인 집단 속에서 수업되어야 한다…. 선택 과목의 경우 집단은 학생의 수업목적의 강도와 성취도의 두 가지 면에서 동질의 집단이어야 한다.[114)]

Conant가 뒤이어 연구안을 내놓았을 때, 가상의 고등학교 교직원은 자신의 학교가 우수한 종합 고등학교와 긍정적으로 비교되는 것에 기뻐했다. 그들은 정말 750명 이상의 학생을 등록시켰고 적어도 100명의 학생을 매년 졸업시켰다. 그리고 그들은 미적분과 4년간의 현대 외국어 교육(정확히 말하면 2개 외국어)을 제공했다. 또한 상담자와 학생의 비율은 권장 범위인 250～300명 범위 내였다. 학생들은 선택 과목 수업을 들을 때는 동질 집단에서 수업을 듣고, 필수 과목 수업을 들을 때는 이질 집단에서 수업을 들었다. 그리고 학문 분야, 경영교육, 가사, 산업미술 부문에 정식 코스를 제공했다.[115] 이 학교는 종합 시험도 잘 통과했다.

몇몇 대안

종합 고등학교의 등장은 젊은이의 요구에 대한 미국의 독특한 반응이라고 여겨졌다. 모든 젊은이는 이런 기관 프로그램에서 자신의 현재나 미래의 성공에 필요한 것을 찾았을 것이다. 종합 고등학교는 전체 학생의 특별한 분야를 좋아하는 전문 고등학교에 대한 반응이었다. 이 기관은 모든 사회계층과 다양한 인종의 남녀 학생을 모두 수용했다. 학생들은 함께 공부하고 연구하며 놀았다. 따라서 그들 사이의 장벽이 무너질 수 있었다. 종합 고등학교는 민주사회 교육에 대한 민주주의적 결실이었다.

그러나 종합 고등학교는 비난을 받고 있다. 고등학교와 청소년교육 국가위원회(National Panel on High Schools and Adolescent Education)는 종합 고등학교가 사회계급과 인종 계급화를 없애기는커녕 강화하고 있다고 주장했다. 종합 고등학교는 많은 이유로 비난받았다. 어떤 사람은 학문을 경시한다고 생각했고, 또 다른 사람은 그 반대로 정서적 영역을 경시한다고 비난했다. 어떤 사람은 지나치게 체계적이라고 여긴 반면, 다른 사람은 체계적이지 못하다고 여겼다. 어떤 사람은 지나치게 많은 책임을 떠맡고 있다고 주장했고, 다른 사람은 책임이 부족하다고 주장했다. 어떤 이들은 종합 고등학교가 직업교육을 경시한다고 비난한 반면, 다른 이들은 지적 영역의 성취도에 불만을 표했다.

개혁에 대한 요구 몇 년 동안 우리는 중학교 교육에서뿐만 아니라 모든 수준의 공교육에서 '개혁'을 요구하는 외침을 계속 듣고 있다. Larry Cuban은 교육개혁의 노력이 '계속, 계속, 계속' 이루어지고 있다고 주장했다.[116] 『청소년교육(*The Education of Adolescents*)』의 저자인 John Henry Martin은 7개 기본 원칙(Seven Cardinal Principles)이 지나치게 포괄적이고 목적이 과장되어 있다고 말했다.[117] 그는 7대 기본 원리가 지나치게 광범위하다고 주장하면서, "7대 기본 원리의 광범위한 언어 사용의 불행한 결과 중 하나는 학교가 우리 사회의 모든 악을 고칠 수 있다는 전제가 깔려 있다는 것이다. 학교는 극복할 힘도 능력도 없는 짐을 지고 있다."라고 언급했다.[118] 몇몇 고등학교의 과도한 수업과 서비스의 제공으로 Arthur G. Powell, Eleanor Farrar, David K. Cohen은 "쇼

핑몰 고등학교"라는 이름표를 붙였다.[119)]

Richard Mitchell은 7대 기본 원리가 반지성적이라고 비난하며 "27명의 깡패(즉, 1913년에 지정된 국가교육협회의 중등교육재건위원회)"가 주창한 "7개 치명적 원칙"이라 불렀다. Mitchell은 1892년 형성되어 "학자 위주"로 구성된 NEA 10인 위원회에 적절하게 배치되었다.[120)]

Martin은 학교가 모든 삶의 형태에 책임을 질 수는 없으며, 학교(즉, 고등학교)의 목표가 재정되어야 하고 7대 기본 원리보다 더 순화된 목적이 재정되어야 한다는 입장을 취했다. 그러나 Theodore R. Sizer는 미국인이 수십 년간 7대 기본 원리에서 주창된 목표에 긍정적인 입장이라고 주장했다.[121)]

Martin은 지역사회가 젊은이의 교육에 대해 책임을 함께한다고 생각했다. 그는 다음과 같이 충고했다.

> 학교목표의 재정비와 청소년과 성인 사이의 새로운 관계 설정은 종합 고등학교가 지역사회에 기반을 둔 종합교육 프로그램으로 대체되어야 가능하다. 청소년 교육안은 그러한 교육목적을 가지고 있어야 한다. 그리고 그 교육목적은 고등학교의 최우선적인 책임이며 다른 새로운 지역사회 기관으로 이전되는 것이 더 나을 것이고 협동적인 자원 공유로 도움을 받을 것이다.[122)]

A. Harry Passow는 중등교육을 바라보는 5개 국가 단체의 제안서를 검토했다.[123)] 고등학교와 청소년교육 국가위원회의 보고서 외에 미국인 일반 대중은 전국중학교교장협회(National Association of Secondary School Principals),[124)] 중등교육개편위원회(National Commission on the Reform of Secondary Education),[125)] 대통령 과학자문위원회 청소년 배심원단(Panel on Youth of the President's Science Advisory Committee),[126)] 교육시설실험과 IDEA로부터 보고서(Educational Facilities Laboratories and IDEA)[127)]를 접했다.

1970년대 국가 단체에서 나온 제안서에는 다음과 같은 요구사항이 있었다.

- 지역 사회의 직업훈련 프로그램에 더 많은 시간을 할애하고 학교 수업 일수를 줄일 것
- 교육적 선택, 즉 학생과 부모가 선택 가능한 대체 수업
- 14세 입학 강제 조항의 나이 제한을 낮출 것

- 유럽 전통의 전문 고등학교 설립
- 직업교육의 강화
- 고등학교 교육 기능을 인지학습으로 제한

만약 이 제안서가 진지하게 검토되고 채택되었다면 모든 사회계층의 청소년에게 광범위한 프로그램을 제공하려던 종합 고등학교는 크게 변했을 것이고 심지어 사라졌을 것임이 분명하다.

개혁의 노력

책임감, 지적 기술과 최저 능력의 강조, 학업 관련 시간의 증대, 잦은 시험, 합격 기준의 상향 조정과 같은 움직임은 고등학교와 그 아래 교육과정에도 영향을 주고 있다. 1980년대와 1990년대 초에 고등학교는 수많은 권고사항을 담고 있는 일련의 보고서 때문에 검열에 검열을 받고 있다.[128] 학교들은 보고서에 담긴 사항을 검토하는 실험의 대상이 되고 있다.

이 기간 동안 광범위하게 토론되었던 보고서에는 다음과 같은 것이 있었다.

- 파이데이아 단체를 위한 Mortimer Adler의 『파이데이아 제안서: 교육 선언서(*The Paideia Proposal: An Educational Manifesto*)』(1982)[129]
- 국가수월성교육위원회(National Commission on Excellence in Education)를 위한 David P. Gardner의 『위기에 처한 국가: 교육개혁을 위한 필수요건(*A Nation at Risk: The Imperative for Education Reform*)』(1983)[130]
- Ernest L. Boyer(교육 진보를 위한 Carnegie 재단의 대표)의 『고등학교: 미국 중등교육에 대한 보고서(*High School: A Report on Secondary Education in America*)』(1983)[131]
- John I. Goodlad의 『학교라 불리는 곳: 미래의 전망(*A Place Called School: Prospects for the Future*)』(1984)[132]
- Theodore R. Sizer의 『Horace의 타협안: 미국 고등학교의 딜레마(*Horace's Compromise: The Dilemma of the American High School*)』(1984)[133]
- 비즈니스 라운드테이블(Business Roundtable)의 『성공적인 교육 시스템의 필수 요소(*Essential Components of a Successful Education System*)』(1990)[134]

- 필수기술 습득을 위한 장관위원회(The Secretary's Commission on Achieving Necessary Skills)의 『학교에 필요한 것: 2000 미국을 위한 SCANS 보고서(*What Work Requires of Schools: A SCANS Report for America 2000*)』[135)]
- Theodore R. Sizer의 『Horace의 학교: 미국 고등학교의 재설계(*Horace's School: Redesigning the American High School*)』(1992)[136)]

이들 중 4개 연구(Adler, 비즈니스 라운드테이블, Gardner 그리고 Goodlad)는 초등과 중등 교육 모두에 건의된 것이다. 이러한 연구의 진정한 의미를 이해하기 위해 〈표 9-8〉과 같이 고등학교를 위한 주요 교육과정 지침을 정리했다.

고등학교의 과거 발전과 현재 평가받고 있는 고등학교 프로그램을 고찰하면서, 가상 교육과정 위원회는 온 나라의 기타 학교 시스템과 마찬가지로 고등학교의 변화를 위해 때로는 상충되는 많은 지침을 주 단위와 국가 차원의 법제화된 개혁의 노력으로 연구하고 있다.

이러한 연구의 영향은 평가하기가 어렵다. 협의회(Conference Board)는 『위기에 처한 국가』 이후 10년이 지나 학교와 산업의 연관성이 증대되었고, 새로운 프로그램이 개발되었으며, 광범위한 협력이 이루어졌고, 교육에 대한 대중의 관심이 불러일으켜졌다고 보고했다.[137)] 그럼에도 교육 개혁은 여전히 정부 기관뿐 아니라 비정부 기관의 의제로 남아 있다. 주민과 스탠퍼드 대학 Hoover 기관의 시찰 팀으로 구성된 K-12 교육에 관한 Koret 특별 전문위원회(Koret Task Force on K-12 Education)는 2000년 가을에 미국 교육의 중요 현안을 토의하기 위한 노력을 시작했다. 『위기에 처한 국가』 이후 20년의 K-12 교육의 현 상태에 대한 이야기를 하면서, 특별 전문위원회는 "미국 교육의 결과는 여러 면에서 1970년 이후 거의 발전을 보이지 않았다."고 결론지었다.[138)]

Sizer는 1984년 만들어진 핵심학교연합(Coalition of Essential Schools)을 통해 개혁을 촉진하려 했다. 52개 학교와 작업을 하면서 Sizer는 학교가 과목 수를 줄이고 폭보다는 깊이 있는 학제가 되도록 장려함으로써 '쇼핑몰' 개념의 고등학교와 전투를 벌이려 했다. 그의 노력은 재정 문제와 같은 어려움에 봉착했을 뿐 아니라 교직원의 반발, 비난, 타성과 같은 문제에 직면했다. 또한 학교생활 안에서의 과외 활동을 경시하는 것에 대한 부모의 염려와 학문에 기초를 둔 더 힘든 교육과정에 대한 학생들의 거부의 문제에 직면했다.

초기에 보고된 제휴(연합) 학교(coalition school, 학교 안의 학교)의 성공 중에는 향상된

표 9-8 고등학교를 위한 주요 교육과정 지침(1982~1992)

Adler (1982)	Boyer (1983)	Gardner (1983)	Goodlad (1984)
• 모든 학생에게 동일한 목표를 가진 하나의 편성코스 • 외국어 외 선택권 없음 • 특별 직업 훈련 없음 • 주제 영역: – 체계적 지식의 습득 – 지적 기술의 개발 – 생각과 가치의 넓은 이해	• 언어의 중심적 역할(영어의 유창성) • 필수 중핵 교과(전체 단위의 1/3~1/2이 졸업을 위해 필수): – 문학 – 미국사(1년) – 서구 문명 – 비서구 문명(1학기) – 과학과 자연세계(2년) – 기술 – 수학(2년) – 외국어(전 학생 2년) – 미술 – 윤리 – 건강 – 직업(1학기) – 4학년 독립 프로젝트 • 처음 2년은 중핵 교과에 치중 • 나머지 2년은 선택과목에 치중 • 지역사회 또는 학교에서 한 단위의 봉사 필수	• 졸업을 위해 새로운 5개 필수 기초학문: – 영어 4년 – 수학 3년 – 과학 3년 – 사회 3년 • 대학 진학생을 위한 외국어 2년 • 더 유익한 시간 활용 • 학교생활의 연장(하루 7시간, 즉 1년에 200~220일)	• 지식과 경험의 5요소: – 문학, 언어(영어와 외국어) 18%까지 – 수학, 과학 18%까지 – 사회 15%까지 – 미술 15%까지 – 직업 15%까지 – 체육 10%까지 – 상기 과목에서 90% 이하까지 • 흥미와 관심을 추구하기위해 선택과목 10~20% • 일반 필수 중핵 과목: 일반 개념, 원칙, 기술, 비일반적 주제 • 각 5개 지식 영역 프로그램의 약 2/3는 군집화나 추적하기에 반대하는 학생들에게 일반적일 것이다.
Sizer (1984)	**Business Roundtable (1990)**	**미국 노동부의 SCANS 보고서 (1991)**	**Sizer (1992)**
• 기술: – 읽기 – 쓰기 – 말하기 – 듣기 – 계측 – 측량 – 계산 – 관측	• 네 가지 운영 가설: – 모든 아동은 현저히 높은 수준에서 학습이 가능하다. – 우리는 모든 학생을 성공적으로 교육하는 방법을 알고 있다. – 높은 기대치를 반영하는 교육과정 내용 교습 시간과 전략이 다양할 수 있다.	• 결론: – 모든 미국 고등학생은 풍부하고 만족스러운 삶을 영위코자 한다면 새로운 능력과 기초 기술을 개발해야 한다. – 오늘날 가장 경쟁력 있는 기업의 특징인 높은 성과는 크고 작은 우리 기업의 표준	• 원칙: – 정신을 잘 이용하라. – 전통적 과목보다 능력(역량) 중시 – 폭이 아닌 깊이 – 학생의 요구에 부응하는 실습 – 개인화된 교습과 학습 – 연구자로서의 학생 – 코칭 – 필요하다면 언어와

• 지식: – 주제의 보편적 본체 부재 – 직업 훈련 – 학생이 있는 곳에서 시작하라. • 이해: – 분별력과 판단력 – 개발 – 인물 가치 발견교육 – 공정성 – 관용 – 인내	– 모든 학생은 대변인이 필요하다. • 성과나 결과에 기반을 둔 시스템 • 강하고 풍부한 평가 전략 • 성공에 대한 보상 학교. 즉, 진보에 대한 지지와 실패에 대한 처벌 • 학교 교직원은 교육적 결정에 중요한 역할을 한다. • 직원 개발의 중요성 • 적어도 혜택받지 못하는 모든 아동을 위한 양질의 유치원 교육 • 보건과 기타 사회 서비스의 풍부한 제공으로 학습 장벽을 없앤다. • 기술의 사용	이 되야 한다. – 학교는 자신의 이름으로 높은 성과 기관으로 탈바꿈해야 한다. • 세 가지의 기초 토대 – 기초기술: 읽기, 쓰기, 산술적 · 수학적 활동, 듣기, 말하기 – 사고력: 창의적으로 사고하고 결정하며, 문제를 해결하고 시각화하며 학습하고 논하는 법을 안다. – 개인적 특질: 책임감, 자존감, 사회성, 자기관리, 성실, 정직을 보여 준다. • 다섯 가지 능력 – 자원: 자원을 확인, 조직, 계획하고 할당한다. – 대인관계: 타인과 원만히 일을 한다. – 정보: 정보를 습득, 사용한다. – 시스템: 복잡한 상호관계를 이해한다. – 기술: 다양한 기술 작업을 한다.	기초수학의 치료 작업 – 숙달(성취)했다는 증거에 비추어 수여되는 졸업증서(졸업작품전) – 엄격한 연령 제한 금지 – 시간에 의한 학점제 금지

읽기 점수, 대학 진학률 상승과 퇴학률의 저하를 들 수 있다. 모든 학생에 대한 학문의 강조, 교육의 코칭 모델, 더 작은 규모의 수업, 그리고 지역 교사 통제는 Sizer의 노력의 중심을 이룬다.

학교 개혁을 더 효과적으로 다루기 위해 핵심학교연합은 시티은행과 Danforth 재단이 후원하는 "다시 배우기(Re: Learning)"라고 명명된 발의안인 "교정에서 주 의사당까지"의 개혁을 이끌어 가기 위해 주 교육위원회와 동맹에 들어갔다.[139] Sizer가 연합 원칙을 전달하기 위한 가공의 수단인 Horace의 프랭클린 고등학교는 "본질적인 학교(Essential School)의 각색" 이라는 그림을 그려 냈다.[140] Horace 학교의 가상 위원회의 지침 중에는 교육과정을 3개의 영역으로 나누는 것, 모두에게 해당하는 2단계, 자원할 수 있는 세 번째 단계, 통합 교육과정, 전시회를 통한 전문 지식 습득의 시연, 제한된 수의 적성 능력에의 집중 등이 있었다.

Sizer는 연합회원의 연이은 개혁안에 대해 이야기하면서, "이러한 학교의 모든 보고서는 학생의 학문적 성과, 출석률, 사기, 대학 입학률을 높였다." 라고 주장했다.[141] 그러나 그는 "…성공과 실패의 상대적 평가는 여전히 확실하지 않다. 그러나 면밀한 관찰을 통한 결과는 고무적이다." 라고 계속하여 말했다. 최근에 핵심학교 네트워크연합(Coalition of Essential Schools Network)은 일반 원칙에 찬성하는 170개의 자매 학교와 23개의 자매 지역 센터를 가지고 있다. 일반 원칙에서 자매기관은 모든 학생에게 적절한 목표와 학습 범위에 대하여 심도 있는 교육을 선택한다고 되어 있다.[142]

학교들은 Alder의 제안 쪽으로 기울까? Boyer의 제안? 비즈니스 라운드테이블의 제안? Gardner의 제안? Sizer의 제안? SCAN의 제안? 아니면 그들은 10인 위원회(Committee of Ten), 중등교육재건위원회(Commission on the Reorganization of Secondary Education), 교육정책위원회(Educational Policies Commission)처럼 더 예전 것을 볼까? 그들은 개혁을 위해 우리가 15장에서 배울 주와 전국적인 기준, 평가, 사립학교, 일정 수정, 서비스 배우기 등의 다른 방법을 받아들일까?

우리가 살펴볼 것은 현지 학교와 주가 개선 사항의 판단의 근거가 되었던 많은 제안의 통합적 내용이다. 한 가지 기준 모델의 중등교육—초등학교나 중학교도 마찬가지다—은 미국에 있는 모든 학교 시스템에 적합하지 않다. 분명히 학교 시스템에 대한 자율권, 선생과 학부모에 대한 권한의 추세가 점점 가속도가 붙는 것을 보면 모델의 다양성이 예상된다.

우리는 교육과정과 관련된 권고가 주기적이라는 점을 알아야 한다. 10인 위원회(Committee of Ten, 1894)는 모든 고등학생에게 같은 프로그램을 추천하였다. 거의 100년이 지난 후에 파이데이아 그룹(Paideia Group, 1982)이 12년 동안의 학교생활에 대해 융통성 없는 방안을 제안했다.[143] Conant(1959)는 파이데이아 그룹이 그랬던 것처럼 고등학생이 1년 동안 미적분을 배우는 것을 제안했다. 1959년에 Conant는 학문적으로 뛰어난 학생들을 위한 외국어 학습을 지지했다(4년의 외국어 학습). 1983년에 국가수월성교육위원회(National Commission on Excellence in Education)는 대학생을 상대로 2년의 외국어 학습을 추천했고, 같은 해에 Boyer는 초등학생부터 외국어 학습을 시작하는 것과 고등학생의 2년 외국어 학습을 주장했다. Conant(1959)는 생활지도 상담자가 더 필요하다고 주장했는데, 이것은 Boyer(1983)도 마찬가지였다. Goodlad(1984)는 광대한 범주의 지식을 이해하고 하버드 일반교양교육위원회(Harvard Committee on General Education)를 체계화하였다.

우리는 벌써 고등학생이 졸업장을 받는 것이 어려워지고 있는 것을 알 수 있다. 이 사실은 고등학교 졸업장이 합리적 기준의 성적 상징이 되길 바라는 많은 일반 사람과 전문직의 오랜 소원을 충족할 것이다.

학생들이 최소한의 능숙함을 완벽히 배운다면, 학부는 프로그램을 강화하고 개개인의 특성에 대응하는 방법을 찾을 것이다. 바우처를 만들려는 노력, 수업료와 관련된 제안 및 사립학교의 경쟁은 공립학교가 그들의 프로그램을 재평가하도록 만들었다. 학교들이 이제는 인지함의 중요성을 공감하면서 그들은 교육과정에서 정신운동성의 영역을 버리거나 효율적인 학습을 제거하지 않을 것이다. 지능에만 신경 쓴 것이 아닌, 아동 자체에 대한 관심을 둔 두 세대의 진보적인 원칙은 가볍게 버려지지도 않을 것이고 또 버려져서도 안 될 것이다.

개혁의 노력이 강했던 몇 년 동안 학생의 성취라는 면에서의 개선은 매우 제한되어 있었다. Gene R. Carter는 온라인 기관인 장학과 교육과정 개발협회에서 「고등학교 개혁: 무엇으로 10대를 사로잡을 것인가(High School Reform: What Will It Take to Engage Teens)」라는 보고서를 발표하여 고등학교 졸업률이 70% 이하를 맴돈다는 사실을 알려주었고, 탈락자의 1/3은 9학년과 10학년 과정을 거치지 않는다고 하였다.[144] 1989년 보고서에 따르면 교육정책연구센터(Center for Policy Research in Education)는 개혁 노력을 두 가지로 파악하였다. 첫 번째는 1982년부터 1986년까지 발생했는데 주의 권한이 최소한에 머물러 있을 때였다. 두 번째는 1986년에 시작해서 현재까지 계속되고 있는데 학교를 그 지역에 맞게 개혁하려는 인근의 노력을 말한다. 센터는 첫 번째 종류의 개혁 물결이 현지의 수준에 맞게 성취한 두 번째에 비해서 더 개성적이었다고 말했다.[145]

그러나 주의 권한은 교사와 비전문가의 권한을 위한 움직임과 더불어 최근 10년 동안 약해졌다. 변화는 전체적으로 점진적이고 거의 대대적이지 않다는 것을 알아야 한다.

Donald C. Orlich는 다수를 위한 개혁 노력을 살펴볼 때 비판적인 시선을 보냈다.

> 이 나라는 학교 관계자들의 에너지를 빼앗아 간, 형편없게 상상됐지만 정치적으

로는 인기 있었던 개혁 움직임에 수십 억 달러를 버렸다. 우리는 교육자와 지방의 정책 담당자가 그들의 문제를 분석할 수 있게 개혁에 대한 전국적인 활동 중단이 필요하다. 이것은 '지방 시스템 분석'이라는 새로운 개념으로 다가올 수 있다. 각 학교는 체계적으로 그들의 문화—그렇다, 문화 말이다—를 알 수 있을 것이고, 그러고 나서 조심스럽게 연구된, 제대로 짜 맞추어진 계획을 세부적인 보완을 위해 실행할 수 있을 것이다.[146)]

주의 권한이 1990년대부터 약해지기는 했지만, 3개의 연합정부가 국가의 목표를 공표한 것, 주와 국가가 기준과 평가를 개발하려는 노력과 개개인과 집단의 제안 등을 따라서 개혁의 노력은 최근 거세지고 있다. 교육과 관련된 많은 노력처럼, 1980년대와 1990년대에 목표를 정하고 다양화하는 과정은 많은 비판을 받았다. Kenneth A. Sirotnik은 "고귀한 교육목표를 적은 목록을 계속적으로 전시하는 흥미로운 현상"을 찾았다.[147)] 1983년 국가수월성교육위원회(National Commission on Excellence in Education)의 보고서 『위기에 처한 국가』를 보면 George Leonard는 그 시절 교육을 개선하기 위한 제안에 반대했으며, 그것을 "위대한 학교 개선 거짓말"이라고 통칭하였다.[148)] 몇 년 뒤 Lewis J. Perelman은 미국 2000(America 2000) 같은 개혁 노력에 날카로운 비판의 시선을 보냈으며, 그것을 실패라고 부르며 '거짓말' 이라고 통칭하였고, 우리가 알고 있듯이 공학 대신에 최신 기술이 사적인 교육을 대신하는 것을 지지하였다.[149)]

Ernest R. House는 1980년대의 개혁을 기준을 굳건하게 하는 것, 시험 보는 것, 분산 같은 학교 통치의 변화, 중산층과 상류층의 이익을 보호하기 위한 저비용의 학교 선택 등으로 보았다.[150)]

"학교 개혁 사업"이라고 부르며, Goodlad는 "학교 개혁은 대체로 개혁의 과잉으로 인해 사라지고 소멸된다."라고 말했다.[151)] 첫 번째 학교의 미션을 "민주주의의 견습생"이라고 부르며,[152)] Goodlad는 현재의 개혁 노력을 "모든 아동은 배울 수 있다" "아무도 뒤에 남겨지지 않는다"를 외치는 "빈 설교"라고 불렀다.[153)] 그는 "현재 학교 개혁의 딱딱하고 힘든 시대는 널리 퍼져서 현지 학교를 넘어섰으며, 남은 사람을 모두 쥐어짜야 하는 위험을 안고 있다."라고 말했다.[154)]

학교, 주, 국가는 공교육에 대한 성공과 이미지를 개선하겠다고 계속적으로 발표해 왔다. 교육은 계속적으로 많은 주와 나라의 정치에서 1990년대 말부터 2000년대 초까지 안건의 윗자리를 차지하고 있다. 하지만 1990년대의 목표를 바꾸는 개혁에 대한 시도와 기준을 높이고 업적을 가늠하며 접근성을 높이는 일은 보다 더 개혁적인 학교와 교육과정을 원하는 몇몇 사람을 충족하지 못한다. 그들은 최근의 개혁 노력이 학교에 산업적이고 공장 모델을 제공해 학생들이 일을 할 수 있도록 준비시키는 목표에만 입각해서 원래 목표(민주시민)를 잊었다고 이야기한다. 그들은 최근의 모델이 학생과 교사에게 실행됐다고 인식하며, 백인 남자와 유럽인의 문화를 영속화한다고 보고, 이것이 비민주적이라고 이야기한다.[155] Renata Nummela Caine과 Geoffrey Caine은 개별 교과의 강조, 주제 범위, 단순 사실 암기, 유대감 부족을 언급하며 교육의 공장 모델을 비난했고, 그 모델은 "…금세기와 다음 세기의 학생들이 필요로 하는 적절한 기술과 속성"을 다루지 않는다고 단언했다.[156] 미국 대중 자체는 공립학교에 대하여 양면적이다. 2002년 공립학교 부모의 71%는 자녀의 학교를 A~F 기준 가운데 A와 B를 준 반면, 일반 대중은 전반적으로 24%만이 A나 B를 주었다.[157] 우리는 2장에서 원리 11을 추가했어야 하는지도 모른다. 즉, 학교와 관계되는 모든 유권자가 교육과정에 대해 만장일치로 동의하는 것은 절대 이룰 수 없는 목표다.

그럼에도 혹은 아마도 우리는 과거 개혁 노력의 실패 때문에 학교들이 NCLB에 대응하여 학생들의 성취를 향상하고자 시도한다고 말할 수 있다. 우리는 이러한 관점에서 평가와 책임성의 시대에 살고 있다고 충분히 말할 수 있다. 우리는 15장에서 표준과 평가에 대하여 논의할 때 NCLB로 돌아갈 것이다.

대안학교 공립교육에 대한 최근의 일부 비난은 초등교육과 중등교육 모두에서 대안학교의 증가를 초래했다. 대안학교는 선택교육 또는 교육적 대안으로도 알려져 있다.

대안적인 공립 중등교육을 개발 · 지원하는 근본적 이유를 간단히 생각해 보자. 일부 청소년 혹은 많은 청소년은 기존의 고등학교에서 혜택을 받을 수 없다. 왜냐하면 그들은 구조적인 체계 안에서 효율적으로 배울 수 없기 때문이다. 학교 밖의 기관(가족, 친구, 교회, 산업)이 학생에게 주는 영향은 학교보다 훨씬 크다. 그러므로 이러한 기관이 열려야 한다. 민주사회에서 가정은 자녀가 받을 교육의 형태에 대하여 선택권을 가져야 한다. 공립학교가 내부에서 변하지 않는다면, 젊은이는 육체적으로나 정신적으로 낙오되거나 사립학교로 전학할 것이다.

우리는 대안학교가 무엇인지 물을지도 모른다. 공립학교에서의 선택권에 대한 국가 컨소시엄(National Consortium for Options in Public Education)은 대안학교를 "전통적인 학교 프로그램에 대안적인 학습 경험을 제공하고 추가 비용 없이 지역사회 안의 모든 가

정이 이용할 수 있는 지역사회 안의 아무 학교(또는 미니학교)" 라고 묘사했다.[158)]

어떤 학교 시스템은 정규 학교에 잘 적응하지 못하는 행동장애를 가진 젊은이를 위한 소위 '대안학교'를 설립하고 있다. 그러나 이런 학교는 전국 컨소시엄에서 말하는 의미의 대안학교가 아니다. 이 학교들은 좋아서 선택하는 것이 아니기 때문이다. 학생들은 학교 시스템에 의해 이들 학교로 배치되고 자신들의 행동이 충분히 개선되어 정규 학교로 돌아갈 수 있을 때까지 그곳에 머물러야만 한다(그러나 일부 대안학교는 부모와 학생에 의한 선택권이 특히 등록을 원하는 학생 수가 학교 수용 능력을 초과하는 경우 입학 요건과 시험으로 제한되어야만 한다).

자유학교, 고등학교 중퇴자를 위한 학교, 상점가 아동을 위한 학교, 벽이 없는 학교 등은 대안학교의 예다. 더 유명한 것 중에는 1969년으로 거슬러 올라가는 필라델피아의 파크웨이(Parkway) 프로그램과 1970년에 시작된 프로그램인 시카고의 메트로 고등학교가 있다. 이런 형태의 프로그램에서는 사실상 지역사회가 학교가 된다. 학교 시스템은 경제 협력, 즉 문화적 · 교육적 · 사회적 기관의 협조를 받고 젊은이의 교육에 봉사한다. 학교 시스템은 지역사회에서 식견 있고 경험 많은 사람의 재능을 발굴하여 교사로 근무하게 한다.

그러나 선택에 의한 교육은 벽이 있는 더욱 전형적인 학교에서 가능하다. 부모는 자녀를 열린 학교나 이중언어 학교 또는 심지어 전통적 기초 기술학교에 입학시킬 수 있는 선택권에 마음이 갈지도 모른다. 많은 지역사회, 특히 도심에서 부모는 학구 내 전 지역의 자녀를 끌어가기 위해 설계되고 중심 테마에 입각한 양질의 특별 전문 프로그램을 제공하는 기관인 마그넷 스쿨에 자녀를 보내려 할지 모른다. 인종 통합을 이끌기 위한 수단으로 개발된 마그넷 스쿨은 모든 인종의 젊은이에게 호소력이 있으며 전통적인 학교는 잘 제공하지 않는 전공 분야에서 강한 학문적 또는 직업적 프로그램을 제공한다.

보스턴 라틴 스쿨(The Boston Latin School), 디트로이트의 카스 기술학교(Detroit's Cass Technical School), 브롱크스 과학고등학교(the Bronx High School of Science), 뉴욕의 공연예술 고등학교(New York's High School for the Performing Arts), 브루클린 과학기술 고등학교(Brooklyn Tech), 뉴욕의 스타이브센트 고등학교(Stuyvestant High School in New York City), 시카고의 레인 기술학교(Lane Technical School in Chicago), 필라델피아의 센트럴 고등학교(Central High School in Philadelphia) 그리고 샌프란시스코의 로웰 고등학교(Lowell High School in San Francisco)는 오늘날의 마그넷 스쿨의 선구자였던 특수 전문학교의 사례다. 마그넷 스쿨 입학이 거주 지역에 따른 지정이라기보다는 선택에 따

른 것이기 때문에, 마그넷 스쿨 학생들은 더 높은 동기 부여와 성취도를 보여 주었다.

마그넷 스쿨은 최근 수적으로 성장하였다.[159] 댈러스는 마그넷 스쿨의 급격한 성장을 보여 주는 예다. 1976년 이후 이 도시는 이미 존재하던 스카이라인 센터(Skyline Center) 외에 7개의 마그넷 스쿨을 설립하였다. 즉, 예술 마그넷 고등학교, 비즈니스와 매니지먼트 센터, 건강직업고등학교, 인간봉사센터, 법과 공공 관리 고등학교, 교통부 그리고 특수교육 학생을 위한 복합 직업관리소다. 캘리포니아 주 세리토스에 있는 휘트니 고등학교는 하나의 사명으로서 학문적으로 유능한 학생의 대학 입학을 위해 준비하고 있다.

야구에 전념하는 푸에르토리코 야구학교와 고등학교, 홈랜드 시큐리티에 직장을 구하기 위해 학생 자신이 위험을 감수하는 훈련을 제공하는 코네티컷 주 뉴브리튼에 있는 대안 고등학교, 그리고 게이 · 동성애자 · 성전환 학생을 위한 뉴욕 시의 한 고등학교는 2000년대 초반의 발전의 소산이며 분명히 그런 종류의 첫 공립학교다.

마그넷 스쿨의 개념을 주 전체로 확대하면서, 일부 주는 기숙 공립 중학교를 고려하거나 설립하고 있다. 1980년에 문을 열어 그런 형태의 원조학교가 된 더햄의 노스캐롤라이나 과학수학 학교는 경쟁력을 기초로 그 주 전역에서 온 학생들을 받아들이고 그들에게 고도의 집중 프로그램을 제공한다.

교육의 선택이라는 개념은 확실히 호소력이 있으며 민주주의적 전통에 최고로 어울린다. 대안학교의 성장은 다시 한 번 교육과정의 변화를 증명하며 이웃과 종합학교에 분명히 피할 수 없는 영향을 줄 것이다.

아동이 기본 원칙을 습득하는지, 고등교육을 받는지, 그리고 교육 운용의 경제가 유지되는지를 염려하는 미국 대중은 기존의 학교 형태에서 급진적으로 변하는 것을 지지하지 않는 것 같다. 일반 대중은 청소년 교육을 지역사회의 산업체[160]나 기타 기관[161]에 넘겨 주는 것, 즉 학교제도 폐지를 위한 의견이나 완전히 민영화하는 교육을 위한 의견에 귀를 기울이는 것 같지 않다. 반면에 현존 틀 안에서의 합리적인 대안은 당연히 지지한다. "현대적이고 타당한 교육제도"를 요구하는 성가신 부모에게 Jon Wiles와 John Lundt는 현재 우리의 공교육 제도에서 많은 대안적인 것을 추천했다.[162] 우리는 교육의 대안과 학교의 선택에 관한 더 최근의 쟁점을 15장에서 살펴볼 것이다.

졸업을 위한 요건

1900년대 중반에 16 Carnegie 학점은 4년제 고등학교 졸업을 위한 최저 필수 요건이었다. 오직 학문적으로 재능 있는 학생만이 1년에 5개 시수 이상을 이수했다. 20시수 이상은 통상 미국 전역에서 필수이며 10개 이상의 '핵심' 과목이 정식 학위에 필수다.

1980년대 후반부터 미국 주들은 졸업에 필요한 학점을 대폭적으로 높였다. 예를 들어, 아이다호와 알래스카 주는 졸업을 위해 21학점을 요구한다. 하와이와 미주리는 22학점인데, 2010년까지는 24학점으로 높였다. 오클라호마는 23학점, 그리고 웨스트버지니아는 24학점이다.[163]

대학을 진학하는 학생들은 이러한 최소한의 요건을 넘는다. 그들은 대학 입학에 필요한 과목과 학점이 늘어남에 따라 필수 고교 프로그램은 더 많이, 선택 과목은 더 적게 찾고 있다. 미국 주들은 대체로 학생들이 고등학교 학위를 따기 위해 통과해야 하는 과목 세트(어떤 사람은 핵심 과목이라고도 부른다)를 요구한다. 학위에 필요한 조건 외에 시험의 통과도 덧붙이는 주들이 늘어 가고 있다.[164]

고등학교 졸업을 위한 요건이 늘어 가는 추세는 수년간 계속해서 논쟁되고 있는 보고서와 상당 부분 일치한다. 요건의 증가는 10인 위원회(1894), 하버드 위원회(1945), James B. Conant(1959)의 보고서와 1970년대와 1980년대의 몇몇 보고서를 실현하는 것이다.

우리는 아직 학문적 요건을 강화하지 못한 미래의 고등학교가 필수 과목 수를 늘리고, 선택 과목 수는 줄이며, 다양한 과목에서 통과하기 위한 점수를 높이고, 스포츠에 필요한 점수를 높이며, 과외 활동을 경시하고, 더 많은 내용을 다루며, 학습 시간을 더욱 효율적으로 이용하고, 학위를 받기 위한 요건으로서 지역 시험이나 주 단위의 시험에 통과토록 하고, 컴퓨터나 다른 형태의 기술을 포함한 교육 기술을 향상하기를 기대할지도 모른다. 졸업을 위한 요건을 줄이기 위한, 15장의 '시간표 편성'에 제시된 3년제 고등학교의 논의를 보라.

오늘날 공교육은 모든 학년에서 모든 학생의 학업 성취를 향상해야 한다는 큰 압력을 겪고 있다. 기금을 위한 경쟁과 학교제도의 대안적 형태로부터 직면했다. 더구나 교사의 부족을 직면하였다. NCLB가 요구한 것처럼 '질적으로 우수한 교사'를 두어야 한다. 연속체의 한 끝에서 우리는 공업학교의 열렬한 추종자를 발견했다. 반대 끝에는 '정부학교'로 언급되는 것을 반대하는 사람들이 있었다. 균형 잡힌 시간을 제시하기 위해, Gerald W. Bracey는 『공교육의 현황(*The Condition of Public Education*)』이라는 연례 보고서에서 공교육에 대한 비판을 논박하였고, 중요한 자료를 제출하고 분석하였으며, 그 성취를 인용하였다.[165]

고무적인 기록 1980년대 고등학교의 많은 연구(일부는 이 장의 다음 부분에서 논의된다) 중에는 Sara Lawrence Lightfoot의 연구가 있다. Lightfoot은 교사와 일반인, 기타 다른 사람이 '좋다' 고 여기는 학교를 신중하게 선택했다. 일부 연구와는 달리, Lightfoot의 연구는 단점보다는 긍정적인 면에 중점을 두었다. 6개 고교, 사립과 공립 모두에 대해 그녀는 각 기관의 좋은 면에 집중했다.

그녀는 학생들을 돌보는 교사진과 행정가를 찾아보았고, 그들에게 동기를 부여하려고 노력했고, 그들의 성취에 긍지를 가졌다. 그녀는 성취를 위해 고군분투하는 미완성된 기관을 발견했고, 세심하게 고려하여 변화를 일으켰다. 상당히 다양하고 차이가 있는 방식을 보여 주기는 했지만, 이들 학교의 지도자는 각자의 학교에 맞는 음조를 만들었다. 교사는 중심적이고 지배적인 역할을 했고, 행정가는 그들을 개인으로서 직업적인 전문가로서 존중했다. 이 학교들에서 Lightfoot은 교사와 학생 간의 높은 수준의 접촉을 관찰했다. 학생과 어른은 명확한 행동 규범, 안전한 환경, 긍정적인 상호관계에서 공동체 의식을 느꼈다.

Lightfoot의 연구는 몇몇 사람이 고등학교에 대해 가지고 있는 인상과는 달리, 큰 어려움 없이 이 학교들의 장점을 찾을 수 있음을 보여 주었다. 공교육에 대한 연례 보고서를 작성한 Gerald W. Bracey는 "미국에서 고등학교 졸업률은 100년 전의 3%에서 오늘날 83%로 치솟았다."라고 지적했고, "우리는 어떤 월계관에도 안주할 수 없고, 우리가 개선하려고 노력하는 중에도 이것을 자랑스러워할 수 있다."라고 언급했다.

다른 방식

오늘날의 교육 현장을 둘러보면 우리는 단위시간제, 연중 내내 실시하는 학교 교육, 통합과 같은 전통에서 벗어나서 새로운 관리 방식, 조직, 문화적인 방식을 구현하고 있는 교육자와 일반인을 만나게 되는데, 이에 대해서는 15장에서 살펴볼 것이다.

현재의 교육과정을 요약하면 강한 흐름과 반대의 흐름이 감지된다. 최근의 진보주의와 본질주의적인 교육자 및 부모 사이에 끝없는 줄다리기가 있다. 협력학습, 예외적인 아동의 주류 교육 포함, 무학년제, 다문화 교육, 학문적 학습 옹호자에 반대하는 포트폴리오 평가, 1일 수업 시간 증가, 1년 수업 일수 증가, 파닉스, 전통적인 평가, 학교 선택, 성취의 국가 표준 등의 옹호자가 있다.

우리는 어디로 가는가: 미래의 교육과정

초등학교

전통과 비전통 형태의 융합

오늘날 초등학교는 기본적인 능력의 강조를 유지하면서 동시에 학생들의 다른 교육적, 신체적, 사회적, 감정적 요구에 주의를 기울이고 있다. 현재까지 대중은 주 당국을 통해서 주 평가 프로그램을 강하게 요구받고 있다. 학생들에게 여러 과목의 테스트를 하는데, 특히 읽기와 수학 시험을 본다. 시험에 대한 반발이 있다는 몇 가지 증거가 있다. 학교에서 실시하고 있지만 표준화된 것과 다른 형태의 평가가 교육과정에 포함되고 있다. 평가의 새로운 기법에 대해서는 12장에서 다룰 것이다.

우리의 가상 초등학교는 오래전에 없앴던 벽을 열린 공간 시절의 자기 충족적인 교실 모형에 반대해서 복구했다. 광역 접근 방식은 과목을 잘라내는 단위의 사용을 통한 교육과정 통합이 더 많은 주목을 받으면서 계속해서 우위를 점할 것이다. 최소 역량 또는 다양한 과목의 결과가 학교, 지역, 주에 의해 자세히 발표되어서 학교 프로그램의 방향이 더 확실해질 것이다. 학생들의 발전과 그들의 성적을 공개함에 따라 이루어진 진척을 바탕으로 학교 등급을 매기는 일이 더 증가할 것으로 기대된다. 학생 성취도를 개선하는 방법에는 새로운 교수법, 학급 인원 축소, 튜터링, 여름학기, 야간강의가 있다. 이전과는 다르게 우수하지 않은 학교는 재원 감소나 학생들의 이탈과 같은 형태로 벌을 받는다. 초등학교는 학생들이 사립학교, 교수 부속학교, 홈스쿨 등으로 빠져나가는 것을 막기 위해 양육환경에서 학문적 발전을 보장하는 등의 시도를 할 것이다.

최소 역량의 습득은 모두가 기대하는 것이다. '최소' 역량이라고 이름 붙은 것이 최대 역량이 될 위험은 분명히 있다. 교사는 학생에게 최소 역량을 길러 주어 성취도 테스트를 통과시키는 일에 매달려서 그 이상의 교육에 할당할 시간이 부족할 수 있다. 현재의 교육학은 개인별 학습과 협력학습의 경험이 둘 다 필요하다.

본질주의와 진보주의의 추는 계속 흔들린다. 2001년 아동낙오방지법(No Child Left Behind)의 목표는 소수 민족, 장애인, 영어 사용 능력이 떨어지는 학생을 포함한 모든 학생들이 2014년까지 읽기와 수학에 능통해지는 것으로, 이것은 적어도 다음 10년까지 학교들을 압박할 것이다. 학교가 대중이 바라는 높은 시험 점수를 충족하고 기본적이고 생존 가능한 역량을 한 번 보여 준 다음에는 그 자세, 감정, 가치에 대한 고려로 또 다른 요구를 발견할 것이다. 학습 전략의 차이를 밝히는 연구가 늘어나서 교수 전략에 영향을 줄 것이다.[166] 우리는 교사의 교수 방식과 학생의 학습 방식을 맞추는 관리자의 많은 노력을 발견할 것이다.[167]

학급 규모

30명 또는 그 이상의 학급을 줄이는 일이 결국 이루어질 것이다. 2002년 플로리다 유권자의 행동을 일반화한다면, 대중은 명백히 작은 학급이 더 낫다고 믿는다. 투표자의 52%가 학급 규모를 제한해서 논란이 된 주 헌법 수정 조항을 승인했다. 미국 투표자의 이 행동으로 인해서 2010년까지 학급 인원을 유치원 이전부터 3학년까지는 18명, 4학년부터 8학년까지는 22명, 고등학교는 25명으로 줄여야 한다. 그런데 예산 부족으로 2003년부터는 이 수정 조항을 폐지하는 운동이 일어나고 있다.

자동진급/유급

2000년대 초에 자동진급을 축소하자는 주장이 나타났다. 사회적 진급은 학생들이 일정한 수준에 도달하지 못해도 나이별로 계속 함께 다니게 하는 것이다. 또한 이전 수준의 학습을 완료하게 하거나 유급시키려는 주장도 증가했다. 사회적 진급과 유급이 모두 학습자에게 부정적인 영향을 주고 낙제율을 높인다는 것은 일반적으로 동의한다(다른 학생들과 같이 지낼 수 있도록 열등생을 진급시켜 주는 것).

기타 발전

1999년 1월의 연두교서에서 Bill Clinton 대통령은 자동진급의 폐지를 언급했다. 1999년 8월에 17개 주, 콜럼비아, 푸에르토리코 자치구에서 자동진급을 폐지하고 주 또는 지역에서 실시하는 진급시험을 통과하도록 했다. 보스턴, 시카고, 신시내티, 햄스턴은 자동진급을 없앤 지역의 예이며, 학생 성취도를 개선하기 위해 다른 전략을 시행하고 있다. 학교체계가 언제나 의욕적으로 자동진급을 제한하고 정책에 예외를 제공하지는 않았지만, 2000년대 초에 취해진 조치는 자동진급이 더 줄어들고 〈글상자 9-1〉에 제시된 것과 같은 대안 전략이 더 많이 추진될 것임을 보여 준다.

가까운 미래의 초등학교는 과거의 학교가 더 정교해진 모습일 것이며, 특성상 본질주의적이지만 진보주의가 덧칠될 것이다. 우리는 여러 가지 프로그램에 대한 시험이 계속되는 것을 볼 것인데, 완전 혼합되거나 두 학년 이상의 학생들이 교사들과 함께 있는 다학년 수업 같은 현재의 노력이 그 예다.[168] 그리고 단일한 성으로 이루어진 학급과 학교가 있는데, 이것은 15장에서 논의될 것이다.

글상자 9-1 **자동진급제 폐지를 위한 전략**

자동진급을 종료하기 위한 포괄적인 접근은 다음과 같이 실천을 위한 지도력, 자원, 지역사회의 지원이 있어야 한다.

- 핵심 학년에서 능력 기준을 충족하기 위한 명확한 목표 설정.
- 적절한 교수법을 적용하기 위해 학생의 요구를 조기에 확인.
- 아동의 초기 문자 습득의 강조.
- 뛰어난 교육과정과 가르침을 제공하는 데 집중함.
- 교사의 교과에 대한 지식을 심화하고 학습 중인 모든 아동을 참여시키는 교수 전략을 개선하는 전문적인 발전의 제공.
- 자동진급 폐지의 노력에서 가족과 공동체를 포함한 모든 구성원을 위한 명시적인 기대치를 설정.
- 높은 학문적 기준에 미치는 못하는 학생을 위한 여름학기 제공.
- 전후 일과 프로그램, 튜터링, 홈워크센터, 연중 등교를 통한 연장 학습.
- 저학년에서의 학급 규모 축소.
- 학생과 교사를 1년 이상 함께 유지시키는 등 효과적인 반 배정 실시.
- 중학교와 고교의 진학 탈락 및 중퇴의 방지를 위한 프로그램 개발.
- 학교의 수행을 공적으로 보고하여 학교가 책임을 지게 하고, 향상된 학교에 상을 주고 실적이 나쁜 학교에 개입함.

출처: U.S. Department of Education, *Taking Responsibility for Ending Social Promotion: A Guide for Educators and State and Local Leaders, Executive Summary*, May 1999, website: http://www.ed.gov/pubs/socialpromotion/execsum.html, accessed May 4, 2003.

중학교(junior high school)

중학교의 보편성

주니어 고등학교는 빠르게 사라지고 있다. George 등은 다음과 같이 언급했다. "1980년대의 교육에 대한 국가적인 관심의 결과로 중학교의 새로운 파도가 휩쓸고 있으며 수많은 주 당국이 비판적인 보고서와 함께… 모든 주가 중학교 개념을 지지하고 자신들의 지역에 중학교 설치를 권장하고 있다."[169)]

남아 있는 주니어 고등학교는 계속해서 중학교로 전환될 것이며, 이름은 바뀌지 않더라도 개념은 그렇게 되어 갈 것이다(그러나 2004년에 뉴욕 시는 대부분의 중학교를 없애는 학년 재조정을 발표했다). 아직도 역사적인 '아카데미' 라는 이름을 보존하고 있는 몇몇 고등학교와 같이 새롭게 전환한 몇몇 중학교는 스스로를 '주니어 고등학교'라고 부를 것이다. 그러나 그들은 이 장의 앞에서 설명한 현대 중학교의 모든 특성을 가질 것이다. 사춘기 이전 아동을 위한 새로운 학교가 중학교로 건립될 것이며, '중학교' 와 '중학생' 으로 일컬어질 것이다.

중핵 교육과정 개념이 통합 교육과정의 형태로 부활할 것이 예측된다. 중학교는 다학문적인 팀과 다학문적인 교수 단위를 계속 사용할 것이다. 학교들은 단위 및 순환 일정과 같은 과거의 시도를 다시 할 것이다. 도덕적 가치와 윤리적 행동의 혼란기에서 학문 교육과 함께 인성교육 증대에 대한 새로운 관심을 보게 될 것이다.

전국중학교협회(National Middle School Association), 전국초등학교교장협회(National Association of Elementary School Principals, 중학교 교장도 포함됨), 중학교 학년개혁 전국 포럼(National Foram to Accelerate Middle Grades Reform) 등의 단체가 중학교 프로그램 개선을 계속 추구하고 있다. 전국 포럼은 '60명 이상의 교육자, 연구자, 전국 단체와 기관' 으로 구성되어 있다. 예를 들어 1999년 이후로 우수한 '주목할 만한 학교' 를 다음과 같은 네 가지 기준으로 선정하고 있다.

데이터를 모으고, 학교를 방문하고, 37개의 기준을 적용하는 것에 의해서 전국 포럼은 2005년 2월에 캘리포니아, 조지아, 켄터키, 노스캐롤라이나, 오하이오, 버지니아 주에서 15개 학교를 주목할 만한 학교로 선정하였다.[170)]

혁신은 확실히 계속해서 나타날 것이다. 오랫동안 교육과정을 지켜본 관찰자로서, 나는 일부 혁신이 문학적인 움직임으로 빠르게 어떻게 번성하는지 혹은 쇠퇴해 가는지, 유명한 전문가 같은 생각을 가진 사람들이 어떻게 주제에 따른 안내서와 다른 매체를 활용하는지, 화제에 따른 사전 제공과 근무 중 교육과정 활동에 대해서는 어쩔 수 없다.

당신은 중학교가 가진 일반성을 이해하기 전에 그것이 또 다른 기구나 정의되지 못하는 기관으로 논의를 전개할 수 있다는 생각을 해야 한다. 당신의 생각을 돕기 위해 당신은 2장에 제시된 원리를 재확인할 수 있다. 삶의 방식이 향상되고 발달하는 변화를 통해서, 학교 교육과정이 그 시대의 내용을 반영하는 것뿐만 아니라 예전부터 새롭게 변화되어 오는 교육과정의 변화와 더불어 최근에 새롭게 변화되는 교육과정이 동시에 존재할 수 있으므로 변화는 불가피하며 필요하다.

고등학교(senior high school)

프로그램과 실습

이 장과 다음 장에서 논란이 될 현재의 몇몇 프로그램과 학습—구성주의 학습과 인성/가치 교육(6장), 협력학습과 다중지능의 인식(11장), 수행기반 평가(12장), 교육과정의 통합(13장), 기초적 방식과 전혀 다른 교육, 이중언어 교육, 검열, 핵심 지식, 다문화주의, 예외 조항, 학교에서의 종교, 시간표, 지식 제공, 표준(15장)—은 의심할 여지없이 미래, 적어도 아주 가까운 미래까지는 지속될 것이다. 학교는 학생들의 지적, 신체적, 직업적, 문화적, 사회적 요구 등을 제공하기 위한 '완전 서비스' 교육기반이 되어야 한다.

만약 현재의 혁신적인 교육과정 학습법에 대해 다양한 집단과 개인으로 지지를 받는다면, 우리는 학생들이 학년 구분 없이 완전한 서비스 교육을 제공받고, 1년에 220일의 학생 지향의 통합된 간학문적 교육과정이 있고, 협동학습을 하고, 다문화적 자료를 활용하며, 개별 목표를 추구하고, 자신의 지식을 건설적으로 창조하고, 다중지능을 계발하고, 행동으로 나타나는 결과로 입증하며, 전체 언어 향상을 통한 언어를 학습하고, 과제와 성적 산출 혹은 우리가 알고 있는 시험에 대해 경멸하거나 또는 중단을 하는 학교를 선택하여 다닐 것이다. 중학교 및 중등학교는 단위 일정을 특징으로 할 것이다. 고등학교에서는 상담 서비스 그리고 다른 단계를 위해 많은 학습이 더해진 학교와 직장 간의 프로그램이 구체화될 것이다.

국가와 주 기준과 국가와 주 평가의 반대 양상은 무언가 비현실적인 시나리오를 앞서도록 만들어 줄 것이다. 만약 과거가 시작이라면 현재의 공통적인 흐름에 따른 창의적인 학습은 21세기 동안 지속될 것이다. 그 외의 것은 길가에 버려질 것이고, 교사와 부모의 관리와 권한이 기본이 되어 우리가 보고 싶은 것은 주와 국가의 표준에 더하여 소통의 필요성과 염원에 대응하는 다양한 프로그램을 지닌 다양한 기구다.

원리 3을 기억하면, 우리는 21세기에 한편으로는 매우 획기적이고 수준 높은 학교(아직 그러한 혁신이 갖추어지지 않고 설립된)를 찾을 수 있고 다른 한편으로는 전통적인 고등학교를 찾을 수도 있다. 양쪽 다 어떤 점은 비효율적이고 어떤 점은 매우 효율적일 것이다. 아마 우리는 획기적인 학습 또는 다른 방식이 적용되는 전통적인 학교나 또는 전통적인 교수법을 지닌 혁신적인 학교를 찾아낼 수 있을 것이다.

교육에서의 공학

비록 기술 자체의 변화만큼 빠르지는 않더라도, 교육에서 기술 연합의 변화는 급속도로 일어났다. 특별한 직업을 위한 교육의 한 부분으로서 컴퓨터 기술교육이 도입되고 있으며, 조사 활동을 위해 인터넷을 활용하고 온라인 수업과정을 제공하며 가상의 학교를 만들고 있다. 기술에서는 멈춤이 있을 수 없고, 또한 그렇게 할 수도 없다. 학교들은 살기 위해서 그리고 효과적으로 기술을 활용하기 위해서 학습할 것이다.

교실에서 기술의 사용이 제한되는 두 가지 문제점은 컴퓨터의 부족과 충분한 컴퓨터 기술 능력을 갖춘 교사의 부족이다. 컴퓨터 가격의 하락세와 하드웨어와 소프트웨어를 지원하는 100달러짜리 랩톱의 제조는 문제를 완화한다. 오늘날 컴퓨터 훈련은 모든 수준에서 교사의 준비 프로그램과 연합하여 이루어져야 한다. 오늘날 교사들은 그들의 학생보다 미숙한 컴퓨터 기술 능력을 소유한 이례적인 상황에 놓여 있으면 안 된다.

컴퓨터와 인터넷에 대한 접근은 기하급수적으로 증가하였다. 컴퓨터당 학생 수는 1997년 7.3에서 2002년 3.8로 향상하였다.[171] 반면 1994년 미국 공립학교에서는 35%가 인터넷을 사용하였는데, 2002년 가을쯤에는 99%가 사용하였다.[172]

오늘날 학구는 온라인 과정, 원거리 학습 프로그램, 가상의 고등학교의 형태로 비전통적인 학습을 제공하는 것을 흔히 발견할 수 있다. 애리조나 주 베일 학구의 엠파이어 고등학교는 전자학교를 만들어서 교재를 모두 데스크톱으로 교체하였다.[173] 마이크로소프트사의 지원으로 설립된 미래의 필라델피아 학교,[174] 애플 컴퓨터사의 지원으로 설립된 디트로이트의 디지털 러닝 커뮤니티(Digital Learning Community) 고등학교[175]는 예술과 높은 기술 프로그램의 연합체를 제공한다. 우리는 지역의 한 학교에서부터 발전된 기술이 빠르게 적용되어 가는 주와 학교제도들의 사례를 인용할 수 있다. 빠른 여행은 앨라배마의 원거리 학습 프로그램,[176] 펜실베이니아의 사이버 차터스쿨,[177] 켄터키의 가상의 고등학교,[178] 하와이의 E-학교,[179] 캘리포니아의 가상 아카데미,[180] 몬태나의 E-러닝 협회(E-Learning Consortium),[181] 스탠퍼드의 영재 학생을 위한 가상 고등학교,[182] 그리고 K12 사의 가상교육 프로그램[183]으로 나타낼 수 있다. 이 목록은 기술의 시대에서 학구들이 그들의 영역을 넓혀 감에 따라 훨씬 더 확장될 수 있다. 학문적 과목이 수준 높은 기술로 갈 뿐 아니라 플로리다의 중등 학생은 1999년 이후로 플로리다의 가상 학교가 요구하는 물리교육을 충족할 수 있다.[184]

한계가 없는 사이버 공간은 텍사스 대학과 멕시코 고등학교의 협력으로 멕시코 고등학교[185]에서 수학과 과학 수업은 텍사스 대학에 제공할 수 있게 되었다. 또한 미국에 사는 인도인 학생을 위해 인도의 강사를 구할 수 있게 됨으로써 사이버 공간의 가능성을 점차 증명하고 있다.[186]

비록 제안자에 의해서 열광적으로 지지되더라도 교실에서의 기술 적용은 비난을 받아왔다. 교육에서의 컴퓨터 사용에 대한 감소된 열광과 학생의 기술 사용을 향상된 학습에 무조건적으로 연결하려는 조사의 부족을 관찰할 수 있다. Mary Burns는 "학교들이 기술 사용을 교수학적인 질과 학생 참여, 고차원적인 사고와 융합하려고 했다."는 한 가지 이유를 제시했다. 기술과 가르침에 대한 새로운 방법에 대한 모든 흥분으로부터, 우리 교육자는 가장 기초적인 질문을 채택하는 것을 무시했는지 모른다. 학생들은 진정으로 학습하는가?[187] Burns에 따르면 예산은 삭감되고 게다가 NCLB 법안은 열정 면에서 꺾였다. Larry Cuban은 교실에서 컴퓨터를 "과잉 판매되고 이용이 부족한 것" 으로서 묘사한다.[188] 컴퓨터의 초우성(overdominance)을 다루면서, Lowell W. Monke는 기술과 진정한 삶의 균형에 대한 필요를 보았다.[189] 미래를 살펴보면서 우리는 유치원에서부터 대학원에 이르기까지 모든 교육 수준에서 충분히 활용될 수 있는 가상교육에 대한 움직임을 기대할 수 있을지 모른다. 학교들은 컴퓨터 기술이 사회를 이끌어 나가는 기술에서 필요한 가장 기본적인 생존 기술의 하나가 될 것이라는 사실에 대한 증언을 해 줄 것이다.

주들은 일상적으로 컴퓨터 기술의 증명과 졸업을 위하여 하나 혹은 그 이상의 온라인 과정의 수료를 요구할 것이다. 우리는 공공의 자유 온라인 교수와 수익을 위한 가상교육 프로그램의 혼합을 볼 것이다. 기술적 문해력을 갖춘 시민을 만들어 내려는 도전을 충족하기 위해서 교육공학을 위한 국제학회(International Society for Techology in Education)의 국가 교육공학 기준 프로젝트(National Educational Technology Standards Project)는 유치원에서 12학년을 거치는 표준안을 개발했다.[190] 컴퓨터 소프트웨어를 사용하는 교수가 학생 성취를 향상하는지에 대해서는 의문스럽다. 교육평가와 지역원조에 대한 국가센터(National Center for Education Evaluation and Regional Assistance), 교육과학협회(Institute of Education Sciencies), 미국 교육부가 행한 연구에서는 "선택적인 읽기와 수학 소프트웨어 산물을 사용한 교실에서 시험 점수가 확실하게 높지는 않다."는 것을 발견했다.[191]

기술의 급속한 침략에 대한 근심에도 불구하고 되돌릴 수 있는 길은 없다. 우리는 병에서 나온 요정을 돌려 보낼 수 없다. 또한 노력해야만 하는 것도 아니다. 전자적인 시대의 학교에 대한 도전은 학교의 과제를 촉진하고 특별히 학생 성취를 향상하려는 방식에서 기술을 적용하는 것이다.

소수의 학습 공동체

초등학교와 중학교는 그들만이 교실과 학교의 규모를 두고 고군분투하는 것은 아니다. 15장에서 다룰 한 흥미 있는 개발은 어떤 이가 '학습 공동체'라고 말한 소규모 학교를 위해 창안되었다. 앞서 언급된 디트로이트의 디지털 학습 공동체 고등학교(Digital Learning Community High School)는 크로켓 고등학교(Crockett High School)의 두 가지 모습—작은 학습 공동체와 높은 교육과정 기술—을 결합했다. 고등학교 내부에서 또는 큰 규모의 고등학교가 분리된 형태로 이루어지는 이런 활동은 더 많은 참여자를 확보하고 학습자의 성취에서 성공을 이루어야만 한다.

더 알아보기

내적 · 외적인 교육 부문의 인구 성장은 다소 모호하지만 '미래학자'라는 말로 확인될 수 있다. 일찍이 『제3의 물결(*The Third wave*)』, 『미래의 충격(*Future Shock*)』의 저자 Alvin Toffler는 우리 대부분이 미래의 문제점에 대해 고려하고 또 그것을 해결할 방법을 찾아보도록 유도하였다.[192] 미래학자가 지적한 문제에는 인구 문제, 건강 요구, 환경 보존, 주택 문제, 식량 공급, 에너지 수요, 첨단기술의 이용과 남용에 대한 것이 있다.

몇몇 미래 교육학자는 학교 정책에서 보다 효율적인 교육을 위해 교사와 행정직원의 공급을 새로운 교육 기술로 보았다. 다른 이들은 탈학교화의 양상을 예견하였다. 예를 들어, Peter Sleight보다 20여 년 전에 컴퓨터 세대에 영향을 받은 탈학교론자에 대한 보고서가 나왔다.

> 아마도 학생들은 학교에 나가지 않고, 집에서 컴퓨터를 통해 화상으로 교사와 이야기하면서 수업을 받을 것이다.
>
> 같은 통신망으로, 교사는 옛날 방식대로 하자면 '출석'이란 것을 했으며 잘 이해했는지 알 수 있을 것이다.
>
> 학생들의 숙제라는 것도 변화할 것이다. 학생들은 더 이상 종이로 된 숙제나 과제물 등을 집으로 가져오지 않을 것이다. 대신에 학생들은 과제를 수령하기 위해 학교 데이터베이스에 연결하고 집에서 컴퓨터 스크린에 과제를 실행하고 컴퓨터 연결을 경유하여 교사에게 그것을 보낼 것이다.[193]

1980년에 Sleight가 예언적인 언급을 한 수년 후, 스캐닝, 이메일, 팩스의 사용은 개인, 비즈니스, 그리고 교육적인 삶에서 일반화되었다. 이러한 기법을 통하여 학생들은 바란다면 서로 간에 그리고 사실 세계와 연구 결과의 산출물을 공유할 수 있다. 12년 후에 Perelman은 탈학교론에 대한 Sleight의 예측을 뛰어넘어 '하이퍼 학습'이라고 그가 부른 기술에 영향을 받은 새로운 기법을 가지고 전통적인 공공학교 시스템의 대체를 추구했다.[194]

당신이 이 장에서 알게 되고 15장에서 다시 알게 될 것처럼, 교육과 일부 학교 및 지방과 접근이 덜 어려운 지역에서는 교수자가 가정에서 컴퓨터 네트워크를 통하여 '원거리 학습'을 이미 실행하고 있다. 컴퓨터는 아픈 학생에게 학교 수업을 따라갈 수 있게 하였고, 교사 및 학생과 상호작용할 수 있도록 허락해 주었다. 원격교육 과정에 등록한 학생은 일반적으로 거주하는 지역이나 개인적인 상황에 따라 이메일을 이용하여 상호작용할 것이며 고등학교 프로그램의 일부분을 마칠 수 있다.[195]

만약 학교가 없어지고 수업이 컴퓨터 매체를 통하여 진행되는 날이 온다면, 교사와 학생 그리고 학생과 학생 사이의 대면 상호작용의 개념에 무엇이 발생할 것인가? 우리는 기술 수단을 통한 상호작용 학습을 향한 운동을 알고 있다. 컴퓨터 스크린, 팩스, 프린터를 경유한 상호작용은 학습자가 교육과정의 다양한 목표를 성취할 수 있도록 할 것인가? 어떻게 학생들이 서로 사회화하는 것을 배울 것인가? 다문화, 다민족 교육에는 무엇이 발생할 것인가? 소년과 소녀가 어떻게 다원화 사회에서 살아가는 것을 배울 것인가? 협력적 학습에는 무엇이 발생할 것인가? 학교의 후원하에 있는 예전의 교실 외 수업 활동과 육상경기는 어떤 배열로 구성될 것인가?

아마도 우리는 컴퓨터화된 학교교육을 남아 있는 부분을 채우는 학교 또는 공동체에서의 교육의 다른 형태를 가지고 그날의 한 부분만을 소비하는 것으로서 개념화하기를 바라는 것일 수도 있다. 어쨌든 우리가 오늘날 아는 것처럼 그리고 우리가 당면한 미래에 알 수 있는 것처럼, 당신은 초등학교, 중학교(junior high school), 고등학교(senior high school)가 먼 미래에는 확실히 다른 유형의 제도로 진화할 것이라는 것을 받아들여야 할 것이다.

공립 및 사립의 입학 등록

현재 학습연령에 달한 학생들의 87% 정도는 공립학교에 입학하고 있고, 10% 남짓한 학생은 사립 그리고 교구의 학교에 입학하고 있다. 2003년 가을 공립학교에 등록된 수는 4850만 명이다. 사립학교에 등록된 수는 630만 명이다.[196] 만약 가계(economy)가 허락되고 바우처를 쉽게 마련할 수 있다면, 더 많은 사람이 공교육과 사립학교, 교구의 학교, 차터스쿨, 홈스쿨링 사이에서 택일하는 것을 볼 수 있을 것이다. 어쨌든 공교육은 충분한 자금과 학업 기술의 연마 그리고 공교육의 성공을 알리며 경쟁자와 정면으로 부딪힌다면 충분히 살아남고 번창할 수 있을 것이다.

요 약

교육과정 연구자들은 교육과정 개발 연구를 계속하면서, 또한 어떤 유기적인 구조에서 자신들의 프로그램이 실행될 수 있을지 결정해야 한다. 이 장의 시작에서 우리는 가시적인 예로 세 학교—초등학교, 중학교, 고등학교(senior high school)—를 그려 보았다. 실제 학교처럼 우리의 가상 학교도 여러 가지 내부 변화를 겪었다.

이 장에서 우리는 각 수준 학교의 과거의 여러 조직의 형태를 찾아보고, 최근의 유기적 형태를 설명하며, 미래의 가능한 발전성에 대해 논의하였다. 초등학교 과정에서 우리는 학년제 학교, 활동 교육과정, 지속적 과정 계획, 열린 교육/개방형 교육에 대해 되돌아보았다. 중등학교 과정에서는 이전 형태, 주니어 고등학교와 중핵 교육과정을 포함한 다양한 형태의 가능한 중등 교육과정을 보았다. 고등 교육과정에서는 교과중심 교육과정이나 광역 교육과정, 팀티칭, 차별화된 교직원의 분류, 탄력적인 모듈식 교육과정, 무학년제 고등학교 등 다양한 형태의 교육 방안에 대해 공부하였다.

초등학교는 최근 필요에 의해, 교수법의 기본과 사고 기술, 학생을 위한 지원을 강조하고 있다. 어떤 학교는 기본적인 학습법에서부터 출발하여 변신을 시도하고 있다. 중학교는 사춘기 학생의 요구에 맞춰진 프로그램을 제공하고 있다. 널리 행해지는 방법으로는 서로 다른 분야의 팀을 이용하는 방법이다. 고등학교는 학교 내외적인 시스템을 통해 많은 기회를 제공하고, 졸업을 위해서는 더 높은 수준의 자질을 갖추도록 요구하는 수준 높은 종합학교로서의 모습을 갖추기 위해 애쓰고 있다.

비록 아동 중심의 기본적 의미를 강조한다 하더라도, 가까운 미래에 초등학교는 그들이 대중의 지지를 유지할 수 있다면 기본 능력에 대한 강조를 계속해야 할 것이다. 초등학교 과정에서 우리는 실제로 협동학습을 주목하였다. 중학교는 일반적으로 사춘기 학생을 위한 대중적인 교육 형태가 되었다. 우리는 교육과정의 통합과 서로 다른 분야의 협력, 단위시간제/순환 시간표 등의 교육과정에 대한 새로워진 노력을 기대할 수 있다. 종합 고등학교는 특목고나 다른 학교와 그 명성을 함께할 것이다. 고등학교는 교육부의 권고 교육 방안과 다른 학교에서 발견한 혁신적인 학습법 등을 통합함으로써 개선과 개혁에 대한 요구를 충족할 것이다.

우리는 유비쿼터스 컴퓨터 환경, 비디오 녹화장치, 다른 수많은 놀라운 기술로 말 그대로 모든 수준의 학교에서의 교육 혁명을 기대할 수 있다. 교육과정은 미국인에게 점점 더 영향을 끼치는 시사적인 최근의 사회적 문제에 대해 자주적이고 조직적으로 답을 주어야 할 것이다.

논의문제

1. 미국의 교육 역사에서 되풀이되어 온 교육과정의 구성과 시행에 대한 방법은 무엇인가?

2. 학년제 학교와 교과중심 교육은 왜 아직 존재하는가?

3. 오늘날의 교육 프로그램과 학습법 중에 미래에는 없어지리라 생각되는 것에는 어떤 것이 있는가? 그 이유는?

4. 교육과정 개발자가 상반되는 고등학교 개선 방안에 대해 어떻게 조화를 이룰 수 있겠는가?

5. 어떤 프로그램과 학습법을 이 장의 두 번째와 세 번째 부분 '우리는 어디에 있는가: 현재의 교육과정'과 '우리는 어디로 가는가: 미래의 교육과정'에 더할 수 있겠는가?

보충 연습문제

1. 활동 교육과정이 무엇인지 설명하라. 이 접근법에 대해 평하라.

2. 무학년제 학교의 장단점을 설명하라.

3. 8년 연구를 찾아보고, 그 방법론과 결론을 요약하라.

4. 전문적인 학교와 당신이 처음 경험했던 학교의 핵심 프로그램을 한 가지 이상 기술하라.

5. 'Shall We Group Pupils?' 라는 제목이 적힌 종이를 한 장 준비하라. 답이 '예' 든 '아니요' 든 그 이유를 말하라. 만약 할 수 있다면 그 이유도 기술하라.

6. 무학년제 초등학교(아직도 성장 중인)의 장단점을 기술하라.

7. 무학년제 고등학교의 장단점을 기술하라.

8. 팀티칭의 계획안을 한 가지 이상 설명하고 장단점을 기술하라.

9. 종이를 준비하여 기초 능력에 대해 지속적으로 강조하는 세 가지 이상의 문헌을 적으라.

10. 교육제도 안에서 5학년을 초등학교에 넣을지, 중학교에 넣을지에 대해 적으라.

11. 교육제도 안에서 9학년을 중학교에 넣을지, 고등학교에 넣을지 적으라.

12. 종합 고등학교에 대한 전문가들의 찬성과 반대를 적고, 당신은 어느 편인지 기술하라.

13. 광역 교육과정이 무엇인지 설명하라. 이 접근법을 비평하라.

14. 왜 1955년과 1965년 사이에 그토록 많은 변화가 일어났는지에 대해 기술하라.

15. 1980년과 1990년 사이의 고등학교 개혁에 대한 국가 보고서를 읽고 요약하라.

16. 1980년과 1990년 사이의 초등학교 개혁에 대한 국가보고서를 읽고 요약하라.

17. 2000년대의 초 · 중 · 고등학교 개혁안에 대한 국가 보고서를 읽고 요약하라.

18. 당신이 사는 곳에서 일어난 학교 개혁을 위한 운동에 대해 평가하라(과정, 핵심, 목적, 강점과 약점 등에 대해).

19. 당신은 학교가 스스로 인지학습의 한계를 지어야 하는지 아닌지 기술하라. 어느 쪽을 선택하고 그 이유를 기술하라.

20. 차별화된 교직원 조직이 무얼 의미하는지 쓰고, 장단점을 기술하라.

21. 전통적 시간표, 탄력적 시간표, 모듈식 시간표, 단위시간제의 의미를 구분하고, 각각의 목적을 적으라.

22. '마그넷 스쿨' 의 의미를 적고, 그 목적과 그 학교의 성공적인 예를 한 가지 기술하라.

23. 당신이 사는 곳에 기숙 중학교가 있는지 찾아보라. 만약 있다면 그 프로그램을 적고, 학생 규모와 입학 조건, 교육비 등을 설명하라.

24. 사이버 학교 혹은 일대일로 이루어지는 가상의 고등학교에서의 수업 프로그램을 알아보라. 그 교육과정과 입학, 입학과정, 학생 규모, 교사의 질, 진급이나 유예의 조건, 평가방법, 비용

과 문제점을 기술하라.

25. 교육 활동에 컴퓨터를 사용하는 것에 대해 기술하라.

26. 미래학자로서의 역할을 통해 향후 10년 동안 교육과정의 구성과 시행에 어떤 일이 일어날지 기술하라.

◆ ASCD 스마트 브리프 ◆

Free daily educational news briefing through e-mail. Links to article in the press. Subscribe online. Website: http://www.smartbrief.com/ascd.

◆ 저널/신문/보고서 ◆

Education Next. Quarterly. Hoover Institution, Stanford University, Stanford, Calif. 94305-6010. Website: http://www.educationnext.org.

Education Week. Editorial Projects in Education, Inc. 6935 Arlington Rd., Suite 100, Bethesda, Md. 20814-5233. Website: http://www.edweek.org.

The Futurist. Bimonthly. World Future Society, 7910 Woodmont Ave., Suite 450, Bethesda, Md. 20814. Website: http://www.wfs.org/futurist.htm.

Horace. Quarterly. Coalition of Essential Schools. CES National, 1814 Franklin St., Suite 700, Oakland, Calif. 94612. Website: http://essentialsschools.org/pub/ces_docs/resources/horace/horace.html.

Teacher Magazine. Editorial Projects in Education, Inc. 6935 Arlington Rd., Suite 100, Bethesda, Md. 20814-5233. Website: http://teachermagazine.org/tm/index.html?clean=true.

Technology Counts, an annual 50-state report on Educational Technology from *Education Week*. Website: http://www.edweek.org/rc/articles/2004/10/15/tc-archive.html.

◆ 전문 조사 도구 ◆

Curriculum Integration. 1998. 8개의 활동 자료와 1개의 비디오테이프. 통합 교육과정의 원리와 활동을 설명한다. 교사가 어떻게 통합 단원을 계획하고 실행하는지 보여 준다. Carol Cummings, consultant. Association for Supervision and Curriculum Development, 1703 N. Beauregard St., Alexandria, Va. 22311-1714.

◆ 비디오 자료 ◆

Association for Supervision and Curriculum Development, 1703 N. Beauregard St., Alexandria, Va. 22311-1714에서 이용 가능.

The Results Video Series. 2001. 2편, 25분. 비디오는 사용자를 위한 지침을 제공한다. Mike Schmoker는 교사의 수행을 증진하기 위해 개혁의 노력을 묘사한다.

What Works in Schools. 2003. 3편, 35분. DVD에 사용자를 위한 지침 프로그램이 포함되어 있다.

What Works in Schools: Translating Research into Action. 2003. 3편, 30분. 비디오테이프와 사용자 지침서. Roberts J. Marzano는 학생의 성취에 영향을 주는 요인을 설명한다.

◆ 웹사이트 ◆

American Legislative Exchange Council: http://www.ALEC.org

Association for Supervision and Curriculum Development: http://www.ascd.org

Coalition of Essential Schools: http://www.essentialsschools.org

Electronic School: http://www.electronic-school.com

Foundation and Center for Critical Thinking: http://www.criticalthinking.org

Global Schoolhouse: http://www.globalschoolnet.org/gsh

International Society for Technology in Education: http://www.iste.org

Magnet Schools of America: http://www.magnet.edu

Middle Web: http://www.middleweb.com

National Association of Elementary School Principals: http://www.naesp.org

National Association of Secondary School Principals: http://www.nassp.org

National Center for Education Statistics: http://www.nces.ed.gov
National Forum to Accelerate Middle Grades Reform: http://www.mgforum.org
National Middle School Association: http://www.nsma.org
NCREL, North Central Regional Educational Laboratory: http://www.ncrel.org/datause
North American Council for Online Learning: http://www.nacol.org

후주

1) William J. Shearer, *The Grading of Schools* (New York: H. P. Smith, 1898) 참조.
2) B. Othanel Smith, William O. Stanley, and J. Harlan Shores, *Fundamentals of Curriculum Development*, rev. ed. (New York: Harcourt Brace Jovanovich, 1957), p. 265.
3) Junius L. Meriam, *Child Life and the Curriculum* (Yonkers, N.Y.: World Book Company, 1920), p. 382 참조.
4) William H. Kilpatrick, "The Project Method," *Teachers College Record* 19, no. 4(September 1918): 319–335 참조.
5) John I. Goodlad and Robert H. Anderson, *The Nongraded Elementary School*, rev. ed. (New York: Teachers College Press, 1987), p. 1.
6) Ibid., p. 3.
7) Herbert I. Von Haden and Jean Marie King, *Educational Innovator's Guide* (Worthington, Ohio: Charles A. Jones, 1974), pp. 30–31.
8) Ibid., p. 33. 무학년제를 시도하는 학교의 목록은 해당 문헌의 38쪽에도 제시되어 있다.
9) David W. Beggs III and Edward G. Buffie, eds., *Nongraded Schools in Action: Bold New Venture* (Bloomington, Ind.: Indiana University Press, 1967).
10) Maurie H. Hillson, "The Nongraded School: A Dynamic Concept," in David W. Beggs III and Edward G. Buffie, eds., *Nongraded Schools in Action: Bold New Venture* (Bloomington, Ind.: Indiana University Press, 1967), p. 34.
11) Ibid., p. 45.
12) Goodlad and Anderson, *The Nongraded Elementary School*, 1987; Robert H. Anderson and Barbara Nelson Pavan, *Nongradedness: Helping It to Happen* (Lancaster, Pa.: Technomic Publishing Co., 1993).
13) Anderson and Pavan, *Nongradedness*, pp. 13, 10.
14) Charles, C. M. Gast, David K., Servey, Richard E., and Burnside, Houston M.: *Schooling, Teaching, and Learning: American Education*, p. 118. (St. Louis: The C. V. Mosby Co., 1978)에서 인용.
15) Ibid., pp. 118–119.
16) 문제를 더 복잡하게 만들기 때문에 벽 없는 교실은 벽 없는 학교와는 같지 않다. 벽 없는 교실은 학교 본래의 건물에서만 학습이 이루어지며 학생들이 요구하는 교육이 학교 밖에 있다면 학생들을 외부로 보낸다. 그러므로 학생들은 다른 학교와 상호작용하며 지역사회에 대해 공부하게 된다.
17) Charles, C. M., Gast, David K., Servey, Richard E., and Burnside, Houston M.: *Schooling, Teaching, and Learning: American Education*, p. 119. St. Louis, 1978. The C. V. Mosby Co.에서 인용.

18) Louis Rubin, "Open Education: A Short Critique," in Louis Rubin, ed., *Curriculum Handbook: The Disciplines, Current Movements, and Instructional Methodology* (Boston: Allyn and Bacon, 1977), p. 375.
19) Ibid., pp. 375-376.
20) John H. Proctor and Kathryn Smith, "IGE and Open Education: Are They Compatible?" *Phi Delta Kappan 55,* no. 8(April 1974): 565.
21) David Pratt, *Curriculum: Design and Development* (New York: Harcourt Brace Jovanovich, 1980), p. 384.
22) Rubin, "Open Education," p. 376.
23) Charles, C. M., Gast, David K., Servey, Richard E., and Burnside, Houston M.: *Schooling, Teaching, and Learning: American Education,* pp. 118-119. St. Louis, 1978. The C. V. Mosby Co.에서 인용.
24) James B. Conant, *Recommendations for Education in the Junior High School Years* (Princeton, N.J.: Educational Testing Service, 1960), pp. 16-22.
25) Jean D. Grambs, Clarence G. Noyce, Franklin Patterson, and John Robertson, *The Junior High School We Need* (Alexandria, Va.: Association for Supervision and Curriculum Development, 1961).
26) Harvard Committee, *General Education in a Free Society* (Cambridge, Mass.: Harvard University Press, 1945), pp. 52-100.
27) John H. Lounsbury and Gordon F. Vars, *A Curriculum for the Middle School Years* (New York: Harper & Row, 1978), p. 57 참조.
28) Ibid., p. 56.
29) Emerson E. White, "Isolation and Unification as Bases of Courses of Study," *Second Yearbook of the National Herbart Society for the Scientific Study of Teaching* (now the National Society for the Study of Education) (Bloomington, Ind.: Pantograph Printing and Stationery Co., 1896), pp. 12-13.
30) Smith, Stanley, and Shores, *Fundamentals of Curriculum Development,* pp. 312-313.
31) State of Virginia, *Tentative Course of Study for the Core Curriculum of Virginia Secondary Schools* (Richmond, Va.: State Board of Education, 1934).
32) Lounsbury and Vars, *Curriculum for Middle School,* p. 57.
33) Harold B. Alberty and Elsie J. Alberty, *Reorganizing the High-School Curriculum,* 3rd ed. (New York: Macmillan, 1962), pp. 199-233. 이전 판에서는 Alberty와 Alberty는 중핵을 6개 유형으로 분류했다. 그들은 유형 2와 일치하는 유형도 포함했는데 그 유행에서 개별 코스의 교사는 공동 주제에 관해 각자의 분야를 존중하여 합의를 한다.
34) See Wilford M. Aikin, *The Story of the Eight-Year Study* (New York: Harper & Row, 1942).
35) See William Van Til, Gordon F. Vars, and John H. Lounsbury, *Modern Education for the Junior High School Years,* 2nd ed. (Indianapolis: Bobbs-Merrill, 1967), pp. 181-182.
36) Grace S. Wright, *Block-Time Classes and the Core Program in the Junior High School,* Bulletin 1958, no. 6(Washington, D.C.: U.S. Office of Education, 1958), p. 9.
37) "일반 학습" 중핵에 관해 고등학교 시간표의 이론적 모델은 널리 인용되었다. Educational Policies Commission, *Education for All American Youth* (Washington, D.C.: National Education Association, 1944), p. 244 참조.
38) Conant, *Recommendations for Junior High,* p. 23.
39) Daniel Tanner and Laurel Tanner, *Curriculum Development: Theory into Practice,* 4th ed. (Upper Saddle River, N.J.: Merrill/Prentice Hall, 2007), p. 265.

40) 교육과정 통합에 대해서는 이 책의 13장 참조.
41) James Beane, "The Middle School: The Natural Home of Integrated Curriculum," *Educational Leadership* 49, no. 2(October 1991): 9-13.
42) Gordon F. Vars, "Integrated Curriculum in Historical Perspective," *Educational Leadership* 49, no. 2 (October 1991): 15.
43) Smith, Stanley, and Shores, *Fundamentals of Curriculum Development,* pp. 229-230.
44) Max Rafferty, *What They Are Doing to Your Children* (New York: New American Library, 1964), pp. 43-44.
45) National Education Association, *Report of the Committee of Ten on Secondary School Studies* (New York: American Book Company, 1894), p. 17.
46) William H. Burton, *The Guidance of Learning Activities: A Summary of the Principles of Teaching Based on the Growth of the Learner,* 3rd ed. (Englewood Cliffs, N.J.: Prentice-Hall, 1962), p. 289.
47) Ibid.
48) Robert L. Ebel, "What Are Schools For?" *Phi Delta Kappan* 54, no. 1(September 1972): 4, 7.
49) James B. Conant, *The American High School Today* (New York: McGraw-Hill, 1959), pp. 47-65.
50) Deborah P. Britzman, *Practice Makes Practice: A Critical Study of Learning to Teach* (Albany, N.Y.: State University of New York Press, 1991), p. 35.
51) Ibid.
52) Tanner and Tanner, *Curriculum Development,* p. 257.
53) Smith, Stanley, and Shores, *Fundamentals of Curriculum Development,* p. 257.
54) Robert S. Zais, *Curriculum: Principles and Foundations* (New York: Harper & Row, 1976), p. 407.
55) 광역 교육과정 비판에 대해서는 Zais, pp. 407-408 참조.
56) Ibid.
57) J. Lloyd Trump and Delmas F. Miller, *Secondary School Curriculum Improvement: Meeting the Challenge of the Times,* 3rd ed. (Boston: Allyn and Bacon, 1979), p. 410.
58) Ira J. Singer, "What Team Teaching Really Is," in David W. Beggs III, ed., *Team Teaching: Bold new Venture* (Bloomington: Indiana University Press, 1964), p. 16.
59) Ibid.
60) J. Lloyd Trump and Dorsey Baynham, *Focus on Change: Guide to Better Schools* (Chicago: Rand McNally, 1961), p. 41.
61) North Miami Beach Senior High School, Dade County, Florida Public Schools. 허락하에 게재.
62) Donald C. Manlove and David W. Beggs III, *Flexible Scheduling: Bold New Venture* (Bloomington, Ind.: Indiana University Press, 1965), pp. 22-23.
63) Peter F. Oliva, *The Secondary School Today,* 2nd ed. (New York: Harper & Row, 1972), p. 196.
64) J. Lloyd Trump, "Flexible Scheduling-Fad or Fundamental?" *Phi Delta Kappan* 44, no. 8(May, 1963): 370.
65) J. Lloyd Trump and Delmas F. Miller, *Secondary Curriculum Improvement: Meeting the Challenges of the Times,* 3rd ed. (Boston: Allyn and Bacon, 1979), p. 398.
66) Arthur B. Wolfe, *The Nova Plan for Instruction* (Fort Lauderdale, Fla.: Broward Country Board of Public Instruction, 1962), pp. 14-15.
67) Melbourne High School. Brevard County, Florida, Public Schools.
68) B. Frank Brown, *The Nongraded High School* (Englewood Cliffs, N.J.: Prentice-Hall, 1963).

69) B. Frank Brown, *The Appropriate Placement School: A Sophisticated Nongraded Curriculum* (West Nyack, N.Y.: Parker, 1965).
70) B. Frank Brown, *Education by Appointment: New Approaches to Independent Study* (West Nyack, N.Y.: Parker, 1968), p. 61.
71) 달턴 계획(매사추세츠)에 대한 자료는 Helen Parkhurst, *Education on the Dalton Plan* (New York: E. P. Dutton, 1922) 참조.
72) Brown, *Nongraded High School,* p. 44.
73) 이 장에서는 일반적으로 수용되는 교육과정 개발 논의를 다룬다. 또한 우리는 찬성 측과 반대 측 모두가 빠르게 알려지고 있는 다양한 숫자의 프로그램과 실행 모습을 살펴볼 것이다. 이러한 개발에 대해서는 다른 장, 특히 15장에서 검토한다.
74) *Phi Delta Kappan* 64, no. 10(June 1983): 679–702; 참고문헌, p. 694. 학교를 다룬 영향력 있는 연구의 지지론과 반론을 모두 인용한다.
75) Penelope L. Peterson and Herbert J. Walberg, eds., *Research on Teaching: Concepts, Findings, and Implications* (Berkeley, Calif.: McCutchan, 1979) 참조.
76) 주와 국가 기준의 논의에 대해서는 15장 참조.
77) 이 책의 3장 참조.
78) Ibid.
79) Dorothy M. Fraser, *Deciding What to Teach* (Washington, D.C.: Project on the Instructional Program of the Public Schools, National Education Association, 1963), p. 222.
80) *An Agenda for Action* (Reston, Va.: National Council of Teachers of Mathematics, 1980).
81) *Essentials of English* (Urbana, Ill.: National Council of Teachers of English, 1982).
82) *Educating Americans for the 21st Century* (Washington, D.C.: National Science Board Commission on Pre-College Mathematics, Science, and Technology, 1983).
83) Association for Supervision and Curriculum Development, "1984 Resolutions," *ASCD Update* 26, no. 4 (May 1984), insert.
84) Arthur L. Costa, ed., *Developing Minds: A Resource Book for Teaching Thinking,* 3rd ed. (Alexandria, Va.: Association for Supervision and Curriculum Development, 2001); Edward de Bono, "The Direct Teaching of Thinking as a Skill," *Phi Delta Kappan* 64, no. 10(June 1983): 703–708; Jerry L. Brown, "On Teaching Thinking Skills in the Elementary and Middle School," *Phi Delta Kappan* 64, no. 10(June 1983): 709–714; Bruce Joyce, "Models for Teaching Thinking," *Educational Leadership* 42, no. 8(May 1985): 4–7 참조.
85) Barry K. Beyer, "Critical Thinking: What Is It?" *Social Education* 49, no. 4(April 1985): 276.
86) North Central Regional Educational Laboratory, *Critical Issues: Enhancing Learning Through Multiage Grouping,* website: http://www.ncre.lorg/sdrs/areas/issues/methods/instrctn/in500.htm, accessed May 11, 2003, 그리고 Cotton, Kathleen, *Nongraded Primary Education,* at Northwest Regional Educational Laboratory, *School Improvement Research Series (SARS): Research You Can Use,* website: http://www.nwrel.org/scpd/sirs/7/cu14.html, accessed May 11, 2003 참조.
87) Kentucky Department of Education, *Primary Program,* website: http://www.education.ky.gov/KDE/Intructional+Resources/Elementary+School/Primary+Program, accessed September 30, 2007.
88) Donald H. Eichhorn, *The Middle School* (New York: Center for Applied Research in Education, 1966), p. 3.
89) Lounsbury and Vars, *Curriculum for the Middle School,* p. 15 참조.

90) Ibid., pp. 22–23.

91) Ibid.

92) Kenneth Brooks, "The Middle Schools—A National Survey," *Middle School Journal* 9, no. 1(February 1978): 6–7.

93) Valena White Plisko and Joyce D. Stern, *The Condition of Education,* 1985 edition. Statistical Report of the National Center for Education Statistics (Washington, D.C.: U.S. Government Printing Office, 1985), p. 28.

94) Sylvester Kohut, Jr., *The Middle School: A Bridge Between Elementary and High Schools,* 2nd ed. (Washington, D.C.: National Education Association, 1988), p. 7.

95) Jon Wiles, Joseph Bondi, and Michele Tillier Wiles, *The Essential Middle School,* 4th ed. (Upper Saddle River, N.J.: Merrill/Prentice Hall, 2006), p. 10.

96) Paul S. George, Chris Stevenson, Julia Thomason, and James Beane, *The Middle School—And Beyond* (Alexandria, Va.: Association for Supervision and Curriculum Development, 1992), p. 10.

97) William M. Alexander, Emmett L. Williams, Mary Compton, Vynce A. Hines, and Dan Prescott, *The Emergent Middle School,* 2nd enl. ed. (New York: Holt, Rinehart and Winston, 1969), p. 5.

98) William M. Alexander and Paul S. George, *The Exemplary Middle School* (New York: Holt, Rinehart and Winston, 1981), p. 3.

99) Alexander et al., *Emergent Middle School,* p. 4.

100) Thomas E. Gatewood and Charles A. Dilg, *The Middle School We Need* (Alexandria, Va.: Association for Supervision and Curriculum Development, 1975).

101) Ibid., p. 8.

102) Ibid., pp. 11–12.

103) Ibid., p. 16.

104) Lounsbury and Vars, *Curriculum for the Middle School,* pp. 45–48.

105) Ibid., p. 46.

106) Ibid., p. 47.

107) Ibid.

108) Gordon F. Vars, "New Knowledge of the Learner and His Cultural Milieu: Implications for Schooling in the Middle Years." Paper presented at the Conference on the Middle School Idea, College of Education, University of Toledo, November 1967, ERIC Document No. ED016267 CG 901400, p. 14. 또한 Lounsbury and Vars, *Curriculum for Middle School,* p. 45 참조.

109) Wiles, Bondi, and Wiles, *The Essential Middle School,* p. 23.

110) Conant, *American High School,* p. 12.

111) Kimball Wiles and Franklin Patterson, *The High School We Need* (Alexandria, Va.: Association for Supervision and Curriculum Development, 1959), pp. 5–6.

112) Conant, *American High School,* p. 17.

113) Ibid., pp. 19–20.

114) Wiles and Patterson, *The High School We Need,* pp. 6–17.

115) James B. Conant, *The Comprehensive High School* (New York: McGraw-Hill, 1967) 참조.

116) Larry Cuban, "Reforming Again, Again, and Again," *Educational Researcher* 19, no. 1(January–February 1990): 3–13.

117) John Henry Martin, "Reconsidering the Goals of High School Education," *Educational Leadership*

37, no. 4(January 1980): 280.

118) Ibid., p. 279.

119) Arthur G. Powell, Eleanor Farrar, and David K. Cohen, *The Shopping Mall High School: Winners and Losers in the Educational Marketplace* (Boston: Houghton Mifflin, 1985).

120) Richard Mitchell, *The Graves of Academe* (Boston: Little, Brown, 1981), pp. 69-70.

121) Theodore R. Sizer, *Horace's Compromise: The Dilemma of the American High School* (Boston: Houghton Mifflin, 1984), p. 78.

122) Martin, "Reconsidering Goals," p. 281. 또한 "High School Goals: Response to John Henry Martin," *Educational Leadership* 37, no. 4 (January 1980): 286-298 참조.

123) A. Harry Passow, "Reforming America's High Schools," *Phi Delta Kappan* 56, no. 9(May 1975): 587-590.

124) National Association of Secondary School Principals, National Committee on Secondary Education, *American Youth in the Mid-Seventies* (Reston, Va.: National Association of Secondary School Principals, 1972).

125) National Commission on the Reform of Secondary Education, *The Reform of Secondary Education: A Report to the Public and the Profession* (New York: McGraw-Hill, 1973).

126) James S. Coleman, chairman, Panel on Youth of the President's Science Advisory Committee, *Youth: Transition to Adulthood* (Washington, D.C.: Superintendent of Documents, U.S. Government Printing Office, 1973; Chicago: University of Chicago Press, 1974).

127) Ruth Weinstock, *The Greening of the High School* (New York: Educational Facilities Laboratory, 1973).

128) "A Compilation of Brief Descriptions of Study Project," *Wingspread* (Racine, Wis.: Johnson Foundation, November 1982); *Almanac of National Reports,* wall chart (Reston, Va.: National Association of Secondary School Principals, 1983); *An Analysis of Reports of the Status of Education in America,* (Tyler, Tex.: Tyler Independent School District, 1983); A. Harry Passow, "Tackling the Reform Reports of the 1980's," *Phi Delta Kappan* 65, no. 10(June 1984): 674-683 참조. 또한 David L. Clark and Terry A. Asuto, "Redirecting Reform: Challenges to Popular Assumptions About Teachers and Students," *Phi Delta Kappan* 75, no. 7(March 1994): 512-520 그리고 "School Reform: What We Have Learned," *Educational Leadership* 52, no. 5(February 1995): 4-48 참조.

129) Mortimer J. Adler, *The Paideia Proposal : An Educational Manifesto* (New York: Macmillan, 1982).

130) National Commission on Excellence in Education, David P. Gardener, chairman, *A Nation at Risk: The Imperative for Educational Reform* (Washington, D.C.: U.S. Government Printing Office, 1983).

131) Ernest L. Boyer, *High School: A Report on Secondary Education in America* (New York: Harper & Row, 1983).

132) John I. Goodlad, *A Place Called School: Prospects for the Future* (New York: McGraw-Hill, 1984).

133) Sizer, *Horace's Compromise* 참조.

134) The Business Roundtable, *Essential Components of a Successful Education System* (New York: The Business Roundtable, 1990).

135) U.S. Department of Labor, Employment & Training Administration, *What Work Requires of Schools: A SCANS Report for America 2000,* website: http://wdr.doleta.gov/SCANS/whatwork/whatwork.html, accessed July 23, 2003.

136) Theodore R, Sizer, *Horace's School: Redesigning the American High School* (Boston: Houghton

Mifflin, 1992).

137) Leonard Lund and Cathleen Wild, *Ten Years After A Nation at Risk* (New York: The Conference Board, 1993), p. 1.

138) Korea Task Force on K-12 Education, *Are We Still at Risk?*, website: http://www-hoover.stanford.edu/pubaffairs/newsletter/00fall/kpret.html, accessed May 5, 2003.

139) Sizer, *Horace's School,* p. 209.

140) Ibid, p. 207.

141) Ibid, pp. 209-210.

142) Coalition of Essential Schools Network websites: http://www.essentialschools.org/cs/schools/query/q/562?x-r=runnew and http://www.essentialschools.org/cs/schools/query/q/556?x-r=runnew, accessed October 4, 2006 참조.

143) 이 하나로 이 제안에 대해 염려할 필요는 없다. 즉, 학년제 하나를 단일제도로 쓰는 학교에서는 모든 학생에게 기본적으로 같은 내용을 제공한다. 다시 말해 시간표 조정 활동이 이루어진다. 시간표 조정은 15장을 참고하라.

144) Gene R. Carter, "High School Reform: What Will It Take to Engage Teens?" *ASCD Smart Brief,* online newsletter, ascd@smartbrief.com, accessed September 19, 2006 참조.

145) William A. Firestone, Susan H. Fuhrman, and Michael W. Kirst, *The Progress of Reform: An Appraisal of State Education Initiatives* (New Brunswick, N.J.: Center for Policy Research in Education, Eagleton Institute of Politics, Rutgers, The State University of New Jersey, 1989), p. 13.

146) Donald C. Orlich, "Educational Reforms: Mistakes, Misconceptions, Miscues," *Phi Delta Kappan* 70, no. 7(March 1989): 517.

147) Kenneth A. Sirotnik, "What Goes on in Classroom? Is This the Way We Want It?" in Landon E. Beyer and Michael W. Apple, eds., *The Curriculum: Problems, Politics, and Possibilities,* 2nd ed.(Albany, N.Y.: State University of New York Press, 1998), p. 65.

148) George Leonard, *Education and Ecstasy with The Great School Reform Hoax* (Berkeley, Calif.: Atlantic Books, 1987, pp. 241-263.

149) Lewis J. Perelman, *School's Out: Hyperlearning, the New Technology, and the End of Education* (New York: William Morrow, 1992).

150) Ernest R. House, *Schools for Sale: Why Free Market Policies Won't Improve America's Schools and What Will* (New York: Teachers College Press, 1998), p. 23.

151) John I. Goodlad, "Kudzu, Rabbits, and School Reform," *Phi Delta Kappan* 84, no. 1(September 2002): 18.

152) Ibid., p. 23.

153) Ibid.

154) Ibid., p. 18.

155) 예로 James A. Banks, ed., *Multicultural Education, Transformative Knowledge, and Action: Historical and Contemporary Perspectives* (New York: Teachers College Press, 1996); Landon E. Beyer and Michael W. Apple, eds., *The Curriculum: Problems, Politics, and Possibilities,* 2nd ed. (Albany, N.Y.: State University of New York Press, 1998); Deborah P. Britzman, *Practice Makes Practice: A Critical Study of Learning to Teach* (Albany, N.Y.: State University of New York Press, 1991); William F. Pinar, William M. Reynolds, Patrick Slattery, and Peter M. Taubman, *Understanding Curriculum: An Introduction to the Study of Historical and Contemporary Curriculum Discourses* (New York:

Petert Lang, 1996); James T. Sears and J. Dan Marshall, eds., *Teaching and Thinking About Curriculum: Critical Inquiries* (New York: Teachers College Press, 1990) 참조.

156) Renate Nummela Caine and Geoffrey Caine, *Making Connections: Teaching and the Human Brain* (Alexandria, Va.: Association for Supervision and Curriculum Development, 1991), pp. 12-13.

157) Lowell C. Rose and Alec M. Gallup, "The 38th Annual Phi Delta Kappa/Gallup Poll of the Public's Attitudes Toward the Public Schools," *Phi Delta Kappan* 88, no. 1 (September 2006): 44.

158) National Consortium for Options in Public Education, *The Directory of Alternative Public Schools,* ed. Robert D. Barr (Bloomington, Ind.: Educational Alternatives Project, Indiana University, 1975), p. 2. 1975년에 발간된 안내책자는 절판되어 더 이상 판매되지 않는다.

159) 마그넷 스쿨을 촉진하는 것은 미국 마그넷 스쿨 조직이다. Website: http://www.magnet.edu.

160) 예로 Ivan Illich, *Deschooling Society* (New York: Harper & Row, 1971) 참조. 또한 Matt Hern, *Deschooling Our Lives* (Philadelphia, Pa.: New Society Publishers, 1996) 참조.

161) Perelman, *School's Out* 참조.

162) Jon Wiles and John Lundt, *Leaving School, Finding Education* (St. Augustine, Fla: Matanzas Press, 2004), pp. 15. 199-211 참조.

163) 출처: Education Commission of the States, website: http://mb2.ecs.org/reports/Report/aspx?id=908, accessed October 15, 2006.

164) 졸업을 위해 요구되는 시험에 관해 이 책의 15장에서 주와 국가 기준 부분을 참고하라.

165) "The Condition of Public Education," by Gerald W. Bracey in the *Phi Delta Kappan* 브레이시 연례보고서 1991년 10월부터 각 연도 10월호 참조(1995년 10월은 제외).

166) Ned Herrman, "The Creative Brain," *NASSP Bulletin* 66, no. 455(September 1982): 31-46 참조. 또한 "Learning Styles and the Brain," *Educational Leadership* 48, no. 2(October 1990): 4-80 and Patricia Wolfe, *Brain Matters: Translating Research into Classroom Practice* (Alexandria, Va.: Association for Supervision and Curriculum Development, 2001) 참조.

167) Rita S. Dunn and Kenneth J. Dunn, *Teaching Students Through Their Individual Learning Styles: A Practical Approach* (Reston, Va.: Reston Publishing Company, 1978) 참조.

168) 완전 혼합 수업에 대해서는 Lajean Shiney, *The Lawrence Looping Project,* website: http://www.teachnet.com/how-to/looping, accessed October 30, 2006 and North Central Regional Educational Laboratory, *Looping*, website: http://www.ncrel.org/sdrs/areas/issues/methods/instrctn/in5lk10.htm, accessed October 30, 2006 참조.

169) George et al., *The Middle School—And Beyond*, pp. 8, 9.

170) National Forum to Accelerate Middle Grades Reform, "Exceptional Middle-Grades 'Schools-to-Watch' Announced in Six States," website: http://www.schoolstowatch.org/stwnewstates.pdf, accessed October 25, 2006.

171) 출처: Market Retrieval Data, *Technology in Education 2002,* "Overall School Computer Access Climbs, But Disparities Remain; Technical Education," November 1, 2002, website: http://www.schooldata.com/media1.asp, accessed October 25, 2006.

172) 출처: Anne Kleiner and Laurie Lewis, *Education Statistics Quarterly,* Vol. 5, Issue 4: *Technology in Education* Vol. 5, Issue 4, "Internet Access in U.S. Public Schools and Classrooms: 1994-2002," National Center for Education Statistics website: http://www.nces.ed.gov/programs/quarterly/vol_5/5_4/2_2.asp, accessed October 25, 2006.

173) Empire High School website: http://www.vail.k12.az.us/principalpage.htm, accessed October 26,

2006.

174) Philadelphia School of the Future website: http://www.phila.k12.pa.us/offices, accessed October 26, 2006.

175) Detroit Digital Learning Community High School website: http://detnews.com/2205/schools/o509/30/801-328718.htm, accessed October 26, 2006.

176) Alabama Distance Learning website: http://www.mps.k12/al/us/departments/technology, accessed October 26, 2006.

177) Pennsylvania Cyber Charter Schools website: http://www.pde.state.us/charter_schools, accessed October 26, 2006.

178) Kentucky's Virtual High School website: http://www.kvhs.org, accessed October 26, 2006.

179) Hawaii's E-School website: http://www.punaridge.org/doc/teacher/eschool.Default.htm, accessed October 27, 2006.

180) California Virtual Academies website: http://ml.k12.com/mk/get/cava/osqt, accessed October 26, 2006.

181) Montana Schools E-Learning Consortium website: http://www.mselc.org, accessed October 26, 2006.

182) Stanford University Virtual High School run by the Education Program for Gifted Youth website: http://daily.stanford.edu/article/2006/10/4/onlineHighSchoolTeachesGlobal, accessed October 26, 2006.

183) K12, Inc. website: http://www.k12.com, accessed October 26, 2006.

184) Florida Virtual School website: http://www.flvs.net, accessed October 26, 2006.

185) website: http://www.utex.edu/cee/dec/lucha/index/php?page=news 참조, accessed October, 26, 2006.

186) Growing Stars website: http://www.growingstars.com, accseed October 26, 2006. 그리고 TutorVista website: http://tutorvista.com, accessed October 26, 2006.

187) Mary Burns, "Tools for the Minds," *Educational Leadership* 63, no. 4(December 2005/January 2006): 48–53.

188) Larry Cuban, *Oversold and Underused: Computers in the Classroom* (Cambridge, Mass.: Harvard University Press, 2001).

189) Lowell W. Monke, "The Overdominance of Computers," *Educational Leadership* 63, no. 4 (December 2005/January 2006): 20–23.

190) National Educational Technology Standards Project, International Society for Technology in Education website: http://cnets.iste.org 참조, accessed October 26, 2006.

191) Mark Dynarski, Roberto Agodini, Sheila Heaviside, Timothy Novak, Nancy Carey, Larissa Campuzano, Barbara Means, Robert Murphy, William Penuel, Hal Javitz, Deborah Emery, and Willow Sussex, *Effectiveness of Reading and Mathematics Software Products: Findings from the First Student Cohort* (Washington, D.C.: U.S. Department of Education, Institute of Education Sciences, 2007), website: http://www.ies.ed.gov/ncee/pubs/20074005/execsumm.asp, accessed April 25, 2007.

192) Alvin Toffler, *Future Shock* (New York: Random House, 1970); *The Third Wave* (New York: William Morrow, 1980).

193) Peter Sleight, "Information Services: Possibilities Are Endless," *Fort Lauderdale News and Sun-Sentinel,* July 27, 1980, Section H, p. 3.

194) Perelman, *School's Out.*

195) Education World, "Virtual High Schools: The High Schools of the Future?" website:

http://www.education-world.com/a-curr/curr119.shtml 참조, accessed October 27, 2006.

196) National Center for Education Statistics, "Enrollment in Elementary and Secondary Schools, by Level and Control of Institution, Selected Years, Fall 1970 to Projections for Fall 2014." website: http://www.nces.ed.gov/fastfacts/display.asp?id=65 참조, accessed October 26, 2006.

◆ 참고문헌 ◆

Adler, Mortimer J. *Paideia: Problems and Possibilities*. New York: Macmillan, 1983.

______. *The Paideia Program: An Educational Syllabus*. New York: Macmillan, 1984.

______. *The Paideia Proposal: An Educational Manifesto*. New York: Macmillan, 1982.

Aikin, Wilford M. *The Story of the Eight-Year Study*. New York: Harper & Row, 1942.

Alberty, Harold B. and Alberty, Elsie J. *Reorganizing the High-School Curriculum,* 3rd ed. New York: Macmillan, 1962.

Alexander, William M. and George, Paul S. *The Exemplary Middle School*. New York: Holt, Rinehart and Winston, 1981.

______, Williams, Emmett L., Compton, Mary, Hines, Vynce A., and Prescott, Dan. *The Emergent Middle School,* 2nd., enl. ed. New York: Holt, Rinehart and Winston, 1969.

______. "Guidelines for the Middle School We Need Now." *The National Elementary School Principal* 51, no. 3(November 1971): 79-89.

Anderson, Robert H. and Pavan, Barbara Nelson. Nongradedness: *Helping It to Happen*. Lancaster, Pa.: Technomic, 1993.

Association for Supervision and Curriculum Development. *Effective Schools and School Improvement*. Alexandria, Va.: Association for Supervision and Curriculum Development, 1989.

______. *Teaching Thinking*. Alexandria, Va.: Association for Supervision and Curriculum Development, 1989.

Banks, James A., ed. *Multicultural Education, Transformative Knowledge, and Action: Historical and Contemporary Perspectives*. New York: Teachers College press, 1996.

Beane, James A. *A Middle School Curriculum: From Rhetoric to Reality*. Columbus, Ohio: National Middle School Association, 1990.

Beggs, David W., III, ed. *Team Teaching: Bold New Venture*. Bloomington: Indiana University Press, 1967.

______ and Buffie, Edward G., eds. *Nongraded Schools in Action: Bold New Venture*. Bloomington: Indiana University Press, 1967.

Bell, Terrel H. "Reflections One Decade After *A Nation at Risk*," *Phi Delta Kappan* 74, no. 8 (April 1993): 592-597.

Beyer, Barry K. "Critical Thinking: What Is It?" *Social Education* 49, no. 4(April 1985): 276.

Beyer, Landon E. and Apple, Michael W., eds. *The Curriculum: Problems, Politics, and Possibilities*, 2nd ed. Albany, N.Y.: State University of New York Press, 1998.

Boyer, Ernest L. *High School: A Report on Secondary Education in America*. New York: Harper & Row, 1983.

Bracey, Gerald W. *Setting the Record Straight: Responses to Misconceptions About Public Education in the United States*. Alexandria, Va.: Association for Supervision and Curriculum Development, 1997.

______. "The 12th Bracey Report on the Condition of Public Education." *Phi Delta Kappan* 84, no. 2(October 2002): 135-150. Annually in October issue.

Brandt, Ronald S., ed. *Content of the Curriculum*. 1988 Yearbook. Alexandria, Va.: Association for Supervision and Curriculum Development, 1988.

Britzman, Deborah P. *Practice Makes Practice: A Critical Study of Learning to Teach*. Albany, N.Y.: State University of New York Press, 1991.

Brooks, Kenneth, "The Middle Schools-A National Survey." *Middle School Journal* 9, no. 1 (February 1978): 6-7.

Brown, B. Frank. *The Appropriate Placement School: A Sophisticated Nongraded Curriculum*. West Nyack, N.Y.: Parker, 1965.

______. *Education by Appointment: New Approaches to Independent Study*. West Nyack, N.Y.: Parker, 1968.

______. *The Nongraded High School*. Englewood Cliffs, N.J.: Prentice-Hall, 1963.

Buffie, Edward G. and Jenkins, John M. *Curriculum Development in Nongraded Schools: Bold New Venture*. Bloomington: Indiana University Press, 1971.

Bruns, Mary. "Tools for the Mind." *Educational Leadership* 63, no. 4(December 2005/January 2006): 48-53.

Burton, William H. *The Guidance of Learning Activities: A Summary of the Principles of Teaching Based on the Growth of the Learner*, 3rd ed. Englewood Cliffs, N.J.: Prentice-Hall, 1962.

Bush, Robert N. and Allen, Dwight W. *A New Design for High School Education: Assuming a Flexible Schedule*. New York: McGraw-Hill, 1964.

Business Roundtable, The. *Essential Components of a Successful Education System*. New York: The Business Roundtable, 1990.

Caine, Reneta Nummela and Caine, Geoffrey. *Making Connections: Teaching and the Human Brain*. Alexandria, Va.: Association for Supervision and Curriculum Development, 1991.

Calvin, Allen D., ed. *Programmed Instruction: Bold New Venture*. Bloomington: Indiana University Press, 1969.

Charles, C. M., Gast, David K., Servey, Richard E., and Burnside, Houston M. *Schooling, Teaching, and Learning: American Education*. St. Louis: The C. V. Mosby Company, 1978.

Coleman, James S., chairman. Panel on Youth of the President's Science Advisory Committee. *Youth: Transition to Adulthood*. Washington, D.C.: Superintendent of Documents, U.S. Government Printing Office, 1973; Chicago: University of Chicago Press, 1974.

Commission on the Reorganization of Secondary Education. *Cardinal Principles of Secondary Education*. Bulletin 35. Washington D.C.: U.S. Office of Education, 1918.

Conant, James B. *The American High School Today*. McGraw-Hill, 1959.

_____. *The Comprehensive High School*. New York: McGraw-Hill, 1967.

_____. *Recommendations for Education in the Junior High School Years*. Princeton, N.J.: Educational Testing Service, 1960.

Conference Board, The. *Ten Years After A Nation at Risk*. New York: The Conference Board, 1993.

Costa, Arthur L., ed. *Developing Minds: A Resource Book for Teaching Thinking*. Alexandria, Va.: Association for Supervision and Curriculum Development, 1985.

_____ and Lowery, Lawrence. *Techniques for Teaching Thinking*. Pacific Grove, Calif.: Midwest Publications Critical Thinking Press, 1990.

Cuban, Larry. "At-Risk Students: What Teachers and Principals Can Do." *Educational Leadership* 70, no. 6(February 1989): 29-32.

_____. *Oversold and Underused: Computers in the Classroom*. Cambridge, Mass.: Harvard University Press, 2001.

_____. "Reforming Again, Again, and Again." *Educational Researcher* 19, no. 1(January-February 1990): 3-13.

deBono, Edward. "The Director Teaching of Thinking as a Skill," *Phi Delta Kappan* 64, no. 10 (June 1983): 703-708.

Doyle, Denis and Levine, Marsha, "Magnet Schools: Choice and Quality in Public Education." *Phi Delta Kappan* 66, no. 4(December 1984): 265-270.

Dunn, Rita S. and Dunn, Kenneth J. *Teaching Students Through Their Individual Learning Styles: A Practical Approach*. Reston, Va.: Reston Publishing Company, 1978.

Ebel, Robert L. "What Are Schools For?" *Phi Delta Kappan* 54, no. 1(September 1972): 3-7.

Educational Policies Commission. *Education for All American Youth*. Washington, D.C.: National Education Association, 1944.

Eichhorn, Donald H. *The Middle School*. New York: Center for Applied Research in Education, 1966.

Evers, Williamson M., ed. *What's Gone Wrong in America's Classrooms?* Stanford, Calif.: Hoover Institution Press, Stanford University, 1998.

Fantini, Mario, ed. *Alternative Education: A Source Book for Parents, Teachers, and Administrators*. Garden City, N.Y., Anchor Books, 1976.

______. *Public Schools of Choice: Alternatives in Education*. New York: Simon and Schuster, 1973.

______. "The What, Why, and Where of the Alternatives Movement." *The National Elementary School Principal* 52, no. 6(April 1973): 14–22.

Faunce, Roland C. and Bossing, Nelson L. *Developing the Core Curriculum*. Englewood Cliffs, N.J.: Prentice-Hall, 1951.

Firestone, William A., Fuhrman, Susan H., and Kirst, Michael W. *The Progress of Reform: An Appraisal of State Education Initiatives*. New Brunswick, N.J.: Center for Policy Research in Education, Eagleton Institute of Politics, Rutgers, The State University of New Jersey, 1989.

Fraser, Dorothy M. *Deciding What to Teach*. Washington, D.C.: Project on the Instructional Program of the Public Schools, National Education Association, 1963.

Fry, Edward B. *Teaching Machines and Programmed Instruction: An Instruction*. New York: McGraw-Hill, 1963.

Frymier, Jack. *A Study of Students at Risk: Collaborating to Do Research*. Bloomington, Ind.: Phi Delta Kappa, 1989.

______ and Gransneder, Bruce. "The Phi Delta Kappa Study of Students at Risk" *Phi Delta Kappan* 71, no. 2(October 1989): 142–146.

Gatewood, Thomas E. and Dilg, Charles A. *The Middle School We Need*. Alexandria, Va.: Association for Supervision and Curriculum Development. 1975.

George, Paul S. and Lawrence, Gordon. *Handbook for Middle School Teaching*. Glenview, Ill.: Scott, Foresman, 1982.

______, Stevenson, Chris, Thompson, Julia, and Beane, James. *The Middle School–And Beyond*. Alexandria, Va.: Association for Supervision and Curriculum Development, 1992.

Glasser, William. *The Quality School: Managing Students Without Coercion,* 2nd ed. New York: Harper Perennial, 1992.

______. *Schools Without Failure*. New York: Harper & Row, 1969.

Goodlad, John I. "Kudzu, Rabbits, and School Reform," *Phi Delta Kappan* 84, no. 1 (September 2002): 16–23.

______. *A Place Called Schools: Prospects for the Future*. New York: McGraw-Hill, 1984.

______ and Anderson, Robert H. *The Nongraded Elementary School,* rev. ed. New York: Teachers College Press, 1987.

Grambs, Jean D., Noyce, Clarence G., Patterson, Franklin, and Robertson, John. *The Junior High School We Need.* Alexandria, Va: Association for Supervision and Curriculum Development, 1961.

Hansen, John H. and Hearn, Arthur C. *The Middle School Program.* Chicago: Rand McNally, 1971.

Harrison, Charles H. *Student Service: The New Carnegie Unit.* Princeton, N.J.: The Carnegie Foundation for the Advancement of Teaching, 1987.

Harvard Committee. *General Education in a Free Society.* Cambridge, Mass.: Harvard University Press, 1945.

Hass, Glen. *Curriculum Planning: A New Approach,* 5th ed. Boston: Allyn and Bacon, 1987.

Hassett, Joseph D. and Weisberg, Arline. *Open Education: Alternatives Within Our Tradition.* Englewood Cliffs, N.J.: Prentice-Hall, 1972.

Hern, Matt. *Deschooling Our Lives.* Philadelphia, Pa.: New Society Publishers, 1996.

Herrman, Ned. "The Creative Brain." *NASSP Bulletin* 66, no. 455(September 1982): 31-46.

Hillson, Maurie H. "The Nongraded School: A Dynamic Concept," In David W. Beggs III and Edward G. Buffie, eds. *Nongraded Schools in Action: Bold New Venture.* Bloomington: Indiana University Press, 1967.

_____ and Bongo, Joseph. *Continuous-Progress Education: A Practical Approach.* Palo Alto, Calif.: Science Research Associates, 1971.

Hlebowitsh, Peter S. *Designing the School Curriculum.* Boston: Allyn and Bacon, 2005.

House, Ernest R. *Schools for Sale: Why Free Market Policies Won't Improve America's Schools and What Will.* New York: Teachers College Press, 1998.

Illich, Ivan. *Deschooling Society.* New York: Harper & Row, 1971.

"Improving Learning Conditions for Students at Risk." *Educational Leadership* 44, no. 6 (March 1987): 3-80.

"Integrating the Curriculum." *Educational Leadership* 49, no. 2(October 1991): 4-75.

"Integrating Technology Into the Curriculum." *Educational Leadership* 56, no. 5(February 1999): 6-91.

Jackson, Philip W., ed. *Handbook of Research on Curriculum.* New York: Macmillan, 1992.

Jacobs, Heidi Hayes, ed. *Interdisciplinary Curriculum Design and Implementation.* Alexandria, Va.: Association for Supervision and Curriculum Development, 1989.

Joyce, Bruce. "Models for Teaching Thinking," *Educational Leadership* 42, no. 8(May 1985): 4-7.

Kilpatrick, William H. *Foundations of Method: Informal Talks on Teaching.* New York: Macmillan, 1925.

_____. "The Project Method." *Teachers College Record* 19, no. 4(September 1918): 319-335.

Kindred, Leslie W., Wolotkiewicz, Rita J., Mickelson, John M., and Coplein, Leonard E. *The*

Middle School Curriculum, 2nd ed. Boston: Allyn and Bacon, 1981.

Kohl, Herbert R. *The Open Classroom: A Practical Guide to a New Way of Teaching.* New York: Macmillan, 1925.

Kohut, Sylvester, Jr. *The Middle School: A Bridge Between Elementary and High Schools,* 2nd ed. Washington, D.C.: National Education Association, 1988.

Koos, Leonard V. *Junior High School,* enl. ed. Boston: Ginn and Company, 1927,

______. *Junior High School Trends.* Westport, Conn.: Greenwood Press, 1955.

"Learning in the Digital Age." *Educational Leadership* 63, no. 4(December 2005/January 2006): 8–81.

"Learning Styles and the Brain," *Educational Leadership* 48, no. 2(October 1990): 4–80.

Leeper, Robert R., ed. *Middle School in the Making: Readings From Educational Leadership.* Washington, D.C.: Association for Supervision and Curriculum Development, 1974.

Leonard, George. *Education and Ecstacy with The Great School Reform Hoax.* Berkeley, Calif.: North Atlantic Books, 1987, pp. 241–263.

Lightfoot, Sara Lawrence. *The Good High School.* New York: Basic Books, 1985.

Lounsbury, John H., and Vars, Gordon F. *A Curriculum for the Middle School Years.* New York: Harper & Row, 1978.

Lowery, Lawrence. *Thinking and Learning.* Pacific Grove, Calif.: Midwest Publications Critical Thinking Press, 1990.

Lund, Leonard and Wild, Cathleen. *Ten Years After A Nation at Risk.* New York: Conference Board, 1993.

Manlove, Donald C. and Beggs, David W. III. *Flexible Scheduling: Bold New Venture.* Bloomington: Indiana University Press, 1965.

Martin, John Henry. *The Education of Adolescents.* Report of the National Panel on High Schools and Adolescent Education. Washington, D.C.: United States Office of Education, 1976.

Marzano, Robert et al. *Dimensions of Thinking: A Framework for Curriculum and Instruction.* Alexandria, Va.: Association for Supervision and Curriculum Development, 1988.

Meier, Deborah. *The Power of Their Ideas: Lessons for America from a Small School in Harlem.* Boston: Beacon Press, 1995.

Meriam, Junius L. *Child Life and the Curriculum.* Yonkers, N.Y.: World Book Company, 1920.

Miller, John W. "Ten Reform Reports That Can Change Your School." *Principal* 66, no. 2 (November 1986): 26–28.

Miller, Richard I., ed. *The Nongraded School: Analysis and Study.* New York: Harper & Row, 1967.

Mitchell, Richard. *The Graves of Academe.* Boston: Little, Brown, 1981.

Monke, Lowell W. "The Overdominance of Computers." *Educational Leadership* 63, no. 4 (December 2005/January 2006): 20–23.

Morrison, George S. *Contemporary Curriculum K-8*. Boston: Allyn and Bacon, 1993.

Murray, Evelyn M. and Wilhour, Jane R. *The Flexible Elementary School: Practical Guidelines for Developing a Nongraded Program*. West Nyack, N.Y.: Parker, 1971.

National Association for Core Curriculum. *Core Today: Rationale and Implications*. Kent, Ohio: National Association for Core Curriculum, 1973.

National Center for Education Statistics. *The Condition of Education 1998*. Washington, D.C.: U.S. Department of Education, National Center for Education Statistics, 1998.

National Commission on Excellence in Education. David P. Gardner, Chairman. *A Nation at Risk: The Imperative for Educational Reform*. Washington, D.C.: U.S. Government Printing Office, 1983.

National Commission on the Reform of Secondary Education. *The Reform of Secondary Education: A Report to the Public and the Profession*. New York: McGraw-Hill, 1973.

National Education Association. *Report of the Committee of Ten on Secondary School Studies*. New York: American Book Company, 1894.

Norris, Stephen and Ennis, Robert. *Evaluating Critical Thinking*. Pacific Grove, Calif.: Midwest Publications Critical Thinking Press, 1990.

Ogden, Evelyn and Germinario, Vito. *The At-Risk Student: Answers for Educators*. Lancaster, Pa.: Technomic Publishing Company, 1988.

Oliva, Peter F. *The Secondary School Today*, 2nd ed. New York: Harper & Row, 1972.

Orlich, Donald C. "Education Reforms: Mistakes, Misconceptions, Miscues." *Phi Delta Kappan* 70, no. 7(March 1989): 512–517.

Ornstein, Allan C. and Hunkins, Francis P. *Curriculum: Foundations, Principles, and Issues*, 2nd ed. Boston: Allyn and Bacon, 1993.

Parkhurst, Helen. *Education on the Dalton Plan*. New York: E. P. Dutton, 1922.

Passow, A. Harry, ed. *Curriculum Crossroads*. New York: Teachers College, Columbia University, 1962.

______. "Reforming America's High Schools." *Phi Delta Kappan* 56, no. 9(May 1975): 587–596.

______. "Tackling the Reform Reports of the 1980s." *Phi Delta Kappan* 65, no. 10(June 1984): 674–683.

Paul, Robert. *Critical Thinking: What Every Person Needs to Survive in a Rapidly Changing World*. Rohnert Park, Calif.: Center for Critical Thinking and Moral Critique. Sonoma State University, 1990.

Perelman, Lewis J. *School's Out: Hyperlearning, the New Technology, and the End of Education*. New York: William Morrow, 1992.

Peterson, Penelope L. and Walberg, Herbert J., eds. *Research on Teaching: Concepts,*

Findings, and Implications. Berkeley, Calif.: McCutchan, 1979.

Phenix, Philip H. *Realms of Meaning: A Philosophy of the Curriculum for General Education*. New York: McGraw-Hill, 1964.

Pinar, William F., Reynolds, William M., Slattery, Patrick, and Taubman, Peter M. *Understanding Curriculum: An Introduction to the Study of Historical and Contemporary Curriculum Discourses*. New York: Peter Lang, 1996.

Popper, Samuel H. *The American Middle School: An Organizational Analysis*. Waltham, Mass.: Blaisdell, 1967.

Powell, Arthur G., Farrar, Eleanor, and Cohen, David K. *The Shopping Mall High School: Winners and Losers in the Educational Marketplace*. Boston: Houghton Mifflin, 1985.

Pratt, David. *Curriculum: Design and Development*. New York: Harcourt Brace Jovanovich, 1980.

Proctor, John H. and Smith, Kathryn. "IGE and Open Education: Are They Compatible?" *Phi Delta Kappan* 55, no. 8(April 1974): 564-566.

Rafferty, Max. *What They Are Doing to Your Children*. New York: New American Library, 1964.

Retnesar, Ramesh. "Lost in the Middle." *TIME* 152, no. 11(September 14, 1998): 60-62.

Resnick, Lauren B. and Klopfer, Leopold E., eds. *Toward the Thinking Curriculum: Current Cognitive Research*. 1989 Yearbook. Alexandria, Va.: Association for Supervision and Curriculum Development, 1989.

"Restructuring Schools: What's Really Happening." *Educational Leadership* 48, no. 8(May 1991): 3-76.

Roberts, Arthur D. and Cawelti, Gordon. *Redefining General Education in the American High School*. Alexandria, Va.: Association for Supervision and Curriculum Development, 1984.

Roberts, Terry and Staff of the National Paideia Center. *The Power of Paideia Schools: Defining Lives Through Learning*. Alexandria, Va.: Association for Supervision and Curriculum Development, 1989.

Rollins, Sidney P. *Developing Nongraded Schools*. Itasca, III.: F. E. Peacock, 1968.

Rose, Lowell C. and Gallup, Alec M. "The 38th Annual Phi Delta Kappan/Gallup Poll of the Public's Attitudes Toward the Public Schools." 88, no. 1(September 2006): 41-56.

Rubin, Louis, ed. *Current Movements and Instructional Technology*. Boston: Allyn and Bacon, 1977.

______. *Curriculum Handbook: The Disciplines, Current Movements, and Instructional Methodology*. Boston: Allyn and Bacon, 1977.

______. "Open Education: A Short Critique." In Louis Rubin, ed., *Curriculum Handbook: The Disciplines, Current Movements, and Instructional Methodology*. Boston: Allyn and

Bacon, 197, p. 375.

"The School in the Middle." *NASSP Bulletin* 67, no. 463(May 1983): 1–82.

"School Reform: What We Have Learned." *Educational Leadership* 52, no. 5(February 1995): 4–48.

Sears, James T. and Marshall, J. Dan, eds. *Teaching and Thinking About Curriculum: Critical Inquiries*. New York Teachers College Press, 1990.

Shanker, Albert. "The End of the Traditional Model of Schooling+And a Proposal for Using Incentives to Restructure Our Public Schools." *Phi Delta Kappan* 71, no. 5(January 1990): 344–357.

Shearer, William J. *The Grading of Schools*. New York : H. P. Smith, 1898.

Singer, Ira J. "What Team Teaching Really Is," In David W. Beggs III, ed., *Team Teaching: Bold New Venture*. Bloomington: Indiana University Press, 1964, p. 16.

Sirotnik, Kenneth A. "What Goes on in Classrooms? Is This the Way We Want It?" In Landon E. Beyer and Michael W. Apple, eds. *The Curriculum: Problems, Politics, and Possibilities,* 2nd ed. Albany, N.Y.: State University of New York Press, 1998.

Sizer, Theodore R. *Horace's Compromise: The Dilemma of the American High School*. Boston: Houghton Mifflin, 1984.

______. *Horace's School: Redesigning the American High School*. Boston: Houghton Mifflin, 1992.

Slavin, Robert E., Karweit, Nancy L., and Madden, Nancy A. *Effective Programs for Students at Risk*. Needham Heights, Mass.: Allyn and Bacon, 1989.

______ and Madden, Nancy A. "What Works for Students at Risk: A Research Synthesis." *Educational Leadership* 70, no. 6(February 1989): 4 –13.

Sleight, Peter. "Information Services: Possibilities Are Endless." *Fort Lauderdale News and Sun-Sentinel,* July 27, 1980, Section H, p. 3.

Smith, B. Othanel, Stanley, William O., and Shores, J. Harlan. *Fundamentals of Curriculum Development,* rev. ed. New York: Harcourt Brace Jovanovich, 1957.

A special section on middle schools. *Phi Delta Kappan* 72, no. 10(June 1991): 738–773.

Stephens, Lillian S. *The Teacher's Guide to Open Education*. New York: Holt, Rinehart and Winston, 1974.

Stevenson, Chris and Carr, Judy F., eds. *Integrated Studies in the Middle Grades: Dancing Through Walls*. New York: Teachers College Press, 1993.

"Students At Risk." *Educational Leadership* 50, no. 4(December 1992/January 1993): 4–63.

Swartz, Robert and Perkins, David. *Teaching Thinking: Issues and Approaches*. Pacific Grove, Calif.: Midwest Publications Critical Thinking Press, 1990.

Tanner, Daniel and Tanner, Laurel. *Curriculum Development: Theory into Practice*, 4th ed. Upper Saddle River, N.J.: Merrill/Prentice-Hall, 2007.

"Teaching Thinking Skills in the Curriculum. *Educational Leadership* 39, no. 1(October 1981): 6-54.

"Teaching Thinking Throughout the Curriculum." *Educational Leadership* 45, no. 7(April 1988): 3 -30.

"Thinking Skills in the Curriculum." *Educational Leadership* 42, no. 1(September 1984): 3-87.

Timar, Thomas B. and Kirp, David L. "Education Reform in the 1980s: Lessons from the States." *Educational Leadership* 70, no. 7(March 1989): 504-511.

Toch, Thomas. *In the Name of Excellence: The Struggle to Reform the Nation's Schools. Why It's Failing and What Should Be Done.* New York: Oxford University Press, 1991.

______ with Litton. Nancy and Cooper, Matthew. "Schools That Work." *U.S. News and World Report* 110, no. 20(May 27, 1991): 58-66.

Toffler, Alvin. *Future Shock.* New York: Random House, 1970.

______. *The Third Wave.* New York: William Morrow, 1980.

Trump, J. Lloyd. "Flexible Scheduling-Fad or Fundamental?" *Phi Delta Kappan* 44, no. 8(May 1963): 370.

______ and Baynham, Dorsey. *Focus on Change: Guide to Better Schools.* Chicago: Rand McNally, 1961.

______ and Miller, Delmas F. *Secondary School Curriculum Improvement: Meeting the Challenges of the Times,* 3rd ed. Boston: Allyn and Bacon, 1979.

Tyler, Ralph W. "Curriculum Development Since 1900." *Educational Leadership* 38, no. 8 (May 1981): 598-601.

Van Til, William, Vars, Gordon F., and Lounsbury, John H. *Modern Education for the Junior High School Years,* 2nd ed. Indianapolis, Ind.: Bobbs-Merrill, 1967.

Vars, Gordon F. "Integrated Curriculum in Historical Perspective." *Educational Leadership* 49, no. 2(October 1991): 14-15.

______, Gordon F., ed. *Common Learnings: Core and Interdisciplinary Team Approaches.* Scranton, Pa.: International Textbook Company, 1969.

Virginia, State of. *Tentative Course of Study for the Core Curriculum of Virginia Secondary Schools.* Richmond Va.: State Board of Education, 1934.

Von Haden, Herbert I. and King, Jean Marie. *Educational Innovator's Guide.* Worthington, Ohio: Charles A. Jones, 1974.

Weeks, Ruth Mary. *A Correlated Curriculum: A Report of the Committee on Correlation of the National Council of Teachers of English.* New York: D. Appleton-Century, 1936.

Weinstock, Ruth. *The Greening of the High School.* New York: Educational Facilities Laboratories, 1973.

"When Teachers Tackle Thinking Skills." *Educational Leadership* 42, no. 3(November 1984): 3-72.

White, Emerson E. "Isolation and Unification as Bases of Courses of Study," *Second Yearbook of the National Herbert Society for the Scientific Study of Teaching*. Bloomington, Ind.: Pentograph Printing and Stationery Co., 1986, pp. 12-13.

Wiles, Jon and Bondi, Joseph. *Curriculum Development: A Guide to Practice.* Upper Saddle River, N.J.: Merrill/Prentice Hall, 2007.

______, Bondi, Joseph, and Wiles, Michele Tillier. *The Essential Middle School,* 4th ed. Upper Saddle River, N.J.: Merrill/Prentice Hall, 2006.

______ and Lundt, John. *Leaving School, Finding Education.* St. Augustine, Fla: Matanzas Press, 2004.

Wiles, Kimball. *The Changing Curriculum of the American High School.* Englewood Cliffs, N.J.: Prentice-Hall, 1963.

______ and Patterson, Franklin. *The High School We Need.* Alexandria, Va.: Association for Supervision and Curriculum Development, 1959.

Wolfe, Arthur B. *The Nova Plan for Instruction.* Fort Lauderdale, Fla.: Broward County Board of Public Instruction, 1962.

Wolfe, Patricia. *Brain Matters: Translating Research into Classroom Practice.* Alexandria, Va.: Association for Supervision and Curriculum Development, 2001.

Wright, Grace S. *Block-Time Classes and the Core Program in the Junior High School.* Bulletin 1958, no. 6. Washington, D.C.: U.S. Office of Education, 1958.

Zais, Robert S. *Curriculum: Principles and Foundations.* New York : Harper & Row, 1976.

10 수업 목표와 명세목표

학습 목표

1. 학습의 세 가지 주요 영역을 구분할 수 있다.
2. 각 세 영역의 분류학으로부터 학습의 주요 범주를 열거할 수 있다.
3. 교육과정 목적과 목표 및 수업 목표와 명세목표 사이의 관계를 설명할 수 있다.
4. 교육과정 목적과 교육과정 목표를 구분할 수 있다.
5. 수업 목표와 명세목표를 구분할 수 있다.
6. 세 영역 각각의 교육과정 목적을 확인하고 진술할 수 있다.
7. 세 영역 각각의 교육과정 목표를 확인하고 진술할 수 있다.
8. 세 영역 각각의 수업 목표를 확인하고 진술할 수 있다.
9. 세 영역 각각의 수업 명세목표를 확인하고 진술할 수 있다.

수업 계획

교육과정 의사결정과 함께 수업이라는 광범위한 분야가 우리 앞에 다가오고 있다. 이는 여러 가지 사항—수업 계획, 수업 전략, 평가—에서 행정가, 교사, 학생, 학부모에게 인지된 대표(landmark)로서 익숙한 영역이다. 우리가 수업의 영역으로 들어갈 때 주요한 의사결정 책임은 현장 교사의 몫이 된다. 지금까지 교육과정 입안자로 알려진 사람들이 프로그램 특징에 대한 의사결정에 관여해 왔고, 여기에는 학급 교사가 포함된다. 이제 현장 교사는 방법론적 본질에 대한 의사결정에 전념하게 될 것이다. 그들은 다음과 같은 질문에 대답할 것이다.

- 수업의 결과로서 성취될 명세목표는 무엇인가?
- 우리가 다룰 주제는 무엇인가?

- 학습지도에 가장 적합한 절차는 무엇인가?
- 수업을 어떻게 평가할 것인가?

이 단계에서 교사는 주제를 선정할 것인지 혹은 역량을 구체화할 것인지, 교사의 명세목표 혹은 학생의 것을 특징으로 할 것인지, 내용 숙달을 추구할 것인지 혹은 단순히 자료를 제시할 것인지, 그리고 교수의 목적을 집단을 대상으로 할 것인지 혹은 개인을 대상으로 할 것인지를 결정해야 한다.

수업 설계는 수업 목표와 명세목표의 구체화(이 장에서 논의됨), 수업 전략 선택, 그리고 교수평가 기법의 선택(12장에서 논의됨)을 포함한다.

장기적 관점에서 우리의 다음 과제를 달성하기 위해서 지금까지 우리가 다루었던 단계를 다시 살펴보자.

- 학생들의 일반적인 요구 조사
- 사회적 요구 조사
- 우리의 교육철학과 진술된 일반 목적의 명확화
- 교육과정 목적과 목표의 확인
- 학교 학생들의 요구, 지역사회의 요구, 과목의 내용에 드러난 요구 결정
- 교육과정을 재조직화하기 위해 채택되거나 수행된 계획의 교육과정 조직화 계획의 재확인

이 단계를 끝내면 우리는 수업의 계획, 실행, 평가에 대해 책임질 준비가 된다. 교육과정-수업 연속체의 수업적 양상은 5장에서 제안된 교육과정 개발 모델의 부분집합으로 나타난다. 부분집합은 [그림 10-1]에서 보듯 7개의 내용(VI, VII, VIII, IX A, IX B, X, XI)으로 구성된다. 우리는 5장에서[1] 전체 교육과정 개발 모형으로부터 제거 가능한 도식화된 교수 구성 요소를 확인했다. 그러나 1장에서 수업과 교육과정 간의 긴밀한 관계를 전제했듯이, 궁극적으로 이 둘은 분석의 목적에 따라 분리될 수 있지만 하나의 존재는 다른 하나가 없으면 무의미해진다.

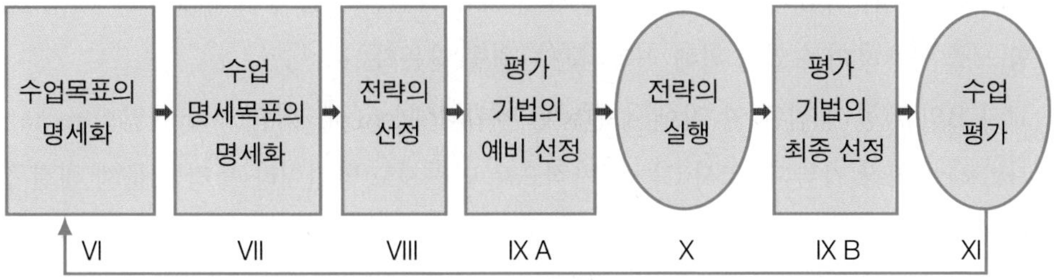

[그림 10-1] 수업 모형

수업 모형

[그림 10-1]은 수업 모형을 상징하는데, 우리는 간단히 이를 '수업 모형(Instructional Model)'이라 언급할 것이다. 이 수업 모형은 계획과 실행의 두 가지 주요 국면으로 나뉜다. 실행 국면은 수업의 실행(implementation) 및 제시(presentation)와 수업의 평가의 두 부분으로 나뉜다.

수업 모형의 계획 국면은 수업 목표의 명세화(요소 VI), 수업 명세목표의 명세화(요소 VII), 수업 전략을 위한 교사의 계획(요소 VIII), 사전 준비와 교수-학습 평가를 위한 계획(요소 IX)의 네 가지 요소로 구성된다.

그러면 교사는 어디서 어떻게 수업 계획을 시작해야 할까? 수업 계획의 몇 가지 접근을 살펴보자. 교사 A는 수업 내용을 미리 결정하지 않고 수업에 들어가 분위기를 파악하고 주제를 이끌어 낸다. 어떤 이는 이를 즉석에서 이루어지는 계획이라 할 것이고, 또 혹자는 이를 무계획이라 칭할 것이다.

교사 B는 교재를 선택하여 연간 수업 시수에 비추어 책의 각 장을 나누고, 각 수업 시수에서 다루게 될 주제를 목록화한 다음 여러 가지 계획 방식 중에서 하나의 방식을 선택한다. 각 주제를 위해 교사는 다음과 같이 할 수 있다.

- 수업 활동을 위한 몇 가지 질문 메모
- 강의를 위한 노트 준비
- 각 장의 요점을 명확히 하는 개별 및 집단 과제 설계

교사 C는 연간 학습 주제를 선택하고 각 주제와 관련한 모든 종류의 도구—교과서를 포함—를 사용하며 수업을 위해 연속되는 단원을 만든다.

교사 B의 행동 방침은 앞 장에서 언급된 예습과제(assign)-학습(study)-암송(recite)-평가(test)에 가장 가깝다. 교사 C는 일반적으로 단원지도 방법이라 불리는 문제 해결 접근을 따를 것이다.

세 교사는 모두 사전에 결정된 교육과정 목표와 명세목표에 그들의 계획을 일치시키거나 그렇지 않을 수도 있다. 세 교사는 학생이 성취할 것으로 기대되는 수업 목표와 명세목표를 구체화할 수도 있고 그렇지 않을 수도 있다. 이러한 행동 모두 교사에 의해 채택되어야 한다는 것이 나의 입장이다.

물론 이 세 유형의 교사에 대한 예는 일부 과장된 것이다. 그러나 모든 교사를 나타낼 만큼 충분히 일반적이지는 않더라도 이 세 가지 예에는 대부분의 교사가 포함된다. 이 장의 주제는 교사의 수업 모형이나 방식에 상관없이 교육과정 목표와 명세목표가 성취되고, 수업이 시작되기 전에 수업 목표와 명세목표가 구체화될 때 학생들이 학습의 숙달을 실행하게 될 것이라는 것이다.

수업목표와 명세목표의 정의

이 장의 핵심 과제(수업 목표와 명세목표를 고르고 작성하는)와 마주하기 전에, 교육과정 개발과정에서 수업 목표와 명세목표가 어디에 있는지 살펴보자. 그러나 먼저 우리는 8장에서 논의된 교육 성과의 위계(hierarchy of outcome)를 재검토해야 한다. 교육 성과 위계의 가장 상위는 학교의 교육과정 목적과 목표에서 나온 교육목적이다. 다음으로 교육과정 목적과 목표가 수업 목표와 명세목표의 자원 역할을 한다. 목적은 저명한 개인 혹은 국가 단체, 심지어 국제 단체에 의해 고려사항으로 언급되었다. 교육과정 목적과 목표는 개별 학교와 학교 교육과정 시스템 위원회에 의해 공식화된다. 수업 목표와 명세목표는 때로 지역 교육과정 위원회나 다른 교사의 지원을 받는 학급 교사에 의해 구체화된다.

이런 다양한 목적, 목표, 명세목표를 관점에 둘 때, 교육 성과 위계 순서의 단순한 예는 〈글상자 10-1〉과 같다.

우리는 교육의 광범위한 목적으로부터 구체적인 수업 목표 및 명세목표에까지 이동해 왔다. 이제 수업 목표와 명세목표를 더 자세히 검토해 보자.

글상자 10-1 교육 성과 위계 순서의 예

- 목적(aim): 학생들은 과학적인 사회에서 살아가기 위해 필요한 지식과 기술을 개발할 것이다.
- 교육과정 목적(curriculum goal): 학생들은 컴퓨터가 우리 생활에 미치는 영향을 자각할 것이다.
- 교육과정 목표(curriculum objective): 상급 학년이 끝날 무렵, 적어도 90%의 학생은 학교나 다른 곳에서 컴퓨터 소양을 획득할 것이다.
- 수업 목표(instructional goal): 학생들은 개인 컴퓨터에 익숙해질 것이다.
- 수업 명세목표(instructional objectives): 학생들은 자신에게 배정된 컴퓨터를 사용하여 90% 이상 정확하게 한 장의 문서를 작성함으로써 문서 작성 능력을 보일 것이다.

수업 목표는 수업에서 개별 학생에게 기대되는 행동의 진술이자 성취 기준 없이 일반적인 표현으로 진술된 것이다. 이 책에서 '수업 목표'라는 말은 Norman E. Gronlund의 일반적 수업 명세목표[2] 및 Ralph W. Tyler의 일반적 명세목표[3]와 유사하다. '학생은 주식시장에 대한 이해를 표시할 것이다'라는 문장은 수업 목표의 한 예다. 이는 학습자에게 기대된 행동을 나타내는 것이지만, 즉석에서 도달 여부를 측정할 수 있는 방식을 언급하는 것은 아니다. 교육과정 목표는 교육과정 목표의 방향을 가리킨다. 따라서 수업 목표 역시 수업의 명세목표에 이르는 길을 가리킨다.

수업 명세목표는 수업 목표에서 끌어낸 것으로 측정 가능하고 관찰 가능한 표현 양상을 보이는, 수업에서 각 학생에 의해 실행되는 성취(수행)에 관한 진술이다. 우리는 Gronlund의 명세적인 학습 성과(specific learning outcome)[4] 및 Tyler의 행동목표[5]와 이 표현을 동일시할 것이다. 다음 문장은 수업 명세목표에 관한 예다. '학습자는 다음에 제시된 분수를 100% 정확하게 백분율로 변환할 수 있을 것이다. 1/4, 1/3, 1/2, 2/3, 3/4.' 수업 명세목표는 또한 행동목표, 역량 등으로도 알려져 있다.

명세목표의 진술

Tyler는 교수자가 명세목표를 진술하는 네 가지 방향에 대해 논의하였다. Tyler가 기술한 명세목표는 다음과 같다.

1. 교사가 할 일에 관한 것. Tyler의 예: '진화이론 제시하기' '자연을 귀납적인 증명을 통해 보여 주기' '낭만적인 시 발표하기' '4부 합창의 조화 소개하기'
2. 진행되는 과정에서 다루어지는 원리, 개념, 일반화 또는 다른 내용 요소. Tyler의 예: '식민 지배 기간' '문제는 생성되거나 소멸될 수 없다'
3. 행동 패턴의 일반화로 삶의 영역이나 행동이 적용되는 내용을 더 구체적으로 나타내지는 못한다. 이 종류의 명세목표에 관한 Tyler의 예: '비판적 사고력 계발' '올바른 인식의 개발' '사회적 태도의 개발'
4. 학생 안에서 개발된 행동의 종류나 행동이 실행되는 삶의 내용이나 영역에 관한 정의. Tyler의 예: '사회 연구 프로젝트의 명료하고 잘 조직된 보고서 작성' '현대 소설의 올바른 이해 개발' [6]

행동목표의 사용

행동목표(behavioral objective)를 사용할 것인가 말 것인가에 관한 문제는 수년간 교육자 사이에서 격렬하게 논의되어 왔다. 행동목표의 지지자는 이 교수적 접근에 대해 다음과 같이 주장한다.

- 교사에게 무엇이 성취되어야 하는지에 대해 분명하게 인식하게 한다.
- 그들이 무엇을 성취해야 하는지 교사와 학생 사이에 의사소통할 수 있게 한다.
- 평가를 명료하게 한다.
- 성적 책임(학생의 성적에 따라 학교의 자금, 교사의 급여가 좌우되는 방식)을 가능하게 한다.
- 계열(sequencing)을 용이하게 한다.

행동목표의 지지자인 W. James Popham은 다음과 같이 언급했다.

> 측정 가능한 수업 명세목표는 나에게 있어 오늘날 미국 교육에서의 가장 심각한 결함, 다시 말해 결과에 대한 평가가 결여된 과정에 관한 편향을 막기 위해 설계되었다. 측정 가능한 명세목표가 상당한 잠재적 이익을 가진 분야가 적어도 세 분야는

> 있다. 교육과정(어떤 목표를 선택할 것인가), 수업(목표를 어떻게 달성할 것인가), 평가(교수 과정의 명세목표가 실행되었는지 아닌지를 판단)…. 아마도 이쪽으로 전향한 사람이기 때문에, 나는 본능적으로, 게다가 이성적으로 측정 가능한 명세목표가 지난 10년간 가장 괄목할 만한 진보였다고 느낀다.[7]

반대자들은 행동목표를 다음과 같이 간주한다.

- 시간 낭비다.
- 비인간화를 초래한다.
- 창의성을 제약한다.
- 핵심이 아닌 사소한 역량을 중시한다.

James D. Raths는 그의 반대 의견을 다음과 같이 피력하였다.

> 모든 학생이 구체적 수업 명세목표를 받아들여야 한다고 결정되면 교사와 학생은 장기간에 걸친 영향력을 고려해야 한다. 교사의 업무는 동시에 따분해지고 어려워진다. 그는 학생들에게 그들이 추구할 것으로 기대되는 명세목표를 알려야만 하고, 명세목표가 그들의 삶과 관련이 있음을 깨닫게 해야 하며, 학생들에게 배운 내용을 연습할 기회를 주어야 하고, 집단의 구성원이 직면하게 될 개인적 차이의 원인을 규명해야 하며, 진단에 기초한 과제의 처방을 만들어야만 하고, 그러한 순환을 계속해서 반복해야 한다. 그러나 모든 프로그램이 행동목표를 토대로 설정된다 하더라도, 그리고 엄격한 훈련의 패러다임이 명세목표를 만나 정착될 수 있다고 하더라도 누가 지루하고 결국은 바보 같은 그런 프로그램에 대해 입씨름하겠는가?[8]

행동목표의 사용을 반대하는 사람은 행동목표가 관찰 가능한 행동에만 집중한 나머지 주관적 행동을 무시하기 때문에 지나치게 기계론적이라고 보는 재개념주의자들이다.[9] 일부 권위자는 지나치게 제한된, 지나치게 순차적인, 구체적인 것에 대한 집착, 부적당한 내용 등으로 수업 명세목표를 비난해 왔다. 그들은 수업 명세목표가 행동주의 심리학에 의존하고 있음에 주목하고 대신 구조주의자의 학습이론에 따라 환기된 변화를 주시했다. John D. McNeil은 이러한 변화를 다음과 같이 요약했다.

> (1) 개별 작업이나 기술의 숙달과 반대되는 고차적인 사고, (2) 아이디어 간의 일관성과 관계에 대한 우려, (3) 암송이나 미리 구체화된 정확한 반응 대신 학습자의 수업 활동과 해결책, (4) 지식 전달을 위한 강압적 교사 혹은 텍스트와는 대조적으로 학생들은 주어진 문제를 통해 활동을 하거나 그들의 생각을 종합함으로써 그들 자신의 이해를 구성한다.[10)]

일부 교육자가 수업 명세목표의 사용을 거부함에도 교수 자료의 심사(examination)는 어린 학생의 교육뿐만 아니라 비즈니스, 산업, 정부 부처에 이르기까지 광범위하게 지속적으로 실행되고 있다. 수업 명세목표 사용의 가치에 대해 대립하는 관점은 연구 결과만을 토대로 해소될 수는 없을 것 같다. McNeil은 수업 명세목표에 관한 연구 결과가 확정적이지 않다는 데 주목했다. "학습에 관한 명세목표의 영향에 관한 몇몇 연구는 긍정적인 영향을 보여 주었지만 다른 연구는 어떤 주목할 만한 차이를 보여 주지 못했다."[11)] 그러나 McNeil은 "명세목표는 때때로 유용하며 전혀 위험하지 않다."라고 덧붙였다.[12)] 교육 결정에서의 다른 화제의 경우 종종 결과보다 철학에 기초한다.

행동목표의 문제점

낙관론자와 비관론자가 서로 논쟁하는 동안, 행동목표가 교사가 스스로 행동목표를 사용하도록 설득시키기 어렵다는 측면이 나타났다. 아마도 행동목표에 과도하게 열중한 일부 사람은 교사의 말에 더 이상 귀를 기울이지 않는다.

1. 다른 방법을 모두 배제한 것처럼 보이는 다소 독단적인 접근으로 행동목표를 사용하는 편에 호의적이고 또 이 방식을 스스로 따르고 있지만, 나는 행동목표 접근에 지속적으로 노출된 학생들이 그들이 안내받았던 다른 교수에 비해 높은 성취를 보인다는 경험적 자료를 제시하는 데 제한을 받는다. 일부 연구 결과가 나타내는 것은 행동목표가 교수 이전 단계에서 유용하다는 것이다. 명세목표는 그것이 각각의 교수 과업에 적합할 때 잘 작동하고, 어떤 종류의 교수에는 다른 것보다 효과적이며, 높은 인지 영역의 학습 성취에 유용하다. 또한 평균 능력의 학습자, 사회적 배경이 높은 남학생, 그리고 보다 독립적이고 꼼꼼한 학생이 덕을 본다.[13)]
2. 행동목표의 진술은 창의적인 것이라기보다는 학습자를 기계적으로 만드는 경향이

있는 공식에 의존한다. 예를 들면, '_____이 주어지면 학생들은 _____점의 성적으로 _____을 _____분 안에 해낼 것이다.'

3. 행동목표 반대자 사이에서 가장 중요시되는 정의적 목표의 경시는 때때로 인지적 영역이나 심동적 영역에서만큼 정의적 영역에서의 행동목표 작성이 쉽다는 것을 함의한다.

실수를 이야기하면서 그와 다른 지지자들이 행동목표의 사용에서 한 실수를 이야기하면서 Popham은 시간이 지난 후 그의 견해를 수정하였지만 여전히 측정 가능한 행동목표를 옹호하였다. Popham은 너무 지나치게 작은 범위에서 구체적으로 서술할 경우, 수업 목표가 너무 세밀해져서 교사가 다른 목표에도 전혀 관심을 가질 수 없게 될 위험성에 대해 지적했다.[14)]

행동목표에 관한 논란에도 불구하고, 나는 이치에 맞는 접근으로 수업 목표 및 명세목표를 작성하고 정의하는 훈련이 상당한 장점이 있다고 믿는다. 일반교실에서 교사가 행동목표를 구체적으로 언급하든 안 하든, 장애를 가진 학생을 위한 개별화교육 프로그램(individualized education programs: IEPs)을 작성하는 교사는 반드시 학년이 끝날 때 학생이 성취할 목표와 목표를 달성하기 위한 행동목표를 명확하게 명시해야 한다.

수업 명세목표의 작성은 교사가 그들이 찾는 결과를 정의하도록 만든다. 수업 명세목표의 세부 사항은 교수 전략과 자원의 선정을 명료하게 한다. 행동 용어로 진술되었을 때, 수업 명세목표는 평가의 기반을 제공하고 학생, 학부모, 다른 전문가가 실행할 것으로 기대되는 것이 정확히 무엇인지에 대해 상호작용한다.[15)] 결과에 기초한 교육은 역량, 혹은 1970년대에서 1980년대의 수행에 기초한 교육의 직접적인 사례로, 세 가지 모두 행동 목표의 원리를 구체화한다. 우리는 15장에서 다시 결과중심 교육으로 돌아갈 것이다.

수업 목표와 명세목표 준비를 위한 지침

수업 목표와 명세목표를 선택하고 작성하는 일을 잘 살펴보기 위해 우리가 따라야 할 몇 가지 지침은 다음과 같다.

• 이미 언급된 교육과정 목적 및 목표와 관련하여야 한다.

- 학습의 세 영역—인지, 정의, 심동—에 적용할 때마다 명시하여야 한다.
- 학습의 높은 수준에 더 역점을 두고 낮은 수준과 높은 수준 모두에서 인식되도록 하여야 한다.
- 작성을 위한 몇 가지 간단한 규칙을 따라야 한다.

최근의 교수에 관한 세 가지 강조점은 교사가 행동목표를 명세화할 수 있도록 안내해야 한다. 세 가지 강조점은 (1) 사고력 계발, (2) 주제별로 둘 이상의 분야에 걸치는 단원을 통한 교육과정의 통합, (3) 전체적이라기보다는 복합적인 것으로서의 지능에 대한 인식이다. 지적 능력의 개념은 종종 인지적 언어와 수리 능력으로 한정되고, 종종 하나의 지능 지수의 점수 측면에서 이해되었다. 그러나 우리는 수년간 차이의 원인이나 언어 사용, 언어 추리, 수리 능력, 공간관계, 추상적 추리, 기억과 같은 영역에서의 수치를 낳는 근본적인 정신적 능력에 대한 검사를 해 왔다.[16] Howard Gardner는 일곱 가지 지능—신체-운동 지능, 개인이해 지능(인간친화), 대인관계 지능(자기성찰), 언어지능, 논리-수학 지능, 음악지능, 공간지능—의 존재를 개념화했다.[17] 1980년대에 주창된 일곱 가지 지능에 대해, Gardner는 1990년대에 자연주의 지능 개념을 더했다. 이는 자연을 분류하는 능력으로, Gardner는 "식물 및 자원과 동물에 대해 자각하고 분류하는 능력" 으로 묘사하였다.[18]

우리는 Gardner의 다중지능에 Thorndike가 정의한 사회지능과 Peter Salovey와 John D. Mayer가 인지한 감성지능의 개념을 더해야 한다. Thorndike의 개념[19]에 기초하여, Salovey와 Mayer는 현재 사람들이 EQ로 주목하는 감성지능에 대해 고찰하였다. "사회지능의 한 부분으로서 자신의 감정과 타인의 감정을 관찰하는 능력과 감정 사이에서의 식별력과 이 정보를 사고와 행동에 활용하는 능력을 포함한다."[20] 당신은 인류의 존재에 대한 정신적이고 철학적인 민감성에 대한 아홉 가지 기능—실존적 지식의 개념—으로 다중지능의 몇 가지 논의를 발견할 것이다.[21] 단일 영역의 지능에 비해 매력적인 다중지능의 개념은 교사를 수업 설계로 안내한다.

교육과정 목적 및 목표와의 관계

수업 목표 및 수업 명세목표는 반드시 교육과정 목적 및 교육과정 목표와 관련되어 있어야 한다. 현장 교사가 교육과정 목적과 목표 초안 작성에 참여하지 않는 한, 교사는 이에 익숙해져야 한다. 수업 목표와 명세목표는 교육과정 목적과 목표에서 파생된다. 5학년을 위한 교육과정 목표 채택을 통해 이 관계를 살펴보자. 당해 과정 동안 학생들은 자신들의 읽기 능력을 상당히 향상할 것이다. 우리는 이 일반 목표에서 다음의 교육과정 목표를 추론할 수 있다. (1) 8개월째가 끝나 갈 때쯤, 75%의 학생은 선택된 영어 단어의 세트를 이해하는 능력이 25%가량 향상할 것이다. (2) 학년이 끝날 때쯤, 모든 학생은 읽기 이해력에서 5.90의 표준 단계에 도달하거나 넘어설 것이다.

교육과정 목적에서 도출되는 교육과정 목표는 프로그램과 학생 집단에 적용되며, 측정 가능한 용어로 기술된다. 다음에 제시된 예에서 보는 바와 같이 수업 목표는 교육과정 목적 및 목표를 따르고 보다 직접적인 관계에 놓여 있다. (1) 학생은 새로운 자료를 큰 어려움 없이 묵독하는 능력을 시행해 보일 것이다. (2) 학생은 새로운 자료를 큰 어려움 없이 낭독하는 능력을 시행해 보일 것이다.

앞서 언급한 두 진술은 각 학생에 대한 기대다. 진술은 일반적인 용어로 표현되며, 숙달의 기준을 포함하지 않는다. 각각의 수업 목표에서 우리는 수업 명세목표를 만들 수 있다. 예를 들어, 묵독의 목표를 증진하기 위해 교사는 다음의 명세목표를 설계할 수 있을 것이다. (1) 학생은 5단계 독본의 한 대목을 묵독하고 네 가지 주요 논점을 각각 눈에 띄는 이해상의 오류 없이 구두로 요약할 것이다. (2) 학생은 5단계 독본의 한 대목을 묵독하고 교사에게 할당받은 8~10개 이상의 질문지에 알맞은 답을 쓸 수 있을 것이다.

낭독의 목표를 증진하기 위해 교사는 다음과 같은 명세목표를 확인할 것이다. (1) 학생은 학급문고의 책을 낭독하고 100단어 정도로 이루어진 구절에서 4개 이상의 발음 실수를 하지 않을 것이다. (2) 학생은 학급문고의 한 구절을 낭독하고 구절의 세 가지 주요 핵심 내용을 이해하는 데 있어 눈에 띄는 오류 없이 구두로 요약할 것이다.

수업 명세목표가 특정(예를 들어 영리한, 느린 또는 장애를 가진) 소집단으로 차별화되어 있지 않는 한 모든 학생이 명세목표를 달성하도록 기대된다. 수업 명세목표가 주어진 학급의 모든 학생을 대상으로 한 목표일 때, 이는 최소 역량으로 불릴 수 있을 것이다.

평가 프로그램은 학생들의 최소 역량 달성 여부—예를 들어 4학년, 8학년, 11학년 말에 모든 혹은 선택된 분야의 성취 정도—를 평가하기 위해 설계되었다.

한 가지 관점에서 모든 학생을 위해 설계되었기 때문에, 교육과정과 수업의 목표 및 명세목표 사이에는 약간의 혼란이 있을 것이다. 교육과정 목적과 목표는 보다 폭넓고, 단일 집단 혹은 여러 집단으로서의 모든 학생에게 목표가 되며, 종종 학년 간의 경계를 뛰어넘고, 종종 학문 간의 경계를 초월하며, 많은 경우 학문 내 혹은 학문 간의 한 명 이상의 교사와 관련되어 있다.

그러나 교육과정 목표가 수업 명세목표와 일치하는 경우, 혹은 달리 말해서 수업 명세목표가 교육과정 목적에서 반복되는 경우가 있다. 우리가 교육과정 입안자로서 수학에서의 표준화 검사에서 모든 학생의 점수를 개선하는 교육과정 목표를 목표할 때, 우리는 수학 교육과정(프로그램)이 그 단계에 맞게 작동할 때 만족할 것이다. 우리가 현장 교사로서 모든 학생이 수학 표준화 평가에서 10% 높은 성적을 얻는 것을 목표할 때, 우리는 각 학생이 잘 수행할 때 만족할 것이며 많은 학생이 명세목표를 성취한다면 교수를 효과적으로 잘 나타낼 수 있다.

우리가 그것을 조금 다르게 언급함에도 교육과정과 수업의 목표 및 명세목표는 한데 수렴될 것이다. 말하자면 하나는 다른 것의 분신인 것이다. 바꾸어 말하면, 교육과정의 목적 및 목표와 수업의 목표 및 명세목표는 (하나에서) 갈라진 것이다. 우리가 교육과정 계획자로서 백분위 75에 위치하는 상급생의 80%(심지어 100%)가 미적분학 과목을 선택하기를 희망한다고 말할 경우, 우리는 수업이 아닌 프로그램에 대해서 이야기하고 있는 것이다.

교육과정 목적 및 목표와 수업 목표 및 명세목표 사이의 차이는 범위에서만 중요하다. 만약 수업 명세목표가 교육과정 목표를 그대로 사용한다면 이는 완벽하게 같을 것이다. 한편 수업 명세목표는 그 본질에 의해 교육과정 목적 및 목표에 비해 더 구체적인 경향이 있고, 교실에서 일어나는 일에 초점을 맞추며, 교수자 개인의 노력의 결과로서 발생한다. 일치의 정도가 무엇이든지, 교육과정 목적에서부터 수업 명세목표에 이르기까지 직접적이고 본질적인 상관관계가 있다.

학습 영역

학습을 보는 한 관점이 세 가지 영역, 즉 인지, 정의, 심동 영역의 개념에 존재한다. 각각의 영역에서 우리는 최저에서 최고의 단계에 이르는 계층 구조에 명세목표를 위치시키는 분류체계를 발견한다. 수업 목표와 명세목표는 언제 적용하든 학습의 세 영역—인지, 정의, 심동—에 대해서 상술되어야 한다. 다음의 이 세 가지 학습의 예에 주목하라.

- 예비선거에 대한 지식
- 읽기의 즐거움

• 벽돌 쌓기의 기술

이러한 예는 학습의 세 주요 분야(영역)의 예제가 된다. 예비선거에 대한 지식은 인지적 영역으로, 읽기의 즐거움은 정의적 영역으로, 벽돌 쌓기의 기술은 심동적 영역으로 분류된다.

인지적 영역 단과대학과 종합대학의 시험관 위원회에서의 연설에서, Benjamin S. Bloom은 명세목표를 포함한 인지적 영역을 "지식의 기억이나 인식, 지적 능력과 기능의 개발과 관련되는 것이라고 정의 내렸다."[22] 지능(mental)의 조작과 관련된 인지적 학습은 기억에서부터 생각하고 문제를 해결하는 능력에 이르기까지를 범위로 한다.

정의적 영역 David R. Krathwohl, Benjamin S. Bloom, Bertram B. Masia는 명세목표를 포함한 정의적 영역을 "기분과 감정 또는 수용과 거부의 정도를 강조하는 것"[23]이라고 정의 내렸다.

심동적 영역 Robert J. Armstrong, Terry D. Cornell, Robert E. Kraner, E. Wayne Roberson은 행동을 포함하여 심동적 영역을 "주된 분야를 신경근 또는 신체의 기능에 두고, 신체적 민첩성에 관한 별도의 단계를 포함하는 것"이라고 정의 내렸다.[24] 때때로 '운동 기능'이라 불리는 심동적 학습은 신체의 움직임과 근육의 조정을 포함한다.

일반적으로 학교는 폭넓은 세 영역에서 학생들이 성취하는 일에 대한 책임을 맡는다. 우리가 나란히 경주하는 러시아식 3두 마차(Russian troika) 형태의 세 말—인지, 정의, 심동—을 상상함에도 선두 말을 나머지 두 말이 나란히 따라가는 것처럼 매여 있다. 보통은 인지적 영역이 중심이다. 경우에 따라 직업이나 대중의 분위기에 따라 인지적 영역은 정의적 영역이나 심동적 영역에 따라잡힌다.

어떤 영역이 더 중요한가에 관한 논쟁은 수년간 지속되어 왔다. Rousseau나 Froebel, Pestalozzi, Neill과 같은 이들의 업적을 제외한 세계의 나머지는 대부분(우리가 그런 대규모로 일반화한다면) 인지의 드럼 박자에 맞춰 진행된다. 직업교육에 관한 다양한 좋은 기회가 많은 나라에서 제공되고 있음에도 인지적 영역은 영향력 있는 범주로 남아 있고, 고등교육기관으로의 필수적인 자격(entrée)이다. 만약 우리 말이 국제 경주에서 경쟁하게 된다면, 정의적 영역은 세 번째가 된다.

공교육을 비판하는 책의 인기, 교육적 책임에 관한 움직임, 사립학교로의 이동, 기초 학문에 관한 주와 국가의 표준 개발, 그리고 학생의 성취에 관한 국가와 주의 평가 등으로 판단할 때, 우리는 미국 국민이 인지적 영역에 대해 편파적이라는 결론을 내릴 수 있다.

우리가 인지적 학습을 강조하는 안팎의 강력한 선호도를 발견했음에도, 나는 각 교사에게 과목 문제의 본질을 감안하여 세 영역 모두에서의 수업 목표와 명세목표를 정의 내리고 작성하라고 장려하고 싶다.

보통 세 영역은 겹친다. 심지어 하나가 명백히 지배적일 때도 각 영역은 다른 영역의 요소를 가진다. 따라서 학습을 정확하게 영역으로 분류하는 일은 종종 어렵다. 예를 들어, 우리는 축구경기에 참여하는 학습을 우선 심동적 영역으로, 다음으로는 인지적 영역과 정의적 영역으로 간주할 수 있다. 우리는 시민의 입법 권한을 우선 인지적 영역에, 다음으로 정의적 영역에 두는 학습의 예를 제공할 수 있다. 우리는 정직을 우선 정의적 영역에, 다음으로 인지적 영역에 두는 예를 제공할 수 있다. 또한 우리는 작도와 정삼각형에 대해 우선 인지적 영역, 다음으로 정의적 영역과 심동적 영역으로 간주할 수 있다.

많은 학습은 명백히 하나의 범주로 분류된다. 우리가 몇몇 학생들이 정답을 알았을 때 느끼는 정의적인 즐거움(욕구)을 제외한다면, 삼각형의 넓이를 구하는 공식(밑변×높이×1/2)은 거의 인지적 경험이다. 심동적 영역인 앉았다 일어서기는 아주 적은 인지력을 요하며 긍정적이거나 부정적인 정의적 반응을 불러일으킬 것이다. 타인에 관한 신념은 일차적으로 정의적 목표이며, 다음으로 인지적 영역이고, 대체로 심동적 영역은 아니다.

학급교사는 실제로 세 가지가 모두 관련 있다면 세 영역 모두에서 수업 목표와 명세목표를 확인하고 작성해야 한다. "어떤 원단으로부터 우리가 수업 목표와 명세목표를 자를 것인가?"라고 물어올 수 있다. 우리는 "우리가 일반적으로 알고 있는 교육과정 목표와 명세목표—세 가지 요소, 학습자의 요구, 사회의 요구, 교과의 요구—를 재단할 수 있을 것이다."라고 답할 것이다. 최근 몇 년간 세 분류법에 대해 학습은 영역으로 분류될 수 없고, 또 분류되어서도 안 된다는 비평이 지속되어 왔다. 저자를 포함한 다른 어떤 사람은 유용한 수업 전략을 세 영역으로 분류하는 폭넓게 연습된 분류법을 발견했다.

분류의 수준

수업 목표와 명세목표는 높은 단계에 더욱 강조를 두고 높고 낮은 학습 수준 모두를 확인해야 한다. 어떤 학습이 더 가치 있고 복잡하고 다른 것보다 중요하다는 점은 명백하다. 예를 들어, 다음의 인지적 영역의 복잡성에서 차이를 보이는 학습 결과를 주목하라.

- 학생은 미국의 초대 대통령의 이름을 댈 것이다.
- 학생은 워싱턴의 첫 취임 연설문을 읽고 핵심을 요약할 것이다.
- 학생은 워싱턴의 생각이 오늘날에 어떻게 적용되는지 혹은 적용되지 않는지를 보여 줄 것이다.
- 학생은 요크타운 전쟁에서 워싱턴의 군사 전술을 분석할 것이다.
- 학생은 워싱턴의 일대기를 쓸 수 있을 것이다.
- 학생들은 대륙 회의에서 워싱턴의 역할을 평가할 수 있을 것이다.

미국의 초대 대통령의 이름을 대는 데 필요한 지식과 기능은 확실히 다음의 각 목표에 비해 낮은 수준이다. 계속되는 각 항목은 점진적으로 더 어려워지고, 더 강한 인지적 힘이 필요하다. 우리가 가진 것은 가장 낮은 데서부터 가장 높은 데까지의 학습 결과의 위계다.

다음 정의적 영역의 예를 살펴보자.

- 학생은 다른 학생이 그들의 견해를 설명하는 동안 들을 것이다.
- 학생은 공립공원에 나무를 심는 자원봉사 요청에 응답할 것이다.
- 학생은 어느 한 개인이 나라의 발전에 기여한 것보다 민족이 발전에 기여한 것에 감사를 표현할 것이다.
- 학생은 불량식품 대신 영양가 있는 음식을 선택할 것이다.
- 학생은 습관적으로 법적 · 윤리적 기준을 준수할 것이다.

인지적 영역의 예와 같이, 각각의 명세목표는 앞의 것보다 점점 더 가치가 커진다. 마지막으로 심동적 영역을 살펴보자.

- 학생은 섬유의 차이점을 촉감으로 인지할 것이다.
- 학생은 승마하는 동안 말의 고삐를 어떻게 잡는지 보여 줄 것이다.
- 학생은 180도로 전환하는 움직임을 흉내 낼 것이다.
- 학생은 물과 회반죽의 회분을 혼합할 것이다.
- 학생은 DVD 플레이어를 작동할 것이다.
- 학생은 흥미로운 게시판을 마련할 것이다.
- 학생은 신체 움직임이 필요한 독창적인 게임을 창안할 것이다.

인지적 영역 분류학

Bloom과 동료들은 인지적 영역에서의 교육 명세목표 분류를 위한 광범위한 분류학을 개발하였다.[25] 모든 분류체계 중에서 Bloom의 인지적 영역 분류학은 아마도 가장 잘 알려지고 가장 널리 따르는 방법일 것이다. 이는 교육체계의 모든 수준에서 특징적인 인지적 학습 결과의 종류를 범주화한다.

교육목표의 새로운 두 가지 분류학은 2001년에 나타났다. Loren W. Anderson과 David R. Krathwohl은 6인 공저자의 편집자로서 학습, 교수, 평가를 위한 분류법을 발간하였다. 교육목표에 대한 Bloom 분류학의 새로운 재개정이었다. Anderson, Krathwohl과 동료들은 지식 차원과 인지과정 차원으로 분류학 표를 제시하였다. 사실 개념적, 절차적, 메타인지적 지식은 지식 차원의 주요 형태를 구성한다. 인지과정 차원의 주요 항목은 학습자 기억, 이해, 적용, 분석, 평가, 창의를 구한다. 주요 항목의 각각은 특수 항목으로 나뉜다.

Robert J. Marzano는 정신과정과 지식의 다양한 유형을 결합하여 새로운 분류학을 제공하였다. Marzano는 Bloom 분류학의 문제성 중 하나가 다양한 수준을 구별하는 활동의 어려움이라고 보았다. Marzano의 새로운 분류학은 기억의 세 가지 형태, 사고의 세 가지 체계, 그리고 이해, 분석, 메타인지와 자기 체제 과정에 대한 지식 활용을 통하여 회상과정의 자동적인 수준으로부터 여섯 가지 수준을 인정하였다.

공간은 이 분류학에 대한 충분한 설명을 허락하지 않는다. 최초의 분류학이 잘 알려지고, 50년 동안 그 역할을 성공적으로 수행한 이후로 나는 Bloom 분류법에 대해 계속적인 논의를 선택했다. 동시에 나는 새로운 분류학의 하나가 기존의 Bloom 분류학보다 그들의 목적을 더 잘 제공하는지 찾기 위한 시각으로 교사가 새로운 분류학에 익숙해지고 노력해야 한다고 추천한다.

Bloom과 동료들은 인지적 학습을 지식, 이해, 적용, 분석, 종합, 평가의 여섯 가지 주요 범주로 분류하였다. 각각의 범주를 살펴보고 이미 제시된 예를 다시 살펴본 후, 다음과 같이 그것을 알맞은 범주에 놓자.

- 지식 수준: 학생은 미국의 초대 대통령의 이름을 댈 것이다.
- 이해 수준: 학생은 워싱턴의 첫 취임 연설문을 읽고 핵심을 요약할 것이다.
- 적용 수준: 학생은 워싱턴의 생각이 오늘날에 어떻게 적용되는지 혹은 적용되지 않는지를 보여 줄 것이다.
- 분석 수준: 학생은 요크타운 전쟁에서 워싱턴의 군사 전술을 분석할 것이다.
- 종합 수준: 학생은 워싱턴의 일대기를 쓸 수 있을 것이다.
- 평가 수준: 학생은 대륙 회의에서 워싱턴의 역할을 평가할 수 있을 것이다.

이 분류법은 가장 낮은 지식 영역에서부터 가장 높은 평가에 이르는 위계 방식으로 분류된 학습 명세목표를 보여 준다. 교육 전문가의 중심이 되는 전제는 더 높은 수준의 학습이 강조되어야 한다는 것이다. 예를 들어, 사고력은 낮은 단계의 지식 재생뿐만 아니라 적용, 분석, 종합, 평가를 통해 촉진된다.

세 영역 가운데 인지 영역에서의 명세목표가 가장 정의 내리기 쉽고 평가하기에 간단하다. 그것은 과목 내용으로부터 첫 번째로 뽑히고, 보통 작성된 시험과 연습을 통해 쉽게 측정할 수 있다.

정의적 영역 분류학

인지적 영역의 분류법 출현 이후 곧 Krathwohl과 Bloom을 포함한 다른 사람은 5개의 주요 범주로 구성된 정의적 영역에서의 명세목표 분류법을 개발했다.[26] 우리는 앞서 주어진 정의적 예를 다음의 종류로 범주화할 것이다.

- 수용: 학생은 다른 학생이 그들의 견해를 설명하는 동안 들을 것이다.
- 반응: 학생은 공립공원에 나무를 심는 자원봉사 요청에 응답할 것이다.
- 가치화: 학생은 어느 한 개인이 나라의 발전에 기여한 것보다 민족이 발전에 기여한

것에 감사를 표현할 것이다.

- 조직화: 학생은 불량식품을 넘어 영양가 있는 음식을 선택할 것이다.
- 가치나 가치 복합체에 의한 인격화: 학생들은 습관적으로 법적 · 윤리적 기준을 준수할 것이다.

정의적 영역은 교육자에 대해 어려운 문제를 지닌다. 역사적으로 학부모와 교육자는 인지적 학습을 학교의 중요한 임무로 간주해 왔다. 정의적 영역은 일반적으로 낮은 위치를 유지해 왔다. 이 책에서 언급된 다른 곳에서와 마찬가지로, 정의적 영역은 여전히 학교의 주류를 이루는 일부 교육자에게 수용되지 않고 있다. 한편 일부 교육자는 정의적 성과가 다른 성과에 비해 개인과 사회에 더 중요한 것으로 인식한다.

지각심리학자 Arthur W. Combs는 정의적 영역의 경우에 대해 다음과 같이 언급했다.

> 수 세대 동안 교육은 정보를 가르치는 훌륭한 역할을 해 왔다…. 우리의 가장 큰 실수는 우리가 제공해 온 정보의 결과로서 다르게 행동하도록 사람들을 돕는 문제와 연관되어 있다. 알맞은 사람을 구하는 것이야말로 여러 다른 요소 중에서 가장 중요한 가치 있는 것이다. 그 의미를 분명히 하고, 교육자는 가치에 흥미를 보이고 고려해야만 한다. 불행히도 이는 오늘날 대부분의 학교와 교실의 경우가 아니다. 중점이 과학적이고 비인격적인 명세목표에 치중해 있다. 교육은 가치와 신념, 확신, 그리고 학생에 대한 염려에 관심을 가져야만 한다. 개인에 의해 지각된 이러한 사실은 적어도 이른바 명세목표 요인만큼 중요하다.[27)]

Bloom, J. Thomas Hastings, George F. Madaus는 정의적 학습에 대한 교수의 경시에 대해 주장했다.

> 수년에 걸쳐 미국 교육이 유지해 온 것 가운데 가장 중요한 이상은 흥미, 바람직한 태도, 올바른 인식, 가치, 의무, 의지와 같은 특성의 개발이다. 이러한 정의적 목표의 손실에 대해 학교에서 가장 높은 우선순위로 수용되는 결과의 종류는 사실상 언어적 개념이다.[28)]

Bloom, Hastings, Madaus는 정의적 학습이 경시되는 이러한 이유를 밝혔다.

> 우리의 교육체계는 과학 기술적 사회에서 성공하기 위해 필요한 단어와 개념, 그리고 수학적 또는 과학적 상징을 처리하는 사람을 길러 내는 것과 맞물린다.[29)]
>
> 표준화 검사는 지적인 일을 강조하는 학교에서 사용된다.[30)]
>
> 성취 능력과 달리 이런 종류의 성격은 공공의 문제라기보다 개인적인 것으로 고려된다.[31)]

일부는 정의적 성과가 가정과 교회의 영역이며 정의적 영역의 교수는 세뇌의 기미가 있다고 주장한다. "정의적 성과의 교육적 강조가 실패하는 원인 중의 하나의 태도는 가치 지향적인 교수는 종종 교사와 대중의 마음에 그려 낸 오웰적인 함축(Orwellian overtones; George Orwell의 대표작 『1984』에서 유래-역자 주)과 관련이 있다."고 Bloom과 공저자들은 말했다.[32)]

누구의 가치를 가르쳐야 하는가? 백인, 앵글로색슨, 프로테스탄트, 중산층의 가치를 증진하여야 할 것인가? 어디에서 가치가 채택되는가? 앞 장에서 주목한 것처럼, 몇몇 사람의 가치는 가르칠 수도 없고 또 가르쳐서도 안 된다고 믿고 있음에도 Theodore R. Sizer와 같은 사람은 가치에 대해 가르칠 수 있고 또 가르쳐야 한다고 주장한다.[33)]

정의적 학습을 가르쳐야 하고, 이들 학습의 가치가 일반적인 가치로 확인되어야 한다는 것이 교육과정 입안자의 필수적인 일이다. Robert S. Gilchrist와 Bernice R. Roberts는 교육 프로그램에 가치를 포함할 것을 교육자에게 주장했다.

> 아무튼 모든 사람이 그 자신의 특정한 가치체계를 개발하고 공식화한다는 견해는 아무 일도 하지 않는 자세의 교육자의 선택에서 기인했다. 교육자에게 아마도 가장 중요하고 영향력 있는 일인 가치체계의 개발을 위한 경험의 준비라는 입장을 어떻게 우리가 지속할 것인가는 위계적으로 학교 교육과정의 업무다.[34)]

정의적 명세목표는 확인하기 어려울뿐더러 측정하기 어렵거나 때로는 거의 불가능하다. 이런 어려움이 교사가 정의적 영역을 기피하는 경향의 또 다른 원인을 구성한다. 그러나 6장에서 살펴본 바와 같이 정의적 영역의 산물인 일반적인 도덕적 · 정신적 · 윤리적 가치에 기초한 인성교육은 미국 교육의 중요한 목적 가운데 하나로 지속되어 왔고 또 앞으로도 그럴 것이다. 12장에서 우리는 정의적 영역에서의 학생 수행의 평가에 대한 몇몇 접근에 대해 논의할 것이다.

심동적 영역 분류학

간파하기 어려운 몇 가지 이유로 심동적 영역에서의 분류학의 개발과 사용은 인지 및 정의적 영역에 비해 강조되지 않았다. 심동적 영역의 분류학이 존재하지만, 그것은 나머지 두 영역의 분류학에 비해 널리 알려지지 않은 것으로 보인다. 앞서 제시된 심동적 영역의 예는 Elizabeth Jane Simpson의 분류체계를 따른다.[35] 그녀의 분류법에 따라 우리는 이 예를 다음과 같이 범주화한다.

- 지각(perception): 학생은 섬유의 차이점을 촉감으로 인지할 것이다.
- 태세(set): 학생은 천천히 달리는 동안 말의 고삐를 어떻게 잡는지 보여 줄 것이다.
- 인도된 반응(guided response): 학생은 180도로 전환하는 움직임을 흉내 낼 것이다.
- 기계화(mechanism): 학생은 물과 회반죽의 회분을 혼합할 것이다.
- 복합적 외현 반응(complex overt response): 학생은 DVD 플레이어를 작동할 것이다.
- 적응(adaptation): 학생은 흥미로운 게시판을 마련할 것이다.
- 창안(origination): 학생은 신체 움직임이 필요한 독창적인 게임을 창안할 것이다.

Anita J. Harrow는 Simpson 분류학의 각 범주에 대한 명료한 설명을 제공한다. 그녀는 판단으로서의 지각, 준비로서의 태세, 학습으로서의 인도된 반응, 습관으로서의 기계화, 수행으로서의 복합적 외현 반응, 조절로서의 적응, 창조로서의 창안을 제시했다.[36] Harrow는 학습의 운동 행동을 명확하게 하기 위해 그녀 자신의 분류법을 제안했다. 그녀의 모델은 다음의 여섯 가지 분류 단계로 구성되어 있다.

1.0 반사적 운동(Reflex Movement)
  1.10 소분절적 반사(Segmental Reflexes)
  1.20 중분절적 반사(Intersegmental Reflexes)
  1.30 초분절적 반사(Suprasegmental Reflexes)
2.0 초보적 기초 동작(Basic-Fundamental Movements)
  2.10 이동 동작(Locomotor Movements)
  2.20 입상 동작(Non-Locomotor Movements)
  2.30 조작 동작(Manipulative Movements)

3.0 운동 지각 능력(Perceptual Abilities)
  3.10 근육 감각을 통한 변별(Kinesthetic Discrimination)
  3.20 시각을 통한 변별(Visual Discrimination)
  3.30 청각을 통한 변별(Auditory Discrimination)
  3.40 촉각을 통한 변별(Tactile Discrimination)
  3.50 협응운동 능력(Coordinated Abilities)
4.0 신체적 기능(Physical Abilities)
  4.10 지구력(Endurance)
  4.20 체력(Strength)
  4.30 유연성(Flexibility)
  4.40 민첩성(Agility)
5.0 숙련된 운동 기능(Skilled Movements)
  5.10 단순 적응 기능(Simple Adaptive Skill)
  5.20 혼성 적응 기능(Computed Adaptive Skill)
  5.30 복합 적응 기능(Complex Adaptive Skill)
6.0 동작적 의사소통(Non-Discursive Communication)
  6.10 표현 동작(Expressive Movement)
  6.20 해석 동작(Interpretive Movement)[37)]

지침으로서의 세 영역의 분류법의 사용은 더욱 효과적인 수업으로 이끌 수 있다. 분류법은 세 주요 영역에 대한 주의와 각각의 세분을 지시한다. 계층의 방식으로 배열된 분류법은 그들의 학습자를 낮은 곳에서 높은 곳으로 이동하고 각 학습의 영역의 단계를 유지할 수 있도록 교사에 대한 독려를 제공해야 한다.

진술의 규칙

수업 목표와 명세목표를 쓰는 것은 몇 가지 간단한 법칙을 따라야 한다. 이 장의 앞에서 우리는 수업 목표와 수업 명세목표를 구분하였다. 수업 목표는 학생의 능력을 광범위한 용어로 정의하는 반면, 수업 명세목표는 더욱 자세하고 측정 가능한 용어로 정의한다.

수업 목표는 대충 흘려 쓴 수업 명세목표다. 예를 들어, '학생들은 미국의 처음부터 5명의 대통령의 이름을 알 것이다' 라는 것은 측정하고 관찰할 수 있는 용어로 쓰여 있지 않기 때문에 수업 목표다. 이것을 수업 목표에서 수업 명세목표로 바꿔 적자면, '학생들은 미국의 첫 번째부터 다섯 번째 대통령의 이름을 정확하게 순서대로 알 것이다' 가 된다.

반면에 수업 목표는 수업 명세목표에 이르는 길을 제시할 수 있다. 예를 들면, '학생은 에너지에 대한 인식을 개발할 것이다' 라는 수업 목표는 여러 가지의 수업 명세목표를 이끌 수 있는데, 가령 '학생들은 기름의 세 가지 대체 에너지를 찾아낼 수 있다' '학생들은 지난 10년 동안 수입된 기름의 가격 변화를 산출해 낸다' '학생들은 미국인이 에너지를 보존할 수 있는 세 가지 방법을 제안하고 설명할 것이다' 등이다.

수업 목표는 광범위하고 부정확한 용어로 사용되어도 된다. 이와 달리 주제로 간결하게 쓰일 수도 있다. 예를 들어, '노동조합 운동'이 주제라면 여기서의 주제는 학생들이 노동조합 운동을 이해하는 것이라는 문장을 의미한다.

수업 목표를 설명할 수 있는 방법은 많지만, '학생들은…' 이란 문장으로 시작하는 수업 목표나 명세목표가 더욱 큰 장점이 있는 것 같다. '학생들은…' 이란 문장으로 시작하는 때에는 (1) 모든 학생 개개인, (2) 모든 학생과 집단의 학생들의 의미를 다 포함하고자 한다. 모든 계획은 지면에 작성되는 것이 바람직하나 교사는 머릿속으로 수업 목표를 생각하며 바로 수업 명세목표를 작성할 수도 있다.

수업 명세목표의 구성 요소

일반적인 문헌에서는 수업 명세목표가 대체로 다음 세 가지 요소를 포함한다고 한다.

1. 학생에게 기대되는 행동
2. 행동이 표현되는 상황
3. 숙련도[38)]

행동을 구체화하기 학생에게 기대되는 행동을 구체화할 때, 교사는 학생의 결과를 측정하고 관찰하는 데 관련된 동사를 가장 많이 선택해야 한다. 행동 동사(action words)는 수업 목표와 수업 명세목표를 구분한다. 예를 들어, '이해한다'는 단어는 수업 명세목표에 부적절한데, 그것이 측정이나 관찰에 모두 적합하지 않기 때문이다. 그러므로

표 10-1 학습 영역의 행동 동사

인지적 영역 (Bloom의 분류법)	
단계	동사
지식	확인하다, 열거하다, 진술하다
이해	설명하다, 바꾸어 말하다, 해석하다
적용	적용하다, 해결하다, 사용하다
분석	분석하다, 비교하다, 대조하다
종합	설계하다, 개발하다, 계획하다
평가	사정하다, 평가하다, 판단하다
정의적 영역 (Krathwohl의 분류법)	
단계	동사
수용	수용하다, 증명하다, 지각하다, 듣다
반응	따르다, 관여하다, 자원하다
가치화	선호도를 표현하다, 말로 감사를 나타내다, 말로 걱정을 나타내다
조직화	신봉하다(고수하다), 옹호하다, 종합하다
인격화	감정 이입하다, 자진해서 도덕심을 표현하다, 행동을 수정하다
심동적 영역 (Simpson의 분류법)	
단계	동사
지각	구별하다, 확인하다, 고르다
태세	자세를 취하다, 실행하다, 보이다
인도된 반응	도전하다, 모방하다, 시도하다
기계화	습관화하다, 연습하다, 반복하다
복합적 외현 반응	실행에 옮기다, 작용하다, 수행하다
적응	적응하다, 변경하다, 교정하다
창안	창안하다, 설계하다, 고안하다

주: 유용한 예시적 동사에 대해서는 Norman E. Gronlund, *How to Write and Use Instructional Objectives* (Upper Saddle River, N.J.: Merrill, 2000), 부록 B와 C. Bloom과 Krathwohl 분류학의 유용한 동사의 목록과 적용 가능한 목록은 Newton S. Metfessel, William B. Michael, and Donald A. Kirsner, "Instrumentation of Bloom's and Krathwohl's Taxanomies for the Writing of Educational Objectives," *Psychology in the Schools, 6*, no. 3(July 1969): 227-231을 보라.

'학생은 미국 헌법의 첫 10개 조문에 따른 권리를 이해한다'는 수업 목표지만 수업 명세목표는 되지 않는다. 만약 'understand'라는 단어가, 수행지향동사(performance-oriented verb)로 바뀐다면, 우린 수업 명세목표를 예를 들어 '학생은 미국 헌법의 첫 10개 조문을 요약할 것이다' 라고 표현할 수 있다. 이러한 수업 명세목표는 '학생들은 미국 헌법의 첫 10개 조항에 있는 권리를 포함하는 보고서를 작성하고, 오늘날 우리에게 그것의 중요성을 평가하라' 라고 바꿈으로써, 이해할 수 있는 수준에서 평가할 수 있는 수준으로 바뀔 수 있다. 그러므로 수업 명세목표는 반드시 교육을 받음으로써 배우는 이에게 기대되는 행동을 포함해야 한다.

수업 명세목표의 쓰기를 돕기 위해서, 교사는 세 영역의 각 범주를 위해 사용될 수 있는 행동 지향적인 목록의 개발을 희망할 수 있다. 예는 〈표 10-1〉에 제시되어 있다.

조건을 구체화하기 만일 필요하다면, 배우는 사람의 행동을 나타내는 조건은 구체화되어야 한다. 수업 명세목표에서 '이 공동체에 필요한 항목 목록을 보고, 학생들은 중요도 순으로 그들을 나열하라' 란 주제가 있을 때, '공동체에 필요한 항목의 목록을 보고' 라는 것은 행동이 행해지는 조건이며, 수업 명세목표에 반드시 필요한 부분이다. 수업 명세목표를 추가로 설명한다면, '교실 내에 붙어 있는 지도에서 학생들은 중국의 위치를 가리킨다' 라는 문장에서 '교실 내에 붙어 있는 지도' 는 반드시 필요한 조건이다. 그러나 학생이 그 지도에서 여러 나라를 가리켜야 한다면, 그것은 각각의 수업 명세목표에 '교실 내에 붙어 있는 지도' 란 말이 반복되고 불필요해진다. 이러한 상황에서 교사는 '학생은 교실에 붙어 있는 지도에 가리킬 것이다…' 라고 써야 한다. 그러한 후에 교사는 가리켜야 할 나라를 나열해야 한다.

교사의 귀한 시간을 아끼기 위해서 명백한 조건은 구체화할 필요가 없다. 예를 들어, 수업 명세목표에 '종이와 펜을 가지고, 학생들은 Joseph Conrad에 관한 에세이를 작성할 것이다.' 란 문장에 '종이와 펜을 가지고' 란 단어는 불필요하다. 종이와 펜이 특별한 중요성을 가지고 있지 않는 한 이 문장은 구체화할 필요가 없다. 이러한 반복되고 명백한 상황을 수업 명세목표에 적는 것은 수업 명세목표를 쓰는 데에 부정적인 상황을 만들 수 있다. '테니스공, 테니스 라켓, 테니스 코트, 네트, 맑은 날, 적절한 옷, 그리고 적절한 상대가 주어졌을 시에 학생은 테니스공을 서브하는 것을 배운다' 라는 수업 명세목표를 우리는 보고 싶지 않을 것이다. '학생은 테니스공을 서브하는 것을 배울 것이다' 라는 수업 명세목표로 충분하다.

기준을 구체화하기 수업 명세목표의 진술은 반드시 숙련도를 평가하는 데에 받아들여질 수 있는 기준이 필요하다. 예를 들어, 프랑스어 교사가 '학생은 이 문장을 번역할 수 있다' 라는 문장을 쓸 수 있다. '프랑스어에서 영어로' 라는 말은 학생들이 이미 알고 있기 때문에 언급할 필요가 없다. '좋은 영어로' 라는 항목이나 '실수가 없이' 라고 구체화할 필요가 없다. 그것이 상식이기 때문이다.

어떤 수업 명세목표는 다른 명세목표보다 더욱 세부화된 항목이 필요하다. 예를 들어, '학생들은 Joseph Conrad에 관한 에세이를 작성할 것이다' 라는 예제로 돌아가 보자. 이 수업 명세목표에 우리는 필수적이거나 그렇지 않은 다양한 항목을 추가할 수 있을 것이다. 예를 들어, '읽을 수 있도록 손으로 쓴 글' 혹은 '타이핑 실수가 없이' 란 항목은 누구나 기대하는 것이므로 모든 수업 명세목표에 들어갈 필요가 없다. 그러나 교사가 3개 이하의 철자 실수, 문법상의 실수, 혹은 후주의 실수를 원한다면, 그 정보는 반드시 학생들에게 전달되어야 한다. 그런 항목은 특히 수업 목표가 시험의 항목으로 쓰인다면 더욱 중요하다. 학생들이 어떠한 기준에 의해 평가될 것이란 것을 아는 것은 필요하고, 평가에 중요한 원리다.

Robert H. Davis, Lawrence T. Alexander, Stephen L. Yelon은 다음과 같이 여섯 가지 기준을 열거하고 각각의 예를 제시했다.

1. 단순한 행동의 발생이 충분할 때 행동을 묘사하라.
   예: 사진과 같이 느슨하게 매듭지어질 것이다.
2. 정확도가 중요할 때 수용 가능한 이탈의 범위에 관한 진술을 제공하라.
   예: 답변은 전체 숫자에 가장 근접한 것이어야 정답이다.
3. 숫자의 오류가 중요할 때 숫자를 언급하라.
   예: 최대 1개의 오류
4. 시간이나 속도가 중요하다면 최소의 수준을 언급하라.
   예: 5초 이내에, 1분당 5개의 단위로
5. 알려진 참고문헌이 기준을 제공한다면 참고문헌을 언급하라.
   예: 본문에 주어진 것과 같은 차례로 연속 단계를 수행한다.
6. 행동의 결과가 중요하다면 그것을 묘사하거나 모형을 제공하라.
   예: 모든 학생이 토의에 참여하도록 학급을 이끌라.[39)]

초보 교수자는 때로 어떻게 교사가 기준을 정하는지 질문한다. 3개의 오류를 허용할 것인지, 4개를 허용할 것인지, 또는 학생이 과업을 5분이 아닌 10분에 끝내야만 할 것인지를 어떻게 결정하는가? 이러한 결정은 교사의 학생과의 과거 경험, 교사의 전문성, 그리고 아마도 자의적인 판단에 기초한다. 몇 년이 지난 후 교사는 무엇이 학생들에게 성춰 가능하고 지속 가능한지 분별하기 시작한다. 특정 관례 또한 교사를 안내할 것이다. 예를 들어, 70%는 대부분의 학생과 교사, 학부모에게 '그럭저럭'이라고 간주되며, 80%는 '나쁘지 않은'으로, 90%는 좋은 것으로 간주된다. 그러한 이유로 70%에서 100%의 범위라는 기준은 수업 명세목표 진술에 자주 등장한다.

인지적 영역과 심동적 영역에서의 명세목표 진술이 상대적으로 간단함에도 정의적 영역 기준의 진술은 한 사람의 마음만 다루는 것도 힘들다. 우리는 12장에서 정의적 명세목표의 기준을 수립하는 프로그램으로 씨름할 것이다. 그러나 이 시점에서 우리는 정의적 영역에서의 명세목표를 위한 기준을 구체화하는 것이 대체적으로 불가능함을 언급해야 한다. 예를 들어 '학생들은 그들 학교의 자긍심을 표현할 것이다'라는 명세목표에 대해 우리가 어떤 기준을 부가해야 하겠는가? 학생의 반응이 강렬해야 하는가? 열정적이어야 하는가? 정의적 영역은 그것의 독특한 교수적 문제를 나타낸다.

기준의 구성 요소에 대해 Davis, Alexander, Yelon은 안정성 요소를 더했다. 그것은 학생들이 제공받는 기회와 그 행동을 시행하는 데 성공해야 할 시간이다.[40] 우리는 그 예로 안정성 요소를 설명할 수 있을 것이다. '그 학생은 각 3회의 연속 시도에서 1분에 50개의 단어로 문서 작성을 할 것이다.' 이 명세목표의 분석은 '문서 작성'이 행동임을 보여 준다. 조건(CPU, 모니터, 키보드, 출력이 필요하다면 프린터, 종이, 잉크 카트리지)은 이해된다. 수행 기준은 '최소 1분에 50단어'다. 그리고 안정성 요소는 '3회의 연속 시도에서'다.

일반적으로 말해서, 수업 명세목표는 적어도 세 가지 구성 요소로 이루어져야 한다. 즉, 행동(종종 도착점 행동으로 불리는), 조건, 기준이다.

수업 목표와 명세목표의 우선순위 확인 및 결정

수업 목표와 명세목표는 확인되어야 하고 우선순위에 놓여야 한다. 교사는 수업 목표 및 명세목표가 적합한지와 어느 쪽이 더 중요한지를 알아야 한다.

실제로 교육과정 목적 및 목표보다 수업 목표 및 명세목표를 확인하고 순서를 매기는 것은 아주 단순하다. 수업 목표 및 명세목표는 일반적으로 집단이나 이 과정을 위한 학생 혹은 관리자를 배치하는 것에 대한 어떤 규칙성도 따르지 않는다. 그리고 그들은 수업 목표 및 명세목표가 내용이 구체적이므로 다른 것들은 필요로 하지 않는다. 그들의 타당성에 대한 판단을 내리고 어느 쪽이 본질적인지 결정하는 것에는 가르치고 있는 내용의 그리고 그 내용을 가르치는 방법의 근거가 필요하다. 과목의 내용은 종종 기술적이고 지식을 넘어선, 사람과 학생을 배치하는 기술이다. 수업의 문제는 특수한 분야에서 경험을 쌓은 이들의 고유한 권한이다.

그 결과 교육과정 목적 및 목표와 더불어 수업 목표 및 명세목표의 우선순위를 확인하고 확립하는 것에 관련되는 사람의 필요성은 아주 낮다.

수업 목표 및 명세목표를 확인하고 정렬하는 것은 보통 채택된 교과서, 참고서와 교육과정 안내를 참조하여 달성된다. 이 자료의 전문가는 우선순위를 확인하고 정렬하는 사람의 역할을 한다. 수업 목표 및 명세목표를 확인하고 지시하는 이 방법은 대단히 일반적인 것이다.

학급교사는 수업 목표 및 명세목표의 확인과 정렬에 대해 자신의 팀 구성원, 식견 있는 교직원, 교육과정 컨설턴트와 장학사에게서 도움을 구할 수 있다. 특별한 분야에서 훈련받고 경험을 쌓은 컨설턴트와 장학사는 학급 교사가 어떤 수업 목표 및 명세목표가 학습자에게 적합한지, 어떤 것이 강조되어야 할 것인지에 대해 도움을 줄 수 있다. 끝으로, 교사는 상급 교육기관 혹은 학교의 전문가뿐만 아니라 과목 영역에서 정평이 난 학교 시스템 밖의 전문가에게 도움을 구할 수도 있다.

요약

수업 목표 및 명세목표는 앞서 언급된 교육과정 목적 및 목표와 직접적으로 연관되어 있다. 수업 목표는 수업 명세목표를 구체화하는 데 방향을 제공한다.

학습 성과는 세 주요 영역—인지, 정의, 심동—에서 확인될 것이다. 인지적 영역은 지성의 세계이고, 정의적 영역은 감정, 신념, 가치, 태도의 장이며, 심동적 영역은 지각-운동 기능의 영역이다.

각 영역의 분류법은 위계적 성격을 가진 명세목표를 학습의 가장 낮은 수준부터 가장 높은 수준까지 분류한다. 분류법은 각 영역에 포함된 학습의 종류를 밝히고, 학습의 높은 수준에 더 강조를 두도록 교수자를 안내하는 데 유용하다.

수업 목표는 도달에 대한 기준 없이 행동적이지 않은 표현으로 작성된 진술이다. 정의적 영역에서 성과의 예외가 존재하지만 수업 명세목표는 측정 가능하고 관찰 가능한 용어로 작성되어야 한다.

타당하고 필요할 때는 언제든지, 수업 명세목표는 학습자가 시행할 행동, 행동이 시행되는 조건, 그리고 행동의 숙달이 보여야 할 기준의 세 가지 요소로 구성되어야 한다.

교수자는 수업 목표 및 명세목표를 확인하고 전문가에 의해 작성된 교수 매체를 참조하며 학교 안팎의 식견 있는 동료, 관리자, 컨설턴트의 판단을 모색함으로써 그것을 우선순위에 따라 위치시켜야 한다.

논의문제

1. 수업 목표 및 명세목표는 교육과정 목적 및 목표와 어떤 방식에서 다른가?
2. 수업 목표와 명세목표를 명시하는 것은 꼭 필요한가?
3. 수업 목표 및 명세목표를 작성하는 것의 목적은 무엇인가?
4. 행동목표를 작성하는 것의 대안은 무엇인가?
5. 수업 목표 및 명세목표는 교사의 창의력과 예술성을 제한하는가? 설명해 보라.

보충 연습문제

1. '인지(적)' '정의(적)' '심동(적)'을 정의하라.
2. '분류'라는 용어를 정의하라.
3. 비행동적 목표와 행동 명세목표를 구분하라.
4. Bloom의 인지적 영역 분류를 참고하여 각 영역의 명세목표를 작성하는 데 사용되는 동사의 목록을 마련하라.

5. Krathwohl의 정의적 영역 분류를 참고하여 각 영역의 명세목표를 작성하는 데 사용되는 동사의 목록을 마련하라.

6. Simpson 또는 Harrow의 심동적 영역 분류를 참고하여 각 영역의 명세목표를 작성하는 데 사용되는 동사의 목록을 마련하라.

7. Bloom의 인지적 영역 분류학에 따른 6개의 주요 범주의 수업 명세목표를 각각 작성하라.

8. Krathwohl의 정의적 영역 분류학에 따른 5개의 주요 범주의 수업 명세목표를 각각 작성하라.

9. Simpson 또는 Harrow의 심동적 영역 분류학에 따른 주요 범주의 수업 명세목표를 각각 작성하라.

10. 수업 명세목표의 세 가지 요소를 진술하라.

11. 하나의 수업 명세목표를 포함하는 여섯 가지 종류의 수행 기준의 예를 제시하고 열거하라.

12. '안정성 요소' 의 의미를 설명하고 예를 들라.

13. Howard Gardner, Thomas Armstrong 혹은 다른 권위자의 참고문헌을 참고하여 각각의 다중지능을 설명하라.

14. 교실에서의 다중지능의 적용에 대한 예시를 제시하라.

15. 수업 명세목표의 구체적 사항은 바람직한 수업 도구라는 개념에 관해 토론하라.

16. 교사 집단을 대상으로 그들의 구체화된 수업 명세목표 기법의 사용 범위에 관한 그들의 의견에 대해 투표하라.

17. 하나의 교육과정 목적을 택하고, 두 개의 교육과정 목표를 작성하라. 그리고 하나의 교육과정 목적에 대한 하나의 수업 목표를 작성하고, 하나의 수업 목표에 대한 두 개의 수업 명세목표를 작성하라.

18. 개별화교육계획(IEP)를 정하라(창안하라). 그리고 그것이 어떻게 구성되어 있는지 설명하라. 당신의 설명에서 목표로부터 나온 연간 계획 및 행동목표의 예를 제시하라.

◆ 비디오 자료 ◆

Armstrong, Thomas, *Multiple Intelligences: Discovering the Giftedness in All.* 1997. 44분. 비디오테이프. National Professional Resources, publisher. Phi Delta Kappa International, P.O. Box 789, Bloomington, Ind. 47402-0789.

Books in Action: *Becoming a Multiple Intelligences School.* 2000. 15분. 비디오테이프. Tom Hoerr는 Howard Gardner의 다중지능이론이 교사에게 어떤 지침을 주는지 설명한다. Association for Supervision and Curriculum Development, 1703 N. Beauregard St., Alexandria, Va. 22311-1714.

Books in Action: *The Multiple Intelligences of Reading and Writing: Making the Words Come True.* 2003. 15분. 비디오테이프. Thomas Armstrong과 다른 연구자들은 학생들이 문해 능력을 운동-감각 지능, 공간지능, 개인이해 지능, 자연주의 지능을 통해 발달시키는 것에 대해 핵심 개념을 설명하였다. Association for Supervision and Curriculum, 1701 N. Beauregard St., Alexandria, Va.: 22311-1714.

Goleman, Daniel, *Emotional Intelligence: A New Vision for Educators.* 1996. 40분. 비디오테이프. National Professional Resources, publisher. Phi Delta Kappa International, P.O. Box 789, Bloomington, Ind. 47402-0789.

◆ 웹사이트 ◆

Accelerated Learning Network: http://www.accelerated-learning.net/multiple.htm

후주

1) [그림 5-4] 참조.

2) Norman E. Gronlund, *Writing Instructional Objectives for Teaching and Assessment,* 7th ed. (Upper Saddle River, N.J. Merrill/Prentice Hall, 2004), pp. 17-22.

3) Ralph W. Tyler, *Basic Principles of Curriculum and Instruction* (Chicago: University of Chicago Press, 1949).

4) Gronlund, *Writing Instructional Objectives for Teaching and Assessment,* pp. 22-28.

5) Tyler, *Basic Principles of Curriculum and Instruction,* p. 57.

6) Ibid., pp. 44-47.

7) W. James Popham, "Practical Ways of Improving Curriculum via Measurable Objectives," *Bulletin of the National Association of Secondary School Principals* 55, no. 355(May 1971): 76.
8) James D. Raths, "Teaching Without Specific Objectives," *Educational Leadership* 28, no. 7 (April 1971): 715.
9) Peter S. Hlebowitsh, *Radical Curriculum Theory Reconsidered: A Historical Approach* (New York: Teachers College Press, 1993), pp. 11-12 참조.
10) John D. McNeil, *Contemporary Curriculum in Thought and Action,* 6th ed. (Hoboken, N.J.: Wiley, 2006), p. 132.
11) Ibid., p. 207.
12) Ibid.
13) James Hartley and Ivor K. Davies, "Preinstructional Strategies: The Role of Pretests, Behavioral Objectives, Overviews, and Advance Organizers," *Review of Educational Research* 46, no. 2(Spring 1976): 239-265 참조.
14) W. James Popham, *Classroom Assessment: What Teachers Need to Know,* 3rd ed. (Boston: Allyn and Bacon, 2002), pp. 97-98.
15) Leslie J. Briggs는 *Handbook of Procedures for the Design of Instruction* (Washington, D.C.: American Institute for Research, 1970), pp. 17-18에서 수업 명세목표 작성을 위한 21개 근거를 제시하였다.
16) 예로 *Differential Aptitudes Test,* 5th ed. (New York: The Psychological Corp., 1991) 참조.
17) Howard Gardner, *Multiple Intelligences: New Horizons* (New York: Basic Books, 2006) 참조; 또한 Howard Gardner, *Frames of Mind: The Theory of Multiple Intelligences* (New York: Basic Books, 1983); Thomas Armstrong, *Multiple Intelligences in the Classroom,* 2nd ed. (Alexandria, Va.: Association for Supervision and Curriculum Development, 2000); Thomas Armstrong, *The Multiple Intelligences of Reading and Writing: Making the Words Come Alive* (Alexandria, Va.: Association for Supervision and Curriculum Development, 2003); Linda Campbell and Bruce Campbell, *Multiple Intelligences and Student Achievement: Success Stories from Six Schools* (Alexandria: Va.: Association for Supervision and Curriculum Development, 1999); Tom Hoerr, *Becoming a Multi Intelligences School* (Alexandria, Va.: Association for Supervision and Curriculum Development, 2000); Harvey F. Silver, Richard W. Strong, and Matthew J. Perini, *So Each May Learn: Integrating Learning Styles and Multiple Intelligences* (Alexandria, Va.: Association for Supervision and Curriculum Development, 2000) 참조.
18) Kathy Checkley, "The First Seven··· and the Eighth: A Conversation with Howard Gardner," *Educational Leadership* 55, no. 1(September 1997): 8, 9.
19) Edward L. Thorndike, "Intelligence and Its Uses," *Harper's Magazine* 140(1920): 227-235.
20) Peter Salovey and John D. Mayer, "Emotional Intelligence," *Imagination, Cognition and Personality* 9, no. 3(1989-90): 189 참조. 또한 Daniel Goleman, *Emotional Intelligence* (New York: Bantam Books, 1995); Peter Salovey and David J. Sluyter, eds. *Emotional Development and Emotional Intelligence: Educational Implications* (New York: Bantam Books, 1997) 참조.
21) Leslie Owen Wilson website: http://www.uswp.edu/education/wilson/learning/ninthintelligence.htm 참조, accessed November 1, 2006.
22) Benjamin S. Bloom, ed., *Taxonomy of Educational Objectives: The Classificational of Educational Goals: Handbook I: Cognitive Domain* (White Plains, N.Y.: Longman, 1956), p. 7.

23) David R. Krathwohl, Benjamin S. Bloom, and Bertram B. Masia, *Taxonomy of Educational Objectives: The Classification of Educational Goals: Handbook II: Affective Domain* (White Plains, N.Y.: Longman, 1964), p. 7.

24) Robert J. Armstrong, Terry D. Cornell, Robert E. Kraner, and E. Wayne Roberson, *The Development and Evaluation of Behavioral Objectives* (Worthington, Ohio: Charles A. Jones, 1970), p. 22.

25) Bloom, *Taxonomy: Cognitive Domain.*

26) Krathwohl et al., *Taxonomy: Affective Domain.*

27) Arthur W. Combs, ed., *Perceiving, Behaving, Becoming: A New Focus on Education,* 1962 Yearbook (Alexandria, Va.: Association for Supervision and Curriculum Development, 1962), p. 200.

28) Benjamin S. Bloom, Thomas J. Hastings, and George F. Madaus, *Handbook on Formative and Summative Evaluation of Student Learning* (New York: McGraw-Hill, 1971), p. 225.

29) Ibid.

30) Ibid., p. 226.

31) Ibid., p. 227.

32) Ibid., p. 226.

33) Theodore R. Sizer, *Horace's Compromise: The Dilemma of the American High School* (Boston: Hougnton Mifflin, 1984), Chapter 6.

34) Robert S. Gilchrist and Bernice R. Roberts, *Curriculum Development: A Humanized Systems Approach* (Belmont, Calif.: Lear Siegler/Fearon, 1974), p. 13.

35) Elizabeth Jane Simpson, "The Classification of Educational Objectives in the Psychomotor Domain," *The Psychomotor Domain,* vol. 3 (Washington, D.C.: Gryphon House, 1972), pp. 43-56.

36) Anita J. Harrow, *A Taxonomy of the Psychomotor Domain: A Guide for Developing Behavioral Objectives* (White Plains, N.Y.: Longman, 1972), p. 27.

37) Ibid., pp. 1-2.

38) 수업 명세목표 작성에 대해 도움을 얻고자 한다면 Robert F. Mager, *Preparing Instructional Objectives,* 2nd ed. (Belmont, Calif.: Fearon, 1975) 참조.

39) Robert H. Davis, Lawrence T. Alexander, and Stephen L. Yelon, *Learning System Design: An Approach to the Improvement of Instruction* (New York: McGraw-Hill, 1974), pp. 39-40.

40) Ibid., p. 41.

◆ 참고문헌 ◆

Anderson, Lorin W. and Krathwohl, David R., eds. *A Taxonomy for Learning, Teaching, and Assessing: A Revision of Bloom's Taxonomy of Educational Objectives.* New York: Longman, 2001.

Armstrong, Robert J., Cornell, Terry D., Kramer, Robert E., and Roberson, E. Wayne. *The Development and Evaluation of Behavioral Objectives.* Worthington, Ohio: Charles A.

Jones, 1970.

Armstrong, Thomas. *Multiple Intelligences in the Classroom,* 2nd ed. Alexandria, Va.: Association for Supervision and Curriculum Development, 2000.

_____. *The Multiple Intelligences of Reading and Writing: Making the Words Come Alive.* Alexandria, Va.: Association for Supervision and Curriculum Development, 2003.

Bernhardt, Regis, Hedley, Carolyn N., Cattaro, Gerald, and Svolopoulos, Vasilios, eds. *Curriculum Leadership: Rethinking Schools for the 21st Century.* Cresskill, N.J.: Hampton Press, 1998.

Bloom, Benjamin S., ed. *Taxonomy of Educational Objectives: The Classification of Educational Goals: Handbook I: Cognitive Domain.* White Plains, N.Y.: Longman, 1956.

_____, Hastings, J. Thomas, and Madaus, George F. *Handbook on Formative and Summative Evaluation of Student Learning.* New York: McGraw-Hill, 1971.

Brandt, Ronald S. and Tyler, Ralph W. "Goals and Objectives." In Fenwick W. English, ed. *Fundamental Curriculum Decisions.* 1983 Yearbook, 40-52. Alexandria, Va.: Association for Supervision and Curriculum Development, 1983.

Briggs, Leslie J. *Handbook of Procedures for the Design of Instruction.* Washington, D.C.: American Institutes for Research, 1970.

Caine, Renate Nummela and Caine, Geoffrey. *Making Connections: Teaching and the Human Brain,* Alexandria, Va.: Association for Supervision and Curriculum Development, 1991.

Campbell, Linda. *Teaching and Learning Through Multiple Intelligences.* Boston: Allyn and Bacon, 2004.

_____ and Campbell, Bruce. *Multiple Intelligences and Student Achievement: Success Stories from Six Schools.* Alexandria, Va.: Association for Supervision and Curriculum Development, 1999.

Checkley, Kathy. "The First Seven ... and the Eighth: A Conversation with Howard Gardner." *Educational Leadership* 55, no. 1(September 1997): 8-13.

Combs, Arthur W., ed. *Perceiving, Behaving, Becoming: A New Focus for Education.* 1962 Yearbook. Alexandria, Va.: Association for Supervision and Curriculum Development, 1962.

Davis, Robert H., Alexander, Lawrence T., and Yelon, Stephen L. *Learning System Design: An Approach to the Improvement of Instruction.* New York: McGraw-Hill, 1974.

Dick, Walter and Carey, Lou. *The Systematic Design of Instruction,* 2nd ed. Glenview, Ill.: Scott, Foresman, 1985.

Faculty of the New City School. *Celebrating Multiple Intelligences: Teaching for Success: A Practical Guide Created by the Faculty of The New City School.* St. Louis, Mo.: The

New City School, Inc., 1994.

Gagné, Robert M. and Briggs, Leslie J. *Principles of Instructional Design*. New York: Holt, Rinehart and Winston, 1974.

Gardner, Howard. *Frames of Mind: The Theory of Multiple Intelligence*. New York: Basic Books, 1983.

_____. *Multiple Intelligences: The Theory in Practice*. New York: Basic Books, 1993.

Goleman, Daniel. *Emotional Intelligence*. New York: Bantam Books, 1995.

Gronlund, Norman E. *Writing Instructional Objectives for Teaching and Assessment,* 7th ed. Upper Saddle River, N.J.: Merrill/Prentice Hall, 2004.

Harrow, Anita J. *A Taxonomy of the Psychomotor Domain: A Guide for Developing Behavioral Objectives*. White Plains, N.Y.: Longman, 1972.

Hartley, James and Davies, Ivor K. "Preinstructional Strategies: The Role of Pretests, Behavioral Objectives, Overviews, and Advance Organizers." *Review of Educational Research* 46, no. 2(Spring 1976): 239–265.

Hlebowitsh, Peter S. *Radical Curriculum Theory Reconsidered: A Historical Approach*. New York: Teachers College Press, 1993.

Hoerr, Tom. *Becoming a Multiple Intelligences School*. Alexandria, Va.: Association for Supervision and Curriculum Development, 2000.

Kibler, Robert J., Barker, Larry L., and Miles, David T. *Behavioral Objectives for Instruction and Evaluation*. Boston: Allyn and Bacon, 1974.

Kim, Eugene C. and Kellough, Richard D. *A Resource Guide for Secondary School Teaching: Planning for Competence,* 6th ed. Englewood Cliffs, N.J.: Merrill, 1995.

Krathwohl, David E. "A Revision of Bloom's Taxonomy: An Overview." *Theory into Practice,* vol. 41(Autumn 2002): 212–218.

Krathwohl, David E., Bloom, Benjamin S., and Masia, Bertram B. *Taxonomy of Educational Objectives: The Classification of Educational Goals: Handbook II: Affective Domain*. White Plains, N.Y.: Longman, 1964.

Marzano, Robert J. *Designing a New Taxonomy of Educational Objectives*. Thousand Oaks, Calif.: Corwin Press, 2001.

McAshan, H. H. *Competency-Based Education and Behavioral Objectives*. Englewood Cliffs, N.J.: Educational Technology Publications, 1979.

McNeil, John D. *Contemporary Curriculum in Thought and Action,* 6th ed. Hoboken, N.J.: Wiley, 2006.

Mager, Robert F. *Preparing Instructional Objectives,* 2nd ed. Belmont, Calif.: Fearon, 1975.

Marzano, Robert J. *Developing a New Taxonomy of Educational Objectives*. Thousand Oaks, Calif.: Corwin Press, 2001.

Nelson, Annabelle. *Curriculum Design Techniques*. Dubuque, Iowa: William C. Brown, 1990.

Popham, W. James. *Classroom Assessment: What Teachers Need to Know,* 3rd ed. Boston: Allyn and Bacon, 2002.

_____. "Practical Ways of Improving Curriculum via Measurable Objectives." *Bulletin of the National Association of Secondary School Principals* 55, no. 355(May 1971): 76–90.

_____. *Systematic Instruction.* Englewood Cliffs, N.J.: Prentice–Hall, 1970.

_____ and Baker, Eva L. *Establishing Instructional Goals.* Englewood Cliffs, N.J.: Prentice–Hall, 1970.

Raths, James D. "Teaching Without Specific Objectives." *Educational Leadership* 28, no. 7 (April 1971): 714–720.

Salovey, Peter and Mayer, John D. "Emotional Intelligence." *Imagination, Cognition and Personality* 9, no. 3(1989–90): 185–211.

_____ and Sluyter, David J., eds. *Emotional Development and Emotional Intelligence: Educational Implications.* New York: Bantam Books, 1997.

Silver, Harvey F., Strong, Richard W., and Perini, Matthew J. *So Each May Learn: Integrating Learning Styles and Multiple Intelligences.* Alexandria, Va.: Association for Supervision and Curriculum Development, 2000.

Simpson, Elizabeth Jane. "The Classification of Educational Objectives in the Psychomotor Domain," *In The Psychomotor Domain,* vol. 3, 43–56. Washington, D.C.: Gryphon House, 1972.

"Teaching for Multiple Intelligences." *Educational Leadership* 55, no. 1(September 1997): 8–74.

Thorndike, Edward L. "Intelligence and Its Uses." *Harper's Magazine* 140 (1920): 227–235.

Tyler, Ralph W. *Basic Principles of Curriculum and Instruction.* Chicago: University of Chicago Press, 1949.

11 수업 전략 선택과 실행

학습 목표

1. 교수 방식(style), 모델(model), 방법(method), 기술(skill)을 정의하고, 수업 전략 선택과 각 요소가 어떻게 관련되는지를 진술할 수 있다.
2. 일반적인 교수 기술과 구체적인 교수 기술을 구별할 수 있다.
3. 단원 계획을 이용하는 것에 대한 이론적 근거를 제시할 수 있다.
4. 단시 수업 계획을 장기 계획에 관련지을 수 있다.

수업 전략 결정하기

이것은 계획하는 단계다. 12학년의 미국 역사 교사가 커피 한잔을 할 수 있고 친구들과 수다를 떨 수 있는 교사 휴게실에 남아 있었다. 그녀는 현재 교육과정 지침서와 역사 교과서가 앞에 있는 교무실 안 자신의 자리에 앉았다. 학생들이 공부할 주제는 제2차 세계대전의 유럽 전역이다. 꼼꼼한 설계자는 자기 자신에게 이러한 질문을 한다. "이 주제를 가르치는 가장 좋은 방법은 무엇이지?" "내가 무슨 방법을 사용해야 할까?" "무슨 전략이 가능할까? 적절할까?" "수업을 위해 어떻게 계획을 구성할까?" "교육과정 지침서의 어떠한 제안을 내가 채택해야 하지?" 그녀는 주제에 관한 학습 단원을 만들 때 사용할지도 모르는 많은 접근법을 적어 둔다.

- 적합한 단원을 읽게 하여 토론할 수 있도록 준비해서 수업에 참여하도록 하기

- 주요 질문을 고안해 학생들이 단원을 읽음으로써 답을 찾을 수 있도록 하기
- 본문에 실리지 않은 부분도 같이 수업에 포함하기
- 각각의 학생들에게 노르망디 상륙작전, 벌지 전투, 라인강 상륙 등과 같은 선정된 전쟁의 양상에 대해 리포트를 쓰도록 하기
- 학생들에게 나치주의의 출현, 북아프리카 침략, D-Day(노르망디 상륙작전 개시일), 러시아 전선에 대한 전쟁과 같은 선정된 주제에 관해 슬라이드 발표하게 하기
- 제2차 세계대전의 원인이나 유대인 대학살 그리고 공군, 군, 해병대, 상선, 제2차 세계대전 때의 원인과 같은 주제에 대해 각각의 집단이 리포트를 준비하게 하면서 학급을 작고 협동적인 집단으로 구성하기
- 학생들에게 독립적으로 인터넷, 워드프로세스를 사용하여, 프랭클린 루스벨트, 윈스턴 처칠, 아돌프 히틀러, 조제프 스탈린, 특별한 전투 또는 유명한 장군과 같은 주제를 리포트로 작성하게 하기
- 각각의 학생에게 관련되었지만 다른 주제(예, 대항하는 군부 지도자)를 선택하게 하고 교실에서 구두로 리포트를 발표하게 하기
- 〈지상 최대의 작전〉 또는 〈라이언 일병 구하기〉와 같은 영화를 보여 주고 나서 소집단으로 토론하기와 학생들이 관심 있는 주제에 대해 자율학습을 하게 하기 또는 Ken Burns의 영화 〈전쟁(The War)〉의 일부분 보여 주기
- 학생들에게 선정된 주요 전투의 장면의 용병 전술에 대한 표를 그리게 하기
- 학생들에게 교과서에 있는 장을 읽고 다음 시간 수업에 있을 퀴즈를 내도록 시키기
- 교실 벽에 거는 유럽 지도를 이용하거나 실물 환등기(opaque projector)를 가지고 작은 지도를 사용하여 그 지역의 가장 중요한 지리적 특징을 지적하기
- 단원 끝에 통합될 것 같은 많은 객관식 평가 항목을 쓰고 학생들에게 논의된 주제에 따른 대답을 연습시키기
- 제2차 세계대전 때의 경험담을 듣기 위해 전투 참전자를 초대하기
- 학생들에게 학교 또는 공립 도서관에서부터 주제와 관련된 책을 선택하게 하고 그것을 읽고 도서관에서 빌린 책에서 읽은 것과 교과서 설명을 비교하면서 교실에서 구두로 리포트를 발표하게 하기
- 제1차 세계대전과 제2차 세계대전의 원인, 전투원 수, 사상자 수, 전투 용병술, 그로 인한 여파에 관해서 비교하게 하기

교사는 며칠(몇 차시를 할 것인가)을 주제에 쏟을 것인지, 고려된 접근법 중 어느 것을 사용할 것인지 또는 모두 사용할 것인지, 어떤 접근법을 먼저 사용할 것인지, 그리고 선택된 접근법을 합치는 방법을 결정해야 한다.

만약 당신이 앞 장에 있는 〈표 10-1〉을 참조한다면, 전략을 선택하는 것이 수업 모형에서의 다음 단계라는 것을 알 수 있을 것이다. 이 책에서는 '전략'이 광범위하게 방법, 절차, 그리고 교사가 학생들에게 교과 문제를 제시하기 위해, 또 바라는 결과를 불러일으키기 위해 사용되는 기법을 내포하고 있다. 전략(strategy)은 보통 다양한 절차(procedures) 또는 기법(techniques)을 포함한다. 예를 들면, 강의하는 것은 도표를 제출하고 강의 마지막에 평가를 요구하는 것과 같은 절차를 진행할 수 있다. 그것은 또한 일반적 교수 기술인 도입, 정리와 같은 기술을 포함할지도 모른다.

강의, 소집단 토론, 자율학습(independent study), 도서관 조사, 매개 수업(컴퓨터 보조 수업 포함), 반복연습과 실험 작업은 보통의 수업 전략 범위 내에 있다. 이것을 목록에 올리기 위해 우리는 코칭(coaching), 튜터링(tutoring), 테스팅(testing), 견학(field trips)을 덧붙일 수 있다. 우리는 질문 혹은 발견, 귀납적/연역적 방법을 포함할 수 있다. 교사는 수업을 실행하기 위해 자신이 마음대로 할 수 있는 매우 다양한 전략을 가지고 있다고 말하기에 충분하다.

교사가 어느 전략(들)을 사용할지 어떻게 결정하는가? 교사는 사용될 전략뿐만 아니라 명세목표(objectives), 제안된 자료와 평가 기법이 상세히 기술되어 있는 교육과정 지침서를 찾을지도 모른다.

불행히도 교육과정 지침서에 교사가 강조하기를 바라는 주제가 항상 존재하는 것은 아니다. 종종 주제가 존재하거나 이용 가능할 때 교사와 학생의 목적에 들어맞지 않는 경우도 있다. 결과적으로 교사는 전문적인 판단을 행하고 사용될 전략을 선택해야만 한다. 교육적 전략이 다섯 가지 주요 원천에서 파생된다는 것을 교사가 인식할 때, 전략을 선택하는 것은 덜 어려운 문제가 된다. 이러한 원천 각각을 조사하기 전에 특히 문외한의 교사가 배치되었을 때 교사 부족 현상이 교육학의 논쟁에서 명백하지 않은 듯 보이는 점을 강조해야 한다. Paulo Freire는 "하지만 교사가 특별한 내용을 가르치는 방법을 배우는 것은 그것을 가르치기 위해 필요한 기능 없이 가르치는 것을 모험해야 한다는 것을 의미해서는 안 된다. 그것은 그들이 잘 모르는 것을 가르치도록 자격증을 주는 것이 아니다."라고 말했을 때 이러한 주요점을 발견했다.[1)]

전략의 원천

원천으로서 명세목표

전략의 선택은 처음에 명시된 수업 명세목표(instructional objective)에 의해 제한된다. 비록 수업을 수행하기 위해 비정형화된 기법이 존재할지도 모르지만, 오직 정형화된 것만이 특정 목표를 적응시킬 수 있다. 예를 들면, 교사는 2×2=4라는 사실을 가르치기 위해 얼마나 많은 대안의 수를 가질까? 그는 학생들에게 말하거나 칠판을 이용하는 강의를 할지도 모른다. 학생들이 구구단 2단표를 계속 반복하게 시키거나 훈련 목적으로 플래시 카드를 사용하게 하라. 학생들에게 워크북, 주판(abacus), 계산자(slide rule)를 사용하여 계산을 연습시키라. 또는 학생들에게 계산기 또는 인쇄된 구구단표를 이용하게 하라. 물론 다른 모든 가능한 실행 수업은 교사나 학생에게 적절하거나 받아들여지지 않는다. 가능성의 범위를 훨씬 더 제한하는 행동 방침 또한 교사 또는 학생에게 적절하지 않거나 받아들일 수 없을 것이다.

얼마나 많은 기법이 다음의 명세목표를 완수하기 위해 제안되는가? 학생들은 다음과 같이 할 것이다.

- 물을 끓임으로써 물을 정화할 것이다.
- 사설을 쓸 것이다.
- 옷에 지퍼를 달 것이다.
- 높이뛰기를 실제로 해 볼 것이다.
- 학교를 깨끗하게 유지하는 것을 도울 것이다.

때때로 전략은 명백하다. 실용적인 대안이 없다, 본질적으로 "매체는 메시지다."(Marshall McLuhan이 사용한 말)라고 할 때, 명세목표는 전략이 될 것이다. 예를 들면, 학생들은 행동을 수행함으로써 높이뛰기를 알게 될 것이다. 아무리 높이뛰기에 대해 가르친다고 해도 그들이 높이뛰기 수행을 할 수 있다는 것을 증명해 주지는 못할 것이다.

원천으로서 교과

교과는 수업 전략의 원천을 제공한다. 교과를 가지고 전략을 선택하는 것은 상대적으로 간단하다. 만약 우리가 TV 수리에 대한 과정을 가르친다면, 회로 점검, TV 수상관 교환, 고체소자 구성 요소 교환, 색 조정과 같은 조작법을 반드시 통달해야만 한다.

교사는 반드시 교과에 초점을 맞춰야 하고 주요한 사실(fact)이 무엇인지 결정해야 하고, 이해(understanding), 태도(attitude), 이해(appreciation), 기술(skill)은 학생들에 의해 숙달되어야만 한다. 예를 들면, 미적분, 화학, 물리 같은 일부 교과는 학습에 어려움이 있다는 평판이 더욱 지배적이다. 그러나 나는 그 밖의 과목이 가르치기 더 어렵다고 생각한다. 비록 학습자가 화학 방정식을 계산하는 데 어려움을 겪을지라도, 이 내용을 가르치기 위한 전략은 꽤 간단하다. 시험을 친 후에 예를 들어서 풀어 주면 된다. 하지만 '당신은 부정 행위를 하지 않을 것이다'와 같은 금언(dictum)을 가르치기 위한 전략은 앞서 언급된 전략보다 덜 명백하다. 커닝의 부적절한 태도를 심어 줄 가장 효과적인 방법은 무엇인가? 교사는 이런 정의적인 결과의 확인을 위해 어떻게 평가하겠는가?

교과를 가르치는 것과는 대조적으로, 교과에 대해 가르치는 것은 노련한 교사조차 경계해야만 하는 접근법이다. 우리는 학생들에게 높이뛰기를 가르치는 데에서 이러한 경험을 넌지시 알 수 있다. 우리는 또한 다른 예도 발견할 수 있다. 예를 들면, 학생들에게 문법 규칙을 외울 것을 요구하는 교사는 문법을 적용하는 학생들의 능력보다는 문법 규칙에 대한 단순한 지식만을 평가한다. 도서관을 이용하는 것보다 학생들은 때때로 영어 교실에서 국회 도서관 시스템 목록으로 공부하는 것에 국한되어 있다. 또 학생들은 균형 잡힌 식사가 무엇인지 말로 나타내도록 허락되지만 선택하거나 준비하는 것은 요구되지 않는다.

정의적 영역에서 기대된 결과에 대해 가르칠 때 함정에 빠지기 쉽다. 학생들은 생활 방식으로서 민주주의에 대해 읽지만 학교에서 민주주의를 실행해 볼 기회(때로는 의도하지 않게, 때로는 신중하게)는 주어지지 않는다. 학생들은 자기 수양의 중요성에 대해 강의를 받지만 그것을 보여 줄 기회는 주어지지 않는다.

내용에 대해 가르치는 것은 언어적 표현(행동으로 표현하는 능력이지만 반드시 수행하는 능력은 아님)으로 이끌 수 있다. 언어적 표현은 학생들이 수동적인 상태에 놓여 있을 때 더 생길 것 같다. 가능할 때마다 학습자는 수업과정에 활발히 참여되어야 한다. 학생들은 실제 상황 또는 모의 상황에 놓여야 한다.

이러한 설명은 대리경험 학습(vicarious learning)을 배제하자는 것을 의미하지는 않는다. 우리는 대리경험 학습 없이는 길을 잃을 것이고, 삶은 훨씬 처절해질 것이다. 물론 학생들은 항상 실제 상황에 참여할 수는 없다. 예를 들어, 역사는 대리적으로 학습되어야만 한다. 공상과학 작가의 꿈이 현실이 될 때까지 우리는 우리 자신을 과거에 놓아 볼 수 없고, 우리 자신을 물리적으로 미래로 가게 할 수도 없고, 공존하는 현재의 공간에 우리 자신을 놓아 볼 수도 없다. 예를 들면, 대부분 우리는 단지 글로 쓰고 사진을 찍어 만든 *The National Geographic Magazine*과 같은 출판물이나 TV에 출연한 사람의 말과 사진을 통해 아마존강을 살펴볼 수 있을 것이다.

대리경험(vicarious experience)은 모든 학생이 직접적으로 경험하도록 하기 위한 아주 단순한 경우에 더 효과적이다. 예를 들면, 자동차 프로그램에서 각 학생에게 자동차 에어 필터 교환을 실제로 하게 한다면 귀중한 시간이 낭비된다. 교사의 설명은 단순한 기술을 학습하기에 충분하다. (1) 최신 버전의 윈도우 프로그램을 배워야 하는데 이전 버전만이 이용 가능할 경우와 같이 자료가 부족할 때, (2) 학교가 적절한 공간과 장비를 가지고 있지 않은데 자동차 브레이크 살펴보기 학습을 해야 할 상황과 같이 시설이 부족할 때, (3) 부야베스(bouillabaisse), 코코뱅(coq au vin), 무구가이팬(moo goo gai pan)과 같은 고급 식사를 준비할 경우와 같이 경험하기에 너무 복잡하거나 비용이 많이 들 때, 선택할 수 있는 것은 대리경험이다.

교과의 원천으로서 교과서 우리는 문학 교과서에서 계속 등장하는 비평을 찾을 수 있다. Michael W. Apple은 글을 썼을 때 '교과서의 편재하는 특징'에 주의를 환기하였다.

> 우리가 좋아하든 좋아하지 않든 간에, 대부분의 미국 학교 교육과정은 연구 또는 제안된 프로그램의 과정에 의해 정의되지 않고, 특별하게 만들어진 표준화된 학년 수준 특정 교과에 의해서 정의된다. 초등학교에서 텍스트는 교육과정을 좌우하는 반면에 중등과 대학 수준에서는 생산, 분배, 수용의 이데올로기적, 정치적, 경제적 원천에 매우 적은 관심을 기울인다.[2)]

Freire는 교과서가 사용되는 방식에 관한 그의 관심에 대해 구성주의자 견해라고 부를 수 있는 것을 그럴듯하게 내놓았다.

> 불행하게도 일반적으로 학교에서 행해진 것은 교과서를 통해 학생을 수동적이도록 이끌기 위한 것이다. 그들의 창의력은 거의 금지되고, 일종의 죄악(sin)이 된다. 그들은 책에서 이야기된 스토리를 창의적으로 다시 체험하지도 않고 텍스트의 중요성을 점차적으로 활용하지 않도록 유도되고 있다.[3)]

분명히 프린트, 실제적 학습 교구, 교과서에 의존한 자료를 통해 오늘날 학습자를 둘러싸고 있는 지식의 부를 가지고 수동적으로 흡수되는 것은 비효과적인 교육이다.

결론적으로 말하자면, 사실상 개인 또는 대리 경험일지라도 수업 전략은 다양한 교과 원천에서부터 나타날 수 있다.

학생

수업 전략은 반드시 학생들에게 적합해야 한다. 일반적으로 교사는 여가적 읽기(leisure reading)를 위해 3학년을 셰익스피어의 극 중 하나를 선택하러 미디어 센터에 보내지 않을 것이다. 반대로 교사는 3, 4학년의 고등학생을 런던 브리지(London Bridge) 또는 링 어라운드 더 로지(Ring-Around-the-Rosie)와 같은 활동적인 게임에 끌어들이려고 하지 않을 것이다. 기본 스페인어는 중급 단계를 준비하는 학생들에게 적절하지 않다. 매우 추상적인 축어적 내용 접근법은 정신적으로 뒤처지거나 느린 학습자의 요구에 맞지 않다. 주도적 학습(independent study)은 충분한 자기 수양과 학습에서 이익을 얻기 위한 결단력을 가지고 있을 때에만 적용 가능하다.

교사는 학습자의 특별한 적성 또는 지능을 이용하여야 한다. 앞 장에서 우리는 Howard Gardner의 다중지능(multiple intelligence) 개념을 언급하였다.[4)] 알맞은 학교 교육과정은 언어, 논리-수학 지능뿐 아니라 신체-운동, 대인관계, 개인이해, 음악, 공간, 자연주의 지능을 개발하기 위해 경험을 제공할 것이다. 사회적, 감정적, 실존적 지식 같은 몇 가지가 추가될 수 있다.[5)]

학생의 능력을 과소평가하고 얕보아 말하거나 학생의 태도를 과대평가하고 학생이 이해하기 힘든 말을 하는 교사는 학생을 전략의 한 원천으로 인식하지 않는 접근법을 따른다. 교사가 주의하지 않는다면 전략의 한 원천은 다른 원천과 충돌할지도 모른다. 특정한 방법은 목표와 완벽하게 관련되고 목표로 삼은 교과 중심과 맞아떨어질 수 있겠지만, 학습자의 관점으로부터는 완전히 부적절할지도 모른다. 그러므로 우리는 특정 전략이 전략의 원천을 거스르지 않도록 일반화해야 할지도 모른다.

교사는 수업을 위한 장기, 단기 모든 계획에서 학생들의 도움을 얻어야만 한다. 예를 들면, 교사는 교사 자신의 목적(purpose)이 교과 공부를 하는 학생들의 목적과 일치한다고 가정할 수 없다. 그러므로 교사는 학생의 목적을 알아채기 위해 노력해야만 한다.

화제를 시작할 때, 교사는 학생들이 자료(material)를 공부하는 것에 대한 그들의 개인적 이유를 확인하는 것을 도와야 한다. 학생들은 그들 자신의 말로 그들의 목표를 진술할 수 있도록 요구되어야 한다. 예를 들면, 교사는 학생들이 베트남 전쟁을 공부하기를 바란다. 그래서 그들이 (1) 교과서의 한 단원을 끝마칠 수 있고, (2) 역사 과목의 요구사항을 이행할 수 있고, (3) 역사의 한 부분에 정통할 수 있고, (4) 대학에서도 계속해서 공부할 수 있도록 역사에 충분한 흥미를 가질지도 모른다. 반면에 학생들은 (1) 책, TV 프로그램, 이 주제와 관련된 영화를 이해하기 위해, (2) 친구와 친척이 그곳에서 경험한 것을 배우기 위해, (3) 무엇이 우리를 전쟁하게 했는지, 왜 그토록 많은 학생이 항의했으며, 어떻게 우리가 그러한 상황에 다시 처하는 것을 방지할 수 있을지 알아내기 위해 베트남 전쟁을 공부하기 바랄지도 모른다.

학생들은 (1) 마음에 드는 화제 중에 하나를 선택함으로써, (2) 수업 명세목표를 확인하는 것을 도움으로써, (3) 적절한 전략을 제안함으로써, (4) 개인 과제와 집단 과제를 선택함으로써, (5) 자료를 선택함으로써, (6) 학습 활동을 구조화함으로써 계획을 세우는 데 효과적으로 참여할지도 모른다.

지역사회

부모의 소망, 지역사회의 유형, 전통과 관습 모두는 교실 전략을 결정하는 데 역할을 한다. 예를 들면, 성교육은 많은 지역사회에서 부모에게 경각심을 불러일으킨다. 어떤 사람은 종교적인 토대에서 이 분야에 학교가 등장하는 것을 반대한다. 또 다른 사람은 성교육을 가정에서만 가능하다고 생각한다. 따라서 많은 지역사회에 의해 검토될 때는 어느 집단에서는 부적절하다고 판단될 수 있으므로 그렇게나 많은 피임법이 등장한 것일지도 모른다.

지역사회의 젊은이 사이에서의 마약 사용 실태 조사는 지역사회의 부정적 이미지를 느끼는 일부 시민에 의해서 거부될지도 모른다. 학생의 가족생활과 심리평가와 성격검사, 가치 설명을 들어 보는 기법을 권하는 것은 부모에게 폐를 끼칠지도 모른다.

교실과 운동장에서 학생들 사이에서 과중한 경쟁을 자극하는 활동을 학습하는 것은 지역사회의 비난을 받을지도 모른다. 암기의 과용과 같은 구식적 방법론의 사용은 학생들의 학습력을 넘어서든 그들의 능력 아래에 있든 간에 행동을 불러일으키는 절차로서 부모를 불안하게 할 수 있다.

지역사회는 어떤 장소에서 자주 나타나는 자료와 방법을 검열하기 위해 노력한다. 비록 교사가 기법 또는 내용의 선택에 관해 지역사회의 어려움을 경험할지라도, 그들은 단지 그러한 이유만으로 행동 방침을 버릴 필요는 없다. 그렇지만 이 교재에서 일찍 논의된 것처럼 교육과정 개발의 과정에 지역사회 구성원의 참여는 바람직하다. 교사가 믿는 가장 효과적인 기법을 이용하기 위해 지지를 얻기 전에 지역사회 요구, 신념, 가치에 대한 학습이 필요할지도 모른다. 자문위원회를 통해 부모 자원봉사자, 학부모 학교 조직, 시민 조직, 학교에 대한 지역사회의 의견과 그 과정이 모아질 수 있다.

교사

수업 전략은 (1) 교사의 개인적 교수 방식, (2) 교사가 따르는 수업의 모형(틀)을 따르게 해야만 한다. 예를 들면, 집단 토론은 학생들과 가깝게 일하기를 선호하는 교사의 마음에 들지 않을 것이다. 대개 귀납적 교수 모형을 따르는 교사는 연역적 모형을 사용하는 것을 만족하지 않을 것이다. 교사는 그들이 계획한 특정 방식을 위해 가장 적절한 방법의 모형을 분석해야만 한다. 그들은 교수 모형 그 이상을 개발함으로써 그들의 레퍼토리를 전개하기 위해 노력해야 한다.

전략을 선택하기 위한 지침

수업 전략의 선택을 돕기 위하여 당신은 다음의 지침을 고려하는 것을 바랄지도 모른다. 그 지침은 다음에 대해 수업 전략이 적절해야만 한다는 것을 주장한다.

- 학습자에 대해 적절해야만 한다. 수업 전략은 학습자들의 요구와 흥미를 충족하고 그들의 학습 방식을 유지해야 한다.
- 교사에게 적절해야 한다. 전략은 개별 교사를 위해 효과가 있어야 한다.
- 교과 내용에 적절해야 한다. 예를 들어, 인공호흡은 강의를 듣는 것보다 실연과 연

습을 통해 더 효과적으로 가르쳐질 수 있다.

- 사용할 수 있는 시간에 대해 적절해야 한다. 예를 들어 만약 충분한 시간이 없다면 장기간이 필요한 과학적 실험은 가능하지 않다.
- 자원의 이용 가능성에 적절해야 한다. 예를 들어, 학생들이 연구 프로젝트 방식의 수행을 요구한다면 참고 자료는 반드시 제공될 수 있어야 한다.
- 시설에 적절해야 한다. 예를 들어, 교실이 작거나, 교실의 음향 상태가 나쁘거나, 시설품이 이동 가능하지 않다면 토론을 하기 위해 학급을 소집단으로 나누는 것은 비실용적일 수 있다.
- 명세목표에 적절해야 한다. 전략은 반드시 수업 명세목표를 이행하기 위해 선택되어야 한다.[6)]

교수 방식

교수 방식은 유일한 교사로서 개인을 분명하게 식별할 수 있게 하는 개인적 성격(characteristic)과 특성(trait)의 한 세트다. 한 교사를 다른 교사와 다르게 만드는 개인적 요소는 다음과 같은 것을 포함한다.

- 복장
- 언어/속도
- 목소리
- 몸짓
- 활동 수준
- 얼굴 표정
- 동기
- 사람에 대한 관심
- 감각적 재능
- 이해력
- 학문

교사는 의식적 또는 무의식적으로 특정 방식을 채택한다. 조력자, 훈련자, 배우, 친구, 아버지상이나 어머니상, 독재자, 예술가, 큰 오빠나 누나 또는 교과 내용 해설자로서 교사는 교수 방식의 예가 된다. Barbara Bree Fischer와 Louis Fischer는 교수 방식을 "한 개인의 행동에서 설득력 있는 특성, 내용이 변할지라도 지속되는 특성"으로 정의한다.[7] 그들은 미국 대통령의 말하는 방식이 다양하고, 유명 화가의 예술 방식이 다양하고 또한 유명 테니스 선수가 독특한 방식을 보여 주는 것과 같이 교사가 교수 방식에 있어서 다르다는 것을 알았다.

높고 큰 목소리를 가진 교사는 목소리를 가장 선호하지 판서에 의지하지는 않을 것이다. 의복과 태도가 격식 있고 적절한 교사는 아마도 자신의 교수 방식에서 시끄러운 게임을 제외할 것이다. 수업 운영 기술에 대해 자신감이 부족한 교사는 자유분방하고 시간이나 인원에 제한이 없는 토론에 불편함을 느낄지도 모른다. 만약 낮은 동기와 활동 수준을 가진 교사가 학생들의 에세이나 학기말 리포트를 읽는 것을 거절한다면, 그러한 전략을 사용하는 것은 당연할 것이다.

학식이 많은 교사는 다양한 형태의 학술 조사를 포함할 것이다. 사람에 대해서 관심을 가지는 교사는 교사와 학생이 상호작용할 수 있을 뿐만 아니라 학교 안팎에 있는 사람들과도 상호작용할 수 있는 방식을 선택할 것이다.

자신의 일에 자부심을 가지는 교사는 교실로 손님을 초대하고, 인적자원을 이용하여 교실 활동을 녹화하는 것을 허락할 것이다. 민주 지향적인 교사는 학생들이 의사결정에 참여할 수 있도록 하는 활동을 계획할 것이다. 대담한 교사는 실패를 초래할 수 있는 더 혁신적인 기법을 시험해 보는 경향이 있을 것이다. 반면에 덜 대담한 교사는 신뢰할 수 있는 것에 집착하는 경향이 있다.

어떤 교사는 컴퓨터와 시청각 기술의 사용을 거절한다. 왜냐하면 그들이 기술을 사용함에 있어 충분한 효과를 느끼지 못하거나 또는 공학의 이용을 아무래도 귀중한 시간의 낭비로 생각하는 사고방식을 가졌기 때문일 것이다. 이러한 교사의 판단에서 Guttenberg는 수업 매체에 대한 결정적인 해답을 제시했다.

Fischer와 Fischer는 다음을 포함하여 많은 교수 방식을 제시했다.

- 과업지향: 이러한 교사는 학습될 자료를 정하고 학생들에게 구체적인 실행을 요구한다. 성취될 학습은 개인적으로 기술될지도 모른다. 그리고 엄격한 평가 체계는 각 학생이 규정된 기대를 얼마나 잘 충족하는가를 기록한다.

- 협동적 설계자: 이러한 교사는 학생 협동수업의 방법과 목적을 계획한다. 학습자의 의견을 들을 뿐 아니라 존중한다. 교사는 모든 수준의 학생들이 참여하도록 격려하고 지지한다.
- 아동중심: 교사는 학생들을 위해 그들이 하고 싶어 하는 것이나 그들이 흥미 있어 하는 것을 할 수 있도록 하기 위해 체계를 규정한다. 이 방식은 극히 드물 뿐만 아니라, 순수 형태의 아동중심 방식을 상상하기란 거의 불가능하다. 왜냐하면 정신적으로 성인이 안 된 아동과 책임이 있는 성인이 공존하는 교실이 자동적으로 흥미를 촉진하기도 하고 잃게도 하기 때문이다.
- 교과중심: 교사는 학습자를 거의 배제하는 조직화된 내용에 초점을 둔다. '교과를 가득 채움' 으로써 학습이 거의 발생하지 않더라도 교사는 만족해한다.
- 학습중심: 교사는 학생과 교육과정 목표, 가르칠 자료에 대해 동등한 결정권을 가지고 있다. 교사는 '아동중심' 방식과 '교과중심' 방식 중 한쪽으로 지나치게 치우치는 것을 거부하고 학생들의 능력 또는 무능함이 어떻든지 학습에서 자율성뿐만 아니라 중요한 목적에 대해 성장시킨다.
- 자극물과 대응물: 교사는 가르치는 데 있어서 그들의 강렬한 감정적 참여를 보여 준다. 교사는 매우 열심히 교수-학습 과정으로 들어가고 높은 감수성과 흥미로운 교실 분위기를 생성한다.[8)]

당신과 나는 의심할 바 없이 더 매력적이고 다른 사람에게 받아들여질 만한 몇몇 교수 방식을 찾고 있다. 우리는 몇몇의 부정적 방식(예, 비민주적 행동)과 몇몇의 긍정적 방식(학생에 대한 관심)을 확인할지도 모른다. 우리는 우리 자신에 맞는 교수 방식을 만드는 데 노력한다. Fischer와 Fischer는 그들의 입장을 분명하게 취했다.

> 우리는 효과적인 교수 방식과 학습 방식 모두를 동등하게 고려하지 않았다. 방식(style)에 대한 생각은 수업의 개별화를 위한 책임과 학습자 자율성의 개발에 기초를 두고 있기 때문에 과도한 위임과 의존을 장려하는 방식은 우리에게 받아들여질 수 없다.[9)]

Deborah. P. Britzman은 교수 방식은 "스스로 구성한 제품, 오직 개인적 선택에 의해서 조정된" 것이라는 관점에 이의를 제기했다.[10)] Britzman은 "교수 방식은 교사, 학생,

교육과정, 교환에서 만들어지는 지식과 교육학을 알기 쉽게 만드는 광범위한 연습 사이에서의 대화체로서 결정된 산출물로 판명되었다."라고 설명했다.[11]

학습 방식

교사의 방식은 학생들의 학습 방식과 명백히 어떤 관계를 맺고 있다. 어떤 학생은 다음과 같을 수 있다.

- 열심히 노력하고 부지런한 사람이다.
- 고집쟁이다.
- 자발적으로 계획을 실행하는 자다.
- 꾸준히 공부하는 사람이다.
- 빛나는 인기인이다.
- 의심 많은 사람이다.

일부는 '생존자'라고 덧붙일 것이다. Britzman은 "가장 성공적인 학생은 교사의 텍스트(교사의 분위기, 행동, 가치, 판단, 담화 전략과 교실 기대)를 읽는다."라고 언급했다. 어떤 학습자는 압력 속에서 공부할 수 있지만 다른 학생은 할 수 없다. 어떤 학생은 많은 지시가 필요하지만 다른 학생은 거의 필요가 없다. 어떤 학생은 글로 쓰는 형태보단 구두로 스스로를 더 잘 표현한다. 어떤 학생은 추상적 개념을 잘 다룰 수 있다. 다른 학생은 오직 구체적 자료를 가지고서 배울 수 있다. 어떤 학생은 읽는 것을 통해서보다는 시청각 기술을 통해서 더 효과적으로 배운다.

뇌에 관한 최근 연구는 뇌 기능의 복잡성을 다시 확인하고 동시에 학습자의 방식에서 복잡성을 강화한다. 뇌의 복잡한 성질을 말하면서, Merilee Sprenger는 만약 학습이 영구적이려면 그녀가 '기억 통로'라고 부르는 기억에 접근하는 출입구의 승인을 받아야 한다고 했다. 그녀는 이러한 통로를 의미적, 일시적, 절차적, 자동적, 감정적으로 확인하였다.[12]

양쪽 반구의 상호작용에도 불구하고, 뇌의 기능에 대한 흥미로운 개념은 뇌의 좌반구 또는 우반구 중 개별 역할을 가정한다. 이 개념에 따르면, 좌반구의 지배는 논리적 과정을 선호할 때 나타나고 우반구의 지배는 창의적인 것을 선호할 때 나타난다. 학교 교육과정은 전통적으로 좌반구의 성격을 제공했다.[13] Renata Nummela Caine과 Geoffrey Caine은 좌뇌와 우뇌 지배에 대한 원칙은 그 이후로 결론이 나지 않은 데 주목하며, "건강한 사람은 모든 활동에서 양쪽 뇌가 상호작용을 하며… '두 가지 뇌' 원칙은 뇌의 부분들에서는 연구를 줄이고 동시에 전체적으로 인지한다는 것을 우리가 상기할 때 가장 효과적이다."라고 말했다.[14]

Eric Jensen에 따르면, 가르치고 학습하기 위한 최근의 뇌 연구 결과의 적용은 "학교 시작 시간, 훈련방법, 평가방법, 수업 전략, 예산 우선순위, 교실환경, 기술 사용, 그리고 예술과 육체의 교육에 대해서 생각하는 것조차 바꿀 것이다."라는 "혁명의 경계" 에 우리를 둔다.[15] 하지만 Patricia Wolfe는 "지난 30여 년 동안, 우리는 기록된 역사보다 뇌에 대한 역사를 더 많이 배워 왔지만 앞으로 배울 것이 더 많다."라고 충고했다.[16]

교사의 교수 방식이 다른 것처럼 학생의 학습 방식도 다르다.[17] 교사는 그들의 교수 방식이 학생들의 학습 방식과 서로 어긋날 수 있다는 것을 인식해야 한다. 교수 방식은 수업 전략이 할 수 있는 방식으로 선택될 수 없다. 방식은 쉽게 바뀔 수 있는 것이 아니다. 과제지향에서 아동중심 접근법으로 바꾸는 것은 간단하지 않다. 상당한 어려움이 따른다. 교수 방식에 대한 두 가지 질문은 반드시 해야만 한다. 교사는 자신의 방식을 바꿀 수 있는가? 교사는 자신의 방식을 바꿔야만 하는가?

변화, 적절한 훈련, 상담 또는 치료에 대한 의지를 가진다면, 그리고 그런 변화가 필요하다면 교사는 자신의 방식을 바꿀 수 있다. 사람의 행동을 변화시키는 것은 불가능하다는 오래된 신념에 반하여 인간은 변화할 수 있다. 때때로 성격 변화는 개인이 중요하다고 여기는 다른 사람의 행동을 본받게 된다. 때로는 위기 또는 정신적 충격이 성격 변화에 영향을 미친다. 모든 종교는 개인이 그들의 행동을 바꿀 수 있다는 기본 전제를 공유한다. 그러므로 쉽지는 않지만 변화는 가능하다.

아마 더 큰 문제는 교사가 자신의 방식을 바꿔야만 하는지에 대한 것이다. 방식을 바꾸려는 교사의 능력을 미리 예상해야 하는 이 질문은 세 가지 답이 주어질 수 있다. 첫 번째 학파의 생각은 교사의 학습 방식이 학생의 학습 방식과 매치된다고 여긴다. 결과적으로 우리는 교사와 학생의 방식을 각각 분석하는 것을 시도할 것이다. 그리고 나서 비슷한 유형의 학생과 교사를 집단화할 것이다. 그러면 학생과 교사는 그들 자신의 방식을 따를 것이다.

첫눈에 방식을 분석하는 것과 교사와 비슷한 유형의 학생을 집단화하는 것에서의 복잡성을 무시하면 이 입장은 매우 타당하고 논리적인 것처럼 보인다. 교사와 학생 사이의 관계(rapport)는 매우 깊을 것이며, 교실 분위기는 학습에 도움이 될 것이다. Herber A. Thelen은 교사와 학생을 매치시키는 것에 대한 발상을 지지한다. "우리는 학생과 교사가 함께 추가의 성공을 이룰 수 있는 조화에 대해 확신하고 있다."[18]

두 번째 학파의 생각에 따르면, 다른 유형의 사람들과 상호작용하는 방법을 배우며 학교교육을 받는 동안 학생이 다양한 개인적 방식에 노출되는 장점이 있다는 것이다. 그래서 비록 몇몇 학생은 그들이 학교에 있을 때는 덜 조직화되고 덜 비형식적이고 덜 느슨한 접근법을 선호할지라도, 많은 고등학교 졸업생이 과업 지향적, 교과 중심적인 교사가 그렇게 함으로써 졸업 후 자신의 성공을 도왔으므로 '압력을 가한' 것에 대해 감사함을 표한다.

교사가 그 자신의 수업 방식을 변화해야 하는지에 관한 질문에 대한 세 번째 학파의 응답은 다음과 같다. 교사는 같은 집단의 학생들 또는 다른 집단의 학생들을 데리고 한 가지 이상의 교수법을 사용하면서 융통성 있게 유동적이어야 한다는 것이다. 이 대답은 첫 번째와 두 번째 학파의 반응을 결합하였다. 교사들은 특정한 집단의 학습자를 위해 할 수 있다면 그들의 수업 방식을 바꾼다. 이 같은 이유로 학생들은 다양한 방식에 노출된다. 선택한 전략이 무엇이든지 교사의 독창적인 방식에 따라야 한다. 그들이 누구인지를 알고, 무엇인지, 무엇을 믿는지를 아는 것은 교사에게 중요한 이유다. Rita S. Dunn과 Kenneth J. Dunn은 교수방식에 대한 교사의 태도와 신념의 영향에 대해 다음과 같이 말했다.

> 교사가 가르치길 선호하는 학생뿐 아니라 다양한 수업 프로그램, 방법, 자원은 '교수 방식'의 한 부분을 구성한다. 그렇지만 몇몇 교사는 그들이 행하지 않는 수업의 특정 형태(관리상의 제약, 무경험, 자원의 결핍 또는 불안감)에 믿음을 가지고 있고, 또 어떤 교사는 그들이 믿지 않는 방법(관리 또는 지역사회의 명령, 바꿀 수 없는 명령, 바꿀 수 없는 능력, 압박을 견디지 못함)을 실행하는 것이 사실이다. 또한 교사는 그들이 실제로 가르치는 학생과 다른 학생을 선호할 것이다.[19]

전문 논문에서는 '교수 방식'과 '교수방법'이 상당히 부정확하게(호환 가능하게) 쓰이고 있다. Fischer와 Fischer는 "교수 방식은 교수방법으로 동일시되지 않는다. 사람들은 그들만의 방식을 가지고 다른 방법에 주입할 것이다. 예를 들면, 강의는 우리의 개념에서는 방식이 아니다. 구별되는 방식을 가진 사람들은 그들의 독특한 특질을 가지고 각자의 수업에 적용할 것이다."라고 언급했다.[20]

교수 모형

교수 방식이 교사 행동의 개인화된 한 형태인 반면, 교수 모형은 특정 전략 또는 전략을 강조하는 행동의 일반화된 형태다. 예를 들어, 강의는 수업 전략(strategy) 또는 방법(method)이다. 강의하는 것이 주력 전략인 사람은 강연자의 모형을 실행한다. 모형(model)과 방식(style) 사이의 차이는 2명의 다른 강연자에 의해 실행되는 프레젠테이션에 참석한 사람에 의해 쉽게 보일 수 있다.

Bruce Joyce와 Marsha Weil은 교수 모형(model)을 이러한 방식으로 정의했다. "교수 모형은 수업 자료를 설계하기 위해, 교육과정을 구체화하기 위해, 그리고 교실 및 다른 배경 내에서 수업을 이끌어 가기 위해 사용될 수 있는 계획이나 패턴이다."[21] Emily Calhoun과 함께한 Joyce와 Weil의 개정 7판에서는 "교수 모형은 진정한 학습의 모형이다."라고 언급되어 있다.[22] 교사가 보이는 모형이나 수업 역할은 교사의 전략 선택을 보여 준다. 어떤 의미에서 모형과 역할은 전략의 방법이다. 예를 들어, 교사가 질문자의 역할을 할 때, 질문하는 것은 교수 전략 또는 방법이다. 만약 교사가 특정 교과 시간에 학생들에게 컴퓨터 소프트웨어를 이용하도록 시킨다면 컴퓨터 보조수업이 그 방법이다. 반면에 만약 교사가 조력자로서 행동한다면 많은 수업 전략 또는 방법이 사용될지도 모른다. 학생들은 교사의 일반적인 지도하에 그들 자신만의 자료를 선택하고 질문을 구성하고 비평할지도 모른다.

Susan S. Ellis는 글을 썼을 때 교수 모형의 의미를 명백히 했다.

> 교수 모형은 교육자, 심리학자, 철학자, 개인이 어떻게 배우는가를 질문하는 사람들이 이론(연구)을 토대로 한 전략이다. 각 모형은 교사와 학생들에 의해서 취해질 수 있는 이론적 근거 및 일련의 단계와 학생의 진보를 평가하기 위한 방법으로 구성되어 있다. 어떤 모형은 학생들이 인지 또는 창조성에서 성장하는 것을 돕기 위해 설계되었다. 또 어떤 모형은 귀납적 추론 또는 이론 형성을 자극한다. 그리고 다른 모형은 교과 내용의 숙달을 강조한다.[23]

교사의 선교육 후에 학생들은 설명적 교수, 집단 토론, 역할극, 실험교수, 시뮬레이션, 발견학습, 실험실, 프로그램 학습, 튜터링, 문제해결 학습, CAI(컴퓨터 보조수업)와 중재수업을 포함한 몇몇의 교수 모형을 사용하여 익숙한 한정된 경험을 얻게 된다. 학생은 하나 또는 그 이상의 교수 모형에서 능숙함을 얻을 것이고, 학생이 아주 편안함을 느낄 것이라는 것과 교수방법에 의해 능숙함을 얻을 것이라는 것을 동일시한다는 것이 교사교육 협회에서 만든 가정이다. 만약 그들이 처리할 수 있는 제한된 시간이 주어진다면, 교사교육협회는 학생들에게 많은 교수 모형을 소개하고, 학생들이 좋아하는 것을 확인하여 격려하고, 다양한 모형을 수행하는 기술의 정도를 개발하는 것을 돕는 것만 할 수 있다.

Bruce Joyce는 25개의 교수 모형을 식별했다.[24] Calhoun과 함께한 Joyce와 Weil은 4개의 범주 혹은 집단으로 군집화된 14개의 모형을 설명했다. 4개 범주는 (1) 정보처리 과정적 분류, (2) 사회적 분류, (3) 개인적 분류, (4) 행동적 체제 분류다.[25] Mary Alice Gunter, Thomas H. Estes, Jan Schwab은 19개 모형을 설명하면서 수업 모형 접근법을 설명했다.[26]

우리가 교수 방법보다 모형이라 말할 때, 모형은 가르치거나 제한된 행동의 일반화된 구조라는 개념을 수반한다. 비록 교사가 그들 자신의 영구적인 개인적 방식을 개발할지라도, 교사는 모형의 다양한 고유의 기술을 개발할지도 모른다. 그러므로 우리는 방식에 대해 모형에 대하여 질문했던 것과 같은 질문을 할지도 모른다. 교사는 교수 모형을 바꿀 수 있는가? 교사는 교수 모형을 바꾸어야만 하는가?

첫 번째 질문에 대한 대답은 '그렇다'(교수 모형을 바꿀 수 있다)임에 틀림없다. 만약 그렇지 않다면, 선(先)교육의 중요 부분과 중(中)교육에서의 교사교육은 쓸모가 없어질 것이다. 두 번째 질문에서는 만약 교사의 업무가 특정 모형에 제한되어 있다면 교사가 아주 잘 수행할지라도 교수 모형의 변화는 바람직하다. 교사는 몇몇의 교수 모형에 통달해야 한다. 여러 가지 모형은 여러 가지 수업목표에 도달해야 한다.

다양성에 대한 요구

모형 설계의 다양성은 성공적 교수에 가장 중요하다. 한 모형에 계속적인 노출은 학생의 일부를 산만하고 지루하게 이끌 수 있다. 상황을 한번 꾸며 보자. 한 교사가 동료들이 동경할 만한 성공적인 모형을 개발한다. '적절'하고 '최고'의 방법을 찾기 위하여, 교사는 (학교에 있는 모든 교사가 그의 교수 모형을 채택하는 단계에 이르게 하기 위해) 동료와 경쟁한다. 예를 들어, 모든 교사가 발견학습법에 대해 열정적이면 다른 방법은 제외하고 발견학습만 사용할 정도인 학교를 상상할 수 있겠는가? 그 삶은 학생이나 교사 모두에게 극히 따분할 수 있다.

물론 한 가지 방법의 사용, 즉 모든 교사에 의해 시종일관 같은 모형은 적절한 교수법이 아니다. 모형은 교사의 교수방법과 학생의 학습방법 모두와 양립될 수 있어야 한다. 먼저 규칙이 주어지고 나서 적용할 수 있는 많은 기회가 주어지는 연역적 사고는 적용할 수 있는 예들이 먼저 주어지고 학습자가 그것으로부터 규칙을 결정하는 귀납적인 사고보다 시간이 덜 소비되고 학생들에게 효과적이다.

운 좋게도 모든 교사에 의한 획일적인 모형의 사용은 불가능하다. 하지만 우리는 몇몇 교육자 사이에서의 '최고'의 교수 방식과 '최고'의 교수 모형에 대한 생각을 인지할 수 있다. 수업 문제점에 대한 확실한 해결책을 이해한다면 전국 도처에 있는 학구는 특별하고 보편적으로 추정되는 교수 모형을 촉진하기 위하여 계획된 중(中)교육 프로그램을 자주 수행하게 될 것이다.

Joyce와 Weil은 최고의 교수 모형의 추구를 잘못된 생각으로 여기고 그 생각은 다른 모형에 대해 한 모형을 배척하는 것이라 주장했다.[27] 물론 당신은 특정 모형의 타당성에 대한 의견 간의 차이점을 발견할 것이다. 어떤 전문가는 교과 내용의 권위와 정보를 주는 사람으로서의 역할을 교사에게 해당되는 모형에 받아들이지 않는다. 뇌에 관한 연구를 이끌어 낸 Caine과 Caine은 조력자로서의 교사의 모형을 옹호한다. Ernest R. House는 개인교사로서의 교사 모형을 가지고 정보 제공자로서의 교사 모형을 대체하려 했다.[28] Caine과 Caine은 뇌에 대한 조사에서 나아가 "학생들과 다른 사람에 의한 자주적 조직을 촉진하는 예술을 습득하는 것이 필요할 것이다…. 예술은 새로운 생각과 새로운 정보를 통합하고, 계속 진행되고 역동적인 학생 경험으로의 입문을 촉진할 수 있도록 인지적 지평선을 충분히 확장하는 것이 필요할 것이다."라고 21세기 교육학자로서의 견해를 표현하였다.[29]

다양한 모형에서의 숙련은 간접 모형보다 직접 시연 모형이 더 생산적일 때 적절한 것 같이 보인다. Carl D. Glickman은 다음과 같이 결론지었다.

> 학교교육의 전통적 요소에는 가치가 있다. 예를 들면, 워드프로세서 대신에 연필을 사용하는 것 또는 암산 대신에 휴대용 계산기에 의존하는 것이 교육을 향상하는 것인지 제고함에는 가치가 있다. 분명한 글씨(필적)를 강요하고 학생들에게 특정 자료를 암기하게 하면서 직접적으로 학생들에게 특정 내용을 가르치는 것에는 분명한

이점이 있다. 그러므로 시간, 공간, 방법, 도구, 공학의 여러 가지 구성이 통합되면서 동시에 계속 유지되는 전통이 있다.[30)]

그러나 Glickman은 만약 교사가 반복적으로 "같은 방법으로 같은 수업"을 가르친다면 교사는 더 나은 교사가 될 수 없음을 분명히 했다.[31)]

유능한 교사의 성격과 특성을 기술하기 위한 시도는 많이 있었다. 하지만 James H. Stronge는 유능한 교사의 자질을 고려하면서 "우리가 복잡한 과업을 가르치는 것을 고려해 볼 때 '효과적이다'란 정의하기 어려운 개념이다."라고 진술했다.[32)] "가르치는 것은 복잡한 것이다."라는 말은 Elizabeth Ellsworth의 논평으로 주장되었다. "교수법은 대부분의 교육적 이론과 실행보다 아주 난잡하고 결론이 없는 일이다. 교수법은 결코 한 번에 해결되고 풀릴 수 없는 문제와 딜레마를 제기한다."[33)]

교수 기술

지금까지 우리는 특별한 전략과 방법을 선택하는 것과 밀접한 관계가 있는 교수 방식과 모형에 대해 논의했다. 이제 우리는 수업 전략 선택(교수 기술)과 관계가 있는 세 번째 특성을 더하려 한다. 교수 방식, 교수 모형, 교수 기술 사이의 상관성을 알리기 위해 용어가 필요하다. '방법'은 '전략'과 '모형'의 두 의미가 전달되지 않았을 경우 사용하기 위한 매력적인 단어다. 예를 들면, 강의 전략은 강의 모형과 동등하다. 더 좋은 용어를 원하기 때문에 우리는 주요 세 가지 용어인 방식, 모형, 기술 사이의 상관관계를 알리기 위해 모호한 단어 '접근법'을 사용할 것이다. 이러한 관계를 [그림 11-1]에 보이는 단순한 도표의 형태로 만들었다. 짙은 부분은 교사의 접근법을 나타낸다.

이 관계의 간단한 예를 들어 보자. 끊임없이 조력자(모형) 역할을 하는 교사는 친근하며 학생 중심적이고 여유 있는 사람일 것이며, 개인적 자원(기술)으로서 충고하고 상담하고 도움이 되는 기술을 가지고 있을 것이다. 장황함을 무릅쓰고, 우리는 조력자 교사의 모형은 학습 촉진의 교사 교수 전략(방식)이라는 것을 말할 수 있다.

어떤 기술이 특별한 접근법에 속하겠는가? 예를 들면, 어떤 기술이 강의를 위해 대부분의 교사가 사용하는 방식으로 사용되겠는가? 우리는 다음과 같이 나열할 수 있겠다.

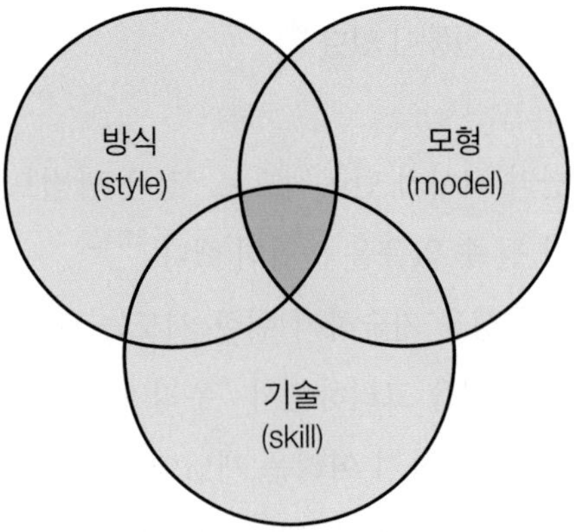

[그림 11-1] 교사의 접근법

- 발표하는 능력
- 목소리를 강조하여 청자에게 호소하는 능력
- 적절한 문법과 문장 구조를 쓰는 능력
- 학생들의 얼굴 표정을 읽을 수 있는 능력
- 흥미를 유지해 주는 능력
- 학습자의 과거와 미래 경험에 대한 내용을 관련짓는 능력
- 청중의 수준에 따라 말하는 능력
- 산만하게 만드는 학생을 다루는 능력
- 사고를 자극하는 능력
- 생각을 조직하는 능력

모든 이러한 능력은 일반적 교수 기술이다. 우리는 일반적 교수 기술을 사실상 일반적인 수업의 기술 또는 능력으로 정의할 수 있을지도 모른다. 그리고 이러한 능력은 어느 수준에 있든, 어느 분야에 있든 간에 교사에 의해서 사용될 수 있다. 반대로 특별한 수업 기술은 특별한 분야 또는 수준에 의해서 나타나야 하는 특별한 능력이다. 예를 들면, 외국어 교사는 가르치는 언어에 유일한 특별 자극을 나타내는 데 숙련자가 되어야 하는 동시에 다양한 자극의 일반적 능력에 숙련되어야 한다. 한 언어를 다른 언어로 번역하는 기술은 모든 교사에 의해 증명되어야만 하는 재능이 아니라 외국어 교사의 특별한 기술이다.

일반적 역량과 기술

여러 해 동안 교육자들은 일반적 교수 기술 또는 능력을 식별하는 것에 집중했다. Dwight Allen과 Kevin Ryan은 일반적으로 잘 알려진 교수 기술 목록을 제시했다.[34) Madeline Hunter와 Douglas Russell은 효과적인 수업 계획(실제 교수 기술)의 7단계를 열거했다.[35)]

플로리다 주는 모든 교사가 가져야 하는 일반적 교수 역량을 밝혔다. 플로리다의 역량/기술의 2006 버전은 플로리다 교사 자격증 시험의 전문적 교육 분야의 기본을 형성하는데, 각 지식 영역마다 두 가지에서 여섯 가지 역량/기술로 이루어지는 열네 가지 지식 영역을 포함한다. 한 가지 지식 영역과 그 능력과 세부 영역은 〈글상자 11-1〉에 제시되어 있다. 플로리다 주에서 교사 자격증을 가지려는 모든 사람은 전문적인 교육 시험을 통과해야 할 뿐 아니라 교과 분야와 대학 수준의 학문적 기술에 대한 시험을 통과해야 한다.

적절한 훈련을 받은 교사는 일반적 교수 기술을 통달하도록 배울 수 있다. 비록 일반적 교수 기술이 모든 수준의 모든 교사에 의해서 사용될지라도, 어떤 분야의 또는 어떤 수준에 있는 어떠한 교사도 주어진 어떤 상황에서 특정한 일반적 기술을 사용할 수 있다는 것을 준수할 수 없다. 비록 모든 교사가 문제를 규명하는 것을 물을 수 있어야 할지라도, 각 교사가 다루는 내용의 성격과 학생들의 학습 방식이 문제를 적절하게 규명하게 만들 것인지에 대해 결정해야 할 필요가 있다.

글상자 11-1 플로리다의 전문적 교육의 역량과 기술

지식 영역 10

10. 학생 성취가 주와 지역구 표준안(계획)과 일치하도록 이끄는 다양한 학습환경 안에서 수업을 어떻게 계획하고 실행할지에 대한 지식
    1. 학생 필요에 적합한 장기 목표와 단기 명세목표를 설정하라.
    2. 주어진 과목 영역에서 학습이 이루어져야 하는 지식, 기술, 태도를 형성하도록 하는 활동을 확인하라.
    3. 수업 명세목표와 학생 학습 필요와 성취 수준에 기초한 자료를 확인하라.

출처: Florida Department of Education, Assessment and School Performance Office, *Competencies and Skills Required for Teacher Certification in Florida* (11th ed., 2006)에서 발췌. Website: http://www.firn.edu/doe/sas/ftce/pdf/ftcomp00.pdf, accessed March 15, 2007.

기술이 일반적이든 특수적이든 간에, 교사는 그들만의 방식과 모형에 적응할 수 있는 다양한 교수 기술을 시연해야 한다. 교사 행동에 관한 연구는 수업 기술이 모방되고, 학습되며, 수정되고, 채택될 수 있음을 암시한다.

교사의 개인적 방식, 그들이 따르는 모형과 통달해야 하는 교수 기술은 모두 수업 계획에 영향을 미친다. 예를 들면, 교사는 그들의 방식과 맞는 전략을 선택한다. 교사는 그들이 수용하는 모형을 따르고 그들이 가진 필수적 교수 기술에 대한 전략을 선택한다. 유능한 교사는 다음 장에서 논의될 평가 전략뿐 아니라 다양한 교수 전략을 실행한다.

교수: 예술인가, 과학인가

교수가 예술인가, 과학인가 하는 질문은 지식이나 신념의 관점을 알리기 위한 목적으로 한 명 또는 더 많은 제자를 만나면서 '교사' 라는 명칭(앵글로색슨이었을 때부터)이 붙여졌을 시점부터 논쟁거리가 되었다. 교수를 예술로 보는 사람들 사이에서의 선구자는 예술가로서의 교사를 교실에서의 삶의 질에 조화하여 인식하고 (교육적) 감식안(connoisseurship)을 설명한 『교육적 상상력: 교육과정 설계와 평가(*The Educational Imagination: On the Design and Evaluation of School Programs*)』라는 저서로 널리 알려진 Elliot W. Eisner다.[36)]

David Levine은 "기술자로서의 교사" 라는 표현을 대신하기 위해 "예술가로서의 교사" 라는 표현, "공장으로서의 학교" 라는 표현을 대신하여 "민주주의에서 한 경험으로서의 학교" 라는 표현을 제안했다.[37)] Levine은 민주주의를 위한 교수는 "기술자로서의 교사 능력을 넘어선 복잡한 일" 이라고 주장했다.[38)] Henry A. Giroux는 교사의 더 큰 역할을 묘사했다. "교사가 할 수 있고 또 해야만 하는 것은 그들의 각 역할 내에서 자기 성찰과 이해를 더 큰 사회의 본질을 변화시킬 책임과 연결하는 교육적 이론과 방법을 개발하는 것이다."[39)]

반면에 일반적 교수 기술, 수업 명세목표의 명세화, 내용의 차례, 국가적 성취 기준과 주의 성취 기준, 그리고 전형적인 평가에 기대는 사람들은 교사를 과학자로 본다.

성공적인 교수는 아마도 이 두 가지 극단 사이 어딘가에 놓일 것이다.

수업을 위해 조직하기

수업 계획은 다음에 나오는 요소를 선택하는 것과 관련된다.

- 목표(goal)
- 명세목표(objective)
- 전략(strategy)
- 학습 자료(learning resource)
- 평가 기법(evaluation technique)

우리는 10장에서 수업 목표와 명세목표 선택하기를 논의했고, 이 장에서는 그것을 수행하기 위해 필요한 자원과 전략을 선택하는 것을 고려해 본다. 평가 기법을 선택하는 것은 12장의 주제다.

교사는 분리된 요소를 결합력 있는 계획에 가지고 가야만 한다. 장기 및 단기 계획이 둘 다 필요하다. 장기계획은 13장에서 조사될 것이다. 그럼 이제 계획의 중간 단계에 대해 더 살펴보자. 단기간 단원 계획과 그것보다 더 짧은 단시 수업 계획이다.

단원 계획

단원 계획(학습 단원, 교수 단원, 또는 단순히 단원이라고 불리는)은 특별한 화제나 주제를 가르치기 위하여 수업 요소를 구성화하는 한 수단이다. 예전에 William H. Burton은 다음과 같이 여전히 유용하게 쓰이는 단원의 정의를 제공했다. "단원은 교과 내용과 결과 그리고 사고과정을 성숙과 요구에 적합한(개인적이고 사회적임) 학습 경험에 결합한 것이다. 이 모두는 즉각적이고 궁극적인 목적에 의해서 결정된 내부의 통합으로 전체를 결합한 것이다."[40]

비록 단원이 좁게 특정 분야의 범위 내에서 쓰였을지라도, 예를 들면 '소수를 분수로 바꾸기' 처럼 교육과정을 통합하기 위한 현재의 노력은 학문 분야에 관련된 단원을 만드는 것을 요구한다. '소수를 분수로 바꾸기' 와 같은 좁은 주제를 가지고 적절한 전략을 선택함으로써, 교사는 다중지능을 요구하고 언어, 과학, 민중, 직업, 예술을 포함하는 다른 학습을 통합할 수 있다.

단원 계획은 대개 며칠에서 몇 주의 기간을 포함한다. 일련의 단원은 사실 특정 과정을 구성할지도 모른다. 매 차시 계획은 그날의 수업에 대한 수업 요소를 구성한다. 단원은 수많은 매일의(차시) 계획의 한 원천(source)으로서 역할을 한다. 대개 수업 계획은 과정에서부터 단원으로, 더 나아가 일일(차시) 계획으로 진행된다.

단원과 일일 수업 계획의 작성은 교사교육 협회가 개발하려고 추구하는 중요한 기술이다. 몇몇 협회는 교실에서 보기 드문 계획을 작성함에 있어서 꼼꼼함과 철저함의 정도를 주장한다.

당신은 단원 계획의 구조에서 상당한 변화를 찾을 것이다. Burton은 다음과 같이 단원 계획을 위한 유용한 개요를 제공했다.

- 제목: 매력적이고 짧고 모호함이 없어야 한다.
- 개요: 단원의 특성과 스코프(scope)의 짧은 진술
- 교사의 명세목표: 이해, 태도, 평가, 특별한 능력, 기능, 행동 양식, 사실
- 접근법: 가장 확실한 도입의 짧은 설명
- 학생의 목적 또는 명세목표: 학생들에게 바라는 주된 목표는 진전되거나 받아들여질 것이다.
- 계획하고 수행하는 기간: 각 활동에 대해 기대되는 결과를 가지고 활동을 학습하기
- 평가 기법: 단원의 목표가 개발되었는지 보여 주기 위해 어떤 증거가 수집되겠는가
- 참고 목록: 교사에게 유용한 책과 학습자에게 유용한 책
- 시청각 자료와 다른 수업 교구와 원천[41)]

다양한 단원 개요 분석은 단원 계획이 제목, 의도된 수준, 또는 과정과 최소 필수 요건을 따르는 데 요구되는 시간의 양을 포함해야 한다는 것을 보여 준다.

- 수업목표
- 수업 명세목표(인지적, 정의적, 심동적)
- 수업 절차(학습 활동)
- 평가 기법(사전 평가[진단평가], 형성평가, 총괄평가)
- 자원(인간과 자료)

단원은 사용되기 위해 작성되고, 현재 쓰이고 있는 문서이며, 유용하게 사용되어야 한다. 적절하지 않을 때는 확대되고, 감소되고, 수정되며, 버려진다.

〈글상자 11-2〉는 단원 계획의 예시를 제공한다.

글상자 11-2 단원 계획의 예시

제목: 우리 지역사회 공립학교의 자금 조달
수준: 고등학교-미국 민주주의의 문제점
기간: 5일

A. 수업목표

1. 학생은 양질의 교육이 비용이 많이 든다는 것을 이해할 것이다.
2. 학생은 무지가 교육보다 손실이 크다고 이해할 것이다.
3. 학생은 학교를 위한 자금 조달의 원천을 알게 될 것이다.
4. 학생은 우리 사회에서 교육의 자금 조달의 문제점을 알게 될 것이다.

B. 수업 명세목표

인지적

1. 학생은 학교 자금 조달에서 지역의 참여 정도와 역할을 설명할 수 있다.
2. 학생은 학교 자금 조달에서 주의 참여 정도와 역할을 설명할 수 있다.
3. 학생은 학교 자금 조달에서 연방정부의 참여 정도와 역할을 설명할 수 있다.
4. 학생은 학교를 위해 공금(public money)이 쓰이는 과정을 설명할 것이다.
5. 학생은 학교를 위해 공금으로 무엇을 소비하는지 설명할 것이다.
6. 학생은 우리 지역사회의 학교에 있는 교사의 봉급과 교수 외 직종의 봉급을 비교할 것이다.

정의적

1. 학생은 재산세가 적절한지, 너무 높은지, 너무 낮은지에 대한 입장을 취할 것이다. 그 입장에 관한 이유는 반드시 진술되어야 한다.
2. 학생은 교사는 박봉이라는 진술에 대한 입장을 취할 것이다. 그 입장에 관한 이유는 반드시 진술되어야 한다.
3. 학생은 연방정부의 교육 원조에 대해 찬성인지 반대인지의 입장을 취할 것이다. 그 입장에 관한 이유는 반드시 진술되어야 한다.
4. 학생은 '학교는 너무 많은 비용을 요한다. 교육에서 불필요한 것이 너무 많이 있다'는 진술에 대한 입장을 취할 것이다. 그 입장에 관한 이유는 반드시 진술되어야 한다.
5. 학생은 부모가 그들의 자녀가 다닐 학교를 선택할 수 있도록 바우처를 제공하

거나 세금을 감면하는 것에 대한 입장을 제시해야 한다. 근거는 입장을 위해서 진술되어야 한다.

심동적

없음

C. 수업 절차

1. 그 지역의 관리자의 연간 보고서를 읽고 세입과 지출을 토의하라.
2. 올해 학교 예산을 읽고, 내년에 제안된 예산과 비교하라. 매년 변화한 총량을 설명하라.
3. 지역사회 학교에 후원한 지역, 주, 연방 정부에 의해 지출된 돈의 비율을 표로 그리라.
4. 지역사회 학교를 위해 지역, 주, 연방 정부가 작년에 지출한 총 달러를 보여 주는 막대그래프를 준비하라.
5. 당신의 가족 교육세(school tax)를 발표하고 어떻게 계산되었는지 보여 주라.
6. 학교장을 교실에 초대하여 학교의 수입과 지출에 관한 인터뷰를 하라.
7. 학교 관리자, 관리자의 한 구성원 또는 교육위원회의 한 구성원을 교실에 초대해서 학교구를 위한 지출과 세입에 대해 인터뷰를 하라.
8. 우리 지역사회의 학교들에 연방정부가 지원해 주는 프로그램의 비용에 대해서 보고하라.
9. 주 내에 있는 학교 재정 조달에 관한 주 교육부의 간행물에 대해 상담하고 토의하라.
10. 재산세와 판매, 수입, 다른 세금에 따라 주 전역에 상승된 돈의 양을 비교하라.
11. 우리 지역사회에 있는 교사의 봉급과 (1) 같은 주에 있지만 다른 지역사회의 교사의 봉급, (2) 다른 주에 있는 교사의 봉급, (3) 교수 직종이 아닌 사람들의 봉급을 비교하라.
12. 그 주에서 교육 자원에 대해 인상한 돈의 양과 이 지역에 사용 가능한 돈의 총 금액에 대한 변화를 설명하라.
13. 여러 주에서 교육 지원에 관해 인상된 돈의 양에 대한 변화를 설명하라.
14. 교육 지원품, 장비, 난방, 전기, 물, 직원 급료, 보험과 보수·관리를 포함하여 어느 학교가 지불해야 하는지에 관해 선택된 항목의 연평균 비용에 대한 목록을 편집하라.
15. 1년 동안 우리 지역사회의 학교 시설물 파괴에 대한 비용을 계산하라.
16. 우리 지역사회 학교에 대한 재정이 더 많아야 하는지 혹은 더 적어야 하는지 중에 하나를 지지하는 보고서를 작성하라.
17. 학교 재정의 개선된 방안을 제안하라.

D. 평가 기법

1. 사전 평가

   학생들의 사전 지식과 기술을 평가할 예비검사를 구성하고 관리하라. 다음과 같은 표본 질문이 있다.

   a. 작년에 우리 지역사회 공립학교를 위해 쓰인 공금의 총액을 판단하라.
   b. 어떻게 재산세가 결정되었는가?
   c. 우리 지역사회의 학교에 더 많은 돈을 소비한 곳은 어디인가: 지역, 주, 연방 정부?

2. 형성평가
   a. 수업의 좀 더 어려운 부분에 관해서 교사가 학생에게 매일 구두 질문하기
   b. 매 수업이 끝날 때 교사나 학생들이 매일 요약하기
   c. 도표, 그래프 등과 같은 학생들의 산출물에 대한 교사의 평가
3. 총괄평가
   a. 단원이 끝나는 바로 다음 날 퀴즈를 낸다. 표본평가는 사전 평가와 비슷한 문제와 부가적인 항목을 포함할지도 모른다. 객관식과 서술형 평가 항목이 결합되어 사용될 수 있다. 표본평가 항목은 다음과 같은 것을 포함한다.
   (1) 서술형: 우리 지역사회가 학교를 위해 지역적으로 금액을 올리는 과정을 설명하라.
   (2) 명세목표: 과세에 관하여 밀(역자 주-mill: 화폐 계산 단위로 1000분의 1달러)은 다음과 같이 쓰인다.
   (a) 01 (b) 1.0
   (c) .001 (d) .0001

E. 자원

인간

- 학교장
- 학교 관리자, 관리자의 한 구성원 또는 교육위원회 구성원

수업 보조자료

- 컴퓨터, 프로젝터, 영상 자료

인쇄물

- 지역 교육위원회의 간행물
- 주 교육부의 간행물
- 다음을 포함하는 미국 교육부의 간행물:

The Condition of Education: Statistical Report. Washington, D.C.: U.S. Department of Education, National Center for Education Statistics, 연간.

Digest of Education Statistics. Washington, D.C.: U.S. Department of Education, National Center for Education Statistics, 연간.

Bureau of the Census. *Statistical Abstract of the United States*. Washington, D.C.: Superintendent of Documents, U.S. Government Printing Office, 연간.

The World Almanac and Book of Facts. Mahwah, New York: World Almanac Books, 연간.

웹사이트

- 학교구
- 주 교육부
- 미 교육부, http://www.ed.gov/index.jhtml

---

* 학생들은 위에서 목록화된 주제나 그들 자신이 선택한 관련 주제에 대해 파워포인트로 프레젠테이션을 할 것인지 선택할 수 있다.

주: 이러한 사례적인 학습 단원은 14장의 사례 자료 단원에 기초를 둔다.

수업 계획

수업 계획(lesson plans)은 매일(매 차시) 수업을 계획한다. 상상컨대, 수업 계획은 때때로 작성한 단원 계획을 참고하지 않고 쓰일 수 있다. 하지만 논리적 근거를 토대로 한 질이 높고 잘 구성된, 더 완전한 수업 계획은 단원 계획이 없는 것보다 단원 계획이 있는 것에서 더 잘 성취된다. 단원을 만드는 것은 전체론적인 계획에 필수적이다.

단원 계획처럼 수업 계획은 개인적 과제다. Laurence. J. Peter에 따르면, "수업 계획은 교수 활동에 앞서 준비된 단순한 개요다. 그것으로 시간과 자료는 효율적으로 사용될 것이다."[42] Peter는 "수업의 다양한 유형은 여러 종류의 수업 계획이 필요하다."라고 지적했다.[43] 우리는 철학적 수준에서 '교사의 다양한 유형, 학습자의 다양한 유형, 그리고 교과목의 다양한 유형은 여러 가지 수업 계획의 유형이 필요하다'고 덧붙일 수 있다. 실제적 수준에서 '행정가와 장학사의 여러 유형은 수업 계획의 여러 가지 유형을 필요로 하는 것을 뜻한다.'

특정 상황을 조절하기 위해서 주제를 따르는 교과의 수업 계획을 위한 6부분의 개요로서 다음의 6개 요소를 포함한다.

A. 목표(objective)
B. 활동(activity)
C. 학습과제(assignment)
D. 평가 기법(evaluation technique)
E. 참고문헌(bibliography)
F. 수업 교구와 자료(instructional aids and source)[44]

단원 계획을 토대로 한 수업 계획의 예시는 〈글상자 11-3〉에서 볼 수 있다.

교사가 경험이 더 적으면 적을수록, 교사의 단원 계획과 수업 계획은 더욱 더 완전해야한다. 그들의 생각을 완전히 전달하기 위해 완벽한 단원 계획을 준비하는 것은 노련한 교사와 풋내기 교사 모두에게 바람직하다. 하지만 노련한 교사는 수업 계획을 단순화하고 짧게 하는 방법을 발견할 것이다. 일단 단원 계획과 수업 계획을 만들었다면, 교사는 교수 방식(style), 모형(model), 기술(skill)에 주의를 기울일 수 있다.

글상자 11-3 단시 수업 계획의 예시

첫째 날(1차시)
단원: 우리 지역사회 학교의 자금 조달
수업 시간: 50분

A. 명세목표

인지적

1. 학생은 학교 자금 조달의 세 가지 원천을 열거할 것이다.
2. 학생은 학교를 위한 지역 자금 조달의 원천을 기술할 것이다.
3. 학생은 재산세, 사정된 평가액, 그리고 과세 정책(mill)을 정의할 것이다.

정의적

1. 학생은 재산세가 공정한지, 너무 많은지 또는 너무 적은지에 대한 이유를 제시하면서 입장을 취할 것이다.
2. 학생은 지역사회에서의 학교에 대한 지출이 적절하거나 부적절한지에 대한 의견을 말하고 그 이유를 제시할 것이다.

B. 활동

1. 도입 정하기: 학생들은 교사가 지역 학교의 요구에 대한 지역 신문의 최근 사설을 읽는 것을 들을 것이다. 학생들은 사설의 정확성에 대해 그들의 이해한 바를 논의할 것이다(8분).
2. OHP를 이용하여, 교사는 교장의 연차 보고서에서부터 교육 위원회까지 선택된 표들을 슬라이드로 보여 줄 것이다. 학생들은 표 해석에 대한 교사의 질문에 응답을 할 것이다(10분).
3. 같은 자료를 이용하여, 학생들은 작년에 지역사회의 학교를 위해 쓰인 출처와 자금의 양을 보여 주는 독자적인 차트와 그래프를 준비할 것이다(10분).
4. 학생들은 지역 자금 조달의 원천에 대한 교사의 진술을 들을 것이다. 중요점: 재산세, 사정된 평가액, 세액 사정자, 공제와 마일리지(역자 주–millage: 달러당 1000분의 1의 과세율)(10분).
5. 학생들은 다음의 재산에 지불되는 교육세의 양을 계산할 것이다(5분).
   a. 6만 달러로 평가된 집; 공제 없음; 8.5밀의 과세율
   b. 15만 달러로 평가된 집; 자작농장 5000달러 공제; 6.52밀의 과세율
   c. 12만 달러로 평가된 집; 자작농장 5000달러에 고령자 5000달러 추가 공제; 7.15밀의 과세율
6. 맺음: 교사는 학생들에게 다음과 같은 질문을 할 것이다. 지역사회에서 젊은이들의 교육에 정부가 최대한 어느 정도 소비합니까? 주에서 나오는 자금은 몇 %입니까? 연방

정부에서 나오는 자금은 몇 %입니까? 현재 과세율(millage rate)은 얼마입니까?(5분)

C. 학습과제(2분)

1. 당신이 지역사회, 주나 국가에서 교육의 비용에 대한 기사를 지역 신문에서 발견할 수 있는지 알아보라.
2. 당신의 부모에게 작년에 교육세를 얼마나 냈는지 물어보라. 그리고 부모님이 대답하기를 싫어하지 않는다면 얼마였고 어떻게 계산되는지 수업 시간에 발표하라. 또한 당신의 부모에게 그들이 생각하는 재산세가 너무 높은지, 너무 낮은지, 적당한지 물어보라.

D. 평가 기법

1. 재산세의 표와 계산에 대한 학생들의 교실 내 성과를 무작위 추출 검사한다.
2. 학생들이 수업의 마지막에 교사의 구두 질문에 대답하도록 하라.

E. 참고 문헌

1. 교육위원회에 해당 구 관리자의 연차 보고서 사본
2. 지역 신문의 사설

F. 수업 교구와 자료

OHP와 슬라이드

---

* 교사는 오늘 준비된 활동 B3의 자료로 주의 후반부에 파워포인트 프레젠테이션을 만들려는 학생들을 위한 시간 계획을 만들 것이다.

수업 시연

수업을 계획하고 조직한 후에, 교사는 교실에서 학생의 학습 경험을 지도해 나가야 한다. 책 전체는 수업 시연의 효과적인 방법에 대해 적혀 있다. Britzman은 "교수는 근본적으로 상호 의존, 사회적 상호작용과 약속, 알려지지 않았거나 알려질 수 없는 다양한 요건에 의해 주목되고 특징지어지는 대화체적인 관계다."[45]

이 책은 교수방법보다 교육과정 개발에 초점을 두고 있기 때문에 교수방법에 대한 논의는 상세히 다루지 않을 것이다. 대신에 나는 수업 시연에 대해 일반적인 경험적 지식과 더 나은 연구를 위한 몇 개의 원천을 알려 주고 싶다.

1970년대와 1980년대 효과적인 교수에 대한 연구는 만약 교사가 학생들이 배우는 것을 기대하고 내용에 중점을 두고, 과제를 하도록 하고, 적절한 연습을 제공하고, 그들의 실행을 감독하고, 그들이 성공하는지에 대해 신경 쓴다면 학생들은 더 많이 배운다는 결과에 대한 상식적 원리를 지지했다. 어떤 학습 유형과 학생 유형, 교사가 전체 집단을 직접 수업하는 것이 소집단, 질문과 소크라테스식 기법과 같은 전략보다 더 효과적이라는 증거가 있다.

또 증거는 코칭(coaching)이 특정 학습과 학생 유형에게 적절한 기법이라는 것을 보여준다. 교원 양성(teacher training)은 교사 지망생이 가능한 한 넓은 수업 전략 범위를 인지하고 그러한 전략 사용에서 숙련도를 개발하는 것을 도와준다.

당신은 이 장이 끝날 때 효과적인 교수 조사에 관한 연구에 대해 다음과 같은 관계 자료 목록에서 참고하기 바랄지도 모른다. David C. Berliner et al.; Wilbur B. Brookover et al.; Jere E. Brophy와 C. M. Evertson; Jere Brophy와 Thomas L. Good; N. L. Gage; Bruce Joyce와 Beverly Showers; Lawrence W. Lezotte와 Beverly A. Bancroft; Donald M. Medley; Barak V. Rosenshine; Jane Stallings; Herbert J. Walberg; Merlin C. Wittrock, ed. *Handbook of Research on Teaching*, 3rd ed. (New York: Macmillan, 1986), 교수에 관한 조사 35장.

교수의 복잡성은 교사가 기대하는 역할에 대한 증거다. 예를 들면, D. John McIntyre와 Mary John O'Hair는 교사를 전문적이고 정치적이고 법적인 역할을 수행하는 이로 볼 뿐만 아니라 조직자, 대화자, 동기 부여자, 경영자, 혁신자, 상담자, 윤리학자로 본다.[46)]

비록 많은 교육자가 일반적 교수 기술에 대한 효과적인 교수 연구의 타당성을 받아들일지라도, 어떤 사람은 효과적인 교수에 대한 일반화를 제한된 것으로 본다. 교수에 대한 현재 연구는 '과정-산출' 지향의 초기 연구에 반하여 교사 수행의 사례 연구 방향으로 이동했다. 새로운 중점은 더 재빠른 인식과 교실에서 개인차를 위한 준비(15장의 '예외 조항에 대한 규정'에서 볼 수 있다)와 학습의 사회적 관점을 더 강조하고(예, 협동학습, 학습자 사회로서의 학교), 현실적(참된) 학습과 표준화된 검사를 대신하는 수행평가를 포함한다.[47)]

개별화 수업 대 집단별 수업

개별화 수업 대 집단별 수업에 대한 논쟁은 각각의 효능과 관련하여 매우 복잡해진다. 개별화 수업을 지지하는 사람은 수업이 개인적 학습자의 요구에 맞추어져야 한다고 주장한다. 그러므로 우리는 프로그램 학습, 자기 진도에 맞추는(self-pacing) 학습, 자율학습, 개별지도 학습, 안내된 자율학습, 컴퓨터 보조수업의 전략을 볼 수 있다. 집단수업을 지지하는 사람들은 복잡한 교육체계에서 몇몇 목적을 위하여 전체 집단을 가르치는 것이 개별수업을 하는 것보다 더 효과적이고 실용적이라고 주장했다. 결과적으로 교실에서 동질적이거나 이질적으로 집단별로 가르치거나 소집단으로 가르치는 것은 학교 교육에서 전통적인 접근법이었다. 교사의 효과성에 대한 조사는 적어도 어떤 목적을 위해서 전체 집단의 직접 수업을 지지한다.[48]

개별화 수업

오늘날 교수에서 명확한 것은 복잡한 교육의 맥락 내에서 개개인의 다양성에 대한 도전을 제공하는 것이다. 우리는 모든 학생에게 같은 내용으로 같은 목표를 달성하기 위한 어떤 방법론적 채택이 이루어지는 개별화와 완전히 다양한 내용과 다른 방법으로 개별 학생들의 목표를 달성하는 개별화를 구분해야 한다.

수십 년 동안 교사는 학생들의 요구와 흥미를 충족할 수 있는 가장 효과적인 방법을 확인하려고 시도해 왔다. 문학은 수업을 개별화할 수 있는 토론과 예로 가득 차 있다.[49] 효과적인 교수의 거의 모든 설명은 학생들의 배경, 능력, 인격, 학습 방식, 흥미와 요구의 차이점을 인지하고 관심을 가지는 것과 관련이 있다.

교실에서 의견 차이에 주의를 기울이는 것의 어려움을 인지하면서, 교사는 새로운 기법 또는 낡은 접근법의 수정을 계속해서 찾으며 시도하고 있다. 주제에 관한 책과 많은 양의 다른 미디어에 따라 판단하면서 개인차를 충족해 주는 좋은 방법을 찾는 것은 계속되었다. 세 가지 교수 접근법은 현재 교사의 관심을 장악하고 있다. 이 세 가지 접근법은 상호 관련이 있고, 교육 역사에 있는 전통 원리에서 차용하였고, 진보적인 철학에 근거하고 있으며, 효과적인 수업방법의 전통적인 원리에 기반하고 있다. 근본적인 교수 적용 원리로 현재 개개의 학습자를 위해 정리된 전문용어는 다음의 철학과 실천에 있다.

1. 차별화된 교육(differentiated education): 다르게는 '차별화된 교실'과 '차별화된 수업'으로 알려져 있다. 수업을 차별화하는 교사는 다양한 나이, 다양한 능력, 다양한 문화를 가진 교실에 있는 학생들의 차이점을 충족할 수 있도록 설계한 다양하고 유연한 학습 활동을 만들고 수행한다.[50)]
2. 구성주의(constructivism): 구성주의 수업 기법을 이용하는 교사는 학습자가 교실에 지식을 가져와 시작하고 새로운 지식을 생각해 낼 수 있도록 이끈다. 생각 이끌어 내기 질문법과 활동을 이용하여 구성주의 교사가 학생에게 그들의 학습을 처리할 수 있는 많은 기회를 제공한다.[51)]
3. 비계설정(scaffolding): 코칭 기법을 이용하여, 학습의 속도와 차례를 맞추고 필요할 때 도움을 제공하면서 교사는 명세목표를 성취할 수 있도록 학생들을 도와준다.[52)]

이러한 접근법은 특정 기법이 아니라, 보다 수업 명세목표를 성취할 수 있도록 학생들을 도와주기 위한 다양한 방법을 이용하려는 경향으로 인지되어야 한다. 이 세 가지 접근법에서 근본적이고 공통적인 것은 개별 수업, 활동학습, 촉진자로서의 교사의 역할과 교사와 학생, 학생들 사이에서의 상호작용이다.

수업에서의 공학

3R에 따르면, 학생들은 오늘날 유비쿼터스 컴퓨터를 사용할 때(그들이 하드웨어와 소프트웨어에 접근을 해야 할 때) 필요한 기술을 발달시켜야 한다. 어떤 사람도 교사가 수업, 워드프로세싱, 기록 관리, 프레젠테이션, 통신 학습과 조사를 위해 컴퓨터 기술을 지녀야 하는 오늘날의 요구를 무시할 수 없다.

실제로 컴퓨터는 세상을 교실로 만든다. 컴퓨터는 학교가 열린 교육을 제공할 수 있게 한다. 널리 퍼지는 컴퓨터의 영향을 인정하면서, 교사는 OHP, TV, VCR, DVD 플레이어, 디지털카메라와 같은 다른 공학 미디어를 그들의 계획에서 간과할 수 없다. 유능한 교사는 멀티미디어 프로젝트를 할 때 일반 수업 자료를 가지고 하는 전통적 교수 기법을 더 새로운 기술공학적 자료와 결합한다.[53)]

쌍방향 비디오는 개별화 수업을 하는 데 새로운 방향을 제공한다. 컴퓨터의 도움을 받는 수업의 기술에서 사용할 수 있고 비디오 프레젠테이션의 특징과 그것을 결합할 수 있다. Gray W. Orwig와 Donna J. Baumbach는 쌍방향 비디오의 간단한 정의를 제공한다. "쌍방향 비디오는 컴퓨터 프로그램에 의해 통제되는 비디오 메시지다."[54)]

보통의 비디오 프레젠테이션이 학습자를 수동적인 역할에 놓는 반면, 쌍방향 비디오는 프레젠테이션에 반응함으로써 학생들에게 활동적인 부분을 맡도록 허락한다. 비록 첫 번째 단계는 컴퓨터를 사용하지 않기는 하지만, Orwig와 Baumbach는 쌍방향 비디오의 3단계를 묘사했다. (1) 컴퓨터 없는 비디오디스크 플레이어, (2) 컴퓨터 내부에 있는 비디오디스크 플레이어, (3) 상호작용을 위해 가장 큰 능력을 보유하고 있는 가장 비싼 장치인 외부 컴퓨터를 통해 통제되는 비디오디스크 플레이어가 그것이다.[55)] Orwig와 Baumbach는 쌍방향 비디오를 "강력한 수업 매체이며, 사람이 배우는 방법을 바꾸기 위한 잠재력을 가진다."고 보았다.[56)]

> 쌍방향 비디오가 정착되었을 때, 그것은 혼자 자신의 진도에 맞추어 학습할 수 있는 모든 문제집, 프로그램 학습, 반복학습, 연습, CAI와 다른 개별 기법을 합한 것보다 개별수업에 큰 영향을 주었다.[57)]

장래에 우리는 컴퓨터, 레이저 비디오디스크, 쌍방향 비디오에 의해서 전해지는 새로운 기법의 증가된 사용을 예상할 수 있다. 전자식 전략은 현존하는 교육과정에 상당 부분 통합될 것이다. 그래서 전통적인 교과서 지향주의 수업의 대안이 될 것이다.

협동학습

개별수업뿐 아니라 집단수업의 새로운 주장이 나타났다. 1980년대에 이따금 협력학습(collaborative learning)이라고 불리는 협동학습(cooperative learning)에 의하여 수업 시연에 관한 상당량의 연구와 실험이 발생했다. Robert E. Slavin은 협동학습의 개념이 오래된 생각이고 다음과 같은 방식으로 정의 내릴 수 있다고 인정했다.

> 협동학습은 상호 간에 학문적 자료를 배우는 것을 도와주기 위해 학생들이 소집단으로 공부하는 조직의 한 형태다.[58)]

그의 강제적이지 않은 지도-관리 통제이론에 앞서, William Glasser는 "이 수업방법에 깊게 관련되지 않은 좋은 학교(quality school)는 예상하기 힘들다."라고 관찰하면서

협동학습을 지지했다.[59)]

Slavin은 협동학습(집단 수행)의 중요한 요소를 주목했다. "그 용어는 학생들이 소집단으로 학습 활동을 하는 교실 기법과 관련되고 집단 수행에 기초가 되는 인식을 통해 보상을 받는다."라고 말했다.[60)] Fran Lehr은 협동학습을 "공동 목표(goal)를 달성하기 위해 팀으로 학생의 모든 성취 수준과 배경을 해결하도록 허용하는 수업 시스템"으로 정의하면서 집단 구성에 관해 진술했다.[61)]

협동학습의 연구는 경쟁, 협동, 개성화라는 관련된 장점에 대한 중요한 오랜 논의를 가져왔다. 교사의 허락, 칭찬, 웃는 얼굴, 성적, 상, 인식의 다른 형태에 대한 개인 사이에서의 경쟁은 우리 학교에서의 전통적인 관습이었다. 우리는 학생 사이에서의 경쟁이 동기를 억누르는 것 같은, 특히 학생들이 대등하게 경쟁하지 않을 때 부정적인 결과를 만들어 낼 수 있다는 것을 안다. David W. Johnson과 Roger T. Johnson은 학생 성취에서 협동, 경쟁, 개별화 수업의 효과에 대해 지난 90년 동안 수행된 375개 연구 그 이상에 주의를 기울였고, 협동학습은 더 높은 수준의 추론과 더 자주 새로운 생각과 해결책을 만들어 내고 경쟁적이고 개별화된 학습보다 한 상황 내에서 배운 것을 다른 상황에 전이 측면에서 더 좋다는 결론을 내렸다.[62)]

현재 정의되는 협동학습은 서로 함께 공부하면서도 도와줄 수 있는 이질적으로 집단화된 학생들의 긍정적인 측면을 강조한다. 이와 같이 소집단 토론, 집단 지배학습, 또래학습(peer tutoring)과 같은 수업의 다른 협동적 방법과 구별되고 주된 목적에서는 개인적으로 성취되는 프로그램 학습, 개인적인 완전학습, 쌍방향 비디오, 자율학습과 같은 개별화된 방법과 구별된다. 협동학습을 통해 개인은 그들의 집단과정에 대한 책임감을 가진다.

실제로 협동학습 기법은 진행할 과제에 따라 한 집단에 4~6명 정도 배치한다. 집단은 교사에 의해서 높은 성취자와 낮은 성취자, 남자와 여자, 민족적 배경에 대한 균형을 포함하기 위해 신중히 구성되어야 한다. 협동학습의 목표가 집단 자존심, 자부심, 사회적·감정적 기술, 다양성에 대한 존중, 서로 도와서 자진해서 하는 마음, 책임감 등의 개발을 포함한다는 것을 쉽게 추론할 수 있을 것이다.

팀 학습을 하는 학생은 과제의 특성 부분에 책임감을 가져야 하고 집단 구성원이 이해하는 방법으로 집단과 함께 배우는 것을 공유해야만 한다. 집단은 수행되어야 할 과제에 따라 시간이 가면 갈수록 재구성될지 모른다. 교사는 전체 집단을 위해서 그리고 집단의 개개 구성원을 위해서 등급을 매길 수 있다. 협동학습 수행 아래에 등급을 매기는 여러 변화에서, 등급은 집단의 개개 구성원에 의해 만들어진 진전의 양을 나타낸다. 집단 구성원의 서로에 대한 의존은 동기 부여자로서의 역할을 제공한다. 사실 그것은 동료 압박의 긍정적인 형태를 창출한다. 팀 간 경쟁은 개인 간 경쟁보다 더 좋은 환경을 제공한다.

당신은 이러한 모형에 대한 연구를 수행한 연구자에 의해서 개발된 협동학습의 특별한 사례들을 볼 수 있을 것이다. 그것에는 함께 학습하기(Learning Together) 또는 원 학습(Circles of Learning), 직소학습(Jigsaw), 학생 팀 성취 분담 모형(Student Teams-Achievement Division), 팀 보조 개별학습(Team-Assisted Individualization), 집단 조사(Group Investigation) 가 있다.[63)]

협동학습 전략을 계획하고 실행하며 평가하는 데 있어서 교사는 협동 활동의 기능에 전도성이 있는지, 학생들이 함께 일하기 위한 능력을 소유하고 있는지, 집단의 시도를 위한 책임감을 함께하고 있는지, 또는 집단과정에서 어떤 교육이 요구되는지를 고려해야 한다.

Robert J. Marzano, Debra J. Pickering, Jane E. Pollock은 "협동학습은 끊임없이 체계적으로 적용되어야 한다. 하지만 과용되어서는 안 된다."라고 진술했다.[64)] 그러나 그들은 "사실 어떤 전략이든지 과용될 수 있고 효과를 잃을 수 있다. 하지만 집단화하는 교실 전략에서는 협동학습이 가장 유연하고 영향력이 있었다."라고 결론지었다.[65)]

오늘날 함께 공부할 수 있게 하는 것뿐만 아니라 학습 활동을 선택할 기회를 제공하고 스스로 수행한 것에 대해 평가할 수 있는 기회를 줌으로써 학생들의 참여가 활발해지게 하는 것이 점차 강조되고 있다.

요 약

수업 전략을 선택하는 것은 수업 계획에서의 마지막 단계 중 하나다. 구조적인 전략에서 목표, 교과 내용, 학생, 지역사회와 교사를 포함하여 많은 원천에서 기인한다.

교사는 수업 방식, 수업 모형, 수업 기술이 다양하다. 수업 방식은 교사 스스로가 오랜 시간에 걸쳐 다른 교사와는 구별되게 발전시켜 온 고유한 개인적 특성을 의미한다.

우리가 교수 모형(수업방법의 유형)을 말할 때는 토론 리더, TV 강사, 외국어 정보 제공자와 같은 일반화된 역할을 의미한다. 흔히 사고를 자극하는 '변증법(소크라테스 문답법)'은 하나의 모형이 된다. 예를 들어, 예수는 모델(전도자, 설교자)과 수업 방식(설교)을 동시에 사용했다.

수업 기술은 수업을 이끌어 내고 고안하는 데 꼭 필요한 이러한 일반적이고 특별한 능력을 의미한다. 예를 들어, 수업 계획은 하나의 일반적 기술이다. 즉, 모든 수준의 모든 교사에게 적절하다. 전체 수를 나누어 학생을 가르치는 능력은 하나의 특별한 기술이 될 수 있다. 이러한 모형과 기술은 교사의 수업 방식과 조화되어야 한다. 교수 전략은 교사의 수업 방식과 모형과 기술에 적합해야 한다.

교수 전략, 교수 방식, 교수 기술은 성공적으로 수업 목표와 명세목표를 달성하기 위해 모두 구분되고 적용되고 수행된다. 이러한 모든 전략과 수업 방식, 모형, 기술의 궁극적인 목적은 학생 성취를 촉진한다.

다양한 교육적 요소는 모든 종류의 계획, 단기적 단위와 일일 수업 계획으로 구성되어야 한다. 비록 교사가 그들의 수업 단위와 수업 계획의 구성체제를 고안할지라도, 일반적인 윤곽은 이 장에서 제시되었다. 교사가 경험이 있을 때는 계획이 세부적이지 않을 수 있다. 그러나 약간의 계획은 항상 필요하다. 독자들은 효과적인 교수 방안 연구의 커다란 몸에 있어서 부분들로 간주된다.

이 장에서는 "전달 내지 실행 시스템(delivery system)" 이라고 불리는 몇 가지 교수 방안에 대한 전략의 토론을 포함했다.[66]

논의문제

1. 교수 전략, 모형, 방식은 다른 것과 어떻게 구분하는가?
2. 교사의 수업 방식과 학생의 학습 방식을 어떻게 조화할 것인가?
3. 일반적 교수 기술은 세부적인 교수 기술과 어떻게 다른가? 예를 들라.
4. 일반적 교수방법의 지침이 지역마다 다르다는 사실을 어떻게 설명할 것인가?
5. 가장 효과적으로 학생들의 성취를 촉진하는 활동은 무엇인가? 개별화, 경쟁, 협동?

보충 연습문제

1. 하나의 수업 명세목표를 선택하여 이를 달성할 수 있는 전략을 적어도 세 가지 고안하라.

2. 몇몇의 교사를 관찰하고, 그들의 수업 방식을 묘사하고, 무엇이 각 교사를 구분 짓는지 그 특성을 말하라.

3. 교사의 방식이 교수 전략의 선택에 어떻게 영향을 미치고 있는지 예를 들어 설명하라.

4. Bruce Joyce와 Marsha Weil에 의해 주장된 교수 모형 중 한 가지를 선택하고(참고문헌 참조) 수업에 적용해 보라.

5. Mary Alice Gunter, Thomas H. Estes와 Jan Schwab에 의해 주장된 교수 모형 중 한 가지를 선택하고(참고문헌 참조) 수업에 적용해 보라.

6. Caine 형제의 교수 모형의 비교에 대한 보고서를 준비하라(참고문헌 참조).

7. 예술로서의 수업과 과학으로서의 수업에 대한 주제를 가지고 논쟁하라.

8. 몇몇 교사는 관찰하고 그들이 사용하는 수업 모형을 정의하라.

9. Dwight Allen과 Kevin Ryan이 주장한 일반적 기능 중 한 가지를 선택하고(참고문헌 참조), 수업에서 그것을 증명하거나 수업의 기술을 비디오로 나타내고, 수업에서 그것을 비평하라.

10. Madeline Hunter와 Douglas Russell이 주장한 일반적 기능 중 한 가지를 선택하고(참고문헌 참조), 수업에서 그것을 증명하거나 수업의 기술을 비디오로 나타내고, 수업에서 그것을 비평하라.

11. 수업에서 문학을 찾아보고, 단원 계획에 대한 몇몇 개요를 찾아 비교하고, 당신이 사용할 개요를 선택하거나 만들고, 그 이유를 기술하라.

12. 수업할 문학을 찾고, 단원 계획에 대한 몇 가지 개요를 만들어서 비교하고, 당신이 사용하고 싶은 개요를 선택하고 창안하며, 그 이유를 기술하라.

13. 당신이 잘 알고 있는 교육 분야의 구체적 수업 기술을 기술하라.

14. 적합한 참고문헌을 첨부하여 일반적 기술에 대한 교사 훈련을 지지하거나 반대하는 에세이를 작성하라.

15. 플로리다 주의 일반적 능력을 비판하고 모든 교사에게 반드시 필요한 능력인지에 대해 동의하는지를 선택하라.

16. 만약 당신의 지역에서 일반적 능력이 요구된다고 주장했거나 권고했다면 모든 교사에게 필수적인 기술이라는 것에 동의하는지 결정하고 권한을 비판하라.

17. 교사 능력 시험에 대한 입장을 선택하고, 그 이유를 작성하라.

18. 교사 자격에서 초보 교사의 직업적성 평가에 대한 입장을 기술하라.

19. 국가 교사자격에 대해서 국가 교육 기준에 근거한 몇몇 과정이 있어야 하는지에 대해 기술하라. 과정이 요구되어야 하는지 자발적이어야 하는지 말하고 그 이유를 기술하라.

20. 구체적 수업 목표에 적합한 5~10일간의 수업 단위 계획을 설계하라.

21. 20번 문항의 활동을 위해 준비한 수업 단위에 근거한 매 차시 계획을 설계하라.

22. 효과적인 교수에 대한 연구, 특히 과업에서 시간에 대한 연구들과 직접 수업에 대해 보고하라.

23. 교수 기술로서 코칭의 적응성과 효과성을 보고하라.

24. 집단 활동: 당신은 주의 특별위원이다. 당신의 직무는 당신 주의 모든 교사가 숙달이 요구되는 한 세트의 방어할 수 있는 일반적인 능력을 작성하는 것이다.

25. 효과적인 교육 내용 조사를 비판하는 몇 가지 논문을 찾고 평가하라.

26. 다음에서 하나를 골라 말로 하거나 보고서를 쓰라.
    a. 완전학습
    b. 또래학습
    c. 차별화 수업
    d. 구성주의
    e. 비계설정

27. 교실 수업을 위해 적용된 다음의 기술 중 하나의 시연을 수행하라.
    a. 컴퓨터의 도움을 통한 교수법
    b. 쌍방향 비디오
    c. 슬라이드 프레젠테이션
    d. 온라인 수업

28. 협동학습의 철학, 목적, 과정, 문제점을 말로 하거나 보고서로 작성하라.

29. 다음 협동학습의 개념의 응용 중 하나를 말로 하거나 보고서로 작성하라.
    a. 협동의 조작화된 읽기와 이해
    b. 모둠 조사
    c. 직소학습
    d. 직소학습 II
    e. 직소학습 III
    f. 함께 학습하기 또는 원학습
    g. 팀 성취 분담 모형
    h. 보조 개별 학습
    i. 토너먼트식 조 경기

30. PRAXIS/수업원리와 Teaching/Pathwise, 그리고 Paul R. Burden과 David M. Byrd가 논의한 신규 교사 자격증과 개발을 위해 특정 지역의 주에 한정하거나 전국 규모의 주별 신규 교사 평가와 지원 컨소시엄(INTASC)에 관한 내용을 보고하라(참고문헌 참조).

31. Marilee Sprenger에 의해 밝혀진 다섯 가지 '기억 통로' 각각을 말로 하거나 보고서로 작성하라(참고문헌 참조).

◆ 관련 활동 도서 ◆

Becoming a Multiple Intelligences School Package, 2000. 10권의 책과 15분짜리 비디오테이프. Thomas Hoerr, 상담가.

◆ 전문적인 탐구도구 ◆

Constructivism Series 2, 1999. 30~40분짜리 비디오테이프 2개: *Putting the Learner First and Case Studies in Constructivist Teaching*. 사용자를 위한 지침에서 교육환경 조성에서 구성주의적 원리를 살펴볼 수 있다.

Curriculum Integration, 1998. 8개의 활동 자료와 비디오테이프. 교사가 통합단원을 어떻게 설계하고 실행하는지 살펴볼 수 있다.

Learning Styles, 1996. 시청각 자료는 수업에 있어 학습 유형을 보여 준다.

◆ 비디오 자료 ◆

At Work in the Differentiated Classroom, 2001. 비디오테이프 3개: *Planning Curriculum and Instruction*, 48분. *Managing the Classroom*, 33분. *Teaching for Learner Success*, 28분. 경험이 많은 교사가 차별화 수업을 어떻게 진행하는지 살펴볼 수 있다.

A Visit to a Differentiated Classroom, 2001. 온라인 뷰어 가이드가 있는 60분짜리 비디오테이프.

The Brain and Learning, 1998. 25~45분짜리 비디오테이프 4개. Workshop outlines, handouts, and overheads. 사용자 지침서. Presenters: Geoffrey Caine, Marian Diamond, Eric Jensen, Robert Sylwester, and Pat Wolfe.

The Common Sense of Differentiation: Meeting Specific Needs in the Regular Classroom, 2005. 35~45분짜리 3개. 1개의 DVD와 사용자 지침서 안내 프로그램.

How to Scaffold Instruction for Student Success, 2002. 15~20분짜리 비디오테이프. 교사의 비계설정 기술을 설명한다.

The Understanding by Design Video Series, 1998-2000. 25~55분짜리 비디오테이프 3개. Grant Wiggins와 Jay McTighe는 이해의 양상과 수업 설계 과정의 측면을 설명한다.

◆ 웹사이트 ◆

Association for Supervision and Curriculum Development: http://www.ascd.org

Community Learning Network: http://cln.org (통합 기술 관련)

Curriculum Planning Guides (Wisconsin Department of Public Instruction): http://dpi.wi.gov/pubsales/planning.html

Education World: http://www.education-world.com/a_curr/curr218.shtml (비계설정 관련)

Educators' Reference Desk: http://www.eduref.org/Virtual/Lessons/index.shtml#Search)

Funderstanding: http://www.funderstanding.com/consturctivism.cfm (구성주의 관련)

International Society for Technology in Education: http://www.iste.org

Internet Public Library: http://www.ipl.org와 http://www.ipl.org/div/farq

Lesson Plan: http://www.lessonplanpage.com(수업 계획)

The New Curriculum: http://www.newcurriculum.com/index.php (교수 통합기술)

Open Educational Resources Commons: http://www.oercommons.org(K-12부터 대학까지 교수 및 학습 자료 공유)

Phi Delta Kappa: http://www.pdkintl.org

School Discovery: http://schooldiscovery.com(수업 계획)

Teacherspay Teachers: http://www.teacherspayteachers.com(교육자 교재 매매)

후주

1) Paulo Freire, *Teachers as Culture Workers: Letters to Those Who Dare Teach* (Boulder, Col.: Westview Press, 1988), p. 17

2) Michael W. Apple, "The Culture and Commerce of the Textbook," in Landon E. Beyer and Michael W. Apple, eds., *The Curriculum: Problems, Politics, and Possibilities,* 2nd ed. (Albany, N.Y.: State University of New York Press, 1998), p. 159.

3) Freire, *Teachers as Cultural Workers*, p. 31.

4) 이 책의 pp. 455-456 참조.

5) Ibid.

6) George E. Pawlas and Peter F. Oliva, *Supervision for Today's School,* 8th ed. Hoboken, N.J.: John Wiley & Sons, 2008, pp. 133-137 참조.

7) Barbara Bree Fischer and Louis Fischer, "Styles in Teaching and Learning," *Educational Leadership* 36, no. 4(January 1979): 245.

8) Ibid., p. 251.

9) Ibid., p. 246.

10) Deborah P. Britzman, *Practice Makes Practice: A Critical Study of Learning to Teach* (Albany, N.Y.: State University of New York Press, 1991), p. 232.

11) Ibid.

12) Marilee Sprenger, *Learning & Memory: The Brain in Action* (Alexandria, Va.: Association for Supervision and Curriculum Development, 1999), pp. 45-56.

13) Lesley S. J. Farmer, "Left Brain, Right Brain, Whole Brain," *School Library Media Activities Monthly,*

vol. 21, no. 2(October 2004): 27-28, 37 참조.

14) Renate Nummela Caine and Geoffrey Caine, *Education on the Edge of Possibility* (Alexandria, Va.: Association for Supervision and Curriculum Development, 1997), p. 106.

15) Eric Jensen, *Teaching with the Brain in Mind* (Alexandria, Va.: Association for Supervision and Curriculum Development, 1998), p. 1.

16) Patricia Wolfe, *Brain Matters: Translating Research into Classroom Practice* (Alexandria, Va.: Association for Supervision and Curriculum Development, 2001), p. 191.

17) 학생의 학습 방식 분석에 대해서는 Rita Dunn and Kenneth Dunn, *Teaching Students Through Their Individual Learning Styles: A Practical Approach* (Reston, Va.: Reston Publishing Company, 1978) 참조. 또한 Pat Burke Guild and Stephen Garger, *Marching to Different Drummers* (Alexandria, Va.: Association for Supervision and Curriculum Development, 1985) and "Learning Styles and the Brain," *Educational Leadership* 48, no. 2(October 1990): 3-80 참조.

18) Herbert A. Thelen, *Classroom Grouping for Teachability* (New York: John WIley & Sons, 1967), p. 186.

19) Rita S. Dunn and Kenneth J. Dunn, "Learning Styles/Teaching Styles: Should They··· Can They··· Be Matched?" *Educational Leadership* 36, no. 4(January 1979): 241.

20) Fischer and Fischer, "Styles," p. 245.

21) Bruce Joyce and Marsha Weil, *Models of Teaching,* 2nd ed. (Englewood Cliffs, N.J.: Prentice-Hall, 1980) p. 1.

22) Bruce Joyce and Marsha Weil with Emily Calhoun, *Models of Teaching,* 7th ed. (Boston: Allyn and Bacon, 2004), p. 7.

23) Susan S. Ellis, "Models of Teaching: A Solution to the Teaching Style/Learning Style Dilemma," *Educational Leadership* 36, no. 4(January 1979): 275.

24) Bruce Joyce, *Selecting Learning Experiences: Linking Theory and Practice* (Alexandria, Va.: Association for Supervision and Curriculum Development, 1978).

25) Joyce and Weil with Emily Calhoun, *Models of Teaching,* 7th ed.

26) Mary Alice Gunter, Thomas H. Estes, and Jan Schwab, *Instruction: A Models Approach,* 3rd ed. (Boston: Allyn and Bacon, 1999), pp. 65-315.

27) Joyce and Weil, *Models,* 2nd ed., p. 1

28) Ernest R. House, *Schools for Sale: Why Free Market Policies Won't Improve America's Schools and What Will* (New York: Teachers College Press, 1988), p. 3.

29) Caine and Caine, *Education on the Edge of Possibility,* p. 226.

30) Carl D. Glickman, *Revolutionizing America's schools* (San Francisco: Jossey-Bass, 1988), p. 39.

31) Carl D. Glickman, *Leadership for Learning: How to Help Teachers Succeed* (Alexandria, Va.: Association for Supervision and Curriculum Development, 2002), p. 5.

32) James H. Stronge, *Qualities of Effective Teachers* (Alexandria, Va.:Association for Supervision and Curriculum Development, 2002), p. vii.

33) Elizabeth Ellsworth, *Teaching Positions: Difference, Pedagogy, and the Power of Address* (New York: Teachers College Press, 1997), p. 8.

34) Dwight Allen and Kevin Ryan, *Microteaching* (Reading, Mass.: Addison-Wesley, 1969).

35) Madeline Hunter and Douglas Russell, "How Can I Plan More Effective Lessons?" *Instructor* 87, no. 2 (September 1977): 74-75, 88.

36) Elliot W. Eisner, *The Educational Imagination: On the Design and Evaluation of School Programs,* 2nd ed. (New York: Macmillan, 1985), p. 219.
37) David Levine, "Building a Vision of Curriculum Reform," in David Levine, Robert Lowe, Bob Peterson, and Rita Tenorio, eds., *Rethinking Schools: An Agenda for change* (New York: The New Press, 1995), p. 53.
38) Ibid., p. 54.
39) Henry A. Giroux, *Pedagogy and the Politics of Hope: Theory, Culture, and Schooling: A Critical Reader* (Boulder, Col.: Westview Press, 1997), p. 28.
40) William H. Burton, *The Guidance of Learning Activities: A Summary of the Principles of Teaching Based on the Growth of the Learner,* 3rd ed. (Englewood Cliffs, N.J.: Prentice-Hall, Inc., 1962), p. 329.
41) Ibid., pp. 372-374.
42) Laurence J. Peter, *Competencies for Teaching: Classroom Instruction* (Belmont, Calif.: Wadsworth, 1975). p 194.
43) Ibid.
44) Peter F. Olivia, *The Secondary School Today,* 2nd ed. (New York: Harper & Row, 1972), p. 313.
45) Britzman, *Practice Makes Practice,* p. 237
46) D. John McIntyre and Mary John O'Hair, *The Reflective Roles of the Classroom Teacher* (Belmont, Calif.: Wadsworth, 1996).
47) "Beyond Effective Teaching," *Educational Leadership* 49, no. 7(April 1992): 4-73 참조.
48) Barak V. Rosenshine, "Academic Engaged Time, Content Covered, and Direct Instruction," *Journal of Education* 160, no. 3(August 1978): 38-66 참조.
49) 예로 Dianne Ferguson, Ginerva Ralph, Gwen Meyer et al., *Designing Personalized Learning for Every Student* (Alexandria, Va.: Association for Supervision and Curriculum Development, 2001)와 James M. Keefe and John M. Jenkins, *Personalized Instruction* (Bloomington, Ind.: Phi Delta Kappa Educational Foundation, 2005) 참조.
50) 예로 Carol Ann Tomlinson, *The Differentiated Classroom: Responding to the Needs of All Learners* (Alexandria, Va.: Association for Supervision and Curriculum Development, 1999) 참조.
51) 예로 Jacqueline Grennon Brooks and Martin Brooks, *In Search of Understanding: The Case for Constructivist Classrooms* (Alexandria, Va.: Association for Supervision and Curriculum Development, 1999) 참조. 또한 "The Constructivist Classroom," *Phi Delta Kappan* 57, no. 3(November 1999): 6-78 참조.
52) Kathleen Hogan and Michael Pressley, *Scaffolding Student Learning: Instructional Approaches and Issues* (Cambridge, Mass.: Brookline Books, 1997).
53) Michael Simkins, Karen Cole, Fern Tavalin, and Barbara Means, *Increasing Student Learning Through Multimedia Projects* (Alexandria, Va.: Association for Supervision and Curriculum Development, 2002) 참조.
54) Gary W. Orwig and Donna J. Baumbach, *What Every Educator Needs to Know About the New Technologies: Interactive Video 1* (Orlando, Fla.: UCF/DOE Instructional Computing Resource Center, University of Central Florida, 1989).
55) Gary W. Orwig and Donna J. Baumbach, *What Every Educator Needs to Know About the New Technologies: Interactive Video 2* (Orlando, Fla: UCF/DOE Instructional Computing Resource Center, University of Central Florida, 1989).

56) Orwig and Baumbach, *Interactive Video 1*.

57) Ibid.

58) Robert E. Slavin, "Cooperative Learning and Student Achievement," in Robert E. Slavin, ed. *School and Classroom Organization* (Hillsdale, N.J.: Lawrence Erlbaum, 1989), p. 129.

59) William Glasser, *The Quality School: Managing Students Without Coercion,* 2nd ed. (New York: HarperPerennial, 1992), p. 163.

60) Robert E. Slavin, "Cooperative Learning," *Review of Educational Research* 50, no. 2(Summer 1980): 315.

61) Fran Lehr, "Cooperative Learning," *Journal of Reading* 27, no. 5(February 1984): 458.

62) David W. Johnson and Roger T. Johnson, *Learning Together and Alone: Cooperative, Competitive, and Individualistic Learning,* 5th ed. (Boston: Allyn and Bacon, 1999), p. 203.

63) 이러한 기법에 대한 간략한 설명은 George P. Knight and Elaine Morton Bohlmeyer, "Cooperative Learning and Achievement: Methods for Assessing Causal Mechanisms," in Sharan, *Cooperative Learning,* pp. 1-7 참조. 또한 Slavin, *School and Classroom Organization,* pp. 129-156 (includes extensive bibliography, pp. 151-156) 참조.

64) Robert J. Marzano, Debra J. Pickering, and Jane E. Pollock, *Classroom Instruction That Works: Research-Based Strategies for Increasing Student Achievement* (Alexandria, Va.: Association for Supervision and Curriculum Development, 2001), p. 88.

65) Ibid., p. 91.

66) 교수방법에 대한 참고자료를 얻으려면 Paul R. Burden and David M. Byrd, *Methods for Effective Teaching,* 3rd ed. (Boston: Allyn and Bacon, 2003) 참조.

◆ 참고문헌 ◆

Allen, Dwight and Ryan, Kevin. *Microteaching*. Reading, Mass.: Addison-Wesley, 1969.

Apple, Michael W. "The Culture and Commerce of the Textbook," in Landon E. Beyer and Michael W. Apple, eds. *The Curriculum: Problems, Politics, and Possibilities*, 2nd ed. Albany, N.Y.: State University Press of New York, 1998.

Armstrong, Thomas. *Multiple Intelligences in the Classroom,* 2nd ed. Alexandria, Va.: Association for Supervision and Curriculum Development, 2000.

"Authentic Learning," *Educational Leadership* 50, no. 7(April 1993): 4-84.

Banks, James A. *Teaching Strategies for Ethnic Studies*, 5th ed. Boston: Allyn and Bacon, 1991.

Berenson, David H., Berenson, Sally R., and Carkhuff, Robert B. *The Skills of Teaching: Content Development Skills*. Amherst, Mass.: Human Resource Development Press, 1978.

_____. *The Skills of Teaching: Lesson Planning Skills*. Amherst, Mass.: Human Resource Development Press, 1978.

Berenson, Sally R., Berenson, David H., and Carkhuff, Robert R. *The Skills of Teaching: Teaching Delivery Skills*. Amherst, Mass.: Human Resource Development Press 1979.

Berliner, David C., ed. *Phase III of the Beginning Teacher Effectiveness Study*. San francisco: Far West Laboratory for Educational Research and Development, 1976.

Beyer, Landon E. and Apple, Michael W. *The Curriculum: Problems, Politics, and Possibilities*, 2nd ed. Albany, N.Y.: State University of New York Press, 1998.

"Beyond Effective Teaching," *Educational Leadership* 49, no.7(April 1992): 4–73.

Britzman, Deborah P. *Lost Subjects, Contended Objects: Toward a Psychoanalytic Analysis of Learning,* Albany, N.Y.: State University of New York Press, 1998.

_____. *Practice Makes Practice: A Critical Study of Learning to Teach*. New York: State University of New York Press, 1991.

Brookover, Wilbur B. et al. *A Study of Elementary School Social Systems and School Outcomes*. East Lansing: Michigan State University, Center for Urban Affairs, 1977.

Brooks, Jacqueline Greenon and Brooks, Martin G. *In Search of Understanding: The Case for Constructivist Classrooms,* rev. ed. Alexandria, Va.: Association for Supervision and Curriculum Development, 1993.

Brophy, Jere E. and Everston, C. M. *Process-Product Correlation in the Texas Teacher Effectiveness Study*. Austin: University of Texas, 1974.

Brophy, Jere E. and Good, Thomas L. "Teacher Behavior and Student Achievement," In Merlin C. Wittrock, ed. *Handbook of Research on Teaching,* 3rd ed. New York: Macmillan, 1986, pp. 328–375.

Bruer, John T. "In Search of … Brain-Based Education." *Phi Delta Kappan* 80, no. 9(May 1999): 648–657.

Burden, Paul R. and Byrd, David M. *Methods for Effective Teaching,* 3rd ed. Boston: Allyn and Bacon, 2003.

Burton, William H. *The Guidance of Learning Activities: A Summary of the Principles of Teaching Based on the Growth of the Learner,* 3rd ed. Englewood Cliffs, N.J.: Prentice-Hall, 1962.

Caine, Renate Nummela and Caine, Geoffrey. *Education on the Edge of Possibility*. Alexandria, Va.: Association for Supervision and Curriculum Development, 1997.

_____. *Making Connections: Teaching and the Human Brain*. Reading, Mass.: Addison-Wesley, 1991.

_____. "Understanding a Brain-Based Approach to Learning and Teaching," *Educational Leadership* 48, no. 2(October 1990): 66–70.

_____ of Brain-Based Teaching. Alexandria, Va.: Association for Supervision and Curriculum Development, 1997.

Carkhuff, Robert R. *The Art of Helping III*. Amherst, Mass.: Human Resource Development Press, 1977.

_____, Berenson, David H., and Pierce, Richard M. *The Skills of Teaching: Interpersonal Skills*. Amherst, Mass.: Human Resource Development Press, 1977.

"Collegial Learning." *Educational Leadership* 45, no. 3(November 1987): 3-75.

Cooper, James M., ed. *Classroom Teaching Skills,* 7th ed. Boston: Houghton Mifflin, 2003.

"The Constructivist Classroom," *Educational Leadership* 57, no. 3(November 1999): 6-78.

"Cooperative Learning." *Educational Leadership* 47, no. 4(December 1989/January 1990): 3-66.

Dobbs, Susan. "Some Second Thoughts on the Application of Left Brain/Right Brain Research." *Roeper Review* 12 (December 1989): 119-121.

Dunn, Rita S. and Dunn, Kenneth J. "Learning Styles/Teaching Styles: Should They … Can They … Be Matched? *Educational Leadership* 36, no. 4(January 1979): 238-244.

_____. *Teaching Students Through Their Individual Learning Styles: A Practical Approach*. Reston, Va.: Reston Publishing Company, 1978.

Eisner, Elliot W. *The Educational Imagination: On the Design and Evaluation of School Programs,* 2nd ed. New York: Macmillan, 1989.

Ellis, Susan S. "Models of Teaching: A Solution to the Teaching Style/Learning Style Dilemma." *Educational Leadership* 36, no. 4(January 1979): 274-277.

Ellsworth, Elizabeth. *Teaching Positions: Difference, Pedagogy, and the Power of Address*. New York: Teachers College Press, 1997.

Farmer, Lesley S. J. "Left Brain, Right Brain, Whole Brain." *School Library Media Activities Monthly* vol. 21, no. 2(October 2004): 27-28, 37.

Ferguson, Dianne L., Ginevra, Meyer, Gwen, et al. *Designing Personalized Learning for Every Student*. Alexandria, Va.: Association for Supervision and Curriculum Development, 2001.

Fischer, Barbara Bree and Fischer, Louis. "Styles in Teaching and Learning." *Educational Leadership* 36, no. 4(January 1979): 245-254.

Floyd, Steve and Floyd, Beth with Hon, David, McEntee, Patrick, O'Bryan, Kenneth G., and Schwarz, Michael. *Handbook of Interactive Video*. White Plains, N.Y.: Knowledge Industry Publications, 1982.

Freire, Paulo. *Teachers as Cultural Workers: Letters to Those Who Dare to Teach*. Boulder, Col.: Westview Press, 1998.

Gage, N. L. *The Psychology of Teaching Methods*. 75th Yearbook of the National Society for the Study of Education, Part I. Chicago: University of Chicago Press, 1976.

______. *The Scientific Basis of the Art of Teaching*. New York: Teachers College Press, 1978.

Gardner, Howard. *Frames of Mind: The Theory of Multiple Intelligences*. New York: Basic Books, 1983.

______. *Multiple Intelligences: The Theory in Practice*. New York: Basis Books, 1993.

Giroux, Henry A. *Pedagogy and the Politics of Hope: A critical Reader*. Boulder, Col.: Westview Press, 1997.

______. *Teachers as Intellectuals: Toward a Critical Pedagogy of Learning*. Granby, Mass.: Bergin & Garvey, 1988.

Glasser, William. *Control Theory in the Classroom*. New York: Perennial Library, 1986.

______. "The Quality School." *Phi Delta Kappan* 71. no. 6(February 1990): 424-435.

______. *The Quality School: Managing Students Without Coercion,* 2nd ed. New York: HarperPerennial, 1992.

Glickman, Carl D. *Revolutionizing America's Schools*. San Francisco: Jossey-Bass, 1998.

______. *Leadership for Learning: How to Help Teachers Succeed*. Alexandria, Va.: Association for Supervision and Curriculum Development, 2002.

Good, Thomas L. and Brophy, Jere. *Looking in Classrooms,* 3rd ed. New York: Harper & Row, 1984.

Guild, Pat Burke and Garger, Stephen. *Marching to Different Drummers*. Alexandria, Va.: Association for Supervision and Curriculum Development, 1985.

Gunter, Mary Alice, Estes, Thomas H., and Schwab, Jan. *Instruction: A Models Approach,* 3rd ed. Boston: Allyn and Bacon, 1999

Harmin, Merrill. *Inspiring Active Learning: A Handbook for Teachers*. Alexandria, Va.: Association for Supervision and Curriculum Development, 1994.

Henson, Kenneth T. *Methods and Strategies for Teaching in Secondary and Middle Schools,* 2nd ed. White Plains, N.Y.: Longman, 1993.

Hilke, Eileen Veronica. *Cooperative Learning*. Fastback 299. Bloomington, Ind.: Phi Delta Kappa, 1990.

Hogan, Kathleen and Pressley, Michael. *Scaffolding Student Learning: Instructional Approaches and Issues*. Cambridge, Mass.: Brookline Books, 1997.

House, Ernest R. *Schools for Sale: Why Free Market Policies Won't Improve America's Schools and What Will*. New York: Teachers College Press, 1998.

"How the Brain Learns," *Educational Leadership* 56, no. 3(November 1998): 8-73.

"How to Differentiate Instruction." *Educational Leadership* 58, no. 1(September 2000): 6-83.

Hunter, Madeline and Russell, Douglas. "How Can I Plan More Effective Lessons?" *Instructor* 87, no. 2(September 1977): 74-75, 88.

Jacobs, Heidi Hayes. *Interdisciplinary Curriculum: Design and Implementation*. Alexandria,

Va.: Association for Supervision and Curriculum Development, 1989.

Jensen, Eric. *Teaching with the Brain in Mind.* Alexandria, Va.: Association for Supervision and Curriculum Development, 1998.

_____ and Holubec, Edythe Johnson. *Cooperative Learning in the Classroom.* Alexandria, Va.: Association for Supervision and Curriculum Development, 1994.

_____. *The New Circles of Learning: Cooperation in the Classroom and School.* Alexandria, Va.: Association for Supervision and Curriculum Development, 1994.

Johnson, David W. and Johnson, Roger T. *Learning Together and Alone: Cooperative, Competitive, and Individualistic Learning,* 5th ed. Boston: Allyn and Bacon, 1999.

Jones, Beau, Palincsar, Annemarie, Ogle, Donna and Carr, Eileen. *Strategic Teaching and Learning: Cognitive Instruction in the Content Areas.* Alexandria, Va.: Association for Supervision and Curriculum Development, 1988.

Joyce, Bruce. *Selecting Learning Experiences: Linking Theory and Practice.* Alexandria, Va.: Association for Supervision and Curriculum Development, 1978.

_____ and Showers, Beverly. "The Coaching of Teaching." *Educational Leadership* 40, no. 1 (October 1982): 4-10.

_____ and Weil, Marsha. *Models of Teaching,* 2nd ed. Englewood Cliffs, N.J.: Prentice-Hall, 1980.

_____ and Weil, Marsha with Calhoun, Emily. *Models of Teaching,* 7th ed. Boston: Allyn and Bacon, 2004.

Keefe, James W. and Jenkins, John M. *Personalized Instruction.* Bloomington, Ind.: Phi Delta Kappa Educational Foundation, 2005.

Kellough, Richard D. and Kellough, Noreen G. *Middle School Teaching: A Guide to Methods and Resources,* 3rd ed. Upper Saddle River, N.J.: Merrill, 1999.

_____. *Secondary School Teaching: A Guide to Methods and Resources: Planning for Competence.* Upper Saddle River, N.J.: Merrill, 1999.

_____ and Roberts, Patricia L. *A Resource Guide for Elementary School Teaching: Planning for Competence,* 5th ed. Upper Saddle River, N.J.: Merrill/Prentice Hall, 2002.

Knight, George P. and Bohlmeyer, Elaine Morton, "Cooperative Learning and Achievement Methods for Assessing Causal Mechanisms," in Shlomo Sharan, ed. *Cooperative Learning: Theory and Research.* New York: Praeger, 1990, pp. 1-7.

"Learning Styles and the Brain." *Educational Leadership* 48, no. 2(October 1990): 3-80.

Lehr, Fran. "Cooperative Learning." *Journal of Reading* 27, no. 5(February 1984): 458.

Levine, David, Lowe, Robert, Peterson, Bob, and Tenorio, Rita, eds. *Rethinking Schools: An Agenda for Change.* New York: The New Press, 1995.

Lezotte, Lawrence W. and Bancroft, Beverly A. "Growing Use of the Effective Schools Model for School Improvement." *Educational Leadership* 42, no. 6(March 1985): 23-27.

McIntyre, D. John and O'Hair, Mary John. *The Reflective Roles of the Classroom Teacher.* Belmont, Calif.: Wadsworth, 1996.

McNeil, John and Wiles, Jon. *Essentials of Teaching Decisions, Plans, Methods.* New York: Macmillan, 1989.

Marzano, Robert J. *A Different Kind of Classroom: Teaching with Dimensions of Learning.* Alexandria, Va.: Association for Supervision and Curriculum Development, 1994.

_____. *What Works in Schools: Translating Research into Action.* Alexandria, Va.: Association for Supervision and Curriculum Development, 2003.

_____, Pickering, Debra J., and Pollock, Jane E. *Classroom Instruction That Works: Research-Based Strategies for Increasing Student Achievement.* Alexandria, Va.: Association for Supervision and Curriculum Development, 2001.

Medley, Donald M. "The Effectiveness of Teachers." In Penelope L. Peterson and Herbert J. Walberg, eds. *Research on Teaching: Concepts, Findings, and Implications.* Berkeley, Calif.: McCutchan, 1979, pp. 1-27.

Moore, Kenneth D. *Classroom Teaching Skills,* 6th ed. Boston: McGraw-Hill, 2007.

Oakes, Jeannie. *Keeping Track: How Schools Structure Inequality.* New Haven, Conn.: Yale University Press, 1985.

Oliva, Peter F. *The Secondary School Today,* 2nd ed. New York: Harper & Row, 1972

Orlich, Donald C. et al. *Teaching Strategies: A Guide to Better Instruction.* Lexington, Mass.: D. C. Heath, 1980.

Ornstein, Allan C., Pajak, Edward F., and Ornstein, Stacey B., eds. *Contemporary Issues in Curriculum,* 4th ed. Boston: Allyn and Bacon, 2007.

Orwig, Gary W. and Baumbach, Donna J. *What Every Educator Needs to Know About the New Technologies: Interactive Video 1.* Orlando, Fla.: UCF/DOE Instructional Computing Resource Center, University of Central Florida, 1989.

_____. *What Every Educator Needs to Know About the New Technologies: Interactive video 2.* Orlando, Fla.: UCF/DOE Instructional Computing Center, University of Central Florida, 1989.

Pawlas, George E. and Oliva, Peter F. *Supervision for Today's Schools,* 8th ed. Hoboken, N.J.: John Wiley & Sons, 2008.

"Personalized Learning." *Educational Leadership* 57, no. 1(September 1999): 6-64.

Peter, Laurence J. *Competencies for Teaching: Classroom Instruction.* Belmont, Calif.: Wadsworth, 1975.

Peterson, Penelope L. and Walberg, Herbert J., eds. *Research on Teaching: Concepts, Findings, and Implications.* Berkeley, Calif.: McCutchan, 1979.

Rosenshine, Barak V. "Content, Time, and Direct Instruction." In Penelope L. Peterson and Herbert J. Walberg, eds. *Research On Teaching: Concepts, Findings, and Implications,*

Berkeley, Calif.: McCutchan, 1979, pp. 28–56.

Sharan, Shlomo. "Cooperative Learning in Small Groups: Recent Methods and Effects on Achievement, Attitudes, and Ethnic Relations." *Review of Educational Research* 50, no. 2(Summer 1980): 241–271.

_____ , ed. *Cooperative Learning: Theory and Research*. New York: Praeger, 1990.

Simkins, Michael, Cole, Karen, Tavalin, Fern, and Means, Barbara. *Increasing Student Learning Through Multimedia Projects*. Alexandria, Va.: Association for Supervision and Curriculum Development, 2002.

Slavin, Robert E. *Cooperative Learning*. White Plains, N.Y.: Longman, 1983.

_____ . "Cooperative Learning." *Review of Educational Research* 50, no. 2(Summer 1980): 315–342.

_____ . *Cooperative Learning: Student Teams,* 2nd ed. Washington, D.C.: National Education Association, 1987.

_____ . *Cooperative Learning: Theory, Research, and Practice*. Englewood Cliffs, N.J.: Prentice-Hall, 1990.

_____ , ed. *School and Classroom Organization*. Hillsdale, N.J.: Lawrence Erlbaum Associates, 1989.

_____ . *Student Team Learning: An Overview and Practical Guide*. Washington, D.C.: National Education Association, 1988.

_____ . "Synthesis of Research on Cooperative Learning." *Educational Leadership* 48, no. 5 (February 1991): 71–77.

_____ et al., eds. *Learning to Cooperate, Cooperating to Learn*. New York: Plenum, 1985.

"Special Feature on Cooperative Learning." *Educational Leadership* 48, no. 5(February 1991): 71–94.

Sprenger, Marilee. *Learning & Memory: The Brain in Action*. Alexandria, Va.: Association for Supervision and Curriculum Development, 1999.

Springer, Sally P. and Deutsch, Georg. *Left Brain, Right Brain: Perspectives on Neuroscience,* 5th ed. New York: W. H. Freeman, 1998.

Stallings, Jane. "A Study of the Implementation of Madeline Hunter's Model and Its Effects on Students." *Journal of Educational Research* 78, no. 6(July/August 1985): 325–337.

Stronge, James H. *Qualities of Effective Teachers*. Alexandria, Va.: Association for Supervision and Curriculum Development, 2002.

Sylwester, Robert. *A Celebration of Neurons: Educator's Guide to the Human Brain*. Alexandria, Va.: Association for Supervision and Curriculum Development, 1995.

"Teaching the Information Generation." *Educational Leadership* 58, no. 2(October 2000), 8–59.

Thelen, Herbert A. *Classroom Grouping for Teachability*. New York: John Wiley & Sons,

1967.

Tomlinson, Carol Ann. *The Differentiated Classroom: Responding to the Needs of All Learners*. Alexandria, Va.: Association for Supervision and Curriculum Development, 1999.

_____ and Eidson, Caroline Cunningham. *Differentiation in Practice: A Resource Guide for Differentiating Curriculum, Grades K-5*. Alexandria, Va.: Association for Supervision and Curriculum Development, 2003.

_____ and Eidson, Caroline Cunningham. *Differentiation in Practice: A Resource Guide for Differentiating Curriculum, Grades 5-9*. Alexandria, Va.: Association for Supervision and Curriculum Development, 2003.

_____ and McTighe, Jay. *Integrating Differentiated Instruction and Understanding by Design: Connecting Content and Kids*. Alexandria, Va.: Association for Supervision and Curriculum Development, 2006.

_____ and Strickland, Cindy A. *Differentiation in Practice: A Resource Guide for Differentiating Curriculum, Grades 9-12*. Alexandria, Va.: Association for Supervision and Curriculum Development, 2003.

Turner, Richard L. "The Value of Variety in Teaching Styles." *Educational Leadership* 36, no. 4 (January 1979): 257-258.

Vermetter, Paul J. *Making cooperative Learning Work: Student Teams in K-12 Classrooms*. Upper Saddle River, N.J.: Merrill/Prentice Hall, 1998.

Walberg, Herbert J. "Synthesis of Research on Teaching." In Merlin C. Wittrock, ed. *Handbook of Research on Teaching,* 3rd ed. New York: Macmillan, pp. 214-229.

Weil, Marsha and Joyce, Bruce. *Information Processing Models of Teaching: Expanding Your Teaching Repertoire*. Englewood Cliffs, N.J.: Prentice-Hall, 1978.

_____. *Social Models of Teaching: Expanding Your Teaching Repertoire*. Englewood Cliffs, N.J.: Prentice-Hall, 1978.

_____ and Kluwin, Bridget. *Personal Models of Teaching: Expanding Your Teaching Repertoire*. Englewood Cliffs, N.J.: Prentice-Hall, 1978.

Wiggins, Grant and McTighe, Jay. *Understanding by Design,* expanded 2nd ed. Alexandria, Va.:Association for Supervision and Curriculum Development, 2005.

Willis, Scott. "Cooperative Learning Fallout?" *ASCD Update* 32, no. 8(October 1990): 6, 8.

Wittrock, Merlin C., ed. *Handbook of Research on Teaching,* 3rd ed. New York: Macmillan, 1986.

Wolfe, Patricia. *Brain Matters: Translating Research into Classroom Practice*. Alexandria, Va.: Association for Supervision and Curriculum Development, 2001.

12 수업평가

학습 목표

1. 사전평가, 형성평가, 총괄평가를 정의하고 각각의 목적을 설명할 수 있다.
2. 규준지향평가와 준거지향평가 사이의 차이점을 설명하고 각각이 의도하는 목적을 진술할 수 있다.
3. 학습의 세 가지 영역 각각의 주요 범주에서 검사, 평가의 질문을 고안할 수 있다.
4. 수행평가를 정의하고 예를 들 수 있다.
5. 전통적인 평가와 수행평가를 대조할 수 있다.

수업사정

학생 성취 사정

그녀는 손으로 머리를 괴고 있으며 눈은 책상 위에서 꼼짝하지 않는다. 틀렸음을 나타내는 붉은색 표시로 가득 차 있는 앞의 시험지 파일 때문에 기분이 안 좋아 보인다. 엄격한 시험(지역, 주, 연방 정부의 투표에 관한 단원의 시험)에 지배받는다. 4주를 낭비하다니! 1에서 100까지의 척도에서 70점을 넘어 통과한 학생은 36명 중에 12명밖에 없었다. 왜? 그녀는 스스로에게 묻는다. 뭐가 잘못된 거지? 이유에 대한 생각은 그녀의 머릿속에 넘쳐흐른다.

- 학생들은 아무리 간단해 보이는 시험이라도 실패하는 바보다.

- 그들은 그녀가 시험 공부 자료를 줄 때 집중하지 않았다.
- 그들은 공부하지 않는다. 그들은 투표보다는 마약과 섹스에 더 흥미를 가진다.
- 그들은 질문에 대답하는 데 전혀 신경 쓰지 않았다.
- 그들의 부모는 그들이 숙제를 하도록 강요하지 않았다.

학생들의 형편없는 결과에 대한 비난과 책망 속에 빠져들어 몇 분이 지난 후, 그녀는 좀 더 이성적으로 상황을 살펴보기 시작한다. 높은 비율의 실패에 대한 일부 가설은 무엇인지 스스로에게 묻는다. 그녀는 몇 가지 심각한 반성 후에 궁금해하기 시작한다.

- 명세목표는 적합했는가? 그것은 교과에 적절했는가? 그것은 학생의 학습 능력 안에 있었나? 그것은 학생들과 관련되었나?
- 학생들이 부족한 단원을 시작하기 전에 선수학습 능력을 가지고 있었는가? 내가 어떻게 아는가?
- 알맞은 수업 기술을 사용했는가? 학생의 수업 방식에 적합한 전략을 사용했는가?
- 방법에 따라 주기적인 검진을 했는가? 무엇이 나타났는가?
- 그들은 시험 유형에 민감한가?
- 시험 질문은 명세목표에 연관되었는가? 그것은 분명한가?
- 학생은 모든 질문에 대답할 충분한 시간을 가졌는가? 교실은 시험을 치기에 적합한 상태였는가?
- 학생들은 그들의 실패와 관련된 결함이 있었는가? 나는 교사로서의 나의 역할에 실패했는가? 또는 낮은 점수에 대해 책임이 있는가?
- 학생이 배웠고 배우지 않았던 것이 무엇인지 알아냈는가?
- 그리고 나는 지금 무엇을 알고 있는가? 시험 결과를 어떻게 취급할 것인가? 그들의 점수는 다음 성적표에 어떤 영향을 끼쳐야 하는가? 나는 교장, 학생들과 부모에게 낮은 점수의 원인을 어떻게 설명할 것인가?
- 나는 올바른 평가 기술을 사용했는가?

'수업평가(evaluation instruction)'라는 용어는 '학생들의 성취를 평가함으로써 수업을 평가함'으로 확장될 수 있다. 어떤 의미에서 수업의 평가는 교사의 효과에 대한 평가다. 예를 들면, 교사는 바른 전달체계를 선택했는가? 수업 명세목표는 명백한가? 평가 항목은 명세목표와 관련되어 있는가? 교사는 알기 쉽게 자료를 제시하는가? 교사의 수행을 평가하는 데 있어 장학사가 묻는 질문의 유형이 있다. 비록 이 책이 복잡하고 중요한 교사 수행의 주제를 고찰하지 않을지라도, 당신은 전문적인 작품에서 이 주제에 대한 많은 도움이 되는 참고문헌을 찾을 것이다.[1] 이 장은 학생들의 수행 사정(assessing)에 초점을 맞춘다.

다른 의미에서 수업평가는 교육과정 평가다. 그것은 사정된 평가에서 학생들이 얼마나 잘 성취했는지에 대한 성공의 범위를 나타낸다. 또한 내용이 적절하게 다루어지고 있는지 아닌지도 나타나 있다. 수업평가는 교과가 무엇부터 시작할지에 대한 선택이 바른지, 그 내용이 관련되어 있는지, 그것이 학생이나 사회 요구에 충족하는지, 대중이 그것에 만족하는지, 학교의 철학과 목적이 충족되는지, 그 내용이 널리 선택되었는지 같은 교육과정에 대한 고려에 답하지 않는다. 이것은 학생 성취의 사정에 더해 평가되어야 하는 교육과정 차원이다. 우리는 다음 장에서 교육과정 평가를 살펴볼 것이다. 그러나 교육과정 평가, 교사의 수행에 관한 평가, 수업의 평가는 모두 밀접하게 관계가 있다.

사이클 속의 사이클

이 책에서 따르는 교육과정 개발 모델에서 수업은 교육과정 사이클 속의 사이클이다([그림 12-1] 참조).

수업 모델을 구성하는 수업 흐름(instruction chain)을 다시 한 번 보자. 5장에 나온 교육과정 개발 모델의 하위 모델이다.

정리된 교육과정 개발 모델을 유지하기 위해서, 이 하위 모델의 피드백 과정은 수업 흐름—수업평가—바로 이어지는 수업모델—수업목표의 명세화의 요소로 이루어지는 과정으로 간단하게 묘사하고 있다.

수업평가에서부터 수업목표 명세화까지의 피드백 과정은 시스템의 변화가 계속될 수 있다는 것을 나타내고 사이클을 증명한다. 그러나 평가 결과는 시스템에서 내용 요소의 변화를 요구하기 때문에 각 구성 요소에 피드백 과정을 보여 준다면 그 형태는 더 정확해질 것이다. 모든 피드백 과정을 넣은 수업 하위 모델은 [그림 12-2]에 나타나 있다.

이미 살펴봤듯이, 수업의 흐름은 목적을 명확히 말해 준다. 이 사이클은 우리가 수업목표와 명세목표가 성취되었는지 그렇지 않았는지 알게 될 때까지 완성되지 않는다. 이제 우리 앞의 문제는 자리를 차지한 수업평가 중의 하나다.

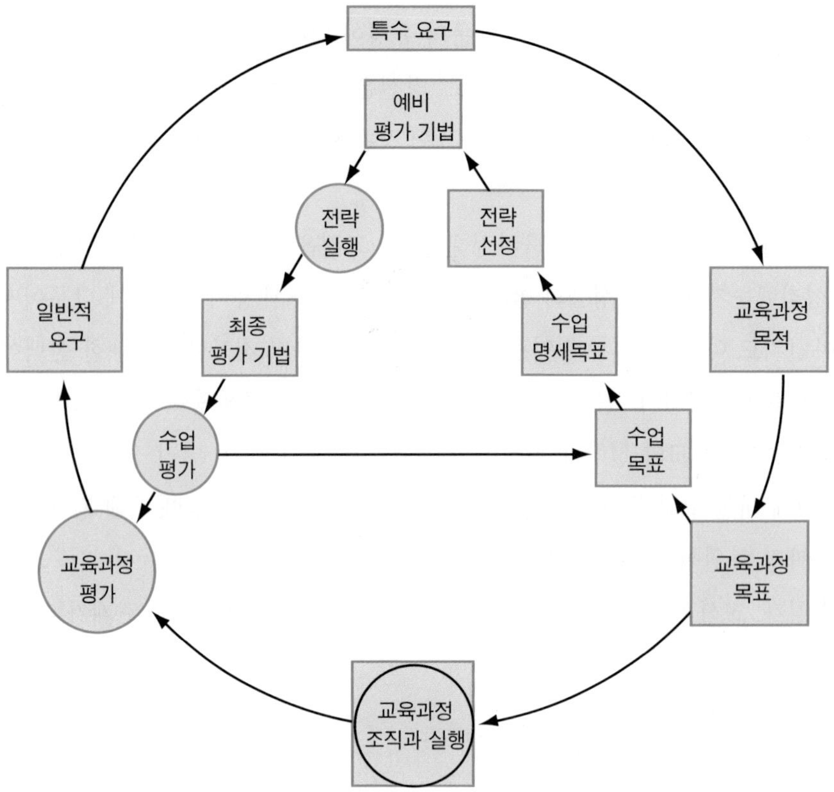

[그림 12-1] 수업과 교육과정 사이클

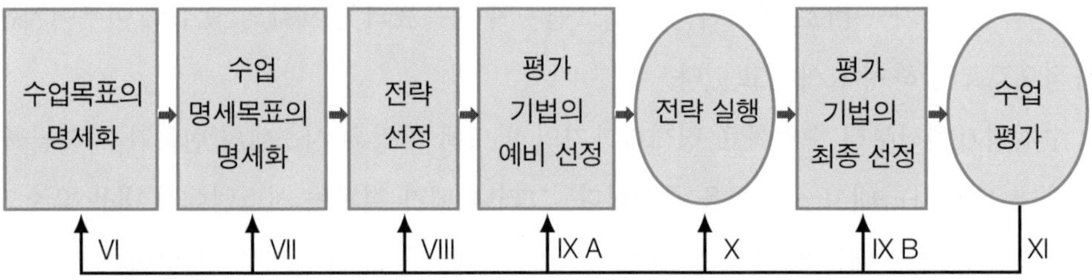

[그림 12-2] 전 과정에 피드백 과정이 있는 수업 모델

▌사정 시기

평가(evaluation), 사정(assessment), 측정(measurement), 시험(testing), 책무성(accountability)과 같은 단어는 오늘날 공식적이고 전문적인 집단에서 자주 들을 수 있다. 측정과 평가의 전문가는 우리가 사정 시기에 있을 때 굉장히 필요하다. 비록 이 시기가 조금 지났을지라도, 1970년대 중반 이후로 그 속도는 꽤 증가하고 있다. 지난 몇 년 동안, 그 기세의 원천과 이러한 움직임의 역점은 몇 가지 면에서 변화해 왔다. 우리는 최초로 표준화된 시험을 개념화한 Edward L. Thorndike 이래로 미국을 지배해 온 대규모 시험 현상에 익숙하다. 표준화된 SAT, GRE 시험은 프랑스에 있는 비표준화된 박사학위 시험과 같이 미국에서 흔히 쓰이는 말이다.

William H. Whyte, Jr., Martin Gross, Banesh Hoffman은 1950년대 후반에서 1960년대 초반에 단체 시험의 위험성을 지적했다. Whyte와 Gross는 특히 개별 시험에 대해 고려했고, Hoffman은 표준화된 선다형 시험에 대해 비평했다. 1981년에 Andrew J. Strenio, Jr.는 "시험의 덫(testing trap)" 에 대해 경고했다.[2)]

현재 아동낙오방지법(NCLB)의 압력으로 주들은 소위 '고부담 시험(high-stakes testing)' 이라는 것에 바쁘게 참여한다. 즉, 시험이 학년을 유지하는 형태에 부정적인 결과를 가져올 수 있으며, 고등학교 졸업에 실패하게 하는 것이다. 국가 공정 · 공개 시험센터(National Center for Fair and Open Testing) 총감독인 Monty Neill은 시험 위주의 혁신을 비난하며, "고부담 시험은 진정한 진보를 방지하고 좋은 학교를 위태롭게 한다." 라고 말했다.[3)]

평가, 사정, 측정, 시험, 책무성의 용어는 찬반 양론의 강한 태도를 불러일으킨다. 몇몇의 교사는 표준화되거나 비표준화된 시험 모두의 사용을 반대한다. 왜냐하면 강요되고 미리 결정된 시험이라고 느끼기 때문이다. 시험은 학습의 측정에 무의미하고 학생의 자아개념에 부정적인 영향을 미친다는 관점이 있다. Renate Nummela Caine과 Geoffrey Caine은 "대부분의 교사가 단순히 시험을 위해 가르치고 암기를 가르치므로 학생들이 만들 수 있는 관계와 배울 수 있는 또 다른 것에 제한을 둔다." 라고 말했다. Henry A. Giroux는 학생의 성취 시험을 촉진하는 미국 2000(America 2000)과 같은 결과를 비판한다고 썼다.

> 시험은 표준화된 교육과정을 개발하는 데 새로운 이념적 무기가 되었다. 그 무기는 학교가 교육과정의 다양성, 교육적 · 경제적 자원, 기회 등을 존중하는 것과는 다른 학생 개체를 만들어 낼 수 있는 방법을 무시한다.[4)]

만약 주와 국가의 대표들에 의해 만들어진 법규가 대중의 관점을 반영한다면 대중이 사정과 책임에서 계속되는 노력을 지지하는 것을 포함해야 한다. 그러나 국가 공정 · 공개 시험센터 같은 조직체는 "학생에게 진정한 학습이 일어나도록 하는 다양한 방식을 반영한 높은 질의 수업평가" 의 다양한 형태를 검증하는 규준 평가를 선호한다.[5)]

용어 정의

이러한 관점에서 이 장에 사용된 주요 용어의 의미를 명백하게 해 보자. 그것은 평가, 사정, 측정, 시험이다. 평가(evaluation)는 학습체계를 설계하면서 내려진 결정을 사정하기 위해서 정보를 수집하고 해석하는 계속적인 과정이다(Robert H. Davis, Lawrence T. Alexander와 Stephen L. Yelon). 이 글에서 평가(evaluation)와 사정(assessment)은 평가의 일반적인 과정을 나타내기 위해 서로 교체할 수 있게 사용되었다. 측정(measurement)과 시험(testing)은 평가와 사정의 일반적 분류 아래에 포함되어 있다.

측정은 특별한 능력의 성취 등급을 결정하는 수단이다. 시험은 성취를 측정하기 위한 도구로 사용된다. 따라서 측정과 시험은 평가와 사정의 자료를 모으는 방법이다. 그러나 우리는 학생의 수행을 평가하는 시험보다 다른 방법을 사용해야 한다. 우리가 학생의 수행 능력을 적절하게 평가한다고 말할 때, 우리는 수행을 측정할 수도 있고 측정하지 못할 수도 있다. 측정은 정밀하고 관찰 가능한 행동의 등급을 나타낸다.

이 장에서 우리는 측정, 평가, 평가 기법(testing technique), 그리고 수업평가의 산출물인 등급 매기기와 보고하기의 문제를 전체적으로 검토하지는 않을 것이다.[6)] 대신 우리는 측정과 평가(testing)의 제한된 원칙을 포함하여, 수업평가에 대해 약간의 기본적인 이해력을 계발하는 방법을 찾아볼 것이다.

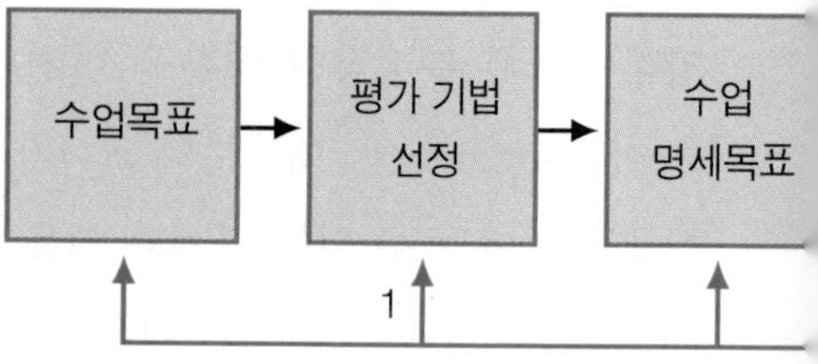

[그림 12-3] 평가를 위한 계획 단계

평가 계획 단계

여기에서부터는 교육과정 개발[7]을 위한 제시된 모형을 소개하기에 평가 기법을 선택하는 구성요소 IX를 다음의 두 부분으로 나누어 볼 것이다. 즉, 평가 기법의 예비 선정인 IX A와 평가 기법의 최종 선정인 IX B다. 이 분류는 평가 기법의 계획이 수업 전과 후에 모두 발생한다는 것을 이해하고 전하기 위해 만들어졌다. 하지만 이 두 가지의 분류는 지나치게 단순화한 것이다. 정확성을 더 높이기 위해서, 우리는 교수 모델의 각 단계에 배치된 평가 기법을 계획해야 한다. 평가 계획의 많은 단계를 보여 주는 확장된 교수 도표는 [그림 12-3]에 나타나 있다.

확장된 수업 모델

확장된 모델이 가리키는 것은 시험 항목을 포함하여 평가 기법의 선정이 계속 진행된다는 것이다. 이러한 평가 계획의 개념은 수업이 끝날 때까지 기다리는 교사의 수행과는 다르다. 시험이 준비되고 관리되어야 한다. 평가 기법은 확장된 모델에서 보이는 다섯 단계 각각에 적어 두어야 한다. 이러한 단계 중 세 가지는 수업 전, 수업 중간, 수업 끝이다. 시험 항목은 교사에게서 내용이 신선하다고 생각될 때 기록될 수 있다. 계속되는 시험 항목의 축적과 평가 기법의 선정은 수업평가의 끝을 단순화할 수 있다.

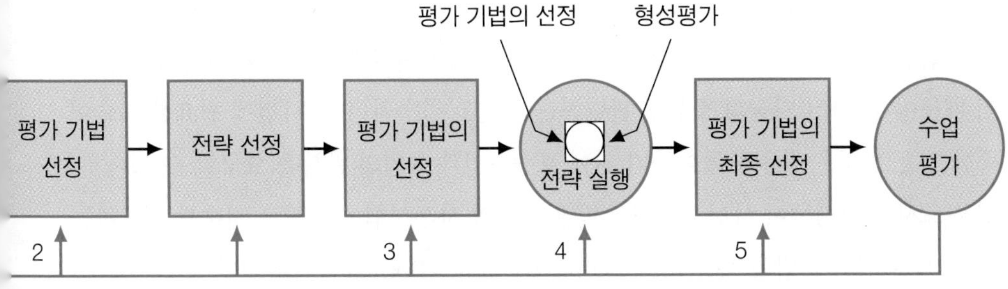

평가의 세 가지 국면

교사는 평가의 세 가지 국면에서 능력(skill)을 가져야 한다.

- 사전평가(preassessment)
- 형성평가(formative evaluation)
- 총괄평가(summative evaluation)

이러한 용어는 수업 전에 실시하는 사전평가, 수업 동안에 실시하는 형성평가, 수업 후에 실시하는 총괄평가와 같이 평가를 함축하는 기술적 단어다.

사전평가: 학생의 출발점 위치 파악 사전평가(preassessment)는 두 가지 특징을 가진다. Walter Dick과 Lou Carey는 수업에 앞서서 시험의 두 가지 유형을 설명했다.[8] 이 두 가지 유형은 출발점 행동 평가와 사전시험이다. 출발점 행동 평가(entry-behavior test)는 "수업을 시작하는 데 있어 확인되어야 하는 능력을 측정하기 위해 고안된 준거지향평가다."[9] 이러한 사전평가는 학생이 새로운 수업을 듣기에 앞서서 필수 지식을 알고 있는지를 확인하는 것이다. 사전시험(pretest)은 가르쳐야 할 목표에 대해 준거지향 평가를 하는 것이다.[10] 이 장의 뒷부분에서 논의되는 준거지향평가는 학생들이 그들의 학급 또래와 얼마나 잘 어울리는가뿐만 아니라 수업목표를 얼마나 잘 미리 달성해 놓았는지 학생의 성취를 측정할 수 있다.

출발점 행동 평가는 학습에 앞선 것을 다룬다. 그러나 사전시험은 학습하는 교과를 다룬다. 사전시험을 단독으로 시행하는 것은 충분하지 않다. 만약에 학생이 사전시험에서 성적이 좋지 않다면, 교사는 학생이 성적이 좋은지 아닌지 말할 수 없다. 왜냐하면 학생들이 적합한 자료에 대해 알지 못했거나 사전에 필요한 지식과 기술을 가지지 않았을 수 있기 때문이다. 사전 기술의 소유를 판단하는 방법은 필수적이다. 사전에 필요한 기술이 부족한 것은 새로운 내용에 들어가기 전에 보충수업과 수업의 반복을 요구할 수 있다.

일부 교사는 학생들이 사전시험에서 받은 점수와 사후시험에서 받은 점수를 비교하는 사전 및 사후 시험 기법을 사용한다. 그러나 W. James Popham은 사전 및 사후 시험 전략에는 함정이 있다고 경고한다. Popham은 교사가 그들의 수업이 성공적인지에 대해 결정을 하는 것이 어려운 이유는 사전시험의 반동 효과 때문이라고 설명했다.

전통적인 사전 및 사후 시험 계획의 주된 문제점은 학생들이 사전시험을 시행할 때 내용에 종종 민감하게 반응하는 것이다. 결과적으로 학생은 사전시험이 끝난 후 수업을 받을 때 사전시험으로부터 회상한 것에 초점을 맞추는 경향이 있다.[11)]

형성평가: 수업 개선에 필요한 정보 수집 형성평가(formative evaluation)는 교수 기간 동안 사용된 시험, 형식적 · 비형식적 기법으로 구성된다. 진단평가(progress test)가 형성평가의 예다. Benjamin S. Bloom, J. Thomas Hastings, George F. Madaus는 교사에게 충고한다. "수업의 더 작은 단위로 과정이나 주제를 나누라." 그리고 그들은 "작은 진단과정 시험"을 실행할 것을 권고한다.[12)]

비록 형성평가일지라도 교사는 진단하고 총괄평가에 직면하기 전에 학생들이 어려움을 극복하도록 돕기 위해 보충 활동을 할 수 있다. 형성평가는 교사가 수업을 잘하고 있는지 확인할 수 있게 한다.

총괄평가: 성취 정도의 판단 총괄평가(summative evaluation)는 단원이나 과정의 끝에서 이루어지는 평가다. 마지막 지필시험(사후시험)이 수업의 총괄평가 방법으로 가장 많이 사용된다. 주된 목적은 학생이 선행한 수업을 숙달했는지를 알아내는 것이다.

총괄평가는 수업의 명확한 결과가 성취되었는지 아닌지를 나타낸다. 어떤 경우에 총괄평가의 결과는 특히 심동적 영역의 경우에 영향을 주는데, 인지적 학습을 위해 미리 고안한 지필평가에 의해서라기보다 학생들의 실제적 성과에 의해 성취된다. 그러나 인지적 학습의 회상은 학교 교육의 주된 초점이 된다.

영리한 교사는 다음 집단을 만드는 방법과 프로그램을 개정하는 데 총괄평가 결과를 사용한다.

규준지향평가와 준거지향평가

규준지향평가

측정의 두 가지 다른 개념은 교사의 성실함과 참여에 달려 있다. 규준지향평가(norm-referenced measurement)는 시험에서 학생의 성취가 다른 학생의 성취와 비교되는 고전적인 접근이다. 이러한 원리에 따르면, 성취에 대해 표준화된 시험은 시험을 치는 다양한 집단에 의해 집행되고 표준—성과의 표준—이 산정된다. 그 후에 시험을 친 학생의 점수는 표준화된 시험을 친 사람들의 점수와 비교된다.

교사는 교실에서 한 학생의 성취를 측정하거나 다른 학생의 성취의 측정과 관련이 있을 때 같은 원리를 따른다. 이런 측정에 대한 접근법의 모든 예를 통해 교사는 시험을 치고 점수를 매기고, 가장 높은 점수에서 가장 낮은 점수로 순위를 매기며 평균 점수를 찾을 것이다. 그 후 평균 등급과 관련 있는 다른 모든 시험의 등수를 매긴다. 이런 비표준화된 상황에서 학생들은 특정한 시험에서 특정한 집단의 성과와 연관되는 등급이 매겨진다.

준거지향평가

측정에 대한 규준 지향적 접근이 흔하고 보편적으로 시행된 이후 그것의 '다른 접근법으로는 무엇이 있는가?'라는 질문을 받았다. 준거지향평가(criterion-referenced measurement)는 규준지향평가의 대안이다. 이러한 접근으로 시험에서 학생들의 수행은 수업 명세목표에 제시된 기준과 비교된다. 준거지향평가에서 학생의 성공은 명세목표에 맞는 지식의 숙달이며, 교실 안의 다른 사람과 관련된 성과가 아니다.

오랫동안 사용해 왔기 때문에 규준지향평가는 교사, 학생, 부모에 의해 타당하다고 이해된다. 게다가 경쟁심을 고취하기에 많은 부모가 규준지향평가에서 비교하는 것을 반긴다.

규준지향평가의 지지자는 표준화 시험을 만들고 경쟁적으로 등급 매기기를 지지한다. 예를 들어, 대학입학 시험과 같이 사람을 선발하고, 우등생 명단을 정렬하며, 장학금을 주는 것을 지지한다. 규준지향평가는 지원자가 초과되어 자리가 제한되었을 때나 지원자 사이에서 제한된 상을 줄 때 필요하다. 준거지향평가의 지지자로는 수업설계 전문가, 지역, 주, 국가적 사정 인력 등이 있다. 이러한 사람은 학생들이 구체적인 명세목표에 따라 전문 지식을 얼마나 성취했는지 알기를 원한다. 웃거나 찌푸린 얼굴의 비유를 사용하자면, 규준지향 평가자는 모든 학생이 시험에 통과하면 얼굴을 찌푸릴 것이다. 왜냐하면 높고 낮은 성취도를 식별하지 못했기 때문이다. 준거지향 평가자는 모든 학생이 시험에 통과하면 만면의 웃음을 지을 것이다. 왜냐하면 학생들이 시험을 친 명세목표를 달성했기 때문이다.

두 가지 측정 유형의 비교

Popham은 규준지향평가와 준거지향평가를 교육적 특정 수단으로 접근하여 '가장 기초적인 차이점'이 있음을 확인하였다.

> 해석의 본질은 학생 시험 성적을 이해하는 데 사용하는 것이다. 규준지향평가에서 교육학자는 학생의 성취를 이전에 똑같은 시험에서의 학생 성취와 관련하여 해석한다. 반대로 준거지향평가의 해석은 시험이 학생에 의해서 실제적으로 갖추고 있는 것에 의한 준거사정 영역으로 외형이 결정되기 때문에 절대적 해석이다.[13)]

규준 지향적 구조와 준거 지향적 구조의 항목 간 기본적인 차이점은 항목 작성자의 한 부분인 '양식'의 문제다.

> 개인이 규준지향평가의 항목을 만들 때는 개인의 성과가 차이를 보일 수 있는 갖가지 점수를 만들어 내려고 노력한다. 그는 너무 쉽거나 너무 어려운 문제는 경멸한다. 또한 그는 대안적인 답이 거의 없는 선다형 문제는 피한다. 그는 정답 선택에 있어 오답의 매력을 높이려고 노력한다. 다른 사람과 다른 점수를 만들어 내기 위해 문제를 개발한다.
>
> 준거 지향적 항목 개발자는 다른 원리에 의해 설명된다. 그의 주된 목적은 준거 행동을 정확하게 반영한 항목을 만드는 것이다. 어렵거나 쉽거나, 구별하거나 구별하지 않거나, 그 항목은 준거에 따라 범위를 정하지 않은 행동의 범주를 나타낸다.[14)]

James H. McMillan은 〈표 12-1〉에서 보는 것과 같이 이러한 두 가지 접근의 유용한 비교를 제공한다.

우리는 교사와 학생 모두의 성취를 사정하는 데 개발된 시험은 대개 준거지향평가임을 주의해야 한다.

수업 모형(instruction model)은 중요한 지점에서 수업 명세목표의 열거를 제안한다. 따라서 교실시험은 준거지향적 접근에 달려 있다. 그러나 이러한 관점에서 볼 때 그들이 목적을 이행하기 위해서는 교사에 의해 만들어진 규준지향평가나 학교에서 표준화된 시험의 사용을 없애야 한다. A에서 F까지 모든 시험 성적의 범위를 일반적으로 분류한 결

표 12-1 규준지향과 준거지향(표준안에 기초한) 평가의 해석 특성

	규준지향	준거지향
해석	다른 학생의 성취와 비교한 점수	사전에 결정된 준거 및 기준과 비교한 점수
점수의 성격	백분위 서열, 표준화 점수, 등급 곡선	퍼센트 교정, 수행 표준안 서술
시험 항목의 난이도	폭넓은 점수를 얻기 위해 어려운 항목을 평균적으로 사용. 매우 쉽거나 어려운 것은 사용하지 않음	정확한 대답의 높은 퍼센트를 얻기 위해 쉬운 항목을 평균적으로 사용
점수의 사용	점수를 서열화하고 학생들을 분류하기	획득된 성취 수준을 설명하기
동기에 끼치는 영향	비교집단에 의존하고 경쟁적임	특별한 학습목표에 맞추기 위해 학생들이 도전함
강점	결과적으로 더 어려운 평가에 학생들이 도전하도록 함	학생 수행을 명확히 정의된 학습목표에 매치하고 경쟁을 줄임
약점	다른 학생과 비교하여 점수가 결정됨. 일부 학생은 항상 하위권임	명확히 정의된 학습목표를 확립해야 함. 숙달을 제시하는 표준안을 제시해야 함

출처: J. H. McMillan, *Classroom Assessment: Principals and Practices for Effective Standards-Based Instruction*, 4th ed., p. 364. Published by Allyn and Bacon, Boston, MA. Copyright © 2007 by Pearson Education.

과, 정규곡선을 채택한 규준 지향적 접근을 한 교실 시험의 사용도 없애라는 결론이 나왔다. 그러한 사용은 총 인구에서 무작위 추출한 특징을 가지고 있는 정규분포 곡선에 반하는 것이다. 단일 교실은 일반 대중의 무작위 표본이 아니다. 그러므로 동급에서 A는 도움이 되는 부분을 가지고, F는 자동적으로 학생의 비난을 받고, B와 D는 어떤 이점을 주고, 교실의 2/3에 해당되는 평균이라고 불리는 C는 납득할 만한 것이 아니다.

세 영역의 평가

10장에서 언급했듯이, 명세목표는 세 영역(인지적 영역, 정의적 영역, 심동적 영역)으로 구분된다. 비록 명세목표가 한 영역보다 더 많은 요소를 포함하고 있더라도 명세목표는 보통 이 세 영역 중의 하나의 주요 특성을 나타낸다. 명세목표가 완전히 한 가지 영역으로만 되어 있지 않다는 사실은 교사가 다양한 영역의 학생의 수행을 평가하는 것을 유도한다. 교사는 많은 종류의 시험(test) 중의 하나를 선택한다. 그것은 실제 수행, 논술형, 하나 또는 더 많은 객관식 평가(선다형, 양자택일 반응형, 완성형, 연결형, 재배치형)다. 〈표

표 12-2 점수의 다양한 측면과 관련된 평가 항목과 형태의 양식

점수의 측면	선다형	논술형	짧은 서면 응답	구두 보고서	수행 과제	교사 관찰	학생 자기 평가
정보적인 주제	M	H	H	H	H	M	H
과정 주제	L	M	L	M	H	H	H
사고하고 반응하기	M	H	M	H	H	L	H
의사소통하기	L	H	L	H	H	L	H
미성취 요소	L	L	L	L	M	H	H

주: H = 높음, M = 중간, L = 낮음
출처: Robert J. Marzano, *Transforming Classroom Grading*. Copyright © 2000 by McRel. (Published by Alexandria, Va.: Association for Supervision and Curriculum development), p. 87.

12-2〉는 다양한 등급을 위해 사용 가능한 수준의 교실 사정의 일곱 가지 형태를 보여 준다.[15]

각 영역은 그것의 독특한 평가 문제를 나타낸다. 각 영역의 주요 범주에 대한 시험 항목의 예를 살펴보자.

심동적 영역

심동적 영역의 명세목표는 배우는 기술의 실제적 성과에 의해 최상으로 평가된다. 예를 들어, 만약 학생이 멈추지 않고 100야드를 수영하기를 바란다면 우리는 그들에게 물에서 빨리 움직이도록 요구하고 그것을 할 수 있음을 보여 준다. 만약 바닥으로 가라앉는다면 그 학생은 실패한 것이다. 우리는 학생에게 100야드를 몇 분 안에 x번 수영하도록 요구함으로써 수행의 자격을 갖추기를 바랄 수 있다. 시험에 통과하기 위해서 학생은 준거를 충족하여야만 한다.

학생이 지각-운동 기능을 증명하기를 요청받을 때, 교사는 약간의 판단을 해야 한다. 100야드 수영에서 완성이나 완성 속도뿐만 아니라 자세와 세련미도 고려될 수 있다. 평가적 판단은 학생이 미술 수업에서 모빌을 만드는 능력, 원목 가게에서 책장을 만드는 능력, 가정과에서 블라우스를 만드는 능력, 체육교육 수업에서 골프공을 치는 능력, 또는 응급처치 수업에서 인공호흡을 하는 능력을 증명하기를 요구받을 때 만들어진다.

이행 또는 불이행(통과-실패, 만족-불만족)과 같은 이분법을 넘어서 속도, 독창성, 질적인 요소를 따른다. 교사는 사정과정의 한 부분으로 이러한 준거를 포함할 것을 선택한다. 판단적 준거가 사용될 때 그들은 미리 학생들과 대화해야 한다. 교사는 가능한 한 준거의 많은 척도를 확인하는 것이 도움이 될 것이다. 예를 들어, 미술 수업에 만든 모빌의 경우 질의 척도는 내구력, 구조의 정밀성, 청결, 기타 세부 사항이 될 수 있다.

교사가 학생이 어떻게 지각-운동 기능을 증명하는지 이야기할 때가 있다. 이론적으로 심동 기능은 실제 수행에 의해 시험되어야 한다. 그러나 시간 또는 시설의 부족으로 모든 학생이 모든 기술을 증명하는 것이 항상 가능한 것은 아니다. 예를 들어, 한 집단의 학생이 가정학 수업에서 함께 애플파이를 만든다면 마지막 시험 문항은 '애플파이를 만드는 단계를 작성하라' 일지도 모른다. 비록 교육적 관점에서 보면 전적으로 만족되는 것은 아니지만 대부분의 사람은 기술이 사용되는 것보다 경쟁이 더 낫다고 말한다. 물론 우리는 그 기술이 완성되기 전에 경험 없는 제빵사에 의해 버려지는 많은 파이가 있다는 것을 짐작할 수 있다.

심동적 영역의 시험 항목 여기에 심동적 영역의 Simpson 분류의 일곱 가지 주요 범주에 대한 시험 문항의 예시가 있다.

1. 지각(perception): s와 z 사이의 소리를 구분하라.
2. 태도(set): 낚싯대를 잡는 방법을 보이라.
3. 인도된 반응(guided response): 교사의 설명에 따라 컴퓨터로 우편물 라벨을 만들라.
4. 기계화(mechanism): 6피트를 두께 2, 폭 4인치인 같은 크기의 3조각으로 톱질하라.
5. 복합외현 반응(complex overt response): 자동으로 조율하는 것을 시행하라.
6. 적응(adaptation): 거실의 가구를 새롭게 배열하도록 스케치하라.
7. 창안(origination): 수채물감으로 독창적인 풍경화를 그리라.

이런 시험 항목은 모두 실제적 수행을 요구한다. 모든 일곱 가지 항목은 동등하게 수업 명세목표가 될 수 있다. 그러므로 우리는 명세목표와 시험 항목 사이에 완벽한 매치를 가진다. 반면에 다음의 심동적 명세목표를 보자. 이 명세목표는 시험 항목과 매치되는가?

고등학교 체육교육 명세목표 '학생은 수영 기술을 보여 줄 것이다.' 이 명세목표는 광대하고 복잡하다. 그리고 규정된 숙달 정도도 없다. 비록 체육 교사가 바라는 명세목표일지라도, 일반적으로 사용되는 시험 항목을 바꾸는 것은 어렵다. 시험 항목에서 끌어낸 다양한 하위 명세목표를 세우는 것은 도움이 된다. 예를 들어 학생은 다음을 설명할 수 있다.

- 수영장에 다이빙하는 방법
- 서서 헤엄치는 방법
- 얼굴을 넣고 물에 뜨는 방법
- 얼굴을 밖으로 내고 물에 뜨는 방법
- 평영하는 방법
- 크롤을 하는 방법
- 장시간 잠수하는 방법

교사는 이러한 방법에서 '만족'과 '불만족'으로 학생의 수행을 평가하는 데 제한을 둔다.

인지적 영역

인지적 영역의 성취는 보통 집단으로(그렇지만 항상 교실 전체는 아니다) 실시하는 필기시험에서 학생들의 수행에 따라 학교에서 실시된다. 정기적으로 필기시험 또는 구술시험이 개인적으로 실시되는 것은 많은 시간을 요구한다. 교사는 적합한 때에 논술과 객관식 시험 항목 모두에 사용되는 인지적 영역에 대한 Bloom의 분류 여섯 단계에서 학생의 성취를 평가해야 한다.

인지적 영역의 시험 항목 객관식 항목이 넓은 범위의 내용 지식을 시험하는 반면, 논술형 시험은 제한된 내용을 시험하며 생각을 구성하여 일관되게 쓰고, 영어를 적절하게 사용하는 학생들의 능력에 대한 정보를 제공한다. 다음 시험 항목은 인지적 영역에서의 목표가 평가될 수 있는 다양한 방법을 보여 준다.

1. 지식(knowledge)
   - 논술형: Samuel Clemens가 어떻게 Mark Twain 이름을 갖게 되었는지 기술하라.
   - 진위형: 고래는 온혈포유동물이다.
   - 완성형: 미국, 러시아, 영국, 프랑스 그리고 (   )는 UN 안보이사회의 상임이사국이다.

2. 이해력(comprehension)
   - 논술형: 사람들이 "지금 당신은 판도라의 상자를 열었다."라고 말하는 것은 무슨 의미인가?
   - 선다형: catamaran은 a. 살쾡이 b. 배 c. 물고기 d. 도구다.

3. 적용력(application)
   - 논술형: 수요와 공급의 법칙이 어떻게 작용하는지 최소한 세 가지 사례를 들고 기술하라.
   - 선다형: 4를 1/2로 나누면 a. 2 b. 4 c. 6 d. 8이다.

4. 분석력(analysis)
   - 논술형: 재원의 범위, 학교의 요구, 재원의 원천에 관하여 교육 위원회의 1년 예산을 분석하라.
   - 선다형: 90%의 부모는 학교가 체벌이 너무 느슨하다고 생각하고, 5%는 너무 엄격하다고 생각하며, 5%는 결정 내리지 못했다. 우리는 이러한 부모가 ______고 결정지을 수 있다.

     a. 더 느슨한 체벌에 찬성한다.
     b. 더 작은 교실에 찬성한다.
     c. 더 엄격한 교사에 찬성한다.
     d. 더 높은 세금에 찬성한다.
     e. 위의 모든 것에 찬성한다.

5. 종합력(synthesis)
   - 논술형: 추수감사절의 의미와 기원을 기술하라.

(종합력과 인지적 영역의 가장 높은 범주의 평가는 확장된 서술을 요구하기 때문에 학생들은 논술형 시험 항목의 사용을 통해 최상으로 평가된다.)

6. 평가력(evaluation)
   - **논술형**: 민주주의나 공화주의 어느 하나의 연설로부터 현재의 강령을 읽으라. 그리고 당신이 그 나라에 현재 필요한 강령이 무엇이라고 생각하는지 말하고 이유를 진술하라. 그리고 당신의 이유를 지지할 만한 증거를 제시하라.

선택된 시험 항목의 유형은 시험에 쏟을 수 있는 시간의 양과 교사의 목적에 따른다. 일반적으로 시험 항목의 조합은 다양함을 제공하고 그럼으로써 흥미를 자극한다. 만약 논술형 항목이 홀로 또는 명세목표 항목과 함께 사용된다면, 학생이 대답을 조직하고 논술형 질문에 응답하는 데 충분한 시간이 제공된다. 통과 점수는 시험 전에 학습자에게 항상 공개되어야 한다.

인지적 명세목표는 심동적 능력에서처럼 적합한 시험 항목이 있다. 예를 들면, 만약 우리가 명세목표를 '학생은 연방 법안이 법률이 되는 단계를 열거할 수 있을 것이다' 로 선택한다면, 교사는 이미 만들어진 시험 문항인 '연방 법안이 법이 되는 단계를 열거하라' 로 할 것이다. 그러나 '학생은 일부에 의해 전체가 나누어질 수 있을 것이다' 처럼 명세목표가 일반적으로 적절하다면, 교사는 적절함을 증명하기 위해 학생에게 허락하는 특정한 시험 항목을 만들어야 한다.

정의적 영역

우리는 정의적 영역을 언급할 때 '시험' '측정' 이라는 용어 사용을 삼가야 한다. 학생의 정의적 영역의 성과는 측정하기 어렵고 때때로 불가능하기도 하다. 태도, 가치, 느낌은 의도적으로 숨겨질 수 있는데, 만약 그들이 원한다면 그들 개인의 감정과 신념을 숨길 수도 있다. 정의적인 학습은 학교 상황에서 전혀 보이지 않을지도 모른다.

그러므로 교육체계에서 중요한 정의적 영역의 목표는 인지적 영역과 심동적 영역에서의 명세목표처럼 관찰되거나 측정될 수 없다. 그런 이유로 학생이 정의적인 특성을 소유하거나 결핍한 것에 대해 A에서 F로 등급을 매기거나 백분율을 사용해서는 안 된다. 정의되고 관찰될 수 있는 행동과 같은 약간의 정의적 목표를 제외하고, 이러한 학습 유형은 다른 기호로도 절대 등급 매겨져서는 안 된다.

교실에서 토론되는 주제에 대한 느낌, 태도, 가치를 학생들이 표현하도록 격려할 때 정의적 성과를 평가할 시도를 할 수 있다. 우리는 학생들을 관찰할 수 있고 몇몇 정의적 학습의 명백한 증거를 찾을 수 있다. 예를 들어, 커닝한 아동은 정직이라는 가치를 달성하지 못했다. 약자를 괴롭히는 아동은 다른 사람에 대한 배려를 배우지 못했다. 말할 자유를 억압당하여 요구를 표현하지 못하는 아동은 민주주의의 의미가 무엇인지 배우지 못한다. 자기가 일할 수 없다고 습관적으로 느끼는 아동은 낮은 자아개념을 갖고 있다.

그래서 몇몇 정의적 행동은 눈에 뚜렷이 보인다. 교사는 집단 또는 개인 상담을 통해 어떤 행동의 변화를 가져왔는지 알 수 있다. 한편 아동은 6~7시간 정도만 학교에 있다. 그들이 학교 밖에서도 긍정적이거나 부정적인 정의적 행동을 보이는지 계속해서 살펴보아야 한다. 그러나 교사는 그들을 계속해서 관찰할 수가 없다. 학생은 가정에 도움이 되는가? 다른 사람에게 도움을 주는가? 행동을 관찰하지 않고 누가 확신할 수 있는가? 학생은 교실 밖에서는 완전히 바뀌고 학교에서만 바른 행동을 할 수도 있다.

다음은 Krathwohl의 정의적 영역의 분류다. 그것의 성취를 평가하는 방법을 포함한 몇 가지 정의적 명세목표를 보자.

1. 수용(receiving): 학생은 학교의 민족 집단 사이에서의 갈등에 대한 인식을 표현한다.
2. 반응(responding): 학생은 학교의 인간관계 위원회에 봉사를 자원한다.
3. 가치화(valuing): 학생은 긍정적인 학교 친구를 갖기 위한 바람을 표현한다.
4. 조직화(organization): 학생은 운전할 때 속도를 조절할 수 있다.
5. 인격화(characterization by value or value complex): 학생은 삶에서 긍정적인 관점을 행동으로 표현하고 예를 든다.

정의적 영역의 사정 항목 동의하거나 동의하지 않는 태도를 목록화하는 것은 정의적 목표의 성취를 알아내는 데 자주 사용되는 방법이다. 이러한 유형의 질문은 정의적 학습을 하는 데 기본적인 문제를 드러낸다. 만약 교사나 시험 출제자가 '올바른' 반응을 예상했다면, 정의적 성과의 달성과 세뇌 사이의 중간 지대에 있는 것이다. 게다가 학생들은 그들이 실제로 느낀 것보다 교사나 시험 출제자가 그들이 대답하기 바라는 감정으로 질문에 반응할 수 있다.

정의적 목표의 성과는 질문표나 태도 조사 같은 수단에 의해 파악될 수 있다. 학생 행동의 관찰에 의해, 그리고 주어진 주제에 대한 그들의 믿음, 태도, 감정을 진술하도록 학생에게 요구하는 논술 질문에 의해 가능하다. 학생의 태도를 평가할 수 있는 수단을 발견하는 대신, 우리는 자주 가치 판단적인 질문을 하고 학생들의 응답을 들으며 더 많이 생각해야 한다. 사실적 질문의 연속 대신에 교사는 불쑥 내딛는 질문을 할 수 있다. 당신은 어떻게 느끼는가? 어떻게 믿는가? 흥미가 있는가? ~에 동의하는가?

수행기반 평가

비록 '검사'와 '시험'이란 단어를 동등하다고 생각할지라도 그리고 보통 수업의 마지막에 부가적인 부분에서 시험을 생각할지라도, 우리는 영역이 무엇이든지 명세목표 달성을 보여 주기 위한 시도를 해야 한다. 학생은 유형별 시험보다는 다른 방법으로 수업의 마지막 및 수업하는 동안의 모든 성취를 증명할 수 있다. 예를 들어, 인지 영역의 통합은 논술형 항목의 방법을 통해 시험할 수 있다. 종합하는 능력은 수업의 마지막에 종이에 용어를 쓰거나 수업 중에 보고서를 작성해서 시험할 수 있다. 노련한 교사는 그들의 교실 활동을 관찰함으로써 학생의 성취에 대해 좋은 생각을 사용할 수 있다. 개인 또는 집단 구술 보고서는 다양한 목적을 가지고 있는데, 말하는 능력, 주제에 대한 지식, 그리고 집단 활동의 경우 함께 일하는 능력 등이 포함된다. 시험보다 다른 평가의 대안 기술은 학생 일지, 보고서, 논술, 공책, 상황, 실연, 해석, 자기 평가, 포트폴리오 등을 포함하고 있다.

많은 교사가 사용하는 방법은 수행평가, 수행기반 평가, 참평가로 알려진 전체적인 실행이며, 기본적으로 미리 명시된 결과의 증명에 접근한다. 수행평가의 논의에서 Popham은 참평가(실제, 삶의 과업)와 대안평가(전통적인 시험자와 지필 시험에 대안적인)라는 용어를 구분하였다.[16]

수행기반 평가를 옹호하는 사람들은 참평가를 교사가 만들어 표준화된 전형적인 시험을 대체하려고 한다. 어떤 다른 사람은 전통적 평가를 대안적인 기술로 보충하려 한다. 예를 들어 Horace의 학교는 고등학교 졸업증서를 딸 때 작품을 '전시'할 것을 요구한다.[17]

대안평가

표준화된 시험에 대한 각성은 소위 실제적 대안평가로 바꾸게 한다. "학생이 다른 환경에서 어떻게 수행할 것인지의 불충분한 예측변수"와 "왜 학생이 그들의 점수에 대한 정보를 제공받을 수 없는지"로 "가장 전통적인 표준화된 시험"을 묘사하며, Linda Darling-Hammond는 " '아동이 어떻게 다른 일을 다루는지' 또는 '그들이 문제 해결에 의존하는 능력은 무엇인지'에 대한 정보"를 제공하지 않은 표준화된 시험을 비판했다.[18)]

최근에는 대중적으로 쓰이는 대안평가 측정으로 포트폴리오를 사용한다. 학생은 포트폴리오를 만들어 내기 위해서 그들이 할 수 있는 것을 모으고, 이를 통해 그들의 성과를 증명할 수 있다. 포트폴리오는 어떤 자료든지 학업을 표현할 수 있는 창의적인 쓰기, 시험, 예술 활동, 연습, 반영된 논술, 주제에 대한 글쓰기 등을 포함한다. 학생 활동의 넉넉한 자료를 포함하는 포트폴리오는 시험과 평가에서의 압력을 줄일 수 있다. Horace의 전시와 같이 포트폴리오는 표준화된 시험과는 달리 양적인 방법보다는 질적인 방법으로 흔히 여겨진다.

학습에서 포트폴리오 평가는 창의적인 예술가, 종종 교사가 참가하는 실행을 모방한다. 교사 훈련에 의한 수업은 종종 실행을 증명할 뿐 아니라 업무에 대한 노력과 같은 것을 표현하도록 포트폴리오를 요구한다. 우리는 포트폴리오가 학습의 세 가지 모든 영역, 즉 인지적, 창의적, 심동적 영역의 성취를 예증하도록 해야 한다는 것에 주의해야 한다.

포트폴리오의 긍정적 측면은 특별히 교실에서 연구된 내용으로 직접적으로 연결된다. 포트폴리오는 학생의 성취를 부모에게 알리는 방법도 제공한다. 포트폴리오는 학생 자신에게 그들 자신의 성취를 평가하는 기회를 제공한다. 게다가 잘 만들어진 포트폴리오는 학생들에게 자신감을 갖게 할 수 있다.

포트폴리오의 부정적 측면은 점수에서의 신뢰성 부족과 교사가 개인적 포트폴리오를 평가하는 데서 요구되는 시간이다. 경쟁, 많은 항목, 질적인 것, 정돈됨, 매력적임, 노력, 타당성, 개인적 특성, 창의성 같은 모든 요소가 평가에 포함된다. 다른 산출물과 같이 성취, 표준, 갖추어야 할 기준이 반영된다.

대안적 평가 측정은 숙제를 생략하고 성과를 표시하는 것을 바꿀 수 있는 활동을 포함한다. 예를 들어, William Glasser는 학생이 숙제를 싫어하고 그것을 완성하는 데 실패하면 교사가 함께 수행해야 한다고 말한다. Glasser는 강제로 숙제하고 강제로 익히는 기술보다 숙제를 줄이고 교사와 학생이 함께 활동할 것을 제안한다.[19)] 아마도 많은 교사와 학부모가 숙제의 긍정적인 효과에 대해 강조할 것이다. 학생들에게 부여되는 숙제의 양과 유형에 대한 한계를 말하자면 Harris Cooper는 초등학교에서 다음과 같은 연구 사례를 도출했다. "숙제와 시험 성적은 낮은 상관관계를 가진다."[20)]

전체론적 혹은 주관적이라고 불리는 질적인 평가는 최근 몇 해 동안 많은 교사의 관심을 끌어 왔다. 학생의 창의적 노력을 평가하는 교사는 포트폴리오나 논술문 같은 것으로 그것의 전체 결과물을 보고 질적인 감상을 하되 문장 구조, 방식, 철자법, 유형, 문법을 분석하는 것은 피해야 한다. 전체적인 평가를 하는 교사는 학생 작품의 분석적 평가는 아동의 의욕을 잃게 한다고 말한다.[21)]

수행평가는 숙제와 학생들의 작품의 점수뿐만 아니라 그 자체가 채점체계다. Glasser는 사실상 성적증명서에는 C, D, F를 기록하지 않고 실패의 상징으로만 쓴다. A+, A, B는 질적 수행을 증명한다. 질적인 작업을 덜한 학생은 평균적으로 C를 받는데, 그들의 작업과 점수의 질은 향상의 기회를 가진다.[22)]

Marzano는 효과적으로 학습할 필요가 있는 상세한 피드백이 나타날 수 없기 때문에 주제 범위 내에서 하나의 글자 점수가 성과를 보고하는 좋은 방법은 아니라고 말한다.[23)] 전체 등급 없이 대안적 보고서를 작성하며, Marzano는 전체적인 글의 등급과 퍼센트 점수는 사회에 뿌리 깊이 박혀 있으며 그것을 완전히 없애는 것은 최선이 아니라고 시인한다.[24)] 대신에 중간 단계, 즉 전체 등급에 따른 표준화 점수를 보고서에 포함하도록 권고했다.[25)]

대안평가 측정의 존재는 학교 교육평가의 갈등하는 개념의 증거가 된다. 시험의 열기가 가득할 때, 학생 성취의 질적인 방법 사용에 대해 표준화 양식을 결합하여 논쟁이 계속 제기되고 있다. Maxine Greene은 왜 양적인 척도로 전체 언어와 포트폴리오에 대한 심취를 평가하는지 물었다.[26)]

대안 평가는 더 개발될 것이며, 더 많은 전통적 형태의 교실 평가의 사용을 줄일 것이다. 학생 성취의 표준화된 그리고 교사가 만든 시험의 사용을 완전히 대체하는 것은 적어도 예견할 수 있는 미래는 아닐 것이다. 교사는 다양한 평가 기술의 방식을 사용하는 능력을 발전시켜야만 한다.

교사는 Popham이 말한 평가의 네 가지 법칙을 따라 수업평가 기술을 향상해야 한다.

- 주요 교실 시험의 횟수는 적당히 사용되어야 하지만 시험은 반론의 여지가 없도록 측정 결과를 확실히 해야 한다.
- 당신이 찾는 학습 성과를 확인하기 위해서 교실 평가의 적절한 유형을 선택하여 사용하라.
- 수업 결정을 하기 위해 중요한 교실 평가에 학생들이 반응하게 하라.
- 규칙적으로 교육적인 중요한 내용으로 학생 집단에 대해 추론하는 것뿐 아니라 개

인적인 학생에게도 영향을 줄 수 있게 평가하라.[27]

피드백

평가는 학생의 성취와 수업 문제에 대해 피드백을 제공하는 자료를 산출한다. 평가 자료는 학생의 성취를 평가하는 것에만 목적이 있는 것이 아니며, 교사는 학생의 성적이 좋지 않을 때 그 원인이 무엇인지 찾으려고 노력해야 한다. 교사는 그들이 다음의 학생 집단(또는 같은 집단조차)을 위해서 무엇을 해야 하는지(수업의 반복이 필요하다고 나타난다면 같은 문제점을 만나지 않도록) 그 스스로에게 물어보아야 한다. 교사는 변화하기 위해 필요한 것이 무엇인지 알아야 한다. 그리고 변화는 흔적과 함께 그들에게 결과로 나타나야 한다.

학생들이 모두 잘했을지라도 교사는 과정을 재검토해서 그 자료를 이용해야 한다. 수업목표와 수업 명세목표는 매우 간단해질 수 있다. 학생들이 더 높은 명세목표를 달성할 수 있는 능력을 가졌기 때문이다. 시험이 시행되었다면, 그 시험은 그 자체가 유효해져서는 안 된다. 질문이 너무 간단하였다면 필수적인 명세목표를 평가할 수 없었을지도 모른다. 성취 단계에서 교사는 필수적인 초점을 빠뜨리지 않았는지, 그리고 달성되지 못한 명세목표를 남겨 두지 않았는지 알아야 한다. 평가의 결과는 수업과정에서 변화를 제공해야 한다.

교실 범위를 넘어서는 사정 이니셔티브

지역 평가

이 지점까지 이 장의 초점은 현장 교사가 학생들을 위해 고안한 기법을 통한 학생 성취 평가였다. 우리는 개인적 교실보다 더 큰 규모의 평가를 염두에 두어야 한다. 평가는 교육과정 연구자에게 특히 중요하다. 1960년대 이후로 믿기 어려울 정도의 학생 성취 평가의 양이 지역, 주, 국가, 국제적인 수준에서 등장했고 또 계속적으로 증가하고 있다.

주, 국가, 국제적 시험 점수에 의해 실제로 예견된 문제와 많은 비판에 직면하였던 1980년대의 많은 학구는 그들의 교육과정과 교수방법을 모두 재구성했다. 그럼으로써 그들은 학구의 학생 성취 평가를 개정하거나 새로 도입하였다. 이런 교육과정과 평가의 조율을 통해 지역은 각 과목 분야에 대해 상세한 명세목표, 활동, 수단을 계획했다. 그 결과 각 평가에서 학생들은 각 분야에서 명세목표에 맞게 개발된 시험을 볼 수 있었다. 지역구에 널리 퍼진 평가는 공공의 요구에 반응하는 의무의 한 측면이다.

주 평가

지난 20년 동안 평가에 대한 주목은 주 차원에서 초점이 맞춰져 왔다. 『위기에 처한 국가(*A Nation at Risk*)』 같은 보고서에 대한 영향으로,[28] 다양한 학년 수준에서 학생 성취와 고등학교 졸업을 위한 최소한의 능력이 재검토되었다. 몇몇 요소는 시험에서 성과의 최소 기준을 세우기 위해 교육의 입법자와 부서에 동기를 부여했다. 그들은 전국 평가와 국제 평가의 결과에 실망했다. 그들은 그들의 학교가 만들어 낸 '생산품' 때문에 불만족스러운 느낌을 가졌다. 그리고 그들은 학생의 성취를 위한 교사와 행정가의 주요 문제의 집중을 위해서, 그리고 학생 성적에 대한 책임을 강조하는 사람들의 요구를 수용하기 위해 평가 시험이 학생이 능력을 성취했는지 판정하는 데 필요하다고 판단했다.

21세기 초, 주 정부는 주 정부와 국가적 기준을 성취하는 데 있어 학생들의 성공에 학교가 책임이 있다고 여겨, 학교 개혁을 목표로 하는 새로운 변화의 물결에 따랐다.[29] 미국의 전 지역에서 우리는 '고부담 시험' 을 치르는 학생을 생겨났다.

주 평가나 평가 기준을 개발하고 적용하도록 압력을 가하며, 2001 NCLB는 시험의 변화를 적극 권장했다. 애리조나의 평가 기준을 위한 연수(Instrument to Measure Standards), 캘리포니아 고등학교 졸업시험(California High School Exit Exam), 조지아와 위스콘신 고등학교 졸업시험(Georgia and Wisconsin High School Graduation Tests), 메릴랜드 학교수행평가 프로그램(Maryland School Performance Assessment Program), 매사추세츠 종합평가 시스템(Massachusetts Comprehensive Assessment System), 노스캐롤라이나 능력시험 프로그램(North Carolina Competency Tests), 텍사스 지식과 기술 평가(Texas Assessment of Knowledge and Skills), 워싱턴 학생 학습평가(Washington Assessment of Student Learning) 등이 있지만 학생 성취를 평가하기 위한 주 정부의 노력의 예는 소수다.

주 전체에 공통된 평가적용하는 추세에 눈에 띄는 예외의 사례로서 주 정부의 평가 대신에 지역에서 고안된 평가 시험의 사용을 허가한 네브래스카 학교기반 교사주도 평가 보고 시스템(Nebraska School-based Teacher-led Assessment Reporting System: STARS)이 있다. 2006년 9월, 교육부에서 NCLB를 위해 승인한 네브래스카의 사정 시스템은 교실 시험의 포트폴리오, 지역 시험, 주 서술 시험, 적어도 1회의 국가 표준 시험으로 구성된다.[30] Pat Roschewski는 STARS가 "외부의 압력이나 기준에 영향을 받지 않았다. 대신 학생들이 학습한 것인지 아닌지에 대하여 교사의 판단에 의존한다."라고 설명했다.[31]

물론 평가는 교육과정 수업 실행에 반드시 필요한 부분이다. 학교는 학생이 명세목표를 달성한 정도를 판단해야 한다. 특히 주 정부 수준에서 평가의 영향은 교육 현장에 비교적 새로웠다. 평가에서 주목할 것은 학생 성취를 측정하기 위한 절대기준 평가의 개발과 관리에 주 정부가 명령을 하는 것처럼 보였다. 교육적 개혁을 위한 움직임이 계속될 때, 주 정부는 그들 주의 공교육 시스템을 넘어 국가로서 그들의 역할을 더욱 진지하게 받아들일 수 있다. 평가는 국가로서의 활동의 한 단계다. 주정부는 그들의 기준을 충족하였는지 알아내기 위해 평가 프로그램을 개발하고 관리해야 한다.

국가 평가

SAT와 ACT 점수 미국 공교육은 표준화 성취시험에서 학생들의 낮은 수행에 따라 지속적으로 비판받아 왔다. 그 이유가 무엇이든지—몇몇은 학교에서의 낮은 기준, 자동 진급, 너무 많은 휴식 시간, 형편없는 수업, 무관한 내용과 활동이라고 말한다—어떤 표준화된 언어시험에서 학생의 점수와 양적인 사고 기술은 1950년대와 1980년대 사이에 낮아졌다. 공교육과 교육 비평가들은 SAT(Scholastic Aptitude Test)와 ACT(American College Testing Program)의 점수에서 다소 특이한 기록을 보았다. 예를 들어, SAT의 언어 영역 점수는 1952년과 1982년 사이에 떨어졌고,[32] 그 후 거의 10년 동안 고정되었다.[33] 수학 영역 점수는 1991년 전 감소를 보여 주었다. 대학입학시험위원회(College Board)의 위원장 Gaston Caperton에 따르면, 그 이후로 언어와 수학 영역에서 30년 이상 고정되어 있었던 최고 평균 수학 점수와 10년 이상 고정되어 있었던 최고 평균 언어 점수가 올랐다.[34] 1967년 이래로 수학 점수가 가장 높은 성적을 보여 왔으나 2003년에 SAT 언어 점수가 16년 만에 가장 높게 나타났다.[35] 그 기간 동안 SAT 시험 점수의 향상은 기술의 사용을 포함하여 교육과정과 (진보된 수학과 과학) 수업에서 부분적으로 향상된 덕분이라고 볼 수 있다.

2005년 초에 SAT(현재 SAT는 논증시험 혹은 간단히 SAT로 알려진)는 계속 사용되었다. 유추형 문항은 감소하고, 서술형 문항이 그 자리를 대신하였다. 수학과 비평적 읽기 점수는

2006년에 다소 감소하였는데 아마도 시험이 새롭게 바뀌었기 때문일 것이다.[36)]

SAT를 친 고등학교 졸업생의 비율은 1972년 34%에서 2006년 48%로 올랐다.[37)] 2006년 시험을 치른 학생 중 38%는 최소한의 학생들이었다.[38)]

광범위한 사용에도 불구하고 SAT는 비난의 대상이 되고 있다. 예를 들어, 국가 공정 · 공개시험(FairTest)센터는 부정확성, 편견, 원론적인 평가로 사용되기 쉽다는 점을 예로 들었다.[39)]

2006년 모든 고등학교 졸업생의 40%는 그들의 고등학교 시절 어떤 시점에서 미국 ACT를 응시했다. 그들 중 36%는 2005년 2월 처음 시행되었던 선택적 서술 시험을 응시하였다.[40)]

1970년과 1982년 사이 ACT 점수는 경미한 하향세를 겪었다.[41)] ACT 점수는 1984년에서 1996년 사이에 상승하였다. 그들의 하향세를 바꾸며, 그리고 1989년에 약간 내려간 것을 제외하고는 2002년에 비교적 안정되었다.[42)] 그리고 2003년부터 2004년까지 증가했으며, 2005년에 2004년과 같이 유지되었다가 2006년에 다시 올랐는데, 이는 1991년 이후로 가장 크게 향상되었다.[43)]

비록 히스패닉의 점수는 유지되었지만 소수민족의 점수가 그랬던 것처럼 2006년에 남성과 여성 시험 점수 모두는 향상되었다. 수학과 과학에서 남성의 평균 점수가 여성의 점수를 넘어섰고 여성은 영어와 읽기에서 평균 점수가 더 높았다.[44)]

미국 국가학업성취도평가(NAEP) 1969년 이후 '국가 성적표(The Nation's Report Card)'로 알려진 미국 국가학업성취도평가(National Assessment of Educational Progress: NAEP)가 등장했는데, 이는 연방 기금으로 운영되었다. 1988년 이후, 미국 교육부 장관에 의해 임명된 26명의 위원으로 구성된 국가성취도평가운영위원회(The National Assessment Governing Board: NAGB)는 NAEP를 위한 정책을 만든다. 미국 교육부의 국가교육통계센터(National Center for Education Statistics)의 대표인 교육통계 위원들은 사정 프로그램의 행정가로서 참여했다.[45)]

1964년, Carnegie 재단의 후원으로 Ralph W. Tyler와 교육성취도평가위원회(Committee on Assessing the Progress of Education)는 전국적인 평가를 위한 절대평가를 개발하기 시작했다.

1969년에 시작했던 평가는 이제 예술(연극, 음악, 시각적 예술), 시민학, 지리학, 미국역사, 수학, 독해, 과학, 작문의 여러 분야를 아우르고 있다. 작문 시간에 경제학, 외국어, 세계사 평가는 개발 중에 있다. 1985~1986년에 NAEP는 컴퓨터를 사용하여 3학년, 7학년, 11학년 학생들의 지식과 기술에 대한 전국적 평가에 착수했다.[46] 외국어에서 NAEP 시험은 개발 중에 있었다. 2003년 가을, NAEP는 12학년 학생을 대상으로 스페인어 평가를 시험적으로 실시하였다.[47] 그리고 2006년 겨울에는 고등학교 최고 학년 학생들에게 첫 번째 경제학 평가를 실시하였다.[48] 12학년 학생들은 2012년 세계사에서 첫 번째 평가를 가질 것이다.[49]

NAEP는 학과목 수에 따라 900개에서 2500개에 이르는 학교에 있는, 4만 명에서 15만 명의 학생을 평가하였다.[50] 정기적으로 국가적 그리고 주의 결과를 보여 주는 "성적표"를 처리하는 재평가[51]는 각 평가 후에 대중에게 발표된다. NAEP는 4학년, 8학년, 12학년 학생의 전국 시험 점수를 발표한다.[52] 자료는 성, 인종/민족, 나라의 지역, 부모의 가장 높은 교육 수준, 학교의 유형, 거주지의 유형, 무료/할인된 가격의 학교 점심 프로그램을 참고로 분류하여 기록된다.[53] 전국적인 기준으로 기록하는 자료에 더하여, NAEP는 프로그램에 참여하는 주정부를 위한 주 평가 자료를 관리하고 보고한다.

NAEP 보고서에서 발견되는 사례는 다음과 같은 것이 있다.

- 2007년 4학년과 8학년의 수학과 읽기 점수 모두 향상하였다.[54]
- 2005년 행해진 NAEP 과학 평가의 4학년 학생 성적의 백분율에서는 기본 성취 수준에서 같거나 그 이상인 경우가 1996년 63%에서 2006년 68%로 증가하였다. 8학년의 59%는 2005년 기본 성취 수준에서 같거나 그 이상인 경우에 향상이 나타나지 않았다. 기본 수준에서 같거나 이상인 12학년의 54%는 1996년에 하위 점수와 같았다.[55]
- 12학년 학생에게 평균 읽기 점수는 1992년보다 2005년에 낮았지만 2002년과는 대략적으로 같았다.[56]
- 1990년과 2005년 사이에 수학에서 4학년과 8학년 학생 모두는 기본 그리고 숙달 수준에서 확실히 높은 성취를 기록했다.[57]
- 2006년 실시한 미국 역사 시험에서 3개 학년(4, 8, 12학년)의 백인, 흑인, 그리고 히스패닉 학생은 1994년보다 높은 점수를 기록했다. 백인은 2001년보다 높은 점수를 기록했다. 2001년에 나온 점수와 비교할 때 흑인과 히스패닉 학생의 시험 점수는 확실한 변화가 없다.[58]
- (지난 지리학 시험에서) 12학년의 성과가 크게 다르지 않았던 반면에 4학년과 8학년

의 지리학 점수의 평균은 1994년보다 2001년에 더 높았다. 4학년의 21%, 8학년의 30%, 그리고 12학년의 25%가 숙달 수준(proficient level)이거나 그 이상이었다.[59]

- 4학년 학생들은 1998년 이전 시험보다 2006년 시험 과목에서 높은 평균 점수를 달성하였다.[60]
- 2006년 12학년에게 실시한 경제 지식에 대한 첫 번째 국가 시험에서 학생들의 79%는 기본 수준이거나 그 이상을 성취하였다.[61]

NAEP 사정에서 점수는 1969년 시험을 시작한 이후 때로는 오르고, 때로는 내려가고, 때로는 고정되며 변화해 왔다. 계속 실행해 왔지만 개선되는 것은 없었다. 백인의 점수와 다른 인종/민족 집단의 점수 사이의 격차는 지난 20년 이상 좁혀져 왔지만 여전히 격차를 줄여야 할 부분이 남아 있다.

이러한 전국 학생들의 분석을 통해 교육과정 종사자는 국가 그리고 주 정부의 기준에 비교하여 그들의 지역과 국가의 평가 자료를 비교할 수 있고 개선이 필요한 지역을 추론할 수 있다.

NAEP가 자리잡고 있을 때, 몇몇 교육자는 특정 학교를 난처하게 만들 수 있는 자료에 대해 많은 우려를 표현했다. NAEP는 그러한 학교들을 위해 단지 자료만 보고하고 해당 학교는 언급하지 않겠다는 발표를 하여 우려를 가라앉혔다. 반면에 지역과 국가는 종종 대중과 전문가가 행정구와 국가 내에 있는 학교들을 비교할 수 있도록 하기 위해서 사립학교에 대해 모은 평가 자료를 발표한다.

우리의 교육 시스템에 대한 불만족이 많은 교육자, 사업가, 학부모, 그리고 여러 사람들이 국가 평가에 대해 중요하게 언급한다. 그들은 국가적 교육과정과 개인이나 학교의 평가 점수를 나타내는 것에 반대한다. 26회 연례 파이 델타 카파 여론조사(Annual Phi Delta Kappa/Gallup Poll)에서 사람들은 학생들이 진급과 졸업을 위해 통과해야 하는(73%) 표준화된 국가 교육과정(83%)과 표준화된 국가 평가를 강하게 지지한다고 나타냈다.[62] 이러한 믿음이 일시적이지 않을까 하여 조사한 34회 조사에서는 사람들의 68%(공립학교 부모의 72%)가 국가적 표준화 단일 평가를 사용하는 것을 모든 50개 주에 요구하였다.[63]

국가 평가의 지지자들은 그들의 수업 기술과 교육과정(특히 기본 규율)을 검토하기 위해, 평가에 의해 드러난 문제점을 올바르게 조치를 취하기 위해 국가 평가가 모든 학교에 적용될 것을 주장한다. 국가 평가의 반대자들은 국가 평가를 권장하는 것은 다양한 공동체 안의 학교와 학생들 사이에 존재하는 차이를 충분히 반영할 수 없는 국가 공통 교육과정을 권장하는 것이 된다고 주장한다.

NAEP가 2년마다 같은 과목으로 4학년과 8학년을 평가하는 반면, 해마다 주정부에 3학년부터 8학년까지 그들의 주에서 개발된 수학과 독해 시험을 관리하도록 요구하는 아동낙오방지법(NCLB)은 지금까지 식별할 수 없었던 것들을 발견할 수 있는 역할을 할 수 있다. NAEP와 주 점수의 비교는 학생이 주 시험에서 잘하더라도 NAEP로부터 저조한 성적을 받으면 주 평가의 교육적 지표나 검증에 부정적 결과를 낳을 수 있다. 우리는 15장에서 국가 교육과정과 국가적 기준의 쟁점으로 돌아오게 될 것이다.

국제적 평가

1960년대 이후로 미국은 학생들의 성취를 확인하기 위해 국제 평가에 참여했다. 조사를 실행한 주요한 두 협회는 국제학업성취도평가(IAEP)와 국제학업성취도평가협회(IEA)다.

국제학업성취도평가(IAEP) 미국 국가학업성취도평가를 관리하고 그 경험을 밑거름 삼아, 미국 교육평가원(Educational Testing Service)—미국 교육부와 국립과학재단(National Science Foundation)으로부터 자금을 지원받는—은 첫 번째 국제학업성취도평가(International Assessment of Educational Progress: IAEP)를 개최하기 위해 1988년에 5개국의 대표와 협력했다. IAEP는 5개국(아일랜드, 한국, 스페인, 영국, 미국)과 캐나다 4개 주(서남부의 주, 뉴브런즈윅, 온타리오, 퀘벡)에서 13세 학생들의 수학과 과학 능력을 평가했다.[64] 수학과 과학에서 미국 평균은 다른 국가보다 낮았다. 국제 평가에서 미국 학생의 성취 점수가 바라는 것보다 덜 나온 것을 설명하면서 국제 평가에서 얻은 점수를 올리기 위해 노력하였다.

1991년에 실시된 IAEP의 두 번째 국제 평가는 14개국이 9세 학생의 과학과 수학 성취를 평가했고, 20개국이 13세 학생의 성취를 평가했다. 과학과 수학 모두에서 한국과 대만은 다른 강대국보다 상위로 평가되었다. 미국은 9세 학생이 3등을 하고 13세 학생은 7등을 한 나쁘지 않은 상황이었다.[65]

대학 교수들의 인식에서 바라본다면, 홍콩을 포함해 Carnegie 재단에서 실시한 30개국에서 2만 개 대학 교수들이 인식하는 각국 교사들이 가진 고급 교수능력에 대한 인식

조사에서 살펴본다면 고등학교 졸업생이 충분히 수학에 대한 교육을 받았다고 느낀 미국 강사는 오직 15%였고 작문과 말하기에서는 단 20%뿐이었다. 홍콩의 조사 결과는 수학에서 최고였다(40% 충족). 한국은 작문과 말하기에서 선두에 있었다(60% 충족).[66]

국제학업성취도평가협회(IEA) 교육청과 Ford 재단에서 자금을 지원받는 국제학업성취도평가협회(International Association for the Evaluation of Educational Achievement: IEA)는 수학, 과학, 문학, 독해, 외국어(영어와 프랑스어), 그리고 시민교육에서 국가 간 연구를 수행했다.[67] 대규모로 이루어졌던 이 연구는 22개국에서 25만 명의 학생과 5만 명의 교사를 관찰했다. 1964년의 첫 국제 수학 연구에서만 12개국 5000개 이상의 학교에 있는 1만 3000명 이상의 교사에게 배운 13만 명 이상의 학생들을 관찰했다.[68] 1981-1982년 미국 국립과학재단과 교육부에서 자금을 지원받은 두 번째 국제 수학 연구에서는 대학 예비 단계의 수학 수업이 있는 20개국에서 1만 2000여 명의 8학년과 12학년 학생의 성취를 사정하고 비교함으로써 첫 번째 국제 수학 연구의 규모만큼 실시되었다.[69]

제3차 수학 및 과학 성취도 국제비교 연구(TIMSS) 미국 교육부의 국가교육통계센터(National Center for Education Statistics), 국립과학재단, 그리고 참여국으로부터 자금을 지원받고 1995년에 수행된 연구로 가장 종합적인 연구인 제3차 수학 및 과학 성취도 국제비교 연구(Third International Mathematics and Science Study: TIMSS)는 미국에서 공립학교와 사립학교에 있는 3만 3000명을 포함하여 41개국의 50만이 넘는 학생을 4학년, 8학년, 12학년 수준으로 평가했다. 이 연구는 수학과 과학에서 학생들의 점수를 비교했다.[70] 다음은 1995년 TIMSS의 연구 결과를 일부 인용한 것이다.

> "미국 4학년은 과학에서 1등인 한국 학생들 다음으로 국제 평균을 넘는 점수를 받았다. 또한 미국 4학년 학생은 수학에서 국제 평균을 넘는 점수를 받았다."[71]
>
> "미국 8학년은 과학에서 국제 평균을 넘는 점수를 받았다. 미국 8학년은 수학에서 국제 평균 아래의 점수를 받았다. 오스트리아, 불가리아, 체코 공화국, 헝가리, 일본, 한국, 네덜란드, 싱가포르, 슬로베니아는 모두 미국 8학년보다 더 나은 결과를 내었다."[72]
>
> "중등학교의 마지막 학년인 미국 12학년은 수학과 과학의 일반적인 지식에서 국제

평균보다 낮은 점수를 받았고, 그것은 21개의 TIMSS 국가에서 가장 낮았다." [73]

제3차 수학 및 과학 성취도 국제비교 반복연구(TIMSS-R) 수학과 과학에서 국제비교평가의 주기를 수립하는 TIMSS-R은 1999년에 38개국에서 8학년의 성취를 평가했다. 1999년의 연구는 다음과 같은 사항을 발견했다.

- 수학 분야에서 미국 8학년은 17개국에서 그들의 또래를 능가했고, 14개국에서 그들의 또래보다 낮은 성과를 냈다.
- 과학 분야에서 미국 8학년은 18개국에서 그들의 또래를 능가했고, 14개국에서 그들의 또래보다 낮은 성과를 냈다.
- 수학과 과학의 학업 성취에서 8학년 학생은 다른 모든 국가에 비해 1995년 이전 시험보다 1999년에 더 낮다.
- 수학과 과학에서 미국 8학년의 성취는 1995년과 1999년 사이에 변화하지 않았음을 보여 주었다.[74]

2003년 제3차 수학 및 과학 성취도 국제비교 연구(TIMSS 2003) 4년을 주기로 하는 IEA의 3차 평가는 40개국에서 4학년과 8학년 학생의 수학과 과학을 조사하였다.[75] 다음은 수학 과목에서 나타난 결과다.

- 미국 학생들은 1995년에서 2003년 사이에 향상을 보여 주었다.
- 싱가포르 학생들은 4학년과 8학년 모두에서 다른 국가의 참가자들보다 우수하다.
- 4학년 홍콩 SAR, 일본, 대만 학생들의 성취는 싱가포르의 뒤를 이었다.
- 한국, 홍콩 SAR, 대만은 8학년 수준에서 싱가포르의 뒤를 이었다.[76]

아시아 국가들이 4학년 수준에서 싱가포르를 선두로 대만, 일본, 홍콩 SAR가 순위를 이루었고 8학년 수준에서 대만, 홍콩 SAR, 한국 순이었다.[77] 이러한 IEA 결과를 분석하는 동안에 2007년에 이후의 4년 주기 평가를 준비하고 있었다. 참가한 주와 국가 간 비교가 가능하도록 하기 위해 NAEP 결과와 TIMSS 결과를 연결하려는 노력이 진행되었다.[78]

TIMSS 2003(4학년과 8학년)와 11개의 다른 산업국가와의 점수인 PISA(국제 학생 평가 프로그램, 대부분 10학년)에서 미국 학생은 모든 세 가지 수준에서 8번째 또는 9번째의 순위를 차지하였으며, 변동 없이 평균보다 아래의 성취를 나타냈다. 파리에 본부를 두고 있는 경제협력개발기구의 프로젝트인 PISA는 각 참가국마다 3년을 주기로 4500에서 1만 명의 15세 학생들의 성취도를 평가했다. 2003년에 41개국이 참가하였고, 2006년에는 58개국이 참가하였다.[79] 미국 학생들의 성취와 관련한 미국 조사 기구의 결론은 비록 미국 학생들이 TIMSS 과학평가 점수에서 국제적인 평가보다 높더라도, 비교가 되는 국가의 학생들에 비하여 판단할 때 그들의 성취는 단지 평균이다. 따라서 『사이언스 데일리(*Science Daily*)』에서 나타난 것처럼 노력하는 것이다.

국제 읽기능력 성취도 조사(PIRLS) 1991년과 10년 후인 2001년에 이루어진 두 연구는 미국 학생들의 독해 기술에 대해 다음의 자료를 제시했다.

- 1991년: 미국 19세 학생들은 1991-1992년 독해에서 32개국 중 국제학업성취도평가협회(International Association for the Evaluation of Educational Achievement: IAEEA)의 많은 국가 중에서 상위에 평가되었다. 미국의 14세 학생들은 프랑스 다음으로 2등을 했다.[80]
- 2001년: 34개 참가국의 4학년들을 평가한 1991년 첫 연구에 이어 5년 주기로 실행된 국제 읽기능력 성취도 조사(The Progress in International Reading Literacy Study: PIRLS)는 미국 4학년들이 종합적인 능력 등급에서 국제 평균을 크게 넘었고 34개국 중에서 23개의 또래 학생들을 능가했다고 보고했다. 상위 점수를 얻은 국가에서, 미국 학생들보다 더 높은 점수를 얻은 국가로는 스웨덴, 네덜란드, 영국 등이 있었다.[81]
- 2006년: 미국 고등학교 학생들은 과학부에서 실시한 인텔 과학과 기술 박람회에서 인텔재단청소년과학(Intel Foundation Young Science) 상을 수상하였다.[82]
- 2007년: 미국 팀은 1999년 이후로 2년간 계속적으로 실시되는 국제지리협회(National Geographic Society) 후원의 국제지리 올림피아드로 알려진 국제지리세계챔피언십에 참가했다. 미국 팀은 멕시코 팀에 여덟 번째 경쟁에서 패하여 2위를 차지했다.[83] 국제지리협회의 로퍼 퍼블릭 학술대회(Roper Public Affair)에서 실시한 2005-2006년 조사는 이러한 경쟁국 사이에서 미국의 성공에도 불구하고 미국 젊은 성인은 지리 능력에서 부족하다고 판단했다.[84]

미국의 일부 학생은 시험에서 좋은 성적을 거뒀지만 일부 학생은 형편없는 성적을 거두었다. 시험 점수의 해석은 항상 문제가 있다. 특히 다국적 연구에서 더욱 그렇다. 자료 해석상의 철학, 과정, 결과의 문제점을 찾을 수 있다. 그들은 긍정적이거나 부정적인 면을 도출할 수 있다. 자료를 해석하는 데 어려움이 있음에도, 우리는 미국 학생들이 국제 평가에서 얼마나 좋은 점수를 얻을 것인지에 관심을 가진다. 특별히 학생들이 수학과 과학에서 1위를 하는 것으로 미국 2000(America 2000)에서 목표를 선언하였지만 NCLB는 여전히 우리가 그 목표를 이룰 수 없음을 명확히 보여 준다.

미국 학생들은 2013-2014년에 읽기/언어 예술과 수학 과목의 NCLB 성취 수준에서 탁월한 수준 혹은 그 이상에 도달할 수 있을까?[85)]

Gerald W. Bracey는 다른 단체의 평가 결과와 한 단체에 의해 수행된 학생들의 평가 결과를 비교하는 것을 반대하여 주의를 주었다. 특히 그는 다른 단체의 시험 결과에 부합하지 않는 신빙성 없는 시험 결과로 미국 국가학업성취도평가(NAEP)를 지목했다. 다음은 그가 진술한 내용의 예다.

> …『세계의 학생들은 어떻게 읽는가(*How in the world Do students Read?*)』(IEA 연구, 1991)에 따르면, 미국의 9세 학생은 독해 부분에서 27개국 가운데 2등으로 마쳤다. 그러나 4학년의 오직 32%가 2002년 NAEP 읽기 평가에서 유능했거나 나은 모습을 보였다. 마찬가지로 미국 4학년들은 TIMSS 과학 시험에서 세계 3등을 했다. 그러나 오직 13%가 1996년 NAEP 과학 평가에서 유능하거나 더 나은 모습을 보였다(1995년).[86)]

후에 Bracey는 1995년과 2003년 사이에 TIMSS를 통해 나타난 미국 8학년 학생들의 변화를 지적하였다. 수학에서 22개국 가운데 13개국 학생들의 점수는 낮아졌으며, 단지 작은 3개국(라트비아, 리투아니아, 홍콩)만이 많은 학생이 재학하는 미국보다 더 많은 점수를 얻은 것으로 나타났다. 게다가 12개국 학생들의 과학 점수는 낮아졌으나 미국 8학년 학생들의 점수는 높아졌다.[87)]

공교육의 상태에 대한 첫 보고서에서 Bracey는 "공교육에 대한 큰 거짓말"을 주장했다. Bracey는 "(국제적) 비교는 열기를 더 일으키지만 밝지 않다."라고 논평했다.[88)]

국제 평가는 여러 문화권의 학생 성취를 비교하는 것과 변화를 예측하는 것이 얼마나 어려운지를 보여 주었다. 점수에 영향을 끼칠 수 있는 국가 간 차이는 교육과정, 교수 전략, 정치적 · 사회적 상황, 학업 기간, 학교와 가정에서 공부에 할당하는 시간, 학교에 있는 학생의 비율, 교사당 학생 수, 학생의 동기 부여, 부모의 교육에 대한 헌신, 전통 등을 포함한다.[89)]

국제 평가로부터든 또는 다른 평가로부터든, 평가 점수는 뚜렷히 강점과 약점을 보여준다. 낮은 시험 점수는 시험 친 과목 문제가 필수적인지, 만일 필수적이라면 교육과정 종사자가 학생들이 기준을 달성하기 위해 무엇을 해야 하는지 결정할 것을 요구한다.

요약

비록 수업평가가 일반적으로 수업과정이 끝난 후에 일어나는 활동일지라도, 교사는 수업목표를 확인하자마자 평가 기법을 선택해야만 한다. 사전평가에는 두 종류가 있다. 하나는 학생들이 새로운 교과를 시작할 때 미리 필요한 지식이나 기술을 가지고 있는지를 평가하는 것이고, 다른 하나는 교과 내용에 대해 이미 알고 있는 사람이 있는지 식별하는 것이다.

수업 진행 중에 실시되는 형성평가는 학생의 발전과 계속 진행 중인 수업 프로그램의 성공 모두를 확인하는 데 필요하다. 총괄평가는 마지막 시험으로 수업의 마지막에 하는 평가다.

학생의 성취를 다른 학생의 성취와 비교하는 데 목적이 있는 규준지향평가와 미리 결정해 두었던 학생들의 지식 준거와 학생의 성취를 비교하는 준거지향평가는 차이점이 있다. 규준지향평가는 집단 사이에서 선정을 해야 할 경우 사용된다. 준거지향평가는 미리 진술된 명세목표를 학생이 성취하였는지 확인하기 위해 사용된다.

수업평가의 주된 목적은 학생이 명세목표를 성취했는지 아닌지를 확인하는 것이다. 교사는 세 가지 학습 영역(인지적, 정의적, 심동적 영역)에서 학생 수행을 평가하는 방법을 계획하여야 한다. 인지적 영역의 시험은 객관식 시험 혹은 서술형 평가가 일반적이다. 심동적 영역의 성과를 발견하는 것은 배운 기술의 실제 수행평가의 방법으로 가장 잘 발견할 수 있다. 비록 인지적, 심동적 영역에서 시험을 쳐 왔을지라도, 우리는 정의적 영역과 관련하여 더 일반적인 평가 용어를 사용해야 한다. 정의적 영역은 성취를 평가하는 것이 어렵고 부정확하지만 교사는 노력해야 한다. 때로 정의적 명세목표의 평가는 전혀 명백하지 않다. 그럼에도 정의적인 학습은 교육의 중요한 특징을 가지고 있고, 교사는 학생이 명세목표를 성취하기를 바라며 최선의 방법을 찾도록 노력해야 한다.

교사는 학생의 수행을 평가하는 데 있어 시험을 치는 것보다 다양한 기법이 있다는 것을 명심해야 한다. 좋은 교사는 적절하게 다양한 평가 기법을 사용한다.

피드백은 수업 모델의 중요한 특징이다. 평가 자료를 기초로 하여 교사는 다음 수업 모델의 구성 요소를 개정한다. 평가는 계속적이고 순환적인 과정으로 인지된다.

학생의 성취를 평가하는 좋은 방법은 개별 교실 밖의 평가 전문가와 교육자에 의해 계획되고 관리되는 것이다. 지역과 주 수준의 평가가 학교의 교육과정에서 강점과 약점을 모두 찾기 위해 설계되고 수행되어야 한다. 국가나 국제적 평가는 학생의 성취를 더 폭넓게 전망한다.

논의문제

1. 학교는 시험을 지나치게 중요시하는가? 이에 대해 기술하라.

2. 학교는 객관식 시험의 사용을 지나치게 중요시하는가? 이에 대해 기술하라.

3. 학교는 더 많은 상대평가나 절대평가를 사용해야 하는가?

4. 정의적 목표를 평가하기 위한 효과적인 방법은 무엇인가? 사례를 들어 보라.

5. 국제 평가에서 미국 학생의 성취에 대해 어떻게 평가하는가?

보충 연습문제

1. 평가, 측정과 시험(testing)의 차이를 나타내라.

2. 당신이 가르칠 단원을 선택하고 그것을 위한 예비 시험을 준비하라.

3. 시험과 측정에 대한 문헌을 찾아서 다음의 것을 작성하는 지침을 준비하라.
   (a) 논술형, (b) 선다형, (c) 대안적 반응(수행평가), (d) 매칭, (e) 재배열, (f) 완성형 문항

4. 논술형 시험 문항이 고안된 목적을 진술하라. 객관식 시험 항목의 목적을 진술하라.

5. 시험 결과의 사용에 대한 보고를 기술하라.

6. 인지적 영역의 주요 범주에 대한 객관적 시험 문항과 논술형 시험 항목을 쓰라.

7. 심동적 영역의 분류체계 중 하나의 주요 범주에 대한 시험 항목을 쓰라.

8. 정의적 영역의 주요 범주의 객관적 평가를 위한 기술을 고안하라.

9. 수업에서 정의적 명세목표가 평가될 수 있는지 또는 평가되어야 하는지에 대해 발표하라.

10. 당신이 가르치고 있거나 가르쳐야 할 단원에 대해 형성평가를 하고 몇 가지 예를 제시하라.

11. 당신이 가르치고 있거나 가르쳐야 할 단원에 대해 당신이 어떻게 총괄평가를 수행할 것인지 서술하고 총괄평가를 하라.

12. 양적인 평가와 질적인 평가를 구별하라.

13. 당신이 평가를 위해 사용할 방법을 말하라.
    a. 구술 발표
    b. 집단 작업
    c. 학생에 의해 만들어진 작품(예를 들라)
    d. 학기말 보고서
    e. 상연
    f. 육체적 활동(예를 들라)
    g. 프레젠테이션

14. 수행기반 평가의 강점 및 약점에 대해 보고서를 쓰라.

15. 주체 영역에서 참평가의 예를 제공하라.

16. Theodore R. Sizer의 책 『Horace의 학교(*Horace's School*)』(참고문헌 참조)를 읽고, '졸업작품전시회(Exhibitions)' 를 정의하고 실례를 들라.

17. 총체적 평가(holistic assessment)의 예를 들라.

18. '교사는 숙제를 없애야 한다' 는 주제에 대해 토론하라.

19. '낙제점은 채점법에서 없애야 한다' 는 주제에 대해 토론하라.

20. 지난 10년 동안 SAT와 ACT 점수의 변화를 보고하라.

21. 학구에서 학생 성취를 평가하기 위해 하는, 당신이 알고 있는 지역 수준의 계획을 보고하라.

22. 특정한 과목 영역에서 최근 학구 사정의 결과를 보고하라.

23. 학생 성취 평가를 위한 당신이 속한 지역 또는 다른 지역의 계획을 보고하라.

24. 특정한 과목 영역에서 최근 이루어진 지역의 평가 결과를 보고하라.

25. 주기적인 사정을 수행해 온 미국 국가학업성취도평가(NAEP)의 분야 중 하나를 선택하고 동향을 서술하라.

26. 지난 1980년대로부터 다음의 작품 중 하나의 분석을 구두로 발표하거나 보고서로 쓰라(참고문헌 참조).
    a. Paul Gagnon, ed. and the Bradley Commission on History in Schools. *Historical Literacy: The Case for History in American Education.*
    b. Diane Ravitch and Chester E. Finn, Jr., *What Do Our 17-Year-Olds Know? A Report on the First National Assessment of History and Literature.*

27. 국가 평가, 국가 학업 표준, 그리고 국가의 교육과정에 대한 기조 연설문을 준비하라.

28. 미국 학생들을 포함하여 학생 성취에 대한 최근 국제적 연구의 발견을 서술하라.

29. NAEP 점수가 다른 국내 평가 점수와 비교되어야 하는지 여부에 대한 의견서를 준비하라.

30. NAEP 점수가 국제 평가 점수와 비교되어야 하는지 여부에 대한 의견서를 준비하라.

◆ 활동 도구 ◆

Guide for Instructional Leaders, Guide 2: An ASCD Action Tool. Grant Wiggins, John L. Brown, and Ken O'Connor, 상담자. 평가, 등급, 성적 처리를 위한 단계의 자료가 첨부되어 있다. Alexandria, Va.: Association for Supervision and Curriculum Development, 2003.

◆ 전문 조사 도구 ◆

Balanced Assessment: Enhancing Learning with Evidence Centered Teaching. 8개의 활동자료와 CD-ROM. Joseph Ciofalo, ETS, 상담자. Alexandria, Va.: Association for Supervision and Curriculum Development, 2005.

Grading and Reporting Student Learning. Robert J. Marzano and Tom Guskey, 개발자. 질적 평가의 근거가 되는 목적과 원리의 등급 및 성적 처리에 관한 8개 활동 자료의 비디오테이프. Alexandria, Va.: Association for Supervision and Curriculum Development, 2002.

◆ 비디오 자료 ◆

Using Classroom Assessments to Guide Instruction. 30분짜리 비디오테이프 3편. 수업평가에 기초해 수업이 어떻게 수정되는지 설명한다. Alexandria, Va.: Association for Supervision and Curriculum Development, 2002.

What Works in Schools. 35분짜리 3편. 사용자 지침서를 포함한 DVD 프로그램. Robert J. Marzano는 학생의 성취도에 영향을 주는 학교수준, 교사수준, 학생수준 요소에 대해 논의한다. Alexandria, Va.: Association for Supervision and Curriculum Development, 2003.

◆ 웹사이트 ◆

American Federation of Teachers: http://www.aft.org
American Institutes for Research: http://www.air.org
Gerald R. Bracey: http://www.america-tomorrow.com/bracey
College Board: http://www.collegeboard.com
Educational Testing Service: http://www.ets.org
Intel Foundation: http://www.intel.com/education/index.htm
International Association for the Evaluation of Educational Achievement: http://iea.nl
National Assessment of Educational Progress: http://nces.ed.gov/nationsreportcard and http://nationreportcard.gov
National Center for Education Statistics: http://nces.ed.gov
National Center for Fair and Open Testing: http://www.fairtest.org
National Education Association: http://www.nea.org/index.html
Progress in International Reading Literacy Study: http://www.pirls.org
Science Service: http://www.sciserve.org
Third International Mathematics and Science Study: http://timss.bc.edu/index.html

후주

1) 교사평가의 논의에 대해서는 George E. Pawlas and Peter F. Oliva, *Supervision for Today's Schools,* 8th ed. (Hoboken, N.J.: John Wiley & Sons, 2008), Chapter 10, 12, 13 참조.
2) William H. Whyte, Jr., *The Organization Man* (New York: Simon and Schuster, 1956); Martin L. Gross, *The Brain Watchers* (New York: Random House, 1962); Banesh Hoffman, *The Tyranny of Testing* (New York: Crowell-Collier, 1962).
3) Monty Neill, "The Dangers of Testing," *Educational Leadership* 60, no. 5(February 2003): 45.
4) Henry A. Giroux, *Living Dangerously: Multiculturalism and the Politics of Difference* (New York: Peter Lang, 1993), p. 16.
5) Lisa Guisbond and Monty Neill, "Failing Our Children: No Child Left Behind Undermines Quality and Equity in Education," eds. Forrest W. Parkay, Eric J. Anctil, and Glen Hass, *Curriculum Planning: A Contemporary Approach,* 8th ed. (Boston: Allyn and Bacon, 2006), p. 78.
6) Cecil R. Reynolds, Robert B. Livingston, and Victor Willson, *Measurement and Assessment in Education* (Boston: Allyn and Bacon, 2006) 참조. 또한 Tom Kubiszyn and Gary Borich, *Educational Measurement and Testing: Classroom Application and Practice,* 7th ed. (Hoboken, N.J.: John Wiley & Sons, 2003) 참조.
7) 이 책의 [그림 5-4] 참조.

8) Walter Dick and Lou Carey, *The Systematic Design of Instruction,* 2nd ed. (Glenview, Ill.: Scott, Foresman, 1985), p. 109.
9) Ibid. 허락하에 게재.
10) Ibid.
11) W. James Popham. *The Truth About Testing: An Educator's Call to Action* (Alexandria, Va: Association for Supervision and Curriculum Development, 2001), p. 129.
12) *Handbook on Formative and Summative Evaluation of Student Learning,* p. 53, by Benjamin S. Bloom, J. Thomas Hastings, and George F. Madaus. Copyright © 1971 by McGraw-Hill에서 인용. McGraw-Hill 사의 허락하에 재구성. 또한 Benjamin S. Bloom, George F. Madaus, and J. Thomas Hastings, *Evaluation to Improve Learning* (New York: McGraw-Hill, 1981), 안내책자 Part I의 수정된 부분 참조.
13) W. James Popham, *Classroom Assessment: What Teachers Need to Know,* 3rd ed. (Boston: Allyn and Bacon, 2002), pp. 110-111.
14) W. James Popham, *Evaluating Instruction,* p. 30. Reprinted by permission of Prentice-Hall, Inc., Englewood Cliffs, New Jersey.
15) 평가항목의 다양한 유형의 예에 대해서는 Robert J. Marzano, *Transforming Classroom Grading* (Alexandria, Va: Association for Supervision and Curriculum Development, 2000), pp. 86-105 참조.
16) W. James Popham, *Assessment for Educational Leaders* (Boston: Allyna and Bacon, 2006), p. 234.
17) Theodore R. Sizer, *Horace's School: Redesigning the American High School* (Boston: Houghton Mifflin, 1992).
18) Linda Darling-Hammond, Jacqueline Ancess, and Beverly Falk, *Authentic Assessment in Action: Studies of Schools and Students at Work* (New York: Teachers College Press, 1995), p. 7.
19) William Glasser, *The Quality School: Managing Students Without Coercion,* 2nd ed. (New York: HarperPerennial, 1992), pp. 115-117.
20) American Federation of Teachers website: http://www.aft.org/parents/k5homework, accessed November 26, 2006 참조.
21) 총체적 평가의 논의에 대해서는 Elizabeth Daly, ed. *Monitoring Children' s Language Development: Holistic Assessment in the Classroom* (Portsmouth, N.H.: Heinemann, 1991) 참조.
22) Glasser, *Quality School,* pp. 104-111.
23) Marzano, *Transforming Classroom Grading,* p. 106.
24) Ibid., p. 109.
25) Ibid.
26) Maxine Greene, *Releasing the Imagination: Essays on Education, the Arts, and Social Change* (San Francisco: Jossey-Bass, 1995), p. 170.
27) Popham, *The Truth About Testing*, p. 104.
28) National Commission on Excellence in Education, David P. Gardner, chairman. *A Nation at Risk: The Imperative for Educational Reform* (Washington, D.C.: U.S. Government Printing Office, 1983).
29) 주와 국가 기준의 더 깊은 논의에 대해서는 15장 참조.
30) website: http://www.nde.state.ne.us/focusstars/index.htm 참조, accessed November 27, 2006.
31) Pat Roschewski, "Nebraska STARS Line Up," *Phi Delta Kappan* 84, no. 7(March 2003), p. 517.
32) Ernest L. Boyer, *High School: A Report on Secondary Education in America* (New York: Harper & Row, 1983), pp. 22-26.

33) U.S. Department of Education, National Center for Education Statistics, *The Condition of Education 1996,* NCES 96-304, by Thomas M. Smith (Washington, D.C.: U.S. Government Printing Office, 1996), p. 86. 참조. 또한 John Cloud, "Should SATs Matter?" *Time* 157, no. 10(March 12, 2001): 62-76 참조.
34) 보도자료, College Board, *2001 College Bound Seniors Are the Largest, Most Diverse Group in History: More Than a Third Are Minority, but Gap Remains,* website: http://www.collegeboard.com/sat/cbsenior/yr2001/pdf/CompleteCBSReport.pdf, accessed May 24, 2003.
35) 언론 보도 자료 August 27, 2003 참조.
36) *2001 College Board Senior* and "College Board Announces Scores for New SAT with Writing Section," August 29, 2006, website: http://collegeboard.com/press/releases/150054.html, accessed November 27, 2006.
37) "College Board Announces" and website: http://www.collegeboard.com/prod_downloads/aboutnews_info/cbsenior/yr2006/cbs-2006_release.pdf, accessed November 27, 2006.
38) "College Board Announces."
39) Website: http://www.fairtest.org/univ/newsatfact.htm, accessed November 27, 2006.
40) "2006 ACT National Score Report News Release," August 16, 2006. Website: http://www.act.org/news/releases/2006/ndr.html, accessed November 28, 2006.
41) Boyer, *High School,* pp. 22-26.
42) 2002 ACT National and State Scores, *Five-Year History of College-Bound Students' Scores,* website: http://www.act.org/news/data/02/tsum.html, accessed May 24, 2003.
43) "2006 ACT National Score Report."
44) Ibid.
45) National Center for Education Statistics, U.S. Department of Education, "*What Is NAEP?,*" website: http://nces.ed.gov/nationsreportcad/about, accessed May 25, 2003.
46) Michael E. Martinez and Nancy A. Mead, *Computer Competence: The First National Assessment* (Princeton, N.J.: National Assessment of Educational Progress, Educational Testing Service, 1988) 참조.
47) Website: http://nces.ed.gov/nationsreportcard/foreignlanguages, accessed November 28, 2006.
48) Website: http://nces.ed.gov/nationsreportcard/economics, accessed November 28, 2006.
49) Website: http://nces.ed.gov/nationsreportcard/worldhistory, accessed November 28, 2006.
50) National Center for Education Statistics, website:http://nces.ed.go/nationsreportcard/about/nationalwho.asp, accessed November 28, 2006.
51) 2017년까지의 예상 NAEP 평가 일정에 대해서는 website: http://nces.ed.gov/nationsreportcaed/about/assessmentsched.asp, accessed December 6, 2006 참조.
52) Website: http://nces.ed.gov/nationsreportcard/about, accessed November 28, 2005.
53) National Center for Education Statistics, website: http://nces.ed.gov/ nationsreportcard.about, accessed November 28, 2006.
54) Website: http://nationsreportcard.gov/math_2007, http://nationsreportcard.gov/reading_2007, accessed October 2, 2007.
55) Website: http://nces.ed.gov/nationsreportacrd/pubs/main2005/2006466.asp, accessed November 28, 2006.
56) Website: http://nationsreportcard.gov/reading_math_grade12_2005/s0201.asp, accessed August 16, 2007.
57) Website: http://nces.ed.gov/nrc/reading_math_2005/s0017.asp?printver=, accessed August 16, 2007.

58) J. Lee and A. Weiss, *The Nation's Report Card: U.S. History* (NCES 2007-474), U.S. Department of Education, National Center for Education Statistics (Washington, D.C.: U.S. Government Printing Office). Website: http://nces.ed.gov/nationsreportcard/pubs/main2006/2007474/asp, accessed May 17, 2007.

59) Andrew R. Weiss, Lutkus, Anthony D., Hildebrant, Barbara S., and Johnson, Matthew S., *The Nation's Report Card: Geography, 2001,* National Center for Education Statistics, June 2002, website: http://nces.ed.gov/nationsreportcard/pubs/main2001/2002484.asp, accessed May 25, 2003.

60) Website: http://nationsreportcard.gov/civics_2006/c0101.asp, accessed August 10, 2007.

61) Website: http://nces.ed.gov/nationsreportcard/pubs/main2006/2007475.asp, accessed August 10, 2007.

62) Stanley M. Elam, Lowell C. Rose, and Alec M. Gallup, "The 26th Annual Phi Delta Kappa/Gallup Poll of the Public's Attitudes Toward the Public Schools," *Phi Delta Kappan* 76, no. 1(September 1994): 48.

63) Lowell C. Rose and Alec M. Gallup, "The 34th Annual Phi Delta Kappa/Gallup Poll of the Public's Attitudes Toward the Public Schools," *Phi Delta Kappan* 84, no. 1(September 2002): 45.

64) Archie E. Lapointe, Nancy A. Mead, and Gary W. Phillips, *A World of Difference: An International Assessment of Mathematics and Science* (Princeton, N.J.: Center for the Assessment of Educational Progress, Educational Testing Service, 1989) 참조.

65) Educational Testing Service, International Assessment of Educational Progress, 1992, National Center for Education Statistics, *The Condition of Education 1994*, 1994, p. 62에 게재.

66) Ernest L. Boyer, Philip G. Altbach, and Mary Jean Whitlaw, *The Academic Profession: An International Perspective* (Princeton, N.J.: The Carnegie Foundation for the Advancement of Teaching, 1994), pp. 40-41.

67) T. Neville Posthlethwaite, "International Educational Surveys," *Contemporary Education* 42, no. 2 (November 1970): 61-68. Joseph Featherstone, "Measuring What Schools Achieve: Learning and Testing," *The New Republic* 169, no. 2(December 6, 1973): 19-21. "International Study Brings Coleman Report into Question," *Phi Delta Kappan* 55, no. 5(January 1974): 358 참조. 또한 L. C. Comber and John P. Keeves, *Science Education in Nineteen Countries* (New York: John Wiley & Sons, 1973); Robert L. Thorndike, *Reading Comprehension Education in Fifteen Countries* (New York: John Wiley & Sons, 1973); International Association for the Evaluation of Educational Achievement, *Science Achievement in Seventeen Countries: A Preliminary Report* (Oxford, England: Pergamon, 1988) 참조.

68) Torsten Husén, ed., *International Study of Achievement in Mathematics,* vols. 1 and 2 (New York: John Wiley & Sons, 1967).

69) Curtis C. McKnight et al., *The Underachieving Curriculum: Assessing U.S. School Mathematics from an International Perspective* (Champaign, Ill. Stipes Publishing Company, 1987) 참조. 또한 National Center for Education Statistics, *Second International Mathematics Study: Summary Report for the United States* (Washington, D.C.: National Center for Education Statistics, 1985) 참조.

70) U.S. Department of Education, *Attaining Excellence: A TIMSS Resource Kit* (Washington, D.C.: Office of Reform and Dissemination, Office of Educational Research and Improvement, 1997), p. 11. ERIC document 410 122. 참조. 또한 National Center for Education Statistics, *The Condition of Education 1998,* op. cit. and references to three reports *Pursuing Excellence* in bibliography와 website: http://timss.bc.edu/timss1995.html, accessed November 28, 2006 참조.

71) *Attaining Excellence,* p. 56.

72) Ibid., p. 52.

73) Sayuri Takahira, Patrick Gonzalez, Mary Frase, and Laura Hersh Salganik, *Pursuing Excellence: A Study of U.S. Twelfth-Grade Mathematics and Science Achievement in International Context: Initial Findings from the Third International Mathematics and Science Study* (Washington, D.C.: National Center for Education Statistics, 1997), p. 28. ERIC document 419 717.

74) *Trends in International Mathematics and Science Study: Highlights from the Third International Mathematics and Science Study-Repeat (TIMSS-R)*, National Center for Education Statistics, U.S. Department of Education, website: http://nces.ed.gov/timss/highlights.asp, accessed May 26, 2003. 1999년 이후 TIMSS 시험자료에 대해서는 website: International Study Center, Boston College, Lynch School of Education: http://timss.bc.edu./index.html, accessed May 26, 2003 참조.

75) I. V. S. Mullis, M. O. Martin, E. J. Gonzalez, and S. J. Chrostowski, "TIMSS 2003 International Mathematics Report," *Findings from IEA's Trends in International Mathematics and Science Study at the Fourth and Eighth Grades, TIMSS 2003* (Chestnut Hill, Mass.: TIMSS & PIRLS International Study Group, Lynch School of Education, Boston College, 2004). Website: http://timss.bc.edu/timss2003/mathD.html. M. O. Martin, I. V. S. Mullis, E. J. Gonalez, and S. J. Chrostowski, "TIMSS 2003 International Science Report," *Findings from IEA's Trends in International Mathematics and Science Study at Fourth and Eighth Grades, TIMSS 2003* (Boston: Chestnut Hill, Mass.: TIMSS & PIRLS International Study Group, Lynch School of Education, Boston College, 2004). Website: http://timss.bc.edu/timss2003/scienceD.html, accessed November 28, 2006. 또한 website: http://timss.bc.edu/timss2003.html 참조.

76) Website: http://timss.bc.edu/PDF/t03_download/T03_M_ExecSum.pdf, accessed November 28, 2006.

77) Website: http://timss.bc.edu/PDF/t03_download/T03_M_ExecSum.pdf, accessed November 28, 2006.

78) National Center for Education Statistics, "Linking the National Assessment of Education Progress (NAEP) and the Third International Mathematics and Science and the Third International Mathematics and Science Study (TIMSS): A Technical Report." website: http://nces.gov/pubsearch/pubsinfo.asp?pubid=98499, accessed December 1, 2006.

79) American Institutes for Research website: http://www.air.org/news/documents/Release200511math.htm 참조. 또한 http://www.pisa.oecd.org/pages/0,2966,en_32252351_32235907_1_1_1_1_1,00.html 참조.

80) International Association for the Evaluation of Educational Achievement, Study of Reading Literacy, *How in the World Do Students Read? 1992,* as cited in National Center for Education Statistics, U.S. Department of Education, *The Condition of Education, 1994,* p. 58.

81) National Center for Education Statistics, U.S. Department of Education, website: http://nvces.ed.gov/pubs2003/2003073.pdf. accessed May 26, 2003.

82) Intel Foundation website: http://www.intel.com/education/isef/winners.htm, accessed April 9, 2007. 참조. 또한 Science Service website: http://www.sciserve.org/isef/results/INYSAW.asp, accessed April 9, 2007 참조.

83) National Geographic 보도자료, August 9, 2007, "Mexico Takes Gold at National Geographic World Championship," website: http://press.nationalgeographic.com/pressroom/index.jsp?pageID=pressReleases_detail&siteID=1&cid=1186682141587, accessed August 10, 2007.

84) *National Geographic News* website: http://news.nationalgeographic.com/news/2006/05/0502_060502_geographic.html 참조, accessed February 17, 2007.

85) Website: http://www.bisd.us/nclb/Performance%20Goals.htm, accessed August 20, 2007.

86) Gerald W. Bracey, "The 12th Bracey Report on the Condition of Public Education," *Phi Delta Kappan*

84, no. 2(October 2002): 143.

87) Gerald W. Bracey, "The 16th Bracey Report on the Condition of Public Education," *Phi Delta Kappan* 88, no. 2(October 2006): 156.

88) Gerald W. Bracey, "Why Can't We Be Like We Were?" *Phi Delta Kappan* 73, no. 2(October 1991): 113.

89) 미국 교육의 대중적 인식을 망치는 거짓말과 신화의 논의에 대해서는 Gerald W. Bracey, "The Fourth Bracey Report on the Condition of Public Education" *Phi Delta Kappan* 76, no. 2(October 1994): 115-127 참조. 또한 first three Bracey reports, *Phi Delta Kappan*, October 1991, 1992, 1993 참조. 또한 Gerald W. Bracey, "Tinkering with TIMSS," Phi Delta Kappan 80, no. 1(September 1998): 36과 Gerald W. Bracey, *Setting the Record Straight: Responses to Misconceptions About Public Education in the United States* (Alexandris, Va.: Association for Supervision and Curriculum Development, 1997): 75-111 참조. 국제수준평가에서 미국 학생의 순위와 관련한 다른 해석에 대해서는 Lawrence C. Stedman, "The New Mythology About the Status of U.S. Schools," *Educational Leadership* 52, no. 5(February 1995): 80-85; Gerald W. Bracey, "Stedman's Myths Miss the Mark," *Educational Leadership* 52, no. 6(March 1995): 75-80; Lawrence C. Stedman, "Let's Look Again at the Evidence," *Educational Leadership* 52, no. 6(March 1995): 78-79 참조.

◆ 참고문헌 ◆

Alexander, Lamar. *The Nation's Report Card: Improving the Assessment of Student Achievement*. Cambridge, Mass.: National Academy of Education, 1987.

Allen, Russell et al. *The Geography Learning of High-School Seniors*. Princeton, N.J.: National Assessment of Educational Progress, Educational Testing Service, 1990.

Applebee, Arthur N., Langer, Judith A., and Mullis, Ina V.S. *Crossroads in American Education: A Summary of Findings*. Princeton, N.J.: National Assessment of Educational Progress, Educational Testing Service, 1989.

_____. *Literature and History: The Instructional Experience and Factual Knowledge of High-School Juniors*. Princeton, N.J.: National Assessment of Educational Progress, Educational Testing Service, 1987.

_____. *The Writing Report Card: Writing Achievement in American Schools*. Princeton, N.J.: National Assessment of Educational Progress, Educational Testing Service, 1986.

_____. *Writing Trends Across the Decade 1974-1984*. Princeton, N.J.: National Assessment of Educational Progress, Educational Testing Service, 1986.

Applebee, Arthur N., Langer, Judith A., Jenkins, Lynn B., Mullis, Ina V.S., and Foertsch, Mary A. *Learning to Write in Our Nation's Schools: Instruction and Achievement in 1988 at*

Grades 4, 8, and 12. Princeton, N.J.: National Assessment of Educational Progress, Educational Testing Service, 1990.

Ausubel, David P. *The Acquisition and Retention of Knowledge: A Cognitive View.* Boston: Kluwer Academic Publishers, 2000.

Beatty, Alexandra S. *NEAP 1994 U.S. History Report Card: Findings from the National Assessment of Educational Progress.* Washington, D.C.: U.S. Department of Education, Office of Educational Research and Improvement, 1996.

Beyer, Barry. *How to Conduct a Formative Evaluation.* Alexandria, Va.: Association for Supervision and Curriculum Development, 1995.

Bloom, Benjamin S., ed. *Taxonomy of Educational Objectives: The Classification of Educational Goals: Handbook I: Cognitive Domain.* White Plains, N.Y.: Longman, 1956.

Bloom, Benjamin S., Hastings, J. Thomas, and Madaus, George F. *Handbook of Formative and Summative Evaluation of Student Learning.* New York: McGraw-Hill, 1971.

_____, Madaus, George F., and Hastings, J. Thomas. *Evaluation to Improve Instruction.* New York: McGraw-Hill, 1981.

Boyer, Ernest L. *High School: A Report on Secondary Education in America.* New York: Harper & Row, 1983.

_____, Altbach, Philip G., and Whitlaw, Mary Jean. *The Academic Profession: An International Perspective.* Princeton, N.J.: The Carnegie Foundation for the Advancement of Teaching, 1994.

Bracey, Gerald W. "American Students Hold Their Own." *Educational Leadership* 50, no. 5 (February 1993): 66-67.

_____. *Setting the Record Straight: Responses to Misconceptions About Public Education.* Alexandria, Va.: Association for Supervision and Curriculum Development, 1997.

_____. "Stedman's Myths Miss the Mark." *Educational Leadership* 52, no. 6(March 1995): 75-80.

_____. "TIMSS: The Message and the Myths." *Principal* 77, no. 3(June 1998): 18-22.

_____. "The 12th Bracey Report on the Condition of Public Education." *Phi Delta Kappan* 84, no. 2(October 2002): 135-150. Bracey Reports on the Condition of Public Education, *Phi Delta Kappan*, annually, usually in October.

_____. "The 16th Bracey Report on the Condition of Public Education," *Phi Delta Kappan* 88, no. 2(October 2006): 151-166.

_____. "Why Can't They Be Like We Were?" *Phi Delta Kappan* 73, no. 2(October 1991): 104-117.

Caine, Renate Nummela and Caine, Geoffrey. *Making Connections: Teaching and the Human Brain.* Alexandria, Va.: Association for Supervision and Curriculum Development, 1991.

Celis, William, 3rd. "International Report Card Shows U.S. Schools Work." *New York Times,* (December 9, 1993) Section A, 1, 126.

Comber, L. C. and Keeves, John P. *Science Education in Nineteen Countries.* New York: John Wiley & Sons, 1973.

Daly, Elizabeth, ed. *Monitoring Children's Language Development: Holistic Assessment in the Classroom.* Portsmouth N.H.: Heinemann, 1991.

Danielson, Charlotte and Abrutyn, Leslye. *An Introduction to Using Portfolios in the Classroom.* Association for Supervision and Curriculum Development, 1997.

Darling-Hammond, Linda, Ancess, Jacqueline, and Falk, Beverly. *Authentic Assessment in Action: Studies of Schools and Students at Work.* New York: Teachers College Press, 1995.

Davis, Robert H., Alexander, Lawrence T., and Yelon, Stephen L. *Learning System Design.* New York: McGraw-Hill, 1974.

Dick, Walter and Carey, Lou. *The Systematic Design of Instruction,* 2nd ed. Glenview, Ill.: Scott, Foresman, 1985.

Donohue, Patricia L., Voelkl, Kristin E., Campbell, Jay R., and Mazzeo, John, *NAEP 1998 Reading Report Card for the Nation.* Washington, D.C.: National Center for Education Statistics, Office of Educational Research and Improvement, 1999.

Dossey, John A. et al. *The Mathematics Report Card: Are We Measuring Up? Trends and Achievement Based on the 1986 National Assessment.* Princeton, N.J.: National Assessment of Educational Progress, Educational Testing Service, 1988.

Elam, Stanley M., Rose, Lowell C., and Gallup, Alec M. "The 23rd Annual Gallup Poll of the Public's Attitudes Toward the Public Schools." *Phi Delta Kappan* 73, no. 1(September 1991): 41-56.

______. "The 26th Annual Phi Delta Kappa/Gallup Poll of the Public's Attitudes Toward the Public Schools." *Phi Delta Kappan* 76, no. 1(September 1994): 41-56.

Elley, Warwick B. *How in the World Do Students Read?* IEA Study of Reading Literacy. Hamburg: International Association for the Evaluation of Educational Achievement, 1992.

Featherstone, Joseph. "Measuring What Schools Achieve: Learning and Testing," *The New Republic* 169, no. 2(November 1970): 19-21.

Frase, Mary. *Pursuing Excellence: A Study of U.S. Fourth-Grade Mathematics and Science Teaching, Learning, Curriculum, and Achievement in International Context: Initial Findings from the Third International Mathematics and Science Study.* Washington, D.C.: U.S. Department of Education, National Center for Education Statistics, 1997.

Gagnon, Paul, ed. and the Bradley Commission on History in Schools. *Historical Literacy: The Case for History in American Education.* New York: Macmillan, 1989.

Gay, L. R. *Educational Evaluation and Measurement: Competencies for Analysis and*

Application, 2nd ed. Columbus, Ohio: Charles E. Merrill, 1985.

Giroux, Henry A. *Living Dangerously: Multicultualism and the Politics of Difference.* New York: Peter Lang, 1993.

Glasser, William. *The Quality School: Managing Students Without Coercion,* 2nd ed. New York: HarperPerennial, 1992.

Goodlad, John I. *A Place Called School: Prospects for the Future.* New York: McGraw-Hill, 1984.

Greene, Maxine. *Releasing the Imagination: Essays on Education, the Arts, and Social Change.* San Francisco: Jossey-Bass, 1995.

Gronlund, Norman E. *How to Construct Achievement Tests,* 4th ed. Englewood Cliffs, N.J.: Prentice-Hall, 1988.

Gross, Martin L. *The Brain Watchers.* New York: Random House, 1962.

Guisbond, Lisa and Neill, Monty. "Failing Our Children: No Child Left Behind Undermines Quality and Equity in Education," eds. Forrest W. Parkay, Eric J. Anctil, and Glen Hass, *Curriculum Planning: A Contemporary Approach,* 8th ed. Boston: Allyn and Bacon, 2006.

Guskey, Thomas R. "What You Assess May *Not* Be What You Get." *Educational Leadership* 51, no. 6(March 1994): 51-54.

Hammack, David C. et al. *The U.S. History Report Card: The Achievement of Fourth-, Eighth-, and Twelfth-Grade Students in 1988 and Trends from 1986 to 1988 in the Factual Knowledge of High-School Juniors.* Princeton, N.J.: National Assessment of Educational Progress, Educational Testing Service, 1990.

Harrow, Anita J. *A Taxonomy of the Psychomotor Domain: A Guide for Developing Behavioral Objectives.* White Plains, N.Y.: Longman, 1972.

Herman, Joan, Aschbacher, Pamela, and Winters, Lynn. *A Practical Guide to Alternative Assessment.* Alexandria, Va.: Association for Supervision and Curriculum Development, 1992.

Hill, Clifford and Larsen, Eric. *Testing and Assessment in Secondary Education: A Critical Review of Emerging Practice.* ERIC document ED353445, 1992.

Hirsch, E. D., Jr. *The Schools We Need: Why We Don't Have Them.* New York: Doubleday, 1996.

Hoffman, Banesh, *The Tyranny of Testing.* New York: Crowell-Collier, 1962.

Husén, Torsten, ed. *International Study of Achievement in Mathematics,* vols. 1 and 2. New York: John Wiley & Sons, 1967.

International Association for the Evaluation of Educational Achievement. *Science Achievement in Seventeen Countries: A Preliminary Report.* Oxford, England: Pergamon, 1988.

Jaeger, Richard M. "World Class Standards, Choice, and Privatization: Weak Measurement

Serving Presumptive Policy," *Phi Delta Kappan* 74, no. 2(October 1992): 118-128.

Kibler, Robert J., Cegala, Donald J., Miles, David T., and Barker, Larry L. *Objectives for Instruction and Evaluation*. Boston: Allyn and Bacon, 1974.

Krathwohl, David R., Bloom, Benjamin S., and Masia, Bertram B. *Taxonomy of Educational Objectives: The Classification of Educational Goals: Handbook II: Affective Domain*. White Plains, N.Y.: Longman, 1964.

Kubiszyn, Tom and Borich, Gary. *Educational Measurement and Testing: Classroom Application and Practice,* 7th ed. Hoboken, N.J.: John Wiley & Sons, 2003.

Langer, Judith A., Applebee, Arthur N., Mullis, Ina V. S., and Foertsch, Mary A. *Learning to Read in Our Nation's Schools*. Princeton, N.J.: National Assessment of Educational Progress, Educational Testing Service, 1990.

Lapointe, Archie E., Mead, Nancy A., and Phillips, Gray W. *A World of Differences: An International Assessment of Mathematics and Science*. Princeton, N.J.: Center for the Assessment of Educational Progress, Educational Testing Service, 1989.

Linn, Robert L. and Dunbar, Stephen B., "The Nation's Report Card Goes Home: Good News and Bad About Trends in Achievement." *Phi Delta Kappan* 72, no. 2(October 1990): 127-133.

McDonald, Joseph, Barton, Eileen, Smith, Sidney, Turner, Dorothy, and Finney, Maria. *Graduation by Exhibition: Assessing Genuine Achievement*. Alexandria, Va.: Association for Supervision and Curriculum Development, 1993.

McKnight, Curtis C. et al. *The Underachieving Curriculum: Assessing U.S. School Mathematics from an International Perspective*. Champaign, Ill.: Stipes Publishing Company, 1987.

McMillan, James H. *Classroom Assessment: Principles and Practices for Effective Instruction,* 3rd ed. Boston: Allyn and Bacon, 2004.

Mager, Robert F. *Preparing Instructional Objectives,* 2nd ed. Belmont, Calif.: Fearon, 1975.

Marchesani, Robert J. *Using Portfolios for More Authentic Assessment of Writing Ability*. ERIC document ED347555, 1992.

Martin, Michael O., Beaton, Albert E., Gonzalez, Eugenio J., Kelly, Dana L., and Smith, Teresa A. *Mathematics and Science Achievement in IEA's Third International Mathematics and Science Study (TIMSS)*. Chestnut Hill, Mass.: Center for the Study of Testing, Evaluating, and Educational Policy, School of Education, Boston College, 1998.

______, M. O., Mullis, I. V. S., Gonzalez, E. J., and Chrostowski, S. J. "Findings form IEA's Trends in International Mathematics and Science at the Fourth and Eighth Grades." *TIMSS 2003 International Science Report*. Chestnut Hill, Mass.: TIMSS and PIRLS International Study Center, Lynch School of Education, Boston College, 2004.

Martinez, Michael E. and Mead, Nancy A. *Computer Competence: The First National*

Assessment. Princeton, N.J.: National Assessment of Educational Progress, Educational Testing Service, 1988.

Marzano, Robert J. *Transforming Classroom Grading*. Alexandria, Va.: Association for Supervision and Curriculum Development. 2000.

_____. *What Works in Schools: Translating Research into Action*. Alexandria, Va.: Association for Supervision and Curriculum Development, 2003.

_____, Pickering, Debra, and McTighe, Jay. *Assessing Student Outcomes: Performance Assessment Using the Dimension of Learning Model*. Alexandria, Va.: Association for Supervision and Curriculum Development, 1993.

_____. Pickering. Debra, and Pollock, Jane E. *Classroom Instruction That Works: Research-Based Strategies for Increasing Student Achievement*. Alexandria, Va.: Association for Supervision and Curriculum Development, 2001.

Mullis, I. V. S., Martin, M. O., Gonzalez, E. J., and Chrostowski, S. J. "Findings from IEA' s Trends in International Mathematics and Science at the Fourth and Eighth Grades." *TIMSS 2003 International Mathematics Report*. Chestnut Hill, Mass.: TIMSS and PIRLS International Study Center, Lynch School of Education, Boston College, 2004.

National Alliance of Business. *Achieving World Class Standards in Math and Science*. Washington, D.C.: National Alliance of Business, 1997.

National Assessment of Educational Progress, *The 1990 Science Report Card*. Princeton, N.J.: Educational Testing Service, 1992.

_____. *Trends in Academic Progress*. Princeton, N.J.: Educational Testing Service, 1992.

National Center for Education Statistics. *The Condition of Education*. Washington, D.C.: U.S. Department of Education, National Center for Education Statistics, annually.

National Commission on Excellence in Education, David P. Gardener, chairman. *A Nation at Risk: The Imperative for Educational Reform*. Washington, D.C.: U.S. Government Printing Office, 1983.

Neill, Monty. "The Dangers of Testing." *Educational Leadership* 60, no. 5(February 2003): 45.

O'Connell, Pat, Peak, Lois, Dorfman, Cynthis Hern, Azzam, Rima, Chacon, Ruth, and colleagues. *Introduction to TIMSS: The Third International Mathematics and Science Study*. Washington, D.C.: U.S. Department of Education, Office of Educational Research and Improvement, 1997.

Ogle, Laurence T. and Alsalam, Nabeel. *The Condition of Education 1990,* vol. 1, *Elementary and Secondary Education*. Washington, D.C.: U.S. Department of Education, 1990.

Oliva, Peter F. *The Secondary School Today,* 2nd ed. New York: Harper & Row, 1972.

_____ and Pawlas, George E. *Supervision for Today's Schools,* 7th ed. New York: John Wiley & Sons, 2004.

Paulson, F. Leon, Paulson, Pearl R., and Meyer, Carol A. "What Makes a Portfolio a Portfolio?"

Educational Leadership 48, no. 5(February 1991): 60–63.

Peak, Lois. *Pursuing Excellence: A Study of U.S. Eighth-Grade Mathematics and Science Teaching, Learning, Curriculum, and Achievement in International Context: Initial Findings from the Third International Mathematics and Science Study*. Washington, D.C.: U.S. Department of Education, National Center for Education Statistics, 1996.

Persky, Hilary R., Rees, Clyde M., O'Sullivan, Christine Y., Lazer, Stephen, Moore, Jerry, and Shrakami, Sharif. *NAEP 1994 U.S. Geography Report Card: Findings from the National Assessment of Educational Progress*. Washington, D.C.: U.S. Department of Education, Office of Educational Research and Improvement, 1996.

_____, Sandene, Brent A., and Askew, Janice M. *The NAEP 1997 Arts Report Card: Eighth-Grade Findings from the National Assessment of Educational Progress*. Washington, D.C.: National Center for Education Statistics, Office of Educational Research and Improvement, 1998.

Plisko, Valena White and Stern, Joyce D. *The Condition of Education 1985*. Washington, D.C.: U.S. Department of Education, National Center for Education Statistic, 1985.

Popham, W. James. *Assessment for Educational Leaders*. Boston: Allyn and Bacon, 2006.

_____. *Classroom Assessment: What Teachers Need to Know*, 3rd ed. Boston: Allyn and Bacon, 2002.

_____. *Evaluating Instruction*. Englewood Cliffs, N.J.: Prentice-Hall, 1973.

_____. *The Truth About Testing: An Educator's Call to Action*. Alexandria, Va: Association for Supervision and Curriculum Development, 2001.

Posthlethwaite, T. Neville. "International Educational Surveys. *Contemporary Education* 42, no. 2(November 1970): 61–68.

Pratt, Chastity. "U.S. Math Team: Perfect: Md. Student, 5 Others Ace World Competition." *The Washington Post* (July 20, 1994), Section A, 1, 9.

Purves, Alan C. *Literature Education in Ten Countries*. New York: John Wiley & Sons, 1973.

Ravitch, Diane. *National Standards in American Education: A Citizen's Guide*. Washington, D.C. : The Brookings institution, 1995.

_____ and Finn, Chester E., Jr. *What Do Our 17-Year-Olds Know? A Report on the First National Assessment of History and Literature*. New York: Harper & Row, 1987.

Reynolds, Cecil R., Livingston, Robert B., and Willson, Victor. *Measurement and Assessment in Education*. Boston: Allyn and Bacon, 2006.

Roschewski, Pat. "Nebraska STARS Line Up." *Phi Delta Kappan* 84, no. 7(March 2003): 517–520.

Rose, Lowell C. and Gallup, Alec M. "The 34th Annual Phi Delta Kappa/Gallup Poll of the Public's Attitudes Toward the Public Schools," *Phi Delta Kappan* 84, no. 1(September 2002): 45. Phi Delta Kappan/Gallup Polls of the Public's Attitudes Toward the Public

Schools, annually, usually September.

Rotberg, Iris C. *Balancing Change and Tradition in Global Education*. Lanham, Md.: Scarecrow Press, 2005.

Simpson, Elizabeth Jane. "The Classification of Educational Objectives in the Psychomotor Domain." In *The Psychomotor Domain,* vol. 3, 43-56. Washington, D.C.: Gryphon House, 1972.

Sizer, Theodore R. *Horace's School: Redesigning the American High School*. Boston: Houghton Mifflin, 1992.

Smith, Thomas M. *The Condition of Education 1996*. Washington, D.C.: U.S. Department of Education, National Center for Education Statistics, 1996.

Smythe, Mary-Jeanette, Kibler, Robert J., and Hutchings, Patricia W. "A Comparison of Norm-Referenced and Criterion-Referenced Measurement with Implications for Communication Instruction." *The Speech Teacher* 22, no. 1(January 1973): 1-17.

Stedman, Lawrence C. "Let' s Look Again at the Evidence," *Educational Leadership* 52, no. 6 (March 1995): 78-79.

_____. "The New Mythology About the Status of U.S. Schools" *Educational Leadership* 52, no. 5(February 1995): 80-85.

Strenio, Andrew, Jr. *The Testing Trap*. New York: Rawson, Wade, 1981.

Takahira, Sayuri, Gonzalez, Patrick, Frase, Mary, and Salganik, Laura Hersh. *Pursuing Excellence: A Study of U.S. Twelfth-Grade Mathematics and Study: Initial Findings from the Third International Mathematics and Science Study*. Washington, D.C.: U.S. Department of Education. National Center for Education Statistics, 1998.

Whyte, William H., Jr. *The Organization Man*. New York: Simon and Schuster, 1956.

Wiggins, Grant. "Teaching to the (Authentic) Test," *Educational Leadership* 46, no. 7(April 1989): 41-47.

Wirt, John, Snyder, Tom, Sable, Jennifer, Choy, Susan P., Bae, Yupin, Stennett, Janis, Gruner, Allison, and Perie, Marianne. *The Condition of Education 1998*. Washington, D.C.: U.S. Department of Education, National Center for Education Statistics, 1998.

13 교육과정 평가

학습 목표

1. 교육과정을 평가하기 위한 여러 과정을 서술할 수 있다.
2. 적어도 두 가지 교육과정 평가 모델의 중요한 특징을 설명할 수 있다.
3. 교육과정 평가 모델이 교육과정 설계자에 의해 어떻게 사용되는지 기술할 수 있다.
4. 교육과정 평가의 한 모델을 선택하고 적용할 수 있다.
5. 교육과정 구성의 여덟 가지 원리를 기술하고 교육과정 설계자에게 중요성을 설명할 수 있다.

교육과정 평가의 목적과 문제점

수년 전에 대학교의 한 외국어 수업에서 교사는 가정법의 비밀을 보여 준다고 약속하면서 학생들을 꾀어냈다. 이 장에는 교육과정 평가의 몇 가지 비밀이 숨겨져 있다. 나는 지금 이것을 밝힐 것이다. 평가의 비밀은 다음과 같다.

- 질문을 하는 것
- 적절한 질문을 하는 것
- 적절한 사람에게 적절한 질문을 하는 것

이런 문제에서 질문은 교육과정을 다루는 교사, 행정가, 학생, 일반 시민, 학부모, 각급 학교 직원 또는 여러 분야의 전문가에게 소개될 것이다.

교육학에서 종종 필요한 것처럼, 우리는 먼저 무엇에 대해 언급하기 전에 용어를 명확히 해야 한다. 우리는 교육(학), 수업, 교육과정 평가와 관련한 많은 논문과 교과서를 발견하게 된다. 가장 넓은 의미의 용어로 사용되는 것이 교육평가다. 이는 학교의 지도 아래서 나오는 모든 종류의 평가를 포함하는 용어다. 그것은 교육과정과 수업 상황뿐 아니라 토지, 건물, 관리, 감독, 인사과, 교통기관 등에서의 평가를 모두 포함한다.

앞으로 언급될 수업평가는 (1) 학생의 성취, (2) 교수자의 수행과정, (3) 특정한 접근과 방법론의 효과성 평가다. 교육과정 평가는 수업평가를 포함한다. 수업 모델이 포괄적인 교육과정 개발의 하위 모델이라는 것을 기억하라. 교육과정 평가는 수업평가의 목적을 넘어서 프로그램과 관련된 영역의 평가로 커지고 있다. Albert I. Oliver는 평가를 위한 다섯 가지 관심 영역을 정했다. 그가 언급한 '다섯 가지 P' 란 프로그램(program), 준비(provisions), 절차(procedures), 산출(products), 과정(processes)을 의미한다.[1)]

앞에서도 언급했듯이, 교육학에서뿐 아니라 교육학 밖에서도 변화는 피할 수 없는 것이 자명한 이치다. 교육과정 설계자로서 우리는 교육이 좀 더 나아진 것으로 변화하기를 바란다. 인간의 창조물은 항상 완벽할 수 없기 때문에 우리는 항상 개선을 추구한다. 평가는 개선의 필요성을 결정하고, 개선에 영향을 주기 위해 기초를 제공하는 수단이 된다.

우리는 이미 7장에서 교육과정에서의 격차를 확인할 수 있는 교육과정 평가의 한 측면으로 요구사정을 소개하였다. 이 장에서는 현재 개발되어 실행 중인 교육과정 평가에 대해 언급할 것이다.

평가의 문제점

교육학에서 우리가 시행한 프로그램을 평가하는 데 많은 약점들이 숨겨져 있다. 우리의 평가는 종종 한결같지 않고 결론에 이르지 못한다. 예를 들어 다음과 같이 설명할 수 있다.

- 여러 부분에 걸친 팀워크는 개별적인 학급보다 높은 학생 성취를 낳는다.
- 통합된 교육과정은 분절된 훈련보다 높은 학생 성취를 가능하게 한다.
- 외국어 학습은 모국어 학습을 돕는다.
- 무학년제 학교는 학년제 학교보다 더 효과적이다.

- 읽기를 가르치는 현대 교육 자료는 맥구피 독본(The McGuffey Reader)보다 효과적인 도구다.
- 최소한의 능력에 대한 설명은 학생의 수행을 향상한다.
- 생물학 텍스트의 한 시리즈는 다른 시리즈보다 더 나은 학생 성취를 낳는다.
- 귀납적 혹은 연역적 접근은 문법지도에서 더 효과적이다.
- 협동학습은 강의나 교과서 중심의 수업과 개별 수업보다 더 효과적이다.
- 학급의 크기는 학생의 성취에 따라 달라진다.
- 교수언어 기술에서 전체적으로 접근하는 언어교육이 음절 중심의 접근보다 더 효과적이다.
- 학생 성취는 한쪽 성만을 위한 교실에서 더 높다.
- 컴퓨터 보조 수학 수업이 컴퓨터 없이 진행된 수업보다 더 높은 학생 성취를 가능하게 한다.
- 실제적인 학교의 학생 성취가 전통적인 학교의 성취보다 더 높은 학생 성취를 낳는다.

교육 혁신의 성공에 관해 이르게 된 많은 결론은 매우 제한된 증거를 기초로 한다. 체계적인 평가의 부족이 한 원인이 된다. 세밀한 평가는 너무 복잡해질 수 있다. 그것은 평가자의 노하우, 결국 평가에서 훈련이 필요해서 평가 훈련을 한다. 더욱이 그것은 시간과 에너지를 소비하게 하며 비용도 든다. 우리는 일반적으로 학교에서 평가가 꼼꼼히 이루어지지 않고 그것은 큰 도움이 되지 않는다고 말할 수 있다.

Daniel L. Stufflebeam과 다른 이들은 평가가 다음과 같은 증상으로 인해 어렵고 힘듦을 나타냈다.

1. 기피 증상: 평가는 고통스러운 과정이기 때문에 모든 사람은 절대적으로 필요한 것이 아니면 피하고자 한다.
2. 걱정 증상: 걱정은 평가과정에 대한 모호함에서 주로 온다.
3. 고정 증상: 학교는 의미 있는 방법으로 평가에 반응하지 않는다.
4. 회의 증상: 많은 사람은 '어쨌든 그건 실행될 수 없다'는 이유로 평가를 위한 계획에 중요성을 두지 않으려 한다.
5. 지침 부족 증상: 전문적인 평가자 사이에서도 의미 있고 실용적인 지침의 체계가 없다.

6. 잘못된 충고 증상: 교육 연구에서 방법론적으로 전문가인 많은 평가 상담자가 계속해서 실행자(평가를 받는 사람)에게 나쁜 충고를 한다.
7. 중요함과 다름이 없는 증상: 평가는 종종 중요한 정보를 주지 못한다.
8. 부족한 요소 증상: 평가가 발전을 위해서 중요해지려면 필요한 결정적인 요소가 부족하다. 가장 명백하고 부족한 요소는 적절한 이론의 결여다.[2)]

교육과정 모델의 개정

평가교육에 관한 우리의 분석에서 우리는 교육과정 평가에 대한 일반적인 지식을 개발할 것이고 평가 절차의 몇 가지에 대해 토의하게 될 것이다. [그림 13-1]에 보이는 교육과정에 대해 살펴보자. 이 그림은 교육과정 개발의 제안된 모델에 기본이 된다.

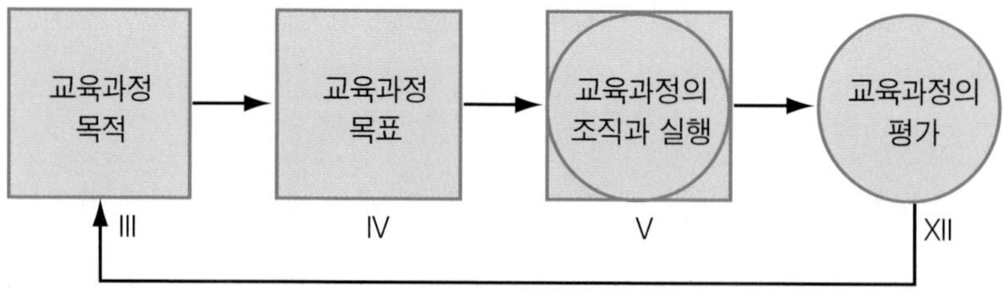

[그림 13-1] 하나의 피드백 선을 가진 교육과정 모델

교육과정 모델은 4개의 요소—교육과정 목적, 교육과정 목표, 교육과정의 조직과 실행, 교육과정의 평가—로 개념화된다. 피드백 선은 교육과정 평가에서 교육과정 목적 요소 방향으로 자연스러운 순환 모델을 만들며 연결된다. 우리는 두 가지 방법으로 교육과정 모델을 개선해야 한다. 첫째로, 수업 모델에서 피드백 선이 단지 교육과정 목적 그 이상에도 영향을 줌을 보여 주어야 한다. 교육과정 목적에 대한 영향이 모든 그다음의 요소들을 통해 나타난다 할지라도 평가한 자료는 교육과정 모델의 요소 각각에 피드백이 되어야 한다. 더 자세하게 만드는 피드백 개념은 [그림 13-2]처럼 교육과정 평가가 교육과정 목적, 교육과정 목표, 조직과 실행으로 선으로 연결된다.

둘째로, 교육과정의 평가가 프로그램 실행의 마지막에 독립적으로 행해지는 것이 아니라 프로그램 실행의 전, 중, 후에 일어나는 장치라는 것을 분명히 하자. [그림 13-3]은

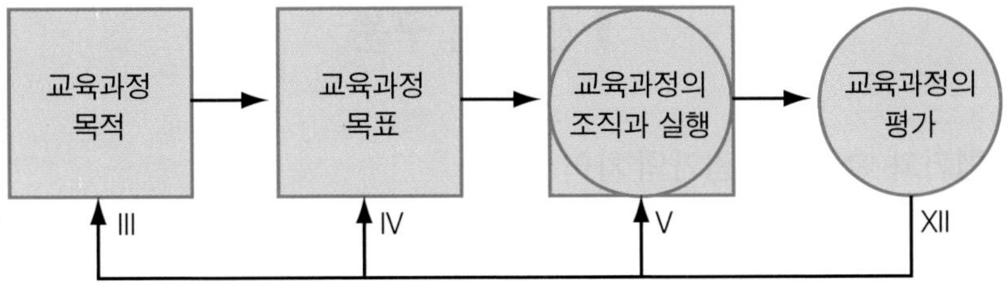

[그림 13-2] 전 과정에서 피드백 선을 가진 교육과정 모델

수업평가의 지속적인 성질이 보여 주는 것과 같이 지속적인 교육과정 평가를 보여 준다. 이 그림의 네모 안의 원은 교육과정 평가가 평가 절차가 계획되는 동안에도 계속 이루어짐을 나타낸다.

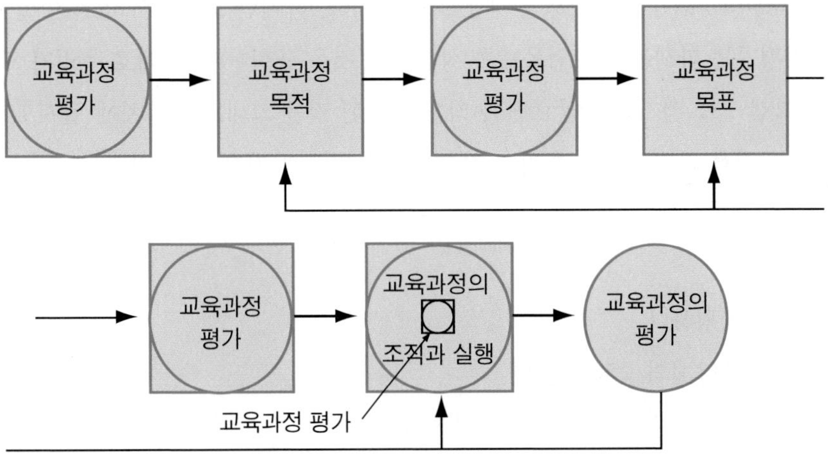

[그림 13-3] 교육과정 평가의 지속적인 성질

평가의 구분

수업평가와 교육과정 평가의 차이

어떤 교수자와 교육과정 설계자는 수업 명세목표의 성취를 평가하는 것이 교육과정 평가를 구성한다고 믿는다. 또한 학생이 인지적, 정의적, 심동적 학습을 성취한다면 교육과정은 효과적이라고 생각한다. 이 추론과정을 따르면, 우리는 교육과정의 성공을 결정하기 위해 아마 일대일 방식으로 모든 수업평가를 함께 추가해야 한다. 이런 상황은 수업과 교육과정을 동등하게 여기는 실수를 범하게 한다. 이런 사례가 있다면, 수업평가와 교육과정 평가에 대한 분리된 요소가 교육과정 개발 모델([그림 5-4])에서 보일 수가 없다.

하지만 수업과 교육과정은 같은 것이 아니다. 수업과정은 매우 잘 나타나는 데 반해 교육과정은 시간의 흐름처럼 일사분란하지는 않다. Aldous Huxley의 『멋진 신세계(*Brave New World*)』에서 사회는 매우 효율적이다. 하지만 그곳에서 영원히 살 수는 없다. 수업평가는 학생들이 수업목표를 성취하는 것을 표현한다. 반대로 우리가 교육과정—프로그램—을 평가하지 않으면 우리는 잘못된 것을 그대로 가르치게 될지도 모른다. 내가 이 관점을 과장한다면 우리는 젊은이에게 다음과 같은 것을 가르치는 '아름다운' 일을 하게 될 것이다.

- 지구는 평평하다.
- 지구는 태양계의 중앙에 있다.
- 하나의 민족이 본질적으로 다른 민족의 우위에 있다.
- 모든 어린이는 의사와 법률가가 될 수 있다.
- 전문직 계층의 사람들이 노동자 계층의 사람들보다 항상 돈을 더 많이 번다.
- 항상 싸고 많은 에너지가 있다.
- 모든 과학 발전은 미국인의 독창성에서 나온 것이다.
- 병은 악마의 눈에 의해 생긴다.

물론 교육과정 평가의 우선적인 목적은 교육과정 목적과 목표가 실행되었는지를 결정하는 것이다. 하지만 우리는 다른 질문에 대해서도 대답하기를 원한다. 우리는 목적과 목표가 시작 단계에서도 옳은지 알기를 원한다. 또 우리는 교육과정이 실행하는 중에 똑바로 기능하고 있는지를 알기를 원한다. 우리는 가장 좋은 교육 자료와 가장 좋은 방법을 따르고 있는지를 알고 싶어 한다. 우리는 우리 학교의 산물이 더 높은 교육기관이나 직업에서 성공적이었는지, 일상생활과 사회에 기여하고 있는지를 알고 싶어 한다. 우리는 프로그램이 비용 면에서 효율적이었는지와 우리의 돈을 가장 효과적으로 사용했는지 역시 결정해야 한다.

평가와 연구의 차이

평가에 대한 논의는 우리를 연구 분야로까지 이끈다. 평가는 판단을 하는 과정이고 연구는 이런 판단을 하는 자료를 수집하는 과정이다. 우리는 질문에 대한 대답을 하기 위해 자료를 수집할 때마다 연구에 관여하게 된다. 하지만 연구의 복잡성과 질은 문제마다 다르다. 우리는 단순한 기술적 연구와 복잡한 실험 연구로 범위를 나누어 연구에 접근할 수 있다. 전자의 예는 다음과 같다. 학교 도서관의 책은 학생 한 명당 몇 권인가? 후자의 예는 다음과 같다. 학습 부진 아동은 수준이 분리된 학급과 주류로 구성된 학급 중 어느 학급에서 더 효율적으로 수행할 것인가? 거의 모든 대규모의 연구는 전통 고등학교와 실업계 고등학교에서 대학에서의 성공까지를 비교 연구하는 8년 연구처럼 장기적이다.[3]

평가의 영역은 종종 평가와 연구의 전문가 서비스로 불린다. 어떤 대규모 학교 시스템은 그들 학교 시스템을 위한 교육과정 평가를 관리하고 실행 · 감독하는 사람을 고용할 수 있다. 이런 사람은 대부분 교사와 교육과정 설계자에 의해 다루어지지 않는 전문적인 수준의 업무의 양을 가져온다. 전담 평가 담당자를 고용하지 못한 학교 시스템에서는 특별한 교육과정 문제와 연구를 지원하는 외부 인사를 초대한다. 하지만 대부분의 평가에 대한 연구는 지역 교육과정 설계자와 교사에 의해 이루어진다. 훈련된 사람의 부족과 전문가를 고용하는 데 드는 비용은 학교 시스템에서 일반적으로 너무 비싸다. 교육과정 평가자를 고용하고 있는 대규모 학교 시스템에서조차 교사나 교육과정 설계자에 의해 많은 교육과정 평가 업무가 수행되고 있다.

평가 모델

모델들은 학교에서 실행되는 평가의 유형과 우리가 따르고 있는 절차와 같이 개발되고 있다. 수업 모델이나 교육과정 개발 모델과 같이 평가 모델은 개발자가 적절하다고 받아들이는 관점에 따라 미세하게 다르다.

교육과정 평가 작업을 관리하는 그들은 학교 시스템 안에서든 밖에서든 교육과정과 평가 두 측면 모두에서 높은 수집의 전문 지식과 배경 지식을 소유해야만 한다. 그들은 평가에 대한 보편적인 접근에 익숙하다. 교육과정의 복잡성을 나타내는 수준은 많은 접근법을 가지고 있다. 예를 들어, Stufflebeam은 스물두 가지 평가 접근법을 그의 책 『평가 모델(*Evaluation Models*)』에서 논의했다.[4] John D. McNeil은 "평가의 영역은 그 목적과 그것이 어떻게 수행되어야 하는지에 대한 다른 여러 관점으로 가득 차 있다."라고 단언한다.[5]

이 장에서는 독자들이 교육과정과 프로그램 평가의 복잡성에 대해 민감해지도록, 몇 가지 선택된 교육과정 평가 모델을 서술하도록, 또 독자들의 관심이 다른 정보와 모델의 자원으로 옮겨질 수 있도록 구성하였다.[6]

우리의 목적을 이루기 위해 먼저 교육과정 평가의 간단한 두 가지 접근을 살펴보자. 우리는 더 나은 용어를 원하면서 그것을 '제한된 모델'이라고 이름 붙였다. 그러고 나서 두 가지 잘 알려진 포괄적이고 자주 인용되는 J. Galen Saylor, William M. Alexander, Arthur J. Lewis[7]의 좀 더 쉽게 이해되고 스코프(scope)와 교육과정 평가의 특성을 보여주는 모델과 파이 델타 카파 국립평가연구위원회(Phi Delta Kappa National Study Committee on Evaluation)의 좀 더 기술적인 용어로 쓰인 복잡한 모델을 살펴보자.[8]

제한된 모델

교육과정 목표의 평가 교육과정 목적과 목표에 대해 서술하고 수업 목적과 목표를 구별했던 8장을 상기해 보라. 또 교육과정 목적을 "학교와 학교 시스템 내에서 학생 집단들에 의해 성취된 결과에 대한 구체적이고 측정 가능하고 체계적인 진술"로 정의한다는 것도 상기해 보라.[9]

우리는 다음의 특성이 수업 명세목표의 특성과 함께 교육과정 목표의 특성에 속한다고 생각한다.

- 그것은 수행과 행동이 보이는 것으로 특성화된다.
- 그것은 숙달의 정도를 포함한다.
- 그것은 쉽게 이해되지 않더라도 수행이 일어날 만한 상황을 진술한다.

구체적으로 측정될 수 없는 교육과정 목적을 미리 그려 보면 교육과정 목표는 구체적인 내용이 아닌 프로그램에 포함되며, 개별 학생의 성취보다 오히려 집단 학생(모든 학생, 일반 학생, 대부분의 학생, 학생 집단)의 성취를 나타낸다. 교육과정 평가는 직접적으로는 프로그램을, 간접적으로는 개별 학생의 수행을 평가한다. 수업평가는 직접적으로는 개별 학생을, 간접적으로는 프로그램을 평가한다.

교육과정 평가에 대한 가장 근본적인 접근—다른 지원하는 접근에 관계없이 실시되는 접근—은 구체적인 교육과정 목적 성취의 평가다. 관찰 조사, 포트폴리오, 시험 결과는 교육과정 자료를 수집하는 모든 수단이 된다. 교육과정 목적에 대한 몇 가지 예와 평가에 부합하는 진술을 살펴보자.

- 다양한 민족 집단 간 갈등이 50% 정도 감소될 것이다(통계학).
- 모든 학생은 선정된 컴퓨터 능력을 실수 없이 수행하는 과정에서 숙달됨을 보여 줄 것이다.
- 고등학교 탈락률은 10% 정도 감소될 것이다(통계학).
- 학생의 10%가 여가 독서 시간을 늘릴 것이다(책에 대한 기사, 학교 도서관 발행부수).
- 8학년 학생은 표준화된 수학 시험에서 그들의 점수를 10% 정도 올릴 것이다(시험 결과).
- 학교 대항, 교내 대항, 개인 대항 운동경기에 참여하려는 남녀 학생들의 숫자는 증가하여 전체의 20% 정도가 참여하려고 할 것이다(통계학).
- 고등학생의 10% 이상이 전자 음악과 예술 코스에 등록할 것이다.
- 모든 학생은 AIDS의 심각함과 실상과 질병으로부터 그들 스스로를 보호하기 위해 해야 할 것에 대한 지식을 설명할 것이다(학급 토의, 상담, 포트폴리오, 퀴즈).
- 학생들은 우리의 정치 시스템에 대한 지식을 보여 줌으로써 책임감 있는 시민정신에 대한 증거를 보여 줄 것이다(학급 토의, 포트폴리오, 퀴즈).

• 학생들은 주어진 많은 문제 상황에서의 도덕적인 행동을 보여 줄 것이다(학급 토의, 반응지, 관찰).

교육과정 설계자는 프로그램(교육과정)의 목표가 성취되었는지를 결정해야 한다. 만약 교육과정 목표가 달성된다면 설계자는 새로운 교육과정 목표를 명세화하고 새로운 우선권을 세움으로써 다음 단계를 판단할 것이다. 만약 교육과정 목표가 만족되지 않는다면 설계자는 목표가 추구하고 있는 것이 여전히 장점이 있는지, 만약 그렇다면 어떤 측정 도구가 그것의 성취를 살펴보는 데 사용될 것인지도 결정해야 할 것이다.

플로리다 주 샌퍼드의 수학, 과학, 기술을 위한 골즈버로 초등학교의 학교 발전 계획 평가는 언급된 교육과정 목적과 목표를 성취하는 데 있어 학교의 성공을 확인할 수 있는 예를 제공한다. 〈글상자 13-1〉에서 재현된 것은 플로리다 주의 포괄적인 평가 시험의 결과로 결정된 세 가지 목표의 성취, 미성취에 대한 자료를 가진 여섯 가지 우선사항 중 두 번째다.

교육과정 수립과 조직의 안내 원리의 평가 어떤 원리는 교육과정을 구성하고 조직하는 데 있어 고유한 의미를 가진다. 한 측면에서 이 원리는 교육과정 수립과 조직의 특성이다. 다른 측면에서 그것은 교육과정 설계자에 의해 문제점이 계속 나타난다.

교육과정 목표의 평가를 보충하기 위해서 교육과정 종사자는 교육과정 구성과 조직의 기본 원리를 수행하고 있는 정도를 평가해야 한다. 이 장에서는 교육과정 구성과 조직의 여덟 가지 계속되는 문제를 설명할 것이다. 그것은 스코프, 적절성, 균형성, 통합성, 계열성, 계속성, 연계성, 전이 가능성(보편성)이다.

이런 문제점을 인식하고 있는 평가과정은 다음 질문에 대한 답을 제공할 것이다.

• 교육과정의 스코프는 적절한가? 실제적인가?
• 교육과정은 적절한가?
• 교육과정에 균형이 있는가?
• 교육과정 통합이 바람직한가?
• 교육과정은 적절하게 계열성이 있는가?
• 프로그램의 계속성이 있는가?
• 교육과정이 레벨 사이를 잘 연결하고 있는가?

글상자 13-1 **2004-2005 수학 과학, 기술 과목의 주 우선사항 2: 학생 성취도에 대한 골즈버로 초등 마그넷 스쿨의 학교 향상 계획에 대한 평가**

주 우선사항: 세 가지 중 두 가지 명세목표는 달성되었다.

목표 2: 읽기에서 각 학년 수준에서 얻는 정도로 점수를 얻거나 그 이상인 학생이 평균 3% 증가하였다.

목표 성취: FACT 읽기 점수는 교육과정 집단에서 다음과 같은 자료를 보여 준다. 모든 3학년 수준의 학생 79%은 레벨 3에 도달하거나 그 이상이다. 모든 4학년 수준의 학생 78%는 레벨 3에 도달하거나 그 이상이다. 모든 5학년 수준의 학생 72%은 레벨 3에 도달하거나 그 이상이다. 이것은 각 학년 수준에서 얻는 정도로 점수가 평균 7% 증가하였다는 것을 보여 준다.

목표 3: 각 학년 수준에서 얻는 정도로 수학에서 레벨 3에 도달하거나 그 이상인 학생이 평균에서 3% 증가하였다.

목표 미성취: FACT 수학 점수는 교육과정 집단에서 다음과 같은 자료를 보여 준다. 모든 3학년 수준의 학생 중 72%는 레벨 3에 도달하거나 그 이상이다. 모든 4학년 수준의 학생 중 55%는 레벨 3에 도달하거나 그 이상이다. 모든 5학년 수준의 학생 중 62%는 레벨 3에 도달하거나 그 이상이다. 이것은 평균적으로 1% 감소한 것을 보여 준다. 3학년과 5학년에서는 증가했고, 4학년에서는 감소했다. 2004 FACT 시험에서 모든 학생의 98%는 수학에서 AYP를 만족시켰다. 최소한의 학생이 이 목적에 도달하지 못했다. 2005 FACT 시험의 검토는 AYP가 수학의 영역에서 최소한의 학생들에게 도달하지 못했다는 것을 보여 준다.

목표 4: 100%의 학생들에게 심장 혈관의 적합함에 대한 기준을 만들기 위해 골즈버로 초등 마그넷 스쿨 체육교육 수업에 등록한다.

목표 성취: 형식적 사전 및 사후 시험을 통해서 5학년 수준에 대한 두 번째 기준 자료가 만들어졌다. 비형식적 자료는 모든 유치원과 첫 번째 학년 수준에서 만들어졌다.

출처: Goldsboro Elementary Magnet School for Math, Science, and Technology, *Evaluation of School Improvement Plan, 2004-2005*, Sanford, Florida. Website: http://goldsboro.scpc.k12.us/main/2005_2006_SIP.pdf, Accessed March 16, 2007. 허락하에 게재.

• 학습이 잘 전이되는가?

이런 문제에 대답하기 위해서 교육과정 설계자는 반드시 원리의 본질을 이해해야만 한다. 교육과정 조직과 평가의 원리를 확인하는 것은 중요한 자료의 수집과 평가자의 지적 반성을 말하는 것이다.

교육과정 구성의 여덟 가지 개념

교육과정 개선을 위한 한 모델이 우리에게 과정을 보여 준다 할지라도 그것은 전체의 모든 모습을 나타내지 못한다. 예를 들어, 우리가 고민하는 내용들을 어떻게 선택해야 하는지, 논란이 있는 철학에 관해 무엇을 해야 하는지, 수준을 어떻게 분명히 표현해야 하는지, 변화에 대해 어떻게 살아가도록 배워야 하는지, 효율적인 리더십에 관해 어떻게 의지해야 하는지, 새로운 아이디어를 끌어내기 위해서 사람들에게 어떤 인센티브로 동기 유발을 해야 하는지, 지적인 결정을 하기 위해 어떻게 정보를 찾아내야 하는지, 그리고 직업을 수행하기 위해 인적 및 물적 자원을 어떻게 활용해야 하는지를 보여 주지 못한다.

우리는 이미 4장에서 교육과정 개발의 여러 가지 주요한 문제를 다루었다. 그 문제들은 영향을 주는 변화, 집단 역동성, 사람 간의 관계, 결정, 교육과정 리더십, 대화 기술을 포함한다. 논의된 여덟 가지 원리는 교육과정 설계자에게 계속되는 문제일 뿐 아니라 본질적으로 교육과정 개발 원리의 공식화를 이끄는 개념이다. 예를 들어, 매우 효과적인 계열성의 창조는 교육과정 설계자에게 계속되는 문젯거리다. 동시에 교육과정 설계자는 반드시 효과적인 교육과정에서 계열성의 개념을 필수적으로 이해해야 한다. 교육과정과 계열성이라는 이 두 요소를 가져오면서 우리는 원리를 공식화한다. 효과적인 교육과정은 적절하게 계열화되어 있다. 그래서 우리는 이 여덟 가지 문제 및 개념과 같은 요소를 추론과 원리에 따라 살펴볼 것이다.

이 모든 여덟 가지 개념은 상호 연결되어 있다. 우리는 먼저 매우 근접한 개념인 스코프, 적절성, 균형성, 통합성의 네 가지에 대해 알아보겠다. 뒤의 세 가지는 스코프의 영역에 속한다. 이 네 가지는 목표와 목적의 선택과 관련되어 있다. 그러고 나서 우리는 상호 연결된 개념인 계열성, 계속성, 연계성 개념을 설명할 것이다. 뒤의 두 가지는 계열성의 영역에 속한다. 마지막으로는 전이 가능성에 대해 살펴보겠다.

스코프

스코프(scope, 범위)는 보통 교육과정의 폭으로 정의된다. 어떤 과정이나 학년 수준의 내용—주제, 학습 경험, 활동, 줄거리 또는 요소의 조직,[10] 통합적인 맥락,[11] 센터의 조직[12] 등에서 나타나는 것—은 어떤 과정이나 학년 수준을 위한 교육과정의 스코프를 구성한다. 여러 가지 코스와 학년 수준의 모든 내용은 학교 교육과정의 스코프를 구성한다. J. Galen Saylor와 William M. Alexander는 초기 연구에서 다음과 같이 스코프를 정의했다. "스코프는 폭, 다양성, 학교 프로그램을 통해 학생들에게 제공되는 교육 경험의 유형을 의미한다. 스코프는 교육과정 경험을 선택하기 위한 기준의 축을 나타낸다."[13]

교사가 1년 동안 다룰 내용을 선택할 때, 그들은 스코프를 결정한다. 지역이나 주 단위에 있는 교육과정 설계자는 고등학교에서 졸업을 위한 최소한의 요구를 정할 때 스코프에 대한 질문에 답하게 된다.

우리는 스코프를 가진 활동과 학습 경험을 동등하다고 생각할 때 문제에 직면한다. 모든 활동과 학습 경험을 포함하는 모든 것이 교육과정의 스코프를 나타낸다는 것은 사실이다. 하지만 활동과 학습 경험은 주제를 다루는 상태다. 예를 들어, 르네상스라는 주제를 나타낼 때 우리는 많은 활동과 학습 경험을 계획할 수 있다. 그 기간 동안의 예술작품의 사진을 보는 것과 유명한 예술가의 전기를 쓰는 것, 그 기간의 소설을 읽는 것, 그 기간의 역사를 읽는 것, 그 기간 동안의 주와 교회의 역할에 대한 보고서를 쓰는 것 등을 포함한다.

핵심 또는 맥락의 조직화 John I. Goodlad는 스코프의 요소를 "학교의 목표를 달성하기 위한 학습의 현실적인 초점"이라고 정의했다.[14] 그는 다음과 같은 이유로 여러 가지 요소의 의미를 한 용어로 전달하기를 원했다.

> 이런 초점 안에서 만족스럽게 의도된 것을 전하는 용어는 교육학적 문헌에는 없다. '활동과 학습 경험'이라는 용어는 대부분 거의 빈번히 사용되지만 다소 오해의 소지가 있었다. 어떤 환경에서는 핵심 조직화(organizing centers)라는 기술적인 용어를 사용함에 있어 이점이 있었다. 다소 어색할지라도 이 용어는 문화적 시대, 역사적 사건, 시, 토양 침식에 대한 영화, 동물원 여행과 같은 어떤 작업의 한 단위로서 학습을 위한 어떤 넓고 다양한 초점을 포함한다. 교수와 학습을 위한 핵심의 조직화는 아마 나무에 관한 책처럼 구체적이고 또는 21세기의 언론 검열과 같은 특별한 것이다. 핵심의 조직화는 교육과정의 본질적 특성을 결정한다.[15]

같은 맥락에서 Tyler는 줄거리와 요소, 즉 기본적인 개념과 기술을 조직하는 것을 확인하기 위해서 교육과정을 조직하는 사람들에게 충고한다.[16] 게다가 교육과정 설계자는 초점을 기초적인 개념, 기술, 교육과정에 포함될 지식 중 어디에 둘 것인가를 선택해야만 한다. 우리가 스코프라고 부르는 이 수평적인 조직에서의 가장 중요한 문제는 개념, 기술, 지식 및 포함되는 태도의 스코프다.

지식의 폭발 교사는 계속해서 교과를 선택하는 문제점과 씨름한다. 기술이 계속해서 진화함으로써 늘어난 지식들은 환상적이고 종종 놀라울 정도다. 당신은 혹시 인터넷의 상상을 초월하는 정보의 양에 뒤떨어지지 않기 위해 노력한 적이 있는가? 당신은 DVD 레코드에서부터 디지털카메라, 유명 텔레비전, 다기능 휴대전화, 더 큰 컴퓨터 메모리, 날로 증가하는 복잡한 소프트웨어에 이르기까지 날마다 새로운 기술 혁명의 학습곡선을 탄 적이 있는가?

인류는 컴퓨터를 가지고 다소간 편안하게 살아가기 시작하자마자 새로운 삶의 유형을 창조하기 위해 복제인간, 체외수정, 유전자 접합의 분야를 탄생시켰다. 인류는 우주를 여행하지만 태양계 내에서 떠도는 암석과 파편에 대해 걱정하고 있다. 인류는 원자를 이용하고 있지만 안전하게 방사선을 처리하는 방법을 알지 못한다.

목적 절차 교육과정 종사자는 교육과정과 상호 부합하는 개념, 기술, 지식을 어떻게든지 선정해야 한다. 오래전에 Hollis L. Caswell와 Doak S. Campbell은 교육과정의 스코프를 결정하는 과정을 제안했다. '목적 절차' 로서의 과정을 언급하면서 그들은 다음과 같이 절차를 제시한다.

> 첫째로, 일반적인 모든 것을 포함하는 교육의 목적이 진술되었다. 둘째로, 모든 것을 포함하는 진술은 작은 수의 높게 일반화된 진술로 나누어졌다. 셋째로, 작은 수의 목적 진술은 학교(초등학교, 중학교, 고등학교 분할)의 행정상의 조직으로 나누어졌다. 넷째로, 이 분할된 목적은 각각의 과목에서 성취될 목표로 진술됨으로써 더 많이 나눠졌다. 다섯째로, 각각 분리된 과목의 일반적인 목표는 여러 학년을 위한 구체적인 목표로 분석되었다. 즉, 구체적이고 가능한 용어로 된 진술은 각 학년에서 성취될 과목의 목표로 만들어졌다. 각 학년에서 모든 과목을 위한 구체적인 목표는 각 학년에서 미리 수행한 작업을 나타내고, 학년을 위한 작업의 스코프를 나타낸다.[17]

Caswell과 Campbell은 학습 경험, 초점, 주제, 조직 요소가 아닌 구체적인 목표를 교육과정의 스코프를 가리키는 것으로 이해했다.

필요한 의사결정 시간은 매우 귀하고 내용 분량은 대단히 많으므로 교육과정 내에 포함되는 각 핵심의 조직화는 그것에 포함되지 않은 것보다 명백히 중요한 것이어야만 한다. 선택된 요소의 중요성에 대한 결정은 집단 소속원의 합의, 전문 지식 또는 둘 다에 의해 이루어진다. 교육과정 설계자는 다음과 같은 대답이 쉽지 않은 질문에 답해야만 한다.

- 젊은 사람이 우리 사회에서 성공하기 위해 필요한 것은 무엇인가?
- 우리 지역, 주, 나라, 세계의 요구는 무엇인가?
- 각 학문의 본질적 요소는 무엇인가?

교육과정 스코프에 대한 결정은 다차원적이며 교육과정과 연계되었으며, 대체로 다양한 과목, 과목 안에서 과정과 내용, 단원 그리고 개별적인 수업을 다룬다.

교육과정 종사자는 세 가지 영역(domain) 각각에서 스코프를 결정해야 할 뿐 아니라 영역 사이에서도 스코프를 결정해야 한다. 영역 안에서 그들은 다음과 같은 질문을 해야 할 것이다.

- 우리는 지질학뿐 아니라 생물학에서의 코스를 포함해야 하는가?(인지적)
- 우리는 자비심의 성장뿐 아니라 협력적 태도까지 포함해야 하는가?(정의적)
- 우리는 자동차 교육뿐 아니라 자동차 정비도 가르쳐야 하는가?(심동적)

교육과정 설계자와 교사는 비록 부담스럽기는 하지만 영역 사이에서 결정하는 것보다 해결하기 쉬운 영역 안에서의 스코프의 결정을 해야 할지도 모른다. 어떤 영역이 가장 중요한가? 이 문제는 지식의 본질, 학습자와 사회의 본질과 요구에 관한 철학적인 논의를 야기한다. 이런 질문은 우리를 Herbert Spencer의 고전적인 질문 "어떤 지식이 가장 가치가 있는가?"로 우리를 이끈다.[18] Arno Bellack도 이와 같은 질문을 다루었는데, 학교는 교사가 주요한 학문에서 학생들의 지식을 발달시켜야 한다고 결론 내렸다.[19]

다른 이들은 지식의 영역—인지적 영역—을 강조한다. Jerome S. Bruner는 "지식의 구조—지식의 결합관계, 한 아이디어가 다른 아이디어를 따라오게 만드는 지식의 파생—

가 교육에서 강조되는 것은 적합하다."라고 썼다.[20] Robert L. Ebel은 인지적 학습을 옹호했다.[21] 그리고 Philip H. Phenix는 "간단하게 말해서, 나의 논문은 모든 교육과정 내용이 학문에서 나와야 한다는 것이고, 또는 다른 방법을 설명하자면 학문 분야에서 포함하고 있는 지식은 교육과정에 적합하다는 것이다."라고 말했다.[22]

반면에 Arthur W. Combs, Abraham H. Maslow와 다른 이들은 교육학적 과정에서 중심이 되는 것은 가치와 자기 인식의 개발이며, 이는 지식의 분야를 넘어선 것으로 보고 있다.[23] 우리는 인지적인 학습과 정의적인 학습 사이의 큰 논쟁을 다시 언급하지는 않을 것이다. 하지만 우리는 이 문제가 교육과정의 스코프를 결정하는 데 매우 중요하다는 것을 알아야 한다.

그들의 판단에 의지하는 것을 반대하는 많은 교사와 교육과정 설계자는 다른 사람—교육과정 컨설턴트, 교육과정 안내서의 작가, 교과서의 집필진과 출판업자—에게 스코프의 결정을 미룬다. 그러므로 스코프는 상당히 많은 부분의 설명을 차지하고 있다. 그리고 결정은 단순히 페이지의 수를 나누는 것, 일일 학교교육 시수, 학습의 한 코스에서의 주제와 학습 활동의 수를 나누는 것, 일수와 주 수에 의해 만들어진다. 극단적으로 단순화한 계획이 없는 것보다 교육과정은 체계적이고 협력적인 과정을 통해 더 많이 관련되어야만 한다. 설계자는 그들의 논의한 전문적 판단과 전체적인 영역에서 선정한 학교나 학습자, 사회, 주, 지역, 국가에 적합하다고 생각하는 개념, 기술, 지식에 대해 연구한다.

오늘날의 상황에서 교육과정의 스코프는 주, 국가의 표준과 평가의 형태에서 교사에 의해 모두 적용되어 있는 것처럼 보인다. 모든 교사는 교육과정에 표준과 평가가 함께 결합되어 있다고 확신한다. 비록 표준화에 기초를 둔 교육이 교육과정 개발 결정에 제한을 줄지라도 교사가 그들의 수업을 계획하고 조직하고 실행하고 평가해야 한다는 가장 보편적인 생각을 없앨 수는 없다. 우리는 15장에서 표준화에 기반을 둔 교육으로 돌아갈 것이다.

적절성

교육과정에 적절성(relevance)이 있어야 한다는 것을 주장하는 것은 엄마의 블루베리 파이를 좋아하는 것과 같다. 엄마의 블루베리 파이가 가장 맛있는 음식이라는 것에 대해 반대하는 사람이 미국의 문화에서 있을 수 있을까? 아무도 적절성이 없는 교육과정을 세우거나 논의하지 않을 것이다. 하지만 교육과정의 적절성에 대한 계속되는 요구는 교육과정에서 필수적인 특성의 부족을 의미하는 것이다.

다양한 해석 적절성을 결정하는 데 생기는 어려움은 여러 가지 단어의 해석에 있다. 교외에서 상관성이 있는 교육으로 고려되는 것은 도시 내의 것과 다르다. 앵글로에서 상관성이 있는 것은 히스패닉하고 다르다. 보수주의자에게 관련되는 것은 혁신주의자의 것과 같지 않다. 아름다움과 같이 적절성은 보는 사람의 눈에 따라 다르다. Harry S. Broudy에 따르면, " '관계', '관련되는 것' 과 같은 단어처럼 '상관성' 은 사실상 아무것도 제외하지 않는다. 말할 수 있는 모든 것은 말할 수 있는 다른 모든 것과 어떤 감각에서는 관련이 있다."[24]

우리는 적절성이 있다고 생각되는 것에서 연상되는 단어를 강조해야 한다. 교육과정이 상관성이 있든 없든 간에 중요한 문제가 될 것이다. 교육과정 수요자—학교의 선거구민과 후원자—는 상관성에 대해 태도를 형성할 것이다. 그리고 교육과정 설계자는 그들이 상관성의 문제를 다룰 수 있기 전에 먼저 상관성의 개념을 다루어야 한다. William Glasser는 학생들이 그들의 삶에서 왜 공부를 해야 하는지 관련성을 찾지 못한다면 학생들은 자신의 수업에 대해 따분하게 느낀다는 것을 확인하였다.[25]

적절성에 관한 논의는 학습자의 즉시적인 요구나 흥미와 갈등이 생길 수 있다. 예를 들어 대학이나 직장이 심리적으로 대부분의 아동에게는 굳이 시간의 문제가 아니더라도 먼 미래의 이야기다. 그들은 지금 어떤 지식에 대한 필요함을 느낀다. 스칼렛 오하라처럼 그들은 내일 일어날 요구에 대해 걱정할 것이다.

문제는 역사적인 내용에 대항해 현대적인 부분에서 일어난다. 만약 수업이 필수가 아니라면 얼마나 많은 학생이 역사 코스—미국 역사에 대해 가능한 예외를 가진—에 등록할 것인지에 대해 문제가 있다. 역사 교사는 어린 학생에게 역사의 가치, 더 고대의 역사, 더 어려움이 있는 역사를 계속해서 보여 주는 데 어려움이 있다.

학문적인 연구와 직업 기술적 연구, 즉 진로 교육과정에서 갈등은 발생한다. 직업을 위한 준비는 어린 학생에게 굉장히 중요하다. 그들은 기술 코스에서 가치를 발견한다. 그러나 어린 학생은 학문적인 영역이 (1) 모든 교육과정의 기반을 제공하고, (2) 다른 직업을 향해 새로운 전망을 열어 준다는 것은 알지 못한다. 예를 들어, 영어 교사는 그들의 노력에도 불구하고 미국의 국민—지구에서 가장 선진국 중 하나인 나라에서 다소간 교양이 있는—들이 책을 제대로 읽을 줄 아는 국민이 아니라는 사실에 절망감을 더 크게 느끼고 있다. 게다가 읽는 내용이 가장 질 높은 내용도 아니다. 우리는 젊은이가 학교에서 읽는 법을 배울 때 읽는 데 어려움을 느끼는 그들의 경험은 읽는 경험의 부족 때문이라고 생각한다. 아동은 독서에 대한 선호 혹은 비선호를 일찍 습득한다.

우리는 읽기의 부족을 읽기가 남성적인 남자와 서양 세계에 길든 개척자적인 여성이 아니라 나약한 삶과 동일시되는 미국의 최첨단 사고방식 탓으로 돌릴 수 있다. 마지막으로 텔레비전은 인쇄물의 세계에 큰 충격을 가져왔다. 텔레비전 시청은 책을 읽는 것보다 상상력을 덜 요구하지만 많은 사람에게 매우 쉽고 즐거움을 준다. 아마 인쇄물과 기술을 결합한 컴퓨터는 비록 대문학(모니터 앞에 앉아 Shakespeare의 희극을 읽는 것)이나 정보의 고속도로에 풍부하게 넘치는 자료를 전부 소화하지 못하더라도 책을 읽는 것을 증가하게 했을까?

적절성에 대한 반대는 사회에서 존재하는 것과 존재해야 하는 것에 대한 개념에서부터 생긴다. 질문은 다음과 같다. 교육과정 설계자는 어린 학생의 삶을 위해 있는 그대로 가르쳐야 하는가, 아니면 그들이 어떻게 되었으면 하고 바라는 상태로 가르쳐야 하는가? 교육과정은 고전을 읽고, 학문적인 저널을 구독하고, 클래식을 듣고, 종종 미술관에 가는 시민의 바람대로 개발해야 하는가? 교육과정은 어린 학생이 돈을 벌고, 인기 있는 소설을 좋아하고, 록음악을 즐기고, 그들의 집을 예술적으로 꾸미기 위한 것으로 개발해야 하는가? 교육과정은 중립적이어야 하나? 모든 가치에 기반을 둔 내용을 피해야 하는가? 또는 반대로 지식인과 지식이 적은 사람에게 내용이 노출되어야 하는가?

논쟁은 구체적인 것 대 추상적인 것의 상대적인 장점을 저울질하게 한다. 어떤 사람은 감각으로 경험될 수 있는 것에 집중하는 것을 좋아하는 반면, 어떤 사람은 높은 수준의 일반화를 통해 개발되는 것에 집중하는 것을 좋아한다.

적절성에 대한 설명 B. Othanel Smith는 그의 글에서 다음과 같이 분명하게 적절성을 설명했다.

> 교사는 계속해서 "나는 왜 배워야 하는가?" "역사를 공부하는 것의 이용 목적은 무엇인가?" "왜 생물학이 필요한가?"에 대해 묻는다. 만약 이런 질문의 취지가 일상의 활동에서 우리가 판단할 수 있는 것에 관해 묻는 것이라면 일반적인 대답은 가능하다. 우리는 학생들이 해야만 하는 결정과 활동에 관한 주제의 상관성을 말할 수 있다. 우리는 다른 것 사이에서 그들이 다음과 같이 해야 한다는 것을 알고 있다.

- 학생은 직업을 선택하고 이끌어 나갈 수 있다.
- 학생은 시민의 임무를 수행할 수 있다.
- 학생은 개인적인 관계를 맺을 수 있다.
- 학생은 문화적인 활동에 참여할 수 있다.

… 적절성에 관한 질문은 가장 확실하게 유용한 것에 대한 질문으로 요약된다.[26]

Smith는 추상적인 주제의 유용성을 보여 주기가 어렵다고 인정했다.

> 불행하게도 이 형태의 주제의 유용성은 나타내기가 훨씬 더 어렵다. 아마도 추상적인 지식의 유용성을 회의론자들이 나타낼 수 없다고 하는 중요한 이유는 그것의 상당 부분이 간접적 유용성으로서 기능하기 때문이다. 직접적 유용성은 글쓰기 및 읽기와 같이 매일 일상에서 사용하는 행동의 기술을 말한다. 간접적 유용성은 행동의 유형을 구성하기는 하지만 직접적인 행동으로 관찰되지는 않는다.[27]

지식의 사용 Smith는 직접적으로 관찰할 수 없는 지식의 사용을 관념적, 해석적, 실용적인 것으로 분류한다.[28] 관념적인 것에 대해 말하자면, Smith는 일반적으로 문제를 해결하게 하는 지식과 자유롭게 관련시키는 학습자의 능력을 지칭했다. 추상적인 지식은 개인이 그들의 환경—그들이 기본적인 지식 없이 할 수 없는—을 해석하는 데 도움을 준다. 추상적인 과목의 내용은 학습자가 새로운 문제를 해결하는 데 개념을 적용할 수 있게 한다.

교육과정 종사자는 학생들과 다른 사람으로부터 사려 깊은 도움을 받으며 상관성에 의해 의미가 있는 것을 선정하고 가능하면 적절성이 있는 것으로 교육과정을 진행해야 한다.

균형성

균형성(balance)은 표면에서는 당연하게 보이지만 엄밀히 조사해 보면 어려워지는 다소 특별한 교육과정의 개념이다. 균형에 대한 정확한 정의를 내리는 것은 어렵다. 대다수 교육자는 교육과정이 불균형의 상태라는 것을 느낀다. Paul M. Halverson은 "교육과정의 균형은 아마 항상 부족할 것이다. 왜냐하면 모든 종류의 교육기관은 새로운 문화의 요구나 수요에 적응하는 데 느리기 때문이다. 교육기관에서 그것에 긴밀히 연관되어 있는 가운데 사회 변화가 빠르고 긴박할 때를 제외하고는 말이다.[29)]

학교에서 균형이 부족할 수도 있으며 명백히 가져야만 하는 것이다. 만약 우리가 균형을 보았다면 어떻게 균형 있는 교육과정을 알 것인가? 이것은 우리가 검토해 보아야 할 중요한 문제다.

정의에 대한 조사에서 나온 결과는 교육과정에서 적용될 때 '균형'이라는 단어가 다르게 해석됨에 따라 복잡해짐을 말한다. Halverson은 균형의 목적과 수단에 대해 다음과 같이 말했다. "균형 잡힌 교육과정은 교육목표의 성취를 이끄는 스코프와 계열성 안에서 구조와 순서를 함축하고 있다."[30)]

Goodlad는 학습자가 중심이 되고 교과가 중심이 되는 교육과정이 균형을 가져온다고 말했다.

> 교육과정에 대한 현 시점의 많은 논쟁은 어떤 종류의, 얼마나 많은 관심을 학습자와 과목의 내용에 주느냐의 문제가 중심이 된다. 다른 것을 제외하는 것에 대해 강조하는 관점은 거의 논의의 가치가 없는 것으로 나타난다. 그럼에도 흥미 있는 관찰자가 어떤 요소의 배제로 다른 요소가 강조되는 학교의 활동을 발견하는 데 거의 어려움이 없다.[31)]

Ronald C. Doll은 학습자의 관점에서 균형을 바라보았다.

> 준비된 시간에 준비된 학습자에게 균형 잡힌 교육과정은 그 순간 그들의 특별한 교육적 요구라는 측면에서 학습자에게 완전히 부합한다. 그것은 개인적인 목적을 제공하고 그들의 성장을 가속화하는 교육 내용을 충분히 가지고 있다. 아마도 균형을 위해 작업 중인 것 중에서 가장 좋은 방법은 개인 학습자의 성장을 위해 가치 있는 것에 대해 분명히 하는 것이다. 그러고 나서 교육과정의 내용을 선택하고 수업을 위한 학습을 집단화하고 명확한 표현을 위해 안내 프로그램을 제공하고 진행하는 것이다.[32)]

앞서 언급한 Goodlad는 학습자와 교과(과목) 중심의 교육과정의 균형에 대한 요구를 강조한다. 반면에 Doll은 집단 활동과 개인 활동의 적절한 균형을 통해 각각의 개인에게 적합한 교육과정의 요구를 강조한다.

여러 변인(요인) 우리는 여러 가지로 균형의 원리를 적용할 수 있다. 일반적인 초등학교, 중학교, 일반 공립 고등학교를 볼 때 교육과정 설계자는 다음과 같은 변인의 문제 사이에서 균형을 찾아야 한다. 당신은 어떤 변인(요인)의 문제가 50:50의 분포와 다른 비율과 분할을 요구하는 아래와 같은 경우를 만나게 될 것이다. 비율을 이야기할 때 우리는 평형으로서의 수학적인 균형의 개념을 사용하지 않는다. 즉, 교육과정을 언급할 때는 50:50의 균형을 이루는 것을 찾기 어렵다. 1/3과 2/3의 균형이 옹호될 수 있는 시대다.

1. 학생중심 교육과정과 교과중심 교육과정: 이 변수는 보수주의와 진보주의의 철학의 갈등 사이에서 균형을 미리 가정한다.
2. 사회의 요구와 학습자의 요구: 교육과정은 사회적일 뿐만 아니라 인간적인 중심이 되어야 한다.
3. 일반교육과 전문교육: 일반 공립고등학교의 교육과정이 적어도 50%의 일반 교육과정 코스를 구성하고 있는 반면에 선택 과목은 학습자에게 전문화된 분야에서 유용할 것이다. 나라의 다양한 부분에서 학교 시스템은 전문화 교육을 위한 분리된 고등학교를 제공함으로써 같은 학교에서 일반화 및 전문화된 교육의 양자택일을 제공한다. 또 정규 고등학교와 실업학교에 둘 다 등록할 수 있도록 허락하고 직업기술 센터를 운영하기 위하여 다른 공립학교와 함께 힘을 합치기도 한다.
4. 넓이와 깊이: 교육과정은 학습을 제한하기 위해서 피상적이거나 반대로 매우 심오할 수 있다. 그러나 극단적인 학습은 제한된다.
5. 세 가지 영역(우리가 세 가지 방식의 균형을 창조할지도 모르는): 우리는 인지적, 정의적, 심동적 영역 중에서 하나라도 무시할 수 없다. 각각은 개인의 삶에서 중요하다. 학생들은 학습이 한 영역이라도 이루어지지 않을 때 균형을 잃는다.
6. 개별화 학습과 집단학습: 우리는 집단학습 시스템의 틀 안에서 개별화하고 개성화하기 위해 개인적인 다양함을 제공하는 방법을 찾아야만 한다. 많은 연구 자료들은 개별화를 성취하기 위해 이루어진다. 프로그램화된 교육은 개인적으로 독립적인 연구에서 진단적이고 처방적인 수업을 처방한다. 하지만 교육은 넓게 집단과정으로 남아 있다. 우리는 협력학습, 작거나 큰 하위집단을 만드는 것, 인간화된 기술을 가지고 전체적인 학급의 교육처럼 집단을 만드는 기술의 효과적인 방법을

발견해야만 된다.

7. 혁신과 전통: 전통은 안전성을 제공하고 대중이 좋아한다. 이익을 위한 지속적인 혁신은 교수진, 학생, 학부모를 혼란 상태에 빠지게 한다. 우리는 발생하는 변화를 소화하고 가치를 평가하기 위해서 빈도나 양에 대해 속도를 조절해야 한다.
8. 교과 논리와 학습자 심리: 이 변수는 본질주의와 진보주의 사이에서 다르지만 심리적인 맥락에서 동일시된다. 어떤 내용은 주제의 논리성에 따라 조직되고, 어떤 것은 학습자의 논리에 따라 조직된다.
9. 평범한 학생의 요구와 평범하지 않은 학생의 요구: 만약 지능이 인구 사이에서 무작위로 분리된다면 2/3의 학생은 평균일 것이다. 교육과정 설계자는 때때로 "나무를 다루는 아이"로 불리는 특별한 집단의 요구가 자주 나타나서 평균적인 학생의 요구에서 멀어지는 것을 주의해야 한다.[33)]
10. 학문적으로 재능이 있고 축복받은 학생들과 학문적으로 느린 학생들의 요구: 최근에 만약 한 집단만 강조한다면 우리는 학문적으로 느린 학생들의 요구에 따라 제반 편의를 제공해야 할 것이다. 아마도 학문적으로 재능이 있고 축복받은 학생은 학교에서뿐만 아니라 그들 스스로 학습할 것이다. 또는 아마도 우리는 통계학에 의해 학문적으로 느린 학생이 학문적으로 재능이 있는(상위 15%) 학생과 축복을 받은(상위 3%) 학생보다 더 많다는 정보를 제공받을 수 있을 것이다. 학교는 빠른 학습자와 느린 학습자 모두의 요구를 다루어야 한다.
11. 방법, 경험, 전략: 교사는 오디오와 비디오 미디어를 포함하여 여러 기술을 혼합하여 사용해야 한다. 어떤 학교는 거의 배타적으로 인쇄물에 의존한다. 필름, 녹음기, 텔레비전, 그리고 인터넷 접속이 가능한 컴퓨터와 같이 대중의 중재학습에 대한 탐닉을 맞추어야 한다.
12. 시대와 장소에서의 즉시적인 것과 장기적인 것: 어떤 사람은 고대 역사에 대한 연구(아주 먼) 또는 비문명화 사회에 대한 연구(매우 멀고 상관없는)를 빠뜨린다. 사실 어떤 사람은 역사의 가치를 깎아내린다. 그들은 단지 빛나고 새롭고 현대적인 것을 교육과정으로 구성한다. 세계화 시대에서 21세기 사람들은 인류 문명에서 다양하게 현존하는 문화에 대한 이해를 결합하여 문명의 뿌리에 대한 감각이 필요하다.
13. 일과 놀이: 모든 수준에서 젊은이들은 비록 50:50이 아닐지라도 학문적인 활동과 여가 또는 육체적 활동 내에서의 균형을 요구한다. 게임, 스포츠 형태의 활동, 개인적인 요구는 지루함의 발생을 경감하도록 돕고 교육 그 자체가 될 수 있다. 젊은

사람들에 의해 추구되는 어떤 직업을 가진 사람은 그것이 직업이 될 수도 있고 일생에 걸쳐 홍미가 될 수도 있다.

14. 세력으로서 학교와 지역사회: 교사는 때때로 교실 벽 밖에서 많이 배우게 된다는 것을 잊고 지낸다. 사실은 삶의 많은 장소에서 학교 밖의 긍정적이고 부정적인 자연 모두에 대해 더 많이 배운다. 교육과정 설계자는 교육적인 연구소로서 지역사회를 사용하는 방법을 만들어야 한다. 만약 세계가 조개라면 지역사회는 진주가 될 수 있다.
15. 교과(학문) 간의 문제: 중학교에서 특히 선택 과목인 학문은 학생들의 등록을 위해 서로서로 경쟁한다. 때때로 어떤 학교는 어떤 학문에서 특별히 매우 강한 부서로 특성화되어 있다. 비록 어떤 학문의 중요성이 부각될지라도 이 상황은 다른 학문보다 상대적 우위를 말하는 것이다. 교육과정 설계자는 모든 분야에서 중요성을 조절하기 위해 노력해야 한다.
16. 프로그램 간의 문제: 중학교의 대학준비 프로그램은 종종 다른 교육과정에 비해 부족해 보인다. 교육과정 설계자는 일반적, 직업 기술적, 상업적 등 기타 다른 교육과정이 대학 준비 교육과정뿐 아니라 공식적으로 그들의 자리를 가져야 한다고 확신해야만 한다.
17. 교과(학문) 분야 내의 문제: 예를 들어, 자연과학과 사회과학은 가르치고 질문하기 위한 학문의 결합이다. 외국의 언어 교육과정은 이해, 읽기, 쓰기, 말하기의 성취를 추구한다. 다른 중요한 측면을 밀어내도록 하는 측면의 특별한 학문은 없다.

교육과정에서 균형을 위해 노력하는 것은 교육과정 설계자에게 필수적인 책임이다.

통합성

교육과정 종사자는 교과를 통합(integration)하는 문제에 관심을 가져야 한다. 교육과정 설계 개념의 한 맥락에서 통합은 학문의 혼합, 결합, 통일을 의미한다. 개념은 우리가 활동과 중핵 교육과정에 대해 논의했던 9장에서 살펴보았다. 완전 통합된 교육과정은 학문 사이에서 장애물을 없애고 주제 또는 화제를 위에 두고 학문을 결합한다. 달성되어야 할 스코프와 계열성의 결정과 달리, 학문의 통합은 선택적이고 논쟁의 소지가 많은 과제다. 교육과정을 통합하느냐 안 하느냐는 교육자들이 다루는 문제다.

교육과정 설계자가 교과의 통합을 선택하는 것은 지식의 본질, 학습자의 특징, 교육의 목적에 대한 그들의 철학에 달려 있다. 많은 교육자는 그들의 연구와 분석에 기반을 둔 주제의 통합이 학문 상호 간에 교육과정 계획을 가지고 성공으로 이끌어 낸다는 것을 주장한다. Tyler는 통합을 "교육 경험의 수평적 관계"라고 정의했고, 계속해서 "이런 경험의 조직은 학생들이 통일된 관점을 갖게 하고 그들이 다루는 요소와 관련해서 그들의 행동을 통일화하도록 돕는다."라고 밝혔다.[34] Hilda Taba는 "한 분야에서의 사실과 원리가 다른 분야와 관련될 경우, 특히 이 지식을 적용할 때 학습이 더 효과적이라는 것을 알 수 있다."라고 말했다.[35]

하지만 우리의 학교는 일반적으로 그리고 전통적으로 교과의 통합이 매우 중요하지 않거나 학생 성취에 유해하다는 것처럼 행동한다. 교과가 구체적인 학문으로 조직된 교과 교육과정의 열기는 활동 교육과정과 중핵 교육과정과 같은 연구에 의해 쉽게 흔들린다. 초등학교 수준의 활동 교육과정과 중학교 수준의 중핵 교육과정은 학문의 장애물을 없애고 주제가 적용할 수 있는 것을 사용하면서 해결될 수 있는 문제를 가진 교육을 조직하게 한다. 통합된 교육과정의 인기는 시간이 지남에 따라 커졌다 줄어들었다 한다. 우리는 교육과정 통합에 대한 다시 새로워진 흥미를 특히 과목 통합 프로그램이 보편적인 성질이 된 중학교에서 발견할 수 있다.

주제는 시간 간격을 가지고 분리된 학문의 기초 위에서 조직될 수 있다. 다른 접근법은 학문의 고려 없이 학교 전반의 수준(중핵 교육과정을 가진) 또는 학급 수준(단위 계획의 어떤 유형을 가진) 중 하나를 택하여 통합된다.

물론 모든 교육학자가 통합 교과의 문제를 지지하는 것은 아니다. 일부는 다양한 학습을 개별적으로 가르쳐야 한다고 믿는다. 그러므로 그들은 교육과정 조직에서 영역을 확장하는 것을 반대하고 교사와 학생들이 개별적인 학습을 해야 한다고 믿는다.

진보주의자들은 학문 사이에서 인공적인 장애물을 제거할 때 이해력이 증가한다는 신뢰할 만한 논리를 주장한다. 인간이 필요한 주제가 무엇이든 이성적으로 판단하는 것에 따라 그들의 문제를 해결하는 것은 사실이다. 하지만 미성숙한 학습자가 통합된 학문으로 구성된 교육을 받아야 하는가는 논쟁거리가 된다. 두 가지 입장은 학문의 분리를 감소시키며 오랜 시간 지속되어 왔다. 교과는 서로 연결되어 있고 통합되어 있다. 교육과

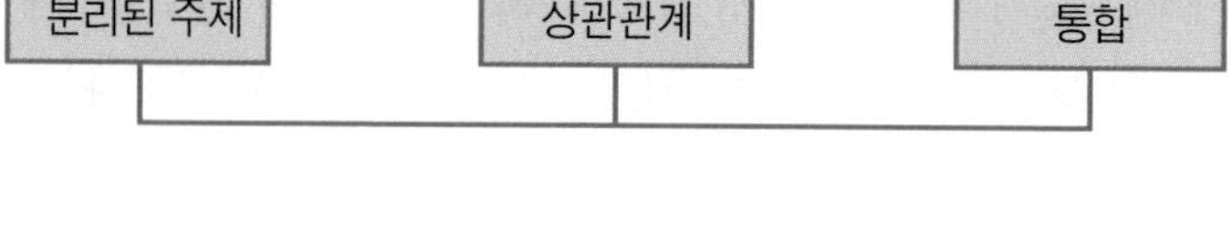

정 설계자는 그들 자신을 다음과 같이 나타나는 연속체의 어떤 곳에 두어야 한다.

교과 내용의 상관관계 상관관계는 여전히 독립성을 유지하고 있는 다른 교과와의 관계다. 교과 간의 관계는 학생들에게 보이는 역사와 문학, 수학과 과학, 미술, 음악, 문학과 같은 경우처럼 특별한 학교 수준에서 가르쳤다.

교과는 한 학년 수준이나 두 학년 또는 그 이상의 수직 학년에서 수평적으로 관계될 수 있다. 후자를 예로 들면, 고등학교 2학년, 3학년에게 가르치는 고대 역사는 3학년 4학년에게 가르치는 라틴어와 상호 관련되어 있을지도 모른다. 이러한 진행에 의해 라틴어 공부가 더욱 풍부해진다. 만약 이런 과정이 동시에 일어난다면 두 학문의 공부는 더욱 증진될 것이다.

상관관계는 교과가 자신의 고유성을 줄이면서 통합된다. 문명 시대에 대한 교육과정 조직의 핵심적인 접근에서 인류의 역사는 틀을 제공한다. 교과—영어, 사회학, 과학, 수학, 미술, 음악—는 문명 시대를 조명한다. 상관관계와 통합 중 어느 하나를 실천할 때에는 영향을 미치는 모든 교사가 협력적인 계획을 세워야 한다.

교육과정 통합의 두 가지 관점 Taba는 교육과정 통합의 두 가지 관점을 제시했다. 첫 번째는 과목의 수평적인 관계에 대해 논의한 것이다. 게다가 Taba는 "통합은 항상 개인에게 일어나는 어떤 것으로 정의된다."라고 했다.[36] 만약 우리가 두 번째 관점을 따른다면, "문제는 지식의 통일성을 만들어 가는 과정에서 개인을 돕는 데 있다. 이 통합에 대한 해석은 통합적인 맥락을 두기 위한 통합된 과목에 강조를 둔다."[37]

교과가 교사에 의해 통합된 유형 안에서 학습자에게 보이든 아니든 상관없이 학습자는 지식을 그들의 행동에 통합하여야 한다. 교양 있는 사람과 지식이 해박한 사람들 사이의 구별은 지식이 그 사람 안에서 얼마나 통합되어 있는가에 달려 있다.

Taba는 다음과 같이 말했다.

> 교과의 통일은 헤르바르트 학파 이후로 교육에서 화제가 되어 왔다. 상당한 수의 실험적 교육과정 설계는 학습을 통합하는 문제를 계속 가지고 있다. 동시에 우리는 통합을 이루는 것과는 거리가 있다. 왜냐하면 만약 특성화된 교과의 연구가 사라질 때 생길 훈련된 학습의 손실에 대한 두려움 때문이고, 또 학교 교과를 통일하기 위한 효과적인 기초가 아직은 없기 때문이다.[38]

당신은 이 책에서 둘 이상의 혹은 여러 분야에 걸친 교육과정 통합에 대한 몇몇 참고할 만한 예를 보았고 또 볼 것이다. 비록 많은 학교에서는 둘 이상의 분야에 걸친 한 단계 이상의 교육과정 접근법과 교수법을 사용하려고 노력하고 있지만, 중핵 교육과정에서의 교육과정 통합은 중학교에서 더 빈번히 발견되며 대부분의 중학교에서 눈에 띄는 특징으로 나타난다.

통합된 교육과정은 예로부터 분과적으로 조직되는 관례적 교육과정 조직 방식에 도전해 왔다. James A. Beane은 "관성적으로 해 오던 힘, 분과적 교육과정, 관련된 시험에 맞서 싸우는 것은 쉬운 일이 아니다."라고 말하며, 통합 교육과정 실행의 어려움을 강조했다.[39] 교육과정 설계자는 그들이 교과를 서로 관련시키는 것과 통합하는 것 중 어떤 의식적인 노력을 할 것인지를 결정해야 한다. 또 만약 그들이 어떤 조직적인 구조 중 하나를 계획한다면 그들은 그렇게 하도록 노력해야 할 것이다.[40] 스코프, 적절성, 균형성, 통합성은 교육과정 전문가가 주의를 기울여야 하는 상호 관련된 원리다.

계열성

계열성(sequence)이란 교육과정 설계자에 의해 조직 요소나 중심 내용이 배열되는 순서다. 스코프가 교육과정 조직에서 '무엇'을 뜻하는 것이라면, 계열성은 '언제' 를 뜻한다. 계열성은 언제 어디에 주요한 중심점을 두는가에 대한 질문에 대답한다. 얼마 전 Saylor와 Alexander는 계열성을 다음과 같이 정의했다.

> 교육적인 경험이 학생들에 의해 발전되는 순서다. 계열성은 교육과정 계획에서 '언제' 에 해당된다. 계열성을 결정 내리는 일은 특정 스코프로 제안된 교육적 경험을 발전시키는 데 가장 적합한 결정이 되기도 한다. 스코프의 문제를 교육과정 계획의 "위도" 와 같이 생각한다면, 계열성은 "경도" 축이 된다.[41]

일단 교육과정의 스코프를 정하고 나면, 우리는 그 요소들을 의미 있는 순서로 배열해야한다. 읽기 교육과정의 간단한 예를 들어 보자. 읽기 교사는 학생들이 다음과 같은 것을 할 수 있기를 바란다고 가정해 보라.

- 소설 읽기

- 단어 읽기
- 문단 읽기
- 문장 읽기
- 알파벳 인식하기

학습자가 이러한 요소를 학습하기 위해서 특별히 정해진 순서가 있는가? 정답은 분명히 있다. 먼저 학생들은 알파벳 글자를 인식하고 그다음에 단어, 문장, 문단, 소설의 순서로 나아가게 된다. 어느 한 학생이 모차르트처럼 천재가 아닌 이상 보통 어른의 학술 서적을 읽는 읽기 기술을 처음부터 보여 줄 수는 없다.

그러나 경제학에서 다음과 같은 조직적 맥락을 예로 들어 보자.

- 보험 관련 분야
- 부동산
- 은행 관련 분야
- 증권 시장
- 인플레이션
- 경기후퇴
- 외환 시장

이 경우 계열성은 무엇인가? 선호되는 계열성이 있는가? 무엇이 그것을 선호하게 하는가? 다른 예로, 미국 혁명, 1812년 전쟁, 한국전쟁, 제1차 세계대전, 시민전쟁, 베트남전쟁, 제2차 세계대전, 걸프전쟁, 이라크 전쟁, 스페인-미국 전쟁은 어떤 순서로 공부해야 하는가? 이러한 경우 정답은 쉽게 찾을 수 있다. 단지 전쟁을 연대순으로 배열하는 것이다. 그러나 이러한 내용을 배열하는 정당하게 인정되는 다른 방법이 있지 않을까?

계열성 문제는 다음에 관한 의문을 만들어 낸다.

- 학습자의 성숙도
- 학습자의 흥미도
- 학습자의 준비도
- 학습되어야 할 내용의 상대적 난이도

• 내용 사이의 관계
• 각각의 경우 요구되는 선행 기술

계열화 방법 교육과정 종사자는 어떠한 내용이 먼저 나와야 한다는 결정을 어떻게 내리는가? 계열화는 내용을 배열하는 것을 포함하여 다양한 방법으로 이루어지고 있다.

1. 단순한 것에서 복잡한 것으로: 100단위를 배우기 위해서는 10단위를 충분히 다루어야 한다.
2. 연대순으로: 역사는 대부분 이러한 방법으로 가르쳐진다.
3. 반연대순으로: 때때로 역사 교사는 학생들이 더 최근의 사건에 친근감을 느껴 즉각적인 관심을 유도할 수 있다는 가정 아래, 가장 최근의 사건에서부터 가장 오래된 것으로 거슬러 올라가며 가르치기도 할 것이다. 현재 존재하는 주제가 시간을 거슬러 갈수록 반복적으로 나타날 것이다.
4. 지리상으로 가까운 곳에서 먼 곳으로: 사람들은 가정에서 가까운 현상이나 상태를 먼저 탐구하고 점차적으로 학습자의 지평을 확대하여 궁극적으로 전 세계와 심지어 우주까지 확장하는 것이 이치에 맞다고 주장한다.
5. 먼 곳에서 가까운 곳으로: 이 과정은 먼 지역에 초점을 두고 가정환경 연구를 끝 부분에서 다룬다.
6. 구체적인 것에서 추상적인 것으로: 학생들은 처음에는 블록을 물리적으로 조작하여 수를 세는 것을 배우지만, 나중에는 머릿속 조작 활동을 통해 수를 셀 수 있다.
7. 일반적인 것에서 특수적인 것으로: 이는 원리를 먼저 다루고 구체적인 예를 다루는 접근법이다.
8. 특수한 것에서 일반적인 것으로: 이는 구체적인 예시를 다루고 원리를 이끌어 내는 접근법이다.

우리가 계열성을 결정할 때는 단원의 내용 간의 순서가 상관없는 때가 있다는 것을 알게 된다. 20세기 미국 작가들의 작품을 공부할 때 작가들을 극작가, 소설가, 전기작가나 역사가로 집단화하고 싶어 한다고 할 경우, 어느 집단의 작가들을 먼저 공부하느냐는 큰 차이가 없어 보인다.

우리가 인위적으로 계열성을 무시해야 할 때도 있다. 예를 들면, 학급에서 미국 연방

대법원에 의해 결정된 정치·사회적 체계에 영향을 준 획기적인 사건을 공부할 때 고대 로마의 정치 구조를 공부해도 된다. 이처럼 즉각적이고 중요한 경우는 계획된 계열성을 바꾸기도 한다.

선행 요건적 기능 종종 학생들은 그 전 단원을 끝낼 때까지 다음 단원의 내용에 크게 몰두하지 않는다. 대수학을 공부하는 학생은 그들이 산술적 기술을 익혀 놓지 않으면 어려움을 경험할 것이다. 1학년 외국어 기술을 익혀 놓지 않고서는 2학년 외국어 기술을 계속해서 공부할 수 없을 것이다. 이러한 이유에서 선행 기술 평가는 안전한 교수법이다. 교사들은 학생들이 주어진 과제를 수행할 때 필요한 기술을 이미 익혀 두었는지 인지하고 있어야 할 것이다.

모호한 계열화 무엇이 선행 기술을 구성하는지에 대해 그들 자신의 생각을 따랐던 과거의 교육과정 설계자 중 일부는 계열성이 굳건한 기반 위에 올라서기 어렵다고 보았다. 예를 들어 수년 동안 고등학교 학생은 일반 수학, 생물학, 화학, 물리학 순으로 공부를 해야 했다. 사실 이들 과목 중 하나도 서로 종속적이지 않다. 각 과학 과목은 서로 다른 과학 과목보다는 읽기와 과학 분야의 숙달이 우위에 있다고 해야 할 것이다. 우리는 대수학 1, 기하학, 대수학 2, 삼각법, 미적분학의 순서로 설명되는 수학에서 모호한 계열성의 증거를 찾을 수 있다. 대수학 1로 시작하여 미적분으로 끝나는 교육과정 계획을 세우는 것이 현명할지라도, 기하학이 끝난 후에도 여전히 대수학 2를 공부해야 하는 이유가 필요하다. 왜 맥베스를 율리우스 시저 다음에 가르쳐야 하는가? 왜 미국 역사는 세계 역사 뒤에 나오는가? 자국우월주의자의 관점에서는 미국 역사가 고등학교 교육과정에서 먼저 나와야 한다고 주장할 수도 있을 것이다.

계열화의 개념 Donald E. Orlosky와 B. Othanel Smith는 계열화의 개념에 대해 토의했다. (1) 요구에 따른 계열화, (2) 거시적 계열화, (3) 미시적 계열화다. 첫 번째 개념에 따르면 다음과 같다.

> 학습자는 때에 맞는 상황에 따라 자신의 학습 내용을 요구한다. 요구가 발생할 때 학습자는 자신이 알고 싶은 것을 선택한다. 선택에서 실수가 발생하면, 그는 자신의 현재 요구를 충족하는 것을 찾을 때까지 다시 전 과정으로 되돌아간다. 계열성의 기

> 회주의적인 개념이나 이를 지지하는 사람들은 이것이 정신적으로 건전한 방법이라고 주장한다.[42]

이 계열성의 개념은 진보적인 교육자와 열린 교육자의 관점에 적합하다.

거시적 계열성은 Arnold Gesell, Frances L. Ilg, Jean Piaget와 같은 학자들이 주장한 아동 발달 원리를 따른다. Orlosky와 Smith에 따르면, 거시적 계열성은 다음과 같다.

> 개개인의 서로 다른 발달 단계에 일치시키기 위한 지식의 조직과 교수법의 체계화다. 오랜 시간 동안 교사는 아동의 발달과 일치하도록 교수법의 지식을 대략적으로 체계화해 왔다. 어떤 학교의 현존하는 프로그램을 연구해 보아도 그것이 아동의 발달과 대략적으로 일치한다는 사실을 알게 될 것이다.[43]

미시적 계열성은 각 단원의 내용에 요구되는 선행 지식에 따라 주제를 순서화한 것이다. Orlosky와 Smith는 "이것은 어떤 학습 과제든지 구체화된 목표를 달성하기 위해 아주 단순한 것에서 더 추상적이고 복잡한 요소로 확대되는 위계 순서가 있다는 것을 보여준다."라고 하였다.[44]

교육과정 설계자는 학년성에 적합한 내용 배치에 대한 요구를 받았다. '계열성' 과 '학년 배치' 라는 용어를 함께 사용하며 Smith, Stanley, Shores는 다음과 같이 관찰하였다.

> 학년 배치와 계열성 문제를 해결하는 데는 오직 두 가지 접근법이 있다. 첫째는 수업 목표를 유지하되 아동을 있는 그대로 받아들이고 경험을 학습자의 발달 단계에 맞게 조정하는 것이다. 두 번째 접근법은 교육과정이 주어진 학년 수준에 맞는 위치에 있다고 보고, 학습자가 이러한 교육적 경험에 적응하도록 학습을 제공하는 것이다. 즉, 학생들이 학습에 준비되도록 만드는 것이다.[45]

시작점 계열성을 짓는 과정에서의 의견 불일치는 교육과정 설계자가 그 출발점을 학습자로 보아야 할지 혹은 과목 내용으로 보아야 할지에서 발생한다. 첫 번째 입장은 학습자의 실제적 성장과 발달의 유지를 강조하는 입장을 선택하거나, 혹은 현재의 용어로 학습 경험이 '발달적으로 적합' 한 것을 요구한다. 두 번째는 학습자가 그것을 습득할 수 있다고 가정하고 과목 내용을 학년 단계에 배치한다. 계열성에 대한 후자의 접근법은 역사적인 접근법이 되었다.

Smith, Stanley, Shores는 이 두 접근법의 절충안을 주장하며, 둘 중의 어느 접근법을 진심으로 지지하는지는 실제적으로 제시하지 않는다.[46)]

그들은 교육과정 입안자가 학습자의 성숙도, 경험적 배경, 정신 연령, 흥미와 과목 내용의 유용성과 난이도를 계열성을 짤 때 고려해야 한다고 충고한다.[47)] 교육과정 요소 조직 순서를 정하는 것은 교육과정 입안자의 가장 중요한 업무 중 하나다.

계속성

계속성(continuity)은 연속된 단계상에서 내용이 반복되도록 고안하는 것으로, 수업이 진행됨에 따라 복잡성의 단계가 증가하는 것이다. Tyler는 계속성을 다음과 같이 설명했다.

> 계속성은 주요 교육과정 요소의 수직적 반복을 의미한다. 예를 들어, 사회 과목에서 사회 과목 내용 읽기 기술 향상이 중요한 목표라면, 교육과정에서 이런 기술을 연습하고 발달시키기 위해 반복적이고 계속적으로 읽기 관련 내용이 필요할 것이다. 이것은 계속적으로 같은 종류의 기술이 계속 다루어진다는 것을 의미한다. 비슷한 방법으로, 과학 과목의 목표가 에너지의 의미 있는 개념을 발달시키는 것이라면, 이 개념이 반복적으로 과학 과목의 다양한 부분에서 다루어지는 것은 중요하다. 그러므로 계속성은 효과적인 수직적 조직의 중요한 요소다.[48)]

나선형 교육과정 계속성의 원리는 나선형 교육과정에서 보인다.[49)] 예를 들면, 민주주의의 연구, 글쓰기, 개인적인 건강과 대화와 같은 개념, 기술, 지식은 다루어지고 또 반복되어 다루어진다. 이는 내용이 추가되어 반복되는데, 반복 제시될 때마다 전 단계보다 내용이 더 심화된다.

전문적 지식의 필요 계속성을 위한 교육과정을 계획할 때는 고도의 전문성이 요구되는데, 그것은 주제 영역에 관한 지식과 학습자에 관한 지식 모두를 요구한다. 예를 들면, 적절한 스코프의 내용과 계열성과 계속성을 고려하여 12학년 학생을 위한 수학의 계열성을 계획하려면 교과 내용의 전문가와 교사의 조합된 기술이 필요하다. 계속성은 내용의 단순한 반복을 의미하는 것이 아니라 복잡성과 정교성 단계의 증가를 의미한다. 예를 들어, 초등학교 학생이 민주주의가 국민의, 국민에 의한, 국민을 위한 정부라고 배운다면 중 · 고등학교 학생은 민주주의에서 논쟁이 되는 문제를 다룰 것이다.

경험은 교육과정 입안자에게 어떤 단원의 내용이 어느 정도까지 다시 다루어져야 할지 알려 줄 것이다. 아주 기초적인 수준의 전 사정 단계는 새로운 내용 요소가 제시되기 전에 반드시 필요하다. 전 사정 단계는 학습자가 (1) 전 단계의 내용을 바탕으로 한 새로운 내용, (2) 더 복잡한 단계로 반복되어 제시될 전 단계의 내용에 준비가 되어 있는지 여부를 알려 줄 것이다.

연계성

우리가 지속성을 특정한 학교급의 학년 단계에 따른 내용의 나선형화로 보았다면, 연계성(articulation)은 곧 초 · 중 · 고등학교와 대학교와 같이 학교급 사이의 조직 요소를 서로 맞물리게 하는 것으로 볼 수 있다. 즉, 초등학교, 중학교, 고등학교, 그리고 중학교와 상급 중학교, 고등학교와 대학교를 걸치는 것이다. 계속성처럼 연계성도 계열성의 한 측면이라고 하겠다.

수평적 연계와 수직적 연계 Oliver는 연계성이란 용어를 "수평적 연계성" 혹은 "상호 관련"과 같은 의미로 사용하였다. 그는 "계속성"의 개념을 "수직적 연계성"과 동일시하였다.[50] 나는 '상호 관련' 이란 말을 '통합' 쪽으로 반쯤 옮겨 간 것에 관하여 '상호 관련'이란 말은 수평적 연계성이라고 부르는 것에 동의할 것이다. 연계성, 계속성, 계열성은 모두 관련되어 있다. 나는 계속성을 수직적 연계성으로부터 분리하고, 연속적으로 더 복잡한 단계에서의 내용의 재소개로 정의하겠다. 그리고 연계성은 학습자로 하여금 다음 학교급으로의 원활한 진학을 위한 다양한 교육적 사다리의 교육과정의 맞물림으로 정의하겠다. 이런 맞물림은 단원 내용의 재소개를 포함할 수도 있고 하지 않을 수도 있다. 연계성에 관한 한, 나는 수직적 연계성의 문제를 제시할 것이다.

불행히도 서로 다른 수준 간의 연계성에 대한 노력은 여러 사례에서 미미하고 비효율적이었다. 유치원 단계부터 12학년, 그 이상 단계로 연계된 계열성이 계획되려면, 교육과정 입안자 사이에서의 협력이 반드시 필요하다.

우리는 이런 학교급 사이에서 교육과정 내용의 무계획적인 반복을 상당히 발견할 수 있다. 이것은 연계성도 연속성도 아니며, 서로 앞뒤 연관된 교육 내용에 대한 지식 없이 그들 자신의 프로그램만을 만들려는 입안자의 자유방임적 태도일 뿐이다.

우리의 분권화된 교육체계 때문에 연계성의 부족이 종종 발생한다. 연계성은 특별히 다른 수준의 학교가 분리된 행정가와 학교 관리자에 의해 운영되는 분리된 학구의 몇몇 주에서는 특히나 어려운 문제다. 심지어 모든 같은 수준의 학교가 하나의 행정, 학교 운영진으로 중앙 집권화된다고 해도 연계성은 여전히 문제로 남는다.

수준차 우리는 종종 큰 수준차를 발견한다. 7학년 교사(학생들의 선행 지식 사정에 실패하거나 이를 거부한)는 초등학교를 졸업한 학생들이 습득하고 있을 특정 수준의 지식을 기대한다. 고등학교 교사는 중학교에서 진학한 학생으로부터 특정한 능력을 기대한다. 이어서 대학교 교수는 대학에서 학습하기 위해 필요한 고등학생의 기술 부족을 비난한다.

개인적 연계성 교과목에 대한 계획적 연계성이 필요할 뿐만 아니라 학습자 개인에 대한 연계성도 필요하다. 학교는 학생들의 다양화된 능력을 존중해 줄 방법을 찾는다. 예를 들면 일부 중학교 학생은 고등학교 교과목에 도전할 능력을 가지고 있다. 어떤 고등학생은 고등학교나 대학교의 상급자 배치 코스를 성공적으로 수행할 수 있다. 어떤 학생은 고등학교의 1년을 건너뛰고 대학교에 들어가거나 대학교의 저학년을 건너뛰고 고학년에 등록할 수도 있다.

잘 개선된 연계성은 대부분의 어린 학생에게 큰 정신적 충격 경험이 되는 한 수준에서 다음 수준으로 이동하는 것을 쉽게 만든다. 그리고 학생들이 높은 수준으로 옮겨 갈 때 수반되는 사회 적응 문제와 함께, 불필요한 학습 내용의 반복과 학생들에게 너무 쉽거나 그들의 능력과 기술 이상의 학습을 하게 되는 고통을 거의 받지 않게 해 준다. 그러므로 교육과정 입안자는 연계성의 문제를 피해 갈 수 없을 것이다.

계열성, 계속성, 연계성에 대해 이야기된 것을 다시 개괄해 보자. 계속성과 연계성은 계열성의 측면이다. 계열성은 한 차시, 한 단원, 한 코스, 한 학년의 교육 내용의 논리적이고 심리적으로 안정된 배열이다. 계속성은 학교체계를 아울러 계속적으로 증가하는 복잡성에 따라 같은 내용이 계획적으로 구성되고 반복 제시되는 것을 말한다. 연계성은 학년을 뛰어넘어 내용 단위의 계획된 계열성이다. 즉, 한 학년에서 다음 학년으로, 다음 학년이 그 전 학년이 끝난 곳에서 시작되는 것을 말한다.

세 가지 원리—계열성, 계속성, 연계성—는 상호 보완적이다. 학습 자료는 어느 단계에서든지 적절히 계열화되어야 한다. 계속성은 학생들이 한 주제에 대해 심도 있는 지식을 얻기 위해 추구되어야 하는 반면, 연계성은 한 학년에서 다음 학년으로의 계열성에 차이가 없도록 하기 위해 제시되어야 한다.

비록 이 책이 계열성과 관련된 원리를 교육과정을 계획하고 조직하며 평가하는 데 있어서 유용한 개념으로 해석하고 있으나, 교육에 관한 많은 개념과 실제에 관한 관점은 이 책에서 여러 번 언급했듯이 매우 다양하다. 계열성과 나선형 교육과정의 개념도 예외가 아니다.[51] "오늘날엔 계열성에 관심이 거의 없다."라고 주장하는 John D. McNeil은 "오늘날의 조사가 엄격한 기술 서열화와 나선형 교육과정의 개념에 의문점을 던지고 있다. 비록 곱셈 전에 덧셈을 가르치는 것과 같은 일부 유용한 서열화된 기술이 있을지도 모르나 Bloom의 분류학처럼 서열화를 뒷받침하는 증거는 거의 없다."라고 기술했다.[52]

전이 가능성

학교에서 배운 내용이 무엇이든 그것은 어떤 의미에서건 전이 가능성(transferability)이 있어야 한다. 즉, 학교에서의 학습은 학교 밖이나 학교를 마친 후에도 넓은 의미로든 좁은 의미로든 적용되어야 한다. 교육을 위한 교육—교육받은 사람의 드러남—은 교육의 충분한 목표가 되지 못한다. 교육은 어떤 의미에서 개인의 삶을 풍요롭게 해야 한다.

교육 또는 훈련의 전이는 교육심리학에서 어느 정도 논의되었다.[53] 전이는 교실에의 첫 번째 도입 순간을 넘어서 학습에 영속성을 부여한다.

직업기술 교육은 전이 가능성에서 짜 맞추어 놓은 기술을 가지고 있다. 당신은 전이를 볼 수 있다. 그것은 명확하다. 산업 기술 분야와 직업교육 수업에서 배운 기술은 생활 상황에서 전이될 수 있다. 학생들이 이런 영역에서 학습 내용의 전이의 중요성을 쉽게 알게 되므로 정신운동 기술의 교사는 특별히 운이 좋다고 할 수 있다. 음악, 미술, 체육, 타이핑, 워드프로세서와 실과 과목을 배우는 학생은 그런 기술을 실제로 사용하게 될 것이다. 전이성은 지각-운동 기술을 가르치는 대부분의 교사에게 가장 중요하다. 체육 교사는 그들의 활동의 적용 가능성을 극구 선전하는데, 그것은 보편성(전이성)이다.

정의적, 인지적 영역에서의 전이성은 인지하기 더 어렵다. 물론 우리는 학생들이 윤리적 가치와 긍정적인 태도를 그들의 일상생활에서 실천하기 희망한다. 우리는 교실에서 민주주의적 원리를 보여 주는 학생들이 그들의 생활 전반에서도 그런 태도를 보이기를 바란다. 인지적 학습 내용의 전이는 학생들의 수행평가나 규격화된 시험, 대학 입학 시험, 고용자의 지적 능력을 평가하는 평가에서 종종 보인다.

심리학의 지지자가 정신을 훈육하는 정당한 내용을 가르침으로써 그러한 교육은 일반적으로 보편성이 있었다. 실재론자는 교육이란 적절한 사건이 발생하면 후에 사용할 수 있도록 정보를 저장하는 것이라고 주장해 왔다. 불행히도 그런 정보가 사용되지 않으면 우리는 잊어버리고, 저장되어 있으리라고 여긴 정보를 사용하려고 했을 때는 이미 그것이 생각나지 않는다는 것을 알게 된다. 사이클과 수영의 예와는 달리, 기술은 결코 잊어버리지 않으나 사용하지 않는 기간 이후에 우리가 컴퓨터 응용 프로그램을 사용하는 위치와 단계를 기억해 내는 데 어려움이 있다.

일반적으로 많은 사람이 특정 과목이 다른 과목보다 더 많은 전이성을 가지고 있다고 믿었다. 8000명 이상의 학생에 대한 조사 결과, Thorndike는 다음과 같이 결론지었다.

> 한 연구의 보편적인 개선 후에 가지게 되는 어떤 차이에 대한 기대는 대개 실망으로 끝이 난다. 좋은 생각을 가진 사람들이 왜 피상적으로 이런 학교 연구의 경향을 취하는지 가장 주된 이유로 다른 어떤 미흡한 연구보다 더 좋은 것을 얻을 수 있다는 내재된 경향을 가지고 있기 때문에 좋은 생각을 가진 사람이 이런 연구를 할 수밖에 없는 것이다.[54)]

Daniel Tanner와 Laurel N. Tanner는 8년 연구가 고등학교 학생들이 대학에서 성공하기 위해서 과목에서 규정된 순서를 완전히 학습해야 한다는 생각의 오류를 증명했다고 지적했다.[55)]

그러나 Taba는 다음과 같이 전이에 대한 더 새로운 견해를 설명했다. "전이에 대한 최근의 생각은 학습 내용이나 접근방법에 따라 일어나는 일반화 가능성의 수준에 따라 꽤 광범위한 전이가 가능하다는 예전의 가정으로 전환되고 있다."[56)] 그러므로 교사가 전이를 장려하려고 한다면 그들은 일반적인 원리를 강조해야 한다.

최근의 신념 전이에 대한 최근의 신념을 요약해 보자.

- 전이는 교육의 중심이다: 그것은 교육의 목표다.
- 전이는 가능하다.

- 교실 상황과 교실 밖 상황이 더 비슷할수록 더 많은 전이가 일어난다.
- 전이는 교사가 의식적으로 가르친다면 증가되고 향상될 수 있다.
- 전이는 교사가 학생으로부터 내재된 일반화를 이끌어 내고 그러한 일반화를 적용할 수 있도록 도울 때 더 커진다.
- 일반적으로 전이는 학습자가 스스로 지식을 발견할 때 향상된다.

Bruner는 일방적으로 주입되고 서로 연관되지 않는 지리적 사실에 반대하여 "지리학에 관한 사고법"을 배우는 5학년 교실에 있는 학생들의 예를 제시했다.[57] Bruner는 "향상된 지적 잠재력, 내적 보상과 유용한 학습방법, 더 나은 기억과정"의 기초로 발견 접근법을 정당화하면서 교사가 그것을 활용할 것을 격려하였다.[58]

안내된 발견 질문 혹은 발견 접근법의 범주에 대한 결정은 아직 나오지 않았다. David Ausubel은 일부 발견 기법이 비효율적 시간 사용이 될 수 있다고 지적했다.[59] Renate Nummela Caine과 Geoffrey Caine은 "불행히도 이 방법의 발견학습은 교사가 학생들이 기억하길 원하는 사실을 기억하게 만들도록 사용하는 속임수나 장치로 사용되므로 자주 실패한다."라고 말하는 발견학습의 비판자였다.[60] 일부 권위자는 발견학습이라기보다는 안내된 발견(guided discovery)이라는 말을 사용하길 더 좋아한다. 어떤 과정이 사용되든지 지도과정에서 의미 있는 향상이 전이의 정도를 증가시켜야 한다.

전이 가능성은 학습지도와 교육과정 모두에 해당하는 원리다. 전이 가능성을 위한 교수법에 관하여 이야기할 때, 우리는 교수법의 과정에 대해 이야기하고 있는 것이다. 학습자가 전이한 것을 분석할 때, 우리는 교육과정의 영역에 있다. 교육과정 개발자는 목표를 구체화하고, 내용을 선별하고, 최대한의 전이를 이끌어 내는 수업전략을 선택해야 한다. 더 나아가서 교육과정 평가 계획 역시 교육과정의 다양한 부분의 전이 정도를 평가하는 방법을 포함하고 있어야 한다.

지속적인 교육과정 개념의 함축

교육과정 개념의 범위를 정하고 여러 일면을 살펴보았으므로, 교육과정 종사자의 의무에 비추어 그것을 간단히 재정의해 볼 필요가 있다. 교육과정 종사자는 다음에 주의해야 한다.

- 가르칠 주제를 정하고 교수 목표를 구체화할 때의 스코프
- 전체 학교체계와 현재의 어린 학생이 자라서 생활할 사회적 순서 사이의 조화를 위한 적절성[61)]
- 특정 요소 사이의 적절한 비율을 유지하기 위한 균형성
- 과목의 내용을 통일하기 위한 통합성
- 과목의 어떤 내용을 학생들에게 활용 가능하게 배열할지 결정하는 계열성
- 각 코스와 학년성에 맞는 교육과정에서 교육 내용이 복잡성이 더 높은 수준에서 알차게 반복되고 있는지 살펴보기 위한 계속성
- 학년 간의 경계를 넘어 학습 내용이 순서에 맞게 흘러가는지 알아보기 위한 연계성
- 최대한의 학습 전이를 성취하기 위한 방법을 찾는 전이 가능성

교육과정 개발의 여덟 가지 원리를 알아봄으로써 우리는 스코프, 적절성, 균형성, 통합성, 계열성, 계속성, 연계성, 전이 가능성을 고려하는 것이 기본적인 교육과정이라는 교육과정 개발의 철학적 기본 틀을 제공한다.

포괄적인 모형

앞서 말한 제한된 모형은 교육과정의 구체적인 측면—교육과정 목표의 성과와 교육과정 구성에서의 선별된 안내 요소의 유무—에 초점을 둔다. 이제는 전 교육과정 개발과정을 평가하기 위한 두 모형을 살펴보자.

Saylor, Alexander, Lewis의 모형

[그림 13-4]는 J. Galen Saylor, William M. Alexander, Arthur J. Lewis의 교육과정 평가 차트를 보여 준다.[62)] Saylor, Alexander, Lewis의 모형에서는 다섯 가지 요소의 평가가 이루어진다.

1. 목적, 하위목적, 목표
2. 교육 프로그램 전체

교육과정 평가

목적, 하위목적, 목표	
결정 요소: 타당성, 적절성, 포괄성	
형성평가	총괄평가
기초적 자료와 일치하는지, 기초적인 가치(유능한 사람에 의해 최선의 것으로 판단된)와 조화로운지	학생 발달과 목표의 특성과 질, 다른 모든 증거

⬇

전체성으로서 교육 프로그램	
결정 요소: 포괄성, 계속성, 우선순위	
형성평가	총괄평가
유능한 사람의 판단, 인간 요구에 대한 연구 자료, 연구 집단의 권고	조사, 추수 연구, 학자 · 시민 · 학생들의 판단, 시험 자료

⬆

교육 프로그램의 구체적인 부분	
결정 요소: 목표의 달성을 위한 기여도; 협력	
형성평가	총괄평가
시험적 실시, 다른 비슷한 학교에서의 자료, 전국적인 집단의 권고	테스트 자료, 학식이 있는 사람의 판단, 상대적인 자료, 성과의 측정

⬆

교 수	
결정 요소: 목적과 목표의 달성에 대한 기여도	
형성평가	총괄평가
혁신과 유망한 방법의 시험적 실시, 다른 교사의 경험, 전문가의 권고	목적의 성과의 모든 시험과 측정, 판단, 학생의 반응, 더 넓은 연구와 분야에서의 성공 여부

⬆

평가 프로그램	
결정 요소: 필요한 자료와 발견을 제공하는가에 대한 효과성	
형성평가	총괄평가
권위 있는 모델과의 비교; 다른 학교와 기관의 경험; 컨설턴트(상담자)의 판단	결정권자의 판단; 교사의 판단; 대답되지 않은 질문과 적절하지 않은 자료의 증거; 시민의 반응

[그림 13-4] Saylor, Alexander, Lewis의 모형

출처: J. Galen Saylor, William M. Alexander and Arthur J. Lewis, *Curriculum Planning for Better Teaching and Learning*, 4th ed. (New York: Holt, Rinehart and Winston, 1981), p. 334에서 인용. Arthur J. Lewis의 허락하에 재구성.

3. 교육 프로그램의 구체적 요소
4. 교수법
5. 평가 프로그램

첫 번째, 세 번째, 네 번째 요소는 여러 방법 가운데 전체 프로그램에 영향을 미치는 정보를 제공해 줌으로써 두 번째 요소—전체적으로 교육 프로그램을 평가하는 것—에 기여한다. 이런 관계는 그림에서 두 번째 요소를 가리키고 있는 박스 사이의 3개 화살표로 제시된다. 다섯 번째 요소—평가 프로그램—를 그들의 모형에 포함함으로써, Saylor, Alexander, Lewis는 평가 프로그램 자체를 평가하는 것이 필요하다고 제안했다. '평가 프로그램' 이라고 쓰인 박스에서는 어떤 화살표도 나오지 않는다. 왜냐하면 평가 프로그램의 평가는 전체적인 평가과정을 함축하는 독립적인 운영으로 인식되기 때문이다. 아마도 우리는 평가 프로그램 박스의 오른쪽 밖으로 향하는 4개의 화살표를 그 위에 있는 다른 4개의 박스의 오른쪽으로 각각으로 향하도록 그림으로써 Saylor, Alexander, Lewis 모델을 설명할 수 있을 것이다.

다시 한 번 모형에서 보았듯이, 우리는 '형성평가(각 요소 가운데 발생하는 평가)' 와 '총괄평가(구성 요소의 마지막에 치러지는 평가)' 라는 용어를 사용한다. Saylor, Alexander, Lewis의 모형은 각 구성 요소의 형성평가와 총괄평가 모두에 관심을 갖도록 한다.

목적, 하위목적, 목표의 평가 목적, 하위목적, 목표는 형성적인 단계에서 다음에 의해 평가된다(유효하다).

1. 사회의 요구에 대한 분석
2. 개인의 요구에 대한 분석
3. 다양한 집단에 목적, 하위목적, 목표를 연계하는 것
4. 교과 전문가에게 목적, 하위목적, 목표를 연계하는 것
5. 이전의 부가적인 자료의 사용

교육과정 설계자는 주어진 목적, 하위목적, 목표가 사회와 학습자의 요구를 충족하는가에 대한 나름의 분석을 한다. 그들은 학생(충분히 성숙했을 경우), 교사, 학부모, 다른 일반인들의 판단을 구하고, 주어진 목적, 하위목적, 목표가 특정한 학문에 적합한지를 결

정할 수 있는 교과 전문가에게 상담을 구해야 한다. 프로그램의 이전 검사에서 얻은 자료는 다음 적용에 앞서 목적, 하위목적, 목표를 수정하기 위해 사용될 것이다. 언급된 모든 집단에 모든 목적, 하위목적, 목표를 연계하는 것 대신에 실용적인 목적을 위해서 교육과정 설계자는 모든 사람에게 유효한 목적을 연계하는 것과 단지 교사, 교과 전문가, 다른 교육과정 전문가를 위한 하위 목적과 목표를 연계하는 것 중에서 선택을 해야 한다.

이 타당성 과정을 분명히 하기 위해서 12장에서 언급된 가사 수업에서 애플파이를 굽는 과정을 평범한 목표의 예로 살펴보겠다. 우리가 어린 학생에게 애플파이를 굽는 법을 가르친 이후에 그들의 심동적 기술을 평가할 수 있다. 또 애플파이를 굽는 것이 가정 · 가사 교육과정에 포함되어야 하나 등의 더 많은 기본적인 질문이 대답되어야 한다.

이 질문을 처음 봤을 때 답하는 것이 간단하지 않다. 이런 특정한 내용이 실행되기 전에 수많은 질문이 이루어져야 한다. 다음과 같은 질문이 나올 수 있다.

- 사회(지역사회, 가정, 가족)는 빵 굽기에 대한 필요성을 가지는가?
- 빵 굽는 기술이 개인에게 필요한가? 또는 유용한가?
- 집에서 빵을 굽는 비용과 가게에서 빵을 사는 비용을 비교했을 때 기술을 가르치는 것이 필요한가?
- 집에서 빵 한 덩어리를 굽는 것과 판매 중인 빵을 생산하는 상업적인 제빵사가 굽는 것 중 어느 것이 노력이 더 필요한가?
- 빵을 구매하는 것과 빵을 굽는 것을 비교할 때 빵을 굽는 것은 심미적인 중요함과 개인적인 만족을 얻을 수 있는가?
- 집에서 굽는 빵이 가게에서 파는 빵보다 더 영양가 있는가?
- 만약 구운 빵이 결과물이라면, 그것을 포함하기 위해서 교육과정의 어떤 내용을 꺼내 와야 하는가? 어떤 내용이 가장 중요한가?
- 가정경제학의 전문가가 가정경제학 교육과정에서 이 내용이 필수적이라고 주장하는가?
- 오늘날 몇 퍼센트의 가족이 자신들이 먹을 빵을 굽는가?
- 학교보다 집에서 가르쳐져야 할 이런 기술은 어떤 것인가?
- 특별한 기술 면에서 이전 집단의 학생들의 성공과 실패는 무엇이었는가?

살펴보면 목적, 하위목적, 목표는 전체 학교 프로그램을 위해 수립되었다. 목적, 하위

목적, 목표는 또한 구체적인 프로그램 내용과 교수를 위해 수립되었다. 교육과정 목적, 하위목적, 목표의 성취는 전체적인 프로그램과 구체적인 내용 및 수업의 평가를 통해 나타난다.

비록 Saylor, Alexander, Lewis가 그들의 교육과정 개발 모델의 두 번째 요소로 전체성으로서의 교육 프로그램 평가를 만들었지만, 나는 계열성의 변화를 선호하는 편이다. 전체적인 교육 프로그램에 영향을 주는 두 가지 다른 요소—수업평가와 구체적인 프로그램 내용의 평가—를 먼저 살펴보겠다. 그러고 나서 우리는 전체적인 프로그램의 평가로 다시 돌아올 것이다.

수업평가 우리는 12장에서 수업을 평가하는 것에 관한 절차를 살펴보았다. Saylor, Alexander, Lewis에 따르면, 평가과정의 형식적인 부분으로서 수업 목표와 명세목표가 구체화되고 정당성이 입증된 후에 선행 환경이 점검되어야 한다(평가자에 의해 문맥평가로 언급된 과정). 학습자의 전체적인 교육적 환경, 학습자와 교사의 특성, 교실에서의 상호작용, 교육과정 계획은 모두 평가되어야 하고, 수업 목표와 명세목표의 선택에 영향을 미칠 수 있다.[63] 언급된 기준과 언급된 표준의 시험, 다른 평가적인 기술의 사용은 교수의 성공에서 형식적이고 부가적인 자료를 제공한다.

구체적인 부분의 평가 구체적인 프로그램의 부분(segment)은 평가가 필요하다. Saylor, Alexander, Lewis는 다음과 같은 구체적인 부분의 개념 안에서 다음과 같은 것을 포함했다. "조직할 교육과정 영역을 위한 계획, 각 영역을 위한 계획이나 교육과정의 계획, 제공된 코스, 제공되는 다른 학습 기회의 종류, 후원된 추가 교수 활동, 학생들에게 제공된 서비스, 그리고 수업 분위기를 특징짓는 비형식적인 관계의 종류들."[64]

지역, 주, 국가 자원의 평가 자료는 구체적인 프로그램 부분의 형식적인 평가의 목적을 위하여 교육과정 설계자가 수집하여야 한다. 예를 들어, 미국의 NAEP(국가학업향상도평가)의 자료는 이 단계에서 유용할 수 있다. 만약 NAEP 자료에서 남미 도시에 사는 9세 아동이 다른 지역의 비교할 만한 도시의 아동보다 읽기 능력이 더 모자란다는 것으로 나타났다면 집중적인 읽기 프로그램의 검사가 필수적이다. SAT와 ACT 점수는 단서를 제공할 것이다. TIMSS 같은 국제평가는 역시 유용한 자료를 제공할 것이다.[65] 주와 지역에 있는 아동에게 중점을 둔 주는 지역 평가 측면에서 이 자료가 더 의미 있을 것이다.

평가 도구 역시 이 NSSE(전국교육연구회)의 평가 도구는 구체적인 연구의 지역, 프로그램의 다른 구분에 대해 실험에 의한 자료를 수집하기 위해 사용된다.[66] 이 특별한 기준은 학교에 의해 지역의 인가를 받기 위한 자기 연구과정의 한 부분으로 사용된다. 이런 도구는 특별한 프로그램과 관련된 원리, 사용된 평가 기술, 발전을 위한 계획, 현재의 위치 분석에서 자료를 제공한다.

Fenwick W. English는 "교육과정 매핑"이라고 불리는 기술을 통해 교육과정의 구체적인 부분을 살펴보는 방법을 제안했다.[67] 이 기술을 따르면서 교사들은 그들이 제시하는 내용과 각 주제에서 사용하는 시간의 양을 분석했다. 교육과정과 평가를 통합하기 위한 수단으로서 날짜에 기초한 교육과정 매핑을 강조하면서 Heidi Hayes Jacobs는 교육과정 매핑을 다음과 같이 비유했다.

> … 학교의 원고다. 그것은 실행하고 있는 교육과정의 이야기를 해 준다. 손 안에 있는 이 지도를 가지고 구성원은 요구된 학습과 정당성 확인을 위한 교육과정을 검사하면서 원고 편집자의 역할을 연기할 수 있다.[68]

Jacobs는 보통의 교육과정 위원회에서 준비된 목적, 목표, 기술, 개념의 목록보다 더 효과적이기 위해 개별 교사들이 일련의 코스로 자신의 수업에서 협력된 과정, 기술, 개념, 화제, 평가를 보여 주는 지도를 창조한다는 것을 설명하였다.[69]

이후의 작업에서 Jacobs는 "근본적으로 매핑은 교육과정과 수업 프로그램에서 교사에게 차이와 과잉, 비정렬을 확인하도록 하며 그들의 작업에서 교사에게 대화를 촉진하도록 한다."고 하였다.[70]

교육과정 설계자는 교육과정 목적과 목표가 성취되는지를 결정하기 위해 부가적인 도구를 계획해야 한다. 예를 들어, 만약 고등학교 학생들의 75%가 적어도 하나의 특별 활동에 참여하길 바란다면 간단히 인원수를 조사해 보면 될 것이다. 때때로 목표 그 자체가 수업평가에서의 평가 항목이다. 반면에 학기 초에 수학에서의 성취가 다른 학급보다 평균 2달 정도 느린 4학년 학급에서는 성취를 확인하기 위해서 사전시험과 사후시험이 필요할 것이다.

전체적인 프로그램의 평가 교육과정의 기능은 전체적으로 평가되어야만 한다. 교육과정 설계자는 전체적인 교육과정의 목적과 목표가 무엇인지 이해되도록 학습이 이루어지길 원한다.

먼저 언급된 학교 평가에 대한 국가적인 연구에서는 학교와 그 프로그램에 대한 교사, 학생, 부모의 인식을 조사하기 위해 그들을 위한 유용한 조사 목록이 작성되어서 학교가 구매자의 견해를 모았다. 영국은 교육과정 평가를 위한 감사의 개념을 채택하였다. 그 감사는 "운영을 인가하기 위해 기록, 행사, 과정, 산물, 행동, 신념, 동기 등의 객관적이고 외부적인 검토"를 하였다.[71] 영국은 교육과정 감사를 "주어진 시대, 문화, 사회에서 보통 '학교'라고 불리는 고유한 기관에서 존재하는 서류와 활동을 시험하는 과정"이라고 서술하였다.[72] 문서, 인터뷰, 현장 방문, 감사관, 때때로 외부 전문가를 통해 프로그램이 얼마나 잘 작동하였는지 찾고 그것들이 비용 면에서 효율적이었는지 평가하였다. 영국은 교육과정 감사가 감사관이 자료를 수집하고 분석하는 점에서 그리고 결과의 윤곽을 잡는 보고서를 준비한다는 점에서 과정과 산물 모두를 강조하였다. 영국에서 학구 교육과정 감사에 적용된 기준은 사람과 프로그램 및 자원, 분명한 프로그램 목표, 프로그램에 대한 기록, 지역 평가의 사용, 프로그램의 개선에 대한 지역 통제를 포함한다.[73]

사회와 젊은이의 요구에 대한 연구는 학교의 전체적인 프로그램에 대한 질문을 말하고 있다. 만약 어떤 사람이 단순히 인지적 목적으로 학교 프로그램을 제한하려고 한다면 시대를 거스른다는 비판을 받게 될 것이다. 이런 연구는 교육과정 설계자에게 형식적인 자료를 제공한다. 분명히 환경오염, 천연자원의 낭비, 모든 유형의 인종차별, 화학물질의 잘못된 사용에 대한 문제는 젊은 사람에 의해 평가되어야 한다.

Saylor, Alexander, Lewis는 형식적인 교육 프로그램에 대한 평가를 "유능한 사람의 판단, 인간의 요구에 대한 연구 자료, 연구 집단의 추천"에 의하여 이루어져야 한다고 주장한다. 그들은 "조사, 사후 연구, 학자와 시민 및 학생의 판단, 테스트 자료"를 통해 부가적인 교육 프로그램을 추천한다.[74]

전체 프로그램에 대한 부가적인 평가는 여러 가지 방법으로 실행된다. 만약 교육과정 목표가 성취되었다면 경험적인 자료는 성취를 판단하기 위해 수집된다. 학교 전체의 테스트 결과는 분석된다. 사후 점검 연구는 학교를 떠난 후에 학생들의 성공과 실패를 나타낸다. 마지막으로 조사는 교사, 부모, 학생, 다른 이들에게 학교 프로그램 평가를 위해 이루어진다.

평가 프로그램에 대한 평가 교육과정을 평가하는 프로그램은 계속해서 평가된다. 얼마나 평가가 실행될 것인가에 대한 판단은 혁신 또는 변화가 실행되기 전에 이루어진다. 진행 중인 평가와 마지막 평가에 대한 기술은 매우 주의 깊게 계획되고 실행된다.

때때로 평가 전문가가 교육과정 설계자에 의해 제안된 평가 기술을 검토해 주는 것은 유용하다. 사용된 도구가 평가 프로그램으로 믿을 만한지, 유효한지, 평가되는 교육과정의 모두를 다룰 만큼 포괄적인지, 절차가 적절하고 실현 가능한지에 대한 문제점은 모두 답변되어야 한다. 평가 절차에 관한 의견과 제안은 대부분 평가에 직접적으로 관련된 사람인 학생과 교사로부터 시작된다.

만약 연구가 실행되었다면 시스템의 내부, 외부의 전문가가 수용할 만한 연구의 기준에 만족되는지를 결정하기 위해서 제안된 연구 기술을 검토해야 한다.

자료가 최종적으로 수집되었을 때 설계자는 자료를 다루고 해석하기 위해서 평가 전문가의 도움을 요청하고 싶은 요구를 느낄지도 모른다. 모든 가치가 고려되고 적절히 통제되었는지, 평가도구가 목표를 적절하게 평가하기 위해 계획되었는지를 결정해야만 한다. 예를 들어, 미국 역사에 대한 지적인 측면의 시험에서는 학생들의 시민정신 기술에 대한 수행을 평가해서는 안 된다. 그리고 문법의 법칙을 암송하는 것은 작문의 기술을 평가하는 것에 적절치 못하다.

평가 프로그램에서 약점이 발견되면 수정을 해야 한다. 연구나 평가의 결과가 나왔을 때는 종종 비판이 따라오는데, 이는 결과 때문이 아니라 사용한 평가의 과정 때문이다.

예를 들어, 우리가 시도하는 거의 모든 교육과정 혁신에 대해 항상 회의론자를 찾을 수 있는 것은 왜인가? 우리는 그것을 중핵 교육과정, 적성(능력)에 기초를 둔 교육, 열린 교육, 팀티칭, 등급 없는 교육, 한때는 새로웠으나 현재는 낡은 수학 등으로 이름 붙인다. 그리고 우리는 그것에 대한 비평도 발견할 수 있다. 혁신의 정당성이 확신될 수 없기 때문에 어떤 이들은 교육과정 기술이 실제에 적용되는 것을 반대할 수도 있다. 교육과정의 학생은 교육과정이 엄격하게 평가된다면 알게 될 수준에서 거의 모든 프로그램과 프로그램의 변화 및 과거와 현재의 학교 시스템의 발전을 검증할지도 모른다. 학생들은 역시 많은 발전을 깨닫게 될 것이다. 지각된 성공의 견해(적절한 자료 없이), 프로그램에 대한 참가자의 느낌(좋은/나쁜), 속도의 변화(묘미로서의 다양함), 관련된 기쁨(호손 효과), 행정상의 주장("나는 그것이 효과가 있다고 말한다."), 비용(만약 값비싼 보증이 있었다면 그것은 좋은 것이다), 대인관계("우리가 너의/우리의 어린 학생을 위해 했던 것을 보라"), 지각된 관리 능력("우리는 낭떠러지에 있다" 혹은 "우리는 최전선에 있다")을 기초로 평가된 많은 혁신을 발견할 것처럼 보인다.

Saylor, Alexander, Lewis가 교육과정 개발과정에서 교육과정 설계자가 직면한 중요한 평가 요소를 조명하였다. 지난 Saylor, Alexander, Lewis의 모델보다는 덜 기술적이지만 다음은 교육과정 평가의 포괄적인 관점을 제공한다.

CIPP 모형

파이 델타 카파 국가평가연구위원회(Phi Delta Kappa National Study Committee on Education, 의장 Daniel L. Stufflebeam)는 CIPP(맥락, 투입, 과정, 산출)로 널리 인용되는 평가 모형을 고안하여 보급하였다.[75] CIPP의 두 가지 큰 특징은 4장에서 이미 언급한 바 있다. 의사결정의 단계와 교육에서 요구되는 결정의 유형이 그것이다.[76]

이 모형은 평가, 결정에 대한 설정, 결정, 그리고 변화에 관한 종합적인 여러 유형을 보여 준다. "평가는 서술하고, 획득하고, 대안의 결정을 판단하는 데 필요한 유용한 정보를 제공하는 과정" 이라는 평가의 정의에 대해, Stufflebeam은 정의의 각 부분이 의미하는 것을 명백히 하고 있다.

1. 과정(Process): 특히 많은 단계와 관련해 여러 방법과 다양한 단계를 포괄하는 지속적이고 주기적인 활동
2. 서술(Delineating): 상세화, 정의, 전개에 따른 과정을 통해 평가에 의해 제공되는 정보 요구에 초점을 맞추는 것
3. 획득(Obtaining): 수집, 조직, 분석과 같은 과정을 통해, 그리고 통계나 측정 같은 공식적인 방법을 통해 이용 가능하게 만들기
4. 제공(Providing): 평가에 필요한 요소나 목적을 가장 잘 제공해 주는 구조나 하부구조에 맞추기
5. 유용(Useful): 평가하는 사람과 평가받는 사람 사이의 상호작용을 통해 전개되는, 미리 결정된 평가 기준에 적합한 것
6. 정보(Information): 실재물(유형 또는 무형의 형태로 존재하는)과 그들의 관계에 대해 서술되고 해석된 자료
7. 판단(Judging): 상세화된 가치 틀과 그것에서 이끌어 낸 평가 기준, 그리고 판단되는 실재에 대한 평가 기준과 관련된 정보에 따라 중요성 부과하기
8. 대안 결정(Decision Alternatives): 상세화된 결정 질문에 대한 선택적인 반응의 집합[77]

Stufflebeam은 "평가과정은 서술, 획득, 제공의 세 가지 주요 단계를 포함한다. 이 단계들은 평가의 방법론적 기초를 제공한다."라고 말했다.[78] CIPP 모형의 다양한 요소를 시험하기에 앞서 [그림 13-5]에서 모형의 전체적인 윤곽을 먼저 살펴보자.

이 순서도에서 모형은 직사각형(작은 고리가 연결된), 육각형, 타원, 원, 알파벳 E 모양, 화살표가 있는 실선과 점선, 그리고 세 가지 종류의 음영으로 이루어져 있다. 연한 음영의 육각형은 결정의 유형을 보여 주고 보통의 음영의 타원, 원, 큰 E 모양은 수행되는 활동을 나타내고, 진한 음영의 직사각형은 평가의 유형을 나타낸다.

평가의 네 가지 유형 파이 델타 카파 위원회는 평가의 네 가지 유형을 지적했다. 그것은 맥락(context), 투입(input), 과정(process), 산출(product)로, 따라서 CIPP라는 이름이 되었다. 맥락평가는 "가장 기본적인 유형의 평가로, 목표를 정하는 데 있어 그 이론적 근거를 제공하기 위한 것" 이라고 Stufflebeam은 말한다.[79] 이 시점에서 교육과정의 설계자 및 평가자는 교육과정의 환경을 정의하고, 도달되지 않은 요소와 그 이유를 결정하게 된다. 목적과 목표는 맥락평가에서 상세화된다.

투입평가는 "목표를 달성하기 위해 자원을 어떻게 활용할지 결정하는 데 필요한 정보를 제공하는 것" 이 그 목적이다.[80] 여기에는 교육과정을 실행하기 위한 학교의 자원과 다양한 수단이 고려된다. 이 단계에서 설계자 및 평가자는 사용 절차를 결정한다. Stufflebeam은 "투입평가의 방법은 교육에서 아직 부족한 실정이다. 보급된 관례대로라면, 위원회 심사, 전문적 논문, 상담가 고용, 예비 실험적 과업 등을 포함한다."라고 설명한다.[81]

과정평가는 교육과정이 실행되고 있는 동안 주기적인 피드백의 단서가 된다. Stufflebeam은 주목했다. "과정평가에는 세 가지 주요 목적이 있는데, 첫째는 계획된 절차나 실행 단계에서의 결점을 감지하고 예측하기 위해서, 둘째는 계획된 결정을 위한 정보를 제공하기 위해서, 셋째는 절차가 진행될 때의 기록을 보존하기 위해서다."[82]

마지막 유형인 산출평가는 그 목적이 다음과 같다.

> … 프로젝트 끝 부분에서뿐 아니라 중간중간 필요할 때마다 도달된 정도를 파악하고 해석하기 위한 것이다. 결과평가의 일반적 방법은 "목표의 정의가 기능을 다하고 있는지 연구하는 것, 활동의 목표와 관련된 기준을 측정하는 것, 이런 측정을 미리 정해진 절대적 혹은 상대적 기준과 비교하는 것, 기록된 상황, 투입, 과정 정보를 이용해 결과물을 합리적으로 해석하는 것" 이 있다.[83]

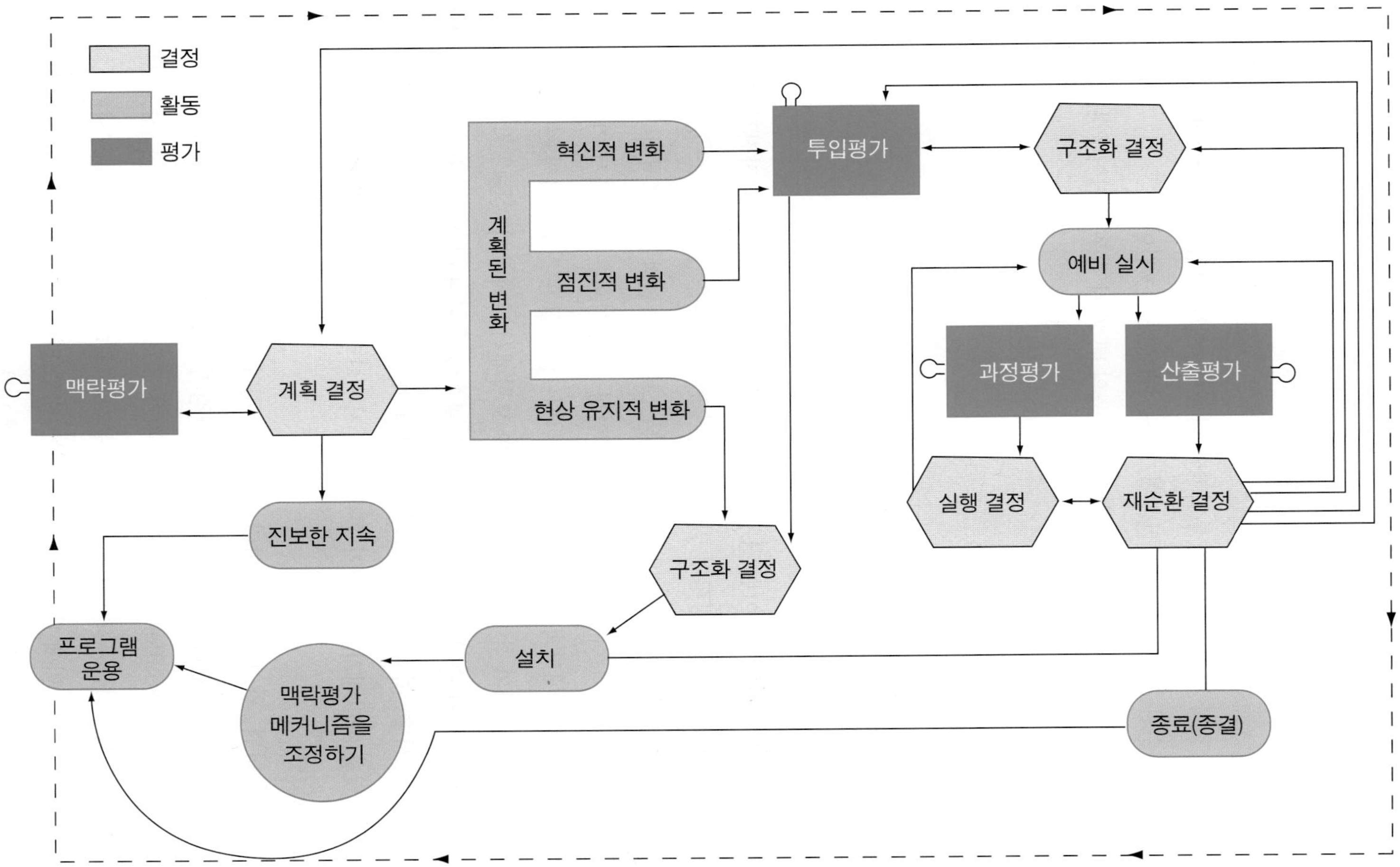

[그림 13-5] CIPP 평가 모형

출처: Daniel L. Stufflebeam et al., *Educational Evaluation and Decision Making* (Itasca, III.: F. E. Peacock, 1971), p. 236. 허락하에 게재.

Stufflebeam은 목표, 방법에 관한 사항, 변화과정에서 만드는 결정의 관계에 대해 〈표 13-1〉과 같이 개요를 제시하고 있다.

결정의 네 가지 유형 [그림 13-5]의 육각형은 결정의 네 가지 유형—계획, 조직, 실행, 재순환—을 나타낸다. 이 그림에서 주목할 것은 "계획 결정 육각형은 맥락평가 다음에 오고, 조직 결정 육각형은 투입평가 다음에, 실행 결정 육각형은 과정평가 다음에, 그리고 재순환 결정 육각형은 산출평가 다음에 온다."는 점이다.[84]

파이 델타 카파 위원회에 따르면, 결정은 다음의 네 가지 경우에 일어난다.[85]

1. 많은 정보에서의 적은 변화
2. 적은 정보에서의 적은 변화
3. 많은 정보에서의 큰 변화
4. 적은 정보에서의 큰 변화

변화의 네 가지 유형 이런 경우 네 가지 유형에는 혁신적 변화, 점진적 변화, 현상 유지 상황, 전체적인 개혁 상황이 있다. 혁신적 변화는 적은 정보에서 큰 변화가 나타날 때의 상황이다. 이런 변화는 적은 근거를 기본으로 한 혁신적인 해결책이다. 점진적 변화는 적은 정보에서의 적은 변화 상황이다. 현상 유지 상황은 교육에서 가장 일반적인 현상으로 많은 정보에서의 적은 변화를 의미한다. 결국 많은 정보에서의 큰 변화인 전체적인 개혁 상황은 거의 찾아보기 힘들고 CIPP 모형에서 나타나지 않는다.

이 모형은 평가의 순서, 상황평가에서부터 재순환 결정에 이르기까지의 계획을 정한다. 위원회는 서술, 획득, 정보 제공의 일반적인 과정이 순환되며 각각의 평가 유형에 적용된다는 것을 나타내기 위해 평가 틀에 작은 전구처럼 보이는 고리를 그려 넣는 마무리 손질을 하였다.

모형에서 타원, 원, E 모양은 이미 이루어진 평가와 결정으로서의 조절, 활동과 변화의 여러 유형을 상징한다. CIPP 모형은 평가과정의 포괄적인 견해를 제시한다. Saylor, Alexander, Lewis, Stufflebeam과 동료들은 평가 프로그램에 대한 평가를 요구했다. 파이 델타 카파 위원회는 "평가의 유효성과 효율성을 최대화하기 위해서는 '평가' 자체가 평가되어야 한다…. 이에 대한 평가 기준에는 내부 타당성, 외부 타당성, 신뢰성, 객관성, 상관성, 중요성, 확실성, 스코프, 충실도, 적시성, 효율성 등이 있다."라고 말했다.[86]

표 13-1 네 가지 평가 유형

	맥락평가	투입평가	과정평가	산출평가
목표	• 작용하는 맥락을 정의하기 위해서 • 맥락 안에서 요구와 기회를 사정하기 위해서 • 요구와 기회에 기초를 이루는 문제를 진단하기 위해서	• 시스템 능력과 유용한 투입 전략, 전략을 실행하기 위한 계획을 확인하고 사정하기 위해서	• 과정 속에서 절차상의 계획 또는 그것의 수행상의 결점을 확인하고 예상하기 위해서 • 먼저 프로그램된 결정을 위한 정보를 제공하기 위해서 • 절차상의 일과 활동의 기록을 유지하기 위해서	• 목표와 맥락, 투입, 과정 정보에 대한 산출 정보를 관련시키기 위해서
방법	• 맥락을 서술함으로써 • 실제적인, 의도된 투입과 산출을 비교함으로써 • 있음직한, 가능한 시스템 수행을 비교함으로써 • 실제와 의도의 불일치를 초래한 원인을 분석함으로써	• 취해진 행위 코스에서 상관성, 실행 가능성, 경제성을 위해 유용한 인적·물적 자원, 해결 전략, 절차상의 계획을 서술하고 분석함으로써	• 활동의 잠재적인 절차상의 장애물을 관리하고 뜻밖의 상황을 경계함으로써 • 프로그램된 결정을 위해 구체적인 정보를 유지하고 실제적인 과정을 서술함으로써	• 실행적으로 정의를 내리고, 목표와 관련된 기준을 측정함으로써 • 미리 결정된 표준 또는 상대적인 자료와 함께 이런 도구를 비교함으로써 • 기록된 맥락, 투입, 과정 정보의 측면에서 성과를 해석함으로써
변화과정에서 의사 결정과 관련짓기	• 제공되는 환경, 만족되는 요구와 사용되는 기회를 관련시키는 목적, 문제를 해결하는 것과 관련된 목표를 결정하기 위해서 • 즉, 필요한 변화를 계획하기 위해서	• 보충하기 위한 자원, 해결 전략, 절차상의 계획을 선택하기 위해서 • 즉, 변화 활동을 구성하기 위해서	• 프로그램 계획과 절차를 실행하고 개정하기 위해서 • 즉, 과정 통제에 영향을 주기 위해서	• 변화 활동을 계속할지, 종료할지, 수정할지, 다시 초점을 맞출지를 결정하기 위해서 • 변화과정의 다른 중요한 측면에서 활동을 연관시키기 위해서 • 즉, 변화 활동을 재순환하기 위해서

출처: Daniel L. Stufflebeam, Phi Delta Kappa Symosium on Educational Research, 11번째 연례 연설, Ohio State University, June 24, 1970. Blaine R. Worthen and James R. Sanders, *Educational Evaluation: Theory and practice* (Worthington, Ohio: Charles A. Jones, 1973), p. 139에서 재인용. 허락하에 게재.

평가의 종류에 따른 교육과정 모델

꼭 필요한 평가의 종류에서 우리의 개념을 상세히 논하고, 특정 단계에서 어떤 종류의 평가가 행해지는지 보여 주기 위해 [그림 13-6]으로 교육과정 모델을 다시 나타내었다. 교육과정 개발 모형의 하위모델로서, 쉬운 이해를 위해 평가의 유형을 번호로 매겨 보았다.

각 요소를 다시 한 번 살펴보자.

1. 맥락평가의 한 부분으로서 요구가 평가된다.
2. 교육과정 목적을 확인한다.
3. 교육과정 목표를 확인한다.
4. 맥락평가는 요구 설정에서부터 시작되고 실행 단계까지 지속된다.
5. 투입평가는 교육과정 목표의 상세화와 교육과정 실행 사이에서 일어난다.
6. 과정평가는 실행 단계에서 일어난다. Michael Scriven은 세 가지 유형의 과정 연구, 즉 추론 연구, 과정에 대한 일상적인 요구의 조사, 형성평가에 대해 기술했다.[87] 추론적 연구는 교실에서 실제로 일어나는 것에 대한 관찰과 조사다. 일상적 요구의 조사는 '실행 연구'로서 교육학자들에 의해서 언급되었다.[88] 이러한 형태는 한 가지 수업 기술이 다른 것보다 우수한지에 대한 덜 엄격한 시도다. 형성평가는 연구나 프로그램의 진행 중에 실시된다. 이런 세 가지 유형의 과정 연구에 '기술적 연구'란 용어를 덧붙일 수 있을 것인데, 이는 교실에서의 교사와 학생의 행동에 대한 추론 연구의 한 형태를 대표한다. 조사 도구의 사용과 이런 도구 기준의 적용 또한 기술적 연구의 범주에 들어간다.
7. 산출평가는 전체 교육과정의 부가적인 평가다. 이 평가는 때때로 산출평가 또는 프로그램 평가로 언급되기도 한다. 하지만 프로그램 평가는 부가적인 평가의 의미뿐 아니라 교육과정 평가의 전체적인 과정과 같은 의미로도 사용된다. 그러므로 교육과정 평가의 모델은 프로그램 평가의 모델이라고도 불릴 수 있다.

Saylor, Alexander, Lewis와 CIPP 모형은 교육과정 평가의 과정에 대한 두 가지의 서로 다른 견해를 제시한다. 모형은 그들이 평가에 대해 요구하는 광범위한 접근의 정도

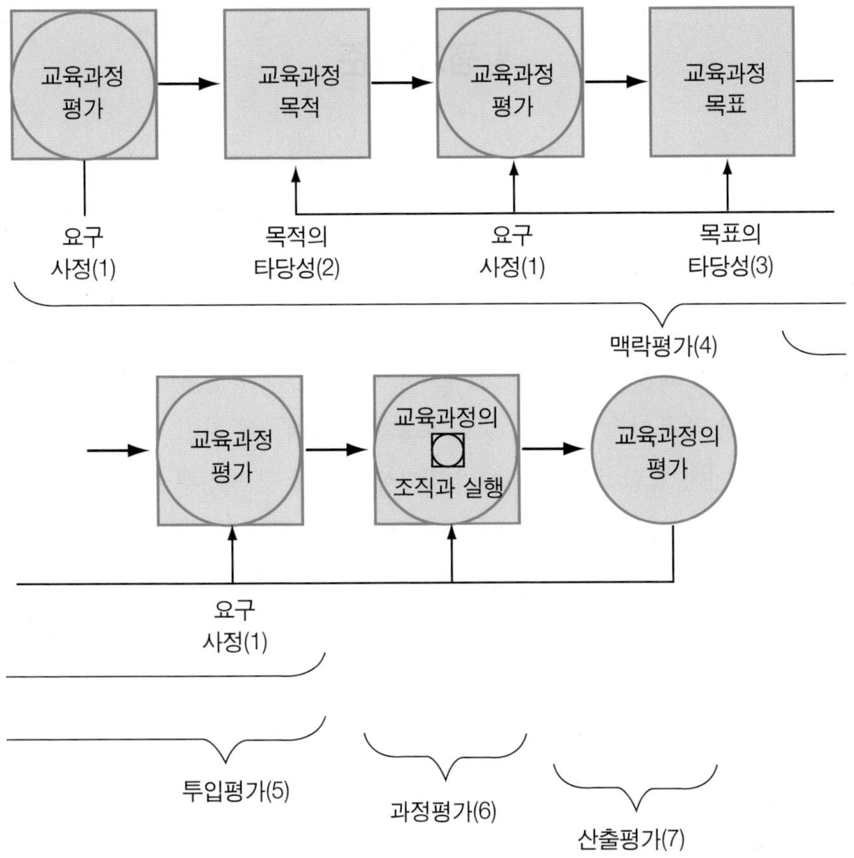

[그림 13-6] 계열성과 평가의 유형

면에서는 비슷하다. 하지만 그들이 사용하는 용법론과 세부 사항의 단계에서 차이를 보인다. Saylor, Alexander, Lewis 모형은 CIPP 모형보다 다소 덜 복잡하고, 일반적인 교육과정 종사자에게 더 쉽게 이해될 것이다. CIPP 모형은 교육과정 평가의 전문가에게 더 선호될 것이다. 약간의 불만족은 이른바 과정-결과 연구로 표현되어 왔다. McNeil은 이런 형태의 연구에서 방법론적이고 이론적인 문제가 지속됨에 따라 이후에 나타나게 될 것에 관해 논의했다. 그는 결과의 일반화에 대한 지나친 강조에 대해 경고했다.[89]

평가 기준

어떤 평가든 합의된 기준이 뒤따른다면 더 효과적이고 적합해질 것이다. 교육평가기준연합위원회(Joint Committee on Standards for Educational Evaluation, 의장 James R. Sanders)는 평가의 네 가지 속성을 알아냈다. 효용성, 실현 가능성, 타당성, 정확성이 그것이다.[90] 이 위원회는 "평가가 의도된 사용자에게 필요한 정보를 제공할 것을 보증하기 위해" 일곱 가지 효용 기준을 제안했다.[91] 그들은 "평가가 실재적이고, 분별력 있고, 절충적이며, 많은 비용이 들지 않는 것을 보증하기 위해" 세 가지 실현 가능한 기준을 제시했다.[92] "평가가 합법적, 도덕적이며 평가에 미치게 될 영향뿐 아니라 평가와 관련된 복지와도 정당한 관련이 있게 실행될 것을 보증하기 위해" 여덟 가지 적합한 기준이 마련되었다.[93] 그리고 "평가가 평가되고 있는 프로그램의 가치를 결정짓는 특징에 대해 기술적으로 적합한 정보를 잘 드러내고 전달하는 것을 보증하기 위해" 열두 가지의 정확성 기준이 제안되었다.[94]

교육과정의 평가로, 이 책에서 제안한 교육과정 개발을 위한 모형을 마무리 하려 한다. 하지만 모형에는 결코 고정된 결론이 없다는 것을 강조하고 싶다. 이는 계속 순환하기 때문이다. 평가 결과는 그 이전 구성 요소를 수정하기 위한 자료를 만들어 낸다. 평가 없이 심사숙고된 수정이 있을 수 없다. 그러므로 평가는 진보의 가능성이라 할 수 있다.

요약

평가는 시스템 개선을 위한 목적으로 자료를 수집하고 판단하는 지속적인 과정이다. 철저한 평가는 교육과정 개발을 위해 필수적이다. 연구가 기초적 판단을 위한 자료 수집의 과정으로 인식된다면, 평가는 실제 판단을 내리는 과정으로 인식된다.

지속적인 문제를 나타내는 여덟 가지 개념이 고려되었다. 각각은 교육과정 종사자가 주의를 기울여야 하는 안내 원칙이다.

스코프는 교육과정의 호흡과 같다. 교육과정의 범주를 계획할 때 주요 과업은 내용을 선정하고, 요소를 조직하고, 중심을 조직하거나, 가능성 있는 선택 가치 중에서 요소를 통합하는 것이다.

적절성은 학습자에 대한 내용의 유용성을 말한다. 교육과정에서 상관성을 결정짓는 일이 어려운 것은 무엇이 상관한지에 대한 인식이 너무 다양하기 때문이다. 교육과정 종사자는 교육과정에서 포함되어야 하는 충분한 상관성이 무엇인지 결정하는 데 있어 다양한 사람의 의견에서 합의를 이끌어 내야 할 것이다.

교육과정을 계획하는 사람들은 변화 가능한 많은 요소 사이에서 균형성을 유지하기 위해 노력해야 한다. 교육과정이 특정 집단에게 과도한 관심을 주거나 반대로 너무 무관심하면, 교육과정은 중심을 잃게 되고 균형성이 필요하게 될 것이다.

통합성은 학문의 단일화를 말한다. 분리된 각 과목 사이의 경계가 약해지거나 사라지는 것 말이다. 많은 교육자는 통합된 내용이 학생들이 문제를 해결하는 과업을 수행하는 데 있어 도움이 된다고 느낀다. 적절성, 균형성, 통합성은 범주의 특성으로도 인식될 수 있다.

계열성은 내용의 차례인 '때(언제)'에 관한 것이다. 요구사항을 알기 전에 집중이 먼저 전제되어야 한다.

계속성은 그다음 단계의 수준이나 더 복잡해지는 수준의 내용을 계속적으로 안내할 것을 계획하는 것이다. 이 개념은 나선형 교육과정의 핵심이라고도 할 수 있다.

연계성은 학생들이 낮은 단계에서 높은 단계로 자연스럽게 변화해 갈 수 있도록 하기 위해 성공적인 성취 사이에 교과목의 문제와 기술을 맞추는 것이다. 계열성, 계속성, 통합성, 연계성은 모두가 연결된 개념이다. 지속성과 연계성은 순서성의 차원으로 간주된다.

전이 가능성은 한 경우가 다른 경우로 바뀌는 일이 실현될 때의 학습 특성이다. 비록 특정 과목이 학습의 전이를 강화한다는 증거는 없지만, 학습 훈련의 기본 원칙을 가르치고 그것의 적용을 강조하면 전이를 증가시킬 수 있다는 이론에 대해서는 증거가 있다. 전이는 교육의 훨씬 바람직한 방향의 목표다.

교육과정을 계획하는 사람은 다양한 유형의 평가와 연구를 포용한다. 평가 유형의 범위에는 맥락, 투입, 과정, 산출이 있다. 연구의 범위에는 실행, 서술, 역사적, 실험적인 것이 있다. 다른 맥락에서 교육과정 설계자는 유형적(과정, 진행) 평가와 부가적(산출, 결과) 평가 모두와 관련을 가진다.

교육과정 평가의 두 가지 제한적 모형(교육과정 목표 설정, 교육과정 조직과 설계의 안내된 원칙 사정)과 두 가지의 포괄적 모형(Saylor, Alexander와 Lewis 모형과 CIPP 모형)에 대해 논의하였다. Saylor, Alexander와 Lewis 모형은 교육과정의 다섯 가지 구성 요소, 즉 목적, 하위목적, 목표, 전체성으로서의 교육 프로그램; 교육 프로그램의 특정요소; 교수; 그리고 평가 프로그램을 발견했다. CIPP 모형은 파이 델타 카파 국립평가위원회(의장 Daniel L. Stufflebeam)에서 고안하였다. Saylor, Alexander와 Lewis 모형보다 더 복잡하고 기술적이다. CIPP 모형은 "평가과정의 세 가지 단계(서술, 획득, 제공) … 변화 상황의 네 가지 분류(현상 유지, 점진적, 혁신적 변화 상황, 전체적인 개혁 상황), … 평가의 네 가지 유형(맥락, 투입, 과정, 산출), 그리고 결정의 네 가지 유형(계획, 구조화, 실행, 재순환)"을 결합한다.[95] 이런 모형의 창안자는 평가 프로그램 자체의 평가를 주장한다. 제한적 모형과 포괄적 모형은 독립적이거나 통합적으로 이용될 수 있을 것이다.

안팎의 교육과정 평가자는 학교 시스템에 의해 고용된다. 교육과정 개발의 영역에서 일하는 것은 교사이기 때문에, 교육과정 평가의 책임은 교사에게 부과된다. 합의된 기준을 따르는 것은 평가의 과정을 진보시킨다. 효용성, 실행 가능성, 타당성, 정확성의 기준에 대해 관심을 가져야 한다.

교육과정 평가는 교육과정 개발을 위해 제안된 모형의 최고점이 된다. 마지막에 그려진 모형에서 평가는 순환하는 한 주기의 마지막이자 다음 주기의 시작이라는 것을 암시한다.

논의문제

1. 교육과정이 효과가 없다는 것을 나타내는 것에 시험 점수 말고 무엇이 있는가?
2. 교육과정 평가에서 교사의 역할은 무엇인가?
3. 학교 시스템의 바깥에서 교육과정 평가자를 활용하는 것에 대한 찬반 양론은 무엇인가?
4. 실행 연구에 대한 찬반 양론은 무엇인가?
5. 호손 효과는 교육과정 평가에 어떻게 영향을 미치는가? 당신의 경험, 학문으로부터 사례를 인용하라.

보충 연습문제

1. 가르쳤던 혹은 가르칠 예정인 코스의 스코프에 대해 간략히 논하라.

2. 교육과정에서 무엇이 타당하다고 느끼는지, 또한 어떤 타당한 주제가 무시되어 왔는지 알아내기 위해 많은 교사와 학생, 부모를 상대로 여론을 조사하라.

3. 당신이 잘 알고 있는 교육과정이 어떤 방식으로 균형에 맞고, 균형에 벗어났는지 결정하라. 만약 교육과정이 균형을 잃었다고 생각한다면 균형을 잡기 위한 방법을 제시하라.

4. 과목의 문제를 서로 연계하고 통합하기 위해 당신이 찾을 수 있는 계획된 노력에 관해 보고하라.

5. 당신이 가르쳤거나 가르칠 계획인 주제나 요소의 순서성에 대해 이론적 근거를 개요하고 설명하라.

6. 학교가 계획된 교육과정을 지속성의 원칙에서 잘 명심하고 있는지 아닌지에 대한 입장을 정하라. 필요하다면 지속성의 향상에 대해서 조언하라.

7. 학교가 계획된 교육과정을 명확성의 원칙에서 잘 명심하고 있는지 아닌지에 대한 입장을 정하라. 필요하다면 명확성의 향상에 대해서 조언하라.

8. 당신이 이미 증명했거나 가르치면서 증명하게 될, 훈련의 변화 가치에 대해 기술하라.

9. 맥락, 투입, 과정, 산출 평가를 정의하라.

10. 당신이 잘 알고 있는 학교제도 안에서 연습문제 9에 관한 평가 종류의 문제를 수행하기 위한 증거를 보고하라.

11. 평가 프로그램의 평가와 관련하여 내적인 타당도, 외적인 타당도, 신뢰도, 객관성, 타당도, 중요성, 진실성, 스코프, 시의 적절성, 그리고 효과성에 따라 수업을 바라보고 설명하라.

12. 경험주의적 자료, 설명적 연구, 실행 연구, 역사적 연구, 실험적 연구, 역동적인 가설을 정의하라.

13. 교육과정 평가자에게 필요한 기술의 목록을 작성하라.

14. 당신이 잘 알고 있는 학교제도가 교육과정을 수정하기 위해서 평가 자료를 사용한 적절한 증거를 보이라.

15. 당신이 잘 알고 있는 학교제도가 교육과정 평가로 파이 델타 카파 국가평가연구위원회에 의해서 목록으로 작성된 여덟 가지 증후로부터 어떤 것이라도 손해를 보았던 증거를 결정하고 제공하라.

16. 목표기반 평가와 목표에 자유로운 평가 사이의 차이점을 설명하라. 이 두 접근을 비교하고 각각의 상황이 적당한지 진술하라.

17. 이 과제는 4명의 학생들에 관한 것이다. 각 학생은 평가에 대한 네 가지 속성(유용성, 가능성, 적당함, 정확성)의 한 가지를 선택하며, 그것이 제안하는 기준을 학급에서 묘사해야 한다. 적용 가능함과 적절성에 관하여 기준안을 비평하라.

18. 지역의 평가 결과에 따라 나타나는 교육과정 변화를 묘사하라.

19. 현재의 교수법: 당신이 가르치는 학년과 과정 안에서 교육과정 매핑을 수행하라.

20. 당신이 알고 있거나 과목에서 보고된 어떤 학교제도 안에서 수행된 교육과정 검사의 과정과 결과물에 대한 보고서를 작성하라(사례 연구에 대한 교육과정 검사에 관한 Fenwick W. English의 참고문헌 참조).

21. 당신이 행하였거나 학교제도와 과목 안에 옮겨 놓을 수 있는 실행 연구 부분의 과정과 결과에 대한 서술, 혹은 구어 보고서를 준비하라.

22. 다음 사항 중에서 한 가지에 대한 서술, 구어 보고서를 검색하거나 준비하라.
    - CSE 모델 평가 연구에 대한 센터
    - 불일치 평가에 대한 Malcolm Provus
    - 목표에 자유로운 평가에 대한 Michael Scriven
    - 사례 연구 조사에 대한 Robert E. Stake

    (출처에 대한 참고문헌을 보라. 이러한 연습에서 모델에 대한 다른 출처 혹은 목록에 없는 모델이 받아들여질 것이다.)

23. 속진 학교 프로젝트의 원칙과 과정에 대해 검색하거나 보고하라(Finnan 등의 참고문헌 참조).

24. Worthen, Sanders와 Fitzpatrick이 프로그램 평가의 중요한 특성에 영향을 줄 것이라고 믿는 열두 가지 경향과 이슈를 읽고 평가하라(참고문헌 참조).

25. 효과적인 학교 과정에 대한 서술, 구어 보고서를 준비하라(파이 델타 카파의 효과적인 학교는 참고문헌 참조).

◆ 전문적 탐구 키트 ◆

Curriculum Integration. 8개 활동자료와 비디오테이프. Carol Cummings, 개발자. Alexandria, Va.: Association for Supervision and Curriculum Development, 1998.

◆ 비디오 자료 ◆

Curriculum Mapping: Charting the Course for Content. 30분짜리 비디오테이프 2편. 사용자를 위한 지침서. Heidi Hayes Jacobs, 상담자. 학년 수준팀과 교과 수준팀은 교육과정 지도를 만들어 사용한다. Alexandria, Va.: Association for Supervision and Curriculum Development, 1999.

Getting Results with Curriculum Mapping. 30분짜리 비디오테이프 1편. DVD 동봉. Alexandria, Va.: Association for Supervision and Curriculum Development, 2006.

◆ 웹사이트 ◆

Educational Resources Information Center (ERIC): http://www.eric.ed.gov
Effective Schools Process: http://www.pdkintl.org/prof/dev/esp/esphome.htm
National Center for Accelerated Schools: http://www.acceleratedschools.net
National Study of School Evaluation: http://www.nsse.org
UMI ProQuest Digital Dissertations: http://il.proquest.com/brand/umi.shtml

후 주

1) Albert I. Oliver, *Curriculum Improvement: A Guide to Problems, Principles, and Process,* 2nd ed. (New York: Harper & Row, 1965), P. 306.

2) Daniel L. Stufflebeam et al., *Educational Evaluation and Decision Making* (Itasca, Ill.: F. E. Peacock, 1971), pp. 4-9.

3) 8년 연구의 설명에 대해서는 Wilford M. Aikin, *The Story of the Eight-Year Study* (New York: Harper & Row, 1942) 참조.

4) Daniel L. Stufflebeam, *Evaluation Models* (San Francisco, Calif.: Jossey-Bass, 2001).

5) John D. McNeil, *Contemporary Curriculum in Thought and Action,* 6th ed. (Hoboken, N.J.: Wiley, 2006), p. 199.

6) 추가의 평가 모델 참고자료는 보충 연습문제 22번과 이 장의 참고문헌을 참조.

7) J. Galen Saylor, William M. Alexander, and Arthur J. Lewis, *Curriculum Planning for Better Teaching and Learning,* 4th, ed. (New York: Holt, Rinehart and Winston, 1981) 참조.

8) Stufflebeam et al., *Educational Evaluation* 참조.

9) 8장 참조.

10) Ralph W. Tyler, *Basic Principles of Curriculum and Instruction* (Chicago: University of Chicago Press, 1949), p. 86.

11) Benjamin S. Bloom, "Ideas, Problems, and Methods of Inquiry," in *The Integration of Educational Experiences,* 57th Yearbook, National Society for the Study of Education, Part 3 (Chicago: University of Chicago Press, 1958), pp. 84-85.

12) John I. Goodlad, *Planning and Organizing for Teaching* (Washington, D.C.: National Education Association, 1963), Chapter 2.

13) J. Galen Saylor and William M. Alexander, *Curriculum Planning for Better Teaching and Learning* (New York: Holt, Rinehart and Winston, Inc., 1954), p. 284.

14) Goodlad, *Planning and Organizing,* p. 28.

15) Ibid.

16) Tyler, *Basic Principles,* p. 86.

17) Hollis L. Caswell and Doak K. Campbell, *Curriculum Development* (New York: American Book Company, 1935), p. 152.

18) 이 책의 p. 283 참조.

19) Arno A. Bellack, "What Knowledge Is of Most Worth?" *The High School Journal* 48 (February 1965): 318-322 참조.

20) Jerome S. Bruner, *On Knowing* (Cambridge, Mass.: Harvard University Press, 1962), p. 120.

21) Robert L. Ebel, "What Schools Are For," *Phi Delta Kappan* 54, no. 1(September 1972): 3-7 참조.

22) Philip H. Phenix, "The Disciplines as Curriculum Content," in *Curriculum Crossroads,* ed., A. Harry Passow (New York: Teachers College Press, Columbia University, 1962), p. 57 참조.

23) Arthur W. Combs, ed. *Perceiving, Behaving, Becoming,* 1962 Yearbook (Alexandria, Va.: Association for Supervision and Curriculum Development, 1962) 참조.

24) Harry S. Broudy, *The Real World of the Public Schools* (New York: Harcourt Brace Jovanovich, 1972),

p. 179.

25) William Glasser, *The Quality School: Managing Students Without Coercion*, 2nd ed. (New York: HarperPerennial, 1992), p. 7.

26) B. Othanel Smith et al., *Teachers for the Real World* (Washington, D.C.: American Association of Colleges for Teacher Education, 1969), pp. 130-131. 허락하에 게재. 또한 Harry S. Broudy, B. Othanel Smith, and Joe R. Burnett, *Democracy and Excellence in American Secondary Education* (Chicago: Rand McNally, 1964), Chapter 3 참조. Broudy, Smith, Burnett은 지식의 네 가지 용법에 대해 설명한다: 재생적(replicative), 연상적(associative), 응용적(applicative), 해석적(interpretive).

27) Smith et al., *Teachers,* p. 13.

28) Ibid, pp. 131-133.

29) Paul M. Halverson, "The Meaning of Balance," *Balance in the Curriculum,* 1961 Yearbook (Alexandria, Va.: Association for Supervision and Curriculum Development, 1961), p. 7.

30) Ibid., p. 4.

31) Goodlad, *Planning and Organizing,* p. 29.

32) Ronald C. Doll, *Curriculum Improvement: Decision Making and Process,* 9th ed. (Boston: Allyn and Bacon, 1996), pp. 186-187.

33) Romesh Ratnesar, "Lost in the Middle," *Time* 152, no. 11(September 14, 1998): 60-64.

34) Tyler, *Basic Principles,* p. 85.

35) Hilda Taba, *Curriculum Improvement: Theory and Practice* (New York: Harcourt Brace Jovanovich, 1962), p. 298.

36) Ibid., p. 299.

37) Ibid.

38) Ibid., pp. 298-299.

39) James A. Beane, in Chris Stevenson and Judy F. Carr. eds., *Integrated Studies in the Middle Grades: Dancing Through Walls* (New York: Teachers College Press, 1993), p. x. Stevenson과 Carr의 책은 통합 교수계획을 만들고 실행한 버몬트(Vermont) 교사들의 경험을 설명한다.

40) 통합 교육과정의 유형에 관한 논의는 Gordon F. Vars, ed. *Common Learning: Core and Interdisciplinary Team Approaches* (Scranton, Pa.: International Textbook Company, 1969) 참조.

41) J. Galen Saylor and William M. Alexander, *Curriculum Planning for Better Teaching and Learning* (New York: Holt, Rinehart and Winston, 1954), p. 249.

42) Donald E. Orlosky and B. Othanel Smith, *Curriculum Development: Issues and Insights* (Chicago: Rand McNally College Publishing Company, 1978), p. 267.

43) Ibid., p. 251.

44) Ibid., p. 267.

45) B. Othanel Smith, William O. Stanley, and J. Harlan Shores, *Fundamentals of Curriculum Development,* rev. ed. (New York: Harcourt Brace Jovanovich, 1957), p. 171.

46) Ibid.

47) Ibid., pp. 174-186.

48) Tyler, *Basic Principles,* pp. 84-85.

49) Jerome S. Bruner, *The Process of Education* (Cambridge, Mass.: Harvard University Press, 1960), pp. 13, 52-54 참조.

50) Oliver, *Curriculum Improvement*, p. 222. 어떤 저자들은 스코프를 교육과정 차원의 수평적 조직으로

시퀀스를 교육과정 차원의 수직적 조직으로 소개하기도 한다..

51) McNeil, *Contemporary Curriculum,* p. 332.

52) Ibid.

53) Edward L. Thorndike, "Mental Discipline in High School Studies," *Journal of Educational Psychology* 15, no 2(January 1924): 1-22와 15, no. 2(February 1924): 83-98 참조. 또한 Edward L. Thorndike, *The Principles of Teaching* (New York: Seiler, 1906) and Sidney L. Pressey and Francis P. Robinson, *Psychology and the New Education,* rev. ed. (New York: Harper & Row, 1944) 참조.

54) Thorndike, "Mental Discipline," (February 1924), p. 98.

55) Daniel Tanner and Laurel Tanner, *Curriculum Development: Theory into Practice,* 4th ed. (Upper Saddle River, N,J.: Merrill/Prentice Hall, 2007), p. 87.

56) Hilda Taba, *Curriculum Development,* p. 124.

57) Jerome S. Bruner, "Structures in Learning," *Today's Education* 52, no. 3(March 1963): 26.

58) Ibid., p. 27.

59) David P. Ausubel, *Educational Psychology: A Cognitive View* (New York: Holt, Rinehart and Winston, 1968) 참조.

60) Renate Nummela Caine and Geoffrey Caine, *Making Connections: Teaching and the Human Brain* (Alexandria, Va.: Association for Supervision and Curriculum Development, 1991), p. 47.

61) Broudy, *Real World,* p. 193.

62) Saylor, Alexander, and Lewis, p. 334.

63) Ibid., pp. 350-352.

64) Ibid., p. 344.

65) 국가와 국제비교 평가의 논의에 대해서는 12장 참조.

66) NSSE 평가도구에 관해서는 7장 참조.

67) Fenwick W. English, "Curriculum Mapping," *Educational Leadership* 37, no. 7(April 1980): 558-559. 또한 Donald F. Weinstein, *Administrator's Guide to Curriculum Mapping: A Step-by-Step Manual* (Englewood Cliffs, N.J.: Prentice-Hall, 1988) 참조.

68) Heidi Hayes Jacobs, *Mapping the Big Picture: Integrating Curriculum and Assessment K-12* (Alexandria, Va.: Association for Supervision and Curriculum Development, 1997), p. 17.

69) Ibid., pp. 4, 8.

70) Heidi Hayes Jacobs, ed., *Getting Results with Curriculum Mapping* (Alexandria, Va.: Association for Supervision and Curriculum Development, 2004), p, vi.

71) Fenwick W. English, *Curriculum Auditing* (Lancaster, Pa.: Technomic Publishing Company, 1988), p. 3.

72) Ibid., p. 33.

73) Ibid., pp. 33-34.

74) Saylor, Alexander, and Lewis, *Curriculum Planning,* p. 334.

75) Stufflebeam et al., *Educational Evaluation,* pp. 218-235.

76) 이 책의 p. 153 참조.

77) Daniel L. Stufflebeam, Phi Delta Kappa Symposium on Educational Research, 11번째 연례 연설, Ohio State University, June 24, 1970. Blaine R. Worthen and James R. Sanders, *Educational Evaluation: Theory and Practice* (Worthington, Ohio; Charles A. Jones, 1971), p. 129에서 재인용.

78) Ibid.

79) Ibid., p. 136.
80) Ibid.
81) Ibid., p. 137
82) Ibid.
83) Ibid., p. 138
84) Stufflebeam et al., *Educational Evaluation,* pp. 79–84.
85) Ibid., pp. 61–69.
86) Ibid., p. 239.
87) Michael Scriven, "The Methodology of Evaluation," *Perspectives of Curriculum Evaluation,* AERA Monograph Series on Curriculum Evaluation No. 1 (Chicago: Rand McNally, 1967), pp. 49–51 참조.
88) 실행 연구에 대해서는 Jean McNiff with Jack Whitehead, *Action Research: Principles and Practices* (New York: RoutledgeFalmer, 2002) and Richard Sagor, *Guiding School Improvement with Action Research* (Alexandria, Va.: Association for Supervision and Curriculum Improvement, 2000).
89) McNeil, *Contemporary Curriculum,* p. 333.
90) The Joint Committee on Standards for Educational Evaluation, James R. Sanders, Chair, *The Program Evaluation Standards: How to Assess Evaluations of Educational Programs,* 2nd ed. (Thousand Oaks, Calif.: Sage Publications, 1994). 또한 The Joint Committee on Standards for Educational Evaluation, Daniel L. Stufflebeam, Chair, *Standards for Evaluations of Educational Programs, Projects, and Materials* (New York: McGraw-Hill, 1981), pp. 19, 51, 63, 97 참조.
91) The Joint Committee, *The Program Evaluation Standards,* p. 23.
92) Ibid., p. 63.
93) Ibid., p. 81.
94) Ibid., p. 125.
95) Stufflebeam et al., *Educational Evaluation,* p. 238.

◆ 참고문헌 ◆

Aikin, Wilford M. *The Story of the Eight-Year Study.* New York: Harper & Row, 1942.

Armstrong, David G. *Developing and Documenting the Curriculum.* Boston: Allyn and Bacon, 1989.

Association for Supervision and Curriculum Development. *Balance in the curriculum.* 1961 Yearbook. Alexandria, Va.: Association for Supervision and Curriculum Development, 1961.

Beane, James A. "Foreword: Teachers of Uncommon Courage." In Chris Stevenson and Judy F. Carr, eds. *Integrated Studies in the Middle Grades: Dancing Through Walls.* New York: Teachers College Press, 1993.

Bellack, Arno. "What Knowledge Is of Most Worth?" *High School Journal* 48, no. 5(February

1965): 318-332.

Bloom, Benjamin S. "Ideas, Problems, and Methods of Inquiry." In *The Integration of Educational Experiences.* 57th Yearbook. National Society for the Study of Education, Part 3, pp. 84-85. Chicago: University of Chicago Press, 1958.

Broudy, Harry S. *The Real World of the Public Schools.* New York: Harcourt Brace Jovanovich, 1972.

Bruner, Jerome S. *On Knowing. Essays for the Left Hand.* Cambridge, Mass.: Harvard University Press, 1962.

_____. *The Process of Education.* Cambridge, Mass.: Harvard University Press, 1960.

_____. *The Relevance of Education.* New York: Norton, 1973.

_____. "Structures in Learning." *Today's Education* 52, no. 3(March 1963): 26-27.

Caine, Renate Nummela and Caine, Geoffrey. *Making Connections: Teaching and the Human Brain.* Alexandria, Va.: Association for Supervision and Curriculum Development, 1991.

Caswell, Hollis L. and Campbell, Doak S. *Curriculum Development.* New York: American Book Company, 1935.

Center for the Study of Evaluation. *Evaluation Workshop I: An Orientation.* Del Monte Research Park, Monterey, Calif.: CTB/McGraw-Hill, 1971. Participant's Notebook and Leader's Manual.

Combs, Arthur W., ed, *Perceiving, Behaving, Becoming.* 1962 Yearbook. Alexandria, Va.: Association for Supervision and Curriculum Development, 1962.

"Curriculum Evaluation: Uses, Misuses, and Nonuses." *Educational Leadership* 35, no. 4 (January 1978): 243-297.

Doll, Ronald C. *Curriculum Improvement: Decision Making and Process,* 9th ed. Boston: Allyn and Bacon, 1996.

Drake, Susan. *Planning Integrated Curriculum: The Call to Adventure.* Alexandria, Va.: Association for Supervision and Curriculum Development, 1993.

Ebel, Robert L. "What Schools Are For." *Phi Delta Kappan* 54, no. 1(September 1972): 3-7.

"Effective Schools." *Phi Delta Kappan* 83, no. 5(January 2002): 375-387.

Eisner, Elliot W. *The Educational Imagination: On the Design and Evaluation of School Programs*, 2nd ed. New York: Macmillan, 1985.

_____. "Educational Connoisseurship and Criticism: Their Form and Functions in Educational Evaluation." *Journal of Aesthetic Education* 10, numbers 3-4(July-October, 1976): 13-150.

English, Fenwick W. *Curriculum Auditing.* Lancaster, Pa.: Technomic Publishing Company, 1988.

_____. "Curriculum Mapping." *Educational Leadership* 37, no. 7(April 1980): 558-559.

_____ and Steffy, Betty E., *Deep Curriculum Alignment: Creating a Level Playing Field for All Children on High-Stakes Tests of Educational Accountability.* Lanham, Md.: Scarecrow Press, 2001.

Finnan, Christine, St. John, Edward P., McCarthy, Jane, and Slovacek, Simeon P. *Accelerated Schools: Lessons from the Field.* Thousand Oaks, Calif.: Corwin Press, 1996.

Glasser, William. *The Quality School: Managing Students Without Coercion,* 2nd ed. New York: HarperPerennial, 1992.

Goodlad, John I. *Planning and Organizing for Teaching.* Washington, D.C.: National Education Association, 1963.

Guba, Egon, and Lincoln, Yvonna S. *Effective Evaluation: Improving the Usefulness of Evaluation Results Through Responsive and Naturalistic Approaches.* San Francisco: Jossey-Bass, 1981.

Halverson, Paul M. "The Meaning of Balance." In *Balance in the Curriculum.* 1961 Yearbook, 3-16. Alexandria, Va.: Association for Supervision and Curriculum Development, 1961.

"Integrating the Curriculum." *Educational Leadership* 49, no. 2(October 1991): 4-75.

Jacobs, Heidi Hayes. *Getting Results with Curriculum Mapping.* Alexandria, Va.: Association for Supervision and Curriculum Development, 2004.

_____, ed. *Interdisciplinary Curriculum: Design and Implementation.* Alexandria, Va.: Association for Supervision and Curriculum Development, 1989.

_____. *Mapping the Big Picture: Integrating Curriculum and Assessment K-12.* Alexandria, Va.: Association for Supervision and Curriculum Development, 1997.

Johnson, Mauritz, Jr. *Intentionality in Education: A Conceptual Model of Curricular and Instructional Planning and Evaluation.* Albany, N.Y.: Center for Curriculum Research and Services, 1977.

Joint Committee on Standards for Educational Evaluation, James R. Sanders, Chair. *The Program Evaluation Standards: How to Assess Evaluations of Educational Programs,* 2nd ed. Thousand Oaks, Calif.: Sage Publications, 1994.

_____, Daniel L. Stufflebeam, Chair. *Standards for Evaluations of Educational Programs, Projects, and Materials.* New York: McGraw-Hill, 1981.

Lindvall, C. M., and Cox, Richard C., with Bolvin, John O. *Evaluation as a Tool in Curriculum Development: The IPI Evaluation Program.* American Educational Research Association Monograph, no. 5. Chicago: Rand McNally, 1970.

Mcteil, John D. *Contemporary Curriculum in Thought and Action,* 6th ed. Hoboken, N.J.: Wiley, 2006.

McNiff, Jean with Jack Whitehead. *Action Research in Organisations.* London: Routledge,

2000.

Marsh, Colin J. and Willis, George. *Curriculum: Alternative Approaches, Ongoing Issues,* 4th ed. Upper Saddle River, N.J.: Merrill/Prentice Hall, 2007.

National Study of School Evaluation. *Breakthrough School Improvement: An Action Guide for Greater and Faster Results.* Schaumburg, Ill.: National Study of School Evaluation, 2005.

Oliver, Albert I. *Curriculum Improvement: A Guide to Problems, Principles, and Processes,* 2nd ed. New York: Harper & Row, 1977.

Orlosky, Donald and Smith, B. Othanel, eds. *Curriculum Development: Issues and Insights.* Chicago: Rand McNally, 1978, Part 5.

Owen, John M. and Rogers, Patricia J. *Program Evaluation: Forms and Approaches.* Thousand Oaks, Calif: Sage Publications, 1999.

Phenix, Philip H. "The Disciplines as Curriculum Content." In *Curriculum Crossroads,* ed. A. Harry Passow, 57-65. New York: Teachers College Press, Columbia University, 1962.

The Phi Delta Kappa/Gallup Polls of the Public's Attitudes Toward the Public Schools. *Phi Delta Kappan.* Annually, usually September.

Pressey, Sidney L. and Robinson, Francis P. *Psychology and the New Education,* rev. ed. New York: Harper & Row, 1944.

Provus, Malcolm. *Discrepancy Evaluation for Educational Program Improvement and Assessment.* Berkeley, Calif.: McCutchan, 1971.

Ratnesar, Romesh. "Lost in the Middle." *Time* 152, no. 11(September 14, 1998): 60-64.

Rogers, Frederick A. "Curriculum Research and Evaluation." In Fenwick W. English, ed. *Fundamental Curriculum Decisions,* 1983 Yearbook, 142-153. Alexandria, Va.: Association for Supervision and Curriculum Development, 1983.

Sagor, Richard. *Guiding School Improvement with Action Research.* Alexandria, Va.: Association for Supervision and Curriculum Development, 2000.

Saylor, J. Galen and Alexander, William M. *Curriculum Planning for Better Teaching and Learning.* New York: Holt, Rinehart and Winston, 1954.

______, Alexander, William M., and Lewis, Arthur J. *Curriculum Planning for Better Teaching and Learning,* 4th ed. New York: Holt, Rinehart and Winston, 1981.

Scriven, Michael. "Goal-Free Evaluation" In E. R. House, ed. *School Evaluation: The Politics and Process.* Berkeley, Calif.: McCutchan, 1973.

______. "The Methodology of Evaluation." *Perspectives of Curriculum Evaluation.* AERA Monograph Series on Curriculum Evaluation, no. 1, 39-83. Chicago: Rand McNally, 1967.

Shaw, Ian F. *Qualitative Evaluation.* Thousand Oaks, Calif.: Sage Publications, 1999.

Smith, B. Othanel et al. *Teachers for the Real World.* Washington, D.C.: American Association of Colleges for Teacher Education, 1969.

Smith, B. Othanel, Stanley, William O., and Shores, J. Harlan. *Fundamentals of Curriculum*

Development, rev. ed. New York: Harcourt Brace Jovanovich, 1957.

Stake, Robert E. *The Art of Case Study Research*. Thousand Oaks, Calif.: Sage Publications, 1995.

______. "Language, Rationality, and Assessment." In *Improving Educational Assessment and an Inventory of Measures of Affective Behavior,* ed. Walcott H. Beatty. Alexandria, Va.: Commission on Assessment of Educational Outcomes, Association for Supervision and Curriculum Development, 1969.

Stevenson, Chris and Carr, Judy F., eds. *Integrated Studies in the Middle Grades: Dancing Through Walls*. New York: Teachers College Press, 1993.

Stufflebeam, Daniel L. *Evaluation Models*. San Francisco: Jossey-Bass, 2001.

______ et al. *Educational Evaluation and Decision Making*. Itasca, Ill.: F.E. Peacock, 1971.

Taba, Hilda. *Curriculum Development: Theory and Practice*. New York: Harcourt Brace Jovanovich, 1962.

Tanner, Daniel and Tanner, Laurel. *Curriculum Development: Theory into Practice,* 4th ed. Upper Saddle River, N.J.: Merrill/Prentice Hall, 2007.

Thorndike, Edward L. "Mental Discipline in High School Studies." *Journal of Educational Psychology* 15, no. 1(January 1924): 1-22, continued in vol. 15, no. 2(February 1924): 83-98.

Tyler, Ralph W. *Basic Principles of Curriculum and Instruction*. Chicago: University of Chicago Press, 1949.

______, ed. *Educational Evaluation: New Roles, New Means*. 68th Yearbook of the National Society for the Study of Education. Chicago: University of Chicago Press, 1969.

Tyler, Ralph W., Gagné, Robert M., and Scriven, Michael. *Perspectives of Curriculum Evaluation*. AERA Monograph Series on Curriculum Evaluation, no. 1. Chicago: Rand McNally, 1967.

Vars, Gordon F., ed. *Common Learnings: Core and Interdisciplinary Team Approaches*. Scranton, Pa.: International Textbook Company, 1969.

______. "Integrated Curriculum in Historical Perspective." *Educational Leadership* 49, no 2 (October 1991): 14-15.

Weinstein, Donald F. *Administrator's Guide to Curriculum Mapping: A Step-by-Step Manual*. Englewood Cliffs, N.J.: Prentice-Hall, 1988.

Worthen, Blaine R., Sanders, James R., and Fitzpatrick, Jody L. *Educational Evaluation: Alternative Approaches and Practical Guidelines,* 2nd ed. New York: Longman, 1997.

제4부

교육과정 개발: 산물과 이슈

14 교육과정의 산물

학습 목표

1. 교육과정 지침서(가이드)를 구성할 수 있다.
2. 자료 단원을 구성할 수 있다.
3. 교육과정 자료의 원천을 확인할 수 있다.

구체적 산물

"결실로 판단하리라" 라는 성경 구절은 교육과정 종사자에게 확실히 적용되는 문구일 것이다. 공립학교 또는 대학의 교육과정 개발 부서에 들어서는 순간, 누구든 교육과정 종사자의 연구의 산물에 놀라고 압도될 것이다. 그들의 노력에 대한 결과는 손에 잡히는 결과로서 눈에 띄는 형태—유형적, 인쇄된, 그리고 종종 눈으로 확인할 수 있도록 자료화된—로 모두 잘 볼 수 있다.

교육과정 종사자는 수년간 산물을 만들어 내왔다. 여러 해에 걸친 노력의 결실에도 불구하고 일부 교육과정 개발자는 개발의 과정보다는 연구 결과만을 중시한다. 개발의 산물은 시행되고 재시도되고 수정되는 과정을 통해서 충분히 의미를 가지는 것이다.

교육과정 개발의 산물은 교육과정을 평가 또는 수행하기 위한 도구를 만든다는 기능적 가치뿐만 아니라 설계자에게 큰 심리적 격려가 된다. 유형적인 구체적 결과물을 만들어 냄으로써 상당한 성취감을 느끼게 되는 것이다.

이 책을 통해 우리는 이미 여러 종류의 교육과정을 살펴보았다. 6장에서는 철학적 개념과 교육의 목적이 논의되었고, 7장에서는 요구사정 조사와 보고서, 교수요목의 일부와 교육과정 지침서 그리고 최소 기준에 대한 정부 입장의 일부분을 살펴보았다. 8장에서는 교육과정의 목적과 목표가 논의되었다. 10장에서는 수업의 목표와 명세목표가 일부 논의되었고 11장에서는 수업 계획이 개략적으로 논의되었다. 그리고 12장에서는 수업평가의 도구를, 13장에서는 교육과정의 평가를 위한 도구를 논의하였다.

교육과정 조정자, 자문가와 감독자, 그 외 학교에서 일하는 종사자 등이 동원되어 하는 일인 만큼 교육과정을 수행하는 데는 많은 훈련이 필요하다. 이 장에서 우리는 일선 학교에서 찾아볼 수 있는 여러 공통적인 교육과정의 개발과 사용에 관한 내용을 논의할 것이다.

교육과정의 내용과 형태와 과정명은 교육과정을 기술하는 단체의 수만큼이나 다양하다. 교육과정 공고, 교육과정 지침서, 교수요목, 실라버스, 자료 단원, 원천 단원은 교육과정 자료의 도서관에서 찾을 수 있을 것이다.

교육과정 자료는 지속적이지 않고 표준화되지 않은 자료가 각 지역에서 사용되므로 여러 자료 사이에서의 차이는 상당하다. 교육과정의 개발을 긴 안목에서 보자면 미국 전역의 수천 개 학구의 위원회와 개인이 교사에게 도움이 되는 자료를 만드는 모습을 상상해 보아야 한다. 교육과정 자료에 사용되는 용어는 상당히 다른 산물을 만들어 내는 결과를 일으킬 수도 있고 같은 뜻으로 쓰일 수도 있다. 교육과정 지침서는 학습지도 요령과는 상당히 다를 수 있지만, 한 지역에서는 교육과정 지침서라고 불리는 자료가 다른 지역에서는 학습지도 요령이라고 불릴 수도 있다. 따라서 자세히 살펴보기 전에는 하나의 교육과정의 산물이 어떤 것인지 미리 예측하기가 매우 힘들다.

이 장에서 논의될 교육과정 산물은 다음과 같다.

1. 교육과정 지침서, 교수요목, 실라버스
2. 자료 단원

이 장에서는 앞 장에서 논의된 단원 계획, 단시 수업 계획과 시험 등은 논의하지 않을 것이다. 모든 교육과정 자료는 교사와 설계자에게 교육과정과 수업을 조직하고 수행하기 위해 도움을 주고자 하는 공통적인 목적을 가진다. 비록 주 또는 국가의 기준이 기준에 의해 설계된 학습활동과 목표를 통합하도록 요구하여 교육과정 규정과 다른 교육과정 요소에 영향을 주었지만 교육과정의 개발은 여전히 가르치는 과정의 중요한 부분이다.

교육과정 지침서, 교수요목, 실라버스

이 세 종류의 교육과정의 산물은 분명히 연결되어 있다. 그것은 (1) 교육과정 지침서나 해설서(curriculum guide), (2) 교수요목(course of study), (3) 실라버스(syllabus)다. 앞서 말한 바와 같이 이 세 항목은 어떤 교육과정 종사자에게는 뚜렷이 구분되고 있지 않다. 다음은 이 장에서 사용되는 용어의 정의다.

1. 교육과정 지침서는 이 세 가지 자료 중 가장 일반적이다. '9학년 영어'와 같은 구체적인 학년의 한 과정이나 학과목, '9학년'과 같은 한 학년의 모든 과목, '언어 영역'과 같은 연속되는 학과목, 또는 '직업 안전'과 같은 두 과목 이상에 적용되는 공통 주제 등이 교육과정 지침서가 될 수 있다. 교육과정 지침서가 한 과목을 대상으로 할 때는 교수요목이라고 불릴 수 있으나 완전한 교수요목보다는 유용한 도움을 주는 보조 자료라고 할 수 있다.
2. 교수요목은 수업 내용을 포함하는 한 과목을 위한 구체적인 계획이다. 일선 학교와 TV에서도 잘 알려진 예로는 『인간을 주제로 한 교수요목(*Man: A Course of Study*)』을 들 수 있다. 학습과정은 전체 혹은 요약된 교수의 내용과 교수방법에 대한 지침을 포함한다.[1)] 교수요목이 교수 내용을 구체적으로 설명한다면, 교육과정 지침서는 교사에게 대안을 제공한다고 할 수 있다.
3. 실라버스는 한 과목이나 한 학년 수준에서 다루어져야 하는 주제를 개략적으로 보여 주는 것이다.

교육과정 지침서의 양식

교육과정 지침서가 만들어지는 과정을 더 자세히 살펴보자. 목적은 무엇이며 누가 참여해야 하는가? 교육과정 지침서는 최소한 두 가지 방법으로 사용된다. 교사가 계획에서 충분히 자율성을 가지는 덜 구조화된 상황에서는 교육과정 지침서가 그것을 사용하려는 교사에게 여러 가능한 안을 제공한다. 이런 경우 교육과정 지침서는 교사가 자신의 자료 단원, 학습 단원, 단시 수업안을 구성할 때 아이디어를 얻는 출처가 된다. 보다 구조화된 상황에서는 교육과정 지침서가 학생이 각 교과에서 습득해야 할 최소한의 목표를 명시하며, 각각의 평가 기간이나 수업 시간별 목표를 제시할 수도 있다. 교육과정 지침서는 교수 자료를 명시하고 학습 활동을 제안하며 각각의 단원이나 평가 시점 전과 후의 평가를 포함할 수 있다.

교육과정 지침서는 교사 또는 설계자 집단이나 개인에 의해 구성될 수 있다. 개인에 의해 만들어진 경우 학교에서 실행되기 전에 대부분 전문가의 검토를 거친다. 교육과정 지침서가 만들어지는 과정은 창작자에게는 결과물만큼이나 중요하다. 지침서를 구성하는 작업은 작업자에게 아이디어를 명확히 하고, 창의성을 검증하며, 내용을 선택하고, 순서를 결정하고, 그들의 생각을 조직하도록 하기 때문이다.

일부 학구는 통합적으로 하나의 구성 방식을 따르겠지만, 대부분의 학구는 교육과정 지침서가 다양한 방식으로 구성되어 있을 것이다. 지역마다 구성 방식이 다르므로 일부 학구는 한 가지 방식 이상의 지침서를 준비하는 것을 유용하다고 여긴다. 이 장에서는 긴 지침서를 예시하는 대신 자주 사용되는 구성 방식을 살펴보겠다.

여러 많은 교육과정 지침서의 구성 방식 중 여기서는 제목 구성의 한계로 포괄적, 계열적(연속적), 테스트 코딩 양식이라는 세 가지의 구성 방식을 살펴보자.

포괄적 양식 포괄적 양식을 따르는 교육과정 설계자는 다음과 같은 교육의 특정 부분을 포함할 것이다. 예를 들어, 9학년의 사회과와 같이 특별한 수준에 대한 교육과정 지침서 요소다.

1. 서론: 교육과정 지침서의 제목, 주제, 지정된 학년 등과 사용자를 위한 도움말 등이 포함되어 있다. 또한 선행하는 철학적 개념과 교육목표에 관련된 설명도 곁들여져야 한다.
2. 수업목표: 일부 설계자에 의해 일반 명세목표로 불리기도 하는 수업목표는 학교의 교육과정의 목적과 목표를 설명하는 비행동적인 접근이다.
3. 수업 명세목표: 일부 설계자에 의해 구체적이고 행동적인 명세목표로 불리기도 하는 수업 명세목표는 특정 과목과 학년에 관하여 기술되며 학습의 세 가지 영역을 적절하다면 모두 포함하여야 한다.

4. 학습 활동: 교사가 학생들에게 사용할 수 있는 활동이 연속적으로 명시되어야 한다.
5. 평가 기법: 학생의 수행을 평가할 수 있는 의견이 포함되어야 한다. 평가 기법에는 일반적인 평가법, 예시 평가 항목과 완벽한 평가 항목이 포함되어야 한다.
6. 자원: 교사를 도와 교육과정 지침서를 직접 수행할 인적자원, 그리고 책, 시청각 교재, 장비와 시설에 대한 전반적인 자원에 대한 관심이 요구된다.

포괄적인 교육과정 지침서를 보여 주는 예가 [그림 14-1]이다.

포괄적 지침서에는 교육 내용을 주제별로 간략히 기술할 수 있으며, 시간대별로 목적과 목표를 구분하지 않고 교사에게 시간 순서로 연속되어 있지 않다. 이 구성 방식은 규범적이지 않으며 전문교사를 위한 보충 교재로 고안되어 있어 교사에게 다양한 목적, 목표, 활동, 평가기술, 자원을 선택할 수 있도록 하는 매우 자율적인 구성 방식이다. 11장에 소개된 단원 계획과 유사하다고 생각될 수도 있으나[2], 교육과정 지침서는 단원 계획보다는 범위가 넓으며 더 많은 대안을 제공한다.

교육과정 설계자는 다음 양식을 따르는 포괄적인 지침서의 선택을 선호한다.

주제	목적	목표	활동	평가 기법	자원

[그림 14-1] 포괄적 양식의 교육과정 지침서

계열적 양식 1980년대에 고안되었으며 Bloom의 분류학을 따르는 조지아 주의 사고 역량 목록(〈표 14-1〉)이 계열적 양식의 예를 제공하고 있다.[3]

1. 이 형식은 각 영역의 구체적인 행동 명세목표를 명시한다.
2. 유치원부터 12학년까지 중 어느 학년에서 각 역량들이 가르쳐지는지를 명시한다.

표 14-1 조지아 주의 사고 역량 목록

주제	개념/능력	K-4	5-8	9-12
A. 기억	학습자는 이전에 학습된 특정 과목의 사실, 개념, 구체적인 요소를 인지할 수 있다.	ID	DR	R
1. 확인	한 문항의 근원과 성질 또는 분명한 특징을 확실히 할 수 있다.	ID	DR	R
2. 관찰	집중, 이해, 설명을 통해 정보를 습득한다. 시각, 청각, 촉각 등 오감을 통해 얻은 정보를 포함한다.	ID	DR	R
3. 인지	오감 중 시각과 청각을 사용해 사물을 알게 된다.	ID	DR	R
B. 이해	학습자는 대화를 통해 정보를 이해할 수 있다.	ID	D	R
1. 변형	원래 정보의 정확성을 유지하면서 정보를 한 형태에서 다른 형태로 바꿀 수 있다.	ID	DR	DR
2. 비유 이해	두 사물이 서로 일부 같다는 것을 이해하고 이것이 다른 사물에도 적용된다는 것을 이해한다.	ID	DR	DR
C. 가설 수립	학습자는 추정하고 잠정적인 설명을 할 수 있다.	I	DR	DR
1. 예측	미리 예견할 수 있다.	I	DR	DR
2. 상상	스스로 상상할 수 있다.	I	DR	DR
D. 적용	학습자는 정보를 사용할 수 있다.	I	DR	DR
1. 명료	정보를 쉽게 이해할 수 있다.		ID	DR
2. 가설 실험	문제 해결을 위해 실험할 수 있다.	I	ID	DR
3. 수행 정의	체계적인 단계를 세울 수 있다.		ID	DR
4. 의사결정	가장 좋거나 그 대안을 선택한다.	I	ID	DR
5. 결과 투영	가능한 결과를 향한 단계를 결정하거나 원인/결과 관계를 설명할 수 있다.	I	ID	DR
E. 분석	학습자는 개념과 문제, 형태를 전체에서 일부분으로 나누어 부분 간의 관계를 구체적으로 설명할 수 있다.	ID	DR	
1. 비교	주어진 기준을 근거로 유사점과 차이점을 설명할 수 있다.	ID	DR	R
2. 분류	공통적인 특징에 근거하여 요소를 대소의 집단으로 구분할 수 있다.	ID	DR	R
3. 선택	주어진 기준을 근거로 일련의 요소에서 하나를 고를 수 있다.	ID	DR	R
4. 연관	주어지거나 연상되는 요소를 연관 지을 수 있다.	ID	DR	R
5. 추론	사실에나 증거의 근거에 결론을 도출할 수 있다.	I	ID	DR
6. 해석	경험의 의미 또는 반응을 표현할 수 있다.	I	ID	DR
7. 자격	특징을 열거하며 설명할 수 있다.	I	ID	R
F. 합성	학습자는 구조, 형태, 산물을 배열하고 조합할 수 있다.	I	ID	DR
1. 요약	간단하거나 축약되게 내용을 말할 수 있다.	I	ID	DR
2. 일반화	형태 또는 문장을 구체적인 것에서 일반적인 것으로 바꿀 수 있다.	I	ID	DR
3. 개념 형성	아이디어를 형성하거나 표현할 수 있다.		ID	DR
4. 통합	종합적인 정보를 만들 수 있다.		ID	DR
G. 평가	학습자는 주어진 기준을 근거로 분량과 질에 관한 판단을 내릴 수 있다.		ID	DR
1. 타당성	결과에 대한 적절한 이유를 들 수 있다.	I	ID	DR
2. 기준 도입	기존의 기준과 동등한 수준인지 비교할 수 있다.		ID	DR
3. 판단	문제에 관한 의견을 형성할 수 있다.		ID	DR
4. 내적 일치	한 과정의 모든 부분이 서로 일관성이 있는지 이해할 수 있다.		ID	DR
5. 가치	가치가 있는지 판단할 수 있다.	I	ID	DR

출처: Georgia Department of Education, *Essential Skills for Georgia Schools* (Atlanta: Division of Curriculum Service, Georgia Department of Education, 1980), pp. 87-88. 허락하에 게재.

3. 각 학년 수준에서 구체적으로 언제 행동목표를 소개(I)하고, 발달(D)시키고, 강화(R)하고, 또는 확대(E)하는지 설명한다.

연속적 형식은 교육목표의 계열성을 전체적으로 제공한다. 언제, 어떤 방식으로 목표가 전달되는지를 결정하는 것은 교사의 몫이다.

테스트 코딩 양식 세 양식 중 가장 구체적이어서 가장 적은 자율성을 제공하는 양식이다.

1. 정해진 교과의 각 학년별로 단위 시간마다 학습자가 습득해야 할 목표를 명시하는 형식이다.
2. 학구, 주 정부와 연방정부의 기준에 따르는 목표를 표기하고, 학구가 관리하는 전국 수준의 준거지향평가와 규준참조평가 기준을 표기한다.

예를 들면, 한 학구에서 2학년을 대상으로 한 보건 수업을 위해 10개의 수업 명세목표를 개발하였다. 그 학구에서는 아동들이 목표를 성취하였는지 판단하기 위해 각 수업 시간 직후의 평가(매년 학년말 평가와 같은)를 개발하였다. 테스트 코딩 양식(test coding format)에 따라 각 교사는 단위 시간마다 교육목표를 명시할 것이고, 교사는 주의 기준과 평가 제도를 다루는 절차에 대해서도 유사한 방식을 취할 것이다.

교사는 학습 활동과 보충 교재를 선택할 수 있지만 단위 시간마다 학생을 평가해야 할 책임을 지닌다. 명세목표를 달성했는지를 사정하기 위해 지역에서 만들어진 평가를 단위 시간의 마지막 부분에 시행한다.

이상의 세 양식은 서로 조합되고 확대될 수 있다. 테스트 코딩 양식이 포괄적 양식과 함께 시행될 수 있고, 행동 또는 성과의 지표가 행동 또는 수행 목표를 개선하기 위해 포함될 수 있다. 예를 들면, '대기에 노출되는 프레온의 영향을 설명할 수 있다'라는 수업 명세목표는 10장에서 논했던 수업 명세목표의 기준을 참고하여 '프레온의 주요한 용도를 설명할 수 있다'로 바뀔 수 있다. 상당한 길이와 두께의 교육과정 지침서가 왜 특정 학년의 구체적인 학습 계획을 대부분 묘사하지 않는가 하는 E. D. Hirsch, Jr.의 비평을 보완할 수 있는 부분이다.[4)]

학교가 어떤 형식의 교육과정 지침서를 따르든, 교육과정 지침서는 규칙적으로 사용되고 수정되어야 한다. 공공연히 교육과정 지침서는 지역 또는 주의 규정을 위해서 만들어진다고 한다. 과정을 완성해 놓고도 먼지가 쌓이도록 놓아두는 것이다. 교사가 교육과정 지침서를 실제로 사용하는 것도 교육과정 지침서의 중요한 한 부분이다. 물려받은 교육과정 지침서가 대부분 거의 쓰이지 않는 것처럼, 교육과정 자문위원이 아닌 일선 교사가 작성한 교육과정 지침서도 교사가 유용하다고 생각하는 경우에만 효과가 있는 것이다.[5)]

자료 단원

일부 교육과정 종사자에게 원천 단원(source unit)이라고도 불리는 자료 단원(resource unit)은 "특정 주제나 문제를 위한 자료와 활동의 배열"이다.[6)] 자료 단원은 교사의 학습 단원과 교육과정 지침서 또는 교수요목 사이에 위치하는 산물이다. 나의 다른 문헌을 인용하면 다음과 같다.

> 자료 단원은 교사가 사용할 수 있는 정보와 아이디어의 원천이다…. 자료 단원의 주요 목적은 한 주제로 자신만의 학습 단원을 만들고자 하는 교사를 위해 아이디어를 제공하는 것이다…. 기본 교재에서 찾을 수 있는 보충 교재로 교사를 돕는 풍부한 정보와 제안을 담고 있다…. 교사의 시간과 작업의 부담을 줄일 것이다.[7)]

핵심을 논하자면, 자료 단원은 교수요목 또는 교육과정 지침서와 같은 목적을 가진다. 그러나 이 두 가지와의 다른 점은 자료 단원은 범위 면에서 훨씬 더 작고, 전체적인 연도, 과정, 과목 영역, 순서보다는 특정한 주제에 초점을 둔다는 것이다. 11학년을 대상으로 하는 미국 역사에 대한 교육과정 지침서 또는 교수요목이 있지만, 우리는 역사 내의 자료 단원으로 잭슨의 시대, 대공황, 또는 범테러 전쟁 등을 찾을 수 있다.

포괄적인 교육과정 지침서를 위한 제안과 마찬가지로, 자료 단원을 위한 개요가 〈글상자 14-1〉에 예시되어 있다. 이러한 예시적인 자료 단원과 예시적인 학습 단원 계획 사이의 연관성은 11장에서 확인하라.

교육과정 자료의 원천

교육과정 산물의 예시는 바로 사용 가능한 형태로 거의 제시되지 않는다. 미국의 모든 주에서 교육과정 위원회는 광범위하게 다양하며, 유용한 산물을 만들어 왔다. 교과서와 부수적인 교사의 지침서 책자를 넘어서는 교육과정 자료를 찾는 교육과정 개발자와 다양한 사람들은 여러 곳에서 사례를 찾을 수 있다. 예컨대 대학의 교육과정 도서관, 학교와 교육부의 특별한 곳, 공립학교 제도의 교육과정센터, 주와 국가의 전문적인 교육연합회, 교육과정 컨설턴트의 연구실, 교육부의 주 개발부, 지역 교육도서관, ERIC, 인터넷 등이다.

거대한 변화는 인쇄된 형태의 교육과정 자료와 실제로 사용 가능한 양식 모두에서 발견할 수 있다. 일반적인 교육과정 지침서 외에도 우리는 필름, 슬라이드, 차트, 오디오테이프, 비디오테이프, CD, CD-ROM, DVD 등의 멀티미디어 키트로 패키지화된 교육과정 자료를 찾을 수 있다.

글상자 14-1 자료 단원

학년/과목: 고등학교/미국 민주주의의 문제점
주제: 미국의 교육

A. 서론

미국의 교육 산업은 매년 7000억 달러 이상을 소비하며, 그중 4000억은 공립 초·중학교에 쓰이고 있다. 인구의 약 25%가 유치원부터 고등학교에 속해 있다. 교육은 국민 개개인의 생활에 깊숙이 자리하고 있지만 교육 자체는 학교에서 그다지 교육되고 있지 않다고 할 수 있다. 많은 사람이 교육에 대한 스스로의 생각을 갖고 있지만, 그들의 자료는 대부분 제한되어 있거나 부족하다. 이 자료 단위의 목적은 학생들에게 미국 교육체계에 대한 사실, 고찰과 이해를 제공하는 것이다.

B. 수업목표

1. 인지적 목표: 학생은 다음 항목에 익숙해진다.
   a. 미국 교육의 목적
   b. 미국 교육의 일반적 구조

c. 미국 교육이 관리되고 재정 지원을 받는 방식
d. 미국 교육과 다른 나라의 교육체계의 주요한 차이

2. 정서적 목표: 학생은 다음 항목을 이해하게 된다.
a. 미국 교육의 복잡성
b. 분권화된 교육체계
c. 미국 교육이 직면한 문제의 정도와 복잡성
d. 미국 교육기관의 성과

C. 수업 명세목표

1. 인지적 목표: 학생은 다음 항목을 수행할 수 있다.
a. 교육 재원의 원천을 확인한다.
b. 지역, 주, 연방 단위의 교육에 대한 책임을 설명한다.
c. 초등학교부터 대학교에 이르기까지의 각 기관의 교육 수준의 목적을 설명한다.
d. 분권화된 교육체계의 장점과 단점을 논한다.
e. 교사가 어떤 방식으로 준비되고 고용되는지 설명한다.
f. 교육비가 소비되는 방식을 설명한다.
g. 여러 주의 교육 지원 정책의 차이를 설명한다.
h. 학교의 당면 문제와 그것을 해결하기 위한 노력을 알아본다.
i. 사교육(사립학교, 차터스쿨, 홈스쿨링)의 성장을 설명한다.
j. 미국과 다른 나라의 교육체계를 비교한다.

2. 정의적 목표: 학생은 다음 항목을 수행할 수 있다.
a. 본인이 인식하는 대로 교육의 목적을 기술한다.
b. 본인이 느끼는 좋은 교육을 구성하는 요소를 기술한다.
c. 의무교육이 바람직한가에 대해 근거 있는 주장을 한다.
d. 교육비의 재원에 관해 느끼는 바를 기술한다.
e. 공교육과 사교육 중 어느 것이 더 나은가에 대한 입장을 표시한다.
f. 미국 교육과 유럽 교육(혹은 러시아 교육) 중 어느 쪽이 나은지에 대해 입장을 표시한다.
g. 학교 내 기도, 진화론의 교육, 교과서 검열, 강제 버스 통학 등 논란의 소지가 있는 문제에 대해 문서로 자신의 의견을 표현한다.

3. 심동적 목표: 해당 사항 없음.

D. 학습 활동

1. 교육에 관한 헌법 조항, 특히 1, 10, 14 개정헌법 조항을 읽는다.
2. 교육에 관한 해당 주의 헌법 조항을 읽는다.
3. 최근의 주와 연방의 교육에 관한 입법안을 읽는다.
4. 지역, 주와 연방 단위의 교육 재원의 비율을 보여 주는 그림을 준비한다.
5. 학생이 거주하는 주가 받은 지역, 주와 연방 단위의 교육 재원이 한 해에 쓰는 교육비

를 보여 주는 표를 준비한다.

6. 초 · 중 · 고의 한 교과 수업을 관찰하고, 명세목표, 재료, 방법 등을 비교한다.
7. 지역 전문대를 방문하여 그 대학의 행정가와 교육 목적과 프로그램에 대한 인터뷰를 한다.
8. 학생의 학교로 교구의 학교 행정가를 초빙하여 교실에서 담당 학교의 교육의 목적과 프로그램에 관해 듣는다.
9. 지역의 공립학교 교장을 몇몇 초빙하여 학교가 당면한 문제에 관해 교실에서 듣는다.
10. 학생이 거주하는 주의 교사 자격증을 위한 의무 조항을 살펴본다.
11. 미국 전체와 학생이 속한 주의 대학교육에 대한 자료를 수집하고 발표한다.
12. 여러 다른 교육목적을 읽고 평가한다.
13. 미국 공립교육을 비판하는 책 또는 기사를 읽고 평가한다.
14. 교육에 영향을 미치는 압력 단체를 보고한다.
15. 학부모가 자녀를 그들이 선택하는 학교로 보내도록 하는 교육체계에 대한 책 한 권 또는 몇몇 기사를 읽고 주요한 특징을 설명한다.
16. 학생이 거주하는 주에서 교사가 교육되고 자격증을 받고 고용되는 과정을 알아본다.
17. 학생이 거주하는 주에서 학교 행정가가 교육되고 자격증을 받고 고용되는 과정을 알아본다.
18. 학교 이사회에 참석하고 수업 시간에 그것을 논의한다.
19. 교장을 방문하여 교장직의 역할에 대해 듣는다.
20. 학교에 대한 세금 비율, 학교기금이 조성되는 방법, 지역사회에서 학교를 위해 소비되는 비용 등을 조사한다.
21. 해당 주의 행정가와 교사의 임금과 직업상 혜택이 무엇인지 조사한다.
22. 초 · 중학교의 고용 형태를 조사하고 어떤 직종이 학교를 운영하는 데 필요한지 알아본다.
23. 지역사회에서 교육의 중도 포기가 얼마나 심각한지와 그 해결 방안에 대해 알아본다.
24. 학구의 학생 성취도의 만족도를 논의한다. 만족스럽지 못한 경우 불만족스러운 성취에 대한 이유를 찾고 그 상황을 향상할 수 있는 조치에 대한 보고서를 작성한다.
25. 공립학교 행정가의 반대로서 공립학교의 사적인 관리의 찬성과 반대를 설명하라.
26. 논란이 있는 한 주제에 관해 여러 유명인사의 입장과 함께 학생 자신의 입장을 포함하는 보고서를 쓴다.
27. 공립학교에 대한 국민의 태도에 대해 조사하고 보고서를 쓴다.
28. 학생이 거주하는 주의 졸업과 진급의 기준을 분석한다.
29. 당신의 주 교육청의 웹사이트에 가서 당신 주의 학습 표준을 찾는다.
30. 고부담 시험이 의미하는 것이 무엇인지를 설명하고 당신의 입장을 밝힌다.

주의: 학습 활동의 많은 주제는 인터넷으로 달성될 수 있다. 학생들은 교사의 결정에 따라서 개인적으로나 모둠과 함께 보고서를 작성할 수 있다. 일부 학생은 그들의 보고서를 파워포인트로 작성하기를 희망할지도 모른다.

E. 평가 기법

1. 미국 교육의 실제에 관한 지식을 조사하기 위한 객관적인 평가 항목으로 구성된 수업 전 평가를 실시한다. 예시 평가 항목은 다음과 같다.
   a. 미국 교육에서 주의 통제를 관여하는 것은 어느 수정안인가?
      (1) 제1 수정안 (2) 제5 수정안 (3) 제10 수정안 (4) 제14 수정안
   b. 학구의 정책은 다음 중 누가 선포하는가?
      (1) 교육자문회 (2) 학교 이사회 (3) 교사 조합 (4) 학교장
2. 학생의 구술 보고서를 평가한다.
3. 학생의 보고서와 그림 등 서면으로 된 보고서를 평가한다.
4. 수업 중 논의에서 학생의 반응과 발표를 관찰한다.
5. 수업 전 평가와 유사한 수업 후 평가를 실시한다.

F. 자료

Educational Leadership. Alexandria, Va.: Association for Supervision and Curriculum Development, 월간.

National Assessment of Educational Progress, *The Nation's Report Card*. Washington, D.C.: U.S. Government Printing Office, 계간.

National Center for Education Statistics, *The Condition of Education*. Washington, D.C.: U.S. Government Printing Office, 연간.

________. *Digest of Educational Statistics*. Washington, D.C.: U.S. Government Printing Office, 연간.

________. *The Nation's Report Card* (reports on the National Assessment of Educational Progress). Washington, D.C.: U.S. Government Printing Office, 계간.

________. *Projections of Education Statistics*. Washington, D.C.: U.S. Government Printing Office, 계간.

Phi Delta Kaplan. Bloomington, Ind., 월간.

U.S. Bureau of the Census, *Statistical Abstract of the United States*. Washington, D.C.: U.S. Government Printing Office, 연간.

World Almanac and Book of Facts. New York: World Almanac Books, 연간.

웹사이트

National Assessment of Educational Progress. http://nces.ed.gov/nationsreportcard/
National Center for Education Statistics. http://nces.ed.gov
School district
State department of education
U.S. Census Bureau. http://www.census.gov
U.S. Department of Education. http://www.ed.gov/index.jhtml

요약

교육과정 설계자와 일선 교사는 종종 일선 학교에서 유용하게 쓰이는 교육과정을 만드는 데 참여한다. 이 장에서는 교육과정 지침서(안내), 교수요목, 실라버스와 자료 단원을 살펴보았다.

교육과정 지침서는 하나의 교과를 가르치는 교사에게 특정 학년 수준의 교과 영역, 전체적 계열 또는 관심 있는 영역 등 많은 아이디어를 제공해야 한다. 교육과정 지침서는 수업 목표, 수업 명세목표, 활동, 평가 기법과 자료를 제공해야 한다. 교육과정 설계자는 때로는 교육 내용의 개요를 포함하여야 한다. 교수요목은 하나의 과목에서 대부분 내용 소재를 포함해야 한다. 실라버스는 가르쳐야 할 주제를 열거하는 것이다.

요약하자면, 자료 단원은 특정 주제나 문제를 가르칠 때 사용되는 교육과정 지침서다. 하나의 주제나 문제에 한정되어 있지만 교육과정 지침서에서 찾을 수 있는 것과 유사한 형태의 아이디어를 제공한다.

교육과정 자료의 창안은 과정과 결과 양 측면 모두에서 중요하다. 교육과정 자료의 사례는 수많은 원천에서 얻을 수 있다.

논의문제

1. 교육과정 지침서를 만드는 것은 교육과정 책임자 또는 조정자의 몫이어야 하는지를 설명하라.

2. 학교들이 서로 간에 교육과정 지침서를 빌려서 사용해야 하는가?

3. 교육과정 지침서, 자료 단원, 교수 단원은 서로 어떻게 다른가?

4. 교육과정 지침서, 교수요목과 자료 단원의 산물이 이 책의 저자가 제시한 교육과정 개발 모델 내의 어느 부분에 속한다고 생각하는가?

5. 정부의 기준과 평가를 교육과정 산물의 생산과 어떻게 통합하겠는가?

보충 연습문제

1. 다양한 교육과정 산물과 그 가치를 설명하라.

2. 다양한 교육과정 산물과 각각이 가지는 문제점을 설명하라.

3. 교육과정 지침서, 교수요목, 실라버스, 자료 단원의 예를 들고 그 예를 분석하라.

4. 연습문제 3에 열거된 세 산물의 가치에 대해 교사의 의견을 조사하라.

5. 친밀한 일선 학교 교사의 교육과정 산물의 사용도를 논하라.

6. '스코프와 시퀀스 차트' 로 불리는 교육과정 산물의 예를 들고 논하라.

7. 다음 기관이 보유한 교육과정 자료의 원천을 밝히고 논하라. 학교체계, 지역의 대학, 교육부, 지역의 교육담당 부서, 전문기관과 사업체.

8. Fenwick W. English의 전통적인 교육과정 지침서에 대한 대안에 대해 논하라(참고문헌 참조).

9. 하나의 교육과정 지침서를 분석하여 그것이 교사에게 충분한 자율성을 주는지 또는 지나친 자율성을 주는지 논하라.

10. 하나의 교육과정 지침서를 분석하여 그것이 정부의 기준에 합당한지를 논하라.

11. 당신이 가르치려는 것에 핵심이 될 주제에 대한 자료 단원을 만들어 보라.

12. 당신의 학년 수준과 교과목에 대한 교육과정 지침서를 만들어 보라.

◆ 비디오 자료 ◆

Understanding by Design Video Series. 25~55분짜리 비디오테이프 3편. Grant Wiggins and Jay McTighe, 상담자. 교육과정 단원을 설계하는 과정을 보여 준다. Alexandria, Va.:

Association for Supervision and Curriculum Development, 2000.

◆ 웹사이트 ◆

Association for Supervision and Curriculum Development: http://www.ascd.org.

Evergreen Curriculum Guides & Resources(Canada): http://www.sasked.gov.ed.ca/branches/curr/evergreen/index.shtml

Memphis City Schools: Curriculum and Instruction: http://mcsk12.net/admin/tlapages/curriculum guides/index.asp

National Assessment of Educational Progress: http://nces.ed.gov/nationsreportcard and http://nationsreportcard.gov

National Center for Education Statistics: http://nces.ed.gov

후주

1) Jerome S. Bruner, *Man: A Course of Study* (Cambridge, Mass.: Educational Services, 1965) 참조. 또한 website: http://www.coe.ufl.edu/CT/Projects/MACOS.html, accessed December 11, 2006 참조.

2) 이 책의 pp. 504-509 참조.

3) Bloom의 분류체계 논의에 대해서는 10장 참조.

4) E. D. Hirsch, Jr, *The Schools We Need: And Why We Don't Have Them* (New York: Doubleday, 1996): 28.

5) 종래의 교육과정 지침서에 관한 비판적 관점에 대해서는 Fenwick W. English, "It's Time to Abolish Conventional Curriculum Guides," *Educational Leadership* 44, no. 4(December 1986-January 1987): 50-52 참조.

6) Peter F. Oliver, *The Secondary School Today*, 1st ed. (Scranton, Pa.: International Textbook Company, 1967), p. 176.

7) Ibid.

◆ 참고문헌 ◆

Carr, Judy F., and Harris, Douglas E. *Succeeding with Standards: Linking Curriculum, Assessment, and Action Planning*. Alexandria, Va.: Association for Supervision and Curriculum Development, 2001.

English, Fenwick W. "It' s Time to Abolish Conventional Curriculum Guides." *Educational Leadership* 44, no. 4(December 1986–January 1987): 50–52.

Glatthorn, Allan A., Boschee, Floyd, and Whitehead, Bruce M. *Curriculum Leadership: Development and Implementation*. Thousand Oaks, Calif.: Sage Publications, 2006.

Hirsch, E. D., Jr. *The Schools We Need: And Why We Don't Have Them*. New York: Doubleday, 1996.

Oliva, Peter F. *The Secondary School Today*, 1st ed. Scranton, Pa.: International Textbook Company, 1967.

15 교육과정 개발의 이슈

학습 목표

사회적이고 정치적인 힘에 의해 초래되는 최근 및 지속적인 교육과정 이슈를 확인하고 그 이슈가 교육과정 개발에 미치는 중요성을 설명할 수 있다.

최근 교육과정의 이슈

교육과정 설계자는 그가 설계해야 하는 교육과정의 결정에 영향을 미치는 강력한 교육적, 사회적, 정치적 힘에 의해 흔들린다. 이러한 움직임은 전문 교육자들의 생각에서나 일반 대중, 개인과 교사, 교육 전문직 외부의 압력 단체에서 나왔다.

압력 단체와 일반 대중, 그리고 전문 교육자까지 모두의 바람은 주나 연방 법을 제정하는 것이다. 그러나 다른 장에서 논의되었던 협동학습과 이 장에서 논의되는 총체적 언어학습에 대한 강한 움직임이 법으로 제정되어 있지는 않다. 법에 규정되지 않은 이런 움직임이라도 학교에서 실제가 되고 활동을 통해 그들을 바꾸기 위해 교사교육과 공립학교 전문성 사이에 지원자를 모집하기에 충분하다. 반대로 명확하지 않은 실행은, 예를 들어 열린 교육처럼 더 이상 지지를 받지 못하면 축소되거나 소멸된다.

우리는 9장의 루브릭을 차용하여 수많은 교육과정 혁신과 시대에 따른 프로그램, 교육과정 미래에 포함된 목적을 알아보았다. 15장은 교육과정의 현재로 되돌아온다. 이 장은 좀 더 중요한 최근의 여러 프로그램과 그 적용에 대한 문제를 논의하기 위해 남겨두었다. 최근의 중요한 프로그램 중 몇몇은 근래에 실행 중에 있고, 다른 것은 상대적으로 새로운 것이다. 이슈와 그에 연관된 개발은 예를 들어 공립학교 교육에서 종교의 위치와 같이 새로운 것이 아니나 논쟁이 될 만한 것들이다.

이슈와 관련된 개발의 문제는 12개 항목으로 나눌 수 있으며 다음과 같다.

1. 학문적 분야의 이니셔티브(academic area initiatives)
2. 대안학교(alternative schooling arrangements)
3. 이중언어 교육(bilingual/bicultural education)
4. 교과서 검열(censorship)
5. 성(gender)
6. 건강 및 보건 교육(health education)
7. 다문화주의/다양성(multiculturalism/diversity)
8. 민영화(privatization)
9. 예외 조항에 대한 규정(provision for execptionalities)
10. 학교에서의 종교(religion in the schools)
11. 시간표(스케줄링) 편성(scheduling arrangements)
12. 기준/평가(standards/assessment)

이 12개의 분리된 구별 혹은 루브릭은 만들어지는 것이 아니라 내가 이슈로 언급한 것과 같이 쉽게 인지될 수 있다. 한 가지 관점에서 그들은 모두 내적으로 연관되어 있고, 각기 다른 것과 밀접한 연관성을 가지고 있다. 예를 들어, 당신은 학교 자치권을 기준과 시험 없이 생각할 수 없다. 당신은 다문화주의/다양성과 연관 없이 이중언어/간문화 교육을 논의할 수 없다. 당신은 종교와 교과서 검열의 문제를 분리할 수 없다. 교육과정과 교수-학습은 진실로 논의의 목적을 제외하고 분리될 수 없으므로 12개 항목 또한 명확함의 목적을 제외하고는 완전하게 분리될 수 없다.

이 장의 후속 부분에서 우리는 의견의 차이, 논쟁, 그리고 이러한 이슈 사이에서 발견되는 의미에 대해 논의할 것이다.

1. 학문적 분야의 이니셔티브

우리가 의미하는 학문적 분야의 이니셔티브는 학교의 교육과정에서 결핍되었다고 지각된 것을 수정하기 위하여 변화과정을 겪는 교육과정 개발을 의미한다. 학문적 분야의 이니셔티브는 현재 교육과정 목표를 만족하는지에 대한 프로그램에 입각한 반응의 변화, 그러한 목표의 극적인 개정, 급속한 학문적 프로그램 변화에 적용될 수 있다. 이 부분에서 우리는 학문적 변화에 영향을 미치는 요소를 살펴볼 것이다. 전통적인 학교 교육과정에서 이루어지는 많은 변화는 쉽게 확인될 수 있다. 남아 있는 11개 항목에 대한 논의를 통하여, 우리는 특별히 첫 항목에 나타나 있는 것보다 특별한 항목을 확인하고 실험할 것이다.

개혁(지속적인 개혁)은 미국 교육의 중심적인 주제로 남아 있다. 우리의 공립학교에 대한 모든 동의는 우리가 하고 싶은 대로 잘 되지 않으며 인지된 문제에 대하여 무엇을 할 수 있는지도 모두 동의된 것은 아니다. 일부 본질적인 생각을 따르면, 과학보다는 협소하게 독서와 수학에 집중하도록 추천하여, 진보적인 학설을 따르고, 지적인 아이만이 아니라 전체 아이에게 관심을 두어야 한다고 주장되고 있다. 개혁에 대한 현재 제안의 목표 중에는 정식 졸업장으로 고등학교를 졸업하는 고등학생의 수, 대학에서의 성공을 위한 학생들의 준비와 그들의 노동력, 그리고 경제력과 세계 지도자로서의 미국의 위상 보전(혹자는 부활이라 일컫는)을 증대하는 것이 있다.

필요한 기술 당시의 미국 교육의 실태와 부족한 것을 바로잡으려고 하는 노력들의 대표적인 것으로 Annie E. Casey 재단, Bill and Melinda Gates 재단, William and Flora Hewlett 재단, Lumina 재단에서 후원을 받은 국가교육센터(National Center on Education)와 미국 경제분야 신인력기술위원회(Economy's New Commission on the Skills of the American Workforce)의 2006년 보고서가 있다.[1] 그 보고서 『어려운 선택, 어려운 시간(*Tough Choices, Tough Times*)』에서 위원회는 "우리는 낮은 임금에도 기꺼이 일하려고 하는 많은 고학력자를 가진 국가(중국, 인도 등)와의 경쟁에서 절대 이길 수 없을 것이다."라고 인정했다.[2]

미국은 더 이상 세계에서 가장 잘 교육받은 노동력을 가지고 있다고 주장할 수 없음을 단언하면서, 지난 30년 동안 미국에서 대학을 나온 학생의 수가 40%에서 15%로 감소했다는 사실에 주의를 기울이도록 하고 있다.[3] 세계화와 외부 조달의 움직임을 다루었던

Thomas L. Friedman처럼[4] 위원회는 세계 경제가 디지털로 갈 것이라고 했다. 이에 대응하기 위하여 미국은 교육 제도를 재구성하여 새로운 경제 시대에 대처해야만 하고 그러기 위해서 학생들은 그들이 세계 시장에서 능력을 갖추었다고 인정될 기술을 가지고 졸업을 해야 한다고 했다. 특별히 위원회는 전통적인 내용 영역의 습득과 창의성, 자기 원칙, 유연성과 적응력 같은 개인적인 특성의 개발을 넘어 폭넓은 기본 교육을 추천한다고 보고하고 있다.[5]

학교 프로그램의 강화 덧붙여 주 기준과 이어진 시험의 구체화를 위한 NCLB의 명령에 따라 학교제도가 필수과목 요건과 졸업 학점을 부가하고 있음을 이 장에서 살펴볼 것이다. 예를 들어, 켄터키는 2012년 수업에서 수학 학점을 3에서 4로 올렸다.[6] 메릴랜드는 2009년도 졸업을 위해 21학점의 영어, 대수학/자료 분석, 생물학, 정치 시험을 요청하였다.[7] 흥미롭게도 수학과 과학의 제공을 늘리려는 현재의 움직임에도 불구하고, 공공의제(public agenda)는 부모와 학생 모두가 그들의 교육과정에서 수학과 과학의 학습량에 관해서 전체적으로 관심이 없는 것으로 조사되었다.[8]

핵심 지식 미국 학생들의 교양능력 부족을 극복하는 것에 집중하여, 1980년도에 버지니아 대학의 영어과 교수였던 E. D. Hirsch는 핵심 지식 학교를 개념화하여 K-8 과정을 졸업하는 데 학교 교육과정 중 50%를 핵심적인 학교 교과목으로 제공하도록 하였다. 핵심 지식 재단에서는 조사를 행하고, 수업 자료를 발행하고, 교사를 위한 워크숍을 개최하고, 핵심 지식 학교를 촉진하였다.[9]

Hirsch는 핵심 지식(초기에 교양 능력으로 불린)을 일반적으로 폭넓은 지식으로서 인식하였으며, 이상적으로는 그것을 우리 민주사회의 모든 구성원이 소유해야 한다고 했다. Hirsch의 견해에 따르면, 이 지식은 미국 학교의 주요 목표가 되어야 한다.[10]

초등학교에서 핵심 지식은 교육과정의 시작이 되므로 그 지식을 미국 문화에 대한 중요한 정보로서 여기도록 학자, 교육학자, 일반인에게 알려야 한다. 문화적으로 교양 있는 사람들은 문화—사람, 장소, 사실, 사전적 · 역사적, 현재 사건—에 관하여 지식 정보를 소유한 사람이다. 비록 이러한 지식의 기초는 시간에 따라서 바뀌더라도 대부분의 항목은 같거나 약간 수정되어 남아 있다. 핵심 지식의 옹호자는 미국 시민이란 문화적으로 미국 사회를 이해하여 읽고, 미국 사회 안에서 다른 사람과 생각을 통해 의사소통하고, 미국 사회의 발전에 공헌하고, 미국의 성공을 이끌도록 문을 여는 문화소양을 갖춘 사람으로 보고 있다. 일부 사람은 핵심 지식을 기본적인 전통 교육으로 보고 있다.

Hirsch는 특히 초등학교 수준에서 교육과정 협업을 할 때 문화적 소재의 개발에 현명한 사람들이 참여함을 매우 중요하게 주장한다.[11] 문화소양은 모든 항목에 대해서 깊이 있게 알도록 하는 것이 아니다. 부정확한 많은 사례—피상적인 지식—조차도 쓰거나 말하는 사람이 의미하는 것을 읽거나 듣는 사람이 이해가 가능하다면 충분한 것이다. 예를 들어, 사람들이 Mendel의 개념과 핵분열의 개념을 이해하도록 요구할 것이 아니라, 일반적인 독자를 위해 쓰인 책, 잡지, 뉴스 기사의 항목에 대한 언급을 하거나 혹은 일반적인 청중과 대화하는 것이다.

문화소양은 최우선적으로 미국 문화와 영어에 앞서는 것이고, 국가가 동등한 집중으로 연구하는 모든 하위문화의 측면에 반하는 누군가에 의해 지지되는 다문화주의의 개념을 반대하는 것이다. 문화소양을 지지하는 사람은 학교가 문화소양을 갖춘 시민을 개발하는 시도에서 직면한 심각한 문제로 문화의 분열과 공통적으로 공유되는 문화의 부족을 들고 있다.

문화소양을 반대하는 사람은 문화적인 항목을 특별한 학습으로 보거나 뇌 속에 저장되기보다는 기억되는 하찮은 것으로 생각하고 있다. 또한 그들은 어떤 개인이나 집단이 주제 넘게도 미국 사람이 알아야만 하는 것을 학생들 안에서 뽑아내도록 계획한다고 보고 있다. 그러나 Hirsch와 동료들은 가설적인 목록으로 시작하여, 다른 사람과 목록을 연구하고 검토하면서 논쟁하였으며, 그들의 항목을 문화소양이 있는 미국인이 갖추어야 할 정보로 규범적이 아닌 설명적으로 명확히 만들었다.[12]

그 Hirsch의 제안은 많은 교육과정 설계자가 1980년대 이후로 빠르게 증가하는 핵심 지식 학교(Core Knowledge Schools)를 증거로 입증되었다. 플로리다 포트메이어의 쓰리 오크스 초등학교(Three Oaks Elementary School)[13]가 뉴욕의 사우스브롱크스의 P.S. 67에서 시작하여 2006년에는 이 유형의 학교 전체—공립 학교, 차터스쿨, 교구학교, 사립학교—를 통틀어 1000개에 가까운 숫자의 학교가 중핵 지식 교육과정을 따랐다.[14]

프로그램의 다양화 학교를 그만두는 많은 학생은 교육과정에 흥미가 적기 때문에 그렇게 한다. 전체적인 국가 졸업생 비율은 68%로(그러나 불평등한 소수자는 더 낮다),[15] 학구는 학생들이 학교에 남아 있고 정식의 졸업장을 받도록 하는 다양한 계획에 관심을 가져야 한다. 그러나 일부 학구는 전통적인 과목에 대한 강조에 열정을 올리고 있고, 다른 학교 제도는 일부 학생에게만 적용되는 학교 프로그램에 내용을 덧붙이는 실험을 하고 있다.

1990년대 Carl D. Perkins 법으로 2006 총회(Congress's 2006) 재비준이 처음 통과되어, 현재 직업과 기술 교육(Carreer and Technical Education: CTE)으로 불리는 직업교육(Vocational Edaucation)은 대학을 준비하는 프로그램에 대한 대안이 되었고, 대학 진학률이 올라가도록 이끌었다. 오래지 않아 CTE는 '공업 기술', '직업 훈련', '농업' 의 사전 개념으로 제한되었다. Kenneth Gray는 현재 모든 CTE 학생이 비즈니스, 건강 관리, 무역/산업, 정보 기술에 등록하고 있다고 주장하였다.[16] 고등학교의 활동과 과정의 목록 및 나라에 있는 일부 중학교 정도에 대한 조사는 로봇공학과 같이 기술에 기반을 둔 활동, 수산 양식과 바이오공학과 같은 농업에 기반을 둔 과정으로 이어졌다.

학생들이 학교에 머무르고 졸업하도록 하는 학교 프로그램 제공을 목표로, 플로리다는 2006년 말에 440개 고등학교 전공 과목을 선정하는 국가적으로 재미있는 뉴스거리를 만들었다. 덧붙여 공통적인 학교 핵심에서 16학점을 얻으면 이후에 학생들은 다른 남아 있는 8개 과정 안에서 주요 과목에서 4학점을 선택하도록 하였다. 대학교 학과에서 디지털 예술, 음악 오케스트라, 스포츠 의학, 텔레비전 프로덕션까지 등장한다. 학구는 그들의 학교, 학생, 사회에 대부분 실현이 가능하고 적용이 될 승인된 440개 전공 과목을 선정할 것이다.[17]

다른 형태의 교육과정 개별화 우리가 9장에서 확인한 것처럼, 1959년 James B. Conant는 학문적으로 소질이 있고(상위 15%), 재능이 뛰어난(상위 3%) 학생들의 필요에 특별히 집중하라고 주장하고 있다.[18] 예를 들어, 학교의 노력이 특별한 학급과 개인교사를 통하여 낮은 성취와 최소한의 능력을 가진 사람에 대한 필요를 충족한다면 학문적으로 소질 있고 재능이 뛰어난 학생들의 필요로 돌아가는 데 주의 집중을 늘려야 한다. 예를 들어, 국가교육통계센터(The National Center for Education Statistics)는 2003-2004년 미국 고등학교 학생의 30%가 선이수제도(Advanced Placement)와 국제대학입학자격시험(The International Baccalaureat) 프로그램에 능력을 갖추고 있다고 한다.[19] 네바다 레노(UNR) 대학과 협력하여, 네바다 주는 예외적으로 소질 있는 중학생과 고등학생을 위한 공립학교인 데이비슨 아카데미를 열었다.[20] 개인적인 학습 프로그램을 따르는 데이비슨 아카데미 학생들은 데이비슨 교사와 UNR 교수 모두로부터 교수를 받고 대학 수준 과정을 이수하는 기회를 갖는다. 고등학교 학생이 대학과정의 학점을 얻는 이중(dual) 등록은 대학교 범위에서 상대적으로 동일한 기회를 제공한다.[21]

전국에 걸친 현재 교육과정과 수업의 주요 기획에 대한 사례를 재강조할 수 없지만 학생들이 대학과 전 지구적인 직장에서 성공하도록 하는 학교의 노력에 대한 다양성은 언급할 수 있다.

2. 대안학교

1960년대와 1970년대에 학구들은 공립학교에 잘 적응하지 못하는 학생을 다른 방법으로 적응시키고자 노력하였다. 공립학교 외에 더 많은 대안적인 형태 중에는 소위 자유학교, 스토어프런트 스쿨(storefront school), 벽 없는 학교, 젊은 시기에 참여할 수 있는 지역사회 센터 등이 있다. 학교체계는 인적 자원과 물적 자원을 사회에서 유용하게 사용할 수 있고, 학생들을 공립학교보다 덜 구조적인 기관에 보낼 수 있다. 일반적인 계획은 공립학교의 방과 후 부분에서 학습을 할 수 있도록 하는 것이다. 대안적인 형태는 훈육과 관리, 성적 측면에서 많은 문제점을 야기하는데, 우리가 이러한 종류의 실험적인 시도를 거의 보지 못했다는 점에서 그 인기가 감소하고 있다.

하지만 대안적인 형태의 학교, 특히 마그넷 학교는 인기가 있고, 그러한 학교는 문제점을 거의 야기하지 않는다. 이러한 기관의 선택권에서, 우리는 마그넷 학교의 선택권은 매우 광범위하고 유용하며 학생과 학부모의 선택권이 있음을 언급해야 한다. 행동상의 문제를 가진 학생을 위한 대안학교의 선택은 학생 개인의 문제인 것이다.

이전의 대부분 대안학교의 형태는 공교육 체계를 강화하는 형태로 지속되어 왔다. 더욱이 공교육의 악화는 부모가 공립학교, 사립학교, 홈스쿨 사이에서 선택을 두고 고민하는 것을 증대하고 있다. 그러한 현상조차 이러한 부모 선택권을 포함한 사립화 경향을 더욱 발전시키는 현상을 가져온다.

그러나 여전히 인기 있는 것은 학교제도 안에서 스스로 양자택일할 수 있는 것이며, 특별히 그들의 관심은 마그넷 학교에서 두드러진다. 현재의 이러한 요구에 맞추려고 노력하는 잘 알려진 마그넷 학교 중에는 버지니아 주 알렉산드리아에 있는 과학과 기술의 토머스 제퍼슨 고등학교, 건강 분야를 강조하는 인디애나폴리스의 크리스퍼스 어턱스(Crispus Attucks) 의학 마그넷 학교, 특이하게 고국의 안전을 강조하는 메릴랜드의 조파타운(Joppatowne) 고등학교, 그리고 고등학교 기숙사의 내치토치스(Natchitoches) 마그넷 학교, 수학과 과학 및 예술의 루이지애나 학교, 과학과 수학의 사우스캐롤라이나 학교가 있다.

이들 학교는 마그넷으로 제공된다는 것을 의미하는 것이 아니라 미래에 필라델피아 학교에 필적할 모델이며, 고등 기술 및 학구와 협력하는 마이크로소프트 사에 의해서 설계된 예술학교다.

이러한 구조 안에서 비록 부모와 학생은 마그넷 혹은 모델 학교를 선택할 수 있을지라도 미래의 필라델피아 학교의 사례처럼 입학은 학생의 능력에 의존하고 종종 시험과 같은 형태로 학생의 입학 요구 충족이 언급된다.

일부 학교제도는 행동 문제를 지닌 학생이 학습 속도를 다양화하도록 하는 대안학교를 제공한다. 문제 행동을 지닌 학생을 위한 대안학교의 할당은 학교 개인화의 선택적인 면이다.

앞서 말한 대부분의 대안학교 형태는 공립학교 제도를 강화한 것으로서 인식될 것이다.

부모 선택권 최근에는 공립과 사립 사이에서 부모의 학교 선택권이 강조되고 있는 추세다. 학교 선택권의 숨은 의미는 학교 바우처나 세액 공제, 차터스쿨, 홈스쿨로 나아가는 것을 의미한다고 볼 수 있다. 이러한 움직임은 공교육 체계를 사립화 체계로 전환하려는 노력을 나타낸다. 사립화의 움직임은 이 장 뒷부분에서 언급하게 될 교육관리 조직으로 알려진 사립 단체에 의한 공립학교 체계의 관리를 의미한다.

역사적으로 같은 수준의 한 학구 안에서 아이를 교육한 부모는 자녀가 자신들의 지역 학구 안에 배정될 것을 요구한다. 부모는 아이들에게 효율적이지 않은 프로그램을 제공하는 마그넷 학교나 다른 학교에 배정받는 특별한 경우 외에는 구역 안의 학교에 배정되기를 바란다. 또한 부모는 학구를 벗어난 학교에 아이들을 보내게 되는 어려움에 직면했다. 만약 받아들여진다면 이러한 움직임의 형태는 부모가 학구를 선택하는 데 있어서 비용을 지불하는 결과를 초래할지도 모른다. 하지만 1985년 이후로 미네소타 학구 선택 프로그램, 즉 자유입학제(Open Enrollment)는 부모가 자녀를 위하여 자신이 살고 있는 지역을 벗어난 학교나 프로그램을 이용할 수 있는 선택을 하도록 허락했다. 이는 주 자금 조달을 위해서 학생들을 활용한 것이다.

학구의 선택권은 점점 더 증가할 것이다. 예를 들면, 1995년 캘리포니아는 학구를 세 지역으로 나누고 그 거주 지역 내에서 초등학교 선택권을 부여했다. 1998년 가을에는 시애틀도 학생들의 임의적인 학구 배정을 그만두고 부모가 학교를 선택할 수 있도록 선택권을 부여했다. 물론 그러한 계획이 부모와 학생들의 선택을 우선적으로 수용할 것이라는 보장은 할 수 없다. 제반적인 필요사항, 시설, 인종적인 균형 등과 같은 요인이 결국 그러한 선택에 영향을 줄 것이다. 공립학교 시스템에서 학교의 선택권은 비록 학교 행정가와 교육위원회로부터 저항을 받을지라도 공립, 사립, 지방 학교에서 부모의 학교 선택권의 비용에 관한 것에 비하면 그리 논쟁적인 것이 못 된다. 학교와 함께 작업하는 부모는 정보를 제공받는데, 그레이트스쿨 네트워크(GreatSchools Network)는 학부모가 학교를 평가하고 향상하는 데 참가하며 기준안, 활동, 주 시험과 점수를 이해하고 과제 카드와 훌륭한 수행을 이해하는 것에 관하여 정보를 공유한다.[22]

학교 바우처/세액 공제 1900년대를 지나면서 공립학교 학생들이 사립이나 교구 부속학교에 진학할 수 있도록 하기 위한 바우처 배부가 실행되었다.[23] 1995년 노벨상을 수상한 경제학자인 Milton Friedman은 학부모가 자녀를 자신이 선택한 학교에 다닐 수 있게 하는 바우처 제도의 사용이 가능하도록 제안을 하였다. 바우처 프로그램의 요구는 지역사회별로 큰 변화를 가져왔다. 어떤 주에서는 저소득층 가족에게 바우처를 제공했다. 밀워키나 클리블랜드 같은 곳은 종교학교에 바우처 사용을 허가했으나 마이애미나 버몬트의 경우는 그렇게 하지 않았다.

바우처의 형태는 무척 다양하다. 애리조나 주와 펜실베이니아 주는 세액 공제를 채택하였는데, 애리조나 주에서는 납세 의무자를, 그리고 펜실베이니아에서는 바우처를 부양하는 법인기업을 채택하였다. 다른 형태의 바우처도 수년 동안 지속되어 왔다. 마이애미와 버몬트의 계획은 1800년대 후반으로 거슬러 올라간다. 이들 주는 공립학교에 존재하지 않는 '수업료 지역'으로 화제가 되었다. 마이애미와 버몬트는 주에서 그 자금을 나누어 담당했다.

1925년 연방 대법원이 Pierce 대 Society of Sisters 사례의 판결을 내린 이래로 부모는 물론 그들의 아이들을 자신의 비용으로 사립학교에 보내는 결정을 했다.[24] 하지만 바우처에 대한 재소는 1차 항소심에서 비합법적인 침해를 가진 종교적 학교에 바우처 사용을 허락하도록 했다. 바우처 계획은 밀워키, 위스콘신, 클리블랜드, 오하이오 주에서 선언했다.

1990년에 위스콘신 주는 자녀를 밀워키 사립학교와 종교적 성격이 없는 학교에 보내는 데에 한 학생당 2500달러를 웃도는 금액을 저소득 부모에게 제공하는 첫 번째 주가 되었다. 저소득층 가족을 대상으로 하면서 밀워키 부모선택 프로그램(Milwaukee Parental Choice Program)은 공표된 재산 수준의 1.75배에 해당하는 수입으로 가족에게 최대 6351달러를 2006년과 2007년에 걸쳐 제공했다. 2006년에 통과된 법률은 밀워키 프로그램을 상당히 확장하였다.

1995년 위스콘신 주 입법기관은 종교학교에도 바우처 사용을 인정했다. 1997년의 항소법원의 결정을 뒤엎는 결정에 따라 1998년 위스콘신 법원은 밀워키 바우처 프로그램을 법적으로 허가했다. 미국 연방 대법원은 1998년 12월에 8 대 1의 투표로 위스콘신 연방법원의 조처를 주장하는 위스콘신의 호소를 거절했다.

1996년과 1997년 초에 클리블랜드 바우처 프로그램은 종교학교에서 바우처 사용을 허가했다. 그 계획에 대한 시작은 2001년 클리블랜드의 계획에서 연방대법원의 결정을 물리치는 것이었다. 그해 6월 5 대 4의 결정으로 연방대법원은 그 결정을 파기했고, 종교적인 학교에서도 바우처를 사용할 수 있다는 클리블랜드의 계획을 미국 헌법 수정 제1조에서 위법적인 사항이 아니라고 선언하였고, 클리블랜드 프로그램은 계속되었다.

1999년 플로리다는 2년 연속으로 실패한 학생들에게 장학금을 주는 형태와 같은 바우처를 전 지역에 제공하는 첫 번째 주가 되었다. 또한 McKay 장학금(McKay Scholarships)은 아이들에게 뭔가 특별한 요구를 제공했다. 밀워키와 클리블랜드에서와 같은 플로리다의 계획은 종교적인 학교에서 바우처의 사용을 허가했다. 2002년 8월에 판사들은 플로리다의 기회 장학금(Opportunity Scholarships) 계획을 비합법적이라고 규정했지만 연방대법원에서 결정을 내릴 때까지 지속할 것을 허락했다. 2006년 1월 플로리다 주의 대법원은 기회 장학금 계획이 위헌이라고 선언하면서 주 전체에 걸쳐 공립학교에 대한 일정한 제도를 요구하는 1998년 헌법 개정 내용을 위반하였다고 발표했다. 2007년 봄, 플로리다 주법은 장학금을 기부하는 사업체에 대한 세액 공제를 인정하는 법률을 고려하였다. 같은 봄 조지아 주는 특수교육으로 공립학교에 다니는 학생의 부모에게 사립학교에 다니도록 주 기금을 제공하는 법률을 제정하였다.

논쟁의 측면은 항상 존재하기 마련이다. 바우처 제도를 지지하는 사람들은 사립학교, 지역 교구학교, 종교적인 권리, 하나 혹은 또 다른 이유로 공립학교에 만족하지 못하는 부모, 철학적으로 공교육 시스템에 순응하지 않는 정치가도 포함하며, 교육개혁센터(Center for Education Reform)와 같은 기관과 아동장학기금(Children's Scholarship Fund)과 Milton과 Rose D. Friedman 재단 등과 같은 것도 포함한다. 바우처 제도에 반대하는 많은 사람은 국가교육협회(National Education Association), 교사 연합, 공립학교에 만족하는 부모와 공교육 체계를 믿는 정치인이 포함되어 있고, 미국시민자유연합(American Civil Liberties Union), 미국정교분리연합(Americans United for Seperation of Church and State)과 미국 법을 따르는 사람들(People for the American Way)이 해당된다.

바우처 프로그램을 주장하는 사람들은 궁극적으로 경제적 이유와 감정적 대치 싸움을 극복하기 위하여 바우처 프로그램을 강화함으로써 공교육도 강화될 것이라고 주장한다. 반대론자는 바우처 제도가 제퍼슨식의 민주주의를 파괴한다고 보고 있다. Brian Gill과 동료들은 바우처 프로그램에서 종교학교의 우수함을 주장한다.[25)]

Amy Hanauser가 쓴 클리블랜드 바우처 제도 분석에 따르면, 2002년 1월에 프로그램에 참여하고 있는 99.4%는 종교적인 학교에 다니고 있다.[26)]

연방 차원에서 기금을 조성하는 바우처 프로그램을 지지하는 George W. Bush 대통령은 2005년 태풍 카트리나로 인해 피해를 입은 사립학교 학생들이 나라 안에서 다른 지역으로 전학할 때 그들을 돕기 위한 바우처의 연방 기금을 제안하였다. 2006년에 Bush 대통령은 낮은 성적의 학교에 다니고 있는 학생들이 있는 수입이 적은 가족을 위한 국가적인 바우처 계획을 다시 제안하였다.

바우처 제도의 반대론자들은 여러 지역에 걸쳐 나타났다. 위스콘신, 오하이오, 플로리다 주에서는 바우처를 옹호했지만 캘리포니아와 미시간 주는 그것에 반대하였다.

1990년대 동안 바우처 제도에 대한 여론이 다시 한 번 요동쳤다.[27)] 공교육에 대한 불확실성은 갤럽 여론 조사에서 드러난다. 1999년에 공립학교에서 바우처를 수여하여 개선하도록 지지하는 대다수[28)]는 2002년 바우처를 찬성했고,[29)] 다시 2006년 공립학교 지출에서 사립학교의 선택권을 재승인하였다.[30)] 조지아 주는 사립학교에 특수교육을 위해 학생을 보내는 부모에게 주 예산을 지원하도록 하는 2007년의 법으로 학교 선택을 지지하는 입장을 보였다.

사립학교들이 학생들과 더 작은 학급을 선택할 수 있다는 점에서 공립학교보다 유리한 점을 가지고 있을지라도, 심사자들은 사립학교와 지역교구 학교들이 학생들의 성취수준을 향상하기 위하여 공립학교의 자금을 전환할 필요가 있다고 보고 있다.[31)] 바우처의 위기를 살펴보았을 때 부모의 학교 선택권이 학습을 방해하는 사회병리에 대한 답이 바우처는 아닌 것이다.

주목할 점은 학교 선택권의 혜택을 받는 학생이 소규모라는 점이다. 학교 선택을 논의한 2006년 포럼에서 미 교육부 장관 Margaret Spellings는 학교 선택에 적합한 400만 명의 학생 중 1%에도 못 미치는 단지 3만 8000명의 학생이 실제로 높은 수준의 학교로 전학을 간다고 언급하였다.[32)]

차터스쿨 1990년대 말에 급속도로 발전해서 2000년대에 지속되어 오고 있는 차터스쿨은 학교 선택에서 다른 화제를 보여 준다.

자유시장주의에 근거하여 Adam Smith의 경제이론[33]에서 도출된 신자유주의 개념을 가지고 세금으로 지원받는 차터스쿨은 지역 학구와 주의 조례에서 자유롭다. 이러한 학교는 학교체계의 큰 틀 내외에서 만들어지고 공립학교 인사를 사용하지 않을 수 있고 이익에서도 자유롭다.

미네소타는 1991년 미국에서 처음으로 차터스쿨을 설립했다. 차터스쿨은 애리조나, 캘리포니아, 미시간 주에서 발달하였다. 1999년과 2006년 차터스쿨의 성장은 차터스쿨 운동의 발전에서 관찰될 수 있다. 반면에 1999년 통계들은 31개 주와 컬럼비아 특별 자치구에서 25만 명의 학생이 1500개에 근접하는 차터스쿨을 다니고 있으며,[34] 2006년 교육개혁센터는 40개 주와 컬럼비아 자치구에서 100만 명의 학생들이 4000개의 차터스쿨을 다니고 있다는 것을 보여 준다.[35]

차터스쿨은 지역학교 위원회 혹은 주 교육부에 의해 발행된 차터를 통해 그들의 인가를 얻는다. 교사, 비전문가, 단체는 주 교육법, 지역 교육 위원회, 그 밖의 단체 계약으로부터 보장해 줄 수 있는 차터를 요구할지도 모르겠다. "그들은 주 교육 법전, 지역 학교 위원회 정책, 그리고 연합 계획 조항으로부터 면제를 요구하는 것" 이라는 Donna Harrington-Lueker의 설명[36]처럼 재정, 건강, 안전, 시민권에 준하는 조항이라고 말하고 있다.

주들이 차터를 인정하는 절차는 매우 다양하다. 예를 들면, 미시간은 지역 학교 위원회, 지역 위원회, 대학 위원회, 4년제 대학, 종합대학에서 차터를 인정한다. 반면 매사추세츠 주의 차터는 그 주 교육위원회에서 발행되고, 조지아 주의 차터는 지역 학교 위원회와 주 교육부 모두가 승인해야 한다.[37]

애리조나에서는 주 차터 위원회, 지역 학교 위원회 그리고 애리조나 교육부가 차터스쿨을 인정할 권한을 가지고 있다. 뉴욕은 뉴욕 이사회뿐만 아니라 뉴욕 주립대학교에 그 권한을 부여하고 있으며, 뉴욕의 대법관에게도 그 권한을 부여하고 있다.[38]

영국의 중앙정부처럼 미국의 차터스쿨은 세금으로 지원을 받는다. 그들은 경영에 기반을 두어 실천하고 학교 개별적으로 공평하게 학생들의 성공을 책임지고 있다. 이익을 목적으로 하는 계약적인 학교와는 달리, 차터스쿨은 개인이나 집단 혹은 경영하는 조직의 이익 하나로 운영되지는 않는다.

차터스쿨은 다양한 형태와 크기를 가지고 있다. 비록 그 운영이 학교 설립자의 손에 달려 있더라도, 어떤 곳은 지역 학교 위원회와는 상관없이 학교 직원만으로 운영되는 곳도 있다. 뉴저지 주는 차터스쿨의 수에 어떠한 제한도 두지 않는다. 아이다호 주는 각 학구에 차터스쿨의 수를 제한하나, 네바다와 뉴욕 주는 주 안에서 차터스쿨의 수를 제한하지 않는다. 캘리포니아는 차터스쿨에 지원하는 개인과 집단에 의해 설립되는 새로운 학교뿐만 아니라 현존하는 학교도 전환을 허락하고 있다. 현재 학교에 근무하는 교사의 50%는 차터에 관심을 가지고 있다. 캘리포니아는 홈스쿨에도 차터를 부여하고 있으나 콜로라도는 그렇지 않다. 애리조나는 프로그램이 종교적이지 않다면 종교적인 학교에도 차터를 부여하고 있다. 플로리다 입법기관은 차터를 종교적인 기관에까지는 인정하지 않고 있다. 최초의 차터는 운영 기간이 다양하였는데, 전형적으로는 3년에서 5년까지 운영된다.

나에게 차터스쿨은 어떤 의미인가? 모든 차터스쿨은 기본적인 기술의 성취를 장려한다. 많은 수의 학생들에게 대학 입학을 준비하게 하려고 노력한다. 일부 차터는 공립학교에서 어려움을 경험한 학생들(예, 무력함을 경험한 학생, 위험한 학생, 행동상 문제를 보인 학생)을 위해서 건립되었다. 다른 목표는 전통적인 기술 개발뿐 아니라 특별한 중점을 제공한다. 예를 들어, 매사추세츠 말보로의 고등 수학과 과학 아카데미(러시아 교육과정 모델), 공립학교 정책에 대한 워싱턴의 시저 차베즈(Cesar Chavez) 공립 차터스쿨, 캘리포니아 새너재이의 보수연합(Conservation Corps) 차터스쿨(작업-연구), 유타 로건의 패스트 포워드(Fast forward)(어려움에 빠진 학생), 로스앤젤레스의 청각장애인을 위한 말턴(Marlton) 차터스쿨, 보스턴의 미디어 기술 차터 고등학교; 텍사스 휴스턴의 미디어센터 차터스쿨(건강 관리), 위스콘신 애플턴의 오디세이-마젤란 차터스쿨(영재), 그리고 뉴욕 할렘의 프로미스 아카데미(교육적으로 박탈된 곳)가 있다. 장소를 경계로 한 학교뿐 아니라 서비스를 제공하는 원거리 학습의 온라인 차터스쿨이 있다. 차터스쿨 프로그램 안에서 커다란 차이를 보여 주는 사례는 적다. 비록 기본적인 기술 안에서 학생들의 성취를 향상하고자 하는 모든 노력에도 불구하고, 학생들은 가치와 프로그램의 차이를 가지고 출발한다. 차터스쿨 운동을 장려하는 시카고, 로스앤젤레스, 뉴욕, 오클랜드, 워싱턴 DC에서는 수입이 낮은 지역 안에서 200개 차터스쿨의 창립을 위해 Bill과 Melinda Gates 재단부터 신학교벤처기금(New Schools Venture Fund)까지 2006년 30만 달러를 승인하였다.[39)]

비록 차터스쿨의 수가 계속해서 증가하더라도 운영 방향은 한 가지 방향이 아니다. 예를 들어, 보스턴 기금, 보스턴 교사 연합회, 보스턴 학교 위원회, 시장의 도움으로 보스턴은 상당한 자치를 인정하여 공립학교의 제도 안에 17개의 시범학교를 건립하였다.[40)]

차터스쿨을 선호하는 공립학교는 일반적으로 공립학교에 대한 쪽으로 대중의 태도가 흘러가고, 38번째 갤럽 조사에서 2000년과 2006년 사이에 공립학교 및 부모의 수요가 높이 증가하자 공립에서 차터스쿨의 승인을 보여 주었다.[41]

학생들의 공립학교에서의 성취도에 대한 불만족은 학부모도 가지고 있을 것이다. 공립학교에서의 대안교육의 시도로 어떤 부모는 차터스쿨을 바우처보다 더 대안적인 교육으로서 받아들이고 있다. 공립학교를 수용하기 힘든 '주정부 학교'로 받아들이고 있는 부모들은 차터스쿨에 참여하고 있다.

차터스쿨에 반대하는 사람은 대부분 기금난으로 공립학교가 고통을 느끼고 있는 동안 사립 및 교구 학교에 세금을 쓰는 것을 반대하고 있다. 하지만 지지자는 차터스쿨의 경쟁이 공립학교를 개선할 수 있음을 지지하고 있다.

차터스쿨은 국가 세금이 종파적인 학교로 흘러들어 올 때 교회-주 관계의 문제를 보일 것이다. 종교학교를 위한 바우처의 지지자는 기금이 학생을 위한 것이지 학교에게는 흘러들어 가는 것이 없기 때문에 교회나 주의 원칙에 위배되는 사항이 없다고 주장한다.

이중언어 교육, 다양성과 종교의 이슈를 제기하는 상황에서 논의를 시작하면, 대중적으로 기금이 조성되고 언어에 기반을 둔 차터스쿨로는 할리우드와 플로리다에 있는 벤 감라(Ben Gamla) 차터스쿨,[42] K-8 영어 히브리인 학교, 뉴욕 브루클린에 있는 칼린 지브란(Khalil Gibran) 국제 아카데미, 영어-아라비아 중학교가 있다.[43] 비록 이러한 형태의 공립학교 지지자들은 종교 교리 안에서의 교육은 종교적인 믿음을 가르치는 것이 아니더라도 수업을 개설하지 않는 것으로 비판을 할 수 있다고 한다. 공립학교의 성공처럼, 일반적으로 차터스쿨의 성공은 학교마다 다양하다. 우리는 차터스쿨의 성공을 기대하는 부모를 찾아볼 수 있다. 우리는 광고 선전으로 보았으나 종종 재정적인 문제와 같은 하나 혹은 또 여러 이유로 문을 닫는 차터스쿨을 종종 찾을 수 있다. 플로리다 주에서 세금으로 유지되는 300개의 차터스쿨에 대한 플로리다 『올랜도 센티넬(*Orlando Sentinel*)』의 2007년 네 부문 보고서는 학문적인 상태와 행정적인 상태 모두에서 문제를 명확히 보여 준다.[44] 차터스쿨에서 성공한 학생과 공립학교에서 성공한 학생을 비교하는 조사는 결론이 나지 않았다. 일부 보고서는 학생의 차터스쿨에서의 성공을 지적하나,[45] 다른 보고서는 다른 공립학교에서의 성공을 지적한다.[46] 그러나 부모는 차터스쿨의 더 작은 학교 그리고 상대적으로 안전한 환경을 선호한다.

이러한 기대에 대한 실패는 차터가 더 이상 부활하지 못하는 결과를 초래할지도 모른다. 공립학교는 차터스쿨을 위한 요구에서 그들의 프로그램에 대한 비판과 부모와 지역 고문 위원들과 더 가까운 접촉을 통해서, 그리고 마그넷 학교와 같은 대안적인 시스템을 갖춘 학교를 제안함으로써 대응하려고 하고 있다. 더욱이 그들은 학교 자치 위원회에 의해 자치를 인정하는 것이 아니라 학교 시스템을 갖춘 학교들을 스스로 설립하고 있다.

게다가 우리는 학구 수준에 맞는 차터 개념을 볼 수 있을지 모르겠다. 예를 들면, 1999년 말 플로리다의 3개 지역 학교 시스템은 시범 차터 구역을 만들기 위한 제도를 마련했다.

홈스쿨/언스쿨링 공교육에 대한 불만으로 시작하여 공교육의 대안으로 홈스쿨과 언스쿨링(unschooling)의 대중적인 선택이 증가하고 있다. 국가교육통계센터의 자료 수집 기관인 국가가구조사프로그램(National Household Surveys Program: NHES)의 학부모 조사에서는 1999년에 85만 명 정도가 집에서 학습을 하고 있다고 어림잡았다.[47] NHES에 의해 2003년에 보고된 것은 110만 명으로, 1999년과 2003년에 97%가 증가하였으며, 미국 학생 인구의 경우 1.7%에서 2.2%로 증가하였다는 것을 보여 준다.[48] 미국에 있는 485만 명의 공립학교 학생과[49] 630만 명의 사립학교 학생을[50] 비교할 때, 비록 미국에서 교육 산업의 부분이 확장되고 아무리 활성화되었다 하더라도 홈스쿨은 상대적으로 작은 부분이다. 초창기 공립학교가 그들의 감시와 통제로서 대안적인 교육을 제공했다면 홈스쿨은 공립학교의 관리와 시설의 통제에서 벗어난 형태로 대안교육을 제공하고 있다.

집에서 실시하는 아동 교육은 부모나 다른 교육받은 성인이 가정에서 개별적으로 혹은 학습 소집단에서 개인교사 역할을 한 영국 식민지 시대의 '부인(dame)' 혹은 '주방(kitchen)' 학교로 거슬러 올라간다. 집에서 교육을 받는 학생은 개인교습이나 작은 집단을 이루어 집에서 교육을 받는다. 홈스쿨을 이끌고 있는 John Holt는 부모에게 아이들을 공립학교에서 벗어나 집에서 그들의 교육을 제공하라고 말한다.[51]

홈스쿨은 예전부터 이어져 온 강제적인 교육을 위협하고 있다. 1980년대 초에 미시시피는 미국에서 처음으로 홈스쿨을 인정했다. 하지만 오늘날은 50개 주에서 승인하고 있다. 주 정부의 강제적인 참석 강요법에 대항하여 매우 중요한 것 중의 하나는 위스콘신 주에서 연방법정의 결정으로 아미시파를 따르는 부모는 그들의 아이들을 8개 집단 내에 있는 학교에 보낼 것을 요구받지 않았다는 것이다.[52]

홈스쿨의 옹호자는 오른편에 선 보수주의자와 왼편에 선 자유주의자 사이에서 모두 발견될지 모른다. 사립학교를 설립하게 만드는 부모들의 공립학교에 대한 환멸은 홈스쿨의 증가를 가져올 것이다. 부모는 홈스쿨에 아이들이 참여하도록 선택하는데, 그 이유에는 공교육에 대한 비현실성, 빈약한 학습환경, 안전 불감증, 학생들 사이에서의 약물 복용, 훈련의 부족, 왕따, 폭력, 거대 학급, 또래 압력, 그리고 탐탁지 않게 생각하는 다른 사람으로 그들의 자녀를 사회화하도록 강요하는 것 등이 있다. 반면에 홈스쿨의 선택을 반대하는 부모는 자신의 자녀가 공립학교가 제공하는 학급 친구와 자신의 자녀들 간의 사회화 혹은 많은 교과 외적인 활동 참여에 가치가 있다고 판단한다.

홈스쿨에 대한 통계치는 홈스쿨에 대한 명확한 개념 정의의 부족으로 인해 정확한 자료를 얻기는 어렵다. 어떤 경우는 홈스쿨을 자신의 집에서 자신의 자녀만 가르치는 것으로 보고 있기도 한다. 어떤 경우는 몇몇이 집단을 형성하여 집이나 교회 혹은 다른 장소에서 학습하는 것으로 보기도 한다.

교육과정은 구조적인 수업의 사용과 교재에서부터 인도 및 다른 나라에서 온라인 개인 강사 고용을 포함하는 온라인 교육과 개인지도에 이르기까지,[53] 또한 학생들이 그들 자신의 교육을 재단하도록 허락하는 탈학교화에 이르기까지 다양하다.[54] 언스쿨링은 소년과 소녀들이 그들의 교육을 공동사회에서 폭넓게 찾는 것으로, Ivan Illich이 말한 추천된 학교로부터 박탈당하는 것과는 구별된다.[55]

홈스쿨에 대한 제한은 주별로 매우 다양하다. 어떤 주는 홈스쿨이 교육과정의 승인을 받도록 요구하고 있고 그들 학구의 지역 학교 교육위원으로부터 다양한 조언을 받도록 하고 있다. 예를 들면, 홈스쿨 교사는 그들의 교육과정 자료를 지역 교육 위원회에 제출해야 하고 교재명이나, 시간 배정, 출석 일지, 평가 결과까지도 정보를 제공해야 한다. 어떤 곳은 표준화 검사를 통해 관리하도록 요구하는 곳도 있다. 홈스쿨에 참여하는 몇몇 집단은 인정받은 사립학교의 보호 아래 그들의 프로그램을 수행한다.

홈스쿨 옹호자들은 강제적인 참여법과 홈스쿨에 대한 주별 제한 등으로 계속해서 도전을 받을 것 같다고 내다보고 있다. 미국 의회는 홈스쿨 교사의 권한에 관해 초·중등 교육법과 초등교육담당국으로부터 홈스쿨 자격 교사의 자격증 제도를 면제해 줌으로써 홈스쿨의 인기를 실감하고 있다.

홈스쿨에 대한 모니터링이 불규칙하기 때문에 홈스쿨에 참여하고 있는 학생의 성공은 측정하기가 매우 어렵고 학교마다 그 결과도 다르다. 평가 전문기관 ERIC의 Lawrence M. Rudner는 거의 1만 2000 가족의 2만 명 이상 K–12 학생을 대상으로 한 1998년 성취도 결과 자료에서 긍정적인 결과를 얻었다고 보고했다. 홈스쿨에 참여하고 있는 학생들의 평균 검증 점수는 공립학교나 사립학교에 다니는 학생들의 점수보다 더 상위에 분포되어 있음을 밝혀냈다. 게다가 인구학적 자료로 홈스쿨에 참여하고 있는 부모는 교육 수준이 높고 경제적으로도 여유 있는 계층이라는 것을 밝히고 있다.[56]

비록 현재의 공립학교가 결코 분파된 교육, 공립학교에서 새롭게 바뀐 교육의 우수성을 선호하는 사람들을 모두 만족시킬 수는 없을지라도, 이러한 변화의 결과는 공립학교를 홈스쿨 안에 포함된 훨씬 더 나은 학교로 관심을 끌게 만들지도 모른다.

마그넷 학교, 차터스쿨, 시범학교, 바우처 및 홈스쿨은 전통적인 학교 교육에 대안을 제시한다.

대안학교의 다양한 형태에 대해서 David S. Hurst는 다음과 같이 말한다.

> 이러한 대안적인 형태의 선택은 피할 수 없는 것이다…. 미국에 있는 학교들은 전통적인 구조 속에서 유일한 대안의 희생자는 되지 않을 것이다. 대신에 우리는 전통적인 학교 중에 사회의 관심에서 멀리 있는 예술 형태의 교육기관까지의 대안적인 형태에 대해 관심을 가져야 할 것이다.[57]

하지만 Gerald W. Bracey는 그의 공립학교의 사유화, 비판, 성공의 분석에서 현재의 대안을 공립학교를 파괴하기 위한 전쟁의 형태로서 공교육에 대한 대안으로 보고 있다.[58]

3. 이중언어 교육

미국 인구조사국의 2005 미국인 사회통계에 따르면, 가정에서 영어보다는 다른 언어를 말하는 사람은 5세 이상의 5200만 명 중 19.4%를 차지하는 것으로 나타났다.[59] 영어와 다른 모국어를 가진 소수 민족의 규모와 세력이 커지면서 교육과정 설계자들은 점점 더 이중언어 교육 프로그램을 개발하는 임무가 필요함을 발견하게 되었다. 1967년에 개정된 초·중등교육법(Elementary and Secondary Education Act)에서는 미국 의회에서는 이중언어 교육 프로그램에 대한 지원을 제공하였다.

제2언어 교육의 대부분은 음성 언어에만 국한되지 않는다. 주법의 결정에 따라 공립학교에서는 제2언어 학습을 요구하고 있다. 1993-1994년에 시작된 오클라호마 주의 몇몇 아메리카 원주민 자녀들은 체로키(Cherokee), 치카소(Chickasaw), 촉토(Choctaw), 크리크(Creek), 세미놀(Seminole)의 언어를 배우고 있다. 비록 이중언어 교육 프로그램은 대다수가 언어로 제공되지만, 이중언어 교육에서 학생들의 대부분은 히스패닉이다. 미국 인구조사국은 미합중국에서 히스패닉의 인구를 2006년에 4430만 명으로, 전체 인구의 14.8%라고 추정했다. 캘리포니아와 텍사스 양쪽의 히스패닉 인구는 현재 '가장 큰

소수' 로 15%를 초과한다.[60)]

1974년 Lau 대 Nichols의 사례에서 미국 대법원의 결정은 중국어를 사용하고 있는 학생에게 영어교육을 제공하라고 샌프란시스코에게 요구함으로써 이중언어 교육이 진보할 수 있는 계기가 되었다.[61)] 라틴아메리카 단체(라틴아메리카 민족[Hispanics], 현재 미국 인구의 9%를 차지하고 있으며 10년 이내에 가장 큰 소수 집단이 될 것으로 예측되고 있다-역자 주)의 노력은 현재 강조되고 있는 (이중문화와 더불어) 이중언어 교육의 흐름을 주도하였다.

이중언어 교육은 교육, 언어, 문화, 정치, 사회, 경제에서 이슈가 되었고, 그럼으로써 대단한 논쟁이 되었다. 데이드 카운티(플로리다)는 이 이슈로 인하여 끊임없는 대중 불화의 예를 제공하였다. 1973년 4월 쿠바에서 이주한 많은 스페인어 난민을 가지게 된 데이드 카운티는 이중언어 사회를 선언하였다. 많은 '앵글로들' 은 이중언어로서 국가를 명시하는 것에 대하여 문제를 제기하였다. 이 문제는 1980년에 카운티 유권자가 비상사태와 선거의 경우를 제외하고 영어 외의 다른 언어는 정부 사업의 행위로 금지하는 것을 법적으로 승인하면서 위기를 가지고 왔다. 13년 후 히스패닉(Hispanic)과 영어가 아닌 다른 언어를 사용하는 사람이 데이드 카운티 인구의 50%보다 더 많아짐으로써 데이드 카운티 위원회는 영어 전용 조례를 폐지하였다. 1994년 제3지구 항소법원은 카운티 위원회가 영어 전용 조례를 폐지한 것과 그렇게 위원회의 권리를 지지하는 등의 권위에 대한 항의를 기각하였다.

1999년 여름 텍사스에 오직 영어냐, 오직 스페인어냐 하는 논쟁이 다시 타올랐다. 인구의 대부분이 스페인어로 말하는 엘 체니조의 작은 마을에 스페인어와 영어 번역에 대한 규정을 지역 정부의 업무를 수행하는 조례에 전달함으로써 관심과 논란을 불러일으켰다. 텍사스 피자 체인점은 계산대에서 멕시코의 페소(pesos)를 받아들일 것이라고 공표함으로써 2007년 초에 강력한 비판을 받았다.

이중언어 교육을 실시하는 학교에서 공식 언어로 영어를 지정하고 학교와 정부 관공서 안에서 오직 영어를 사용할 것을 명령하고 있는 것은 끊임없이 상당한 논란을 야기한다. 유권자는 그 문제의 양쪽 측면에서 말해 왔다. 국립이중언어교육협회(National Association for Bilingual Education)는 이중언어 교육의 주장을 장려하지만 평등한 교육을 위한 센터(Center for Equal Opportunity)는 그것을 반대한다. 공식적인 국가 언어로서 영어에 대한 주장의 옹호자들은 영어와 미국 영어를 우선으로 하나 미국시민자유연대(American Civil Liberties Union)는 이를 반대한다.

국가 수준에서의 영어 전용 법안은 여러 결과가 나타났다. 1990년 봄, 앨라배마 주의 유권자는 주 정부의 공식 언어로 영어를 승인하고 그들의 주 구조를 수정할 것을 거의 만장일치로 채택하였다. 1902년 공식 언어로 스페인어와 영어 양쪽 다 지정했던 법을 폐지하고 1991년 봄 푸에르토리코에서는 국가의 공식 언어로 오직 스페인어를 지정하는 법률을 통과시켰다. 1995년 푸에르토리코는 총재가 영어 또한 공식 언어로서 영어와 스페인어 모두 선언하는 법을 서명하고 통과시켰다. 언어적 문제는 푸에르토리코에서 주기적으로 가열되어 있었다. 푸에르토리코 주민이 국가적 지위를 거절한 한 가지 이유는 푸에르토리코가 주가 되려면 공식 언어로 영어를 사용해야 된다는 미국 의회의 몇몇 회원의 노력 때문이었다.

애리조나와 캘리포니아 주는 공식 언어로 영어를 사용하는 문제가 불화를 드러내는 사례를 제공하였다. 1988년 애리조나 주는 영어를 공식 언어로 만드는 법을 유권자에 의해서 통과시켰다. 2년 후에는 피닉스에 있는 연방법원 법률이 위법임을 선언하였다. 애리조나 주의 공식 영어에 대한 옹호 집단은 지역 법원의 결정을 호소하였다. 1996년 제9순회 항소법원은 연방법원의 결정을 지지하였다. 1997년 애리조나 대법원에 대한 항소로, 미국 대법원은 지역과 순회 재판 법원의 결정을 무효로 하였다. 그다음 해 애리조나 대법원은 헌법에 위배되는 지역과 법정에 호소하는 법에 동의하였다. 1999년 미국 대법원은 거절했던 애리조나 유권자의 발의권을 고려하여 이렇게 애리조나 대법원이 세웠던 결정을 허락하였다. 그러나 8회의 시도에서 2006년 11월 애리조나의 유권자는 공식 언어로서 법안 103 영어 채택을 승인하였고, 이에 따라 28개 주는 그렇게 하고 있다.[62)]

1960년대 후반 이후 캘리포니아에서는 수 개 국어의 주민이 함께할 수 있는 이중언어 교육의 프로그램을 학교에 제공하였다. 1998년 6월 캘리포니아 유권자는 천천히 이루어지는 이중언어 교육의 법안 227을 압도적으로 지지하였다. 그리고 이중언어 교육에 부족한 언어 능력을 가진 학생들을 위한 영어 집중훈련 프로그램이 지원되었다. 일부 학구는 법률을 준수하지 않지만, 연방 판사에 의해 법률이 소수의 권리를 침해하지 않도록 하고 있다. 법안 227은 영어 수업을 제공하는 학교나 이중언어 교육을 지속하기를 원했지만 그만둔 아동들의 학부모에게 도움을 준다. 비록 이중언어 교육은 소수의 언어에 의해 주도되지만, 소수 집단의 많은 학생이 이중언어 교육 프로그램을 지원받고 있다. 왜냐하면 그들은 영어를 유창하게 사용하는 것이 그들 자녀의 직업 기회에서 필수적이라는 것을 인식하기 때문이다.

오래전인 1811년부터 주 정부의 공식 언어로서 영어를 사용하는 법률 또는 헌법 수정안이 통과되었다. 그러나 하와이는 영어와 하와이어를 공식어로 사용하고 학교에서는 두 언어 모두를 가르치고 있다. 2007년 2월에 영어를 공식적인 언어로 만들려고 했던 테네시 주 내듀빌의 메트로 위원회(Metro Council)는 주의 공식적인 언어로서 영어에 대한 논쟁이 주기적으로 계속해서 일어나고 있다고 본다.

이중언어 교육은 문화 변용과 다원주의 철학의 논쟁을 가지고 있다. 용광로(melting-pot) 개념의 부활은 혼합을 강조하는 샐러드볼 개념의 다원주의의 도전을 받고 있다. 공화당과 민주당에서 연방 정부의 공식 언어로 영어를 채택하고자 하는 제안은 상원, 하원에서 자주 등장한다. 이민 개혁이라는 대중적인 압력에 의해서 격렬해진 논쟁은 미국 상원에 의해 제안된 법안이 2006년 봄에 영어를 공식적인 국가 언어로 선언한 것으로 결론났다.

영어를 공식적인 언어로 만들려고 지지하는 사람들은 미국에서 역사적으로 이민자는 영어를 배웠다는 것을 주장한다. 이중언어 교육의 지지자는 이중언어 교육의 축소와 공식으로서의 영어 지정은 차별이라고 믿는다. 그들은 영어 전용 수업은 영어를 자연스럽게 말하지 못하는 아동의 학습을 방해한다고 주장한다. 반면에 비평가들은 이중언어 교육이 학생들을 분리하고 다양화로 야기된 문제점을 악화하며 비효과적인 것으로 입증되었다고 주장한다.

교육과정 설계자는 정확히 이중언어(bilingual)와 이중문화(bicultural)로 정의하고 있다. 이중언어 교육은 영어를 모국어로 하지 않는 학생에게 단순히 영어교육을 제공하는 것을 의미한다. 다른 의미로 종종 이중언어 교육은 모국어 과정을 가르치는 것을 포함하여 다른 프로그램 차원(dimensions)을 추가하는 것을 포함하는 것으로 확대된다. 예를 들어, 피츠버그 고등학교는 스페인어를 모국어로 사용하는 학습자가 그들 자신의 언어를 향상하도록 스페인어 학습과정을 제안한다.[63)]

교육자는 학생이 영어 기능을 획득할 때까지 그들의 모국어로 수업에 참여하여 영어를 익히고 촉진하도록 프로그램을 설계하거나 혹은 처음부터 영어에 몰두하도록 한다. 미국 교육부는 이중언어 교육 기금을 받기를 원하는 학교로 하여금 모국어로 수업을 제공할 것을 요구하였다. 미국 교육부가 버지니아 주의 페어팩스 카운티로 하여금 모든 학생에게 그들의 모국어로 수업을 제공하도록 하였고, 페어팩스 카운티는 다른 언어를 사용하는 학생들을 위한 집중영어 프로그램을 실시한 결과 시험 점수가 보여 주는 것처럼 성공을 거두었다. 1980년대 말 미국 교육부는 페어팩스 카운티 학생들의 성공으로 인하여 페어팩스 카운티에 모국어 학습을 제공하도록 강요하지 않기로 했다.

영어에의 몰입이나 집중(immersion)은 이중언어 교육에 대한 대안을 제시했다. 영어 집중 프로그램의 결과는 최종 결론은 아니지만 비영어권자의 영어학습에서 향상의 징후를 보여 주었다. 예를 들어, 비록 캘리포니아와 애리조나는 언어 몰입 기법과 면제 둘 다 사용하고 면제가 가능한 특정 상황하에 있었다. 법안 227에 대응하여 캘리포니아 오션사이드에서는 모든 비영어 수업을 중단하였고 1999년 여름에 영어 집중 프로그램으로 비영어권 학생들의 영어 및 타 교과에서 상당한 향상의 결과를 가져왔다고 보고하였다.

미국 하원은 1968년 이중언어 교육법의 통과 이후로 지속적으로 논쟁이 이루어졌다. 예를 들어, 언어권한부여법(English Language Enpowerment Act, 1996), 영어능통자법(English Language Fluency Act, 1998)에 대한 제안 안에 보조금의 형태로 미국에 제공하는 연방 기금과 이중언어 교육 프로그램에의 학생 참여를 위해 3년간 최대로 지원을 약속하였다. 영어습득, 언어향상, 학업성적법(English Language Acquisition, Language Enhancement, and Academic Achievement Act)은 이중언어 교육 법안을 2002년에 만료 교체했다. 영어습득법의 기반은 이중언어 교육보다는 영어의 언어 기술 개발에 있다.

전문용어는 이중언어 교육에 대한 대중의 부정적인 견해를 부추겼다. '제2언어로서 영어' 로 알려진 초기 기간의 영어 수업 프로그램은 영어를 2위로 강등하는 의미로 잘못 해석하여 영어 중심 사회의 측면을 반대하는 의미로 사용되었다. '다른 언어의 말하기에 대한 영어' 로 ESOL과 영어 학습자(English Language Learners: ELL)에 대한 오해가 감소했다. 이중언어 교육을 위한 대중의 지속적인 상반되는 감정은 쉽게 설명될 수 있다. 예를 들어, 애리조나와 캘리포니아 주는 이중언어 교육을 축소하였으나 2002년 콜로라도 주 유권자는 이중언어 교육을 금지하지 않았다.

캘리포니아와 워싱턴 같은 일부 주에서는 학교에서 전형적인 이중언어 교육을 극복하기 위해 학급의 절반이 각각 영어와 스페인어 모국어로 구성된 이중(dual)언어 수업을 시도했다. 주제의 숙달 이외에도, 두 언어의 유창성에 대한 이중언어 개발과 문화 사이의 이해가 증가했다.

이중언어 교육의 존재와 그 방법론은 민감한 논쟁거리로 남아 있다. 예를 들어, 캔자스 주 캔자스 시의 대안학교에서는 건물에서 스페인어를 말하는 남학생에게 내려진 정학을 연기하고 후에 취소하려는 2005년 영어 중심 정책으로 어려움을 겪었다. 어떻게 영어를 습득하는가, 영어를 습득하도록 요구하는 다른 과목에서 모국어가 아닌 학습자의 성취를 향상할 수 있는가, 덧붙여 주 기준 시험에서 그들의 성공을 어떻게 높일 수 있는가는 여전히 풀리지 않는 논쟁거리다.

이중언어/이중문화의 혼합교육은 다문화주의와 다문화 교육에서 논쟁거리며, 이에 대해서는 이 장의 뒷부분에서 논의되고 있다.

4. 교과서 검열

미국 도처의 대다수 지역사회 내 학교는 교과서와 도서관 책을 검열하고 특정 수업의 형태를 금지하거나 특정 내용을 권장하는 것을 추구하는 지역사회에서 외견상으로는 개별과 집단의 끝없는 투쟁이 이루어지는 것을 쉽게 발견할 수 있다. 학교로부터 도서관 책, 교과서, 다른 교수 자료를 없애는 시도는 빈번하고 광범위하다. 우리가 이 장의 뒤에서 다시 볼 것처럼, 이러한 시대적 문제와 종교상의 알력(dissension)은 미국 헌법의 첫 번째 개정의 다른 해석에서 기인한다.

> 의회는 종교의 설립을 보장하거나 국민의 권리를 평화적으로 모으고, 불만의 구제를 위해 정부에 청원(petition)하기 위한 언론의 자유, 출판의 자유로 요약되는 자유로운 활동을 금하는 법을 만들 것이다.

3만 부 가까이 팔린 경이로운 최초 7권의 책은 60개 이상의 언어로 번역되었고, 지금까지 무명의 영국 작가였던 J. K. Rowling을 시대의 베스트셀러 작가 중 하나로 만들었다. 그 책은 시리즈물인 해리 포터의 모험이다. 이러한 상상의 책은 세상의 아이들에게 기쁨을 주고 독자를 변화시켰으며 새로운 도전으로 소개되었다. 실제로 2005년에 해리 포터 시리즈는 21세기 최고의 화제 도서로 선정되었다.[64)]

한편으로 선이 악을 이긴다는 주제는 바티칸에 의해 지지되었고, 책에 마법과 신비주의를 담고 있는 해리 포터 책은 가족 가치관의 부족을 인지하는 일부 종교 분파의 목사와 부모에 의해 권장되었다. 일부 학구는 학생들이 해리 포터 책을 대출받기 전에 부모의 서면 허락(written permission)을 받도록 요구했다. 아칸소 주 사더빌 학교 위원회가 금서가 위치하는 책꽂이에 해리 포터 책을 놓았을 때, 학교 위원회를 상대로 2003년에 순회재판(circuit judge)이 열렸고, 개방된 책꽂이에 책을 갖다 놓으라는 판결이 났다. 비슷한 사례로 2006년에 조지아 교육위원회는 해리 포터 책을 학교에서 금지하는 애틀랜타 교외의 그위넷 학교 위원회의 판단을 지지하였다.

물론 해리 포터는 학교나 공공 도서관으로부터 권장 도서일 뿐만 아니라 금지 도서였다. 1990년과 2000년 사이에 미국도서관협회(American Library Association: ALA) 지적자유부서(Office of Intellectual Freedom)에 기록된 6364권의 책이 금서의 제한을 풀고자 시도하였고, 대부분은 성공하지 못했다.[65] 2000년과 2005년 사이에 ALA에 측정된 수는 3000권이 넘는다.[66]

교과서를 둘러싼 항의는 일부 지역사회에서 큰 문제가 되었다. 교과서 항의자(protestors)는 미국 전역의 위원회에서 등장하였다. 특정 교과서에 대한 시위는 다음의 사항을 포함한다.

- 과도한 섹스 또는 폭력을 묘사
- 신성모독(profanity)을 사용
- 부족한 영어를 사용
- '세속적인 휴머니즘'이 반종교적이고 그리스도교에 반대한다고 홍보
- 애국심이 부족한 미국인
- 한 세계주의와 지구촌화를 홍보
- 인종차별
- '잘못된' 가치를 묘사
- 과학적 창조설 대신에 진화이론을 가르치는 것
- 지나친 그래픽
- 반가족주의(anti-family)
- 동성애 생활방식의 용납

책은 또한 정치적 영역에서 문제가 되어 왔는데, 예를 들면 *Vamos a cuba*와 부정확하게 쿠바의 삶을 묘사한 그 책의 영어 번역본 *A Visit to Cuba*에 대한 2006년 마이애미-데이드 학교 위원회의 판매금지 결정 사례가 있다. 수업 자료에 대한 압력은 배제뿐만이 아니라 포함에 대해서도 일어난다. 한 사례로, 2004년 텍사스 교육위원회는 남성과 여성 사이에서 결혼을 정의하는 건강 교과서를 출판사에 내도록 요구하고 있다.

미국 헌법 수정 제1조 언론과 출판의 자유를 말하며 공개 토론, 읽기 자료, 필름, 테이프, 드라마, 텔레비전, 예술작품의 주제를 검열하기 위한 노력이 매우 빈번하게 학교 및 넓은 사회에서 다시 제기된다. 예를 들면, 최근에 외설 혐의는 예술 전시, 소설, 영화, 시, 음악 작곡 분야에 걸쳐 많은 논란거리를 만들었다.

외설(obscenity)의 정의는 규정하기 어렵다. 미 연방대법원은 지역사회가 인쇄된 시각

적인 문제가 그들의 지역사회의 기준을 고립시키고 '보완할 가치가 없는 것'을 소유한다는 결정을 허용했다. 대부분의 사람은 미 연방대법원 판사 Potter Stewart의 외설에 대한 유명한 진술인 "내가 보면 안다."가 충분한 기준으로 고려된다.

학교는 자기 검열(self-censorship)로 바쁘고, 외부의 영향으로부터 검열을 위한 압력에 반응한다. 외설의 사용에 항의하는 사람들의 목표 표본이 넓은 범위에서 드러난다. 이러한 작품의 일부는 1990년과 2006년에 나라의 도처에서 발생했고, 다음의 진술된 이유가 반대 활동가에 의해 주장되었다.

- 『빨간 망토(*Little Red Riding Hood*)』, 폭력(1990-1991)
- Mary O' Hara의 『나의 친구 플리카(*My Friend Flicka*)』, 특정 단어(1990-1991)
- 『백설공주(*Snow White*)』, 폭력(1992)
- Stephen King의 『죽음의 지대(*The Dead Zone*)』와 『토미노커(*The Tommyknockers*)』, 강간 및 언어(1992)
- Michael Willhoite의 『아빠의 룸메이트(*Daddy's Roommate*)』, 동성애(1992)
- Shel Silverstein의 『다락방의 불빛을(*A Light in the Attic*)』, 아동에 의한 부모 조작(1993)
- 『말콤X의 자서전(*The Autobiography of Malcolm X*)』, 반백인, 친이슬람(1994)
- 『피터팬(*Peter Pan*)』, 아메리카 원주민 묘사(1994)
- Alice Walker의 『로제릴리(*Roselily*)』, 반종교, 그리고 『내가 우울해 보여?(*Am I Blue?*)』, 반육식주의(1994)
- Anne Dillard의 『미국의 아동기(*An American Childhood*)』, 폭력적 눈싸움(1994)
- S. E. Hinton의 『텍스(*Tex*)』, 언어(1995)
- Conrad Richter의 『숲 속에서의 빛(*The Light in the Forest*)』, 지나친 그래픽(1996)
- Toni Morrison의 『비러비드(*Beloved*)』, 인종적 내용(1998)
- Mildred D. Taylor의 『천둥아, 내 외침을 들어라!(*Roll of Thunder, Hear My Cry*)』, 언어(2002)
- Sonya Sones의 『엄마가 알지 못하는 것(*What My Mother Doesn't Know*)』, 성적인 내용과 언어(2004)
- J. Richardson과 P. Parnell의 『사랑해 너무나 너무나(*And Tango Makes Three*)』, 동성애(2006)

자주 금지된 후보자로는 J. D. Salinger의 『호밀밭의 파수꾼(*Catcher in the Rye*)』과 Mark Twain의 『허클베리 핀의 모험(*The Adventures of Huckleberry Finn*)』, John Steinbeck의 『분노의 포도(*The Grapes of Wrath*)』와 『생쥐와 인간(*Of Mice and Men*)』, Maya Angelou의 『새장에 갇힌 새가 왜 노래하는지 나는 아네(*I Know Why the Caged Bird Sings*)』, Katherine Paterson의 『비밀의 숲 테라비시아(*A Bridge to Terabithia*)』, Judy Blume의 『포에버(*Forever*)』, Maurice Sendak의 『깊은 밤 부엌에서(*In the Night Kitchen*)』, Hans Christian Andersen의 『인어공주(*The Little Mermaid*)』, 그리고 Grimm 형제의 『그림형제 우화(*Fairy Tales*)』가 일부 목록에 나타났다. Richard Wright의 『검둥이 소년(*Black Boy*)』과 『토박이(*Native Son*)』는 금지와 권장 둘 다에 포함되었다. 백인 작가 혹은 흑인 작가에 의해 쓰인 인종적 주제를 다루는 책은 논쟁을 하도록 자극할 수 있다.

교과서를 삭제 혹은 개정하기 위한 활동(efforts)이 보건 분야에서 이루어졌다. 왜냐하면 성교육의 자료이고, 콜럼버스의 신대륙 발견의 역사적 논의와 서유럽 문명의 공헌 때문이다. 자료를 검열하기 위한 노력이 양방향에서 일어났음을 알 것이다. 오른쪽은 『내 친구 플리카』, 『호밀밭의 파수꾼』이며, 왼쪽은 『피터팬』, 『허클베리 핀의 모험』이다.

Michael Wilhoite의 『아빠의 룸메이트』(1992)처럼 동성애를 다룬 어떤 작품은 심각한 항의를 일으킨다. Todd Tuttle의 『스폿(*Spot*)』의 경우처럼, 모든 권리가 다르다는 제안조차 논쟁이 될 수 있다. 동성애와 관련된 문학적 이슈뿐 아니라 연관된 것은 동성애의 지지와 학교 캠퍼스 안에서 이성애-동성애 클럽에 대한 논쟁이다.

가치관을 가르치는 것이 일부 교과서가 전통적인 미국인 가치관을 약화한다는 항의자의 공격 아래에 처했다. 항의자들은 가치관을 명료화하는 책에는 특별한 예외를 부여했다. 왜냐하면 표면상으로 학생들에게 사적인 문제에 대한 자신의 견해를 표현하도록 허락해 주는 제안을 하는 프로그램이기 때문이다.[67)]

Darwin의 인류 진화론 교수는 창세기 성서의 창조물과 맞서 싸우는 과학적 창조자에게 오랫동안 근심의 원인이 되었다. 1920년대 테네시에서 원숭이 재판(Scopes trial)은 창조자들의 정서를 반영했다. 1968년 미국 대법원의 Epperson 대 아칸소 사건에서는 진화론이 가르쳐져야 한다고 판결되었다.[68)]

진화론(evolution)과 창조론(creationism)의 논쟁의 예는 쉽게 발견할 수 있다. 1982년에 연방법원은 과학적 창조론이 종교 교리라고 간주하면서 진화론과 창조론을 가르치라고 요구한 앨래배마 법규를 폐지하였다. 1987년 6월, 미국 대법원은 1981년에 제기된 창조과학과 진화과학을 위해 과학적 창조론은 진화론과 같은 교수 시간이 주어져야 함을 요청하는 루이지애나의 평등 논의(Louisiana's Balanced Treatment)가 위헌임을 판결했다. 1982년에 창조론을 교육과정에 소개하기 위한 아칸소의 시도는 종교를 촉진하던 현장의 법원에 의해 부결되었고 위헌이 되었다. Epperson 사건 후에 20년 이상이 지난 1990년 10월에 주에서 채택한 진화론을 가르쳤던 교과서가 국가적 화제가 되었다.

1999년 10월 뉴멕시코 교육 위원회는 진화론의 연구가 지속될 동안 공립학교 과학 교육과정에서 창조론의 연구를 금지했다. 일리노이 주는 1999년 10월에 주 교육 위원회에서 '변화의 시대' 라는 표현을 사용하면서 주 기준에서 '진화' 라는 단어를 삭제하는 그 이슈에 대한 또 다른 관점을 취했다. 진화론을 가르치는 것에 대한 도전은 계속해서 현재까지 나타나며, 우리가 교육에서 종교의 이슈를 논의할 때 이 장의 뒤에서 확인할 것이다.[69]

종종 교과서를 둘러싼 항의들은 학교에서 특정 자료를 삭제하도록 영향을 미치려는 것이 아니라 과학적 창조론과 같은 특별한 토픽을 포함하는 교과서를 채택하기 위함이다. 학교에서 신앙의 목적으로 성경과 기도문을 읽는 것은 위헌이라고 대법원에서 판결했을지라도, 대부분의 집단은 아직까지 공립학교의 교육과정에 이러한 종파 행동을 도입 또는 재도입하기 위해 시도하고 있다.

교과서를 둘러싼 근원적인 일부 항의는 다원주의 사회에서 달라진 세속적이고 종교적인 가치의 지속적인 투쟁이고 이 장의 뒷부분에서 언급될 이슈인 교회와 주의 구분에 대한 제퍼슨식 교리의 해석이다.

최초 개정의 경우는 학생 표현의 무대에서 발생했다. 복장 규정을 세운 학교는 학교생활에 지장을 주고 불쾌한, 저속적인, 외설적인 언어를 수행할 것이라 생각되는 티셔츠를 금지했다. 예를 들면, 1999년 가을에 뉴멕시코 주 로스웰의 학교교육위원회는 위칸 지역의 상징인 별 모양의 표시를 학생들에게 금지한 결정을 폐지했다. 예를 들어, 미네소타 고등학교는 학생들이 '나는 게이다(Straight Pride)' 의 단어와 스웨터를 입는 것을 불허했다. 2001년 봄에 세인트 폴의 미국 지방법원은 스웨터를 입는 것이 위헌이라는 학교의 금기를 유지했다. 유사하게, 뉴저지 고등학교에서는 한 학생이 '촌놈(redneck)' 글자가 새겨진 티셔츠를 입어서 정학을 당했을 때, 그와 그의 형제들이 이의를 제기했다. 지방법원이 학교를 지지했을지라도, 제3연방 순회 항소법원은 2002년 10월에 학생들이 티셔츠를 입는 것은 미국 헌법 수정 제1조 안에 있다고 판결했다. 2006년 펜실베이니아에서 중학교 학생은 폭력적인 랩 가사를 썼다는 이유로 퇴학 처분을 내린 자신의 학구에 대항하여 이긴 사례가 있다. 교장들은 초등학교 학생들이 미국 대통령에 대한 비판적인 노래를 부를 수 있는지에 대해 결정을 해야 하며(플로리다), 고등학교 학생들이 반동성애의 티셔츠를 입을 수 있는지(캘리포니아), 그리고 고등학교 학생들이 '예수를 위해 마리화나를 피자(Bong Hits 4 Jesus)' 라는 현수막으로 행진할 수 있는지(알래스카)를 결정해야만 한다. 법원은 앞으로 나아가는 교육 프로그램의 붕괴에 대한 잠재적인 가능성에 반하여 시종일관 표현의 자유에 대한 첫 수정 권리를 신중히 고려한다.

학생들은 자주 또는 정기적으로 학생 글, 이야기, 출판 이전의 사진을 검토 및 제한하는 학교 행정가에 의해 내부적인 검열의 상황에 처한다. 행정가는 인종차별, 공격적 그리고 혹은 음란함이 나타나는 학교의 비판적인 자료를 지우는 성향이 있다.

미 연방대법원은 Hazelwood 대 Kuhlmeier(1988)의 5-3 결정은 학교 행정가의 권력이 학생 출판물을 검열하기 위함으로 판단했다. 상고법원의 결정을 뒤바꾸는 대법원은 학교 행정가가 어떤 타당한 교육적인 목적을 가지고 있다면 학생들의 출판물을 사전에 재고하거나 규제권을 행사할 수 있다고 하였다.[70] Hazelwood 사건은 고등학교 교장이 학교 신문에 학생의 임신과 이혼에 관련된 글을 금지한 1983년에 터졌다. Tinker 대 Des Moines 자치공동체 학구(1969) 판례가 결정된 것처럼 방해가 되지 않는 표현이 아직까지 발을 묶을지라도 미 연방대법원은 행정가에게 학생들 표현의 다양한 형태를 검열하는 것을 허락했다. 나중에 미 연방대법원은 학생들이 검은 완장(black armbands)을 착용함으로써 베트남 전쟁에 항의할 권리를 가진다고 판결했다.[71]

사실상 Hazelwood는 학교에서 종교, 성, 약물, 알코올, 당파적인 정치적 진술과 관련된 주제의 경우처럼 비판적으로 반영될지도 모르는 주제의 검열을 허가했다. 행정가들은 그들이 교사들이 불쾌감을 가지는 글과 사진을 허락했을 때 학교신문과 졸업 앨범의 후원자로서 그들의 게재와 글쓰기 프로젝트 반을 직접 지도하는 교사들을 질책하였다. 그런 사례는 2005년 테네시에서 학교가 출산의 조정과 콘돔에 대한 학생의 신문 복사본을 몰수한 것과 2006년 로드아일랜드에서 부모가 쇠사슬 갑옷과 검을 지니고 있는 그녀 아들의 졸업앨범 사진을 허락하는 데 반대했기 때문에 학교 위원회를 고소한 것이 있다. 대체로 학생 출판을 검열하도록 하는 행정가의 결정은 큰 문제가 되지 않으나, Hazelwood는 특별하다. 그러나 2007년 6월 오리건 주는 고등학교에서 인기 있는 학생 신문과 높은 수준으로 학습하도록 하는 대중적인 학회에 대한 첫 번째 수정 권리안의 법률 시행을 적합한 것으로 보고 있다.[72]

다양한 사회적 · 정치적 압력에 대응하기 위해 교육과정 설계자는 전문적인 지식과 기능 및 지역사회 집단과 함께 일하는 공동체 의식이 필요하다. 교육과정에서 논란이 많은 이슈를 처리할 때 그들은 문제의 심각성을 확인할 수 있고, 지역사회 감정의 강도, 그리고 어떤 문제가 확대되고 균형이 맞지 않게 되기 전에 해결될 방법의 통로를 가지고 있어야 한다. 그들은 부모가 자료에 이의를 등록하고 동시에 그러한 이의의 안전한 광범위한 검토 절차를 확립해야 한다. 일부 이의가 타당하다고 증명되면 그 자료의 삭제가 필요하다. 일부는 확실한 수준에서 타당하게 증명되고, 일부는 타당하지 않게 증명될지도 모른다. 자료가 포함되거나 그렇지 않은 경우에 의사결정이 이루어질 때 지역사회 관습, 주나 국가의 법률, 국가적 교육 요구, 학습자의 성숙함, 그리고 아이들의 학습하기 위한 권리는 모두 고려되어야 한다. 학교 당국은 한편으로는 계속되는 한쪽으로 치우친 모든 것을 피해야 하고 다른 한편으로는 논란이 많은 것은 아무것도 출판해서는 안 된다.

검열에 대한 우리의 논의가 끝나기 전에 우리는 다소 덜 인정된 형태, 즉 출판업계에 의한 자기 검열을 기록하는 데 게을러서는 안 된다. Diane Ravitch는 솔직하게 주 인가를 얻기 위해 우리 사회의 어떤 집단 혹은 하위집단에 의해 어떠한 방법으로든지 이의가 제기될 단어, 화제, 장소의 선택에 맞서 지키기 위해 편집자와 작가들에게 편견을 조언하는 그들의 지침을 통하여 교과서와 평가를 출판하는 방법을 설명했다.[73] 따라서 압력집단은 직간접적으로 학교에서 가르쳐지는 것에 영향을 줄 수 있다. 논란이 되는 부분들은 줄이거나 삭제하기 위해 몇몇 학교는 교사, 비전문가, 어떤 경우에는 학생들까지 포함된 위원회를 구성하여 책이나 여러 미디어를 학교의 주도하에 받아들일지 말지 결정하였다. 학교가 학생들이 읽도록 할당된 문학작품에 대한 부모의 반대를 줄이고자 한다면 부모에게 그들의 자녀를 위한 대리인을 요구하도록 하는 권리를 인정해야 한다.

5. 성

Madeleine R. Grumet은 성의 의미를 교육에서뿐만 아니라 보편적으로 강조했는데, "이 행성에서 구성 요소로 나누어지는 남자와 여자로서의 우리의 삶에 대해 가장 기본적인 것이 우리를 재생산하는 과정이고 경험" 이라고 썼다.[74] 성의 구별 혹은 차별주의는 교육에서 영원한 문제가 되어 왔다. 학교의 이슈로서 성은 교수, 교육과정, 행정으로 실행하여 해결하고자 하나 결과적으로 한 가지 성이 더 높은 성취를 보이거나 어떤 영역에서 큰 기회를 갖고 있으며, 다른 성보다 활동적이며, 불평등 혹은 차별로 이끌고 있음을 보여 주었다.

성 불평등은 교육에서 영구적인 문제가 되었다. 1972년의 교육개정인 제4조는 학교직원으로 하여금 성차별을 하는 프로그램을 조사하고 행위를 제거하도록 하기 위해 미국 의회에서 통과되었다. 예를 들면, 소녀들에 대한 가사와 소년들에 대한 공예 기술의 제한은 성차별주의자의 실행이다. 학교 간 운동경기의 재능 축적에서 전통적으로 중요한 자리는 소년 선수인 것에 성차별주의자들은 이에 맞서 왔다. 남성 운동 팀에서의 여성과 여성 운동 팀에서의 남성의 인종차별 폐지는 전문가와 그 밖에서도 논쟁을 불러일으켰다.

실제적으로 학교에서 성에 대한 고정관념과 성차별이 존재한다는 것은 어느 정도 상당한 논쟁을 발견할 수 있다. 1980년대 중반 Myra와 David Sadker는 4개 주에서 100명의 4학년, 6학년, 8학년생과 컬럼비아 지역에서 언어학과 영어, 수학, 과학 학급을 관찰했다. Sadker는 과목과 수준에 관계없이 소년들이 소녀들보다 학급에서 뛰어나고 교사에게서 더 많은 관심을 받는다고 결론지었다.[75)]

1992년 미국여자대학연맹(American Association of University Woman: AAUW)에 의해 위탁되고 웰슬리 대학 여성연구센터에 의해 조사된 연구는 성차별에 대한 데이터를 보고했고, 학교는 소녀들이 성차별을 극복하지 못하고 있다고 결론지었다.[76)] 1994년 겨울 미국시민자유연맹(American Civil Liberties Union)은 교육시험 서비스(Educational Testing Service)와 예비학사 성취시험(Preliminary Scholastic Achievement Test: PSAT)에서 국가 센터를 대신하는 여성에 대한 차별을 부담하는 공정함과 열린 시험을 위한 대학입학시험위원회(College Entrance Examination Board)는 여성보다 더 많은 남성이 국가우수장학금(National Merit Scholarship)을 받는다는 사실을 이용한 국가 우수장학금의 질적인 시험(National Merit Scholarship Qualifying Test: NMSQT)으로 미국 교육부에 대한 불평을 조사하였다.[77)] ETS의 대학 위원회는 여성이 글쓰기를 더 잘할 것이라는 가정 아래 실시한 PSAT/NMSQT의 부분적인 서술을 첨부하기로 허락하여 응답하였다.[78)]

오랫동안 이 주제에서는 우리의 교육 시스템이 소녀에 대한 차별을 한다고 알려졌다. 우리는 소녀들이 교육적으로 전면에 나서고 있고 소년들은 현재 경험적으로 불평등을 경험하고 있다는 사실에 대한 증거를 확인하였다.

- 국가교육통계센터(National Center for Education Statistics)의 연구인 『소녀와 여성의 교육적인 평등에서의 경향(*Trends in Educational Equity of Girls & Women*)』(2004)에 따르면, 여성은 초등학교와 중학교에서 "현재 남성처럼 하고 있거나 성취와 교육적인 성취의 많은 지표에서 더 우수하고, 한때 남성과 여성 사이에 큰 격차가 있었으나 대부분 소멸이 되었고, 다른 면에서는 확실하게 감소하였다고 한다. 비록 30년

전보다는 좋아졌지만 박사학위나 첫 학위취득 프로그램과 같은 몇몇 학업 분야에서는 여전히 여성의 수가 적다."[79]

- 맨해튼 정책 조사 연구소(Manhattan Institute for Policy Research)의 백인, 흑인, 히스패닉 학생에 대한 2006년 성별 차이 조사에서는 각 인종 집단에서 여성은 고등학교 졸업생 비율에서 남성을 압도하고 있었다.[80]
- Michael Gurian과 Kathy Stevens는 대학교에서 여성은 남성의 44%에도 미치지 못한다고 보고했다.[81]

Janice Weinman이 학교에서 소녀의 측면에서 어려움을 묘사하는 동안에 Judith Kleinfeld는 소년들, 특히 소수 집단이 그들에 대해 존재하는 선입관을 서술하였다.[82] 비록 소년들이 수학, 과학, 공업에서 소녀보다 계속 뛰어나다 하더라도 소녀들은 다른 분야에서 더 높은 성과를 증명했고, 전통적인 남성 구역에서 소녀와 소년 사이의 차이는 적었다.

1998년 AAUW의 계속된 연구에서는 교육에서 여성에 의해 만들어진 진보를 미국 연구소(American Institutes for Research)가 조사했는데 공업 기술에 있어 남성의 연속적인 우세는 없었다.[83] 역사적으로 더 많은 소년이 소녀보다 수학과 과학 과정에 등록하는 데 비해, 더 많은 소녀는 언어와 인문학에 이끌려 왔다. 1998년 AAUW 연구는 소년들이 컴퓨터 과학, 수학과 과학에서 더 높은 수준과정에 계속 참여하는 동안 소녀들은 몇몇 수학과 과학에서 차이를 줄이고 있는 것을 발견했다. 훨씬 많은 소녀가 언어 과목, 외국어, 예술 과목, 사회학, 심리학에 계속해서 참여한다. 비록 학문에서 성의 차이가 어떤 측면에서 좁혀질 수 있고 소녀들에게 긍정 요인이 된다 하더라도, 연구에서는 "사실 전체적으로 볼 때 진로를 선택하는 패턴은 수학과 과학에 노출을 더 깊게 하고 다른 주제의 더 많은 과정에 등록함으로써 소년보다 더 넓은 교육을 받고 있다고 믿을 수 있다."라고 결론지었다.[84] Horatio Alger 협회는 연구에 대한 소녀들의 관심, 학문적 성취, 그리고 성공의 목표가 소년들을 능가한다는 그 이상의 증거를 제공했다.[85] Sara Mead는 더 많은 소년이 학교를 그만두고, 성적이 뒤처지고, 혹은 여성보다 졸업 기간이 늦다는 사실에 주목하였다. 그러나 그녀는 소년의 자격이나 학위에서의 전체적인 성취와 달성은 감소하지 않으며, 소년의 처지는 지나치게 과장되었고, 인종적이고 경제적인 격차가 성별 격차보다 더 심각한 것이라고 결론 내렸다.[86]

성의 역할에 대한 아이의 태도는 많은 다른 태도와 가치와 마찬가지로 일찍부터 형성되어 왔는데 아이는 부모, 친척, 친한 친구, 교사, 코치, 역할 모델, 그리고 그들이 존경하는 다른 사람과 그들의 중요한 조언에 강한 영향을 받는다. 미시간 대학의 Jacquelynne S. Eccles와 Rena D. Harold는 "이미 1학년 소녀들은 소년들보다 일반적인 운동 능력에서 더 부정적인 자기 평가를 가지는 것을 발견했다."[87] 어린 나이의 운동 능력은 실제적으로 성을 무시해도 된다. 사춘기까지는 소년과 소녀 간 운동 능력의 차이는 설명할 수가 없다. 성의 역할은 문화적으로 넓은 범위로 결정되고 학교는 종종 계획된 혹은 숨겨진 교육과정 둘 중에서 사회적 결정자들에 영속한다. 사람들은 단지 지구상의 몇몇 사회에서 여성은 하위 역할이고 남성은 상위 역할과 일치한다고 보며 남성과 여성의 행동을 형성하는 데 있어 문화적 충격의 증거를 제공한다. 만약 문화가 대부분의 사람이 믿고 있는 것과 같이 결정적인 요소라면, 우리는 아마도 문화 자체에서의 변화 중 일부—예를 들면, Lynn Phillips가 목격한 것처럼 소녀들이 공격적이고 반사회적인 행동과 담배, 술, 약물과 같은 남성에게 더 자주 드러나는 덜 경이로운 특성의 일부를 보여 주기 시작할 때—를 염려해야만 한다.[88] 비록 우리가 소녀들에 대해 헤아릴 수 없는 성차별의 경우를 인용할 수 있다 하더라도 1990년대 말의 학교 총기 사고는 소년들에 의해 행해졌다. 그리고 소년들이 더 높은 탈락률을 보이고, 소년들이 소녀보다 더 많은 자극, 고통, 괴롭힘에 시달리며, 소년들의 자살률은 성별과 무관하지 않다. 소년들의 교육을 이야기하는 데 있어 심리학자인 Dan Kindlon과 Michael Thompson은 부모, 교사, 소년의 감정적인 삶을 파괴하는 것에 의해 행해지는 남성다움에 대한 전통적인 성의 선입관을 조사하였다.[89]

이 책에서 더 일찍 언급된 것처럼, 1972년 Robert J. Havighurst는 사춘기의 성장 과업 중 하나로 남성이나 여성의 사회적 역할의 성취를 알아냈다.[90] 이러한 역할의 성과는 그것이 과거에 그랬다면 더 이상 간단하지 않다. 남자와 여자의 역할을 향한 전통적인 태도가 대중의 규모적인 구분—특히 어떤 민족 집단과 민족주의자, 국가의 일정한 지역, 그리고 어느 종교적 집단 사이—에 의해 차지되어 있지만, 역할에서의 구분은 급격하게 변화되어 왔다. 문화적이고 가족적인 태도는 성역할의 인식에 잘 형성되어 있고 학교보다 더 넓은 범위에서 성차별에 기여할 것이다. 트럭 운전, 공사장 일, 소방 활동, 경찰직, 전투기 조종사 같은 남성의 직업으로 한때 나타났던 것도 이제는 더 이상 남성의 독점적인 범위가 아니다. 여성에게는 해군의 남자 해병(seaman)이나 인류(mankind), 우편배달부(mailman), 선생님께(Dear Sirs)라는 말들이 너무나 익숙하다. 반대로 '전업 남편' 은 더 이상 금시초문이 아니고, 여자가 가족에서 '돈벌이를 하는 사람'이 될 수도 있다. 남성은 예전에 여성을 위한 것이라고 여겨졌던 간호하기, 초등학생 가르치기, 비서 일과 같은 직업이나 부업을 선택할 수 있다. 오늘날 학교는 여자에게 이전에는 남자에게 더 적합한 것처럼 보였던 과학, 수학, 공예 기술을 권하고 있다. 반면에 남자는 특히 여자에게 적합하다고 생각되었던 과목—예술, 언어, 가정학—을 선택하라고 충고받고 있다. 남녀 무차별 철학이 흔들리지 않는 남성과 여성의 몇몇 고정관념을 동요시켰다.

기초적인 성 고정관념에 대한 변화하는 태도에 응하여, 작가들은 그들의 책에 '거세'를 하라고 해 왔다. 그들은 모든 성을 언급한 한 일반적인 명사 '그'를 더 이상 사용하지 않을 것이다. 코카서스인처럼 작가들은 그들의 책에 더 이상 모든 사람을 묘사하지 않을 것이다. 또한 그들은 오직 사회적으로나 문화적으로 미리 결정한 과정을 실행함으로써 더 이상 남성과 여성을 묘사하지 않을 것이다.

여성이 직장에서 차별받는다는 인식이 있다. 그러한 차별은 여성이 높은 위치에 있게 될 기회가 더 적다는 것과 여성이 동등한 위치의 남성보다 더 적은 봉급을 계속해서 받는다는 사실을 포함한다.

노력의 성과는 성차별의 자취를 뿌리째 뽑고 남성과 여성 사이의 기회를 균등하게 하기로 만들어지고 있다. 예를 들어, 상원 법안 1463은 2개의 제목—수학과 과학 및 성적인 학대와 추행에서의 성 형평법, 그리고 1994년 교육법령에서 성 형평법—을 포함하는 1965의 초·중등교육법으로 수정됨으로써 상원 의원 Barbara Mikulski에 의해 1993년에 소개됐다. 제4조의 요구를 다시 살펴보면, 성 고정관념과 차별은 감시가 느슨해지면 다시 나타난다. 교육과정 작업자는 인종, 종파의 교리, 그리고 국가 기원뿐 아니라 만약 성에서 편견이 존재한다면 교육과정 설계를 추진하여 편견을 소멸할 수 있다.

학교 시스템은 소개, 상담, 직원 발전에 조심스러운 태도를 통한 성차별의 문제에 답하기 위해 노력해 왔다. 몇몇 학교제도는 성별로 분리해서 서로 주의를 빼앗기지 않을 때 학생들의 성취와 행동이 발전한다는 가정하에 학급과 학교를 성별에 의해서 분리하려는 시도를 했다. 단성 학급과 단성 학교는 모든 나라에 걸쳐서 양산되었다. 1995년 미국에서는 3개의 단성 공립학교가 있었고, 2007년 5월에 국가단성공립학교연합회(National Association for Single Sex Public Education)는 적어도 262개 공립학교가 남녀 분리 교육을 제공한다고 보고하였다. 그러나 52개는 완전히 단성만을 위한 계획이나 대부분 단성 학급인 남녀공학이다.[91] 오스틴과 댈러스, 텍사스를 포함한 여러 개의 공립학교 지역구와 필라델피아 및 뉴욕은 소녀만을 위한 리더십 학교를 건립했다. 이 책을 쓰고 있는 시기에 오스틴은 소년만을 위한 리더십 학교를 건립하는 것을 고려하고 있다.[92]

연방정부는 2006년 후반 단성 학급과 단성 학교가 자발적으로 동일한 교과에서 동등한 공학 학급을 제공하는 자발적인 조건을 제시할 때만 단성 학급과 단성 학교를 허락하는 방향으로 제4조의 반인종차별 정책 규제를 수정하여 단성만을 위한 승인을 추가했다. '분리되었으나 평등한'이 인종의 사례에 적용이 되지 않는 이후로, 일부 사람은 만약 '분리되었으나 평등한'이 성의 사례도 제한한다면에 대해 의문을 가졌다.

그 보고는 나눠진 반이나 학교가 분반을 운영한 긍정적 측면에서의 결과인지 명백하지 않다. Patricia B. Campbell과 Jo Sanders는 "공공과 사생활에서 K-12 단성과 학교생활에서 미국 학생을 위한 학업 선호의 연구가 이루어진 국가적인 자료는 없다."라고 언급했다.[93] Cornelius Riordan은 "더 좋은 능력과 성취, 특히 낮은 소득과 육체노동자 학생들, 특히 아프리카계 미국인과 히스패닉계 미국인의 소년과 소녀에 관해서 공학이 아닌 학교가 (남녀공학에서 단성 학급에 대조적으로) 효과적이라는 것을 증명한 연구는 매우 설득력이 있다."라고 주장했다.[94] 2006년 Caryl Rivers와 Rosalind Chait Barnett은 "소년의 위험함"에 대해 언급한 것을 다루면서 오직 지방과 도시 내부 소년들은 문제를 경험하고 그들은 단성 교육을 필요로 하지 않는 것으로 보인다고 주장하였다.[95]

단성만을 위한 교육의 효과성은 논쟁이 계속되었다. 제안자는 주의 산만이 감소하고 교수가 소녀와 소년이 행동하는 방식을 다르게 적용하며 교수 및 과정 정보에 정신적이고 육체적으로 반응한다고 주장한다. 반대로 비판은 행동에서 큰 차이가 없다는 이유로 단성 학급과 학교를 불필요한 구분으로 보고 있다. 단성 교육으로 향하는 모순의 결론이 획득된 것으로 증명되었다. 장학과 교육과정 개발 협회(Association for Supervision and Curriculum Development)가 온라인 뉴스레터의 독자에게 그들은 아이들이 단성 교육으로 이득을 얻는다고 믿는지에 대해 질문했다. 49%는 불확실하다, 35%는 그렇다, 그리고 69%는 아니라고 응답했다.[96]

그러한 주제에 대한 출판자의 시각, 게이, 레즈비언, 양성, 그리고 성전환의 성적인 기원과 역사적 공헌에 대한 이해를 바라보는 출판자의 시각은 토의를 지지하는 것에 침묵을 요구하고 있다. 학생 주변에 소용돌이치는 논쟁 또한 처음 수정에 대한 이슈와 소송이 일어났을 때 학교 캠퍼스에서 게이에 솔직한 조직에 대한 모임을 계속하고 있다.[97]

6. 건강 및 보건 교육

학생들의 요구와 사회적 요구의 집합점이 오늘날 젊은 사람들의 건강과 관련된 문제의 경험에 가장 적합한 예다. 게다가 여러 해에 걸친 건강 유지, 위생, 영양교육에 관한 학교 프로그램을 제공하는 것은 교육과정 설계자의 치밀한 관심이 필요한 여러 가지 건강 문제에 직면하고 있다. 구체적으로 학교에서는 음주와 약물의 사용과 오용, 담배, 높은 10대 임신, 후천성 면역결핍증(AIDS)와 같은 성병에 대한 대안을 찾고 있다.

이 문제들의 현 상황과 학교의 반응에 대해 간단하게 살펴보자.

약물, 음주, 담배 몇 년간 실시되는 국가 조사는 아이와 어른의 불법 약물, 음주 그리고 담배에 대해 명백히 한다. 이 연구들 가운데 몇몇은 약물교육을 위한 부모 자원기관(Parents' Resouce Institute for Drug Education: PRIDE)의 약물남용 및 정신건강청(Substance Abuse and Mental Health Services Administration: SAMHSA),[98] 미국유산재단(American Legacy Foundation), 그리고 미시간 대학의 사회조사기관에 의해 실시되었다.[99]

예전의 약물 오용에 대한 국가가구조사(National Household Survey on Drug Abuse: NHSDA)인 약물남용 및 정신건강청(SAMHSA)의 『약물 사용과 건강에 대한 국가연구(*National Survey on Drug Use and Health*: NSDUH)』는 일반적인 12세 이상의 교육받지 못한 사람을 대상으로 한 불법 약물, 술, 담배 연구의 대표적인 자료다. NHSDA는 매년 미국의 모든 주의 12세 이상 6만 7500명을 대상으로 12개월 이상 인터뷰를 실시한다. 2006년 가을, 2005년 결과에 따라 불법 약물, 음주, 담배의 사용에 대한 넓은 분포에 대해 발표했다. 불법 약물의 아홉 가지 항목을 조사하여, NSDUH는 12세 인구의 8.1%가 사용한 것으로 추정하였으며, 더 나이 많은 학생들(1970만 명)은 조사가 있기 이전 달에 여러 불법 약물을 사용하였다. 그러나 2002년과 2005년 사이에 전체적인 비율은 끊임없이 남아 있다. 가장 일반적인 목록에서 상위인 대마는 불법 약물로 사용되었다.[100] 문제가 되는 것은 불법 약물 사용에서 소녀들이 소년들을 따라잡은 것이 발견되었다는 것이고, 현재 담배와 처방된 약의 사용에서는 소녀들이 소년들을 능가하며 물질의 새로운 사용자로는 소년보다 더 빈번하다는 것이다.[101]

국가조사(The National Survey)에 따르면, 12세나 더 나이 많은 학생들 인구의 57.8%가 상습 음주자로 기록되었으며, 같은 인구대의 22.7%는 초기 음주자로 기록되었다(지난 30일 중 5번 혹은 그 이상 마셨고, 각각은 2시간 이내다). 음주에 대한 소비는 2004년부터 점차적으로 증가하였고, 21~25세 사이가 가장 높은 연령대다. 비록 음주에 대한 소비가 12세나 더 나이 많은 집단의 남성 사이에서 높더라도, 12~17세 여성 집단은 남성을 초과한다.[102] 젊은 사람에 의한 음주 문제의 한 측면으로, 2002년 통계는 자동차 사고로 사망한 15~20세 사이의 미국 인구 29%는 음주로 죽었다는 사실을 강조하고 있다.[103]

지난달 미국인에 의해 생산된 모든 담배의 사용량은 12세에서부터 더 나이 많은 학생 사이에서 2002년부터 2003년까지 감소하기 시작하였고, 2003년부터 2005년까지는 같은 수치로 유지되었으며, 담배의 현재 사용은 2002년부터 2005년까지는 다소 감소했다.[104]

1975년부터 미시간 대학의 사회조사기관은 국가청소년약물남용기관(National Institute on Adolescent Drug Abuse)의 자금을 받아 매년 고등학교 졸업반, 대학, 사회 초년생의 담배, 술, 불법 약물에 대해 조사하였다. 1991년 이 기관은 8~10학년을 상대로 자료를 모으기 시작하였다. 사회조사기관은 『미래를 모니터링하기(*Monitoring the Future*)』에 매년 특이사항을 보고하였다. 미국 전역의 400개 중등학교 8학년, 10학년, 12학년 학생 5000명에 대한 2006 조사에서 발견된 결과로, 사회조사기관은 다음과 같이 보고한다.

- 2006년 10대 사이의 불법 약물과 알코올 사용은 계속해서 감소하고 있다.
- 메스암페타민과 코카인 사용은 1990년대 이후로 점차적으로 감소하고 있다.
- 12학년 사이에서 엑스터시는 조금 증가한 것으로 기록되었다.
- 옥시콘틴 사용은 2005년부터 줄어든 것으로 보고되었다.
- 비록 1990년대 이후로 중등학교 학생들 사이에서 흡연은 감소하였으나, 2006년 자료는 8학년과 10학년 사이 학생들은 매일 흡연하는 것이 줄어들지 않고 있으며, 12학년은 조금 감소된 것을 보여 주고 있다.[105]

오늘날에는 10대가 약물, 술, 담배 사용에 대해 명확히 드러나는 부정적인 태도가 두드러진다. 부모, 언론, 정부의 약물 사용 방지에 대한 합심의 노력은 상당한 시간이 필요하다.

비록 대다수의 10대가 약물과 음주의 오용을 탐탁지 않아 하지만 상당수의 학생은 여전히 약물 사용, 술, 담배에 대한 위험성을 인지하지 못하고 있다고 미시간 대학 연구에서 발표하고 있다. 명백히 불법 약물 사용, 술의 소비, 담배의 중독에 대항하여 나아가는 것은 완전히 끝낼 수 없을 것이다.

대중은 학교에서의 약물 문제에 관하여 분명히 관심을 가지고 있고 그것이 다른 문제보다 상위를 차지하고 있다. 1998년부터 2007년까지의 매년 파이 델타 카파/갤럽 여론조사에 따르면, 대중은 그들의 사회에서 학교가 직면하고 있는 문제로 약물의 사용을 네 번째로 혹은 그보다 더 낮게 꼽았다. 절제력의 부족은 여러 해에 걸쳐 여론조사의 상위를 차지하였다. 1998년 여론조사에서 폭력 다음으로 두 번째 자리에 있었으며, 1999년 여론조사에서는 다시 첫 번째 자리로, 그리고 2000~2002년에는 다시 두 번째 자리로 내려왔으며, 2003~2006년에는 세 번째가 되었다가 2007년에 두 번째가 되었다. 경제적인 지원 부족은 1998년과 1999년 세 번째 자리를 차지하였다가 2000~2007년 사이는 첫 번째를 차지하였다.[106]

10대의 임신, 정상 출산, 낙태 불법 약물, 술, 담배의 감소에 따라 10대의 성적 활동과 10대의 임신, 출산, 낙태의 비율이 지속적으로 감소하였다.[107] 질병예방 · 관리센터(Centers for Disease Control and Prevention)의 국가건강통계센터(National Center for Health Statistics)는 15~19세까지 10대 사이에서 75만 7000명이 임신을 했다고 추산하고 있는데, 1990년에 추산한 것의 1/4보다 낮다.[108] 1990년 여성 1000명당 116.8명으로 높았던 것이 모든 인종에서 임신 비율이 떨어져서 2002년에는 76.4명이 되었다. 70만 명보다 많은 사람이 임신을 하였지만 42만 5000명이 출산을 하였고, 21만 5000명은 낙태를 하였으며, 11만 7000명은 태아를 잃게 되었다.[109] 같은 시기 출생률은 1990년 59.9%에서 2002년 43.0%로 감소하였다.[110] 의미 있게도 4명의 10대 중에서 3명은 그들의 첫 성교 시에 피임 도구를 사용한다고 보고하였다. 가장 최근 성교에서 91%의 남성과 83%의 여성이 그렇다. 비록 15~19세에 이르는 미국 여성의 출생률은 감소하는 것으로 비교되나, 출생률이 1000명당 21명인 캐나다, 10명인 독일, 8명인 프랑스와 같은 다른 선진국과 비교가 된다.[111] 이와 같은 인구 집단의 통계는 낙태로 유도되는 수가 거의 놀랍게도 50%나 떨어졌다는 것을 폭로한다.[112] 15~19세 집단의 10대 중 낙태로 유도되는 인구가 20만 명보다 많다는 것과 일반적인 여성 인구 사이에서 낙태가 100만 명을 넘긴다는 것은 관심의 대상으로 남아 있다.

10대 임신, 출생률, 낙태가 규제받게 됨에 따라서 특별히 흥미 있는 것은 10대 사이에서의 태도 변화다. 영화, TV, 인터넷을 통한 성적 자극의 범람과 같은 대중화되어 버린 이런 잘못에도 불구하고 질병 예방과 관리 센터의 국가건강통계센터는 여러 연구에서

1990년대에 성경험이 있는 10대가 감소하고 있다고 밝혔다. 동시에 콘돔과 외용 피임구의 사용량이 증가하였다.[113] 성적인 교제를 가졌다는 고등학생 수(1991년 51%, 2005년 47%)가 줄었을 뿐 아니라, 1991년의 46%와는 대조적으로 2005년에는 마지막 성교에서 콘돔을 사용했다는 것이 63%로 보고되었다.[114] 명백하게 이 결과들의 우연한 조합이 학생들의 태도의 전환을 이끌었다.

성교는 쉬쉬할 대상이 아니다. 금욕이라 불리는 프로그램, AIDS의 공포 그리고 다른 성병, 성교육 정보 제공과 콘돔, 방과 후 프로그램의 제공, 자녀와의 성에 대한 대화 시간 증대의 의지와 학교에서의 성교육, 그리고 교사, 교회, 사회 단체, 정부 및 재단의 1960년대에서 1980년대에 걸친 성 혁명이라 불리는 성에 대해 관대한 태도를 바꾸는 노력이 필요하다.

성병 줄이려 하지만 계속해서 증가하는 성병(sexually transmitted diseases: STDs)에 대한 문제는 건강보건복지부뿐만 아니라 교육과정 설계자에게도 다른 무엇보다 중요한 문제다. 신고해야 하는 병의 수치를 살펴보면 그 문제가 얼마나 심각한지 알 수 있다. 알레르기와 감염성 질병 국가기관(National Institute of Allergy and Infectious Diseases)의 기록에 따르면, 1999년 미국에는 20종이 넘는 성병(STDs)이 존재한다.[115] H. Weinstock, S. Berman과 W. Cates는 매년 1900만 명의 미국인이 성병에 새롭게 감염되며, 그중에서 절반이 15~24세라고 한다.[116] 예를 들어, 성기 포진에 감염된 미국인은 매년 450만 명당 1만 명이라고 한다.[117]

비록 AIDS로 인한 사망률이 1990년대 이후로 급격히 줄고 있지만, 후천성 면역결핍증(AIDS) 전염은 여전히 보건복지부, 교육자, 대중의 걱정이다. 역사적으로 HIV/AIDS의 전염성은 놀라웠다. 2006년 미국의 지구적인 에이즈 유행병의 요약보고서는(Global Summary of the AIDS Epidemic)은 전 세계적으로 3950만 명이 HIV로 살고 있으며, 430만 명은 새롭게 감염이 되고, 290만 명은 AIDS로 죽는다고 했다. 사망한 사람의 36만 명은 15세 이하 아동이었다.[118] 첫 번째 재앙은 1981년 미국에서 발생하였다. HIV 발생이 급격히 증가하여 1980년대 매년 15만 명의 감염자가 한 해에 발생하였다. 그리고 2000년대 약 4만 명이 매년 감소하였다.[119] 2006년 미국에서 HIV/AIDS를 갖고 살아가는 사람들은 100만 명 이상이며, 같은 시기 동안에 4만 명이 HIV에 새로 감염이 되었다고 예측되었다. 그 재앙 이후 전 세계적으로 220만 명이 HIV/AIDS로 죽었고, 그중 50만 명은 미국인이었다.[120]

학교, 교회, 사회 단체, 부모는 모두 10대의 임신, 출산, 낙태, 성병을 방지해야 할 의무가 있다. 성교육은 아동뿐 아니라 사회 전체의 행복을 위한 문제에 대한 대응이 된다.

성교육 그리고 학교 치료 건강과 관련된 문제는 교육과정 설계자에게 고전적인 질문을 제기한다. 학교는 사회 문제에 대해 어느 정도로 반응해야 하는가? 학교는 이러한 큰 문제에 대해 무엇을 할 수 있는가? 만약 교육자가 학교가 몇몇의 반응을 할 수 있다고 한다면 그 반응은 어떻게 이루어져야 할 것인가?

대중은 학교의 술, 약물(처방된 것과 처방되지 않은 것 모두), 담배의 사용에 대한 반응에 대해 일반적으로 동의하는 것으로 보인다. 주 입법부는 대중의 의견을 반영하며 몇몇 의견에 대해 이러한 물질에 대한 사용과 남용에 대한 권한을 위임받았다. 학교의 합심한 대응에도 불구하고 어린 나이의 지속적인 술, 약물, 담배로 걱정스럽게 만든다.

그러나 성생활 또는 성교육에서 부모와 다른 분야의 시민은 동의하지 않는다. 학교에서의 강한 성교육에 대한 지지에서 몇 가지 소재에 대한 금지까지 그에 대한 태도는 다양하였다. 이러한 태도는 다양한 종교 그리고 인종에 따라 학교에서 취하는 성 문제에 대해 다르게 반응해야 할 것이다. 일부 전문가는 성교육은 개인적인 의견의 영향을 받으므로 학교의 프로그램은 학술적으로만 교육되고 나머지 도덕적인 교육은 가정과 교육에서 이루어져야 한다고 생각한다.

여러 해 동안 초등학교에서부터 고등학교에 이르기까지 성교육을 강제적으로 실시하고 주제의 다양한 면에 대하여 숨김없이 표현한 스웨덴과 달리, 미국 학교들은 그들의 접근법에서 광범위하게 달랐다.[121)] 비록 모든 주는 성교육에 대해 어떤 형태를 갖고 있더라도 그들의 프로그램은 '금욕뿐'에서부터 '금욕은 기본'에 이르기까지의 범위를 가지며, 폭넓은 성교육 교육과정 교수는 금욕뿐 아니라 해부, 출생 조정, 자위, 콘돔의 사용, 위험 행동과 동성애적 행위를 포함한 인간에게 가장 논쟁이 되는 성 행동의 측면을 포함한다. 반면 단지 미국인의 7%만이 학교, 어떤 곳, 종종 종교적인 곳에서의 성교육을 반대하는 것으로 밝혀졌으며, 전체적인 곳에서 성교육이 되어야 한다고 했다.[122)] 1998년 Kaiser 가족 재단과 ABC 텔레비전 투표는 단지 성인의 17%만이 금욕을 최우선적으로 가르치는 것을 선호하는 것으로 나타났다.[123)] 그럼에도 연방정부는 역사적으로 금욕 프로그램에만 기금을 투자했다.[124)] 금욕으로의 접근에 대한 태도 변화는 2007년 여러 주가 미국 보건복지부(U.S. Department of Health and Human Services)의 주 금욕교육보조금(State Abstinence Education Grant)을 선택했다는 사실만으로도 발견이 된다.

금욕교육은 비효율적인 것으로 간주되어 2007년 6월 말 미국 하원의 임기가 만기되는 주에 제5조 금욕교육 프로그램(Title V Abstinence Education Program) 허가를 위한 기금을 승인했다.

1986년 AIDS 위기에 대한 두 미국 의사의 반응에 대한 경험으로 보아 성교육은 민감한 문제일 수 있다는 것을 알 수 있었다. 전 미국 의사인 C. Everett Koop 장관은 3학년부터 성교육을 실시하여야 한다고 성교육에 대해 강하게 지지하였다. Koop는 성교육, AIDS 교육, 콘돔 사용법, 낙태에 대한 현 위치에 대해 신랄하게 비판하였다. Koop 장관 퇴직 8년 후인 1989년 7월에 성 문제에 대한 태도는 Joycelyn Elders 장관에게 위임되었다. 1992년 Clinton 대통령에 의해 임명된 아칸소의 소아과 의사인 그녀는 콘돔의 기여, 낙태, 자위와 같은 성적 요소에 대해 대중에게 한 연설 때문에 2년 후인 1994년 12월 사직하게 되었다. 세계 AIDS의 날에 그녀가 자위도 하나의 인간의 성 본능이므로 교육 주제가 될 수 있다고 인터뷰에 응한 후 미국 전통가치 수호연대(American Coalition for Traditional Values)와 같은 집단과 개인들이 그녀의 사직을 요구하였다.

성교육에 대한 비판은 어린 학생들의 성교육이 무차별적이고 전통적인 가정의 가치에 위험을 초래한다고 믿고 있다. 또한 참된 교육자의 부족에 대해서도 걱정하고 있다. 반대자들은 현재 교육과정이 도덕적인 성교육보다 신체적인 양상에 중점을 두는 것은 아닌가 걱정하고 있다. 그들은 성교육이 10대 임신과 성병 전염 문제에 대한 해결책을 제시하지 못하고 있다고 주장한다. 또한 그들은 성교육 교육과정 대신 금욕을 홍보하자고 주장한다.

성교육의 논란 중 하나는 사람들이 여러 가지 방향으로 해석하는 데 있다. 몹시 고전적인 것에서 가장 자유스러운 것까지 다루어진 성교육의 범위를 반영해 보면 혼전 순결, 순결 이해 프로그램을 선택한 사람이 있었다. '결혼교육'이라는 새로운 지시문이 다른 특성화된 교육으로 분리되기 위해 교육학 용어로 만들어졌다. 금욕을 지지하는 사람은 금욕 외 어떤 성적 주제도 허락하지 않았다. 그들은 소위 '안전한 성' 접근만을 추구하였다. 금욕뿐(abstinence-only) 칼럼을 포함한 조직에는 최선의 선택(Choosing the Best), 가족연구위원회(Family Research Council), 미국 가치수호기관(Institute for American Values), 성건강의료기관(Medical Institute for Sexual Health)이 있다.

금욕은 기본(abstinence-plus) 접근에 포함된다는 것은 안전한 성관계를 조장하고 위험한 행동을 줄이는 요소에 대한 연구를 금욕과 합한 것이다. 금욕은 기본의 포괄적 프로그램의 지지자로는 미국건강연합(American Alliance for Heath), 체육교육(Physical

Education), 레크리에이션과 춤(Recreation and Dance), 미국공중건강연합(American Public Health Association), 국가성교육지지연합(National Coalition to Support Sexuality Education), 전미 성정보와 교육위원회(Sexuality Information and Education Coucil of the United States)가 있다.

일부 비평가는 성과 관련된 교육은 부모의 책임이 되어야 한다고 논쟁하지만, 반복된 여론조사는 성적 정보와 미국 아동과 젊은 성인의 가치 모두에 기여하는 학교에 대한 대중 시선에서 상당한 대다수를 확증한다.

교육과정 설계자는 성교육에서 어떤 관점을 취하든 논란에 휘말리기 쉽다. 만약 그들이 성교육을 포함한다면, 어떤 지역사회에서는 교육과정에 포함하는 것에 분명 반대할 것이다. 만약 당신이 성교육을 모르는 체한다면, 비평가는 이 학교가 자신의 책임을 무시하고 학습자 또는 사회의 요구를 충족하지 않고 있다고 평가할 것이다. 만약 그들이 성교육에서 순수 생물적 접근을 취하거나 성적인 내용을 가치 판단적이지 않은 맥락으로 가르치려 한다면 비평가는 나타날 것이다. 왜냐하면 학교는 그 과목의 도덕적 관점을 생략하였기 때문이다. 많은 사람은 도덕적 범주가 생물적 범주보다 더 중요하다고 주장한다. 만약 당신이 도덕적 교육을 소개한다면, 즉 가치가 있는 그것의 교육이 이루어질 것인가? 예를 들어, 학교는 인공적인 사후 피임 도구를 비난하고 용납하거나 무시할 것인가?

학교는 동성애 행동을 그들의 교육과정에 포함할 것인가와 반대로 동성애의 주제를 생략하거나 적게 취급할 것인가에 대한 도전을 받고 있다. 일부 학교는 교사가 학생들에 의해서 제기되나 그 주제를 소개하거나 가르치는 것은 허용되지 않고 상이한 주제에 대한 토의를 허락함으로써 중간 단계를 발견하도록 노력하고 있다.

학교기반 보건병원 학교 서비스에 관한 논란을 일으킨 사례는 10대의 임신, 출산, 낙태, 성병 문제에 대처하기 위해 고안된 수단으로 학교기반 보건병원 및 콘돔의 배포가 있었을 당시에 나타났다. 학교 기반의 주요 보건소를 "부대 서비스를 완비한 건물 중 하나"라고 바라보면서, Joy G. Dryfoos는 부대 서비스를 갖춘 학교를 "아동과 청소년의 요구를 충족하는 데 도움이 되는 교육적, 의학적, 사회적 그리고/또는 인간적인 서비스를 통합한 학교"라고 정의하였다.[125] Dryfoos는 부대 서비스 기반 학교를 학교와 지역사회의 협업을 통해 양질의 교육과 서비스를 제공하는 "중간에 끊임이 없이 아주 매끄러운 기관"으로 파악하였다.[126] 학교기반 병원 또는 보건소는 부대 서비스를 갖춘 학교 중에서도 궁극적인 모습이다. 1983년 Dryfoos는 10개의 학교기반 병원만을 언급하였지만,[127] 2006년에는 대략 200만 명의 아동에 대한 서비스를 하는 44개 주의 1700개 이상의 학교기반 보건병원이 있다고 단언하였다.[128] 2006년 미국 상원의 제안은 연방 기금이 학교기반 보건병원에 제공되어야 한다고 노력했다.[129] 하지만 이 모든 병원이 콘돔을 제공했거나 학생들에게 성 문제에 대한 조언을 제공했던 것은 아니다.

시간제 또는 전일제 외과의사와 여타 보건부서의 사람들은 신체검사를 비롯하여 우리에게 자주 필요한 정보, 보건 문제 및 가족 계획에 관한 상담을 제공하였다. 병원은 초등학교, 중학교, 상급학교 수준에서 설립되었다. 학교와 지역사회 간 특정적인 갈등은 바로 피임약을 제공하거나 처방하고 중학생과 고등학생에게 지속적인 상담을 제공하기 때문이다. 일부 종교적, 정치적, 윤리적 집단은 강하게 이러한 피임 서비스를 거부하였다. 예를 들어, 국가가톨릭신부회의(National Conference of Catholic Bishops)는 공립학교에 피임약을 배포하는 것과 낙태에 대해 끊임없이 저항하였다.

미국과 캐나다의 학교 시스템은 학교 간호실을 통해 피임 도구와 각종 상담을 제공하였다. 1999년 겨울 프랑스 정부는 학교 간호사가 10대 여자 청소년에게 사후 피임약을 배포할 수 있도록 하는 건의안을 승인하였다. 1990년 겨울 볼티모어는 중학교 및 고등학교에 피임약과 콘돔을 모두 배포한 미국 내 첫 번째 도시가 되었다. 1991년 봄, 뉴욕시의 교육 의회는 종교적 집단의 반대에도 불구하고 1991년 가을부터 뉴욕 시내 소속 고등학교에 콘돔을 배포한다는 계획을 승인하였다. 필라델피아 교육 의회도 또한 1991년 여름 유사한 조치를 취하였다. 청소년에게 콘돔 사용을 허용한 도시는 시카고, 로스앤젤레스, 마이애미, 워싱턴이다. 뉴욕 대법원은 학생들이 콘돔을 받을 때 부모의 허락을 받을 필요가 없다는 결정으로 다른 지역에 대한 선례가 되었을지 모른다.[130] 그 소송이 중단되지 않는 것은 2005년 가을 법정 판정으로 몽고메리 지역의 정지를 유발한, 메릴랜드의 성교육 프로그램으로 증명되었다.

콘돔 배부에 관한 자연스러운 논란에도 불구하고 1993년에 25회 파이 델타 카파 갤럽 여론조사가 대중을 상대로 한 설문조사에서는 41%가 학생들이 원한다면 콘돔을 배부하는 의견을 지지했으며, 19%는 부모의 동의하에 배부하는 것에 찬성했다.[131] 콘돔을 사용하려는 고등학교 소년들을 대상으로 한 후속 연구에서는 성 활동의 증가가 없는 것으로 나타났다.[132]

교육자와 일반 대중은 일반적으로 학교가 어린 학생에게 자신과 국가의 건강을 보전하고 발전시키기 위한 필수적인 지식과 교양을 함양할 의무가 있다고 주장했다. 그러므로 학생들과 사회 그리고 시대에 부합한 교육과정의 채택 원칙의 예로 학교에서는 체육,

과학, 사회 교육과정에 핵심적인 보건과 사회 문제를 통합하여 수행해 왔다.

교육과정 설계자는 미국인의 건강과 복지의 보전이 가장 기본적인 생존 기술이라고 확고한 주장을 할 수 있다. 급박하게도 그것은 생각하는 사고, 읽기, 쓰기, 수학적인 것을 능가한다. 이러한 시도에도 불구하고 성교육은 오늘날 교육과정의 핵심 교과목이다. 성교육에 관한 부모의 불만을 다루는 방법 중의 하나는 학생들에게 성 교과목에 관한 과정이나 과목을 선택할 수 있게 하는 것이다. 학교는 영화, 텔레비전, 음악을 통해 널리 알려진 성적 이미지에 대한 성교육에 대하여 계속되는 투쟁에 직면해 있다. 그들의 문화적 이유로 서유럽 국가는 10대 섹스, 피임의 분배, 성교육에 대해 더욱 수용적임을 증명한다.

Deborah P. Britzman은 성교육에 관해 사려 깊은 질문을 하나 제기했다. 우리는 성교육이 간단하고 "만약 교육과정의 설계 방향이 어려운 지식을 떠나서 호기심을 유발하지 않는다면, 성교육에 대하여 아무것도 하지 않아도 되기 때문에 편할 것이다. 결국 성교육은 '무지에 대한 우리의 욕망'을 입증하는 것 아닐까?"[133)]

우리가 성교육의 논쟁적인 이슈를 수준 높게 탐구하는 동안, 우리는 건강과 체육 교육에 대한 다른 이슈를 무시해서는 안 된다. 비만이라는 현대의 병폐와 투쟁하기 위해 학교는 학교식당에서 제공되는 음식과 음료에 더 집중을 해야 하며, 교실에 적합한 것을 제공하고, 자동판매기를 사용 가능하게 해야 한다. Robert Wood Johnson 재단부터 더 건강한 세대를 위한 연합(Alliance for a Healthier Generation)까지의 인정하에, 미국심장협회(American Heart Association)와 William J. Clinton 재단의 공동 노력으로 2006년 제공된 기금으로 12개 주의 300개 학교는 영양, 체육 활동, 그리고 건강한 삶의 방식을 향상하였다.[134)]

역시 관심사는 학교에서 체육 활동의 감소 혹은 부재인데, 초등학교에서 유서 깊은 휴식의 활동이 제한되거나 완전히 소멸된 것을 의미하는 것이다. 학생의 학교 활동을 향상하기 위해 현재 노력을 위해 주어지는 활동과 휴식을 위한 시간뿐 아니라 꼬리표 놀이 같은 어린 시절 전통적 게임은 버림받았다. 그러므로 비록 공립학교 정서가 신체와 정신이 잘 갖추어진 학생을 보호하고 향상하기 위해 건강교육으로 통합되는 것을 지지하더라도, 교육과정의 이러한 영역에서의 논쟁은 완전히 떨쳐 버릴 수 없는 것처럼 보인다.

7. 다문화주의/다양성

교육에서 더욱 대립되는 이슈로서, 종교보다 상위 순위를 차지하는 것은 다문화주의 혹은 다양성으로서 가장 일반적으로 언급되는 이슈다. 2006 미국 인구조사 자료는 이전에 나타난 소수 인구의 급속한 성장에 대해서 인용하였다. 3억 명의 미국 인구에서 1/3 (1억 70만 명) 이상은 소수 인구다. 가장 큰 소수 집단은 히스패닉인데, 가장 빠르게 성장하고 있는 소수민족으로 이미 4400만 명 이상(전체 총인구의 15%)으로 알려졌다. 흑인은 그다음 가장 큰 인종 집단으로 4020만 명(전체의 13%)이며, 동양인은 두 번째로 성장이 빠른 소수 집단으로 1490만 명(약 5%)이다.

인종/민족 통합 1896년 Plessy 대 Ferguson 판결[135]을 통해 허용되었던 분리평등 정책(separate but equal)의 관행을 미 대법원이 무효화하고 인종 분리를 위헌이라고 결정한 Brown 대 캔자스 주 토피카 교육위원회 소송의 결정이 나온 이후[136] 학교 내에서 인종차별의 흔적을 없애는 노력이 지속되어 오고 있다. 백인 문화와 중산층 문화에 편향된 교육과정에서부터 수업방법 및 시험 그리고 버싱(busing: 흑백의 균형을 맞추기 위해 흑인 학생을 다른 학구의 백인 학교로 버스 통학시키는 정책-역자 주), 교직원의 인종차별 철폐, 인성지도 방법과 같은 교육행정상의 관행이 (문제) 연구 과제에 포함되었다.

사회학자 James S. Coleman은 민족 집단 간의 교육 기회의 불평등 정도와 요인을 확인하기 위하여 4000개 초·중등학교와 6만 명의 교사 및 60만 명의 학생을 대상으로 설문조사를 했다.[137] 1964년 인권법(Civil Rights Act)에 의해 공인되었고 1966년 발간된 Coleman 보고서는 학교의 인종분리 철폐정책을 뒷받침했다. Coleman의 결론에 따르면 학생들의 성취도는 첫째, 학생들의 사회환경(가족, 또래 집단), 둘째, 교사, 셋째, 학생 1명당 교육비와 같은 물적 자원에 영향을 받는다. 통합된 학교의 운영을 관찰한 12년 후, Coleman은 인종 통합 자체가 반드시 흑인 학생의 성취도를 향상하는 것은 아니라는 결론을 내렸다. 그는 줄곧 통합에 헌신적이었지만 흑인 학생이 통합된 학교에 다닐지 여부를 부모가 선택해야 한다고 주장했다.

흑인 부모 모두가 공립학교에 다니는 자녀가 이루는 발전에 만족하지 않는다는 사실은 1986년에 다시 한 번 캔자스 주 토피카 교육위원회를 상대로 Linda Brown Smith (1954년 Brown 대 교육위원회 판결의)를 포함한 여덟 가족이 제기한 소송이 증명한다. 토피카 교육계가 학교의 인종분리 철폐를 위한 충분한 조치를 취하지 않았다는 이 흑인 가족의 주장은 쟁점이 되었다. 1987년 봄, 미 지방법원의 Richard D. Rogers 판사는 원고들의 주장을 기각했다. 이 결정은 1989년 12월 제10회 연방순회 항소법원의 3인 재판에 의해 번복되었으며, 이는 실질적으로 토피카 교육계에 인종분리 정책이 여전히 존재하고 있다고 판단한 것이다.

노스캐롤라이나의 Swann 대 샬럿-메클렌버그 교육위원회 소송에서 가능하면 신중한 속도로(with all deliberate speed) 인종분리 철폐를 요구하는 미 대법원의 결정이 나온 후, 주로 흑인 학생을 백인 학교에 통학시키는 버싱은 법원이 빈번하게 명령하는 해법이었다.[138] 그러나 현재의 추세는 학교들을 통합하려는 목적으로 법원이 명령하는 버싱과 분명히 거리가 있다. 인종분리를 철폐하기 위한 버싱 정책은 시애틀부터 보스턴에 이르기까지 전국적으로 사라졌거나 사라져가고 있다. 1974년 미 지방법원이 명령한 이 인종분리 철폐정책(버싱)을 반대하는 성난 시위의 중심이 된 샬럿-메클렌버그 교육위원회의 사례는 큰 의미가 있다. 인종 간의 균형을 이루기 위해 법원이 버싱을 명령한 지 30년이 지난 후 2001년, 제4 연방순회 항소법원은 샬럿-메클렌버그 교육계가 버싱을 중단할 것을 명령했다. 그 이듬해 미 연방대법원은 이 순회 항소법원의 상고를 거부했다. 이는 이 순회 항소법원의 결정을 실질적으로 허용하는 것이다.

아칸소 주 리틀록(인종차별 폐지 계획)에 대한 판결로, 미국 동부 아칸소 지방법원의 연방판사는 2007년 2월 아칸소 주 리틀록의 연방장학—1957년 Dwight Eisenhower 대통령의 명령으로 9명의 흑인 학생이 병력의 호위를 받아 센트럴 고등학교에 간 상황—을 금지하였다.

2000-2001년 전국적인 데이터를 검토한 하버드의 시민권리 프로젝트(Civil Rights Project) 소속 연구원들은 법원이 인종분리 철폐정책을 종결하면서 학교는 분리 쪽으로 점차 회귀하고 있다는 결론을 내렸다. 이 프로젝트가 밝혀낸 사실은 공립학교의 약 40%가 소수민족이었지만 백인 학생들은 대단히 차별적이었다는 것이다. 라틴계가 가장 분리된 소수민족이었고, 아시아계는 가장 통합적인 소수민족이었다.[139]

학교를 인종적으로 통합하려는 노력에도 불구하고, 차별은 특히 백인이 그들의 자녀를 수준이 높은 공립, 차터, 사립 혹은 교구 학교에 보내려고 하는 외곽 지역에서 계속되고 있다. 국가의 수치(The Shame of the Nation)라는 부제를 붙이며 Jonathan Kozol은 도시 내부의 미국 학교에서 아파르트헤이트의 부활(The Restoration of Apartheid Schooling in America)로서 인종차별과 재인종차별을 언급한다.[140] 인종 통합보다는 사회경제적인 것을 통해서 성취의 차이가 있는 것으로 나타났다. 인종 집단 사이에서 성취의 차이가 적은 것은 학교의 노력을 통해서일 것이다.[141] 2007년 6월 미국 최고 법원의 결정으로 인종 기준보다는 사회관계 측정 사용이 일반적으로 통용되었으며, 학교에서 다양성을 존중하기 위해 학생에게 인종에 대해 학습하기 위해 인종차별 폐지를 위한 법원 명령 아래에 학구가 인종 차별을 하지 않도록 막았다.

9장에서 다룬 마그넷 학교는 도시 지역의 다문화 학생 조직체의 문제에 대한 부분적인 해결책을 제시했다. 그러나 마그넷 학교의 칭찬할 만한 개념 자체가 지역사회를 분열한다는 공격을 받고 있다. 인종 간의 갈등을 줄이고 인종 문제의 발생을 예방하기 위해서 교육계에서 인종 집단 간의 긴장과 갈등 발생에 대한 많은 해결책을 권고하는 것이 그 임무인 다인종 위원회를 설립했다. 다인종 위원회와 전체 교직원은 부정적인 인식과 긴장을 해소하기 위해서 '숨겨진 교육과정(hidden curriculum)'을 포함하는 학교의 모든 면을 분석해야 한다고 판단한다. 학교 풍토, 개인과 집단 간의 사회관계, 학생과 교직원이 가지고 있는 가치관과 인식, 학생 행동에 대한 압력, 무언의 기대감, 불문율적인 행동 강령 등이다.

교육과정의 새로운 대응 인종분리 철폐 노력의 중심이 학생들의 물리적인 이동에서 학교 내의 인종 간 균형을 확보하는 것과 교육과정의 재구성 쪽으로 변화하고 있다. 식민지 열강이 아프리카 대륙으로 세력을 확장하기 전에 초기 아프리카 문명의 공헌을 부각하는 아프리카 중심 교육과정의 제도화에 대한 요구가 커지고 있다. 아프리카 중심의 교육 프로그램 주창자는 학교가 유럽의 업적과 문화를 지나치게 강조하고 있다고 느낀다. 그들은 아프리카 대륙이 인류가 탄생한 곳임을 지적하고 미술, 수학, 과학 분야에서 아프리카의 공헌을 언급하면서 학교 교육과정이 아프리카 문명의 공헌을 무시하거나 축소하고 있다는 입장을 취한다. 아프리카 중심 교육과정의 표면적인 목적은 그들 민족의 기원에 대한 흑인 학생의 자긍심을 높이는 것이다.

일부 사람이 포용을 위한 교육과정이라고 칭하는 타 문화 중심 교육과정인 이중언어 교육은 다문화주의와 대응되는 문화접변의 용광로에 대한 논쟁의 핵심에 해당하는 문제다. 과연 교육과정이 모든 문화를 동일하게 반영하고, 각각의 정체성을 유지하면서 모자이크 혹은 혹자들이 말하는 과일 샐러드를 만들어야 하는가, 아니면 학교가 하나의 공통된 국가적 미국 문화의 가치관을 천명하는 시민을 육성해야 하는가? 예를 들어, 오리건주 포틀랜드 교육계는 아프리카 문명에 기인하는 공헌을 제시하는 『아프리카계 미국인 저점 에세이(*African-American Baseline Essays*)』를 통해서 다문화주의를 추진했다.[142]

흑인 교육자와 백인 교육자는 아프리카 중심적 교육과정에 대한 논쟁의 찬반 양쪽으로 나뉘어 있다.

흑인 학생의 요구를 다루고 흑인이 아닌 학생들의 흑인 문화와 역사 이해를 돕는 현재의 계획에는 모든 고등학교 학생에게 아프리카계 미국인의 역사를 요구하는 필라델피아 교육과정이 있다. 교육과정과 학교 조직에 대한 광범위하고 철저한 점검에는 그 학구를 인종에 따라 흑인, 히스패닉, 백인으로 분리하는 오마하의 계획이 있다. 그러나 일부 아프리카 중심 교육과정이 제시하는 내용의 역사적 해석에 관한 의문이 제기되고 있다. 그뿐 아니라 일부 교육자는 아프리카 중심 교육과정이 앞으로 어느 정도로 교육과정을 산산조각 낼지 우려한다. 앞으로 공립학교에서 대표성을 가지고 있는 모든 문화를 반영하기 위해서 라틴 중심, 아시아 중심, 이슬람 중심, 그리고 다른 많은 민족 중심의 교육과정을 만들어야 하지는 않을까?

문화적 다양성 교육 분야의 많은 개념과 마찬가지로 다문화주의는 학생의 학습으로부터 함께 작업하고 서로 다른 문화를 이해하는 다양한 방법으로 해석될 수 있으며, Kenneth T. Henson은 그것을 다음과 같이 정의한다.

> 다문화주의는 배경, 잠재력, 도전에서 다양함을 가진 많은 학생들이 학급 학생 모두와 함께 일하는 것을 배우고, 독특함을 이해하는 것을 배우도록 학급 문화를 확립하고 유지하는 것으로 인용된다.[143)]

Christine E. Sleeter의 책 『사회운동으로서 다문화 교육(*Multicultural Education as Social Activism*)』[144)] 혹은 다문화 교육의 목표로 나타낸 James A. Banks의 표현대로 다양한 인종, 민족, 사회계급 집단이 교육적인 평등을 경험하도록 학교, 동료, 대학을 변화시키는 것이다.[145)]

다문화주의, 즉 문화적 다양성의 핵심은 다양한 하부문화를 용광로 속에서 융합하는 한 문화의 지배냐, 아니면 하나의 종합적인 틀 속에 별개의 독특한 하부문화를 유지하느냐 하는 것이다. 용광로 개념을 옹호하는 사람은 초기 이민자 집단(아일란드계, 이탈리아계, 폴란드계, 독일계, 스칸디나비아계, 아시아계, 기타)의 미국 문화 속으로의 궁극적인 동화를 지적한다. Lilian과 Oscar Handlin은 1960년대 위대한 사회(Great Society)의 사회개혁이 결과 평등의 기회 평등으로의 대체, 전통적인 가족과 사회관의 붕괴, 미국적 동질성의 많은 하부 집단으로의 분화, 자기 행동에 대한 책임의 거부와 자신을 희생자로 인식, 성공을 개인적인 성취가 아닌 집단 소속의 관점에서 인지 및 미국 역사의 재해석과 같은 결과를 낳은 것으로 평가했다.[146] Lilian과 Oscar Handlin은 다문화주의에 관해서 다음과 같이 말했다.

> 전통적인 중산층 미국인 교육의 핵심을 해체하고 사회적 변방의 관습을 옹호하는 다문화주의자는 학교가 학생들의 미래를 위해서 줄 수 있는 몇 안 되는 유용한 도구를 효과적으로 탈취했다.[147]

용광로에 대한 개념을 덜 수용하는 것은 히스패닉과 흑인이다. 용광로 개념에 대한 도전의 전형으로 Hugh B. Price의 발언이 있다.

> 문제는 용광로가 오직 변방에서만 그리고 삶의 일부 관점에서만 작동된다는 것이다. 사회적으로는 작동되지 않고, 교육 분야에서는 성공했지만 노동 시장에서는 용광로를 감금하고 있다. 용광로에 소수민족과 여성들을 조금, 조금만 포함하기까지 수십 년에 걸친 정치적, 사법적, 입법적 압력이 요구되었다.[148]

Jeannie Oakes는 용광로를 앵글로색슨 백인계 관습에 순응시킨다는 관점에서 이민자의 미국화라는 "거의 완전한 한 방향" 으로 보았다.[149]

문화적 다양성 주창자들은 다문화 교육이 단순히 영어와 사회 과목만이 아니라 다양한 문화를 공부하기 위해 더 보편적인 과목의 교육과정에 적용해야 한다고 생각한다. 대부분의 교육학자는 공립학교가 다양한 민족 집단의 공헌을 가르치는 역할을 제대로 하지 못했다는 사실을 인정한다. 교육학자는 일반적으로 모든 인종과 모든 사상, 민족 집단 및 모든 민족 기원의 남녀가 인류에 기여한 공헌에 관한 정보의 포용을 지지하고 인정한다. 우리의 교육과정이 지나치게 유럽 중심적이라는 생각에 대한 대응으로 마이애미-데이드 교육계는 2002년에 아프리카계 미국인 가치관 교육과정을 마련했으며, 매사추세츠 주는 역사 교육과정에서 비유럽계 문명의 학습을 의무화했다. 그러나 일부 교육학자는 단순히 소수민족 중심의 다문화적 내용을 더하는 것만으로는 이와 같은 목적을 충분히 달성할 수 없다고 말한다. 왜냐하면 그것은 전통적인 백인, 남성, 앵글로, 중산층 중심의 교육과정의 구조 위에 그 내용을 단순히 덧붙이는 것에 지나지 않기 때문이다.

학교에서 가르치는 내용의 선정에 대해서 Deborah P. Britzman은 다음과 같은 결론을 내렸다.

> "신성하고 위대한" 것으로 인식되는 지식체계인 인문교양 선정도서는 다른 모든 세계관을 배제하는 정도까지 백인 남성 작가의 세계관을 미화하고 있다. 유럽과 북미 백인 작가들을 보편적 경험의 충실한 전달자로 제시하는 것은 인문교양 도서의 선정상의 편견을 통해 지키고 공고히 하려는 그들의 문화적 특수성, 사회역사적 상황과 정치적 이해관계를 불분명하게 만드는 것이다.[150)]

고전 작가(비판론자의 눈에는 '죽은 작가')를 선호하는 전통주의자와 문화적 다양성과 현대사회의 변화를 반영하는 현대 작가를 선호하는 포스트모더니스트가 대학 차원의 영문학 강좌의 내용을 놓고 접전을 벌이고 있다. 초기 작가로 Geneva Gay는 교육 평등을 달성하는 수단으로서 교육과정 인종차별 폐지(curriculum desegregation)를 홍보한다.[151)] Gay는 문화적으로 다양한 인종을 위해 교육과정을 구성하는 노력을 첫 번째와 두 번째로, 그리고 세대의 교육과정 인종차별 폐지는 세 번째로 분류하였다. Gay의 분류에 따르면, 제1세대는 소수민족 인물의 업적 학습, 소수민족과 여성에 대한 편견과 고정관념을 해소하기 위한 교과서의 개정, 그리고 보상교육, 헤드스타트(Head Start), 상향식 바운드(Upward Bound) 및 문화적 풍요(cultural enrichment)와 같은 프로그램을 도입했다. 제2세대는 이중언어 교육, 다문화 교육, 장애인을 위한 법조문, 성차별을 해소하는 노력을 통합했다. Gay는 제1세대와 제2세대 교육과정의 인종차별 폐지 노력 모두 교육과정의 기본 구조를 바꾸지는 못했다는 사실을 지적했다. Gay의 주장에 따르면, 제3세대와 현재의 교육과정의 인종차별 폐지 노력은 반드시 "다원적 이념이 동화 지향성을 대체"하고 궁극적으로 미국 사회를 보다 더 진실한 평등사회로 만들겠다는 목표를 향해 나아가야 한다는 한 가지 원칙에 충실해야 한다.[152)] Gay는 학교사회에 어려운 과제를 제시했다.

> 총체적 교육 개혁에 이르지 못하는 어떤 정책도 아마 효과가 없을 것이다…. 기존의 교육과정의 구조로는, 그리고 무엇이 값진 교육적 결과인가에 대한 현재의 전제를 가지고는 다양한 학습자의 교육적 평등을 이룰 수 없다. 문제의 핵심은 현재의

> 구조와 전제가 민족 중심적, 차별적이라는 것이다. 교육과정의 기초는 반드시 문화적으로 다원화되어야 한다…. 다양한 문화와 집단에 대한 교육 내용은 반드시 모두가 동등한 가치를 지니고 있는 것으로 제시되어야 한다…. 예상되는 결과는 의도적으로 가르쳐야 한다. 다문화주의의 실상에 관한 지식, 인간의 다양성을 촉진하는 가치관, 탄압에 저항해서 보다 더 평등한 사회와 세계를 창조하기 위한 사회운동의 기술은 모두 교육과정의 인종차별 폐지 노력에 넣어야 한다.
>
> 다문화주의는 교육과정의 인종차별 폐지를 위한 후속 작업의 추진 동력이 되어야 한다. 이것은 복원과 변화를 위한 원칙이다. 이 원칙의 적용은 모든 학생을 위해 기획하고 실행하는 모든 교육 프로그램의 근본적인 가치 전제, 실질적인 내용, 운영 전략과 평가 절차의 변화를 요구한다.[153]

1990년에 처음 나온 무지개 아동(Children of the Rainbow) 교육과정 지도안 초안과 관련한 뉴욕 시의 경험이 증명하는 바와 같이, 다문화 교육과정의 시행이 반드시 쉽게 이루어지는 것은 아니다. 반대론자는 다문화 교육과정이 학부모의 권리와 상충되며, 용납할 수 없는 생활양식을 부각하고, 사회문제를 부적절하게 다루고 있으며, 기본 지식에서 벗어난다고 비난했다.[154] 1990년대 말에 아주 상이한 맥락에서 캘리포니아 주, 오클랜드 교육위원회는 에보닉스(Ebonics)로 알려진 흑인 영어를 제2언어 과목으로 공표하는 결정을 함으로써 학부모의 분노를 야기했다. 이것은 저명한 흑인, 백인 양측으로부터 흑인 학생들의 표준영어 학습을 방해하는 것으로 광범위하게 비난받은 조치였다. 언어학자들은 흑인 영어는 외국어가 아니라 미국 영어의 방언의 하나라는 생각을 지금도 견지하고 있다. 오클랜드 주 교육위원회는 그 결정의 취지가 흑인 영어를 외국어로 가르치기 위해 교육과정에 포함한 것이 아니라 흑인 학생의 표준영어 학습을 위한 길을 마련하기 위한 것이라고 해명했다. 하와이 역시 혼합영어(Pidgin English)의 사용 문제로 씨름하면서 언어적 어려움에 직면해 있다. 일부 하와이인은 혼합영어를 표준영어 학습에 결정적으로 중요한 것으로 인식한다.

흑인 위주 남자 학교 1990년 공립학교 시스템 안에 2개의 흑인 집중학교(초등학교 1개, 중학교 1개)를 신설하려는 밀워키 시의 계획과 함께 대안교육은 새로운 양상을 보였다. 뉴욕 시 역시 흑인 남학생을 위한 우자마협회(Ujamaa Institute) 설립 계획을 마련했다. 이와 같은 학교 설립 반대에 맞서서, 찬성론자들은 도심에 위치한 학교도 이미 완전히 흑인 학생 단체가 차지하고 있다고 주장했다. 반대론자들은 그 학교들이 1972년 교육법 개정안 제4조에 위배될 소지가 있다는 사실을 지적한다. 이것은 성에 기초한 차별을 금지한 법안이다. 사실 디트로이트 시도 1991년 가을에 미국 흑인 교육과정을 부각시키고 모든 인종의 남학생에게 개방되는 3개의 학교를 신설하려 했다. ACLU(미국시민자유노조)와 NOW(미국여성연맹)이 여학생 배제를 반대하는 소송을 제기했다. 1991년 8월 미국 지방법원 George Woods 판사는 여학생의 입학이 허용되지 않는 학교는 개설할 수 없다고 판결했다. 그래서 그 학교들이 설립할 수 있도록 디트로이트는 학교를 신설하기 위해 여학생의 입학 허용에 동의했다. 이 장의 앞부분에서 언급한 것처럼, 현재 학교제도는 여전히 단성만을 위한 교실과 학교 혹은 배타적인 교육과정, 주로 흑인 기반의 것을 창안하도록 하기 위한 다양한 수준을 지니고 있다.

문화적 다양성에 대한 대처 학교가 우리 국민의 문화적 다양성에 어떻게 대처할 것이냐를 결정하는 것은 교육과정 담당자의 가장 큰 도전 가운데 하나다. 다문화주의 및 다문화 가치관 대 주류 문화 및 보편적 가치관의 대립 문제는 공립학교뿐만 아니라 대학 캠퍼스에서도 격렬한 이슈가 되었다. 이것은 사회적, 정치적, 경제적, 교육적, 철학적, 세속적, 종교적 가치관 등 무수한 가치관이 서로 얽혀 있는 문제다. Banks는 기본적인 기술을 덧붙여서 사회 정의를 가르치는 것을 주창했다.[155)]

긍정적인 시각에서 보면, 소수민족 집단과 여성에게 힘을 주기 위한 최근의 모든 노력은 교육자가 모든 자녀를 교육할 수 있는 방법, 그리고 현재 학교에서 성공하지 못하고 있는 학생들과 집단의 성취도를 향상하기 위한 방법을 모색하고 있음을 증명한다. 그러나 Banks는 "미국은 여전히 1776년 독립선언에서 표현된 이상을 실현하는 긴 여정을 하고 있다."라고 주장했다.[156)]

George Washington의 '여럿에서 하나(e pluribus unum)' 개념, 즉 미국의 관습 속에 이주민의 동화를 통한 통일된 하나의 국민의 창조 개념을 인용하면서, Arthur M. Schlesinger, Jr.는 다음과 같이 말했다.

> 우리의 과제는 국민의 찬란한 다양성에 대한 적정한 평가와 개인의 자유와 정치적 민주주의, 그리고 인권을 아우르는 위대한 서구 사상에 대한 적정한 강조를 조화하는 것이다.[157)]

1992년 Schlesinger는 다음과 같이 말했다. "만약 현재의 합중국이 옛날 George Washington이 가졌던 하나의 국민이라는 목표로부터 거리를 둔다면 합중국의 미래는 무엇인가? 국가사회의 해체, 극단적 인종차별주의(apartheid), 발칸 반도와 같은 국가의 연쇄 분열, 부족국가화?"[158] 1915년 뉴욕 시 로마 가톨릭 우애공제회(the Knights of Columbus) 건물 앞에서 행했던 널리 회자되는 연설을 통해 Theodore Roosevelt는 강한 어조로 자신의 신념을 밝혔다. "우리나라에는 무슨 무슨 계 미국인이 자리할 공간이 없습니다. 우리나라를 파멸시키는 가장 확실한 방법은 미국이 서로 싸우는 민족주의자들의 싸움터가 되도록 두는 것일 것입니다." 유사한 맥락에서 2006년 Patrick J. Buchanan은 미국은 소국 분열(Balkanization)의 위험을 안고 있다고 주장했다.[159]

교육, 경제, 정부에 소수민족의 참여를 늘리는 방법으로 문화적 다양성을 추구하는 것은 논쟁이 되고 있는 차별철폐 관행(affirmative action)이다. 대학 캠퍼스에 적용되는 문화적 다양성 문제는 백인 원고들이 미 대법원에 제기한 차별철폐 관행에 대한 3건의 획기적인 소송으로 크게 부각되었다. 데이비스 의료전문대학원 관련 캘리포니아 대학교 자문단(Regents of the University of California) 대 Bakke 소송[160]에서 1978년 미 대법원은 학생들의 입학 사정을 할 때 학내 문화적 다양성을 이루기 위해서 인종을 고려할 수 있지만 쿼터는 적용할 수 없다고 판결했다. 2003년 미시간 대학에서 발생한 법 전문대학원과 법과대학 입학과 관련한 두 건의 소송(Grutter 대 Bollinger et al. 그리고 Gratz et al. 대 Bollinger et al.)[161]에서 미 대법원은 입학 사정 시 인종의 고려를 허용하지만 소수민족에게 가산점이나 쿼터를 할당할 수는 없다는 Bakke 판결을 재확인했다.

차별철폐 관행에 대한 질문은 차별 금지를 통하여 2006년 11월 투표자들은 미시간 주 헌법의 수정을 요구한다.

> 차별철폐 관행 프로그램의 사용으로 공공의 기관을 막는 것은 대중의 일자리, 교육 혹은 수축성 있는 목적을 위하여 그들의 인종, 성, 피부색, 민족성, 혹은 국가적 기원에 기반을 둔 집단이나 개인에게 우선권을 주도록 하는 것이다.[162]

소수민족의 대학 입학을 위한 부분적인 해결책으로 몇몇 주에서는 고등학교 학급 상위 일정 %에 속하는 학생들의 대학 입학을 보장한다. 대학입학시험위원회(The College Board)는 특정 과목에 대한 평가이자 수험생의 언어로 치르는 SAT II를 시행함으로써 시험을 치를 때 일부 소수민족 학생이 경험하는 문화적 요인의 문제를 면밀하게 검토했다.

그러나 흑인에 대한 과거의 역사적 차별 때문에 차별철폐 관행을 계속해서 주로 흑인 학생들에게만 적용해야 할 것인가, 아니면 현재 차별을 겪고 있는 모든 소수민족에게 전면적으로 확대 적용해야 할 것인가에 대한 의문은 앞으로 해결해야 할 과제다.

우리는 소수 인구 집단이 국내 출산과 이민을 통해 증가하고 있기 때문에 다문화 교육에 대한 관심이 증가할 것임을 예상할 수 있다. Paul R. Burden과 David M. Byrd는 그들의 저술에서 "당신이 문화적 다양성이 만드는 개인차를 생각할 때 당신 스스로의 가치관과 믿음을 조사해서 편견과 고정관념의 증거를 밝혀야 한다."라고 조심스럽게 권고했다.[163)]

Banks는 다음과 같은 말을 통해 학교가 미국의 이상과 현실 모두에 대해서 가르치고 싶어 한다. "학생들은 민주적 교육과정 속에서 미국의 민주적 가치관에 대해서 배우고 그 가치관을 습득할 기회를 가져야 한다. 그리고 동시에 인종과 성, 사회계층에 기초한 차별과 같은 미국적 이상에 도전하는 미국의 현실에 대해서도 배워야 한다."[164)]

아마도 우리는 이 장의 처음에서 언급한 것처럼 국내에서뿐 아니라 국제적인 이슈로서 오늘날 다문화주의에 관하여 생각하는 것이 필요하며, 미국인은 그들의 자녀를 위해 지구를 가로지르는 온라인 개인교사에 의한 외부에서 제공되는 교육을 받도록 하고 있다. 우리는 확실하게 세계화를 지지하고 적대시하는 것과 미국 공업이 외부에서 조달되는 것 모두를 발견할 수 있다. 일부 사람은 우리가 세계화로 삶을 살도록 하는 것을 배울 필요가 있다고 느끼며, 다른 사람은 미국인의 노동을 막도록 하는 우리 공업의 해외 이동을 막고 싶어 한다. '국제적인(international)' '국제 학사학위제도(International Baccalaureate: IB)' 로 명명하는 현대 세계 문화를 반대하는 일부 사람에 따라 반미국 중심적인(anti-Americanism) 모습이 나타난다. 그럼에도 많은 교육학자는 학교가 발전하는 세계 경제에서 경쟁하고 살아남는 데 필요한 기술을 학생들에게 준비시켜야 한다는 것을 깨닫고 있다. 21세기의 요구에 대한 한 가지 징표로서, 외국어 교육은 국가를 넘어 강렬해지고 있다. 비록 필요성에 의해 스페인어가 우선적으로 남았더라도, 미국 학교에서 통상적으로 가르치지 않는 비전통적인 언어(아라비아어, 페르시아어, 힌디어, 북방 중국어, 러시아어)에서는 우리가 초등학교를 넘고 고등학교를 통하고 국가를 넘어서 등록하는 것을 발견한다. 추측컨대, 비전통적인 언어에 대한 기술은 세계적인 판매 시장에서 학생들이 경쟁력을 갖추도록 도울 것이라는 교육학자와 대중에 의해서 만들어진 판단이다. 2006년 George W. Bush 대통령은 중요하게 외국어가 필요한 학생, 교사, 그리고 정부 관계자를 위해 고안된 NSLI(National Security Language Initiative)에 의해 시작되는 아라비아어, 중국어, 일본어, 한국어와 같은 비전통적인 언어를 말할 수 있는 사람이 부족하다는 것에 관심을 가졌다.[165)]

다문화주의에 대한 정의뿐 아니라 학교가 이러한 이슈에 어떻게 대응해야 하는지에 대한 의견이 다양하다. 2007년 4월 터너 지역(조지아 주) 고등학교 선배들은 다문화주의에 대한 그들의 대응으로 최초로 통합된 학교 후원 파티를 열어서 국가적인 뉴스거리를 만들었다.

8. 민영화

본질적으로 교육에 적용되는 민영화는 공립학교에서 사립학교로의 이동이다. 교육에서 이상적인 형태는 자유시장 제도로서 학부모에게 그들의 자녀가 다닐 학교를 선택하도록 허락하는 것이다. 그러나 Gerald W. Bracey는 교육의 상업화로서 민영화를 "미국의 공립학교에 대한 전쟁" 으로 보고 있다.[166)]

민영화는 자유시장 사업 원칙을 따르고 주와 지역에 의해 부과되는 제약으로부터 해방이 되는 교육적 경영 조직(Educational Management Organizations: EMOs)이 학생 성취의 측면에서 이전의 학교 관리, 감독의 정부 시스템보다 더 성공적이라고 간주된다. 게다가 교육적 경영조직은 학교 선택에 대한 대중의 소망에 대한 반응이다. 공립학교에 대한 불만족, 정부에 대한 일반적인 환멸, 교육적인 개선에 대한 요구, 사업철학의 고수는 민영화로의 이동을 촉진해 왔다.[167)]

계약하기 1960년대 후반에 텍사스 주 텍사캐나 학교들에 의해 전형적인 예가 된 학력향상 계약을 연상시키면서,[168)] 1990년대에 공립학교는 그들의 학교를 경영하기 위해서 조직을 민영화하는 쪽으로 완전히 바뀌기 시작했다.

데이드 카운티(플로리다 주)와 볼티모어는 1990년대 초 민영화라기보다는 '민관공동사업(public-private partnership)' 으로서 학교와 그들의 합의를 보게 된 대안교육사(Educational Alternatives Inc.; 후에 TesseracT 그룹으로 알려진)와 계약함으로써 다른 단체 사이에서 교육의 민영 경영에 대해 실험했다.[169)] 대안교육사는 많은 실험을 포함하고, 배우는 것에 대한 구성주의자적인 접근을 포함한 "TesseracT" 라고 불리는 교육적인 프로그램과 총체적 언어, 기술의 사용, 교사의 직무연수를 제공했다.[170)] 계약이 만기되면서 데이드 카운티, 볼티모어, 하트퍼드를 포함해서 TesseracT 그룹은 2000년에 파산했다. 오늘날 학부모에 의해서 선택되고, 비영리 학교로서 시행되는 TesseracT 학교는 미네소타 주 이건 시에 하나 남아 있다.

공립학교의 민영 경영 중 가장 큰 휘틀 공동체(Whittle Communications)의 에디슨 프로젝트는 1992년에 개설되었고, 1995년에 4개의 학교에서 시행되기 시작했다. 비록 어느 해의 증가하고 감소하는 자료에 의존한 통계가 다양할지라도 2006-2007년 이익을 위한 EMO로서 컬럼비아 자치구에서 6개의 부분으로 구성된 에디슨 스쿨은 19개 주에서 대략 28만 5000명에게 제공되며 영국에서는 대략 2만 3000명이 포함된다고 한다. 에디슨 스쿨의 범주에는 차터스쿨, 방과 후 학교, 여름학교 프로그램에 대한 영역이 있다.[171] 2002년 에디슨 스쿨에 추가된 것은 20개의 학력이 낮은 학교를 경영하기 위한 2002년 필라델피아 계약이다. 에디슨 스쿨뿐 아니라 다른 EMO 학교들의 특성은 긴 학교 일정과 긴 학사 연도다.

휴스턴에서는 1994년 5단계 도심지 프로그램으로 Mike Feinberg와 Dave Levin에 의해 시작되었으며, 이후 사우스브롱크스의 중학교에서 따라 한 아는 것이 힘 프로그램(Knowledge Is Power Program: KIPP), 이익이 없는 EMO는 수입이 낮은 환경에서 수업료 무료, 대학-예비 공립학교 프로그램으로 열려 있는 등록을 제공한다. KIPP 학교 형태는 긴 기간 동안, 토요일 수업, 여름학교, 과제를 요구했다. 2006년 KIPP는 컬럼비아 자치구와 16개 주에서 52개 공립학교에 대한 관리를 보고했으며, 1만 2000명 이상이 등록했다고 했다. 49~52%는 차터스쿨이고, 55%는 중등학교다.[172]

교육적 경영의 다른 조직으로는 챈슬러 비컨 아카데미(Chancellor Beacon Academies), Leona 그룹, 모자이카(Mosaica: EMO Advantage School을 인수함), 국립 헤리티지 아카데미(National Heritage Academies), SABIS 교육체제 등이 있다.

계약된 계획은 일반적으로 학교 위원회에 의해서 절대적인 통제를 받으며 유지되는 교수진을 보유하고 있는 학교가 되도록 경영을 요구한다. 계약학교는 많은 차터스쿨과는 다르게 민영적 경영을 지니고 있지만 공립적 학교를 유지하고 있다. 반면에 EMO의 영리 추구에 의존적인 차터스쿨은 그들이 소유한 교수진을 고용하고 그들 자신의 교육과정을 제공한다. 2005-2006년 EMO의 영리 추구에 대한 연례 보고서인, 애리조나 주립대학교의 영리 교육연구 분과(Commercialism in Education Research Unit)는 28개 주와 컬럼비아 자치구에서 운영되는 EMO에 23만 7000명의 학생이 등록했다고 한다.[173] 관리되는 학교의 수는 14개가 감소하여 2004-2005년 535개에서 521개가 되었다. 규모가 큰 EMO는 미국 차터스쿨의 15%와 미국 차터스쿨 학생의 21%를 차지한다.[174]

민영기업가들은 그들이 더 효과적인 관리를 제공할 수 있고, 공립학교 경영 아래에서 보다 더 적은 비용으로 학생들의 성취를 향상할 수 있다고 주장한다. 공립학교의 민영화 작업(private operation)은 찬사와 비난을 모두 받았다. 교사들은 학생들의 성취 증대와 새로운 교수법 연수의 이점 및 자료, 장비, 보조교사 등의 도움을 받는 학교에 대해서 찬사해 왔다. 영리목적의 작업에서 세금 사용에 실패하고, 자금 지원에서의 차이가 일어난 교사 단체를 포함한 교사 집단에서 비난이 뿜어져 나왔다. 논란은 학생들의 성취 결과를 중심으로 한다. 즉, 작업의 수행, 시설과 교수진의 질, 그리고 자료와 보급의 양이다.

결정은 그 계약과 차터스쿨 모두에서 근본적인 역할로 이루어질 것이다. 민영 기업과의 이러한 관계를 계속해서 유지하려면 어느 정도까지 민영의 경영 아래에서 학생들의 성취가 향상되었는지 아닌지, 그리고 계약하는 것이 비용 효율이 높은지 아닌지를 분명하게 판단해야 한다. 민영 경영은 만약 계약과 허가증을 얻어 내고 유지하려고 한다면 그들의 목적을 실현하여야 한다. 지나가면서 우리는 많은 학교 시스템이 이미 음식과 양육, 수송 서비스에서 민영화되어 있다는 것을 언급했다.

9. 예외 조항에 대한 규정

재구조화된 학교의 지표(earmarks)의 하나는 일반학급의 틀 안에서 특별한 도움이 필요한 가능한 한 많은 학생을 포함하기 위한 노력이다. 이 분류에는 학습장애, 정서장애, 교육 결함과 신체적 · 정신적 손상을 가진 학생들이 있다. 비록 특수교육은 종종 한 가지 유형의 무능력 또는 다른 학생을 위한 프로그램의 내포를 취한다 할지라도, 오늘날 특별한 요구사항의 광범위한 개념은 영재를 포함한다.

초기 한 교실(one-room)의 학교에서는 다양한 나이, 다양한 학년 원리가 작용했다. 학교가 더 큰 성장을 함에 따라 그들은 학생의 요구에 대해 집단화의 기본 형태로 학생들의 나이를 기준으로 삼았다.

20세기 중반의 능력 또는 동종 집단화는 인기를 얻게 되었다. 학교가 지능에 따라 학생들을 집단화하고, 심한 경우에는 업적에 따라 집단화가 이루어졌다. 능력 집단화의 지지자, 또한 추적으로 알려진 지지자는 능력의 범위가 좁혀진 집단을 처리하는 교사에 대한 이점을 주장했다. 총명한 학생들은 부족한 학생들로 인해 뒤처지지 않았고, 각 집단은 자체의 속도로 움직일 수 있었다. 비평가들은 모든 종류의 학생들과 협동할 기회를 얻지 못했거나 낮은 진척의 집단에 속해 낮은 자기존중감을 가진 학생들에 대해 언급한다. 우리가 구역 A 또는 블루버드(The Bluebirds)의 낮은 집단을 부르든 간에 학생들은 그들이 더 높은 집단의 학생들보다 덜 학문적이기 때문에 그러한 집단에 있었다는 것을 안다. 이러한 교육과정 조직의 형태가 갖는 장점 때문에 능력 집단화의 학업 성적 결과가 대단히 우수해서 이질적인 집단화로 되지는 않았다.

능력 집단화에 대해서는 여러 해 동안 논의되었다. 학생들에 대한 오늘날 연구의 일반적으로 교육학과 철학적 이유 모두에서다. 학생들이 탈선을 했던 많은 학교는 이질적인 모델에 대한 호의로 그러한 연구를 했다. 이 움직임은 이전에 별도의 학급에서 하루 종일, 하루 중 일부 혹은 별도의 학교에서도 있던 것으로 영재 학생에게도 일부 적용이 되었었다. 그러나 이 장의 앞부분에서 언급된 것처럼 선이수제도(AP)와 국제학사제도(IB)에 등록된 이중의 고등학교/대학교 수업, 그리고 영재 학생을 위한 독립된 학교에서조차 현재는 영재 학생을 위해서 별도의 과정을 제공한다. 영재학교가 동종 집단화의 형태를 유지하는 것에서 한 가지 본받을 점은 능력과 과정에 기반을 둔 것이 아니라 학업과 직무상 흥미에 기반을 둔다는 것이다.

특별한 도움이 필요한 학생을 다루는 주요 개념은 장애아동의 특수교육 철폐(장애아동을 일반학급에 통합해 교육하는 것)와 통합(inclusion)이다. 모든 교육과정 작업자는 미 공법 94-192를 알고 있다. 미국 의회의 이 법령은 1975년 전장애아교육법(Education for All Handicapped Children Act)이며, 행동장애를 가진 학생을 포함하여 신체적 혹은 정신적으로 차별받는 것을 폐지하도록 구조화된 1973년 재활법(Rehabilitation Act) 504조를 보충하는 것이다. 1975년 30번째 기념 행사에서 전장애아교육법은 1990년 장애인교육법(Individuals with Disabilities Education Act: IDEA)으로 재명명되었고, 2004년 재인정되었으며, 2005년 11월에는 하원에서 신체장애를 가진 학생을 돕는 법의 성공으로 재확인되었다. 최근에 IDEA는 26만 9000명의 영아와 걸음마아기, 67만 9000명의 미취학 유아, 600만 명의 아동과 6~21세에 이르는 젊은이를 지원한다.[175]

미 공법 94-192에 따르면, 학교는 모든 장애를 가진 학생이 '자유롭고 적당한' 교육을 받을 수 있도록 특별한 조항을 만들어야 한다. 이 목표를 성취하기 위해서 모든 장애학생을 위해서 학교는 개별화 교육계획(IEP)을 개발해야 한다. IEPs는 각 아동을 위한 매년 성취목적을 포함해야 하고, 매년 다시 검토하며, 상당한 수의 교직원의 시간이 필요하다. 각 학생에게 최고의 위치에서 적절한 교육 프로그램을 결정하도록 하는 것은 교사와 관리자에게 어려운 판단을 요한다.

전장애아교육법이 등장하기 전까지 특별한 도움으로 치료를 하는 학생을 위한 공통적인 계획은 그들을 학급에서 끌어내거나 그들 자신의 교실에서 분리하는 것이었다. 전장애아교육법은 학생들의 배치에 대해 '최소 제한적 환경' 을 요청한다. 그러한 원칙 중 한 가지 분명한 것은 '주류화(mainstreaming)' 다. 즉, 학생들의 장애가 특별한 치료와 장비를 요구하지 않거나 학생들이 일반학급에서 효율적으로 가르쳐지지 않는 한 비장애 학생과 일반학급 안에서 학생 배치를 하는 것이다.

그러나 교육학자는 장애를 가진 어린 학생이 일반 및 특수학급, 일반 및 특수학교의 배치로 가장 잘 가르쳐지는가에 여전히 동의하지 않는다. 현 시점에서 특별한 도움이 필요한 학생을 위해 교육과정을 조직하는 인기 있는 수단은 통합 또는 완전통합으로, 주류화의 개념을 넓힌 것이다.

Ann T. Halvorsen과 Thomas Neary는 통합교육(inclusive education)의 수단으로 통합(inclusion)을 정의하였으며, 주류화에서 분리하였다.

> 가장 기본적인 정의에 따라서 통합교육(inclusive education)은 장애를 가진 학생들이 그들의 개별화 교육 프로그램(IEPs)에 의해서 정확하게 서술된 특별한 지도를 중핵교육과정의 내용과 일반학급 활동 안에서 학습하고 제공받는 것이다. 반대로 주류화는 일반적이고 특별한 교육 상황 사이에서 이동하는 학생에게 이중적인 시민성의 방식을 수여한다.[176)]

비록 '장애를 가진 학생' 에 대한 언급이 종종 진술에 포함되지만, Suzanne E. Wade와 Judy Zone은 "장애를 개인적인 것으로 고려할 때 통합에 대한 지지자는 학교의 철학과 구조를 변화시키려고 노력하여 언어, 문화, 인종, 경제적 지위, 성, 능력이 다름에도 모든 학생이 그들의 동료와 이웃하고 있는 정규적인 학교에서 교육을 받는 것이다." 라고 분명히 하였다.[177)] Carol A. Kochhar, Lynda L. West, Juliana M. Taymans는 "통합의 의미" 를 "학생들이 다른 교육적인 목표를 가졌더라도 같이 공부하는 것" 이라고 했다.[178)]

통합학급에서 학생들은 다른 학습 재료와 다른 속도로 학습 활동을 하고, 교사는 그들을 돕기 위한 특별한 자료를 사용할 수 있으며, 만약 학생들이 다루기 힘들거나 일반학급 상황에서 제공될 수 없는 특별한 도움을 필요로 한다면 학급에서부터 학생들을 끌어내는 선택을 할 수 있다. 우리는 통합학급을 창안하는 바람직함에 대한 동의를 발견하며, 또한 종종 실행방법에서의 의견 불일치를 발견할 수 있다. 통합 프로그램은 일반학급의 일부 시간에 특별한 도움이 필요한 학생을 통합하고, 학교가 통합을 통해 이익을 얻을 수 있다고 간주하는 특수한 학생을 일반학급에 허락하여 일반학급의 수업 시간 안에서 장애를 가진 모든 학생의 배치를 다양화한다. 일반학교 제도가 통합될 수 없는 학생들을 특수학급, 특수학교에 유지하는 최근의 사례가 있다. James McLeskey와 Nancy L. Waldron은 때문에 "통합(inclusion)" 이라고 불리는 "추가되는 프로그램(add-on programs)" 을 "피상적 변화(superficial change)"로 보았으며, "이 접근은 일반학급에서 결국 특수교육 서비스를 제공하는 것으로 일반적인 수업의 학습 공동체와 상당히 분리된 장애를 가진 학생과 교사들이 이 접근 방식을 따른다. '통합' 에 대한 이 접근은 주류화 운동을 연상시키는 것이다."라고 설명했다.[179] 통합의 일부 지지자는 통합을 모든 종류의 다양성을 포옹하는 것이 아닌 목표로서 받아들인다.

통합에 수반되는 것은 차별화 교육과정과 수준별 수업이라는 공존의 개념과 실천이다. Carol Ann Tomlinson과 Jay McTighe는 "설계에 의한 이해(Understanding by Design)" 를 언급했는데, 그것은 "우리가 무엇을 가르치는지와 우리가 수집할 필요가 있는 증거가 무엇인지(평가)" 이며, 또 "우리가 누구를 가르치고, 어디에서 가르치고, 어떻게 가르쳐야 하는지" 에 대한 "차별화된 수준별 수업(Differentiated Instruction)" 이다.[180] 초기 작업에서 Tomlinson는 전통적이며 차별화된 교실 사이에 대한 접근에서 차이점을 비교하며, 차별화된 교실의 배열을 표현하면서 교육은 학습자의 다양한 종류와 수준의 필요를 충족하려고 설계되었다고 했다(〈글상자 15-1〉 참조). 일부 교육학자는 장애가 없는 학생의 부모가 그들의 자녀들을 위해 설계된 개별화 교육 프로그램을 갖지 못하기 때문에 역으로 차별을 받는다고 비난할 수도 있다고 걱정한다. 아마도 먼 시간 후에 모든 학급 규모가 더 조작하기 쉬워지고 독서, 수학, 과학에서 학생의 성취가 주와 국가 기준을 충족한다면, 학교는 모든 학생을 위한 개별화된 교육 계획이라는 경이로운 목표에 도달할 수도 있을 것이다.

주류화(mainstreaming)와 통합(inclusion)은 교육학자의 다양한 관점과 충돌했다. 교사들은 학생들이 서로 다른 것—다르게 재구조화된 프로그램과 협동학습이라는 전제—에서 배울 수 있도록 특별한 도움을 필요로 한다는 전제를 받아들여야 한다.[181] 반대로 교사들은 교실에 부과된 업무, 도움의 부족, 시간의 부족으로 차별화된 지도의 어려움을 지적한다. 가장 거대한 변화로서 통합 실행으로의 움직임은 변화를 실행하는 데 관련된 사람들로부터의 반대 없이 이루어지지 않는다. McLeskey와 Waldron은 변화가 필요한 본질적인 성격에 대한 교사와 원칙의 저항을 확인하였다. 그들은 때때로 학생 성취의 수

글상자 15-1 수업 비교하기

전통적인 수업(traditional classroom)

- 학생 차이는 숨겨지거나 문제가 있을 때 나타난다.
- 평가는 '누가 그것을 했느냐'를 알아보기 위한 가장 흔한 학습의 끝이다.
- 지능에 대해 상대적으로 협소한 의미가 지배적이다.
- 최상의 하나의 정의가 있다.
- 학생들의 관심이 가끔 무시된다.
- 상대적으로 적은 학습 개요 선택이 설명된다.
- 전체 학급 교육이 지배적이다.
- 교재의 범위와 교육과정 지침서는 학습지도를 안내한다.
- 상황으로부터 지식과 기술을 습득하는 것은 학습에 집중하는 것이다.
- 단 하나의 선택 과제가 일반적이다.
- 시간은 상대적으로 경직되어 있다.
- 단 하나의 교재가 지배적이다.
- 사고와 사례에 대한 단 하나의 해석이 추구된다.
- 교사는 학생의 행동을 지시한다.
- 교사가 문제를 해결한다.
- 교사는 학점을 위해 전 학급 기준을 제공한다.
- 단 하나의 평가 형태가 종종 사용된다.

차별화된 수준별 수업(differentiated classroom)

- 학생의 차이는 계획의 기본으로서 연구된다.
- 평가는 지도가 어떻게 학생들의 필요에 더 잘 대응할지에 대한 이해를 위하여 계속적이며 진단적이다.
- 지능의 다양한 형태에 고려한다.
- 우수함은 개별적인 시작점으로부터 개인적인 성장이 가장 크게 측정될 때로 정의된다.
- 학생들은 흥미에 기초한 학습 선택을 자주 안내받는다.
- 많은 학습 개요 선택이 제공된다.
- 많은 수업 배열이 사용된다.
- 학생 준비, 흥미, 학습 개요 형태가 수업을 형성한다.
- 이해를 위해 필수적인 기술을 사용하고 주요 개념과 원칙을 이해하는 것이 학습의 초점이다.
- 다양한 선택 평가가 자주 사용된다.
- 시간은 학생의 필요에 따라서 유연성 있게 사용된다.
- 다양한 교수 자료가 제공된다.
- 생각과 사례에 대한 다양한 관점이 정기적으로 추구된다.
- 교사는 학습자가 더욱 자기 신뢰를 하도록 학생들의 기술을 촉진한다.

- 학생들은 다른 학생을 돕고 교사는 문제를 해결한다.
- 학생들은 학급 전체와 개인적인 학습목표 모두를 확립하기 위해 교사와 작업한다.
- 학생들은 다양한 방법으로 평가된다.

출처: *The Differentiated Classroom: Responding to the Needs of All Learners* by Carol Ann Tomlinson (Alexandria, Va.: ASCD, 1999). 허락하에 게재. 장학과 교육과정 개발협회(The Association for Supervision and Curriculum Development)는 교육자 사회의 정치적 목소리를 낼 수 있는 널리 알려진 집단이고, 교사 각자의 성공 경험을 공유할 수 있는 곳이다. 더 자세한 정보를 위해 ASCD의 www.ascd.org를 방문하라.

준에서 가장 유능하고 성공적으로 간주되는 교사가 학생들이 장애학생과 있도록 허락함으로 인해 학급의 성취 수준이 낮아질 것이라는 두려움으로 통합의 노력에 저항한다고 지적하였다.[182)]

학교 철학과 실행에서 기본적인 변경이 필요한 통합 모델로 변화되는 것은 확실하다. 법률은 포괄적인 교육으로의 변화를 재촉할 것이다. 학생에게 특별한 도움을 제공하는 법은 연방 법률이 교육과정 설계자로서의 역할을 하는 영향력의 사례를 분명하게 제공한다.

10. 학교에서의 종교

식민지 미국에서 종교와 교육은 공생관계였다. 라틴 문법학교는 젊은이들이 교사나 목회자의 길을 가도록 준비시켜 주는 곳이었다. 다양한 신조를 가진 신교도는 식민지 대부분의 지역에 정착했고 로마 가톨릭 신도는 메릴랜드 주에 정착했기 때문에 초기 식민지 주민 사이에서 기독교적 신념을 둘러싼 충돌은 피할 수 없는 것이었다. 이러한 갈등 양상은 유대교, 이슬람교, 유교, 불교, 바하이교, 신도와 같은 믿음이 미국 원주민과 초기에 이주한 기독교인에게 전파되고 각기 다른 신념을 가진 이민자가 신세계로 이주해 옴에 따라 여러 해에 걸쳐 악화되어 갔다.

미국에는 수많은 다양성을 가진 기독교 종파가 있기에 그 수를 헤아리기가 쉽지 않다. 이 종파들에는 침례교, 크리스천 사이언스, 성공회, 그리스 정교, 여호와의 증인, 루터교, 감리교, 모르몬교, 장로교, 로마 가톨릭, 제7일 안식일 재림교가 포함된다. 다른 종교 역시 각기 다른 종파를 가지고 있는데, 유대교는 정통파, 개혁파, 하시디즘, 그리고 스페인·포르투갈계 유대인 단체로 나누어진다. 수니파의 이슬람 교리는 시아파의 교리와 서로 충돌하고 있으며 기독교 종파는 이보다 훨씬 더 많이 분열되어 왔다. 예를 들어, 미주리 교회회의 루터파는 복음주의 루터파와는 상이한 신념을 견지하고 있다. 자유의지파, 선교파, 남부침례파는 그 많은 교파 중의 단지 세 파에 지나지 않는다. 미국은 또한 불가지론자, 이신론자, 인도주의자, 일신론자, 무신론자의 고향이다.

1791년에 씌인 45개의 단순한 단어는 그 내포된 의미를 둘러싸고 수백 가지의 논쟁거리를 불러일으켜 왔다. 이 단어들을 둘러싼 의견의 불일치는 오늘날까지 이어져 내려오고 있으며 미국이라는 나라가 존속되는 한 계속될 것임은 자명한 일이다. 그 언급된 단어는 다음 문장에서 찾아볼 수 있다.

> 의회는 종교의 설립을 존중하며 이를 적극적으로 지지한다거나 종교 설립의 자유로운 활동이나 연설의 자유, 출판의 자유를 빼앗거나 평화롭게 집회를 가질 수 있는 권리를 방해하는 행위, 그리고 고충에 대한 보상을 받기 위해 정부에 탄원하는 것을 금지하는 그 어떠한 법도 만들지 않아야 한다.

미국 헌법의 수정 제1항으로 알려진 이 강력한 단어는 종교, 연설, 출판, 집회의 자유를 둘러싼 갈등의 중심에 서 있으며 거의 매일 이러한 자유 중 하나 또는 그 이상을 침해한 것에 대해 소송을 걸었다는 기사가 흘러나온다. 종교가 공립학교에 포함되어야만 하는가에 대한 의문은 여러 해에 걸쳐 격렬한 논쟁을 불러일으켜 왔다. 여러 번 미 연방대법원은 교회와 주의 분리 원칙을 재차 단언해 왔다. 이 원칙은 특히 Thomas Jefferson과 James Madison 덕택에 정립될 수 있었는데, Thomas Jefferson은 '교회와 주 사이의 분리의 벽' 에 대해 집필했다.

그 벽이 어느 정도까지 높고 견고하게 존재해야 하는지에 대한 의문점은 완전히 해결될 필요성이 있다. 헌법에 관한 쟁점사항의 궁극적 중재자라고 할 수 있는 미 연방대법원의 판례는 대체로 이 벽이 허물어지는 것을 원하거나 한층 더 강화되기를 바라는 미국인이 원통해할 만큼 그것을 높고 공고히 하도록 유지해 왔다. 학교에서 종교적 암시와 관련되고 종종 법원의 판결을 필연적으로 수반했던 활동은 교실에서 기도를 하거나 성경 구절을 읽는 것, 그리고 학교가 주관하는 행사나 성경 연구, 종교적인 종파 학교를 돕기 위해 공금을 사용하거나 학교 이외의 장소에서 종교 관련 강의를 위해 시간을 할애하는 것, 종교와 관련된 휴일을 경축하거나 진화론의 교육, 가치교육, 국기에 대한 맹세, 종교 집단이 학교에서 모임을 가질 수 있도록 허가하는 것, 십계명의 공표, 참여를 위한 전제 조건으로 종교와 관련된 시험 응시를 요구하는 과외 활동이었다.

학교에서의 종교적 활동이 과연 합법적인지에 관한 판례들은 헌법 수정 제14항을 발동시켰으며 이는 헌법 수정 제1항이 주에 종속되고 초기의 인종차별 사례에 두드러지게 작용할 수 있는 계기를 마련해 주었다. 미 연방대법원의 판결로 인해 다음과 같은 사항과 덧붙여 이 장의 앞부분에서 언급하고 교과서 검열에 대해 3장에서 논의한 것이 공립학교 교육과정에서 특별한 타당성을 가지고 있는 것으로 보인다(각 사례가 유래되었던 주는 괄호 속에 표시되어 있다).

- 웨스트버지니아 교육청 대 Barnette, 319 U.S. 624 (1943)(웨스트버지니아 주). 여호와의 증인 신도들은 미국 국기를 향해 경례할 필요가 없음을 판결함.
- 일리노이 주의 사람들(People of the State of Illinois), McCollum 대 일리노이 주 샴페인의 71번 학구교육청, 333 U.S. 203 (1948)(일리노이 주). 학교 밖에서 종교적 강의를 위해 할애되는 시간은 헌법에 위배됨을 판결함.
- Zorach 대 Clauson, 343 U.S. 306 (1952)(뉴욕 주). 학교 밖에서 종교적 강의를 위해 할애된 시간은 허가 가능한 것임을 판결함.
- Engle 대 Vitale, 370 U.S. 421 (1962)(뉴욕 주). 학교에서의 사용을 목적으로 뉴욕 주 이사국에서 기인한 기도 행위는 교회와 주의 분리 원칙에 위배됨을 판결함.
- 에이빙턴 타운 학구 대 Schempp(펜실베이니아 주)와 Murray 대 Curlett(메릴랜드 주), 374 U.S. 203 (1963). 학교에서의 성경 읽기와 주기도문 암송은 헌법에 위배됨을 판결함.
- Wallace 대 Jaffree, 472 U.S. 38 (1985)(앨라배마 주). 미 연방대법원은 미국 지역법정이 알라배마 주의 학교들에 묵상이나 자발적 기도 행위를 위해 예배의 시간을 줄 수 있도록 허가한 초기 판결을 뒤집은 상고법정의 판결을 승인함.
- Bender 대 윌리엄스포트 지역 학구, 475 U.S. 534 (1986)(펜실베이니아 주). 미 연방대법원은 1984년의 동일한 접근 조항인 미 공법 98-377하에서 연방 지역법정이 여타의 학생 집단들이 이미 학교 시설을 사용하고 있다면 고등학교 학생들로 구성된 종교 집단 역시 학교 내에서 종교적 목적을 위한 모임을 가질 수 있다는 걸 인정한 것을 견지함. 1993년 6월에 대법원은 램스 예배당 Lamb's Chapel 대 센터 모리크스 연합 자유 학구, 124L Ed 2d 352 (1993)(뉴욕 주 롱아일랜드)에서 학교가 지역사회의 다른 집단에 이미 개방되어 있다면 방과 후에 종교적 집단 역시 모임을 가질 수 있

다는 것을 인정함.

헌법에 위배되는 활동으로 판결된 기도, 성경 읽기, 성경 연구는 1990년대 중반부터 후반에 이르기까지 논쟁을 불러일으킬 가능성이 있는 요소로 남아 있었다. 1992년 6월에 미 연방대법원은 Lee 대 Weisman, 505 U.S. 577 (1992)(로드 아일랜드 주)에서 비록 기도 행위가 어느 종파에도 속하지 않고 그 참석 자체가 자발적인 것이라 할지라도 학교가 주관하는 졸업식 행사에서 목회자가 수행하는 여타의 기도 행위에 대한 항소법원의 금지령을 확정했는데, 이와 같은 판결을 환영한 것은 미국시민자유연맹(American Civil Liberties Union: ACLU)과 기독교 연합(Christian Coalition), 자유위원회(Liberty Council)였다. 1993년 6월 초순 미 연방대법원은 Jones 대 클리어크리크 독립학구, 977 F 2d 963 (5th Circuit, 1992)의 텍사스 소송을 담당하기를 거부했는데, 이는 항소법원이 이미 학생이 주도하는 학교 기도를 찬성하는 쪽으로 판결을 내렸기 때문이었다. 같은 달 후반 뉴저지 주의 한 연방 지역판사는 학생이 주도하는 기도 행위를 허가했다. 미국시민자유연맹(ACLU)은 즉각 뉴저지 주의 캠던 카운티에서 두 고등학교에 학생 주도 기도를 금지했던 필라델피아의 제3 연방고등법원에 항소했다.

어떠한 형태건 학교에서 행하는 모든 기도 행위에 관한 쟁점은 법원에서 반복적으로 다루어졌다. 산타페 독립학구 대 Doe(2000)(텍사스 주)에서 미 연방대법원은 풋볼 경기에서 학생이 주도하는 기도를 금지하는 판결을 내렸다. 한편 제11 연방고등법원이 Adler 대 두발 카운티 학교협회, 206 F3d 1070 (2000)(플로리다 주)의 소송에서 동료에 의해 선출된 학생은 졸업식 연설에서 기도를 주재할 수 있다고 판결했으나, 미 연방대법원은 2002년 12월에 산타페 독립학구 대 Doe 소송에 비추어 재고해 보라며 그 소송건을 연방고등법원으로 되돌려 보냈다.

주로 공화당원으로 구성된 미 의회 의원들은 1995년과 1999년에 공립학교에서 기도 행위를 제재하는 미 헌법의 수정안을 발의하는 것을 고려했으나 다른 사람, 특히 미국법률가협회(American Bar Association)의 반대에 부딪혔다. 조직화와 함께 학교가 인가한 기도 행위를 위한 대체 방안을 찾기 위해 지역사회와 주들은 반성을 위한 침묵이나 침묵의 기도를 위한 시간, 자발적이고 학생 계획에 의거하며 비강제적인 행사에서의 학생 주도적 기도 행위, 학교 건물이나 국기대 주변에서 방과 전과 방과 후의 기도나 성경 읽기, 종교 동아리들이 교내에서 모임 갖기와 같은 것을 허가하기 위해 고군분투했다. 학교 캠퍼스 밖에서 종교 관련 강의를 위해 할애된 시간은 몇몇 주에서 실행 가능한 사항으로 남아 있다.

Carl D. Glickman은 학교에서의 종교에 대한 투쟁에서 그 핵심 인물을 다음과 같이 대조적으로 표현했다.

> 세속적 인문주의자와 동일시되는 한 집단은 공교육과 종교가 절대 혼합되어서는 안 된다고 말한다. 종교적 근본주의자와 동일시되는 또 다른 집단은 미국이 기독교 국가이므로 기독교적 가치가 도덕적이고 윤리적이며 책임감을 요구하는 사회에 필수적인 요소라고 항변한다.[183)]

21세기 초반에 열띤 논의가 이루어진 사항은 바로 충성의 맹세를 암송하는 동안 '하나님 아래에서' 라는 구절을 포함해야 하는지와 십계명의 내용을 게시해야 하는지, 학교 전체에 걸쳐 '우리는 하나님을 신뢰한다' 는 현판을 걸어야 하는지 여부였다. 2002년 제9 연방순회공소법원은 1954년의 충성의 맹세에 삽입된 '하나님 아래에서' 라는 두 단어가 교회와 주의 분리 원칙을 위반했다고 판결했고, 학교 당국에 충성의 맹세를 더 이상 강요하지 않도록 권고했다. 그러나 순회공소법원은 중지미결항소에서 그 판결의 이행을 보류하였다.

비록 미 연방대법원이 Stone 등 대 Graham 449 U.S. 39(1980)에서 공립학교 교실에 십계명 현판을 붙이도록 강제한 켄터키 주의 규약이 헌법에 위배된다고 판결했지만, 1999년에 미 하원은 공립학교와 공공건물에서 십계명의 현판을 전시하는 것을 허가하는 법안을 통과시켰다. 하지만 추후에 상원에서 거부되었다. 2년이 경과한 후 이와 유사한 맥락에서 메릴랜드 주 입법자들은 학교 교실에 '우리는 하나님을 신뢰한다' 란 현판을 부착하게 해 달라는 제안을 거절했지만, 미시시피 주는 학교 교실에 그 현판을 걸도록 명령했고 버지니아 주도 학교가 그렇게 할 수 있도록 허가했다. 공립학교에서 기도와 성경 읽기를 지지하는 이들은 종교적 원리에 입각해 설립된 정부 당국이 왜 학교에서의 종교적 활동을 헌법에 위배되는 행위로 선언하는지 이해하는 데 상당한 어려움을 느낀다. 그들은 미국이라는 국가를 있게 한 그들의 선조들이 종교에 대한 그 어떠한 반대도 하지 않았으며 오히려 연방정부가 국가적 종교를 설립하지 못하도록 막으려는 방안을 모색했다고 주장한다. 그들은 또한 주 정부나 국가의 입법자도 신에 대해 자주 이야기하고 독립선언문이 '신의 섭리' 를 언급하고 있으며 미국 화폐에 '우리는 하나님을 신뢰한다' 는 구절이 새겨져 있다는 점을 강조한다. 그러나 학교에서의 종교적 활동에 대해 논쟁하는 사람들은 일반적으로 신교도 윤리에 입각해 그들의 주장을 펼친다. 그들은 사회가 가진 다문화적 특성을 경시하고 비기독교적 종교를 포함하는 수많은 믿음과 관련된 사실들이 이제 공립학교에 침투해 있다고 말한다. 유대인 부모와 자녀들은 신약성경이 그들에게 있어 수용 불가능한 것이라는 사실을 인지하게 된다. 가톨릭은 신교도들이 읽는 King James 버전의 성서나 다르게 재개정된 버전의 성서보다는 Douay 성서와 같은 가톨릭 버전의 성서를 읽는다. 이슬람교의 성스러운 책은 코란이다.

교회와 주의 분리 옹호론자는 Pierce 대 Society of Sisters가 신자들에게 종교적으로 서로 동일한 학생 집단이 특별한 종파의 믿음에 따라 교육받을 수 있는 사립 교구 부속학교에 그들의 자녀들을 보낼 수 있는 권리를 주었다는 사실에 주목한다. 더구나 그들은 교회와 주 사이의 차별의 벽이 종교의 자유뿐 아니라 종교로부터의 자유도 막고 있다고 주장한다.

교회와 주의 경계의 분리에 대한 논쟁은 있다. 논쟁은 납세자의 돈을 종교 학교에서 사용하는 바우처로 제공하기 위하여 사용되는가에 대해서 심화된다. 반면, 예를 들어 1998년 위스콘신 연방대법원은 납세자의 돈을 종교 관련 학교에 입학시키기 위한 부모 선택 프로그램을 통해 밀워키의 학생들에게 제공하는 것을 승인하는 데 제재 조치를 취하여, 제4 지방법원의 항소에 대한 판결을 뒤엎었으며, 2006년 봄 메인 주 연방대법원은 메인 주의 법이 종교 관련 학교에서의 사용을 위한 무료 수강권 구입 용도로 사용하는 데 공립학교 돈을 쓰는 것을 반대했다. 이어진 가을에 미국 연방법원은 메인 주의 사례에 대한 항소를 거부하였으며 그에 의하여 메인 주 법정의 결정이 효력을 가질 수 있었다.

우리는 추가로 21세기 초에 발생한 교육에서 종교에 대한 끊이지 않는 논쟁거리의 사례를 언급할 수 있다.

- 2000년 2월 버지니아 주 상원은 학교에서 매일 기도의 시간을 가질 수 있도록 요구하는 법안을 승인했다.
- 2005년 버지니아의 하원은 헌법 수정을 제안하여 학교를 포함한 모든 공립 소유지에서 기도를 허용하였다.
- 브리버드 카운티와 플로리다의 학교는 십자가를 가리는 것을 반대하는 기독교 교회에서 졸업식이 예정되어 2005년 소송에 직면하였다. 비록 판사가 짧은 시간 거행되기 때문에 식을 허락하였지만 그는 교회 지역은 부적당하며 다음부터는 사용되

어서는 안 된다고 지시하였다.

- 2006년 오하이오 주 입법부는 공립학교가 국가적인 표어 '신 안에서 우리는 신뢰한다'와 주의 표어 '신과 함께 모든 것이 가능하다'의 기증된 복사물을 공표하도록 하는 법을 통과시켰다.
- 2006년 네바다 고등학교는 학교 졸업생 대표의 졸업식 연설에서 종교적인 내용의 삽입이 차단되어 뉴스를 만들었고 소송을 초래하였다.
- 2006년 여름 남부 침례교 대표자 회의는 부모들이 그들의 자녀를 공립학교를 자퇴하고 사립학교로 보내거나 홈스쿨을 하도록 요구하는 해결책을 거절했다.
- 2007년 연방 지역구 판사는 학교가 비수업 시간에 종교적 메시지를 전달하려는 것에 대한 판사의 허가를 거부하였을 때 4학년 학생들의 헌법상 권리를 뉴욕 주 초등학교가 위반했다고 판결했다.

교육과정에서 성서를 사용하는 것은 분쟁의 씨앗을 잉태시킬 수 있다. 성서 읽기나 성서 관련 수업의 목표가 하나님의 말씀으로서의 성서 연구를 통해 기도와 묵상과 같은 종교적 행위를 하는 것에 있는 것이 아니라, 역사적으로 중요한 문서로서 또는 위대한 문학 작품의 하나라는 사실에 입각한 것이라면 큰 문제는 되지 않을 것이다. 교육과정에서의 성서 사용을 금지하는 사람 중의 일부는 교육에서 성서를 사용하는 것이 학생들에게 기독교로의 개종을 종용하게 할 수도 있다는 점을 염려한다.

만약 오늘날의 수업이 (1) 종교에 대한 광범위한 믿음을 소유하고 있는 학생들로 인해 다문화적인 요소를 가진다는 점, (2) 종파적인 관점이 아닌 역사적으로 정확한 사실의 기술로서 또한 기독교인이나 비기독교인 모두의 삶에 영향을 끼쳐 온 문학 작품으로서 성서를 객관적으로 가르쳐야 한다는 점을 고려하지 않는다면, 이는 사람들로 하여금 저항을 불러일으킨다. 심지어 국제 기드온 협회(Gideons International)는 학교에서 성서를 배포해 온 것조차 헌법에 위배된다고 한다.

점진적으로 교육자를 포함하는 일단의 사람은 미국과 세계 전체의 역사를 통하여 종교가 역사에 기여한 점과 그것이 우리 인간에게 끼친 영향에 대한 교육 부재와 관련된 학교 교육의 실패에 대해 우려를 표시하고 있다. 교과서를 집필한 몇몇의 저자와 교사는 그들이 사람들을 전적으로 종교적인 측면에서 다른 측면으로 방향 전환을 하게 만드는 것은 아닌지, 또는 그들이 가진 감성에 악영향을 끼치지는 않는지 노심초사한다. 그러므로 많은 학생이 대부분 미국이 발달한 국가로 성장함에 있어서 종교가 얼마나 중요한 역할을 했는지를 잘 알지 못하고 있다. Glickman은 "우리는 종교적이고 영적이며 사적 양심에 뿌리를 둔 미국 교육에 있어 보편적인 미덕의 핵심이 존재한다는 것을 인지하지 못해 왔다." 며 우려를 표했다.[184] 종교의 기초와 우리 사회에서의 중요성에 관한 지식의 비참함에 주목하여 Stephen Prothero는 종교적 문학 수업의 필요성을 강조했다.[185]

적절한 교육과정은 모든 학생에 대한 일반적 교육의 부분으로서 성서문학과 비교종교학 모두의 연구를 통합해야 할 것이다. 그러한 교육과정은 종교를 가르치는 것이 아닌 종교에 대해 가르치는 행위에 중점을 둘 것이다. 인간의 노력이 영향을 미친 예술, 문학, 역사, 심리학, 철학, 사회학, 심지어 종교와는 별개의 대상으로 취급되는 과학과 같은 영역에까지 종교가 끼친 큰 영향에 대해 연구하지 않는다면 그 어떠한 사람도 이 영역들을 완전하게 감상하고 이해할 수는 없을 것이다. 확실히 학생들은 세계의 위대한 종교적 문학의 명작에서 유사점을 찾을 수 있어야 한다. 종교에 대한 지식은 어떤 사람을 문화적으로 풍요로운 인물로 만드는 데 큰 도움을 준다. 자신의 종파적 목적을 위해 교육과정에 성서를 사용하기를 원하는 기독교인은 성서를 다른 종파적 경전과 똑같은 위치에 놓고 연구하는 비교종교학 수업과정에 매력을 느끼지 못할 것이다.

2005년 성서문학 프로젝트에 대한 갤럽 여론조사는 학생들의 성서에 대한 지식의 부족과 영어 교사들의 생각을 밝혀냈는데, 그러한 지식은 학생들에게 중요하다.[186] 문명과 문학에 대한 성서의 공헌을 신경 쓰는 고등학교는 성서문학과 역사의 선택과정을 제공했다. 2007년 조지아 교육협회는 조지아가 구약 및 신약 문학과 역사의 선택과정을 승인하고 자금을 지원하며,[187] 지역 학구가 무신앙 성서 선택을 정식으로 인가하도록 하는 첫 번째 주가 되어 뉴스가 되었다. 그러나 비록 성서과정이 선택적이더라도 논쟁은 일어날 수 있다.[188]

하지만 교육과정 입안자는 학교로 하여금 '세속적 인문주의(secular humanism)' 를 옹호해 주기를 요구하는 많은 사람이 학교에서 종교에 대해 가르치는 행위에 대해 만족을 느끼지 않을 것이라는 것 또한 절대 잊어서는 안 된다. 세속적 인문주의는 인류에 대한 신념과 신적인 존재에 대한 믿음에서 유래될 필요성이 없는 사회적 및 도덕적 가치에 대한 동조를 암시한다. 사실 공립학교에서 세속적 인문주의에 입각한 교육만을 활성화하지 않음에도 종교적인 수업 요소가 없다는 이유 자체로 몇몇 사람은 학교가 오직 세속적인 인문주의 교육만을 강화한다고 비난하고 있다.

마치 종교문학에서 선택적 교육과정으로의 움직임의 관점이 자주 나타난다면 성장이 이루어진다. 얼마나 많은 학교가 성서 수업을 제공하는지 확인하는 것은 어렵다. 2007년 공립 고등학교에서 성서 교육과정에 대한 국가 위원회는 단원과 수업 계획에 의해 보충되는 주요 교재로 성서를 사용하는 37개 주의 373개 학교에 달한다고 했다.[189] 2006년 초기 프로그램 이후로, 앞서 언급한 성서문학 프로젝트는 『성서와 그 영향력(*The Bible and Its Influnce*)』이라는 책으로 성서를 사용하는 곳이 30개 주의 83개 학교로 보고되었다.[190]

교육에서 종교에 대한 논쟁은 교육과정 내용과 교과서 검열의 이슈로 우리에게 다시 한 번 발생했다. 1927년의 스콥스 재판 이래로[191] 논쟁은 다윈의 진화론을 가르치는 것과 소위 창조론 지지자가 '과학적 창조론' '창조 과학' 또는 간단히 '창조론' 이라고 명명한 인류의 기원을 성경적 해석을 통해 가르치는 것 사이에 놓여 있는 문제점에 중점을 두고 이루어져 왔다. 더 최근에는 '창조론' 의 위치는 전문용어로 '지적 설계론(intelligent design)' 이며, 우주는 너무나 복잡해서 지적인 힘이 그 뒤에 있어야만 한다고 주장한다. 조직 단체들은 이슈의 양쪽 모두에 일렬로 놓여 있다. 과학과 문화 발견 연구센터(The Discovery Institute's Center for Science and Culture)는 지적인 설계를 가르치는 것을 장려하나[192] 국가과학교육센터(National Center for Science Education)는 진화론의 교수를 주장한다.[193]

진화론 연구에 대한 타협점으로서 지적 설계의 연구를 혼합하도록 하는 제안은 오하이오 교육위원회와 미주리 하원의 구성원 사이에서 표면화되었다. 지적 설계는 앨라배마, 캘리포니아, 조지아, 루이지애나, 미시간, 오하이오, 펜실베이니아, 테네시와 같은 많은 주에서 입법자들과 지역 학교 당국의 의제로 제시되어 왔다. 2001년 조사는 28개 주에서 창조론자들의 활동을 발견했다.[194]

지적 설계론의 지지자들은 지적 설계에 반대하는 이들이 과학적 증거가 진화론을 뒷받침한다는 주장을 하고 있지만 진화라는 것은 단지 증명되지 않은 이론에 불과할 뿐이라는 입장을 견지한다. 2005년 유타 입법부의 법안은 진화론에 대한 모든 과학적 개념을 받아들일 수 없는 것으로 학생들에게 정보를 제공할 것을 요구했다. 진화론을 가르치는 것을 반대하는 시도로, 오하이오 교육위원회는 성경 수업에서 진화론 이론의 비판적 분석을 명령했으나 2006년에는 그 명령을 철회했다. 또한 2006년 남부 캘리포니아 교육감독 위원회는 진화론의 이론과 관련하여 과학적 자료의 토의와 분석을 제안하는 입장을 반대하였다.

코브 카운티와 조지아, 도버, 펜실베이니아는 진화론과 지적 설계론 이슈로 문제에 직면하였다. 생물 교과서에 실려 있는 진화론은 이론이라고 말하고 있으나 사실이 아니라고 제기하는 사람에 대한 대응으로, 2004년 코브 카운티의 부모들은 그들에 대해 소송을 제기했다. 지방법원 판사는 부모들의 편을 들어주었으며, 제기하는 사람은 종교의 지지자라고 주장했다. 비록 제11 연방순회공소법원은 지방법원이 새로운 시도를 행하거나 더 조사를 해야 한다고 명령했으며, 2006년의 끝에서 코브 카운티 학교위원회는 실행을 중단하였다.

2004년 도버 학교는 교과서에 적용하는 것보다 한 걸음 더 나아갔다. 그들은 지적 설계론을 가르치도록 명령했다. 도버 부모들에 의해 제기된 뒤이은 소송에 대한 주장은 학교 위원회의 행동을 반대하였고, 2005년 도버 지역구 판사는 부모에게 수정 제1조의 위반으로 지적 설계론를 공표하도록 했다. 이런 결정으로 지적 설계론을 지지하는 학교 위원회 구성원은 직장에서 투표에 의해 추방되었다.

진화론과 지적 설계론 사이의 종교적 전쟁에 있어서 끝이 없을 것처럼 보이는 투쟁에 항거하는 모습은 캔자스 주에서 목격되었다. 캔자스 주립 교육국은 진화론에 일격을 가했으며 캔자스 주의 학교들이 진화론을 가르칠 수 없도록 금지했을 뿐만 아니라, 주 과학평가 시험에서 진화론에 관한 그 어떠한 문제도 출제하지 못하도록 하였다. 이러한 캔자스 주의 조치는 주 안팎에서 강한 저항에 부딪혔으며, 2000년 캔자스 주민은 투표를 통해 진화론 관련 문제를 제거하는 법안을 승인한 2/3의 주 교육국 회원을 제명하였다. 2001년 주 교육국은 1999년의 조치를 뒤집고 주 과학 시험에서 진화론 관련 문제 출제를 가능하게 만들었다. 그러나 캔자스 주는 2004년 지적 설계론의 지지자들이 주 학교 위원회에서 중요한 위치를 차지하였을 때 이슈를 다시 검토하였다. 그들의 당선에 따라 과학에서 새로운 기준은 진화론에 의문을 가졌다. 다시 변화하여 캔자스 주 위원회는 2007년에 진화론에 더 균형 잡힌 처리로 과학 기준을 이슈화하였다.

많은 정치적, 사회적, 교육적 문제와 마찬가지로, 창조론과 진화론 사이에도 진화론의 노골적인 반대에서부터 창조론 혹은 지적 설계론의 반대에 이르기까지 광범위한 관점이 존재한다. 지적 설계론을 가르치는 것을 옹호하는 사람들이 자주 취하는 방식은 진화론의 이론에 따라 지적 설계론를 가르치려는 요청이다. 예를 들어, 2005년 여름 로터리 클럽에서 제기된 것처럼 테네시와 심장 외과의학으로부터 상원 의원은 첫 법안으로 믿음에 충실한 이론과 진화론 모두를 가르칠 것을 권하였다. 진화론을 지지하는 사회에서는 종교적 이론의 상황 안에서 오랜 세월 계속되는 진화론의 과정이 믿을 만하다고 주장하는 사람들은 종교 신자다. 창조론과 지적 설계론 모두를 지지하는 것을 자제하는 것으로, 교황 Benedict 16세는 과학적 과정에 믿음을 주었으나 진화론은 완전히 증명이 되지 않았다고 보고 있다.[195]

미국 대중은 진화론/지적 설계론 이슈에 대해 무슨 생각을 하고 있는가? 종교와 대중의 삶에 대한 Pew 포럼에서 사람들과 출판물에 대하여 2004년 CBS와 2005년 Pew 조사 센터(Pew Research Center)에서 두 가지 투표를 행하였는데, 미국인은 삶의 기원에서 2/3 이상은 진화론과 지적 설계론 모두를 공립학교에서 가르치는 것을 찬성한다. 응답자들 중 꽤 많은 사람들은 지적 설계론을 가르치는 것을 진화론으로 대신하고자 했다.[196] 미국 대중은 공립학교에서의 교육과 종교의 특징을 무엇이라고 생각하는가? 비록 몇몇 이는 자신이 가진 가치 개념과 반대의 성향을 띠는 가치가 젊은이들에게 받아들여지고 있다는 사실에 두려움을 느끼고 있지만, Nel Noddings는 "가치 영역에 대한 가르침이 반드시 독단적일 필요는 없다."라고 결론지으며 가치에 대한 비판적 시험과 공유된 가치의 발견, 개인적 가치 함양의 필요성을 주장했다.[197]

Clinton 대통령은 학교에서 기도하는 행위가 허용될 수 있도록 헌법을 수정하기를 원하는 대중이 일반적으로 가지고 있는 종교적 경향성과 요구에 응하면서 1995년 여름 교육부가 미국의 모든 학교에 헌법과 사법적 판결에 의해 합법적으로 허용하는 모든 종교적 활동의 목록이 기재된 문서를 조사하도록 명령했다. 교육부에 의해 지역 학교에 제시된 지침은 학생들에게 (1) 혼자서 기도하거나 또는 소요를 일으키지 않는 범위 내에서 비공식적 집단이 함께 기도하는 것, (2) 성서나 다른 종교문학 서적을 가지고 다니거나 읽는 것, (3) 종교문학을 배포하는 것, (4) 종교와 관련된 복장을 착용하는 것을 가능하게 했다. 하지만 수업 중에 기도를 한다거나 학생들 또는 교직원에 의해 조장된 집회 활동은 불허했다.

더 상세한 지침은 2003년 2월 미국 교육부 장관인 Rod Paige가 공표한 다음의 원칙에서 찾아볼 수 있다.

- 학생들은 학교 활동이나 수업에 참여하지 않을 때 언제든 기도할 수 있다…. 성서나 다른 경전들을 읽을 수 있고 식사 전에 신의 은총을 구할 수 있으며 휴식 시간이나 점심시간, 수업이 없는 시간에 기도를 하거나 종교적 자료를 읽고 공부할 수 있다….
- 학생들은 기도 모임이나 종교와 관련된 동아리를 조직할 수 있고 학교 수업 전에는 '국기대에서 만나는' 모임을 가질 수 있다…. 그러한 모임은 다른 여타의 교육과정과 무관한 모임에 주어지는 것처럼 집회를 위한 학교 시설의 사용에서 똑같은 기회가 주어져야만 한다….

- 주 대표, 교사, 학교 행정가나 다른 학교 직원들로서 그들의 공식적인 자리에서 행동하게 될 때는 설립 조항에 의거하여 기도 행위를 종용하거나 이를 하지 못하게 막는 행위가 금지되며, 학생들과 함께 그러한 활동에 적극적으로 참여하고 있을 때 또한 금지된다….
- 학교는 의심이 들게 하는 종교적 강의에 참여하는 학생들을 해산할 수 있는 자유를 가진다….
- 학생들은 숙제, 예술 작품이나 다른 구어, 지필 숙제에서 그들이 제출한 과제의 종교적 내용에 기초해 차별대우를 받지 않고 종교에 대한 그들의 믿음을 표현할 수 있다….
- 스포츠 행사와 같은 과외 활동이나 학생 집회에서 학생 연사들은 종교적 연설을 좋아하거나 좋아하지 않는다는 기준에서 선발될 수는 없으며… 학교 직원은 학생의 연설 내용이 그들 학교 사정에 적합한지 아닌지 등으로 이를 판단하거나 통제해서는 안 되며 기도나 다른 구체적인 종교적 내용이나 반종교적 내용이 포함되어서도 안 된다….
- 학교 직원은 졸업식에서 기도 행위를 강제하거나 조직해서는 안 된다…. 학생들이나 다른 졸업식 연사는 완전히 중립적인 내용에 기초하여 선발해야 하지만, 그러한 발표 내용이 학교 정책에 위배되거나 그 내용이 가지고 있는 종교적 또는 반종교적 측면 때문에 연설에서 배제되는 일이 없어야 한다….
- 학교 직원은 종교적 행사를 강제하거나 조직해서는 안 된다. 그러나 학교 당국이 그런 시설을 만들고 다른 사모임도 사용 가능하게 한다면 학교는 사적으로 제공된 종교적인 졸업식 송사 의식에서도 똑같은 조건으로 해당 시설을 사용하게 해야 한다.[198)]

이러한 지침은 법적인 효력이 없고 학교에 종속되지도 않으며, 만약 그러한 법적 권한이 주어진다 하더라도 누구나 법적인 심판을 청구할 수 있는 자유를 가진다.

Charles C. Haynes는 교육과정에서 종교를 다루지 않는 것은 중립적인 것과는 거리가 멀다고 판단했다. 편집자인 Oliver Thomas가 소속되어 있는 반더빌트 대학교에서 개최된 자유포럼 제1 수정센터에서 만들어진 많은 고민 속에서 작성된 지침 내용을 편집하면서, Haynes는 "학생들은 종교적이고 철학적인 믿음과 그 실천 행위가 많은 사람의 삶 속에서 구심점의 역할을 하고 있다는 사실을 배울 필요가 있다."라고 언급했다.[199)] 공립학교에서 최근 제1 수정원칙과 비슷한 지침으로 Haynes와 장학과 교육과정 발전을 위한 연합-제1 수정 센터(Association for Supervision and Curriculum Development-First Amendment Center)의 관계자는 네 가지 주요한 목표를 제시한다.

1. 학교 사회안에서 제1 수정원칙을 창안하고 유지하는 데 관심이 있는 학교를 위한 합의된 지침을 만들라.
2. 학교 사회에서 제1 수정원칙이 이해되고 적용되는 프로젝트 학교를 건립하라.
3. 교육과정을 넘어 제1 수정과 관련하여 학습지도를 활기 있게 하고 깊게 하기 위한 교육과정 개혁을 권장하고 개발하라.
4. 제1 수정원칙과 이상에 대한 의미와 중요성에 관해서 학교 지도자, 교사, 학교 위원회 구성원 및 법정대리인, 그리고 다른 주요한 투자자를 교육하라.[200]

학교 지도자와 부모에게 알려진 이 지침은 학교에서 종교라는 곤란한 이슈를 다루는 데 유용한 자료를 포함하고 있다. 교육과정과 교사의 준비과정 모두에서 종교적이고 존재론적인 문제점을 언급하면서, Noddings는 종교에 대한 가르침과 다양한 종교가 가지고 있는 믿음에 대한 토의 활동을 옹호했다.[201] Noddings는 "전문적인 프로그램은 교사에게 종교적이고 존재론적인 문제에 대한 토의와 연구가 적법한 것이라는 것을 명확히 주지시켜 주어야 한다."는 입장을 취했다.[202] 그녀는 "최고의 교사는 믿음의 완전한 범위를 제시하는 것뿐 아니라 사람들이 그들의 종교적 믿음과 과학적 믿음을 조화롭게 만들기 위해 노력해 왔던 여타의 사용 가능한 다양한 방법을 제시할 준비가 될 것이다."라고 말했다.[203]

다른 나라가 학교에서의 종교 문제에 대처하는 것은 2003년 후반에 프랑스와 스페인이 취했던 정반대의 조치를 통해 알 수 있다. 프랑스가 세속적 사회에 엄격하게 집착하며 학생들이 학교에서 종교적 상징이 담긴 그 어떤 것도 착용하지 못하도록 금지하는 동안, 스페인은 정부로부터 급여를 받으며 종교적인 복장을 입은 수녀들에 의해 가르침을 받은 가톨릭 아동을 위해 매년 가톨릭 종교와 관련된 강의를 강제적으로 시행하고 있었다.

공립학교에서 세속적 교육과정을 운영할 것인지 혹은 종교적이고 종파적인 교육과정을 운영할 것인지에 대한 토론은 삶과 죽음에 대한 뚜렷한 감정과 가치, 근본적 신념이 그 논쟁거리에 불을 지피게 되므로 결코 그 해결점을 찾기가 쉽지 않을 것이다. 미국이 갖고 있는 문제들과 씨름하면서 Haynes는 자유포럼 지침이 우리를 갈라놓고 있는 많은 문제점의 공통분모를 찾는 것이 미 헌법의 제1 수정안의 종교적 자유에 관한 조항에 의해 제공된 뼈대 내에서도 가능해질 수 있다는 확신에 기초를 두고 있다고 기술했다.

우리 모두가 논쟁의 단상에서 한 걸음 내려와 우리를 같은 국민으로서 묶어 주고 있는 민주주의가 우선시되는 원리를 새로이 바라보고 또 마음속 깊이 기억하려 노력한다면 그 해결의 열쇠는 자연스레 우리 손에 쥐어질 것이다.[204)]

11. 시간표 편성

당신은 학년이 근로자의 날 이후 8월 말에 시작하여 6월 초나 말에 끝난다는 것을 기억할 수 있는가? 당신은 학생들이 겨울과 봄에 두 주의 방학을 갖고 있는 프랑스에서 '여름방학(les grandes vacances)' 이라 불리는 3개월을 기억할 수 있는가? 방학 기간 동안 학교는 조용한 감옥과 같다. 학생들이 일 년에 180일, 하루에 6시간씩, 일주일에 6일을 매일 똑같은 일정으로 나오는 것이 비단 어제 일만이었는가? 당신은 학생들을 아프거나 게으름을 피워 학교에서 빠졌는데도 학교 밖에서 우연히 만났을 때를 기억하는가? 더 이상은 아니다. 그들은 활기찬 학교를 잠시 동안 벗어난 것인지도 모른다.

학생들이 우스꽝스러운 모습으로 긴 여름방학 기간 동안 "더 이상 펜이 없어. 더 이상 책이 없어. 더 이상 선생님의 보기 싫은 모습이 없어." 라고 매우 기쁘게 인사하는 때를 기억하라. 그때는 와스프계 핵가족 중심으로 기차역으로 향하거나 경험을 쌓기 위해 가족과 함께 바다로 산으로 드라이브를 가게 된다. 하지만 이제는 아니다. 1990년대 중후반의 개혁은 많은 학교의 수업 시간 계획에 대한 개혁을 가져왔다. 시간, 일수, 주간, 학년도는 더 이상 손대지 못하는 것들이 아니다.

수업 시간, 수업 일수, 수업 주간 하루 시간 계획의 변화는 우선적으로 중등학교에 영향을 끼쳤다. 많은 고등학교의 종을 보라. 그리고 당신은 간격이 늘려져 왔다는 것을 발견하게 될 것이고 시간 계획으로 유명한 Carnegie 단위(Carnegie unit)에 따라 일주일에 5일 이상 출석하지 않는 모습을 보게 될 것이다.

대안적 시간표 중등학교 수업이 하루에 보통 50~55분 정도인데, 이제는 한 학기 동안 하루에 85~120분에 이르는 대안적인 시간 계획을 만날지도 모른다. 여러 지역을 통하여 고등학교에서 창조적인 시간 운영을 찾아볼 수 있다. 일부 학교가 더 긴 기간, 더 긴 일수, 더 긴 학사 연도를 실행하는 동안, 다른 학교들은 긴 일정을 진행하나 학교 수업 주간을 축소하였다.

1983년 Joseph M. Carroll은 코페르니쿠스 플랜(Copernican Plan)이라 불리는 학교 개혁을 제안하였다. 15세기 말과 16세기 초 신만이 인식할 수 있는 혁명을 이끄는 것처럼 통상적인 것과 반대되는 지구가 태양 주변을 도는 것을 주장했던 유명한 천문학자와 같이 변화를 주장했다. 코페르니쿠스 플랜은 '블록 타임제'를 도입하여 개혁에 대한 다양한 형태로 구성되었다. Carroll은 "Carnegie 학점에서 더 이상 연구 지원은 없다. 그것은 실질적으로 효과적인 교육을 해치고 있는 것이다."라고 말하였다.[205] 1950년대 시간 계획의 혁명을 연상시켜서, 매주 5일보다 적게 만나는 발전된 시간표가 더 보편적으로 받아들여졌다. 일주일에 더 긴 시간을 적은 횟수 동안 교사에게 더 소수의 아이들과 작업하도록 하였고, 훨씬 더 깊이 있는 내용으로 마주하는 시간을 더 허락하였다.

Floyd Boschee와 Mark A. Baron은 코페르니쿠스 플랜에 대해 고등학교 조직에서의 주요 구조는 학생들이 3일 동안 하루에 4시간 등록하거나 6일 동안 하루에 2시간을 등록하는 선택을 부여받았다고 하였다. 첫 번째 선택 내용에서는 각 학생이 매년 4시간씩 6회에 걸쳐 등록할 수 있고, 두 번째 선택 내용에서는 매년 3학기로 운영하여 3-2 과정을 등록할 수 있다(두 선택사항 모두 합계는 매년 180일 수업 시간이다). 두 선택사항의 하루 중 나머지는 세미나, 선택 수업, 점심시간 등으로 운영된다.[206]

Carroll에 따르면, 코페르니쿠스 플랜은 기존의 학교의 구조와는 다른 형식을 가질 수 있다. 하지만 보통의 계획은 매일 혹은 90~120분에 걸쳐 네 번의 단위로 구성된 4×4 일정표로 되어 있다. 그래서 매일 번갈아 가며 구성되거나 한 학기마다 번갈아 가며 구성되었다. 블록 타임제는 실행 가능한 계획을 제공하는데, 워너키(Waunakee) 고등학교는 〈표 15-1〉과 같이 시간을 계획한다. 워너키 고등학교에서는 매일 90분 수업으로 시간표를 구성하였다. A와 B 시간 계획은 해당 주 내내 교대로 실시된다. A 시간 계획에서 한 주 수업은 3회 실시되고, B 시간 계획에서는 2회 실시된다. 다음 주에 B 시간 계획에서는 3회 실시되고, A 시간 계획에서는 2회 실시된다. 일부 수업은 1학기 실시되고, 다른 수업은 2학기 실시된다.

교육개혁센터(Center for Education Reform)는 1996년 말까지 미국에서 10~25%에 해당하는 학교가 블록 타임제를 채택했다고 한다. 하지만 블록 타임제의 인기는 약해지고 있다.[207] 2003년 가을에 유타 공립학교는 블록 타임제를 따르고 있었지만 댈러스 공립학

표 15-1 단위 시간표, 워너키 고등학교, 위스콘신 주 워너키 2007-2008

오전 8:05	1교시 신호종	오전 11:30~ 오후 12:10	'이른' 점심(40분)
오전 8:12	2교시 신호종	오전 11:40~ 오후 1:10	3A/3B 시간 늦은 수업
오전 8:15~ 오전 9:50	1A/1B	오후 12:10~ 오후 1:40	3A/3B 시간 늦은 수업
오전 10:00~ 오전 11:30	2A/2B	오후 1:10~ 오후 1:50	'늦은' 수업(40분)
		오후 1:50~ 오후 3:25	4A/4B 시간

교는 매일 90분 시간 수업하는 전통적인 하루에 7~8시간의 시간표로 되돌려 놓았다. 시간과 학습에 관하여 국가교육위원회(Naitonal Education Commission)는 전통적인 시간표를 따르는 학교들은 그들이 동아리 활동이나 체육 그리고 다른 활동을 원한다면 주요 핵심 과목과 학교 일수를 늘림으로써 시간을 투자하라고 말하고 있다. 시간과 학습에 관한 위원회(Commission on Time and Learning)는 블록 타임제가 매우 융통성 있고 가치 있다고 보고 있다.[208)]

블록 타임제의 알려진 장점 중에는 수업 시간에 더 전념하도록 하며, 주제를 깊이 있게 탐구하는 것이 가능하다는 것이다. 확장된 기간 동안 학생 흥미를 유지하는 것과 깊이 있는 훈련의 범위 선정의 어려움은 블록 타임제의 비평에 의해서일부 문제점으로 간주된다. 전통적인 것으로부터 블록 타임제의 변환이 가져오는 분명한 이익에 대한 자료는 드물다. 교육계혁센터는 블록 타임제의 이익이 불명확함을 발견하였다.[209)]

학년제 학생 성취도에 관한 불만족은 학년제를 확장하거나 혹은 방학 분산 교육을 통하여 학교의 시간제에 대한 변경의 요구로 이어질 수 있다. 학년 연장제에 관한 이론의 뒤에는 학생의 성취가 추가적인 교재 개발을 야기할 수 있다.

학년 연장 다른 나라의 아동이 8시간 정도의 수업을 받는 반면, 미국의 아동은 학교에서 하루에 평균 6시간의 수업을 받는다. 미국에서 학생에 대한 기준이 1년에 180일이지만, 캐나다, 독일, 일본에서의 학년제는 200일을 초과하고 있다.[210)] 미국 학생은 평균 체육 과목과 선택 과목을 포함하여 5시간 30분의 수업을 하고 있다. 1983년 『위기에 처한 국가(*A Nation at Risk*)』라는 보고서에서 국가수월성교육위원회(National Commission on Excellence in Education: NCEE)가 1년에 200~220일, 하루 7시간으로 하는 학교 시간제를 추천한 것은 놀라운 일이 아니다.[211]

Don Glines는 비록 학생들이 거의 동의하지 않았지만 1840개의 도심지 학교들은 240~250일에 이르는 날을 계획했다고 말했다.[212] 현재는 유럽이나 아시아의 시간제를 모방하여 학교 시간을 늘리는 움직임이 크게 나타나지 않고 있다. 블록 타임제라는 학교 시스템이 운영됨에 따라 재정적, 교육적, 행정적 이유로 학기를 연장하는 것을 적용하고 테스트해 보는 몇몇 학교체제는 예전의 전통적인 형태로 되돌아가고 있다. 차터스쿨과 이러한 교육 관리 조직은 전통적인 180일 내에서 수업을 확장하는 것이 더 쉽다는 것을 발견했다. 예를 들어, 에디슨 학교에서 학생의 학년제는 198일이다.[213] 비록 180일을 운영하고 있지만, KIPP 학교들은 토요일과 방학 동안의 수업으로 학년제를 확장했다.[214] 일부 학구는 학년제를 방학 분산 교육과 연계하여 확장하였다.

학년제 연장에 관련하여, Sizer의 가상 프랭클린 중학교와 고등학교는 주당 36에서 42시간으로 확장했고, 다양한 활동을 위하여 일 년을 4학기로 나누어 운영했고, 오전 8시부터 오후 4시까지 하루 수업 시간을 연장했다.[215] 210일에 관한 학년제 연장의 관심에 대한 논의는 비록 효과가 유용하지 않을지라도, 예를 들어 1999년에 플로리다에서 시행했던 것처럼 표면적으로 계속 진행되고 있다. 학년제를 보충하는 것은 수업 시간의 확장으로 에디슨 학교의 경우는 7시간에서 8시간으로 확장했으며,[216] KIPP 학교는 오전 7시 30분에서 오후 5시의 시간 계획을 운영한다.[217]

연중 지속교육 수업 학기나 일수를 늘리는 것보다 더 중요한 과제는 전통적 시간 계획에 대한 반작용으로 나타난 연중 지속교육(year-round education: YRE)의 움직임이다. 대부분의 YRE 제안자는 전통적인 일정이 여름에 농장의 젊은 사람들이 일하는 시대의 산물이라고 한다. 결과적으로 옹호자들은 공업과 기술 사회를 위해 새로운 방향이 만들어져야 한다고 호소하고 있다. Charles Ballinger는 전통적인 9개월 일정에 관한 명확한 의견을 가지고 있는데, “전통적인 학교에서의 일정은 현재는 교육적이지 않고, 지금까지도 그렇지 않았고, 앞으로도 결코 그렇게 될 수 없다.”라고 생각하고 있다.[218]

연중 지속교육의 개념은 새로운 개념이 아니다. 인디애나 주 블러프턴은 1904년 초에 YRE을 적용한 학교에 대해 믿음을 가지고 있었다. 몇몇 지역의 학교체계는 앨리퀴파, 펜실베이니아, 마이넛, 노스다코타, 내슈빌, 테네시, 뉴왁, 뉴저지, 오마하, 네브래스카

사이에서 1990년대 초에 YRE 프로그램을 수행했다. 1987년에 개교한 캘리포니아 주의 크리스타 매콜리프(Christa McAuliffe) 초등학교는 YRE 교육을 하는 첫 번째 학교로 지어져 명성을 얻게 되었다.[219]

제2차 세계대전 전에 이미 죽어 버린 YRE을 지적한 Vicki T. Howell은 1960년대 말과 1970년대 초를 거쳐 오며 새롭게 태어났다고 지적하고 있다.[220] YRE 교육을 하는 학교의 급속한 팽창 속에 Ballinger는 1992년 YRE 학교에 등록된 학생 수가 23개 주 1688개의 학교 안에 135만 명이라고 보고하고 있다.[221] 미국 YRE 협회에서는 1988년에서 1999년 사이 204만 611명이라고 발표했는데, 미국과 캐나다, 태평양 지역에서는 2986개의 학교에서 실시되고 있으며 미국 전체 학교의 98%에 해당한다고 보고 있다.[222] 2005-2006년의 방학 분산 교육은 46개 주의 3000개 가까이의 학교와 컬럼비아 자치구에서 매력적인 선택사항으로 남아 있다. 캘리포니아는 가장 많은 YRE 교육을 하고 있다.[223]

단선제와 복선제 사람들이 방학 분산 교육을 논의할 때, 그들은 단선제(single-track) 계획인지 혹은 복선제(multitrack) 계획인지에 대하여 의문을 가져야 한다. 그 차이는 매우 중요하다. 단선제 계획은 출석 일수를 1년에 걸쳐 전체 방학 기간이나 학습 기간 사이의(3주 중 자주, 방학 기간 중 1회) 학기와 학기 사이라 불리는 간격을 선택한 기간으로 나눌 수 있다. 방학과 방학 사이 동안 프로그램은 내용을 다양화하게 하거나 보충을 주로 하는데 대부분이 후자에 속한다. 교사들은 그 기간 동안 쉬거나 일할 것을 선택하여 별도의 수당을 받는다.

복선제는 대학교에서 나타나는 현상이다. 미주리 주 세인트 찰스 프랜시스 하우웰(Francis Howell) 학구는 1969년 미국에서는 처음으로 복선제를 운영하였다.[224] 학생들은 다양한 과정으로 나누어졌다(A, B, C, D; 적색, 녹색, 파랑, 노랑). 각 집단을 위한 학년제 중에서 하나의 집단을 선택하여 모든 시간을 가지는데, 학교들은 같은 학교에서 20~25%로 수용되는 능력을 확장할 수 있다. 복선제 방학 분산 교육은 새로운 학교를 건설하는 것을 희망하지 않는 재정적으로 돈이 궁한 사회를 위한 적합한 대안을 제공한다.

단선제 학교는 대부분이 YRE 계획으로 구성되어 있다. 많은 학교는 YRE을 적용하는 학교화를 위한 계획을 실시하고 유지시켜 왔다. 예를 들어, 캘리포니아 주 옥스나드의 초등학교 지역구에는 단선제와 복선제로 운영되는 20개의 방학 분산 초등학교와 중학교가 있으며, 덧붙여 크리스타 매콜리프 초등학교도 있다.[225] 다른 학교들은 방학 분산 계획을 실험적으로 하거나 그것을 포기하였다. 방학 분산 교육을 실험적으로 적용해 본

상당한 수의 학교체계는 전통적인 방식으로 되돌아갔는데, 앨버커키, LA, 샌디에이고와 플로리다의 몇몇 학구 등이 있다. 하지만 옹호자들은 중도에 그만뒀던 학교들이 서서히 되돌리게 될 것이라고 주장한다.

우리가 어떤 유형의 계획을 적용할 것인지에 대해 알기까지 YRE을 일반화하는 것은 어렵다. 창조적인 마음이 느껴지는 순간에 많은 수정과 결합의 시도가 있어야 한다. 우리는 45-15, 60-20, 60-15, 90-30, 1/4 시스템, 1/5학기제 등과 같은 현재의 많은 계획을 묘사하는 데 독자들에게는 세금을 부여하지 않는다.[226]

YRE 학교의 장점과 단점은 무엇인가? 장점으로는 방학이 짧아져서 학습력을 꾸준히 유지시키고, 교사와 학생들의 참여를 도모하고, 낙오자를 줄이고, 보충의 기회를 부여하고, 수용 능력이 증가하고, 재정적으로 여유가 생기며, 학교 기물 파손의 횟수가 줄어들고, 짧은 방학 기간 동안에 부모의 직업에 적응해 볼 수 있는 기회를 가져볼 수 있다. 그리고 교사가 지치는 것도 줄일 수 있다. YRE에 반대하는 사람들은 만약 부모가 자녀들을 다른 과정을 다루는 학교에 보내고자 한다면 가족 방학 일정이 혼란해지고, 학기 준비 기간을 무의미하게 보내게 되고, 교사의 스트레스가 증가하며, 조직과 관리의 문제점 등이 생긴다고 보고 있다.

교사는 지치거나 스트레스에서 묻혀 버린다고 생각한다. 체력 소모는 빈번한 약속 파기 때문에 줄어들 수도 있지만 만약 교사들이 YRE와 계약한다면 스트레스와 체력 소모는 증가할 것이다. YRE가 학습력을 향상하는지 아닌지는 불확실하다. 1990년대의 YRE의 많은 연구의 재연구에서 Blaine R. Worthen은 학생들의 태도가 좋아지고, 낙오자가 없으며, 교사의 태도가 더 좋아지고, 난폭함이 줄어들어 학생들의 태도가 좋아지는 등의 YRE에 대해 옹호하는 사람들의 주장을 지지했다.[227] 대학교육에서 YRE의 효과에 관하여 Worthen은 “전반적으로 기본적인 내용을 학습하는 데 YRE 학생들이 압도적인 장점을 갖는 것은 아니다.”라고 말하고 있다.[228] 명확한 것은 YRE 프로그램은 어떠한 학습력의 감소로 이어지지 않는다는 것이다. 비슷한 맥락에서 Elizabeth A. Palmer와 Amy E. Bemis는 “초등학교보다 더 높은 수준에 있고 전통적인 프로그램에서의 학생들보다 나쁜 것이 아니라면 그러한 프로그램을 수행하는 것은 옳은 일이다.”라고 말하고 있다.[229] 하지만 Howell은 “실제로 지식 유지와 성취와 관련하여 전통적인 프로그램이나 YRE의 우수성을 입증할 만한 장기간의 연구물이 없다.”라고 말하고 있다.[230]

교육자들이 그들의 주장을 알리는 동안, 학년제 확대와 YRE를 향한 여론의 모습은 어떨까? 초기 조사는 공교육에 대한 인식의 단서를 제공한다. 24번째 연례 파이 델타 카파/

갤럽 여론조사에서 55%가 한 달 정도 늘리는 것에 긍정적으로 응답하였으며, 대다수는 3주 정도의 방학을 가지고 4~5학기로 10개월이나 210일을 만드는 것에 동의하고 있다.[231] 대부분의 전문가는 수행 이전에 학교 구성원 사이의 일치를 형성하는 어떤 혁신으로서 YRE의 사례가 필요함을 재강조하고 있다.

3년제 고등학교 프로그램 2003년 6월에 플로리다 입법자들은 24학점 대신에 18학점으로 고등학교 교육을 1년 일찍 마치도록 고등학교 학생들에게 기회를 제공하였다. 입법자들은 3년제 고등학교 프로그램을 위한 두 가지 과정으로 대학 준비와 경력 과정을 창안하였으며, 두 가지 프로그램 사이에서 유일한 차이점은 직업과정을 위한 대수학 1보다는 더 높은 수학을 위한 요구가 없다는 점이다. 3년제 프로그램상에서 학생들에게 체육 수업이 존재하지 않는 세 가지 수업 중에서 18학점을 획득하게 해야 했다. 3년제 프로그램 안에서 학생들은 여전히 주정부 평가 시험을 통과해야만 한다. 일부 교육학자는 학생들이 고민을 통해 더 적은 과정을 다니게 될 때 3년제 프로그램을 선택한다면 대학 입학에 더 어려움을 겪을 것이라고 믿는다.

이중 등록/조기대학 제도 아마 3년 고등학교 프로그램을 대신하여 우리는 고등학교와 대학 사이에 2년간의 고등학교 생활을 대학에서 받을 수 있는 뉴욕의 바드 고등학교처럼 조기대학 학교제도의 창안으로 이중 등록이나 전문대학(community college) 입학이란 이름으로 더 많은 연계방법을 기대할지도 모른다.

학급과 학교 규모 학급 규모와 학교 규모 모두는 의견이 상당히 불일치되는 주제다. 일부 교육학자는 학급 규모보다 교실에서 이루어지는 무엇이 더 중요하냐는 입장을 갖는다. 많은 사람은 교사가 다양한 학생들의 개인적 관심과 요구를 충족하려 할 때 학급이 한 번에 너무 커질 수 있다는 생각을 한다. 미국식 방법을 위해 시민이 학급 규모를 제한하려는 동안,[232] 후버재단은 학급 규모에 대한 포괄적인 제한을 제거하려고 했다.[233]

플로리다 시민은 학급 규모가 차이를 만든다는 점을 분명히 하였다. 2002년 11월 플로리다 유권자가 주를 위한 운동을 시작했을 때 재정적인 영향과 주지사를 포함한 주 권력 체계에서 많은 사람의 저항에도 불구하고, 2010년에 효력이 발휘될 때까지 52.9%의 대다수가 각 교실에서 해마다 평균 2명의 학생을 감축하여 학급 규모를 K-3 학년당

18명으로, 4-8학년당 22명으로, 그리고 고등학교 학급은 25명으로 제한하도록 명령하는 주의 헌법을 수정하려 시도하였다. 예산이 줄어들면서, 주 입법자는 예산 세우는 문제와 유권자의 요구 수행 사이에서 몸부림을 쳤다. 일부 사람은 질적으로 우수한 교사는 대규모 학급을 성공적으로 가르칠 수 있으나 학교가 숙련된 교사의 월급을 지급하도록 하려고 필요한 교사의 수를 줄인다는 입장을 갖는다. 학급 규모 감소의 성공은 통합된 학급의 구성과 교사의 기술을 포함하는 변수에 의존하여 나타난다. 현재 주지사와 입법자들은 반드시 유권자의 소망대로 실행하려고 한다. 그러나 노력은 쉽게 진행되지 않는다. 문제를 해결하는 방법이 무엇이든, 학급 규모 수정은 대중이 학생 성취 향상을 희망하여 주 헌법의 개정과 같은 정도로 교육과정 설계자의 역할을 떠맡은 사례가 된다.

학교 규모는 부가적으로 상이한 논쟁의 영역을 나타낸다. 부모와 마찬가지로 일부 교육학자는 그들이 제공할 수 있는 폭넓은 교육과정과 교과 외적인 프로그램을 위하여 규모가 큰 학교의 건립과 운영을 추진하고 있다. 반대로 소규모 학교와 작은 학습 사회로의 움직임은 특히 21세기의 첫 10년 동안 소규모 고등학교 건립을 위한 Bill과 Melinda Gates 재단에 의해 제공된 관점에서 명확하게 판명되었다. 새로운 학교 건립 대신에 자주 쓰이는 다른 것이 큰 학교의 울타리 안에서 조직화되었는데, 그들 각각은 학생 집단과 교사와 관리자의 핵심 집단을 관리하고 있다. 애틀랜타, 시카고, 마이애미-데이드, 뉴욕은 소규모 학교를 만들어서 학생 성취, 출석률, 졸업률을 향상하려고 시도하는 전국 차원의 지역들이다. 여러 주에 분산되어 있는 학교에서 학생 학업성취도 협회(Institute for Student Achievement)의 부모들은 소규모 학습 사회를 개발한다.[234] 비록 우리는 소규모 학습 사회가 학생의 학교 성취에 효과를 갖는다는 더 많은 자료를 확보해야 할 것 같지만, 1990년대 후반부터 드러난 여러 연구는 많은 긍정적인 결과를 나타낸다.[235]

시간 계획, 학급, 학교 크기, 조직화된 계획의 변화를 진보적이거나 역행적으로 따른 동안, 우리는 중학교를 분리하려는 것을 배제하려는 전통적인 K-8 조직화된 계획으로 되돌아가려는 성공과 실패의 노선을 유지할 것이다.

12. 기준

아마도 이 장에서 논의된 이슈 중에서 가장 널리 퍼졌고 논쟁이 될 만한 것은 기준기반 교육이다. 기준 기반의 평가 결과에 대한 일부 주의 반대 운동에 불구하고 기준을 정하기 위한 노력은 학교와 교사에게 책임을 지우고 학생의 성취도 평가를 강력하게 계속한다.

기준운동으로 개혁하려는 물결의 기원은 1983년 『위기에 처한 국가』라는 보고서이며, George H. W. Bush 대통령의 미국 2000(America 2000), Bill Clinton 대통령의 교육목표 2000: 미국교육개혁법(Goal 2000 Education America Act), 그리고 George W. Bush 대통령의 아동낙오방지법(NCLB) 공표 결과로서 시작되었다.

물론 학교는 그들의 역사 동안 내내 기준을 따랐다. 역사적으로 이러한 기준은 지역적으로 개발되었다. 기준의 흐름이 어떤 특징을 가지는가는 기원의 핵심이며, 주에서 모든 학생들이 성취하기를 기대하는 글자 그대로 처방전의 방식으로 주 수준에서 그리고 내용 영역에서의 상세한 사양이다. 현 시점에서 국가는 지역, 주, 국가로 기준을 마련하고 있다. 지난 몇 년 동안 지역 교육구는 그들이 달성하기 위해 자신의 관점에 따라 학생들이 성취하기를 바라는 표준을 만들고, 지역 기준안에 교육과정을 정렬시키고, 학생들이 기준을 성취하였는지 시험했다. 만약 학생들이 성공하지 못했다면, 학교는 자신을 치료하는 절차를 만들었다.

현재의 기준운동은 주 및 국가 기준 규격으로 학생들의 표준화된 성취도 시험과 함께 제작하는 노력이 현재 연방정부 차원에서 NCLB 형태로 압박을 받고 있다. 그것은 표준화된 평가를 근거로 하는 고부담 시험으로 학생, 교사, 학교를 보상하거나 처벌한다. 보상에는 유리한 홍보, 학생의 진급, 자금 지원이 포함되어 있다. 처벌에는 대중에 대한 불리한 홍보, 학년에서 학생의 유급, 고등학교 졸업장의 보류, 그리고 납세자에게 지불된 바우처나 세금 공제로 사립이나 교구 학교에 대한 부모의 선택 등이 있다.

요컨대, 현재 우리가 갖고 있는 주 기준에 대한 국가적 제도는 공교육을 향상하려는 의도다. 공교육에 대한 광범위한 불만족에도 불구하고, 기준운동을 불러일으키는 Gerald W. Bracey[236)]와 Deborah Meier[237)]를 포함한 다수의 연구자와 필자는 미국 학교는 실패했다고 전제한다.

기준운동은 그 이슈의 양면에 강력한 의견이 대치하고 있다. 교육의 전체 방향에 반대하는 사람들은 기준과 평가를 변하지 않는 것으로 말하는데, 국가든 주든 혹은 지시적이든지 학교는 학생의 자부심과 미국 사회의 향상을 가져올 수 있도록 육성하기 위하여 교육과정에 더 관심을 가져야 한다. 개혁의 수단으로서 내용 기준의 채택에 대한 비판으로, Ernest R. House는 "이러한 접근 방식은 교사가 기준의 적용을 지나치게 남용하게 할 것이고, 학생들의 시험 점수가 공개될 경우 교사가 어떻게 반응할지는 예상하지 못하였다. 이러한 시도의 역사는 교사가 강한 책무성 아래 평가 항목을 가르치고, 시험 점수를 조작하거나 왜곡하는 것으로 만연하게 되었다."라고 하였다.[238] '험악한 기준(tougher standards)'으로 비판을 계속하는 Alfie Kohn은 "더 엄격한 기준운동은 일반적으로 무엇을 가르치고 배워야 하는지를 구체적으로 정확하게 하여 특별한 요구를 부과하고 향상을 강요하려고 노력하는 것으로 구성이 된다. 즉, 교육의 특별한 종류를 강제한다."고 주장한다.[239] 기준 기반의 교육을 반대하는 사람들은 기준운동이 업무 지향적인 것을 유지하려는 보수적인 요구로 전통적인 교육의 효율적 모델이고, '진보적인 교육'을 뿌리로 하며, 사교육으로 공교육을 대체하고자 한다고 한다. Kohn은 "더 엄격한 기준운동은 전통적인 학교 교수 방식을 선호하는 경향이 있으며, 학습에서 아동을 목적이 주입되어야 하는 존재로 취급하며, "기본 기술" 혹은 "핵심 지식"으로 불리는 혼합물을 준비하도록 하여 학생에게 주입하려고 노력한다."라고 주장했다.[240]

Marion Brady는 기준 운동을 "절대적인 존재(juggernaut)"로 제안하였다.[241] Susan Ohanian은 기준기반 교육을 옹호하는 의미의 "스탠다디스토(Standardisto)"를 적용하였고,[242] Brady는 "스탠다디스토는 가장 잘 교육하는 데 필요한 모든 것을 알고 조직하고 학교에 배포하는 관점에서 교사가 그것을 가르치고 학생이 그것을 배우는 것을 요구한다. 개혁의 이름으로, 스탠다디스토는 전통적인 교육의 최악의 측면으로서 관료화적인 것으로 고착화되고 있다."라고 평하고 있다.[243] 많은 학생을 위한 전국적인 또는 주 전체의 기준을 거부하는 사람들은 개별 학생에 대한 개별화된 기준을 옹호한다.

비록 기준운동에서 반대는 어느 정도 차이가 있지만, 주와 국가 수준의 기준의 설명은 대중, 재계, 대중이 뽑은 의원에게도 인기가 있다. 고부담 시험은 고등학교 졸업을 결정하는 시험으로 주 기준운동의 한 사례가 되고 있다. 예를 들어, 2003년 가을에 이와 유사한 활동을 하는 주의 수가 많았는데, 메릴랜드는 졸업과 정규 졸업장의 이수를 요구하는 고등학교 평가 규정을 통과시켜 2009년에 실시하도록 하였다. 2006-2007년 고등학교 신입생에게 시작하여, 플로리다는 졸업하는 학생을 위한 플로리다 종합 학업성취도 시험(Florida Comprehensive Achievement Test)의 법안을 통과시켰다. 수학과 과학을 요구하는 학교들은 급속히 증가하였다.

비록 기준기반 교육을 반대하더라도 완전한 운동으로 가려는 것을 확인하는 것은 의심할 여지가 없어, Judy F. Carr와 Douglas E. Harris는 "국가, 주, 지역의 기준은 교사를 위한 중요한 자원으로서 기준은 교사와 행정가에게 진정으로 받아들여질 때까지 작은 의미를 가진다."고 하였다.[244] 긍정적인 측면에서 Carr와 Harris는 교사의 활동을 보강하고, 평가에 초점을 맞추고, 조금의 노력으로 기준에 근거한 전략으로 대체하는 것으로 기준을 보았다.[245] 기준의 사용을 수업에 채택하고 수행평가로 기준화된 평가를 보충하려고 노력하여 작업하는 사람을 발견할 수 있다. 교육과정을 정렬하는 과정에서의 논의는 Fenwick W. English와 Betty E. Steffy에 의해 "질적인 벤치마크로서 국내 또는 국제적인 기준을 사용하는 이유는 단순히 비교하는 지표로서 교사가 평가 활동에 집중할 수 있도록 하는 것이다. 이는 교육과정의 엄격함과 질을 말한다. 공개적이고 공공적으로 숨겨진 내용에 의존하지 않아서 누군가의 특별한 교육과정이 아니다."라고 권장한다.[246] 학생들을 비교하는 규준참조 표준화 검사의 사용을 거부하는 English와 Steffy는 "공적이고 구체적인 교육과정 벤치마크"로 교육과정 평가를 제안하고 있다.[247]

기준 기반의 교육 개발에 부수적인 것은 성과(outcome) 및 결과 기반의 교육(outcome-based education: OBE)으로 알려진 운동으로 "성과" 학습의 상세한 설명을 추구하여 때때로 "졸업 성과"로서 언급되며, 학생이 결과를 숙달했는지에 대한 "실제적인 (authentic)" 수행평가에 의해서 성취된다.[248]

기준에 대한 더 치열한 논쟁은 단순 국가적 기준과 단순 평가의 창조 가능성이다. 교육에 대한 주 책무성의 믿음에 동의하여 주 기준을 지지하는 사람 중에는 국가적 기준, 국가 교육과정, 국가적 평가를 반대하기도 한다. 그러나 이러한 방향으로 국가적인 노력에 반대함에도 실제로 우리는 이미 국가적인 기준, 교육과정, 평가의 요소를 가지고 있다.

국가 교육과정, 국가 기준, 국가적인 평가의 문제에 관한 현재의 논쟁은 교육자들이 만약 NAEP가 전 국가적인 시험으로 도입된다면 끔찍한 결과가 예견된다고 하였던 1960년대 국가학업향상도평가(National Assessment of Educational Progress: NAEP) 개발의 논쟁을 연상하게 한다. 약 40년이 지나서 NAEP는 교육적인 범위에서 가치가 있다고 이야기하는데, 이는 기술적인 역량뿐만 아니라 성취를 보장하기 때문이며, 그래서 개인과 학교는 확인되지 않는다. 이는 단위학교 교육과정의 효과를 지역, 연령 집단 등으로 보고한 결과다. 그러나 12장에 살펴본 것처럼 NCLB의 결과로서 비교가 둘 사이에 만들어진다면 NAEP 점수가 주 평가에 영향을 줄 수도 있다.

국가 교육 과정은 전국적으로 기준을 동일하게 하는 의미가 있다. 결과적으로 우리는 이미 약간의 국가 교육과정의 지표를 갖고 있다. 같은 교과서가 많은 주에서 채택되고 최소한 내용은 동일한 모습을 하고 있다. 전문 단체가 교육과정 자료를 만들고 폭넓게 보급하였다. 기준은 각 주의 차이에 따라 모든 것이 다르게 기술되는 것은 아니다.

국가 기준을 실행하는 것을 반대하는 주장은 지역 학교의 창의성을 제한하고, 최소한의 기준이 되려고 할 것이며, 지역 안은 너무 다양하여 일반적인 기준안을 확립하는 것은 불가능하고, 충분한 자금 지원 없이는 실패하며, 핵심 원칙을 제한하려고 할 것이라는 것이다. 연방과 주 기준안의 지지자는 우리는 다른 나라와 함께 경쟁력 있는 교육이 필요하며, 국가적 기준안은 학교 개선을 장려하고, 국가적 기준안은 인구의 유동성이 많은 시대에 필요하며, 현재의 교육과정은 너무 모호하다고 한다. 비관론자들은 국가적 기준안이 소수자를 포함하여 모든 아동에게 기회의 공정함을 부여하지 못한다고 주장하나, 반면에 긍정론자들은 그에 반대되는 것이 사실이라고 주장한다. 우리의 두 가지 주요한 교육적 단체로, 전미교육연합(National Education Association)은 국가적 기준안과 평가를 반대하는 반면에 미국교사노조(American Federation of Teachers)는 개발과 사용을 지지하여 같은 울타리에서 서로 다른 면을 갖고 있다. "교육과정에 대한 연방과 주의 통제로 미국의 모든 학생에게 학문적 결과를 보증하도록 하는 것"은 없다면서, Glickman은 연방과 주의 통제를 반대하는 측에 합세하여 다음과 같이 말한다.

> 근본적인 가정으로는 지역 학교는 엄격한 교육과정 목적과 평가를 그들 스스로 개발하고 확보하는 성향과 능력이 부족하다…. 지역 교육과정에 대한 연방과 주의 통제는 참여 민주주의에 관한 회의론의 진술을 명확하게 할 수 있다…. 지역 학교와 사회에서 '떨어져서' 교육과정과 기준안을 개발하는 것은 주와 연방 정책 개발자가 "권한 부여"라는 정신분열증적 권고로 지지하는 학교의 유연성을 배제한다.[249)]

그러나 Hirsch는 '미국 초등학교의 교육과정 혼돈'에 대한 논평에서 지역 통제의 주장이 잘못되었다고 하였다.

> 우리는 아주 합리적으로, 그 합의가 지역 전체가 아니라면 각 개별 학교에서 확실하게 각 학년 수준에서 학생들이 가르쳐진다는 가정에 도달했다…. 그러나 그러한 원칙의 민주적인 미덕에도 불구하고 지역 수준 혹은 개별 학교에서조차 내용을 가르치는 데 일관된 계획이 존재한다는 생각은 매우 심각하게 오해가 될 수 있는 것이다.[250)]

10년 전에 Diane Ravitch는 "기준에 대한 논의는 일단 논쟁과 시험으로 바뀌는 경향이 있다."라고 논평하였다.[251)] 기본적으로 논란의 핵심은 전통적이고 표준적인 시험의 양적인 자료와 믿을 만한 수행 기술과 포트폴리오의 사용에 대한 질적인 자료다. 역사적으로 현재에 이르기까지 학교는 학생의 성취를 사정하기 위하여 양적인 기술을 사용하였다. 너무 과장된 것인지 모르지만 그것은 미국 국민이 원하는 방법이라 해도 과언이 아니다.

교육자가 국가적인 교육과정, 국가적인 기준, 국가적 평가를 선호하더라도, 대중은 파이 델타 카파/갤럽 여론조사에서 반복적으로 증명한 것처럼 그 생각을 명확하게 지지한다. 예를 들어, 공립학교에 대한 일반 대중들의 태도(1994)에 대한 26번째 연례 파이 델타 카파/갤럽 여론조사는 조사된 사람들의 대다수가 압도적으로 학생들이 진급이나 졸업을 위해서 통과해야만 하는 것은 매우 중요하거나 혹은 상당히 중요한 것으로 국가 교육과정 기반의 표준화된 시험을 믿는다는 것을 발견했다.[252] 지역적 기준의 결정에 대한 논쟁은 대중의 거대한 의견 분열로 인하여 서로 첨예하게 대립하고 있다.

그러나 대중은 기준안과 함께 하는 시험에 관해서는 확신하지 않고 있다. 예를 들어, 39번째 연례 파이 델타 카파/갤럽 여론조사는 2007년도 공립학교에 대한 대중의 태도를 밝혔는데, 대중은 공립학교에서 너무 많은 성취도 시험이 있다는 것에 대하여 의견이 나뉘었고, 절반 이상은 시험을 강화하는 것은 나쁜 영향을 미치거나 차이가 없다고 느끼고 있었다.[253]

멜버른 대학의 Peter W. Hill과 Carmel A. Crevola가 옹호한 "기준 기반의 교육"은 "모든 학생은 모두를 위한 높은 기준을 보장받을 수 있는 교육제도의 권리를 가지고 있다."라고 결론을 내릴 수 있다.[254] 국가 기준의 이슈와 평가의 현주소에 대하여 Ravitch는 신중하게 의사를 표명하였다.

> 우리가 정말 더 높은 기준을 원하는가? 학생들이 더 열심히 공부하고 진지하게 교육을 받도록 하는 것이 우리가 원하는 학교인가? 모든 사람이 잘 교육받고 역사, 문학, 과학, 수학, 예술에 대한 식견이 있는 사회가 우리가 원하는 것인가? 또는 학술 연구는 더 이상 중요하지 않거나 체육과 사회 활동보다 덜 중요할지 모르는 학교가 우리가 원하는 것인가? 최종적으로 기준과 평가의 제도는 전혀 믿을 만한 것이 아니며, 미국 교육의 모든 문제를 해결할 수 없을 것이다. 그것은 사랑하는 가족을 보호하기 위해 대신할 수 없을 것이며, 거리의 폭력으로부터 아이들을 보호할 수 없을 것이다. 그것은 가난을 경감할 수 없을 것이며, 밤에 텔레비전을 끌 수 없을 것이다. 그러나 기준과 평가의 제도는 가르치고 배우는 것에 대한 교육적 제도에서 우선순

> 위에 초점을 두도록 도움을 줄 것이고, 당신이 알고 있는 양의 증가에만 집중하여 당신이 세상 어디에서 무엇을 하든 그리고 무엇을 하기를 열망하든 그런 것은 전혀 문제가 되지 않는다. 사회에서 우리의 목표는 지식이 광범위하게 다양하며, 미국에서 모든 아이가 동등한 교육 기회를 가지며, 교사의 임무는 가치 있고 존경받으며, 국가의 지식인은 가장 귀중한 자원으로 간주되고, 우리 시민이 잠재적인 교육적 가능성을 낭비하지 않는 것임이 확인되어야 한다.[255)]

기준의 사용과 그 사용의 경고에 대한 고찰에 대하여 Beverly Falk는 다음과 같이 결론 내렸다.

> 기준과 기준 기반의 평가가 만약 교육이 가치 있는 목표를 위해 사용되고, 학생이 어떻게 배우는지에 대하여 이해하여 가르치는 것을 장려하고, 지도에 정보를 주도록 다양한 방법으로 학생들을 평가하고, 학생과 부모에게 발달 정도를 알리고, 도움이 필요한 학생들에게 특별한 지원을 유발하고, 학교 실행을 평가한다면 궁극적으로 더 나은 학습을 지원할 수 있다.[256)]

역사적으로 교육은 미국 헌법의 10번째 수정을 따라 주의 권한으로서 고려되었다. 그러므로 연방은 교육을 보조하고 직업교육을 제외하고는 주의 특권에 대한 간섭이 제한되었다. 오늘날 교육 안에서의 연방 참가는 특별히 미 공법 107-110, 2001년의 아동낙오방지법(NCLB), 1965년의 초·중등학교 교육법(Elementary and Secondary Education Act)의 재위임을 통하여 널리 퍼졌다. Marc R. O'Shea는 지역으로부터의 권한이 주와 연방 권한으로 이전되는 것을 명확히 하였다.

> 지역 학구로부터 주로의 갑작스러운 권한 이전은 놀랍게도 오래가지 못하였다. 기준안이라는 힘을 사용하여 주가 정책과 절차를 명확히 하기 전에, 초등학교와 중등학교 교육 법령의 재위임, 현재는 NCLB로 알려진 것을 통하여 교육과정에 대한 그들의 영향력은 연방정부에 의하여 널리 알려졌다.
>
> 새로운 법은 주가 연방 차원에서 "해마다 적당한 발달"로 명령한 것을 지표로 학문적 내용 기준안을 사용할 것을 요구한다…. 계속되는 논쟁에도 불구하고 20년 전 『위기에 처한 국가』로 시작된 학교 개혁의 가장 강력한 지표로서 주 내용 기준안은

나타났다.[257)]

많은 NCLB의 요구 중에서 5번째 해에 제시된 것은 다음과 같다.

- 주는 학문적 내용 기준안을 구체화해야 한다.
- 공통적인 주 전체에 걸친 책임제도가 있어야 한다.
- 모든 학생은 해마다 적당한 발달을 해야만 하며, 2013-2014년에는 성취에서 능숙한 수준을 충족하여야 한다.
- 주는 적어도 3~5학년, 6~9학년, 10~12학년에서 한 번씩 수학과 읽기에서 학생 성취를 평가해야만 한다.
- 2007-2008년 학기에 시작하여 주는 적어도 3~5학년 6~9학년, 10~12학년에서 한 번씩 과학에서 평가를 추가해야 한다.
- 주는 매년 주 보고서를 출판해야 한다.
- 핵심 학문 교과를 가르치는 모든 교사는 2005-2006년보다 더 뒤처지지 않도록 우수하게 질적인 능력을 갖추어야 한다.[258)]
- 제1조 학교 아이들은 그들의 학교가 2년 연속으로, 그 이상으로 해마다 적당한 발달에 실패할 때 우선 수입이 낮은 가정부터 가장 낮은 성취를 보이는 학생들이 그들의 지역구 안에서 공립학교 혹은 공립 차터스쿨로 전학하도록 할 수 있다.
- 제1조 학교에서 수입이 낮은 가정의 학생들이 적어도 3년 연속으로 해마다 적당한 발달을 하는 데 실패하면 가정교사나 방과후 교육과 같은 보충교육 서비스가 적합하다.[259)]

명백하게, 연방 차원에서 공표한 다른 교육 사례처럼 목표의 많은 것은 충족되지 않았다. NCLB가 법(2002)이 된 이후로 찬사와 비판은 모두 있었다. 그것은 성공과 실패를 모두 겪었다. 읽기와 수학의 기본적인 기술에 노력하는 것은 공공적인 승인과 미승인을 모두 받는다. 기본적인 기술이 학습을 더 하도록 하는 데 본질적인 기초가 되기 때문에 승인된다. 읽기와 수학의 지나친 집중 때문에 예술과 체육 수업에 더 적은 시간을 제공하여 미승인을 받는다. 우수한 질적인 교사에 대한 학교 선택과 목적을 제공하는 것은 긍정적인 면으로 보이는 반면, 표준화된 지도에 대한 지나친 강조는 교사가 시험을 위해 가르치도록 강요하며 학습과 행동의 다른 형태를 평가하는 다른 내용과 절차의 사용은 배제하도록 한다.

NCLB의 다른 비판은 연방정부에 의한 부적당한 기금 사용이며, 시험이 문화적 편견을 평가하고 학교 수행을 판단하는 측정이라는 것이다. 주들은 학교가 각 학생들의 발달에 따라서 평가되는 성장 모델로 주 시험을 통과하는 학생들의 퍼센트를 보고하여 학교를 평가하는 제도로 변화를 선동한다. 특수교육 학생의 발달을 평가하고 보고하는 과정에서 중심이 되는 다른 문제는 장애학생과 제한된 영어 숙달 능력을 지닌 학생들이다. 비판가들은 NCLB가 비만 학생, 빈약한 영양 습관, 운동 연습 부족의 시대에서 체육교육을 제한하거나 배제하여 읽기와 수학에 지나치게 집중하도록 한다고 비난한다. 예를 들어, 미국 건강연맹(American Alliance for Health), 체육교육(Physical Education), 레크레이션과 댄스(Recreation & Dance)를 만든 5개 국가협회 중 하나인 전미 스포츠 · 체육교육연합(National Association for Sport and Physical Education)은 대략 주의 31%로 초등학교와 중학교의 체육교육에서 필요조건보다 부족하다고 언급하였다.[260]

2007년 텍사스는 "활력이 넘치는 매일의 체육 활동"을 수행해야 하는 학생의 요구를 반영하여 학구가 매년 K-12학년 학생의 신체적 적합함을 평가하도록 요구했으며, 덧붙여 K-8학년 학생을 위한 매일의 체육 활동에 대한 최소한의 기준을 명시하였다.[261]

NCLB 이후로 더 높은 학생 성취에 대한 끊임없는 논의가 일어났다. 아마도 주들은 NCLB 아래에서 반항적이었다고 조심스럽게 말할 수 있다. 많은 사람은 부적당한 기금 사용 때문에 NCLB를 반대하고, 많은 교육학자는 교육에 대한 주의 책임에 대하여 연방정부의 위헌적인 침해로서 인식한다. 2005년 NCLB의 조항에 반대하는 유타 주의 소송은 유타 주의 교육적 목표와 투쟁하는 것이고, 주의 기금은 반대에 대한 강력한 의사를 보이도록 요구하고 있다. 그러나 연방정부의 힘은 교육적 프로그램에 대한 승인과 연결된 재정 후원의 조정에 기초한다.[262]

많은 교육적 평가 때문에, NCLB 아래의 성취 결과는 종합된다. 예를 들어, 캔자스 주는 2004-2005년에 해마다 적절한 진보를 보이는 학교를 91%로 보고하였다.[263] 그러나 2005년 국가학업성취도평가(NAEP)에서 12학년 시험 점수는 장밋빛이 아니었다. 2만 1000명의 고등학교 상급생의 NAEP에 대한 분석은 "읽기 수행 능력은 모두 감소했으나 상위 수행자"이며, "1/4은 수행 능력이 부족하나 수학에서 능숙함은 이상이다."라고 보고하였다.[264] Bracey는 주와 NAEP 사이의 격차가 능숙함을 결정한다고 기초적인 문제를 지적하였다. 그는 다음과 같이 설명하였다.

> 능숙함을 결정하기 위한 주 기준과 NAEP 성취 수준 모두는 완전히 제멋대로인데, 타당성을 위한 외부적 기준과의 연결이 부족하다는 것과 NAEP 수준은 너무 높다는 것의 두 가지 측면 때문이다.[265)]

능숙함에 대한 주의 정의와 NAEP의 정의 사이의 차이를 보고한 것에서, Bracey는 능숙함에 대한 주의 수준은 NAEP 수준보다 너무 높고 차이는 매사추세츠에서 10%이고 텍사스는 55%까지 이르며 평균 차이는 38%라고 언급하였다.[266)] U.S. 뉴스 앤드 월드 리포트(News & World Report)의 차트(Falling Short)는 NAEP의 국가적 시험 점수를 초과하는 주 시험 점수를 명확히 보여 주며, 일부 사람은 주와 국가적 시험 사이에서 능숙함의 수준에 대한 정의가 다른 것에 대하여 의문을 갖는다.[267)]

39번째 파이 델타 카파/갤럽 여론조사에 따르면, NCLB에 대한 대중의 태도 측정에서 대중의 반 이하가 NCLB를 다소 선호하거나 매우 선호하는 것으로 나타났다.[268)] 일부 조직과 지도자는 학생들의 성취를 강화하는 열쇠로서 높은 기대를 계속 가지고 있었다. 1980년대의 학생들에게 높은 기대를 갖도록 하는 효과적인 학교연구(Effective Schools Research)의 요청을 회상하도록 하며, 교육 기금은 유사하게 학생들의 높은 기대를 옹호하면서 수입이 낮고 소수민족 가족으로부터 학생들이 예외적인 성공을 성취하도록 학교에 "신화 떨치기(Dispelling the Myth)" 상을 수여하였다.[269)] 또한 Bill Gates는 미국 의회 위원회에서 연설하여 미국 교육을 위한 높은 목표를 발의하였다. "미국에서 모든 아동은 고등학교를 졸업하여 대학, 직업, 삶을 준비해야 한다."[270)]

비록 장애학생과 영어를 배우는 학생에 대해 시험을 실시하고 책임을 요구하는 것을 확인한다고 하더라도, Jack Jennings와 Diane Stark Rentner는 NCLB를 다음과 같이 보았다.

> 미국 교육에 끼친 영향은 명확히 나타났다. 그것은 더 시험을 실시하고 책임을 갖는 것이다. 더 주의해야 할 것은 무엇을 가르치고 어떻게 가르치는 것인가에 대한 것이다. 낮은 수행을 보이는 학교는 더 큰 관심을 받는다. 교사의 질은 더 정밀한 관찰을 받는 것을 통하여 나온다. 동시에 NCLB로 주 읽기와 수학 시험의 점수는 상승하였다.[271)]

이 책을 쓰는 동안에 미국 의회는 재신임, 개정 혹은 폐지를 위해 NCLB 연구를 했다.

21세기 초반에 우리는 학년 유급과 고등학교 졸업을 결정하는 고부담 시험의 사용을 포함하여 내용 기준의 명확화와 그러한 기준안의 평가를 향해 공표된 운동을 확인하였다.

교육과정 개혁에 필요한 개선점

합의 만들기

학교의 개혁과 구조조정의 과다한 제안을 본 교육학자조차 때때로 어리둥절해한다. 연방정부가 지적한 대로 주들은 표준화된 고부담 시험으로 주 내용 기준안대로 학생들의 성취를 평가하여 관리해야 하는가? 학교는 핵심 지식이나 구성주의의 방향 중 어디로 가야 하는가?

영재교육이 대세일까? 국가적 기준을 만들까? 학교 연간 행사를 변경할까? 과거의 효과적이었던 교수법은 시대에 뒤떨어졌는가? 성격, 가치, 윤리 교육을 소개할까? 우리는 예술, 직업, 체육 교육을 중지하고, 대부분의 시간을 읽기, 수학, 과학에 소비해야 하는가? 우리는 교육을 민영화해야 하는가? 차터스쿨과 홈스쿨은 공교육 문제의 대안이 되는가?

우리는 학교를 개혁하고 재구조화하기 위해 자신들의 조치를 지지하는 생각이 비슷한 개인과 집단을 발견한다. 행정가, 교사, 학부모는 누구에게 주의를 기울여야 하는가? 교육적 집단에서 누가 옳은 해결책을 가지고 있는가? 혹은 우리가 모든 해결책을 가질 수 있는가? 음성이나 총체적 언어 중 어떤 접근법이 영어를 가르치는 것에 더 나은가? 21세기를 위한 교육과정은 공통적인 학문적 기준안도 없이 참평가를 사용하여 포괄적인 교실에서 학생들이 협동적으로 학습하고, 다문화적인 교수 자료를 사용하는 기준 기반의 교육과 통합, 학제 간 교육과정의 풀서비스로 학교에서 발견되는가?

교사와 학부모의 합의점을 만드는 능력이 최대의 관건이 된다. 부적당한 기금 사용, 과밀화된 학교, 규율과 마약 사용은 대중의 관심사 목록에서 선두에 있다. 교사와 학부모의 합의점을 만드는 능력이 최대의 관건이 된다.[272] 지각심리학자로부터 지혜를 빌려온 개혁자는 지속되는 변화를 시작하기 전에 먼저 대중의 인식을 다루어야 하고, 약속을 얻어야 한다.

우리의 공식적인 정부는 공립학교를 개혁하는 데 지속적인 노력을 하고 있다. 정부가 개혁을 꾸준히 노력해야 하는 이유를 묻는다면 교육과정 설계자는 성급함(impatience)을 표현할 수 없다. 그들이 질문했을 때, 우리는 효과적이고 합리적으로 영원할 수 있는 해결책을 언제 내놓을 것인가? 오늘날 교육과정 설계자는 학교 지지층 사이에서 합의를 만들기 위해 필요한 대인관계와 기술적인 기능을 이해해야 한다. 그들은 기초 작업, 실험을 마련해야 하며, 지지를 얻기 위한 결과를 논증해야 한다. '연구가 보여 준' 효과성에 대한 논증은 그 연구가 보여 주든 보여 주지 않든 간에 전통 지향적인 정부, 교사, 행정가는 만족하지 않을 것이다. 연구자들과 동료들은 교사와 행정가에게 그들이 아마도 수년 동안 하고 있는 모든 것이 잘못됐다는 느낌을 가지지 않도록 새로운 방법을 찾도록 격려해야 한다. 사실상 개혁자는 그들이 추천한 더욱 새로운 프로그램이 정말로 그들이 대체할 프로그램보다 더욱 효과적임을 논증하기 위한 강한 책임감을 가져야 한다.

연구

연구의 결과는 전파되어야 할 뿐만 아니라, 양적 · 질적 교육 연구도 확장되어야 한다. 학교 시스템은 연구 수행에서 고등교육기관의 파트너로 더욱 가까워져야 한다. 예를 들어, 학교 교육이 속하는 자발적인 인가 관련 기관으로 국가교사교육인가위원회(National Council for the Accreditation of Teacher Education)는 학교 시스템에서 학교와 대학교육 사이의 협력 연구를 장려한다.[273)]

그 전문 직종은 좀 더 실험적인 연구와 종단 연구의 특별한 요구 안에 있다. 우리가 많은 신분 연구와 의견 조사 · 실행을 하지만, 연구를 통제할 만큼 충분하지 않거나 그로 인해 실행 연구를 다소 덜 통제한다. 교육과정 설계자는 통제된 연구에 교사가 참여할 수 있도록 격려해야 하고, 그들 자신의 교실에서 유일하게 발생할지도 모르는 단순한 문제에 대한 해결책을 찾기 위한 실행 연구에 참가하도록 격려해야 한다.

Diane Ravitch는 다음과 같이 경고했다.

> 교육과정과 교육학에서의 확연한 변화는 전체 학구와 주에 도입되기 전에 견고한 연구와 주의 깊은 현장 테스트 실증(field-tested demonstration)에 토대를 두었어야 했다. 미국 교육에서는 혁신의 부족함이 없었다. 커다란 어떤 혁신의 실행에 앞서 그것의 효과성을 증명할 분명한 증거가 필요하다.[274)]

보급 및 전파

우리가 혁신적인 프로그램과 함께 보급된 연구와 연구 경험의 결과의 더 나은 방향을 가졌다면, 교육과정 종사자의 노력은 대단히 향상될 것이다. 교육자원정보센터(Educational Resources Information Center: ERIC), 지역 교육 연구소, 국가 연구개발 센터, 미교육부 교육과학연구소 내 국가센터, 그리고 많은 교육과정 저널이 존재하더라도 연구와 실험의 결과는 학급 교사에게 도달하지 않는다.[275)]

완전학습, 분석적 사고, 협력학습, 사회봉사 활동, 총체적 언어와 같은 개념, 프로그램, 실천의 빠른 확산은 교육과정 혁신의 보급이 느리다는 전제를 반박할 것으로 보인다. 그러나 속도는 상대적인 개념이다. 시속 44마일은 주 사이의 4차선 고속도로에서는 너무 느릴지 모르지만, 시골길에서는 매우 빠르다. 혁신 기술은 수천 개의 공립학교 지역구, 수만 개의 초등학교와 중등학교의 교사들에게 그들의 방법을 찾을 수 있도록 하는 충분한 시간을 갖는다.

교육과정 결정은 여전히 제한된 정보와 현재 이용할 만한 자료가 없는 바탕 위에 만들어진다. 교육과정 지도자는 그들이 필요한 정보를 현장교사와 다른 교육과정 종사자에게 공급하기 위해 현재의 연구 정보를 최신의 정보로 유지할 특별한 책임감을 가져야 한다.

현재 상당히 많은 기관 및 단체가 웹사이트와 컴퓨터를 가지고 생활한다. 우리는 교육을 포함한 모든 삶의 측면에서 연구 결과와 생각의 좀 더 급속한 보급을 예상할지도 모른다.

준비

교육과정 지도자와 설계자를 준비시키기 위해 더 나은 프로그램이 필요하다. 준비에 대해 인식하는 것도 교육과정 설계자에게 필요하므로 우리는 교육과정 분야에서 학습의 영역이 파생되는 것은 1장에서, 교육과정 계획의 다양한 수준과 영역은 3장에서, 교육과정 개발의 다양한 인사의 역할은 4장에서 언급하였다. 주는 교육과정 개발에서 적절한 자격증을 도입할지도 모른다. 그러한 자격증은 현재 제공된 행정, 감독, 지도, 그리고 다른 전공과 병행될 것이다. 그러한 자격증은 전문가의 영역으로서 교육과정을 수립하는 방향으로 오래 지속될 것이다. 더 나아가서 교사교육 기간은 졸업생이 '교육과정 문해력(curriculum literacy)'이라 불리는 것을 얻는 것이라고 확신시켜야 한다. 교육과정 문해력이란 교육과정 영역에 대한 지식과 교육과정 개발에서 기본적 기술이다.

교직 단체의 역할

우리는 교육과정 개발, 조사, 연구에 미국학교행정가협회(America Association of School Administrators), 미국교육연구협회(American Educational Research Association), 미국교사연맹(American Federation of Teachers), 장학과 교육과정 개발협회(Association for Supervision and Curriculum Development), 교사교육협회(Association of Teacher Educators), 전미교육협회(National Education Association: NEA), 초등 · 중등학교 학교장 국가 협회, 특정 분야 협회와 같은 전문 단체의 많은 공헌을 인용할 수 있다.

교사가 관심을 가지는 가장 강력한 단체는 전미교육협회(NEA), 미국노동총연맹 산업별 조합회의(AFL-CIO)와 관계가 있는 미국교사노조(American Federation of Teachers: AFT)다. NEA가 노동 조직과 관계가 있는 연합이 아님에도, NEA와 AFT의 임무는 종종 일치한다. 사실상 두 단체는 한 번 이상 심각하게 합병 이야기를 했다.

교직 단체는 교육과정에 직간접적으로 영향을 준다. 교육과정 결정의 일부는 교사와 학구 사이의 협상안에서 관례적인 교육과정 협의회 테이블에서가 아니라 단체교섭 테이블에서 만들어진다. 정상적으로 이러한 협상은 근무 조건, 교사의 권리, 봉급, 이익과 관련된다. 커뮤니티에서 학교 경영과 교사 단체는 교육과정 계획의 과정이 형식적 계약 없이 학교제도로부터 수정될 필요가 있을 것이라는 계약을 맺었다. 그들의 개인적 바람과 관계없이, 학교 행정가는 협상된 계약의 용어에 묶였다. 교사 단체에 비판이 없지 않다는 것은 2007년 교육 개혁 회담에서 애플 사의 Steve Jobs가 비평한 것에서 볼 수 있다.[276)]

교직 단체의 노력이 교육과정 개발을 위한 학구 모델로 통합되기 위한 방법이 필요하다. 교직단체 구성원으로서, 교육과정 설계자는 지속적인 교육과정 개선을 위해 교직 단체를 학구 모델에 협력하도록 분투할 수 있다.

교육과정 미래

이 장에서 논의된 다양한 이슈에는 많은 수의 현재 진행중인 교육과정 실행과 프로그램이 있다. 이러한 것 중 일부는 수년 동안 우리에게 남아 있을 것이다. 그러나 과거의 교육과정의 경우 일부는 보편적으로 알려진 방법이 될 것이고, 일부는 특정 장소와 특정 학교에 계속해서 존재할 것이며, 일부는 수정될 것이고, 일부는 금기시될 것이다. 그리고 일부 새로운 개발은 옛것의 일부를 대신할 것이다.

오늘날 교육과정 개발은 혁신과 전통 사이의 양 측면에서 많은 실행과 프로그램의 혼합이다. 우리가 21세기에서 진행한 것처럼 우리의 학교는 신구(the old and the new)의 신중한 조화에 의해 이루어질 것이다.

요약

이 장은 사실상 우리가 일반적으로 수용된 교육과정 프로그램 및 실천(practices) 일부를 논의했던 9장에서 시작한 주제인 교육과정 현재의 문제를 지속적으로 다루었다. 이 장에서는 교육과정 설계자에게 직접적인 관심인 현재의 이슈 12개를 조사했다. 사회적이고 정치적인 힘에 의해 유발된 이러한 이슈는 학문적 분야의 이니셔티브, 대안학교, 이중언어 교육, 교과서 검열, 성, 건강 및 보건 교육, 다문화주의/다양성, 민영화, 예외조항에 대한 규정, 학교에서의 종교, 시간표 편성, 기준/평가다. 교육과정 종사자는 이러한 차원과 그들이 교육과정 개발을 위해 시도했던 다른 현재의 쟁점을 알아야 한다.

이 장에서는 교육과정에 영향력을 가지는 전문적인 이슈의 간단한 토의로 결론을 내린다. 개선된 합의 만들기(consensus building)에 대한 요구, 더 나은 연구에 대한 요구, 교육과정 연구와 실험 결과를 보급하는 더 나은 수단에 대한 요구, 교육과정 개발자를 위한 개선된 훈련 프로그램에 대한 요구, 교육과정 개선에서 교사 단체의 규칙을 분명하게 하는 데 대한 요구다.

"잉크의 강(river of ink)은 20세기 교육 분쟁 안에서 쏟아져 나왔다."라고 논평하면서 Ravitch는 다음과 같이 진술했다.

> 미국 교육에 가장 필요한 것은 좀 더 처방적이고 열정적인 것이 아니라 오랜 사용으로 보증이 된 진실에 좀 더 집중하는 것이다. 아이들은 다방면에 걸친 교수법을 가지고 최상의 학습을 할 수 있도록 여러 전략을 기꺼이 사용하는 잘 가르치는 교사를 필요로 하는 것이 기본적인 사실이다. 어른은 아이에게 책임감을 가져야 하고 가치 있는 생각을 가진 훌륭한 사람으로 성장할 수 있도록 도와야 한다.[277)]

논의문제

1. 논란이 많은 교육과정 이슈를 처리하려는 교육과정 설계자를 위해 당신이 추천하는 일반적인 지침은 무엇인가?

2. 현재로부터 10년 후에 보편적으로 수용될 것이라고 예상되는 현재의 교육과정 개발은 무엇인가?

3. 현재 논란이 되고 있는 교육과정 이슈 중에서 이 장에서 빠진 것은 무엇인가?

4. 공교육을 개혁하기 위한 반복된 노력을 어떻게 설명하겠는가?

5. 공교육 개혁과 재구조화를 위해 당신이 추천하는 수단은 무엇인가?

보충 연습문제

1. 문헌, 지역적 실행의 검토, 국가적 · 지역적으로 이슈가 되어 나타난 학위의 참고문헌 문서를 찾아 현재의 교육과정 이슈 중 하나를 선택하라. 이슈에 대한 당신의 입장을 보여 주고 해결 방안을 제안하라.

2. 현재의 교육과정 프로그램을 선택하고, 이러한 프로그램에 대한 더 나은 연구 조사물을 찾아 그 효과성에 대한 결론을 작성하라.

3. 당신이 가장 잘 아는 학구의 지난 3년 이내에서 다음의 교육과정 문제의 한 예를 진술하라.
   a. 인종 갈등, b. 종교적 갈등, c. 성 불평등, d. 교과서, 도서관 장서 거절

4. 핵심 지식 학교와 그들의 교육과정을 비평한 문헌을 조사하라.

5. 다음 주제에서 한 가지에 대한 입장을 마련하라.
   a. 공립 차터스쿨을 세우려는 운동
   b. 학생들이 그들의 선택에 따라서 학교를 다니도록 하는 세금 공제 바우처를 제공하는 운동
   c. 교구학교에서의 세금 공제 바우처 사용

6. 미국에서 홈스쿨의 범위와 효과성에 대한 보고서를 서술하라.

7. 당신의 지역에서 이중언어 교육의 목적과 효과성을 서술하라.

8. 당신이 잘 알고 있는 학교체제가 책이나 다른 자료에 대한 반대를 해결한 방법을 말하라.

9. 학교에서 성 불평등이 일어나는지에 대한 당신의 입장을 보여 주는 보고서를 준비하고, 만약 그렇다면 하나의 성 혹은 다른 성이 불균형을 겪고 있는지에 대한 보고서를 마련하라.

10. 단성만을 위한 교실에 대해 당신의 입장을 지지하는 적당한 자료를 제시하라.

11. 성교육에 관련된 지역의 교육과정 지침, 정책을 찾으라.

12. 교실에서 다양성을 다루는 정책과 실행을 기술하는 보고서를 마련하라.

13. 공립학교가 교육적 경영조직의 계약 아래에서 경영되어야 하는지에 대한 당신의 긍정적, 부정적 의견을 설명하라.

14. 일반 학급에서 다음의 학생들을 포함하는 것에 대한 입장을 마련하라.
    a. 신체장애 학생, b. 행동장애 학생, c. 영재 학생

15. 다음 주제에서 한 가지에 대한 입장을 보여 주는 보고서를 마련하라.
    a. 공립학교에서 기도하기, b. 충성의 맹세에서 '신의 아래에서' 라는 문구를 암송하기, c. 성경을 가르치기, d. 지적 설계 혹은 진화론 가르치기, e. 학교에서 종교적으로 수업 외적인 활동을 실시하기, f. 학교에서 성경을 분배하기

16. 대규모 학교에 대한 반대로서 소규모 학교/소규모 학습 공동체의 장점과 단점을 대조하는 보고서를 마련하라. 더 좋은 교육을 제공한다고 느끼는 교육에 대한 입장을 기술하라.

17. 다음 중 한 가지에 대한 입장을 마련하라.
    a. 학년 연장하기, b. 연중 지속교육(단선제), c. 연중 지속교육(복선제)

18. 당신이 익숙하거나 당신의 지역과 문헌에서 찾을 수 있는 전통적인 시간 계획에서 벗어난 것을 서술하라.

19. 교육과정 내용 기준안의 어떤 원칙으로 당신의 지역과 다른 지역을 비교하라.

20. 공립학교가 법적으로 미국 전체에서 보편적으로 적용되는 교육과정 내용 기준안을 가져야 하는지에 대한 당신의 입장을 기술하라.

21. 낮은 성취에 대한 결과로서 '고부담' 을 강요하는 것에 관한 당신의 입장을 보여 주는 보고서를 준비하라.

22. 고등학교 탈락자의 수를 줄이는 방안을 제안하라.

23. '질적으로 우수한' 교사의 특성과 기술을 정의하라.

24. 교사 노조의 역할을 찬성하거나 반대하라.

25. 교육에서 연방정부의 역할을 찬성하거나 반대하라.

26. 당신은 아동낙오방지법(No Child Left Behind Act)이 공교육을 도왔는지 혹은 손상하였는지에 대해 어떻게 느끼는지 말하고, 증거를 제시하라.

◆ CD-ROM ◆

Standards ToolKit, 2nd ed., Teach/Master Technologies, 2000. 주 기준과 벤치마크, 규준기관 교육과정 설계, 링크된 인터넷 주소 자료는 규준기반 수업계획을 제공한다. Association for Supervision and Curriculum Development, 1703 N. Beauregard Street, Alexandria, Virginia 22311-1714.

◆ 장편영화 ◆

Inherit the Wind. 127분. 흑백영화. United Artists, 1960. 1925년 테네시 주 스코프(Scope) 재판을 소재로 다룬 영화. Frederic March, Spencer Tracy, and Gene Kelly 주연.

◆ 온라인 자료 ◆

Association for Supervision and Curriculum Development
ASCD SmartBrief (주간) To register: http://www.smartbrief.com/ascd.
Phi Delta Kappa International *Classroom Tips* (격월, 5회)
EdgeMagazine (격월)
PDK Connection (연 3회)
Topics and Trends (월간)
Phi Delta Kappa/Gallup Poll archive: 1969년 이후 전체 여론조사
To register: http://www.pdkintl.org

◆ 전문적 탐구 키트 ◆

Differentiating Instruction for Mixed-Ability Classrooms, 1996. Carol Ann Tomlinson은 교육과정과 수업이 어떻게 학생의 흥미와 학습 성향에 맞춰지는지 설명한다. Association for Supervision and Curriculum Development, 1703 N. Beauregard Street, Alexandria, Virginia 22311-1714.

Educating Culturally and Linguistically Diverse Students, 1998. 다양한 학생들을 가르치는 방법을 제공한다. Northeast and Islands Regional Educational Laboratory at Brown University. Belinda Williams, 수석 개발자. Association for Supervision and Curriculum Development, 1703 N. Beauregard Street, Alexandria, Virginia 22311-1714.

◆ 비디오 자료 ◆

At Work in the Differentiated Classroom, 2001. 25~45분짜리 3편 비디오테이프. 교실은 계획의 핵심요소가 무엇인지 보여 주고, 차별화된 수업관리의 모습을 보여 준다. 사용자 지침서. DVD 포함. Association for Supervision and Curriculum Development, 1703 N. Beauregard Street, Alexandria, Virginia 22311-1714.

Beyond the Standards Movement: Defending Quality Education in an Age of Test Scores, 2000. 30분. Alfie Kohn은 현재의 기준과 표준화된 시험의 강박적 현상을 비판한다.

National Professional Resources, Inc., 25 S. Regent Street, Port Chester, New York 10573.

Using Standards to Improve Teaching and Learning, 2000. 30분짜리 3편. 비디오테이프. 학교와 교실에서 교사와 교장이 실천할 수 있는 기준을 제공한다. Association for Supervision and Curriculum Development, 1703 N. Beauregard Street, Alexandria, Virginia 22311-1714.

◆ 웹사이트 ◆

Accelerated Schools Project: http://www.acceleratedschools.net
Advocates for Youth: http://www.advocatesforyouth.org
The Alan Guttmacher Institute: http://www.agi-usa.org
Alliance for School Choice: http://www.allianceforschoolchoice.org
American Alliance for Health, Physical Education, Recreation, and Dance: http://www.aahperd.org
American Association of Colleges for Teacher Education: http://aacte.org
American Association of University Women: http://www.aauw.org
American Booksellers Foundation for Free Expression: http://www.abffe.com
American Civil Liberties Union: http://www.aclu.org
American Family Association: http://www.afa.net
American Federation of Teachers: http://www.aft.org
American Legacy Foundation: http://americanlegacy.org
American Legislatvie Exchange Council: http://www.alec.org
American Library Association: http://www.ala.org
American Library Association Office of Intellectual Freedom: http://www.ala.org/alaorg/oif
American Public Health Association: http://www.apha.org
American for Religious Liberty: http://www.arlinc.org
American School Health Association: http://www.ashaweb.org
American United for Separation of Church and State: http://www.au.org
Association for Supervision and Curriculum Development: http://www.ascd.org
Annie E. Casey Foundation: http://www.aecf.org
Bible Literacy Project: http://www.bibleliteracyproject.org
Cato Institute: http://www.cato.org
Center for American Progress: http://www.americanprogress.com
Center for Education Reform: http://www.edreform.com

The Center for Health and Health Care in Schools: http://healthinschools.org/home.asp
Center for Individual Rights: http://www.cir-usa.org
Center for Science and Culture: http://www.discovery.org/csc
The Center for Scientific Creation: http://creationscience.com
Centers for Disease Control and Prevention: http://www.dcd/gov
Centers for Equal Opportunity: http://www.ceusa.org
Choosing the Best: http://choosingthebest.org
Christian Coalition: http://www.cc.org
The Civil Rights Project at Harvard University: http://www.civilrightsprojectharvard.edu
William J. Clinton Foundation: http://www.clintonfoundation.org
Coalition of Essential Schools: http://www.essentialschools.org
College Board: http://www.collegeboard.com
Commission on the Skills of the American Workforce: http://www.ncrel.org/sdrs/areas/issues/envrnmnt/stw/sw0.htm
Core Knowledge Foundation: http://www.coreknowledge.org
Corporation for National and Community Service: http://www.nationalservice.org
Council for American Private Education: http://www.capenet.org
Discovery Institute: http://www.discovery.org
Economic Policy Institute: http://www.epinet.org
Edison Schools: http://www.edisonschools.com
Education Disinformation Detection and Reporting Agency: http://www.america-tomorrow.com/bracey/EDDRA
Education Policy Institute: http://www.educationpolicy.org
Education Sector: http://www.educationsector.org
The Education Trust: http://www2.edtrust.org/edtrust
Educational Excellence Network: http://www.edexcellence.net
Educational Resources Information Center (ERIC): http://www.eric.ed.gov
Effective Schools Research: http://www.effectiveschools.com
English First: http://www.englishfirst.org
Family Research Council: http://www.frc.org
First Amendment Center: http://www.firstamendmentcenter.org
First Amendment Schools: http://www.firstamendmentschools.org
Focus on the Family: http://www.family.org
Free Expression Network: http://www.freeexpression.org
Freedom Forum: http://www.freedomforum.org
Milton and Rose D. Friedman Foundation: http://www.friedmanfoundation.org
Bill and Melinda Gates Foundation: http://www.gatesfoundation.org

GreatSchools: http://www.greatschools.net
Gurian Institute: http://www.gurianinstitute.com
Alan Guttmacher Institute: http://www.guttmacher.org
Hoover Institution: http://www.hoover.org
Hudson Institute: http://www.hudson.org/hudson
The Inclusion Network: http://www.inclusion.org
Institute for American Values: http://www.americanvalues.org
Institute of Education Sciences: http://www.ed.gov/about/offices/list/ies/index.html
Institute for Student Achievement: http://www.studentachivement.org
International Association for Evaluation of Educational Achievement: http://www.iea.nl
International Reading Association: http://www.reading.org
Thomas Jefferson Center for the Projection of Free Expression: http://www.tjcenter.org
Robert Wood Johnson Foundation: http://www.rwjf.org
Kaiser Family Foundation: http://www.kff.org
Knowledge Is Power Program: http://www.kipp.org
Leona Group: http://www.leonagroup.com
Learning First Alliance: http://www.learningfirst.org
Making the Grade: http://www.gwu.edu/~mtg
Manhattan Institute: http://www.manhattan-institute.org
Mayerson Foundation: http://www.mayersonfoundation.org
Medical Institute for Sexual Health: http://www.medinstitute.org
Mid-Continent Regional Educational Laboratory: http://www.mcrel.org/standards
Monitoring the Future: National Institute on Drug Abuse: http://www.MonitoringtheFuture.org
National Academy of Education: http://www.naeducation.org
National Alliance for Public Charter Schools: http://www.publiccharters.org
National Assembly on School-Based Health Clinics: http://www.nasbhc.org
National Assessment of Educational Progress: http://nces.gov/nationsreportcard
National Association for Bilingual Education: http://www.nabe.org
National Association for Single Sex Public Education: http://www.singlesexschools.org/schools.html and http://www.singlesexschools.org/classrooms.htm
National Association for Sport & Physical Education: http://www.aahperd.org/naspe
National Association for Year-Round Education: http://www.nayre.org
National Campaign to Prevent Teen Pregnancy: http://www.teenpregnancy.org
National Center on Education and the Economy: http://www.nces.org
National Center for Education Statistics: http://nces.ed.gov
National Center for Fair & Open Testing: http://www.fairtest.org
National Center for Health Statistics: http://www.cdc.gov/ncgswww/default.htm

National Center for Home Education: http://www.nche.hslda.org
National Center for Learning and Citizenship: http://ecs.org
National Center for Learning Disabilities: http://www.ncld.org
National Center for Policy Analysis: http://www.ncpa.org
National Center for Science Education: http://www.natcenscied.org
National Center for the Study of Privatization in Eduction: http://www.ncspe.org
National Clearinghouse for Alcohol and Drug Information: http://www.health.org/pubs/nhsda
National Coalition Against Censorship: http://www.ncac.org
National Coalition to Support Sexuality Education: http://www.advocatesforyouth.org/rrr/ncsse.htm
National Condom Availability Clearinghouse: http://www.advocatesforyouth.org
National Consortium for Specialized Secondary Schools of Mathematics, Science, and Technology: http://www.ncsssmst.org
National Council for the Accreditation of Teacher Education: http://www.ncate.org
National Council on Bible Curriculum in Public Schools: http://www.bibleinschools.net
National Council on Economic Education: http://www.econedlink.org
National Council for Teachers of English: http://www.ncte.org
National Education Association: http://www.nea.org
National Guideline Clearinghouse: http://www.guideline.gov
National Home Education Research Institute: http://www.nheri.org
National Household Education Surveys Program: http://nces.ed.gov/nhes
National Institute of Child Health and Human Development: http://www.nichd.nih.gov
National Institute on Drug Abuse: http://www.nida.nih.gov/NIDAhome.html
National Reading Panel: http://www.nationalreadingpanel.org
National Research Center for the Gifted and Talented: http://www.gifted.uconn.edu/NRCGT.html
National Service-Learning Clearinghouse: http://www.servicelearning.org
The New Commission on the Skills of the American Workforce: http://www.skillscommission.org
New Schools Venture Fund: http://www.newschools.org
North American Council for Online Learning: http://www.nacol.org
Parents Advocating School Accountability: http://www.pasaorg.tripod.com
Parents' Resource Institute for Drug Education: http://www.pridesurveys.com
People for the American Way: http://www.pfaw.org
Pew Forum on Religion and Public Life: http://www.pewforum.org
Phi Delta Kappa: http://www.pdkintl.org
Phi Delta Kappa Members: http://www.pdkmembers.org
The Profoundly Gifted Institute: http://www.highlygifted.org
Public Agenda: http://www.publicagenda.org
Regional Education Laboratories: http://ies.ed.gov/ncee/edlabs/regions

Renaissance Group: http://www.uni.edu/coe/inclusion/contact.html

Rethinking Schools: http://www.rethinkingschools.org

SABIS: http://www.sabis.net

School Choices: http://www.schoolchioces.org

Charles and Helen Schwab Foundation: http://www.schwabfoundation.org

Sex Information and Education Council of the United States: http://www.siecus.org

State Standards: http://www.statestandards.org

Substance Abuse and Mental Health Services Administration: http://www.samhsa.gov

TesseracT: http://www.tesseract.pvt.k12.mn.us

Texas Freedom Network: http://www.tfn.org

U.S. Charter: http://www.uscharterschools.org

U.S. Department of Education: http://www.ed.gov

U.S. Department of Health and Human Services: http://www.hhs.gov

U.S. English: http://www.us-english.org/inc

Urban Institute: http://www.urban.org

후주

1) National Center on Education and the Economy, *Tough Choice, Tough Times: A Report of the New Commission on Skills of the American Workforce* (San Francisco: Jossey-Bass, 2006).

2) National Center on Education and the Economy, *Tough Choices, Tough Times: Executive Summary,* website: http://skillscommission.org/pdf/exec_sum/ ToughChoices_EXECSUM.pdf, accessed January 2, 2007.

3) Ibid.

4) Thomas L. Friedman, *The World Is Flat* (New York: Farrar, Strauss and Giroux, 2005).

5) National Center on Education and the Economy, *Executive Summary*, op. cit.

6) Kentucky Board of Education website: http://www.education.ky.gov/cgi-bin/MsmFind.exe?Query=math+2012&submit+Search, accessed January 2, 2007.

7) Maryland Department of Education, *Summary of Requirements for the Graduating Class of 2009 and Beyond,* website: http://www.marylandpublicschools.org/MSDE/testing/hsa 참조, accessed January 2, 2007.

8) "What, Me Worry? New Survey Shows American Parents and Students Satisfied with Current Math/Science Education," February 15, 2006, Public Agenda website: http://www.publicagenda.org/press-release_detail_cfm?list=67, accessed January 2, 2007 참조.

9) Core Knowledge Foundation website: http://coreknowledge.org/CK 참조, accessed January 3, 2007.

10) E. D. Hirsch, Jr., "Cultural Literacy," *The American Scholar* 52, no. 2(Spring 1963): 159-169; E. D.

Hirsch, Jr., *Cultural Literacy: What Every American Needs to Know* (Boston: Houghton Mifflin, 1987).

11) 예로 E. D. Hirsch, Jr. and William G. Rowland, *A First Dictionary of Cultural Literacy: What Our Children Need to Know* (Boston: Houghton Mifflin, 1998); E. D. Hirsch, Jr., Joseph F. Kett, and James S. Trefil, *The New Dictionary of Cultural Literacy: What Every American Needs to Know* (Boston: Houghton Mifflin, 2002) 참조.

12) Hirsch, Jr., *Cultural Literacy,* p. xiv.

13) E. D. Hirsch, Jr., "Core Knowledge," *Newsweek* 120, no. 12(September 21, 1992): A8-9.

14) Core Knowledge Foundation website: http://coreknowledge.org/CK/schools/schools_list.htm 참조, accessed January 3, 2007.

15) Christopher B. Swanson, "Graduation Rates: Real Kids, Real Numbers," December 1, 2-4, Urban Institute website: http://urban.org/publications/311114. html 참조, accessed January 2, 2007.

16) Kenneth Gray, "Is High School Career and Technical Education Obsolete?" November 3, 2004, *Phi Delta Kappan* website: http://pdkintl.org/kappan/k_v86/K0410gra.htm, accessed January 2, 2007 참조.

17) "Florida's 440 Major Areas of Interest for Students Entering High School in 2007-2008," Florida Department of Education website: http://www/fldoe.org/news/2006/2006_12_11/MjorAreasofInterest.pdf 참조, accessed January 3, 2007.

18) 이 책의 pp. 368-370 참조.

19) National Center for Education Statistics, *Academic Pathways, Preparation, and Performance: A Descriptive Overview of the Transcripts from the High School Graduating Class of 2003-2004,* November 2006, *Selected Findings,* p. 7, website: http://nces.ed.gov/pubs2007/2007316.pdf, accessed January 3, 2007.

20) Davidson Academy website: http://davidsonacademy.unr.edu/Articles,aspx?ArticleID=134, accessed January 3, 2007 참조.

21) National Center for Education Statistics, "Dual Enrollment of High School Students at Postsecondary Institutions: 2002-2003," website: http://nces.ed.gov/surveys/peqis/publications/2005008, accessed January 3, 2007 참조.

22) Great Schools Network website: http://www.greatschools.net 참조.

23) Milton and Rose D. Friedman Foundation, *The ABCs of School Choice,* 2006-2007 edition (Indianapolis, Ind.: Milton and Rose D. Friedman Foundation, 2006). 온라인 자료는 website: http://64.71.179.146/friedman/downloadFile. do?id=102, accessed April 13, 2007 참조.

24) *Pierce v. Society of Sisters,* 268 U.S. 510 (1925).

25) Brian P. Gill, P. Michael Trimpane, Karen E. Ross, and Dominic J. Brewer, *Rhetoric Versus Reality: What We Know and What We Need to Know About Vouchers and Charter Schools* (Santa Monica, Calif.: RAND, 2001), p. 64.

26) Policy Matters Ohio, *Cleveland School Vouchers: Where the Students Come From,* website: http://www.policymattersohio.org/voucherintro.html, accessed June 14, 2003.

27) Stanley M. Elam, Lowell C. Rose, and Alec M. Gallup, "The 23rd Annual Gallup Poll of the Public's Attitudes Toward the Public Schools," *Phi Delta Kappan* 73, no. 1(September 1991): 47. Stanley M. Elam, Lowell C. Rose, and Alec M. Gallup, "The 26th Annual Phi Delta Kappa/Gallup Poll of the Public's Attitudes Toward the Public Schools," *Phi Delta Kappan* 76, no. 1(September 1994): 48-49. Lowell C. Rose and Alec M. Gallup, "The 30th Annual Phi Delta Kappa/Gallup Poll of the Public's Attitudes Toward the Public Schools," *Phi Delta Kappan* 80, no. 1(September 1998): 44 참조.

28) Lowell C. Rose and Alec M. Gallup, "The 31st Annual Phi Delta Kappa/Gallup Poll of the Public's Attitudes Toward the Public Schools," *Phi Delta Kappan* 81, no. 1(September 1999): 44.
29) Lowell C. Rose and Alec M. Gallup, "The 34th Annual Phi Delta Kappa/Gallup Poll of the Public's Attitude Toward the Public Schools," *Phi Delta Kappan* 84, no. 1(September 2002): 46.
30) Lowell C. Rose and Alec M. Gallup, "The 38th Annual Phi Delta Kappa/Gallup Poll of the Public's Attitudes Toward the Public Schools," *Phi Delta Kappan* 88, no. 1(September 2006): 44.
31) 바우처에 관한 다른 관점에 대해서는 Martin Carnot, *School Vouchers: Examining the Evidence* (Washington, D.C.: Economic Policy Institute, 2001), website: http://www.epinet.org/studies/vouchers-full.pdf 참조, accessed January 14, 2007 또한 Milton and Rose D. Friedman, *The ABCs of School Choice,* op. cit. For examples of differing results of research comparing achievement of students in private schools with those in public schools see Paul E. Peterson and Elena Llaudet, *On the Public-Private School Achievement Debate* (Cambridge, Mass.: Kennedy School of Government, Harvard University, 2006); Craig Chamberlain, *Public Schools Equal or Better in Math Than Private or Charter Schools,* 2006 (News Bureau, University of Illinois at Urbana-Champaign). Article on study of NAEP math data conducted by researchers Sarah and Christopher Lubienski, website: http://www.news.uiuc.edu/NEWS/06/0123lubienski 참조, accessed January 15, 2007.
32) U.S. Secretary of Education, Margaret Spellings, 보도자료, April 5, 2006, U.S. Department of Education website: http://www.ed.gov/news/pressreleases/2006/04/04052006.html, accessed January 16, 2007.
33) 신자유주의의 논의에 대해서는 Weil, *School Vouchers and Privatization,* Chapter One 참조.
34) U.S. Department of Education, *The State of Charter Schools 2000-Fourth-Year Report, January 2000, Executive Summary*. website: http://www.ed.gov/pubs/charter4thyear/es_html, accessed March 4, 2000, and June 14, 2003.
35) Center for Education Reform website: http://www.edreform.com/index.cfm?fuseAction=stateStats&pSectionID=15&cSectionID=44, accessed April 7, 2007 참조.
36) Donna Harrington-Lueker, "Charter Schools," *The American School Board Journal* 181, no. 9 (September 1994): 22.
37) Donna Harrington-Lueker, "Charter 'Profit,'" *The American School Board Journal* 181, no. 9 (September 1994): 27-28 참조.
38) April Gresham, Frederick Hess, Robert Maranto, and Scott Williams, "Desert Bloom: Arizona's Free Market in Education," *Phi Delta Kappan* 81, no. 10(June 2000): 751-757 참조. 또한 Carol Ascher and Arthur R. Greenberg, "Charter Reform and the Education Bureaucracy: Lessons from New York State," *Phi Delta Kappan* 83, no. 7(March 2002): 513-517 참조.
39) New Schools Venture Fund website: http://www.newschools.org/viewpoints/gatesrelease2006.html, accessed January 20, 2007 참조.
40) The Boston Foundation website: http://www.tbf.org/About/about-L2.asp?ID=97, accessed January 20, 2007 참조.
41) Lowell C. Rose and Alec M. Gallup, "The 38th Annual Phi Delta Kappa/Gallup Poll of the Public's Attitudes Toward the Public Schools," p. 44.
42) Website: http://www.bengamlacharter.org, accessed August 13, 2007.
43) Website: http://www.schools.nyc.gov/doefacts/factfinder/ServiceDetails.aspx?id=135, accessed August 13, 2007.
44) *The Orlando Sentinel,* Section A, March 25 through 28, 2007 참조.

45) Matthew Carr and Samuel R. Staley, *Using the Ohio Proficiency Test to Analyze the Academic Achievement of Charter School Students: 2002-2004,* Buckeye Institute Website: http://www.buckeyeinstitute.org/docs/Policy_Brief_Charter_Achievement.pdf, accessed January 20, 2007. 참조. 또한 U.S. Department of Education, *Charter High Schools Closing the Achievement Gap* (Washington, D.C.: U.S. Government Printing Office, 2006) 참조.

46) National Education Association, *Charter Schools Show No Gains Over Public Schools,* National Education Association website: http://www.nea.org/charter/naepstudy.html, accessed January 20, 2007.

47) National Center for Education Statistics, "Home Schooling in the United States: 1999," website: http://nces.ed.gov/pubs2001/HomeSchool, accessed June 15, 2003. 홈스쿨링에 대한 추가 자료는 National Education Research Institute website: http://www.nheri.org and NHERI journal *Home School Research* 참조.

48) National Center for Education Statistics website: http://nces.ed.gov/nheri/homeschool, accessed January 20, 2007.

49) National Center for Education Statistics website: http://nces.ed.gov/fastfacts/display.asp?id=65, accessed January 20, 2007.

50) National Center for Education Statistics website: http://nces.ed.gov/programs/digest/d05/tables/dt05_084.asp, accessed January 20, 2007.

51) John Holt, *Teach Your Own: A Hopeful Path for Education* (New York: Delacorte Press/Seymour Lawrence, 1981). 또한 John Holt, *How Children Fail* (New York: Dell, 1964) 참조.

52) *Wisconsin v. Yoder* 406 U.S. 205 (1972).

53) 예로 Growing Stars website: http://growingstars.com, accessed January 20, 2007 and Tutor Vista website: http://www.tutorvista.com, accessed January 20, 2007 참조.

54) 예로 *Unschooling Is a Type of Homeschooling,* website: http://geocities.com/Heartland/Pointe/2073/article.html, accessed January 20, 2007 참조.

55) Ivan Illich, *Deschooling Society* (New York: Harper & Row, 1971).

56) Lawrence M. Rudner, "Student Achievement and Demographic Characteristics of Home School Students in 1998," *Education Policy Analysis Archives 7,* no. 8, March 21, 1999, Gene V. Glass, ed., College of Education, Arizona State University, website: http://epaa.asu.edu/epaa/vtn8, accessed June 15, 2003. Lawrence M. Rudner, "The Scholastic Achievement of Home School Students," *ERIC/AE Digest,* ERIC Clearinghouse on Assessment and Evaluation, 1999, website: http://ericfacility.net/ericdigests/ed435709.html, accessed June 15, 2003 참조.

57) Dave S. Hurst, "We Cannot Ignore the Alternatives," *Educational Leadership* 52, no. 1(September 1994): 78.

58) Gerald W. Bracey, *What You Should Know About the War Against America's Public Schools* (Boston: Allyn and Bacon, 2003).

59) American Community Survey, U.S. Bureau of the Census website: http://www.factfinder.census.gov/servlet/ACSSAFFFacts?_event=geo_id=0100, accessed January 22, 2007.

60) U.S. Bureau of the Census, Robert Bernstein, Public Information Office, website: http://census.gov/Press-Release/www/releases/archives/population/010048.html, accessed May 17, 2007.

61) *Lau v. Nichols,* 414 U.S. 563 (1974).

62) U.S. English, Inc. website: http://www.usenglish.org, January 22, 2007, accessed January 22, 2007 참조.

63) Fitchburg High School website: http://www.fitchburg.k12.ma.us/fhs/index.php, accessed January 22, 2007 참조.

64) American Library Association, "Most Challenged Books of the 21st Century (2002-2005)" website: http://www.ala.org/ala/oif/bannedbooksweek/bbwlinks/topten2000to2005.htm, accessed January 2, 2007.

65) American Library Association, "Challenged and Banned Books," website: http://www.ala.org, accessed June 17, 2003. 또한 Office of Intellectual Freedom website: http://www.ala.org/ala/org/oif and The Online Books Page, "Banned Books on Line," 법적 저자에 의해 금지되거나 검열된 도서 목록에 관해서는 website: http://onlinebooks.library.upenn.edu/banned-books.html 참조.

66) American Library Association, *Most Challenged Books,* op. cit.

67) Sidney B. Simon, Leland W. Howe, and Howard Kirschenbaum, *Values Clarification* (New York: Hart, 1972). 가치 분류에 관한 문법학자들 비판은 다음과 같다. Richard Mitchell, *Less Than Words Can Say* (Boston: Little Brown, 1979). pp. 79-95.

68) *Epperson v. Arkansas,* 393 U.S. 97 (1968).

69) 최근 사례의 논의에 대해서는 이 책의 pp. 735-738 참조.

70) *Hazelwood School District v Kuhlmeier,* No. 86-836 (1994).

71) *Tinker v. Des Moines Independent Community School District,* 393 (U.S. 503), 89 Cup. Ct. 733 (1969).

72) http://landru.leg.state.or.us/07reg/measures/hb3200.dir/hd3279.en.html, accessed July 28, 2007. 참조.

73) Diane Ravitch, *The Language Police: How Pressure Groups Restrict What Students Learn* (New York: Alfred Knopf, 2003).

74) Madeline Grumet, *Bitter Milk: Women and Teaching* (Amherst, Mass.: The University of Massachusetts Press, 1988), p. 4.

75) Myra and David Sadker, "Sexism in the Schoolroom of the 80's," *Psychology Today* 19, no. 3(March 1985): 54-57.

76) American Association of University Women and Wellesley College Center for Research on Women, *How Schools Shortchange Girls: The AAUM Report: A Study of the Major Findings on Girls and Education* (Washington, D.C.: AAUW Educational Foundation, 1992).

77) Marcia Thurmond, *Civil Liberties: The National Newsletter of the ACLU 380, spring 1994,* website: http://www.skepticfiles.org/aclu/thurmond.htm, accessed January 27, 2007. 참조.

78) *FairTest Examiner,* "Test-Makers to Revise Nat.Merit Exam to Address Gender Bias: FairTest Complaint Will Lead to Millions More for Girls, Fall 1996," website: http://www.fairtest.org/examarts/fall96/natmerit.htm, accessed January 27, 2007 참조.

79) National Center for Education Statistics, U.S. Department of Education, *Trends in Educational Equity of Girls & Women: 2004,* website: http://nces.ed.gov/pubs2005/equity, accessed January 27, 2007.

80) Jay P. Greene and Marcus A. Winters, *Leaving Boys Behind: Public High School Graduation Rates,* Civic Report 48, Manhattan Institute for Policy Research, April 2006, website: http://manhattan-institute.org/html/cr_48.htm, accessed January 27, 2007.

81) Michael Gurian and Kathy Stevens, *The Minds of Boys: Saving Our Sons from Falling Behind in School and Life* (San Francisco: Jossey-Bass, 2005), p. 22.

82) Janice Weinman and Judith Kleinfeld, "Do Public Schools Shortchange Girls on Educational Opportunities?" *Insight* 14, no. 4(December 14, 1998). 또한 Judith Kleinfeld, "Student Performance:

Males versus Females," *The Public Interest* 134 (1999) 참조.

83) American Association of University Women and American Institutes for Research, *Gender Gap: Where Schools Fail Our Children* (New York: Marlowe & Co., 1999).

84) Ibid, p. 12.

85) Horatio Alger Association, *The State of Our Nation's Youth* (Alexandria, Va.: Horatio Alger Association, 1997).

86) Sara Mead, "The Truth About Boys and Girls," Education Sector, June 27, 2006, website: http://www.educationsector.org/analysis/analysis_show.htm?doc_id=378305, accessed January 28, 2007.

87) Jacquelynne C. Eccles and Rena D. Harold, *Gender Differences in Sport Involvement: Applying the Eccles' Expectancy-Value Model* (Ann Arbor, Mich.: University Press, n.d.), pp. 28-29.

88) Lynn Phillips, *The Girls Report* (New York: National Council for Research on Women, 1998).

89) Dan Kindlon and Michael Thompson, *Raising Cain: Protecting the Emotional Life of Boys* (New York: Ballantine Books, 1999).

90) Robert J. Havighurst, *Developmental Tasks and Education*, 1st ed. (Chicago: University of Chicago Press, 1972).

91) National Association for Single-Sex Public Education, website: http://www.singlesexschools.org/schools.html, accessed January 28, 2007.

92) Austin Independent School District website: http://www.austin.isd.tenet.edu/schools/annrichards/research.phtml, accessed April 22, 2007.

93) Patricia B. Campbell and Jo Sanders, "Challenging the System: Assumptions and Data Behind the Push for Single-Sex Schooling," in Amanda Datnow and Lea Hubbard, eds., Gender Policy and Practice (New York: Routledge Falmer, 2002), p. 32.

94) Cornelius Riordan, "What Do We Know About the Effects of Single-Sex Schools in the Private Sector?: Implications for Public Schools," in Datnow and Hubbard, eds., Gender Policy and Practice (New York: Routledge Falmer, 2002), p. 11.

95) Caryl Rivers and Rosalind Chait Barnett, "Don't Believe in 'Boy Crisis.'" April 10, 2006, Brandeis University website: http://www.brandeis.edu?news/item?newsitem_id=104601&show_release_date=1, accessed January 28, 2007.

96) Association for Supervision and Curriculum Development, *SmartBrief,* December 14, 2006, website: http://www.smartbrief.com/ascd, accessed January 28, 2007.

97) See American Civil Liberties Union, "Federal Judge Rules Okeechobee, FL Students Can Form Gay-Straight Alliance Club," April 6, 2007, website: http://www.aclu.org/lgbt/youth/29283prs20070406.html, accessed April 22, 2007.

98) Parents Resource Institute for Drug Education (PRIDE) website: http://www.pridesurveys.om/Reports/index.html#national.

99) American Legacy Foundation website: http://americanlegacy.org.

100) *National Survey on Drug Use and Health,* U.S. Department of Health and Human Services, September 2006, website: http://oas.samhsa.gov/nsduh/2k5nsduh/2k5Results.htm#High, accessed April 10, 2007.

101) Office of National Drug Control Policy Media Campaign, National Youth Anti-Drug Media Campaign, *New Report on Alarming Trends in Girls' Use of Drugs, Alcohol, Cigarettes, and Prescription Drugs,*

February 9, 2006, website: http://www.mediacampaign.org/newsroom/press06/020906.html, accessed January 31, 2007.

102) *National Survey,* op. cit.

103) The NSDUH Report, *Driving Under the Influence (DUI) Among Young Persons,* December 31, 2004, website: http://oas.samhsa.gov/2k4/youthDUI/youthDUI.pdf, accessed January 31, 2007 참조.

104) *National Survey*, op. cit.

105) University of Michigan, Institute for Social Research, 보도자료 December 21, 2006, Study website: http://www.monitoringthefuture.org, accessed January 31, 2007.

106) 매년 발간되는 Phi Delta Kappa/Gallup Poll of the Public' s Attitudes Toward the Public Schools, *Phi Delta Kappan,* 일반적으로 9월호에 게재.

107) National Center for Health Statistics, Centers for Disease Control and Prevention, "U.S. Pregnancy Rates in the United States Lowest in Two Decades," September 11, 2000, website: http://www.cdc.gov/nchs/releases/00facts/trends.htm, accessed June 27, 2003.

108) Stephanie J. Ventura, Joyce C. Abma, William D. Mosher, and Stanley K. Henshaw, National Center for Health Statistics, Centers for Disease Control and Prevention, *Recent Trends in Teenage Pregnancy in the United States, 1990-2002,* January 11, 2007, website: http://www.cdc.gov/nchs/products/pubs/pubd/hestats/teenpreg1990-2002/teenpreg1990-2002.htm, accessed February 2, 2007.

109) Centers for Disease Control and Prevention, *Teenpreg 1990-2002,* 임신, 출산, 낙태, 유산 표. website: http://www.cdc.gov/nchs/data/hestat/teenpreg1990-2002_tables.pdf, accessed February 3, 2007.

110) Ibid.

111) Joyce V. Abma, Gladys M. Martinez, Dr. William Mosher, and Brittany S. Dawson, Centers for Disease Control and Prevention, *Teenagers in the United States: Sexual Activity, Contraception, and Childbearing: 2002,* website: http://www.cdc.gov/nchs/data/series/sr_23/sr23_024.pdf, accessed February 2, 2007.

112) Centers for Disease Control and Prevention, *Teenpreg 1990-2002* tables, op. cit.

113) National Center for Health Statistics, Centers for Disease Control and Prevention, "U.S. Pregnancy Rates Lowest in Two Decades," op. cit.

114) National Interagency Forum on Child and Health Statistics, *America's Children: Key National Indicators of Well-Being, 2007,* website: http://www.childstats.gov/americachildren/beh4.asp, accessed July 14, 2007.

115) National Institute of Allergy and Infectious Diseases, "An Instruction to Sexually Transmitted Diseases," July 1999, website: http://www.niaid.nih.gov/factsheets/stdinfo.htm, accessed June 28, 2003.

116) H. Weinstock, S. Berman, and W. Cates, "Sexually Transmitted Diseases Among American Youth: Incidence and Prevalence Estimation, 2000," Alan Guttmacher Institute, *Perspectives on Sexual and Reproductive Health 2004* 36 (1): 6-10 at Centers for Disease Control and Prevention website: http://cdc.gov/ std/stats04/trends2004.htm, accessed February 3, 2007.

117) U.S. Department of Education, *Genital Herpes,* May 2005, website: http://www.4woman.gov/faq/stdherpe.htm#2, accessed February 3, 2007.

118) United Nations, *Global Summary of the AIDS Epidemic,* December 2006, website: http://data.unaids.org/pub/EpiReport/2006/02-Global_Summary_2006_ EpiUpdate_eng.pdf, accessed February 3, 2007.

119) Centers for Disease Control and Prevention, *Morbidity and Mortality Weekly Report,* June 1, 2001,

website: http://www.cdc.gov/mmwr/PDF/wk/mm5021.pdf, accessed June 27, 2003.

120) Centers for Disease Control and Prevention, *CDC, Morbidity and Mortality Weekly Report,* June 2, 2006, "Twenty-Five Years of HIV/AIDS—United States, 1981-2006," website: http://www.cdc.gov/MMWR/preview/MMWRhtml/mm5521al. htm, accessed February 3, 2007.

121) RFSU(the Swedish association for sexuality education), *Knowledge, Reflection, and Dialogue: Swedish Sexuality Education in Brief,* website: http://www.rfsu.org/swedish_sexuality_education.asp, accessed April 15, 2007. 참조.

122) "Sex Education in America," *An NPR/Kaiser/Kennedy School Poll,* 2007, website: http://www.npr.org/templates/story/story.php?storyID=1622610, accessed February 3, 2007 참조.

123) Heather Boonstra, "Legislators Craft Alternate Vision of Sex Education to Counter Abstinence-Only Drive," *The Guttmacher Report on Public Policy,* May 2002, Vol. 5, No. 2, Kaiser Family 재단과 ABC 텔레비전에서 이루어진 1998 주표 분석, website: http://www.guttmacher.org/pubs/tgr/05/2/gr050201.html, accessed February 3, 2007.

124) Sexuality Information and Education Council of the United States (SIECUS), *Sexuality Education and Abstinence-Only-Until-Marriage Programs in the States: An Overview,* 2005, website: http://siecus.org/policy/states/2005/analysis.html, accessed February 2, 2007 참조.

125) Joy C. Dryfoos, "Full-Service Schools: What They Are and How to Get to Be One," *NASSP Bulletin* 77, no. 557(December 1993): 1-3.

126) Joy C. Dryfoos, *Full-Service Schools: A Revolution in the Health and Social Services for Children, Youth, and Families* (San Francisco: Jossey-Bass, 1994), p. 12.

127) Dryfoos, "Full-Service Schools, What They Are," op. cit.

128) National Assembly on School-Based Health Care, *School-Based Health Care Establishment Act of 2006,* website: http://www.nasbhc.org/APP/2006_SBHC_ Legislation_Summary.pdf, accessed February 3, 2007.

129) Ibid.

130) 584 N.Y.S. 2d (N.Y. Sup. Ct., 1992).

131) Stanley M. Elam, Lowell C. Rose, and Alec M. Gallup, "The 25th Annual Phi Delta Kappa/Gallup Poll," *Phi Delta Kappan* 75, no. 2(October 1993): 152.

132) National Condom Availability Clearinghouse, *The Facts: School Condom Availability,* July 30, 2007, website: http://www.advocatesforyouth.org/publications/factsheet/fsschcon.htm, accessed July 31, 2007.

133) Deborah P. Britzman, *Lost Subjects, Contested Objects: Toward a Psychoanalytical Inquiry of Learning* (Albany, N.Y.: State University of New York Press, 1998), p. 76.

134) Robert Wood Johnson Foundation, *American Heart Association, Clinton Foundation, Robert Wood Johnson Foundation to Help Schools Create Healthier Environment for Nation's Schools,* February 13, 2006, website: http://www.rwjf.org/newsroom/newsreleasesdetail.jsp?id=10395, accessed February 3, 2007.

135) *Plessy v. Ferguson,* 163 U.S. 537, 16 S. Ct. 1138 (1896).

136) *Brown v. Board of Education of Topeka, Kansas,* 347 U.S. 483, 74 Sup. Ct. 686 (1954).

137) James S. Coleman et al., *Equality of Educational Opportunity* (Washington, D.C.: U.S. Office of Education, 1966) 참조.

138) *Swann v. Charlotte-Mecklenburg Board of Education,* 402 U.S. 1 (1971).

139) Erica Frankenberg, Chungmei Lee, and Gary Orfield, "A Multiracial Society with Segregated Schools: Are We Losing the Dream?" The Civil Rights Project, Harvard University, January 2003, website: http://www.greaterdiversity.com/education-resources/ed_articles03/AreWeLosingtheDream.pdf, accessed April 11, 2007.

140) Jonathan Kozol, *The Shame of the Nation: The Restoration of Apartheid Schooling in America* (New York: Crown Publishers, 2005).

141) See Richard D. Kahlenberg, "The New Integration," *Educational Leadership* 63, no. 8(May 2006): 22-26.

142) Portland Public Schools, *African-American Baseline Essays* (Portland, Ore.: Portland Public Schools, 1989). 또한 Portland Public Schools, *Multicultural/Multiethnic Education in Portland Public Schools,* 1988 참조.

143) Kenneth T. Henson, *Curriculum Planning: Integrating Multiculturalism, Constructivism, and Education Reform* (Long Grove, Ill.: Waveland Press. 2006). p. 5.

144) Christine E. Sleeter, *Multicultural Education as Social Activism* (Albany, N.Y.: State University of New York Press, 1996).

145) James A. Banks, *Cultural Diversity and Education: Foundations, Curriculum, and Teaching,* 5th ed. (Boston: Allyn and Bacon, 2006), p. 3.

146) Lilian and Oscar Handlin, "America and Its Discontents: A Great Society Legacy," *The American Scholar* 64, no. 1(Winter 1995): 15-37.

147) Ibid., p. 36.

148) Hugh B. Price, "Multiculturalism: Myths and Realities," *Phi Delta Kappan* 74, no. 3(November 1992): 212.

149) Jeannie Oakes, *Keeping Track: How Schools Structure Inequality* (New Haven: Yale University Press, 1985), p. 26.

150) Deborah P. Britzman, *Practice Makes Practice: A Critical Study of Learning to Teach* (Albany, N.Y.: State University of New York Press, 1991), p. 41.

151) Geneva Gay, "Achieving Educational Equality Through Curriculum Desegregation," *Phi Delta Kappan* 72, no. 1(September 1990): 56-62.

152) Ibid., p. 60.

153) Ibid., p. 62.

154) Leslie Agard-Jones, "Implementing Multicultural Education," *Multicultural Education* 1, no. 1 (Summer 1993): 13-15, 38 참조.

155) James A. Banks and Cherry McGee Banks, eds. *Multicultural Education: Issues and Perspectives,* 5th ed. (Hoboken, N.J.: Wiley, 2004), p. 5.

156) Ibid., p. 9.

157) Arthur M. Schlesinger, Jr., *The Disuniting of America: Reflections on a Multicultural Society* (Knoxville, Tenn.: Whittle Direct Books, 1991), pp. 82-83.

158) Ibid., p. 67.

159) Patrick J. Buchanan, *State of Emergency: The Third World Invasion and Conquest of America* (New York: Thomas Dunne Books, St. Martin's Press, 2006), p. 13.

160) *Regents of the University of California v. Bakke,* 438 U.S. 265 (1978).

161) *Grutter v. Bollinger et al.* [N. 02-241, 539 U.S. (June 23, 2003)] and *Gratz et al. v. Bollinger et al.* 539

U.S. [N. 02-516 (June 23, 2003)].

162) State of Michigan, State Ballot Proposal Status, website: http://www.michigan.gov/documents/Statewide_Bal_Prop_Status_145801_7.pdf, accessed February 6, 2007.

163) Paul R. Burden and David M. Byrd, *Methods for Effective Teaching: Promoting K-12 Student Understanding,* 4th ed. (Boston: Allyn and Bacon, 2007), p. 96.

164) James A. Banks, *Educating Citizens in a Multicultural Society* (New York: Teachers College Press, 1997), p. 9.

165) U.S. Department of Education, *Teaching Language for National Security and American Competitiveness,* January 2006, website: http://www.ed.gov/teachers/how/academic/foreign-language/teaching-language.html, accessed August 1, 2007.

166) Gerald W. Bracey, *The War Against America's Public Schools: Privatizing Schools, Commercializing Education* (Needham Heights, Mass.: Allyn and Bacon, 2001). See also Gerald W. Bracey, *What You Should Know About the War Against America's Public Schools* (Boston: Allyn and Bacon, 2003).

167) Danny Weil, *School Vouchers and Privatization: A Reference Handbook* (Santa Barbara, Calif.: ABC-CLIO, 2002).

168) "Performance Contracting as Catalysts for Reform," *Educational Technology* 9, no. 8(August 1969): 5-9. See also Charles Blaschke, "Performance Contracting Costs, Management Reform and John Q. Citizen," *Phi Delta Kappan* 53, no. 4(December 1971): 245-247 참조. 또한 Daniel J. Dieterich, "Performance Contracting: Pot of Gold? Or Pandora's Box?" *The English Journal* 61, no. 4(April 1972): 606-614 참조.

169) Scott Willis, "Public Schools, Private Managers," *ASCD Update* 36, no. 3(March 1994): 1.

170) Ibid.

171) Edison Schools website: http://www.edisonschools.com/edison-school/about-us, accessed February 9, 2007. 또한 website: http://edisonschools/edison-schools/about-us, accessed February 9, 2007과 website: http://www.edisonschools/edison-schools/faqs, accessed February 9, 2007 참조.

172) Knowledge Is Power Program websites: http://www.kipp.org, http://www.kipp.org/01, and http://www.kipp.org/01/whatisakippschool.cfm, accessed February 9, 2007 참조.

173) Alex Molnar, David R. Garcia, Margaret Bartlett, and Adrienne O'Neill, *EMO Annual Report: Profiles of For-Profit Education Management Organizations 2005-2006,* Commercialism in Education Research Unit, Arizona State University, May 2006, website: http://epsl.asu.edu/ceru/CERU_2006_emo.htm, accessed February 9, 2007.

174) Educational Policies Studies Laboratory, Commercialism in Education Research Unit, Arizona State University, *EMO Industry Consolidating, Reconfiguring to Meet Demand for Supplemental Education Services,* website: http://epsl.asu.edu/ceru/Documents/EPSL-0605-04-ERU-press.pdf, accessed February 9, 2007.

175) Library of Congress, Thomas, 109th Congress, 1st session, H. Con. Res. 288, Concurrent Resolution, website: http://thomas.loc.gov/cgi-bin/query/D?c109:2:/temp/~c109HhuX09, accessed February 10, 2007.

176) Ann T. Halverson and Thomas Neary, *Building Inclusive Schools: Tools and Strategies for Success* (Boston: Allyn and Bacon, 2001), p. 1.

177) Suzanne E. Wade and Judy Zone, "Creating Inclusive Classrooms: An Overview," in Suzanne E.

Wade, ed. *Inclusive Education: A Casebook and Readings for Prospective and Practicing Teachers* (Mahwah, N.J.: Lawrence Erlbaum Associated, 2002), p. 7.

178) Carol A. Kochar, Lynda L. West, and Juliana M. Taymans, *Successful Inclusion: Practical Strategies for a Shared Responsibility* (Upper Saddle River, N.J.: Merrill, 2000), p. 9.

179) James McLesky and Nancy L. Waldron, *Inclusive Schools in America: Making Differences Ordinary* (Alexandria, Va.: Association for Supervision and Curriculum Development, 2000), p. 13.

180) Carol Ann Tomlinson and Jay McTighe, *Integrating Differentiated Instruction & Understanding by Design* (Alexandria, Va.: Association for Supervision and Curriculum Development, 2006), pp. 2-3. 또한 Grant Wiggins and Jay McTighe, *Understanding by Design* (Alexandria, Va.: Association for Supervision and Curriculum Development, 1998) 참조.

181) 이 책의 pp. 516-518 참조.

182) McLesky and Waldron, *Inclusive Schools in America,* p. 21.

183) Carl D. Glickman, *Revolutionizing America's Schools* (San Francisco: Jossey-Bass, 1998), p. 93.

184) Ibid., p. 98.

185) Stephen Prothero, *Religious Literacy: What Every American Needs to Know—And Doesn't* (San Francisco: HarperSanFrancisco, 2007). See also David Van Biema, "The Case for Teaching the Bible," *Time* 169, no. 14(April 2, 2007): 40-46.

186) Bible Literacy Project, *Bible Literacy Report: Executive Summary,* website: http://www.bibleliteracy.org/Site/PressRoom/press_execsum.htm, accessed February 15, 2007.

187) Georgia Department of Education, *Georgia Performance Standards for Literature and History of the Old Testament Era and Georgia Performance Standards for Literature and History of the New Testament Era,* websites: http://www.doe.k12.ga.us/DMGetDocument.aspx/Literature%20and%20History%20of%20Old%20Testament%20Course.pdf?p=6CC6799F8C1371F60835F40DAB1B1FB27867ED909BA92F3B9B541E3C48706D48&Type=D, accessed April 21, 2007 and http://www.doe.k12.ga.us/DMGetDocument.aspx/Literature%20and%20History%20of%20New%20Testament%20Course.pdf?p=6CC6799F8C1371F6FD10AA52C2BCFC3D96C726B7ABF94BEB94955CB55C734AB7&Type=D, accessed April 21, 2007.

188) Texas Freedom Network, *The Bible and the Public Schools: Report on the National Council on Bible Curriculum in Public Schools,* websites: http://www.tfn.org/religiousfreedom/biblecurriculum/execsummary, accessed February 16, 2007 참조.

189) National Council on Bible Curriculum in Public Schools website: http://www.bibleinschools.net/sdm.asp?pg=implemented, accessed April 21, 2007.

190) The Bible Literacy Project website: http://www.bibleliteracy.org/site/news/bible_newsOpEd060414.htm, accessed April 21, 2007. 또한 Cullen Schippe and Chuck Stetson, eds., *The Bible and Its Influence* (New York/Fairfield, Va.: BLP Publishing, 2006) 참조. *The Bible and Its Influence*의 비공개 시사회 website: http://books.google.com, accessed April 21, 2007, 색인유형: *The Bible and Its Influence.*

191) 이 책의 p. 108 참조.

192) Center for Science and Culture, Discovery Institute, *A Scientific Dissent from Darwinism,* website: http://dissentfromdarwin.org, accessed February 16, 2007.

193) National Center for Science Education, *Defending the Teaching of Evolution in the Public Schools,* website: http://www.ncseweb.org, accessed February 16, 2007 참조.

194) University of Missouri Kansas City Law School, *Creationism in 2001: A State-by-State Report,* website: http://www.law.umkc.edu/faculty/projects/ftrials/conlaw/creationismreport.pdf, accessed February 16, 2007.

195) National Center for Science Education, *The Latest on Evolution from the Pope,* April 12, 2007, websites: http://www.ncseweb.org/resoures/news/2007/XX/721_the_latest_on_evolution_from_t_4_12_2007.asp, accessed April 21, 2007 참조.

196) CBS News website: http://www.cbsnews.com/stories/2004/11/22/opinion/polls/main657083. shtml and the Pew Forum on Religion & Public Life, *Public Divided on Origins of Life: Religion, A Strength and Weakness of Both Parties,* August 25, 1995, website: http://www.pewforum.org/surveys/origins#1, accessed February 16, 2007.

197) Nel Noddings, *Educating for Intelligent Belief and Unbelief* (New York: Teachers College Press, 1993), p. 139.

198) U.S. Department of Education, "Guidance on Constitutionally Protected Prayer in Public Elementary and Secondary Schools," February 7, 2003, website: http://www.ed.gov/policy/gen/guid/religionandschools/prayer_guidance.html, accessed July 10, 2003.

199) Charles C. Haynes and Oliver Thomas, eds., *Finding Common Ground: A First Amendment Guide to Religion and Public Education* (Nashville, Tenn.: The Freedom Forum First Amendment Center, 1994), p. 1.3.

200) Charles C. Haynes, Sam Chaltain, John E. Ferguson, Jr., David L. Hudson, Jr., and Oliver Thomas, *The First Amendment in Schools: A Guide from the First Amendment Center* (Alexandria, Va.: Association for Supervision and Curriculum Development, 2003), p. 17.

201) Noddings, *Education for Intelligent Belief and Unbelief,* p. xv.

202) Ibid., p. 137.

203) Ibid., p. 144.

204) Haynes and Thomas, *Finding Common Ground,* p. 1.1.

205) Joseph M. Carroll, "Organizing Time to Support Learning," *The School Administrator* 51, no. 3 (March 1994): 26-28, 30-32. 또한 Joseph M. Carroll, "The Copernican Plan Evaluated: The Evolution of a Revolution," *Phi Delta Kappan* 76, no. 2(October 1994): 104-113 참조.

206) Floyd Boschee and Mark A. Baron, *Outcome-Based Education: Developing Programs Through Strategic Planning* (Lancaster, Pa.: Technomic Publishing Co., 1993), p. 133.

207) The Center for Education Reform, "Scheduling On the Block," November 1996, website: http://www.edreform.com/pubs/block.htm, accessed July 13, 2003. 또한 Andrea Brumbaugh, "The Copernican Plan: Changing the School Schedule," School Renewal Discussion Forum, June 2001, website: http://www.schoolrenewal.org/strategies/i-4X4-ab.html, accessed July 13, 2003. 참조.

208) National Education Commission on Time and Learning, *Prisoners of Time* (Washington, D.C.: National Education Commission on Time and Learning, April 1994). ERIC document ED366115 (1994).

209) The Center for Education Reform, "Scheduling On the Block," op. cit.

210) PBS, *School-by-School Reform,* Courtenay Singer, "Making Time to Learn," September 2005, website: http://www.pbs.org/makingschoolswork/sbs/kipp/time. html, accessed February 17, 2007.

211) National Commission on Excellence in Education, *A Nation at Risk: The Imperative for Educational Reform* (Washington, D.C.: U.S. Government Printing Office, 1983), p. 29.

212) Don Glines, *Philosophical Rationale for Year-Round Education.* ERIC document ED368075

(1994).

213) Metropolitan School District of Perry Township, Indiana, website: http://msdpt.k12.in.us/html/documents/Edison_schools.pdf, accessed July 29, 2007.

214) PBS, *School-by-School Reform,* Courtenay Singer, "Making the Time to Learn," op. cit.

215) Sizer, *Horace's School,* p. 146.

216) Metropolitan School District of Perry Township, Indiana, op. cit.

217) Making Schools Work with Hedrick Smith, *School-by-School Reform,* "KIPP: Knowledge Is Power Program," September 2005, website: http://www.pbs.org/makingschoolswork/sbs/kipp/index.html, accessed July 29, 2007.

218) Charles Ballinger, *Annual Report to the Association on the Status of Year-Round Education.* ERIC document ED358551 (1993).

219) Vicki T. Howell, *An Examination of Year-Round Education: Pros and Cons That Challenge Schooling in America.* ERIC document ED298602 (1988).

220) Ibid.

221) Ballinger, *Annual Report.*

222) Elizabeth A. Palmer and Amy E. Bemis, "Year-Round Education," University of Minnesota Extension Service, 1999, website: http://www.extension.umn.edu/distribution/familydevelopment/components/7286-09.html, accessed July 13, 2003.

223) National Association for Year-Round Education, *Number of Public, Charter, and Private Schools with Year-Round Programs, 2005-2006,* website: http://www.nayre.org/SchoolsbyState.html, accessed February 17, 2007.

224) National Association for Year-Round Education, *Year-Round Education Web Sites* website: http://www.nayre.org/related.html, accessed July 13, 2003.

225) California Department of Education, *2005-2006 Oxnard Elementary Year-Round Schools,* website: http://www.cde.gov/ls/fa/yr/oxnardyreschls05.asp, accessed February 17, 2007.

226) 다양한 계획에 대한 설명은 Howell, *An Examination of Year-Round Education* 참조. 또한 David J. Musatti, *Year-Round Education: Calendar Options.* ERIC document ED343278 (1992) 참조.

227) Blaine R. Worthen, *What Twenty Years of Educational Studies Reveal about Year-Round Education.* ERIC document ED373413 (1994), p. 21.

228) Ibid., pp. 11, 23.

229) Palmer and Bemis, "Year-Round Education," op. cit.

230) Howell, *An Examination of Year-Round Education,* p. 25.

231) Stanley M. Elam, Lowell C. Rose, and Alec M. Gallup, "The 24th Annual Gallup/Phi Delta Kappa Poll of the Public's Attitudes Toward the Public Schools," *Phi Delta Kappan* 74, no. 1(September 1992): 49.

232) People for the American Way, *Class-Size Reduction vs. Vouchers,* 2003, website: http://www.pfaw/general/default.aspx?oid=9682, accessed February 18, 2007.

233) Edward Paul Lazear, *Smaller-Class Size No Magic Bullet,* Hoover Institution, 2000, website: http://www.hoover.org/publications/digest/3476106.html, accessed February 18, 2007.

234) Institute for Student Achievement, *Partners Schools,* website: http://www.studentachievement.oe/schoolpartners.html, accessed February 18, 2007.

235) U.S. Department of Education, Smaller Learning Communities Program, website: http://www.ed.gov/programs/skp/research.html, accessed April 22, 2007; U.S. Department of Education, Office of Vocational

and Adult Education, website: http://www.ed.gov/about/offices/list/ovae/pi/hs/schoolsize, html, accessed April 22, 2007; Phi Delta Kappa, "The Impact of School Size: Large Schools vs. Small Ones," *Topics & Trends,* February 2007, website: http://www.pdkmembers. org/ TNT/V6-07.pdf, accessed February 28, 2007 참조.

236) Gerald W. Bracey, *Setting the Record Straight: Responses to Misconceptions About Public Education in the United States* (Alexandria, Va.: Association for Supervision and Curriculum Development, 1997). 1992년 이후 매년 가을(일반적으로 10월)에 발간되는 공교육의 모습에 관한 Bracey의 보고서를 참고하라. *Phi Delta Kappan.*

237) Deborah Meier, *Will Standards Save Public Education?* (Boston: Beacon Press, 2000).

238) Ernest R. House, *Schools for Sale: Why Free Market Policies Won't Improve America's Schools and What Will* (New York: Teachers College Press, 1998), p. 91.

239) Alfie Kohn, *The Schools Our Children Deserve: Moving Beyond Traditional Classrooms and "Tougher Standards"* (Boston: Houghton Mifflin, 1999), p. 22.

240) Ibid., p. 14.

241) Marion Brady, "The Standards Juggernaut," *Phi Delta Kappan* 81, no. 9(May 2000): 649-651.

242) Susan Ohanian, *One Size Fits Few: The Folly of Educational Standards* (Portsmouth, N.H.: Heinemann, 1999): pp. ix-x.

243) Brady, "The Standards Juggernaut," p. 649.

244) Judy F. Carr and Douglas E. Harris, *Succeeding with Standards: Linking Curriculum, Assessment, and Action Planning* (Alexandria, Va.: Association for Supervision and Curriculum Development, 2001), p. 2.

245) Ibid., pp. 5, 14, 145.

246) Fenwick W. English and Betty E. Steffy, *Deep Curriculum Alignment: Creating a Level Playing Field for All Children on High-Stakes Tests of Educational Accountability* (Lanham, Md.: The Scarecrow Press, 2001), p. 63.

247) Ibid., pp. 63-74.

248) Ron Brandt, "On Outcome-Based Education: A Conversation with Bill Spady," *Educational Leadership* 50, no. 4(December 1992/January 1993): 66.

249) Glickman, *Revolutionizing America's Schools,* p. 43.

250) Hirsch, *The Schools We Needs,* p. 26.

251) Diane Ravitsch, *National Standards in American Education: A Citizen's Guide* (Washington, D.C.: The Brookings Institution, 1995), p. 11.

252) Elam et al., "The 26th Annual Phi Delta Kappa/Gallup Poll," p. 48.

253) Lowell C. Rose and Alec M. Gallup, "The 39th Annual Phi Delta Kappa/Gallup Poll of the Public's Attitudes Toward the Public Schools," *Phi Delta Kappan* 89, no. 1(September 2006): 36-37.

254) Peter W. Hill and Carmel A. Crevola, "The Role of Standards in Educational Reform for the 21st Century," in David D. Marsh, ed., *Preparing Our Schools for the 21st Century,* 1999 Yearbook (Alexandra, Va.: Association for Supervision and Curriculum Development, 1959), p. 139.

255) Ravitsch, *National Standards in American Education,* pp. 178, 186.

256) Beverly Falk, *The Heart of the Matter: Using Standards and Assessment to Learn* (Portsmouth, N.H.: Heinemann, 2000), p. 102.

257) Marc R. O'Shea, *From Standards to Success: A Guide for School Leaders* (Alexandria, Va.: Association

for Supervision and Curriculum Development, 2005), pp. 1-2.

258) U.S. Development of Education website: http://www.ed.gov/policy/elsec/leg/esea02/index.html, accessed February 24, 2007.

259) U.S. Department of Education, No Child Left Behind: A Parent's Guide, 2003, website: http://www.ed.gov/parents/academic/involve/nclbguide/parentsguide.pdf, accessed February 24, 2007.

260) American Alliance for Health, Physical Education, Recreation & Dance, "Most States Receive a Failing Grade on Physical Education Requirements," *State of the Nation Report*, website: http://www.aahperd.org/naspe/ShapeOfTheNation/template.cfm?template=presRelease.html, accessed April 23, 2007.

261) Division of Governmental Relations, Texas Education Agency, *Briefing Book on Public Education 80th Texas Legislative Session*, July 2007, website: http://www.tea.state.tx.us/tea/LegBreBooJul07.pdf, accessed July 20, 2007.

262) Rose and Gallup, "The 38th Annual Phi Delta Kappa/Gallup Poll," pp. 51-52.

263) Kansas Department of Education, *Accountability Report, 2004-2005*, website: http://www3.ksde.org/accountability/accountability_report_2004_2005.pdf, accessed February 24, 2007.

264) Wendy Grigg, Patrick Donahue, and Gloria Dion, *The Nation's Report Card: 12th Grade Reading and Mathematics 2005*, Institute of Educational Sciences, National Center for Education Statistics, National Assessment of Educational Progress, February 2007, website: http://nces.ed.gov/nationsreportcard/pubs/main2005/2007468.asp, accessed February 24, 2007.

265) Gerald W. Bracey, "The 16th Bracey Report on the Condition of Public Education," *Phi Delta Kappan* 88, no. 2(October 2006): 152.

266) Ibid.

267) Elizabeth Weiss Green, "Local Success, Federal Failure," *U.S. News & World Report* 142, no. 8(March 5, 2007): 44-45.

268) Rose and Gallup, "The 39th Annual Phi Delta Kappa/Gallup Poll," p. 34.

269) Claire Campbell, contact, "The Education Trust Honors Five. 'Dispelling the Myth' Schools," October 30, 2006, website: http://www2.edtrust.org/EDTrust/Press+Room/DTM+Winners+2006.htm, accessed April 23, 2007.

270) Bill Gates co-chair, "U.S. Senate Committee Hearing," March 7, 2007, website: http://www.gatesfoundation.org/MediaCenter/Speeches/Co-ChairSpeeches/BillgSpeeches/BGSpeechesHELP-070307.htm, accessed April 23, 2007.

271) Jack Jennings and Diane Stark Rentner, "Ten Big Effects of the No Child Left Behind Act on Public Schools," *Phi Delta Kappan* 88, no. 2(October 2006): 113.

272) Rose and Gallup, "The 39th Annual Phi Delta Kappa/Gallup Poll," p. 44 참조.

273) National Council for the Accreditation of Teacher Education, *NCATE 101: A Primer on Accreditation* (Washington, D.C.: National Council on the Accreditation of Teacher Education, 2006).

274) Diane Ravitsch, *Left Back: A Century of Failed School Reform* (New York: Simon and Schuster, 2000), p. 453.

275) 센터, 기관, 저널, 연구소의 인터넷 주소로 부록을 참고하라.

276) Steve Jobs, *Steve Jobs Criticizes Teacher Unions,* Mac-Minute website: http://www.macminute.com/2007/02/18/jobs-teacher-unions, accessed February 25, 2007.

277) Ravitsch, *Left Back: A Century of Failed School Reform*, p. 453.

◆ 참고문헌 ◆

이 장에서 논의한 주제와 관련하여 연구를 할 사람들에게 도움을 주기 위하여 이 참고문헌에서는 이 장에서 다룬 열두 가지의 최근 이슈를 참고목록에서 찾을 수 있게 숫자를 괄호 속에 표시하였다. 참고문헌 뒤의 (G) 표시는 일반적인 것을 나타낸다.

Agard-Jones, Leslie. "Implementing Multicultural Education." Multicultural Education 1, no. 1 (Summer 1993): 13-15, 38. (7)

Alan Guttmacher Institute. Sex and America's Teenagers. New York: The Alan Guttmacher Institute, 1994. (6)

American Association of University Women and American Institutes for Research. Gender Gaps: Where Schools Fail Our Children. New York: Marlowe & Co., 1999. (5)

American Association of University Women Educational Foundation. Separated by Sex: A Critical Look at Single-Sex Education for Girls. Washington, D.C.: AAUW Educational Foundation, 1998. (5)

American Library Association, Office of Intellectual Freedom. *Intellectual Freedom Manual,* 6th ed. Chicago: American Library Association, 2002. (4)

Ballinger, Charles. *Annual Report to the Association on the Status of Year-Round Education, 1993.* ERIC document ED358551. (11)

Banks, James A. *An Introduction to Multicultural Education.* Boston: Allyn and Bacon, 2002. (7)

_____. *Cultural Diversity and Education: Foundations, Curriculum, and Teaching.* Boston: Allyn and Bacon, 2006. (7)

_____. *Educating Citizens in a Multicultural Society.* New York: Teachers College Press 1997. (7)

_____ and Banks, Cherry A. *Multicultural Education: Issues and Perspectives,* 5th ed. Hoboken, N.J.: Wiley, 2004. (7)

Barnes, Julian. "Unequal Education." *U.S. News & World Report* 136, no.19(March 29, 2004): 66-75. (7)

Berger, Allen. "Performance Contracting and Educational Accountability Elements." *Theory Into Practice* 3, no. 8(April 1972): 4-8. (8)

Biema, David Van. "The Case for Teaching the Bible." *TIME* 169, no. 14(April 2, 2007): 40-46. (10)

Blaschke, Charles. "Performance Contracting Costs, Management Reform, and John Q. Citizen." *Phi Delta Kappan* 53, no. 4(December 1971): 245-247. (8)

Boschee, Floyd, and Baron, Mark A. *Outcome-Based Education: Developing Programs*

Through Strategic Planning. Lancaster, Pa.: Technomic Publishing Co., 1993. (11, 12)

Bracey, Gerald W. *Setting the Record Straight: Responses to Misconception About Public Education in the United States*. Alexandria, Va.: Association for Supervision and Curriculum Development, 1997. (G)

______. "The 16th Bracey Report on the Condition of Public Education." *Phi Delta Kappan* 88, no. 2(October 2006): 151–166. (12)

______. *The War against America's Public Schools: Privatizing Schools, Commercializing Education*. Boston: Allyn and Bacon, 2002. (8)

______. *What You Should Know about the War Against America's Public Schools*. Boston: Allyn and Bacon, 2003. (G)

Brady, Marion. "The Standards Juggernaut." *Phi Delta Kappan* 81, no. 9(May 2000): 649–651. (12)

Brisk, Maria Estela. *Bilingual Education from Compensation to Quality Schooling*. Mahwah, N.J.: Lawrence Erlbaum Associates, 2006. (3)

Britzman, Deborah P. *Lost Subjects: Contested Objects: Toward a Psychoanalytic Inquiry of Learning*. Albany, N.Y.: State University of New York Press, 1998. (7)

______. *Practice Makes Practice: A Critical Study of Learning to Teach*. Albany, N.Y.: State University of New York Press, 1991. (7)

Burden, Paul R., and Byrd, David M. *Methods for Effective Teaching*, 3rd ed. Boston: Allyn and Bacon, 2003. (7)

Campbell, Patricia B., and Sanders, Jo. "Challenging the System: Assumptions and Data Behind the Push for Single-Sex Schooling," In Amanda Datnow and Lea Hubbard, eds. *Gender in Policy and Practice*. New York: RoutledgeFalmer, 2002. (5)

Carr, Judy F., and Harris, Douglas E. *Succeeding with Standards: Linking Curriculum, Assessment, and Action Planning*. Alexandria, Va.: Association for Supervision and Curriculum Development, 2001. (12)

Carroll, Joseph M. "The Copernican Plan Evaluated: The Evolution of a Revolution." *Phi Delta Kappan* 76, no. 2(October 1994): 104–113. (11)

______. "Organizing Time to Support Learning." *The School Administrator* 51, no. 3(March 1994): 26–28, 30–33. (11)

"The Charter Schools Movement." *Phi Delta Kappan* 79, no.7 (March 1998): 488–511. (2)

Coleman, James S., et al. *Equality of Educational Opportunity*. U.S. Office of Education, 1966.

Dryfoos, Joy G. *Full-Service Schools: A Revolution in Health and Social Services for Children, Youth, and Families*. San Francisco: Jossey-Bass, 1994. (6)

______. "Full Service Schools: What They Are and How to Get to Be One." *NASSP Bulletin* 77, no. 557(December 1993): 1–3. (6)

Eccles, Jacquelynne S., and Harold, Rena D. *Gender Differences in Sport Involvement:*

Applying the Eccles' Expectancy-Value Model. Ann Arbor, Mich.: University Press, n.d. (5)

Elam, Stanley M., Rose, Lowell C., and Gallup, Alec M. "The 23rd Annual Gallup Poll of the Public's Attitudes Toward the Public Schools. *Phi Delta Kappan* 73, no. 1(September 1991): 47. (2)

_____. "The 24th Annual Phi Delta Kappa/Gallup Poll of the Public's Attitudes Toward the Public Schools." *Phi Delta Kappan* 74, no. 1(September 1992): 49. (6, 11)

_____. "The 25th Annual Phi Delta Kappa/Gallup Poll of the Public' s Attitudes Toward the Public Schools." *Phi Delta Kappan* 75, no. 2(October 1993): 146. (3)

_____. "The 26th Annual Phi Delta Kappa/Gallup Poll of the Public' s Attitudes Toward the Public Schools." *Phi Delta Kappan* 76, no. 1(September 1994): 48-49. (2, 12)

English, Fenwick W., and Steffy, Betty E. *Deep Curriculum Alignment: Creating a Level Playing Field for All Children on High-Stakes Tests of Educational Accountability.* Lanham, Md.: Scarecrow Press, 2001. (12)

Ewers, Justin. "Making History." *U.S. News & World Report* 136, no. 10(March 29, 2004): 76-80. (7)

Falk, Beverly. *The Heart of the Matter: Using Standards and Assessment to Learn.* Portsmouth, N.H.: Heinemann, 2000. (12)

Feinberg, Rosa Castro. *Bilingual Education: A Reference Handbook.* Santa Barbara, Calif.: ABC-CLIO, 2002. (3)

Finnan, Christine, St. John, Edward P., McCarthy, Jane, and Slovacek, Simeon. *Accelerated Schools in Action: Lessons from the Field.* Thousand Oaks, Calif.: Corwin Press, 1996. (12)

Friedman, Thomas L. *The World Is Flat: A Brief History of the Twenty-First Century.* New York: Farrar, Strauss and Giroux, 2005. (1)

Flygare, Thomas J. "The Case of Seagraves v. State of California." *Phi Delta Kappan* 63, no. 2(October 1981): 98-101. (10)

Gay, Geneva. "Achieving Educational Equality Through Curriculum Desegregation." *Phi Delta Kappan* 72, no. 1(September 1990): 56-62. (7)

_____. *At the Essence of Learning: Multicultural Education.* West Lafayette, Ind.: Kappa Delta Pi, 1994. (7)

_____. *Culturally Responsive Teaching: Theory, Research & Practice.* New York: Teachers College Press, 2000. (7)

Gill, Brian P., Timpane, Michael, Ross, Karen E., and Brewer, Dominic J. *Rhetoric Versus Reality: What We Know and What We Need to Know About Vouchers and Charter Schools.* Santa Monica, Calif.: RAND, 2001. (2)

Glickman, Carl D. *Revolutionizing America's Schools.* San Francisco: Jossey-Bass, 1998. (10,

12)

Glines, Don. *YRE Basics: History, Methods, Concerns, Future*. ERIC document, 1994. ED369144. (11)

Green, Elizabeth Weiss. "Local Success, Federal Failure." *U.S. News & World Report* 142, no. 2(March 5, 2007): 44–45. (12)

Gresham, April, Hess, Frederick, Maranto, Robert, and Milliman, Scott. "Desert Bloom: Arizona's Free Market in Education." *Phi Delta Kappan* 81, no, 10(June 2000): 751–757. (2)

Grumet, Madeleine R. *Bitter Milk: Women and Teaching*. Amherst, Mass.: University of Massachusetts Press, 1988. (5)

Gurian, Michael, and Stevens, Kelly. *The Minds of Boys: Saving Our Sons from Falling Behind in School and Life*. San Francisco: Jossey-Bass, 2005. (5)

Halvorsen, Ann T., and Neary, Thomas. *Building Inclusive Schools: Tools and Strategies for Success*. Boston: Allyn and Bacon, 2001. (9)

Handlin, Lilian, and Handlin, Oscar. "America and Its Discontents: A Great Society Legacy." *The American Scholar* 64, no. 1(Winter 1995): 15–37. (7)

Harrington-Lueker, Donna. "Charter 'Profit.'" *The American School Board Journal* 181, no. 9(September 1994): 27–28. (2)

______. "Charter Schools." *The American School Board Journal* 181, no. 9(September 1994): 22-26. (2)

Haynes, Charles C., and Thomas, Oliver. *Finding Common Ground*. Nashville, Tenn.: The Freedom Forum First Amendment Center at Vanderbilt University, 1994. (10)

Haynes, Charles C., Chaltain, Sam, Ferguson, John E., Jr, Hudson, David L., Jr., and Thomas, Oliver. *The First Amendment in Schools: A Guide from the First Amendment Center*. Alexandria, Va.: Association for Supervision and Curriculum Development, 2003. (4, 10)

Henson, Kenneth T. *Curriculum Planning: Integrating Multiculturalism, Constructionism, and Education Reform*. Long Grove, Ill.: Waveland Press, 2006.

Hill, Peter W. and Crevola, Carmel A. "The Role of Standards in Educational Reform for the 21st Century," In David D. Marsh, ed. *Preparing Our Schools for the 21st Century*. 1999 Yearbook. Alexandria, Va.: Association for Supervision and Curriculum Development, 1999, pp. 117–142. (12)

Hirsch, E. D., Jr. *Cultural Literacy: What Every American Needs to Know*. Boston: Houghton Mifflin, 1987. (1)

______, Kett, Joseph F., and Trefil, James S. *The New Dictionary of Cultural Literacy: What Every American Needs to Know*, 2nd ed. Boston: Houghton Mifflin, 2002. (1)

______ and Rowland, William G. *A First Dictionary of Cultural Literacy: What Our Children Need to Know*. Boston: Houghton Mifflin, 1998. (1)

Holt, John. *How Children Fail.* New York: Dell, 1964. (2)

_____. *Teach Your Own: A Hopeful Path for Education.* New York: Delacorte Press/ Seymour Lawrence, 1981. (2)

Horatio Alger Association. *The State of Our Nation's Youth.* Alexandria, Va.: Horatio Alger Association, 1997. (5)

House, Ernest R. *Schools for Sale: Why Free Market Policies Won't Improve America's Schools and What Will.* New York: Teachers College Press, 1998. (8)

Howell, Vicki T. *An Examination of Year-Round Education: Pros and Cons That Challenge Schooling in America.* ERIC document ED298602 (1998). (11)

Hurst, David S. "We Cannot Ignore the Alternatives," *Educational Leadership* 52, no. 1 (September 1994): 78. (2)

Illich, Ivan. *Deschooling Society.* New York: Harper & Row, 1971. (2)

"Improving Instruction for Students with Learning Needs." *Educational Leadership* 64, no. 5 (February 2007): 8–66. (9)

Jennings, Jack, and Rentner, Diane Stark. "Ten Big Effects of the No Child Left Behind Act on Public Schools," *Phi Delta Kappan* 88, no. 2(October 2006): 110–113. (12)

Johnston, L. D., O' Malley, P. M., and Bachman, J. G. *Monitoring the Future Study, 1975–2002. Volume 1: Secondary School Students.* Bethesda, Md.: National Institute on Drug Abuse, 2003. (6)

_____. *Monitoring the Future National Survey on Drug Use, 1975–2002. Volume II: College Students and Adults Ages 19–40.* Bethesda, Md.: National Institute on Drug Abuse, 2003. (6)

_____ and Schulenberg, J. E. (2007). *Monitoring the Future: National Results on Adolescent Drug Use: Overview of Key Findings: 2006.* Bethesda, Md.: National Institute on Drug Abuse. (6)

Kochhar, Carol A., West, Linda L., Taymans, Juliana M., and others. *Successful Inclusion: Practical Strategies for a Shared Responsibility.* Upper Saddle River, N.J.: Merrill, 2000. (11)

Kohn, Alfie. *The Schools Our Children Deserve: Moving Beyond Traditional Classrooms and 'Tougher Standards.'* Boston: Houghton Mifflin, 1999. (1, 12)

Kozol, Jonathan. *The Shame of the Nation: The Restoration of Apartheid Schooling in America.* New York: Crown Publishers, 2005. (7)

McLesky, James, and Waldron, Nancy L. *Inclusive Schools in Action: Making Differences Ordinary.* Alexandria, Va.: Association for Supervision and Curriculum Development, 2000. (9)

Meehan, Diana M. *Learning Like a Girl: Educating Our Daughters in Schools Their Own.* New York: Public Affairs, 2007. (5)

Meier, Deborah. *Will Standards Save Public Education?* Boston: Beacon Press, 2000. (12)

National Commission on Excellence in Education. *A Nation at Risk: The Imperative for Educational Reform*. Washington, D.C.: U.S. Government Printing Office, 1983. (G)

Noddings, Nell. *Educating for Intelligent Belief or Unbelief*. New York: Teachers College Press, 1993. (10)

Oakes, Jeannie. *Keeping Track: How Schools Structure Inequality*. New Haven, Conn.: Yale University Press, 1985. (7)

Ohanian, Susan. *One Size Fits Few: The Folly of Educational Standards*. Portsmouth, N.H.: Heinemann, 1999. (12)

O'Shea, Marc R. *From Standards to Success: A Guide for School Leaders*. Alexandria, Va.: Association for Supervision And Curriculum Development, 2005. (12)

Phillips, Lynn. *The Girls Report*. New York: National Council for Research on Women, 1998. (5)

Popham, W. James. *The Truth About Testing: An Educator's Call to Action*. Alexandria, Va.: Association for Supervision and Curriculum Development, 2001. (12)

Prothero, Stephen. *Religious Literacy: What Every American Needs to Know and Doesn't*. San Francisco: Harper SanFrancisco, 2007. (10)

Ravitch, Diane. *The Language Police: How Pressure Groups Restrict What Students Learn*. New York: Alfred Knopf, 2003. (4)

______. *Left Back: A Century of Failed School Reform*. New York: Simon and Schuster, 2000. (12)

______. *National Standards in American Education: A Citizen's Guide*. Washington, D.C.: The Brookings Institution, 1995. (12)

Riordan, Cornelius. "What Do We Know About the Effects of Single-Sex Schools in the Private Sector?" In Amanda Datnow and Lea Hubbard, eds. *Gender Policy and Practice*. New York: RoutledgeFalmer, 2002. (5)

Roberts, Raymond R. *Whose Kids Are They Anyway?: Religion and Morality in America's Public Schools*. Cleveland: The Pilgrim Press, 2002. (10)

Rose, Lowell C., and Gallup, Alec M. "The 30th Annual Phi Delta Kappa/Gallup Poll of the Public's Attitudes Toward the Public Schools." *Phi Delta Kappan* 80, no. 1(September 1998): 44. (2)

______. "The 31th Annual Phi Delta Kappa/Gallup Poll of the Public's Attitudes Toward the Public Schools." *Phi Delta Kappan* 81, no. 1(September 1999): 44. (2)

______. "The 34th Annual Phi Delta Kappa/Gallup Poll of the Public's Attitudes Toward the Public Schools." *Phi Delta Kappan* 84, no. 1(September 2002): 46. (2)

______. "The 38th Annual Phi Delta Kappa/Gallup Poll of the Public's Attitudes Toward the Public Schools." *Phi Delta Kappan* 88, no. 1(September 2006): 41-56. (G)

Rotberg, Iris C. *Balancing Change and Tradition in Global Education Reform*. Lanham, Md.:

Scarecrow Press, 2005. (7)

Schippe, Cullen, and Stetson, Chuck, eds. *The Bible and Its Influence*. New York: BLP Pub., 2006. (10)

Schlesinger, Arthur M., Jr. *The Disuniting of America: Reflections on a Multicultural Society*. New York: W. W. Norton, 1992. (7)

Siegel, Harvey. "Evolution vs. Creationism." *Phi Delta Kappan* 63, no. 2(October 1981): 95–98. (10)

Sizer, Theodore R. *Horace's School: Redesigning the American High School*. Boston: Houghton Mifflin, 1992. (G)

Sleeter, Christine E. *Multicultural Education as Social Activism*. Albany, N.Y.: State University of New York Press, 1996. (7)

Sommers, Christina Hoff. *The War Against Boys: How Misguided Feminism Is Harming Our Young Men*. New York: Simon and Schuster, 2000. (5)

Stewart, Vivien. "Citizens of the World." *Educational Leadership* 64, no. 7(April 2007): 8–14. (7)

U.S. Department of Education, *Building on Results: A Blueprint for Strengthening the No Child Left Behind Act*. Washington, D.C.: U.S. Department of Education, 2007. (12)

______. *Charter High Schools: Closing the Achievement Gap*. Washington, D.C.: U.S. Government Printing Office, 2006. (2)

Wade, Suzanne E., ed. *Inclusive Education: A Casebook and Readings for Prospective and Practicing Teachers*. Mahwah, N.J.: Lawrence Erlbaum Associates, 2000. (9)

Weil, Danny. *School Vouchers and Privatization*. Santa Barbara, Calif.: ABC-CLIO, 2002. (2, 8)

Weinman, Janice, and Kleinfeld, Judith. "Do Public Schools Shortchange Girls on Educational Opportunities?" *Insight* 14, no. 46(December 14, 1998). (5)

Willis, Claudia, and Steptoe, Sonja. "How to Fix No Child Left Behind." *TIME* 169, no. 23(June 4, 2007): 34–41. (12)

Willis, Scott. "Mainstreaming the Gifted." *Education Update* 37, no. 2(February 1995): 1, 3–4, 9. (9)

Wilson, Steven F. *Learning on the Job: When Business Takes on Public Schools*. Cambridge, Mass.: Harvard University Press, 2006. (8)

"The World in the Classroom." *Educational Leadership* 60, no. 2(October 2002): 6–69. (7)

Worthen, Blaine R. *What Twenty Years of Educational Studies Reveal About Year-Round Education*. ERIC document, 1994. ED373413. (11)

부록

후속 연구를 위한 자원

교육과정 저널

Curriculum Inquiry: http://www.blackwellpublishing.com/journal.asp?ref=0362-6784

Curriculum Review: http://www.paper-clip.com/curriculumreview

Educational Leadership: http://www.ascd.org

Journal of Curriculum and Supervision: http://www.ascd.org

Journal of Curriculum Studies: http://www.tandf.co.uk/journals/titles/00220272.asp

교육자원자료센터(ERIC)

ERIC에서는 120만 편 이상의 학술 논문과 교육 관련 자료를 자유롭게 열람할 수 있다. ERIC은 미 교육과학부 산하의 교육국의 후원을 받고 있다. 16번째 ERIC 이전의 자료는 2003년 12월 31일 열람 서비스가 종료되었다.

ERIC 웹사이트

http://www.eric.ed.gov

http://www.eric.ed.gov/ERICWebPortal/Home.portal?_nfpb=true&_pageLabel=JournalPage&logoutLink=false (journals indexed in ERIC)

http://www.eric.ed.gov/ERICWebPortal/Home.portal?_nfpb=true&_pageLabel=Thesaurus&_nfls=false (thesaurus of ERIC descriptors arranged alphabetically and by category)

교육과학부

http://www.ed.gov/about/offices/list/ies/index.html?src=mr

2002년에 재정된 교육과학 개혁법은 4곳의 국립센터를 두고 있는 미 교육과학부 산하의 교육개발 연구소를 변화시켰다.

National Center for Education Evaluation and Regional Assistance: http://ies.ed.gov/ncee

National Center for Education Research: http://ies.ed.gov/ncer

National Center for Education Statistics: http://nces.ed.gov

National Center for Special Education Research: http://nces.ed.gov/ncser

교육 관련 인터넷 자료

캘리포니아 대학과 산타 바버라 대학에서 제공하는 교육 분야의 인터넷 자료는 다음과 같이 상당히 많은 웹사이트 자료를 제공한다.

Associations, Organizations, and Research Centers

Counseling/Clinical/School Psychology

Education (General)

Electronic Journals and News Services

ERIC

Government and Statistics

Graduate Schools of Education

Lesson Plans and Activities for Teachers

Mailing Lists

Publishers

Standards and Frameworks

Students' Pages

Style Guides

Author: Lorna Lueck

http://www.library.ucsb.edu/subjects/education/education.html

지역 교육연구 프로그램

http://ies.gov/ncee/edlabs/regions

교육 연구 개발을 위해 10개소의 교육연구소가 미 교육부와 지원 협약을 체결하고 설립되었다.

REL Appalachia: http://ies.ed.gov/ncee/edlabs/regions/appalachia/index.asp

REL Central: http://ies.ed.gov/ncee/edlabs/regions/central/index.asp

REL Mid-Atlantic: http://ies.ed.gov/ncee/edlabs/regions/midatlantic/index.asp

REL Midwest: http://ies.ed.gov/ncee/edlabs/regions/midwest/index.asp

REL Northeast and Islands: http://ies.ed.gov/ncee/edlabs/regions/northeast/index.asp

REL Northwest: http://ies.ed.gov/ncee/edlabs/regions/northwest/index.asp

REL Pacific: http://ies.ed.gov/ncee/edlabs/regions/pacific/index.asp

REL Southeast: http://ies.ed.gov/ncee/edlabs/regions/southeast/index.asp

REL Southwest: http://ies.ed.gov/ncee/edlabs/regions/southwest/index.asp

REL West: http://ies.ed.gov/ncee/edlabs/regions/west/index.asp

연구개발센터

Center for the Improvement of Early Reading Achievement: http://www.ciera.org

Consortium for Policy Research in Education: http://www.cpre.org/About_CPRE.htm

Learning Research and Development Center: http://www.lrdc.pitt.edu

National Center for Early Development and Learning: http://www.fpg.unc.edu/~ncedl

National Center for Improving Student Learning and Achievement in Mathematics and Science: http://www.wcer.wisc.edu

National Center for Postsecondary Improvement: http://stanford.edu/group/ncpi/index.html

National Research Center on the Gifted and Talented: http://www.gifted.unconn.edu/nrcgt.html

인용문헌

Excerpts from Ronald C. Doll, *Curriculum Improvement: Decision Making and Process*, 9th ed. (Boston: Allyn and Bacon, 1996). Reprinted by permission of Allyn and Bacon, Inc.

Donald Orlich, from "Educational Reform: Mistakes, Misconceptions, and Misuses," *Phi Delta Kappan* 70, no. 7(March 1989): 517. Adapted from Donald C. Orlich, *Staff Development: Enhancing Human Potential*. Copyright © 1989 by Allyn and Bacon.

From Louis J. Rubin, ed., *Curriculum Handbook: The Disciplines, Current Movements, and Instructional Methodology* (Boston: Allyn and Bacon, 1977). Reprinted by permission of Louis J. Rubin.

J. Lloyd Trump and Delmar F. Miller, from *Secondary School Curriculum Improvement: Meeting the Challenge of the Times,* 3rd ed. (Boston: Allyn and Bacon, 1979). Reprinted by permission of Allyn and Bacon.

Arthur W. Combs, "A Perceptual View of the Adequate Personality," in *Perceiving, Behaving, Becoming*, 1962 Yearbook (Alexandria, Va.: Association for Supervision and Curriculum Development, 1962). Reprinted by permission of the Association for Supervision and Curriculum Development. Copyright © 1962 by the Association for Supervision and Curriculum Development. All rights reserved.

Rita S. Dunn and Kenneth J. Dunn, "Learning Styles/Teaching Styles: Should They... Can They... Be Matched?" *Educational Leadership* 36, no. 4(January 1979). Reprinted with permission of the Association for Supervision and Curriculum Development. Copyright © 1979 by the Association for Supervision and Curriculum Development. All rights reserved.

Susan B. Ellis, "Models of Teaching: A Solution to the Teaching Style/Learning Style Dilemma,"

Educational Leadership 36, no. 4(January 1979). Reprinted with permission of the Association for Supervision and Curriculum Development. Copyright © 1979 by the Association for Supervision and Curriculum Development. All rights reserved.

Fenwick W. English and Roger A. Kaufman, *Needs Asessment: A Focus for Curriculum Development* (Alexandria, Va.: Associatio for Supervision and Curriculum Development, 1975). Reprinted with permission of the Association for Supervision and Curriculum Development. Copyright © 1975 by the Association for Supervision and Curriculum Development. All rights reserved.

Barbara Bree Fischer and Louis Fischer, "Styles in Teaching and Learning," *Educational Leadership* 36, no. 4 (January 1979). Reprinted with permission of the Association for Supervision and Curriculum Development. Copyright © 1979 by the Association for Supervision and Curriculum Development. All rights reserved.

Thomas E. Gatewood and Charles A. Dilg, *The Middle School We Need* (Alexandria, Va.: Association for Supervision and Curriculum Development, 1975). Reprinted with permission of the Association for Supervision and Curriculum Development. Copyright © 1975 by the Association for Supervision and Curriculum Development. All rights reserved.

From *The First Amendment in Schools: A Guide from the First Amendment Center* (p. 17), by Charles C. Haynes, Sam Chaltain, John E. Ferguson, Jr., David L. Hudson, Jr., and Thomas Oliver (Alexandria, Va.: ASCD, 2003). Used with permission. The Association for Supervision and Curriculum Development is a worldwide community of educators *advocating sound policies and sharing best pracices to achieve the success of each learner. To learn more, visit ASCD at www.ascd.org.*

Earl C. Kelley, "The Fully Functioning Self," in *Perceiving, Behaving, Becoming*, 1962 Yearbook (Alexandria, Va.: Association for Supervision and Curriculum Development, 1962). Reprinted with permission of the Association for Supervision and Curriculum Development. Copyright © 1962 by the Association for Supervision and Curriculum Development. All rights reserved.

John Henry Martin, "Reconsidering the Goals of High School Education," *Educational Leadership* 37, no. 4(January 1980). Reprinted with permission of the Association for Supervision and Curriculum Development. Copyright © 1980 by the Association for Supervision and Curriculum Development. All rights reserved.

Abraham H. Maslow, "Some Basic Propositions of a Growth and Self-Actualization Psychology," in *Perceiving, Behaving, Becoming*, 1962 Yearbook (Alexandria, Va.:

Association for Supervision and Curriculum Development, 1962). Reprinted with permission of the Association for Supervision and Curriculum Development. Copyright © 1962 by the Association for Supervision and Curriculum Development. All rights reserved.

James D. Raths, "Teaching Without Specific Objectives," *Educational Leadership* 28, no. 7(April 1971). Reprinted with permission of the Association for Supervision and Curriculum Development. Copyright © 1971 by the Association for Supervision and Curriculum Development. All rights reserved.

Kimball Wiles and Franklin Patterson, *The High School We Need* (Alexandria, Va.: Association for Supervision and Curriculum Development, 1959). Reprinted with permission of the Association for Supervision and Curriculum Development. Copyright © 1959 by the Association for Supervision and Curriculum Development. All rights reserved.

Excerpts from Diane Ravitch, *National Standards in American Education: A Citizen's Guide* (Washington, D.C.: The Brookings Institution, 1995). Reprinted with permission.

From James B. Conant, *Recommendations for Education in the Junior High School Years* (Princeton, N.J.: Educational Testing Service, 1960). Reprinted by permission of Educational Testing Service.

From Peter Sleight, "Information Services: Possibilities Are Endless," *Ft. Lauderdale (FL) News and Sun Sentinel*, July 27, 1980. Reprinted with permission.

Elizabeth Jane Simpson, *The Psychomotor Domain* (Mt. Rainier, Md.: Gryphon House, 1972). Reprinted by permission.

Excerpts from *A Curriculum for the Middle School Years* by John H. Lounsbury and Gordon F. Vars. Copyright © 1978 by John H. Lounsbury and Gordon F. Vars. Reprinted by permission of HarperCollins Publishers.

Excerpts from *Curriculum: Principles and Foundations* by Robert S. Zais. Copyright © 1976 by Harper & Row Publishers, Inc. Reprinted by permission of HarperCollins Publishers.

Excerpts from Harvard Committee, *General Education in a Free Society* (Cambridge, Mass.: Harvard University Press, 1945.) Reprinted by permission.

Excerpts from *Curriculum Planning for Better Teaching and Learning* by J. Galen Saylor and William M. Alexander. Copyright © 1954 by Holt, Rinehart and Winston, Inc. and renewed 1982 by J. Galen Saylor and William M. Alexander. Reprinted by permission of Arthur J. Lewis.

Excerpts from *Curriculum Planning for Better Teaching and Learning*, 4th ed. by J. Galen Saylor, William M. Alexander, and Arthur J. Lewis. Copyright © 1981 by Holt, Rinehart and Winston, Inc. Reprinted by permission of Arthur J. Lewis.

Excerpts from *Planning Curriculum for Schools* by William M. Alexander and J. Galen Saylor. Copyright © 1974 by Holt, Rinehart and Winston, Inc. Reprinted by permission of Arthur J. Lewis.

Donald E. Orlosky and B. Othanel Smith, *Curriculum Development: Issues and Insights.* Copyright © 1978 by Rand McNally College Publishing Company. Used by permission of Houghton Mifflin Company.

From *Horace's School* by Theodore R. Sizer. Copyright © 1992 by Theodore R. Sizer. Reprinted by permission of Houghton Mifflin Company. All rights reserved.

Excerpts from Carl D. Glickman, *Revolutionizing America's Schools* (San Francisco: Jossey-Bass, 1998). Reprinted by permission of the publisher.

Excerpts from Benjamin S. Bloom, *Taxonomy of Educational Objectives: The Classification of Educational Goals: Handbook I: Cognitive Domain* (White Plains, N.Y.: Longman, 1956). Copyright © 1956 by Longman, Inc. Reprinted by permission.

Excerpts from Anita J. Harrow, *A Taxonomy of the Psychomotor Domain: A Guide for Developing Behavioral Objectives* (White Plains, N.Y.: Longman, Inc., 1972). Copyright © 1972 by Longman, Inc. Reprinted by permission.

Excerpts from David R. Krathwohl, Benjamin S. Bloom, and Bertram B. Masia, *Taxonomy of Educational Objectives: The Classification of Educational Goals: Handbook* II*: Affective Domain* (White Plains, N.Y.: Longman, 1964). Copyright © 1964 by Longman, Inc. Reprinted by permission.

From James B. Conant, *The American High School Today.* Copyright © 1959 by McGraw-Hill. Reprinted with the permission of McGraw-Hill Book Company.

Excerpts from W. James Popham, "Practical Ways of Improving Curriculum via Measurable Objectives," *Bulletin of the National Association of Secondary School Principals* 55, no. 355(May 1971): 76. Reprinted by permission.

From Educational Policies Commission, *Education for All American Youth* (Washington, D.C.: National Education Association, 1944). Reprinted by permission.

From Educational Policies Commission, *Moral and Spiritual Values in the Public Schools* (Washington, D.C.: National Education Association, 1951). Reprinted by permission.

From John H. Goodlad, *Planning and Organizing for Teaching* (Washington, D.C.: National Education Association, 1963). Reprinted by permission.

From Joseph J. Schwab, *The Practical: A Language for Curriculum* (Washington, D.C.: National Education Association, 1970). Reprinted by permission.

From Daniel L. Stufflebeam et al., *Educational Evaluation and Decision Making* (Itasca, Ill.: F. E. Peacock, 1971). Copyright © 1971 Phi Delta Kappa Educational Foundation. Reprinted by permisson of Phi Delta Kappa.

Geneva Gay, "Achieving Educational Equality Through Curriculum Desegregation," *Phi Delta Kappan* 72, no. 1(September 1990). Reprinted by permission.

John H. Proctor and Kathryn Smith, "IGE and General Education: Are They Compatible?" *Phi Delta Kappan* 55, no. 8 (April 1974). Reprinted by permission.

J. Lloyd Trump, "Flexible Scheduling: Fad or Fundamental," *Phi Delta Kappan* 44, no. 8(May 1963). Reprinted by permission.

Excerpts from Walter Dick and Lou Carey, *The Systematic Design of Instruction*, 2nd ed. (Glenview, Ill.: Scott, Foresman, 1985). Copyright © 1985 by Scott, Foresman, Inc. Reprinted by permission.

John Dewey, *Interest and Effort in Education* (Boston: Houghton Mifflin, 1913). Reprinted with permission of the Center for Dewey Studies, Southern Illinois University, Carbondale, Illinois.

From Daniel L. Stufflebeam, an address at the Eleventh Annual Phi Delta Kappa Symposium on Educational Research, Ohio State University, June 24, 1970. Reprinted by permission.

Reprinted by permission on the publisher from Stratemeyer, Forkner, McKim, and Passow, *Developing the Curriculum for Modern Living*, 2nd ed., pp. 146-172. (New York: Teachers College Press). Copyright © 1957 by Teachers College, Columbia University. All rights reserved.

Excerpts reprinted by permission of the publisher from Walker, Decker F. and Soltis, Jonas F. *Curriculum and Aims*, 2nd ed. (New York: Teachers College Press). Copyright © 1992 by Teachers College, Columbia University. All rights reserved.

From *Curriculum Development, Theory and Practice*, 1st ed. by Taba/Spalding. 1962. Reprinted with permission of Wadsworth, a division of Thomson Learning: www.thomsonrights.com. Fax (800) 730-2215.

From Gary W. Orwig and Donna J. Baumbach, *What Every Educator Needs to Know About the New Technologies: Interactive Video I* (Orlando, Fla.: University of Central Florida, undated). Reprinted by permission.

Excerpts from *The Child and the Curriculum* by John Dewey. Copyright © 1902 by The University of Chicago. Reprinted by permission of The University of Chicago, publisher. All rights reserved.

Excerpts from Ralph W. Tyler, *Basic Principles of Curriculum and Instruction* (Chicago: The

University of Chicago Press, 1949). Copyright © 1949 by The University of Chicago Press. Reprinted by permission of The University of Chicago, publisher. All rights reserved.

Excerpts from Decker F. Walker, "A Naturalistic Model for Curriculum Development," *School Review* 80, no. 1 (December 1971): 51–67. Reprinted by permission of The University of Chicago, publisher. All rights reserved.

From Jack R. Frymier and Horace C. Hawn, *Curriculum Improvement for Better Schools* (Worthington, Ohio: Charles A. Jones, 1970). Reprinted by permission of Wadsworth Publishing Company.

From Herbert I. Von Haden and Jean Marie King, *Educational Innovator's Guide* (Worthington, Ohio: Charles A. Jones, 1974). Reprinted by permission of Wadsworth Publishing Company.

찾아보기

인 명

내 용

저자 소개

Peter F. Oliva

Southern Illinois University, Florida International University와 Georgia Southern University에서 교수와 학과장을 지냈다. 교육 관련 저널의 유명 논문의 저자로 참여하거나 저명한 저서를 출간하였으며 *Supervision for Today's Schools*(8판)의 저자로도 유명하다. 수년간 고등학교 교사와 상담자로도 근무하였다.

역자 소개

• **강현석 (Kang Hyeonsuk)**
경북대학교 대학원 교육학과 박사
University of Wisconsin-Madison 연구원
현 경북대학교 교육학과 교수

• **이원희 (Lee Wonhee)**
경북대학교 대학원 교육학과 박사
University of Wisconsin-Eau Claire 연구교수
현 대구교육대학교 교육학과 교수

• **유제순 (Yoo Jesoon)**
경북대학교 대학원 교육학과 박사
현 청주교육대학교 초등교육학과 교수

• **신영수 (Shin Youngsu)**
경북대학교 대학원 교육학과 박사
현 대구교육대학교 교육학과 강사

• **이윤복 (Lee Yunbok)**
경북대학교 대학원 교육학과 박사과정 수료
현 대전 보은초등학교 교사

• **전호재 (Jeon Hojae)**
서울대학교 수학교육과 학사
경북대학교 교육대학원 교육학 석사
현 경북대학교 대학원 교육학과 박사과정

최신 교육과정 개발론
Developing the Curriculum(7th ed.)

2014년 4월 25일 1판 1쇄 인쇄
2014년 4월 30일 1판 1쇄 발행

지은이 • Peter F. Oliva
옮긴이 • 강현석 · 이원희 · 유제순 · 신영수 · 이윤복 · 전호재
펴낸이 • 김진환
펴낸곳 • (주) 학지사
121-838 서울특별시 마포구 양화로 15길 20 마인드월드빌딩 5층
대표전화 • 02)330-5114 팩스 • 02)324-2345
등록번호 • 제313-2006-000265호

홈페이지 • http://www.hakjisa.co.kr
커뮤니티 • http://cafe.naver.com/hakjisa

ISBN 978-89-997-0356-0 93370

정가 27,000원

이 도서의 국립중앙도서관 출판시도서목록(CIP)은 서지정보유통지원시스템 홈페이지(http://seoji.nl.go.kr)와 국가자료공동목록시스템(http://www.nl.go.kr/kolisnet)에서 이용하실 수 있습니다.
(CIP제어번호: CIP2014011997)